李培林 主编

中国创世神话母题实例与索引

(3-2)

王宪昭 著

中国社会科学出版社

图书在版编目(CIP)数据

中国创世神话母题实例与索引：全三册/王宪昭著 .—北京：中国社会科学出版社，2018.12

（上海研究院智库丛书）

ISBN 978 - 7 - 5203 - 3604 - 8

Ⅰ.①中… Ⅱ.①王… Ⅲ.①神话—研究—中国 Ⅳ.①B932.2

中国版本图书馆 CIP 数据核字（2018）第 273227 号

出 版 人	赵剑英
责任编辑	史慕鸿
责任校对	王　京
责任印制	戴　宽

出　　版	中国社会科学出版社
社　　址	北京鼓楼西大街甲 158 号
邮　　编	100720
网　　址	http://www.csspw.cn
发 行 部	010 - 84083685
门 市 部	010 - 84029450
经　　销	新华书店及其他书店

印刷装订	北京君升印刷有限公司
版　　次	2018 年 12 月第 1 版
印　　次	2018 年 12 月第 1 次印刷

开　　本	787×1092　1/16
印　　张	227.5
字　　数	4490 千字
定　　价	998.00 元（全三册）

凡购买中国社会科学出版社图书，如有质量问题请与本社营销中心联系调换
电话：010 - 84083683
版权所有　侵权必究

3-2 基本母题检索

‖ 1.2.5　天地的修整 ‖
【W1360 ~ W1399】

✻ **W1360**　天地的缺陷（修整
　　　　　天地的原因）　　　　【1163】

W1361　天小地大
　　　　（地大天小）　　　　【1163】

W1362　天大地小
　　　　（地小天大）　　　　【1177】

W1363　天地不相合（天地不
　　　　吻合）　　　　　　　【1178】

W1364　天地不稳定　　　　　【1179】

W1365　天塌　　　　　　　　【1183】

W1365a　天漏　　　　　　　【1189】

W1366　天洞（天上的窟窿、
　　　　天被撞破）　　　　　【1190】

W1367　天上出现裂缝
　　　　（天缝、天裂）　　　【1203】

W1368　天地歪斜　　　　　　【1208】

W1369　天地的其他缺陷　　　【1208】

✻ **W1370**　稳固天地（天地的
　　　　　稳固）　　　　　　【1211】

W1371　用支撑物稳定天地　　【1211】

W1371a　特定人物稳固天地　【1213】

W1372　用石头压住天地　　　【1214】

W1372a　用山稳固天地　　　【1214】

W1372b　绷天地
　　　　（绷天绷地）　　　　【1215】

W1372c　用粘合物稳固天地　【1215】

W1373　特定的看守者稳固
　　　　天地　　　　　　　　【1216】

W1374　与稳固天地有关的
　　　　其他母题　　　　　　【1216】

W1375　天的稳固　　　　　　【1217】

W1376　地的稳固　　　　　　【1223】

✻ **W1377**　修补天地　　　　【1240】

W1378　神或神性人物修补
　　　　天地　　　　　　　　【1240】

W1379　特定的神或神性人物
　　　　修补天地　　　　　　【1241】

W1380　特定的人修补天地　　【1243】

W1381　动物修补天地　　　　【1244】

W1381a　其他特定人物修补
　　　　天地　　　　　　　　【1244】

W1381b　与修补天地者有关的
　　　　其他母题　　　　　　【1244】

W1382　与修补天地有关的
　　　　其他母题　　　　　　【1245】

W1383	天的修整	【1247】
✳ **W1384**	**补天**	【1257】
W1385	补天的原因	【1257】
W1386	补天者	【1263】
W1387	补天的材料	【1288】
W1388	与补天有关的其他母题	【1329】
✳ **W1390**	**地的修补（补地）**	【1351】
W1391	修补地的原因	【1351】
W1392	地的修补者	【1356】
W1393	地的修整方法	【1364】
W1394	修补地的材料	【1380】
W1395	与地的修整有关的其他母题	【1389】
W1396	与天地的修整有关的其他母题	【1391】

‖ 1.2.6　天地通 ‖
【W1400 ~ W1424】

✳ **W1400**	**天地相通**	【1400】
W1401	以前天地相通	【1400】
W1402	天地相通的原因	【1402】
W1403	天地的四个角相连	【1402】
W1404	连接天地的山	【1402】
W1405	通天的河	【1402】
W1406	连接天地的土台在山上	【1403】
W1407	连接天地的桥（天桥、通天桥）	【1403】
W1408	天地由绳索相连	【1405】
W1409	天地有土台相连	【1407】
W1410	通天的树（通天的植物）	【1408】
W1411	通天的柱子	【1411】
W1412	连接天地的梯子	【1411】
W1413	天地之间有路相连（通天的路、天路）	【1412】
W1414	其他特定的物连接天地	【1415】
✳ **W1415**	**绝地天通**	【1417】
W1415a	绝地天通的原因	【1417】
W1416	神或神性人物绝地天通	【1419】
W1416a	特定的人绝地天通	【1425】
W1417	动物绝地天通	【1425】
W1418	天的升高造成绝地天通	【1426】
W1419	毁掉通天塔绝地天通	【1428】
W1420	毁掉通天树绝地天通	【1428】
W1421	山变矮后绝地天通	【1430】
W1422	其他特定的事件或行为绝地天通	【1431】
W1423	与绝地天通有关的其他母题	【1432】

‖ 1.2.7　天梯与其他上天工具 ‖
【W1425 ~ W1489】

✳ **W1425**	**上天（登天）**	【1434】
W1426	人上天	【1435】
W1427	动物上天	【1438】
W1428	其他特定人物上天	【1442】
✳ **W1429**	**上天的方法**	【1442】
W1430	神或神性人物带人上天	【1442】
W1431	人被吹到天上	【1444】

W1432	通过动物上天	【1445】	W1458	为了特定目的造天梯	【1533】
W1433	通过植物上天	【1454】	W1459	造天梯的其他原因	【1534】
W1434	通过人造物上天	【1462】	✲ W1460	天梯的制造者	【1535】
W1435	通过其他特定的物上天	【1471】	W1461	神或神性人物造天梯	【1535】
W1436	通过魔法上天（通过巫术上天）	【1478】	W1462	人造天梯	【1536】
W1437	与上天方法有关的其他母题	【1479】	W1463	其他造天梯者	【1538】
W1438	上天的路径	【1490】	✲ W1464	造天梯的材料	【1539】
✿ W1440	奔月（到月亮上）	【1495】	W1464a	用金属造天梯	【1539】
W1441	人可以到月亮上	【1495】	W1465	用石头造天梯	【1541】
W1442	人到月亮上的方法	【1495】	W1466	用木头造天梯	【1541】
W1443	与奔月有关的其他母题	【1500】	W1467	用植物造天梯	【1542】
W1444	与上天有关的其他母题	【1501】	W1468	用其他物造天梯	【1546】
✿ W1445	天梯	【1518】	W1469	与天梯的产生有关的其他母题	【1548】
W1446	天梯自然存在	【1518】	✲ W1470	天梯的特征	【1550】
W1446a	天梯源于某处	【1519】	W1471	天梯很矮	【1550】
W1447	神变成天梯	【1519】	W1472	天梯很高	【1551】
W1448	树为天梯（树是天梯）	【1520】	W1473	天梯可以收放	【1552】
W1449	藤作为天梯	【1524】	W1474	天梯飘摇不定	【1552】
W1450	山是天梯	【1525】	W1475	天梯有固定的层数	【1552】
W1451	积物作为天梯	【1528】	W1476	与天梯特征有关的其他母题	【1554】
W1452	虹是天梯	【1528】	W1477	天梯的放置（天梯的位置）	【1554】
W1453	其他特定的物作为天梯	【1529】	W1477a	天梯的悬挂	【1558】
✲ W1455	造天梯的原因	【1530】	✲ W1478	天梯的毁灭（天梯的消失、天梯的倒掉）	【1558】
W1456	为了到天上玩造天梯	【1530】	W1478a	天梯毁灭的原因	【1558】
W1457	为了到天上索要特定物造天梯	【1531】	W1479	神或神性人物毁掉天梯	【1559】
			W1479a	特定的人毁掉天梯	【1562】
			W1480	动物毁掉天梯	【1563】

W1481　与天梯毁掉有关的
　　　　其他母题　　　　　【1565】

✽ **W1482**　通天树（特定的天梯
　　　　通天树）　　　　【1566】

W1483　通天树是特定的树　【1567】

W1484　变化产生通天树　　【1569】

W1485　人栽种通天树　　　【1569】

W1486　与通天树有关的其他
　　　　母题　　　　　　【1570】

W1487　与天梯有关的其他
　　　　母题　　　　　　【1572】

‖ 1.2.8　与天地有关的
　　　　其他母题 ‖
【W1490 ~ W1499】

✽ **W1490**　天地的关系　　　【1575】

W1491　天地是子女　　　　【1575】

W1492　天地是夫妻　　　　【1575】

W1493　天地是兄妹　　　　【1577】

W1493a　天地是兄弟　　　【1577】

W1494　与天地关系有关的
　　　　其他母题　　　　【1577】

✽ **W1495**　天地的变化　　　【1579】

W1496　天地的变圆　　　　【1579】

W1497　天地互换　　　　　【1579】

W1498　与天地变化有关的
　　　　其他母题　　　　【1581】

W1499　与天地有关的其他
　　　　母题　　　　　　【1596】

1.3　万物
【W1500 ~ W1539】

‖ 1.3.1　万物的产生 ‖
【W1500 ~ W1529】

✿ **W1500**　万物的产生　　　【1599】

W1501　天降万物　　　　　【1602】

W1501a　特定人物赐予万物　【1602】

W1502　万物自然产生　　　【1603】

✽ **W1503**　万物是造出来的
　　　　（造万物）　　　【1606】

W1503a　造万物的原因　　【1606】

W1504　神或神性人物造万物【1607】

W1505　特定的神或神性
　　　　人物造万物　　　【1617】

W1506　人造万物　　　　　【1620】

W1507　与造万物者有关的
　　　　其他母题　　　　【1621】

W1508　造万物的材料　　　【1623】

W1509　与造万物有关的其他
　　　　母题　　　　　　【1625】

✽ **W1510**　万物是生育产生的
　　　　（生万物）　　　【1628】

W1511　神或神性人物生万物【1628】

W1512　特定的神或神性人物
　　　　生万物　　　　　【1632】

W1513　动物生万物　　　　【1632】

W1514　植物生万物　　　　【1634】

W1515　无生命物或自然物
　　　　生万物　　　　　【1636】

W1516　婚生万物　【1641】
W1517　卵生万物　【1644】
W1518　与生万物有关的其他母题　【1645】
❊ **W1520　万物是变化产生的**　【1648】
W1521　神或神性人物变化为万物（神或神性人物变化出万物）　【1648】
W1522　人变成万物　【1651】
W1523　动物变成万物　【1651】
W1524　植物变成万物　【1652】
W1525　无生命物变成万物　【1654】
W1526　与变化为万物有关的其他母题　【1656】
W1527　与万物产生有关的其他母题　【1657】

‖ 1.3.2　万物的特征 ‖
【W1530 ~ W1534】

W1530　万物的性别　【1667】
W1531　万物的居所　【1668】
W1532　以前万物会说话　【1668】
W1532a　万物不会说话　【1670】
W1533　以前的自然物会行走　【1670】
W1534　与万物的特征有关的其他母题　【1670】

‖ 1.3.3　与万物有关的其他母题 ‖
【W1535 ~ W1539】

W1535　万物的名称　【1679】
W1536　万物的种类　【1681】
W1537　万物的寿命　【1682】
W1538　与万物有关的其他母题　【1685】

1.4　日月
【W1540 ~ W1699】

‖ 1.4.1　日月的产生 ‖
【W1540 ~ W1599】

❊ **W1540　日月的产生**　【1689】
W1541　日月出现的时间　【1697】
W1542　日月源于某个地方或自然存在　【1699】
W1543　日月是造出来的（造日月）　【1702】
W1544　日月是生育产生的（生日月）　【1720】
W1545　日月是变化产生的（变化产生日月）　【1730】
W1546　日月产生的其他方式　【1767】
W1547　日月产生的顺序　【1769】
W1548　与日月的产生有关的其他母题　【1771】
✿ **W1550　太阳的产生**　【1775】
W1551　太阳来于某个地方或自然存在　【1775】
❊ **W1552　太阳是造出来的（造太阳）**　【1779】
W1553　造太阳的原因　【1779】
W1553a　造太阳的准备　【1781】
W1554　神或神性人物造太阳　【1782】

W1555	特定的神或神性人物造太阳（神性人物造太阳）	【1788】
W1556	人造太阳	【1791】
W1557	动物造太阳	【1791】
W1558	造太阳的材料	【1792】
W1559	与造太阳有关的其他母题	【1798】
✱ **W1560**	**太阳是生育产生的（生太阳）**	【1802】
W1561	神或神性人物生太阳	【1802】
W1562	人生太阳	【1808】
W1563	动物生太阳	【1808】
W1564	植物生太阳	【1808】
W1565	无生命物生太阳	【1809】
W1566	婚生太阳	【1810】
W1567	与生育太阳有关的其他母题	【1814】
✱ **W1568**	**太阳是变化产生的**	【1816】
W1569	神或神性人物变成太阳	【1816】
W1570	人变成太阳	【1821】
W1571	动物变成太阳	【1825】
W1572	特定的肢体变成太阳	【1828】
W1573	植物变成太阳	【1838】
W1574	无生命物变成太阳	【1840】
W1575	人造物变成太阳	【1847】
W1576	与变太阳有关的其他母题	【1849】
W1577	与太阳产生有关的其他母题	【1852】
✿ **W1580**	**月亮的产生**	【1859】
W1581	月亮来源于某个地方或自然存在	【1859】
✱ **W1582**	**月亮是造出来的（造月亮）**	【1860】
W1582a	造月亮的原因	【1861】
W1583	神或神性人物造月亮	【1861】
W1584	人造月亮	【1867】
W1584a	动物造月亮	【1867】
W1585	造月亮的材料	【1868】
W1586	与造月亮有关的其他母题	【1872】
✱ **W1587**	**月亮是生育产生的（生月亮）**	【1874】
W1588	神或神性人物生月亮	【1874】
W1589	特定的人生月亮	【1875】
W1590	与生育月亮有关的其他母题	【1876】
✱ **W1591**	**月亮是变化产生的**	【1878】
W1592	神或神性人物变成月亮	【1878】
W1593	人变成月亮	【1880】
W1594	动物变成月亮	【1885】
W1595	特定人物的肢体变成月亮	【1886】
W1596	植物变成月亮	【1896】
W1597	太阳变成月亮	【1899】
W1598	其他特定的物变成月亮	【1911】
W1599	与月亮的产生有关的其他母题	【1923】

‖ 1.4.2　日月的特征 ‖
【W1600 ~ W1629】

✿ **W1600**	**日月的性别特征**	【1927】
✱ **W1601**	**太阳的性别**	【1931】

W1602　太阳有男有女　【1931】
W1603　太阳是男的（男太阳）　【1932】
W1604　太阳是女的（女太阳）　【1934】
❊ **W1605　月亮的性别**　【1939】
W1606　月亮有男有女　【1939】
W1607　月亮是男的　【1939】
W1608　月亮是女的　【1941】
W1610　日月的外貌　【1943】
W1611　日月有特定身份　【1945】
W1612　日月有特殊能力　【1946】
W1613　与日月的特征有关的其他母题　【1946】
❊ **W1615　太阳的特征**　【1949】
W1616　太阳的外貌　【1949】
W1617　太阳的颜色　【1957】
W1618　太阳的能力　【1963】
W1619　太阳的性格　【1969】
W1620　与太阳特征有关的其他母题　【1975】
❊ **W1621　月亮的特征**　【1977】
W1622　月亮的外貌　【1977】
W1623　月亮的构造　【1982】
W1624　月亮的颜色　【1983】
W1625　月亮有不寻常的能力　【1985】
W1626　月亮的性格　【1986】
W1627　与月亮特征有关的其他母题　【1991】

‖1.4.3　日月的数量‖

【W1630 ~ W1669】

✿ **W1630　日月的数量**　【1997】
W1631　1 个太阳和 1 个月亮　【1998】
W1632　2 个太阳和 2 个月亮　【1998】
W1633　5 个太阳和 5 个月亮　【1999】
W1634　6 个太阳和 6 个月亮　【1999】
W1635　7 个太阳和 7 个月亮　【2001】
W1636　8 个太阳和 8 个月亮　【2004】
W1637　9 个太阳和 9 个月亮　【2004】
W1638　10 个太阳和 10 个月亮　【2010】
W1639　其他数量的日月　【2011】
W1639a　与日月数量有关的其他母题　【2017】
❊ **W1640　太阳的数量**　【2018】
W1641　1 个太阳　【2018】
W1642　2 个太阳　【2019】
W1643　3 个太阳　【2023】
W1644　4 个太阳　【2023】
W1645　5 个太阳　【2023】
W1646　6 个太阳　【2024】
W1647　7 个太阳　【2024】
W1648　8 个太阳　【2030】
W1649　9 个太阳（九阳）　【2030】
W1650　10 个太阳　【2040】
W1651　11 个太阳　【2047】
W1652　12 个太阳　【2048】
W1653　其他数量的太阳　【2062】
W1653a　与多个太阳有关的其他母题　【2065】
❊ **W1655　月亮的数量**　【2066】
W1656　1 个月亮　【2066】
W1657　2 个月亮　【2067】
W1658　3 个月亮　【2067】
W1659　4 个月亮　【2067】
W1660　5 个月亮　【2067】

W1661	6个月亮	【2067】
W1662	7个月亮	【2067】
W1663	8个月亮	【2068】
W1664	9个月亮	【2068】
W1665	10个月亮	【2069】
W1666	11个月亮	【2069】
W1667	12个月亮	【2069】
W1668	其他众多的月亮	【2070】

‖ 1.4.4 日月的关系 ‖

【W1670 ~ W1689】

✿ W1670	日月的关系	【2071】
W1671	日月是母女	【2072】
W1672	日月是夫妻	【2072】
W1673	日月是兄妹	【2076】
W1674	太阳和月亮是姐弟	【2081】
W1675	日月是兄弟	【2082】
W1676	日月是姐妹	【2083】
W1677	与日月关系有关的其他母题	【2087】
✾ W1678	太阳的关系	【2091】
W1679	太阳的亲属	【2091】
W1680	太阳的父母	【2092】
W1681	太阳的兄弟姐妹	【2096】
W1682	太阳的儿女	【2100】
W1683	太阳的其他亲属	【2101】
W1684	与太阳的关系有关的其他母题	【2102】
✾ W1685	月亮的关系	【2105】
W1686	月亮的亲属	【2105】
W1687	月亮的父母	【2106】
W1688	月亮的兄弟姐妹	【2107】
W1688a	月亮的子女	【2108】
W1689	与月亮的关系有关的其他母题	【2108】

‖ 1.4.5 与日月有关的其他母题 ‖

【W1690 ~ W1699】

W1690	日月的矛盾	【2109】
W1691	日月相互转化	【2110】
W1692	与日月有关的其他母题	【2110】
W1693	太阳宫	【2117】
W1693a	太阳城	【2120】
W1694	特殊的太阳	【2120】
W1695	与太阳有关的其他母题	【2124】
W1696	月宫（广寒宫、月亮宫）	【2140】
W1697	月亮的消失	【2144】
W1698	与月亮有关的其他母题	【2146】

1.5 星辰
【W1700 ~ W1779】

‖ 1.5.1 星星的产生 ‖

【W1700 ~ W1729】

✿ W1700	星星的产生	【2157】
W1701	星星来源于某个地方	【2159】
W1702	星星自然产生	【2160】

✽ W1703	星星是造出来的	
	（造星星）	【2161】
W1703a	造星星的原因	【2161】
W1704	神或神性人物造星星	【2162】
W1705	特定的神或神性人物造星星	【2165】
W1706	人造星星	【2166】
W1706a	动物造星星	【2167】
W1707	造星星的材料	【2167】
W1708	与造星星有关的其他母题	【2169】
✽ W1709	星星是生育产生的（生星星）	【2172】
W1710	神或神性人物生星星	【2172】
W1711	太阳生星星	【2172】
W1712	月亮生星星	【2172】
W1713	婚生星星	【2173】
W1714	卵生星星	【2176】
W1715	与生育星星有关的其他母题	【2177】
✽ W1716	星星是变化产生的（变出星星）	【2177】
W1717	抛入空中的物变成星星	【2177】
W1718	神或神性人物变化为星星	【2178】
W1719	人变成星星	【2181】
W1720	动物变成星星	【2187】
W1721	植物变成星星	【2190】
W1722	日月变成星星	【2194】
W1723	火星变成星星	【2198】
W1724	牙齿变成星星	【2203】
W1725	其他特定物变成星星	【2211】
W1726	与变星星有关的其他母题	【2231】
W1727	与星星产生有关的其他母题	【2233】

‖ 1.5.2 特定星星的产生 ‖
【W1730～W1754】

✿ W1730	特定星星的产生	【2237】
✽ W1731	北斗星（北斗七星）	【2237】
W1732	北斗星是造出来的（造北斗星）	【2237】
W1733	北斗星是生育产生的	【2238】
W1734	北斗星是变化产生的	【2239】
W1735	与北斗星有关的其他母题	【2247】
W1736	北极星	【2256】
W1736a	扁担星	【2258】
W1736b	参星	【2258】
W1736c	辰星	【2259】
W1736d	东斗四星	【2259】
W1737	南极星	【2259】
W1738	南斗星	【2260】
W1739	魁星（文魁夫子、大魁夫子、大魁星君、绿衣帝君、魁星爷）	【2262】
✽ W1740	启明星	【2262】
W1741	神或神性人物变成启明星	【2262】

W1742	人变成启明星	【2265】
W1743	珠宝变成启明星	【2268】
W1744	与启明星有关的其他母题	【2268】
W1745	金星	【2274】
W1745a	金石星	【2275】
W1746	彗星（扫把星、扫帚星、孛）	【2275】
W1747	猎户星	【2279】
W1748	流星（贼星）	【2279】
W1749	昴星（七女星）	【2282】
W1750	木星（岁星）	【2283】
W1750a	水星	【2284】
W1750b	火星	【2284】
W1750c	土星	【2285】
W1751	行星的产生	【2285】
W1752	其他一些特定星星的产生	【2285】

‖ 1.5.3　星星的特征 ‖
【W1755～W1769】

W1755	星星的性别	【2302】
W1756	星星的数量	【2303】
✳ **W1757**	**星星是某种特殊的东西**	【2305】
W1758	星星是天上的人或动物的眼睛	【2305】
W1759	星星是天上戳出的洞眼	【2305】
W1760	星星是天眼	【2307】
W1761	星星是钉子	【2307】
W1762	星星是石头	【2309】
W1763	星星是天上的珍珠	【2310】
W1764	星星是牙齿	【2311】
W1765	星星是火星	【2311】
W1766	星星是月亮的外壳碎片	【2312】
W1767	星星是天上的灵魂	【2312】
W1768	星星是其他特定的物	【2313】
W1769	与星星的特征有关的其他母题	【2315】

‖ 1.5.4　与星星有关的其他母题 ‖
【W1770～W1779】

W1770	星座	【2323】
W1771	天上的星星对应地上的人	【2325】
W1772	星星是迁徙的带路者	【2325】
W1773	星星的消失	【2325】
W1774	摘星星	【2328】
W1775	星星代表灵魂	【2328】
W1775a	星星是神的使者	【2328】
W1776	与星星有关的其他母题	【2329】

1.6　天上其他诸物
【W1780～W1799】

‖ 1.6.1　天河（银河）‖
【W1780～W1789】

| ✿ W1780 | 天河（银河） | 【2336】 |
| ✳ **W1781** | **天河（银河）产生** | 【2336】 |

W1782	神造银河	【2336】		‖ 1.6.2	天宫与天堂 ‖	
W1783	特定的物变成银河	【2338】		【W1790 ~ W1794】		
W1784	天河是特定的痕迹 （银河是特定的痕迹）	【2340】		✳ **W1790**	天宫	【2357】
W1785	天河是天上的一条路 （银河是天上的 一条路）	【2345】		W1790a W1791 W1792	天宫的产生 天宫的特征 与天宫有关的其他 母题	【2357】 【2359】 【2364】
W1786	天河是天上的一条河 （银河是天上的 一条河）	【2346】		W1793 W1794	天堂 天上的其他建筑物	【2373】 【2375】
W1787	天河是鹊桥（银河是 鹊桥）	【2346】		‖ 1.6.3	天上其他诸物 ‖	
W1788	天河是天上的烟雾 （银河是天上的 烟雾）	【2346】		W1795	【W1795 ~ W1799】 天门	【2378】
W1789	与天河有关的其他 母题	【2346】		W1796 W1797 W1798	天上的动物 天上的植物 天上的其他诸物	【2380】 【2381】 【2382】

3 − 2
【W1360 ~ W1799】

1.2.5 天地的修整[①]
【W1360~W1399】

※ W1360
天地的缺陷（修整天地的原因）

实例

（参见下级母题实例）

W1361
天小地大（地大天小）

【关联】［W1396.2.1］拉天缩地

实例

基诺族 创世母亲开始时地做得大，天做得小，天地大小不和谐。

【流传】云南省·（西双版纳傣族自治州·景洪市）·（基诺山基诺族乡）·巴亚寨

【出处】巴卡老四等讲，杜玉亭调查整理：《创世母亲造天地万物》（1958~1981），见吕大吉、何耀华总主编《中国各民族原始宗教资料集成》（彝族卷、白族卷、基诺族卷），北京：中国社会科学出版社1996年版，第879页。

珞巴族 最早造出的天地是地大天小。

【流传】西藏自治区·下珞渝（又写作"下珞瑜"，泛指永木河、锡约尔河、巴恰西仁河流域）

【出处】维·埃尔温搜集：《尼布和尼利》，见中华民族故事大系编委会编《中华民族故事大系》第16卷（赫哲族、门巴族、珞巴族、基诺族），上海：上海文艺出版社1995年版，第402页。

珞巴族 最早大神的两个儿子造天地，结果大地造得太大，天空太小。

【流传】西藏自治区·下珞瑜（泛指永木河、锡约尔河、巴恰西仁河流域）。

【出处】维·埃尔温搜集：《尼布和尼利》，见李坚尚、刘芳贤编《珞巴族门巴族民间故事选》，上海：上海文艺出版社1993年版，第16页。

苗族 以前，造出的天小地大。

【流传】云南省·文山地区（文山壮族苗族自治州）

【出处】刘德荣等整理：《苗族古歌》（文山本），内部编印，第71页。

畲族 以前，没有天也没有地，混沌卵里的阿公造天，阿婆造地。因为没天没日，也不晓得几年几月，将天地做了出来合拼在一起时，发现地造大了。

【流传】福建省·（宁德市）·寿宁（寿宁县）

[①] 天地的修整，可以分为几种不同的情形，包括开天辟地时形成天大地小或天小地大时的修整、天塌地陷之后由神或神性人物对天地的修补、世界被毁灭后对天地的重新改造等情况。这里把这些情况归纳在一起，以便于研究者作出相应的比较。

【出处】吴兰妃讲，刘善林采录：《天地是如何形成的》，原载《闽东畲族文化全书》，北京：民族出版社2009年版，见《福建省少数民族古籍丛书》编委会编《畲族卷·民间故事》，福州：海峡出版发行集团·海峡书局2013年版，第4页。

土家族（实例待考）

瑶族 天撑上去后，天盖没有地盘大，有一部分地面露出天外。

【流传】贵州省·（黔东南苗族侗族自治州）·从江县·（翠里乡）·高芒乡（高芒村）

【出处】赵金荣讲，杨路塔采录：《发枚造天地》，见中国民间文学集成全国编辑委员会编《中国民间故事集成》（贵州卷），北京：中国ISBN中心2003年版，第9页。

藏族 绷天绷地时，天在上面，地在下面。天和地一比，天绷小了，地绷大了，怎么也合不拢、盖不严。

【流传】四川省白马藏族地区

【出处】扎嘎才礼（疑为"让"）、小石桥、顶专讲，谢世廉、周善华、姜志成、周贡中搜集：《绷天绷地》，见姚宝瑄主编《中国各民族神话》（门巴族、珞巴族、怒族、藏族），太原：山西出版传媒集团·书海出版社2014年版，第78页。

藏族（白马）罗拉甲伍（天老爷）和杀拉甲伍（地老爷）把天和地都绷好后，要把天和地扣合起来，结果天绷小了，地绷大了，怎么也盖不严。

【流传】四川省

【出处】扎嘎才让、小石桥、顶专讲述，谢世廉、周益华、姜志成、周贤中搜集：《天、地、人的起源》，原载中国民间文艺研究会四川分会编《四川白马藏族民间文学资料集》，见陶阳、钟秀编《中国神话》（上），北京：商务印书馆2008年版，第35~37页。

壮族 先造天，后造地，天小地大，天如伞盖，不能悉盖大地。

【流传】（无考）

【出处】《布碌陀造天地》（原名《布碌陀》），原载谷德明编《中国少数民族神话选》，见袁珂《中国神话大词典》，北京：华夏出版社2015年版，第439页。

W1361.1

天窄地宽

实例

苗族 大神菠媸（天的母亲）造天，大神佑聪（地的父亲）造地，结果天窄了，地宽了，盖地盖不圆。

【流传】（无考）

【出处】陶春保讲，刘永鸿整理：《生天养地的爹娘》，见姚宝瑄主编《中国各民族神话》（布依族、仡佬族、苗族），太原：山西出版传媒集团·书海出版社2014年版，第132页。

W1361.1.1

蟓蛉子懒造的天窄，拱屎虫勤快造的地宽

【关联】［W1106.5.2］蟓蛉子造天，拱屎虫造地

实 例

汉族 拱屎虫勤快，造的地很宽广。蟓蛉虫很懒，造的天很小。他们造天地的时候，造得老是不严。

【流传】辽宁省·（大连市）·瓦房店市·炮台镇·长岭村、老染房村一带

【出处】秦淑慧讲，孙波搜集整理：《姝六甲》（1986.03），见姚宝瑄主编《中国各民族神话》（汉族），太原：山西出版传媒集团·书海出版社2014年版，第36~38页。

壮族 蟓蛉子和拱屎虫造天地时，拱屎虫勤快，造的地很宽；蟓蛉子很懒，造的天很窄。

【流传】（无考）

【出处】《姆六甲》，原载蓝鸿恩搜集整理《神弓宝剑》，中国民间文艺出版社1985年版，见吕大吉、何耀华总主编《中国各民族原始宗教资料集成》（土家族卷、瑶族卷、壮族卷、黎族卷），北京：中国社会科学出版社1998年版，第604页。

W1361.1.2

盘古氏造的天狭，盘生氏造的地阔

【关联】［W1104.1.2］盘古氏盘生氏开天辟地

实 例

白族 盘古氏与盘生氏分别造天地时，天狭而地偏阔。

【流传】（无考）

【出处】《开天辟地》，原载谷德明编《中国少数民族神话》，见袁珂《中国神话大词典》，北京：华夏出版社2015年版，第474页。

W1361.2

天小地大的原因

实 例

（参见下级母题实例）

W1361.2.0

自然形成天小地大

实 例

汉族 天地未开之时，天小地大，天盖不住地。

【流传】重庆市·（九龙坡区）·专马镇

【出处】谢志忠讲：《夏禹王疏通九河》，原载联合国教科文组织、中国民间文艺家协会、四川省民间文艺家协会编《专马镇民间故事》，见陶阳、钟秀编《中国神话》（中），北京：商务印书馆2008年版，第834页。

W1361.2.0.0
天地分开后天大地小

实例

壮族 开始把天地分开后，天大地小。

【流传】广西壮族广西壮族自治区·（河池市）·巴马县（巴马瑶族自治县）·所略乡·所略村

【出处】周朝珍讲：《布洛陀》，见张声震总主编，农冠品编注《壮族神话集成》，南宁：广西民族出版社 2007 年版，第 35 页。

W1361.2.0.1
盘古开天地时形成天小地大

实例

汉族 盘古开了天地，天小地大盖不住。

【流传】浙江省·（丽水市）·青田（青田县）

【出处】季培贵讲述、季从姚采录：《盘古开天》，见中国民间文学集成全国编辑委员会编《中国民间故事集成》（浙江卷），北京：中国 ISBN 中心 1997 年版，第 16 页。

汉族 盘古开天，天太小了；造地，地太大了。

【流传】浙江省·（丽水市）·青田县·温溪区·坑外村

【出处】季培贵讲，季从姚搜集整理：《盘古开天》（1940S），见姚宝瑄主编《中国各民族神话》（汉族），太原：山西出版传媒集团·书海出版社 2014 年版，第 14~15 页。

汉族 盘古王开天，地大天小。

【流传】浙江省·（温州市）·永嘉（永嘉市）

【出处】《盘古王开天》，见《民间故事集成》（浙江永嘉县），内部油印本（无编印时间），第 9 页。

汉族 盘古氏劈开蛋形成的天地天小地大。

【流传】福建省·（泉州市）·永春县

【出处】张宏声采录：《盘古分天地》，见中国民间文学集成全国编辑委员会编《中国民间故事集成》（福建卷），北京：中国 ISBN 中心 1998 年版，第 3 页。

汉族 盘古把天造小了，盖不住地。

【流传】
(a) 四川省·巴县（今重庆市·巴南区）
(b) 重庆市·巴县（巴南区）

【出处】
(a) 王国珍讲，罗桂英采录：《盘古开天地》，见中国民间文学集成全国编辑委员会编《中国民间故事集成》（四川卷·上），北京：中国 ISBN 中心 1998 年版，第 22 页。
(b)《盘古王造天地》，见李子硕《民间故事集成》（重庆巴县），内部编印，1989 年，第 2 页。

W1361.2.0.1a
布洛陀造的天小地大

【关联】［W1103.9.5.1］男始祖布洛陀造天地

实 例

壮族 布碌陀先造天，后造地，天的样子像把伞，盖不住大地，天小地大。

【流传】（a）广西壮族自治区右江及红水河一带

【出处】

(a) 周朝珍讲，何承文整理：《布碌陀》，载广西民间文学研究会编印《广西民间文学丛刊》第5期。

(b)《布碌陀》（王松选定），见姚宝瑄主编《中国各民族神话》（仫佬族、壮族、京族），太原：山西出版传媒集团·书海出版社2014年版，第76页。

W1361.2.0.1b
姆六甲造的天小地大

【关联】［W1103.9.6.3］女始祖姆六甲造天地

实 例

壮族 女神姆六甲造天地。天空造成，始见天小地大，天不盖地。

【流传】（无考）

【出处】《姆六甲》，原载欧阳若修等著《壮族文学史》，见袁珂《中国神话大词典》，北京：华夏出版社2015年版，第442页。

W1361.2.0.2
不同造天地者造出天小地大

实 例

藏族 罗拉甲伍绷的天小，杀拉甲伍绷的地大，怎么也盖不严。

【流传】四川省·（绵阳市）·平武县·白马藏区（白马藏族乡）

【出处】

(a) *《绷天绷地》，见《四川白玛藏族民族文学资料集》，四川藏族研究所内部编印，1991年，第80页。

(b) 扎嘎才让讲，四川大学中文录采风队采录：《创世传说》，见中国民间文学集成全国编辑委员会编《中国民间故事集成》（四川卷·下），北京：中国ISBN中心1998年版，第934页。

(c) 扎嘎才让等讲，谢世廉等搜集：《创世传说》，见陶立璠、赵桂芳等编《中国少数民族神话汇编》（开天辟地篇等），中央民族学院少数民族古籍整理出版规划领导小组办公室印（未署出版时间），第1页。

彝族（俚颇） 天神盘颇的儿子们把天造小了，女儿把地造大了。盘颇拉天来盖地的时候，才发觉天造小了，地造大了，天盖不住地，盖了也盖不严。

【流传】云南省·（楚雄彝族自治州）·大姚县·昙华山区（昙华乡）

【出处】

(a) 陆颇梭颇（毕摩）演唱，夏光辅、

诺海阿苏翻译：《俚泼古歌》，见云南省社会科学院楚雄彝族文化研究所编《彝族民间文学》第2辑，1985年。

（b）陆颇颇（毕摩）演唱，夏光辅、诺海阿苏翻译，古梅改写：《赤梅葛——俚泼古歌》，见姚宝瑄主编《中国各民族神话》（羌族、彝族），太原：山西出版传媒集团·书海出版社2014年版，第96页。

W1361.2.0.2.1
天神造的天小，地神造的地大

【关联】［W1103.4.4］天神造天，地神造地

实例

汉族 天神和地神商定三月之内造好天地，然后再拼拢。结果到了拼拢的那天，结果是地很大，天太小，怎么也套不下。

【流传】浙江省·（丽水市）·庆元县

【出处】余岩塔讲，余塔和搜集整理：《造天造地》，见姚宝瑄主编《中国各民族神话》（汉族），太原：山西出版传媒集团·书海出版社2014年版，第36页。

W1361.2.0.2.2
最早1对男女造的天小地大

【关联】［W1103.5.8］混沌中生出的一公一婆造天地

实例

汉族 以前，混沌里的一公一婆分别造天地，做成后将天地来合拼，可地做大了点。

【流传】福建省·（宁德市）·寿宁县·大安乡·伏际村

【出处】吴兰妃讲，刘善林记录：《天地人》（1986.03.17），见姚宝瑄主编《中国各民族神话》（汉族），太原：山西出版传媒集团·书海出版社2014年版，第58~61页。

哈尼族 造天地的青蛙生纳得、阿依是一对巨人兄妹。让哥哥造天妹妹造地时，造得天小地大。

【流传】云南省·（普洱市）·墨江县（墨江哈尼族自治县）

【出处】金开兴讲，蓝明红搜集整理：《青蛙造天造地》，单超选自云南省民间文学集成办公室编《哈尼族神话传说集成》，中国民间文艺出版社1990年，见姚宝瑄主编《中国各民族神话》（哈尼族、傣族），太原：山西出版传媒集团·书海出版社2014年版，第6页。

W1361.2.0.2.3
盘古开的天小，地母造的地大

实例

汉族 盘古开的天盖不住地母开的地。

【流传】浙江省·（温州市）·苍南县·南宋乡

【出处】林道进讲，林子周采录：《天公地母开天地》，见中国民间文学集成

全国编辑委员会编《中国民间故事集成》（浙江卷），北京：中国 ISBN 中心 1997 年版，第 19 页。

W1361.2.0.2.4
张郎造的天小，李郎造的地大

实　例

汉族　张郎、李郎造天地时，地比天大得多，天盖不完地。

【流传】四川省·（宜宾市）·筠连县·高坪苗族乡·英雄村

【出处】刘公品讲，四川大学中文系 85 级采风队采录：《张郎治天、李郎治地》，见中国民间文学集成全国编辑委员会编《中国民间故事集成》（四川卷·上），北京：中国 ISBN 中心 1998 年版，第 24 页。

W1361.2.0.2.5
"天造"造的天小，"地合"造的地大

实　例

汉族　"天造"造的天小与"地合"造的地不吻合。

【流传】浙江省·（衢州市）·江山市·凤林镇

【出处】吴土讲，江都采录：《天造地合》，见中国民间文学集成全国编辑委员会编《中国民间故事集成》（浙江卷），北京：中国 ISBN 中心 1997 年版，第 20 页。

W1361.2.0.2.6
两种动物分别造天地时形成天小地大

实　例

（参见下级母题实例）

W1361.2.0.2.6.1
阳龙造的天小，阴龙造的地大

实　例

土家族　阳龙把天造小了，阴龙把地造大了，天地不搭配。

【流传】湖北省·（宜昌市）·长阳县（长阳土家族自治县）·贺家坪区（贺家坪镇）·火麦溪村

【出处】郑文仕讲，杜荣东采录：《神龙造天造地造人》，见中国民间文学集成全国编辑委员会编《中国民间故事集成》（湖北卷），北京：中国 ISBN 中心 1999 年版，第 7 页。

W1361.2.0.2.6.2
螟蛉子造的天小，拱屎虫造的地大

实　例

壮族　拱屎虫勤快，造的地很宽；螟蛉子很懒，造的天很窄。

【流传】广西壮族自治区·（河池市）·大化县（大化瑶族自治县）·都阳镇

【出处】

（a）覃奶讲，蓝鸿恩采录翻译：《姆洛甲出世》，见中国民间文学集成全国编辑委员会编《中国民间故事集成》（广西卷），北京：中国 ISBN 中心2001年版，第3页。

（b）同（a），见张声震总主编，农冠品编注《壮族神话集成》，南宁：广西民族出版社2007年版，第21页。

W1361.2.1

造天者偷懒造的天小，造地者勤劳造的地大

实例

仡佬族 张龙王制天，李龙王制地时，李龙王很勤快，把地制宽了，所以天盖不完地。

【流传】贵州省·（遵义市）·遵义县（播州区）·平正公社（平正仡佬族乡）·尖山（今属遵义市播州区三岔镇）

【出处】熊文帮讲，葛镇亚搜集：《天与地》，见陶立璠、赵桂芳等编《少数民族神话汇编》（开天辟地篇等），中央民族学院少数民族古籍整理出版规划领导小组办公室印（未署出版时间），第324页。

汉族 天神生性懒惰，整天时困懒觉，把天做小了。地神勤快，地越理越大。

【流传】浙江省·（杭州市）·临安县（临安市）·高桥镇（玲珑街道）·祥里村

【出处】陈光林讲，张涛采录：《山与海是怎样来的》，见中国民间文学集成全国编辑委员会编《中国民间故事集成》（浙江卷），北京：中国 ISBN 中心1997年版，第21页。

拉祜族 厄莎（有多种说法，如天神、天帝、创世女神、始祖等）搓手搓脚做了一对扎保、娜保（祖先，兄妹名），扎保造天，娜保造地。扎保认为自己力气大，造天就慢腾腾的，娜保认为自己力气小，造地勤快又仔细。所以，扎保的天造小了，娜保的地造大了。

【流传】云南省·（普洱市）·澜沧县（澜沧拉祜族自治县）

【出处】李云保讲述，扎约采录：《牡帕密帕的故事》，见陶阳、钟秀编《中国神话》（上），北京：商务印书馆2008年版，第129~139页。

傈僳族 男神女神造天地时，女神勤劳织的地大，男神偷懒织的天就比地短了好长一段。

【流传】云南省·（德宏傣族景颇族自治州）·陇川县·（陇把镇）·邦外公社（邦外村）

【出处】李有华讲，黄云松等采录：《天地人的来历》，见中国民间文学集成全国编辑委员会编《中国民间故事集成》（云南卷），北京：中国 ISBN 中心2003年版，第44页。

畲族 天是男人造的。因为男人很

懒，不是抽烟就是喝酒，结果把天造小了。

【流传】福建省·（宁德市）·福安（福安市）

【出处】钟瑞珠讲，郑万生采录：《男造天，女造地》，原载《中国少数民族民间文学丛书·畲族民间故事选》，上海：上海文艺出版社1993年版，见《福建省少数民族古籍丛书》编委会编《畲族卷·民间故事》，福州：海峡出版发行集团·海峡书局2013年版，第2页。

彝族（罗罗泼）最早产生的一对兄妹阿堡、阿界造天地时，哥哥阿堡造天时偷懒，又不认真，结果把天做小了；妹妹阿界造地时十分勤快，把地造大了。

【流传】云南省·（楚雄彝族自治州）·南华县·五街（五街镇）

【出处】李发彪等演唱，吉厚培、夏光辅搜集整理：《青棚调——彝族支系罗罗泼古歌》，原载云南省社会科学院楚雄彝族文化研究所编《彝族民间文学》第2辑，1985年，见姚宝瑄主编《中国各民族神话》（羌族、彝族），太原：山西出版传媒集团·书海出版社2014年版，第169页。

W1361.2.1a
造天者手慢把天造小，造地者手快把地造大

实例

仡佬族 布什格制天，布比密制地时，两个一路动手制，布比密勤快，把地制宽了；布什格手脚慢，把天制窄了，天盖不了地。

【流传】贵州省·遵义市、（遵义市）·仁怀（仁怀市）、（安顺市）·平坝（平坝区）等地

【出处】《制天地》，见姚宝瑄主编《中国各民族神话》（布依族、仡佬族、苗族），太原：山西出版传媒集团·书海出版社2014年版，第102页。

瑶族 尼托（洪水后幸存者）的妹妹造地很勤奋，地造得宽。哥哥手懒，造的天小。

【流传】广西壮族自治区·（来宾市）·金秀县（金秀瑶族自治县）

【出处】赵美流等讲，黄承辉整理：《天地山河的来历》，见曹廷伟编著《广西民间故事辞典》，南宁：广西教育出版社1993年版，第13页。

W1361.2.2
因造天者懒惰把天造小

实例

傈僳族 三个造天的哥哥偷懒，两个造地的弟弟生怕天大地小，盖不合，便不分昼夜地造着。等造天的三个神兄醒过来时，地已经造大了，天边盖不满地边。

【流传】（无考）

【出处】
（a）《开天辟地》，载《山茶》1983年第3期。

(b) 同（a），见姚宝瑄主编《中国各民族神话》（水族、布朗族、独龙族、基诺族、傈僳族），太原：山西出版传媒集团·书海出版社2014年版，第180页。

彝族（俚颇） 天神盘颇派去造天的九个儿子态度傲慢，工作又不认真，每天喝得醉醺醺的，倒下去就睡懒觉，结果把天造小了。

【流传】云南省·（楚雄彝族自治州）·大姚县·昙华山区（昙华乡）

【出处】

（a）陆颇梭颇（毕摩）演唱，夏光辅、诺海阿苏翻译：《俚泼古歌》，见云南省社会科学院楚雄彝族文化研究所编《彝族民间文学》第2辑，1985年。

（b）陆颇梭颇（毕摩）演唱，夏光辅、诺海阿苏翻译，古梅改写：《赤梅葛——俚泼古歌》，见姚宝瑄主编《中国各民族神话》（羌族、彝族），太原：山西出版传媒集团·书海出版社2014年版，第95~96页。

W1361.2.2a
因造天者贪玩把天造小

实例

拉祜族 造天的扎布（神名）贪玩，天被造小了，勤劳的娜布埋头苦干，地被造大了。

【流传】云南省·（普洱市）·澜沧县（澜沧拉祜族自治县）

【出处】胡札克讲，雷波采录：《厄雅莎雅造天地》，见中国民间文学集成全国编辑委员会编《中国民间故事集成》（云南卷），北京：中国ISBN中心2003年版，第47页。

拉祜族 去架天梁的小伙子扎罗，虽然粗犷，却懒惰、贪玩，把天做小了。

【流传】云南省大拉祜及黄拉祜中部一带

【出处】小八讲，古木整理：《天神厄莎》（整理中参照了《牡帕密帕》和《古根》），见姚宝瑄主编《中国各民族神话》（白族、拉祜族、景颇族），太原：山西出版传媒集团·书海出版社2014年版，第160页。

W1361.2.2b
因造天者骄傲把天造小

实例

瑶族 尼托（洪水后幸存者）负责造天，自恃力气大白天干得很慢，结果天造得小。

【流传】广西壮族自治区·（来宾市）·金秀县（金秀瑶族自治县）

【出处】赵美流等讲，黄承辉整理：《天地山河的来历》，见曹廷伟编著《广西民间故事辞典》，南宁：广西教育出版社1993年版，第13页。

W1361.2.3
因造地者勤奋把地造大

【关联】［W1362.1.1］造天的神勤奋造的天大

实例

拉祜族 造地的姑娘娜罗既细致，又勤劳，她不停地做，所以，地就做大了。

【流传】云南省大拉祜及黄拉祜中部一带

【出处】小八讲，古木整理：《天神厄莎》（整理中参照了《牡帕密帕》和《古根》），见姚宝瑄主编《中国各民族神话》（白族、拉祜族、景颇族），太原：山西出版传媒集团·书海出版社2014年版，第160页。

彝族（俚颇） 天神盘颇派去造地的七个姑娘却态度认真，工作勤劳、细心，日夜不停地赶造大地，却把大地做大了。

【流传】云南省·（楚雄彝族自治州）·大姚县·昙华山区（昙华乡）

【出处】
(a) 陆颇梭颇（毕摩）演唱，夏光辅、诺海阿苏翻译：《俚泼古歌》，见云南省社会科学院楚雄彝族文化研究所编《彝族民间文学》第2辑，1985年。
(b) 陆颇梭颇（毕摩）演唱，夏光辅、诺海阿苏翻译，古梅改写：《赤梅葛——俚泼古歌》，见姚宝瑄主编《中国各民族神话》（羌族、彝族），太原：山西出版传媒集团·书海出版社2014年版，第96页。

W1361.2.4
盘神9兄弟偷懒把天造小，禅神7姐妹勤快把地造大

【关联】[W1103.7.3.1a] 9个盘神造天，7个禅神造地

实例

纳西族 很古时候，开天的盘神九兄弟，因偷懒，他们把天开辟得小了；辟地的禅神七姐妹，因勤快，她们把地开辟得大了。

【流传】云南省·（丽江市）·丽江县（古城区、玉龙纳西族自治县）

【出处】木丽春采集整理：《石蛙谋士》，见木丽春编著《纳西族民间故事集》，昆明：云南人民出版社2007年版，第16页。

W1361.2.4a
天神的5个儿子偷懒把天造小，4个女儿勤快把地造大

【关联】[W1103.7.3.2] 天神的5个儿子造天，4个女儿造地

实例

彝族 天神的5个儿子造天，4个女儿造地，结果地大过天，天不能盖地。

【流传】（无考）

【出处】《天神格兹苦》（原名《云南彝族史诗·梅葛》），原载毛星主编《中国少数民族文学》（下册），见袁珂《中国神话大词典》，北京：华夏出版社2015年版，第430页。

彝族 格滋天神派去的造地的五个儿子和四个女儿分别造天地。结果因五个儿子懒惰天造小了，四个女儿勤快地造大了，天盖地盖不合。

【流传】云南省·楚雄彝族自治州·姚安县、大姚县等彝族地区

【出处】《创世·开天辟地》，见云南省民族民间文学楚雄调查队整理编写《梅葛》，昆明：云南人民出版社2009年版，第6页。

W1361.2.5
天公造的天小，地母造的地大

【关联】［W1103.5.4］天公造天，地母织地（遮帕麻造天，遮米麻造地）

实例

阿昌族 天公造完了天，地母织完了地，但是，天造小了，地织大了，天边罩不住地缘。

【流传】（云南省）

【出处】赵安贤讲，智克整理：《遮帕麻与遮米麻》，见姚宝瑄主编《中国各民族神话》（佤族、阿昌族、纳西族、普米族、德昂族），太原：山西出版传媒集团·书海出版社2014年版，第76页。

阿昌族 天公造完天，地母织完地后发现，天造小了，地织大了，天边罩不住地缘，狂风席卷着海面，波浪拍打着太空。

【流传】云南省·（德宏傣族景颇族自治州）·梁河县

【出处】赵安贤讲述，杨叶生翻译，智克整理：《遮帕麻与遮米麻》，载《山茶》1981年第2期。

W1361.2.6
因造天地者日子颠倒造成天小地大

实例

汉族 开天辟地的扁鼓王老了，他在天上的日子颠倒过。地比天大，天比地小。

【流传】浙江省·（丽水市）·缙云县一带

【出处】上官旭昌讲，上官新友搜集整理：《扁鼓王劈地》（1985），见姚宝瑄主编《中国各民族神话》（汉族），太原：山西出版传媒集团·书海出版社2014年版，第18~20页。

W1361.2.7
盘古忙着造天忘了测量造成天小地大

【关联】［W1396.1.1］天的测量

实例

汉族 盘古王把地造好后，又慌忙火气去造天。因为在造天的时候忘了比一下地的大小，把天造小了，把地罩不到。

【流传】四川省·巴县（今重庆市·巴南区）

【出处】王国珍讲，罗桂英记录，金祥度搜集整理：《盘古王造天地》（1988.01），见姚宝瑄主编《中国各民族神话》（汉族），太原：山西出版传媒集团·书海出版社2014年版，第29~30页。

W1361.2.8
天下翁和天下婆分别造天地时没有量好尺寸造成天小地大

实例

汉族 最早出现的天下翁和天下婆一对老人造天地。在做天做地以前，两人没有量好尺寸，地被天下婆做得太大了，天和地对合不起来了。

【流传】福建省·（宁德市）·周宁县·李墩乡·里东山村

【出处】章永红讲，陈风禧搜集整理：《天下翁与天下婆》（1987.08.05），见姚宝瑄主编《中国各民族神话》（汉族），太原：山西出版传媒集团·书海出版社2014年版，第34~35页。

W1361.2.9
因造天地的时间差异造成天小地大

实例

（参见下级母题实例）

W1361.2.9.1
女神菠补造天，男神佑聪造地，因造的时间不同造成天小地大

实例

苗族 女神菠补造天，男神佑聪造地，因为用的时间不同，天做小了，做窄了；地做大了，做宽了，怎么盖也盖不住。

【流传】云南省·文山（文山壮族苗族自治州）一带

【出处】邓光北、闪永仙说唱，项保昌、刘德荣搜集：《开天补天，辟地补地》，见姚宝瑄主编《中国各民族神话》（布依族、仡佬族、苗族），太原：山西出版传媒集团·书海出版社2014年版，第125页。

W1361.2.9.2
布洛陀因先造天后造地，造成天小地大

实例

壮族 因为布洛陀（b为"布碌陀"，壮族文化始祖、英雄、神话中的人王等）先造天，后造地，天的样子像把伞，盖不住大地，天小地大。

【流传】

（a）广西壮族自治区·（河池市）·巴马县（巴马瑶族自治县）·所略乡·所略村

（b）广西壮族自治区右江，云南省红河一带

【出处】

（a）周朝珍讲，何承文采录翻译：《布洛陀》，见中国民间文学集成全国编辑委员会编《中国民间故事集成》（广西卷），北京：中国ISBN中心2001年版，第30页。

（b）周朝珍讲，何承文整理：《布碌陀》，见谷德明编《中国少数民族神话》，北京：中国民间文艺出版社1987年版，第68页。

W1361.2.10
盘古、盘生变天地时形成天小地大

【关联】［W1119.2.1.1］哥哥盘古变天，弟弟盘生变地

实 例

<u>白族</u> 盘生变的地比盘古变的天大。

【流传】云南省·（大理白族自治州）·大理（大理市）、洱源（洱源县）、剑川（剑川县）

【出处】杨国政讲，杨亮才记录整理：《开天辟地》，见中华民族故事大系编委会编《中华民族故事大系》第5卷（瑶族、白族、土家族），上海：上海文艺出版社1995年版，第318~319页。

<u>白族</u> 盘古哥哥先变天。盘生弟弟变地时，盘生变的地比盘古变的天大。

【流传】云南省·（大理白族自治州）·大理（大理市）、洱源（洱源县）、剑川（剑川县）等地

【出处】杨国政讲，杨亮才记录整理：《开天辟地》，原载《云南民间故事选》（不详），见姚宝瑄主编《中国各民族神话》（白族、拉祜族、景颇族），太原：山西出版传媒集团·书海出版社2014年版，第6页。

W1361.2.11
女人勤快把地造大

实 例

<u>畲族</u> 地是女人造的。因为女人很勤快，结果造大了。

【流传】福建省·（宁德市）·福安（福安市）

【出处】钟瑞珠讲，郑万生采录：《男造天，女造地》，原载《中国少数民族民间文学丛书·畲族民间故事选》，上海：上海文艺出版社1993年版，见《福建省少数民族古籍丛书》编委会编《畲族卷·民间故事》，福州：海峡出版发行集团·海峡书局2013年版，第2页。

W1361.3
天小地大的情况

实 例

（参见下级母题实例）

W1361.3.1
天有7分宽，地有9分大

实 例

<u>彝族</u> 格兹天神的儿子造天，女儿造地。结果造的天有七分宽，地有九分大。天造小了，地却造大了，不能合拢。

【流传】（云南省·楚雄彝族自治州·姚安县·官屯乡·马游村，大姚县·昙华乡等）

【出处】

(a) 郭天元（马游村）、李申呼颇（昙华乡）、李福玉颇（亘）演唱、郭思九、许明学、龚维顺、张宝省、陈志群、胡炳文等搜集，刘德虎、龚维

顺、陈志群、李树荣、郭天元等整理：《梅葛》（第一部"创世"），见云南省民族民间文学楚雄调查队《梅葛》（1959），昆明：云南人民出版社2009年版。

（b）《打虎开天辟地》，蔷紫据云南省民族民间文学楚雄调查队著《梅葛》（云南人民出版社2009年版）改写，见姚宝瑄主编《中国各民族神话》（羌族、彝族），太原：山西出版传媒集团·书海出版社2014年版，第191页。

W1362
天大地小（地小天大）

实例

基诺族 阿嫫腰白（神名，创世女神）最初造出的天地是天大地小，合不拢。

【流传】云南省·（西双版纳傣族自治州）·景洪县（景洪市）

【出处】白桂林等讲，刘怡采录：《阿嫫腰白造天地》，见中国民间文学集成全国编辑委员会编《中国民间故事集成》（云南卷），北京：中国ISBN中心2003年版，第77页。

壮族 （实例待考）

W1362.1
天大地小的原因（天大的原因）

实例

（参见下级母题实例）

W1362.1.0
天地分开后天大地小

实例

壮族 开始把天地分开后，天大地小。

【流传】广西壮族广西壮族自治区·（河池市）·巴马县（巴马瑶族自治县）·所略乡·所略村

【出处】周朝珍讲：《布洛陀》，见张声震总主编，农冠品编注《壮族神话集成》，南宁：广西民族出版社2007年版，第35页。

W1362.1.1
造天的神勤奋造的天大

实例

怒族 造天的七个神仙勤劳心齐，九十九天后便造成了宽广无边的蓝天。造地的九个神仙懒惰贪吃，九十九天后只造成几块小小的平地。

【流传】（无考）

【出处】《天地的由来》，编者根据叶世富的《怒族民间故事》（云南人民出版社1988年版）重新整理，见吕大吉、何耀华总主编《中国各民族原始宗教资料集成》（纳西族卷、羌族卷、独龙族卷、傈僳族卷、怒族卷），北京：中国社会科学出版社2000年版，第899页。

W1362.1.2
不同的造天地者形成天大地小

【实例】

侗族 人们发现张古和盘古分开的天地，地太窄了，天太宽了。

【流传】贵州省·（黔东南苗族侗族自治州）·三穗县·款场（款场乡）

【出处】杨引兰讲，周昌武采录：《开天辟地》，见中国民间文学集成全国编辑委员会编《中国民间故事集成》（贵州卷），北京：中国 ISBN 中心 2003 年版，第 5 页。

W1362.2
地小的原因

【关联】[W1199.4] 地的变小

【实例】

（参见下级母题实例）

W1362.2.1
造地的神懒惰造的地小

【关联】[W1361.2.2] 因造天者懒惰把天造小

【实例】

怒族 造地的九个神仙懒惰贪吃，所以把地造小了。

【流传】（无考）

【出处】《天地的由来》，编者根据叶世富的《怒族民间故事》（云南人民出版社 1988 年版）重新整理，见吕大吉、何耀华总主编《中国各民族原始宗教资料集成》（纳西族卷、羌族卷、独龙族卷、傈僳族卷、怒族卷），北京：中国社会科学出版社 2000 年版，第 899 页。

W1363
天地不相合（天地不吻合）

【关联】
① [W1361] 天小地大（地大天小）
② [W1362] 天大地小（地小天大）

【实例】

（参见下级母题实例）

W1363.1
天小地大造成天地不吻合

【关联】[W1272.3.2] 神把天地扣严

【实例】

汉族 往古之时，天不兼覆，地不周载

【流传】（无考）

【出处】[汉] 刘安及门客：《淮南子·览冥训》。

汉族 拱屎虫造的地很宽广，蝘蛉虫造的天很小。所以，造的天地老是不严。

【流传】辽宁省·（大连市）·瓦房店市·炮台镇·长岭村、老染房村一带

【出处】秦淑慧讲，孙波搜集整理：《姝六甲》（1986.03），见姚宝瑄主编《中国各民族神话》（汉族），太原：山西出版传媒集团·书海出版社 2014

年版，第 36~38 页。

W1364
天地不稳定

【关联】

① ［W1057.6］最早的世界不稳定

② ［W1376］地的稳固

③ ［W1495］天地的变化

实 例

哈萨克族 大地被创造出来后，不太稳当。

【流传】新疆维吾尔自治区·（阿勒泰地区）·阿勒泰市·切尔齐西乡（切尔克齐乡）

【出处】毕达合买提·木海讲，呼扎依尔·沙德瓦哈斯采录，杨凌等译：《天与地的由来》，见中国民间文学集成全国编辑委员会编《中国民间故事集成》（新疆卷），北京：中国 ISBN 中心 2008 年版，第 7 页。

藏族 从前，大地一点儿都不稳固。

【流传】四川省·（凉山彝族自治州）·木里县（木里藏族自治县）·宁朗（宁朗乡）

【出处】杜基翁丁讲，鲁绒亨扎翻译，四川省民协木里采风队采录：《大地和庄稼的产生》，见中国民间文学集成全国编辑委员会编《中国民间故事集成》（四川卷），北京：中国 ISBN 中心 1998 年版，第 935 页。

W1364.0
特定的时间天地不稳定

实 例

（参见下级母题实例）

W1364.0.1
上古时天地动荡

实 例

纳西族 上古时候，天和地在不息的动荡之中。

【流传】（云南省·丽江市）

【出处】和志武翻译整理：《人类迁徙记》，原载中共丽江地委宣传部编《纳西族民间故事选》，见陶阳、钟秀编《中国神话》（中），北京：商务印书馆 2008 年版，第 856~876 页。

纳西族 上古时候，天和地在不息的动荡之中。

【流传】（无考）

【出处】

（a）和志武翻译整理：《人类迁徙记》，见陶立璠、李耀宗编《中国少数民族神话传说选》，成都：四川民族出版社 1985 年版。

（b）同（a），见姚宝瑄主编《中国各民族神话》（佤族、阿昌族、纳西族、普米族、德昂族），太原：山西出版传媒集团·书海出版社 2014 年版，第 165 页。

彝族 很古的时候，天悬在空中，地

在晃荡荡。

【流传】云南省·（普洱市）·江城（江城哈尼族彝族自治县）

【出处】白金恒等翻译，白生福等整理：《洪水连天》，见云南省少数民族古籍整理出版规划办公室编《洪水泛滥》，昆明：云南民族出版社1987年版，第27页。

W1364.1
天盖不住地使天地发生动摇

实　例

纳西族　地开得太大，天开得太小，天盖不住地，天地发生动摇。

【流传】（无考）

【出处】李霖灿等：《麽些象形文字延寿经译注》，见《麽些经典译著九种》，台北"国立"编译馆，1978年，第247~252页。

W1364.2
鱼摆尾使天地发生动摇

实　例

哈尼族　密嵯嵯玛（大力神）骑上鱼背，伸出巨手来搬动鱼尾，鱼尾动一下，天就摇一下。

【流传】云南省·（红河哈尼族彝族自治州）·元阳县

【出处】朱小和讲，史军超等采录：《神的古今》，见中国民间文学集成全国编辑委员会编《中国民间故事集成》（云南卷），北京：中国ISBN中心2003年版，第19页。

W1364.3
刚造的天地动摇不定
（新开辟的天地不稳）

实　例

彝族　新开之天地常摇晃。

【流传】（无考）

【出处】《天神格兹苦》（原名《云南彝族史诗·梅葛》），原载毛星主编《中国少数民族文学》（下册），见袁珂《中国神话大词典》，北京：华夏出版社2015年版，第430页。

W1364.3.1
刚造的天地因为在水面上动摇不定

【关联】

① ［W1235.4］地浮在水面上
② ［W1235.4.1］地漂浮在大海上
③ ［W1235.4.6］地球浮在水中
④ ［W1346.1］风和水支撑大地

实　例

傣族　神王英叭开创出来天地。可是它还浮在水上，还动摇不定。风一吹，它就摇摆；浪一打，它就晃荡；水涨它高，水降它落。

【流传】云南省·西双版纳傣族地区（西双版纳傣族自治州）

【出处】《巴塔麻嘎捧尚罗》，王松据岩温炳翻译《巴塔麻晏》（开天辟地）改写，见姚宝瑄主编《中国各民族神话》(哈尼族、傣族),太原:山西出版传媒集团·书海出版社2014年版,第273页。

W1364.3.2
盘古刚造的天地动摇不定

实例

汉族 盘古新开辟出来的天地不稳定,天会晃荡,地会震动。

【流传】浙江省·(丽水市·莲都区·万象街道)·刘祠堂背

【出处】孙华仙讲,唐宗龙搜集整理:《盘古造化天地》(1963),见姚宝瑄主编《中国各民族神话》(汉族),太原:山西出版传媒集团·书海出版社2014年版,第9~10页。

W1364.3.3
刚补好的天地动摇不定

实例

彝族 格滋天神的造的天补好了,造的地补好了。打雷时天不会垮,地震时地不会塌;可是补好的天还在摆,补好的地还在摇。

【流传】云南省·楚雄彝族自治州·姚安县、大姚县等彝族地区

【出处】《创世·开天辟地》,见云南省民族民间文学楚雄调查队整理编写《梅葛》,昆明:云南人民出版社2009年版,第9页。

W1364.4
刚分开的天地动摇不定

实例

侗族 大汉姜夫竖起天柱把天地分开后,狂风四起,天篷飘摇,天柱晃荡。狂风东刮又西扯,天篷忽下又忽上。

【流传】广西壮族自治区·(柳州市)·三江(三江侗族自治县),(桂林市)·龙胜(龙胜各族自治县)

【出处】杨卜林喜、杨卜松林、杨明世讲,杨国仁、涛声搜集整理,蔷紫改写:《创世女神萨天巴》,原文为过伟改写自侗族创世史诗《嘎茫莽道时嘉——远祖歌》(未出版稿),见姚宝瑄主编《中国各民族神话》(土家族、毛南族、侗族、瑶族),太原:山西出版传媒集团·书海出版社2014年版,第79页。

水族 牙巫用双手掰开天地之后,天还在倾斜、摇晃。

【流传】(无考)

【出处】潘静流唱,燕宝记译,化斯改写:《牙巫造人》,据潘朝霖《水族的种种古老神话传说》改写,见姚宝瑄主编《中国各民族神话》(水族、布朗族、独龙族、基诺族、傈僳族),太原:山西出版传媒集团·书海出版社2014年版,第11页。

彝族 天和地刚分开时,天还不稳,

地还不稳，天和地还没有接合。
【流传】（无考）
【出处】《天神造天地》，见姚宝瑄主编《中国各民族神话》（羌族、彝族），太原：山西出版传媒集团·书海出版社2014年版，第89页。

W1364.4.1
刚分开的天地相互咬不紧

【关联】[W1272.10] 天用牙齿衔住地，地用牙齿咬紧天

实例

苗族 巨人纳罗引勾用手掌分开天地后，天启齿，天衔不住地；地松牙，地咬不紧天。

【流传】广西壮族自治区·（柳州市）·融水苗族自治县
【出处】
（a）杨达香讲，梁彬搜集整理：《创世纪》（一、开天辟地，地始天初），见梁彬、王天若编《苗族民间故事选》，南宁：广西人民出版社1986年版。
（b）同（a），见姚宝瑄主编《中国各民族神话》（布依族、仡佬族、苗族），太原：山西出版传媒集团·书海出版社2014年版，第169页。

W1364.5
海水撞得天地不稳

实例

白族 在天和地中间，夹着一个无边无际的大海。冲天撞地的浪涛，冲得天摇摇摆摆，撞得地晃晃荡荡。

【流传】云南省·（大理白族自治州）·鹤庆（鹤庆县），丽江（丽江市）及（丽江市）·永胜（永胜县）
【出处】李剑飞讲，李缵绪、章虹宇记录：《人类和万物的起源》（又名《劳谷与劳泰》、《古干古洛创世记》），原载李缵绪主编《白族神话传说集成》，中国民间文艺出版社1986年版，见姚宝瑄主编《中国各民族神话》（白族、拉祜族、景颇族），太原：山西出版传媒集团·书海出版社2014年版，第18页。

W1364.6
最早天地变化不定

【关联】[W1498.2.9] 天地10次变化

实例

（参见下级母题实例）

W1364.7
地不服气天在上面造成天地不稳

实例

哈萨克族 起初，天在上，地在下，地不大甘心，总是摇晃不定。

【流传】新疆维吾尔自治区·（乌鲁木齐市）·乌鲁木齐县（天山区）·白杨沟夏牧场
【出处】谢热亚孜旦·马尔萨克讲，尼合买提·蒙加尼采录：《迦萨甘创世》，见中国民间文学集成全国编辑委员会编《中国民间故事集成》（新

疆卷），北京：中国 ISBN 中心 2008年版，第 3 页。

W1365
天塌

【关联】
① ［W1314.3.4］天撑高后又塌落
② ［W1385.1］因天塌补天
③ ［W1168.1.4.1］天角被射垮
④ ［W1798.1b.1］射日月射掉天板

实 例

（参见下级母题实例）

W1365.1
天柱折断造成天塌

实 例

汉族 不周山是顶天的一根柱子，因山顶塌了一块，天也塌了一个大豁口。

【流传】江苏省·宿迁市

【出处】刘汉飞讲，刘汉飞记录：《女娲哭天》（1986.10.22），见姚宝瑄主编《中国各民族神话》（汉族），太原：山西出版传媒集团·书海出版社 2014年版，第 61~62 页。

汉族 天柱不周山被共工撞断后，天塌下了西北，地陷下了东南。

【流传】河南省·（郑州市）·登封市

【出处】据《淮南子》和登封传说整理：《红裤子崖》，见张振犁编著《中原神话通鉴》（第一卷），郑州：河南大学出版社 2017年版，第 141 页。

W1365.1.1
虫蛇弄断天柱造成天塌

实 例

苗族 巨人仂雍古罗竖起顶天的木柱不久，五节虫把大柱蛀了，枉虺蛇把大柱阉了，蚕蚜虫把大柱啃了，蠹柱把大柱蚀了。天柱断了，天塌了下来。

【流传】广西壮族自治区·（柳州市）·融水苗族自治县

【出处】
（a）杨达香讲，梁彬搜集整理：《创世纪》（一、开天辟地，地始天初），见梁彬、王天若编《苗族民间故事选》，南宁：广西人民出版社 1986年版。
（b）同（a），见姚宝瑄主编《中国各民族神话》（布依族、仡佬族、苗族），太原：山西出版传媒集团·书海出版社 2014年版，第 169 页。

W1365.1.2
盘古弄断天柱造成天塌

实 例

汉族 盘古用大斧开天辟地时，力气太大，把个天柱子砍断，天垮了一只角。

【流传】湖南省·常德县（常德市）·（鼎城区）·灌溪乡（灌溪镇）·中兴桥村

【出处】唐万顺讲，唐孟元采录：《女娲补天造人》，见中国民间文学集成全国编辑委员会编《中国民间故事集成》（湖南卷），北京：中国ISBN中心2002年版，第22页。

W1365.1.3
共工撞断天柱造成天塌

【关联】[W1365.3.3]争战把天冲弄塌

实例

汉族 共工失败后撞倒了不周山，碰倒了撑天柱，西北天顶塌了下来。

【流传】山西省·（阳泉市）·平定县·古用乡

【出处】岳贵平讲，冯冰峰采录：《女娲补天》，见中国民间文学集成全国编辑委员会编《中国民间故事集成》（山西卷），北京：中国ISBN中心1999年版，第4页。

汉族 共工失败后撞倒了不周山，碰倒了撑天柱，西北天顶塌了下来。

【流传】四川省·巴县（今重庆市·巴南区）·土主乡·伏善村

【出处】张文奎讲，李子硕采录：《女娲补天》，见中国民间文学集成全国编辑委员会编《中国民间故事集成》（四川卷·上），北京：中国ISBN中心1998年版，第25页。

汉族 共工失败后撞倒了不周山，碰倒了撑天柱，西北天顶塌了下来。

【流传】吉林省·（四平市）·伊通县（伊通满族自治县）·伊丹镇

【出处】张久成讲，施立学采录：《女娲补西北天》，见中国民间文学集成全国编辑委员会编《中国民间故事集成》（吉林卷），北京：中国文联出版公司1992年版，第1页。

W1365.1.4
水神撞断天柱造成天塌

实例

汉族 火神跟水神打仗，水神被打败了。水神有气没处出，一头撞到不周山上。不周山是西北天的顶天柱，一下子西北天塌了。

【流传】河南省·（周口市）·淮阳县·（王店乡·棠棣村）

【出处】李国争（63岁，农民）讲，杨复俊采录：《女娲娘娘》（1985.01.06），见张振犁编著《中原神话通鉴》（第一卷），郑州：河南大学出版社2017年版，第145页。

W1365.2
老鳖翻身造成天塌

【关联】[W3505]龟（乌龟、鳖）

实例

土家族 地上的背顶住天的鳖鱼，打了一个翻身，造成天通天漏。

【流传】湖南省、湖北省、贵州省等地

【出处】田建柏讲，彭勃等搜集整理：《补天补地》，见中华民族故事大系编委会编《中华民族故事大系》第5卷（瑶族、白族、土家族），上海：上海文艺出版社1995年版，第657页。

W1365.2.1
支地的老鳖被钓造成天塌

实例

汉族 ☆姜子牙钓到西北角支撑天的鳖鱼，西北角天就塌下来了。

【流传】江苏省·（连云港市）·东海县·房山乡·兴谷村

【出处】周朝行讲，黄运勤采录：《女娲娘娘炼冰补天》，见中国民间文学集成全国编辑委员会编《中国民间故事集成》（江苏卷），北京：中国ISBN中心1998年版，第4页。

W1365.2.2
支地的老鳖饥渴翻身造成天塌

实例

汉族 四个顶天柱下面各有一个老鳖支着，老鳖没水喝发怒翻身，把四根顶天柱子全给弄倒了。

【流传】河南省·（安阳市）·安阳县·磊口乡·清凉山村

【出处】赵金和讲，牛化法采录：《女娲炼石补天》，见中国民间文学集成全国编辑委员会编《中国民间故事集成》（河南卷），北京：中国ISBN中心2001年版，第17页。

W1365.3
其他原因造成天塌

实例

（参见下级母题实例）

W1365.3.0
盘古把天砍塌

实例

汉族 盘古与爹娘打架，发脾气抡起板斧把天砍塌一角。

【流传】湖南省·常德县（常德市）·（鼎城区）·灌溪乡（灌溪镇）

【出处】唐万顺讲，唐孟元采录：《盘古开天辟地》，见中国民间文学集成全国编辑委员会编《中国民间故事集成》（湖南卷），北京：中国ISBN中心2002年版，第3页。

W1365.3.1
人把天弄塌

实例

汉族 从前，有一家哥儿十个，其中老大叫千里眼，老二叫二堂风，老三叫三大力……天塌后让老三去抬天。结果一抬，劲用过猛，把天弄坏了。后来十弟一嘬嘴，把天触塌了。

【流传】辽宁省·（营口市）·盖县

【出处】翟升云讲，阎艳霞记录：《十兄弟撑天》，见姚宝瑄主编《中国各民族神话》（汉族），太原：山西出版传媒集团·书海出版社2014年版，第74~75页。

W1365.3.2
洪水把天冲弄塌

实例

土家族 张果老和李果老造天制地不

久，天下又突然发了一场大洪水，把天地都冲垮了。

【流传】湖南省·湘西（湘西土家族苗族自治州）

【出处】《青蛙吞太阳》，见谷德明编《中国少数民族神话》，北京：中国民间文艺出版社1987年版，第184页。

W1365.3.3
争战把天冲弄塌

【关联】[W1365.1.3] 共工撞断天柱造成天塌

实例

汉族 太古时候，因为打仗，撞崩了天的一角。

【流传】海南省·儋县·王五镇·槟榔村

【出处】黎亚公讲，郭学燕采录：《补天遗石》，见中国民间文学集成全国编辑委员会编《中国民间故事集成》（海南卷），北京：中国ISBN中心2002年版，第18页。

W1365.3.3.1
天神争战把天弄塌

实例

汉族 相传远古时，有两个天神大战，撞断了顶天的柱子，天塌了下来。

【流传】河南省·（驻马店市）·确山县·盘龙镇

【出处】杨永兴讲，杨建军采录：《日月为啥东升西落》（1987.03），见张振犁编著《中原神话通鉴》（第一卷），郑州：河南大学出版社2017年版，第149页。

W1365.4
天塌一角

【关联】[W1168.1] 天角

实例

（参见下级母题实例）

W1365.4.1
盘古劈断天柱造成天塌一角

实例

汉族 盘古氏开天辟地时，一不小心，一斧头把根天柱劈断了，天就塌下一角。

【流传】江苏省·（苏州市）·太仓县

【出处】曹展氏讲，尹培民搜集整理：《天上日月云彩哪里来》，见姚宝瑄主编《中国各民族神话》（汉族），太原：山西出版传媒集团·书海出版社2014年版，第72~73页。

W1365.4.2
共工撞倒天柱山造成天塌一角

实例

汉族 共工撞倒了天柱山，天塌下了一角，震得地陷一方。从此天下没有白天，净是黑夜。

【流传】中原一带

【出处】雷文杰搜集：《共工和祝融》，原载张楚北编《中原神话》，见陶阳、钟秀编《中国神话》（上），北京：商务印书馆 2008 年版，第 389～390 页。

W1365.4.3
水神撞倒不周山造成天塌一角

实 例

藏族　水神撞在不周山。塌倒下来的不周山压在天河上，使天塌了一角。

【流传】云南省·迪庆藏族自治州

【出处】马龙祥、李子贤搜集整理：《女娲娘娘》，载《民间文学》1985 年第 4 期。

W1365.4a
天塌半边

实 例

汉族　水神和火神不知为了什么事，打起仗来，把顶天的柱子不周山撞断了，天塌了半边。

【流传】河南省·（南阳市）·西峡县·太平镇乡·回龙寺村

【出处】刘克旺（50 岁，不识字）讲，王改芹采录，杨平采录整理：《女娲补天（七）》（1986.05），见张振犁编著《中原神话通鉴》（第一卷），郑州：河南大学出版社 2017 年版，第 136 页。

W1365.5
与天塌有关的其他母题

【关联】

① ［W1168.17］天不会塌的原因

② ［W1375.2.4］钉天防止天的塌落

实 例

（参见下级母题实例）

W1365.5.1
西北天和东南天塌掉

实 例

汉族　（实例待考）

W1365.5.2
西北天塌掉

【关联】［W1168.13.9］西北天

实 例

汉族　☆姜子牙钓到西北角支撑天的鳌鱼，西北角天就塌下来了。

【流传】江苏省·（连云港市）·东海县·房山乡·兴谷村

【出处】周朝行讲，黄运勤采录：《女娲娘娘炼冰补天》，见中国民间文学集成全国编辑委员会编《中国民间故事集成》（江苏卷），北京：中国 ISBN 中心 1998 年版，第 4 页。

W1365.5.2a
天从东北角塌了一半

实 例

回族　很久以前，天的东北角塌了个

窟窿，眼看半边天就要塌下来完。

【流传】河南省·驻马店市（河南南部）[采录地点：驻马店市老街乡]

【出处】吕彦堂（50岁，农民，高小毕业）讲，张爱梅采录：《为啥刮东北风冷》（1987.05），见张振犁编著《中原神话通鉴》（第一卷），郑州：河南大学出版社2017年版，第页。

W1365.5.2b
西北角天塌

实 例

汉族　很久以前，天东北角塌了一个大窟窿。

【流传】河南省·（周口市）·西华县·陌陂乡·前洼村

【出处】陈德荣（78岁，不识字）讲，魏胜林采录：《补天的传说》（1986.03），见张振犁编著《中原神话通鉴》（第一卷），郑州：河南大学出版社2017年版，第139页。

W1365.5.3
东方天塌

实 例

水族　远古时候，东方天上塌了屋顶。

【流传】云南市·（曲靖市）·富源县·古敢乡

【出处】郎国气讲，要国光等采录：《祖先的来历》，见中国民间文学集成全国编辑委员会编《中国民间故事集成》（云南卷），北京：中国ISBN中心2003年版，第205页。

W1365.5.3a
西方天塌

实 例

汉族　共工和祝融兄弟二人发生争斗。共工战败逃跑时走投无路，一头撞在不周山上，只听"轰隆"一声巨响，大地抖了几抖，西方的天塌下来了。

【流传】河南省·（开封市）·杞县

【出处】尹守礼（农民）讲，王怀聚采录整理：《杞人忧天（一）》，见张振犁编著《中原神话通鉴》（第一卷），郑州：河南大学出版社2017年版，第158页。

W1365.5.4
天多次垮塌

实 例

汉族　盘古开天以后，天又塌了几次。

【流传】河南省·（信阳市）·商城县·汪桥乡

【出处】曹元凯（66岁，农民）讲，朱大应采录：《撒雪补北天》（1989.08），见张振犁编著《中原神话通鉴》（第一卷），郑州：河南大学出版社2017年版，第41页。

苗族　古时候，一天会黑六回，一夜会塌六处，弄得人心惶惶，都怕天会塌下来。

【流传】贵州省·（黔东南苗族侗族自治州）·台江县、施秉县、凯里县（凯里市）等地

【出处】宝久老、岩公、李普奶等八位歌手演唱，桂舟人、唐春芳搜集，苗地改写：《打柱撑天》，见姚宝瑄主编《中国各民族神话》（布依族、仡佬族、苗族），太原：山西出版传媒集团·书海出版社2014年版，第119页。

W1365.5.4.1
天塌3次

实 例

苗族 天上三次垮下来，三次把它修整好；天下三次遭毁坏，三次造成山坡坳。

【流传】原文无流传地，据文本及注释推测该神话流传于贵州省·黔东南苗族侗族自治州·凯里市、台江县等地

【出处】张启庭、张荣光、张正玉、张启德演唱，张明搜集，燕宝整理译注：《创造宇宙·打柱撑天》，见贵州省少数民族古籍整理出版规划小组办公室编，燕宝整理译注《苗族古歌》，贵阳：贵州民族出版社1993年版，第299页。

W1365a
天漏

【关联】［W1385.5.3.1］因天河漏水

补天

实 例

（参见下级母题实例）

W1365a.1
风雨中产生天漏

实 例

布朗族 有一天，狂风大作，暴雨倾盆，天漏了，天上的东西都往下掉。

【流传】（无考）

【出处】《人是天上漏下来的》，见姚宝瑄主编《中国各民族神话》（水族、布朗族、独龙族、基诺族、傈僳族），太原：山西出版传媒集团·书海出版社2014年版，第98页。

W1365a.2
神的争斗造成天漏

实 例

汉族 玉皇大帝派雷公豁闪到凡间来收女娲。女娲倒不怕，就跟雷公豁闪两个打。打得不可开交，打得天昏地黑，难解难分，把天都打漏了。

【流传】四川省·巴县（今重庆市·巴南区）

【出处】钟丽碧讲，罗桂英记录，金祥度搜集整理：《女娲创世》（1988.04），见姚宝瑄主编《中国各民族神话》（汉族），太原：山西出版传媒集团·书海出版社2014年版，第30~31页。

W1366
天洞（天上的窟窿、天被撞破）

【关联】[W1542.4.1] 日月源于天洞

实例

（参见下级母题实例）

W1366.0
自然产生天洞

实例

（参见下级母题实例）

W1366.0.1
天长日久天上出现洞

实例

苗族 四个大神造好天地。过了好多年，天上通了洞。

【流传】云南省·文山（文山壮族苗族自治州）一带

【出处】邓光北、闪永仙说唱，项保昌、刘德荣搜集：《开天补天，辟地补地》，见姚宝瑄主编《中国各民族神话》（布依族、仡佬族、苗族），太原：山西出版传媒集团·书海出版社2014年版，第126页。

W1366.0.2
天上塌了1个洞

实例

汉族 远古时候，天上突然塌了一个洞。

【流传】江苏省·（南通市）·如皋县

【出处】石祥如讲，宗德福搜集整理：《麦芒补天》，见姚宝瑄主编《中国各民族神话》（汉族），太原：山西出版传媒集团·书海出版社2014年版，第51~52页。

W1366.1
造天时留下天洞

实例

（参见下级母题实例）

W1366.1.1
神造天时留下天洞

【关联】[W1366.] 盖天佛把天顶出窟窿

实例

哈尼族 造天的三个大神有意留下巴掌大的一个洞洞。

【流传】云南省

【出处】

（a）熊兴祥搜集整理：《风姑娘》，载《山茶》1983年第4期。

（b）同（a），见谷德明编《中国少数民族神话》，北京：中国民间文艺出版社1987年版，第337页。

哈尼族 三大神造天时，共造九千九百九十九年，尚余一洞如掌大未完。

【流传】（无考）

【出处】《风姑娘》，原载谷德明编《中国少数民族神话选》，见袁珂《中国神话大词典》，北京：华夏出版社

1.2.5 天地的修整

2015年版，第490页。

哈尼族 三个大神造天时，有意留下巴掌大的一个洞洞不补上。

【流传】云南省·（红河哈尼族彝族自治州）·金平县（金平苗族瑶族傣族自治县）·（大寨乡）·坡头乡（坡头村）

【出处】李文有讲，熊兴祥记录：《风姑娘》，原载《金平民间故事选》，见姚宝瑄主编《中国各民族神话》（哈尼族、傣族），太原：山西出版传媒集团·书海出版社2014年版，第29页。

W1366.1.2
盘古开天出现许多天洞

实 例

汉族 盘古开了天后，天空上留下许多涡涡洞。

【流传】浙江省·（金华市）·兰溪市·城关（兰江街道）

【出处】王阿英讲，蔡斌采录：《女娲补天》，见中国民间文学集成全国编辑委员会编《中国民间故事集成》（浙江卷），北京：中国ISBN中心1997年版，第16页。

汉族 盘古开了天地后，天空上有许多涡涡洞。

【流传】浙江省·（金华市）·兰溪市

【出处】王阿英讲，蔡斌搜集整理：《女娲补天空》，见姚宝瑄主编《中国各民族神话》（汉族），太原：山西出版传媒集团·书海出版社2014年版，第44~45页。

W1366.1.2.1
盘古把天拉破

实 例

汉族 盘古开出的天地天小地大，就将天拉拉，结果将西北角拉破了，西北风漏进来。

【流传】浙江省·（丽水市）·青田（青田县）

【出处】季培贵讲述、季从姚采录：《盘古开天》，见中国民间文学集成全国编辑委员会编《中国民间故事集成》（浙江卷），北京：中国ISBN中心1997年版，第16页。

W1366.1.2.2
盘古扔手帕变天时手帕缺的角变成天洞

实 例

汉族 盘古扔手帕变成蔚蓝的天，因手帕缺个角，天东北角便有个黑洞。

【流传】河南省·（南阳市）·桐柏县

【出处】《盘古开天地》，见桐柏网：http://tongbai.01ny.cn，2001.01.26。

W1366.1.3
神造天撬出天洞

实 例

彝族（俚颇） 天神的九个儿子去造天

的时候，在天上撬了九个洞。

【流传】云南省·（楚雄彝族自治州）·大姚县·昙华山区（昙华乡）

【出处】

（a）陆颇梭颇（毕摩）演唱，夏光辅、诺海阿苏翻译：《俚泼古歌》，见云南省社会科学院楚雄彝族文化研究所编《彝族民间文学》第2辑，1985年。

（b）陆颇梭颇（毕摩）演唱，夏光辅、诺海阿苏翻译，古梅改写：《赤梅葛——俚泼古歌》，见姚宝瑄主编《中国各民族神话》（羌族、彝族），太原：山西出版传媒集团·书海出版社2014年版，第106页。

W1366.2
打雷造成天洞

【关联】

① ［W1367.7a.1］打雷造成天裂
② ［W4408.1］神奇的雷

实 例

汉族 一声炸雷，天空出现了一个可怕的黑洞。

【流传】甘肃省·天水市·北道区·南河川乡

【出处】张天喜讲，董喜军采录：《女娲补天》，见中国民间文学集成全国编辑委员会编《中国民间故事集成》（福建卷），北京：中国ISBN中心1998年版，第6页。

汉族 一声炸雷，把天空震了个大窟窿。

【流传】山西省·（吕梁市）·交城县·革村（疑为会立乡·白草庄村）

【出处】高钟璋讲，王真才采录：《女娲补天留冠山》，见中国民间文学集成全国编辑委员会编《中国民间故事集成》（山西卷），北京：中国ISBN中心1999年版，第6页。

W1366.3
砍出天洞

实 例

（参见下级母题实例）

W1366.3.1
盘古砍出天洞

实 例

土家族 仙人盘古用力朝上砍了一斧，天被砍了个大孔。

【流传】湖南省·（湘西土家族苗族自治州）·吉首市

【出处】黄德裕讲，杨启良等采录：《盘古开天、女娲补天》，见中国民间文学集成全国编辑委员会编《中国民间故事集成》（湖南卷），北京：中国ISBN中心2002年版，第5页。

W1366.3.1.1
盘古开天地时用斧头砍出许多大洞

实 例

汉族 盘古开天地的时候，天被盘古

的斧头砍了好多大洞。

【流传】湖北省·（黄石市）·阳新县·兴国镇

【出处】许孟盛讲，赵海林采录：《北方为啥冷》，见中国民间文学集成全国编辑委员会编《中国民间故事集成》（湖北卷），北京：中国ISBN中心1999年版，第24页。

W1366.4
戳出天洞

实 例

（参见下级母题实例）

W1366.4.1
兄妹绷天地时捅出天洞

实 例

彝族（罗罗泼） 最早产生的一对兄妹阿偻、阿界造天地时，造出的天小地大。天从上面罩下来，罩不住地，地缩小了，缩出了皱折，仍不能合严。他们只好用力把天绷大，用力一绷，天倒绷大了，却把天捅出了天洞。

【流传】云南省·（楚雄彝族自治州）·南华县·五街（五街镇）

【出处】李发彪等演唱，吉厚培、夏光辅搜集整理：《青棚调——彝族支系罗罗泼古歌》，原载云南省社会科学院楚雄彝族文化研究所编《彝族民间文学》第2辑，1985年，见姚宝瑄主编《中国各民族神话》（羌族、彝族），太原：山西出版传媒集团·书海出版社2014年版，第169~170页。

W1366.4.1.1
蛇族兄妹顶天时顶出天洞

实 例

汉族 蛇族两兄妹中的哥哥把天顶成一个穹隆。

【流传】广东省·湛江市·霞山区

【出处】林轩讲，林茂森采录：《女娲与海龟》，见中国民间文学集成全国编辑委员会编《中国民间故事集成》（广东卷），北京：中国ISBN中心2006年版，第4页。

W1366.4.2
1对夫妻舂米时捅出天洞

实 例

高山族（排湾） 有个叫嘎拉斯的女人舂米时，长杵一提起就撞着天，她和大力士丈夫咖道把天捅出个洞来。

【流传】福建省·福州市

【出处】金原金讲，陈炜萍采录：《月亮和太阳》，见中国民间文学集成全国编辑委员会编《中国民间故事集成》（福建卷），北京：中国ISBN中心1998年版，第12页。

W1366.4.3
霹雳大仙杵出天洞

实 例

汉族 霹雳大仙生气，一扬手把天杵

个窟窿。

【流传】吉林省·（白山市）·靖宇县·靖宇镇

【出处】孙风兰讲，李艳玲采录：《人的来历》，见中国民间文学集成全国编辑委员会编《中国民间故事集成》（吉林卷），北京：中国文联出版公司1992年版，第1页。

W1366.4.4
扁古王用竹杆戳出天洞

实 例

汉族 扁古王请来铁竹杆，叫他把盘古王开的天戳烂，于是天被戳了很多洞洞眼眼。

【流传】四川省·（宜宾市）·屏山县·屏边乡（屏边镇）·麻柳村

【出处】徐云华讲，徐登奎采录：《盘古开天地》，见中国民间文学集成全国编辑委员会编《中国民间故事集成》（四川卷·上），北京：中国ISBN中心1998年版，第23页。

W1366.4.5
蚩尤用角戳出天洞

实 例

汉族 蚩尤用头上的犄角把天顶了个大窟窿。

【流传】河北省·（张家口市）·涿鹿县·（矾山镇）·下七旗村

【出处】孙文会讲，孙秀琴采录：《黄帝战蚩尤》，见中国民间文学集成全国编辑委员会编《中国民间故事集成》（河北卷），北京：中国ISBN中心2003年版，第30页。

W1366.4.6
祝融戳出天洞

实 例

仡佬族 祝融公公把天撞破后变亮。

【流传】（无考）

【出处】陶阳、牟钟秀著：《中国创世神话》，上海：上海人民出版社2006年版，第49页。

W1366.5
水冲出天洞

实 例

（参见下级母题实例）

W1366.5.1
海潮冲出天洞

实 例

白族 海水喷潮，潮水直往天上冲，把天冲开了一个大洞。

【流传】云南省·（大理白族自治州）·鹤庆县·城郊乡（草海镇）·新民村

【出处】李剑飞讲，李缵绪采录：《人和万物的起源》，见中国民间文学集成全国编辑委员会编《中国民间故事集成》（云南卷），北京：中国ISBN中心2003年版，第13页。

> 白族　一天，海水喷涌，潮水吼啸着，直往天上冲，把天冲开了一个大洞。

【流传】云南省·（大理白族自治州）·鹤庆（鹤庆县），丽江（丽江市）及（丽江市）·永胜（永胜县）

【出处】李剑飞讲，李缵绪、章虹宇记录：《人类和万物的起源》（又名《劳谷与劳泰》、《古干古洛创世记》），原载李缵绪主编《白族神话传说集成》，中国民间文艺出版社1986年版，见姚宝瑄主编《中国各民族神话》（白族、拉祜族、景颇族），太原：山西出版传媒集团·书海出版社2014年版，第18页。

> 白族　海水喷潮，潮水吼啸着，直往天上冲，把天冲开了一个大洞。

【流传】云南省·大理州（大理白族自治州）

【出处】《人类和万物的起源》，见云南省民间文学集成办公室编《白族神话传说集成》，北京：中国民间文艺出版社1986年版，第1~10页。

W1366.6
争斗时撞破天

【关联】
① ［W1365.3.3］争战把天冲弄塌
② ［W8575.1］神撞断天柱造成天塌地陷

实　例

（参见下级母题实例）

W1366.6.1
神的争斗撞破天

实　例

（参见下级母题实例）

W1366.6.1.1
火神与水神的争斗撞出天洞

实　例

> 汉族　天上的火神和水神打架，打来打去，打到天河上，将天河踏破一个洞，天河的水从洞里直向大地倒泻下来，大地上一片水汪汪，生灵大都被水淹死了。

【流传】浙江省·（丽水市）·遂昌县

【出处】毛广寿讲，廖恒民搜集整理：《女娲补天》（1987.05），见姚宝瑄主编《中国各民族神话》（汉族），太原：山西出版传媒集团·书海出版社2014年版，第53~54页。

W1366.6.2
神性人物的争斗撞破天

实　例

（参见下级母题实例）

W1366.6.2.1
共工争斗时撞破不周山形成天的窟窿

【关联】［W1365.1］天柱折断造成天塌

实　例

> 汉族　共工撞破不周山后，西北天出

现了很大的窟窿，大星星小星星不断溜儿地往下漏。

【流传】（a）吉林·长春市·伊通县（伊通满族自治县）·伊丹镇

【出处】

（a）张久成、瓮圈村讲，施立学采录：《女娲补西北天》（1990），见中国民间文学集成全国编辑委员会编《中国民间故事集成》（吉林卷），北京：中国文联出版公司1992年版，第1页。

（b）同（a），见陶阳、钟秀编《中国神话》（上），北京：商务印书馆2008年版，第398页。

W1366.6.2.2
神仙争斗时形成天的窟窿

实 例

汉族　天上两个神仙打架不小心把天踢了一个窟窿。

【流传】甘肃省·天水市·北道区（麦积区）·街子乡

【出处】刘氏讲，刘银梅采录：《天使织五彩布补天》，见中国民间文学集成全国编辑委员会编《中国民间故事集成》（甘肃卷），北京：中国ISBN中心2001年版，第8页。

W1366.6.2.3
天兵天将争斗时形成天的窟窿

实 例

汉族　天兵天将中有两位大将要比武，把天打破。

【流传】宁夏回族自治区·（中卫市）·海原县·高崖乡

【出处】邵富贵讲，邵淑霞采录：《天上为什么会有星星》，见《中国民间文学集成全国编辑委员会编《中国民间故事集成》（宁夏卷），北京：中国ISBN中心1999年版，第21页。

W1366.6.3
动物的争斗撞破天

实 例

（参见下级母题实例）

W1366.6.3.1
龙的争斗撞出天洞

实 例

汉族　天上的两个龙王为争仙桃打起架来，把天弄了一个大窟窿。

【流传】辽宁省·（沈阳市）·新民县北部农村

【出处】刘赵氏讲，刘秀岩搜集整理：《补天的故事》，见姚宝瑄主编《中国各民族神话》（汉族），太原：山西出版传媒集团·书海出版社2014年版，第63～65页。

汉族　玉帝派水、火两条恶龙到人间降灾酿祸时，水龙纵身跳上天，火龙随后跟上，把天顶破了一个大窟窿。

【流传】河南省·（驻马店市）·遂平县

【出处】李耀东的祖母讲，李耀东采录：《女娲造人（一）》（1988.02），见张振犁编著《中原神话通鉴》（第一卷），郑州：河南大学出版社2017年版，第164~165页。

W1366.6.3.1.1
乌龙的争斗碰破天皮

实例

瑶族　南山山洞里的乌龙和北海里的乌龙争食蜜桃打架，碰破了天皮。

【流传】广西壮族自治区
【出处】萧甘牛搜集整理：《龙牙颗颗钉满天》，见曹廷伟编著《广西民间故事辞典》，南宁：广西教育出版社1993年版，第15页。

W1366.6.3.2
鸟的争斗撞出天洞

实例

汉族　两只大鸟打架打到了云彩上头，只听半空里轰隆一声响，好生生一个青天，叫它们给碰了个大窟窿。

【流传】河北省·（邯郸市）·涉县
【出处】李光藩、赵德崇讲：《女娲炼石补天的传说》，见张振犁编著《中原神话通鉴》（第一卷），郑州：河南大学出版社2017年版，第151页。

W1366.6.4
太阳打斗时把天撕破

实例

苗族　12个太阳打斗，杀得眼睛冒火，打得额头开花，拼得一身滚烫，捶得口崩鼻塌。他们这一场扭打，把天撕成百眼千坑，把地燎得一片焦殃。

【流传】广西壮族自治区·（柳州市）·融水苗族自治县
【出处】
（a）杨达香讲，梁彬搜集整理：《创世纪》（三、太阳打斗，人死草枯），见梁彬、王天若编《苗族民间故事选》，南宁：广西人民出版社1986年版。
（b）同（a），见姚宝瑄主编《中国各民族神话》（布依族、仡佬族、苗族），太原：山西出版传媒集团·书海出版社2014年版，第188页。

W1366.6.5
狗打架造成天的窟窿

实例

汉族　狗打架把天给碰了个大窟窿。

【流传】河北省·（邯郸市）·涉县（凤凰山）娲皇宫（娲皇宫旅游区）
【出处】赵德崇讲，李亮采录：《炼石补天》，见中国民间文学集成全国编辑委员会编《中国民间故事集成》（河北卷），北京：中国ISBN中心2003年版，第15页。

W1366.7
妖怪撞破天

实例

汉族　妖怪撞断天柱，天破了个

大洞。

【流传】青海省·（海东市）·平安县（平安区）·石灰窑乡

【出处】魏永发讲，魏占乾采录：《女娲炼石补天》，见中国民间文学集成全国编辑委员会编《中国民间故事集成》（青海卷），北京：中国ISBN中心2007年版，第5页。

汉族 一个怪物用头朝天上一撞，天被撞开了一个大洞。

【流传】浙江省·（杭州市）·临安县（临安市）·青山镇

【出处】印国珍讲，印振武采录：《天柱撑天》，见中国民间文学集成全国编辑委员会编《中国民间故事集成》（浙江卷），北京：中国ISBN中心1997年版，第22页。

壮族 一个作恶多端的妖怪把天撞出一个大窟窿。

【流传】广西壮族自治区·象州·罗秀乡

【出处】苏国才讲：《女娲补天》，见张声震总主编，农冠品编注《壮族神话集成》，南宁：广西民族出版社2007年版，第319～320页。

W1366.8

动物撞破天

【关联】［W1702.1］动物的角刺破天后产生星星

实 例

（参见下级母题实例）

W1366.8.1

乌龟撞出天洞

实 例

苗族 乌龟用头撞，南天起窟窿。

【流传】广西壮族自治区·（柳州市）·融水苗族自治县

【出处】

（a）杨达香讲，梁彬搜集整理：《创世纪》（三、太阳打斗，人死草枯），见梁彬、王天若编《苗族民间故事选》，南宁：广西人民出版社1986年版。

（b）同（a），见姚宝瑄主编《中国各民族神话》（布依族、仡佬族、苗族），太原：山西出版传媒集团·书海出版社2014年版，第188页。

土家族 地上有个大鳌鱼，鳌鱼的背顶住天，鳌鱼打了个大翻身，把天撞通了。

【流传】湖南省·（湘西土家族苗族自治州）·龙山县·（湾塘乡）·坡脚（坡脚村）

【出处】向廷龙讲，彭勃翻译整理：《造天造地》，见谷德明编《中国少数民族神话》，北京：中国民间文艺出版社1987年版，第165页。

W1366.8.2

鹰撞破天天洞

实 例

汉族 一只大鹰撞破了天。

【流传】甘肃省·（天水市）·张家川

县·大阳乡·侯吴村

【出处】阎进存讲，杨根荣采录：《女娲射鹰补天》，见中国民间文学集成全国编辑委员会编《中国民间故事集成》（甘肃卷），北京：中国 ISBN 中心 2001 年版，第 7 页。

W1366.8.3
鱼撞破天天洞

实例

土家族 东海一条大鱼的鱼翅伸进了天庭，天上人斧砍大鱼。大鱼负痛翻了个身，把天上捅了个大窟窿。

【流传】四川省·秀山县（今重庆市·秀山土家族苗族自治县）·海洋乡

【出处】彭国然讲，李绍明采录：《依罗娘娘造人》，见中国民间文学集成全国编辑委员会编《中国民间故事集成》（四川卷·下），北京：中国 IS-BN 中心 1998 年版，第 1211 页。

W1366.9
树戳破天

实例

（参见下级母题实例）

W1366.9.1
天被山上的大树戳破

实例

哈尼族 山上的一棵大树长得太高，把天戳破了。

【流传】云南省·（红河哈尼族彝族自治州）·元阳县

【出处】

（a）朱小和讲：《补天的兄妹俩》，见云南省民间文学集成办公室编：《哈尼族神话传说集成》，北京：中国民间文艺出版社 1990 年版，第 66~67 页。

（b）朱小和讲，史军超采录：《补天的兄妹俩》，见中国民间文学集成全国编辑委员会编《中国民间故事集成》（云南卷），北京：中国 ISBN 中心 2003 年版，第 169 页。

哈尼族 有一年，山上有棵大树长得实在高，一戳把天戳通了。

【流传】（云南省·红河哈尼族彝族自治州·元阳县）

【出处】朱小和讲，史军超搜集整理：《补天的兄妹俩》，原载《哈尼族神话传说集成》，见陶阳、钟秀编《中国神话》（中），北京：商务印书馆 2008 年版，第 777~778 页。

W1366.9a
人造物戳破天

实例

（参见下级母题实例）

W1366.9a.1
人造的塔会戳破天

【关联】［W1419］毁掉通天塔绝地天通

实例

苗族 洪水后，幸存的儿弟兄和儿妯

娅为预防再发洪水就修造了一座塔。天上的太白金星看到后，认为凡人不分天上地下，塔朝高点修，天会被戳破。

【流传】贵州省

【出处】高吉平讲，陈明铠采录：《汉苗彝的来历》，原载《贵州神话传说》，见陶阳、钟秀编《中国神话》（上），北京：商务印书馆2008年版，第529～530页。

W1366.9b
天柱倒塌形成天洞

【关联】［W1339.2］天柱的倒塌

实例

汉族 天柱不周山一倒，天塌了个窟窿。

【流传】淮河一带

【出处】

（a）唐元梅讲：《女娲补天治水》，载《民间文学》1986年第6期。

（b）同（a），见姚宝瑄主编《中国各民族神话》（汉族），太原：山西出版传媒集团·书海出版社2014年版，第94～95页。

W1366.10
与天洞有关的其他母题

【关联】［W1545.7.7.1］日月是天上凿开的洞

实例

（参见下级母题实例）

W1366.10.1
盖天佛把天顶出窟窿

实例

汉族 盖天佛把天地顶开后，天上大大小小全是窟窿。

【流传】河北省·（张家口市）·赤城县·（后城镇）·后城村

【出处】赵子英讲，郝云飞采录：《鱼为啥没有腿》，见中国民间文学集成全国编辑委员会编《中国民间故事集成》（河北卷），北京：中国ISBN中心2003年版，第6页。

W1366.10.2
特定的人把天顶出窟窿

实例

汉族 （实例待考）

W1366.10.3
风吹破天

实例

彝族 蜘蛛网织的天不牢，有一天刮起一阵大风，把天吹破了。

【流传】云南省·楚雄彝族自治州

【出处】罗文荣演唱，李世忠翻译，蔷紫改写：《老人梅葛》，见姚宝瑄主编《中国各民族神话》（羌族、彝族），太原：山西出版传媒集团·书海出版社2014年版，第123页。

W1366.10.4
元月二十号天穿洞

实 例

汉族（客家人） 过年过到元月二十号。这一天是天穿日。天穿的意思就是天穿了洞，也就是天有破洞。

【流传】台湾·桃竹苗地区

【出处】游日光整理：《天穿日》，原载金荣华主编：《台湾桃竹苗地区民间故事》，见陶阳、钟秀编《中国神话》（下），北京：商务印书馆2008年版，第1475页。

W1366.10.5
天洞的位置

实 例

（参见下级母题实例）

W1366.10.5.1
天洞在天的西南角

实 例

汉族 远古时候，天上突然塌了一个洞，这个洞在天的西南角上。

【流传】江苏省·（南通市）·如皋县

【出处】石祥如讲，宗德福搜集整理：《麦芒补天》，见姚宝瑄主编《中国各民族神话》（汉族），太原：山西出版传媒集团·书海出版社2014年版，第51~52页。

W1366.10.6
天洞的作用

实 例

（参见下级母题实例）

W1366.10.6.1
天洞是用于下雨的地方

【关联】［W1785.1.2］银河是给雨留的路

实 例

哈尼族 造天的三个大神，有意留下巴掌大的一个洞洞不补上，留下这个洞洞是管下雨用的。

【流传】云南省

【出处】熊兴祥搜集整理：《风姑娘》，载《山茶》1983年第4期。

哈尼族 三个大神造天时留下的一个洞洞，是下雨用的，如果天全补上了，天上的雨水就下不来了。

【流传】云南省·（红河哈尼族彝族自治州）·金平县（金平苗族瑶族傣族自治县）·（大寨乡）·坡头乡（坡头村）

【出处】李文有讲，熊兴祥记录：《风姑娘》，原载《金平民间故事选》，见姚宝瑄主编《中国各民族神话》（哈尼族、傣族），太原：山西出版传媒集团·书海出版社2014年版，第29~30页。

W1366.10.6.2
人可以通过天洞看到天上的事情

实例

汉族 八月十五看月亮，会看得到南天门抬轿子呀抬棺材，据说也是从女娲补天留下的一个洞洞看进去的。

【流传】四川省·巴县（今重庆市·巴南区）

【出处】杜志榜讲，李子硕搜集整理：《巴子石的来历》（1988.05），见姚宝瑄主编《中国各民族神话》（汉族），太原：山西出版传媒集团·书海出版社2014年版，第47~51页。

W1366.10.7
天洞的数量

实例

（参见下级母题实例）

W1366.10.7.1
以前有很多天洞

实例

汉族 盘古王刚把天地分开那阵，天上到处都是些洞洞眼眼。

【流传】四川省·巴县（今重庆市·巴南区）

【出处】杜志榜讲，李子硕搜集整理：《巴子石的来历》（1988.05），见姚宝瑄主编《中国各民族神话》（汉族），太原：山西出版传媒集团·书海出版社2014年版，第47~51页。

W1366.10.7.2
9个天洞

实例

彝族（俚颇） 天神的九个儿子去造天的时候，在天上撬了九个洞。

【流传】云南省·（楚雄彝族自治州）·大姚县·昙华山区（昙华乡）

【出处】

（a）陆颇梭颇（毕摩）演唱，夏光辅、诺海阿苏翻译：《俚泼古歌》，见云南省社会科学院楚雄彝族文化研究所编《彝族民间文学》第2辑，1985年。

（b）陆颇梭颇（毕摩）演唱，夏光辅、诺海阿苏翻译，古梅改写：《赤梅葛——俚泼古歌》，见姚宝瑄主编《中国各民族神话》（羌族、彝族），太原：山西出版传媒集团·书海出版社2014年版，第106页。

W1366.10.8
天上的黑洞

实例

（参见下级母题实例）

W1366.10.8.1
天上的黑洞会带来灾难

实例

汉族 天空出现了一个可怕的黑洞后，天塌了，地裂了。

【流传】甘肃省·天水市·北道区·南河川乡

【出处】张天喜讲，董喜军采录：《女娲补天》，见中国民间文学集成全国编辑委员会编《中国民间故事集成》（福建卷），北京：中国ISBN中心1998年版，第6页。

W1367
天上出现裂缝（天缝、天裂）

【关联】［W1391.2.2］地缝（地裂）

实 例

（参见下级母题实例）

W1367.1
天地间自然产生裂缝

实 例

汉族 很早以前，天地混沌，只有一条缝。

【流传】浙江省·绍兴县·樊江乡·后堡（今绍兴市越城区·皋埠镇·后堡村）

【出处】胡大阿珍讲，柳坚明采录：《盘古开天辟地》，见中国民间文学集成全国编辑委员会编《中国民间故事集成》（浙江卷），北京：中国ISBN中心1997年版，第15页。

W1367.1.1
巨人发现天地间存在一条大裂缝

实 例

侗族 （参见W1385.2母题实例）

W1367.1.2
天突然开裂

实 例

彝族 造好日月之后，天空突然开裂了。

【流传】黔西（贵州省西部）与云南（云南省）接壤的彝族地区

【出处】阿候布代讲，王正贡、王子尧、王冶新、何积金搜集整理，蔷紫改写：《天生地产》，原载中国民间文艺研究会贵州分会编《民间文学资料》，内部资料，1986年，见姚宝瑄主编《中国各民族神话》（羌族、彝族），太原：山西出版传媒集团·书海出版社2014年版，第164页。

W1367.1.3
以前的天四分五裂

实 例

汉族 远古的时候，我们头上的青天并不是现在这样的，而是四分五裂。

【流传】河南省·济源市·济源县·思礼乡·思礼村

【出处】卢一道讲，卢娜采录：《女娲补天》（1983.09），见张振犁编著《中原神话通鉴》（第一卷），郑州：河南大学出版社2017年版，第123页。

W1367.2
造天时留下裂缝

实 例

（参见下级母题实例）

W1367.2.0
盘古造天时留下天缝

实例

汉族 盘古分开天地之后，天七高八低，有的地方还有裂缝。

【流传】上海市·黄浦区

【出处】顾剑峰讲，方卡采录：《女娲补天治水》，见中国民间文学集成全国编辑委员会编《中国民间故事集成》（上海卷），北京：中国 ISBN 中心 2007 年版，第 13 页。

W1367.2.1
女神造天时留下天缝

实例

拉祜族（苦聪） 阿娜（女神名）十分细心，她造好天之后，在天板上留下三拃宽的缝缝，那是下雨的地方。

【流传】云南省·红河地区（红河哈尼族彝族自治州）的深山老林

【出处】杨老三讲，樊晋波、陈继陆、韩延搜集，韩延整理，古木改写：《阿罗阿娜造天地》，原载《红河文艺》，原题目为《苦聪创世歌》，见姚宝瑄主编《中国各民族神话》（白族、拉祜族、景颇族），太原：山西出版传媒集团·书海出版社 2014 年版，第 173 页。

W1367.2.2
九兄弟造天时留下天缝

实例

哈尼族 九兄弟造天，留下两个巴掌的空隙。

【流传】（无考）

【出处】刘辉豪、白章福搜集整理：《奥色密色》，载《山茶》1980 年第 2 期。

W1367.3
争斗造成天的裂缝

【关联】[W8700] 争战

实例

（参见下级母题实例）

W1367.3.1
乌龙相斗造成天的裂缝

实例

苗族 两条乌龙相斗，震裂天宇。

【流传】广西壮族自治区·（柳州市）·大苗山（融水苗族自治县）

【出处】
(a) 《龙牙颗颗钉满天》，见苏晓星《苗族文学史》，成都：四川出版集团·四川民族出版社 2003 年版，第 75 页。

(b) 《龙牙颗颗钉满天》，见田兵等《苗族文学史》，贵阳：贵州人民出版社 1981 年版，第 57 页。

瑶族 南山山洞里的乌龙和北海里的乌龙争食蜜桃打架，碰破了天皮后形成天缝。

【流传】广西壮族自治区

【出处】萧甘牛搜集整理：《龙牙颗颗钉满天》，见曹廷伟编著《广西民间故事辞典》，南宁：广西教育出版社1993年版，第15页。

W1367.3.2
2人打斗造成天缝

实例

（参见下级母题实例）

W1367.3.2.1
2人争天下打斗正月廿日造成天缝

实例

汉族 有一年，凡间两个皇臣争天下。正月廿日这天，二人打斗碰倒了天柱，使天上裂了很宽的一条缝。

【流传】浙江省·（丽水市）·庆元县

【出处】赖善卿讲，兰志龙搜集整理：《补天穿》，见姚宝瑄主编《中国各民族神话》（汉族），太原：山西出版传媒集团·书海出版社2014年版，第52~53页。

W1367.4
天神的长啸造成天的裂缝

实例

傈僳族 天神的一声长啸，使天空炸开了一条裂缝。

【流传】（无考）

【出处】

（a）曹德旺、周忠枢翻译整理：《岩石月亮》，载《山茶》1982年第2期。

（b）同（a），见谷德明编《中国少数民族神话》，北京：中国民间文艺出版社1987年版，第365页。

W1367.5
天地相撞造成天的裂缝

实例

（参见下级母题实例）

W1367.5.1
支地的鳌鱼翻身使天地相撞形成天的裂缝

实例

汉族 有一次，支撑大地的鳌鱼翻身，造成天地相撞，结果天倾西北，地陷东南，天上裂开一条大缝。

【流传】江苏省·（淮安市）·涟水县·南集乡·禹庄村

【出处】徐学尧讲，徐省生搜集整理：《世界的由来》（1983），见姚宝瑄主编《中国各民族神话》（汉族），太原：山西出版传媒集团·书海出版社2014年版，第24~28页。

W1367.6
因补天石不足形成天缝

实例

（参见下级母题实例）

W1367.6.1
女娲补天时天罡石不足形成天缝

【关联】

① ［W1386.2］女娲补天

② ［W1387.1.4a.1.1］女娲用天罡石补天

实例

汉族 天塌造成洪水，女娲娘娘炼了天罡石去补天。不晓得天罡石还没够，天上还裂着一道缝。

【流传】江苏省·（苏州市）·太仓县

【出处】曹展氏讲，尹培民搜集整理：《天上日月云彩哪里来》，见姚宝瑄主编《中国各民族神话》（汉族），太原：山西出版传媒集团·书海出版社2014年版，第72～73页。

W1367.7
撑天时形成天缝

实例

（参见下级母题实例）

W1367.7.1
撑天歪斜形成天缝

实例

苗族 有一个名叫府方的老公公，用一只手撑天，一只手干活。撑久了支持不住，天一歪，天底就出了个裂缝，那裂缝大得像撑谷仓的大柱子一般大。

【流传】贵州省·（黔东南苗族侗族自治州）·台江县、施秉县、凯里县（凯里市）等地

【出处】宝久老、岩公、李普奶等八位歌手演唱，桂舟人、唐春芳搜集，苗地改写：《打柱撑天》，见姚宝瑄主编《中国各民族神话》（布依族、仡佬族、苗族），太原：山西出版传媒集团·书海出版社2014年版，第119页。

W1367.7a
雷电造成天裂

实例

（参见下级母题实例）

W1367.7a.1
打雷造成天裂

【关联】［W1366.2］打雷造成天洞

实例

彝族 格兹天神的儿女造出的天地后，要打雷来试天，地震来试地。结果试天的时候，雷一响，天就开裂了。

【流传】（云南省·楚雄彝族自治州·姚安县·官屯乡·马游村，大姚县·昙华乡等）

【出处】

(a) 郭天元（马游村）、李申呼颇（昙华乡）、李福玉颇（苴）演唱，郭思九、许明学、龚维顺、张宝省、陈志群、胡炳文等搜集，刘德虎、龚维

顺、陈志群、李树荣、郭天元等整理：《梅葛》（第一部"创世"），见云南省民族民间文学楚雄调查队《梅葛》（1959），昆明：云南人民出版社2009年版。

(b)《打虎开天辟地》，蕾紫据云南省民族民间文学楚雄调查队著《梅葛》（云南人民出版社2009年版）改写，见姚宝瑄主编《中国各民族神话》（羌族、彝族），太原：山西出版传媒集团·书海出版社2014年版，第192页。

W1367.8
与天缝有关的其他母题
实 例

（参见下级母题实例）

W1367.8.1
天缝的位置
实 例

（实例待考）

W1367.8.2
天缝的作用
实 例

（参见下级母题实例）

W1367.8.2.1
天缝用来下雨
实 例

拉祜族（苦聪） 阿娜（女神名）十分细心，她造好天之后，在天板上留下缝缝用来下雨。

【流传】云南省·红河地区（红河哈尼族彝族自治州）的深山老林

【出处】杨老三讲，樊晋波、陈继陆、韩延搜集，韩延整理，古木改写：《阿罗阿娜造天地》，原载《红河文艺》，原题目为《苦聪创世歌》，见姚宝瑄主编《中国各民族神话》（白族、拉祜族、景颇族），太原：山西出版传媒集团·书海出版社2014年版，第173页。

W1367.8.3
天缝的长宽
实 例

（参见下级母题实例）

W1367.8.3.1
三拃宽的天缝
实 例

拉祜族（苦聪） 阿娜（女神名）十分细心，她造好天之后，在天板上留下三拃宽的缝缝。

【流传】云南省·红河地区（红河哈尼族彝族自治州）的深山老林

【出处】杨老三讲，樊晋波、陈继陆、韩延搜集，韩延整理，古木改写：《阿罗阿娜造天地》，原载《红河文艺》，原题目为《苦聪创世歌》，见姚宝瑄主编《中国各民族神话》（白族、拉祜族、景颇族），太原：山西出版传媒集团·书海出版社 2014 年版，第 173 页。

W1367.8.4
天缝中是冷冰寒雪

实例

苗族 桑哥哥与白姑娘到天上寻找形成暴雨的原因，觅得一最大裂缝，冷冰寒雪如磐，自缝中冲出。

【流传】（无考）

【出处】《桑哥哥与白姑娘》，原载谷德明编《中国少数民族神话选》（原名《龙牙颗颗钉满天》），见袁珂《中国神话大词典》，北京：华夏出版社 2015 年版，第 425 页。

W1368
天地歪斜

实例

纳西族 阿璐（善神的儿子）来到术地，把术天开得歪歪的，把术地辟得斜斜的。

【流传】（a）云南省·丽江县（丽江市）

【出处】
（a）和正才等讲，杨世光采录，李即善翻译者：《东术争战记》，见中国民间文学集成全国编辑委员会编《中国民间故事集成》（云南卷），北京：中国 ISBN 中心 2003 年版，第 378 页。

（b）李即善翻译，杨世光整理：《东术争战记》，见谷德明编《中国少数民族神话》，北京：中国民间文艺出版社 1987 年版，第 435 页。

W1368.1
天神造的天倾斜

实例

哈尼族 天神造出的天歪歪倒倒。

【流传】
（a）云南省·（红河哈尼族彝族自治州）·元阳县

（b）云南省·（红河哈尼族彝族自治州）·元阳（元阳县）、红河（红河县）、绿春（绿春县）、金平（金平苗族瑶族傣族自治县）等

【出处】
（a）朱小和讲，史军超采录：《查牛补天地》，见中国民间文学集成全国编辑委员会编《中国民间故事集成》（云南卷），北京：中国 ISBN 中心 2003 年版，第 29 页。

（b）同（a），见云南省民间文学集成办公室编《哈尼族神话传说集成》，北京：中国民间文艺出版社 1990 年版。

W1369
天地的其他缺陷

实例

（参见下级母题实例）

W1369.0
天地不完整
实例

汉族 天地初不足，故女娲氏炼五色石以补其阙，断鳌足以立四极。

【流传】（无考）

【出处】［晋］张华：《博物志》卷一。

W1369.1
天经地纬断裂
实例

（参见下级母题实例）

W1369.1.1
神的打斗造成天经地纬断裂
实例

苗族 阿略的儿子和阿执的儿子与天地争斗，把天经地纬折断。

【流传】贵州省·（毕节市）·大方县·瓢井（瓢井镇）、兴隆（兴隆乡）、八堡（八堡乡）一带的六寨苗族［六寨苗族指阿龚寨（今菱角塘、大寨、青杠林、樱桃）、青山寨（今青山、板板桥、石板、大沟）仄垮寨（今下寨、新房子）、中寨（今中寨、五龙寨、三口塘）、铧匠寨（上寨、新寨）和新开田寨］

【出处】项文礼讲，项兴荣搜集记录：《偶佛补天》，见苗青主编《西部民间文学作品选》，贵阳：贵州民族出版社 2003 年版，第 52 页。

W1369.2
天的东南、西北有缺陷
实例

汉族 盘古王开天辟地时，东南、西北两个地方缺了两块。

【流传】江苏省·（南通市）·海安县·建设乡

【出处】陈锦彪讲，钱瑞斌采录：《女娲娘娘炼冰补天》，见中国民间文学集成全国编辑委员会编《中国民间故事集成》（江苏卷），北京：中国 ISBN 中心 1998 年版，第 4 页。

W1369.2.1
天的西北有缺陷
实例

汉族 天不足西北，无有阴阳。

【流传】（无考）

【出处】

（a）《文选·谢惠连〈雪赋〉》注引《诗纬含神雾》。

（b）《天门》，见袁珂《中国神话大词典》，北京：华夏出版社 2015 年版，第 52 页。

W1369.3
天的西南方有缺陷
实例

（参见下级母题实例）

W1369.3.1
盘古变出的西南方天不圆满

实 例

白族 盘古变天从东北方变起，天在西南方不圆满。

【流传】
（a）云南省·（大理白族自治州）·大理（大理市）、洱源县等地
（b）云南省·（大理白族自治州）·洱源县

【出处】
（a）杨国政讲，杨亮才采录：《开天辟地》，见中国民间文学集成全国编辑委员会编《中国民间故事集成》（云南卷），北京：中国 ISBN 中心 2003 年版，第 9 页。
（b）同（a），见谷德明编《中国少数民族神话》，北京：中国民间文艺出版社 1987 年版，第 293 页。

白族 盘古、盘生弟兄俩变天变地时，盘古变的天在西南方，不圆满。

【流传】云南省·（大理白族自治州）·大理（大理市）、洱源（洱源县）、剑川（剑川县）等地

【出处】杨国政讲，杨亮才记录整理：《开天辟地》，原载《云南民间故事选》（不详），见姚宝瑄主编《中国各民族神话》（白族、拉祜族、景颇族），太原：山西出版传媒集团·书海出版社 2014 年版，第 5~6 页。

W1369.4
地在东北方有缺陷

实 例

（参见下级母题实例）

W1369.4.1
盘生变出的东北方天有缺陷

实 例

白族 盘生变地从西南方变起，地在东北方有缺陷。

【流传】
（a）云南省·（大理白族自治州）·大理（大理市）、洱源县等地
（b）云南省·（大理白族自治州）·洱源县

【出处】
（a）杨国政讲，杨亮才采录：《开天辟地》，见中国民间文学集成全国编辑委员会编《中国民间故事集成》（云南卷），北京：中国 ISBN 中心 2003 年版，第 9 页。
（b）同（a），见谷德明编《中国少数民族神话》，北京：中国民间文艺出版社 1987 年版，第 293 页。

白族 盘古哥哥变天，盘生弟弟变地时，变出来的天和地不完整。天在西南方不圆满，地在东北方还有缺陷。

【流传】云南省·（大理白族自治州）·大理（大理市）、洱源（洱源县）、剑川（剑川县）等地

【出处】杨国政讲，杨亮才记录整理：

《开天辟地》，原载《云南民间故事选》（不详），见姚宝瑄主编《中国各民族神话》（白族、拉祜族、景颇族），太原：山西出版传媒集团·书海出版社2014年版，第5~6页。

W1369.5
天地有凹凸

【关联】

① ［W1159.3］以前的天不平
② ［W1217.0］以前地不平

实　例

（参见下级母题实例）

W1369.5.1
神劈出的天凹凸不平

实　例

哈尼族 五个神劈出来的天高高低低不整齐。

【流传】云南省·（玉溪市）·元江县（元江哈尼族彝族傣族自治县）·咪哩乡、羊岔街乡及因远镇一带

【出处】《开天辟地歌》，见元江县哈尼文化学会、元江县史志编纂办公室编《元江哈尼族古歌集》，内部编印，2005年，第9~10页。

W1369.5.2
盘古抓出的天有隆起

实　例

汉族 天小地大，盘古氏东捻西抓致地隆起，但天仍有缺。

【流传】福建省·（泉州市）·永春县
【出处】张宏声采录：《盘古分天地》，见中国民间文学集成全国编辑委员会编《中国民间故事集成》（福建卷），北京：中国ISBN中心1998年版，第3页。

W1369.5.3
清扫天地间的雾气

实　例

哈尼族 最早的世上只有一条非常粗大的叫做密乌艾西艾玛的金鱼。金鱼娘用左鳍把天地间黑黑的雾气扇光。

【流传】云南省·红河哈尼族彝族自治州
【出处】《窝果策尼果》，见红河哈尼族彝族自治州人民政府编《哈尼族口传文化译注全集》第1卷，昆明：云南民族出版社2009年版，第8页。

✻ W1370
稳固天地（天地的稳固）

实　例

（参见下级母题实例）

W1371
用支撑物稳定天地

实　例

（参见下级母题实例）

W1371.1
用架子稳固天地

实例

（参见下级母题实例）

W1371.1.1
天神搓污垢捏成挟天地的架子稳固天地

实例

傣族 英叭搓动他身上的污垢，捏成镇挟天地的架子，像屋架一样把整个天地固定下来。

【流传】（无考）

【出处】《开天辟地》，见谷德明编《中国少数民族神话》，北京：中国民间文艺出版社1987年版，第341页。

傣族 造天地的大神英叭做稳定天地的架子。因为英叭的无限神力，污垢捏成的架子立刻就变成了镇定天地的西拉神，天地被镇住了。

【流传】云南省·西双版纳傣族地区（西双版纳傣族自治州）

【出处】《巴塔麻嘎捧尚罗》，王松据岩温炳翻译《巴塔麻晏》（开天辟地）改写，见姚宝瑄主编《中国各民族神话》（哈尼族、傣族），太原：山西出版传媒集团·书海出版社2014年版，第273页。

傣族 神王英叭为稳定天地，搓身上的污垢，用污垢捏成镇挟天地的架子，要像屋架一样把整个天地固定下来。

【流传】云南省·西双版纳傣族地区（西双版纳傣族自治州）

【出处】《巴塔麻嘎捧尚罗》，王松据岩温炳翻译《巴塔麻晏》（开天辟地）改写，见姚宝瑄主编《中国各民族神话》（哈尼族、傣族），太原：山西出版传媒集团·书海出版社2014年版，第273页。

W1371.2
用神象稳固天地

实例

（参见下级母题实例）

W1371.2.1
神象在海中顶天地后天地稳固

实例

傣族 大神英叭为稳固天地，用他的污垢捏出象的模样，用神象顶住天地。神象站立在大海之中，就像一座稳固的大山。从此，地球便不再晃动了。

【流传】云南省·西双版纳傣族地区（西双版纳傣族自治州）

【出处】《巴塔麻嘎捧尚罗》，王松据岩温炳翻译《巴塔麻晏》（开天辟地）改写，见姚宝瑄主编《中国各民族神话》（哈尼族、傣族），太原：山西出版传媒集团·书海出版社2014年版，第277~278页。

W1371.3
用特定物撑天边支地角稳固天地

【实例】

（参见下级母题实例）

W1371.3.1
女神用鳌鱼骨撑天边支地角稳固天地

【关联】
① ［W1332.2.1］鳌鱼的肢体做天柱
② ［W1344.2］龟支撑地（鳌鱼支撑地）

【实例】

水族 女神伢俣分开天地分开后，用四根鳌鱼的骨头，撑天四边，支地四角。因为鳌鱼骨头最坚硬，这样天稳笃笃的，地也稳笃笃的，就像岩石山一般，一千年不会崩，一万年也不会塌。

【流传】（无考）

【出处】潘静流唱，燕宝记译，化斯改写：《伢俣开创世界》（原名《造天造地》），见姚宝瑄主编《中国各民族神话》（水族、布朗族、独龙族、基诺族、傈僳族），太原：山西出版传媒集团·书海出版社 2014 年版，第 4 页。

W1371.4
天柱稳固天地

【实例】

（参见下级母题实例）

W1371.4.1
海心冒出的石柱使天地稳固

【关联】［W1371a.1］盘古支天地使天地变稳

【实例】

白族 从海心冒出了一峰石柱之后，天不摇了，地不晃了；天不升了，地不陷了。这石柱像一个倒竖着的大海螺，后人就把这叫作螺峰山。

【流传】云南省·（大理白族自治州）·鹤庆（鹤庆县），丽江（丽江市）及（丽江市）·永胜（永胜县）

【出处】李剑飞讲，李缵绪、章虹宇记录：《人类和万物的起源》（又名《劳谷与劳泰》、《古干古洛创世记》），原载李缵绪主编《白族神话传说集成》，中国民间文艺出版社 1986 年版，见姚宝瑄主编《中国各民族神话》（白族、拉祜族、景颇族），太原：山西出版传媒集团·书海出版社 2014 年版，第 19 页。

W1371a
特定人物稳固天地

【实例】

（参见下级母题实例）

W1371a.1
盘古支天地使天地变稳

【实例】

汉族 盘古最早开辟出来的天地不稳

定。盘古把会晃动的天地支撑了几百几千几万年后，慢慢，地天地稳定了。

【流传】浙江省·（丽水市·莲都区·万象街道）·刘祠堂背

【出处】孙华犁讲，唐宗龙搜集整理：《盘古造化天地》（1963），见姚宝瑄主编《中国各民族神话》（汉族），太原：山西出版传媒集团·书海出版社2014年版，第9~10页。

W1371a.2
盘古定乾坤

实 例

汉族 盘古王始定乾坤。

【流传】四川省·（成都市）·崇庆县（崇州市）

【出处】吴道士讲，毛甫澄采录：《盘古开天地》，见中国民间文学集成全国编辑委员会编《中国民间故事集成》（四川卷·上），北京：中国ISBN中心1998年版，第22页。

W1371a.3
女娲支天地使天地变稳

实 例

（参见下级母题实例）

W1371a.3.1
女娲用16只鳌足支撑天地

实 例

汉族 支天柱的鳌发怒造成天柱的倒塌。女娲十分恼怒，当下就叫天神砍下了那四个老鳌的一十六条腿儿，重新撑开了天和地。

【流传】河南省·（安阳市）·安阳县·磊口乡·清凉山村［采录地点：安阳县磊口乡目明学校］

【出处】赵金和（36岁，中师）讲，牛化法采录：《清凉山的传说》（1987.04.07），见张振犁编著《中原神话通鉴》（第一卷），郑州：河南大学出版社2017年版，第154页。

W1372
用石头压住天地

实 例

（参见下级母题实例）

W1372.1
压天地的石头

【关联】

① ［W1375.3.1］用石头压天头把天变稳

② ［W1376.3.1］用石头稳定大地

实 例

彝族 （参见W1376.3.3.2.1母题实例）

W1372a
用山稳固天地

实 例

（参见下级母题实例）

W1372a.1
神山稳固天地

【关联】［W1375.3.1］用石头压天头把天变稳

实例

纳西族 什罗神山的山顶卫住天，老天不叫唤；山脚镇住地，大地不动荡。

【流传】（云南省）

【出处】和芳、和志新编译：《崇邦统——人类迁徙记》，见姚宝瑄主编《中国各民族神话》（佤族、阿昌族、纳西族、普米族、德昂族），太原：山西出版传媒集团·书海出版社2014年版，第141页。

W1372b
绷天地（绷天绷地）

【关联】［W1383.5］绷天

实例

（参见下级母题实例）

W1372b.1
用神牛皮绷天绷地

实例

哈尼族 众神杀查牛（天地神专养的神牛），大大的牛皮拿去做绷天绷地的皮。

【流传】云南省·（红河哈尼族彝族自治州）·元阳（元阳县）、红河（红河县）、绿春（绿春县）、金平（金平苗族瑶族傣族自治县）

【出处】朱小和讲唱，史军超搜集整理：《查牛补天地》（1983），原载云南省民间文学集成办公室编《哈尼族神话传说集成》，中国民间文艺出版社1990年版，见姚宝瑄主编《中国各民族神话》（哈尼族、傣族），太原：山西出版传媒集团·书海出版社2014年版，第56页。

W1372b.2
先绷地，再绷天

实例

藏族 一男一女在争吵。男的说："撒拉甲伍，你先绷地，把地绷好以后，我再来绷天。"

【流传】四川省白马藏族地区

【出处】扎嘎才让、小石桥、顶专讲，谢世廉、周善华、姜志成、周贡中搜集：《绷天绷地》，见姚宝瑄主编《中国各民族神话》（门巴族、珞巴族、怒族、藏族），太原：山西出版传媒集团·书海出版社2014年版，第78页。

W1372c
用粘合物稳固天地

实例

（参见下级母题实例）

W1372c.1
神用自动增长的粘合物稳固天地

实例

傣族 大神英叭造出支撑天地的神象稳定天地时，他的安放在象的四个蹄子上的指甲就不断延长、变大，慢慢地与顶天柱衔接、吻合。

【流传】云南省·西双版纳傣族地区（西双版纳傣族自治州）

【出处】《巴塔麻嘎捧尚罗》，王松据岩温炳翻译《巴塔麻晏》（开天辟地）改写，见姚宝瑄主编《中国各民族神话》（哈尼族、傣族），太原：山西出版传媒集团·书海出版社2014年版，第278~279页。

W1373
特定的看守者稳固天地

【关联】［W1346.4］支地动物的看管

实例

（参见下级母题实例）

W1373.1
玉狗看管顶天大鳌鱼，天地变稳固

实例

羌族 原来天地不稳。红满西（天母）就把玉狗唤来，放在顶天大鳌鱼的耳朵洞里看管它，鳌鱼再不敢动了，天地才稳当。

【流传】四川省·（阿坝藏族羌族自治州）·理县·桃坪乡·桃坪村

【出处】余青海讲，罗世泽采录：《开天辟地》，见中国民间文学集成全国编辑委员会编《中国民间故事集成》（四川卷·下），北京：中国ISBN中心1998年版，第1107页。

W1374
与稳固天地有关的其他母题

实例

（参见下级母题实例）

W1374.1
造山后天地稳固

实例

（参见下级母题实例）

W1374.1.1
神和佛造灵山稳固天地

【关联】［W1852.6.78］灵山

实例

纳西族 神和佛等建成灵山之后，天和地不再动荡了。

【流传】（a）云南省·丽江县（丽江市）

【出处】

（a）和芳讲，和志武采录：《人类迁徙记》，见中国民间文学集成全国编辑委员会编《中国民间故事集成》（云南卷），北京：中国ISBN中心2003年版，第49页。

(b) 和志武翻译整理：《人类迁徙记》，见谷德明编《中国少数民族神话》，北京：中国民间文艺出版社 1987 年版，第 395 页。

纳西族 神和佛商量，能者们与智者们商量后，集合一切力量，在大力神九高那布管领之下，终于建成了灵山，天和地也不再动荡了。

【流传】（云南省·丽江市）

【出处】和志武翻译整理：《人类迁徙记》，原载中共丽江地委宣传部编《纳西族民间故事选》，见陶阳、钟秀编《中国神话》（中），北京：商务印书馆 2008 年版，第 856~876 页。

W1374.2
稳固天地的时间

实 例

（参见下级母题实例）

W1374.2.1
敌手毁坏天地时稳定天地

实 例

傣族 雨雾之神披乍贺要毁灭世界时，神王英叭早就用定天柱稳住了天，四角的天柱，尤其是西拉神像牢牢地把地球支撑住。

【流传】云南省·西双版纳（西双版纳傣族自治州）·勐海（勐海县）·勐遮（勐遮镇）、勐混（勐混镇）

【出处】波玉挽讲，王光搜集整理：《披乍贺与火神之子的一场战争》，见姚宝瑄主编《中国各民族神话》（哈尼族、傣族），太原：山西出版传媒集团·书海出版社 2014 年版，第 244 页。

W1374.2.2
天地毁坏后第 99 天稳固好

实 例

苗族 人间地塌天崩后，盘古在第 99 天把天地拍打稳固。

【流传】（无考）

【出处】《盘古》，见陶阳、牟钟秀著《中国创世神话》，上海：上海人民出版社 2006 年版，第 46 页。

W1375
天的稳固

【关联】［W1339.2.6］天柱的稳固

实 例

（参见下级母题实例）

W1375.1
支撑天使天变稳

【关联】［W1319］天的支撑

实 例

（参见下级母题实例）

W1375.1.1
天柱支天使天变稳

【关联】

① ［W1326.3］特定的柱子支天

② ［W1330］天柱（顶天的柱子）

实例

布依族 力嘎用四肢作撑天柱把天撑稳。

【流传】（无考）

【出处】《力嘎撑天》，见中国各民族宗教与神话大词典编审委员会编《中国各民族宗教与神话大词典》，北京：学苑出版社1990年版，第44页。

瑶族 以前的天空飘忽不定，女神密洛陀把死去的师父的身子变成一根大柱子，拿到天的中央，撑住天的中间。从此，天就稳固了。

【流传】广西壮族自治区·（河池市）·都安瑶族自治县江水河一带瑶族地区

【出处】《密洛陀创世》，蓝田根据莎红整理的《密洛陀》和潘泉脉整理的《密洛陀》两部不同版本的长诗《密洛陀》改写，见姚宝瑄主编《中国各民族神话》（土家族、毛南族、侗族、瑶族），太原：山西出版传媒集团·书海出版社2014年版，第152页。

W1375.1.1.1
4根撑天柱把天撑牢

实例

布依族 四根撑天柱立在东方天边，把天撑牢。

【流传】（无考）

【出处】班琅王等讲，汛河记录整理：《洪水滔天》，见谷德明编《中国少数民族神话》，北京：中国民间文艺出版社1987年版，第614页。

W1375.1.1.2
天柱撑天时要垫七分土

实例

毛南族 （实例待考）

W1375.1.1.3
用16根柱子顶天把天变稳

实例

彝族（阿细） 最早的天不稳定。天上有个阿底神便拿四四一十六根柱子，就是四根金柱子、四根银柱子、四根铜柱子和四根铁柱子去顶天。

【流传】（a）云南省·红河哈尼族彝族自治州·弥勒县·（西山镇）

【出处】

（a）潘正兴等唱述，云南省民族民间文学红河调查队搜集翻译整理：《阿细的先基》，昆明：云南人民出版社1959年版。

（b）云南省民族民间文学红河调查队搜集整理，古梅改写：《最古的时候》，见姚宝瑄主编《中国各民族神话》（羌族、彝族），太原：山西出版传媒集团·书海出版社2014年版，第132页。

W1375.1.1.4
用铜柱铁柱撑天把天变稳

实例

水族 牙巫（女始祖）为了使天稳

固，牙巫即去锻铜柱、炼铁柱，把天撑住，天便稳固了。

【流传】（无考）

【出处】潘静流唱，燕宝记译，化斯改写：《牙巫造人》，据潘朝霖《水族的种种古老神话传说》改写，见姚宝瑄主编《中国各民族神话》（水族、布朗族、独龙族、基诺族、傈僳族），太原：山西出版传媒集团·书海出版社 2014 年版，第 11 页。

W1375.1.2
把天托稳

实例

（参见下级母题实例）

W1375.1.3
神把天托稳

实例

佤族 达能（人神）双手托举着天从西盟一直托到昔簿、安瓦（地名）。

【流传】云南省·（普洱市）·西盟县（西盟佤族自治县）

【出处】达老屈等讲，隋嘎等采录：《司岗里》，见中国民间文学集成全国编辑委员会编《中国民间故事集成》（云南卷），北京：中国 ISBN 中心 2003 年版，第 96 页。

W1375.1.4
大力神用巨掌稳定天

实例

黎族 大力神用巨掌把天牢牢擎住。

【流传】海南省

【出处】

（a）林大陆讲：《大力神》，广东民族学院中文系编：《黎族民间故事选》，内部编印。

（b）《大力神》，见中国各民族宗教与神话大词典编审委员会编《中国各民族宗教与神话大词典》，北京：学苑出版社 1990 年版，第 379 页。

W1375.2
钉天把天变稳

【关联】

① ［W1376.1.3］用钉钉地使地变稳
② ［W1387.9a.1］钉天网补天

实例

（参见下级母题实例）

W1375.2.0
特定人物钉天把天变稳

实例

（参见下级母题实例）

W1375.2.0.1
张古老钉天把天变稳

实例

土家族 张古老补天怕不牢靠，还用钉子钉起来。

【流传】四川省·秀山县（今重庆市·秀山土家族苗族自治县）·海洋乡

【出处】彭国然讲，李绍明采录：《依罗娘娘造人》，见中国民间文学集成全国编辑委员会编《中国民间故事集成》（四川卷·下），北京：中国ISBN中心1998年版，第1211页。

土家族 张古老补天后，怕天不牢靠，又用钉子钉起来。

【流传】湖南省·（湘西土家族苗族自治州）·龙山县·（湾塘乡）·坡脚（坡脚村）

【出处】向廷龙讲，彭勃翻译整理：《造天造地》，见谷德明编《中国少数民族神话》，北京：中国民间文艺出版社1987年版，第165页。

W1375.2.1
用石钉把天钉牢（用山做钉子把天钉牢）

实例

哈萨克族 创世主迦萨甘抓起一些高山，当作钉子，把大地牢牢地钉在了大青牛的特角上。

【流传】新疆维吾尔自治区·（乌鲁木齐市）·乌鲁木齐县（天山区）·白杨沟夏牧场

【出处】谢热亚孜旦·马尔萨克讲，尼合买提·蒙加尼采录：《迦萨甘创世》，见中国民间文学集成全国编辑委员会编《中国民间故事集成》（新疆卷），北京：中国ISBN中心2008年版，第3页。

瑶族 发枚（始祖名）找来一些石条，扛到河滩鹅卵石上磨得尖尖的，就爬到高处把天钉得牢牢的了。

【流传】贵州省·（黔东南苗族侗族自治州）·从江县·（翠里乡）·高芒乡（高芒村）

【出处】赵金荣讲，杨路塔采录：《发枚造天地》，见中国民间文学集成全国编辑委员会编《中国民间故事集成》（贵州卷），北京：中国ISBN中心2003年版，第9页。

W1375.2.1a
用铜钉把天钉稳

实例

土家族 张古老用五色岩头补天，平平展展地补在天上，铺不稳的，他用铜钉钉住。

【流传】湖南省、湖北省、贵州省等地

【出处】田建柏讲，彭勃等搜集整理：《补天补地》，见中华民族故事大系编委会编《中华民族故事大系》第5卷（瑶族、白族、土家族），上海：上海文艺出版社1995年版，第657~658页。

W1375.2.2
用牙齿把天钉稳

实例

（参见下级母题实例）

W1375.2.2.1
用牙齿做钉子把天钉稳

实例

布依族 后生力戛把天撑高后，一松手

又会塌下来。力戛就用左手撑住天，右手把自己的牙齿全拔下来，用牙当钉子，把天钉住。

【流传】贵州省

【出处】

（a）王燕、春甫等讲，汛河记录整理：《力戛撑天》，见谷德明编《中国少数民族神话》，北京：中国民间文艺出版社1987年版，第611页。

（b）同（a）。见陶阳、钟秀编《中国神话》，上海：上海文艺出版社1996年版，第17页。

布依族 后生力戛左手撑住天，右手把自己的牙全拔下来当钉子钉上去，这样才把天钉稳。

【流传】贵州省·（黔西南布依族苗族自治州）·兴义县（兴义市）

【出处】班告爷讲，汛河采录：《力嘎撑天》，见中国民间文学集成全国编辑委员会编《中国民间故事集成》（贵州卷），北京：中国ISBN中心2003年版，第73页。

布依族 力戛（人名，大力士）把天撑高了，可是挂不稳，一松手又会塌下来。力戛就左手撑住天，右手把自己的牙齿全拔下来当钉子，才把天钉稳了。

【流传】各地布依族地区

【出处】王燕、春甫、班告爷讲，汛河记录整理：《力戛创世》，见姚宝瑄主编《中国各民族神话》（布依族、仡佬族、苗族），太原：山西出版传媒集团·书海出版社2014年版，第5页。

布依族 大力士力戛把天撑高了，可是天挂不稳，只要一松手，又会塌下来。力戛就用左手撑住天，右手拔下自己的牙齿当钉钉，这才牢牢实实地把天钉稳。

【流传】贵州省

【出处】王燕、春甫、班告爷等讲，汛河搜集整理：《力戛撑天》，原载陶立璠、李耀宗编《中国少数民族神话传说选》，见陶阳、钟秀编《中国神话》（中），北京：商务印书馆2008年版，第773~775页。

W1375.2.3

用树钉在大地的四方天变稳

实 例

普米族 （参见W1376.1.3.2母题实例）

W1375.2.4

钉天防止天的塌落

实 例

布依族 后生力戛怕撑高的天再塌落，就以左手撑天，以右手全拔其齿，使化为钉以钉天，天始固而不坠。

【流传】（无考）

【出处】《力戛撑天》，原载谷德明编《中国少数民族神话选》，见袁珂《中国神话大词典》，北京：华夏出版社2015年版，第445页。

W1375.3
压住天把天变稳
【实例】
(参见下级母题实例)

W1375.3.1
用石头压天头把天变稳
【关联】［W1167］天的端点（天头、天的头）
【实例】

拉祜族 天地造好后，天想缩小，扎多（天神名）搓下手汗做成石头，压住天头。

【流传】（无考）
【出处】《牡帕密帕》（创世纪），见娜朵主编《拉祜族民间文学集》，昆明：云南人民出版社1996年版。

W1375.3.2
用宝物压天柱把天变稳
【实例】

彝族（阿细） 阿底神用铜、金、铁、银四根柱子从东、南、西、北四个方位把天撑高了，但不稳当。他又拿了四包金宝、四包银宝、四包铜宝和四包铁宝，按顺序到东边、南边、西边和北边，分别把铜宝、金宝、铁宝和银宝压在铜柱、金柱、铁柱和银柱的脚下，所有的柱子都稳固了，天终于稳固下来，再不摇动了。

【流传】(a) 云南省·红河哈尼族彝族自治州·弥勒县·(西山镇)
【出处】
(a) 潘正兴等唱述，云南省民族民间文学红河调查队搜集翻译整理：《阿细的先基》，昆明：云南人民出版社1959年版。
(b) 云南省民族民间文学红河调查队搜集整理，古梅改写：《最古的时候》，见姚宝瑄主编《中国各民族神话》（羌族、彝族），太原：山西出版传媒集团·书海出版社2014年版，第132页。

W1375.4
与天的稳固有关的其他母题
【关联】［W1174.4.4］为稳定天造地
【实例】
(参见下级母题实例)

W1375.4.1
咬住天把天变稳固
【实例】
(参见下级母题实例)

W1375.4.1.1
龙、凤、龟、麟、虎咬住天的四边和中间使天变稳
【实例】

普米族 万物的五个首领龙、凤、龟、麟、虎用嘴把天的四边和中间死死咬住，天才不再飞旋了。

【流传】（无考）

【出处】若扯绒布讲：《天阳老祖和地阴阿斯》，见章虹宇《普米族的"八卦图"》，载《云南民族学院学报》1995年第2期。

W1375.4.2
绷天把天变稳固

【关联】[W1383.5] 绷天

实 例

藏族 罗拉甲伍（管地的皇帝）通过绷天把天变稳。

【流传】四川省·（绵阳市）·平武县·白马乡（白马藏族乡）

【出处】

（a）扎嘎才让讲，四川大学中文录采风队采录：《创世传说》，见中国民间文学集成全国编辑委员会编《中国民间故事集成》（四川卷），北京：中国ISBN中心1998年版，第934页。

（b）扎嘎才让等讲，谢世廉等搜集：《创世传说》，见陶立璠、赵桂芳等编《中国少数民族神话汇编》（开天辟地篇等），中央民族学院少数民族古籍整理出版规划领导小组办公室印（未署出版时间），第1页。

W1375.4.3
拉天绳把天变稳固

实 例

彝族 四根天柱立在四方的四座山上后，天女用四根拉天绳，扣在大地的四方。东西两面交叉着拉，南北两头也交叉着拉，这样天不会塌下来了。

【流传】（四川省·凉山彝族自治州）

【出处】

（a）冯元蔚译：《勒俄特依》，成都：四川民族出版社1986年版。

（b）冯元蔚译，蔷紫改写：《勒俄特依》，见姚宝瑄主编《中国各民族神话》（羌族、彝族），太原：山西出版传媒集团·书海出版社2014年版，第151页。

W1376
地的稳固

【汤普森】A857

实 例

（参见下级母题实例）

W1376.0
以前地不稳固

【关联】

① [W1042] 最早的天地飘浮动荡

② [W1364] 天地不稳定

实 例

蒙古族 地上（下界）还处在好似游鱼在水中浮游的状态，土壤不固，没有草木，没有生物，一片荒凉。

【流传】（无考）

【出处】《天地起源》，齐木道吉译自日本学者中田千亩著《蒙古神话》，原载谷德明编《中国少数民族神话》，见陶阳、钟秀编《中国神话》（上），北京：商务印书馆 2008 年版，第 29～30 页。

W1376.0.1
大地刚形成时不稳定

实例

傣族　地球造成后，投到大海里，就把四条巴阿嫩神鱼（主宰海的神鱼）的头和尾巴压在海底了。巴阿嫩神鱼非常气愤，要把地球掀翻。

【流传】云南省·西双版纳傣族地区（西双版纳傣族自治州）

【出处】胜能搜集：《巴阿嫩神鱼》，原载《巴塔麻晏》（开天辟地），见姚宝瑄主编《中国各民族神话》（哈尼族、傣族），太原：山西出版传媒集团·书海出版社 2014 年版，第 242 页。

W1376.0.2
大地旋转

【关联】［W1057.6］最早的世界是旋转的

实例

（参见下级母题实例）

W1376.0.2.1
神吹气使大地旋转

实例

侗族　马王（治地的神王）为磨掉地角，吹气使大地旋转起来。吹出的热气不停，越吹势越猛，冰雪不断融化，大地便东颠西荡，不断旋转，马王怎么也稳不住大地。

【流传】广西壮族自治区·（柳州市）·三江（三江侗族自治县），（桂林市）·龙胜（龙胜各族自治县）

【出处】杨卜林喜、杨卜松林、杨明世讲，杨国仁、涛声搜集整理，蘠紫改写：《创世女神萨天巴》，原文为过伟改写自侗族创世史诗《嘎茫莽道时嘉——远祖歌》（未出版稿），见姚宝瑄主编《中国各民族神话》（土家族、毛南族、侗族、瑶族），太原：山西出版传媒集团·书海出版社 2014 年版，第 83 页。

W1376.0.3
以前的地不断摇晃

【关联】

① ［W1383.0.1.2］以前的天体摇晃

② ［W8550］地震

实例

苗族　远古的时候，地是一团模模糊糊的泥巴捏的什么东西，摇摇摆摆，又晃晃荡荡。

【流传】（无考）

【出处】陶春保讲，刘永鸿整理：《生天养地的爹娘》，见姚宝瑄主编《中国各民族神话》（布依族、亿佬族、苗族），太原：山西出版传媒集团·书海出版社 2014 年版，第 131 页。

苗族　远古时候的地是一团糊糊涂涂

的泥巴，不断地在雾气中摇摇晃晃。

【流传】云南省·文山（文山壮族苗族自治州）一带

【出处】邓光北、闪永仙说唱，项保昌、刘德荣搜集：《开天补天，辟地补地》，见姚宝瑄主编《中国各民族神话》（布依族、仡佬族、苗族），太原：山西出版传媒集团·书海出版社2014年版，第124页。

纳西族 太古那时候，树木会走路，石头会说话，大地在震荡。

【流传】（云南省）

【出处】和芳、和志新编译：《崇邦统——人类迁徙记》，见姚宝瑄主编《中国各民族神话》（佤族、阿昌族、纳西族、普米族、德昂族），太原：山西出版传媒集团·书海出版社2014年版，第137页。

W1376.0.3.1
刚造出的地摇摇晃晃

实 例

傣族 大神因叭发现他造出的地面很不稳定，终日摇摇摆摆。

【流传】（无考）

【出处】《因叭止洪水》，原载毛星主编《中国少数民族文学》，湖南人民出版社1983版，见姚宝瑄主编《中国各民族神话》（哈尼族、傣族），太原：山西出版传媒集团·书海出版社2014年版，第330页。

纳西族（摩梭） 刚造出的大地根基还不稳固，成天老是不住地摇摇晃晃，就像是旋涡中的一片树叶。

【流传】云南省·（丽江市）·宁蒗县（宁蒗彝族自治县）

【出处】巴采若、桑绒尼搓讲，章虹宇搜集整理：《喇氏族的来源》，载《民间文学》1986年第3期。

W1376.0.3.2
刚变出的地动荡

实 例

藏族 最早时，海变硬的部分成为大地，但大地晃荡，无物撑之。

【流传】（云南省·迪庆藏族自治州）

【出处】《大地及人类由来》，原载迪庆藏族自治州文联编《藏族闻间故事》（原名《大地和人类的由来》），见袁珂《中国神话大词典》，北京：华夏出版社2015年版，第407页。

W1376.0.3.3
造出的地球在水面上摇摇晃晃

实 例

傣族 男神桑戛西站在自己造出的圆球（地球）上，立刻就发觉这圆球浮在水面上晃晃荡荡，始终固定不下来。

【流传】云南省·西双版纳（西双版纳傣族自治州）

【出处】*《拔牙制作顶天柱》，原载岩峰三讲，毕光尖记录《桑戛西与桑戛赛造天地，创人类》，见姚宝瑄主编《中国各民族神话》（哈尼族、傣族），太原：山西出版传媒集团·书海出版社2014年版，第253页。

W1376.0.3.4
最初的地浮在水面上会摇晃

实例

蒙古族 最初形成之大地，为一大平板，浮于水面，常晃动不稳。

【流传】（无考）

【出处】＊《麦德尔神女》，原载陶阳、钟秀编《中国神话》，见袁珂《中国神话大词典》，北京：华夏出版社2015年版，第399页。

蒙古族 大地形成了，是一块大大的平板，因为浮在水面上，不稳定，经常晃动。

【流传】新疆维吾尔自治区蒙古族居住地区

【出处】姚宝瑄搜集整理：《麦德尔神女开天辟地》，见姚宝瑄主编《中国各民族神话》（达斡尔族、鄂伦春族、鄂温克族、蒙古族），太原：山西出版传媒集团·书海出版社2014年版，第134页。

W1376.0.4
以前的地在海中沉浮不定

【关联】[W1235.4.1] 地漂浮在大海上

实例

藏族 从前，大地在海洋里沉浮不定，不能种庄稼，人不能生存。

【流传】（无考）

【出处】刘尚乐搜集整理：《大地和庄稼的由来》，见姚宝瑄主编《中国各民族神话》（门巴族、珞巴族、怒族、藏族），太原：山西出版传媒集团·书海出版社2014年版，第97页。

藏族 从前，大地在海洋里。

【流传】（无考）

【出处】刘尚乐搜集整理：《大地和庄稼的由来》，见姚宝瑄主编《中国各民族神话》（门巴族、珞巴族、怒族、藏族），太原：山西出版传媒集团·书海出版社2014年版，第97页。

W1376.0.4.1
地球不稳是因为海水在下面流动

实例

傣族 地球晃荡的原因是海水在它的下面流动。

【流传】云南省·西双版纳（西双版纳傣族自治州）

【出处】＊《拔牙制作顶天柱》，原载岩峰三讲，毕光尖记录《桑夏西与桑夏赛造天地，创人类》，见姚宝瑄主编《中国各民族神话》（哈尼族、傣族），太原：山西出版传媒集团·书海出版社2014年版，第253页。

W1376.1
通过稳固土地把地变稳

实例

（参见下级母题实例）

W1376.1.1
神稳固土壤

【实 例】

蒙古族 开始时地似游鱼浮在水面，诸天神造固土壤。

【流传】（无考）

【出处】齐木道吉翻译：《天地起源》，见谷德明编《中国少数民族神话》，北京：中国民间文艺出版社 1987 年版，第 31~32 页。

W1376.1.1.1
神撒草木稳固大地

【实 例】

蒙古族 以前的大地好似游鱼在水中浮游。诸天神造固土壤，从天上撒下了草木和生物，使土壤逐渐成为平整的形态。

【流传】（无考）

【出处】《天地起源》，齐木道吉译自日本学者中田千亩著《蒙古神话》，原载谷德明编《中国少数民族神话》，见陶阳、钟秀编《中国神话》（上），北京：商务印书馆 2008 年版，第 29~30 页。

W1376.1.2
通过粘贴使地稳固

【实 例】

（实例待考）

W1376.1.3
用钉钉地使地变稳

【关联】

① ［W1242.2.2］用铜钉钉地的四角
② ［W1375.2.1］用石钉把天钉牢（用山做钉子把天钉牢）

【实 例】

（参见下级母题实例）

W1376.1.3.1
创世主用钉子稳固大地

【实 例】

哈萨克族 创世主迦萨甘抓起一些高山，当作钉子，把大地牢牢地钉在了大青牛的犄角上。

【流传】新疆维吾尔自治区·（乌鲁木齐市）·乌鲁木齐县（天山区）·白杨沟夏牧场

【出处】谢热亚孜旦·马尔萨克讲，尼合买提·蒙加尼采录：《迦萨甘创世》，见中国民间文学集成全国编辑委员会编《中国民间故事集成》（新疆卷），北京：中国 ISBN 中心 2008 年版，第 3 页。

哈萨克族 创世主迦萨甘抓起一些高山，当作钉子，把大地牢牢地钉在了大青牛的犄角上。

【流传】（新疆维吾尔自治区）

【出处】

（a）尼哈迈提·蒙加尼整理，校仲彝记录整理：《迦萨甘创世》，见张越、姚宝瑄编《新疆民族神话故事选》，乌鲁木齐：新疆人民出版社1989年版。
（b）同（a），见姚宝瑄主编《中国各民族神话》（乌孜别克族、哈萨克族、柯尔克孜族、俄罗斯族、维吾尔族、塔吉克族、塔塔尔族、锡伯族），太原：山西出版传媒集团·书海出版社2014年版，第22页。

W1376.1.3.2
祖先用钉子稳固大地

实例

普米族 祖先率领众人砍来四棵参天的栗树，钉在大地的四方，大地才飞不起来。

【流传】（无考）

【出处】若扯绒布讲：《天阳老祖和地阴阿斯》，见章虹宇《普米族的"八卦图"》，载《云南民族学院学报》1995年第2期。

壮族 男始祖布洛朵（即布洛陀的别称）率人用铜钉钉地。

【流传】云南省·（文山壮族苗族自治州）·西畴县·兴街镇·下南丘村

【出处】陆开富讲：《布洛朵》，见张声震总主编，农冠品编注《壮族神话集成》，南宁：广西民族出版社2007年版，第40页。

壮族 布洛陀领众人用铜钉钉地。

【流传】云南省·（文山壮族苗族自治州）·西畴县

【出处】陆开富等讲，王明富采录：《布洛陀》，见中国民间文学集成全国编辑委员会编《中国民间故事集成》（云南卷），北京：中国ISBN中心2003年版，第86页。

W1376.1.4
天仙焊接大地

实例

壮族 （参见W1392.1.6.2母题实例）

W1376.2
动物稳固大地

【关联】
① [W1346.4] 支地动物的看管
② [W1376.4.3.2] 用大象稳地

实例

（参见下级母题实例）

W1376.2.1
巨龟稳定大地

【关联】[W1344.2] 龟支撑地（鳌鱼支撑地）

实例

藏族 巨龟是天地初分时镇服大地的神灵。

【流传】（无考）

【出处】格明多杰整理：《化世之龟》，见BBS水木清华站：http://www.smth.edu.cn，2006.07.20。

W1376.2.1.1
射死驮陆地的鳌鱼稳定大地

实　例

藏族　天神射死了驮着陆地摇晃的鳌鱼后，大地稳了。

【流传】（云南省·迪庆藏族自治州）

【出处】＊《猕猴变人》，原载丹珠昂奔：《藏族神灵论》，中国社会科学出版社1990年版，见吕大吉、何耀华总主编《中国各民族原始宗教资料集成》（鄂伦春族卷、鄂温克族卷、赫哲族卷、达斡尔族卷、锡伯族卷、满族卷、蒙古族卷、藏族卷），北京：中国社会科学出版社1999年版，第939页。

W1376.2.1.2
巨龟抱稳大地

实　例

藏族　天神降别羊用他的神箭射翻了一只大洋中的乌龟，把乌龟的肚皮仰放着，牢牢地支撑着大地。

【流传】四川省·（凉山彝族自治州）·木里县（木里藏族自治县）·宁朗（宁朗乡）

【出处】杜基翁丁讲，鲁绒亨扎翻译，四川省民协木里采风队采录：《大地和庄稼的产生》，见中国民间文学集成全国编辑委员会编《中国民间故事集成》（四川卷·下），北京：中国ISBN中心1998年版，第935页。

藏族　因大地不稳，乃有巨鳌，从海底钻出，负地于背，仍然动摇。天神见之，以箭射鳌背。鳌中箭翻身，大地落于鳌腹，自是遂稳。

【流传】（云南省·迪庆藏族自治州）

【出处】《大地及人类由来》，原载迪庆藏族自治州文联编《藏族民间故事》（原名《大地和人类的由来》），见袁珂《中国神话大词典》，北京：华夏出版社2015年版，第407页。

W1376.2.1.3
神龟驮地使大地稳定

【关联】［W1344.2］龟支撑地（鳌鱼支撑地）

实　例

蒙古族　最早时，浮在水面的大地不稳定。麦德尔神女乃遣一大神龟入水，以背负之，不令擅离，地始稳定。

【流传】（无考）

【出处】＊《麦德尔神女》，原载陶阳、钟秀编《中国神话》，见袁珂《中国神话大词典》，北京：华夏出版社2015年版，第399页。

W1376.2.2
牛稳固大地

实　例

（参见下级母题实例）

W1376.2.2.0
盘古造稳固大地的神牛

实例

汉族 盘古爷爷用唾沫和着黄土捏了个神牛背着土地。

【流传】甘肃省·（兰州市）·皋兰县·西岔乡（西岔镇）·山字墩村

【出处】王老太太讲，曾城奎采录：《神牛翻身地就动》，见中国民间文学集成全国编辑委员会编《中国民间故事集成》（甘肃卷），北京：中国ISBN中心2001年版，第3页。

W1376.2.2.1
把地固定在牛的犄角上

实例

维吾尔族 （参见 W1376.2.2.1.2 母题实例）

W1376.2.2.1.1
创世主把地固定在牛角上

【关联】［W1199.1.5］地球悬挂在牛角上

实例

哈萨克族 创世主迦萨甘拉来了一头硕大无比的"青牛"把地固定在牛的犄角上。

【流传】（a）新疆维吾尔自治区

【出处】

（a）《造物主创世》，见满都呼主编《中国阿尔泰语系诸民族神话故事》，北京：民族出版社1997年版，第63页。

（b）尼合迈德·蒙加尼搜集，校仲彝翻译整理：《迦萨甘创世》，见谷德明编《中国少数民族神话》，北京：中国民间文艺出版社1987年版，第727页。

哈萨克族 以前的大地摇晃不定。创世主迦萨甘拉来了一头硕大无比的"青牛"，把地固定在牛的犄角上。

【流传】（新疆维吾尔自治区）

【出处】

（a）尼哈迈提·蒙加尼整理，校仲彝记录整理：《迦萨甘创世》，见张越、姚宝瑄编《新疆民族神话故事选》，乌鲁木齐：新疆人民出版社1989年版。

（b）同（a），见姚宝瑄主编《中国各民族神话》（乌孜别克族、哈萨克族、柯尔克孜族、俄罗斯族、维吾尔族、塔吉克族、塔塔尔族、锡伯族），太原：山西出版传媒集团·书海出版社2014年版，第22页。

W1376.2.2.1.2
女天神把地固定在牛的犄角上

实例

维吾尔族 女天神怕地球落得太远，连自己也找不到了，便想把地球固定住，她命令公牛用角顶住地球。

【流传】新疆维吾尔自治区

【出处】

（a）《地球与神牛》，见满都呼主编

《中国阿尔泰语系诸民族神话故事》，北京：民族出版社1997年版，第30页。

（b）《顶地球的公牛站在哪里》，见张越、姚宝瑄编《新疆民族神话故事选》，乌鲁木齐：新疆人民出版社1989年版。

W1376.2.2.2
神用牛腿稳固大地

实 例

哈尼族 众神杀查牛（天地神专养的神牛）补天补地时，剩下的四条牛腿拿去埋在地柱脚，因为香甜的牛腿是世上最好的饭食，埋在地柱脚，金鱼娘密乌艾玛吃着它，身子就不会摇，尾巴就不会甩了，这样地柱就稳了。

【流传】云南省·（红河哈尼族彝族自治州）·元阳（元阳县）、红河（红河县）、绿春（绿春县）、金平（金平苗族瑶族傣族自治县）

【出处】朱小和讲唱，史军超搜集整理：《查牛补天地》（1983），原载云南省民间文学集成办公室编《哈尼族神话传说集成》，中国民间文艺出版社1990年版，见姚宝瑄主编《中国各民族神话》（哈尼族、傣族），太原：山西出版传媒集团·书海出版社2014年版，第58页。

W1376.2.3
让鱼稳固大地

【关联】［W1344.1］鱼支撑地

实 例

（参见下级母题实例）

W1376.2.3.1
女娲用龙筋缠住驮地的鲤鱼稳固大地

实 例

汉族 女娲用龙筋缠住了驮地的鲤鱼，让它永世不得翻身。

【流传】山西省·（阳泉市）·平定县·（锁簧镇）·东锁簧村

【出处】朱翠兰讲，冯富国采录：《兄妹神婚与东西磨山》，见中国民间文学集成全国编辑委员会编《中国民间故事集成》（山西卷），北京：中国ISBN中心1999年版，第12页。

W1376.2.4
让狗稳固大地

实 例

（参见下级母题实例）

W1376.2.4.1
让狗看守负载大地的龟使地变稳

【关联】［W3126］狗看门的来历

实 例

汉族 （实例待考）

W1376.2.5
让怪兽稳固大地

实 例

（参见下级母题实例）

W1376.2.5.1
仙人让怪兽把大地抱稳

【实例】

土族　天地自然分开，智慧仙人让怪兽把大地抱稳。

【流传】青海省·（海东市）·互助县（互助土族自治县）

【出处】李郄宝（土族）讲，李友楼（土族）记录：《天地形成》，见满都呼主编《中国阿尔泰语系诸民族神话故事》，北京：民族出版社1997年版，第208~209页。

W1376.2.6
让蛤蟆稳固大地

【实例】

（参见下级母题实例）

W1376.2.6.1
蛤蟆的叫声使大地不再变化

【关联】［W1210.3］大地变化无常

【实例】

佤族　人和动物对千变万化的大地忧心忡忡时，老蛤蟆站出来，说自己是天使，可以使大地的形状固定下来。它面对着模糊无形的大地大声喊道："大地啊大地，愿你的形状定下来，像我的脊背一样，平滑无边。"话音一落，大地果然变成平平整整的了。

【流传】（无考）

【出处】挨嘎搜集整理：《谁做天下万物之王》，原载中国少数民族文学学会编《中国少数民族民间故事选》，中国民间文艺出版社1981年版，见姚宝瑄主编《中国各民族神话》（佤族、阿昌族、纳西族、普米族、德昂族），太原：山西出版传媒集团·书海出版社2014年版，第7页。

W1376.2.6.2
射死驮地的蛤蟆稳固大地

【关联】［W1186.3a.2］在蛤蟆背上造地

【实例】

土族　天神在浮在水上的金蛤蟆身上撒土造地时，金蛤蟆立刻沉下水底，土被水冲得无影无踪。天神取来弓箭，把金蛤蟆射穿了。造的地才稳固下来，形成后来的陆地。

【流传】（无考）

【出处】

（a）《陆地的形成》，载《青海民族学院学报》1981年第4期。

（b）同（a），见姚宝瑄主编《中国各民族神话》（土族、东乡族、回族、保安族、裕固族、撒拉族），太原：山西出版传媒集团·书海出版社2014年版，第4页。

W1376.3
压住大地把地变稳

【实例】

（参见下级母题实例）

W1376.3.1
用石头稳定大地

【关联】

① ［W1372.1］压天地的石头
② ［W1376.4.2.1］用石压住地的四角

实　例

（参见下级母题实例）

W1376.3.1.1
用大盘石稳定大地

实　例

（参见下级母题实例）

W1376.3.1.1.1
雷公用盘石稳定大地

实　例

壮族 雷公用造的大盘石稳定了大地。

【流传】（无考）

【出处】 张声震主编：《布洛陀经诗》，见张声震总主编，农冠品编注《壮族神话集成》，南宁：广西民族出版社2007年版，第70页。

W1376.3.1.2
天神造压地的石头

实　例

拉祜族 天地造好后，地想伸长，娜多（天神名）搓下手汗做成石头，压住地边。

【流传】（无考）

【出处】《牡帕密帕》（创世纪），见娜朵主编《拉祜族民间文学集》，昆明：云南人民出版社1996年版。

W1376.3.2
用山稳定大地

实　例

（参见下级母题实例）

W1376.3.2.0
特定人物造压地的山

实　例

（参见下级母题实例）

W1376.3.2.0.1
造物主造稳定大地的山

实　例

柯尔克孜族 造物主为使大地稳固，便创造了能压住大地的大山。

【流传】 新疆维吾尔自治区·（克孜勒苏柯尔克孜自治州）·阿合奇县·哈拉奇乡

【出处】 苏力坦阿里·包尔布代讲，夏依拉西采录，依斯哈别克·别克别克等译：《大山的由来》，见中国民间文学集成全国编辑委员会编《中国民间故事集成》（新疆卷），北京：中国ISBN中心2008年版，第25页。

W1376.3.2.0.2
真主造稳定大地的7座山

实例

塔吉克族 仁慈的真主不忍听闻人类和其他生灵遭受地震时哀哭呻吟，便造出七座大山，将大地稳稳压住。

【流传】新疆维吾尔自治区·（喀什地区）·塔什库尔干塔吉克自治县·提孜那甫乡

【出处】肉恰依克讲，西仁·库尔班等采录翻译：《山的神话》，见中国民间文学集成全国编辑委员会编《中国民间故事集成》（新疆卷），北京：中国ISBN中心2008年版，第25页。

W1376.3.2.1
用山脚镇住地

实例

纳西族 群神建造的什罗神山，山顶卫住天，老天不叫唤；山脚镇住地，大地不动荡。什罗神山的山顶撑上天，天不再叫唤；山脚镇住地，大地不动荡。

【流传】云南省·丽江（丽江市）

【出处】和芳（东巴）读经，和志武翻译整理：《崇邦统》（人类迁徙记）（1954），见吕大吉、何耀华总主编《中国各民族原始宗教资料集成》（纳西族卷、羌族卷、独龙族卷、傈僳族卷、怒族卷），北京：中国社会科学出版社2000年版，第322页。

W1376.3.2.2
神造山压地

实例

黎族 雷公的兄弟扬叉和法耶凝下凡来到大地，各自去挑土、搬石，各顾各地用堆山的方法，将地压实。山峰造好之后，天地稳定了。

【流传】（海南省）

【出处】

（a）王知会讲，谢盛圻搜集整理：《五指山与七指岭》，见广东民族学院中文系编《黎族民间故事选》，上海：上海文艺出版社1983年版。

（b）同（a），见姚宝瑄主编《中国各民族神话》（高山族、黎族、畲族），太原：山西出版传媒集团·书海出版社2014年版，第52页。

W1376.3.2.3
最早出现的一座山压地

【关联】［W1802.4］地上最早出现山

实例

纳西族（摩梭） 世界最早只有一座山一个海。喇踏山的山脚伸进海子，稳着大地，地才不会摇

【流传】云南省·（丽江市）·宁蒗县（宁蒗彝族自治县）

【出处】

（a）《昂姑咪》，载《山茶》1986年第3期。

（b）同（a），见姚宝瑄主编《中国各

民族神话》（佤族、阿昌族、纳西族、普米族、德昂族），太原：山西出版传媒集团·书海出版社2014年版，第104页。

W1376.3.3
用石稳定大地

实　例

（参见下级母题实例）

W1376.3.3.1
用金黄石压地

实　例

纳西族　地不平坦黄金铺，金黄大石来压地，铺地很平坦。

【流传】云南省·丽江（丽江市）

【出处】和芳（东巴）读经，和志武翻译整理：《崇邦统》（人类迁徙记）（1954），见吕大吉、何耀华总主编《中国各民族原始宗教资料集成》（纳西族卷、羌族卷、独龙族卷、傈僳族卷、怒族卷），北京：中国社会科学出版社2000年版，第321页。

W1376.3.3.2
用压地石压地

【关联】［W1866.6］压地石

实　例

（参见下级母题实例）

W1376.3.3.2.1
天女用4块压地石压地

实　例

彝族　四个压地石，压在地四方。

【流传】（无考）

【出处】*《用铜铁造天地》，见吕大吉、何耀华总主编《中国各民族原始宗教资料集成》（彝族卷、白族卷、基诺族卷），北京：中国社会科学出版社1996年版，第16~17页。

彝族　众神仙开天辟地后，天神恩体古兹派人找了四个压地石，压在地四方。

【流传】（无考）

【出处】伍精忠整理：《大地是怎样形成的》，见姚宝瑄主编《中国各民族神话》（羌族、彝族），太原：山西出版传媒集团·书海出版社2014年版，第278页。

彝族　铁匠神阿尔师傅打了四根撑天柱放在四方后，司子低尼仙子先让阿尔师傅加了天梁，还是不放心，又去搬来了四块巨大的压地石，压在天地的四方。

【流传】（无考）

【出处】《天神造天地》，见姚宝瑄主编《中国各民族神话》（羌族、彝族），太原：山西出版传媒集团·书海出版社2014年版，第89页。

彝族　四根天柱立在四方的四座山上

后，天女用四根拉天绳，扣在大地的四方。东西两面交叉着拉，南北两头也交叉着拉，再用四块压地石压在地的四方。这样天不会塌下来了，地也不会塌陷了。

【流传】（四川省·凉山彝族自治州）

【出处】

（a）冯元蔚译：《勒俄特依》，成都：四川民族出版社1986年版。

（b）冯元蔚译，蔷紫改写：《勒俄特依》，见姚宝瑄主编《中国各民族神话》（羌族、彝族），太原：山西出版传媒集团·书海出版社2014年版，第151页。

W1376.3.4
用金属稳定大地

实 例

（参见下级母题实例）

W1376.3.4.1
神用黄金镇地

【关联】

① ［W1394.0.1］用黄金补地

② ［W1981.5］与金有关的其他母题

实 例

纳西族 九个男神和七个女神开天辟地时取黄金镇地。

【流传】（云南省·丽江市）

【出处】 和志武翻译整理：《人类迁徙记》，原载中共丽江地委宣传部编《纳西族民间故事选》，见陶阳、钟秀编《中国神话》（中），北京：商务印书馆2008年版，第856~876页。

W1376.3.4.2
开天辟地者用黄金矿镇地

实 例

纳西族 开天辟地的九兄弟与七姊妹用绿松石铺天，用黄金矿镇地。

【流传】（无考）

【出处】《人祖利恩》，见姚宝瑄主编《中国各民族神话》（佤族、阿昌族、纳西族、普米族、德昂族），太原：山西出版传媒集团·书海出版社2014年版，第174页。

W1376.3.5
用牙齿稳固地球

实 例

（参见下级母题实例）

W1376.3.5.1
神把7颗牙齿插入海中稳固地球

实 例

傣族 海水在地球下面流动，造成圆球（地球）晃荡，男神桑戛西拔下七颗牙，一排排地栽进海底，作为稳定圆球的顶天柱。

【流传】云南省·西双版纳（西双版纳傣族自治州）

【出处】 *《拔牙制作顶天柱》，原载

岩峰三讲，毕光尖记录《桑戛西与桑戛赛造天地，创人类》，见姚宝瑄主编《中国各民族神话》（哈尼族、傣族），太原：山西出版传媒集团·书海出版社2014年版，第254页。

W1376.4
其他稳固大地的方法
【关联】[W1242.2] 固定地的4角

实例

（参见下级母题实例）

W1376.4.1
垒地脚使地稳固

实例

哈尼族 俄白、俄娇（神女）把四条牛腿埋在地柱脚，金鱼娘密乌艾西艾玛吃着它，身子就不会摇，地柱就稳了。

【流传】

（a）云南省·（红河哈尼族彝族自治州）·元阳县

（b）云南省·（红河哈尼族彝族自治州）·元阳（元阳县）、红河（红河县）、绿春（绿春县）、金平（金平苗族瑶族傣族自治县）等

【出处】

（a）朱小和讲，史军超采录：《查牛补天地》，见中国民间文学集成全国编辑委员会编《中国民间故事集成》（云南卷），北京：中国ISBN中心2003年版，第29页。

（b）同（a），见云南省民间文学集成办公室编《哈尼族神话传说集成》，北京：中国民间文艺出版社1990年版。

瑶族 洪水后，莎方三（人名，洪水后幸存者）用衣襟装泥垒地脚，东西南北方各垒一只，把地稳固起来。

【流传】广东省·（清远市）·连南县（连南瑶族自治县）·寨岗镇

【出处】唐罗古三等讲，许文清等采录：《洪水淹天》，见中国民间文学集成全国编辑委员会编《中国民间故事集成》（广东卷），北京：中国ISBN中心2006年版，第8页。

W1376.4.2
固定地的四角稳固大地
【关联】[W1242.1] 地有4角（4个地角）

实例

（参见下级母题实例）

W1376.4.2.1
用石压住地的四角

实例

彝族 用4块压地石压住地的四角，不让地往上冒。

【流传】四川省·（凉山彝族自治州）·雷波县

【出处】

（a）保木和铁讲，芦芙阿梅译，白芝采录：《开天辟地》，见中国民间文学集

成全国编辑委员会编《中国民间故事集成》（四川卷·下），北京：中国ISBN中心1998年版，第749页。

（b）《开天辟地》，见陶立璠、赵桂芳等编《中国少数民族神话汇编》（开天辟地篇等），中央民族学院少数民族古籍整理出版规划领导小组办公室印（未署出版时间），第85~95页。

W1376.4.2.2
支地的四角稳固大地

实　例

彝族　格兹天神的女儿用公鱼撑四个地角。公鱼连眼睛都不眨，大地便不动了

【流传】（云南省·楚雄彝族自治州·姚安县·官屯乡·马游村，大姚县·昙华乡等）

【出处】

（a）郭天元（马游村）、李申呼颇（昙华乡）、李福玉颇（苴）演唱，郭思九、许明学、龚维顺、张宝省、陈志群、胡炳文等搜集，刘德虎、龚维顺、陈志群、李树荣、郭天元等整理：《梅葛》（第一部"创世"），见云南省民族民间文学楚雄调查队《梅葛》（1959），昆明：云南人民出版社2009年版。

（b）《打虎开天辟地》，蔷紫据云南省民族民间文学楚雄调查队著《梅葛》（云南人民出版社2009年版）改写，见姚宝瑄主编《中国各民族神话》（羌族、彝族），太原：山西出版传媒集团·书海出版社2014年版，第193页。

W1376.4.2a
固定地的四边稳固大地

实　例

（参见下级母题实例）

W1376.4.2a.1
支地的四边稳固大地

实　例

彝族　格兹天神的女儿用母鱼撑地的四边。母鱼不翻身，大地就不再摇了。

【流传】（云南省·楚雄彝族自治州·姚安县·官屯乡·马游村，大姚县·昙华乡等）

【出处】

（a）郭天元（马游村）、李申呼颇（昙华乡）、李福玉颇（苴）演唱，郭思九、许明学、龚维顺、张宝省、陈志群、胡炳文等搜集，刘德虎、龚维顺、陈志群、李树荣、郭天元等整理：《梅葛》（第一部"创世"），见云南省民族民间文学楚雄调查队《梅葛》（1959），昆明：云南人民出版社2009年版。

（b）《打虎开天辟地》，蔷紫据云南省民族民间文学楚雄调查队著《梅葛》（云南人民出版社2009年版）改写，见姚宝瑄主编《中国各民族神话》（羌族、彝族），太原：山西出版传媒

集团·书海出版社2014年版，第193页。

W1376.4.3
用绳子把地拢住稳固大地

实例

（参见下级母题实例）

W1376.4.3.1
天降草木和生物整固土壤

【关联】[W3702] 草木源于某个地方

实例

蒙古族 天神降下草木和生物，以整固土壤。

【流传】内蒙古自治区

【出处】《天神之战》，见中国民间文学集成全国编辑委员会编《中国民间故事集成》（内蒙古卷），北京：中国ISBN中心2007年版，第4页。

W1376.4.3.2
用大象稳地

【关联】[W1344.7] 象支撑地

实例

彝族 洪水后，兄妹用大鱼来撑天，用大象来稳地。

【流传】云南省·楚雄彝族自治州

【出处】罗文荣演唱，李世忠翻译，蕾紫改写：《老人梅葛》附记，见姚宝瑄主编《中国各民族神话》（羌族、彝族），太原：山西出版传媒集团·书海出版社2014年版，第126页。

W1376.4.3.3
支地柱稳固大地

实例

哈尼族 造好的地柱支在海中的大金鱼身上，头一根支在它的头上，不让它抬头；第二根支在它的尾巴上，不让它摇尾巴；第三、第四根支在它两边的鳍上，不让它划水。这样，地就稳了。

【流传】云南省·（红河哈尼族彝族自治州）·元阳县、金平县（金平苗族瑶族傣族自治县）、红河县等地

【出处】朱小和讲，史军超、卢朝贵搜集整理：《烟本霍本》，原载刘辉豪、阿罗编《哈尼族民间故事选》，上海文艺出版社1989年版，见姚宝瑄主编《中国各民族神话》（哈尼族、傣族），太原：山西出版传媒集团·书海出版社2014年版，第37页。

W1376.4.3.4
把木头插进海中稳固地球

实例

傣族 海水在地球下面流动，造成圆球（地球）晃荡。男神桑戛西决定把木头插进海里，固定圆球。

【流传】云南省·西双版纳（西双版纳傣族自治州）

【出处】*《拔牙制作顶天柱》，原载岩峰三讲，毕光尖记录《桑戛西与桑

夒赛造天地，创人类》，见姚宝瑄主编《中国各民族神话》（哈尼族、傣族），太原：山西出版传媒集团·书海出版社2014年版，第253页。

W1376.4.3.5
造地心稳固大地

【关联】［W1236］地的中心（地心）

实例

哈尼族 天神们杀翻塔婆的龙牛铺设天地造万物时，牛心就是地心，地有了地心，天和地才会稳当。

【流传】（无考）

【出处】《杀牛龙，造天地》，根据张牛朗、杨批斗、李书周等演唱，杨保生、李家顺等翻译，杨笛、郭纯礼等整理《十二奴局》和《奥色密色》翻译稿改写，见姚宝瑄主编《中国各民族神话》（哈尼族、傣族），太原：山西出版传媒集团·书海出版社2014年版，第14页。

※ W1377
修补天地

实例

（参见下级母题实例）

W1378
神或神性人物修补天地

实例

哈尼族 善神摩咪重整天地。

【流传】云南省·（玉溪市）·元江县（元江哈尼族彝族傣族自治县）·因远镇·卡腊一带

【出处】《造天地歌》，见元江县哈尼文化学会、元江县史志编纂办公室编《元江哈尼族古歌集》，内部编印，2005年，第18~19页。

W1378.0
女神补天地

实例

（参见下级母题实例）

W1378.0.1
神女补天补地

实例

苗族 天漏地裂之后，善良的生命之神竺妞派出她的亲生女儿去补天和补地。

【流传】（无考）

【出处】陶春保讲，刘永鸿整理：《生天养地的爹娘》，见姚宝瑄主编《中国各民族神话》（布依族、仡佬族、苗族），太原：山西出版传媒集团·书海出版社2014年版，第133~134页。

W1378.1
夫妻神补天地

【关联】［W0141］对偶神（夫妻神）

实例

傣族 神王英叭派布桑嘎与雅桑嘎夫

妇补天补地。

【流传】（无考）

【出处】中国各民族宗教与神话大词典编审委员会编：《中国各民族宗教与神话大词典》，北京：学苑出版社1990年版，第82页。

W1378.2

众神补天地

实 例

（参见下级母题实例）

W1378.2.1

天神的众子女缝补天地

实 例

彝族 格滋天神创造天地后，叫五子四女缝补天地。松毛做针，蜘蛛网做线，云彩做补丁，补天；用老虎草做针，酸绞藤做线，地公叶子做补丁补地。

【流传】（无考）

【出处】《梅葛》，见中国哲学史学会云南省分会编《云南少数民族哲学、社会思想资料选辑》1981年第1辑，内部印行，第72~73页。

W1378.3

巨人修补天地

实 例

普米族 巨人简锦祖把破损的天补好，要把倾斜的地扶正。

【流传】云南省·（怒江傈僳族自治州）·兰坪县（兰坪白族普米族自治县），（丽江市）·宁蒗县（宁蒗彝族自治县）

【出处】王震亚采录：《简锦祖杀马鹿》，见中国民间文学集成全国编辑委员会编《中国民间故事集成》（云南卷），北京：中国ISBN中心2003年版，第386页。

W1379

特定的神或神性人物修补天地

【关联】[W1386.2] 女娲补天

实 例

壮族 布洛陀派邦可、祖王修理天地。

【流传】（无考）

【出处】张声震主编：《壮族麽经布洛陀影印译注》，南宁：广西民族出版社2004年版，第1631~1639页。

W1379.1

观音修补天地

实 例

彝族 观音补天补地时，吩咐要用天种去撒在天上，要用地种去撒在大地上。

【流传】云南省·楚雄彝族自治州

【出处】罗文荣演唱，李世忠翻译，蔷紫改写：《老人梅葛》，见姚宝瑄主编《中国各民族神话》（羌族、彝族），太原：山西出版传媒集团·书海出版

W1379.2
管天下女神的2个女儿补天补地

实例

苗族 天漏地裂后，人烟不能生，草木不能长。管天下的巨兽神竺妞派她的两个亲生女去补天，去补地。

【流传】云南省·文山（文山壮族苗族自治州）一带

【出处】邓光北、闪永仙说唱，项保昌、刘德荣搜集：《开天补天，辟地补地》，见姚宝瑄主编《中国各民族神话》（布依族、仡佬族、苗族），太原：山西出版传媒集团·书海出版社2014年版，第126页。

W1379.3
盘古补天地

【关联】
① ［W0660］巨人
② ［W1103.8］巨人开辟天地（巨人造天地）

实例

彝族 寻找补天地时，听说是盘古的手最巧，听说是盘古的脚灵。

【流传】云南省·楚雄彝族自治州

【出处】罗文荣演唱，李世忠翻译，蔷紫改写：《老人梅葛》，见姚宝瑄主编《中国各民族神话》（羌族、彝族），太原：山西出版传媒集团·书海出版社2014年版，第124页。

W1379.4
盘古、盘生用云补天，用水填地

【关联】［W1387.6］用云补天

实例

白族 盘古、盘生弟兄俩变出的天地不完善。他们决定天不满用云来补，地不平用水来填。从此，天圆满了，地也铺平了。

【流传】云南省·（大理白族自治州）·大理（大理市）、洱源（洱源县）、剑川（剑川县）等地

【出处】杨国政讲，杨亮才记录整理：《开天辟地》，原载《云南民间故事选》（不详），见姚宝瑄主编《中国各民族神话》（白族、拉祜族、景颇族），太原：山西出版传媒集团·书海出版社2014年版，第6页。

白族 盘古和盘生弟兄俩分别变天地。天不满，用云来补；地不平，用水来填。

【流传】云南省·（大理白族自治州）·大理县（大理市）、洱源县、剑川县

【出处】杨国政讲述，杨亮才记录：《盘古开天辟地》，原载李缵绪主编《白族神话传说集成》，见陶阳、钟秀编《中国神话》（上），北京：商务印书馆2008年版，第13~18页。

W1379.5
工匠神修补天地

实 例

（参见下级母题实例）

W1379.5.1
77 个工匠神修补天地

实 例

哈尼族 神王烟沙说出要修补造的不完美的天地时，七十七个工匠神忙起来。他们背的背，扛的扛；背来金银铜铁锡，扛来一次要烧九山干柴的大铁炉，架起风箱炼起料来。

【流传】云南省·（红河哈尼族彝族自治州）·元阳（元阳县）、红河（红河县）、绿春（绿春县）、金平（金平苗族瑶族傣族自治县）

【出处】朱小和讲唱，史军超搜集整理：《查牛补天地》（1983），原载云南省民间文学集成办公室编《哈尼族神话传说集成》，中国民间文艺出版社1990年版，见姚宝瑄主编《中国各民族神话》（哈尼族、傣族），太原：山西出版传媒集团·书海出版社2014年版，第49页。

W1379.6
姜夫马王修补天地

【关联】
① [W1383.2.3] 神将姜夫修天
② [W1392.1.8] 壮汉马王修补地

实 例

侗族 姜夫、马王帮女始祖萨天巴把天地分开，并修天制地。

【流传】（无考）

【出处】《开天辟地》，见杨保愿《嘎茫莽道时嘉》（《侗族远祖歌》），北京：中国民间文艺出版社1986年版，第10~11页。

侗族 姜夫马王修天地。

【流传】（无考）

【出处】《嘎茫莽道时嘉》，原载杨保愿翻译整理《嘎茫莽道时嘉》，中国民间文艺出版社1986年版，见袁珂《中国神话大词典》，北京：华夏出版社2015年版，第468页。

W1380
特定的人修补天地

实 例

彝族 策举祖手下的濮努鲁哲管修天补地。

【流传】贵州省·毕节（毕节市）

【出处】贵州省毕节地区民族事务委员会编，陈长友主编：《物始纪略》（第二集），成都：四川民族出版社1991年版，第9页。

W1380.1
张郎李郎修补天地

实 例

汉族 张郎治天，李郎治地。

【流传】四川省·（宜宾市）·筠连县·高坪苗族乡·英雄村

【出处】刘公品讲，四川大学中文系85级采风队采录：《张郎治天、李郎治地》，见中国民间文学集成全国编辑委员会编《中国民间故事集成》（四川卷·上），北京：中国 ISBN 中心 1998 年版，第 24 页。

W1381

动物修补天地

实 例

（参见下级母题实例）

W1381.1

龙修补天地

实 例

土家族 阳龙和阴龙为了不让天坍地陷，商定每过五百回雪天和五百回雨天，会一次面，共同修天补地。

【流传】湖北省·（宜昌市）·长阳县（长阳土家族自治县）·贺家坪区（贺家坪镇）·火麦溪村

【出处】郑文仕讲，杜荣东采录：《神龙造天造地造人》，见中国民间文学集成全国编辑委员会编《中国民间故事集成》（湖北卷），北京：中国 ISBN 中心 1999 年版，第 7 页。

W1381.2

燕子补天地

【关联】［W3374.2］燕子筑巢

实 例

拉祜族 燕子补天地。

【流传】云南省·（普洱市）·澜沧县（澜沧拉祜族自治县）、孟连县（孟连傣族拉祜族佤族自治县）

【出处】扎袜等讲，苏敬梅等搜集，苏敬梅等整理：《牡帕密帕》，见中华民族故事大系编委会编《中华民族故事大系》第 8 卷（畲族、高山族、拉祜族），上海：上海文艺出版社 1995 年版，第 684 页。

拉祜族 造天地后，天裂了，地也裂开了。厄莎（有多种说法，如天神、天帝、创世女神、始祖等）搓手搓脚做了一对燕子来补天补地，做了一对点点雀来踩地。

【流传】云南省·（普洱市）·澜沧县（澜沧拉祜族自治县）

【出处】李云保讲述，扎约采录：《牡帕密帕的故事》，见陶阳、钟秀编《中国神话》（上），北京：商务印书馆 2008 年版，第 129～139 页。

W1381a

其他特定人物修补天地

实 例

（实例待考）

W1381b

与修补天地者有关的其他母题

实 例

（参见下级母题实例）

W1381b.1
修整天地者的死亡

实例

（参见下级母题实例）

W1381b.1.1
修整天地者劳累而死

实例

布依族 后生力戛撑天时久未饮食，拔尽牙亦流尽血，落地跌复过重，力戛遂死。

【流传】（无考）

【出处】《力戛撑天》，原载谷德明编《中国少数民族神话选》，见袁珂《中国神话大词典》，北京：华夏出版社2015年版，第445页。

W1382
与修补天地有关的其他母题

【关联】

① ［W1396］与天地的修整有关的其他母题

② ［W1784.1］天河是神缝补天时形成的痕迹（银河是神缝补天时形成的痕迹）

实例

彝族（阿细） 黑云做布，黄云丝做线补天；长尾巴星星做针，黄草做布，尖刀草做线，地瓜藤做线补地。

【流传】（无考）

【出处】《阿细的先基》，见中国哲学史学会云南省分会编：《云南少数民族哲学、社会思想资料选辑》1981年第1辑，内部印行，第120页。

W1382.0
修补天地的时间

实例

（参见下级母题实例）

W1382.0.1
开天辟地后补天补地

实例

汉族 骊山老母和王母娘娘是姐妹俩，开天辟地后，骊山老母补天，王母娘娘补地。

【流传】（a）宁夏·（中卫市）·中宁县·新堡乡·聂弯村

【出处】

（a）杨发兴讲，宋福采录：《骊山老母补天，王母娘娘补地》（1986），见中国民间文学集成全国编辑委员会编《中国民间故事集成》（宁夏卷），北京：中国 ISBN 中心1999年版，第3页。

（b）同（a），见陶阳、钟秀编《中国神话》（上），北京：商务印书馆2008年版，第404~406页。

W1382.0a
修整天地前要先分开天地

实例

侗族 大汉姜夫修天时，先要把天撑高，先要把天地分开。

【流传】广西壮族自治区·（柳州市）·三江（三江侗族自治县），（桂林市）·龙胜（龙胜各族自治县）

【出处】杨卜林喜、杨卜松林、杨明世讲，杨国仁、涛声搜集整理，蔷紫改写：《创世女神萨天巴》，原文为过伟改写自侗族创世史诗《嘎茫莽道时嘉——远祖歌》（未出版稿），见姚宝瑄主编《中国各民族神话》（土家族、毛南族、侗族、瑶族），太原：山西出版传媒集团·书海出版社2014年版，第77页。

W1382.1
补天缝地

【关联】［W4436.3］闪电是缝天边和地边的银线

实例

汉族 （实例待考）

W1382.1.1
用银线缝天边和地边

实例

哈尼族 （参见W1382.4母题实例）

W1382.2
用金线银线织补天地

实例

苗族 两个天女仙姑拿起金梭子，穿上银丝线，东方织三下，西方织三下；又拿起银梭子，穿上金丝线，南方织三下，北方织三下，补好了天。

【流传】云南省·文山（文山壮族苗族自治州）一带

【出处】邓光北、闪永仙说唱，项保昌、刘德荣搜集：《开天补天，辟地补地》，见姚宝瑄主编《中国各民族神话》（布依族、仡佬族、苗族），太原：山西出版传媒集团·书海出版社2014年版，第126页。

W1382.3
用铜线铁线织补天地

实例

苗族 两个天女仙姑拿起铜梭子，穿上铁丝线，天边织三下，地边织三下；又拿起铁梭子，穿上铜丝线，到天角去织三下，又到地角去织三下，织补好漏了的天地。

【流传】云南省·文山（文山壮族苗族自治州）一带

【出处】邓光北、闪永仙说唱，项保昌、刘德荣搜集：《开天补天，辟地补地》，见姚宝瑄主编《中国各民族神话》（布依族、仡佬族、苗族），太原：山西出版传媒集团·书海出版社2014年版，第126页。

W1382.4
用闪电缝合天地

【关联】［W4438］与闪电有关的其他母题

实例

哈尼族 天神杀查牛（天地神专养的神牛）补天地时，查牛的眼睛眨了三下。三道眼光拿去做三道闪电；三道闪电是缝起天边和地边的银线，缝起来，天和地就连起来了。

【流传】云南省·（红河哈尼族彝族自治州）·元阳（元阳县）、红河（红河县）、绿春（绿春县）、金平（金平苗族瑶族傣族自治县）

【出处】朱小和讲唱，史军超搜集整理：《查牛补天地》（1983），原载云南省民间文学集成办公室编《哈尼族神话传说集成》，中国民间文艺出版社1990年版，见姚宝瑄主编《中国各民族神话》（哈尼族、傣族），太原：山西出版传媒集团·书海出版社2014年版，第54页。

哈尼族 天神养的神牛查牛（泥牛）被杀时，断气眨了三下眼，变成三道闪电光。闪电亮了三道，缝合天边地头。

【流传】云南省·红河哈尼族彝族自治州

【出处】《杀泥牛》，见红河哈尼族彝族自治州人民政府编《哈尼族口传文化译注全集》，昆明：云南人民出版社2009年版，第88页。

W1382.5
用动物补天地

实例

（参见下级母题实例）

W1382.5.1
用神牛补天地

【关联】[W0925] 神牛

实例

哈尼族 第一代神王阿匹梅烟告诉补天地的工匠神说："补天地日月不能用金银铜铁锡，要用查牛（查，哈尼语即'土'，查牛即'土牛'，即为天地神专养的神牛）来补。"

【流传】云南省·（红河哈尼族彝族自治州）·元阳（元阳县）、红河（红河县）、绿春（绿春县）、金平（金平苗族瑶族傣族自治县）

【出处】朱小和讲唱，史军超搜集整理：《查牛补天地》（1983），原载云南省民间文学集成办公室编《哈尼族神话传说集成》，中国民间文艺出版社1990年版，见姚宝瑄主编《中国各民族神话》（哈尼族、傣族），太原：山西出版传媒集团·书海出版社2014年版，第50页。

W1383
天的修整

实例

侗族 （实例待考）

W1383.0
修整天的原因

【关联】[W1385] 补天的原因

实例

（参见下级母题实例）

W1383.0.1
天不稳固

【实例】

苗族 （十二根天柱支天之后），东边一角有缺陷，有个地方出漏洞，天上才是不牢固。

【流传】原文无流传地，据文本及注释推测该神话流传于贵州省·黔东南苗族侗族自治州·凯里市、台江县等地。

【出处】张启庭、张荣光、张正玉、张启德演唱，张明搜集，燕宝整理译注：《创造宇宙·打柱撑天》，见贵州省少数民族古籍整理出版规划小组办公室编，燕宝整理译注《苗族古歌》，贵阳：贵州民族出版社1993年版，第317页。

W1383.0.1.1
因没有天柱造成天动荡不稳

【实例】

傈僳族 很古时候的天没有柱子，四边没有东西托着，天就像块浮动着的云彩，晃晃悠悠，像江里被冲击着的木槽船一摇一晃地颠簸着。

【流传】云南省·（怒江傈僳族自治州）·碧江县（1986年撤销县制，归入福贡县等）、泸水县

【出处】（a）《木布帕捏地球》（原题为《天·地·人的形成》），原载祝发清、左玉堂、尚仲豪编《傈僳族民间故事选》，上海：上海文艺出版社1985年版。

（b）同（a），见姚宝瑄主编《中国各民族神话》（水族、布朗族、独龙族、基诺族、傈僳族），太原：山西出版传媒集团·书海出版社2014年版，第187页。

W1383.0.1.2
以前的天体摇晃

【关联】［W1376.0.3］以前的地不断摇晃

【实例】

苗族 古时候的天，因为没有柱子撑，所以晃晃荡荡，天常常压着地，地也常常顶着天。

【流传】贵州省·（黔东南苗族侗族自治州）·台江县、施秉县、凯里县（凯里市）等地

【出处】宝久老、岩公、李普奶等八位歌手演唱，桂舟人、唐春芳搜集，苗地改写：《打柱撑天》，见姚宝瑄主编《中国各民族神话》（布依族、仡佬族、苗族），太原：山西出版传媒集团·书海出版社2014年版，第119页。

纳西族 太古那时候，天体在摇晃。

【流传】（云南省）

【出处】和芳、和志新编译：《崇邦统——人类迁徙记》，见姚宝瑄主编《中国各民族神话》（佤族、阿昌族、纳西族、普米族、德昂族），太原：

山西出版传媒集团·书海出版社 2014 年版，第 137 页。

W1383.0.1.3
以前的天像浮云飘摇不定

实 例

傈僳族 以前只有天，没有地。天没有东西托着，就像一块浮动着的云彩，晃晃悠悠。

【流传】（无考）

【出处】刘辉豪等：《天、地、人的由来》，见祝发清、左玉堂、尚仲豪编《傈僳族民间故事选》，上海：上海文艺出版社 1985 年版，第 1~3 页。

W1383.0.1.4
天刚生出时不稳定

【关联】[W1139.6.1] 刚造出的天飘荡不定

实 例

彝族（阿细） 云彩更生出天的时候，天就像云彩一样，还飘浮不定，还不稳定。

【流传】（a）云南省·红河哈尼族彝族自治州·弥勒县·（西山镇）

【出处】
（a）潘正兴等唱述，云南省民族民间文学红河调查队搜集翻译整理：《阿细的先基》，昆明：云南人民出版社 1959 年版。
（b）云南省民族民间文学红河调查队搜集整理，古梅改写：《最古的时候》，见姚宝瑄主编《中国各民族神话》（羌族、彝族），太原：山西出版传媒集团·书海出版社 2014 年版，第 132 页。

W1383.0.1.5
以前的天空飘忽不定

实 例

瑶族 世上第一个女神密洛陀抛出的师父头上戴的一顶雨帽变成的天空飘飘荡荡，不稳固，一会落下来，一会飘上去。

【流传】广西壮族自治区·（河池市）·都安瑶族自治县江水河一带瑶族地区

【出处】《密洛陀创世》，蓝田根据莎红整理的《密洛陀》和潘泉脉整理的《密洛陀》两部不同版本的长诗《密洛陀》改写，见姚宝瑄主编《中国各民族神话》（土家族、毛南族、侗族、瑶族），太原：山西出版传媒集团·书海出版社 2014 年版，第 152 页。

W1383.0.1.6
天上下无依

实 例

汉族 复经四劫，天形如巨盖，上无所系，下无所依，天地之外，辽瞩无端，玄玄太空，无响无声，元气浩浩，如水之形，下无山岳，上无列星，积气坚刚，大柔服维，天地浮其中，展转无方。若无此气，天地不生。

【流传】（无考）

【出处】《路史·前纪一》罗苹注。

W1383.0.2
天不平整修天

【关联】［W1159.3］以前的天不平

实例

苗族 来自东方的蒋沙尹（半神半人，神性人物），见天上不平整，就用一把弯长刀削天，把天削平。

【流传】原文无流传地，据文本及注释推测该神话流传于贵州省·黔东南苗族侗族自治州·凯里市、台江县等地。

【出处】张启庭、张荣光、张正玉、张启德演唱，张明搜集，燕宝整理译注：《创造宇宙·开天辟地》，见贵州省少数民族古籍整理出版规划小组办公室编，燕宝整理译注《苗族古歌》，贵阳：贵州民族出版社1993年版，第62页。

W1383.1
天的变大

【关联】
① ［W1157］天的大小
② ［W1498.5.3］布洛陀把天地变大

实例

（参见下级母题实例）

W1383.1.1
拉天把天变大

【关联】［W1396.2.1］拉天缩地

实例

彝族 格兹天神的儿女造出的天地天小地大。于是让会缩地拉天的阿夫（神名）帮忙。阿夫的三个儿子抓住天的边边，一直往下拉，天便慢慢往下坠，便拉得大了，也凹了下来。

【流传】（云南省·楚雄彝族自治州·姚安县·官屯乡·马游村，大姚县·昙华乡等）

【出处】

（a）郭天元（马游村）、李申呼颇（昙华乡）、李福玉颇（苴）演唱，郭思九、许明学、龚维顺、张宝省、陈志群、胡炳文等搜集，刘德虎、龚维顺、陈志群、李树荣、郭天元等整理：《梅葛》（第一部"创世"），见云南省民族民间文学楚雄调查队《梅葛》（1959），昆明：云南人民出版社2009年版。

（b）《打虎开天辟地》，蔷紫据云南省民族民间文学楚雄调查队著《梅葛》（云南人民出版社2009年版）改写，见姚宝瑄主编《中国各民族神话》（羌族、彝族），太原：山西出版传媒集团·书海出版社2014年版，第192页。

W1383.1.1.1
拉天边把天变大

【实 例】

瑶族 姑侄造的天小地大。姑姑莎方三抓住天边往下拉，把天拉得又圆又大。

【流传】广东省·（清远市）·连南县（连南瑶族自治县）·寨岗镇

【出处】唐罗古三等讲，许文清等采录：《洪水淹天》，见中国民间文学集成全国编辑委员会编《中国民间故事集成》（广东卷），北京：中国ISBN中心2006年版，第8页。

W1383.1.2
天神把天变大

【实 例】

彝族 天神给天以无限的广大。

【流传】云南省·（昆明市）·路南（石林彝族自治县）·圭山（圭山镇）

【出处】

（a）王伟收集：*《天神创世》，见谷德明编《中国少数民族神话》，北京：中国民间文艺出版社1987年版，第309~310页。

（b）同（a），见吕大吉、何耀华总主编《中国各民族原始宗教资料集成》（彝族卷、白族卷、基诺族卷），北京：中国社会科学出版社1996年版，第25页

W1383.1.2.1
天神把天变得无限大

【关联】［W1157.1］天无限大

【实 例】

彝族 一位天神给天以无限的广大。

【流传】（无考）

【出处】《人类和石头的战争》，原载李子贤编《云南少数民族神话选》，云南人民出版社1990年版，见姚宝瑄主编《中国各民族神话》（羌族、彝族），太原：山西出版传媒集团·书海出版社2014年版，第275页。

W1383.1.2.2
4个神把天拉展

【实 例】

苗族 四个大神一起拿天来盖地。他们驾起云雾，乘着清风分开了，分别去了东西南北，各站一方，一个在东边拉，一个在西方弹，一个在南边扯，还有一个在北边按。

【流传】云南省·文山（文山壮族苗族自治州）一带

【出处】邓光北、闪永仙说唱，项保昌、刘德荣搜集：《开天补天，辟地补地》，见姚宝瑄主编《中国各民族神话》（布依族、仡佬族、苗族），太原：山西出版传媒集团·书海出版社2014年版，第125页。

W1383.1.3
通过药物使天变大

实例

（参见下级母题实例）

W1383.1.3.1
撒长生不老药把天变大

实例

纳西族 三兄弟从西方盗来长生不老药，撒出来的长生不老宝药，一滴点到天，天空高又广。

【流传】云南省·丽江（丽江市）·青龙乡（不详）

【出处】和芳（东巴）读经，和志武调查整理：《崇仁潘迪彻舒》（1954），见吕大吉、何耀华总主编《中国各民族原始宗教资料集成》（纳西族卷、羌族卷、独龙族卷、傈僳族卷、怒族卷），北京：中国社会科学出版社2000年版，第348页。

W1383.1.4
把天撑大

【关联】
① ［W1307.6.2］四位神仙把天撑高
② ［W1308.3.3］大力士把天撑高
③ ［W1313.3］顶天柱把天撑高

实例

（参见下级母题实例）

W1383.1.4.1
造天者双手把天崩大

实例

仡佬族 布什格制天，布比密制地时，布什格造的天小了，他很着急，赶快伸开双手把天崩大。

【流传】贵州省·遵义市、（遵义市）·仁怀（仁怀市）、（安顺市）·平坝（平坝区）等地

【出处】《制天地》，见姚宝瑄主编《中国各民族神话》（布依族、仡佬族、苗族），太原：山西出版传媒集团·书海出版社2014年版，第102页。

W1383.1a
天的变小

【关联】［W1498.6］天地变小

实例

（参见下级母题实例）

W1383.1a.1
盘古拉天把天变小

实例

汉族 原来，天小地大。盘古拉天把天变小。

【流传】浙江省·（丽水市）·青田县·温溪区·坑外村

【出处】季培贵讲，季从姚搜集整理：《盘古开天》（1940s），见姚宝瑄主编《中国各民族神话》（汉族），太原：

山西出版传媒集团·书海出版社 2014 年版，第 14~15 页。

W1383.2
神修整天

【关联】
① ［W1159.4.1］神把天磨平
② ［W1159.4.2］神把天铺平

实 例

彝族（阿细） 最古的时候，云彩生出了天之后，天还不平，一个叫朵热的神去把天铺平。

【流传】（a）云南省·红河哈尼族彝族自治州·弥勒县·（西山镇）

【出处】
（a）潘正兴等唱述，云南省民族民间文学红河调查队搜集翻译整理：《阿细的先基》，昆明：云南人民出版社 1959 年版。
（b）云南省民族民间文学红河调查队搜集整理，古梅改写：《最古的时候》，见姚宝瑄主编《中国各民族神话》（羌族·彝族），太原：山西出版传媒集团·书海出版社 2014 年版，第 138 页。

W1383.2.1
天神修整天

实 例

（参见下级母题实例）

W1383.2.1.1
上天派天神整天

实 例

汉族 上天派天神把天整好。

【流传】浙江省·（杭州市）·临安县（临安市）·高桥镇（玲珑街道）·祥里村

【出处】陈光林讲，张涛采录：《山与海是怎样来的》，见中国民间文学集成全国编辑委员会编《中国民间故事集成》（浙江卷），北京：中国 ISBN 中心 1997 年版，第 21 页。

W1383.2.2
众神用犁耙把天犁平

实 例

哈尼族 众神改换不平整的天时，或以金犁犁之，或以银耙耙之，诸神皆努力认真，天遂平滑如镜。

【流传】（无考）

【出处】《大鱼开辟天地》（原名《天、地、人的传说》），原载谷德明编《中国少数民族神话》，见袁珂《中国神话大词典》，北京：华夏出版社 2015 年版，第 489 页。

W1383.2.3
神将姜夫修天

【关联】［W1379.6］姜夫马王修补天地

实 例

侗族 身高八丈的大汉姜夫承担了修

天的重担,成为修天的先锋神将。

【流传】广西壮族自治区·(柳州市)·三江(三江侗族自治县),(桂林市)·龙胜(龙胜各族自治县)

【出处】杨卜林喜、杨卜松林、杨明世讲,杨国仁、涛声搜集整理,蕾紫改写:《创世女神萨天巴》,原文为过伟改写自侗族创世史诗《嘎茫莽道时嘉——远祖歌》(未出版稿),见姚宝瑄主编《中国各民族神话》(土家族、毛南族、侗族、瑶族),太原:山西出版传媒集团·书海出版社2014年版,第76页。

W1383.3
天上的人修天

【关联】[W2015.3.1] 天上的人

实 例

彝族 天人会修天,地人会铺地。

【流传】贵州省·毕节(毕节市)·赫章县

【出处】贵州省毕节地区民族事务委员会编,王子尧等译:《物始纪略》(第一集),成都:四川民族出版社1990年版,第115页。

W1383.4
把不圆的天修圆

实 例

纳西族 (参见 W1387.1.4.2 母题实例)

W1383.5
绷天

【关联】[W1375.4.2] 绷天把天变稳固

实 例

(参见下级母题实例)

W1383.5.1
绷天者

实 例

(参见下级母题实例)

W1383.5.1.1
天神绷天

实 例

哈尼族 天神们杀翻塔婆的龙牛铺设天地时,拿来牛皮绷天,做天的脸面。

【流传】(无考)

【出处】《杀牛龙,造天地》,根据张牛朗、杨批斗、李书周等演唱,杨保生、李家顺等翻译,杨笛、郭纯礼等整理《十二奴局》和《奥色密色》翻译稿改写,见姚宝瑄主编《中国各民族神话》(哈尼族、傣族),太原:山西出版传媒集团·书海出版社2014年版,第12页。

W1383.5.1.2
管地者绷天

实 例

藏族 老母虫木日扎该看见罗拉甲伍

（管地的皇帝）在绷天。

【流传】四川省・（绵阳市）・平武县・白马藏区（白马藏族乡）

【出处】

（a）＊《绷天绷地》，见《四川白玛藏族民族文学资料集》，四川藏族研究所内部编印，1991 年，第 80 页。

（b）扎嘎才让讲，四川大学中文录采风队采录：《创世传说》，见中国民间文学集成全国编辑委员会编《中国民间故事集成》（四川卷），北京：中国 ISBN 中心 1998 年版，第 934 页。

（c）扎嘎才让等讲，谢世廉等搜集：《创世传说》，见陶立璠、赵桂芳等编《中国少数民族神话汇编》（开天辟地篇等），中央民族学院少数民族古籍整理出版规划领导小组办公室印（未署出版时间），第 1 页。

W1383.5.2
用牛皮绷天

【关联】
① ［W1384］补天
② ［W1393.1.2］用牛皮绷地

实 例

（参见下级母题实例）

W1383.5.2.1
用神牛皮绷天

实 例

哈尼族 查牛（天地神专养的神牛）的皮做绷天绷地的皮。

【流传】

（a）云南省・（红河哈尼族彝族自治州）・元阳县

（b）云南省・（红河哈尼族彝族自治州）・元阳（元阳县）、红河（红河县）、绿春（绿春县）、金平（金平苗族瑶族傣族自治县）等

【出处】

（a）朱小和讲，史军超采录：《查牛补天地》，见中国民间文学集成全国编辑委员会编《中国民间故事集成》（云南卷），北京：中国 ISBN 中心 2003 年版，第 29 页。

（b）同（a），见云南省民间文学集成办公室编《哈尼族神话传说集成》，北京：中国民间文艺出版社 1990 年版。

W1383.5.2.2
用龙牛皮绷天

实 例

哈尼族 造地时，用杀的一头龙牛的牛皮绷天。

【流传】（无考）

【出处】刘辉豪、白章福搜集整理：《奥色密色》，载《山茶》1980 年第 2 期。

W1383.5a
挤天

实 例

（参见下级母题实例）

W1383.5a.1
张古和盘古挤天

实例

侗族 原来地小天大，张古和盘古来挤天，他俩一个在一边，用力挤呀挤，团团转转地挤。

【流传】贵州省·（黔东南苗族侗族自治州）·三穗县·款场（款场乡）

【出处】杨引兰讲，周昌武采录：《开天辟地》，见中国民间文学集成全国编辑委员会编《中国民间故事集成》（贵州卷），北京：中国 ISBN 中心 2003 年版，第 5 页。

W1383.6
动物修整天

实例

（参见下级母题实例）

W1383.6.1
螺蜂修整天

实例

壮族 姆六甲命螺蜂去修整天。

【流传】（无考）

【出处】《故事琼林》，见张声震总主编，农冠品编注《壮族神话集成》，南宁：广西民族出版社 2007 年版，第 99 页。

W1383.7
与天的修整有关的其他母题

实例

（参见下级母题实例）

W1383.7.1
用箭把天射通

实例

土家族 铁汉大哥飕飕飕地对天射三箭，把天射通了。

【流传】（无考）

【出处】彭继宽搜集，彭勃整理：《开天辟地》，见陶立璠、赵桂芳等编《中国少数民族神话汇编》（开天辟地篇等），中央民族学院少数民族古籍整理出版规划领导小组办公室印（未署出版时间），第 325 页。

W1383.7.2
修天的时间

实例

（参见下级母题实例）

W1383.7.2.1
修天用了 81 天

实例

布依族 后生力戛钉天后，共用了九九八十一日。

【流传】（无考）

【出处】《力戛撑天》，原载谷德明编

《中国少数民族神话选》，见袁珂《中国神话大词典》，北京：华夏出版社2015年版，第445页。

布依族 力戛（人名，大力士）在天上忙了九九八十一天，什么都安排好了，才从天上跳了下来。

【流传】各地布依族地区

【出处】王燕、春甫、班告爷讲，汛河记录整理：《力戛创世》，见姚宝瑄主编《中国各民族神话》（布依族、仡佬族、苗族），太原：山西出版传媒集团·书海出版社2014年版，第5页。

❈ W1384
补天

实例

（参见下级母题实例）

W1385
补天的原因

【关联】
① [W1366] 天洞（天上的窟窿、天被撞破）
② [W1383.0] 修整天的原因

实例

（参见下级母题实例）

W1385.0
因天没有长好补天

实例

汉族 开天辟地时，因为天没长成，就叫女娲炼石补天。

【流传】河南省·（周口市）·西华县·（聂堆镇）·思都岗村

【出处】李燕宾（84岁，农民，私塾）讲，张振犁、程健君录音采集：《女娲补天（五）》（1983.11.03），见张振犁编著《中原神话通鉴》（第一卷），郑州：河南大学出版社2017年版，第134页。

W1385.1
因天塌补天

【关联】[W1365] 天塌

实例

汉族 很早以前，一块天塌下来了。人们都惶惶不可终日，纷纷请求女娲神补天。

【流传】（无考）

【出处】《积石山传说》，http://baike.baidu.com。

W1385.1.1
因天的4边损坏补天

实例

汉族 女娲补天时，四边儿的天都坏了，只有中间的天是好的。女娲只好在中州平原上垒炉子生火，炼开了五色彩石。

【流传】河南省·（安阳市）·安阳县·磊口乡·清凉山村［采录地点：安阳县磊口乡目明学校］

【出处】赵金和（36岁，中师）讲，牛

化法采录：《清凉山的传说》（1987.04.07），见张振犁编著《中原神话通鉴》（第一卷），郑州：河南大学出版社2017年版，第154页。

W1385.2
因天出现裂缝补天

【关联】［W1367］天上出现裂缝

实例

侗族　张古和盘古（巨人）发现天地间一条大裂缝，于是要补天。

【流传】贵州省·（黔东南苗族侗族自治州）·三穗县·款场（款场乡）

【出处】杨引兰讲，周昌武采录：《开天辟地》，见中国民间文学集成全国编辑委员会编《中国民间故事集成》（贵州卷），北京：中国ISBN中心2003年版，第5页。

W1385.2.1
天有两个巴掌的缝隙补天

实例

哈尼族　（参见W1367.2.2母题实例）

W1385.2.2
因天上出现窟窿补天

实例

汉族　洪水后，盘古与三妹补天。从东及西，终将天幕窟窿补好。

【流传】（河南省）

【出处】《盘古山》，原载河南师大中文系编《河南民间故事》，见袁珂《中国神话大词典》，北京：华夏出版社2015年版，第390页。

W1385.2.3
天被扯破后补天

实例

（参见下级母题实例）

W1385.2.3.1
天被造天者扯破后女娲补天

【关联】［W1386.2］女娲补天

实例

仡佬族　布什格造的天小了，他赶快伸开双手把天崩大，结果把天扯破了，幸得女娲炼石补天。

【流传】贵州省·遵义市、（遵义市）·仁怀（仁怀市）、（安顺市）·平坝（平坝区）等地

【出处】《制天地》，见姚宝瑄主编《中国各民族神话》（布依族、仡佬族、苗族），太原：山西出版传媒集团·书海出版社2014年版，第102页。

W1385.3
因天被扯破补天

实例

（参见下级母题实例）

W1385.3.1
西北角的天被扯破

实例

汉族　（实例待考）

W1385.3.2
龙王扯破天

【关联】［W3581］龙王

实 例

仡佬族 张龙王把天制窄了，想扯宽一点，结果把天扯破了。

【流传】贵州省·（遵义市）·遵义县（播州区）·平正公社（平正仡佬族乡）·尖山（今属遵义市播州区三岔镇）

【出处】熊文帮讲，葛镇亚搜集：《天与地》，见陶立璠、赵桂芳等编《中国少数民族神话汇编》（开天辟地篇等），中央民族学院少数民族古籍整理出版规划领导小组办公室印（未署出版时间），第324页。

W1385.3.3
鹿角划破天

实 例

普米族 汪洋大海边深山老林里的一只马鹿逞强，犄角划破天。

【流传】云南省·（怒江傈僳族自治州）·兰坪县（兰坪白族普米族自治县），（丽江市）·宁蒗县（宁蒗彝族自治县）

【出处】王震亚采录：《简锦祖杀马鹿》，见中国民间文学集成全国编辑委员会编《中国民间故事集成》（云南卷），北京：中国ISBN中心2003年版，第386页。

W1385.4
天帝命令补天

实 例

（参见下级母题实例）

W1385.4.1
玉皇大帝派女娲补天

【关联】

① ［W0710］女娲

② ［W1386.2］女娲补天

实 例

汉族 玉皇大帝派女娲下凡炼石补天。

【流传】

(a) 山西省·（阳泉市）·平定县·古用乡

(b) 山西省·（阳泉市）·平定县

【出处】

(a) 岳贵平讲，冯冰峰采录：《女娲补天》，见中国民间文学集成全国编辑委员会编《中国民间故事集成》（山西卷），北京：中国ISBN中心1999年版，第4页。

(b) 冯富国讲，光爱华采录：《女娲补天留冠山》，见中国民间文学集成全国编辑委员会编《中国民间故事集成》（山西卷），北京：中国ISBN中心1999年版，第5页。

土家族 玉皇大帝怕水涨到天上来，命令女娲娘娘赶快补天。

【流传】湖南省·（湘西土家族苗族自

治州）·吉首市

【出处】黄德裕讲，杨启良等采录：《盘古开天、女娲补天》，见中国民间文学集成全国编辑委员会编《中国民间故事集成》（湖南卷），北京：中国ISBN中心2002年版，第5页。

W1385.4.2
女娲奉玉帝之命补天

实例

汉族 以前，天上到处漏水，地下就到处发洪水。玉皇大帝只好派女娲去补天，派禹王去治水。

【流传】四川省·巴县（今重庆市·巴南区）

【出处】杜志榜讲，李子硕搜集整理：《巴子石的来历》（1988.05），见姚宝瑄主编《中国各民族神话》（汉族），太原：山西出版传媒集团·书海出版社2014年版，第47~51页。

汉族 玉皇大帝见天穿了，急忙叫手下的天神们去补天穿。天神中只有女娲上殿接了玉帝的圣旨。

【流传】浙江省·（丽水市）·庆元县

【出处】赖善卿讲，兰志龙搜集整理：《补天穿》，见姚宝瑄主编《中国各民族神话》（汉族），太原：山西出版传媒集团·书海出版社2014年版，第52~53页。

W1385.5
与补天原因有关的其他母题

实例

（参见下级母题实例）

W1385.5.1
因天上落石头补天

【关联】[W1161.7.2]以前天上是石头

实例

汉族 因天上常有大大小小石块落下来，女娲娘娘决定补天。

【流传】上海市·黄浦区

【出处】顾剑峰讲，方卡采录：《女娲补天治水》，见中国民间文学集成全国编辑委员会编《中国民间故事集成》（上海卷），北京：中国ISBN中心2007年版，第13~14页。

W1385.5.1.1
因天降陨石补天

实例

满族 以前，天上降石头，不知从什么地方一来了个约有十四五岁小姑娘海伦，对大家说，她到西天去请佛祖来补天。

【流传】辽宁省·（鞍山市）·岫岩县（岫岩满族自治县）

【出处】李成明讲，张其卓、董明搜集整理：《海伦格格补天》，原载张其卓、董明整理《满族三老人故事集》，见陶阳、钟秀编《中国神话》（上），北京：商务印书馆2008年版，第394~395页。

W1385.5.2
因天的缺陷补天

【关联】［W1360］天地的缺陷（修整天地的原因）

实 例

（参见下级母题实例）

W1385.5.2.1
因盘古变的西南天的方不圆满补天

【关联】［W1369.3.1］盘古变出的西南方天不圆满

实 例

白族 盘古变天从东北方变起，天在西南方不圆满。

【流传】
（a）云南省·（大理白族自治州）·大理（大理市）、洱源县等地
（b）云南省·（大理白族自治州）·洱源县

【出处】
（a）杨国政讲，杨亮才采录：《开天辟地》，见中国民间文学集成全国编辑委员会编《中国民间故事集成》（云南卷），北京：中国 ISBN 中心 2003 年版，第 9 页。
（b）同（a），见谷德明编《中国少数民族神话》，北京：中国民间文艺出版社 1987 年版，第 293 页。

W1385.5.2.2
红君道人造的天缺一只角

【关联】
① ［W0687］洪钧老祖
② ［W1283.5］洪钧老祖分开天地

实 例

汉族 红君道人造的天缺一只角，拜求女娲娘娘帮帮忙。

【流传】上海市·松江县（松江区）·九亭乡（九亭镇）·三星村

【出处】朱国民讲，顾青采录：《海斗老祖造天地》，见中国民间文学集成全国编辑委员会编《中国民间故事集成》（上海卷），北京：中国 ISBN 中心 2007 年版，第 3 页。

W1385.5.3
为防止洪水补天

【关联】［W8543］洪水的预防

实 例

汉族 天漏水造成洪水，幸存的女娲和哥哥伏羲一起把天补了起来。

【流传】江苏省·（淮安市）·涟水（涟水县）各地

【出处】徐学尧讲，徐省生搜集整理：《开天辟地和人的由来》（1986.06），见姚宝瑄主编《中国各民族神话》（汉族），太原：山西出版传媒集团·书海出版社 2014 年版，第 20~22 页。

汉族 洪水后，幸存的盘古兄妹为避免水漫及山，开始补天。

【流传】（河南省）

【出处】《盘古山》，原载河南师大中文系编《河南民间故事》，见袁珂《中国神话大词典》，北京：华夏出版社2015年版，第390页。

W1385.5.3.1
因天河漏水补天

【关联】［W1365a］天漏

实 例

汉族　天上的红太阳和白太阳兄弟二人为争王发生争斗时，白太阳撞倒了地上一座撑天不周山，弄得天河里的水都倒了下来，害得地上女娲娘娘只得上天去补天。

【流传】江苏省·（苏州市）·太仓县

【出处】尹培民讲，黄凤尔记录：《天上有过两个太阳》，见姚宝瑄主编《中国各民族神话》（汉族），太原：山西出版传媒集团·书海出版社2014年版，第178~179页。

汉族　伏羲和女娲看到天漏造成的洪水把子孙一个个淹死，就开始补天。

【流传】江苏省·宿迁市

【出处】刘汉飞讲，刘汉飞记录：《女娲哭天》（1986.10.22），见姚宝瑄主编《中国各民族神话》（汉族），太原：山西出版传媒集团·书海出版社2014年版，第61~62页。

藏族　天河漏水造成洪水。女娲战胜怪龙后，又去补天。

【流传】（无考）

【出处】《女娲娘娘补天》，原载谷德明编《中国少数民族神话选》，见袁珂《中国神话大词典》，北京：华夏出版社2015年版，第407页。

W1385.5.3.2
伏羲女娲为消除洪水补天

实 例

汉族　共工和颛顼打仗时，撞折了擎天柱不周山。天上捅了个大窟窿，造成洪水。女娲和伏羲看到洪水要灭绝人类，就赶紧熔炼五彩石，补天上大窟窿。

【流传】河南省·（焦作市）沁阳县

【出处】张正朝、秦太明采录整理：《女娲补天（二）》，见张振犁编著《中原神话通鉴》（第一卷），郑州：河南大学出版社2017年版，第126页。

W1385.5.4
为了孩子降生补天

实 例

汉族　很早以前，天母娘娘怀了一个孩子，这孩子只有在天修补好之后才能降生。于是天母就命令所有的天兵天将赶紧动手把天修补上。

【流传】辽宁省·沈阳（沈阳市）一带

【出处】马素梅讲，徐海燕搜集整理：《北方的天气为什么比南方冷》（1986.04），见姚宝瑄主编《中国各民族神话》（汉族），太原：山西出版传媒集团·书海出版社2014年版，第 66 页。

W1385.5.5
因斗气补天

【关联】［W8697.1］人类的麻烦（矛盾、争斗）

实例

汉族 女娲对盘古讲："你开天地虽有本领，但这天空上都是洞，都是缝，真粗心！"盘古讲："你有本领把它补起来！"女娲回答："补就补，有什么了不起。"

【流传】浙江省·（金华市）·兰溪市

【出处】王阿英讲，蔡斌搜集整理：《女娲补天空》，见姚宝瑄主编《中国各民族神话》（汉族），太原：山西出版传媒集团·书海出版社 2014 年版，第 44~45 页。

W1386
补天者

实例

（参见下级母题实例）

W1386.1
补天者的产生

实例

（参见下级母题实例）

W1386.1.1
祖先造出补天者

实例

瑶族（布努） 密洛陀（女始祖名）造了都称（补天人），让他补天。

【流传】广西壮族自治区·（河池市）·巴马县（巴马瑶族自治县）·东山乡

【出处】蒙老三讲，蒙灵记录翻译：《密洛陀》，见中国民间文学集成全国编辑委员会编《中国民间故事集成》（广西卷），北京：中国 ISBN 中心 2001 年版，第 22 页。

W1386.2
女娲补天

【关联】

① ［W0710］女娲

② ［W1367.6.1］女娲补天时天罡石不足形成天缝

③ ［W1385.2.3.1］天被造天者扯破后女娲补天

④ ［W1385.4.1］玉皇大帝派女娲补天

实例

仡佬族 张龙王把天扯破后，女娲补天。

【流传】贵州省·（遵义市）·遵义县（播州区）·平正公社（平正仡佬族乡）·尖山（今属遵义市播州区三岔镇）

【出处】熊文帮讲，葛镇亚搜集：《天与地》，见陶立璠、赵桂芳等编《中国少数民族神话汇编》（开天辟地篇等），中央民族学院少数民族古籍整理出版规划领导小组办公室印（未署出版时间），第 324 页。

汉族 因天上常有大大小小石块落下

来，女娲娘娘补天。

【流传】上海市·黄浦区

【出处】顾剑峰讲，方卡采录：《女娲补天治水》，见中国民间文学集成全国编辑委员会编《中国民间故事集成》（上海卷），北京：中国 ISBN 中心 2007 年版，第 13~14 页。

汉族 因为红君道人造的天缺了一只角，女娲娘娘就帮他把天补好。

【流传】上海市·松江县（松江区）·九亭乡（九亭镇）·三星村

【出处】朱国民讲，顾青采录：《海斗老祖造天地》，见中国民间文学集成全国编辑委员会编《中国民间故事集成》（上海卷），北京：中国 ISBN 中心 2007 年版，第 3 页。

汉族 我们头上的青天，是很古很古的时候一位名叫女娲的神人补的。

【流传】河南省·（济源市）王屋山一带

【出处】王生伟讲，河南大学中原神话调查组搜集整理：《天的西北角来的雨》，见姚宝瑄主编《中国各民族神话》（汉族），太原：山西出版传媒集团·书海出版社 2014 年版，第 67~68 页。

汉族 天柱不周山被共工撞断后，天塌下了西北后，女娲辛辛苦苦地把天给补起来。

【流传】河南省·（郑州市）·登封市

【出处】据《淮南子》和登封传说整理：《红裤子崖》，见张振犁编著《中原神话通鉴》（第一卷），郑州：河南大学出版社 2017 年版，第 141 页。

汉族 天河里的水倒流下来，地上女娲娘娘只得上天去补天。

【流传】江苏省·（苏州市）·太仓县

【出处】尹培民讲，黄凤尔记录：《天上有过两个太阳》，见姚宝瑄主编《中国各民族神话》（汉族），太原：山西出版传媒集团·书海出版社 2014 年版，第 178~179 页。

汉族 女娲看到天漏了，就用石头去补，补到这点，那点又遭雷公打了个洞。

【流传】四川省·巴县（今重庆市·巴南区）

【出处】钟丽碧讲，罗桂英记录，金祥度搜集整理：《女娲创世》（1988.04），见姚宝瑄主编《中国各民族神话》（汉族），太原：山西出版传媒集团·书海出版社 2014 年版，第 30~31 页。

汉族 天塌地陷后，创造万物的女神女娲，心有不忍，只得又担负起艰巨的补天工作。

【流传】浙江省·（温州市）·永嘉县

【出处】谢博讲，谢圣铎记录：《女娲补天》，见姚宝瑄主编《中国各民族神话》（汉族），太原：山西出版传媒集团·书海出版社 2014 年版，第 55 页。

W1386.2.1
女娲氏补天

实例

汉族 女娲氏补苍天。

【流传】（无考）

【出处】［汉］刘安及门客：《淮南子·览冥训》。

汉族 老天爷命令女神女娲氏下凡补天。

【流传】中原一带

【出处】雷文杰搜集：《共工和祝融》，原载张楚北编《中原神话》，见陶阳、钟秀编《中国神话》（上），北京：商务印书馆2008年版，第389~390页。

W1386.2.1.1
神娲补天

实例

汉族 天神派神娲去补天，神娲到地方补了好几次都补不住。

【流传】河南省·驻马店市（河南南部）［采录地点：驻马店市老街乡］

【出处】吕彦堂（50岁，农民，高小毕业）讲，张爱梅采录：《为啥刮东北风冷》（1987.05），见张振犁编著《中原神话通鉴》（第一卷），郑州：河南大学出版社2017年版，第页。

W1386.2.1.1.1
天神派神娲补天

实例

汉族 天从东南角塌了一半。天神派神娲去补天。

【流传】河南省·驻马店市（河南南部）［采录地点：驻马店市老街乡］

【出处】吕彦堂（50岁，农民，高小毕业）讲，张爱梅采录：《为啥刮东北风冷》（1987.05），见张振犁编著《中原神话通鉴》（第一卷），郑州：河南大学出版社2017年版，第页。

W1386.2.1.2
圣娲补天

实例

汉族 璇枢缺坏奔星斗，轮鸡环兔愁飞走。圣娲巧手炼奇石，飞廉鼓鞴虞渊赤。

【流传】（无考）

【出处】［元］杨维桢：《铁崖先生古乐府》卷三。

W1386.2.2
女娲娘娘补天

实例

汉族 女娲娘娘拾起地上的石头又捏又搓，石头变得同天的缺角一样大小，往上一扔，把天补满了。

【流传】上海市·松江县（松江区）·

九亭乡（九亭镇）·三星村

【出处】朱国民讲，顾青采录：《海斗老祖造天地》，见中国民间文学集成全国编辑委员会编《中国民间故事集成》（上海卷），北京：中国ISBN中心2007年版，第4页。

汉族 远古时候天塌地陷，女娲娘娘补好了天。

【流传】河南省·（驻马店市）·确山县·盘龙镇

【出处】杨永兴讲，杨建军采录：《鳌鱼眨眼地翻身》（1987.03），见张振犁编著《中原神话通鉴》（第一卷），郑州：河南大学出版社2017年版，第148页。

土族 女娲娘娘补黄金天。

【流传】青海省·（海东市）·民和县（民和回族土族自治县）·三川（三川地区，包括官亭镇、中川乡、杏儿、甘沟、前河、满坪等6个乡镇）

【出处】《混沌周末歌》，见邢海燕《土族口头传统与民俗文化》，兰州：甘肃人民出版社2008年版，第45页。

W1386.2.3
女娲没有补天

实例

汉族 天塌地陷时，女娲氏也藏到山窝里不敢出来，后来女娲首先从山窝里出来看到天气晴和了，就说天是她补好的。这说法就流传下来。

【流传】山东省·济南市·（槐荫区）·经七路办事处

【出处】宋汉南讲，刘恩芳采录：《女娲补天》，见中国民间文学集成全国编辑委员会编《中国民间故事集成》（山东卷），北京：中国ISBN中心2007年版，第4页。

W1386.2.4
女娲假补天

实例

汉族 （实例待考）

W1386.2.5
女娲带天兵补天

【关联】[W8739.1] 天兵天将

实例

（参见下级母题实例）

W1386.2.5.1
女娲带天兵天将补天

实例

汉族 女娲带着天兵天将，用了三百六十五种法儿，补了三百六十五年，也没有把天上的窟窿补住。

【流传】河南省·（安阳市）·安阳县·磊口乡·清凉山村[采录地点：安阳县磊口乡目明学校]

【出处】赵金和（36岁，中师）讲，牛化法采录：《清凉山的传说》（1987.04.07），见张振犁编著《中原神话通鉴》（第一卷），郑州：河南大学出版社 2017 年版，第 154 页。

W1386.2.6
女娲补天的方式

实例

（参见下级母题实例）

W1386.2.6.1
女娲先炼石后补天

实例

汉族 远古洪荒的时候，天塌了，女娲娘娘为了拯救世上万民，就炼石补天。

【流传】河南省·（驻马店市）·确山县［采录地点：盘龙镇］

【出处】杨永兴（85 岁，私塾，小学教师）讲，杨建军采录：《刮东北风为啥冷》（1987.03），见张振犁编著《中原神话通鉴》（第一卷），郑州：河南大学出版社 2017 年版，第 147 页。

W1386.2.6.1.1
女娲每天炼石补天

【关联】［W1386.4.1］火神炼石补天

实例

汉族 女娲每天都炼石补天。

【流传】湖南省·（永州市）·冷水滩市（冷水滩区）

【出处】胡惠青讲，李德位采录：《女娲造人》，见中国民间文学集成全国编辑委员会编《中国民间故事集成》（湖南卷），北京：中国 ISBN 中心 2002 年版，第 22 页。

W1386.2.6.1.2
女娲炼青蓝红白紫五色石子补天

实例

汉族 两只大鸟打架把天给碰了个大窟窿。窟窿里直往外冒黑风。女娲就跑到塌天的地方，也就是现在的唐王岐沟，看准窟窿的大小，就在中皇山（后来改名叫凤凰山）沟里支起一口很大很大的锅，从漳河里捞出青蓝红白紫五色石子，放到锅里用大火熬，来补那个窟窿。

【流传】河北省·（邯郸市）·涉县

【出处】李光藩、赵德崇讲：《女娲炼石补天的传说》，见张振犁编著《中原神话通鉴》（第一卷），郑州：河南大学出版社 2017 年版，第 151 页。

W1386.2.6.2
女娲一手炼石，一手补天

实例

汉族 女娲一手炼石，一手补天，从北到南补去。有时手一松，刚补好的天缝就掉下几块，漏了个大洞。

【流传】浙江省·（丽水市）·庆元县

【出处】赖善卿讲，兰志龙搜集整理：《补天穿》，见姚宝瑄主编《中国各民族神话》（汉族），太原：山西出版传媒集团·书海出版社 2014 年版，

52～53页。

W1386.2.6.3
女娲先撑天，再补天

【实例】

藏族 女娲将天撑好后，就去补天。女娲从大山上、海底下找来许多五彩石，炼后用来补天。

【流传】

（a）云南省·（迪庆藏族自治州）·中甸县（香格里拉县）

（b）云南省·迪庆州（迪庆藏族自治州）·（香格里拉县·尼西乡）·汤美村（汤满村）

【出处】

（a）马祥龙采录，谷子等整理：《女娲娘娘》，见中国民间文学集成全国编辑委员会编《中国民间故事集成》（云南卷），北京：中国 ISBN 中心 2003 年版，第 67 页。

（b）马祥龙记录：《女娲娘娘补天》，见谷德明编《中国少数民族神话》，北京：中国民间文艺出版社 1987 年版，第 699 页。

W1386.2.6.4
女娲补天前先用天柱顶天

【实例】

汉族 女娲娘娘为了补天，先得找个结实的东西做顶天柱，把天给顶起来。

【流传】河南省·（驻马店市）·确山县·盘龙镇

【出处】杨永兴讲，杨建军采录：《日月为啥东升西落》（1987.03），见张振犁编著《中原神话通鉴》（第一卷），郑州：河南大学出版社 2017 年版，第 149 页。

W1386.2.7
与女娲补天有关的其他母题

【关联】

① ［W1385.2.3.1］天被造天者扯破后女娲补天

② ［W1385.4.1］玉皇大帝派女娲补天

③ ［W1386.3.3］伏羲女娲兄妹补天

④ ［W1386.8.5.3］张伏羲与李女娲补天

⑤ ［W1387.1.1.1］女娲用五彩石补天

⑥ ［W1387.1.4a.1.1］女娲用天罡石补天

【实例】

（参见下级母题实例）

W1386.2.7.1
娲儿公主补天

【实例】

汉族 娲儿公主做人做遍了全世界，后来她又去补天。

【流传】辽宁省·阜新市·细河区

【出处】吴振清讲，郝殿玺搜集整理：《人的来历》，原载阜新市细河区民间文学集成编委会编《细河区资料本》，见陶阳、钟秀编《中国神话》（上），北京：商务印书馆 2008 年版，第 3243~26 页。

W1386.2.7.2
女娲补天洞

实例

汉族 女娲堵天上的一个很大的洞。

【流传】甘肃省·（天水市）·张家川县·大阳乡·侯吴村

【出处】阎进存讲，杨根荣采录：《女娲射鹰补天》，见中国民间文学集成全国编辑委员会编《中国民间故事集成》（甘肃卷），北京：中国 ISBN 中心 2001 年版，第 7 页。

汉族 北天柱歪斜，北面的天还有一个破洞。女娲补起了漏洞。

【流传】浙江省·（丽水市）·青田县·东源镇、船寮镇

【出处】余碎笑讲，叶茂搜集整理：《三块补天石》（1987.07.15），见姚宝瑄主编《中国各民族神话》（汉族），太原：山西出版传媒集团·书海出版社 2014 年版，第 58~60 页。

W1386.2.7.2.1
女娲补北方的天洞

【关联】［W1366］天洞（天上的窟窿、天被撞破）

实例

汉族 （实例待考）

W1386.2.7.2.2
女娲用石头补天洞

实例

汉族 女娲正在地下捏人，雨越下越大，眼看要塌天，她看见天上有个大窟窿，就搬起石头去补，一连搬了几座山的石头还是堵不住。

【流传】河南省·（驻马店市）·遂平县

【出处】李耀东的祖母讲，李耀东采录：《女娲造人（一）》（1988.02），见张振犁编著《中原神话通鉴》（第一卷），郑州：河南大学出版社 2017 年版，第 165 页。

W1386.2.7.3
女娲补西北天

实例

汉族 女娲看到西北天上的大窟窿，就在大河里拣来了许许多多的五色石，用黏糊糊的河水把彩石粘了起来，一点点垒起，苍天上的大窟窿终于被补好了

【流传】河南省·（周口市）·淮阳县

【出处】杨牧采录：《伏羲和女娲（三）》（1982），见张振犁编著《中原神话通鉴》（第一卷），郑州：河南大学出版社 2017 年版，第 321 页。

W1386.2.7.4
女娲补西方天

实例

汉族 女娲的哥哥共工和祝融争斗造成天塌，砸死很多人。女娲横下一条心，要去西方把天塌的窟窿补起来。

【流传】河南省·（开封市）·杞县

【出处】尹守礼（农民）讲，王怀聚采录整理：《杞人忧天（一）》，见张振犁编著《中原神话通鉴》（第一卷），郑州：河南大学出版社2017年版，第159页。

W1386.2.7.5
女娲补东北天

实例

（参见下级母题实例）

W1386.2.7.5.1
女娲炼石补东北天

实例

汉族 古时候，天塌地陷。东北天没长严，女娲炼石头补住。

【流传】河南省·（周口市）·西华县·聂堆乡·思都岗村

【出处】张慎重（73岁，农民，私塾）讲，陈连忠采录：《女娲城的传说》（1985.03），见张振犁编著《中原神话通鉴》（第一卷），郑州：河南大学出版社2017年版，第199~200页。

W1386.2.7.6
女娲从东南向西北补天

实例

汉族 我们头上的青天是很古很古的时候，有位名叫女娲的神人，在人间熔炼五色石，她把石头炼成汁子以后，从东南向西北，在很高很高的太空上弥漫补成的。

【流传】河南省·济源市·济源县·王屋乡

【出处】王生伟（30岁，小学教师）讲，河南大学"中原神话调查组"采录：《女娲补天（一）》（1986.06.28），见张振犁编著《中原神话通鉴》（第一卷），郑州：河南大学出版社2017年版，第122页。

W1386.2.7.7
女娲红丝穿饼补天

实例

汉族 女娲补天时，红丝穿饼补天空，太虚一碧玻璃色。辐旋毂转四极正，高盖九重悬水镜。

【流传】（无考）

【出处】［元］杨维桢：《铁崖先生古乐府》卷三。

W1386.2.7.8
女娲用针线缝补天缝

实例

汉族 女娲娘娘补西北天时，只剩下一道缝儿，用五彩石再也补不住了。天擦黑的时候，女娲娘娘叫伏羲找来了针，找来了线，一针针一线线，缝了起来，说也奇怪，五彩石补不了，用针线倒一点点给缝住了。

【流传】河南省·（周口市）·淮阳县·（王店乡·棠棣村）

【出处】李国争（63岁，农民）讲，杨复俊采录：《女娲娘娘》（1985.01.06），见张振犁编著《中原神话通鉴》（第一卷），郑州：河南大学出版社2017年版，第146页。

W1386.2.7.9
女娲补天的遗迹

实 例

汉族 嵩山东南的春震峰下，有一条高大的石崖，远看像一条红裤子，有人叫这崖为"红裤子正崖"，或"小姐晒裤子"，这沟便叫"红叉沟"。传说是上古时候女娲补天留下的遗迹。

【流传】河南省·（郑州市）·登封市

【出处】据《淮南子》和登封传说整理：《红裤子崖》，见张振犁编著《中原神话通鉴》（第一卷），郑州：河南大学出版社2017年版，第141页。

W1386.3
兄妹补天

实 例

哈尼族 （实例待考）

W1386.3.1
盘古兄妹补天

【关联】

① ［W0725.2］盘古的兄妹
② ［W1104.1.4］盘古兄妹开天辟地
③ ［W1386.6.1］盘古的妹妹补天
④ ［W1386.8.4］盘古补天

实 例

汉族 盘古兄妹俩共同补好天上的漏洞。

【流传】河南省·南阳市

【出处】杨仁权整理：《南阳三月三祭盘古》，见http：//tongbai.01ny.cn（桐柏网），2001.01.26。

汉族 洪水后，幸存的盘古兄妹为避免水漫及山，开始补天。

【流传】（河南省）

【出处】《盘古山》，原载河南师大中文系编《河南民间故事》，见袁珂《中国神话大词典》，北京：华夏出版社2015年版，第390页。

汉族 盘古和妹妹（玉帝的三闺女）站在石狮子背上，顶住狂风，一个人拿针，一个人扯线补起天来。尽管天破得满是窟窿，但最后总算补好了。

【流传】河南省桐柏山一带

【出处】马卉欣、梁燕搜集，马卉欣整理：《盘古山》，原载中国民间文艺研究会河南分会编《河南民间故事集》，见姚宝瑄主编《中国各民族神话》（汉族），太原：山西出版传媒集团·

书海出版社 2014 年版，第 95～100 页。

| 汉族 | 盘古兄妹补好了天。

【流传】（a）河南省·商丘（商丘市）
【出处】
（a）《两兄妹》，见陶阳、钟秀《中国创世神话》，上海：上海人民出版社 1993 年版，第 47 页。
（b）马卉欣：《盘古山》，见，见中国民间文艺研究会河南分会河南大学中文系编《河南民间故事集》，北京：中国民间文艺出版社 1985 年版，第 8 页。

W1386.3.2
一对兄妹补天

实 例

| 汉族 | 天塌之后，一对小兄妹在月亮婆婆的帮助下补天。

【流传】山东省·东营市·（东营区·油郭乡）·刘营村
【出处】刘培泉讲：《兄妹补天出新彩虹》，见中国民间文学集成全国编辑委员会编《中国民间故事集成》（山东卷），北京：中国 ISBN 中心 1999 年版，第 5 页。

W1386.3.2.1
艾浦艾乐两兄妹补天

实 例

| 哈尼族 | 阿哥艾浦和阿妹艾乐补天。

【流传】云南省·（红河哈尼族彝族自治州）·元阳县
【出处】
（a）朱小和讲：《补天的兄妹俩》，见云南省民间文学集成办公室编：《哈尼族神话传说集成》，中国民间文艺 1990，第 66～67 页。
（b）朱小和讲，史军超采录：《补天的兄妹俩》，见中国民间文学集成全国编辑委员会编《中国民间故事集成》（云南卷），北京：中国 ISBN 中心 2003 年版，第 169 页。

| 哈尼族 | 大雨造成洪水，必须补天。大家争先恐后地要去补天。最后由艾浦艾乐两兄妹去补天。

【流传】云南省·（红河哈尼族彝族自治州）
【出处】朱小和讲，史军超搜集整理：《补天的兄妹俩》，原载《哈尼族神话传说集成》，见陶阳、钟秀编《中国神话》（上），北京：商务印书馆 2008 年版，第 396～397 页。

W1386.3.3
伏羲女娲兄妹补天

【关联】
① ［W0680.2.2］伏羲女娲是兄妹
② ［W1386.8.5.3］张伏羲与李女娲补天

实 例

| 汉族 | 支撑大地的鳌鱼翻身，使西北角天塌了下来。女娲和哥哥伏羲一起把天补了起来。

【流传】江苏省·（淮安市）·涟水（涟水县）各地

【出处】徐学尧讲，徐省生搜集整理：《开天辟地和人的由来》（1986.06），见姚宝瑄主编《中国各民族神话》（汉族），太原：山西出版传媒集团·书海出版社2014年版，第20~22页。

汉族 为修好造成洪水的天缝，妹妹女娲和哥哥伏羲化五彩石，像泥墙一样把天缝泥好。

【流传】江苏省·（淮安市）·涟水县·南集乡·禹庄村

【出处】徐学尧讲，徐省生搜集整理：《世界的由来》（1983），见姚宝瑄主编《中国各民族神话》（汉族），太原：山西出版传媒集团·书海出版社2014年版，第24~28页。

W1386.3.3.1
伏羲女娲补天最初不成功

实 例

汉族 天塌地陷后幸存伏羲女娲兄妹。兄妹俩看到在西北天塌下还没长好，就想补塌天，不知想了多少补天法儿，都没补住。

【流传】河南省·（周口市）·淮阳县·刘振屯（刘振屯乡）

【出处】梁加秀（73岁，不识字）讲，张华采录：《女娲补天（三）》（1986.03），见张振犁编著《中原神话通鉴》（第一卷），郑州：河南大学出版社2017年版，第129页。

W1386.3.3a
伏羲女娲姐弟补天

实 例

汉族 天塌地陷后，幸存的伏羲女娲姐弟俩拾块冰凌一贴把天东北角子堵住了。

【流传】河南省·（周口市）·沈丘县·卡路口乡·孙庄

【出处】孙洪杰（男，67岁，农民。不识字）讲，孙如灵采录：《伏羲和女娲（四）》（1986.10），见张振犁编著《中原神话通鉴》（第一卷），郑州：河南大学出版社2017年版，第323页。

W1386.3.4
天皇氏、地皇氏和女娲氏三兄妹补天

实 例

汉族 天皇氏、地皇氏和女娲氏三兄妹争帝位时打架把天捅出个大洞。天帝命他们把天补好。

【流传】浙江省·舟山市·（定海区·岑港镇）·烟墩（烟墩村）、马目（马目村）一带

【出处】张友夫讲，于海辰、林海峰记录整理：《兄妹分天地》（1987.05.15），见姚宝瑄主编《中国各民族神话》（汉族），太原：山西出版传媒集团·书海出版社2014年版，第38~39页。

W1386.4
火神补天

【关联】［W0466］火神

【实例】

（参见下级母题实例）

W1386.4.1
火神炼石补天

【关联】［W1386.2.6.1.1］女娲每天炼石补天

【实例】

苗族　南火（火神名，居火正之职）炼石补天。

【流传】（无考）

【出处】龙王六诵，龙炳文翻译：《开天立地》，见陶立璠、赵桂芳等编《中国少数民族神话汇编》（开天辟地篇等），中央民族学院少数民族古籍整理出版规划领导小组办公室印（未署出版时间），第42页。

W1386.5
佛祖补天

【实例】

满族　一个叫海伦的小姑娘到西天去请佛祖来补天。

【流传】（a）辽宁省岫岩县（岫岩满族自治县）·城南蓝旗堡子（不详）

【出处】

（a）李成明讲，张其卓采录：《海伦格补天》，见中国民间文学集成全国编辑委员会编《中国民间故事集成》（辽宁卷），中国ISBN中心1994年版，第3页。

（b）《海伦格格补天》，见《满族三老故事集·李成明的故事》，沈阳：春风文艺出版社1984年版。

（c）《海伦格格补天》，见满都呼主编《中国阿尔泰语系诸民族神话故事》，北京：民族出版社1997年版，第259页。

W1386.5.1
女佛补天

【实例】

苗族　谷佛（即女佛）以青石补天。

【流传】贵州省西北部

【出处】

（a）《谷佛补天》，见贵州省民间文学工作组编《苗族文学史》，贵阳：贵州人民出版社1981年版。

（b）同（a），见袁珂《中国神话大词典》，北京：华夏出版社2015年版，第419页。

W1386.6
特定的女人补天

【实例】

苗族　桑和白姑娘缝补裂开的天。

【流传】广西壮族自治区·（柳州市）·大苗山（融水苗族自治县）

【出处】

（a）《龙牙颗颗钉满天》，见苏晓星

《苗族文学史》，成都：四川出版集团·四川民族出版社 2003 年版，第 75 页。

（b）《龙牙颗颗钉满天》，见田兵等《苗族文学史》，贵阳：贵州人民出版社 1981 年版，第 57 页。

W1386.6.1
盘古的妹妹补天

【关联】［W0725.2］盘古的兄妹

实 例

汉族 盘古顶着天，一边天破了，大雨直下，妹妹忙用石头补天。

【流传】河南省·南阳（南阳市）

【出处】丁严冰、马利达整理：《盘古：万代神话出南阳》（桐柏网）。

W1386.6.2
祝融的妹妹补天

【关联】

① ［W0767］祝融

② ［W1386.8.5.5］祝融炼石补天

实 例

仡佬族 （实例待考）

W1386.6.2a
蛇族兄妹的妹妹补天

实 例

汉族 海上蛇族的两兄妹中的妹妹用天火用来炼五色石补天上的裂缝。

【流传】广东省·湛江市·霞山区

【出处】林轩讲，林茂森采录：《女娲与海龟》，见中国民间文学集成全国编辑委员会编《中国民间故事集成》（广东卷），北京：中国 ISBN 中心 2006 年版，第 4 页。

W1386.6.3
海伦格格补天

实 例

满族 从前，海伦格格补天。

【流传】（无考）

【出处】李成明讲：《海伦格格补天》，见陶阳、钟秀编《中国神话》，上海：上海文艺出版社 1996 年版，第 33 页。

W1386.6.3.1
海伦格格用神火炼石补天

实 例

满族 海伦格格用如来佛送的一盆神火，炼了 49 块石头补天。

【流传】（a）辽宁省·岫岩县（岫岩满族自治县）·城南蓝旗堡子（不详）

【出处】

（a）李成明讲，张其卓采录：《海伦格格补天》，见中国民间文学集成全国编辑委员会编《中国民间故事集成》（辽宁卷），北京：中国 ISBN 中心 1994 年版，第 3 页。

（b）《海伦格格补天》，见《满族三老故事集·李成明的故事》，沈阳：春风文艺出版社 1984 年版。

(c)《海伦格格补天》，见满都呼主编《中国阿尔泰语系诸民族神话故事》，北京：民族出版社1997年版，第259页。

满族 海伦格格用神火炼出的一块五色神石补天。

【流传】辽宁省·（鞍山市）·岫岩县（岫岩满族自治县）

【出处】李成明讲，张其卓、董明搜集整理：《海伦格格补天》，原载张其卓、董明整理《满族三老人故事集》，见陶阳、钟秀编《中国神话》（上），北京：商务印书馆2008年版，第394~395页。

W1386.6.4
女始祖补天

实例

瑶族 密洛陀（万物之母，女始祖，女神）造了都称（补天人）。

【流传】广西壮族自治区·（河池市）·巴马县（巴马瑶族自治县）·东山乡·崇山村

【出处】蒙老三（70岁）讲，蒙灵记录翻译：《密洛陀》（1981），原载南宁师范学院编《广西少数民族与汉族民歌民间故事》，见陶阳、钟秀编《中国神话》（上），北京：商务印书馆2008年版，第106~109页。

W1386.6.5
熊的女儿补天

实例

汉族 二龙把天碰破后，青年听说高山有个大熊，它有三个女儿，哪一个都能补天。

【流传】辽宁省·（沈阳市）·新民县北部农村

【出处】刘赵氏讲，刘秀岩搜集整理：《补天的故事》（附记），见姚宝瑄主编《中国各民族神话》（汉族），太原：山西出版传媒集团·书海出版社2014年版，第63~65页。

瑶族 老熊王的三个女儿会补天。

【流传】广西壮族自治区

【出处】萧甘牛搜集整理：《龙牙颗颗钉满天》，见曹廷伟编著《广西民间故事辞典》，南宁：广西教育出版社1993年版，第15页。

W1386.7
神补天

【关联】
① ［W1378］神或神性人物修补天地
② ［W1784.1］天河是神缝补天时形成的痕迹（银河是神缝补天时形成的痕迹）

实例

哈尼族 （实例待考）

W1386.7.1
天神补天

实 例

（参见下级母题实例）

W1386.7.1.1
天神的儿子补天

【关联】

① ［W0202.2.1］天神的儿子
② ［W1133.1.2］天神的儿子造天

实 例

彝族　格兹天神的儿女造出天地后，用打雷试天时，天开裂了。于是安排5个儿子去补天。

【流传】（云南省·楚雄彝族自治州·姚安县·官屯乡·马游村，大姚县·昙华乡等）

【出处】
(a) 郭天元（马游村）、李申呼颇（昙华乡）、李福玉颇（苴）演唱，郭思九、许明学、龚维顺、张宝省、陈志群、胡炳文等搜集，刘德虎、龚维顺、陈志群、李树荣、郭天元等整理：《梅葛》（第一部"创世"），见云南省民族民间文学楚雄调查队《梅葛》(1959)，昆明：云南人民出版社2009年版。
(b) 《打虎开天辟地》，蔷紫据云南省民族民间文学楚雄调查队著《梅葛》（云南人民出版社2009年版）改写，见姚宝瑄主编《中国各民族神话》（羌族、彝族），太原：山西出版传媒集团·书海出版社2014年版，第192页。

W1386.7.1.2
天神和儿子补天

实 例

哈尼族　天神和他的儿子修好烂天。

【流传】云南省·（玉溪市）·元江县（元江哈尼族彝族傣族自治县）·羊街乡、那诺乡及因远镇清水河流域一带

【出处】《修天补地歌》，见元江县哈尼文化学会、元江县史志编纂办公室编《元江哈尼族古歌集》，内部编印，2005年，第20页。

W1386.7.1.3
老天爷补天

实 例

汉族　很早以前，天东北角塌了一个大窟窿，人们都很害怕，很发愁，天天磕头祷告，求老天爷开恩，赶紧把塌下来的窟窿补住。

【出处】河南省·（周口市）·西华县·陌陂乡·前洼村

【出处】陈德荣（78岁，不识字）讲，魏胜林采录：《补天的传说》(1986.03)，见张振犁编著《中原神话通鉴》（第一卷），郑州：河南大学出版社2017年版，第139页。

W1386.7.2
女神补天

实例

（参见下级母题实例）

W1386.7.2.1
神婆补天

实例

苗族 （天不牢固），旭妮婆婆（神婆名，类似女娲）老人家，朝朝都在熔岩石，暮暮都在熔岩石，熔化岩浆来焊补，补了东边天一角，天上圆圆稳笃笃，要比过去好得多。

【流传】原文无流传地，据文本及注释推测该神话流传于贵州省·黔东南苗族侗族自治州·凯里市、台江县等地。

【出处】张启庭、张荣光、张正玉、张启德演唱，张明搜集，燕宝整理译注：《创造宇宙·打柱撑天》，见贵州省少数民族古籍整理出版规划小组办公室编，燕宝整理译注《苗族古歌》，贵阳：贵州民族出版社1993年版，第318页。

W1386.7.2.2
圣母娘娘补天

实例

汉族 很早以前，天东北角塌了一个大窟窿。人们求告圣母娘娘。她见人们可怜，就用一个大冰块堵住了天塌的那个窟窿。

【流传】河南省·（周口市）·西华县·陌陂乡·前洼村

【出处】陈德荣（78岁，不识字）讲，魏胜林采录：《补天的传说》（1986.03），见张振犁编著《中原神话通鉴》（第一卷），郑州：河南大学出版社2017年版，第139页。

W1386.7.2a
1对男女神补天

实例

傣族（水傣） 布桑戞西与雅桑戞赛是补天补地的男神和女神。

【流传】（云南省·西双版纳傣族自治州）

【出处】王松整理：《傣族——西双版纳的神谱》，见姚宝瑄主编《中国各民族神话》（哈尼族、傣族），太原：山西出版传媒集团·书海出版社2014年版，第232页。

W1386.7.3
众神补天

【关联】［W1378.2］众神补天地

实例

（参见下级母题实例）

W1386.7.3.1
9个男神和7个女神补天

实例

纳西族 九个男神和七个女神开天辟

地，他们用蓝宝石补天。

【流传】（云南省·丽江市）

【出处】和志武翻译整理：《人类迁徙记》，原载中共丽江地委宣传部编《纳西族民间故事选》，见陶阳、钟秀编《中国神话》（中），北京：商务印书馆2008年版，第856~876页。

W1386.7.3.2
天兵天将修补天

实例

汉族 天兵天将动手修天时，是用石头从南面开始修补的。

【流传】辽宁省·沈阳（沈阳市）一带

【出处】马素梅讲，徐海燕搜集整理：《北方的天气为什么比南方冷》（1986.04），见姚宝瑄主编《中国各民族神话》（汉族），太原：山西出版传媒集团·书海出版社2014年版，第66页。

W1386.7.4
天女补天

实例

汉族 顶天柱把天撞个窟窿之后，天女就炼五色石补天，还挖出一个非常大的坑（大约在今驻马店东几十里处）。

【流传】河南省·驻马店市（驻马店东部一带）

【出处】郭中（87岁，农民，私塾）讲，郭运民采录整理：《女娲名字的由来》（1989.09），见张振犁编著《中原神话通鉴》（第一卷），郑州：河南大学出版社2017年版，第143页。

W1386.7.4.1
玉帝的三女儿补天

实例

汉族 玉皇大帝的三女儿见盘古开天辟地很辛苦，一个人很孤单，就下凡来到盘古山，做了盘古的妹妹，补天，一块儿过日子。

【流传】河南省·（南阳市）·桐柏县

【出处】黄发美（61岁，善讲故事），马卉欣转述，河南大学"中原神话调查组"录音，张振犁、程健君采录：《盘古兄妹婚（六）》（1984.12.22），见张振犁编著《中原神话通鉴》（第一卷），郑州：河南大学出版社2017年版，第102页。

W1386.7a
动物补天

实例

（参见下级母题实例）

W1386.7a.1
山鹰补天

实例

彝族（俚颇） 天神盘颇见天上飞来了一对山鹰，就叫这对山鹰去补天。

【流传】云南省·（楚雄彝族自治州）·大姚县·昙华山区（昙华乡）

【出处】

（a）陆颇梭颇（毕摩）演唱，夏光辅、诺海阿苏翻译：《俚泼古歌》，见云南省社会科学院楚雄彝族文化研究所编《彝族民间文学》第2辑，1985年。

（b）陆颇梭颇（毕摩）演唱，夏光辅、诺海阿苏翻译，古梅改写：《赤梅葛——俚泼古歌》，见姚宝瑄主编《中国各民族神话》（羌族、彝族），太原：山西出版传媒集团·书海出版社2014年版，第106~108页。

W1386.7a.2
鸟补天

实例

（参见下级母题实例）

W1386.7a.2.1
燕子和点雀补天地

【关联】[W1128.0.1] 燕子鸟雀补天地时把天地踩圆

实例

拉祜族 燕子和点点雀把天地补了三年整，天地补好了，天地也踩圆了。

【流传】云南省·（普洱市）·澜沧县（澜沧拉祜族自治县）

【出处】李云保讲述，扎约采录：《牡帕密帕的故事》，见陶阳、钟秀编《中国神话》（上），北京：商务印书馆2008年版，第129~139页。

W1386.7a.2.2
凤凰补天

实例

汉族 女娲让凤凰头顶着装着石水的砂锅去补天。

【流传】山西省·（吕梁市）·交城县·革村（疑为会立乡·白草庄村）

【出处】高钟璋讲，王真才采录：《女娲补天留冠山》，见中国民间文学集成全国编辑委员会编《中国民间故事集成》（山西卷），北京：中国ISBN中心1999年版，第6页。

W1386.8
其他补天者

实例

（参见下级母题实例）

W1386.8.1
天上的人补天

【关联】[W1383.3] 天上的人修天

实例

彝族 天人会修天，地人会铺地。

【流传】贵州省·毕节（毕节市）·赫章县

【出处】贵州省毕节地区民族事务委员会编，王子尧等译：《物始纪略》（第一集），成都：四川民族出版社1990年版，第115页。

彝族 开天之后，天人来补天。

【流传】黔西（贵州省西部）与云南（云南省）接壤的彝族地区

【出处】阿候布代讲，王正贡、王子尧、王冶新、何积金搜集整理，蔷紫改写：《天生地产》，原载中国民间文艺研究会贵州分会编《民间文学资料》，内部资料，1986年，见姚宝瑄主编《中国各民族神话》（羌族、彝族），太原：山西出版传媒集团·书海出版社 2014 年版，第 164 页。

W1386.8.2
混天老祖补天

实 例

汉族　洪水后，混天老祖补天。

【流传】河南省·商丘（商丘市）

【出处】

（a）《两兄妹》，见陶阳、钟秀《中国创世神话》，上海：上海人民出版社 1993 年版，第 47 页。

（b）《两兄妹》，见中国民间文艺家协会河南分会编：《中原神话专题资料》，内部资料，1987 年，第 127～130 页。

W1386.8.3
骊山老母补天

【关联】

① [W0768.6] 骊山老母
② [W1852.6.2] 骊山

实 例

汉族　天塌一角后，女神骊山老母和她的两个女儿炼石补天。

【流传】陕西省·（西安市）·临潼县·谭家乡（新丰街道）·刘家村

【出处】穆相全讲，丁耀祖等采录：《骊山老母》，见中国民间文学集成全国编辑委员会编《中国民间故事集成》（陕西卷），北京：中国 ISBN 中心 1996 年版，第 7 页。

汉族　开天辟地后，骊山老母补天。

【流传】宁夏回族自治区·（中卫市）·中宁县·新堡乡·聂弯村

【出处】杨发兴讲，宋福采录：《骊山老母补天王母娘娘补地》，见《中国民间文学集成全国编辑委员会编《中国民间故事集成》（宁夏卷），北京：中国 ISBN 中心 1999 年版，第 3 页。

W1386.8.4
盘古补天

实 例

汉族　盘古开天辟地用的斧子把儿，当补天的金针，山顶上的葛藤做补天的金线。

【流传】河南省·（南阳市）·桐柏（桐柏县）

【出处】姚义雨讲，马卉欣搜集整理：《盘古开天》，见中华民族故事大系编委会编《中华民族故事大系》第 1 卷（汉族、蒙古族、回族），上海：上海文艺出版社 1995 年版，第 6～7 页。

W1386.8.5
其他有特定名称的人物补天

实例

（参见下级母题实例）

W1386.8.5.1
地母补天

实例

阿昌族　天破了地母遮米麻会补。

【流传】（云南省）

【出处】赵安贤讲，智克整理：《遮帕麻与遮米麻》，见姚宝瑄主编《中国各民族神话》（佤族、阿昌族、纳西族、普米族、德昂族），太原：山西出版传媒集团·书海出版社2014年版，第79页。

W1386.8.5.2
高辛帝补天

实例

畲族　高辛看见天破了，就拾了许多宝石做钉子，把天补好。

【流传】福建省·福安（福安市）、（宁德市）·霞浦（霞浦县）；浙江省畲族地区

【出处】
(a) 陈玮君记录：《高辛与龙王》，见蒋风等编：《畲族民间故事选》，上海：上海文艺出版社1983年版。
(b) 陈玮君记录：《高辛造万物》，见姚宝瑄主编《中国各民族神话》（高山族、黎族、畲族），太原：山西出版传媒集团·书海出版社2014年版，第87~88页。

W1386.8.5.3
张伏羲与李女娲补天

实例

汉族　皇帝张伏羲在天上补，妻子李女娲在地上接石头给他，他们就这么补。

【流传】江苏省·（淮安市）·金湖县南片（南部）

【出处】冯学仁讲，戴之尧记录：《张伏羲补天》（1987.06.23），见姚宝瑄主编《中国各民族神话》（汉族），太原：山西出版传媒集团·书海出版社2014年版，第63页。

W1386.8.5.4
鬼王补天

实例

苗族　鬼王好心肠，他是担心东天角，岩缝粘贴不太牢，才偷银子上天去，补焊东边一只角，不让岩石往下落。

【流传】原文无流传地，据文本及注释推测该神话流传于贵州省·黔东南苗族侗族自治州·凯里市、台江县等地。

【出处】张启庭、张荣光、张正玉、张启德演唱，张明搜集，燕宝整理译

注：《创造宇宙·运金运银》，见贵州省少数民族古籍整理出版规划小组办公室编，燕宝整理译注《苗族古歌》，贵阳：贵州民族出版社1993年版，第101页。

W1386.8.5.5
祝融炼石补天

【关联】［W1386.6.2］祝融的妹妹补天

实 例

苗族 仡射、仡箭二人射日月时，他们射落了天角和天板，这样南火（祝融）就出来炼石补天。

【流传】湖南省苗族地区

【出处】龙王六演唱，龙炳文翻译：《开天立地》，苗地根据《楚风》刊登的《苗族古歌》的第一部分《开天日立》改写，见姚宝瑄主编《中国各民族神话》（布依族、仡佬族、苗族），太原：山西出版传媒集团·书海出版社2014年版，第129页。

W1386.8.5.6
几个男女补天

实 例

汉族 小虎（英雄名）和财主的三女儿一起补天。

【流传】辽宁省·（沈阳市）·新民县北部农村

【出处】刘赵氏讲，刘秀岩搜集整理：《补天的故事》，见姚宝瑄主编《中国各民族神话》（汉族），太原：山西出版传媒集团·书海出版社2014年版，第63~65页。

W1386.8.5.7
太上老君补天

【关联】［W1387.7.5］太上老君用冰块补天

实 例

汉族 太上老君在娘肚里听说天已长严，就咬断娘的三根肋巴骨出世了。老君来到世上，看到天的西北角还有一个大窟窿，就挖了一块冰块补上。

【流传】河南省·（南阳市）·镇平县

【出处】贺天祥讲，贺海成、姜典凯搜集整理：《天为什么是蓝的》，见姚宝瑄主编《中国各民族神话》（汉族），太原：山西出版传媒集团·书海出版社2014年版，第66~67页。

W1386.8.5.8
捅破天者补天

实 例

汉族 天皇氏、地皇氏和女娲氏三兄妹争帝位时打架，把天捅出个大洞。天帝很生气，就命他们把天补好。

【流传】浙江省·舟山市·（定海区·岑港镇）·烟墩（烟墩村）、马目（马目村）一带

【出处】张友夫讲，于海辰、林海峰记录整理：《兄妹分天地》（1987.05.15），见姚宝瑄主编《中国各民族神话》（汉族），太原：山西出版传媒集团·书海

W1386.8.5.9
造天者补天

【实例】

彝族 天神的五个儿子造的天被打雷震裂，天神让他们把天补起来。

【流传】云南省·楚雄彝族自治州·姚安县、大姚县等彝族地区

【出处】《创世·开天辟地》，见云南省民族民间文学楚雄调查队整理编写《梅葛》，昆明：云南人民出版社2009年版，第8页。

W1386.8.5.10
天皇氏、地皇氏和女娲氏补天

【关联】

① ［W1159.2.8］天皇氏、地皇氏和女娲氏把天补成圆的

② ［W1386.3.4］天皇氏、地皇氏和女娲氏三兄妹补天

【实例】

汉族 天皇氏、地皇氏和女娲氏一起补天。

【流传】浙江省·舟山市·（定海区·岑港镇）·烟墩（烟墩村）、马目（马目村）一带

【出处】张友夫讲，于海辰、林海峰记录整理：《兄妹分天地》（1987.05.15），见姚宝瑄主编《中国各民族神话》（汉族），太原：山西出版传媒集团·书海出版社2014年版，第38~39页。

W1386.8.5.11
张古老补天

【关联】

① ［W1375.2.0.1］张古老钉天把天变稳

② ［W1387.3.2］张古老用水补天

③ ［W1392.2.4.2］李古老补地

【实例】

土家族 以前，天不完满，张古老补天。

【流传】

（a）四川省·秀山县（今重庆市·秀山土家族苗族自治县）·海洋乡

（b）湖南省·（湘西土家族苗族自治州）·龙山县·（湾塘乡）·坡脚（坡脚村）

【出处】

（a）彭国然讲，李绍明采录：《依罗娘娘造人》，见中国民间文学集成全国编辑委员会编《中国民间故事集成》（四川卷·下），北京：中国ISBN中心1998年版，第1211页。

（b）向廷龙讲，彭勃翻译整理：《造天造地》，见谷德明编《中国少数民族神话》，北京：中国民间文艺出版社1987年版，第165页。

土家族 玉帝让张古老补天。

【流传】湖南省、湖北省、贵州省等地

【出处】田建柏讲，彭勃等搜集整理：《补天补地》，见中华民族故事大系编委会编《中华民族故事大系》第5卷

（瑶族、白族、土家族），上海：上海文艺出版社1995年版，第657～658页。

W1386.8.5.12
两代人补天（几代人补天）

实例

彝族 远古时代，有恒翁舍一代、翁舍翁二代和翁补翁三代把天修好。

【流传】贵州省·毕节（毕节市）

【出处】贵州省毕节地区民族事务委员会编，陈长友主编：《物始纪略》（第二集），成都：四川民族出版社1991年版，第20页。

W1386.9
补天的助手（补天的帮助者）

【关联】［W9987］帮助者

实例

（参见下级母题实例）

W1386.9.1
月亮婆婆帮助补天

【关联】［W0280］月亮神（月神）

实例

汉族（实例待考）

W1386.9.2
神性人物帮助补天

实例

（参见下级母题实例）

W1386.9.2.1
天兵帮助补天

实例

汉族 女娲带着天兵天将补天。

【流传】河南省·（安阳市）·安阳县·磊口乡·清凉山村

【出处】赵金和讲，牛化法采录：《女娲炼石补天》，见中国民间文学集成全国编辑委员会编《中国民间故事集成》（河南卷），北京：中国ISBN中心2001年版，第17页。

W1386.9.2.2
金童玉女帮助补天

【关联】［W0764］金童玉女

实例

汉族 女娲娘娘用五彩石补天时，金童和玉女帮着女娲炼五色石。

【流传】江苏省·（徐州市）·新沂市

【出处】徐太凤讲，孟玉红搜集整理：《人的来历和女娲补天》（1986.03.14），见姚宝瑄主编《中国各民族神话》（汉族），太原：山西出版传媒集团·书海出版社2014年版，第58～61页。

W1386.9.2.3
两位神童帮助补天

实例

（参见下级母题实例）

W1386.9.2.3.1
两位神童帮助女娲补天

实例

汉族 女娲筋骨疲累地补天时，找了两位神童下来帮助运料。

【流传】河南省·（郑州市）·登封市

【出处】据《淮南子》和登封传说整理：《红裤子崖》，见张振犁编著《中原神话通鉴》（第一卷），郑州：河南大学出版社2017年版，第141页。

W1386.9.3
牛马帮助补天

实例

（参见下级母题实例）

W1386.9.3.1
女娲驾金牛补天

实例

汉族 女娲牵着金牛驮着金磨、金锅去补天。

【流传】山西省·（阳泉市）·平定县

【出处】冯富国讲，光爱华采录：《女娲补天留冠山》，见中国民间文学集成全国编辑委员会编《中国民间故事集成》（山西卷），北京：中国ISBN中心1999年版，第5页。

W1386.9.3.2
飞马帮助补天

实例

汉族 女神骊山老母的小女儿变成一匹飞马，驮着母亲和姐姐，把擀好的石饼飞快地补到天上。

【流传】陕西省·（西安市）·临潼县·谭家乡（新丰街道）·刘家村

【出处】穆相全讲，丁耀祖等采录：《骊山老母》，见中国民间文学集成全国编辑委员会编《中国民间故事集成》（陕西卷），北京：中国ISBN中心1996年版，第7页。

W1386.9.4
飞鸟帮助补天

实例

（参见下级母题实例）

W1386.9.4.1
女娲让凤凰帮助补天

实例

（参见W1386.7a.2.2母题实例）

W1386.9.5
龙帮助补天

实例

汉族 青年和熊的三女儿补天时，找到碰破天的二龙，二龙分别驮青年和熊三女上天。

【流传】辽宁省·（沈阳市）·新民县北部农村

【出处】刘赵氏讲，刘秀岩搜集整理：《补天的故事》（附记），见姚宝瑄主编《中国各民族神话》（汉族），太原：山西出版传媒集团·书海出版社

2014年版，第63~65页。

W1386.9.5.1
龙王帮助补天

【关联】［W3581］龙王

实 例

（参见下级母题实例）

W1386.9.5.1.1
海龙王帮女娲补天

实 例

汉族　女娲用石头去补天。结果补到这点，那点又遭雷公打了个洞。看到天就要垮下来，女娲没得法，就去找海龙王帮忙。

【流传】四川省·巴县（今重庆市·巴南区）

【出处】钟丽碧讲，罗桂英记录，金祥度搜集整理：《女娲创世》（1988.04），见姚宝瑄主编《中国各民族神话》（汉族），太原：山西出版传媒集团·书海出版社2014年版，第30~31页。

W1386.9.6
特定的人帮助补天

实 例

（参见下级母题实例）

W1386.9.6.1
一个妇女帮助补天

实 例

（参见下级母题实例）

W1386.9.6.1.1
一个妇女帮女娲补天

实 例

汉族　女娲为了补好天漏，才向人间讨吃。南天门地界上有个妇女将自家垫缸底的一个大果扁（一种用粳米做的并带有碱的年糕）拿出煎了，用红线缚牢吊上天去。女娲吃了人间送去的果扁，补回了力气，天漏很快便补好了。

【流传】浙江省·（丽水市）·庆元县

【出处】赖善卿讲，兰志龙搜集整理：《补天穿》，见姚宝瑄主编《中国各民族神话》（汉族），太原：山西出版传媒集团·书海出版社2014年版，第52~53页。

W1386.9.6.2
渔民帮助补天

实 例

（参见下级母题实例）

W1386.9.6.2.1
渔民帮女娲补天

实 例

汉族　随女娲补天的渔民一个个聪明能干，熟悉水性。

【流传】辽宁省·大连市沿海渔民中

【出处】刘则亭讲，邵秀荣搜集整理：《女娲补天》，见姚宝瑄主编《中国各民族神话》（汉族），太原：山西出版传媒集团·书海出版社 2014 年版，第 55~57 页。

W1386.10
与补天者有关的其他母题
实例

（参见下级母题实例）

W1386.10.1
补天者留在天上
实例

汉族　皇帝张伏羲在天上补，妻子李女娲在地上接石头给他。到后来天补起来了，张伏羲就关到天上，下不来了。

【流传】江苏省·（淮安市）·金湖县南片（南部）

【出处】冯学仁讲，戴之尧记录：《张伏羲补天》（1987.06.23），见姚宝瑄主编《中国各民族神话》（汉族），太原：山西出版传媒集团·书海出版社 2014 年版，第 63 页。

W1386.10.2
补天者的死亡
实例

（参见下级母题实例）

W1386.10.2.1
女娲补天被冻死
实例

汉族　女娲在登封县清凉山太子沟补天时，因为天冷，女娲就冻结在那里了。如今，女娲还手托着五花石站在那儿呢

【流传】河南省·（周口市·淮阳县），（郑州市）·登封市［采录地点：淮阳太昊陵邹氏家］

【出处】邹氏（50 岁，斋公）讲，杨利慧采录：《太子沟女娲石像》（1993.04.22），见张振犁编著《中原神话通鉴》（第一卷），郑州：河南大学出版社 2017 年版，第 140 页。

W1386.10.2.2
女娲补天累死
实例

汉族　女娲把天补好了，泥人们得救了，她可累死了。

【流传】河南省·（南阳市）·西峡县·太平镇乡·回龙寺村

【出处】刘克旺（50 岁，不识字）讲，王改芹采录，杨平采录整理：《女娲补天（七）》（1986.05），见张振犁编著《中原神话通鉴》（第一卷），郑州：河南大学出版社 2017 年版，第 136~137 页。

W1387
补天的材料
实例

（参见下级母题实例）

W1387.1
用石补天

【关联】［W1748.1］补天的石头化为流星

实例

汉族　盘古顶天时，把一边天顶破了。盘古的妹妹忙用石头补天。

【流传】河南省·南阳（南阳市）

【出处】丁严冰、马利达整理：《盘古：万代神话出南阳》（桐柏网）。

汉族　天兵天将动手修天时，是用石头从南面开始修补的。

【流传】辽宁省·沈阳（沈阳市）一带

【出处】马素梅讲，徐海燕搜集整理：《北方的天气为什么比南方冷》（1986.04），见姚宝瑄主编《中国各民族神话》（汉族），太原：山西出版传媒集团·书海出版社 2014 年版，第 66 页。

W1387.1.0
加工石头补天

实例

（参见下级母题实例）

W1387.1.0.1
女娲磨石头补天

实例

汉族　女娲娘娘拾起地上的石头又捏又搓，石头变得同天的缺角一样大小，往上一扔，把天补满了。

【流传】上海市·松江县（松江区）·九亭乡（九亭镇）·三星村

【出处】朱国民讲，顾青采录：《海斗老祖造天地》，见中国民间文学集成全国编辑委员会编《中国民间故事集成》（上海卷），北京：中国 ISBN 中心 2007 年版，第 4 页。

W1387.1.1
用五彩石补天

【关联】

① ［W1867.4.16］五彩石

② ［W1598.5.3］补天的五彩石变成月亮

实例

（参见下级母题实例）

W1387.1.1.1
女娲用五彩石补天

【关联】［W1160.7.1.1］女娲用五彩石补天形成天的蓝色以外的其他颜色

实例

汉族　女娲用五彩花石补天缝地。

【流传】河南省·（三门峡市）·渑池县·西村乡

【出处】《二郎神填海》，见白庚胜总主编《中国民间故事全书》（河南省·渑池卷），北京：知识产权出版社 2009 年版，第 5 页。

W1387.1.1.1.1
女娲采集五彩石补天

【关联】[W1387.1.6.1] 女娲炼五彩石补天

实 例

汉族 女娲娘娘为补天到处采集五色石子。

【流传】四川省·德阳市·市中区

【出处】胡能才讲，胡世用采录：《女娲娘娘的眼泪》，见中国民间文学集成全国编辑委员会编《中国民间故事集成》（四川卷），北京：中国 ISBN 中心 1998 年版，第 56 页。

W1387.1.1.1.1.1
女娲从山上、海中找五彩石补天

实 例

藏族 女娲将天撑好后，就去补天。女娲从大山上、海底下找来许多五彩石。

【流传】
（a）云南省·（迪庆藏族自治州）·中甸县（香格里拉县）
（b）云南省·迪庆州（迪庆藏族自治州）·（香格里拉县·尼西乡）·汤美村（汤满村）

【出处】
（a）马祥龙采录，谷子等整理：《女娲娘娘》，见中国民间文学集成全国编辑委员会编《中国民间故事集成》（云南卷），北京：中国 ISBN 中心 2003 年版，第 67 页。
（b）马祥龙记录：《女娲娘娘补天》，见谷德明编《中国少数民族神话》，北京：中国民间文艺出版社 1987 年版，第 699 页。

W1387.1.1.1.1.2
女娲用五彩石蘸河水补天

实 例

汉族 女娲登上补天台，用五彩石蘸了河水，日日夜夜补天。九九八十一天后，西北的天快补好了。

【流传】河南省·（周口市）·淮阳县·（王店乡·棠棣村）

【出处】李国争（63 岁，农民）讲，杨复俊采录：《女娲娘娘》（1985.01.06），见张振犁编著《中原神话通鉴》（第一卷），郑州：河南大学出版社 2017 年版，第 146 页。

W1387.1.1.1.1.3
女娲用五色石补天

实 例

汉族 共工撞倒了撑天柱子不周山后，天破地裂。女娲用五色石把天补好了。

【流传】河南省·（南阳市）·西峡县·米坪乡·羊沟村

【出处】王金山（农民，不识字）讲，曹丰勤采录，杨平采录整理：《太阳为什么东出西落》（1986.04），见张振犁编著《中原神话通鉴》（第一

W1387.1.1.1.1.3.1
女娲用五色金石补天

实 例

汉族 有个叫女娲的神为了补天，砍了九九八十一日芦竹，领着庚、申、辛、酉、金炼起了五色金石，伏羲忙领着甲、乙、寅、卯、木做起了梯子。

【流传】河南省·（濮阳市）·范县

【出处】董天备（56岁，中专）讲，崔金钊采录：《女娲补天（八）》（1989.11.03），见张振犁编著《中原神话通鉴》（第一卷），郑州：河南大学出版社 2017 年版，第 137 页。

W1387.1.1.1.1.4
女娲用五颜六色的石子补天

实 例

汉族 女娲眼看着自己造出的人受苦受难，于心不忍，就找了些五颜六色的石子，在大火中烧炼，炼好后把天上的漏洞补上了。

【流传】河南省·豫中一带（河南省中部地区）

【出处】陶然玲讲：《女娲的传说》，见张振犁编著《中原神话通鉴》（第一卷），郑州：河南大学出版社 2017 年版，第 186 页。

W1387.1.1.1a
女娲用五块颜色不同的石头补天

实 例

汉族 女娲用从海边发现的五块颜色不同的大石补天。

【流传】甘肃省·天水市·北道区·南河川乡

【出处】张天喜讲，董喜军采录：《女娲补天》，见中国民间文学集成全国编辑委员会编《中国民间故事集成》（福建卷），北京：中国 ISBN 中心 1998 年版，第 6 页。

W1387.1.1.2
张古老用五彩石补天

【关联】［W1386.8.5.11］张古老补天

实 例

土家族 张古老用五色的石头补塞天的大洞。

【流传】四川省·秀山县（今重庆市·秀山土家族苗族自治县）·海洋乡

【出处】彭国然讲，李绍明采录：《依罗娘娘造人》，见中国民间文学集成全国编辑委员会编《中国民间故事集成》（四川卷·下），北京：中国 ISBN 中心 1998 年版，第 1211 页。

W1387.1.1.2.1
张古老用五色石头补天

实 例

土家族 张古老用五色的石头补塞天的

大洞。

【流传】湖南省·（湘西土家族苗族自治州）·龙山县·（湾塘乡）·坡脚（坡脚村）

【出处】向廷龙讲，彭勃翻译整理：《造天造地》，见谷德明编《中国少数民族神话》，北京：中国民间文艺出版社 1987 年版，第 165 页。

土家族 张古老补天时，搬来一块块五色岩头，平平展展地补在天上。

【流传】湖南省、湖北省、贵州省等地

【出处】田建柏讲，彭勃等搜集整理：《补天补地》，见中华民族故事大系编委会编《中华民族故事大系》第 5 卷（瑶族、白族、土家族），上海：上海文艺出版社 1995 年版，第 657～658 页。

W1387.1.2
用青石、白石补天

实　例

（参见下级母题实例）

W1387.1.2.0
女娲用青石、白石补天

实　例

汉族 女娲娘娘用青石、白石补天。

【流传】辽宁省·抚顺市·望花区·古城子（古城子街道）

【出处】孟雅文讲，李凤英采录：《女娲娘娘补天》，见中国民间文学集成全国编辑委员会编《中国民间故事集成》（辽宁卷），北京：中国 ISBN 中心 1994 年版，第 3 页。

汉族 女娲娘娘弄了不少石头，有青石、白石，用来补天。

【流传】辽宁省·抚顺市

【出处】李凤英的母亲讲，李凤英记录，常葆恕搜集整理：《北方为什么冷》，见姚宝瑄主编《中国各民族神话》（汉族），太原：山西出版传媒集团·书海出版社 2014 年版，第 69 页。

W1387.1.2.1
用天青蓝色的石头补天

实　例

汉族 女娲娘娘架起一个火炉子炼青石，炼成了一大一小两块石板后背起大石板，飞上了天补天。

【流传】湖南省·（娄底市）·涟源市·太和乡（杨市镇）·太和村

【出处】邓龙生讲，姚永放采录：《女娲补天造人》，见中国民间文学集成全国编辑委员会编《中国民间故事集成》（湖南卷），北京：中国 ISBN 中心 2002 年版，第 22 页。

汉族 很早以前，一块天塌下来了。女娲于是将天青蓝色的石头搬运到天塌陷处——甘肃临夏和青海循化的交界地方，开始炼石补天。

【流传】（无考）

【出处】《积石山传说》，http://baike.baidu.com。

W1387.1.2.2
用青石补天

【关联】［W1159.2.7］女娲用 3330 万块青石把天拼成圆的

实　例

汉族 （实例待考）

苗族 谷佛（即女佛）以青石补天。

【流传】贵州省西北部
【出处】
(a)《谷佛补天》，见贵州省民间文学工作组编《苗族文学史》，贵阳：贵州人民出版社1981年版。
(b) 同（a），见袁珂《中国神话大词典》，北京：华夏出版社2015年版，第419页。

W1387.1.3
用松石补天

实　例

纳西族 开天不足时，用松石补。

【流传】云南省·丽江（丽江市）
【出处】和芳讲：《崇搬图》，见《东巴经文资料》（1963～1964），中国社会科学院图书馆单册复印云南丽江县文化馆资料合订本，第12页。

W1387.1.4
用宝石补天

【关联】
① ［W1725.6.3］补天的宝石变成星星

② ［W1866.4］玉石（宝石）

实　例

（参见下级母题实例）

W1387.1.4.0
高辛帝用宝石补天

实　例

畲族 高辛拾了很多宝石补天。

【流传】（无考）
【出处】《高辛和龙王》，见谷德明编《中国少数民族神话》，北京：中国民间文艺出版社1987年版，第203页。

W1387.1.4.1
用蓝宝石补天

实　例

（参见下级母题实例）

W1387.1.4.1.1
众神用蓝宝石补天

实　例

纳西族 众神用蓝宝石补天。

【流传】（a）云南省·丽江县（丽江市）
【出处】
(a) 和芳讲，和志武采录：《人类迁徙记》，见中国民间文学集成全国编辑委员会编《中国民间故事集成》（云南卷），北京：中国 ISBN 中心 2003年版，第49页。
(b) 和志武翻译整理：《人类迁徙记》，

见谷德明编《中国少数民族神话》，北京：中国民间文艺出版社1987年版，第395页。

纳西族 九个男神和七个女神开天辟地，他们用蓝宝石补天。

【流传】（云南省·丽江市）

【出处】和志武翻译整理：《人类迁徙记》，原载中共丽江地委宣传部编《纳西族民间故事选》，见陶阳、钟秀编《中国神话》（中），北京：商务印书馆2008年版，第856~876页。

W1387.1.4.2
用玉石补天

实例

纳西族 天神九弟兄和地神七姐妹修整天地时，天不圆满玉石补，玉绿大石来接天，补天很圆满。

【流传】（云南省）

【出处】和芳、和志新编译：《崇邦统——人类迁徙记》，见姚宝瑄主编《中国各民族神话》（佤族、阿昌族、纳西族、普米族、德昂族），太原：山西出版传媒集团·书海出版社2014年版，第139页。

纳西族 天不圆满玉石补，玉绿大石来接天，补天很圆范。

【流传】云南省·丽江（丽江市）

【出处】和芳（东巴）读经，和志武翻译整理：《崇邦统》（人类迁徙记）（1954），见吕大吉、何耀华总主编《中国各民族原始宗教资料集成》（纳西族卷、羌族卷、独龙族卷、傈僳族卷、怒族卷），北京：中国社会科学出版社2000年版，第321页。

W1387.1.4a
用神石补天

实例

满族 海伦格格用神火炼出的一块五色神石补天。

【流传】辽宁省·（鞍山市）·岫岩（岫岩满族自治县）

【出处】李成明讲，张其卓、董明整理：《海伦格格补天》（原标题《满族三个老人故事集》，原载《中国神话》），见姚宝瑄主编《中国各民族神话》（满族、赫哲族、朝鲜族），太原：山西出版传媒集团·书海出版社2014年版，第17~19页。

W1387.1.4a.1
用天罡石补天

实例

（参见下级母题实例）

W1387.1.4a.1.1
女娲用天罡石补天

实例

汉族 天塌造成洪水，女娲娘娘看见她养的子孙全沉在水里，就炼了天罡石去补天。

【流传】江苏省·（苏州市）·太仓县

【出处】曹展氏讲，尹培民搜集整理：《天上日月云彩哪里来》，见姚宝瑄主编《中国各民族神话》（汉族），太原：山西出版传媒集团·书海出版社2014年版，第72～73页。

W1387.1.4a.2
女娲用神石补天

实例

汉族 女娲娘娘为了补天，炼了三百六十五块神石。

【流传】河南省·（驻马店市）·确山县［采录地点：盘龙镇］

【出处】杨永兴（85岁，私塾，小学教师）讲，杨建军采录：《刮东北风为啥冷》（1987.03），见张振犁编著《中原神话通鉴》（第一卷），郑州：河南大学出版社2017年版，第147页。

W1387.1.5
炼石补天

【关联】
① ［W1388.5.2］炼石补天不成功
② ［W1388.3.1］炼49块石头补天
③ ［W1394.4］炼石补地

实例

（参见下级母题实例）

W1387.1.5.1
用土炼石补天

实例

汉族 （实例待考）

W1387.1.5.2
炼石饼补天

实例

汉族 （参见 W1387.1.8.1 母题实例）

W1387.1.5.3
做石馍馍补天

实例

（参见下级母题实例）

W1387.1.5.3.1
王母娘娘和骊山老母做石馍馍补天

【关联】［W1387.1.6.3］骊山老母和王母娘娘姐妹炼红、黄、蓝、白、黑五色石头补天

实例

汉族 五色石被炼成浆糊糊，王母娘娘大把大把地烧火，骊山老母做成石馍馍，趁热一张一张地补到天上。

【流传】（a）宁夏·（中卫市）·中宁县·新堡乡·聂弯村

【出处】

（a）杨发兴讲，宋福采录：《骊山老母补天，王母娘娘补地》（1986），见中国民间文学集成全国编辑委员会编《中国民间故事集成》（宁夏卷），北京：中国ISBN中心1999年版，第3页。

（b）同（a），见陶阳、钟秀编《中国

神话》（上），北京：商务印书馆2008年版，第404~406页。

W1387.1.5.4
女娲炼石补天

实例

仡佬族 女娲炼石补天。

【流传】贵州省·（遵义市）·遵义县（播州区）·平正公社（平正仡佬族乡）·尖山（今属遵义市播州区三岔镇）

【出处】熊文帮讲，葛镇亚搜集：《天与地》，见陶立璠、赵桂芳等编《中国少数民族神话汇编》（开天辟地篇等），中央民族学院少数民族古籍整理出版规划领导小组办公室印（未署出版时间），第324页。

W1387.1.5.4.1
女娲炼石糊补天

【关联】[W1388.5.2.1]炼石糊补天不成功

实例

汉族 女娲从江河湖海里捞了许多五色石子，用火烧炼，一直烧了九天九夜，把石子烧钻糊了，就伸手抓起这炼好的石糊糊，一块一块地将天上的窟窿补上。

【流传】淮河流域

【出处】唐元海讲，茆文斗搜集整理：《女娲补天治水》，载《民间文学》1986年第6期。

汉族 女娲从江河湖海里捞了许多五色石子，用火烧炼，一直烧了九天九夜，把石子烧粘糊了。女娲伸手抓起这炼好的石糊糊，一块一块地将天上的窟窿补上。

【流传】淮河流域一带

【出处】唐元梅讲：《女娲补天》，见姚宝瑄主编《中国各民族神话》（汉族），太原：山西出版传媒集团·书海出版社2014年版，第45~46页。

汉族 女娲补天时，架起火来将共一万零一块五色石头熔炼成糊状，再提上天去把塌下的天给补好。

【流传】河南省·（郑州市）·登封市

【出处】据《淮南子》和登封传说整理：《红裤子崖》，见张振犁编著《中原神话通鉴》（第一卷），郑州：河南大学出版社2017年版，第141页。

W1387.1.5.4.2
女娲炼石板补天

实例

汉族 女娲娘娘架起一个火炉子炼青石，炼成了一大一小两块石板，然后背起大石板飞到天上补天。

【流传】湖南省·（娄底市）·涟源市·太和乡（杨市镇）·太和村

【出处】邓龙生讲，姚永放采录：《女娲补天造人》，见中国民间文学集成全国编辑委员会编《中国民间故事集成》（湖南卷），北京：中国ISBN中心2002年版，第22页。

W1387.1.5.4.3

女娲炼石成天浆后补天

实例

汉族 女娲娘娘炼石成为天浆后补天。

【流传】浙江省·（杭州市）·临安县（临安市）·青山镇

【出处】印国珍讲，印振武采录：《天柱撑天》，见中国民间文学集成全国编辑委员会编《中国民间故事集成》（浙江卷），北京：中国 ISBN 中心 1997 年版，第 22 页。

W1387.1.5.4.4

女娲用南方的火炼昆仑山的仙石补天

实例

汉族 女娲娘娘用昆仑山的仙石、西方的金、东方的木、中央的土，用南方的火炼石补天。

【流传】浙江省·（杭州市）·临安县（临安市）·青山镇

【出处】印国珍讲，印振武采录：《天柱撑天》，见中国民间文学集成全国编辑委员会编《中国民间故事集成》（浙江卷），北京：中国 ISBN 中心 1997 年版，第 22 页。

W1387.1.5.4.5

女娲炼天上的石头补天

实例

汉族 女娲带着天兵天将补天时，各路天兵天将呼风运石，大显神通，女娲亲自点火。这火苗儿一烧就是几千丈，冲天烧燎，把天上的石头烧化了。女娲炼好了五彩石，使尽了身上所有的力气，才算把天上的窟窿补住了。

【流传】河南省·（安阳市）·安阳县·磊口乡·清凉山村［采录地点：安阳县磊口乡目明学校］

【出处】赵金和（36 岁，中师）讲，牛化法采录：《清凉山的传说》（1987.04.07），见张振犁编著《中原神话通鉴》（第一卷），郑州：河南大学出版社 2017 年版，第 154 页。

W1387.1.5.5

伏羲女娲夫妻炼石补天

【关联】［W0682.1.1］伏羲女娲婚

实例

汉族 伏羲和女娲夫妻二人补天时，从河里捞来各色各样的石子，在火里烧炼。石子烧化了，夫妻俩就用烧化的石糊来补这个豁口。

【流传】江苏省·宿迁市

【出处】刘汉飞讲，刘汉飞记录：《女娲哭天》（1986.10.22），见姚宝瑄主编《中国各民族神话》（汉族），太原：山西出版传媒集团·书海出版社 2014 年版，第 61~62 页。

W1387.1.5.6

女神炼石补天

实例

彝族（罗罗泼）阿傻、阿界兄妹绷天

地时造成天洞。天上一个慈善美丽的女神挑了石头来锻炼，炼出石汁补好了天。

【流传】云南省·（楚雄彝族自治州）·南华县·五街（五街镇）

【出处】李发彪等演唱，吉厚培、夏光辅搜集整理：《青棚调——彝族支系罗罗泼古歌》，原载云南省社会科学院楚雄彝族文化研究所编《彝族民间文学》第2辑，1985年，见姚宝瑄主编《中国各民族神话》（羌族、彝族），太原：山西出版传媒集团·书海出版社2014年版，第170页。

W1387.1.6

炼五彩石补天

【关联】
① ［W1387.1.1］用五彩石补天
② ［W1867.4.16］五彩石

实 例

藏族 （实例待考）

W1387.1.6.1

女娲炼五彩石补天

【关联】［W1387.7.1.1.］女娲炼五色冰补天

实 例

汉族 往古之时，四极废，女娲炼五色石以补苍天。

【流传】（无考）

【出处】［汉］刘安及门客：《淮南子·览冥训》。

汉族 平度州（今山东省平度县）东平山，即女娲补天处，其炼石灶尚存。所产五色石可烧，用以补天。

【流传】（无考）

【出处】

（a）［清］俞樾：《茶香室三钞》卷一"女娲补天"条引章有谟《景船斋杂录》。

（b）《女娲补天》，见袁珂《中国神话大词典》，北京：华夏出版社2015年版，第37页。

汉族 往古之时，四极废，九州裂；天不兼覆，地不周载。于是女娲炼五色石以补苍天，断鳌足以立四极。

【流传】（无考）

【出处】

（a）《淮南子·览冥训》。

（b）《四极》，见袁珂《中国神话大词典》，北京：华夏出版社2015年版，第103页。

汉族 女娲炼五色石把天补好。

【流传】四川省·（资阳市）·简阳县（简阳市）·三岔湖乡（三岔湖镇）

【出处】何代刚讲，胡文武采录：《鳌脚撑天》，见中国民间文学集成全国编辑委员会编《中国民间故事集成》（四川卷·上），北京：中国ISBN中心1998年版，第26页。

汉族 女娲捡来东海、西海、南海、北海四海的彩石，炼出了五色彩石要去补天。

【流传】青海省·（海东市）·平安县

（平安区）·石灰窑乡

【出处】魏永发讲，魏占乾采录：《女娲炼石补天》，见中国民间文学集成全国编辑委员会编《中国民间故事集成》（青海卷），北京：中国ISBN中心2007年版，第5页。

汉族 女娲在浮山上炼五色彩石，把天补好。

【流传】山西省·（阳泉市）·平定县·（锁簧镇）·东锁簧村

【出处】朱翠兰讲，冯富国采录：《兄妹神婚与东西磨山》，见中国民间文学集成全国编辑委员会编《中国民间故事集成》（山西卷），北京：中国ISBN中心1999年版，第12页。

汉族 女娲架起一个大炉子，没黑没夜地炼起五彩石，炼成一块，"啪"一撇，补一块天。

【流传】（a）吉林·长春市·伊通县（伊通满族自治县）·伊丹镇

【出处】
（a）张久成、瓮圈村讲，施立学采录：《女娲补西北天》（1990），见中国民间文学集成全国编辑委员会编《中国民间故事集成》（吉林卷），北京：中国文联出版公司1992年版，第1页。
（b）同（a），见陶阳、钟秀编《中国神话》（上），北京：商务印书馆2008年版，第398页。

汉族 女娲在人间采了五色石，把石头炼成汁子补起天来。

【流传】河南省·（济源市）王屋山一带

【出处】王生伟讲，河南大学中原神话调查组搜集整理：《天的西北角来的雨》，见姚宝瑄主编《中国各民族神话》（汉族），太原：山西出版传媒集团·书海出版社2014年版，第67~68页。

汉族 以前的天四分五裂。有位名叫女娲的神人，在人间炼五色石，又把五色石炼成石汁子，从东南向西北开始弥漫天空的裂缝而成的。

【流传】河南省·济源市·济源县·思礼乡·思礼村

【出处】卢一道讲，卢娜采录：《女娲补天》（1983.09），见张振犁编著《中原神话通鉴》（第一卷），郑州：河南大学出版社2017年版，第123页。

汉族 女娲从江河湖海里捞了许多五色石子，用火烧炼，一直烧了九天九夜，把石子烧黏糊了。女娲伸手抓起这炼好的石糊糊，一块一块地将天上的窟窿补上。

【流传】淮河一带

【出处】
（a）唐元梅讲：《女娲补天治水》，载《民间文学》1986年第6期。
（b）同（a），见姚宝瑄主编《中国各民族神话》（汉族），太原：山西出版传媒集团·书海出版社2014年版，第94~95页。

汉族 女娲炼五色石补天穿。

【流传】浙江省·（丽水市）·庆元县

【出处】赖善卿讲，兰志龙搜集整理：《补天穿》，见姚宝瑄主编《中国各民族神话》（汉族），太原：山西出版传媒集团·书海出版社2014年版，第52~53页。

藏族 女娲顶天稳，又往大山、大海觅五彩石无数，经熔炼后，以之补天。

【流传】（无考）
【出处】《女娲娘娘补天》，原载谷德明编《中国少数民族神话选》，见袁珂《中国神话大词典》，北京：华夏出版社2015年版，第407页。

W1387.1.6.1.1
女娲氏炼五彩石补天

实例

汉族 女娲氏炼石补天。

【流传】河南省·（郑州市）·新郑市
【出处】袁固（63岁，高师）讲，河南大学"中原神话调查组"录音，张振犁、蔡柏顺、程健君采录：《风后岭》（1983.11.26），见张振犁编著《中原神话通鉴》（第一卷），郑州：河南大学出版社2017年版，第142页。

W1387.1.6.2
女娲炼蓝、红、白、紫、灰五彩石补天

实例

汉族 女娲娘娘为补天炼石头，这石头和别的石头不一样，有5种颜色：蓝、红、白、紫、灰。

【流传】江苏省·（徐州市）·新沂市
【出处】徐太凤讲，孟玉红搜集整理：《人的来历和女娲补天》（1986.03.14），见姚宝瑄主编《中国各民族神话》（汉族），太原：山西出版传媒集团·书海出版社2014年版，第58~61页。

W1387.1.6.2a
女娲用泥土、石块和水炼五彩石补天

实例

汉族 女娲娘娘把各种颜色的泥土用水调成泥浆，把天上落下来的大小石块弄成粉末掺进泥浆里拌和，放在烈火炼成了五彩石。

【流传】上海市·黄浦区
【出处】顾剑峰讲，方卡采录：《女娲补天治水》，见中国民间文学集成全国编辑委员会编《中国民间故事集成》（上海卷），北京：中国ISBN中心2007年版，第14页。

W1387.1.6.2b
女娲用泥团炼五彩石补天

实例

汉族 女娲用地上的泥团炼成补天的五色彩石。

【流传】山西省·（阳泉市）·平定县·古用乡
【出处】岳贵平讲，冯冰峰采录：《女娲

补天》，见中国民间文学集成全国编辑委员会编《中国民间故事集成》（山西卷），北京：中国 ISBN 中心1999 年版，第 4 页。

W1387.1.6.2c
女娲在炉中用黄泥炼五彩石补天

实例

汉族 女娲挖了一块块黄泥巴放到炉子里炼成许多五色石头。

【流传】湖南省·常德县（常德市）·（鼎城区）·灌溪乡（灌溪镇）·中兴桥村

【出处】唐万顺讲，唐孟元采录：《女娲补天造人》，见中国民间文学集成全国编辑委员会编《中国民间故事集成》（湖南卷），北京：中国 ISBN 中心 2002 年版，第 22 页。

W1387.1.6.2d
女娲用金、木、水、火、土五个星星上的石头炼五彩石补天

实例

汉族 女娲取来金、木、水、火、土五个星星上的石头，炼成五彩石，才能把天补住。

【流传】河南省·（安阳市）·安阳县·磊口乡·清凉山村

【出处】赵金和讲，牛化法采录：《女娲炼石补天》，见中国民间文学集成全国编辑委员会编《中国民间故事集成》（河南卷），北京：中国 ISBN 中心 2001 年版，第 17 页。

W1387.1.6.3
骊山老母和王母娘娘姐妹炼红、黄、蓝、白、黑五色石头补天

实例

汉族 骊山老母和王母娘娘姐妹二人每天从骊山拣红、黄、蓝、白、黑五色石头，天天拣上用兜襟兜回，拣了一大堆五色石头，炼石补天。

【流传】（a）宁夏·（中卫市）·中宁县·新堡乡·聂弯村

【出处】

（a）杨发兴讲，宋福采录：《骊山老母补天，王母娘娘补地》（1986），见中国民间文学集成全国编辑委员会编《中国民间故事集成》（宁夏卷），北京：中国 ISBN 中心 1999 年版，第 3 页。

（b）同（a），见陶阳、钟秀编《中国神话》（上），北京：商务印书馆 2008 年版，第 404～406 页。

W1387.1.6.4
炼五色神石补天

实例

满族 海伦格格用如来佛送给她的一盆神火，炼了七七四十九块石头，炼到七七四十九天，能炼出一块五色神石，你再站到火盆里，把神石举起来，就能把天补上。

【流传】辽宁省·（鞍山市）·岫岩县（岫岩满族自治县）

【出处】李成明讲，张其卓、董明搜集整理：《海伦格格补天》，原载张其卓、董明整理《满族三老人故事集》，见陶阳、钟秀编《中国神话》（上），北京：商务印书馆 2008 年版，第 394~395 页。

W1387.1.6.5
先找五彩石，后炼石补天

实 例

（参见下级母题实例）

W1387.1.6.5.1
女娲先找五彩石，后炼石补天

【关联】［W1387.1.1.1.1］女娲采集五彩石补天

实 例

藏族 女娲从大山上、海底下找来许多五彩石，炼后用来补天。

【流传】
（a）云南省·（迪庆藏族自治州）·中甸县（香格里拉县）
（b）云南省·迪庆州（迪庆藏族自治州）·（香格里拉县·尼西乡）·汤美村（汤满村）

【出处】
（a）马祥龙采录，谷子等整理：《女娲娘娘》，见中国民间文学集成全国编辑委员会编《中国民间故事集成》（云南卷），北京：中国 ISBN 中心 2003 年版，第 67 页。

（b）马祥龙记录：《女娲娘娘补天》，见谷德明编《中国少数民族神话》，北京：中国民间文艺出版社 1987 年版，第 699 页。

W1387.1.6.6
与炼五彩石补天有关的其他母题

实 例

（参见下级母题实例）

W1387.1.6.6.1
用神火炼五彩石

【关联】［W1386.6.3.1］海伦格格用神火炼石补天

实 例

满族 （参见 W1386.6.3.1 母题实例）

W1387.1.6.6.2
用天火炼五彩石

实 例

汉族 海上蛇族的两兄妹中的妹妹用天火用来炼五色石，把岩浆砌补天上的裂缝。

【流传】广东省·湛江市·霞山区

【出处】林轩讲，林茂森采录：《女娲与海龟》，见中国民间文学集成全国编辑委员会编《中国民间故事集成》（广东卷），北京：中国 ISBN 中心 2006 年版，第 4 页。

W1387.1.6.6.3
女娲用五彩石烧成稀糊糊补天。

实 例

汉族 天塌造成洪水后，女娲听说五色彩石烧成稀糊糊，就能把天补好。她不怕千辛万苦，找到了许多多五色彩石，烧成稀糊糊，一勺一勺舀上天，把天补住了。

【流传】河南省·（南阳市）·西峡县·太平镇乡·回龙寺村

【出处】刘克旺（50岁，不识字）讲，王改芹采录，杨平采录整理：《女娲补天（七）》（1986.05），见张振犁编著《中原神话通鉴》（第一卷），郑州：河南大学出版社2017年版，第136页。

W1387.1.7
炼七彩石补天

实 例

（参见下级母题实例）

W1387.1.7.1
女娲炼七彩石补天

实 例

汉族 女娲为了补天熔炼七彩石。

【流传】上海市·黄浦区·北京东路街道

【出处】姜达礼讲，方卡采录：《伏羲教熟食》，见中国民间文学集成全国编辑委员会编《中国民间故事集成》（上海卷），北京：中国ISBN中心2007年版，第16页。

W1387.1.8
炼五颜六色的石头补天

实 例

（参见下级母题实例）

W1387.1.8.1
炼五颜六色的石饼补天

实 例

汉族 女神骊山老母把红、黄、蓝、白、黑5种颜色的彩色石子炼成了石浆，又把石浆擀成石饼，然后补到天上去。

【流传】陕西省·（西安市）·临潼县·谭家乡（新丰街道）·刘家村

【出处】穆相全讲，丁耀祖等采录：《骊山老母》，见中国民间文学集成全国编辑委员会编《中国民间故事集成》（陕西卷），北京：中国ISBN中心1996年版，第7页。

W1387.1.8.2
用五色石烙石饼补天

实 例

（参见下级母题实例）

W1387.1.8.2.1
女娲用五色石烙石饼补天

实 例

汉族 女娲在中皇山支起大锅，从清漳河里捞了青蓝红白紫五色石子，炼石烙饼补天。

【流传】河北省·（邯郸市）·涉县（凤凰山）娲皇宫（娲皇宫旅游区）

【出处】赵德崇讲，李亮采录：《炼石补天》，见中国民间文学集成全国编辑委员会编《中国民间故事集成》（河北卷），北京：中国ISBN中心2003年版，第15页。

汉族 女娲炼青蓝红白紫五色石子补天。她把石子熬化，舀出来，一张一张烙成煎饼。

【流传】河北省·（邯郸市）·涉县

【出处】李光藩、赵德崇讲：《女娲炼石补天的传说》，见张振犁编著《中原神话通鉴》（第一卷），郑州：河南大学出版社2017年版，第151页。

W1387.1.8.3
用彩石烙石馍馍补天

实例

汉族 骊山老母把彩石做成石馍馍，趁热一张一张地补到天上。

【流传】宁夏回族自治区·（中卫市）·中宁县·新堡乡·聂弯村

【出处】杨发兴讲，宋福采录：《骊山老母补天，王母娘娘补地》，见中国民间文学集成全国编辑委员会编《中国民间故事集成》（宁夏卷），北京：中国ISBN中心1999年版，第3页。

W1387.1.8.4
用彩石炼成石浆补天

【关联】［W1387.11.9］用胶糊状的液体补天

实例

汉族 女娲在大江河中挑选了五颜六色的石子，生起火来，把石子炼成各种各样的流浆，就用这些流浆去补天的漏洞。

【流传】浙江省·（温州市）·永嘉县

【出处】谢博讲，谢圣铎记录：《女娲补天》，见姚宝瑄主编《中国各民族神话》（汉族），太原：山西出版传媒集团·书海出版社2014年版，第55页。

W1387.1.8.4.1
女娲用五色石炼石汁补天

实例

汉族 神人女娲在人间熔炼五色石补天，不知炼了多少年月，炼成了多少石汁，便开始补天了。

【流传】河南省·济源市·济源县·王屋乡

【出处】王生伟（30岁，小学教师）讲，河南大学"中原神话调查组"采录：《女娲补天（一）》（1986.06.28），见张振犁编著《中原神话通鉴》（第一卷），郑州：河南大学出版社2017年版，第122页。

W1387.1.9
用石头拌河水补天

实例

汉族（参见 W1387.1.1.1.1.2 母题实例）

W1387.1.10
人变成补天的石头

【关联】［W9554］人变石头

实例

哈尼族 艾浦艾乐兄妹俩补天时，因带的泥土不够，他们变成了补天的两块大石头。

【流传】云南省·（红河哈尼族彝族自治州）

【出处】朱小和讲，史军超搜集整理：《补天的兄妹俩》，原载《哈尼族神话传说集成》，见陶阳、钟秀编《中国神话》（上），北京：商务印书馆 2008 年版，第 396~397 页。

W1387.1.11
用石头和岩浆补天

实例

汉族 补天时，妹妹女娲在昆仑山上架起高炉，哥哥伏羲帮她从四面八方采来红、黄、蓝、白、黑五彩石头放进炉里，引起熊熊烈火，炼了九九八十一天，五彩石化成岩浆。伏羲找来大石头把天缝堵住，女娲用双手捧起岩浆，像泥墙一样把天缝泥好。

【流传】江苏省·（淮安市）·涟水县·南集乡·禹庄村

【出处】徐学尧讲，徐省生搜集整理：《世界的由来》（1983），见姚宝瑄主编《中国各民族神话》（汉族），太原：山西出版传媒集团·书海出版社 2014 年版，第 24~28 页。

W1387.1.12
插石头补天

实例

（参见下级母题实例）

W1387.1.12.1
女娲插石头补天

实例

汉族 女娲娘娘用青石、白石补天时，先往北补，用石头插边，插的都是石头。

【流传】辽宁省·抚顺市

【出处】李凤英的母亲讲，李凤英记录，常葆恕搜集整理：《北方为什么冷》，见姚宝瑄主编《中国各民族神话》（汉族），太原：山西出版传媒集团·书海出版社 2014 年版，第 69 页。

W1387.2
炼胶补天

实例

（参见下级母题实例）

W1387.2.1
用人炼胶补天

实例

（参见下级母题实例）

W1387.2.1.1
哥哥用妹妹的身体熬成胶补天

实例

汉族 哥哥用妹妹的身体熬成胶，补住天的裂缝。

【流传】山东省·东营市·（东营区）·油郭乡·刘营村

【出处】刘培泉讲，刘秀莲采录：《兄妹补天出彩虹》，见中国民间文学集成全国编辑委员会编《中国民间故事集成》（山东卷），北京：中国ISBN中心2007年版，第5页。

W1387.2.2
用神锅炼胶补天

实例

（参见下级母题实例）

W1387.2.2.1
用月亮的神锅炼胶补天

实例

汉族 用月亮婆婆的神锅熬炼胶补天缝。

【流传】山东省·东营市·（东营区）·油郭乡·刘营村

【出处】刘培泉讲，刘秀莲采录：《兄妹补天出彩虹》，见中国民间文学集成全国编辑委员会编《中国民间故事集成》（山东卷），北京：中国ISBN中心2007年版，第5页。

W1387.3
用水补天

实例

（参见下级母题实例）

W1387.3.1
女娲把石头炼成水补天

实例

汉族 女娲弄来东南西北四方的花石头，在老君的八卦炉中化成水后，用这些水补天。

【流传】四川省·巴县（今重庆市·巴南区）·土主乡·伏善村

【出处】张文奎讲，李子硕采录：《女娲补天》，见中国民间文学集成全国编辑委员会编《中国民间故事集成》（四川卷·上），北京：中国ISBN中心1998年版，第25页。

W1387.3.2
张古老用水补天

【关联】
① [W1386.8.5.11] 张古老补天
② [W1387.1.1.2] 张古老用五彩石补天

实例

土家族 张古老用水补天，因此西边的

天是用水补起来的。

【流传】湖南省·（湘西土家族苗族自治州）·龙山县·里耶区（里耶镇）·八面山（八面山村）

【出处】谢绍中讲，田永瑞采录：《张古老制天，李古娘制地》，见中国民间文学集成全国编辑委员会编《中国民间故事集成》（湖南卷），北京：中国ISBN中心2002年版，第6页。

W1387.4
用土补天

实例

哈尼族　一对兄妹用泥土补天洞。

【流传】（无考）

【出处】朱小和讲，史军超采录：《补天的兄妹俩》，见中国民间文学集成全国编辑委员会编《中国民间故事集成》（云南卷），北京：中国ISBN中心2003年版，第169页。

哈尼族　艾浦艾乐兄妹俩见水轰轰轰地从天洞喷出来，赶忙用泥土补上去。

【流传】云南省·（红河哈尼族彝族自治州）

【出处】朱小和讲，史军超搜集整理：《补天的兄妹俩》，原载《哈尼族神话传说集成》，见陶阳、钟秀编《中国神话》（上），北京：商务印书馆2008年版，第396~397页。

哈尼族　艾浦艾乐兄妹俩去补天时，抓起一把泥土，跺跺脚，就向天上飞去。

【流传】（云南省·红河哈尼族彝族自治州·元阳县）

【出处】朱小和讲，史军超搜集整理：《补天的兄妹俩》，原载《哈尼族神话传说集成》，见陶阳、钟秀编《中国神话》（中），北京：商务印书馆2008年版，第777~778页。

W1387.4.1
扬土补天

实例

汉族　老君爷扬土补天。

【流传】河北省·衡水市

【出处】安广恩讲，孙海玉采录：《开天辟地老君生》，见中国民间文学集成全国编辑委员会编《中国民间故事集成》（河北卷），北京：中国ISBN中心2003年版，第5页。

W1387.4.2
用七色泥土补天

【关联】[W1387.11.12.2]用水拌七色土补天

实例

汉族　女娲用水拌起七色泥土补天洞和天缝。

【流传】浙江省·（金华市）·兰溪市·城关（兰江街道）

【出处】王阿英讲，蔡斌采录：《女娲补天》，见中国民间文学集成全国编辑委员会编《中国民间故事集成》（浙江卷），北京：中国 ISBN 中心 1997年版，第 16 页。

W1387.4a
用泥补天

【关联】［W1387.12.2］用泥补天不成功

实例

（参见下级母题实例）

W1387.4a.1
烧泥补天

实例

（参见下级母题实例）

W1387.4a.1.1
女娲烧泥补天

实例

汉族　女娲偷偷地烧泥补天。

【流传】吉林省·（白山市）·靖宇县·靖宇镇

【出处】孙风兰讲，李艳玲采录：《人的来历》，见中国民间文学集成全国编辑委员会编《中国民间故事集成》（吉林卷），北京：中国文联出版公司1992 年版，第 1 页。

W1387.5
用金属补天

【关联】［W1984］与金属有关的其他母题

实例

（参见下级母题实例）

W1387.5.1
用锡补天

实例

（参见下级母题实例）

W1387.5.1.1
天仙用锡补天

实例

壮族　天仙用锡去补天。

【流传】（无考）

【出处】张声震主编：《布洛陀经诗》，见张声震总主编，农冠品编注《壮族神话集成》，南宁：广西民族出版社2007 年版，第 84 页。

W1387.6
用云补天

实例

白族　天不满西南用云来补。

【流传】云南省

【出处】《天地的起源》，见中国社会科学院云南少数民族文学研究所等编《云南少数民族文学资料》第 1 辑，内部编印，1980 年，第 228 页。

白族　盘古变的天在西南方不圆满，天不满，用云来补。

【流传】

（a）云南省·（大理白族自治州）·

大理（大理市）、洱源县等地

（b）云南省·（大理白族自治州）·洱源县

（c）云南省·（大理白族自治州）·大理（大理市）、洱源（洱源县）、剑川（剑川县）

【出处】

（a）杨国政讲，杨亮才采录：《开天辟地》，见中国民间文学集成全国编辑委员会编《中国民间故事集成》（云南卷），北京：中国ISBN中心2003年版，第9页。

（b）同（a），见谷德明编《中国少数民族神话》，北京：中国民间文艺出版社1987年版，第293页。

（c）同（a），见中华民族故事大系编委会编《中华民族故事大系》第5卷（瑶族、白族、土家族），上海：上海文艺出版社1995年版，第318~319页。

白族 盘古、盘生弟兄俩变出土地后，发现天不满，于是用云来补。

【流传】云南省·（大理白族自治州）·大理（大理市）、洱源（洱源县）、剑川（剑川县）等地

【出处】杨国政讲，杨亮才记录整理：《开天辟地》，原载《云南民间故事选》（不详），见姚宝瑄主编《中国各民族神话》（白族、拉祜族、景颇族），太原：山西出版传媒集团·书海出版社2014年版，第6页。

彝族 打雷形成天缝后，以云彩补天。

【流传】（无考）

【出处】《天神格兹苦》（原名《云南彝族史诗·梅葛》），原载毛星主编《中国少数民族文学》（下册），见袁珂《中国神话大词典》，北京：华夏出版社2015年版，第430页。

W1387.6.1

黑云做布补天

实 例

彝族（阿细） 补天的时候，拿了黑云去当补天的布。

【流传】（a）云南省·红河哈尼族彝族自治州·弥勒县·（西山镇）

【出处】

（a）潘正兴等唱述，云南省民族民间文学红河调查队搜集翻译整理：《阿细的先基》，昆明：云南人民出版社1959年版。

（b）云南省民族民间文学红河调查队搜集整理，古梅改写：《最古的时候》，见姚宝瑄主编《中国各民族神话》（羌族、彝族），太原：山西出版传媒集团·书海出版社2014年版，第139页。

W1387.6.2

用五彩云补天

【关联】［W4468.2］彩云

实 例

（参见下级母题实例）

W1387.6.2.1
女娲用五彩云补天

实例

汉族 女娲造昆仑山上采捡五色石子，熔炼成了五色彩云，用五色彩云以补苍天，用阴阳斩妖除魔剑，断鳖足以立四极，杀黑龙以济神州，积芦灰以止淫水，使天下重现光明。

【流传】河南省·（开封市）·杞县

【出处】李少白（大学历史系讲师）讲，李国富采录整理：《杞人忧天（二）》，见张振犁编著《中原神话通鉴》（第一卷），郑州：河南大学出版社2017年版，第162页。

土家族 女娲起初炼石来补，补不好。她苦苦炼了五年，炼出来一种软绵绵的五彩云，才把天补好。

【流传】湖南省·（湘西土家族苗族自治州）·吉首市

【出处】黄德裕讲，杨启良等采录：《盘古开天、女娲补天》，见中国民间文学集成全国编辑委员会编《中国民间故事集成》（湖南卷），北京：中国ISBN中心2002年版，第5页。

W1387.6.3
补天时云彩当补丁

实例

彝族 格兹天神的5个儿子补天时，用松毛当作针，用蜘蛛网当作线，又拉过云彩当作补丁。五兄弟便把天补起来了，打雷的时候，天也不会垮了。

【流传】（云南省·楚雄彝族自治州·姚安县·官屯乡·马游村，大姚县·昙华乡等）

【出处】

（a）郭天元（马游村）、李申呼颇（昙华乡）、李福玉颇（苴）演唱，郭思九、许明学、龚维顺、张宝省、陈志群、胡炳文等搜集，刘德虎、龚维顺、陈志群、李树荣、郭天元等整理：《梅葛》（第一部"创世"），见云南省民族民间文学楚雄调查队《梅葛》（1959），昆明：云南人民出版社2009年版。

（b）《打虎开天辟地》，蔷紫据云南省民族民间文学楚雄调查队著《梅葛》（云南人民出版社2009年版）改写，见姚宝瑄主编《中国各民族神话》（羌族、彝族），太原：山西出版传媒集团·书海出版社2014年版，第193页。

W1387.6.4
用彩云盖天

实例

彝族（俚颇） 只有用云彩来盖天，才能把天盖住。

【流传】云南省·（楚雄彝族自治州）·大姚县·昙华山区（昙华乡）

【出处】

（a）陆颇梭颇（毕摩）演唱，夏光辅、诺海阿苏翻译：《俚波古歌》，见云南省社会科学院楚雄彝族文化研究所编《彝族民间文学》第2辑，1985年。
(b) 陆颇梭颇（毕摩）演唱，夏光辅、诺海阿苏翻译，古梅改写：《赤梅葛——俚泼古歌》，见姚宝瑄主编《中国各民族神话》（羌族、彝族），太原：山西出版传媒集团·书海出版社2014年版，第106页。

W1387.7
用冰补天

实例

（参见下级母题实例）

W1387.7.1
炼冰补天

实例

（参见下级母题实例）

W1387.7.1.1
女娲炼冰补天

实例

（参见下级母题实例）

W1387.7.1.1.1
女娲炼五色冰补天

【关联】［W1387.1.6.1］女娲炼五彩石补天

实例

汉族 女娲娘娘炼成五色冰补天。

【流传】江苏省·（南通市）·海安县·建设乡

【出处】陈锦彪讲，钱瑞斌采录：《女娲娘娘炼冰补天》，见中国民间文学集成全国编辑委员会编《中国民间故事集成》（江苏卷），北京：中国ISBN中心1998年版，第4页。

W1387.7.2
用凌片补天

实例

（参见下级母题实例）

W1387.7.2.1
李老君用凌片补天

实例

土家族 天上李老君，拣起凌片去补天。

【流传】（无考）

【出处】《创世歌》，见长阳土家族网：http://www.cy-tujia.com/list_body.php?id=172&news_par_id=,2005.12.14。

W1387.7.2.2
用冰碴补东北角的天

实例

汉族 天塌地陷后，白龟告诉躲在肚子里的姐弟俩，天已经补好了三边。只剩下东北角没有补好，用冰碴补。

【流传】河南省·（周口市）·沈丘县[采录地点：沈丘县刘庄店]

【出处】齐永利、齐风运及其父讲，齐春旺采录整理：《人头爷》（1982.04），见张振犁编著《中原神话通鉴》（第一卷），郑州：河南大学出版社2017年版，第350页。

汉族　天塌地陷后，天上就剩东北角还没长好，姊妹俩就搬来冰凌碴堵住。

【流传】河南省·（周口市）·沈丘县 ［采录地点：沈丘县·新集乡·乔庄］

【出处】黄乔氏（女，78岁）讲，张振犁、程健君录音：《亚当和爱娃》（1983.11.12），见张振犁编著《中原神话通鉴》（第一卷），郑州：河南大学出版社2017年版，第351页。

W1387.7.3
张伏羲和李女娲用海里的冰补天

实例

汉族　皇帝张伏羲在天上补，妻子李女娲在地上接石头给他。因洞太大，李女娲就把代海（疑为"大海"）的冰冻接把给他。

【流传】江苏省·（淮安市）·金湖县南片（南部）

【出处】冯学仁讲，戴之尧记录：《张伏羲补天》（1987.06.23），见姚宝瑄主编《中国各民族神话》（汉族），太原：山西出版传媒集团·书海出版社2014年版，第63页。

W1387.7.4
女娲用冰块补天

实例

汉族　女娲娘娘用青石、白石补天时，紧北边那一块不够了，她就搁大冰块子插上了。

【流传】辽宁省·抚顺市

【出处】李凤英的母亲讲，李凤英记录，常葆恕搜集整理：《北方为什么冷》，见姚宝瑄主编《中国各民族神话》（汉族），太原：山西出版传媒集团·书海出版社2014年版，第69页。

汉族　女娲补天时，炼的石汁子用完了，老天爷已开始从东南向西北下起雨来了。她一急就捡了地上一个大冰块，堵上了那个洞。就这样，整个天空就形成了。

【流传】河南省·济源市·济源县·思礼乡·思礼村

【出处】卢一道讲，卢娜采录：《女娲补天》（1983.09），见张振犁编著《中原神话通鉴》（第一卷），郑州：河南大学出版社2017年版，第123页。

汉族　女娲娘娘补天时，从嵩山顶上抱了一块大冰块，捂在了东北角的大窟窿上。

【流传】河南省·（驻马店市）·确山县 ［采录地点：盘龙镇］

【出处】杨永兴（85岁，私塾，小学教师）讲，杨建军采录：《刮东北风为啥冷》（1987.03），见张振犁编著

1.2.5 天地的修整

W1387.7.4.1
女娲用大冰块补西北天

【关联】

① ［W1168.13.9］西北天
② ［W1365.5.2］西北天塌掉

实例

汉族 女娲从东南向西北补天。补到西北角上空时，石汁用完了。老天爷下雨时，没有补的西北角，是个偏天，大水就从上面倾倒下来。女娲急了，就连忙捡起地上的冰块，向西北方天上填补起来。

【流传】河南省·（济源市）王屋山一带

【出处】王生伟讲，河南大学中原神话调查组搜集整理：《天的西北角来的雨》，见姚宝瑄主编《中国各民族神话》（汉族），太原：山西出版传媒集团·书海出版社2014年版，第67~68页。

汉族 女娲补天补到西北角上空时，石汁用完了，谁知补天的期限也到了，又突然下起大雨。女娲急了，就连忙捡起地上的冰块，向西北方天上填补起来。

【流传】河南省·济源市·济源县·王屋乡

【出处】王生伟（30岁，小学教师）讲，河南大学"中原神话调查组"采录：《女娲补天（一）》（1986.06.28），见张振犁编著《中原神话通鉴》（第一卷），郑州：河南大学出版社2017年版，第122页。

W1387.7.4.2
女娲用昆仑山的冰补西北天

实例

汉族 女娲靠炼五彩石补天补不过来，就到昆仑山刨下一块块冰，又在西北天。

【流传】吉林省·（四平市）·伊通县（伊通满族自治县）·伊丹镇

【出处】张久成讲，施立学采录：《女娲补西北天》，见中国民间文学集成全国编辑委员会编《中国民间故事集成》（吉林卷），北京：中国文联出版公司1992年版，第1页。

汉族 女娲光靠炼五彩石补天，一时半晌也补不过来，就急急忙忙跑到昆仑山刨下一块块冰，又在西北天上。

【流传】（无考）

【出处】张久成、瓮圈村讲，施立学采录：《女娲补西北天》（1990），见陶阳、钟秀编《中国神话》（上），北京：商务印书馆2008年版，第398页。

W1387.7.4a
伏羲用冰块补天

实例

（参见下级母题实例）

W1387.7.4a.1
伏羲用冰补东北天

实例

汉族 伏羲、女娲为消除洪水补天时，伏羲一急，搬起大冰疙瘩把东北角那个大窟窿堵住了。

【流传】河南省·（焦作市）沁阳县

【出处】张正朝、秦太明采录整理：《女娲补天（二）》，见张振犁编著《中原神话通鉴》（第一卷），郑州：河南大学出版社2017年版，第126页。

W1387.7.4b
人祖爷用冰块补天

实例

（参见下级母题实例）

W1387.7.4b.1
人祖爷用冰补天东北角

实例

汉族 天东北角还有个大窟窿，人祖爷搬块冰冰，把大窟窿堵住了。

【流传】河南省·（周口市）·沈丘县
［采录地点：沈丘县刘庄店］

【出处】耿玉璋（60岁，农民）讲，张振犁、程健君录音：《人祖爷（五）》（1983.11），见张振犁编著《中原神话通鉴》（第一卷），郑州：河南大学出版社2017年版，第344页。

W1387.7.5
太上老君用冰块补天

【关联】［W0791］太上老君

实例

汉族 太上老君用凌冰把天补完整。

【流传】湖北省·（黄石市）·阳新县·兴国镇

【出处】许孟盛讲，赵海林采录：《北方为啥冷》，见中国民间文学集成全国编辑委员会编《中国民间故事集成》（湖北卷），北京：中国ISBN中心1999年版，第24页。

W1387.7.5.1
太上老君用冰块补西北天

实例

汉族 太上老君看到天的西北角还有一个大窟窿，就挖了一块冰块补上。

【流传】河南省·（南阳市）·镇平县

【出处】贺天祥讲，贺海成、姜典凯搜集整理：《天为什么是蓝的》，见姚宝瑄主编《中国各民族神话》（汉族），太原：山西出版传媒集团·书海出版社2014年版，第66~67页。

W1387.7.6
1对兄妹用冰块补天

实例

（参见下级母题实例）

1.2.5 天地的修整

W1387.7.6.1
盘安和盘玉兄妹用冰凌补东北天

实例

汉族 洪水后，幸存的盘安和盘玉兄妹俩看到东北角儿的天还没长好，盘安就跑到河边揭了一块冰凌，补到天上，把没有长好的天补好了。

【流传】河南省·（南阳市）·桐柏县，（驻马店市）·泌阳县

【出处】王桂有（农民讲），吴传丽、鲁安振采录，李修对采录整理：《化雪补天》，见张振犁编著《中原神话通鉴》（第一卷），郑州：河南大学出版社2017年版，第56页。

W1387.7
1 对姐弟用冰块补天

实例

（参见下级母题实例）

W1387.7.7.1
盘古姐弟用冰补天

实例

汉族 天塌地陷时，盘古姐弟躲在铁狮子的腹中，听说天没有合严，就对铁狮子说"拿冰块堵住算了。"于是，北边就比南边冷。

【流传】河南省·（南阳市）·唐河县

【出处】申凤芝讲，张明理采录，马卉欣采录整理：《盘古兄妹婚（九）》（1986.07.14），见张振犁编著《中原神话通鉴》（第一卷），郑州：河南大学出版社2017年版，第106页。

W1387.7a
用雪补天

实例

汉族 北方的天就来不及用石修补了，只好用雪团来堵。

【流传】辽宁省·沈阳（沈阳市）一带

【出处】马素梅讲，徐海燕搜集整理：《北方的天气为什么比南方冷》（1986.04），见姚宝瑄主编《中国各民族神话》（汉族），太原：山西出版传媒集团·书海出版社2014年版，第66页。

W1387.7b
用冰雪补天

实例

（参见下级母题实例）

W1387.7b.1
盘古用冰雪补天

实例

汉族 盘古抓把冰雪使劲往北天一撒，只听"喀嚓"一声巨响，北天立时就补好了。

【流传】河南省·（信阳市）·商城县·汪桥乡

【出处】曹元凯（66岁，农民）讲，朱

大应采录：《撒雪补北天》（1989.08），见张振犁编著《中原神话通鉴》（第一卷），郑州：河南大学出版社2017年版，第41页。

W1387.8
用棉花补天

实例

（参见下级母题实例）

W1387.8.1
女祖先姆六甲用棉花补天

实例

壮族　天空漏了，姆六甲（女始祖名）用棉花去补。

【流传】（无考）

【出处】《姆六甲》，见张声震总主编，农冠品编注《壮族神话集成》，南宁：广西民族出版社2007年版，第502页。

壮族　天空破漏，女神姆六甲抓棉花补之即为白云。

【流传】（无考）

【出处】《姆六甲》，原载欧阳若修等著《壮族文学史》，见袁珂《中国神话大词典》，北京：华夏出版社2015年版，第442页。

W1387.9
织布补天

【关联】

① [W1138.11] 用布料造天

② [W6122] 织布的产生

实例

（参见下级母题实例）

W1387.9.1
用白布补天缝

实例

苗族　白姑娘（花生的女子）解下白头巾令化为一长大白布，取此布贴天之裂缝，更以龙牙为钉，龙角锤锤之，一钉一锤，颗颗龙牙，钉满大白布，裂缝乃合

【流传】（无考）

【出处】《桑哥哥与白姑娘》，原载谷德明编《中国少数民族神话选》（原名《龙牙颗颗钉满天》），见袁珂《中国神话大词典》，北京：华夏出版社2015年版，第425页。

W1387.9.2
女娲用头布补天

实例

汉族　女娲娘娘用头上的兜头布补东南天。

【流传】江苏省·（南通市）·海安县·建设乡

【出处】陈锦彪讲，钱瑞斌采录：《女娲娘娘炼冰补天》，见中国民间文学集成全国编辑委员会编《中国民间故事集成》（江苏卷），北京：中国ISBN中心1998年版，第4页。

W1387.9.2a
女娲织布补天

实例

（参见下级母题实例）

W1387.9.2a.1
女娲织多种颜色的布补天

实例

汉族　伏羲女娲补天时，女娲天天织布，织了九九八十一天。第一块补天的布织好了。这块布的颜色有红、青、蓝、橙、紫、黄、绿，五光十色，他们就用这块布来补塌天。

【流传】河南省·（周口市）·淮阳县·刘振屯（刘振屯乡）

【出处】梁加秀（73岁，不识字）讲，张华采录：《女娲补天（三）》（1986.03），见张振犁编著《中原神话通鉴》（第一卷），郑州：河南大学出版社2017年版，第129页。

W1387.9.3
天使用龙的胡须织布补天

实例

汉族　天使（天降地生的男孩）要来东海龙王的黄胡须，熊女要来西海龙王的红胡须，编织成花布补好了天上的窟窿。

【流传】甘肃省·天水市·北道区（麦积区）·街子乡

【出处】刘氏讲，刘银梅采录：《天使织五彩布补天》，见中国民间文学集成全国编辑委员会编《中国民间故事集成》（甘肃卷），北京：中国ISBN中心2001年版，第8页。

W1387.9a
造网补天

实例

（参见下级母题实例）

W1387.9a.1
钉天网补天

【关联】[W1375.2] 把天钉稳

实例

汉族　青年和熊的三女儿补天时，找到碰破天的二龙，他们用龙牙把网钉在天上。

【流传】辽宁省·（沈阳市）·新民县北部农村

【出处】刘赵氏讲，刘秀岩搜集整理：《补天的故事》（附记），见姚宝瑄主编《中国各民族神话》（汉族），太原：山西出版传媒集团·书海出版社2014年版，第63~65页。

W1387.9a.2
用头发织网补天

【关联】[W1387.11.12.2] 用头发补天

实例

汉族　熊的三女儿愿意帮助青年补

天，并剪自己的头发织补天网。

【流传】辽宁省·（沈阳市）·新民县北部农村

【出处】刘赵氏讲，刘秀岩搜集整理：《补天的故事》（附记），见姚宝瑄主编《中国各民族神话》（汉族），太原：山西出版传媒集团·书海出版社2014年版，第63~65页。

W1387.10
用动物补天

实 例

（参见下级母题实例）

W1387.10.0
用特定的动物补天

实 例

（参见下级母题实例）

W1387.10.0.1
用神专养的神牛补天

实 例

哈尼族 补天不能用金银铜铁锡，要用查牛（天地神专养的神牛）来补。

【流传】
（a）云南省·（红河哈尼族彝族自治州）·元阳县
（b）云南省·（红河哈尼族彝族自治州）·元阳（元阳县）、红河（红河县）、绿春（绿春县）、金平（金平苗族瑶族傣族自治县）等

【出处】
（a）朱小和讲，史军超采录：《查牛补天地》，见中国民间文学集成全国编辑委员会编《中国民间故事集成》（云南卷），北京：中国ISBN中心2003年版，第29页。

（b）同（a），见云南省民间文学集成办公室编《哈尼族神话传说集成》，北京：中国民间文艺出版社1990年版。

W1387.10.1
用动物的身体补天

实 例

（参见下级母题实例）

W1387.10.1.1
用查牛补天

实 例

哈尼族 （参见W1387.10.0.1母题实例）

W1387.10.1.2
用鹰补天

实 例

（参见下级母题实例）

W1387.10.1.2
女娲用射死的鹰补天

实 例

汉族 女娲用射死的大鹰补住了天上的大洞。

【流传】甘肃省·（天水市）·张家川

县·大阳乡·侯吴村

【出处】阎进存讲，杨根荣采录：《女娲射鹰补天》，见中国民间文学集成全国编辑委员会编《中国民间故事集成》（甘肃卷），北京：中国ISBN中心2001年版，第7页。

W1387.10.2
用动物的脚补天

实 例

（参见下级母题实例）

W1387.10.2.1
用虾的脚补天

【关联】

① ［W1324.8］虾的脚支天
② ［W1332.2.7］虾的脚做天柱

实 例

（参见下级母题实例）

W1387.10.2.1.1
女娲用用虾的4只脚补天

实 例

藏族 女娲用大虾鱼的四只脚把天补上。

【流传】云南省

【出处】《女娲娘娘补天》，见中国社会科学院云南少数民族文学研究所等编《云南少数民族文学资料》第2辑，内部编印，1981年，第83页。

藏族 大虾鱼为帮助女娲补天，砍去四脚交给女娲。女娲就用用虾的4只脚补天

【流传】（无考）

【出处】《女娲娘娘补天》，原载谷德明编《中国少数民族神话选》，见袁珂《中国神话大词典》，北京：华夏出版社2015年版，第407页。

W1387.10.3
用动物的舌头补天

实 例

（参见下级母题实例）

W1387.10.3.1
用蛤蟆的舌头补天

实 例

（参见下级母题实例）

W1387.10.3.1.1
女娲用金蛤蟆的舌头补天

实 例

土族 女娲娘娘割金蛤蟆的舌头补天。

【流传】（a）青海省·（海东市）·民和县（民和回族土族自治县）·三川（三川地区，包括官亭镇、中川乡、杏儿、甘沟、前河、满坪等6个乡镇）

【出处】

(a)《混沌周末歌》，见邢海燕《土族口头传统与民俗文化》，兰州：甘肃人民出版社2008年版，第45页。

(b)《混沌周末歌》，见满都呼主编《中国阿尔泰语系诸民族神话故事》，北京：民族出版社1997年版，第205页。

W1387.10.4
用动物的牙齿和角补天

实例

（参见下级母题实例）

W1387.10.4.1
用龙牙龙角补天

【关联】［W1387.11.4.1］用龙牙补天

实例

汉族 小虎（英雄名）用老爷爷给他的三件宝，取了龙的牙和角，每天天不亮就去补天。

【流传】辽宁省·（沈阳市）·新民县北部农村

【出处】刘赵氏讲，刘秀岩搜集整理：《补天的故事》，见姚宝瑄主编《中国各民族神话》（汉族），太原：山西出版传媒集团·书海出版社2014年版，第63~65页。

W1387.10.5
用动物补天洞

实例

（参见下级母题实例）

W1387.10.5.1
用大鹰补天的大洞

实例

汉族 （参见 W1386.7a.1 母题实例）

W1387.10a
用植物补天

实例

（参见下级母题实例）

W1387.10a.1
用树藤来补天

实例

彝族（罗鲁泼） 用什么去补天？用树藤来补天。

【流传】云南省·（楚雄彝族自治州）·永仁县

【出处】

(a) 李德宝演唱，李必荣、李荣才搜集，夏光辅、诺海阿苏翻译：《冷斋调》（1984），见云南省社会科学院楚雄彝族文化研究所编《彝族民间文学》第2辑，1985年。

(b) 夏光辅、诺海阿苏翻译，古梅改写：《冷斋调》，见姚宝瑄主编《中国各民族神话》（羌族、彝族），太原：山西出版传媒集团·书海出版社2014年版，第114页。

W1387.11
用其他物补天

实例

（参见下级母题实例）

W1387.11.1
用特定的器物补天

实例

（参见下级母题实例）

W1387.11.1.1
用石头和梯子补天

实例

汉族　华胥用女娲炼的石头和伏羲做的梯子把天补好。

【流传】浙江省·湖州市·镇西乡·赵家坪（不详）

【出处】冯雨轩讲，钟铭采录：《华胥补天》，见中国民间文学集成全国编辑委员会编《中国民间故事集成》（浙江卷），北京：中国 ISBN 中心 1997 年版，第 18 页。

W1387.11.1.2
用金钗环玉坠补天

实例

汉族　女娲娘娘取下金钗环玉坠，掰成许多小块，一块一块扔上去，把天上的窟窿都堵死。

【流传】河北省·（张家口市）·赤城县·（后城镇）·后城村

【出处】赵子英讲，郝云飞采录：《鱼为啥没有腿》，见中国民间文学集成全国编辑委员会编《中国民间故事集成》（河北卷），北京：中国 ISBN 中心 2003 年版，第 6 页。

W1387.11.1.3
用装着石水的砂锅补天

实例

汉族　女娲让凤凰头顶着装着石水的砂锅去补天。

【流传】山西省·（吕梁市）·交城县·革村（疑为会立乡·白草庄村）

【出处】高钟璋讲，王真才采录：《女娲补天留冠山》，见中国民间文学集成全国编辑委员会编《中国民间故事集成》（山西卷），北京：中国 ISBN 中心 1999 年版，第 6 页。

W1387.11.2
补天者用自己身体补天

实例

哈尼族　艾浦艾乐兄妹俩去补天时，补天的土不够，兄妹俩用自己的身体补好了天洞。

【流传】（云南省·红河哈尼族彝族自治州·元阳县）

【出处】朱小和讲，史军超搜集整理：《补天的兄妹俩》，原载《哈尼族神话传说集成》，见陶阳、钟秀编《中国神话》（中），北京：商务印书馆

2008年版，第777~778页。

W1387.11.2.1
伏羲女娲用自己的身体补天

实例

汉族 伏羲和女娲夫妻二人补天时，伏羲和补在天上的石糊融合在一起，再也不下来了。

【流传】江苏省·宿迁市

【出处】刘汉飞讲，刘汉飞记录：《女娲哭天》（1986.10.22），见姚宝瑄主编《中国各民族神话》（汉族），太原：山西出版传媒集团·书海出版社2014年版，第61~62页。

W1387.11.2.2
女娲用自己的身体补天

实例

汉族 女娲补天时把自己的整个身体也补在天上。

【流传】甘肃省·天水市·北道区·南河川乡

【出处】张天喜讲，董喜军采录：《女娲补天》，见中国民间文学集成全国编辑委员会编《中国民间故事集成》（福建卷），北京：中国ISBN中心1998年版，第6页。

汉族 天塌造成洪水，女娲娘娘炼了天罡石去补天。结果天上还裂着一道缝，她就把自家的身体补了上去。

【流传】江苏省·（苏州市）·太仓县

【出处】曹展氏讲，尹培民搜集整理：《天上日月云彩哪里来》，见姚宝瑄主编《中国各民族神话》（汉族），太原：山西出版传媒集团·书海出版社2014年版，第72~73页。

W1387.11.2.2.1
女娲用自己的身体和衣裳补天

实例

汉族 女娲为了保护泥人的性命，就用全身堵住天上的窟窿，然后撕下衣裳，一针一针地缝起来，缝了九九八十一天，终于把天补住了。

【流传】河南省·（驻马店市）·遂平县

【出处】李耀东的祖母讲，李耀东采录：《女娲造人（一）》（1988.02），见张振犁编著《中原神话通鉴》（第一卷），郑州：河南大学出版社2017年版，第165页。

W1387.11.2.3
两兄妹用自己的身体补天

实例

哈尼族 兄妹先后跳进了天洞里，把水流如注的两个天洞堵住。

【流传】云南省·（红河哈尼族彝族自治州）·元阳县

【出处】朱小和讲：《补天的兄妹俩》，见云南省民间文学集成办公室编《哈尼族神话传说集成》，北京：中国民间文艺出版社1990年版，第66~67页。

W1387.11.3
用石块泥浆补天

实 例

（参见下级母题实例）

W1387.11.3.1
女娲用石块泥浆补天

实 例

汉族 女娲用石块泥浆补好天。

【流传】浙江省·嘉兴（嘉兴市）·海宁（海宁市）

【出处】陈桂珍讲，王雪康采录：《女娲补天造人》，见中国民间文学集成全国编辑委员会编《中国民间故事集成》（浙江卷），北京：中国 ISBN 中心 1997 年版，第 39 页。

W1387.11.4
用牙齿补天

实 例

（参见下级母题实例）

W1387.11.4.1
用龙牙补天

【关联】［W1387.11.7］用头巾和龙牙补天

实 例

瑶族 老熊王的三女儿白姑娘和小伙用乌龙牙补天。

【流传】广西壮族自治区

【出处】萧甘牛搜集整理：《龙牙颗颗钉满天》，见曹廷伟编著《广西民间故事辞典》，南宁：广西教育出版社 1993 年版，第 15 页。

W1387.11.5
用唾沫补天

实 例

（参见下级母题实例）

W1387.11.5.1
用青蛙的唾沫补天

实 例

哈尼族 青蛙的儿子纳得吐出的唾沫，成了粘住蓝天的粘糊。

【流传】云南省·（普洱市）·墨江县（墨江哈尼族自治县）

【出处】金开兴讲，蓝明红采录：《青蛙造天地》，见中国民间文学集成全国编辑委员会编《中国民间故事集成》（云南卷），北京：中国 ISBN 中心 2003 年版，第 34 页。

W1387.11.6
用气补天

实 例

汉族 女娲一阵一阵地吹气，云块一层一层地往上升，使得天空越升越高。就这样足足吹了六六三百六十次气，才把天空补好。

【流传】浙江省·（金华市）·兰溪市

【出处】王阿英讲，蔡斌搜集整理：《女娲补天空》，见姚宝瑄主编《中国各民族神话》（汉族），太原：山西出版传媒集团·书海出版社 2014 年版，第 44～45 页。

W1387.11.6.1
用青气补天

实例

（参见下级母题实例）

W1387.11.6.1.1
女娲吹青气补天

实例

汉族　女娲吹了一口青气就把天给补上，天成为蓝色的。

【流传】辽宁省·抚顺市·望花区·古城子（古城子街道）

【出处】孟雅文讲，李凤英采录：《女娲娘娘补天》，见中国民间文学集成全国编辑委员会编《中国民间故事集成》（辽宁卷），北京：中国 ISBN 中心 1994 年版，第 3 页。

W1387.11.7
用头巾和龙牙补天

【关联】［W1387.11.4.1］用龙牙补天

实例

苗族　（实例待考）

W1387.11.8
撒天种补天

【关联】［W1168.10c］天种

实例

彝族　观音补天时，吩咐要用天种去撒在天上，要用地种去撒在大地上。

【流传】云南省·楚雄彝族自治州

【出处】罗文荣演唱，李世忠翻译，蔷紫改写：《老人梅葛》，见姚宝瑄主编《中国各民族神话》（羌族、彝族），太原：山西出版传媒集团·书海出版社 2014 年版，第 124 页。

W1387.11.9
用胶糊状的液体补天

【关联】

① ［W1387.1.8.4］用彩石炼成石浆补天

② ［W1387.12.4］用石糊补天不成功

实例

汉族　女娲补天时，先在大江大河里拣选了许多五色石子，架起一把火，把这些石子熔炼做胶糊状的液体，再拿这些胶糊状的液体，把苍天上一个个丑陋的窟窿都填补好。

【流传】（无考）

【出处】《女娲补天》，原载袁珂编译《中国神话故事》，见陶阳、钟秀编《中国神话》（上），北京：商务印书馆 2008 年版，第 391～393 页。

W1387.11.10
用血补天

实例

（参见下级母题实例）

W1387.11.10.1
用神牛血补天

实例

哈尼族 杀查牛（天地神专养的神牛）补天地时，用银盆接查牛的红血来抹天。天穿上彩霞的衣裳，光溜溜的天不光了；穿上彩霞的裤子，害羞的天也不害羞了，天也认得道理了。天补起来了。

【流传】云南省·（红河哈尼族彝族自治州）·元阳（元阳县）、红河（红河县）、绿春（绿春县）、金平（金平苗族瑶族傣族自治县）

【出处】朱小和讲唱，史军超搜集整理：《查牛补天地》（1983），原载云南省民间文学集成办公室编《哈尼族神话传说集成》，中国民间文艺出版社1990年版，见姚宝瑄主编《中国各民族神话》（哈尼族、傣族），太原：山西出版传媒集团·书海出版社2014年版，第54页。

W1387.11.11
用宝物补天

实例

（参见下级母题实例）

W1387.11.11.1
用3件宝物补天

实例

汉族 在很远的一座山上，有一棵松树，上面住着一个绿胡子老头儿，有三件宝。只有那三件宝才能把天补好。

【流传】辽宁省·（沈阳市）·新民县北部农村

【出处】刘赵氏讲，刘秀岩搜集整理：《补天的故事》，见姚宝瑄主编《中国各民族神话》（汉族），太原：山西出版传媒集团·书海出版社2014年版，第63~65页。

W1387.11.12
用特定的皮毛补天

实例

（参见下级母题实例）

W1387.11.12.1
用人皮补天

【关联】[W2869] 与人的皮肤有关的其他母题

实例

汉族 小虎（英雄名）和财主的三女儿补天时，三女儿的皮突然从身上滑下来，一直向天上那个大窟窿飘去，正好把那个窟窿补好。

【流传】辽宁省·（沈阳市）·新民县

北部农村

【出处】刘赵氏讲，刘秀岩搜集整理：《补天的故事》，见姚宝瑄主编《中国各民族神话》（汉族），太原：山西出版传媒集团·书海出版社2014年版，第63~65页。

W1387.11.12.2
用头发补天

实例

汉族　熊的三个女儿只有老三愿意帮助青年补天。她剪自己的头发织补天网。

【流传】辽宁省·（沈阳市）·新民县北部农村

【出处】刘赵氏讲，刘秀岩搜集整理：《补天的故事》（附记），见姚宝瑄主编《中国各民族神话》（汉族），太原：山西出版传媒集团·书海出版社2014年版，第63~65页。

W1387.11.13
用其他混合物补天

实例

（参见下级母题实例）

W1387.11.13.1
用麦芒和泥补天

实例

汉族　远古时候，天上突然塌了一个洞。女娲见到地上有很多麦芒，就在烂泥里调进麦芒子，如同帮它长了骨子，拓在天洞中。真的把个洞补起来了。

【流传】江苏省·（南通市）·如皋县

【出处】石祥如讲，宗德福搜集整理：《麦芒补天》，见姚宝瑄主编《中国各民族神话》（汉族），太原：山西出版传媒集团·书海出版社2014年版，第51~52页。

W1387.11.13.2
用水拌七色土补天

【关联】［W1387.4.2］用七色泥土补天

实例

（参见下级母题实例）

W1387.11.13.2.1
女娲用水拌七色土补天

实例

汉族　女娲用水拌起七色泥土补天洞和天缝。

【流传】浙江省·（金华市）·兰溪市·城关（兰江街道）

【出处】王阿英讲，蔡斌采录：《女娲补天》，见中国民间文学集成全国编辑委员会编《中国民间故事集成》（浙江卷），北京：中国ISBN中心1997年版，第16页。

汉族　女娲补天时用水拌起七色泥土，双手捧起向这些洞里缝里糊。

【流传】浙江省·（金华市）·兰溪市

【出处】王阿英讲，蔡斌搜集整理：《女

娲补天空》，见姚宝瑄主编《中国各民族神话》（汉族），太原：山西出版传媒集团·书海出版社 2014 年版，第 44~45 页。

W1387.12
不成功的补天材料

实例

（参见下级母题实例）

W1387.12.1
用木头补天不成功

实例

藏族　女娲补天时，用木堵，木被冲去。

【流传】（无考）

【出处】《女娲娘娘补天》，原载谷德明编《中国少数民族神话选》，见袁珂《中国神话大词典》，北京：华夏出版社 2015 年版，第 407 页。

藏族　女娲补天时，今天用泥巴补上，还是漏水，明天用木头堵水，又被水冲垮。

【流传】云南省·迪庆藏族自治州·（香格里拉县·尼西乡）·汤美村（汤满村）

【出处】

（a）马龙祥、李子贤记录：《女娲娘娘补天》（1960s），见钟敬文《钟敬文民间文学论集》（上），上海：上海文艺出版社 1982 年版。

（b）同（a），见姚宝瑄主编《中国各民族神话》（门巴族、珞巴族、怒族、藏族），太原：山西出版传媒集团·书海出版社 2014 年版，第 83 页。

W1387.12.2
用泥补天不成功

【关联】［W1387.4a］用泥补天

实例

藏族　女娲补天时，初以泥补，嫌泥漏水。

【流传】（无考）

【出处】《女娲娘娘补天》，原载谷德明编《中国少数民族神话选》，见袁珂《中国神话大词典》，北京：华夏出版社 2015 年版，第 407 页。

藏族　女娲用泥巴去补天，可是天河仍旧漏水。

【流传】云南省·迪庆藏族自治州

【出处】马龙祥、李子贤搜集整理：《女娲娘娘》，载《民间文学》1985 年第 4 期。

W1387.12.3
用石头补天不成功

【关联】［W1388.5.2］炼石补天不成功

【出处】［W1387.1］用石补天

实例

汉族　天河漏水形成洪水时，女娲要将塌了的天补起来。她先是用泥补上，被水冲了，用石头补，也被水冲掉了。

【流传】浙江省·（丽水市）·遂昌县

【出处】毛广寿讲，廖恒民搜集整理：《女娲补天》（1987.05），见姚宝瑄主编《中国各民族神话》（汉族），太原：山西出版传媒集团·书海出版社2014年版，第53~54页。

W1387.12.4
用石糊补天不成功

【关联】［W1387.11.9］用胶糊状的液体补天

实例

汉族 伏羲和女娲夫妻二人补天时，用烧化的石糊来补这个豁口。但天河的水淌得太急，补上一块就被水冲掉了，冲掉了再补，补了又被冲掉，一次又一次都失败了。

【流传】江苏省·宿迁市

【出处】刘汉飞讲，刘汉飞记录：《女娲哭天》（1986.10.22），见姚宝瑄主编《中国各民族神话》（汉族），太原：山西出版传媒集团·书海出版社2014年版，第61~62页。

W1387.13
与补天材料有关的其他母题

实例

（参见下级母题实例）

W1387.13.1
补天时少 1 块石头

实例

汉族 女娲补天时，一连补了七七四十九天，累得头也昏了，眼也花了，脚也软了，手也酸了，还有一块没补上，留着一个小洞洞，女娲一脚蹬了个空，摔了下来。

【流传】河南省·（濮阳市）·范县

【出处】董天备（56岁，中专）讲，崔金钊采录：《女娲补天（八）》（1989.11.03），见张振犁编著《中原神话通鉴》（第一卷），郑州：河南大学出版社2017年版，第137页。

W1387.13.1.1
女娲补天时少 1 块石头

实例

汉族 女娲补天时，少1块石头。

【流传】甘肃省·天水市·北道区·南河川乡

【出处】张天喜讲，董喜军采录：《女娲补天》，见中国民间文学集成全国编辑委员会编《中国民间故事集成》（福建卷），北京：中国ISBN中心1998年版，第6页。

W1387.13.2
补天剩下 3 块石头

实例

汉族 女娲娘娘补天剩下三块铁石：第一块被她一脚踢到东胜神洲花果山；第二块被她踢到南天门竖着；第三块被她踢到兜率宫门前。

【流传】浙江省·（丽水市）·青田县·东源镇、船寮镇

【出处】余碎笑讲，叶茂搜集整理：《三块补天石》（1987.07.15），见姚宝瑄主编《中国各民族神话》（汉族），太原：山西出版传媒集团·书海出版社 2014 年版，第 58～60 页。

W1387.13.3
用油补天

实 例

（参见下级母题实例）

W1387.13.3.1
用岩石油补天

实 例

（参见下级母题实例）

W1387.13.3.1.1
天女用岩石油接上天经

实 例

苗族 天母的女儿偶佛心灵手巧，拿岩石油接上天经。

【流传】贵州省·（毕节市）·大方县·瓢井（瓢井镇）、兴隆（兴隆乡）、八堡（八堡乡）一带的六寨苗族［六寨苗族指阿龚寨（今菱角塘、大寨、青杠林、樱桃）、青山寨（今青山、板板桥、石板、大沟）仄垮寨（今下寨、新房子），中寨（今中寨、五龙寨、三口塘）、铧匠寨（上寨、新寨）和新开田寨］

【出处】项文礼讲，项兴荣搜集记录：《偶佛补天》，见苗青主编《西部民间文学作品选》，贵阳：贵州民族出版社 2003 年版，第 52 页。

W1388
与补天有关的其他母题

【关联】［W1789.8］补天河

实 例

（参见下级母题实例）

W1388.0
补天的时间

实 例

（参见下级母题实例）

W1388.0.1
洪水后补天

实 例

汉族 天将与雷公、雨公、风婆制造大雨发洪水后，石狮告诉幸存的盘古兄妹："今当先补天。"

【流传】（河南省）

【出处】《盘古山》，原载河南师大中文系编《河南民间故事》，见袁珂《中国神话大词典》，北京：华夏出版社 2015 年版，第 390 页。

W1388.0.2
天塌地陷后补天

【关联】［W8570］天塌地陷

实 例

汉族 天塌地陷后，创造万物的女神

女娲，心有不忍，只得又担负起艰巨的补天工作。

【流传】浙江省·（温州市）·永嘉县

【出处】谢博讲，谢圣铎记录：《女娲补天》，见姚宝瑄主编《中国各民族神话》（汉族），太原：山西出版传媒集团·书海出版社 2014 年版，第 55 页。

W1388.0.3
先战龙后补天

实例

汉族（实例待考）

藏族 天河漏水造成洪水。女娲战胜怪龙后，又去补天。

【流传】（无考）

【出处】《女娲娘娘补天》，原载谷德明编《中国少数民族神话选》，见袁珂《中国神话大词典》，北京：华夏出版社 2015 年版，第 407 页。

W1388.0.4
先顶天再补天

实例

藏族 女娲把天顶住以后，又去大山上、海底下找五彩石。然后炼五彩石补天。

【流传】云南省·迪庆藏族自治州·（香格里拉县·尼西乡）·汤美村（汤满村）

【出处】

（a）马龙祥、李子贤记录：《女娲娘娘补天》（1960s），见钟敬文《钟敬文民间文学论集》（上），上海：上海文艺出版社 1982 年版。

（b）同（a），见姚宝瑄主编《中国各民族神话》（门巴族、珞巴族、怒族、藏族），太原：山西出版传媒集团·书海出版社 2014 年版，第 83 页。

W1388.0.5
特定日子补天

实例

（参见下级母题实例）

W1388.0.5.1
女娲元月二十日补天

实例

汉族（客家人） 女娲娘炼石补天穿的日子，就是在元月二十号，所以叫做天穿日。

【流传】台湾·桃竹苗地区

【出处】游日光整理：《天穿日》，原载金荣华主编：《台湾桃竹苗地区民间故事》，见陶阳、钟秀编《中国神话》（下），北京：商务印书馆 2008 年版，第 1475 页。

W1388.0.5.2
女娲在上元夜补天

实例

汉族 平度州（今山东省平度县）东平山，即女娲补天处，其炼石灶尚存。所产五色石可烧。每岁上元夜，置一炉当户，高五六尺许，实以杂石，附以石灰，炼之达旦，火燄烛天，至今不废。

【流传】（无考）

【出处】

（a）［清］俞樾：《茶香室三钞》卷一"女娲补天"条引章有谟《景船斋杂录》。

（b）《女娲补天》，见袁珂《中国神话大词典》，北京：华夏出版社2015年版，第37页。

W1388.0.5.3
女娲正月二十三日补天

实例

汉族 宋以前正月二十三日为天穿日，言女娲氏以是日补天，俗以煎饼置屋上，名曰补天穿。

【流传】（无考）

【出处】［明］杨慎：《词品》。

W1388.0.5.4
女娲冬天补天

实例

汉族 因为女娲补天时候，正是冬天，石浆刚一炼出，就冻住了，补天用的就是这种冷石浆。

【流传】河南省·（洛阳市）·新安县·磁涧乡·孝水村

【出处】杨傍子（58岁，识些字）讲，张建伟采录：《女娲补天（六）》（1989.10.25），见张振犁编著《中原神话通鉴》（第一卷），郑州：河南大学出版社2017年版，第135页。

W1388.0.5a
晚上补天

实例

汉族 女娲补天时，有很大一块还没补，鸡子就叫唤了。女娲抓块冰凌把东北角子一堵，就把口子堵住了。

【流传】河南省·（周口市）·西华县·（聂堆镇）·思都岗村

【出处】李燕宾（84岁，农民，私塾）讲，张振犁、程健君录音采集：《女娲补天（五）》（1983.11.03），见张振犁编著《中原神话通鉴》（第一卷），郑州：河南大学出版社2017年版，第134页。

W1388.0.5a.1
天黑时缝补天缝

实例

汉族 女娲娘娘补天缝，用针线缝到天亮，公鸡打鸣的时候，用针线也缝不住了。没法儿，她只得天天从天黑补到鸡叫时候，月亮落了九次，升了九次，剩下的这条裂缝到底补好了。

【流传】河南省·（周口市）·淮阳县·（王店乡·棠棣村）

【出处】李国争（63岁，农民）讲，杨复俊采录：《女娲娘娘》（1985.01.06），见张振犁编著《中原神话通鉴》（第一卷），郑州：河南大学出版社2017年版，第146页。

W1388.0.5a.2
鸡叫时补天停止

实 例

汉族 女娲补天时，有很大一块还没补，鸡子就叫唤了。女娲只好抓块冰凌把东北角子堵上了事。

【流传】河南省·（周口市）·西华县·（聂堆镇）·思都岗村

【出处】李燕宾（84岁，农民，私塾）讲，张振犁、程健君录音采集：《女娲补天（五）》（1983.11.03），见张振犁编著《中原神话通鉴》（第一卷），郑州：河南大学出版社2017年版，第134页。

W1388.0.6
补天使用的时间

实 例

（参见下级母题实例）

W1388.0.6.1
补天用了49天

实 例

汉族 很早以前，一块天塌下来了。女娲将天青蓝色的石头搬运到天塌陷处，经过七七四十九天，女娲补好天穹。

【流传】（无考）

【出处】《积石山传说》，http://baike.baidu.com。

汉族 女娲补天时，一步一步地爬上梯阶，把石头一块一块搬到天上，一连补了七七四十九天，只剩下一个小洞洞。

【流传】河南省·（濮阳市）·范县

【出处】董天备（56岁，中专）讲，崔金钊采录：《女娲补天（八）》（1989.11.03），见张振犁编著《中原神话通鉴》（第一卷），郑州：河南大学出版社2017年版，第137页。

W1388.0.6.1a
补天用了365天（补天用了1年）

实 例

汉族 女娲娘娘炼了三百六十五块神石，一天补一块，补了三百六十五天才刚刚把天补好。

【流传】河南省·（驻马店市）·确山县〔采录地点：盘龙镇〕

【出处】杨永兴（85岁，私塾，小学教师）讲，杨建军采录：《刮东北风为啥冷》（1987.03），见张振犁编著《中原神话通鉴》（第一卷），郑州：河南大学出版社2017年版，第147页。

W1388.0.6.2
补天用了3年

实 例

拉祜族 燕子和点点雀补好天地用了三

1.2.5 天地的修整

年整。

【流传】云南省·（普洱市）·澜沧县（澜沧拉祜族自治县）

【出处】李云保讲述，扎约采录：《牡帕密帕的故事》，见陶阳、钟秀编《中国神话》（上），北京：商务印书馆2008年版，第129~139页。

W1388.0.6.2.1
伏羲女娲补天用了3年

实　例

汉族　伏羲女娲为消除洪水补天时，经过了三个寒来暑往，用了三个三百六十五天，眼看就要把漏天补严实了。

【流传】河南省·（焦作市）沁阳县

【出处】张正朝、秦太明采录整理：《女娲补天（二）》，见张振犁编著《中原神话通鉴》（第一卷），郑州：河南大学出版社2017年版，第126页。

W1388.0.6.3
补天用了几千年

实　例

汉族　天皇氏、地皇氏和女娲氏为了补天，只得躲到山里去炼石头。炼了好几千年，才炼好石头；补了好几千年，才把天补好。

【流传】浙江省·舟山市·（定海区·岑港镇）·烟墩（烟墩村）、马目（马目村）一带

【出处】张友夫讲，于海辰、林海峰记录整理：《兄妹分天地》（1987.05.15），见姚宝瑄主编《中国各民族神话》（汉族），太原：山西出版传媒集团·书海出版社2014年版，第38~39页。

W1388.0.6.4
与补天使用时间有关的其他母题

实　例

（参见下级母题实例）

W1388.0.6.4.1
炼补天石用了81天

实　例

汉族　女娲娘娘炼成了五彩石用了九九八十一天。

【流传】上海市·黄浦区

【出处】顾剑峰讲，方卡采录：《女娲补天治水》，见中国民间文学集成全国编辑委员会编《中国民间故事集成》（上海卷），北京：中国ISBN中心2007年版，第14页。

W1388.0.6.4.2
女娲补天用了许多年

实　例

汉族　过了好多年，女娲历尽千辛万苦，终于补住了天穹上的窟窿。

【流传】河南省·（开封市）·杞县

【出处】尹守礼（农民）讲，王怀聚采录整理：《杞人忧天（一）》，见张振犁编著《中原神话通鉴》（第一卷），

郑州：河南大学出版社 2017 年版，第 159 页。

W1388.1
补天前的准备
实例

（参见下级母题实例）

W1388.1.1
补天方法的获得
实例

（参见下级母题实例）

W1388.1.1.1
石狮教盘古兄妹补天方法
实例

汉族　盘古兄妹根据石狮教的办法，用开天斧当针，葛藤当线补好了天。

【流传】河南省·商丘（商丘市）

【出处】《两兄妹》，见陶阳、钟秀《中国创世神话》，上海：上海人民出版社 1993 年版，第 47 页。

W1388.1.1.1.1
石狮劝盘古兄妹补天方法
实例

汉族　天塌地陷后，石狮子告诉盘古兄妹，说要想永远活下去，就得把天补好。

【流传】河南省·（南阳市）·桐柏县·固县镇·黄畈村

【出处】黄发美（农民）讲，马卉欣采录整理：《金线补天》，见张振犁编著《中原神话通鉴》（第一卷），郑州：河南大学出版社 2017 年版，第 54 页。

W1388.1.1.2
白龟告诉补天方法
实例

汉族　伏羲女娲补天最初不成功。伏羲问白龟："那线、针从哪儿弄？又咋个补法呢？"白龟说："你别发愁，我把你送到一个地方去学！"后来白龟把女娲送到天上，女娲跟仙女学织布。

【流传】河南省·（周口市）·淮阳县·刘振屯（刘振屯乡）

【出处】梁加秀（73岁，不识字）讲，张华采录：《女娲补天（三）》（1986.03），见张振犁编著《中原神话通鉴》（第一卷），郑州：河南大学出版社 2017 年版，第 129 页。

W1388.1.1.3
太白金星告诉补天方法
实例

汉族　女娲带着天兵天将补天不成功时，太白金星献了一计，说只有地当炉，天当锅，取来金、木、水、火、土五个星星上的石头炼成五彩石，才能把天补好。

【流传】河南省·（安阳市）·安阳

县·磊口乡·清凉山村［采录地点：安阳县磊口乡目明学校］

【出处】赵金和（36 岁，中师）讲，牛化法采录：《清凉山的传说》（1987.04.07），见张振犁编著《中原神话通鉴》（第一卷），郑州：河南大学出版社 2017 年版，第 154 页。

W1388.1.2
补天前造特定物

实例

（参见下级母题实例）

W1388.1.2.1
补天前造火炉

实例

汉族 女娲决心补天，先造了很大的火炉子。

【流传】湖南省·常德县（常德市）·（鼎城区）·灌溪乡（灌溪镇）·中兴桥村

【出处】唐万顺讲，唐孟元采录：《女娲补天造人》，见中国民间文学集成全国编辑委员会编《中国民间故事集成》（湖南卷），北京：中国 ISBN 中心 2002 年版，第 22 页。

W1388.2
补天的工具

实例

（参见下级母题实例）

W1388.2.1
织线补天

【关联】
① ［W1393.4］织线补地
② ［W6120］纺织的产生

实例

苗族 桑和白姑娘用头巾和龙牙织补天的缝口。

【流传】广西壮族自治区·（柳州市）·大苗山（融水苗族自治县）

【出处】
（a）《龙牙颗颗钉满天》，见苏晓星《苗族文学史》，成都：四川出版集团、四川民族出版社 2003 年版，第 75 页。
（b）《龙牙颗颗钉满天》，见田兵等《苗族文学史》，贵阳：贵州人民出版社 1981 年版，第 57 页。

苗族 女神竺妞的两个女儿拿起金梭子，穿上银丝线，东方织三下，西方织三下，将东西两方的天的漏洞补好。

【流传】云南省·（文山壮族苗族自治州）·马关县

【出处】杨正方讲，刘德荣采录：《造天造地》，见中国民间文学集成全国编辑委员会编《中国民间故事集成》（云南卷），北京：中国 ISBN 中心 2003 年版，第 91 页。

W1388.2.1.1
用铜线铁线补天

实例

彝族 天裂后，恒仇扣生九子，仇扣苏幺子用铜线铁线来拉，用铁片铜片来打，打成铁针和铜针。把天补好了。

【流传】黔西（贵州省西部）与云南（云南省）接壤的彝族地区

【出处】阿候布代讲，王正贡、王子尧、王冶新、何积金搜集整理，蕙紫改写：《天生地产》，原载中国民间文艺研究会贵州分会编《民间文学资料》，内部资料，1986年，见姚宝瑄主编《中国各民族神话》（羌族、彝族），太原：山西出版传媒集团·书海出版社2014年版，第164页。

W1388.2.1.2
葛藤作补天的金线

实例

汉族 石狮劝盘古兄妹补天时告诉他们，盘古的斧子把儿，能当补天金针，这山顶上的葛藤就是补天的金线。

【流传】河南省·（南阳市）·桐柏县·固县镇·黄畈村

【出处】黄发美（农民）讲，马卉欣采录整理：《金线补天》，见张振犁编著《中原神话通鉴》（第一卷），郑州：河南大学出版社2017年版，第54页。

W1388.2.2
补天炼石的火炉

【关联】[W1388.1.2.1] 补天前造火炉

实例

（参见下级母题实例）

W1388.2.3
补天的针线

实例

（参见下级母题实例）

W1388.2.3.1
补天时斧子把作针，葛藤作线

实例

（参见下级母题实例）

W1388.2.3.1.1
盘古兄妹补天时斧子作针，葛藤作线

实例

汉族 盘古兄妹用开天斧当针，葛藤当线补好了天。

【流传】河南省·商丘（商丘市）

【出处】《两兄妹》，见陶阳、钟秀《中国创世神话》，上海：上海人民出版社1993年版，第47页。

1.2.5 天地的修整

W1388.2.3.1.2
盘古补天时斧子把作针，葛藤作线

实例

汉族 洪水后，幸存的盘古兄妹先补天。盘古开天劈地之斧柄可以为针，山上葛藤亦堪作线。

【流传】（河南省）

【出处】《盘古山》，原载河南师范大学中文系编《河南民间故事》，见袁珂《中国神话大词典》，北京：华夏出版社2015年版，第390页。

汉族 众神撕破天幕降下洪水。石狮子对幸存的盘古兄妹说："盘古开天辟地用的斧子把儿能当补天的金针，这山顶的葛藤就是补天的金线，赶快去补吧！"

【流传】河南省桐柏山一带

【出处】马卉欣、梁燕搜集，马卉欣整理：《盘古山》，原载中国民间文艺研究会河南分会编《河南民间故事集》，见姚宝瑄主编《中国各民族神话》（汉族），太原：山西出版传媒集团·书海出版社2014年版，第95~100页。

汉族 盘古开天辟地用的斧子把儿，当补天的金针，山顶上的葛藤做补天的金线。

【流传】河南省·（南阳市）·桐柏（桐柏县）

【出处】姚义雨讲，马卉欣搜集整理：《盘古开天》，见中华民族故事大系编委会编《中华民族故事大系》第1卷（汉族、蒙古族、回族），上海：上海文艺出版社1995年版，第6~7页。

W1388.2.3.1.3
盘古的斧子把儿当补天金针

实例

汉族 石狮劝盘古兄妹补天时告诉他们，盘古的斧子把儿，能当补天金针。

【流传】河南省·（南阳市）·桐柏县·固县镇·黄畈村

【出处】黄发美（农民）讲，马卉欣采录整理：《金线补天》，见张振犁编著《中原神话通鉴》（第一卷），郑州：河南大学出版社2017年版，第54页。

W1388.2.3.2
补天时松毛作针，蜘蛛网作线

实例

彝族 格兹天神的5个儿子补天时，用松毛当作针，蜘蛛网作线。

【流传】（云南省·楚雄彝族自治州·姚安县·官屯乡·马游村，大姚县·昙华乡等）

【出处】

(a) 郭天元（马游村）、李申呼颇（昙华乡）、李福玉颇（苴）演唱，郭思九、许明学、龚维顺、张宝省、陈志群、胡炳文等搜集，刘德虎、龚维顺、陈志群、李树荣、郭天元等整理：《梅葛》（第一部"创世"），见云南省民族民间文学楚雄调查队《梅葛》（1959），昆明：云南人民出版社2009年版。

（b）《打虎开天辟地》，蔷紫据云南省民族民间文学楚雄调查队著《梅葛》（云南人民出版社2009年版）改写，见姚宝瑄主编《中国各民族神话》（羌族、彝族），太原：山西出版传媒集团·书海出版社2014年版，第193页。

彝族 天神的五个儿子用松毛做针，蜘蛛网做线，云彩做补丁，把天补起来。

【流传】云南省·楚雄彝族自治州·姚安县、大姚县等彝族地区

【出处】《创世·开天辟地》，见云南省民族民间文学楚雄调查队整理编写《梅葛》，昆明：云南人民出版社2009年版，第8页。

W1388.2.3.3
补天时长尾巴星作针，黄云丝作线

【关联】［W1746.2］彗星为什么有长尾巴

实 例

彝族（阿细）补天的时候，拿了黑云去当补天的布，拿了黄云丝去做补天的线，又用长尾巴星星做补天的针。

【流传】（a）云南省·红河哈尼族彝族自治州·弥勒县·（西山镇）

【出处】

（a）潘正兴等唱述，云南省民族民间文学红河调查队搜集翻译整理：《阿细的先基》，昆明：云南人民出版社1959年版。

（b）云南省民族民间文学红河调查队搜集整理，古梅改写：《最古的时候》，见姚宝瑄主编《中国各民族神话》（羌族、彝族），太原：山西出版传媒集团·书海出版社2014年版，第139页。

W1388.2.3.4
用地线缝天

实 例

阿昌族 地母遮米麻补天时，把原来织地留下的三根地线缝合东边、西边和北边。

【流传】（云南省）

【出处】赵安贤讲，智克整理：《遮帕麻与遮米麻》，见姚宝瑄主编《中国各民族神话》（佤族、阿昌族、纳西族、普米族、德昂族），太原：山西出版传媒集团·书海出版社2014年版，第79页。

W1388.2.3.5
用云丝做补天的线

实 例

彝族（阿细）补天的时候，拿了黑云去当补天的布，拿了黄云丝去做补天

的线。

【流传】（a）云南省·红河哈尼族彝族自治州·弥勒县·（西山镇）

【出处】

（a）潘正兴等唱述，云南省民族民间文学红河调查队搜集翻译整理：《阿细的先基》，昆明：云南人民出版社1959年版。

（b）云南省民族民间文学红河调查队搜集整理，古梅改写：《最古的时候》，见姚宝瑄主编《中国各民族神话》（羌族、彝族），太原：山西出版传媒集团·书海出版社2014年版，第139页。

W1388.2.3.6
用骨针作补天的针

实 例

（参见下级母题实例）

W1388.2.3.6.1
女娲用骨针缝缝天缝

实 例

汉族 女娲站在伏羲的肩上，用捡来的五色石子来填天上的漏洞，用骨针缝天上的裂纹。

【流传】河南省·（周口市）·沈丘县·刘庄店乡·耿庄

【出处】耿如林（善讲故事，不识字）讲，耿瑞采录，张振犁采录整理：《玄武、女娲、伏羲和黄帝》（1983.05），见张振犁编著《中原神话通鉴》（第一卷），郑州：河南大学出版社2017年版，第299页。

W1388.2.4
补天时上天的工具

【关联】[W1445]天梯

实 例

（参见下级母题实例）

W1388.2.4.1
攀上青藤补天

实 例

（参见下级母题实例）

W1388.2.4.1.1
女娲攀上青藤补天

实 例

汉族 女娲娘娘补天时，攀着挂在天边的一根非常长的青藤，把天上的洞洞缝缝统统补好。

【流传】上海市·黄浦区

【出处】顾剑峰讲，方卡采录：《女娲补天治水》，见中国民间文学集成全国编辑委员会编《中国民间故事集成》（上海卷），北京：中国ISBN中心2007年版，第14页。

W1388.3
补天石的数量

实 例

（参见下级母题实例）

W1388.3.1
炼49块石头补天

【关联】［W1387.1.5］炼石补天

实 例

满族 海伦格格用如来佛送的一盆神火，炼了49块石头补天。

【流传】（a）辽宁省岫岩县（岫岩满族自治县）·城南蓝旗堡子（不详）

【出处】

（a）李成明讲，张其卓采录：《海伦格格补天》，见中国民间文学集成全国编辑委员会编《民间故事集成》（辽宁卷），北京：中国 ISBN 中心 1994年版，第 3 页。

（b）《海伦格格补天》，见《满族三老故事集·李成明的故事》，沈阳：春风文艺出版社 1984 年版。

（c）《海伦格格补天》，见满都呼主编《中国阿尔泰语系诸民族神话故事》，北京：民族出版社 1997 年版，第 259 页。

满族 海伦格格用如来佛送给她的一盆神火，炼了七七四十九块石头把天补上。

【流传】辽宁省·（鞍山市）·岫岩县（岫岩满族自治县）

【出处】李成明讲，张其卓、董明搜集整理：《海伦格格补天》，原载张其卓、董明整理《满族三老人故事集》，见陶阳、钟秀编《中国神话》（上），北京：商务印书馆 2008 年版，第 394~395 页。

W1388.3.2
365块补天石

实 例

汉族 女娲娘娘炼了三百六十五块神石补天。

【流传】河南省·（驻马店市）·确山县［采录地点：盘龙镇］

【出处】杨永兴（85 岁，私塾，小学教师）讲，杨建军采录：《刮东北风为啥冷》（1987.03），见张振犁编著《中原神话通鉴》（第一卷），郑州：河南大学出版社 2017 年版，第 147 页。

W1388.3.3
补天需要9999块五彩石

实 例

汉族 女娲补天时，先到三山五岳去采了很多红、黄、蓝、青、白五色石头，大大细细总共是九千九百九十九块，守到炼了七天七夜才把石头炼好。

【流传】四川省·巴县（今重庆市·巴南区）

【出处】杜志榜讲，李子硕搜集整理：《巴子石的来历》（1988.05），见姚宝瑄主编《中国各民族神话》（汉族），太原：山西出版传媒集团·书海出版社 2014 年版，第 47~51 页。

W1388.3.4
3万6千5百块补天石

实例

汉族 女娲炼好3万6千5百块五色彩石。

【流传】山西省·(阳泉市)·平定县·古用乡

【出处】岳贵平讲,冯冰峰采录:《女娲补天》,见中国民间文学集成全国编辑委员会编《中国民间故事集成》(山西卷),北京:中国ISBN中心1999年版,第4页。

W1388.3.5
补天石10001块

实例

汉族 女娲补天时,到处选好了很多鲜艳的五色石头,合起来共一万零一块。

【流传】河南省·(郑州市)·登封市

【出处】据《淮南子》和登封传说整理:《红裤子崖》,见张振犁编著《中原神话通鉴》(第一卷),郑州:河南大学出版社2017年版,第141页。

W1388.3.6
补天石10万8千块

实例

汉族 女娲补天时,熬了七日七夜,炼出了十万八千块石头。

【流传】河南省·(濮阳市)·范县

【出处】董天备(56岁,中专)讲,崔金钊采录:《女娲补天(八)》(1989.11.03),见张振犁编著《中原神话通鉴》(第一卷),郑州:河南大学出版社2017年版,第137页。

W1388.3.7
与补天石的数量有关的其他母题

实例

(参见下级母题实例)

W1388.3.7.1
补天石的遗存

实例

汉族 现在,清漳河里仍然铺着河卵石,石呈青蓝红白紫色,是当年补天时余剩下来的碎渣儿。

【流传】河北省·(邯郸市)·涉县

【出处】李光藩、赵德崇讲:《女娲炼石补天的传说》,见张振犁编著《中原神话通鉴》(第一卷),郑州:河南大学出版社2017年版,第152页。

W1388.3.7.1.1
补天遗石

实例

汉族 人们把伏羲女娲补天剩下的那堆五彩石,叫作"补天遗石"。

【流传】河南省·(焦作市)沁阳县

【出处】张正朝、秦太明采录整理:《女

娲补天（二）》，见张振犁编著《中原神话通鉴》（第一卷），郑州：河南大学出版社2017年版，第126页。

W1388.4
补天的地点

实例

（参见下级母题实例）

W1388.4.0
在特定的天门补天

【关联】
① ［W1168.21］天门
② ［W1791.6］天宫有特定的门

实例

（参见下级母题实例）

W1388.4.0.1
在北天门补天

实例

汉族 女娲来到北天门炼起了五色石，用五色石来补天穿。

【流传】浙江省·（丽水市）·庆元县

【出处】赖善卿讲，兰志龙搜集整理：《补天穿》，见姚宝瑄主编《中国各民族神话》（汉族），太原：山西出版传媒集团·书海出版社2014年版，第52~53页。

W1388.4.1
在特定的山上补天

实例

（参见下级母题实例）

W1388.4.1.1
在骊山上补天

【关联】［W1852.6.2］骊山

实例

（参见下级母题实例）

W1388.4.1.1.1
骊山老母补天的地方是骊山

【关联】
① ［W0768.6］骊山老母
② ［W1387.1.6.3］骊山老母和王母娘娘姐妹炼红、黄、蓝、白、黑五色石头补天

实例

汉族 骊山老母补天的地方是骊山。

【流传】宁夏回族自治区·（中卫市）·中宁县·新堡乡·聂弯村

【出处】杨发兴讲，宋福采录：《骊山老母补天，王母娘娘补地》，见中国民间文学集成全国编辑委员会编《中国民间故事集成》（宁夏卷），北京：中国ISBN中心1999年版，第3页。

汉族 骊山老母补天地的地方就在骊山。

【流传】（a）宁夏·（中卫市）·中宁县·新堡乡·聂弯村

【出处】杨发兴讲，宋福采录：《骊山老母补天，王母娘娘补地》（1986），见陶阳、钟秀编《中国神话》（上），北京：商务印书馆2008年版，第404~406页。

W1388.4.1.2
在东平山补天

实例

（参见下级母题实例）

W1388.4.1.2.1
女娲在东平山补天

【关联】［W1386.2］女娲补天

实例

汉族 平度州（今山东省平度县）东平山，即女娲补天处。

【流传】（无考）
【出处】
（a）［清］俞樾：《茶香室三钞》卷一"女娲补天"条引章有谟《景船斋杂录》。
（b）《女娲补天》，见袁珂《中国神话大词典》，北京：华夏出版社2015年版，第37页。

W1388.4.1.3
在浮山上补天

实例

（参见下级母题实例）

W1388.4.1.3.1
女娲在浮山上补天

【关联】［W1386.2］女娲补天

实例

汉族 女娲在浮山上炼五色彩石补天

【流传】山西省·（阳泉市）·平定县·（锁簧镇）·东锁簧村
【出处】朱翠兰讲，冯富国采录：《兄妹神婚与东西磨山》，见中国民间文学集成全国编辑委员会编《中国民间故事集成》（山西卷），北京：中国ISBN中心1999年版，第12页。

W1388.4.1.4
在嵩山顶上补天

实例

（参见下级母题实例）

W1388.4.1.4.1
女娲娘娘在嵩山顶上补天

实例

汉族 女娲娘娘补天时，看到地上又要发洪水，很着急，炼五色神石来不及了，她就顺手从嵩山顶上抱了一块大冰块，捂在了东北角的大窟窿上。

【流传】河南省·（驻马店市）·确山县［采录地点：盘龙镇］
【出处】杨永兴（85岁，私塾，小学教师）讲，杨建军采录：《刮东北风为啥冷》（1987.03），见张振犁编著《中原神话通鉴》（第一卷），郑州：河南大学出版社2017年版，第147~148页。

W1388.4.1.5
女娲在清凉山太子沟补天

实例

汉族 女娲在登封县清凉山太子沟

补天。

【流传】河南省·（周口市·淮阳县），（郑州市）·登封市［采录地点：淮阳太昊陵邹氏家］

【出处】邹氏（50岁，斋公）讲，杨利慧采录：《太子沟女娲石像》（1993.04.22），见张振犁编著《中原神话通鉴》（第一卷），郑州：河南大学出版社2017年版，第140页。

W1388.4.1.6
女娲在中皇山补天

实例

汉族 女娲在中皇山炼石补天，有四个原因：一是因为那里有山有水，水里又有青蓝红白紫五色卵石，取材方便，施工方便；二是那里断崖齐峰，不受阻隔挂绊，飞天容易；三是正居九州之中，便于普救苍生；四是距天上塌的地方最近。

【流传】河北省·（邯郸市）·涉县

【出处】李光藩、赵德崇讲：《女娲炼石补天的传说》，见张振犁编著《中原神话通鉴》（第一卷），郑州：河南大学出版社2017年版，第151~152页。

W1388.4.1.7
伏羲女娲在不周山补天

实例

汉族 伏羲女娲补天时，女娲天天织布，织出一块红、青、蓝、橙、紫、黄、绿，五光十色的布。他兄妹俩站在一座叫"不周山"的山顶上，用这块布来补塌天。

【流传】河南省·（周口市）·淮阳县·刘振屯（刘振屯乡）

【出处】梁加秀（73岁，不识字）讲，张华采录：《女娲补天（三）》（1986.03），见张振犁编著《中原神话通鉴》（第一卷），郑州：河南大学出版社2017年版，第129页。

W1388.4.1a
在特定的沟中补天

实例

（参见下级母题实例）

W1388.4.1a.1
在天塌的凹陷处补天

实例

（参见下级母题实例）

W1388.4.1a.1.1
女娲在唐王岐沟补天

实例

汉族 两只大鸟打架把天给碰了个大窟窿。女娲就跑到塌天的地方，也就是现在的唐王岐沟去补天。

【流传】河北省·（邯郸市）·涉县

【出处】李光藩、赵德崇讲：《女娲炼石补天的传说》，见张振犁编著《中原神话通鉴》（第一卷），郑州：河南大学出版社2017年版，第151页。

W1388.4.2
站在人造物上补天

实例

（参见下级母题实例）

W1388.4.2.1
站在火盆中补天

实例

满族　海伦格格站到火盆里，把神石举起来，把天补上。

【流传】辽宁省·（鞍山市）·岫岩（岫岩满族自治县）

【出处】李成明讲，张其卓、董明整理：《海伦格格补天》（原标题《满族三个老人故事集》，原载《中国神话》），见姚宝瑄主编《中国各民族神话》（满族、赫哲族、朝鲜族），太原：山西出版传媒集团·书海出版社2014年版，第17～19页。

W1388.4.2.2
站在船上补天

实例

（参见下级母题实例）

W1388.4.2.2.1
女娲站在船上补天

【关联】[W1386.2] 女娲补天

实例

汉族　那蓝汪汪的天是女娲补起来的。补天时，水多陆地少，一挪步就在水中，无法站脚补天，女娲就让渔民摇着船与她补天。

【流传】辽宁省·大连市沿海渔民中

【出处】刘则亭讲，邵秀荣搜集整理：《女娲补天》，见姚宝瑄主编《中国各民族神话》（汉族），太原：山西出版传媒集团·书海出版社2014年版，第55～57页。

W1388.4.2.3
站在天梯上补天

实例

汉族　（实例待考）

W1388.4.3
站在动物背上补天

实例

（参见下级母题实例）

W1388.4.3.1
站在山顶石狮背上补天

【关联】
① [W1285.6.1] 石狮分天地
② [W3292.3.3] 石狮

实例

（参见下级母题实例）

W1388.4.3.1.1
盘古兄妹站在山顶石狮背上补天

实例

汉族　盘古与三妹补天时，立在石狮

山的石狮背，一持针，一扯线，冒雨顶风而补天。

【流传】（河南省）

【出处】《盘古山》，原载河南师范大学中文系编《河南民间故事》，见袁珂《中国神话大词典》，北京：华夏出版社2015年版，第390页。

W1388.4.4
补特定方位的天

实例

（参见下级母题实例）

W1388.4.4.1
补西天

实例

（参见下级母题实例）

W1388.4.4.1.1
女娲补西天

【关联】［W1386.2］女娲补天

实例

汉族　西方的顶天柱被共工撞塌后，西天就跟着塌了。女娲看到老百姓都没法过日子了，就遍山找五色石熔炼，补起西方的天来了。

【流传】河南省·（开封市）·杞县

【出处】王怀聚讲，王宪明搜集整理：《杞人忧天》，见姚宝瑄主编《中国各民族神话》（汉族），太原：山西出版传媒集团·书海出版社2014年版，第75~77页。

W1388.4.5
补天的开端

【关联】［W1166］天边（天的边际）

实例

（参见下级母题实例）

W1388.4.5.1
从南方开始补天

实例

汉族　天兵天将动手修天时，是用石头从南面开始修补的。

【流传】辽宁省·沈阳（沈阳市）一带

【出处】马素梅讲，徐海燕搜集整理：《北方的天气为什么比南方冷》（1986.04），见姚宝瑄主编《中国各民族神话》（汉族），太原：山西出版传媒集团·书海出版社2014年版，第66页。

W1388.4.5.2
从东南向西北补天

实例

（参见下级母题实例）

W1388.4.5.2.1
女娲从东南向西北补天

【关联】［W1386.2］女娲补天

实例

汉族　女娲在人间采了五色石，把石头炼成汁子后，从东南向西北，在很高很高的太空上补起天来。

【流传】河南省·（济源市）王屋山一带

【出处】王生伟讲，河南大学中原神话调查组搜集整理：《天的西北角来的雨》，见姚宝瑄主编《中国各民族神话》（汉族），太原：山西出版传媒集团·书海出版社 2014 年版，第 67～68 页。

W1388.4.6
与补天地点有关的奇特母题

实 例

（参见下级母题实例）

W1388.4.6.0
在距天塌最近的地方补天

实 例

汉族　女娲在中皇山炼石补天的原因之一就是这里距天上塌的地方最近。

【流传】河北省·（邯郸市）·涉县

【出处】李光潘、赵德崇讲：《女娲炼石补天的传说》，见张振犁编著《中原神话通鉴》（第一卷），郑州：河南大学出版社 2017 年版，第 151～152 页。

W1388.4.6.1
女娲站在伏羲肩上补天

【关联】［W1386.2］女娲补天

实 例

汉族　女娲站在伏羲肩上，用骨针缝天上的裂缝。

【流传】河南省·（周口市）·沈丘县·刘庄店乡（刘庄店镇）·吴堂村

【出处】耿如林讲，耿瑞采录：《避难创世》，见中国民间文学集成全国编辑委员会编《中国民间故事集成》（河南卷），北京：中国 ISBN 中心 2001 年版，第 9 页。

W1388.4.6.2
站在飞天阶上补天

实 例

（参见下级母题实例）

W1388.4.6.2.1
女娲站在 3 级飞天阶上补天

【关联】［W1386.2］女娲补天

实 例

汉族　娲皇宫左面有三级飞天阶，是女娲奶奶补天时升天降地的地方。

【流传】河北省·（邯郸市）·涉县（凤凰山）娲皇宫（娲皇宫旅游区）

【出处】赵德崇讲，李亮采录：《炼石补天》，见中国民间文学集成全国编辑委员会编《中国民间故事集成》（河北卷），北京：中国 ISBN 中心 2003 年版，第 15 页。

W1388.4.6.3
补天台

实 例

汉族　在神农坛的东南方，有一架陡

峭壁立的平顶山，名叫补天台，补天台下，有一堆五彩斑斓的石头。据说是女娲补天遗留下来的。

【流传】河南省·（焦作市）沁阳县

【出处】张正朝、秦太明采录整理：《女娲补天（二）》，见张振犁编著《中原神话通鉴》（第一卷），郑州：河南大学出版社2017年版，第126页。

<u>汉族</u> 女娲踏遍了山山水水，想方设法补天，后来走到一条大河边。这条河水面宽，水又浅，浅滩里石子五颜六色，河水黏糊糊的。女娲叫伏羲喊来了子孙，筑了补天台。

【流传】河南省·（周口市）·淮阳县·（王店乡·棠棣村）

【出处】李国争（63岁，农民）讲，杨复俊采录：《女娲娘娘》（1985.01.06），见张振犁编著《中原神话通鉴》（第一卷），郑州：河南大学出版社2017年版，第145~146页。

W1388.4.6.4
补天地点的遗存

实例

<u>汉族</u> 娲皇宫的右边有个熔五台，悬崖上又有大片的烟熏火燎的岩石。熔五台就是炼五色石的地方。左面有三级飞天降，是蜗皇奶奶补天时升空降地，来回走动的地方。

【流传】河北省·（邯郸市）·涉县

【出处】李光藩、赵德崇讲：《女娲炼石补天的传说》，见张振犁编著《中原神话通鉴》（第一卷），郑州：河南大学出版社2017年版，第152页。

W1388.5
补天的结果

实例

（参见下级母题实例）

W1388.5.1
用泥巴补天不成功

实例

（参见下级母题实例）

W1388.5.1.1
女娲用泥巴补天不成功

【关联】［W1386.2］女娲补天

实例

<u>藏族</u> 女娲用泥巴去补天，可是天河仍旧漏水。

【流传】

（a）云南省·（迪庆藏族自治州）·中甸县（香格里拉县）

（b）云南省·迪庆州（迪庆藏族自治州）·（香格里拉县·尼西乡）·汤美村（汤满村）

【出处】

（a）马祥龙采录，谷子等整理：《女娲娘娘》，见中国民间文学集成全国编辑委员会编《中国民间故事集成》（云南卷），北京：中国ISBN中心2003年版，第67页。

（b）马祥龙记录：《女娲娘娘补天》，

见谷德明编《中国少数民族神话》，北京：中国民间文艺出版社1987年版，第699页。

W1388.5.2
炼石补天不成功

【关联】［W1387.1.5］炼石补天

实 例

土家族 女娲起初炼石来补天，补了又漏，漏了又补，总是补不好。

【流传】湖南省·（湘西土家族苗族自治州）·吉首市

【出处】黄德裕讲，杨启良等采录：《盘古开天、女娲补天》，见中国民间文学集成全国编辑委员会编《中国民间故事集成》（湖南卷），北京：中国ISBN中心2002年版，第5页。

W1388.5.3
补好西北天

实 例

（参见下级母题实例）

W1388.5.3.1
女娲补好西北天

【关联】［W1386.2］女娲补天

实 例

汉族 女娲娘娘炼成五色冰补西北天

【流传】江苏省·（南通市）·海安县·建设乡

【出处】陈锦彪讲，钱瑞斌采录：《女娲娘娘炼冰补天》，见中国民间文学集成全国编辑委员会编《中国民间故事集成》（江苏卷），北京：中国ISBN中心1998年版，第4页。

W1388.5.4
补好东南天

实 例

汉族 女娲娘娘用头上的兜头布补东南天。

【流传】江苏省·（南通市）·海安县·建设乡

【出处】陈锦彪讲，钱瑞斌采录：《女娲娘娘炼冰补天》，见中国民间文学集成全国编辑委员会编《中国民间故事集成》（江苏卷），北京：中国ISBN中心1998年版，第4页。

W1388.5.5
补天不完美

实 例

汉族 冰块补的天西北角，与自然生成的天，很不合体。人们也都不愿看到天的面目。

【流传】河南省·（南阳市）·镇平县

【出处】贺天祥讲，贺海成、姜典凯搜集整理：《天为什么是蓝的》，见姚宝瑄主编《中国各民族神话》（汉族），太原：山西出版传媒集团·书海出版社2014年版，第66~67页。

汉族 盘古兄妹补天时，从这边补到那边，尽管天破得窟窿巴叉的，总算补好了。

【流传】河南省·（南阳市）·桐柏县·固县镇·黄畈村

【出处】黄发美（农民）讲，马卉欣采录整理：《金线补天》，见张振犁编著《中原神话通鉴》（第一卷），郑州：河南大学出版社 2017 年版，第 54 页。

W1388.5.5.1
天剩下一点没补好

实例

哈尼族 艾浦艾乐兄妹俩用泥土并补天时，带的泥土太少了，使完了，天洞还没补起一小角。

【流传】云南省·（红河哈尼族彝族自治州）

【出处】朱小和讲，史军超搜集整理：《补天的兄妹俩》，原载《哈尼族神话传说集成》，见陶阳、钟秀编《中国神话》（上），北京：商务印书馆 2008 年版，第 396~397 页。

W1388.5.5.2
补天后怪石满天

实例

汉族 女娲用石饼补天费了很大劲，才算把窟窿补好。她回到地上重看看天，满天龇牙咧嘴的石头块子，眼看着要掉下来，实在怕人。

【流传】河北省·（邯郸市）·涉县

【出处】李光藩、赵德崇讲：《女娲炼石补天的传说》，见张振犁编著《中原神话通鉴》（第一卷），郑州：河南大学出版社 2017 年版，第 151 页。

W1388.5.6
修天半途而废

实例

侗族 修天的神姜夫，只修成了一半的天。结果，天上仍然没有日月，天空还是一片昏昏沉沉。

【流传】广西壮族自治区·（柳州市）·三江（三江侗族自治县），（桂林市）·龙胜（龙胜各族自治县）

【出处】杨卜林喜、杨卜松林、杨明世讲，杨国仁、涛声搜集整理，蕾紫改写：《创世女神萨天巴》，原文为过伟改写自侗族创世史诗《嘎茫莽道时嘉——远祖歌》（未出版稿），见姚宝瑄主编《中国各民族神话》（土家族、毛南族、侗族、瑶族），太原：山西出版传媒集团·书海出版社 2014 年版，第 84 页。

W1388.5.7
与补天结果有关的其他母题

实例

（参见下级母题实例）

W1388.5.7.1
补天之后地上还是一片汪洋

实例

汉族 远古时候天塌地陷，女娲娘娘

补好了天，可地上还是一片汪洋。

【流传】河南省·（驻马店市）·确山县·盘龙镇

【出处】杨永兴讲，杨建军采录：《鳌鱼眨眼地翻身》（1987.03），见张振犁编著《中原神话通鉴》（第一卷），郑州：河南大学出版社2017年版，第148页。

W1388.6
天会自己长严补好

实例

汉族 老君来到世上，看到天并没有长严，天的西北角还有一个大窟窿。

【流传】河南省·（南阳市）·镇平县

【出处】贺天祥讲，贺海成、姜典凯搜集整理：《天为什么是蓝的》，见姚宝瑄主编《中国各民族神话》（汉族），太原：山西出版传媒集团·书海出版社2014年版，第66~67页。

※ W1390
地的修补（补地）

实例

（参见下级母题实例）

W1391
修补地的原因

实例

（参见下级母题实例）

W1391.1
因天小地大修整大地

【关联】

① ［W1361］天小地大

② ［W1361.2.2］因造天者懒惰把天造小

③ ［W1361.2.3］因造地者勤奋把地造大

实例

侗族 （参见 W1383.5a.1 母题实例）

W1391.2
地的缺陷的形成

实例

（参见下级母题实例）

W1391.2.1
造地时形成地的缺陷

实例

哈尼族 天神造出的地摇摇晃晃。

【流传】

（a）云南省·（红河哈尼族彝族自治州）·元阳县

（b）云南省·（红河哈尼族彝族自治州）·元阳（元阳县）、红河（红河县）、绿春（绿春县）、金平（金平苗族瑶族傣族自治县）等

【出处】

（a）朱小和讲，史军超采录：《查牛补

天地》，见中国民间文学集成全国编辑委员会编《中国民间故事集成》（云南卷），北京：中国 ISBN 中心 2003 年版，第 29 页。

（b）同（a），见云南省民间文学集成办公室编《哈尼族神话传说集成》，北京：中国民间文艺出版社 1990 年版。

哈萨克族 上帝把地造得有欠缺，又用礼拜天来修补。

【流传】（无考）

【出处】比达尔克买提·木海讲，胡扎依尔·萨杜瓦哈斯搜集，安蕾、毕桉译：《神牛支撑大地》，见满都呼主编《中国阿尔泰语系诸民族神话故事》，北京：民族出版社 1997 年版，第 57 页。

W1391.2.2
地缝（地裂）

【关联】［W1367］天上出现裂缝（天缝、天裂）

实 例

汉族 往古之时，四极废，九州裂。

【流传】（无考）

【出处】［汉］刘安及门客：《淮南子·览冥训》。

W1391.2.2.0
自然产生地缝

实 例

汉族 以前，地裂了一道大缝。

【流传】青海省·（海东市）·平安县（平安区）·石灰窑乡

【出处】魏永发讲，魏占乾采录：《女娲炼石补天》，见中国民间文学集成全国编辑委员会编《中国民间故事集成》（青海卷），北京：中国 ISBN 中心 2007 年版，第 5 页。

W1391.2.2.0.1
天长日久地上裂了缝

实 例

苗族 四个大神造好天地。过了好多年，天上通了洞；过了好多代，地下裂了缝。

【流传】云南省·文山（文山壮族苗族自治州）一带

【出处】邓光北、闪永仙说唱，项保昌、刘德荣搜集：《开天补天，辟地补地》，见姚宝瑄主编《中国各民族神话》（布依族、仡佬族、苗族），太原：山西出版传媒集团·书海出版社 2014 年版，第 126 页。

W1391.2.2.1
洪水造成地缝

【关联】［W8540］洪水的结果

实 例

（参见下级母题实例）

W1391.2.2.1.1
洪水后晒出地缝

实 例

哈尼族 原来的地被洪水冲成了平平的

一大块，太阳一晒又会裂大缝。

【流传】云南省

【出处】王文清讲，毛佑全等搜集整理：《俄八美八》，见谷德明编《中国少数民族神话》，北京：中国民间文艺出版社1987年版，第332页。

W1391.2.2.2
特定人物造成地缝

实例

哈尼族 三兄弟造地，留下三个脚掌的空隙。

【流传】（无考）

【出处】刘辉豪、白章福搜集整理：《奥色密色》，载《山茶》1980年第2期。

W1391.2.2.2.1
神打呵欠造成地缝

实例

德昂族 洪水时，万能的神帕达然打了个呵欠，一股气冲下天庭，把大地震出若干条裂缝，水就顺着裂缝淌。

【流传】云南省·德宏州（德宏傣族景颇族自治州）

【出处】
(a) 陈志鹏搜集整理：《祖先创世纪》，见李子贤编《云南少数民族神话选》，昆明：云南人民出版社1990年版。

(b) 同(a)，见姚宝瑄主编《中国各民族神话》（佤族、阿昌族、纳西族、普米族、德昂族），太原：山西出版传媒集团·书海出版社2014年版，第395页。

W1391.2.2.3
地软造成地裂

实例

汉族 盘古开天的时候，天地软绵绵的，动不动就陷进一个坑，裂开一道口子。

【流传】浙江省·（丽水市）·庆元县

【出处】赖善卿讲，兰志龙搜集整理：《补天穿》，见姚宝瑄主编《中国各民族神话》（汉族），太原：山西出版传媒集团·书海出版社2014年版，第52~53页。

W1391.2.2.4
打雷形成地缝

【关联】[W4375] 雷的产生

实例

彝族 天神格兹苦的儿女造出天地后，天神复以打雷试天，天起了裂缝。

【流传】（无考）

【出处】《天神格兹苦》（原名《云南彝族史诗·梅葛》），原载毛星主编《中国少数民族文学》（下册），见袁珂《中国神话大词典》，北京：华夏出版社2015年版，第430页。

W1391.2.2.5
地震形成地缝

【关联】［W8550］地震

实例

彝族 天神格兹苦的儿女造出天地后，天神复以地震试地，地起了裂缝。

【流传】（无考）

【出处】《天神格兹苦》（原名《云南彝族史诗·梅葛》），原载毛星主编《中国少数民族文学》（下册），见袁珂《中国神话大词典》，北京：华夏出版社2015年版，第430页。

W1391.2.2.6
太阳晒出地缝

实例

哈尼族 洪水后，平平的大地被太阳晒得裂开大缝。

【流传】（云南省）

【出处】王文清讲，毛佐全、傅光宇搜集整理：《俄八美八》，原载《玉溪文化》，见姚宝瑄主编《中国各民族神话》（哈尼族、傣族），太原：山西出版传媒集团·书海出版社2014年版，第88页。

W1391.2.2.7
地被烤裂

实例

汉族 盘古之前，天上有十二个太阳，大地被烤得裂了口。

【流传】江苏省·（连云港市）·东海县

【出处】丁维英讲，陈绍武、王运生记录：《二郎担山赶太阳》（1987.05），见姚宝瑄主编《中国各民族神话》（汉族），太原：山西出版传媒集团·书海出版社2014年版，第113页。

W1391.2.2.8
死亡的种子造成地缝

实例

彝族 天王撒死种籽时，把死种撒地上，大地不会躲开，因此地会裂成缝。

【流传】云南省·楚雄彝族自治州·姚安县、大姚县等彝族地区

【出处】《丧葬·死亡》，见云南省民族民间文学楚雄调查队整理编写《梅葛》，昆明：云南人民出版社2009年版，第217页。

W1391.2.3
地的东北有缺陷的原因

实例

（参见下级母题实例）

W1391.2.3.1
因盘生变地从西南方变起造成东北有缺陷

实例

白族 （参见W1369.4.1母题实例）

W1391.3
地的倾斜

实例

（参见下级母题实例）

W1391.3.1
动物造成地的倾斜

实例

<u>普米族</u> 汪洋大海边深山老林里的一只马鹿逞强，马鹿的吼声使地倾斜。

【流传】云南省·（怒江傈僳族自治州）·兰坪县（兰坪白族普米族自治县），（丽江市）·宁蒗县（宁蒗彝族自治县）

【出处】王震亚采录：《简锦祖杀马鹿》，见中国民间文学集成全国编辑委员会编《中国民间故事集成》（云南卷），北京：中国ISBN中心2003年版，第386页。

W1391.3.2
神的争斗造成地的倾斜

实例

（参见下级母题实例）

W1391.3.2.1
颛顼与共工争斗时造成地倾东南

实例

<u>汉族</u> 昔共工之力触不周之山，使地东南倾。

【流传】（无考）

【出处】[汉]刘安及门客：《淮南子·原道训》。

W1391.4
地上出现窟窿

【关联】[W1244.4]地洞

实例

（参见下级母题实例）

W1391.4.1
鳌鱼把地撞漏

实例

<u>土家族</u> 地上有个大鳌鱼，鳌鱼的背顶住天，鳌鱼打了个大翻身，把地撞漏了。

【流传】湖南省·（湘西土家族苗族自治州）·龙山县·（湾塘乡）·坡脚（坡脚村）

【出处】向廷龙讲，彭勃翻译整理：《造天造地》，见谷德明编《中国少数民族神话》，北京：中国民间文艺出版社1987年版，第165页。

W1391.4.2
地被射漏

实例

<u>土家族</u> 铜汉二哥到地下，飕飕飕地对地射三箭，把地射漏了。

【流传】（无考）

【出处】彭继宽搜集，彭勃整理：《开天

辟地》，见陶立璠、赵桂芳等编《中国少数民族神话汇编》（开天辟地篇等），中央民族学院少数民族古籍整理出版规划领导小组办公室印（未署出版时间），第325页。

W1391.4.3
大神在地上留下窟窿用来刮风

【关联】
① ［W1263.3］地上的窟窿用来刮风
② ［W4265］风的产生

实　例

哈尼族　造地的八个大神偏要留下脚巴掌大的窟窿用来刮风。

【流传】云南省
【出处】
（a）熊兴祥搜集整理：《风姑娘》，载《山茶》1983年第4期。
（b）同（a），见谷德明编《中国少数民族神话》，北京：中国民间文艺出版社1987年版，第337页。

W1391.5
与修补地的原因有关的其他母题

实　例

（参见下级母题实例）

W1391.5.1
为造万物修整大地

实　例

彝族　大洪水过后，横眼竖眼人全都被淹死。恒哲和佳鲁（均为天神名）一起来商量，先把大地造，先把大地整。大地造整好，然后造草木，再来造禽兽，最后造人类。

【流传】（贵州省彝族地区）
【出处】《索恒哲》，见王富慧（珠尼阿依）译著，贵州省民族古籍整理办公室编《彝族神话史诗选》，北京：民族出版社2013年版，第75~76页。

W1392
地的修补者

实　例

（参见下级母题实例）

W1392.1
神或神性人物修补地

实　例

蒙古族　（实例待考）

W1392.1.0
天神补地

实　例

（参见下级母题实例）

W1392.1.0.1
天神的女儿补地

【关联】［W0202.2.2］天神的女儿

实　例

彝族　格兹天神的儿女造出天地后，用地震试地时，地通了洞。于是让4

个女儿去补地。

【流传】（云南省·楚雄彝族自治州·姚安县·官屯乡·马游村，大姚县·昙华乡等）

【出处】

（a）郭天元（马游村）、李申呼颇（昙华乡）、李福玉颇（苴）演唱，郭思九、许明学、龚维顺、张宝省、陈志群、胡炳文等搜集，刘德虎、龚维顺、陈志群、李树荣、郭天元等整理：《梅葛》（第一部"创世"），见云南省民族民间文学楚雄调查队《梅葛》（1959），昆明：云南人民出版社2009年版。

（b）《打虎开天辟地》，蔷紫据云南省民族民间文学楚雄调查队著《梅葛》（云南人民出版社2009年版）改写，见姚宝瑄主编《中国各民族神话》（羌族、彝族），太原：山西出版传媒集团·书海出版社2014年版，第192页。

W1392.1.1
造地者补地

实例

景颇族 洪水后，恩官瓦（创造大地的人）重修山河，恢复大地原状。

【流传】云南省·（德宏傣族景颇族自治州）·陇川县

【出处】岳品荣讲，陈景东等采录：《南宛河和罗卜坝河》，见中国民间文学集成全国编辑委员会编《中国民间故事集成》（云南卷），北京：中国IS-BN中心2003年版，第393页。

W1392.1.1.1
造地的神修补地

实例

（参见下级母题实例）

W1392.1.1.2
造地的天女补地

【关联】

① ［W0215］天女

② ［W1175.5.1］天女造地

实例

彝族 格滋天神的四个姑娘造的地被地震震出洞，天神就让她们去补地。

【流传】云南省·楚雄彝族自治州·姚安县、大姚县等彝族地区

【出处】《创世·开天辟地》，见云南省民族民间文学楚雄调查队整理编写《梅葛》，昆明：云南人民出版社2009年版，第8页。

W1392.1.2
地神修补地

实例

汉族 （实例待考）

W1392.1.2.1
地生的儿子改造大地

实例

珞巴族 大地生下石迪麦洛，他自个儿

又重整河山，改造世界。

【流传】

（a）西藏自治区·下珞渝（泛指永木河、锡约尔河、巴恰西仁河流域）

（b）西藏自治区·下珞渝（又写作"下珞瑜"）·博日部落嘎升村

【出处】

（a）维·埃尔温搜集：《波宁和达宁》，见中华民族故事大系编委会编《中华民族故事大系》第16卷（赫哲族、门巴族、珞巴族、基诺族），上海：上海文艺出版社1995年版，第393页。

（b）同（a），见李坚尚、刘芳贤编《珞巴族门巴族民间故事选》，上海：上海文艺出版社1993年版，第7页。

W1392.1.2a
地理神修补地

实例

汉族 上天派地神理地。

【流传】浙江省·（杭州市）·临安县（临安市）·高桥镇（玲珑街道）·祥里村

【出处】陈光林讲，张涛采录：《山与海是怎样来的》，见中国民间文学集成全国编辑委员会编《中国民间故事集成》（浙江卷），北京：中国ISBN中心1997年版，第21页。

W1392.1.3
云神修补地

【关联】[W0368] 云神

实例

彝族 （参见W1393.1.5母题实例）

W1392.1.4
众神修补地

实例

（参见下级母题实例）

W1392.1.4.1
地神和女儿修地

实例

哈尼族 地神和他的姑娘修好破地。

【流传】云南省·（玉溪市）·元江县（元江哈尼族彝族傣族自治县）·羊街乡、那诺乡及因远镇清水河流城一带

【出处】《修天补地歌》，见元江县哈尼文化学会、元江县史志编纂办公室编《元江哈尼族古歌集》，内部编印，2005年，第20页。

W1392.1.4.2
9个大神修补地

实例

瑶族 密洛陀让9个大神整治大地。

【流传】（无考）

【出处】刘江华：《中国神话故事》（天、地、人物卷），中国世界语1999，第37~43页。

W1392.1.4.3
9个男神修补地

实例

彝族 人神司惹低尼开了天地之后,发现地还是乱七八糟,就让儿子司惹约祖去整地。司惹约祖把铁匠神造的九把铜铁斧交给了九个男神,领着九个男神到大地上去整地。

【流传】(四川省·凉山彝族自治州)

【出处】

(a)冯元蔚译:《勒俄特依》,成都:四川民族出版社1986年版。

(b)冯元蔚译,蔷紫改写:《勒俄特依》,见姚宝瑄主编《中国各民族神话》(羌族、彝族),太原:山西出版传媒集团·书海出版社2014年版,第151页。

W1392.1.5
巨人修补地

实例

(参见下级母题实例)

W1392.1.5.1
巨人把地扶正

实例

普米族 巨人简锦祖把倾斜的地扶正。

【流传】云南省·(怒江傈僳族自治州)·兰坪县(兰坪白族普米族自治县),(丽江市)·宁蒗县(宁蒗彝族自治县)

【出处】王震亚采录:《简锦祖杀马鹿》,见中国民间文学集成全国编辑委员会编《中国民间故事集成》(云南卷),北京:中国ISBN中心2003年版,第386页。

W1392.1.6
神仙修补地

实例

(参见下级母题实例)

W1392.1.6.1
仙子修整地面

实例

彝族 分开天地并稳固天地之后,司子低尼仙子又叫来了九个年轻的仙子,给她们每人一把铜铁斧,叫她们随着约祖仙子一道下到大地上平整大地的地面。

【流传】(无考)

【出处】《天神造天地》,见姚宝瑄主编《中国各民族神话》(羌族、彝族),太原:山西出版传媒集团·书海出版社2014年版,第89页。

W1392.1.6.2
天仙修整地

实例

壮族 天仙怕地倾斜,用铜去焊接大地。

【流传】（无考）

【出处】张声震主编：《布洛陀经诗》，见张声震总主编，农冠品编注《壮族神话集成》，南宁：广西民族出版社2007年版，第85页。

W1392.1.7
祖先修补地

实例

苗族 榜香狃要把地上耙平好走路，就驾着修狃（犀牛的祖先）犁耙天下。

【流传】贵州省·（黔东南苗族侗族自治州）·丹寨县·排调（排调镇）

【出处】王启荣讲，潘明修采录：《榜香狃》，见中国民间文学集成全国编辑委员会编《中国民间故事集成》（贵州卷），北京：中国ISBN中心2003年版，第79页。

W1392.1.8
壮汉马王修补地

【关联】［W1379.6］姜夫马王修补天地

实例

侗族 胸宽八尺的壮汉马王承担了修地的重担，成为治地的先锋神王。

【流传】广西壮族自治区·（柳州市）·三江（三江侗族自治县），（桂林市）·龙胜（龙胜各族自治县）

【出处】杨卜林喜、杨卜松林、杨明世讲，杨国仁、涛声搜集整理，蔷紫改写：《创世女神萨天巴》，原文为过伟改写自侗族创世史诗《嘎茫莽道时嘉——远祖歌》（未出版稿），见姚宝瑄主编《中国各民族神话》（土家族、毛南族、侗族、瑶族），太原：山西出版传媒集团·书海出版社2014年版，第76页。

W1392.2
特定的神或神性人物修补地

实例

（参见下级母题实例）

W1392.2.1
盘古修补地

【关联】［W1175.14］盘古造地

实例

（参见下级母题实例）

W1392.2.1.1
盘古择土补地

实例

苗族 盘古（苗族开天立地之神人，和汉族传说同，不是槃瓠）择土补地。

【流传】（无考）

【出处】龙王六诵，龙炳文翻译：《开天立地》，见陶立璠、赵桂芳等编《中国少数民族神话汇编》（开天辟地篇等），中央民族学院少数民族古籍整理出版规划领导小组办公室印（未署出版时间），第42页。

1.2.5 天地的修整

苗族 亿射、亿箭二人射日月时，他们射落了天角和天板，这样盘古择土补地。

【流传】湖南省苗族地区

【出处】龙王六演唱，龙炳文翻译：《开天立地》，苗地根据《楚风》刊登的《苗族古歌》的第一部分《开天日立》改写，见姚宝瑄主编《中国各民族神话》（布依族、亿佬族、苗族），太原：山西出版传媒集团·书海出版社2014年版，第129页。

W1392.2.2
王母娘娘修补地

【关联】[W0755] 西王母

实 例

汉族 开天辟地后，王母娘娘补地。

【流传】宁夏回族自治区·（中卫市）·中宁县·新堡乡·聂弯村

【出处】杨发兴讲，宋福采录：《骊山老母补天王母娘娘补地》，见中国民间文学集成全国编辑委员会编《中国民间故事集成》（宁夏卷），北京：中国ISBN中心1999年版，第3页。

W1392.2.3
天母的女儿修地

实 例

苗族 天母的女儿偶佛心灵手巧，拿山石油接好地纬。

【流传】贵州省·（毕节市）·大方县·瓢井（瓢井镇）、兴隆（兴隆乡）、八堡（八堡乡）一带的六寨苗族[六寨苗族指阿龚寨（今菱角塘、大寨、青杠林、樱桃）、青山寨（今青山、板板桥、石板、大沟）仄垮寨（今下寨、新房子），中寨（今中寨、五龙寨、三口塘）、铧匠寨（上寨、新寨）和新开田寨)]

【出处】项文礼讲，项兴荣搜集记录：《偶佛补天》，见苗青主编《西部民间文学作品选》，贵阳：贵州民族出版社2003年版，第52页。

W1392.2.4
其他特定的神或神性人物修补地

实 例

高山族 （实例待考）

苗族 （实例待考）

壮族 （实例待考）

W1392.2.4.1
混地老祖修地

实 例

汉族 洪水后，混地老祖修地。

【流传】河南省·商丘（商丘市）

【出处】

（a）《两兄妹》，见陶阳、钟秀《中国创世神话》，上海：上海人民出版社1993年版，第47页。

（b）《两兄妹》，见中国民间文艺家协会河南分会编《中原神话专题资料》，内部资料，1987年，第127~130页。

W1392.2.4.2
李古老补地

【关联】［W1386.8.5.11］张古老补天

实 例

土家族　玉帝让李古老补地。

【流传】湖南省、湖北省、贵州省等地
【出处】田建柏讲，彭勃等搜集整理：《补天补地》，见中华民族故事大系编委会编《中华民族故事大系》第5卷（瑶族、白族、土家族），上海：上海文艺出版社1995年版，第657~658页。

W1392.2.4.3
李郎整地

实 例

汉族　李郎整治大地。

【流传】四川省·（宜宾市）·筠连县·高坪苗族乡·英雄村
【出处】刘公品讲，四川大学中文系85级采风队采录：《张郎治天、李郎治地》，见中国民间文学集成全国编辑委员会编《中国民间故事集成》（四川卷·下），北京：中国ISBN中心1998年版，第24页。

W1392.3
动物补地

实 例

（参见下级母题实例）

W1392.3.1
蚯蚓缝地

【关联】
① ［W1996.2.7.3］世界最早产生的是蚯蚓
② ［W3595］蚯蚓

实 例

景颇族　泥土里的蚯蚓按照宁贯娃的安排，日夜不停地穿行缝补，地不再裂开了。

【流传】云南省·（德宏傣族景颇族自治州）·陇川县
【出处】施戛崩等讲，何峨采录：《宁贯娃改天整地》，见中国民间文学集成全国编辑委员会编《中国民间故事集成》（云南卷），北京：中国ISBN中心2003年版，第61页。

W1392.3.2
拱屎虫修整地

实 例

壮族　姆六甲（女祖先名）命拱屎虫去修整地。

【流传】（无考）
【出处】《故事琼林》，见张声震总主编，农冠品编注《壮族神话集成》，南宁：广西民族出版社2007年版，第99页。

W1392.3.3
蛇补地

【关联】[W1023.5.1] 蛇是创世者

实 例

彝族（俚颇）　天神盘颇见地上爬来一对蛇，就叫蛇来补地。后来八条小蛇长大了，小蛇地上爬去补地。

【流传】云南省·（楚雄彝族自治州）·大姚县·昙华山区（昙华乡）

【出处】
(a) 陆颇梭颇（毕摩）演唱，夏光辅、诺海阿苏翻译：《俚泼古歌》，见云南省社会科学院楚雄彝族文化研究所编《彝族民间文学》第2辑，1985年。
(b) 陆颇梭颇（毕摩）演唱，夏光辅、诺海阿苏翻译，古梅改写：《赤梅葛——俚泼古歌》，见姚宝瑄主编《中国各民族神话》（羌族、彝族），太原：山西出版传媒集团·书海出版社2014年版，第106~108页。

W1392.3.4
野猪大象拱地

实 例

彝族　格兹天神的儿女造出的天地天小地大。让麻蛇缩地之后，地边还箍得不齐，阿夫（神名）放出三对野猪去拱地，再放出三对大象来拱地。

【流传】（云南省·楚雄彝族自治州·姚安县·官屯乡·马游村，大姚县·昙华乡等）

【出处】
(a) 郭天元（马游村）、李申呼颇（昙华乡）、李福玉颇（苴）演唱，郭思九、许明学、龚维顺、张宝省、陈志群、胡炳文等搜集，刘德虎、龚维顺、陈志群、李树荣、郭天元等整理：《梅葛》（第一部"创世"），见云南省民族民间文学楚雄调查队《梅葛》（1959），昆明：云南人民出版社2009年版。
(b)《打虎开天辟地》，蔷紫据云南省民族民间文学楚雄调查队著《梅葛》（云南人民出版社2009年版）改写，见姚宝瑄主编《中国各民族神话》（羌族、彝族），太原：山西出版传媒集团·书海出版社2014年版，第192页。

W1392.3.5
蛤蟆整地

实 例

佤族　老蛤蟆使大地变平整。

【流传】（无考）

【出处】埃嘎整理：《谁做天下万物之王》，见中华民族故事大系编委会编《中华民族故事大系》第7卷（黎族、傈僳族、佤族），上海：上海文艺出版社1995年版，第629页。

W1392.4
其他人物修整大地

实 例

藏族　罗拉甲伍绷天，杀拉甲伍

绷地。

【流传】四川省·（绵阳市）·平武县·白马乡（白马藏族乡）

【出处】

（a）扎嘎才让讲，四川大学中文录采风队采录：《创世传说》，见中国民间文学集成全国编辑委员会编《中国民间故事集成》（四川卷·下），北京：中国ISBN中心1998年版，第934页。

（b）扎嘎才让等讲，谢世廉等搜集：《创世传说》，见陶立璠、赵桂芳等编《中国少数民族神话汇编》（开天辟地篇等），中央民族学院少数民族古籍整理出版规划领导小组办公室印（未署出版时间），第1页。

W1392.5
补地的帮助者

实例

（参见下级母题实例）

W1392.5.1
动物帮助补地

实例

苗族 盘古补地时，各种动物都来出力。

【流传】湖南省苗族地区

【出处】龙王六演唱，龙炳文翻译：《开天立地》，苗地根据《楚风》刊登的《苗族古歌》的第一部分《开天日立》改写，见姚宝瑄主编《中国各民族神话》（布依族、仡佬族、苗族），太原：山西出版传媒集团·书海出版社2014年版，第129页。

W1393
地的修整方法

实例

（参见下级母题实例）

W1393.1
地的缩小（缩地）

【汤普森】A852

【关联】[W1809.3.2] 大地因寒冷冷缩出山

实例

土家族（实例待考）

W1393.1.1
拉地的筋脉缩地

【关联】

① [W1238] 地脉（地维、地筋、地线、地理）

② [W1238.5.2.1] 缩地时抽去3根地线

实例

阿昌族 天公遮帕麻和地母遮米麻造出的天小地大。遮帕麻拉天盖地盖不严时，遮米麻连忙抽去三根地线。

【流传】（云南省）

【出处】赵安贤讲，智克整理：《遮帕麻与遮米麻》，见姚宝瑄主编《中国各民族神话》（佤族、阿昌族、纳西族、普米族、德昂族），太原：山西出版传媒集团·书海出版社 2014 年版，第 76 页。

W1393.1.1.1
天神拉地的筋脉缩地

【实例】

傈僳族 天神抓住大地的筋脉猛力一拉，大地就缩小了。

【流传】云南省·（德宏傣族景颇族自治州）·陇川县·（陇把镇）·邦外公社（邦外村）

【出处】李有华讲，黄云松等采录：《天地人的来历》，见中国民间文学集成全国编辑委员会编《中国民间故事集成》（云南卷），北京：中国 ISBN 中心 2003 年版，第 44 页。

W1393.1.1.2
祖先拉地筋使天地相合

【关联】［W1363］天地不相合（天地不吻合）

【实例】

彝族（俚颇） 天神的儿女造出的天小地大。阿文（彝族的祖宗）按天神的吩咐，拉起地筋，用力一抖，要把地缩拢过来就天。

【流传】云南省·（楚雄彝族自治州）·大姚县·昙华山区（昙华乡）

【出处】
（a）陆颇梭颇（毕摩）演唱，夏光辅、诺海阿苏翻译：《俚泼古歌》，见云南省社会科学院楚雄彝族文化研究所编《彝族民间文学》第 2 辑，1985 年。

（b）陆颇梭颇（毕摩）演唱，夏光辅、诺海阿苏翻译，古梅改写：《赤梅葛——俚泼古歌》，见姚宝瑄主编《中国各民族神话》（羌族、彝族），太原：山西出版传媒集团·书海出版社 2014 年版，第 96 页。

W1393.1.2
通过绷地缩地

【关联】［W1372b］绷天地（绷天绷地）

【实例】

（参见下级母题实例）

W1393.1.2.1
用牛皮绷地

【关联】［W1383.5.1］用牛皮绷天

【实例】

哈尼族 众神杀查牛（天地神专养的神牛），大大的牛皮拿去做绷天绷地的皮。

【流传】云南省·（红河哈尼族彝族自治州）·元阳（元阳县）、红河（红河县）、绿春（绿春县）、金平（金平苗族瑶族傣族自治县）

【出处】朱小和讲唱，史军超搜集整理：《查牛补天地》（1983），原载云南省民间文学集成办公室编《哈尼族神话传说集成》，中国民间文艺出版社 1990 年版，见姚宝瑄主编《中国各民族神话》（哈尼族、傣族），太原：山西出版传媒集团·书海出版社2014年版，第56页。

W1393.1.2.2
地老爷绷地

实例

藏族（白马） 杀拉甲伍（地老爷）把地绷好。

【流传】四川省

【出处】扎嘎才让、小石桥、顶专讲述，谢世廉、周益华、姜成志、周贤中搜集：《天、地、人的起源》，原载中国民间文艺研究会四川分会编《四川白马藏族民间文学资料集》，见陶阳、钟秀编《中国神话》（上），北京：商务印书馆2008年版，第35~37页。

W1393.1.3
拉地网缩地

实例

（参见下级母题实例）

W1393.1.3.1
天神拉地角缩地

实例

拉祜族 天神拉地网使地缩小。

【流传】云南省·（普洱市）·澜沧县（澜沧拉祜族自治县）

【出处】胡札克讲，雷波采录：《厄雅莎雅造天地》，见中国民间文学集成全国编辑委员会编《中国民间故事集成》（云南卷），北京：中国ISBN中心2003年版，第47页。

拉祜族 天神厄莎亲自动手修整天地。他拉起地角，用力一抖，地便缩小了。

【流传】云南省大拉祜及黄拉祜中部一带

【出处】小八讲，古木整理：《天神厄莎》（整理中参照了《牡帕密帕》和《古根》），见姚宝瑄主编《中国各民族神话》（白族、拉祜族、景颇族），太原：山西出版传媒集团·书海出版社2014年版，第160页。

W1393.1.3.2
女祖先用针线缝地边缩地

实例

壮族 女神姆六甲造的天小地大。她以针线缝缀地边而拽之，地乃缩小，天能盖之。

【流传】（无考）

【出处】《姆六甲》，原载欧阳若修等著《壮族文学史》，见袁珂《中国神话大词典》，北京：华夏出版社2015年版，第442页。

W1393.1.4
通过拢地缩地

实例

（参见下级母题实例）

W1393.1.4.1
拢地箍缩地

【实例】

（参见下级母题实例）

W1393.1.4.1.1
洪水幸存者拢地箍缩地

【实例】

瑶族 洪水后逃生的姑侄造的天小地大。姑姑莎方三用统裙带把地箍拢起来。

【流传】 广东省·（清远市）·连南县（连南瑶族自治县）·寨岗镇

【出处】 唐罗古三等讲，许文清等采录：《洪水淹天》，见中国民间文学集成全国编辑委员会编《中国民间故事集成》（广东卷），北京：中国ISBN中心2006年版，第8页。

W1393.1.4.2
盘古用手拢地缩地

【实例】

汉族 原来，天小地大。盘古拉天后再缩地。他双手捧住大地向里拢促。

【流传】 浙江省·（丽水市）·青田县·温溪区·坑外村

【出处】 季培贵讲，季从姚搜集整理：《盘古开天》（1940S），见姚宝瑄主编《中国各民族神话》（汉族），太原：山西出版传媒集团·书海出版社2014年版，第14～15页。

W1393.1.4.3
布洛陀抓地皮缩地

【关联】

① ［W1393.1.7.3］抓地皮做成山坡缩地

② ［W1847.1.3.1］布洛陀抓地皮缩地形成山坡

【实例】

壮族 造出的天小地大，布洛陀（b为"布碌陀"，壮族文化始祖、英雄、神话中的人王等）用手指把地皮抓起，做成了很多山坡，这样，地面就缩小了。

【流传】

（a）广西壮族自治区·（河池市）·巴马县（巴马瑶族自治县）·所略乡·所略村

（b）广西壮族自治区右江，云南省红河一带

【出处】

（a）周朝珍讲，何承文采录翻译：《布洛陀》，见中国民间文学集成全国编辑委员会编《中国民间故事集成》（广西卷），北京：中国ISBN中心2001年版，第30页。

（b）周朝珍讲，何承文整理：《布碌陀》，见谷德明编《中国少数民族神话》，北京：中国民间文艺出版社1987年版，第68页。

壮族 开始时天小地大。布碌陀用手

指把地皮抓起，做成了很多山坡，这样，地面就缩小了，天盖得着了。

【流传】（a）广西壮族自治区右江及红水河一带

【出处】

（a）周朝珍讲，何承文整理：《布碌陀》，载广西民间文学研究会编印《广西民间文学丛刊》第5期。

（b）《布碌陀》（王松选定），见姚宝瑄主编《中国各民族神话》（仫佬族、壮族、京族），太原：山西出版传媒集团·书海出版社2014年版，第76页。

W1393.1.5
云神用绳绷地

【实例】

彝族 云神斯惹底尼用四根大绳把地绷住。

【流传】四川省·（凉山彝族自治州）·雷波县

【出处】

（a）保木和铁讲，芦芙阿梅译，白芝采录：《开天辟地》，见中国民间文学集成全国编辑委员会编《中国民间故事集成》（四川卷·下），北京：中国ISBN中心1998年版，第749页。

（b）《开天辟地》，见陶立璠、赵桂芳等编《中国少数民族神话汇编》（开天辟地篇等），中央民族学院少数民族古籍整理出版规划领导小组办公室印（未署出版时间），第85~95页。

W1393.1.6
阴龙缩地

【实例】

土家族 造出的天小地大。阴龙急得倒在地上直弹身子，把地缩小。

【流传】湖北省·（宜昌市）·长阳（长阳土家族自治县）·贺家坪（贺家坪镇）·火麦溪（火麦溪村）

【出处】《神龙造天、造地、造人》，见白庚胜总主编《中国民间故事全书》（湖北省·长阳卷），北京：知识产权出版社2007年版，第3页。

W1393.1.6a
蛇缩地

【关联】［W1809.2.6］长蛇缩地形成山河

【实例】

彝族（罗鲁泼） 天神的儿女造的天小地大，长蛇把地缩。

【流传】云南省·（楚雄彝族自治州）·永仁县

【出处】

（a）李德宝演唱，李必荣、李荣才搜集，夏光辅、诺海阿苏翻译：《冷斋调》（1984），见云南省社会科学院楚雄彝族文化研究所编《彝族民间文学》第2辑，1985年。

（b）夏光辅、诺海阿苏翻译，古梅改写：《冷斋调》，见姚宝瑄主编《中国各民族神话》（羌族、彝族），太原：

1.2.5 天地的修整

W1393.1.6a.1
麻蛇缩地

实 例

彝族 格兹天神的儿女造出的天地天小地大。于是让会缩地拉天的阿夫（神名）帮忙。阿夫放下三对麻蛇来缩地。

【流传】（云南省·楚雄彝族自治州·姚安县·官屯乡·马游村，大姚县·昙华乡等）

【出处】

（a）郭天元（马游村）、李申呼颇（昙华乡）、李福玉颇（苴）演唱，郭思九、许明学、龚维顺、张宝省、陈志群、胡炳文等搜集，刘德虎、龚维顺、陈志群、李树荣、郭天元等整理：《梅葛》（第一部"创世"），见云南省民族民间文学楚雄调查队《梅葛》（1959），昆明：云南人民出版社2009年版，第7页。

（b）《打虎开天辟地》，蔷紫据云南省民族民间文学楚雄调查队著《梅葛》（云南人民出版社2009年版）改写，见姚宝瑄主编《中国各民族神话》（羌族、彝族），太原：山西出版传媒集团·书海出版社2014年版，第192页。

W1393.1.7
缩地的其他方法

实 例

（参见下级母题实例）

W1393.1.7.1
通过指令缩地

实 例

（参见下级母题实例）

W1393.1.7.1.1
天让作为妻子的地缩小

实 例

珞巴族 天让作为妻子的地缩小。

【流传】西藏自治区·下珞渝（又写作"下珞瑜"，泛指永木河、锡约尔河、巴恰西仁河流域）

【出处】维·埃尔温搜集：《天地的故事》，见中华民族故事大系编委会编《中华民族故事大系》第16卷（赫哲族、门巴族、珞巴族、基诺族），上海：上海文艺出版社1995年版，第396页。

W1393.1.7.2
始祖用篾条缩地

实 例

瑶族 （实例待考）

W1393.1.7.3
抓地皮做成山坡缩地

实例

壮族 造出的天小地大，布洛陀（壮族文化始祖、英雄、神话中的人王等）用手指把地皮抓起，做成了很多山坡，这样，地面就缩小了。

【流传】广西壮族自治区·（河池市）·巴马县（巴马瑶族自治县）·所略乡·所略村

【出处】周朝珍讲，何承文采录翻译：《布洛陀》，见中国民间文学集成全国编辑委员会编《中国民间故事集成》（广西卷），北京：中国 ISBN 中心2001 年版，第 30 页。

壮族 造出的天小地大。布碌陀以指抓地皮成山坡无数，如此则地面缩小，天盖之无余。

【流传】（无考）

【出处】《布碌陀造天地》（原名《布碌陀》），原载谷德明编《中国少数民族神话选》，见袁珂《中国神话大词典》，北京：华夏出版社 2015 年版，第 439 页。

W1393.1.7.3.1
地神抓地皮缩地

实例

汉族 天神地神分别造天地时，造的天小地大。地神只得委曲求全，将那宽阔平坦的地，用手抓了起来，向上一提，地的面积也往里缩了许多，一直抓到勉强可以套在天里为止。

【流传】浙江省·（丽水市）·庆元县

【出处】余岩塔讲，余塔和搜集整理：《造天造地》，见姚宝瑄主编《中国各民族神话》（汉族），太原：山西出版传媒集团·书海出版社 2014 年版，第 36 页。

W1393.1.7.4
用缩地法缩地

实例

（参见下级母题实例）

W1393.1.7.4.1
盘生用缩地法缩地

实例

白族 盘生就用缩地法把他的地缩小了。

【流传】云南省·（大理白族自治州）·大理（大理市）、洱源（洱源县）、剑川（剑川县）

【出处】杨国政讲，杨亮才记录整理：《开天辟地》，见中华民族故事大系编委会编《中华民族故事大系》第 5 卷（瑶族、白族、土家族），上海：上海文艺出版社 1995 年版，第 318～319 页。

白族 盘古哥哥变天，盘生弟弟变地时，变出的天小地大。于是盘生就用缩地法把他的地缩小了。

【流传】云南省·（大理白族自治

州）·大理（大理市）、洱源（洱源县）、剑川（剑川县）等地

【出处】杨国政讲，杨亮才记录整理：《开天辟地》，原载《云南民间故事选》（不详），见姚宝瑄主编《中国各民族神话》（白族、拉祜族、景颇族），太原：山西出版传媒集团·书海出版社 2014 年版，第 6 页。

W1393.1.7.5
用推力缩地（用挤压缩地）

【关联】［W1317.5.5］天地很近是被山挤压造成的

实 例

（参见下级母题实例）

W1393.1.7.5.1
神推高地上的土缩地

【关联】［W1217.1.3.1］缩地时造成地的凹凸

实 例

珞巴族 最早大神的两个儿子造天地，弟弟造地造大了，就用力把大地上的土堆高，使地变小。

【流传】
（a）西藏自治区·下珞瑜（泛指永木河、锡约尔河、巴恰西仁河流域）
（b）西藏自治区·下珞渝（又写作"下珞瑜"）·布根部落森冲村

【出处】
（a）维·埃尔温搜集：《尼布和尼利》，见中华民族故事大系编委会编《中华民族故事大系》第 16 卷（赫哲族、门巴族、珞巴族、基诺族），上海：上海文艺出版社 1995 年版，第 402 页。

（b）同（a），见李坚尚、刘芳贤编《珞巴族门巴族民间故事选》，上海：上海文艺出版社 1993 年版，第 16 页。

W1393.1.7.5.2
青蛙用推力缩地

实 例

哈尼族 造地的青蛙阿依双手把刚造好的地面用劲一推，把大地压缩得与天相等了。

【流传】云南省·（普洱市）·墨江县（墨江哈尼族自治县）

【出处】金开兴讲，蓝明红采录：《青蛙造天地》，见中国民间文学集成全国编辑委员会编《中国民间故事集成》（云南卷），北京：中国 ISBN 中心 2003 年版，第 34 页。

W1393.1.7.5.3
特定人物用挤压法缩地

实 例

藏族 天小地大，罗拉甲伍只好使劲挤地，把地挤小一点，天和地终于扣严了。

【流传】四川省·（绵阳市）·平武县·白马藏区（白马藏族乡）

【出处】
（a）*《绷天绷地》，见《四川白玛藏

族民族文学资料集》，四川藏族研究所内部编印，1991年，第80页。

（b）扎嘎才让讲，四川大学中文录采风队采录：《创世传说》，见中国民间文学集成全国编辑委员会编《中国民间故事集成》（四川卷·下），北京：中国ISBN中心1998年版，第934页。

（c）扎嘎才让等讲，谢世廉等搜集：《创世传说》，见陶立璠、赵桂芳等编《中国少数民族神话汇编》（开天辟地篇等），中央民族学院少数民族古籍整理出版规划领导小组办公室印（未署出版时间），第1页。

W1393.1.7.6
用缩地绳缩地

【关联】

① ［W1375.4.3］拉天绳把天变稳固
② ［W1376.4.3］用绳子把地拢住稳固大地
③ ［W1393.1.5］云神用绳绷地

实　例

哈尼族 用于缩地的缩地绳有九十九排长，用时它能无限伸长，不用时它能缩成一团。

【流传】云南省·（玉溪市）·元江县（元江哈尼族彝族傣族自治县）·羊街乡、那诺乡及因远镇一带

【出处】《阿萨阿拉和阿然歌》，见元江县哈尼文化学会、元江县史志编纂办公室编《元江哈尼族古歌集》，内部编印，2005年，第124页。

W1393.1.7.6.1
山神用缩地绳缩地

实　例

哈尼族 山神搓的绳索是缩地绳，把缩地绳一拉，地就能够拢一起。

【流传】云南省·（玉溪市）·元江县（元江哈尼族彝族傣族自治县）·羊街乡、那诺乡及因远镇一带

【出处】《阿萨阿拉和阿然歌》，见元江县哈尼文化学会、元江县史志编纂办公室编《元江哈尼族古歌集》，内部编印，2005年，第117~118页。

W1393.1.7.6.2
祖先用篾绳缩地

实　例

瑶族 原来的天小地大。发枚（始祖名）带领大家把天下的竹子都砍来，捶成篾条，编成绳子，发枚用篾条绳子把地箍小。

【流传】贵州省·（黔东南苗族侗族自治州）·从江县·（翠里乡）·高芒乡（高芒村）

【出处】赵金荣讲，杨路塔采录：《发枚造天地》，见中国民间文学集成全国编辑委员会编《中国民间故事集成》（贵州卷），北京：中国ISBN中心2003年版，第9页。

W1393.1.7.7
按住地边缩地

实例

(参见下级母题实例)

W1393.1.7.7.1
神仙按住地的 4 边缩地

实例

汉族 两个神仙造的天大地小，就按住地的四边往里缩。

【流传】浙江省·（杭州市）·淳安县·上梧乡·陈家门村

【出处】陈南生讲，王水根记录整理：《天为什么比地大》，见淳安县民间文学征集办公室编《中国民间文学集成浙江省淳安县故事、歌谣、谚语卷》，内部编印，1988年，第3页。

W1393.1.7.8
巫术缩地

实例

汉族 费长房有神术，能缩地脉，千里存在目前宛然。放之复舒如旧。

【流传】（无考）

【出处】[晋]葛洪：《神仙传》卷五。

汉族 费长房又能缩地脉，坐客在家，至市买鲊，一日之间，人见之千里外者数次。

【流传】（无考）

【出处】鲁迅：《古小说钩沉》辑《列异传》。

W1393.1.8
与缩地有关的其他母题

实例

(参见下级母题实例)

W1393.1.8.1
地母缩地

实例

珞巴族 两个圆蛋中生出天公和地母。天公小得可怜，地母大得吓人。地母为了与天公婚配，就用尽全力缩小身体，一缩再缩。

【流传】西藏自治区·林芝市·墨脱县·达木珞巴民族乡、旁辛乡、甘登乡（讲述地点：墨脱县·达木珞巴民族乡·马尔康村）

【出处】安布讲：《天和地》（1955.10），见冀文正《珞巴族民间故事》，成都：四川民族出版社2011年版，第3页。

W1393.2
地的变大（地变大）

【汤普森】A853

【关联】
① [W1220] 原来的地很小
② [W1498.5] 天地变大

实例

(参见下级母题实例)

W1393.2.0
地自然变大

实例

藏族 大神德绕高在水中造的地，开始时很小。不久，土地就一天一天延伸开去，一天一天大起来。

【流传】（西藏自治区）

【出处】
（a）旺秋搜集：《僜人创世神话》，根据中国社科院民族研究所编《僜人社会历史调查》，云南人民出版社1990年版，西藏民间文艺研究会主办《邦锦梅朵》1984年第8期中的《僜人创世神话》整理。

（b）同（a），见姚宝瑄主编《中国各民族神话》（门巴族、珞巴族、怒族、藏族），太原：山西出版传媒集团·书海出版社2014年版，第87页。

W1393.2.0.1
水面上形成的地自然变大

实例

蒙古族 天神霍尔穆斯塔将一把黄土交给世界的主人释迦牟尼造地时，土撒在水面上大地开始形成，渐渐变大。

【流传】（无考）

【出处】 陈岗龙、乌日古木勒：《蒙古民间文学》，银川：宁夏人民出版社2008年版，第40页。

W1393.2.1
把造小的地变大

实例

基诺族 阿嫫腰白（神名，创世女神）合天地时，天大地小，合不拢，她就把水上漂浮着的一块块物体凑拢起来，接在地的边缘，把地变宽。

【流传】 云南省·（西双版纳傣族自治州）·景洪县（景洪市）

【出处】 白桂林等讲，刘怡采录：《阿嫫腰白造天地》，见中国民间文学集成全国编辑委员会编《中国民间故事集成》（云南卷），北京：中国ISBN中心2003年版，第77页。

W1393.2.1.1
神把地变厚变宽

实例

傣族 男神桑戛西把捏好的圆球最后变成四十八万约扎拿（傣族计量单位，四十五里至五十里为一"约"，"扎拿"是单位名称，类似汉族的"里"）宽、二十四万约扎拿厚的地球。

【流传】 云南省·西双版纳（西双版纳傣族自治州）

【出处】 *《桑戛西造世界》，原载岩峰三讲，毕光尖记录《桑戛西与桑戛赛造天地，创人类》，见姚宝瑄主编《中国各民族神话》（哈尼族、傣族），太原：山西出版传媒集团·书海出版社 2014 年版，第 253 页。

W1393.2.2
把地向四方拉开

实例

（参见下级母题实例）

W1393.2.2.1
两兄弟把地向四方拉开

实例

俄罗斯族（雅库特） 最初的兄弟二人。弟弟潜入水底找来泥土，哥哥趁弟弟熟睡把土地向四方拉开，大地便形成了今天的样子。

【流传】（无考）

【出处】http://www.chinesefolklore.org.cn/xrwc/xrzj/cgl/mgzqs.htm。

W1393.2.3
撒特定物使地变大

实例

（参见下级母题实例）

W1393.2.3.1
撒不老药使地变大

【关联】[W0952] 长生不老药

实例

纳西族 三兄弟从西方盗来长生不老药，撒出来的长生不老宝药，一滴点到地，地面宽又阔。

【流传】云南省·丽江（丽江市）·青龙乡（不详）

【出处】和芳（东巴）读经，和志武调查整理：《崇仁潘迪彻舒》（1954），见吕大吉、何耀华总主编《中国各民族原始宗教资料集成》（纳西族卷、羌族卷、独龙族卷、傈僳族卷、怒族卷），北京：中国社会科学出版社 2000 年版，第 348 页。

W1393.2.4
用特定方法使地变大

实例

（参见下级母题实例）

W1393.2.4.1
萨满用法力把地球变大

实例

鄂温克族 天神造好第二个大地后，世间就出现了神通广大的萨满，他们用法力把大地变大。

【流传】内蒙古自治区·呼伦贝尔盟（呼伦贝尔市）·（鄂温克族自治旗）·巴彦托海镇

【出处】

(a) 阿拉诺海讲，马名超记录整理：《大地的传说》（1979.05.23），见马名超、王士媛、白衫编《鄂温克族民间故事选》，上海：上海文艺出版社 1989 年版，第 21 页。

(b)《大地的传说》，见吕大吉、何耀华总主编《中国各民族原始宗教资料集成》（鄂伦春族卷、鄂温克族卷、赫哲族卷、达斡尔族卷、锡伯族卷、满族卷、蒙古族卷、藏族卷），北京：中国社会科学出版社1999年版，第94页。

鄂温克族 第二个地球造出来后，世间出现了神通广大的萨满，她把地球变大，山高了，河宽了，水多了。

【流传】内蒙古自治区·呼伦贝尔市·辉河一带

【出处】阿拉诺海讲，马名超记录整理：《两个地球》，见姚宝瑄主编《中国各民族神话》（达斡尔族、鄂伦春族、鄂温克族、蒙古族），太原：山西出版传媒集团·书海出版社2014年版，第118页。

W1393.2.4.2
把地压宽

实 例

彝族 原来的天地很窄。天仙在天上栽种的梭罗树长大后，把天撑高了，把天挤宽了。把地压下去了，把地挤宽了。

【流传】云南省·楚雄彝族自治州

【出处】《门米间扎节》，古梅根据《楚雄民间文学资料》改写，见姚宝瑄主编《中国各民族神话》（羌族、彝族），太原：山西出版传媒集团·书海出版社2014年版，第8页。

W1393.2.4.3
念咒语使地球变大

【关联】［W9187］咒语的作用

实 例

傣族 男神桑戛西觉得捏好的圆球（地球）还不够大，便又从高空中往下，开口吟咒道："请让我这污垢圆球变大、变大，还要变大，变成又宽又厚的大地，变成生命的土地。"随着桑戛西的咒语，圆球迅速地变宽了，变大了，变厚了。

【流传】云南省·西双版纳（西双版纳傣族自治州）

【出处】＊《桑戛西造世界》，原载岩峰三讲，毕光尖记录《桑戛西与桑戛赛造天地，创人类》，见姚宝瑄主编《中国各民族神话》（哈尼族、傣族），太原：山西出版传媒集团·书海出版社2014年版，第253页。

W1393.2a
地的变厚（地变厚）

【关联】［W1223］地的厚度

实 例

（参见下级母题实例）

W1393.2a.1
地变厚的原因

实 例

（参见下级母题实例）

W1393.2a.1.1
为避免与天上的人的矛盾把地加厚

实 例

壮族 原来的天地很窄。天仙在天上

栽种的梭罗树长大后，把天撑高了，把天挤宽了；把地压下去了，把地挤宽了。

【流传】云南省·楚雄彝族自治州

【出处】《门米问扎节》，古梅根据《楚雄民间文学资料》改写，见姚宝瑄主编《中国各民族神话》（羌族、彝族），太原：山西出版传媒集团·书海出版社2014年版，第8页。

W1393.2a.1.2
祖先因地上人变多把地加厚

实例

傣族　男神桑戛西觉得捏好的圆球（地球）还不够大，便又从高空中往下，开口吟咒道："请让我这污垢圆球变大、变大，还要变大，变成又宽又厚的大地，变成生命的土地。"随着桑戛西的咒语，圆球迅速地变宽了，变大了，变厚了。

【流传】云南省·西双版纳（西双版纳傣族自治州）

【出处】＊《桑戛西造世界》，原载岩峰三讲，毕光尖记录《桑戛西与桑戛赛造天地，创人类》，见姚宝瑄主编《中国各民族神话》（哈尼族、傣族），太原：山西出版传媒集团·书海出版社2014年版，第253页。

壮族　天下地上的人多了，保洛陀（男祖先名）嫌天地小了，就把天加大加高，把地加宽加厚。

【流传】（无考）

【出处】岭隆业、杨荣杰、金稼民搜集、整理：《铜鼓的来历》，原载蓝鸿恩编：《壮族民间故事选》，上海文艺出版社1984年版，见姚宝瑄主编《中国各民族神话》（仫佬族、壮族、京族），太原：山西出版传媒集团·书海出版社2014年版，第149页。

W1393.2a.2
地变厚的方法

实例

（参见下级母题实例）

W1393.2a.2.1
下界的人把地加厚

实例

壮族　中界的管理者保洛陀让下界的人把地加厚，下界的人问："要加几丈几尺几寸厚？"保洛陀说："三十三座石山那么厚，三十三条黄藤穿不透！"于是，地加得很厚很厚。

【流传】（无考）

【出处】覃建才搜集整理：《保洛陀》，原载刘德荣等编《壮族民间故事》，云南人民出版社1988年版，见姚宝瑄主编《中国各民族神话》（仫佬族、壮族、京族），太原：山西出版传媒集团·书海出版社2014年版，第101页。

W1393.2b
地的变低（地变低）

【关联】[W1315] 地的下降

实例

（参见下级母题实例）

W1393.2b.1
顶天时地面降落

实例

壮族　以前，天地很近。布碌陀带领大家用老铁木顶天时，沉沉大地亦因顶而往下沉落。

【流传】（无考）

【出处】《布碌陀造天地》（原名《布碌陀》），原载谷德明编《中国少数民族神话选》，见袁珂《中国神话大词典》，北京：华夏出版社2015年版，第439页。

W1393.3
仿照天堂的样子修地

实例

回族　（实例待考）

W1393.4
织线补地

【关联】[W1388.2.1]织线补天

实例

（参见下级母题实例）

W1393.4.1
神女织线补地

实例

苗族　女神竺妞的两个女儿拿起铜梭子，穿上铁丝线，天边织三下，地边织三下，眨眼间，就把天边地角的地的漏洞补好了。

【流传】云南省·（文山壮族苗族自治州）·马关县

【出处】杨正方讲，刘德荣采录：《造天造地》，见中国民间文学集成全国编辑委员会编《中国民间故事集成》（云南卷），北京：中国ISBN中心2003年版，第91页。

W1393.5
用特定的物缝地

实例

（参见下级母题实例）

W1393.5.1
用象牙和藤线缝地

实例

（参见下级母题实例）

W1393.5.1.1
造天地的兄妹用象牙针和古藤粗线缝地角

实例

瑶族　造天地的兄妹用象牙大针和古藤粗线把地的四个角缝上，往中间拉拢。

【流传】广西壮族自治区·（来宾市）·金秀县（金秀瑶族自治县）

【出处】赵美流等讲，黄承辉整理：《天地山河的来历》，见曹廷伟编著《广西民间故事辞典》，南宁：广西教育出版社 1993 年版，第 13 页。

W1393.6
堵地缝

【关联】［W1391.2.2］地缝

实　例

（参见下级母题实例）

W1393.6.1
用木炭灰堵地缝

实　例

汉族 （实例待考）

W1393.7
堵地洞

【关联】［W1244.4］地洞

实　例

（参见下级母题实例）

W1393.7.1
地人堵地洞

实　例

彝族 开地之后，地人来堵洞。

【流传】黔西（贵州省西部）与云南（云南省）接壤的彝族地区

【出处】阿候布代讲，王正贡、王子尧、王冶新、何积金搜集整理，蔷紫改写：《天生地产》，原载中国民间文艺研究会贵州分会编《民间文学资料》，内部资料，1986 年，见姚宝瑄主编《中国各民族神话》（羌族、彝族），太原：山西出版传媒集团·书海出版社 2014 年版，第 164 页。

W1393.8
用棍棒撬地

实　例

景颇族 宁贯娃（改天整地者）打成九十九庹（长度单位，一庹约 5 市尺）长的撬地棒。

【流传】云南省·（德宏傣族景颇族自治州）·陇川县

【出处】施戛崩等讲，何峨采录：《宁贯娃改天整地》，见中国民间文学集成全国编辑委员会编《中国民间故事集成》（云南卷），北京：中国 ISBN 中心 2003 年版，第 61 页。

W1393.9
与地的修整方法有关的其他母题

实　例

（参见下级母题实例）

W1393.9.1
抽陀螺把地整平

实　例

高山族 原来的地不平，神抽陀螺把地整平。

【流传】（无考）

【出处】汪梅田整理：《彩虹的传说》，见中华民族故事大系编委会编《中华民族故事大系》第 8 卷（畲族、高山族、拉祜族），上海：上海文艺出版社 1995 年版，第 412 页。

W1394
修补地的材料
实例

（参见下级母题实例）

W1394.0
用金属补地
实例

（参见下级母题实例）

W1394.0.1
用黄金补地
【关联】［W1376.3.4.1］神用黄金镇地

实例

纳西族 天神九弟兄和地神七姐妹修整天地时，地不平坦黄金铺，金黄大石来压地，铺地很平坦。

【流传】（云南省）

【出处】和芳、和志新编译：《崇邦统——人类迁徙记》，见姚宝瑄主编《中国各民族神话》（佤族、阿昌族、纳西族、普米族、德昂族），太原：山西出版传媒集团·书海出版社 2014 年版，第 139 页。

W1394.0.2
不能用黄金补地
实例

哈尼族 补地不能用金银铜铁锡，只能用查神牛来补。

【流传】

（a）云南省·（红河哈尼族彝族自治州）·元阳县

（b）云南省·（红河哈尼族彝族自治州）·元阳（元阳县）、红河（红河县）、绿春（绿春县）、金平（金平苗族瑶族傣族自治县）等

【出处】

（a）朱小和讲，史军超采录：《查牛补天地》，见中国民间文学集成全国编辑委员会编《中国民间故事集成》（云南卷），北京：中国 ISBN 中心 2003 年版，第 29 页。

（b）同（a），见云南省民间文学集成办公室编《哈尼族神话传说集成》，北京：中国民间文艺出版社 1990 年版。

W1394.1
用龟壳补地
实例

汉族 （实例待考）

W1394.2
用牛补地
实例

（参见下级母题实例）

W1394.2.1
用牛皮补地
【关联】［W1253.2.2.1］神用虎皮作地皮

实例

（参见下级母题实例）

W1394.2.1.1
用神牛皮补地

实例

哈尼族 补地不能用金银铜铁锡，只能用查牛（天地神专养的神牛）的皮补地。

【流传】

（a）云南省·（红河哈尼族彝族自治州）·元阳县

（b）云南省·（红河哈尼族彝族自治州）·元阳（元阳县）、红河（红河县）、绿春（绿春县）、金平（金平苗族瑶族傣族自治县）等

【出处】

（a）朱小和讲，史军超采录：《查牛补天地》，见中国民间文学集成全国编辑委员会编《中国民间故事集成》（云南卷），北京：中国 ISBN 中心 2003 年版，第 29 页。

（b）同（a），见云南省民间文学集成办公室编《哈尼族神话传说集成》，北京：中国民间文艺出版社 1990 年版。

W1394.3
用草补地

实例

（参见下级母题实例）

W1394.3.1
用黄草补地

实例

彝族（阿细） 补地的时候，是用黄草做补地的布。

【流传】（a）云南省·红河哈尼族彝族自治州·弥勒县·（西山镇）

【出处】

（a）潘正兴等唱述，云南省民族民间文学红河调查队搜集翻译整理：《阿细的先基》，昆明：云南人民出版社 1959 年版。

（b）云南省民族民间文学红河调查队搜集整理，古梅改写：《最古的时候》，见姚宝瑄主编《中国各民族神话》（羌族、彝族），太原：山西出版传媒集团·书海出版社 2014 年版，第 139 页。

W1394.4
炼石补地

【关联】［W1387.1.5］炼石补天

实例

（参见下级母题实例）

W1394.4.1
炼砖补地

实例

哈尼族 天神用了九万块玉石，用了九万丛蓝花，烧了九天九夜，烧出了九

万块蓝色的大砖。

【流传】云南省·（玉溪市）·元江县（元江哈尼族彝族傣族自治县）·羊街乡、那诺乡及因远镇清水河流城一带

【出处】《修天补地歌》，见元江县哈尼文化学会、元江县史志编纂办公室编《元江哈尼族古歌集》，内部编印，2005年，第22页。

畲族 炼砖补地孔。

【流传】浙江省·丽水（丽水市）

【出处】晓青等整理：《云神和水神的传说》，见中华民族故事大系编委会编《中华民族故事大系》第8卷（畲族、高山族、拉祜族），上海：上海文艺出版社1995年版，第34~35页。

W1394.4.2
炼石饼补地

实例

汉族 地塌一角后，女神和她的女儿把石浆擀成石饼，然后再趁热去把补地。

【流传】陕西省·（西安市）·临潼县·谭家乡（新丰街道）·刘家村

【出处】穆相全讲，丁耀祖等采录：《骊山老母》，见中国民间文学集成全国编辑委员会编《中国民间故事集成》（陕西卷），北京：中国ISBN中心1996年版，第7页。

W1394.4.3
用五彩石补地

关联

① ［W1179.3.1］女娲用五彩石填地
② ［W1387.1.1］用五彩石补天

实例

（参见下级母题实例）

W1394.4.3.1
女娲用五彩石补地

实例

藏族 女娲炼五彩石将天补好以后，就把剩下的五彩石用来填地。

【流传】云南省·迪庆藏族自治州·（香格里拉县·尼西乡）·汤美村（汤满村）

【出处】

（a）马龙祥、李子贤记录：《女娲娘娘补天》（1960s），见钟敬文《钟敬文民间文学论集》（上），上海：上海文艺出版社1982年版。

（b）同（a），见姚宝瑄主编《中国各民族神话》（门巴族、珞巴族、怒族、藏族），太原：山西出版传媒集团·书海出版社2014年版，第83页。

W1394.5
用灰补地

实例

（参见下级母题实例）

W1394.5.1
王母娘娘用灰补地

实 例

汉族 王母娘娘用炼石的芦草灰把陷下去的地填平。

【流传】宁夏回族自治区·（中卫市）·中宁县·新堡乡·聂弯村

【出处】杨发兴讲，宋福采录：《骊山老母补天王母娘娘补地》，见中国民间文学集成全国编辑委员会编《中国民间故事集成》（宁夏卷），北京：中国ISBN中心1999年版，第3页。

W1394.5.2
伏羲女娲用草木灰补地

实 例

汉族 伏羲女娲用炼石的木炭灰糊了地缝。

【流传】青海省·（海东市）·平安县（平安区）·石灰窑乡

【出处】魏永发讲，魏占乾采录：《女娲炼石补天》，见中国民间文学集成全国编辑委员会编《中国民间故事集成》（青海卷），北京：中国ISBN中心2007年版，第5页。

W1394.5.3
坤母用灰补地裂

实 例

汉族 三光不凋河不泄，天上神仙宅金阙。当时坤母亦在旁，下拾残灰补地裂。

【流传】（无考）

【出处】［元］杨维桢：《铁崖先生古乐府》卷三。

W1394.6
用水补地

实 例

（参见下级母题实例）

W1394.6.1
盘古、盘生兄弟用水补地

实 例

白族 盘生变的地在东北方有缺陷，盘古、盘生兄弟就用水来填。

【流传】

(a) 云南省·（大理白族自治州）·大理（大理市）、洱源县等地

(b) 云南省·（大理白族自治州）·洱源县

【出处】

(a) 杨国政讲，杨亮才采录：《开天辟地》，见中国民间文学集成全国编辑委员会编《中国民间故事集成》（云南卷），北京：中国ISBN中心2003年版，第9页。

(b) 同(a)，见谷德明编《中国少数民族神话》，北京：中国民间文艺出版社1987年版，第293页。

白族 地不平用水来填。

【流传】云南省·（大理白族自治

州）·大理（大理市）、洱源（洱源县）、剑川（剑川县）

【出处】杨国政讲，杨亮才记录整理：《开天辟地》，见中华民族故事大系编委会编《中华民族故事大系》第5卷（瑶族、白族、土家族），上海：上海文艺出版社1995年版，第318~319页。

白族　盘古、盘生弟兄俩变出的天地不完善。他们决定天不满用云来补，地不平用水来填。从此，天圆满了，地也铺平了。

【流传】云南省·（大理白族自治州）·大理（大理市）、洱源（洱源县）、剑川（剑川县）等地

【出处】杨国政讲，杨亮才记录整理：《开天辟地》，原载《云南民间故事选》（不详），见姚宝瑄主编《中国各民族神话》（白族、拉祜族、景颇族），太原：山西出版传媒集团·书海出版社2014年版，第6页。

W1394.6.2
用流水补地

实　例

彝族（俚颇）　只有用流水去铺地，才把地铺严实。

【流传】云南省·（楚雄彝族自治州）·大姚县·昙华山区（昙华乡）

【出处】（a）陆颇梭颇（毕摩）演唱，夏光辅、诺海阿苏翻译：《俚泼古歌》，见云南省社会科学院楚雄彝族文化研究所编《彝族民间文学》第2辑，1985年。
（b）陆颇梭颇（毕摩）演唱，夏光辅、诺海阿苏翻译，古梅改写：《赤梅葛——俚泼古歌》，见姚宝瑄主编《中国各民族神话》（羌族、彝族），太原：山西出版传媒集团·书海出版社2014年版，第106页。

W1394.7
用泥垢修补地

实　例

（参见下级母题实例）

W1394.7.1
天神用身上的泥垢修补地

实　例

傣族　英叭神用巨大的双手搓动周身的污垢，拿去糊在那天然形成的圆球体上。

【流传】（无考）

【出处】《开天辟地》，见谷德明编《中国少数民族神话》，北京：中国民间文艺出版社1987年版，第341页。

W1394.8
补地的针线

【关联】
① ［W1388.2.3］补天的针线
② ［W1393.5.1］用象牙针和古藤粗线缝地角

实　例

（参见下级母题实例）

W1394.8.0
补地时草作针藤作线

实 例

（参见下级母题实例）

W1394.8.0.1
补地时用老虎草作针，酸绞藤作线

【关联】

① ［W1394.8.1.2.1］天女用老虎草做补地的针

② ［W1394.8.2.3.1］天女用酸绞藤做补地的线

实 例

彝族　（实例待考）

W1394.8.0.2
补地时用尖刀草作针，地瓜藤作线

实 例

彝族　（参见 W1394.8.1.2 母题实例）

W1394.8.1
缝地的针

实 例

（参见下级母题实例）

W1394.8.1.0
缝地的针很长

实 例

景颇族　宁贯娃（改天整地者）打成三十三庹（长度单位，一庹约5市尺）长的缝地针。

【流传】云南省·（德宏傣族景颇族自治州）·陇川县

【出处】施戛崩等讲，何峨采录：《宁贯娃改天整地》，见中国民间文学集成全国编辑委员会编《中国民间故事集成》（云南卷），北京：中国ISBN中心2003年版，第61页。

W1394.8.1.1
用尖刀草做补地的针

实 例

彝族（阿细）　补地的时候，是用黄草做补地的布，是用尖刀草做补地的针。

【流传】（a）云南省·红河哈尼族彝族自治州·弥勒县·（西山镇）

【出处】

（a）潘正兴等唱述，云南省民族民间文学红河调查队搜集翻译整理：《阿细的先基》，昆明：云南人民出版社1959年版。

（b）云南省民族民间文学红河调查队搜集整理，古梅改写：《最古的时候》，见姚宝瑄主编《中国各民族神话》（羌族、彝族），太原：山西出版传媒集团·书海出版社 2014 年版，第 139 页。

W1394.8.1.2
用老虎草做补地的针

【关联】［W1394.8.0.1］补地时用老虎草作针，酸绞藤作线

实　例

（参见下级母题实例）

W1394.8.1.2.1
天女用老虎草做补地的针

实　例

彝族　格兹天神的 4 个女儿补地时，用老虎草当作针。

【流传】（云南省·楚雄彝族自治州·姚安县·官屯乡·马游村，大姚县·昙华乡等）

【出处】

（a）郭天元（马游村）、李申呼颇（昙华乡）、李福玉颇（苴）演唱，郭思九、许明学、龚维顺、张宝省、陈志群、胡炳文等搜集，刘德虎、龚维顺、陈志群、李树荣、郭天元等整理：《梅葛》（第一部"创世"），见云南省民族民间文学楚雄调查队《梅葛》(1959)，昆明：云南人民出版社 2009 年版。

（b）《打虎开天辟地》，蔷紫据云南省民族民间文学楚雄调查队著《梅葛》（云南人民出版社 2009 年版）改写，见姚宝瑄主编《中国各民族神话》（羌族、彝族），太原：山西出版传媒集团·书

海出版社 2014 年版，第 193 页。

W1394.8.2
缝地的线

实　例

哈尼族　（实例待考）

W1394.8.2.1
用地瓜藤做补地的线

实　例

彝族（阿细）　补地的时候，是用黄草做补地的布，是用尖刀草做补地的针，是用地瓜藤做补地的线。

【流传】（a）云南省·红河哈尼族彝族自治州·弥勒县·（西山镇）

【出处】

（a）潘正兴等唱述，云南省民族民间文学红河调查队搜集翻译整理：《阿细的先基》，昆明：云南人民出版社 1959 年版。

（b）云南省民族民间文学红河调查队搜集整理，古梅改写：《最古的时候》，见姚宝瑄主编《中国各民族神话》（羌族、彝族），太原：山西出版传媒集团·书海出版社 2014 年版，第 139 页。

W1394.8.2.2
用铜线铁线做补地的线

实　例

彝族　地裂后，恒仇扣生九子，仇扣

苏幺子用铜线铁线来拉，用铁片铜片来打，打成铁针和铜针，把地洞堵住了。

【流传】黔西（贵州省西部）与云南（云南省）接壤的彝族地区

【出处】阿候布代讲，王正贡、王子尧、王冶新、何积金搜集整理，蔷紫改写：《天生地产》，原载中国民间文艺研究会贵州分会编《民间文学资料》，内部资料，1986年，见姚宝瑄主编《中国各民族神话》（羌族、彝族），太原：山西出版传媒集团·书海出版社2014年版，第164页。

W1394.8.2.3
用植物的藤做补地的线

【关联】［W1394.3］用草补地

实 例

（参见下级母题实例）

W1394.8.2.3.1
天女用酸绞藤做补地的线

实 例

彝族 格兹天神的4个女儿补地时，用酸绞藤当作线。

【流传】（云南省·楚雄彝族自治州·姚安县·官屯乡·马游村，大姚县·昙华乡等）

【出处】
（a）郭天元（马游村）、李申呼颇（昙华乡）、李福玉颇（苴）演唱，郭思九、许明学、龚维顺、张宝省、陈志群、胡炳文等搜集，刘德虎、龚维顺、陈志群、李树荣、郭天元等整理：《梅葛》（第一部"创世"），见云南省民族民间文学楚雄调查队《梅葛》（1959），昆明：云南人民出版社2009年版。

（b）《打虎开天辟地》，蔷紫据云南省民族民间文学楚雄调查队著《梅葛》（云南人民出版社2009年版）改写，见姚宝瑄主编《中国各民族神话》（羌族、彝族），太原：山西出版传媒集团·书海出版社2014年版，第193页。

W1394.8.2.4
闪电是缝地的线

【关联】［W4436.3］闪电是缝天边和地边的银线

实 例

哈尼族 查牛眨了三下眼睛成为三道闪电；三道闪电是缝起天边和地边的银线。

【流传】
（a）云南省·（红河哈尼族彝族自治州）·元阳县

（b）云南省·（红河哈尼族彝族自治州）·元阳（元阳县）、红河（红河县）、绿春（绿春县）、金平（金平苗族瑶族傣族自治县）等

【出处】
（a）朱小和讲，史军超采录：《查牛补天地》，见中国民间文学集成全国编辑委员会编《中国民间故事集成》

（云南卷），北京：中国 ISBN 中心 2003 年版，第 29 页。

（b）同（a），见云南省民间文学集成办公室编《哈尼族神话传说集成》，北京：中国民间文艺出版社 1990 年版。

W1394.8.3
与针线缝补地有关的其他母题

实 例

（参见下级母题实例）

W1394.8.3.1
用老虎草做针，酸绞藤做线，地公叶子做补丁

实 例

彝族 格滋天神的四个姑娘补地时，用老虎草做针，酸绞藤做线，地公叶子做补丁，把地补起来。

【流传】云南省·楚雄彝族自治州·姚安县、大姚县等彝族地区

【出处】《创世·开天辟地》，见云南省民族民间文学楚雄调查队整理编写《梅葛》，昆明：云南人民出版社 2009 年版，第 9 页。

W1394.9
撒地种补地

【关联】［W1244.7］地种

实 例

彝族 观音补天补地时，吩咐要用天种去撒在天上，要用地种去撒在大地上。

【流传】云南省·楚雄彝族自治州

【出处】罗文荣演唱，李世忠翻译，蔷紫改写：《老人梅葛》，见姚宝瑄主编《中国各民族神话》（羌族、彝族），太原：山西出版传媒集团·书海出版社 2014 年版，第 124 页。

W1394.10
用地瓜补地

实 例

彝族（罗鲁泼）用什么去补地？用地瓜去补地。

【流传】云南省·（楚雄彝族自治州）·永仁县

【出处】

（a）李德宝演唱，李必荣、李荣才搜集，夏光辅、诺海阿苏翻译：《冷斋调》（1984），见云南省社会科学院楚雄彝族文化研究所编《彝族民间文学》第 2 辑，1985 年。

（b）夏光辅、诺海阿苏翻译，古梅改写：《冷斋调》，见姚宝瑄主编《中国各民族神话》（羌族、彝族），太原：山西出版传媒集团·书海出版社 2014 年版，第 114 页。

W1394.10.1
用地瓜叶补地

实 例

彝族 地震造成地缝后，以地瓜叶

补地。

【流传】（无考）

【出处】《天神格兹苦》（原名《云南彝族史诗·梅葛》），原载毛星主编《中国少数民族文学》（下册），见袁珂《中国神话大词典》，北京：华夏出版社 2015 年版，第 430 页。

彝族 格兹天神的 4 个女儿补地时，用老虎草当作针，用酸绞藤当作线，拉了地瓜叶当补丁。四姐妹便把地补起来了，地震的时候，地也不会往下塌了。

【流传】（云南省·楚雄彝族自治州·姚安县·官屯乡·马游村，大姚县·昙华乡等）

【出处】

（a）郭天元（马游村）、李申呼颇（昙华乡）、李福玉颇（苴）演唱，郭思九、许明学、龚维顺、张宝省、陈志群、胡炳文等搜集，刘德虎、龚维顺、陈志群、李树荣、郭天元等整理：《梅葛》（第一部"创世"），见云南省民族民间文学楚雄调查队《梅葛》（1959），昆明：云南人民出版社 2009 年版。

（b）《打虎开天辟地》，蔷紫据云南省民族民间文学楚雄调查队著《梅葛》（云南人民出版社 2009 年版）改写，见姚宝瑄主编《中国各民族神话》（羌族、彝族），太原：山西出版传媒集团·书海出版社 2014 年版，第 193 页。

W1395
与地的修整有关的其他母题

实 例

（参见下级母题实例）

W1395.0
修整地的时间

实 例

（参见下级母题实例）

W1395.0.1
先补天后补地

实 例

（参见下级母题实例）

W1395.0.1.1
女娲先补天后补地

实 例

藏族 女娲把天补好后，又用所余五彩石填地。

【流传】（无考）

【出处】《女娲娘娘补天》，原载谷德明编《中国少数民族神话选》，见袁珂《中国神话大词典》，北京：华夏出版社 2015 年版，第 407 页。

W1395.1
修整地前的准备

实 例

（参见下级母题实例）

W1395.1a
修整地的地点
实例

（参见下级母题实例）

W1395.1a.1
在特定的山上补地
实例

（参见下级母题实例）

W1395.1a.1.1
王母娘娘在骊山上补地
实例

汉族　开天辟地后，王母娘娘补地的地点是骊山。

【流传】宁夏回族自治区·（中卫市）·中宁县·新堡乡·聂弯村

【出处】杨发兴讲，宋福采录：《骊山老母补天，王母娘娘补地》，见中国民间文学集成全国编辑委员会编《中国民间故事集成》（宁夏卷），北京：中国ISBN中心1999年版，第3页。

W1395.2
修整地的工具
实例

（参见下级母题实例）

W1395.2.1
用神锄和神斧把地修圆
实例

侗族　先锋神王马王用神锄和神斧，把地修成圆形。

【流传】广西壮族自治区·（柳州市）·三江（三江侗族自治县），（桂林市）·龙胜（龙胜各族自治县）

【出处】杨卜林喜、杨卜松林、杨明世讲，杨国仁、涛声搜集整理，蕾紫改写：《创世女神萨天巴》，原文为过伟改写自侗族创世史诗《嘎茫莽道时嘉——远祖歌》（未出版稿），见姚宝瑄主编《中国各民族神话》（土家族、毛南族、侗族、瑶族），太原：山西出版传媒集团·书海出版社2014年版，第76页。

W1395.2.2
用犁修整地
实例

布依族　后生阿祖修整大地时，用大水牛犁出河流、高山。

【流传】贵州省·（安顺市）·镇宁县（镇宁布依族苗族自治县）·扁担山（扁担山乡）

【出处】韦绍珍等讲：《阿祖辈土》，见燕宝、张晓编《贵州神话传说》，贵阳：贵州人民出版社1997年版，第11页。

W1395.3
修整地的结果

实例

（参见下级母题实例）

W1395.3.0
修整大地后形成现在的地貌

实例

侗族 大力士报亥揉挤大地，形成高山深谷、平川大坝、大江大河。

【流传】贵州省·（黔东南苗族侗族自治州）·从江（从江县）、黎平（黎平县）

【出处】梁普安讲，龙玉成采录：《天地的形成》，见燕宝、张晓编《贵州神话传说》，贵阳：贵州人民出版社1997年版，第6页。

W1395.3.1
补地没有成功

实例

（参见下级母题实例）

W1395.3.2
修地完成一半

实例

侗族 治地之神马王，治地也只治了一半。地上还是空空荡荡，既没有河流，也没有山岗，更没有万物生长。

【流传】广西壮族自治区·（柳州市）·三江（三江侗族自治县），（桂林市）·龙胜（龙胜各族自治县）

【出处】杨卜林喜、杨卜松林、杨明世讲，杨国仁、涛声搜集整理，蔷紫改写：《创世女神萨天巴》，原文为过伟改写自侗族创世史诗《嘎茫莽道时嘉——远祖歌》（未出版稿），见姚宝瑄主编《中国各民族神话》（土家族、毛南族、侗族、瑶族），太原：山西出版传媒集团·书海出版社2014年版，第84页。

W1396
与天地的修整有关的其他母题

【关联】［W1382］与修补天地有关的其他母题

实例

（参见下级母题实例）

W1396.0
修整天地使天地相合

【关联】

① ［W1363］天地不相合（天地不吻合）

② ［W1393.1.1.1］拉地筋使天地相合

实例

（参见下级母题实例）

W1396.0.1
天神撑天缩地使天地相合

【关联】［W1396.2］撑天缩地

【实例】

拉祜族 天神厄莎亲自动手修整天地。他先把天撑大，又拉起地角把地缩小。最后把天用力一拉，天和地便严丝合缝在一起了。

【流传】云南省大拉祜及黄拉祜中部一带

【出处】小八讲，古木整理：《天神厄莎》（整理中参照了《牡帕密帕》和《古根》），见姚宝瑄主编《中国各民族神话》（白族、拉祜族、景颇族），太原：山西出版传媒集团·书海出版社2014年版，第160页。

W1396.1
天地的测量（丈量世界）

【汤普森】A1186

【关联】［W6984］度量（测量）的产生

【实例】

（参见下级母题实例）

W1396.1.0
特定人物测量大地

【实例】

（参见下级母题实例）

W1396.1.0.1
神测量天地

【实例】

（参见下级母题实例）

W1396.1.0.1.1
禹测量大地

【实例】

汉族 禹乃使太章步自东极，至于西极。

【流传】（无考）

【出处】［汉］刘安及门客：《淮南子·地形训》。

W1396.1.0.2
会飞的动物测量天地

【实例】

（参见下级母题实例）

W1396.1.0.2.1
鹰量天地

【实例】

苗族 天究竟有多大，地究竟有多宽？就请老鹰把天地量一量。老鹰飞来又飞去，它来当尺子，量了地，又量天，量来量去，天和地都是一样宽。

【流传】贵州省·（黔东南苗族侗族自治州）·台江县、施秉县、凯里县（凯里市）等地

【出处】秦公、岩公、李普奶等苗族八歌手说唱，唐春芳、桂舟人搜集整理：《巨鸟生天地，众神辟地天》，见姚宝瑄主编《中国各民族神话》（布依族、仡佬族、苗族），太原：山西出版传媒集团·书海出版社2014年

版，第116页。

W1396.1.0.2.2
斑鸠量天地

实例

彝族（罗鲁泼） 天地造好后，斑鸠来量天地。

【流传】云南省·（楚雄彝族自治州）·永仁县

【出处】

（a）李德宝演唱，李必荣、李荣才搜集，夏光辅、诺海阿苏翻译：《冷斋调》（1984），见云南省社会科学院楚雄彝族文化研究所编《彝族民间文学》第2辑，1985年。

（b）夏光辅、诺海阿苏翻译，古梅改写：《冷斋调》，见姚宝瑄主编《中国各民族神话》（羌族、彝族），太原：山西出版传媒集团·书海出版社2014年版，第114页。

W1396.1.0.2.3
飞蛾量天，蜻蜓量地

【关联】[W1157.4.1] 飞蛾量出天有7分宽

实例

彝族 格滋天神派去的造地的五个儿子和四个女儿分别造好天地。请飞蛾来量天，请蜻蜓来量地。

【流传】云南省·楚雄彝族自治州·姚安县、大姚县等彝族地区

【出处】《创世·开天辟地》，见云南省民族民间文学楚雄调查队整理编写《梅葛》，昆明：云南人民出版社2009年版，第6页。

W1396.1.0.3
穿山甲量天地

实例

拉祜族 穿山甲测量天地后对天神厄莎说："天和地的厚薄都一样。"

【流传】云南省大拉祜及黄拉祜中部一带

【出处】小八讲，古木整理：《天神厄莎》（整理中参照了《牡帕密帕》和《古根》），见姚宝瑄主编《中国各民族神话》（白族、拉祜族、景颇族），太原：山西出版传媒集团·书海出版社2014年版，第160页。

W1396.1.1
天的测量

实例

（实例待考）

W1396.1.2
地的测量

实例

（参见下级母题实例）

W1396.1.2.1
步测大地

【关联】

① ［W1157.1.2］天无法测量

② ［W1396.1］天地的测量（丈量世界）

实例

汉族 （实例待考）

W1396.1.2.2
地无法测量

实例

汉族 天数极高，地数极深，盘古极长。

【流传】（无考）

【出处】

(a) ［三国·吴］徐整：*《盘古》，［唐］欧阳询《艺文类聚》卷一引。

(b) ［三国·吴］徐整：*《盘古》，［清］马骕《绎史》卷一引。

纳西族 册恒布白命（天女名）带黄金量尺，又去量地面；地面被水占，地面不能量，不量又转回。

【流传】（云南省）

【出处】和芳、和志新编译：《崇邦统——人类迁徙记》，见姚宝瑄主编《中国各民族神话》（佤族、阿昌族、纳西族、普米族、德昂族），太原：山西出版传媒集团·书海出版社2014年版，第159页。

W1396.2
撑天缩地

【关联】

① ［W1361］天小地大（地大天小）

② ［W1372b］绷天地（绷天绷地）

实例

拉祜族 造的天大地小，扎多（天神名）把天撑大，娜多（天神名）把地缩小。

【流传】（无考）

【出处】《牡帕密帕》（创世纪），见娜朵主编《拉祜族民间文学集》，昆明：云南人民出版社1996年版。

拉祜族 穿山甲测量天地后对天神厄莎说："天和地的厚薄都一样，就是天小了，地大了，天和地要合拢，就要把天撑大，还要把地缩小，天地一合拢，就稳固了，就牢靠了。"

【流传】云南省大拉祜及黄拉祜中部一带

【出处】小八讲，古木整理：《天神厄莎》（整理中参照了《牡帕密帕》和《古根》），见姚宝瑄主编《中国各民族神话》（白族、拉祜族、景颇族），太原：山西出版传媒集团·书海出版社2014年版，第160页。

W1396.2.1
拉天缩地

【关联】

① ［W1383.1.1］拉天把天变大

② ［W1393.1］地的缩小（缩地）

实 例

（参见下级母题实例）

W1396.2.1.1
天神的儿女拉天缩地

实 例

彝族　格兹天神的儿子造天，女儿造地。结果造出天小地大。格兹天神对他们说："地做大了，就叫人来缩；天做小了，就叫人来拉。大了的缩一点，小了的拉大一点，天和地不是就能合起来。"

【流传】（云南省·楚雄彝族自治州·姚安县·官屯乡·马游村，大姚县·昙华乡等）

【出处】
(a) 郭天元（马游村）、李申呼颇（昙华乡）、李福玉颇（苴）演唱，郭思九、许明学、龚维顺、张宝省、陈志群、胡炳文等搜集，刘德虎、龚维顺、陈志群、李树荣、郭天元等整理：《梅葛》（第一部"创世"），见云南省民族民间文学楚雄调查队《梅葛》（1959），昆明：云南人民出版社2009年版，第7页。
(b) 《打虎开天辟地》，蔷紫据云南省民族民间文学楚雄调查队著《梅葛》（云南人民出版社2009年版）改写，见姚宝瑄主编《中国各民族神话》（羌族、彝族），太原：山西出版传媒集团·书海出版社2014年版，第192页。

W1396.2.1.2
天神撑天缩地

【关联】［W1396.0.1］天神撑天缩地使天地相合

实 例

拉祜族　造天地时天小地大，厄莎（有多种说法，如天神、天帝、创世女神、始祖等）只好把天撑大，把地缩小。

【流传】云南省·（普洱市）·澜沧县（澜沧拉祜族自治县）

【出处】李云保讲述，扎约采录：《牡帕密帕的故事》，见陶阳、钟秀编《中国神话》（上），北京：商务印书馆2008年版，第129～139页。

W1396.2.2
撑天缩地的顺序

实 例

（参见下级母题实例）

W1396.2.2.1
盘古拉天后再缩地

实 例

汉族　原来，天小地大。盘古拉天后再缩地。

【流传】浙江省·（丽水市）·青田县·温溪区·坑外村

【出处】季培贵讲，季从姚搜集整理：《盘古开天》（1940S），见姚宝瑄主编《中国各民族神话》（汉族），太原：山西出版传媒集团·书海出版社 2014 年版，第 14~15 页。

W1396.2a
支天支地

【关联】
① ［W1296.5］支天撑地造成天地分开
② ［W1357.0.2］支地撑天使天地分离

实例

（参见下级母题实例）

W1396.2a.1
用天梁地梁支天地

实例

哈尼族 众神杀查牛（天地神专养的神牛）补天补地时，脊梁做成支天支地的天梁地梁。肋巴骨做成撑天撑地的大椽子。

【流传】云南省·（红河哈尼族彝族自治州）·元阳（元阳县）、红河（红河县）、绿春（绿春县）、金平（金平苗族瑶族傣族自治县）

【出处】朱小和讲唱，史军超搜集整理：《查牛补天地》（1983），原载云南省民间文学集成办公室编《哈尼族神话传说集成》，中国民间文艺出版社 1990 年版，见姚宝瑄主编《中国各民族神话》（哈尼族、傣族），太原：山西出版传媒集团·书海出版社 2014 年版，第 56 页。

W1396.3
特定的人物修整天地

【关联】
① ［W1378］神或神性人物修补天地
② ［W1386］补天者
③ ［W1392］地的修补者

实例

（参见下级母题实例）

W1396.3.0
神修整天地

【关联】［W1255.1.1］神修整大地时形成平原

实例

（参见下级母题实例）

W1396.3.0.1
天神和地神共同修整天地

实例

纳西族 天神九弟兄和地神七姐妹修整不完美的天地。

【流传】（云南省）

【出处】和芳、和志新编译：《崇邦统——人类迁徙记》，见姚宝瑄主编《中国各民族神话》（佤族、阿昌族、纳西族、普米族、德昂族），太原：山西出版传媒集团·书海出版社 2014 年版，第 139 页。

W1396.3.0.2
众神修整天地

实例

哈尼族 因最早的天地不平，诸神因议改天换地。

【流传】（无考）

【出处】《大鱼开辟天地》（原名《天、地、人的传说》），原载谷德明编《中国少数民族神话》，见袁珂《中国神话大词典》，北京：华夏出版社 2015 年版，第 489 页。

W1396.3.1
盘古王修整天地

【关联】［W1379.3］盘古补天地

实　例

仡佬族 盘古王领着大家修整天地。

【流传】贵州省·（六盘水市）·六枝特区·店子乡（新窑乡）·那义村·青桐林

【出处】程少先等讲，叶正乾采录：《盘古王和他的儿孙们》，见中国民间文学集成全国编辑委员会编《中国民间故事集成》（贵州卷），北京：中国 ISBN 中心 2003 年版，第 62 页。

W1396.3.2
大地生的人重整山河

【关联】［W2203.2］地生人

实　例

珞巴族（实例待考）

W1396.3.3
祖先修整天地

实　例

（参见下级母题实例）

W1396.3.3.1
天神让人的祖先修整天地

实　例

彝族（俚颇） 天神盘颇拉天来盖地时，发觉天造小了，地造大了。于是让阿文（彝族的祖宗）想办法，使天和地吻合。

【流传】云南省·（楚雄彝族自治州）·大姚县·昙华山区（昙华乡）

【出处】
（a）陆颇梭颇（毕摩）演唱，夏光辅、诺海阿苏翻译：《俚泼古歌》，见云南省社会科学院楚雄彝族文化研究所编《彝族民间文学》第 2 辑，1985 年。
（b）陆颇梭颇（毕摩）演唱，夏光辅、诺海阿苏翻译，古梅改写：《赤梅葛——俚泼古歌》，见姚宝瑄主编《中国各民族神话》（羌族、彝族），太原：山西出版传媒集团·书海出版社 2014 年版，第 96 页。

W1396.3.3.2
女始祖修整天地

实　例

（参见下级母题实例）

W1396.3.3.2.1
姆六甲修整天地

【关联】［W0705.5］姆洛甲是创世大神

实　例

壮族 螟蛉子造天的时候，造得不

严，于是，姆六甲（女始祖）把大地一把抓起来，把地皮扯得鼓胀起来，这回天地合得严实了。

【流传】（无考）

【出处】《姆六甲》，原载蓝鸿恩搜集整理《神弓宝剑》，中国民间文艺出版社1985年版，见吕大吉、何耀华总主编《中国各民族原始宗教资料集成》（土家族卷、瑶族卷、壮族卷、黎族卷），北京：中国社会科学出版社1998年版，第604页。

W1396.3.3.2.2
姝六甲修整天地

实例

汉族 拱屎虫和螟蛉虫分别造的地大天小。女始祖姝六甲把大地抓起来，把地皮扯得膨胀起来，这时天地合严了。

【流传】辽宁省·（大连市）·瓦房店市·炮台镇·长岭村、老染房村一带

【出处】秦淑慧讲，孙波搜集整理：《姝六甲》（1986.03），见姚宝瑄主编《中国各民族神话》（汉族），太原：山西出版传媒集团·书海出版社2014年版，第36~38页。

W1396.3.4
动物修整天地

实例

（参见下级母题实例）

W1396.3.4.1
野猪和大象修整天地

【关联】[W1392.3.4] 野猪大象拱地

实例

彝族 天神格兹苦的儿女造的天小地大，于是格兹苦令野猪三对、大象三双掘拱之，掘拱成为高山深沟，于是天地乃合。

【流传】（无考）

【出处】《天神格兹苦》（原名《云南彝族史诗·梅葛》），原载毛星主编《中国少数民族文学》（下册），见袁珂《中国神话大词典》，北京：华夏出版社2015年版，第430页。

W1396.3.4.2
蚂蚱修天边地边

【关联】
① [W1166] 天边（天的边际）
② [W1237] 地边

实例

彝族（罗鲁泼） 天神的儿女造的天小地大，长蛇把地缩，蚂蚱去修天和地的边边，天和地便盖合了。

【流传】云南省·（楚雄彝族自治州）·永仁县

【出处】

(a) 李德宝演唱，李必荣、李荣才搜集，夏光辅、诺海阿苏翻译：《冷斋调》（1984），见云南省社会科学院楚雄彝族文化研究所编《彝族民间文

学》第 2 辑，1985 年。
(b) 夏光辅、诺海阿苏翻译，古梅改写：《冷斋调》，见姚宝瑄主编《中国各民族神话》（羌族、彝族），太原：山西出版传媒集团·书海出版社 2014 年版，第 114 页。

W1396.4
重新改天造地
【关联】［W1502.2］万物自然再生

实 例

景颇族　宁贯娃重新改天造地。

【流传】（无考）

【出处】何峨整理：《宁贯娃改天整地》，见中华民族故事大系编委会编《中华民族故事大系》第 10 卷（景颇族、柯尔克孜族、土族），上海：上海文艺出版社 1995 年版，第 21 页。

W1396.4.1
天公重新整顿天地

实 例

阿昌族　遮帕麻射落假太阳，重整天地。

【流传】（无考）

【出处】《遮帕麻与遮米麻》，见中国各民族宗教与神话大词典编审委员会编《中国各民族宗教与神话大词典》，北京：学苑出版社 1990 年版，第 3 页。

阿昌族　天公遮帕麻挥劝赶山鞭把混乱了的天地重新整顿好。

【流传】(a) 云南省·（德宏傣族景颇族自治州）·梁河县

【出处】
(a) 赵安贤讲，杨叶生智克采录：《遮帕麻与遮米麻》，见中国民间文学集成全国编辑委员会编《中国民间故事集成》（云南卷），北京：中国 ISBN 中心 2003 年版，第 69 页。
(b) 赵安贤讲，舟叶生译，智克整理：《遮帕麻与遮米麻》，见谷德明编《中国少数民族神话》，北京：中国民间文艺出版社 1987 年版，第 490 页。
(c) 同 (b)，见陶立璠、赵桂芳等编《中国少数民族神话汇编》（开天辟地篇等），中央民族学院少数民族古籍整理出版规划领导小组办公室印（未署出版时间），第 330 页。

W1396.4.2
祖先重新改天造地

实 例

（参见下级母题实例）

W1396.4.2.1
女始祖姆六甲重新造山河

实 例

壮族　姆洛甲重新造山川河流。

【流传】广西壮族自治区·（百色市）·西林县·那佐乡·那来村

【出处】
(a) 黄公受讲，岑护双采录翻译：《巨人夫妻》，见中国民间文学集成全国编辑委员会编《中国民间故事集成》

（广西卷），北京：中国 ISBN 中心 2001 年版，第 55 页。

（b）同（a），见张声震总主编，农冠品编注《壮族神话集成》，南宁：广西民族出版社 2007 年版，第 31 页。

1.2.6　天地通
【W1400～W1424】

※ W1400
天地相通

【关联】

① ［W1070.2.1］三界相通
② ［W1270］天地相连
③ ［W1425］上天（登天）

【实例】

（参见下级母题实例）

W1401
以前天地相通

【实例】

汉族　以前，地下的人搬个梯子登上房顶，就能上天去串门儿。

【流传】北京市·顺义县（顺义区）

【出处】刘刘氏讲，释治军采录：《太阳为啥不让人瞧》，见中国民间文学集成全国编辑委员会编《中国民间故事集成》（北京卷），北京：中国 ISBN 中心 1999 年版，第 5 页。

苗族　远古时候，地上天上都是相通的，地下的人可以走到天上去。

【流传】四川省·（宜宾市）·兴文县·大河乡（大河苗族乡）

【出处】杨金全讲，马正林采录：《禽畜的来历》，见中国民间文学集成全国编辑委员会编《中国民间故事集成》（四川卷·下），北京：中国 ISBN 中心 1998 年版，第 1320 页。

羌族　以前，地上的人可以通过山爬到天上去，天上的人可以跑到地上来。

【流传】四川省·（绵阳市）·北川县·墩上羌族乡·岭岗村

【出处】苟玉书讲，王羽中采录：《木姐珠和斗安珠》，见中国民间文学集成全国编辑委员会编《中国民间故事集成》（四川卷·下），北京：中国 IS-BN 中心 1998 年版，第 1111 页。

彝族　很古的时代，天上和地上是相通的。

【流传】贵州省·（毕节市）·威宁县（威宁彝族回族苗族自治县）

【出处】王小二讲，石磊采录：《拆掉通天的桥》，见中国民间文学集成全国编辑委员会编《中国民间故事集成》（贵州卷），北京：中国 ISBN 中心 2003 年版，第 70 页。

W1401.1
盘古出世时天地相连

【关联】［W0721.5.1］盘古的生日

【实例】

汉族　盘古出世时，天和地还粘合在一起。

【流传】湖北省西北部一带

【出处】马卉欣整理：《盘古顶天》，见桐柏网：http：//tongbai.01ny.cn，2001.01.26。

W1401.2
盘古开天辟地时天地相连

实　例

汉族 盘古开天辟地，人间和天上本是相通着。

【流传】陕西省·（榆林市）·绥德县·白家界乡（白家硷乡）·海满坪村

【出处】杨进山讲，刘汉腾采录：《黎民百姓和九重天》，见中国民间文学集成全国编辑委员会编《中国民间故事集成》（陕西卷），北京：中国ISBN中心1996年版，第3页。

汉族 盘古开辟天地之初，天上和人间是通的。

【流传】江苏省·（宿迁市）·泗阳县

【出处】房右居讲，蒋光祥搜集整理：《天上、人间、地下》（1986.10.10），见姚宝瑄主编《中国各民族神话》（汉族），太原：山西出版传媒集团·书海出版社2014年版，第40~41页。

W1401.3
三皇治世时天地相连

【关联】［W0123.4.2］三皇

实　例

汉族 三皇治世的时候，人间和天上本是相通着。

【流传】陕西省·（榆林市）·绥德县·白家界乡（白家硷乡）·海满坪村

【出处】杨进山讲，刘汉腾采录：《黎民百姓和九重天》，见中国民间文学集成全国编辑委员会编《中国民间故事集成》（陕西卷），北京：中国ISBN中心1996年版，第3页。

W1401.4
人神时代天地相连

实　例

哈尼族 自从天神俄玛下到人间，生下的一代代人神都能回到天上，人世和天上是通着的。

【流传】云南省·（红河哈尼族彝族自治州）·元阳（元阳县）、红河（红河县）、金平（金平苗族瑶族傣族自治县），（采集于元阳县·胜村乡·全福庄）

【出处】卢朝贵讲，史军超搜集整理：《神和人的家谱》，原载云南省民间文学集成办公室编《哈尼族神话传说集成》，中国民间文艺出版社1990年版，见姚宝瑄主编《中国各民族神话》（哈尼族、傣族），太原：山西出版传媒集团·书海出版社2014年版，第44页。

W1402

天地相通的原因

【关联】［W1271］天地相连的原因

实例

（参见下级母题实例）

W1402.1

天塌使天地连在一起

实例

（实例待考）

W1403

天地的四个角相连

【汤普森】≈A657.2

实例

（实例待考）

W1404

连接天地的山

【关联】［W1825.1］巨大无比的山（高山）

实例

羌族 古时候，天底下有座山是和天连在一起的。

【流传】四川省·（绵阳市）·北川县·墩上羌族乡·岭岗村

【出处】苟玉书讲，王羽中采录：《木姐珠和斗安珠》，见中国民间文学集成全国编辑委员会编《中国民间故事集成》（四川卷·下），北京：中国IS-BN中心1998年版，第1111页。

W1404.1

日月山通天地

【关联】［W1450.1］日月山是天梯

实例

汉族 （参见W1450.1母题实例）

W1404.2

五指山主峰通天地

实例

黎族 （实例待考）

W1404.3

须弥山通天地

实例

门巴族 海里有个大山，叫须弥山，山根扎在海底，山顶插入天界。

【流传】西藏自治区·（林芝地区）·墨脱县

【出处】益西平措讲，冀文正采录：《创世说》，见中国民间文学集成全国编辑委员会编《中国民间故事集成》（西藏卷），北京：中国ISBN中心2001年版，第4页。

W1405

通天的河

【关联】［W1944.2］奇特的河（神奇的河）

实例

汉族 一条大河是从天上淌下来，迎

着河水可以到天上。

【流传】北京市·丰台区

【出处】王德茂讲，赵美琳采录：《启明星、长庚星、北极星》，见中国民间文学集成全国编辑委员会编《中国民间故事集成》（北京卷），北京：中国ISBN中心1999年版，第10页。

W1406
连接天地的土台在山上

实例

独龙族（实例待考）

W1407
连接天地的桥（天桥、通天桥）

【汤普森】A657

【关联】

① ［W1070.2］三界相连

② ［W1442.1.3］到月亮的天桥

③ ［W1468.2］造桥做天梯

实例

彝族 很古的时代，从地上到天上有座通天的桥。

【流传】贵州省·（毕节市）·威宁县（威宁彝族回族苗族自治县）

【出处】王小二讲，石磊采录：《拆掉通天的桥》，见中国民间文学集成全国编辑委员会编《中国民间故事集成》（贵州卷），北京：中国ISBN中心2003年版，第70页。

W1407.0
特定人物造通天桥

实例

（参见下级母题实例）

W1407.0.1
张古老用石砌通天桥

实例

苗族 张古老用石砌通天桥。

【流传】（无考）

【出处】《通天桥》，原载燕宝编《苗族民间故事选》（原名《张古老斗雷公》），见袁珂《中国神话大词典》，北京：华夏出版社2015年版，第424页。

W1407.1
天上人间通过天桥互有来往

实例

彝族 古时，天上与人间可以通过天桥互相来往。

【流传】（无考）

【出处】陶阳、牟钟秀著：《中国创世神话》，上海：上海人民出版社2006年版，第51页。

W1407.2
树的丫枝搭成天桥

实例

汉族 东方的杏扶和西方的神桑的两

条粗壮的丫枝紧紧相连，搭成一座天桥。

【流传】四川省·（宜宾市）·珙县·城关镇

【出处】邓华恩讲，范方敏采录：《伏羲和女娲》，见中国民间文学集成全国编辑委员会编《中国民间故事集成》（四川卷·上），北京：中国 ISBN 中心 1998 年版，第 51 页。

W1407.2a
特定物是通天桥

实例

（参见下级母题实例）

W1407.2a.1
芋树是通天桥

实例

黎族　一棵顶天立地的芋树是天地之间的桥梁。

【流传】（无考）

【出处】龙敏搜集整理：《兄弟星座》注释，见谷德明编《中国少数民族神话》，北京：中国民间文艺出版社 1987 年版，第 188 页。

W1407.3
通天桥的毁坏

【关联】[W1416.6.1] 英雄拆掉通天桥绝地天通

实例

（实例待考）

W1407.3.1
神与人发生纠纷后天桥断绝

【关联】
① [W1415] 绝地天通
② [W1416.2] 天神毁掉通天桥绝地天通

实例

彝族　古时，天上人间互有来往，后来神与人发生纠纷，上天桥梁断绝。

【流传】（无考）

【出处】陶阳、牟钟秀著：《中国创世神话》，上海：上海人民出版社 2006 年版，第 51 页。

W1407.4
与连接天地的桥有关的其他母题

实例

（参见下级母题实例）

W1407.4.1
连接天堂的桥

实例

（参见下级母题实例）

W1407.4.1.1
连接天堂的桥架在火狱上

实例

塔吉克族　绥拉提桥是伊斯兰教传说中架在火狱之上直通天堂的桥。其窄如发丝，锋利如剑刃。生前行善者可以安全通过，走向天堂。

【流传】新疆维吾尔自治区·（喀什地区）·塔什库尔干塔吉克自治县·瓦尔西代乡

【出处】马达里汗讲，西仁·库尔班等采录翻译：《人类的来历》，见中国民间文学集成全国编辑委员会编《中国民间故事集成》（新疆卷），北京：中国ISBN中心2008年版，第35页。

W1408
天地由绳索相连

【汤普森】A625.2.1

【关联】
① ［W1430.2］神女放下能上天的绳子
② ［W1434.3］通过绳子上天

实 例

（实例待考）

W1408.1
连接天地的带子

实 例

（参见下级母题实例）

W1408.1.1
王母娘娘剪断连接天地的带子

实 例

汉族　皇母娘娘取出一把刀斩断了通天带。

【流传】福建省·（宁德市）·霞浦县·城关（松城街道及松港街道）

【出处】王庆国讲，郑东夫采录：《农神和衣神》，见中国民间文学集成全国编辑委员会编《中国民间故事集成》（福建卷），北京：中国ISBN中心1998年版，第14页。

W1408.2
天地有1条链子相连

实 例

（参见下级母题实例）

W1408.2.1
锁链把天地拴在一起

【关联】［W1272.6.1］有一条拴天地的锁链

实 例

佤族　天和地是用铁链拴在一起的。

【流传】云南省·（普洱市）·西盟县（西盟佤族自治县）

【出处】达老屈等讲，隋嘎等采录：《司岗里》，见中国民间文学集成全国编辑委员会编《中国民间故事集成》（云南卷），北京：中国ISBN中心2003年版，第96页。

佤族　以前，天和地是用铁链拴在一起的，天地离得很近。

【流传】（云南省·普洱市·西盟佤族自治县）

【出处】随戛、岩扫、岩瑞等讲，艾荻、张天达搜集整理：《司岗里》，见姚宝瑄主编《中国各民族神话》（佤族、阿昌族、纳西族、普米族、德昂族），太原：山西出版传媒集团·书海出版

佤族 以前，天和地是用铁链拴在一起。

【流传】云南省·（普洱市）·西盟县（西盟佤族自治县），（临沧市）·沧源县（沧源佤族自治县）

【出处】随戛、岩扫、岩瑞等讲述，艾荻、张开达搜集整理：《司岗里》，载《山茶》1988年第1期。

W1408.2.2
天地有1条铁链相连

【关联】

① ［W1278.2］砍断拴天地的铁链后天地分开

② ［W1434.4.2］1对母子顺着铁链上天

实 例

独龙族 "南木"（天鬼）是经过从天上垂吊下来的铁索链子，往返于天地之间的。

【流传】云南省·（怒江傈僳族自治州）·贡山（贡山独龙族怒族自治县）·独龙江公社（独龙江乡）·熊当村

【出处】蔡家麒：《独龙族社会历史综合考察报告》，原载中国西南民族研究学会等编《民族调查研究》专刊第1集，1983年，见吕大吉、何耀华总主编《中国各民族原始宗教资料集成》（纳西族卷、羌族卷、独龙族卷、傈僳族卷、怒族卷），北京：中国社会科学出版社2000年版，第648页。

佤族 原来的天和地用铁链拴在一起，离得很近。

【流传】云南省·（普洱市）·西盟县（西盟佤族自治县），（临沧市）·沧源县（沧源佤族自治县）

【出处】

（a）隋嘎、岩扫等讲，艾荻等搜集整理：《司岗里》，见尚仲豪、郭九思等编《佤族民间故事选》，上海：上海文艺出版社1989年版，第1页。

（b）随戛、岩扫、岩瑞等讲述；艾荻、张开达搜集整理：《司岗里》，载《山茶》1988年第1期。

W1408.3
天地有一根绳子相连

实 例

珞巴族 （实例待考）

W1408.3.1
天上有根悬吊大地的绳子

实 例

珞巴族 （实例待考）

W1408.3.2
蛤蟆的筋做拴天地的绳子

实 例

基诺族 创世母亲做好天地后，为了维持天地之间规整，用癞蛤蟆身上的九根筋作绳拴在天地之间。

【流传】云南省·（西双版纳傣族自治州·景洪市）·（基诺山基诺族乡）·巴亚寨

【出处】巴卡老四等讲，杜玉亭调查整理：《创世母亲造天地万物》（1958～1981），见吕大吉、何耀华总主编《中国各民族原始宗教资料集成》（彝族卷、白族卷、基诺族卷），北京：中国社会科学出版社1996年版，第879页。

W1409

天地有土台相连

【关联】［W1417.1.3］蚂蚁扒倒连接天地的土台后绝地天通

实 例

（实例待考）

W1409.1

天地间九道土台连接

实 例

独龙族 古时，天和地用九道土台连接。

【流传】云南省

【出处】

(a) 当色顶等讲：《大蚂蚁分天地》，见陶阳、钟秀编《中国神话》，上海：上海文艺出版社1996年版，第118页。

(b)《大蚂蚁分开地》，见谷德明编《中国少数民族神话》，北京：中国民间文艺出版社1987年版，第532页。

独龙族 天和地相连，山上有九道土台。

【流传】（无考）

【出处】

(a)《木克木当》，见中国各民族宗教与神话大词典编审委员会编《中国各民族宗教与神话大词典》，北京：学苑出版社1990年版，第121页。

(b) 巴子整理：《大蚂蚁分开灭地》，见刘城淮主编《世界神话集（1）·自然神话》，长沙：湖南大学出版社1999年版，第180页。

独龙族 在古老的时代，天和地紧紧相连。连接天和地的是九道土台。

【流传】云南省

【出处】李子贤等搜集整理：《创世纪神话故事六则·大蚂蚁把天地分开》，见中国作家协会云南分会编《云南民族民间故事选》，昆明：云南人民出版社1981年版，第583～585页。

独龙族 古老的时代，天和地紧紧相连，连接天和地的是九道土台。

【流传】云南省怒江独龙族地区

【出处】

(a) 当色·顶、孔英金、卜松、鲁腊·顶讲，李子贤、张文臣、李承明记录，孟国才、张联华、和诠翻译，李子贤整理：《大蚂蚁分天地》，见陶立璠、朱桂元等编《中国少数民族神话汇编》，中央民族学院少数民族古籍整理出版规划领导小组办公室编，内部资料，1984年。

(b) 同(a)，见姚宝瑄主编《中国各

民族神话》（水族、布朗族、独龙族、基诺族、傈僳族），太原：山西出版传媒集团·书海出版社2014年版，第111页。

W1410

通天的树（通天的植物）[1]

【关联】［W1096.2］世界树

实 例

（实例待考）

W1410.1

通天的扶桑树

实 例

（参见下级母题实例）

W1410.2

通天的马桑树

【关联】

① ［W1433.4］通过马桑树上天
② ［W1448.3］马桑树是天梯
③ ［W1483.2］马桑树是通天树

实 例

仡佬族 盘古王把天地辟开，留着一棵接地通天的大马桑树给儿孙往来。

【流传】贵州省·（六盘水市）·六枝特区·店子乡（新窑乡）·那义村·青桐林

【出处】程少先等讲，叶正乾采录：《盘古王和他的儿孙们》，见中国民间文学集成全国编辑委员会编《中国民间故事集成》（贵州卷），北京：中国ISBN中心2003年版，第62页。

苗族 耗子从高齐天的马桑树爬上去。

【流传】贵州省·（黔东南苗族侗族自治州）·剑河县·观么乡

【出处】张贵华讲，万必轩采录：《谷种是怎样来的》，见中国民间文学集成全国编辑委员会编《中国民间故事集成》（贵州卷），北京：中国ISBN中心2003年版，第32页。

羌族 一群猴子顺着马桑树爬上了天宫。

【流传】四川省·（阿坝藏族羌族自治州）·汶川县·威州乡（威州镇）·牛老寨

【出处】倪明富讲，周辉枝采录：《太阳和月亮》，见中国民间文学集成全国编辑委员会编《中国民间故事集成》（四川卷·下），北京：中国ISBN中心1998年版，第1109页。

土家族 铁汉大哥爬到马桑树上上天了。

【流传】（无考）

【出处】彭继宽搜集，彭勃整理：《开天辟地》，见陶立璠、赵桂芳等编《中国少数民族神话汇编》（开天辟地篇等），中央民族学院少数民族古籍整

---

[1] 通天的树，由于具体神话文本不同会产生有不同的说法和含义，又可以分为"宇宙树"或"世界树"、"生命树"、"作为天梯的树"等不同情形。

土家族 上古洪荒时候，地上的马桑树伸到天上去了，人爬上马桑树到天上去玩。

【流传】湖南省、湖北省、贵州省等地

【出处】田建柏讲，彭勃等搜集整理：《补天补地》，见中华民族故事大系编委会编《中华民族故事大系》第 5 卷（瑶族、白族、土家族），上海：上海文艺出版社 1995 年版，第 657 页。

土家族 地上的小娃儿沿着马桑树往天上爬。

【流传】四川省·秀山县（今重庆市·秀山土家族苗族自治县）·海洋乡

【出处】彭国然讲，李绍明采录：《依罗娘娘造人》，见中国民间文学集成全国编辑委员会编《中国民间故事集成》（四川卷·下），北京：中国 ISBN 中心 1998 年版，第 1211 页。

W1410.2.1
最高的一棵马桑树通天

实例

苗族 太古时马桑树为高大之树，最高者乃至高达于天。

【流传】（无考）

【出处】《马桑树》，原载谢馨藻等搜集整理《苗族民间故事》，见袁珂《中国神话大词典》，北京：华夏出版社 2015 年版，第 416 页。

W1410.3
天空垂下来的树

【汤普森】A652.2

实例

（实例待考）

W1410.4
通天的铁树

实例

汉族 （参见 W1485.1 母题实例）

W1410.5
通天的铜树

实例

汉族 （参见 W1485.1 母题实例）

W1410.6
通天的芋树

实例

黎族 （参见 W1407.2a.1 母题实例）

W1410.7
通天的竹子

【关联】［W1317.2.1］以前，地上的竹子能碰到天顶篷

实例

（参见下级母题实例）

W1410.7.1
母竹通天

实例

彝族 （参见 W1433.6.3.1 母题实例）

W1410.8
其他特定的通天树

实例

（参见下级母题实例）

W1410.8.1
日月树通天地

【关联】
① ［W1433.3］通过日月树上天
② ［W1448.2］日月树是天梯

实例

壮族 雷神怕布伯带人再到天上捣乱，便把天升高起来，只留岜赤山上的日月树作为天梯，沟通天上地下的通路。

【流传】广西壮族自治区红水河流域各县

【出处】
(a)《布伯的故事》，载《民间文学》1979 年第 10 期。
(b) 同 (a) 王松选定，见姚宝瑄主编《中国各民族神话》（仫佬族、壮族、京族），太原：山西出版传媒集团·书海出版社 2014 年版，第 104 页。

W1410.8.2
马桑树和华桑树是通天树

实例

（参见下级母题实例）

W1410.8.2.1
通天树马桑树和华桑树在黄河边上

实例

布依族 黄河对岸有两棵树。一棵叫马桑树，一棵叫华桑树。两棵树尖尖顶着天，要上天，必须从那里经过。

【流传】（无考）

【出处】
(a) 祝登雍讲：《伏羲兄妹》，见谷德明编《中国少数民族神话选》，西北民族学院研究所 1983 年编印，内部资料。
(b) 同 (a)，见姚宝瑄主编《中国各民族神话》（布依族、仡佬族、苗族），太原：山西出版传媒集团·书海出版社 2014 年版，第 59 页。

W1410.8.3
高大的树干通天

【关联】［W1444.1.4］顺着树干下凡

实例

侗族 高大的树干变成通天大道。

【流传】（无考）

【出处】《王素族长》，见杨保愿《嘎茫

莽道时嘉》(《侗族远祖歌》),北京:中国民间文艺出版社1986年版,第153页。

W1410.8.4
百节参天树通天

实例

白族 一个男子为了向太阳、月亮要回治病的仙草,在院子里栽了一棵百节参天树。

【流传】云南省·(大理白族自治州)·洱源(洱源县)、剑河(剑河县)

【出处】王金发讲,杨明高搜集整理:《天狗追仙草》,见中华民族故事大系编委会编《中华民族故事大系》第5卷(瑶族、白族、土家族),上海:上海文艺出版社1995年版,第419~420页。

W1411
通天的柱子

【关联】[W1330]天柱(顶天的柱子)

实例

彝族 竖起铜铁柱,通到天上去,天上与地上就通了婚。

【流传】四川省·凉山地区(凉山彝族自治州)

【出处】冯元蔚译注:《勒俄特依》,成都:四川民族出版社1986年版,第93页。

W1412
连接天地的梯子①

【关联】[W1445]天梯

实例

纳西族 以前,有一个连结天地的梯子。

【流传】(无考)

【出处】洛克编纂:《纳西语英语大百科辞典》。

W1412.1
连接天地的活木梯

实例

侗族 哥哥爬杉木梯到了天上。

【流传】广西壮族自治区·(柳州市)·三江侗族自治县·(丹洲镇)·板必(板必村)

【出处】黄大奶讲,鼓声、卜朗整理:《兄妹救太阳》,见姚宝瑄主编《中国各民族神话》(土家族、毛南族、侗族、瑶族),太原:山西出版传媒集团·书海出版社2014年版,第123页。

怒族 天地间有千年不朽的活木梯。

【流传】云南省·(怒江傈僳族自治州)·贡山(贡山独龙族怒族自治县)

【出处】庚松等讲,彭兆清整理:《创世

---

① 连接天地的梯子,该类母题的详细情况见"[W1445]天梯"母题。

记》，见中华民族故事大系编委会编《中华民族故事大系》第14卷（普米族、塔吉克族、怒族、俄罗斯族、鄂温克族），上海：上海文艺出版社1995年版，第515页。

W1413
天地之间有路相连（通天的路、天路）

实例

高山族 古老的时候，人间与天上是有路相通的。

【流传】（无考）

【出处】陈炜萍搜集整理：《天上、人间、地下》，原载《高山族民间故事选》，见陶阳、钟秀《中国神话》（上），北京：商务印书馆2008年版，第184~186页。

彝族 很古的时代，从天上到地上有达地的路。

【流传】贵州省·（毕节市）·威宁县（威宁彝族回族苗族自治县）

【出处】王小二讲，石磊采录：《拆掉通天的桥》，见中国民间文学集成全国编辑委员会编《中国民间故事集成》（贵州卷），北京：中国ISBN中心2003年版，第70页。

W1413.1
天地之间一条路相连

实例

（参见下级母题实例）

W1413.1.1
很早以前天地之间一条路相通

实例

苗族 很古的时候，天上和地上，有一条路相通。

【流传】广西壮族自治区·（柳州市）·融水苗族自治县·白云乡、香粉乡

【出处】莫总清、梁老岩、贾老绍讲，覃桂清、过伟记录整理：《天上仙女的女儿》（又名《哈迈》、《哈迈与米加达》）（1957），见姚宝瑄主编《中国各民族神话》（布依族、仡佬族、苗族），太原：山西出版传媒集团·书海出版社2014年版，第259页。

W1413.2
神踏出通天地的路

【关联】[W6220] 道路的产生

实例

哈尼族 大神们的脚巴掌踩出七十七条通天通地的大路小路。

【流传】云南省·（红河哈尼族彝族自治州）·元阳县

【出处】朱小和讲，史军超等采录：《神的古今》，见中国民间文学集成全国编辑委员会编《中国民间故事集成》（云南卷），北京：中国ISBN中心2003年版，第19页。

W1413.2.1
天神、地神踏出通天路

实例

哈尼族 天神、地神诸神踩出通天通地的小路。

【流传】（无考）

【出处】《俄拔密拨》，见中国各民族宗教与神话大词典编审委员会编《中国各民族宗教与神话大词典》，北京：学苑出版社 1990 年版，第 168 页。

W1413.3
神山是升天之路

【关联】［W0956］神山

实例

（参见下级母题实例）

W1413.3.1
神山是连接人间与天界的路

实例

纳西族 很古的时候，利恩若（男祖先名）和波白命（天女，利恩若的妻子）离开天庭，从神山上来到了人间。

【流传】云南省·（丽江市）·丽江县（古城区、玉龙纳西族自治县）

【出处】木丽春采集整理：《谷种来历的传说》，见木丽春编著《纳西族民间故事集》，昆明：云南人民出版社 2007 年版，第 83 页。

W1413.3a
石是通天的路

实例

（参见下级母题实例）

W1413.3a.1
龙王有条石坎路能通天地

【关联】［W3581.11］与龙王有关的他母题

实例

布依族（参见 W1438.1.5.1 母题实例）

W1413.3b
山是通天路

实例

汉族等 山一般被看作是神灵的寄居之所和人间通往天界的道路。

【流传】（无考）

【出处】《山神》，见乌丙安主编《中国民间神谱》，沈阳：辽宁人民出版社 2007 年版，第 26 页。

W1413.4
天路有多条

实例

（参见下级母题实例）

W1413.4.1
通天路有 22 条
【实例】

门巴族 （实例待考）

W1413.4.2
通天路有 77 条
【关联】［W1438.1.0.1.1］神踩出 77 条通天路

【实例】

哈尼族 有 77 条通天通地的小路。

【流传】（无考）

【出处】《俄拔密拔》，见中国各民族宗教与神话大词典编审委员会编《中国各民族宗教与神话大词典》，北京：学苑出版社 1990 年版，第 168 页。

W1413.5
天梯是通天的路
【关联】

① ［W1472］天梯很高

② ［W1487.1］人通过天梯到天上

【实例】

壮族 赤山上的日月树作为天梯，沟通天上地下的通路。

【流传】广西壮族自治区红水河流域各县

【出处】蓝鸿恩搜集整理：《布伯的故事》，原载蓝鸿恩编《壮族民间故事选》，见陶阳、钟秀编《中国神话》（上），北京：商务印书馆 2008 年版，第 498～508 页。

W1413.6
天路要经过各家的屋顶
【实例】

独龙族 从天的最高层住下各层中，有"南木"（天鬼）下到人间必经的各户屋顶上的天路。

【流传】（无考）

【出处】吕大吉、何耀华总主编：《中国各民族原始宗教资料集成》（纳西族卷、羌族卷、独龙族卷、傈僳族卷、怒族卷），北京：中国社会科学出版社 2000 年版，第 612 页。

W1413.7
与通天路有关的其他母题
【实例】

（参见下级母题实例）

W1413.7.1
以前天地间可以来往
【关联】［W2906.3］人以前可以上天入海

【实例】

苗族 以前，天上和人间可以时常来往。

【流传】贵州省

【出处】

(a) 罗亮臣讲，王春德搜集整理：《阿

各林和葫芦兄妹》，见中国作家协会贵阳分会筹委会等编《民间文学资料》第十五集（苗族传说故事），内部资料，1959年编印。
(b) 同（a），见姚宝瑄主编《中国各民族神话》（布依族、仡佬族、苗族），太原：山西出版传媒集团·书海出版社2014年版，第302页。

W1413.7.2
通天路很平

实例

纳西族 天地相连恶地方有一条平路。

【流传】云南省·丽江（丽江市）

【出处】和芳讲：《崇搬图》，见《东巴经文资料》（1963~1964），中国社会科学院图书馆单册复印云南丽江县文化馆资料合订本，第73页。

W1413.7.3
通天路是条小路

实例

哈尼族 天神、地神诸神踩出通天通地的小路。

【流传】（无考）

【出处】《俄拔密拔》，见中国各民族宗教与神话大词典编审委员会编《中国各民族宗教与神话大词典》，北京：学苑出版社1990年版，第168页。

W1413.7.4
通天路在东方

实例

高山族 古时天上有人，地下亦有人；天上粮食甚多，地上人常往天上购粮食。通天之路在东方，有长云梯，即攀此而上。

【流传】（无考）

【出处】袁珂改编：《天梯》（原名《天上、人间、地下》），原载《台湾高山族传说与风情》（下册），见袁珂《中国神话大词典》，北京：华夏出版社2015年版，第523页。

W1414
其他特定的物连接天地

实例

（参见下级母题实例）

W1414.1
葫芦秧连接天地

实例

哈尼族 葫芦籽吐芽，抽茎长叶，直达天庭。

【流传】（无考）

【出处】《都玛沙茨》，见中国各民族宗教与神话大词典编审委员会编《中国各民族宗教与神话大词典》，北京：学苑出版社1990年版，第173页。

W1414.2
天地由脐带相连

【汤普森】A625.2.1

【关联】［W1416.0.1］神剪断通天地的脐带绝地天通

实 例

苗族 最古的时候，天和地两块粘在一起，肚脐眼头有个蛋，生不出来，天也喊痛，地也喊痛。

【流传】贵州省·（黔东南苗族侗族自治州）·黄平县（原名旧州）·红梅乡·波洞村

【出处】张其富讲，杨付昌等采录：《榜香犼》，见中国民间文学集成全国编辑委员会编《中国民间故事集成》（贵州卷），北京：中国ISBN中心2003年版，第78页。

佤族 天地是一根藤条绑在一起，有脐带相连。神用刀砍断藤条，天地分开。

【流传】（无考）

【出处】李子贤：《论佤族神话》，载《思想战线》（云南大学）1987年第6期。

W1414.2.1
神剪断连接天地的脐带

【关联】［W1408.1.1］王母娘娘剪断连接天地的带子

实 例

珞巴族 地母生出一个神剪断天地相连的脐带。

【流传】西藏自治区·珞渝（包括上珞渝，泛指古称的白马岗即今林芝市墨脱县、马尼岗、梅楚卡一带，下珞渝则泛指永木河、锡约尔河、巴恰西仁河流域）

【出处】亚崩等讲，刘芳贤等整理，达登翻译：《石金金巴巴娜和石金金耐娜鲁布的传说》，见中华民族故事大系编委会编《中华民族故事大系》第16卷（赫哲族、门巴族、珞巴族、基诺族），上海：上海文艺出版社1995年版，第570页。

W1414.3
天地由梯子与绳子相连

实 例

（参见下级母题实例）

W1414.3.1
天宫与人间有白银梯子和黄金攀绳相连

【关联】［W1422.3.1］天神拆掉白银梯子解除黄金攀绳绝地天通

实 例

纳西族 原来天国天宫与人间相连的是白银梯子和黄金攀绳。

【流传】云南省·丽江（丽江市）

【出处】和芳（东巴）读经，和志武翻译整理：《崇邦统》（人类迁徙记）（1954），见吕大吉、何耀华总主编《中国各民族原始宗教资料集成》（纳西族卷、羌族卷、独龙族卷、傈僳族卷、怒族卷），北京：中国社会科学出版社2000年版，第329页。

W1414.4
特定的地方通天

实 例

（参见下级母题实例）

W1414.4.1
雷公坪像一根通天柱

实 例

苗族 在古代，雷公坪像一根通天柱，笔直直插进天空里。

【流传】贵州省·（黔东南苗族侗族自治州）·雷山（雷山县）·西江地区（西江镇）

【出处】
（a）杨正光、侯昌德讲，杨正光、侯昌德搜集整理：《雷公坪》，载《南风》1981年第1期。
（b）同（a），见姚宝瑄主编《中国各民族神话》（布依族、仡佬族、苗族），太原：山西出版传媒集团·书海出版社2014年版，第135页。

❄ W1415
绝地天通

【关联】
① ［W1275］天地的分开
② ［W1444.3.2.1］天帝下令杀死上天的人

③ ［W6183］人与神（鬼）分开居住

实 例

（参见下级母题实例）

W1415a
绝地天通的原因

【关联】［W1478a］天梯毁灭的原因

实 例

（参见下级母题实例）

W1415a.1
天地间矛盾导致绝地天通

实 例

（参见下级母题实例）

W1415a.1.1
因地上的人到天上不守规矩绝地天通

实 例

高山族 地上到天上的人有的不守天宫的规矩，还随意攀枝爬树、摘花采果，把个安静的天宫闹得很杂乱。于是天上的人很厌烦，他们即使听到了人间呼唤声也不再伸手去接那木杷梯，人间与天宫的道路也就这样断了。

【流传】（无考）

【出处】陈炜萍搜集整理：《天上、人间、地下》，原载《高山族民间故事选》，见陶阳、钟秀编《中国神话》（上），北京：商务印书馆2008年版，第 184~186 页。

W1415a.1.2
地上的人惹恼天上的人导致绝地天通

实例

汉族 因地上的人惹恼天上的人，天上的人把人间通上天的梯子拆掉了。从那时候起，天上和人间就不通了。

【流传】江苏省·（宿迁市）·泗阳县
【出处】房右居讲，蒋光祥搜集整理：《天上、人间、地下》（1986.10.10），见姚宝瑄主编《中国各民族神话》（汉族），太原：山西出版传媒集团·书海出版社2014年版，第40~41页。

W1415a.1.2.1
地上的人打扰天上的人导致绝地天通

实例

汉族 地上的人歌唱舞蹈，使神仙不安宁。神仙们把这事奏明玉皇大帝，玉皇大帝就将天升高九重，与地隔绝。

【流传】湖北省·天门县（天门市）
【出处】郭明雄讲，陈默整理：《天梯与野草》，原载天门县文化馆编《天门民间故事》第1集，见陶阳、钟秀编《中国神话》（上），北京：商务印书馆2008年版，第187页。

汉族 玉帝见地上的人经常到天宫，闹得天宫不得安宁，就派天将用宝剑斩断了地上的人上天的天萝藤，从此天和地正式分开。

【流传】浙江省·宁波市·宁海县
【出处】叶丙标讲，叶柱记录：《玉帝分天地》，见罗杨总主编，戴余金本卷主编《中国民间故事丛书·浙江宁波·宁海卷》，北京：知识产权出版社2015年版，第4页。

W1415a.1.3
为防凡人上天生乱绝地天通

【关联】
① ［W1304.2］天神害怕地神把天升高
② ［W1478a.1］怕人到天上闹事砍断天梯

实例

苗族 玉帝令天将二人下凡，砍断通天的马桑树，以免凡人上天惹麻烦。

【流传】（无考）
【出处】《马桑树》，原载谢馨藻等搜集整理《苗族民间故事》，见袁珂《中国神话大词典》，北京：华夏出版社2015年版，第416页。

W1415a.2
违背禁忌造成绝地天通

实例

黎族 七兄弟到天上蒸吃天猪时，老七违背玉帝的吩咐，随手把一瓢肉汤往通天的芋树上一泼，顶天立地的万丈芋树缩成现在山芋和洋芋的样子，他们回不了地上。

【流传】（无考）

【出处】龙敏搜集整理：《兄弟星座》，见谷德明编《中国少数民族神话》，北京：中国民间文艺出版社1987年版，第188页。

W1415a.2.1
天女下凡时违背禁忌天梯被拆

【关联】[W0224] 天女下凡

实 例

羌族（实例待考）

W1415a.3
动物的报复造成绝地天通

【关联】[W9475.1] 动物的报复

实 例

（参见下级母题实例）

W1415a.3.1
蚂蚁的报复造成绝地天通

实 例

彝族 伍午（人名）娶到了天女做妻子举办答谢婚宴时，忘记了请蚂蚁，也没有给布色（山区的一种小昆虫）送礼。蚂蚁生气了，去把铜柱弄断了。布色生气了，去把铁柱弄断了。从此，天地不再相连了，地上的人不能上天，天上的人也不再下地了。

【流传】四川省·凉山州（凉山彝族自治州）

【出处】沈伍己讲，邹志诚记录整理：《洪水潮天的故事》，原载李德君、陶学良编《彝族民间故事选》，见陶阳、钟秀编《中国神话》（上），北京：商务印书馆2008年版，第451~464页。

W1415a.4
为分开人、神绝地天通

实 例

（参见下级母题实例）

W1415a.4.1
祖先为把人与神分开绝地天通

实 例

布依族 以前，凡人不爱住人间，喜欢搬到天上去居住。祖先翁戛不高兴了，认为人是人、神是神，应该分清，决心不再让人到天上。

【流传】贵州省布依族地区

【出处】杨正荣、祝登壅讲，岭玉清、汛河搜集整理，古梅改写：《翁戛造万物》，见姚宝瑄主编《中国各民族神话》（布依族、仡佬族、苗族），太原：山西出版传媒集团·书海出版社2014年版，第11页。

W1416
神或神性人物绝地天通

实 例

汉族（实例待考）

W1416.0

神绝地天通

实例

（参见下级母题实例）

W1416.0.1

神剪断通天地的脐带绝地天通

【关联】

① ［W1414.2］天地由脐带相连

② ［W1414.2.1］神剪断连接天地的脐带

实例

珞巴族 地母生出一个神剪断天地相连的脐带。

【流传】西藏自治区·珞渝（包括上珞渝，泛指古称的白马岗即今林芝市墨脱县、马尼岗、梅楚卡一带，下珞渝则泛指永木河、锡约尔河、巴恰西仁河流域）

【出处】亚崩等讲，刘芳贤等整理，达登翻译：《石金金巴巴娜和石金金耐娜鲁布的传说》，见中华民族故事大系编委会编《中华民族故事大系》第16卷（赫哲族、门巴族、珞巴族、基诺族），上海：上海文艺出版社1995年版，第570页。

W1416.1

天神砍断通天的山绝地天通

实例

羌族 天神就用刀把那座连接天地的山砍成了两半块。从那以后，地上就有了很多很多的人，地上的人再也爬不到天上去了。

【流传】四川省·（绵阳市）·北川县·墩上羌族乡·岭岗村

【出处】苟玉书讲，王羽中采录：《木姐珠和斗安珠》，见中国民间文学集成全国编辑委员会编《中国民间故事集成》（四川卷·下），北京：中国ISBN中心1998年版，第1111页。

W1416.2

天神毁掉通天桥绝地天通

【关联】

① ［W1407］连接天地的桥（天桥）

② ［W1407.3］通天桥的毁坏

③ ［W1415］绝地天通

实例

满族 （实例待考）

W1416.2.1

天神为除魔毁掉通天桥绝地天通

实例

满族 天神阿布卡恩都里为了制服地下魔鬼耶路里，用霹雳击毁了通天桥。

【流传】（无考）

【出处】乌丙安：《满族神话探索——天地层、地震鱼、世界树》，见袁珂主编《中国神话》第1集，北京：中国民间文艺出版社1987年版，第42页。

W1416.2a
天帝砍掉通天树绝天地通

实例

汉族 天帝一怒之下，吹了一口白气，随着一道金光起，通天树消失了，龙井也无影无踪了。

【流传】河南省·（周口市）·淮阳县

【出处】《龙酒的传说》，见张振犁编著《中原神话通鉴》（第一卷），郑州：河南大学出版社2017年版，第228页。

汉族 伏羲没弄到长生果，倒惹天帝生了气，随即下令伐掉了通天树，断绝了天地相连的路。

【流传】河南省·（周口市）·淮阳县·城关

【出处】刘王氏（82岁，农民，不识字）讲，杨复俊采录：《天地分》（1985.08），见张振犁编著《中原神话通鉴》（第一卷），郑州：河南大学出版社2017年版，第282页。

W1416.3
女神刮风毁掉天梯绝地天通

实例

拉祜族 （参见 W1479.5 母题实例）

W1416.4
玉皇大帝绝地天通

实例

汉族 凡间的人经常跑到天上去告状，玉皇大帝嫌麻烦，就把人间和天上分开。

【流传】陕西省·（榆林市）·绥德县·白家界乡（白家硷乡）·海满坪村

【出处】杨进山讲，刘汉腾采录：《黎民百姓和九重天》，见中国民间文学集成全国编辑委员会编《中国民间故事集成》（陕西卷），北京：中国ISBN中心1996年版，第3页。

W1416.4.1
玉皇大帝下令烧掉天梯

实例

汉族 （参见 W1479.2.1 母题实例）

W1416.4.2
玉皇大帝除去天梯

实例

土家族 （参见 W1479.2 母题实例）

彝族 （实例待考）

W1416.5
雷公绝地天通

【关联】［W1479.6］雷公砍断天梯

实例

汉族 （参见 W1479.6.1 母题实例）

W1416.5.1
雷公霹倒通天树绝地天通

实例

（参见下级母题实例）

W1416.5.1.1
雷公劈踩马桑树绝地天通

【关联】

① [W1410.2] 通天的马桑树
② [W1448.3] 马桑树是天梯
③ [W1483.2] 马桑树是通天树

实 例

仡佬族 雷公把马桑树劈断、踩弯，不再让地上的人上天。

【流传】贵州省·（六盘水市）·六枝特区·店子乡（新窑乡）·那义村·青桐林

【出处】程少先等讲，叶正乾采录：《盘古王和他的儿孙们》，见中国民间文学集成全国编辑委员会编《中国民间故事集成》（贵州卷），北京：中国ISBN中心2003年版，第62页。

水族 作恶之雷公将马桑树劈倒，登天路断。

【流传】（无考）

【出处】袁珂改编：《月亮山》，原载谷德明编《中国少数民族神话选》，见袁珂《中国神话大词典》，北京：华夏出版社2015年版，第537页。

W1416.5.2
雷公放太阳晒死日月树绝地天通

【关联】[W1420.3.1] 太阳晒死日月树后绝地天通

实 例

苗族 雷公的仇人阿陪果本（人名）通过日月树爬到天上。雷公于是放出12太阳晒死日月树，让他无路回地上。

【流传】湖南省湘西一带、贵州省·（铜仁市）·松桃地区（松桃苗族自治县）

【出处】

（a）滕树宽、龙炳文搜集，江波整理：《阿陪果本》，见燕宝编《苗族民间故事选》，上海：上海文艺出版社1981年版。

（b）同（a），见姚宝瑄主编《中国各民族神话》（布依族、仡佬族、苗族），太原：山西出版传媒集团·书海出版社2014年版，第153页。

W1416.5.3
雷公砍掉通天山绝地天通

实 例

黎族 雷公砍掉作为通天塔的山峰。

【流传】（无考）

【出处】苏海鸥整理：《阿德哥和七仙妹》，见中华民族故事大系编委会编《中华民族故事大系》第7卷（黎族、傈僳族、佤族），上海：上海文艺出版社1995年版，第69页。

W1416.5.3.1
雷公劈掉上天的山绝地天通

【关联】[W1255.6.7.1] 雷公劈出平地

实 例

水族 （实例待考）

W1416.6
英雄绝地天通

实例

（参见下级母题实例）

W1416.6.1
英雄拆掉通天桥绝地天通

【关联】［W1407.3］通天桥的毁坏

实例

彝族 吐鲁汝（反天庭的英雄）和星神拆掉通天的桥，砍断了达地的路，从此结束了天上人下凡间来的时代。

【流传】贵州省·（毕节市）·威宁县（威宁彝族回族苗族自治县）

【出处】王小二讲，石磊采录：《拆掉通天的桥》，见中国民间文学集成全国编辑委员会编《中国民间故事集成》（贵州卷），北京：中国ISBN中心2003年版，第70页。

W1416.7
其他特定的神或神性人物绝地天通

实例

（参见下级母题实例）

W1416.7.1
重、黎二神绝地天通

实例

（参见下级母题实例）

W1416.7.1.1
天帝命重、黎二神绝地天通

【关联】［W1479.7.2］颛顼让"重"、"黎"撤掉天梯

实例

汉族 （皇帝）乃命重、黎，绝地天通。

【流传】（无考）

【出处】

（a）《国语·楚语下》。

（b）《尚书·吕刑》。

汉族 大荒之中，有山，名曰日月山，天枢也。吴姖天门，日月所入。有神，人面无臂，两足反属于头上，名曰嘘（噎）。颛顼生老童，老童生重及黎。帝令重献上天，令黎邛下地。天地乃绝。

【流传】（无考）

【出处】

（a）《山海经·大荒西经》。

（b）《绝地天通》，见袁珂《中国神话大词典》，北京：华夏出版社2015年版，第254页。

W1416.7.1.2
颛顼命重、黎二神绝地天通

实例

汉族 颛顼生老童，老童生重及黎。帝令重献上天，令黎邛下地。

【流传】（无考）

【出处】《山海经·大荒西经》。

汉族 及少皞之衰也，九黎乱德，民神杂糅，不可方物。……颛顼受之，乃命南正重司天以属神，命火正黎司地以属民，使复旧常，无相侵渎，是谓绝地天通。

【流传】（无考）

【出处】

（a）《国语·楚语下》。

（b）《绝地天通》，见袁珂《中国神话大词典》，北京：华夏出版社2015年版，第254页。

汉族 颛顼曾任命"重"为南正之官，掌管祭祀天神；任命"黎"为火正（一作北正）之官，掌管民事，结束了"民神杂糅"之状态。

【流传】（无考）

【出处】《颛顼》，见乌丙安主编《中国民间神谱》，沈阳：辽宁人民出版社2007年版，第56页。

汉族 颛顼代行曾祖父黄帝的神权时，首先做的一件大事情，就是派了大神重和大神黎去把天和地的通路阻隔断。

【流传】（无考）

【出处】《颛顼隔断天地的通路》，原载袁珂编译《中国神话故事》，见陶阳、钟秀编《中国神话》（上），北京：商务印书馆2008年版，第195~198页。

W1416.7.1.3
皇帝命重、黎二神绝地天通

实 例

汉族 皇帝哀矜庶戮之不辜，报虐以威，遏绝苗民，无世在下，乃命重、黎，绝地天通。

【流传】（无考）

【出处】

（a）《尚书·吕刑》。

（b）《绝地天通》，见袁珂《中国神话大词典》，北京：华夏出版社2015年版，第254页。

W1416.7.2
动物神砍断拴天地的铁链绝地天通

实 例

佤族 达能（动物神名）砍断了拴着天地的铁链。

【流传】云南省·（普洱市）·西盟县（西盟佤族自治县），（临沧市）·沧源县（沧源佤族自治县）

【出处】随戛、岩扫、岩瑞等讲述，艾荻、张开达搜集整理：《司岗里》，载《山茶》1988年第1期。

W1416.7.3
盘古抽回天梯绝地天通

实 例

汉族 盘古遣回到天上评理的猴子、

凤凰、老虎和龙王，抽回天梯，再也不准猴子它们上天了。

【流传】浙江省·（丽水市）·缙云县一带

【出处】上官旭昌讲，上官新友搜集整理：《扁鼓王劈地》（1985），见姚宝瑄主编《中国各民族神话》（汉族），太原：山西出版传媒集团·书海出版社 2014 年版，第 18~20 页。

W1416a
特定的人绝地天通

实　例

（参见下级母题实例）

W1416a.1
孕妇蹬断云梯绝地天通

【关联】［W6514］妇女禁忌

实　例

高山族　有个孕妇攀云梯的时候，气喘了，咳嗽了一声，将云梯震断；直到今天，人们再也找不到上天的路，地上的人再也无法与天上的人来往了。

【流传】（无考）

【出处】陈炜萍搜集整理：《天上、人间、地下》，原载《高山族民间故事选》，见陶阳、钟秀编《中国神话》（上），北京：商务印书馆 2008 年版，第 184~186 页。

W1417
动物绝地天通

【关联】［W1427］动物上天

实　例

怒族、普米族　（实例待考）

W1417.1
蚂蚁绝地天通

实　例

（参见下级母题实例）

W1417.1.1
蚂蚁咬掉天梯造成绝地天通

实　例

独龙族　（参见 W1480.1 母题实例）

W1417.1.2
蚂蚁弄断天柱造成绝地天通

实　例

彝族　蚂蚁生气把铜柱弄断，天地再不相连了，地上的人不能上天。

【流传】四川省·（凉山彝族自治州）·昭觉县

【出处】沈伍已讲，邹志诚采录：《洪水漫天地》，见中国民间文学集成全国编辑委员会编《中国民间故事集成》（四川卷·下），北京：中国 ISBN 中心 1998 年版，第 756 页。

彝族　伍午（人名）娶到了天女做妻

子举办答谢婚宴时，忘记了请蚂蚁，也没有给布色（山区的一种小昆虫）送礼。蚂蚁生气了，去把铜柱弄断了。布色生气了，去把铁柱弄断了。从此，天地不再相连了，地上的人不能上天，天上的人也不再下地了。

【流传】四川省·凉山州（凉山彝族自治州）

【出处】沈伍己讲，邹志诚记录整理：《洪水滔天的故事》，原载李德君、陶学良编《彝族民间故事选》，见陶阳、钟秀编《中国神话》（上），北京：商务印书馆2008年版，第451～464页。

彝族　蚂蚁啃断了连接天地的铜柱。布色（一种昆虫）生气地把铁柱弄断了。从此，天地不再相连，地上的人不能上天，天上的人也不再下地了。

【流传】四川省·凉山州彝族自治州

【出处】沈伍己讲，邹志诚记录整理：《洪水滔天的故事》，原载李德君、陶学良编《彝族民间故事选》，上海文艺出版社1981年版，见姚宝瑄主编《中国各民族神话》（羌族、彝族），太原：山西出版传媒集团·书海出版社2014年版，第252页。

W1417.1.3
蚂蚁扒倒连接天地的土台后绝地天通

实　例

独龙族　嘎姆朋（人名）上天以后，一群大蚂蚁一齐来到土台下，拼命把土台的土扒松。夜里九道土台全倒塌了。从此，天和地便分开了，天变得高高的，人再也上不去了。

【流传】云南省怒江独龙族地区

【出处】

（a）当色·顶、孔英金、卜松、鲁腊·顶讲，李子贤、张文臣、李承明记录，孟国才、张联华、和诠翻译，李子贤整理：《大蚂蚁分天地》，见陶立璠、朱桂元等编《中国少数民族神话汇编》，中央民族学院少数民族古籍整理出版规划领导小组办公室编，内部资料，1984年。

（b）同（a），见姚宝瑄主编《中国各民族神话》（水族、布朗族、独龙族、基诺族、傈僳族），太原：山西出版传媒集团·书海出版社2014年版，第112页。

W1418
天的升高造成绝地天通

【关联】[W1300] 天的升高

实　例

汉族　天升高后，天上和地下的人就断绝了来往。

【流传】湖北省·（荆门市）·京山县一带

【出处】冯家才讲，冯本林搜集整理：《天是怎样变高的》，原载中国民间文艺研究会湖北分会编《湖北民间故事传说集》，见姚宝瑄主编《中国各民族神话》（汉族），太原：山西出版传媒集团·书海出版社 2014 年版，第 71～72 页。

仫佬族 天升高以后，人们就再也不能到天上去玩了。

【流传】广西壮族自治区·（河池市）·罗城县（罗城仫佬族自治县）·东门（东门镇）一带

【出处】
（a）龙华新讲，龙殿保搜集整理：《天是怎样升高的》，见谷德明编《中国少数民族神话》，北京：中国民间文艺出版社 1987 年版，第 150 页。
（b）同（a），见曹廷伟编著《广西民间故事辞典》，南宁：广西教育出版社 1993 年版，第 12 页。

彝族 （实例待考）

W1418.1
玉帝把天升高后绝地天通

实例

汉族 地上的人歌唱舞蹈，使神仙不安宁。神仙们把这事奏明玉皇大帝，玉皇大帝就将天升高九重，与地隔绝。

【流传】湖北省·天门县（天门市）

【出处】郭明雄讲，陈默整理：《天梯与野草》，原载天门县文化馆编《天门民间故事》第 1 集，见陶阳、钟秀编《中国神话》（上），北京：商务印书馆 2008 年版，第 187 页。

W1418.2
磨坊仙子把天升高后绝地天通

实例

仫佬族 磨坊仙子把天升高后，人们就再也不能到天上去玩了。

【流传】广西壮族自治区·（河池市）·罗城仫佬族地区（罗城仫佬族自治县）

【出处】龙华新讲，龙殿宝搜集整理：《天是怎样升高起来的》，见姚宝瑄主编《中国各民族神话》（仫佬族、壮族、京族），太原：山西出版传媒集团·书海出版社 2014 年版，第 6 页。

W1418.3
天被臭气熏高后绝地天通

实例

傈僳族 天被人间臭气熏得变高之后，人就不能随意到天界去了。

【流传】云南省·（德宏傣族景颇族自治州）·陇川县·（陇把镇）·邦外公社（邦外村）

【出处】李有华讲，黄云松等采录：《天地人的来历》，见中国民间文学集成全国编辑委员会编《中国民间故事集成》（云南卷），北京：中国 ISBN 中心 2003 年版，第 44 页。

W1419

毁掉通天塔绝地天通

实例

（参见下级母题实例）

W1419.1

雷公砍掉作为通天塔的山峰

实例

黎族　雷公砍掉了作为通天塔的山峰之后，天地断绝了往来。

【流传】（无考）

【出处】苏海鸥整理：《阿德哥和七仙妹》，见中华民族故事大系编委会编《中华民族故事大系》第7卷（黎族、傈僳族、佤族），上海：上海文艺出版社1995年版，第69页。

W1419.2

太白金星毁掉通天塔

【关联】［W0776］太白金星

实例

汉族　太白金星毁掉人造的通天塔。

【流传】贵州省·（毕节市）·金沙县·石场区（石场乡）

【出处】高吉平讲，陈明铠采录：《汉苗彝的来历》，见中国民间文学集成全国编辑委员会编《中国民间故事集成》（贵州卷），北京：中国ISBN中心2003年版，第57页。

W1420

毁掉通天树绝地天通

实例

苗族　（参见W1416.5.2母题实例）

W1420.1

劈断通天的马桑树绝地天通

实例

仡佬族　（参见W1416.5.1.1母题实例）

W1420.1.1

天将砍断马桑树绝地天通

实例

苗族　玉帝令天将二人下凡，砍断通天的马桑树。

【流传】（无考）

【出处】《马桑树》，原载谢馨藻等搜集整理《苗族民间故事》，见袁珂《中国神话大词典》，北京：华夏出版社2015年版，第416页。

W1420.2

斩断上天的天萝藤

实例

（参见下级母题实例）

W1420.2.1

玉帝派天将斩断上天的天萝藤

实例

汉族　玉帝见百姓到天上闹得天宫不

安宁，就派天将用宝剑斩断他们借以上天的天萝藤。

【流传】浙江省·（宁波市）·宁海县（力洋镇）·力洋村

【出处】叶丙标讲，叶柱采录：《玉帝分开地》，见中国民间文学集成全国编辑委员会编《中国民间故事集成》（浙江卷），北京：中国 ISBN 中心 1997 年版，第 22 页。

W1420.3
毁掉日月树后绝地天通

实 例

（参见下级母题实例）

W1420.3.1
太阳晒死日月树后绝地天通

【关联】

① ［W1410.8.1］日月树通天地

② ［W1416.5.2］雷公放太阳晒死日月树绝地天通

③ ［W1433.3］通过日月树上天

④ ［W1448.2］日月树是天梯

实 例

苗族 雷公放出十二个太阳，晒死日月树后，通过日月树上天的阿陪果本（人名）不能再返人间。

【流传】（无考）

【出处】《日月树》，原载燕宝编《苗族民间故事选》（原名《阿陪果本》），见袁珂《中国神话大词典》，北京：华夏出版社 2015 年版，第 417 页。

W1420.3.1.1
天神用太阳晒死日月树后绝地天通

实 例

苗族 天神派出十二个太阳把日月树晒死，以便断了高比（人名）从天上回地上的路。

【流传】（无考）

【出处】《雷公和高比》，见陶立璠、李耀宗编《中国少数民族神话传说选》，成都：四川民族出版社 1985 年版，第 140 页。

W1420.3.2
砍断日月树绝地天通

实 例

（参见下级母题实例）

W1420.3.2.1
雷公让雷将砍断日月树绝地天通

实 例

壮族 雷王怕布伯（人间首领名）上天来闹，便叫雷将陆盟去砍断岂赤山上的日月树（天梯）。

【流传】广西壮族自治区红水河流域各县

【出处】蓝鸿恩搜集整理：《布伯的故事》，原载蓝鸿恩编《壮族民间故事选》，见陶阳、钟秀编《中国神话》（上），北京：商务印书馆 2008 年版，第 498~508 页。

W1420.4
与毁掉通天树绝地天通有关的其他母题

实例

（参见下级母题实例）

W1420.4.1
通天树变矮后绝地天通

实例

土家族 玉皇大帝害怕孙猴子沿着马桑树爬上天乱报情况，给人间造成灾难，就念道："马桑树儿高又高，不到三尺就勾弯。"从此以后，马桑树就再也长不高了，孙猴子也就上不了天了。

【流传】重庆市·酉阳土家族苗族自治县·老寨（老寨乡）一带

【出处】
（a）《马桑树的变迁和百家姓的由来》，见刘长贵、彭林绪搜集整理《土家族民间故事》，重庆：重庆出版社 1986 年版。
（b）同（a），见姚宝瑄主编《中国各民族神话》（土家族、毛南族、侗族、瑶族），太原：山西出版传媒集团·书海出版社 2014 年版，第 25 页。

W1421
山变矮后绝地天通

实例

（参见下级母题实例）

W1421.1
把山锯矮绝地天通

【关联】[W1835.3] 山的变低（山的变小）

实例

（参见下级母题实例）

W1421.1.1
大力神把山锯矮绝地天通

实例

苗族 天神怕苗家人上天庭，就派大力神将顶鼓山锯去了几千几百丈，从此，苗家就没有人再上天庭了。

【流传】四川省·（宜宾市）·筠连县

【出处】熊凤祥讲，刘宇仁采录：《盘老大偷天火》，见中国民间文学集成全国编辑委员会编《中国民间故事集成》（四川卷·下），北京：中国 ISBN 中心 1998 年版，第 1325 页。

W1421.2
祖先通过把山压低绝地天通

实例

布依族 以前，凡人不爱住人间，喜欢搬到天上去居住。祖先翁戛不高兴了，认为人是人、神是神，应该分清。他为了不让凡人搬上天，就把高山压矮，要把高坡压垮。

【流传】贵州省布依族地区

【出处】杨正荣、祝登壅讲，岭玉清、

汛河搜集整理，古梅改写：《翁戛造万物》，见姚宝瑄主编《中国各民族神话》（布依族、仡佬族、苗族），太原：山西出版传媒集团·书海出版社2014年版，第11页。

W1422
其他特定的事件或行为绝地天通

实例

（参见下级母题实例）

W1422.1
暴风雨造成绝地天通

【关联】［W4264.1］暴风雨天气的产生

实例

苗族 暴风雨过去了，天上和地上的通路断了。

【流传】广西壮族自治区·（柳州市）·融水苗族自治县·白云乡、香粉乡

【出处】莫总清、梁老岩、贾老绍讲，覃桂清、过伟记录整理：《天上仙女的女儿》（又名《哈迈》、《哈迈与米加达》）（1957），见姚宝瑄主编《中国各民族神话》（布依族、仡佬族、苗族），太原：山西出版传媒集团·书海出版社2014年版，第266页。

W1422.2
撤掉天梯绝地天通

实例

（参见下级母题实例）

W1422.2.1
天神撤掉天梯绝地天通

实例

汉族 因地上的人惹恼天上的人，天上的人把人间通上天的梯子拆掉了。从那时候起，天上和人间就不通了。

【流传】江苏省·（宿迁市）·泗阳县

【出处】房右居讲，蒋光祥搜集整理：《天上、人间、地下》（1986.10.10），见姚宝瑄主编《中国各民族神话》（汉族），太原：山西出版传媒集团·书海出版社2014年版，第40~41页。

W1422.2.2
天梯烂掉后绝地天通

【关联】［W1478］天梯的毁灭（天梯的消失、天梯的倒掉）

实例

（实例待考）

W1422.2.3
天梯断掉后绝地天通

实例

苗族 以前，人能通过天梯上天游玩。后来不知何故，长梯忽断，天上人间，遂绝通路，人乃不复能攀登往游于天。

【流传】（无考）

【出处】《天梯》，原载燕宝编《苗族民间故事选》（原名《天上人间》），见

袁珂《中国神话大词典》，北京：华夏出版社2015年版，第416页。

W1422.3
撤天梯断绳子绝地天通

实例

（参见下级母题实例）

W1422.3.1
天神拆掉白银梯子解除黄金攀绳绝地天通

实例

纳西族 天国天宫里，天神阿普拆去了原先架好的白银梯子，解除了原先挂好的黄金攀绳。

【流传】（云南省）

【出处】和芳、和志新编译：《崇邦统——人类迁徙记》，见姚宝瑄主编《中国各民族神话》（佤族、阿昌族、纳西族、普米族、德昂族），太原：山西出版传媒集团·书海出版社2014年版，第162页。

W1423
与绝地天通有关的其他母题

【关联】［W1407.3］神与人发生纠纷后天桥断绝

实例

（参见下级母题实例）

W1423.0
天地相连物的解除

实例

（参见下级母题实例）

W1423.0.1
拴天地的锁链的消除

【关联】［W1282.6.3.1］动物神砍断拴天地的铁链分开天地

实例

佤族 达能（动物神名）砍断了拴着天地的铁链。

【流传】云南省·（普洱市）·西盟县（西盟佤族自治县），（临沧市）·沧源县（沧源佤族自治县）

【出处】随嘎、岩扫、岩瑞等讲述，艾荻、张开达搜集整理：《司岗里》，载《山茶》1988年第1期。

W1423.0.2
连接天地绳索的解除

【关联】［W1408］天地由绳索相连

实例

（实例待考）

W1423.0.2.1
雷公割断绳索后绝地天通

实例

苗族 雷公来把（人用以上天的）缒索割，割断绳索收回去（从此人再不能到天上）。

【流传】原文无流传地，据文本及注释推测该神话流传于贵州省·黔东南苗族侗族自治州·凯里市、台江县等地。

【出处】潘正昌唱，张海平搜集：《浩劫复生·洪水滔天》，见贵州省少数民族古籍整理出版规划小组办公室编，燕宝整理译注《苗族古歌》，贵阳：贵州民族出版社 1993 年版，第 608~609 页。

W1423.1
孕妇毁掉上天的路

【关联】［W6514］妇女禁忌

实 例

高山族 孕妇震坏通天的路。

【流传】（无考）

【出处】陈炜萍整理：《天上、人间、地下》，见中华民族故事大系编委会编《中华民族故事大系》第 8 卷（畬族、高山族、拉祜族），上海：上海文艺出版社 1995 年版，第 411 页。

W1423.2
天路的失去

实 例

（参见下级母题实例）

W1423.2.1
天路被消除

实 例

苗族 雷公放出 12 个太阳来晒死了通天地的日月树，从此人们再也找不到上天的路了。

【流传】湖南省·（湘西土家族苗族自治州）·花垣县·猫儿乡

【出处】龙玉六讲，滕树宽等采录：《阿陪果本和雷公》，见中国民间文学集成全国编辑委员会编《中国民间故事集成》（湖南卷），北京：中国 ISBN 中心 2002 年版，第 23 页。

彝族 古时，天上人间互有来往，后来上天的桥梁被断绝。

【流传】（无考）

【出处】陶阳、牟钟秀著：《中国创世神话》，上海：上海人民出版社 2006 年版，第 51 页。

W1423.2.2
人忘记了天路所在

实 例

哈尼族 地上人少了，地上好吃好在，再没有人到天上去告状了，日子长了忘了上天的路。

【流传】云南省·（红河哈尼族彝族自治州）·元阳县

【出处】小和讲，阿罗采录：《侯波与那聱》，见中国民间文学集成全国编辑委员会编《中国民间故事集成》（云南卷），北京：中国 ISBN 中心 2003 年版，第 40 页。

W1423.3
绝地天通后的情形

实例

（参见下级母题实例）

W1423.3.1
绝地天通后地上的一切属于人

实例

彝族 吐鲁汝（反天庭的英雄）和星神绝地天通之后，地上的一切永远属于地上的人了。

【流传】贵州省·（毕节市）·威宁县（威宁彝族回族苗族自治县）

【出处】王小二讲，石磊采录：《拆掉通天的桥》，见中国民间文学集成全国编辑委员会编《中国民间故事集成》（贵州卷），北京：中国 ISBN 中心 2003 年版，第 70 页。

W1423.4
绝地天通的时间

实例

（参见下级母题实例）

W1423.4.1
人会种庄稼后绝地天通

【关联】[W6040] 耕种的产生（农业的产生）

实例

（参见下级母题实例）

W1423.4.1.1
玉皇大帝让人人会种庄稼后绝地天通

实例

仫佬族 以前的人闲着没事常到天上玩。玉皇大帝给了人间庄稼种和草种，让人有空就到地里去除草，到山上去割草，又保护庄稼，又可以养牛养马，不要整天到天上来游玩了。

【流传】广西壮族自治区·（河池市）·罗城仫佬族地区（罗城仫佬族自治县）

【出处】龙华新讲，龙殿宝搜集整理：《天是怎样升高起来的》，见姚宝瑄主编《中国各民族神话》（仫佬族、壮族、京族），太原：山西出版传媒集团·书海出版社 2014 年版，第 5 页。

1.2.7 天梯与其他上天工具
【W1425～W1489】

❋ W1425
上天（登天）

【关联】[W1400] 天地相通

实例

（参见下级母题实例）

W1426
人上天

实例

（参见下级母题实例）

W1426.1
以前人能上天

实例

景颇族 在古老的年代，地面的人可以到天上。

【流传】云南省·（德宏傣族景颇族自治州）·陇川县

【出处】孔勒锐等讲，何峨采录：《吉露归天》，见中国民间文学集成全国编辑委员会编《中国民间故事集成》（云南卷），北京：中国ISBN中心2003年版，第391页。

苗族 以前，天地相通，人常到天上。

【流传】四川省·（宜宾市）·兴文苗族地区（兴文县）

【出处】杨金全讲：《家野禽畜的来历》，见刘魁立主编《玉皇大帝的传说》，北京：中国社会出版社2008年版，第115页。

壮族 天地刚成时天同地离得很近，神可以下地面，人也可以上天去。

【流传】（无考）

【出处】《盘和古》，原载陶立璠、李耀宗编《中国少数民族神话传说选》，四川民族出版社1985年版，见姚宝瑄主编《中国各民族神话》（仫佬族、壮族、京族），太原：山西出版传媒集团·书海出版社2014年版，第130页。

W1426.2
人王拜访天王

【关联】［W1792.5］天宫的造访者

实例

傣族 地方官岩底（人名）在关门节时，要到天上去拜访天王，每次上天最短三个月才下来。

【流传】（无考）

【出处】波鸿杰搜集：《太阳和月亮》，见谷德明编《中国少数民族神话》，北京：中国民间文艺出版社1987年版，第349页。

W1426.3
人王拜访天上佛陀

【关联】［W0787］佛（佛祖）

实例

彝族 佛陀使惹（人间皇帝）上天宫去作客。

【流传】四川省·（凉山彝族自治州）·德昌县·大山乡·烟坪子（烟坪村）

【出处】马日里讲，彭德发采录：《盐的由来》，见中国民间文学集成全国编辑委员会编《中国民间故事集成》（四川卷·下），北京：中国ISBN中心1998年版，第781页。

W1426.4
兄妹上天

实例

（参见下级母题实例）

W1426.4.1
洪水后兄妹上天

实例

瑶族　洪水后幸存的兄妹繁衍人类后，拣一个黄道吉日，双双飞上天庭。

【流传】广东省·（清远市）·连山县（连山壮族瑶族自治县）·三水公社（三水镇）

【出处】赵添才讲，陈摩人采录：《太阳与月亮》，见中国民间文学集成全国编辑委员会编《中国民间故事集成》（广东卷），北京：中国ISBN中心2006年版，第6页。

W1426.5
特定的人能上天

实例

（参见下级母题实例）

W1426.5.1
人生的蛤蟆投胎的女儿能上天

【关联】［W2623.2］人生蛤蟆

实例

羌族　有个女人生的蛤蟆投胎的女儿，每到一定时辰，就要脱下癞蛤蟆皮皮，换上好看的衣服，然后就到天上去。

【流传】（无考）

【出处】

(a)《山沟平坝的形成》，见杨亮才、陶立璠、邓敏文著《中国少数民族文学》（上册），北京：人民出版社1985年版。

(b) 林忠亮：《试析羌族的古老神话》，载《西南民族学院学报》1981第2期。

(c) 同(a)，见姚宝瑄主编《中国各民族神话》（羌族、彝族），太原：山西出版传媒集团·书海出版社2014年版，第4页。

(d) 同(b)，见姚宝瑄主编《中国各民族神话》（羌族、彝族），太原：山西出版传媒集团·书海出版社2014年版，第18页。

W1426.5.2
身高够到天的人才能上天

实例

汉族　（实例待考）

W1426.5.3
特定地方的人能上天

实例

独龙族　在姆克姆达木地方，住着一个名叫嘎姆朋的人，他经常到天上去。

【流传】（无考）

【出处】《大蚂蚁分开地》，见谷德明编《中国少数民族神话》，北京：中国民间文艺出版社1987年版，第532页。

W1426.6
人到天上特定的地方

【实 例】

(参见下级母题实例)

W1426.6.1
人到天河

【关联】［W1780］天河（银河）

【实 例】

汉族 旧说云，天河与海通。近世有人居海渚者，年年八月有浮槎，去来不失期。人有奇志，立飞阁于槎上，多赍粮，乘槎而去。十余日中，犹观星月日辰，自后芒芒忽忽，亦不觉昼夜。

【流传】（无考）

【出处】

(a) ［晋］张华：《博物志·杂说》。

(b) 《天河》，见袁珂《中国神话大词典》，北京：华夏出版社2015年版，第55页。

W1426.6.1.1
人乘筏到天河

【实 例】

汉族 《汉书》载张骞穷河源，言其奉使之远，实无天河之说。惟张茂先《博物志》，说近世有人居海上，每年八月，见海槎来不违时。赍一年粮，乘之到天河。

【流传】（无考）

【出处】［唐］赵璘：《因话录》卷五。

W1426.7
祖先上天

【关联】［W0656.1］祖先住天上

【实 例】

(参见下级母题实例)

W1426.7.1
祖先一天可以上天数次

【实 例】

哈尼族 以前，人世和天上是通着的。祖先们爱在人世就下来住，不爱就到三层高天上去玩，有时一天要上上下下七八回。

【流传】云南省·（红河哈尼族彝族自治州）·元阳（元阳县）、红河（红河县）、金平（金平苗族瑶族傣族自治县）（采集于元阳县·胜村乡·全福庄）

【出处】卢朝贵讲，史军超搜集整理：《神和人的家谱》，原载云南省民间文学集成办公室编《哈尼族神话传说集成》，中国民间文艺出版社1990年版，见姚宝瑄主编《中国各民族神话》（哈尼族、傣族），太原：山西出版传媒集团·书海出版社2014年版，第44页。

汉族 以前天地的中心有个中天镇，离天只有三尺来高。但是那时候的人只有几寸高，不能上天。只有镇首的四个孩子不同，一个个的身材都是三丈多高，可以任意到天上走动。

【流传】河南省·（开封市）·杞县

【出处】王怀聚讲，王宪明搜集整理：《杞人忧天》，见姚宝瑄主编《中国各民族神话》（汉族），太原：山西出版传媒集团·书海出版社 2014 年版，第 75～77 页。

W1426.8
与人上天有关的其他母题
实例

（参见下级母题实例）

W1426.8.1
人不知不觉到了天上
实例

蒙古族 在遥远的古代，人类进行大迁徙时，一部分人在不知不觉中赶着畜群走到天上去了。

【流传】内蒙古自治区

【出处】《银河的来历》，见中国民间文学集成全国编辑委员会编《中国民间故事集成》（内蒙古卷），北京：中国 ISBN 中心 2007 年版，第 4 页。

W1426.8.2
人登上天树
实例

满族 人们以前可以登上天树。

【流传】（无考）

【出处】乌丙安：《满族神话探索——天地层、地震鱼、世界树》，见袁珂主编《中国神话》第 1 集，北京：中国民间文艺出版社 1987 年版，第 42 页。

W1426.8.3
人从天边上天
实例

裕固族 有一名恰威叫的人，到了天边后，天地忽然开了，他便上了天。

【流传】（无考）

【出处】钟进文：《裕固族神话》，见满都呼主编《中国阿尔泰语系诸民族神话故事》，北京：民族出版社 1997 年版，第 116 页。

W1427
动物上天
实例

（参见下级母题实例）

W1427.1
狗上天
【关联】［W3074.3］天狗

实例

（参见下级母题实例）

W1427.1.1
狗到月亮上
实例

汉族 小花狗爬了 7 天 7 夜，爬到天上，向月亮要主人的灵芝草。

【流传】甘肃省·（平凉市）·静宁县·曹务（曹务镇）

【出处】王毅斌讲，王知三整理：《狗咬月亮》，见静宁县民间文学三套集成编辑组编《中国民间故事集成甘肃卷·静宁民间故事》，内部编印，1989年，第4页。

W1427.1.2
猎狗上天

【关联】［W3133.8］猎狗

实 例

汉族　人们为找回被月亮盗取的能治百病的宝石，就搭个登天的梯子，一直给搭到月亮上去，叫猎狗上去把宝贝要回来。

【流传】辽宁省·（本溪市）·本溪县（本溪满族自治县）·山城子乡

【出处】李国强讲，孙立、孙化广搜集整理：《月有圆缺的传说》（1986），见姚宝瑄主编《中国各民族神话》（汉族），太原：山西出版传媒集团·书海出版社2014年版，第228~230页。

W1427.1.3
犬吃仙药上天

【关联】［W1437.5.1］服药物后上天

实 例

汉族　后羿的猎狗黑耳见嫦娥偷吃灵药，独自升天，就叫唤着扑进屋里，舔了嫦娥剩下的人参汤，朝天上的嫦娥追去。

【流传】豫鄂边（河南省湖北省交界处）一带

【出处】王氏讲，甘心田记录整理：《天狗吞月》，见姚宝瑄主编《中国各民族神话》（汉族），太原：山西出版传媒集团·书海出版社2014年版，第230~232页。

W1427.2
鸟上天

实 例

（参见下级母题实例）

W1427.2.1
鸟乘风云上天

实 例

纳西族　烧起香木树枝的烟火形成白云和黑风，雄贡（鸟名）和白蝙蝠乘着风云，到了天上。

【流传】云南省·丽江县（丽江市）

【出处】和才等讲，赵银棠采录：《卜筮术的来历》，见中国民间文学集成全国编辑委员会编《中国民间故事集成》（云南卷），北京：中国ISBN中心2003年版，第320页。

W1427.2.2
乌鸦上天

【关联】［W3368］与乌鸦有关的其他母题

实 例

彝族　乌鸦带着蛇、马蜂、老鼠飞到了天上。

【流传】云南省·（丽江市）·宁蒗县

（宁蒗彝族自治县）；四川省小凉山地区（四川省西南部凉山彝族自治州东部）

【出处】马海乌犁、阿力自清、民哈讲、杞家望、陈列、梁佩珍搜集记录，李子贤整理：《开天辟地史》（1962），原载李子贤编《云南少数民族神话选》，云南人民出版社1990年版，见姚宝瑄主编《中国各民族神话》（羌族、彝族），太原：山西出版传媒集团·书海出版社2014年版，第208页。

W1427.3
猪上天

实例

（参见下级母题实例）

W1427.3.1
母猪从桃树上天

实例

彝族　一头母猪从桃树上到天宫。

【流传】（无考）

【出处】马海乌利讲：《开天辟地的故事》，见刘魁立主编《玉皇大帝的传说》，北京：中国社会出版社2008年版，第52页。

W1427.4
猴子上天

【关联】
① ［W1433.4.1］猴子通过马桑树上天
② ［W8187.2.1］猴子打破天上水瓶引发洪水

实例

（参见下级母题实例）

W1427.4.1
猴子被天神带上天

实例

白族　（参见 W1023.1.1.1 母题实例）

W1427.5
其他特定的动物上天

实例

满族　地上太热，大家派狐狸和小黄鼠去天上找阿布卡恩都里求情。

【流传】黑龙江省·（黑河市）·孙吴县

【出处】
(a)张石头讲，富育光整理：《太阳和月亮的传说》，见谷德明：谷德明编《中国少数民族神话》，北京：中国民间文艺出版社1987年版，第5～9页。

(b)《太阳和月亮的传说》，见满都呼主编《中国阿尔泰语系诸民族神话故事》，北京：民族出版社1997年版，第251～253页。

W1427.5.1
兔子上天

实例

保安族　兔子要上天取雨。

【流传】（无考）

【出处】马少青整理：《妥勒尕尔上天取雨》，见中华民族故事大系编委会编

《中华民族故事大系》第 15 卷（德昂族、保安族、裕固族、京族、塔塔尔族、独龙族、鄂伦春族），上海：上海文艺出版社 1995 年版，第 123 页。

【保安族】妥勒尕尕（保安语，兔子哥哥）腾云驾雾，像离弦的箭一样很快上了天，找见了雨公大神。

【流传】（青海省）

【出处】

(a) 马少青搜集整理：《妥勒尕尕上天取雨》，见郝苏民编《东乡族保安族裕固族民间故事选》，上海：上海文艺出版社 1987 年版。

(b) 同 (a)，见姚宝瑄主编《中国各民族神话》（土族、东乡族、回族、保安族、裕固族、撒拉族），太原：山西出版传媒集团·书海出版社 2014 年版，第 68 页。

W1427.5.2
马上天

【实例】

【壮族】选派跑得最快的绿马上天去报告灾情。

【流传】广西壮族自治区·（百色市）·靖西（靖西市）

【出处】凌树东搜集整理：*《保护鸡、猪、马魂》（1990），见吕大吉、何耀华总主编《中国各民族原始宗教资料集成》（土家族卷、瑶族卷、壮族卷、黎族卷），北京：中国社会科学出版社 1998 年版，第 602 页。

W1427.5.3
蜘蛛上天

【关联】[W1434.3a.1] 蜘蛛顺着吐的丝上天

【实例】

【彝族】蜘蛛为取治哑巴的药，顺着丝上天去了。

【流传】（无考）

【出处】

(a) 阿鲁斯基搜集整理：《举木惹牛》，见谷德明编《中国少数民族神话选》，西北民族学院研究所编印，内部资料，1983 年。

(b) 阿鲁斯基搜集整理：《举木惹牛娶天女》，见姚宝瑄主编《中国各民族神话》（羌族、彝族），太原：山西出版传媒集团·书海出版社 2014 年版，第 121 页。

W1427.5.4
青蛙上天

【关联】[W1433.4.2] 青蛙通过马桑树上天

【实例】

【汉族】青蚂蚂（青蛙）为吞掉太阳，沿齐天高的马桑树，爬到天上去。

【流传】（无考）

【出处】秦守华讲，李维铭采录：《太阳的生日》，原载《京山民间故事集》，见陶阳、钟秀编《中国神话》（上），北京：商务印书馆 2008 年版，第 236~237 页。

【珞巴族】（参见 W1435.7.1 母题实例）

W1427.5.5
羊上天

实例

汉族　羊飞山，在州（万州·今重庆市万州区）西南五十里。旧经云，昔有人于此山学道，常养二羊。忽一日，诫童子云："勿放羊。"童子放之，一羊冲天而去，因名。

【流传】（无考）

【出处】

（a）《舆地纪胜》卷一七七。

（b）《羊飞山》，见袁珂《中国神话大词典》，北京：华夏出版社2015年版，第138页。

W1428
其他特定人物上天

实例

（参见下级母题实例）

W1428.1
神上天

【关联】[W1033.5.1 创世者完成任务后回到天上

实例

（参见下级母题实例）

W1428.1.1
地神上天

【关联】[W0230] 地神

实例

苗族　地神手脚真灵巧，天上他能爬得到，他爬上天去试摇，摇了外来又摇内，摇了东来又摇西，看看天上稳不稳。

【流传】原文无流传地，据文本及注释推测该神话流传于贵州省·黔东南苗族侗族自治州·凯里市、台江县等地。

【出处】张启庭、张荣光、张正玉、张启德演唱，张明搜集，燕宝整理译注：《创造宇宙·打柱撑天》，见贵州省少数民族古籍整理出版规划小组办公室编，燕宝整理译注《苗族古歌》，贵阳：贵州民族出版社1993年版，第301页。

W1428.1.2
灶王神上天

【关联】

① [W0493] 灶神（灶王、灶王爷）

② [W0493.12.1] 灶神上天汇报人间事

实例

汉族　（参见W0493.3.4母题实例）

※ W1429
上天的方法

实例

（参见下级母题实例）

W1430
神或神性人物带人上天

实例

哈萨克族　上帝把三只母盘羊和三个神射

手全都打发到了天上。

【流传】（无考）

【出处】比达克买提·木海等搜集，安蕾、毕桉译：《猎人追踪母盘羊》，见满都呼主编《中国阿尔泰语系诸民族神话故事》，北京：民族出版社1997年版，第64页。

W1430.1
凡人被天女带上天

【关联】[W0224] 天女下凡

实 例

藏族 天女牵着凡间小伙的手带他上天。

【流传】（无考）

【出处】米亚罗讲，萧崇索搜集整理：《种子的起源》，见谷德明编《中国少数民族神话》，北京：中国民间文艺出版社1987年版，第685页。

W1430.1.1
孩子被天女母亲带回天上

实 例

蒙古族 天女下凡与人间小伙婚生1对男女。由于她离开天上的时间太久，天上来了使者召她回去。腾格里的这个女儿无可奈何，只好将丈夫弃于凡界，带着儿子和女儿回到天界。

【流传】内蒙古自治区·哲里木盟（通辽市）·达尔罕旗（科尔沁左翼中旗）

【出处】扎拉干巴雅尔讲，苏鲁格译：*《宝木勒的传说》，见吕大吉、何耀华总主编《中国各民族原始宗教资料集成》（鄂伦春族卷、鄂温克族卷、赫哲族卷、达斡尔族卷、锡伯族卷、满族卷、蒙古族卷、藏族卷），北京：中国社会科学出版社1999年版，第657页。

W1430.2
神女放下能上天的绳子

实 例

珞巴族（博嘎尔部落） 冬尼海依（太阳的女儿）从天上放下了两根绳子，两个孩子立刻抓住绳子爬到天上。

【流传】西藏自治区·（林芝地区）·米林县

【出处】东娘讲，于乃昌整理：《冬尼海依二子遇难》，见《珞巴族民间故事》：http：//www.tibet－web.com/old/minjian/ync/gushi/mulu.htm，2003.10.02。

W1430.3
人被天神带上天

【关联】[W1430.4.1] 猴子被天神带上天

实 例

汉族 （实例待考）

W1430.4
人被一个老太太带上天

实 例

裕固族 白发老太太带着决心救活哥哥的贡尔建（女子名）飞向天空，两人在空中翱翔。

【流传】（甘肃省）

【出处】

（a）白斯坦、贺西玉等讲，才让丹珍整理：《贡尔建和央珂萨》，载《陇苗》1982年第6期。

（b）同（a），见姚宝瑄主编《中国各民族神话》（土族、东乡族、回族、保安族、裕固族、撒拉族），太原：山西出版传媒集团·书海出版社2014年版，第114页。

W1430.5
人被神或神性人物接上天

实例

（参见下级母题实例）

W1430.5.1
人被织女接到天上避难

实例

仡佬族 在古老的年代，有一户十口之家的仡佬族，在人间受苦受难。玉皇晓得了，降旨给织女，要把这一家子接上天庭避难。

【流传】（无考）

【出处】高兴文讲，刘国润搜集，张德昌、冯家一整理：《阿力和达勒》，见姚宝瑄主编《中国各民族神话》（布依族、仡佬族、苗族），太原：山西出版传媒集团·书海出版社2014年版，第102页。

W1431
人被吹到天上

【汤普森】F61

实例

（参见下级母题实例）

W1431.1
人被风卷上天（人被风吹上天）

【关联】[W1434.10] 通过扇子上天

实例

高山族（排弯） 嘎拉斯和咖道（地上的一对夫妻）把天空捅破，他俩被风卷上天宫。

【流传】福建省·福州市

【出处】金原金讲，陈炜萍采录：《月亮和太阳》，见中国民间文学集成全国编辑委员会编《中国民间故事集成》（福建卷），北京：中国ISBN中心1998年版，第12页。

W1431.1.1
女子被风刮上天

实例

汉族 月姐（女子名）要把织出的月亮挂到天上时，突然狂风大作，又下起了倾盆大雨，等月姐惊醒时，已被大风卷到天上，想下来也不能下来了。

【流传】江苏省·（徐州市）·新沂市

【出处】孙仰之讲，纪昌敬记录整理：《月亮和星星》，见姚宝瑄主编《中国各民族神话》（汉族），太原：山西出版传媒集团·书海出版社2014年版，第221~223页。

藏族 一股风把石子、其公和日玛依

（石头感母猴的月经生出两个娃娃）一齐吹到天上去了。

【流传】四川省·（阿坝藏族羌族自治州）·阿坝县·城关（阿坝镇）

【出处】大纳柯讲，泽仁当州翻译，阿强等录录：《其公和日玛依》，见中国民间文学集成全国编辑委员会编《中国民间故事集成》（四川卷·下），北京：中国ISBN中心1998年版，第936页。

W1431.2
神仙吹气把人吹到天上

实例

哈尼族　神仙把人一口气吹到了天宫。

【流传】云南省·（玉溪市）·元江县（元江哈尼族彝族傣族自治县）·羊街乡、那诺乡及因远镇清水河流域一带

【出处】《天灾歌》，见元江县哈尼文化学会、元江县史志编纂办公室编《元江哈尼族古歌集》，内部编印，2005年，第97页。

W1432
通过动物上天

实例

（参见下级母题实例）

W1432.1
乘龙上天

【关联】[W3578.2]龙行天空

实例

（实例待考）

W1432.1.1
兄妹骑龙上天

实例

纳西族　孤儿十兄弟姐妹，大儿子大女儿各骑在两条龙的最前面，其余依次骑上龙，两条龙驮着他们上天去了。

【流传】云南省·丽江县（丽江市）·（玉龙纳西族自治县）·塔城（塔城乡）·依陇（依陇行政村）·巴甸村

【出处】和崇义（50岁）讲，杨福泉调查整理：《丽江地区新火塘升火仪式》（1989），见吕大吉、何耀华总主编《中国各民族原始宗教资料集成》（纳西族卷、羌族卷、独龙族卷、傈僳族卷、怒族卷），北京：中国社会科学出版社2000年版，第297页。

W1432.1.1.1
伏羲女娲兄妹骑龙上天

实例

汉族　尔时人民死，惟有伏羲、女娲兄妹二人，依龙上天，得存其命。

【流传】（无考）

【出处】［唐］不题撰人：《天地开辟以来帝王纪》敦煌本。

W1432.1.2
黄帝乘黄龙上天

实例

汉族　黄龙下凡来接黄帝到天上去。

【流传】河南省·（三门峡市）·灵宝市·阳平乡（阳平镇）·乔营村

【出处】马长治讲，贾同然等采录：《黄帝升天》，见中国民间文学集成全国编辑委员会编《中国民间故事集成》（河南卷），北京：中国ISBN中心2001年版，第38页。

W1432.2
骑马上天

【关联】[W3189.1.3] 会飞的马

实例

（实例待考）

W1432.2.1
人通过神马上天

实例

纳西族 锉治路一苴（人名）得到白胡子老爷爷送的吉助克都路（纳西族神话传说中的神马）就可以上天了。

【流传】（无考）

【出处】
（a）阿啊打把等讲，杨尔车翻译整理：《锉治路一苴》，载《山茶》1982年第3期。

（b）同（a），见谷德明编《中国少数民族神话》，北京：中国民间文艺出版社1987年版，第445页。

W1432.2.2
骑白云似的马上天

实例

纳西族 人间的老瓦老沙苴骑一匹白云似的马，韩英精褒排驾一只名叫雄贡的大鸟，一齐到天宫迎接丁巴什罗（东巴教主）下凡。

【流传】（a）云南省·丽江县（丽江市）

【出处】
（a）赵银棠讲，杨润光采录：《丁巴什罗》，见中国民间文学集成全国编辑委员会编《中国民间故事集成》（云南卷），北京：中国ISBN中心2003年版，第370页。

（b）赵银棠讲，杨士光整理：《丁巴什罗》，载《山茶》1982年第3期。

（c）同（b），见谷德明编《中国少数民族神话》，北京：中国民间文艺出版社1987年版，第431页。

W1432.2.3
乘风骑马上天

【关联】[W1431] 人被吹到天上

实例

蒙古族 从郭拉斯青（勇敢的猎人，国王）背后刮来一阵风，他所骑之马顿时离了地面，他乘着风势紧勒马缰，向天宫飞去。

【流传】（无考）

【出处】哈扎搜集，巴音巴图、姚宝瑄记录整理：《郭拉斯青和七仙女》，见姚宝瑄主编《中国各民族神话》（达斡尔族、鄂伦春族、鄂温克族、蒙古族），太原：山西出版传媒集团·书海出版社2014年版，第228页。

W1432.2.4
骑飞马上天

实例

汉族　一个贪心的财主用重金买了一匹飞马，骑着这匹马向月宫奔去。

【流传】辽宁省·（沈阳市）·新民县（新民市）东北部农村

【出处】任勇讲，任荣艳记录整理：《月亮里的桂树》，见姚宝瑄主编《中国各民族神话》（汉族），太原：山西出版传媒集团·书海出版社 2014 年版，第 263 页。

W1432.2.5
骑金马上天

实例

哈尼族　小金马驮着玛麦（人名）到天上找天神讨粮种。

【流传】云南省·（红河哈尼族彝族自治州）·元阳县

【出处】朱小和讲，李永万翻译，红芒、芳芳整理：《玛麦的传说》，原载《哈尼族民间故事》编辑组编《哈尼族民间故事》，见陶阳、钟秀编《中国神话》（下），北京：商务印书馆 2008 年版，第 1478～1482 页。

哈尼族　被驯服的小金马驮着玛麦（人名）飞到天上。

【流传】云南省·（红河哈尼族彝族自治州）·元阳县

【出处】朱小和讲，李永万翻译，红芒、芳芳整理：《英雄玛麦》，原载云南省民间文学集成办公室编《哈尼族神话传说集成》，中国民间文艺出版社 1990 年版，见姚宝瑄主编《中国各民族神话》（哈尼族、傣族），太原：山西出版传媒集团·书海出版社 2014 年版，第 196 页。

W1432.2.6
骑仙马上天

实例

彝族　支格阿龙（英雄名）骑着四匹仙马，牵着四条仙狗，天天从地下到天上、从海洋到山谷游玩。

【流传】（无考）

【出处】赤哈子讲，上元、邹志诚整理：《打蚊子、青蛙和蛇》，见姚宝瑄主编《中国各民族神话》（羌族、彝族），太原：山西出版传媒集团·书海出版社 2014 年版，第 302 页。

W1432.2.7
骑螃蟹变成的马上天

【关联】［W1432.4.3］骑螃蟹上天

实例

汉族　从前有两兄弟。老二跨上螃蟹变成的马，飞到月宫。

【流传】江苏省·（盐城市）·滨海县

【出处】栾德律讲，火红记录：《月宫里砍树的传说》（1986.06.06），见姚宝瑄主编《中国各民族神话》（汉族），太原：山西出版传媒集团·书海出版社 2014

年版，第 265~267 页。

W1432.2a
乘牛上天

【实例】（参见下级母题实例）

W1432.2a.1
乘飞天牛上天

【实例】

汉族　吴强（人名，吴刚的弟弟）乘飞天牛，腾而上天。两手无扶，便临时长角，以为扶手。

【流传】（河南嵩山？）

【出处】袁珂改编：《吴刚砍桂》，原载《河南民间故事集》，见袁珂《中国神话大词典》，北京：华夏出版社 2015 年版，第 381 页。

W1432.3
人通过鸟上天

【汤普森】F62

【关联】［W1074.1.3］鸟驮人到天界

【实例】

纳西族　韩英精褒排（人名）驾一只名叫雄贡的大鸟，到了天宫。

【流传】（a）云南省·丽江县（丽江市）

【出处】

（a）赵银棠讲，杨润光采录：《丁巴什罗》，见中国民间文学集成全国编辑委员会编《中国民间故事集成》（云南卷），北京：中国 ISBN 中心 2003 年版，第 370 页。

（b）赵银棠讲，杨士光整理：《丁巴什罗》，载《山茶》1982 年第 3 期。

（c）同（b），见谷德明编《中国少数民族神话》，北京：中国民间文艺出版社 1987 年版，第 431 页。

维吾尔族　人骑鸟飞到天上。

【流传】（无考）

【出处】吴那马吉讲，郑伯涛整理：《公主的头纱》，见中华民族故事大系编委会编《中华民族故事大系》第 2 卷（藏族、维吾尔族、苗族），上海：上海文艺出版社 1995 年版，第 498 页。

W1432.3.1
乘大鹏上天

【实例】

纳西族　大力士桑吉达布鲁抓住一只大鹏的翅膀，飞到了天上。

【流传】（无考）

【出处】周汝诚讲，王恩宁等记录，牛相奎等整理：《靴顶力士》，见谷德明编《中国少数民族神话》，北京：中国民间文艺出版社 1987 年版，第 419 页。

W1432.3.2
骑凤凰到了南天门

【关联】［W1168.21.1.2］南天门

【实例】

蒙古族　山的儿子骑着鸟王凤凰飞了好久好久，才到达南天门外。

【流传】内蒙古自治区·赤峰市·巴林右旗

【出处】胡尔查翻译，甘珠尔扎布搜集整理：《山的儿子》，见姚宝瑄主编《中国各民族神话》（达斡尔族、鄂伦春族、鄂温克族、蒙古族），太原：山西出版传媒集团·书海出版社2014年版，第206页。

W1432.3.3
骑鹤上天

【关联】［W1742.1.1］老人骑仙鹤升天化为启明星

实例

汉族 天空飞来一群白鹤，把神农和他的护身的几位臣民，接上天廷去了。

【流传】湖北省·神农架（神农架林区）

【出处】欧阳学忠、胡崇峻搜集整理：《神农尝百草》，载《民间文学》1982年第12期。

汉族 大道公于宋仁宗景祐三年五月初二，与其妹吴明妈、妹婿王舍人等三人齐乘鹤升天。

【流传】（无考）

【出处】袁珂改编：《妈祖婆和大道公》，原载巴楚编《台湾民间故事选》，见袁珂《中国神话大词典》，北京：华夏出版社2015年版，第373~374页。

纳西族 洪水时，天女波白命变成一只白鹤，让小伙子利恩若骑在身上，紧闭双眼，飞到天上。

【流传】云南省·（丽江市）·丽江县（古城区、玉龙纳西族自治县）

【出处】木丽春采集整理：《利恩若到天上的故事》，见木丽春编著《纳西族民间故事集》，昆明：云南人民出版社2007年版，第55页。

纳西族 利恩若骑上了白鹤，飞到了波白命家。白鹤帮助利恩若找到了天女。

【流传】云南省·（丽江市）·丽江县（古城区、玉龙纳西族自治县）

【出处】木丽春采集整理：《白鹤媒人的来历》，见木丽春编著《纳西族民间故事集》，昆明：云南人民出版社2007年版，第237页。

W1432.3.3.1
人骑天女变成的白鹤上天

实例

纳西族 从忍利恩（祖先名）躲在衬红褒白命（天女名）变成的白鹤的翅膀下面，飞上了天宫。

【流传】（云南省·丽江市）

【出处】和志武翻译整理：《人类迁徙记》，原载中共丽江地委宣传部编《纳西族民间故事选》，见陶阳、钟秀编《中国神话》（中），北京：商务印书馆2008年版，第856~876页。

W1432.3.3.2
人骑仙鹤上天

实例

鄂温克族 萨满神服的胸罩上的神偶主要表示萨满与神间交往关系。胸罩上两侧钉有向上起飞的两只仙鹤，是驮载萨满上升神界的神鸟。

【流传】（内蒙古自治区·呼伦贝尔市·根河市·敖鲁古雅地区）使用驯鹿鄂温克人

【出处】纽拉（女萨满，1907年生）讲，孟和、玛尼记录整理采录整理：《敖鲁古雅鄂温克萨满的神衣》，见吕大吉、何耀华总编《中国各民族原始宗教资料集成》（鄂伦春族卷、鄂温克族卷、赫哲族卷、达斡尔族卷、锡伯族卷、满族卷、蒙古族卷、藏族卷），北京：中国社会科学出版社1999年版，第138～139页。

汉族　老人骑上了一只仙鹤，飞上了天。

【流传】辽宁省·（沈阳市）·新民（新民市）北部地区

【出处】刘国文讲，刘玉双记录整理：《星星的由来》，见姚宝瑄主编《中国各民族神话》（汉族），太原：山西出版传媒集团·书海出版社2014年版，第289～290页。

藏族　老人把宝珠一颗一颗放在仙鹤身上，自己骑了一只最大的仙鹤，带着鹤群向天上飞去。

【流传】（无考）

【出处】觉乃尔讲，王彰明搜集整理：《星星的由来》，载《民间文学》1983年第10期。

W1432.3.4
骑公鸡上天

实例

黎族　（实例待考）

W1432.3.5
骑天鹅上天

实例

满族　天鹅驮着杜鹃花姑娘上天。

【流传】（无考）

【出处】长白恒端：《长白山天池的传说——杜鹃花姑娘》，见http://www.chinesefolklore.org.cn

W1432.3.6
骑鹰上天

实例

仡佬族　织女接到玉皇的圣旨后变成一只神鹰，飞到人间，把一家受难的穷苦人背负到天庭。

【流传】（无考）

【出处】高兴文讲，刘国润搜集，张德昌、冯家一整理：《阿力和达勒》，见姚宝瑄主编《中国各民族神话》（布依族、仡佬族、苗族），太原：山西出版传媒集团·书海出版社2014年版，第102页。

塔吉克族　一座高山上住着一种巨鹰，只有骑在巨鹰背上才能飞上天去。

【流传】（新疆维吾尔自治区）

【出处】艾布力·艾山汗、西仁·库尔班

搜集，夏羿、朱华翻译整理：《玉枝金花》，见姚宝瑄主编《中国各民族神话》（乌孜别克族、哈萨克族、柯尔克孜族、俄罗斯族、维吾尔族、塔吉克族、塔塔尔族、锡伯族），太原：山西出版传媒集团·书海出版社 2014 年版，第 299 页。

W1432.3.7
骑鸭子上天

实 例

满族 天神阿布卡赫赫被困冰川冰海中。地神巴那姆赫赫派去了身边的九色花翅大嘴巨鸭，它翅宽蔽海，把阿布卡赫赫从被囚困的冰川中背上蓝天。

【流传】黑龙江省·黑河地区（黑河市）·孙吴县·（沿江满族达斡尔族乡）·四季屯（四季屯村）

【出处】吴纪贤、富希陆讲：《天宫大战——黑水女真人传世神话》（1939，选自富育光、郭淑云整理的手稿），见姚宝瑄主编《中国各民族神话》（满族、赫哲族、朝鲜族），太原：山西出版传媒集团·书海出版社 2014 年版，第 27 页。

W1432.3.8
人向鸟借翅膀后上天

【关联】[W1437.2.2] 通过金翅膀上天

实 例

汉族 天鹅把自己的翅膀借给了决心制服火魔的日吉纳（人名）姑娘。姑娘有了翅膀，便向天庭飞去。

【流传】东北长白山一带

【出处】佟畴、曾层搜集整理：《天池》，见姚宝瑄主编《中国各民族神话》（汉族），太原：山西出版传媒集团·书海出版社 2014 年版，第 348～352 页。

W1432.3.9
骑天鸟上天

实 例

满族 天神阿布卡赫赫被恶魔耶鲁里打下地层，幸好有一只天鸟找到她，并把她背回天上去。

【流传】（无考）

【出处】《阿布卡赫赫女神创世》，王松根据富育光、孟慧英、王宏刚撰写的《满族宗教与神话》改写，见姚宝瑄主编《中国各民族神话》（满族、赫哲族、朝鲜族），太原：山西出版传媒集团、书海出版社 2014 年版，第 4～14 页。

W1432.3.10
骑大鸟上天

实 例

汉族 燧人氏骑着大鸟到了太阳宫。

【流传】河南省·商丘县（商丘市）

【出处】刘初立、陈肃讲，刘秀森搜集整理：《燧人氏击石取火》，原载张振犁、程健君编《中原神话专题资料》，见陶阳、钟秀编《中国神话》（下），北京：商务印书馆 2008 年版，第 1111～1112 页。

W1432.4
通过其他特定动物上天

实 例

（参见下级母题实例）

W1432.4.1
骑蜜蜂上天

实 例

独龙族 木彭哥（最早的一个男人）乘坐一只蜜蜂，飞往天上。

【流传】云南省

【出处】

(a)《木彭哥》，原载《俅人神话》，见何愈《西南少数民族及其神话》，广州：新世纪出版社1951年版，第61页。

(b)《木彭哥》，见谷德明编《中国少数民族神话》，北京：中国民间文艺出版社1987年版，第529页。

独龙族 木彭哥（MuPongo，人名）之子女病，乃自乘一蜂，飞往天上求药。

【流传】云南省

【出处】陶云逵：《几个云南藏缅语系土族的创世故事》，原载金陵大学中国文化研究所编《边疆研究论丛》（1942~1944年），见吕大吉、何耀华总主编《中国各民族原始宗教资料集成》（纳西族卷、羌族卷、独龙族卷、傈僳族卷、怒族卷），北京：中国社会科学出版社2000年版，第679页。

W1432.4.2
骑鱼上天

实 例

（参见下级母题实例）

W1432.4.2.1
人骑鲤鱼上天

实 例

汉族 九鲤湖在兴化府仙游县东北万山中。（汉河氏兄弟）九人炼丹于湖上，丹成以食鲤。鲤变而朱，其旁有翅，昂首喷沫，便招风雨，湖水为溢。一日，鲤数跃欲飞，九人各乘其一上升。

【流传】（无考）

【出处】

(a)［明］陈仁锡：《潜确类书》卷三二。

(b)《九鲤湖》，见袁珂《中国神话大词典》，北京：华夏出版社2015年版，第12页。

壮族 刘三姐骑大鲤鱼升天。

【流传】广西壮族自治区·（河池市）·宜州市

【出处】韦奶讲：《刘三姐唱歌得坐鲤鱼岩》，见张声震总主编，农冠品编注《壮族神话集成》，南宁：广西民族出版社2007年版，第483页。

W1432.4.3
骑螃蟹上天

【关联】［W1432.2.7］骑螃蟹变成的马上天

实例

汉族 小二（两兄弟中的老二）站到螃蟹背上，把两眼一闭，只听耳边的风呼啦啦地响，不一会就到了月亮上。

【流传】江苏省·（宿迁市）·泗阳县·王集镇·刘滩村

【出处】胡为景讲，胡道碧记录：《月亮里的黑影》（1986.09.21），见姚宝瑄主编《中国各民族神话》（汉族），太原：山西出版传媒集团·书海出版社2014年版，第267~268页。

W1432.4.4
骑蟒上天

实例

回族 真主造的阿丹和海尔玛被罚下凡后生育的一个取名做"师习"的独儿子孤单一人，不能成亲。他就在大白蟒的帮助下，上天讨真主的旨意。

【流传】（无考）

【出处】《阿丹和海尔玛》，马奔根据《中国回族民间文学概观》（宁夏大学出版社1984年版）等改写，见姚宝瑄主编《中国各民族神话》（土族、东乡族、回族、保安族、裕固族、撒拉族），太原：山西出版传媒集团·书海出版社2014年版，第49页。

W1432.4.5
骑鹿角上天

【关联】

① ［W1453.3.1］鹿角作为天梯

② ［W3285.0］鹿角

实例

鄂伦春族 小伙子征得鹿神的同意，抱着鹿角爬到了天顶。

【流传】（无考）

【出处】

（a）《山和树是怎么形成的》，见满都呼主编《中国阿尔泰语系诸民族神话故事》，北京：民族出版社1997年版，第323页。

（b）同（a），见徐昌翰等《鄂伦春文学》，哈尔滨：北方文艺出版社1993年版。

鄂伦春族 小伙子攀鹿角上天。

【流传】内蒙古自治区

【出处】莫希那讲，王朝阳整理：《小伙子与太阳姑娘》，见中华民族故事大系编委会编《中华民族故事大系》第15卷（德昂族、保安族、裕固族、京族、塔塔尔族、独龙族、鄂伦春族），上海：上海文艺出版社1995年版，第720页。

W1432.4.6
骑牛上天

实例

汉族 （实例待考）

W1432.4.7
骑羊上天

实例

（参见下级母题实例）

W1432.4.7.1
骑长翅膀的羊上天

【实例】

苗族 白姑娘身负羊皮袋，桑哥哥手执龙角锤，各骑绵羊之背，绵羊忽生雪白翅翼，遂腾而飞至于天。

【流传】（无考）

【出处】《桑哥哥与白姑娘》，原载谷德明编《中国少数民族神话选》（原名《龙牙颗颗钉满天》），见袁珂《中国神话大词典》，北京：华夏出版社2015年版，第425页。

W1433
通过植物上天

【实例】

（参见下级母题实例）

W1433.1
通过树上天

【关联】

① ［W1158.1.8］以前天低得人可以从树上上天

② ［W1482］通天树（特定的天梯通天树）

【实例】

瑶族 人从树上可以爬到天上。

【流传】

（a）广东省·（清远市）·连南（连南瑶族自治县）·（三排镇）·油岭（油岭村）一带

（b）广东省·（清远市）·连南县（连南瑶族自治县）·（三排镇）·油岭（油岭村）

【出处】

（a）唐丁乔二公讲，广西少数民族社会历史调查组搜集：《水仙姑》，见曹廷伟编著《广西民间故事辞典》，南宁：广西教育出版社1993年版，第14页。

（b）唐丁乔二公讲，少数民族社会历史调查组搜集，廖国柱整理：《开天辟地》，见谷德明编《中国少数民族神话》，北京：中国民间文艺出版社1987年版，第126页。

W1433.1.1
人通过大树上天

【实例】

哈尼族 魔鬼投胎所生的检收（女子名）叫来一群鬼怪守着大树，她自己就爬上大树回到天上去了。

【流传】云南省·红河地区（红河哈尼族彝族自治州）·红河县

【出处】李克郎讲，黄世荣整理：《砍大树》，原载云南省民间文学集成办公室编《哈尼族神话传说集成》，中国民间文艺出版社1990年，见姚宝瑄主编《中国各民族神话》（哈尼族、傣族），太原：山西出版传媒集团·书海出版社2014年版，第120页。

瑶族 古时天低，中大人（谓人）常沿大树上攀至天嬉戏。

【流传】（无考）

【出处】《水仙姑》（原名《开天辟地的传说》），原载苏胜兴编《瑶族民间故事选》，见袁珂《中国神话大词典》，北京：华夏出版社2015年版，第469页。

瑶族 早先的天很矮，中大人（地面上生活的人）沿着大树往上爬，很容易就可以爬到天上去玩。

【流传】广东省·（清远市）·连山壮族瑶族自治县（疑为连南瑶族自治县）·（三排镇）·油岭寨（油岭千户瑶寨）

【出处】

（a）唐丁、乔二公讲，广西民族调查组搜集，廖国柱整理：《开天辟地的传说》，见苏胜兴、刘保元、韦文俊、王矿新等编《瑶族民间故事选》，上海：上海文艺出版社1980年版。

（b）同（a），见姚宝瑄主编《中国各民族神话》（土家族、毛南族、侗族、瑶族），太原：山西出版传媒集团·书海出版社2014年版，第143页。

W1433.1.2
通过不断长高的树上天

实 例

塔吉克族 姑娘为反抗父亲安排的婚姻，靠擀面杖变成的不断长高的梧桐树到了天上。姑娘从树上下来，走到了天宫。

【流传】（新疆维吾尔自治区）

【出处】艾布力·艾山汗、西仁·库尔班搜集，夏羿、朱华翻译整理：《梧桐树》，见姚宝瑄主编《中国各民族神话》（乌孜别克族、哈萨克族、柯尔克孜族、俄罗斯族、维吾尔族、塔吉克族、塔塔尔族、锡伯族），太原：山西出版传媒集团·书海出版社2014年版，第285～286页。

W1433.1.3
小人通过树枝上天

实 例

白族 无数小人从地狱中经树枝分别爬到"人间"或"天堂"里。

【流传】云南省·（大理白族自治州）·鹤庆县

【出处】章虹宇：《关于鹤庆白族"甲马"》，载《山茶》1992年第6期。

W1433.1.4
通过神树上天

实 例

鄂伦春族 鄂伦春人萨满在春天举行神升天的仪式时，有专门的斜仁柱（曾音译为"仙人柱"），有专门的樟子松神树，设在斜仁柱中央，树干上涂有动物血。

【流传】黑龙江省·（大兴安岭地区）·塔河县·十八站乡

【出处】孟秀春调查整理：《天穹观念》（1991），见吕大吉、何耀华总主编《中国各民族原始宗教资料集成》（鄂伦春族卷、鄂温克族卷、赫哲族卷、达斡尔族卷、锡伯族卷、满族卷、蒙古族卷、藏族卷），北京：中国社会科学出版社1999年版，第14页。

W1433.2
通过通天树上天

【关联】［W1482］通天树（特定的天梯通天树）

实 例

苗族　祖先榜香猷和画眉鸟从通天树爬上天。

【流传】贵州省·（黔东南苗族侗族自治州）·丹寨县·排调（排调镇）

【出处】王启荣讲，潘明修采录：《榜香猷》，见中国民间文学集成全国编辑委员会编《中国民间故事集成》（贵州卷），北京：中国ISBN中心2003年版，第79页。

W1433.3
通过日月树上天

【关联】［W1416.5.2］雷公晒死日月树绝地天通

实 例

苗族　人间有一棵上天的日月树。人通过这棵树可以到天上。

【流传】湖南省·湘西（湘西土家族苗族自治州）

【出处】《阿陪果本》，见巴略、王秀盛《苗族文学概论》，北京：中国文史出版社2006年版，第25页。

苗族　雷公见阿陪果本（人名）缘日月树登天，大惧。

【流传】（无考）

【出处】《日月树》，原载燕宝编《苗族民间故事选》（原名《阿陪果本》），见袁珂《中国神话大词典》，北京：华夏出版社2015年版，第417页。

苗族　高比（人名）抓住日月树爬上南天，去找雷公算账。

【流传】（无考）

【出处】《雷公和高比》，见陶立璠、李耀宗编《中国少数民族神话传说选》，成都：四川民族出版社1985年版，第140页。

苗族　洪水时，阿陪果本（人名）爬上日月树来到天上。

【流传】湖南省湘西一带；贵州省·（铜仁市）·松桃地区（松桃苗族自治县）

【出处】

(a) 滕树宽、龙炳文搜集，江波整理：《阿陪果本》，见燕宝编《苗族民间故事选》，上海：上海文艺出版社1981年版。

(b) 同(a)，见姚宝瑄主编《中国各民族神话》（布依族、仡佬族、苗族），太原：山西出版传媒集团·书海出版社2014年版，第153页。

W1433.3.1
通过山顶上的日月树上天

实 例

壮族　卜伯（英雄名）为报复雷王，回家把剑磨好，决心到巴赤山那里去找日月树爬上天找雷王算账。

【流传】（无考）

【出处】

（a）《卜伯的故事》，载《民间文学》1979年第10期。

（b）同（a），《日月树》（原名《卜伯的故事》），见袁珂《中国神话大词典》，北京：华夏出版社2015年版，第436～437页。

W1433.4
通过马桑树上天

【关联】

① ［W1410.2］通天的马桑树
② ［W1448.3］马桑树是天梯
③ ［W1483.2］马桑树是通天树

实 例

苗族 嘎赛咏（女性人名）攀上十七丈高的马桑树，爬到天上。

【流传】贵州省·（安顺市）·紫云县（紫云苗族布依族自治县）麻山苗区

【出处】陈兴华唱诵，杨正江译：《造日月，射日月》，见中国民间文艺家协会主编《亚鲁王》，北京：中华书局2011年版，第261页。

W1433.4.1
猴子通过马桑树上天

实 例

羌族 很早以前，有个猴子爬到一棵很高的马桑树上，顺着树尖到了天上。

【流传】（无考）

【出处】

（a）《黄水潮天，兄妹成亲》，见西南民族学院语文系民族民间文学组李明等《羌族文学概况》初稿，1980年12月。

（b）同（a），见吕大吉、何耀华总主编《中国各民族原始宗教资料集成》（纳西族卷、羌族卷、独龙族卷、傈僳族卷、怒族卷），北京：中国社会科学出版社2000年版，第577页。

羌族 很早以前，有个猴子爬到一棵很高的马桑树上，顺着树尖到了天上。

【流传】（无考）
【出处】

（a）何天云讲，李明、林忠亮、刘光辉采录，林忠亮整理：《黄水滔天的故事》，见西南民族学院图书馆与西南民族学院《羌族文学简史》编写组合编《羌族民间文学资料集》（一），1987年。

（b）同（a），见姚宝瑄主编《中国各民族神话》（羌族、彝族），太原：山西出版传媒集团·书海出版社2014年版，第11页。

羌族 一群无聊的猿猴顺着齐天高的马桑树树枝攀到天宫。

【流传】（四川省）
【出处】

（a）朱文仙讲，倪明高记录整理：《太阳和月亮》，见四川阿坝州文化局主编《羌族民间故事集》，北京：中国民间文艺出版社1988年版。

（b）同（a），见姚宝瑄主编《中国各

民族神话》（羌族、彝族），太原：山西出版传媒集团·书海出版社 2014 年版，第 11~12 页。

W1433.4.1.1
孙猴子通过马桑树上天

实例

土家族 很久以前，马桑树长得齐天高，孙猴子能沿着马桑树爬到天上。

【流传】四川省·酉阳（今重庆市·酉阳县）

【出处】彭明清讲，何云搜集整理：《孙猴子上天》，见中华民族故事大系编委会编《中华民族故事大系》第 5 卷（瑶族、白族、土家族），上海：上海文艺出版社 1995 年版，第 651 页。

土家族 孙猴子经常沿着齐天高的马桑树爬到天上。

【流传】重庆市·酉阳土家族苗族自治县·老寨（老寨乡）一带

【出处】
(a)《马桑树的变迁和百家姓的由来》，见刘长贵、彭林绪搜集整理《土家族民间故事》，重庆：重庆出版社 1986 年版。
(b) 同(a)，见姚宝瑄主编《中国各民族神话》（土家族、毛南族、侗族、瑶族），太原：山西出版传媒集团·书海出版社 2014 年版，第 21 页。

W1433.4.2
青蛙通过马桑树上天

【关联】[W1427.5.4] 青蛙上天

实例

汉族 青蝌蚂（青蛙）为吞掉太阳，沿齐天高的马桑树，爬到天上去。

【流传】（无考）

【出处】秦守华讲，李维铭采录：《太阳的生日》，原载《京山民间故事集》，见陶阳、钟秀编《中国神话》（上），北京：商务印书馆 2008 年版，第 236~237 页。

土家族 洪水后，神人张果老就叫了十二个太阳来晒地。把草木晒枯了。有一只青蛙看太阳太多，就顺着高大的马桑树爬到天上，一口吞一个太阳。

【流传】（无考）

【出处】
(a)《青蛙吞太阳》，见谷德明编《中国少数民族神话》，北京：中国民间文艺出版社 1987 年版。
(b) 同(a)，见姚宝瑄主编《中国各民族神话》（土家族、毛南族、侗族、瑶族），太原：山西出版传媒集团·书海出版社 2014 年版，第 20 页。

W1433.4.3
祖先通过山顶上的马桑树上天

实例

布依族 布杰（布依族祖先之一）从青龙山顶上那棵长齐天的马桑树上爬到天上去。

【流传】贵州省·（黔西南布依族苗族自治州）·望谟县、册亨县、安龙县一带

【出处】

（a）韦朝路覃玉竹讲，汛河搜集整理：《铜鼓的来历》，见贵州省民族事务委员会编《民间文学资料》第四十四集（布依族神话传说故事寓言童话），内部编印，1980年。

（b）同（a），见姚宝瑄主编《中国各民族神话》（布依族、仡佬族、苗族），太原：山西出版传媒集团·书海出版社2014年版，第95页。

W1433.4.4
七姊妹通过马桑树上天

实 例

苗族　苗家七姊妹采艾至马桑树下，攀登上树，欲窥究竟。脚踏手攀，互相追赶，不觉竟至天庭。

【流传】（无考）

【出处】《马桑树》，原载谢馨藻等搜集整理《苗族民间故事》，见袁珂《中国神话大词典》，北京：华夏出版社2015年版，第416页。

W1433.4.5
射日者通过马桑树上天

实 例

土家族　青年卵玉射日时爬上通天的马桑树。

【流传】（无考）

【出处】

（a）许济才讲，刘长贵等整理：《太阳和月亮》，见蔚家麟选编《中国民间故事精选》，武汉：长江文艺出版社2005年版，第25~27页。

（b）《日月分工》，见高明强编《创世的神话和传说》，上海：上海三联书店1988年版，第125页。

W1433.4.6
通过月亮山上的马桑树上天

实 例

水族　月亮山上有棵马桑树，顺着马桑树爬到天上去。

【流传】（无考）

【出处】韦免低等讲，潘朝霖搜集整理：《月亮山》，见谷德明编《中国少数民族神话》，北京：中国民间文艺出版社1987年版，第654页。

W1433.4a
通过烧桑树上天

实 例

汉族　南方赤帝女学道得仙，居南阳愕山桑树上。以火焚之，女即升天，因名帝女桑。

【流传】（无考）

【出处】［北宋］李昉、李穆、徐铉等：《太平御览》卷九二一引《广异记》。

W1433.5
通过植物的藤上天（攀藤上天）

【关联】［W1438.2.1］藤蔓作为上天的绳索

W1433.5.1
通过葫芦藤上天

【关联】

① ［W1433.6.6］乘葫芦上天
② ［W1449］藤作为天梯

实例

哈尼族　惹威（人名）顺着葫芦藤爬上了天宫。

【流传】（无考）

【出处】《都玛沙莪》，见李光荣《论哈尼族神话的"期待原型"》，载《云南师范大学学报》2001年第1期。

彝族　种葫芦籽后，抽藤发叶，未久藤、叶俱上达于天。拉普（人名，仙女与人间猎人的儿子）遂攀藤上天往寻其母。

【流传】（无考）

【出处】《无娘星》，原载毛星主编《中国少数民族文学》（下册），见袁珂《中国神话大词典》，北京：华夏出版社2015年版，第429页。

彝族　仙女送给儿子拉普的葫芦里面倒出一颗金瓜子。拉普把它种到地里，地里长出了棵瓜秧，瓜秧出奇的壮实，瓜藤长到天上，拉普便顺藤爬上天去找娘。

【流传】云南省·楚雄（楚雄彝族自治州）

【出处】李光富、李学忠讲，唐楚臣、甘振林搜集整理：《北斗七星》，载《山茶》1980年第1期。

彝族　拉普（人名）找到仙女妈妈后，妈妈被迫回天时送他3个葫芦。拉普回到家，打开第三个葫芦，从里面倒出一颗金瓜子。拉普把它种到地里，地里长出了棵瓜秧，瓜秧壮实得出奇，瓜藤长到天上，拉普便顺藤爬上去找娘。

【流传】云南省·楚雄彝族自治州

【出处】李光富、李学忠讲，唐楚臣、甘振林记录整理：《北斗七星》，见姚宝瑄主编《中国各民族神话》（羌族、彝族），太原：山西出版传媒集团·书海出版社2014年版，第259页。

W1433.5.2
通过天萝藤上天

实例

汉族　百姓通过种的天萝藤爬上天。

【流传】浙江省·（宁波市）·宁海县·（力洋镇）·力洋村

【出处】叶丙标讲，叶柱采录：《玉帝分开地》，见中国民间文学集成全国编辑委员会编《中国民间故事集成》（浙江卷），北京：中国ISBN中心1997年版，第22页。

汉族　以前，天没有几丈高。地上的百姓种天萝把天地连在一起。人就顺着天萝爬到天上。

【流传】浙江省·宁波市·宁海县

【出处】叶丙标讲，叶柱记录：《玉帝分

天地》，见罗杨总主编，戴余金本卷主编《中国民间故事丛书·浙江宁波·宁海卷》，北京：知识产权出版社 2015 年版，第 4 页。

W1433.6
通过其他特定的植物上天

实 例

（参见下级母题实例）

W1433.6.1
通过高粱杆上天

实 例

羌族　放牛郎爬着一棵很高大的高粱杆上天寻妻。

【流传】四川省·（阿坝藏族羌族自治州）·汶川县·雁门乡·月里村

【出处】赵帮龙讲，李冀祖采录：*《放牛郎与天女》，见中国民间文学集成全国编辑委员会编《中国民间故事集成》（四川卷·下），北京：中国ISBN 中心 1998 年版，第 1115 页。

W1433.6.2
通过水杉树上天

实 例

土家族　天寒之后，剩下兄妹俩顺着水杉树往上爬，越爬越暖和，到了天宫。

【流传】湖北省·（恩施土家族苗族自治州）·利川（利川市）

【出处】朱林山讲，黄汝家搜集整理：《水杉的传说》，见中华民族故事大系编委会编《中华民族故事大系》第 5 卷（瑶族、白族、土家族），上海：上海文艺出版社 1995 年版，第 669 页。

W1433.6.3
通过竹子上天

实 例

（参见下级母题实例）

W1433.6.3.1
通过通天母竹升天

【关联】［W3796］与竹子有关的其他母题

实 例

彝族　洪水后，一个姑娘抱着一颗通天母竹升天。

【流传】（无考）

【出处】《竹的儿子》，见云南省民族事务委员会编《彝族文化大观》，昆明：云南民族出版社 1999 年版，第 325 页。

W1433.6.3.2
沿着竹子上天

实 例

黎族　孩子长大后骑着公鸡沿着竹子到天上找母亲（仙女）。

【流传】海南省·三亚市·田独（田独

镇)、鹿回头，乐东县（乐东黎族自治县）·尖峰（尖峰镇）等等

【出处】《竹和棉花图腾》，见吕大吉、何耀华总主编《中国各民族原始宗教资料集成》（土家族卷、瑶族卷、壮族卷、黎族卷），北京：中国社会科学出版社1998年版，第667页。

W1433.6.4
从桃树上到天宫

实例

彝族　（实例待考）

W1433.6.5
脚踏莲花上天

【关联】［W3839.1］莲花（荷花）

实例

满族　海伦格格踏在火盆上，用双手举起石板补天时，火盆突然变成一朵金莲花，托着她和石板向高空飞去，遮住了天上往下掉的石块，天被补上了。

【流传】辽宁省·（鞍山市）·岫岩（岫岩满族自治县）

【出处】李成明讲，张其卓、董明整理：《海伦格格补天》（原标题《满族三个老人故事集》，原载《中国神话》），见姚宝瑄主编《中国各民族神话》（满族、赫哲族、朝鲜族），太原：山西出版传媒集团·书海出版社2014年版，第17~19页。

W1433.6.6
乘葫芦上天

【关联】［W1433.5.1］通过葫芦藤上天

实例

汉族　九仙姑下凡经年，忽于天井种葫芦，遂踏葫芦升天为寿于其父。

【流传】（无考）

【出处】《建木》，见袁珂《中国神话大词典》，北京：华夏出版社2015年版，第214页。

W1433.6.7
通过柳树上天

实例

苗族　嘎赛咏（女性人名）爬上十七抱粗的杨柳树，爬到天上。

【流传】贵州省·（安顺市）·紫云县（紫云苗族布依族自治县）麻山苗区

【出处】陈兴华唱诵，杨正江译：《造日月，射日月》，见中国民间文艺家协会主编《亚鲁王》，北京：中华书局2011年版，第261页。

W1434
通过人造物上天

【关联】［W1407］连接天地的桥（天桥、通天桥）

实例

（参见下级母题实例）

W1434.0
通过梯子上天

【关联】[W1487.1] 人通过天梯到天上

实例

仫佬族 以前，由于天太低了，人们随便搭两三把楼梯就可以到天上去玩。

【流传】广西壮族自治区·（河池市）·罗城仫佬族地区（罗城仫佬族自治县）

【出处】龙华新讲，龙殿宝搜集整理：《天是怎样升高起来的》，见姚宝瑄主编《中国各民族神话》（仫佬族、壮族、京族），太原：山西出版传媒集团·书海出版社 2014 年版，第 4 页。

W1434.0.1
通过云梯上天

【关联】[W1468.4.2] 云梯

实例

汉族 灵溪可潜盘，安事登云梯。

【流传】（无考）

【出处】
(a)《文选·郭璞〈游仙诗〉》。
(b)《云梯》，见袁珂《中国神话大词典》，北京：华夏出版社 2015 年版，第 43 页。

W1434.0.2
人搭梯子上天

实例

仫佬族 古时天极低，竹因被天所阻而下垂，习惯今犹然也，人以天低，常搭楼梯登天而游。

【流传】（无考）

【出处】袁珂改编：《达伙与磨坊仙子》（原名《天是怎样升高起来的》），原载谷德明编《中国少数民族神话选》，见袁珂《中国神话大词典》，北京：华夏出版社 2015 年版，第 561 页。

W1434.1
穿特定的鞋上天

实例

（参见下级母题实例）

W1434.1.1
穿铁鞋上天

实例

仡佬族 穿上铁鞋后上天。

【流传】贵州省·（毕节市）·黔西（黔西县）、大方（大方县）、织金（织金县）

【出处】杨素芝等讲，罗懿群等搜集，罗懿群等整理：《哆赫亨》，见中华民族故事大系编委会编《中华民族故事大系》第 13 卷（仡佬族、锡伯族、阿昌族），上海：上海文艺出版社 1995 年版，第 69 页。

W1434.1.2
穿牛皮做的靴子上天

实例

汉族 老黄牛临死前对牛郎说："把

我的皮剥下，做一双靴子，里边儿放一把青草，穿上就能腾云驾雾。"

【流传】河南省·（南阳市）·桐柏县

【出处】黄发美、黄正明讲，薛远增整理：《牵牛星和织女星》，见姚宝瑄主编《中国各民族神话》（汉族），太原：山西出版传媒集团·书海出版社2014年版，第312~315页。

W1434.1.3
穿登山鞋上天

实例

瑶族 密洛陀（万物之母，女始祖，女神）给昌郎永（神名）拿来登山鞋，帮他背上弓和箭，叫他带上小米饭，去月宫请回火神昌朗也和弓箭神昌郎仪。

【流传】广西壮族自治区·（河池市）·大化县（大化瑶族自治县）·七百弄乡

【出处】蓝阿勇（72岁）讲，蒙冠雄采录翻译：《密洛陀》（1982），见中国民间文学集成全国编辑委员会编《中国民间故事集成》（广西卷），北京：中国ISBN中心2001年版，第11~22页。

W1434.2
人穿羽衣可以飞上天

实例

满族 （实例待考）

W1434.2a
通过脱皮上天

实例

（参见下级母题实例）

W1434.2a.1
人脱下特定物上天

实例

（参见下级母题实例）

W1434.2a.1.1
女子脱下癞蛤蟆皮后上天

实例

羌族 女子脱下癞蛤蟆皮后可以上天。

【流传】四川省·（阿坝藏族羌族自治州）·汶川（汶川县）

【出处】罗世泽讲，周礼明翻译：《羊角姻缘》，见中华民族故事大系编委会编《中华民族故事大系》第11卷（达斡尔族、仫佬族、羌族），上海：上海文艺出版社1995年版，第643页。

W1434.2b
用天衣上天

实例

汉族 昔有田昆仑者，家贫未娶，因偷三天女的羽衣成婚。经年产子，名曰田章。田章五岁，受董仲先生教来觅母。三女遂将天衣共乘小儿上天。

【流传】（无考）

【出处】［清］句道兴：《搜神记》，见《敦煌变文集》卷八。

W1434.3
通过绳子上天

【关联】［W1438.2］上天的绳索（登天之绳）

实 例

珞巴族 安若和阿沙爬绳上天。

【流传】西藏自治区·下珞渝（又写作"下珞瑜"，泛指永木河、锡约尔河、巴恰西仁河流域）

【出处】维·埃尔温搜集：《安若和阿沙》，见中华民族故事大系编委会编《中华民族故事大系》第16卷（赫哲族、门巴族、珞巴族、基诺族），上海：上海文艺出版社1995年版，第487页。

W1434.3.1
神女放下能上天的绳子

实 例

珞巴族 （实例待考）

W1434.3.2
通过太阳给的绳子上天

实 例

珞巴族 阿巴达尼（文化祖先名）与太阳的女儿冬尼海依婚生两子。冬尼海依叫阿巴达尼到太阳那里去取两条背孩子的绳子，好把孩子背到天上去。

【流传】（西藏自治区·林芝市·米林县）

【出处】东娘、达农讲，于乃昌整理：《阿巴达尼遇难》，见姚宝瑄主编《中国各民族神话》（门巴族、珞巴族、怒族、藏族），太原：山西出版传媒集团·书海出版社2014年版，第36页。

W1434.3a
通过丝上天

实 例

（参见下级母题实例）

W1434.3a.1
蜘蛛顺着吐的丝上天

【关联】

① ［W1427.5.3］蜘蛛上天

② ［W3478］与蜘蛛有关的其他母题

实 例

彝族 蜘蛛为取治哑巴的药，顺着自己吐出的丝上了天。

【流传】（无考）

【出处】

(a) 阿鲁斯基搜集整理：《举木惹牛》，见谷德明编《中国少数民族神话选》，西北民族学院研究所编印，内部资料，1983年。

(b) 阿鲁斯基搜集整理：《举木惹牛娶天女》，见姚宝瑄主编《中国各民族神话》（羌族、彝族），太原：山西出版传媒集团·书海出版社 2014 年版，第 121 页。

W1434.3b
通过线上天

实 例

（参见下级母题实例）

W1434.3b.1
抓着 2 根白线上天

实 例

壮族　一个男祖先和仙女婚生两个儿子。仙女回天时告诉儿子，爹回来的时候，不打骂你们就算了，要是他打你们骂你们，环边（房屋的左右两边叫到环边）有三根线，抓住那两根白线不要放手就可以上天来找妈妈了。

【流传】云南省·（红河哈尼族彝族自治州）·金平县（金平苗族瑶族傣族自治县）

【出处】苏光凤、李正坤讲，吴佳梁校正：《祖先》，见姚宝瑄主编《中国各民族神话》（仫佬族、壮族、京族），太原：山西出版传媒集团·书海出版社 2014 年版，第 141 页。

W1434.3b.2
抓着 2 根蓝线上天

实 例

汉族　天上飘落两根蓝线，一直落到父子俩的家门口，两个人赶紧一人抓住一根，紧闭眼睛，只听到耳朵边风声嗖嗖响，身子好像腾云驾雾，轻飘飘地往天上飞去。

【流传】浙江省·杭州市

【出处】黄欢讲，潘观涌整理：《月树人》，见姚宝瑄主编《中国各民族神话》（汉族），太原：山西出版传媒集团·书海出版社 2014 年版，第 285 ~ 288 页。

W1434.3b.3
抓着天女放下的线上天

实 例

瑶族　仙女从天宫放下红、绿、黄三根丝线，令三十郎父子分别攀之登天，阖家共同生活。

【流传】（无考）

【出处】《三十郎与三仙女》，原载《云南少数民族文学资料》（第三辑），见袁珂《中国神话大词典》，北京：华夏出版社 2015 年版，第 468 页。

W1434.3c
通过胡须上天

实 例

（参见下级母题实例）

W1434.3c.1
抓着老人的胡须上天

实 例

侗族　远方登云山有老人，须长及

地，月经山顶时，能攀登入月中。

【流传】（无考）

【出处】《三油树》（原名《三株油树》），原载谷德明编《中国少数民族神话选》，见袁珂《中国神话大词典》，北京：华夏出版社2015年版，第464页。

W1434.4
通过链子上天

【关联】［W1272.6.1］有一条拴天地的锁链

实 例

彝族 人通过天上放下的链子上天。

【流传】四川省·凉山（凉山彝族自治州）

【出处】沈伍己讲，邹志诚整理：《洪水潮天的故事》，见中华民族故事大系编委会编《中华民族故事大系》第3卷（彝族、壮族、布依族），上海：上海文艺出版社1995年版，第27页。

W1434.4.1
通过天上吊下的金链和银链上天

实 例

彝族 伍午（人名）不会上天。天神恩梯古兹派来的人，向天上喊了三声，忽然东南西北出现四根铜柱铁柱，把天地连起来；那人又喊三声，天上吊下来了两根金链和银链。伍午拉着链子上天去了。

【流传】四川省·凉山州（凉山彝族自治州）

【出处】沈伍己讲，邹志诚记录整理：《洪水潮天的故事》，原载李德君、陶学良编《彝族民间故事选》，见陶阳、钟秀编《中国神话》（上），北京：商务印书馆2008年版，第451～464页。

彝族 要为天神恩梯古兹的妻女治病的伍午（人名）不会上天。恩梯古兹派来的人向天上喊了三声，忽然东南西北出现四根铜柱铁柱，把天地连起来，那人又喊三声，天上吊下来两根金链和银链。伍午拉着链子上天去了。

【流传】四川省·凉山州彝族自治州

【出处】沈伍己讲，邹志诚记录整理：《洪水滔天的故事》，原载李德君、陶学良编《彝族民间故事选》，上海文艺出版社1981年版，见姚宝瑄主编《中国各民族神话》（羌族、彝族），太原：山西出版传媒集团·书海出版社2014年版，第250页。

W1434.4.2
通过铁链上天

【关联】［W1408.2.2］天地有1条铁链相连

实 例

（参见下级母题实例）

W1434.4.2.1
1个妇女顺着铁链上天

实 例

珞巴族 一个妇女被鬼追赶，祈祷上天后，天上降下一条铁链子，她抓着铁链子就爬了上去。

【流传】西藏自治区·（林芝地区）·墨脱县珞巴族米古巴、米辛巴部落

【出处】宾珠讲，于乃昌等整理：《猪救母子》，见《珞巴族民间故事》：http://www.tibet-web.com/old/minjian/ync/gushi/mulu.htm，2003.10.02。

W1434.4.2.2
1对母子顺着铁链上天

实例

珞巴族 一对母子顺着铁链到了天宫。

【流传】西藏自治区·（林芝市）·墨脱县·达木珞巴民族乡、格当乡、甘登乡、背崩乡

【出处】安布、达娃讲，冀文正采集：《青蛙和公主》，见冀文正《珞巴族民间故事》，成都：四川民族出版社2011年版，第192页。

W1434.5
通过彩带上天

实例

（参见下级母题实例）

W1434.5.1
英雄坐上五彩带上天

实例

畲族 勇团（英雄名）解下腰间的五彩腰带，坐上这条宝带，就能飞上天

空去拨开乌云。

【流传】浙江省

【出处】

（a）王国全搜集整理：《天眼重开》，见谷德明编《中国少数民族神话》，北京：中国民间文艺出版社1987年版，第209~224页。

（b）同（a），见姚宝瑄主编《中国各民族神话》（高山族、黎族、畲族），太原：山西出版传媒集团·书海出版社2014年版，第125页。

W1434.6
通过船上天

【关联】［W9670］宝船

实例

赫哲族 萨满对决心为母亲治病的乌沙哈特（人名）说："你坐上快马子（北方沿江渔民驾驶的一种轻便、简易的渔舟），闭上眼睛，我轻轻吹口法气，就把你送上天！"

【流传】东北一带

【出处】吴连贵讲，黄任远、马名超记录整理：《天河》，见姚宝瑄主编《中国各民族神话》（满族、赫哲族、朝鲜族），太原：山西出版传媒集团·书海出版社2014年版，第111~114页。

W1434.6.1
乘槎上天（乘木筏上天）

实例

汉族 天河与海通。近世有人居海渚

者，年年八月有浮槎，去来不失期。人有奇志，立飞阁于槎上，多赍粮，乘槎而去。

【流传】（无考）

【出处】

（a）［晋］张华：《博物志·杂说》。

（b）《天河》，见袁珂《中国神话大词典》，北京：华夏出版社2015年版，第55页。

汉族　人有奇志者，立飞阁其上，多赍粮乘槎而去。十余日至一处，有城郭状，屋舍甚严。遥望室中，有织妇人。

【流传】（无考）

【出处】［元］赵道一：《历世真仙体道通鉴后集》卷二"织女"条。

W1434.6.1.1
乘槎到天边

实 例

汉族　海若居海岛，每至八月即有流槎过，如是累年不失期。其人赍粮乘槎而往。及至一处，见有人饮于河，又见织女。问其处，饮牛之父曰："可归问蜀严君平，当知之。"其人归，诣君平。君平曰："某年月日，有客星犯斗牛，计时，即汝也。"其人乃知随流槎至天津。

【流传】（无考）

【出处】［唐］李冗：《独异志》卷上。

W1434.6.2
乘特定物变成的船上天

实 例

（参见下级母题实例）

W1434.6.2.1
牛郎乘牛角变成的小船上天

实 例

汉族　牛郎拿了牛皮披在身上，把牛角踩在脚下。一对牛角一下子变成了两只小船。牛郎用两只筐子挑着一儿一女，上天去追妻子仙女。

【流传】湖北省·丹江口市

【出处】冯明文讲：《牛郎星和织女星》，见姚宝瑄主编《中国各民族神话》（汉族），太原：山西出版传媒集团·书海出版社2014年版，第309～311页。

W1434.6.3
划船去天河

实 例

苗族　枉生（星王，指的是北斗星）为造出射太阳的弓箭，撑木槽船下乌筛乌列（天河），荡桨过乌嗨英能（大海），最后来到岳父勾响沙的家请教。

【流传】广西壮族自治区·（柳州市）·融水苗族自治县

【出处】

（a）杨达香讲，梁彬搜集整理：《创世

纪》（四、降服太阳，柱生求助），见梁彬、王天若编《苗族民间故事选》，南宁：广西人民出版社1986年版。

（b）同（a），见姚宝瑄主编《中国各民族神话》（布依族、仡佬族、苗族），太原：山西出版传媒集团·书海出版社2014年版，第190页。

W1434.7
通过飞毯上天

【关联】

① ［W9688.4］飞毯

② ［W9688.4.1］载人飞行的毯子

实 例

（实例待考）

W1434.7.1
女子乘凤凰羽毛变成的花毯到月宫

【关联】［W3588.6］凤凰的能力

实 例

汉族 吴刚的妻子蓝郁花坐着凤凰的羽毛变成的花毯子一下飞进了银光闪闪的月宫里，落在一株宝树上。

【流传】浙江省

【出处】唐宗龙记录，陈玮君整理：《砍宝树》，见姚宝瑄主编《中国各民族神话》（汉族），太原：山西出版传媒集团·书海出版社 2014 年版，第 278~280 页。

W1434.8
通过木耙上天

实 例

高山族 地上的人要上天了，就将耕田用的木耙竖起来，"噢——"地叫唤一声，天上的人就热情地伸出手来接住，让要上天的人踩着耙齿，一级一级地向上攀去。

【流传】（无考）

【出处】陈炜萍搜集整理：《天上、人间、地下》，原载《高山族民间故事选》，见陶阳、钟秀编《中国神话》（上），北京：商务印书馆2008年版，第184~186页。

W1434.9
通过台子上天

实 例

（参见下级母题实例）

W1434.9.1
通过土台上天

【关联】［W1409］天地有土台相连

实 例

独龙族 以前，天和地有九道土台相连，地上的人可以从土台上天。

【流传】云南省

【出处】李子贤等搜集整理：《创世纪神话故事六则·大蚂蚁把天地分开》，见中国作家协会云南分会编《云南民族民间故事选》，昆明：云南人民出版社 1981 年版，第 583~585 页。

独龙族 古老的时代，地上的人可以从土台上天。

【流传】云南省怒江独龙族地区

【出处】

（a）当色·顶、孔英金、卜松、鲁腊·顶讲，李子贤、张文臣、李承明记录，孟国才、张联华、和诠翻译，李子贤整理：《大蚂蚁分天地》，见陶立璠、朱桂元等编《中国少数民族神话汇编》，中央民族学院少数民族古籍整理出版规划领导小组办公室编，内部资料，1984 年。

（b）同（a），见姚宝瑄主编《中国各民族神话》（水族、布朗族、独龙族、基诺族、傈僳族），太原：山西出版传媒集团·书海出版社 2014 年版，第 111 页。

W1434.10
通过扇子上天

实 例

（参见下级母题实例）

W1434.10.1
用扇子扇上天

实 例

哈尼族 很久以前，猎人阿立和他的哥哥阿翁两人，被白胡子老头用扇子扇到了天边。

【流传】云南省

【出处】李章法讲，毛佑全、傅光宇搜集整理：《天狗吃月亮》，载《山茶》1982 年第 5 期。

W1435
通过其他特定的物上天

【关联】

① ［W1425~W1489］天梯与其他上天工具

② ［W1442.2］人通过天梯到月亮上

③ ［W1487.1］人通过天梯到天上

实 例

（参见下级母题实例）

W1435.1
通过旋转的磨飞上天

实 例

哈尼族 （实例待考）

W1435.2
乘光上天

实 例

（参见下级母题实例）

W1435.2.1
人乘日光上天

实 例

独龙族 木彭哥（最早的一个男人）乘日光腾升上天。

【流传】云南省

【出处】

(a)《木彭哥》，原载《俫人神话》，见何愈《西南少数民族及其神话》，广州：新世纪出版社 1951 年版，第 61 页。

(b)《木彭哥》，见谷德明编《中国少数民族神话》，北京：中国民间文艺出版社 1987 年版，第 529 页。

独龙族 木彭哥（MuPongo，人名）到天上偷取谷种时，乘日光腾升上天。

【流传】云南省

【出处】陶云逵：《几个云南藏缅语系土族的创世故事》，原载金陵大学中国文化研究所编《边疆研究论丛》（1942～1944 年），见吕大吉、何耀华总主编《中国各民族原始宗教资料集成》（纳西族卷、羌族卷、独龙族卷、傈僳族卷、怒族卷），北京：中国社会科学出版社 2000 年版，第 679 页。

W1435.2.2
弥勒佛乘坐太阳光飞升

【关联】[W0787.9.1] 弥勒佛

实例

纳西族 弥勒佛乘坐太阳光直向居那世罗神山顶飞升，丁巴什罗（东巴教主）坐在手鼓上扶摇直上，二人你追我赶，疾如闪电，两不相让。

【流传】云南省·（迪庆藏族自治州）·中甸县（香格里拉县）·三坝乡（三坝纳西族乡）·白地行政村·吴树湾村

【出处】久高吉（80 岁）讲，调杨福泉查整理：《中甸三坝白地关于丁巴什罗的传说》（1989），见吕大吉、何耀华总主编《中国各民族原始宗教资料集成》（纳西族卷、羌族卷、独龙族卷、傈僳族卷、怒族卷），北京：中国社会科学出版社 2000 年版，第 207 页。

W1435.2.3
踩着日月的光柱到天上

【关联】[W1437.1] 通过太阳的手臂上天

实例

（实例待考）

W1435.2.4
通过月光上天

实例

（参见下级母题实例）

W1435.2.4.1
祖先能踩着日月的光柱到天上

实例

布依族 布灵（又译"独零"，布依语"人猿"，含"祖先"之意）踩着日月的光柱到天上。

【流传】（无考）

【出处】《造万物》第三章，见 BBS 水木清华站：http://www.smth.edu.cn，2006.07.20。

W1435.3

乘云上天（腾云上天）

实例

高山族（阿美） 依勒克（天神名）乘一朵白云，悠悠飞上天宇。

【流传】台湾

【出处】汪梅田搜集整理：《彩虹》，原载蔡铁民编《高山族民间故事选》，见陶阳、钟秀编《中国神话》（上），北京：商务印书馆 2008 年版，第 215～217 页。

仡佬族 洪水幸存者阿仰跑遍了周围团转的大山，找来又粗又壮的麻秆，扎成一把式样最漂亮，声音最好听的麻秆芦笙。在一座高高的山顶朝着高天吹奏起来。只见西边天上飘来一朵朵白亮白亮的云彩，一朵接一朵，一大串一大串，又慢慢散开，就像一条又宽又长的石街路。阿仰抬脚踏上麻花云，吹着芦笙往前走，果真走到天上去了。

【流传】贵州省·（毕节市）·黔西（黔西县）、织金县

【出处】赵云周等九人讲，李道等十人搜集，罗懿群执笔整理：《阿仰兄妹制人烟》，载《南风》1983 年第 3 期。

汉族 云梯，言仙人升天，因云而上，故曰云梯。

【流传】（无考）

【出处】

（a）《文选·郭璞〈游仙诗〉》注。

（b）《云梯》，见袁珂《中国神话大词典》，北京：华夏出版社 2015 年版，第 43 页。

汉族 有个织布姑娘织出一匹青布去蒙天。等到天黑，她就腾云飞到天上。

【流传】四川省·（宜宾市）·屏山县·夏溪乡

【出处】徐云华讲，徐登奎、陈越采录：《天为什么是青的》，见中国民间文学集成全国编辑委员会编《中国民间故事集成》（四川卷·上），北京：中国 ISBN 中心 1998 年版，第 37 页。

W1435.3.1

在最高的山上登云上天

【关联】[W1825.3.2] 最高的山

实例

佤族 图莫伟龙（大概是指珠穆朗玛峰）是人间最高的山峰，安木拐（佤族女祖先）就从这里登云上了天。

【流传】云南省·（普洱市）·西盟佤族自治县、澜沧拉祜族自治县等地

【出处】毕登程、隋嘎编著：《司岗里——佤族创世史诗》，昆明：云南出版集团公司·云南人民出版社 2009 年版，第 54 页。

W1435.3.2

布洛陀踏着彩云上天

实例

壮族 始祖布洛陀踏着彩云到天界。

【流传】

（a）广西壮族自治区·（百色市）·西林县·那佐乡·那来村

（b）广西壮族自治区

【出处】

（a）黄公受讲，岑护双采录翻译：《巨人夫妻》，见中国民间文学集成全国编辑委员会编《中国民间故事集成》（广西卷），北京：中国 ISBN 中心 2001 年版，第 55~60 页。

（b）黄公受讲，岑护双采录翻译：《巨人夫妻——姆洛甲与布洛陀》，原载中国民间文学集成全国编辑委员会编《中国民间故事集成》（广西卷），北京：中国 ISBN 中心 2001 年版，见陶阳、钟秀编《中国神话》（中），北京：商务印书馆 2008 年版，第 659~667 页。

W1435.3.3
人踏麻花云上天

实 例

仡佬族 洪水幸存者阿仰不知道怎样才能到天上。天神哲格告诉他："选又粗又壮的麻秆来扎芦笙，朝着天上吹，就可以踩着麻花云上天去了。"

【流传】（贵州省）

【出处】赵去周（"去"疑为"云"或"银"）讲，李道、罗懿群搜集整理：《阿仰兄妹制人烟》，见姚宝瑄主编《中国各民族神话》（仡佬族、壮族、京族），太原：山西出版传媒集团·书海出版社 2014 年版，第 16 页。

W1435.3.4
萨满通过乌云上天

实 例

达斡尔族、鄂伦春族、鄂温克族、满族 女萨满把自己的雷神拿出来，往天空一扔，一块乌云就把她托上了天。

【流传】（无考）

【出处】

（a）内蒙古自治区编委会：《鄂伦春族社会历史调查》（第二集），呼和浩特：内蒙古人民出版社 1985 年版，第 261~263 页。

（b）《萨满的传说之四》，见吕大吉、何耀华总主编《中国各民族原始宗教资料集成》（鄂伦春族卷、鄂温克族卷、赫哲族卷、达斡尔族卷、锡伯族卷、满族卷、蒙古族卷、藏族卷），北京：中国社会科学出版社 1999 年版，第 48~50 页。

W1435.3a
乘雾上天

实 例

汉族 （实例待考）

W1435.3a.1
人以前能驾雾上天

实 例

布依族 以前，凡人能去攀雾，爬上坡，攀上雾，腾云驾雾去上天。

【流传】贵州省布依族地区

【出处】杨正荣、祝登瑄讲，岭玉清、汛河搜集整理，古梅改写：《翁戛造万物》，见姚宝瑄主编《中国各民族神话》（布依族、仡佬族、苗族），太原：山西出版传媒集团·书海出版社2014年版，第11页。

W1435.3b
乘蒸汽上天

实 例

（参见下级母题实例）

W1435.3b.1
在最冷的地方坐产生的蒸汽上天

实 例

蒙古族　帖卜—腾格里习惯于在隆冬时去到那个地区最寒冷的一个〔地方〕斡难—怯绿连地方，裸坐在冰上。凝冰被他的体温融化，便升起了一些蒸汽。蒙古百姓和某些人就说，他骑着白马上天去了。

【流传】（无考）

【出处】［波斯］拉施特主编，余大钧、周建奇译：《史集》第一卷第一分册，商务印书馆1983年版，第273～274页，见吕大吉、何耀华总主编《中国各民族原始宗教资料集成》（鄂伦春族卷、鄂温克族卷、赫哲族卷、达斡尔族卷、锡伯族卷、满族卷、蒙古族卷、藏族卷），北京：中国社会科学出版社1999年版，第697页。

W1435.4
插上翅膀飞上天

【关联】［W2888.4］以前的人长有翅膀

实 例

（实例待考）

W1435.4.1
9个姑娘插上翅膀飞上天

实 例

彝族　9位姑娘插上翅膀飞上天。

【流传】广西壮族自治区·（百色市）·那坡县·城厢镇

【出处】梁绍安讲，王光荣搜集整理：《塞米请太阳》，见曹廷伟编著《广西民间故事辞典》，南宁：广西教育出版社1993年版，第7页。

W1435.5
登上特定物体上天

实 例

（参见下级母题实例）

W1435.5.1
女子登上仓库上天

实 例

鄂伦春族　被丈夫追赶的女子登上欧伦（鄂伦春猎人用的仓库）时，连欧伦、猎马、猎狗都随着她飘了起来，一块儿升上天空。

【流传】内蒙古自治区·（呼伦贝尔

市）·鄂伦春自治旗

【出处】旃诛枚讲，巴图宝音采录：《欧伦神》，见中国民间文学集成全国编辑委员会编《中国民间故事集成》（内蒙古卷），北京：中国ISBN中心2007年版，第23页。

W1435.6
穿特定衣服上天（穿戴特定服饰上天）

实例

汉族 （实例待考）

W1435.6.1
披上牛皮上天

实例

汉族 织女被捕上天，牛郎不得上，与儿女仰天号哭。时老牛垂死，嘱牛郎于其死后剖皮衣之，便可登天。

【流传】（无考）

【出处】《牛郎织女》，见袁珂《中国神话大词典》，北京：华夏出版社2015年版，第66页。

W1435.6.1.1
放牛郎披上牛皮上天

实例

汉族 七月七那天，二小披上牛皮，立时两脚离了地，飞天河岸上。

【流传】河北省·（石家庄市）·藁城（藁城市）

【出处】靳正新讲，李殿敏搜集整理：《牛郎和织女》，见中华民族故事大系编委会编《中华民族故事大系》第1卷（汉族、蒙古族、回族），上海：上海文艺出版社1995年版，第42页。

汉族 牛郎把老牛的骨头烧了，披上牛皮，编两个箩头，一头担女子，一头担小子，闭上上眼，到南天门寻妻子织女。

【流传】（无考）

【出处】秦地女原述，孙剑水重述：《天牛郎配夫妻》，原载孙剑水编《天牛郎配夫妻》，见陶阳、钟秀编《中国神话》（中），北京：商务印书馆2008年版，第845~855页。

W1435.6.2
仙女穿裙子后上天

实例

汉族 仙女离开了裙子，就不能起风驾云。

【流传】河南省·（南阳市）·桐柏县

【出处】黄发美、黄正明讲，薛远增整理：《牵牛星和织女星》，见姚宝瑄主编《中国各民族神话》（汉族），太原：山西出版传媒集团·书海出版社2014年版，第312~315页。

W1435.6.3
仙女穿上自己的衣裳后会天

【关联】[W7624.2] 男子藏天女（仙

女）的衣服或羽衣后成婚

实例

满族 三个仙女姐妹找出了丈夫收藏起来的衣裳穿在身上，胳膊一抬，两脚起空，回天上了。

【流传】辽宁省·（鞍山市）·岫岩县（岫岩满族自治县）

【出处】李成明讲，张其卓、董明搜集整理：《天鹅仙女》，原载张其卓、董明编《满族三老人故事集》，见陶阳、钟秀编《中国神话》（中），北京：商务印书馆2008年版，第590~594页。

W1435.7
通过特定容器上天

实例

（参见下级母题实例）

W1435.7.1
通过皮口袋上天

实例

珞巴族 一个朋友把青蛙装入皮口袋，把它送上了天庭。

【流传】西藏自治区·（林芝市）·墨脱县·达木珞巴民族乡、格当乡、甘登乡、背崩乡

【出处】安布、达娃讲，冀文正采集：《青蛙和公主》，见冀文正《珞巴族民间故事》，成都：四川民族出版社2011年版，第192页。

W1435.7.2
坐天上打水的水桶上天

实例

朝鲜族 每当水日，天宫里都要放下一只水桶来天池提水，牧童坐进这只水桶里，就会被提到天上去，可以和媳妇孩子团圆了。

【流传】（辽宁省·沈阳市郊区）

【出处】金德顺讲，裴永镇整理：《牧童和仙女》，原载《金德顺故事集》，见陶阳、钟秀编《中国神话》（中），北京：商务印书馆2008年版，第920~930页。

W1435.8
通过天梭上天

实例

汉族 织女将要被迫回天时，对丈夫牛郎说："我把这把天梭给你，我回天上后，你可用这把天梭带着娃儿上天来看我。"

【流传】四川省·巴县（今重庆市·巴南区）·鱼洞镇

【出处】张文奎讲，李子硕记录整理：《天河的来历》（1988.04），见姚宝瑄主编《中国各民族神话》（汉族），太原：山西出版传媒集团·书海出版社2014年版，第77~81页。

W1435.9

跟着特定动物上天

实例

（参见下级母题实例）

W1435.9.1

人随羊群上天

【关联】［W1427.5.5］羊上天

实例

羌族　青年斗安珠与天女木姐珠相爱，斗安珠趁着天门未关，混在木姐珠的羊群内，到天庭向木姐珠的父亲求婚。他躲在羊圈旁边，静待天明。

【流传】四川省·（阿坝藏族羌族自治州）·茂汶县（茂汶羌族自治县，今归属茂县）

【出处】

（a）袁祯祺讲，向世茂、郑文泽搜集整理：《斗安珠和木姐珠》，载《民间文学》1984年第4期。

（b）同（a），见陶阳、钟秀编《中国神话》（中），北京：商务印书馆2008年版，第877~885页。

W1436

通过魔法上天（通过巫术上天）

【汤普森】F68

【关联】

① ［W1437.2.1］通过法鼓上天

② ［W1437.6］闭上眼睛可以跳上天

③ ［W1437.6a］人跺跺脚可以飞到天上

④ ［W9000］魔法

实例

汉族　（实例待考）

W1436.1

通过符水上天

【关联】［W1437.5.5］喝了特定的水上天

实例

蒙古族　一只大蜘蛛喝了符水，顿时觉得身子轻飘飘的，不一会儿就离开了地面，向天上飞去。

【流传】（无考）

【出处】那木吉拉翻译，姚宝瑄搜集整理：《蜘蛛吃日月》，见姚宝瑄主编《中国各民族神话》（达斡尔族、鄂伦春族、鄂温克族、蒙古族），太原：山西出版传媒集团·书海出版社2014年版，第160页。

W1436.2

萨满通过法术使人上天

实例

鄂温克族　那妹塔氏族的萨满知道坏人来了，就立即连同参加会的人们都腾空驾雾上了天。

【流传】（内蒙古自治区·呼伦贝尔市·陈巴尔虎旗莫尔格河一带）

【出处】

（a）《陈巴尔虎旗莫尔格河鄂温克族社

会历史调查报告》，见内蒙古自治区编辑组《鄂温克族社会历史调查》，呼和浩特：内蒙古人民出版社 1986 年版，第 340 页。

（b）《"舍卧刻"神的由来、构成及祭仪》，见吕大吉、何耀华总主编《中国各民族原始宗教资料集成》（鄂伦春族卷、鄂温克族卷、赫哲族卷、达斡尔族卷、锡伯族卷、满族卷、蒙古族卷、藏族卷），北京：中国社会科学出版社 1999 年版，第 116 页。

W1436.3
通过魔物上天

【关联】［W9050］魔物的功能（魔法的功能）

实 例

（参见下级母题实例）

W1436.3.1
通过有魔力的黑花上天

实 例

满族 阿格达恩都哩可以用母亲留下的具有魔力的黑花上天堂与父母团聚。

【流传】（无考）

【出处】《阿格达恩都哩》，原载孟慧英著《满族民间文化论集》，长春：吉林人民出版社 1990 年版，见姚宝瑄主编《中国各民族神话》（满族、赫哲族、朝鲜族），太原：山西出版传媒集团·书海出版社 2014 年版，第 100～101 页。

W1436.4
向术士学会上天

实 例

哈萨克族 有个叫"飞汗"的可汗，为了寻找他失去的姑娘，跟一位术士学会了上天的本领。

【流传】（新疆维吾尔自治区）

【出处】

（a）师忠孝翻译：《飞汗的儿子》，见银帆编《哈萨克族民间故事选》，上海：上海文艺出版社 1986 年版。

（b）《江德巴特尔》，见姚宝瑄主编《中国各民族神话》（乌孜别克族、哈萨克族、柯尔克孜族、俄罗斯族、维吾尔族、塔吉克族、塔塔尔族、锡伯族），太原：山西出版传媒集团·书海出版社 2014 年版，第 86 页。

W1437
与上天方法有关的其他母题

【关联】［W1793.5］升入天堂的方法

实 例

（参见下级母题实例）

W1437.0
飞上天

【关联】

① ［W2903］人以前会飞
② ［W1435.4］插上翅膀飞上天

实 例

珞巴族 从前有两个兄弟，哥哥叫洛波

（阿巴洛），弟弟叫尼波（阿巴达尼，文化祖先）。洛波被弟弟捉弄气得要命，就飞到了天上。

【流传】西藏自治区·（林芝市）·墨脱县（搜集地点为西藏自治区·林芝市·墨脱县·达木乡·卡布村）

【出处】达娃讲，于乃昌、张力风、陈理明整理：《阿巴达尼取五谷种》（1986.08），见姚宝瑄主编《中国各民族神话》（门巴族、珞巴族、怒族、藏族），太原：山西出版传媒集团·书海出版社2014年版，第32页。

W1437.0.1
女子自然飘上天

实例

鄂伦春族　一个被丈夫追赶的女子，爬上梯子到欧伦（库房）上拿东西时，连欧伦、猎马、猎狗都随着她飘了起来，一块升上天空。

【流传】内蒙古自治区·呼伦贝尔盟（呼伦贝尔市）·鄂伦春族自治县（鄂伦春自治旗）

【出处】莳诛梅讲：《欧伦神的传说》，原载巴图宝音搜集整理《鄂伦春族民间故事集》，见陶阳、钟秀编《中国神话》（上），北京：商务印书馆2008年版，第246~247页。

W1437.0a
走上天

实例

藏族　火灾逃生的最小的弟弟由下界走到天界。

【流传】（无考）

【出处】

（a）任称尔甲讲，萧崇素搜集整理：《种子的起源》，见谷德明编《中国少数民族神话选》，西北民族学院研究所编印，内部资料，1983年。

（b）同（a），见姚宝瑄主编《中国各民族神话》（门巴族、珞巴族、怒族、藏族），太原：山西出版传媒集团·书海出版社2014年版，第101页。

W1437.0a.1
人长途跋涉走上天

实例

侗族　大家凑点钱公推热心替众人办事的金必到天上取讨歌。金必不分昼夜，长途跋涉，走了很久，才来到天上。

【流传】（无考）

【出处】

（a）培光、卜宪讲，华谋整理：《找歌的传说》（1963），见杨通山、蒙光朝、过伟等《侗族民间故事选》，上海：上海文艺出版社1982年版。

（b）同（a），见姚宝瑄主编《中国各民族神话》（土家族、毛南族、侗族、瑶族），太原：山西出版传媒集团·书海出版社2014年版，第132~133页。

侗族　金必（人名）到天上讨些歌，不分昼夜，长途跋涉，走了很久，才来到天上。

【流传】广西壮族自治区·胜平（不详）；贵州省·（黔东南苗族侗族自治州·黎平县）·肇兴（肇兴镇）

【出处】培光、卜宪讲，华谋搜集整理：《找歌的传说》，原载杨通山等编《侗族民间故事选》，见陶阳、钟秀编《中国神话》（下），北京：商务印书馆2008年版，第1267~1270页。

W1437.1
通过太阳的手臂上天

【关联】
① ［W1435.2.4］踩着日月的光柱到天上
② ［W1616.5a］太阳的手

实　例

珞巴族 海依（太阳的女儿）顺着太阳的手臂走到天上去。

【流传】西藏自治区·（林芝地区）·米林县珞巴族博嘎尔部落

【出处】东娘讲，于乃昌整理：《冬尼海依二子遇难》，见《珞巴族民间故事》：http://www.tibet-web.com/old/minjian/ync/gushi/mulu.htm，2003.10.02。

珞巴族 阿巴达尼顺着太阳的手臂上天。

【流传】西藏自治区·珞渝（包括上珞渝，泛指古称的白马岗即今林芝市墨脱县、马尼岗、梅楚卡一带，下珞渝则泛指永木河、锡约尔河、巴恰西仁河流域）

【出处】达塔讲，刘芳贤等整理，达贡翻译：《阿巴达尼试妻》，见中华民族故事大系编委会编《中华民族故事大系》第16卷（赫哲族、门巴族、珞巴族、基诺族），上海：上海文艺出版社1995年版，第722页。

W1437.2
通过宝物上天

实　例

（参见下级母题实例）

W1437.2.1
通过法鼓上天

实　例

纳西族 东巴教丁巴什罗教主抬出一个法鼓，他骑上法鼓，敲一下法鼓，法鼓就向着太阳的家里滚去。

【流传】云南省·（丽江市）·丽江县（古城区、玉龙纳西族自治县）

【出处】木丽春采集整理：《什罗和古基比法》，见木丽春编著《纳西族民间故事集》，昆明：云南人民出版社2007年版，第356页。

W1437.2.2
通过金翅膀上天

实　例

汉族 仙女回天宫的时辰到了，三妹因找不到金翅膀上不了天。

【流传】浙江省·杭州市

W1437.3
通过山上天

【关联】

① ［W1438.1.3］山是上天的路

② ［W1444.1.3］特定的山是下凡的路

③ ［W1450］山是天梯

实例

布依族 祖先翁戛造的山最高，造的坡最大。因为山高连着天，凡人也能爬上天去。

【流传】贵州省布依族地区

【出处】杨正荣、祝登垫讲，岭玉清、汛河搜集整理，古梅改写：《翁戛造万物》，见姚宝瑄主编《中国各民族神话》（布依族、仡佬族、苗族），太原：山西出版传媒集团·书海出版社2014年版，第11页。

W1437.3.1
通过灵山上天

【关联】

① ［W1450.5］灵山是天梯

② ［W1852.6.78］灵山

实例

汉族 （参见 W1438.1.3.4 母题实例）

W1437.3.2
始祖从最高的山峰登上天

实例

佤族 （实例待考）

W1437.3.3
通过昆仑山上天

【关联】

① ［W1450.3］昆仑山是天梯

② ［W1850.2.5.5］昆仑山通天

实例

汉族 缘昆仑以登天者。

【流传】（无考）

【出处】

(a) ［汉］刘安及门客：《淮南子·地形训》高诱注。

(b)《天梯》，见袁珂《中国神话大词典》，北京：华夏出版社2015年版，第56页。

W1437.3a
通过水上天

【关联】［W1053.2］最早的世界水天相连

实例

（实例待考）

W1437.3a.1
狗顺着水上天

实例

羌族 狗看到洪水后的人很可怜，就

【出处】黄欢讲，潘观涌整理：《月树人》，见姚宝瑄主编《中国各民族神话》（汉族），太原：山西出版传媒集团·书海出版社2014年版，第285～288页。

顺水浮到了天上，去向老天爷要粮食。

【流传】四川省·（阿坝藏族羌族自治州）·松潘县·镇平乡·双泉上村

【出处】扎西讲，王康、吴文光、龚剑雄采录，王康整理：《五谷粮食的来历》，原载西南民族学院图书馆与西南民族学院《羌族文学简史》编写组合编《羌族民间文学资料集》（一），1987年，见姚宝瑄主编《中国各民族神话》（羌族、彝族），太原：山西出版传媒集团·书海出版社2014年版，第15页。

W1437.3a.2
通过水柱上天

实例

（参见下级母题实例）

W1437.3a.2.1
通过鲸鱼喷出的水柱上天

实例

汉族　大鲸让金加吉鱼游到自己头上，它猛地一喷气，高大的水柱一下子把金加吉抛向高空。金加吉纵身一跃，跳到一朵白云上，驾着白云急急忙忙向天宫奔去。

【流传】辽宁省·大连市

【出处】邓世礼、邓永槐讲，王德露、高和保记录整理：《星海》，见姚宝瑄主编《中国各民族神话》（汉族），太原：山西出版传媒集团·书海出版社2014年版，第318~322页。

W1437.3b
通过高的地方上天

【关联】［W1825.3.2］最高的山

实例

满族　天上的5只野鸡落到地上变成5个美女，但她们谁也不愿意呆在地上生活，都想回到阿不卡恩都里（天神）那里过舒适日子，于是都想办法找高地方幻想重登天庭。

【流传】黑龙江省·（黑河市）·爱辉县（爱辉区）·大五家子村

【出处】张石头讲，富希陆采集：《民族起源神话》，原载富希陆《瑷珲祖风遗拾》，见吕大吉、何耀华总主编《中国各民族原始宗教资料集成》（鄂伦春族卷、鄂温克族卷、赫哲族卷、达斡尔族卷、锡伯族卷、满族卷、蒙古族卷、藏族卷），北京：中国社会科学出版社1999年版，第487页。

W1437.4
通过天上的人接应上天

实例

（实例待考）

W1437.4.1
始祖把儿子用筐吊到天上

实例

珞巴族　（实例待考）

W1437.5
吃特定物后上天

实例

（参见下级母题实例）

W1437.5.1
服药物后上天

【关联】［W1427.1.3］犬吃仙药上天

实例

（参见下级母题实例）

W1437.5.1.1
吃不死药后升天

实例

汉族　西王母给羿的长生不老药，如果一个人吃了，可以飞回天上；两人分吃，只能长生不老，不能回天宫。

【流传】河南省·洛阳市

【出处】刘东山讲，顾丰年记录整理：《嫦娥种牡丹》，见姚宝瑄主编《中国各民族神话》（汉族），太原：山西出版传媒集团·书海出版社2014年版，第237~240页。

W1437.5.1.2
嫦娥吃不死药后升天

【关联】［W0671.1］嫦娥奔月

实例

汉族　云母屏风烛影深，长河渐落晓星沉。嫦娥应悔偷灵药，碧海青天夜夜心。

【流传】（无考）

【出处】［唐］李商隐：《嫦娥》。

汉族　嫦娥吞了长生不老药，慢慢地慢慢地飘浮起来，升上天空去了。

【流传】浙江

【出处】陈伟君记录整理：《奔月》，见姚宝瑄主编《中国各民族神话》（汉族），太原：山西出版传媒集团·书海出版社2014年版，第251~262页。

汉族　嫦娥吃了不死药，渐渐觉得她的身子轻飘飘的。脚和地面脱离开，一直飘升上去。

【流传】（无考）

【出处】袁珂重述：《射日奔月》，原载袁珂《神异篇》，见陶阳、钟秀编《中国神话》（上），北京：商务印书馆2008年版，第279~288页。

汉族　后羿之妻嫦娥将后羿给她保管的不死药独自偷吃，化为神仙飞升月宫。

【流传】（无考）

【出处】《嫦娥》，见乌丙安主编《中国民间神谱》，沈阳：辽宁人民出版社2007年版，第64页。

W1437.5.2
吃仙桃上天

实例

（参见下级母题实例）

W1437.5.2.1
嫦娥吃仙桃上天

实例

汉族 嫦娥吃了仙桃后，突然觉得自己身轻如燕，好像长了翅膀一样，轻飘飘的。她便带着小白兔腾空而起，向着月宫奔去。

【流传】湖南省洞庭湖一带

【出处】金春华、吴竹溪记录整理：《嫦娥奔月》，见姚宝瑄主编《中国各民族神话》（汉族），太原：山西出版传媒集团·书海出版社2014年版，第244～245页。

W1437.5.3
吃灵芝草升天

【关联】
① ［W3820］灵芝
② ［W3820.3.4］灵芝草能使人飞翔

实例

（参见下级母题实例）

W1437.5.3.1
嫦娥吃灵芝草升天

实例

汉族 嫦娥吃了灵芝草，周身都变轻了，不知不觉地离开了地面朝天上飘，慢慢飘到月亮上去了。

【流传】四川省·巴县（重庆·巴南区）·五布乡

【出处】王庭光讲，梁昌明记录，金祥度整理：《嫦娥奔月》（1987.10），见姚宝瑄主编《中国各民族神话》（汉族），太原：山西出版传媒集团·书海出版社2014年版，第245～246页。

W1437.5.4
吃仙丹上天

实例

（参见下级母题实例）

W1437.5.4.1
吃升腾灵丹上天

实例

汉族 后羿到昆仑山找王母娘娘要来神药升腾灵丹。

【流传】江苏省·（淮安市）·淮阴市（淮阴区）

【出处】徐省生讲，徐素芳记录集整理：《后羿射日与嫦娥奔月》（1988.05.20），见姚宝瑄主编《中国各民族神话》（汉族），太原：山西出版传媒集团·书海出版社2014年版，第139～140页。

W1437.5.4.2
吃日头丹上天

实例

（参见下级母题实例）

W1437.5.4.2.1
嫦娥吃日头丹上天

实例

汉族 嫦娥吃了丈夫羿的九粒日头丹，脚一蹬，飞进月娘的宫里。

【流传】浙江省·（温州市）·洞头县·洞头乡·后垵村

【出处】吴艺讲，叶永福记录：《嫦娥吞仙丹》（1987.05.30），见姚宝瑄主编《中国各民族神话》（汉族），太原：山西出版传媒集团·书海出版社 2014 年版，第 240~241 页。

W1437.5.5
喝了特定的水上天

【关联】[W1436.1] 通过符水上天

实例

蒙古族 一只大蜘蛛喝了符水，顿时觉得身子轻飘飘的，不一会儿就离开了地面，向天上飞去。

【流传】（无考）

【出处】那木吉拉翻译，姚宝瑄搜集整理：《蜘蛛吃日月》，见姚宝瑄主编《中国各民族神话》（达斡尔族、鄂伦春族、鄂温克族、蒙古族），太原：山西出版传媒集团·书海出版社 2014 年版，第 160 页。

W1437.5.6
吃宝珠能入地上天

实例

汉族 老天爷对盘古爷和盘古奶说："这里有两颗宝珠，你们二人吞下后就能入地上天。"

【流传】河南省·（南阳市）·桐柏县·二郎山乡·四里冲

【出处】周化党（农民）讲，周化北采录：《盘古得私雨》，见张振犁编著《中原神话通鉴》（第一卷），郑州：河南大学出版社 2017 年版，第 78 页。

W1437.6
闭上眼睛可以跳上天

实例

纳西族 灾难后幸存的崇顶吕英英拽住下凡天女的裙尾不放。天女只好给他一枚戒指，天女发誓上天后，只要崇顶吕英英闭上眼，一跳可上天。

【流传】云南省·（丽江市·宁蒗彝族自治县）·永宁（永宁乡）一带

【出处】阿窝都之诵，陈福全调查记录，和志武翻译整理：《崇顶吕英英·泽亨金金米》（祭天神和祖先）（1962，1989），见吕大吉、何耀华总主编《中国各民族原始宗教资料集成》（纳西族卷、羌族卷、独龙族卷、傈僳族卷、怒族卷），北京：中国社会科学出版社 2000 年版，第 228 页。

W1437.6a
人跺跺脚可以飞到天上

【关联】[W9174] 与巫术有关的其他母题

实 例

哈尼族　决心去补天的艾浦艾乐兄妹俩，抓起一把泥土，跺跺脚，就向天上飞去。

【流传】云南省·（红河哈尼族彝族自治州）

【出处】朱小和讲，史军超搜集整理：《补天的兄妹俩》，原载《哈尼族神话传说集成》，见陶阳、钟秀编《中国神话》（上），北京：商务印书馆 2008 年版，第 396~397 页。

W1437.7
变形后上天

【关联】［W9501］变形的原因（条件）

实 例

（参见下级母题实例）

W1437.7.1
化为青烟后上天

【关联】［W1453.1］烟柱为天梯

实 例

（参见下级母题实例）

W1437.7.1.1
石狮化为青烟后上天

实 例

汉族　洪水后，石狮完成拯救幸存者和劝婚的任务，遂化青烟，升天而去。

【流传】（河南省）

【出处】《盘古山》，原载河南师大中文系编《河南民间故事》，见袁珂《中国神话大词典》，北京：华夏出版社 2015 年版，第 390 页。

汉族　石狮的话音一落，只见它口吐白光，立时化作一股青烟飞上天空去了。

【流传】河南省桐柏山一带

【出处】马卉欣、梁燕搜集，马卉欣整理：《盘古山》，原载中国民间文艺研究会河南分会编《河南民间故事集》，见姚宝瑄主编《中国各民族神话》（汉族），太原：山西出版传媒集团·书海出版社 2014 年版，第 95~100 页。

W1437.8
互助上天

实 例

（参见下级母题实例）

W1437.8.1
不同动物互助上天

实 例

彝族　众动物为了救恩人举木惹牛（人名），决定上天去要挟天神恩体古时，蛇圈成一个圆圈，套在乌鸦颈上，青蛙坐在乌鸦的右翼上，老鼠坐在左翼上，蜜蜂爬在乌鸦的尾巴上向天界飞去了。

【流传】（无考）

【出处】阿鲁斯基搜集整理：《举木惹

牛》，原载谷德明编《中国少数民族神话》，西北民族学院研究所印刷，内部资料，1983年，见姚宝瑄主编《中国各民族神话》（羌族、彝族），太原：山西出版传媒集团·书海出版社2014年版，第215页。

彝族 动物为帮主人娶到天女，蛇缠在乌鸦脖子上，老鼠坐在乌鸦屁股上，蜂子夹在乌鸦翅膀下，乌鸦带着它们飞上天去了。

【流传】四川省·凉山州彝族自治州

【出处】沈伍己讲，邹志诚记录整理：《洪水滔天的故事》，原载李德君、陶学良编《彝族民间故事选》，上海文艺出版社1981年版，见姚宝瑄主编《中国各民族神话》（羌族、彝族），太原：山西出版传媒集团·书海出版社2014年版，第248~249页。

W1437.9
手持特定物可以上天

实例

（参见下级母题实例）

W1437.9.1
拿着神杖可以上天

【关联】[W9688.2]宝杖

实例

哈尼族 懒女人杰奴被住在贝那的哥哥杰罗赶出家门时，顺手拿走了立在家门后的一根棍子，这是一根最神奇的棍子，它是天神送给贝那头人的"波颇"木杖，它是天神烟沙的姑娘在天河的岩边砍来的，拿着波颇木杖，有话可以上天去说，有理可以到天神家里去讲。

【流传】云南省·（红河哈尼族彝族自治州）·元阳（元阳县）、红河（红河县）、绿春（绿春县）、金平（金平苗族瑶族傣族自治县）

【出处】朱小和等讲，史军超、卢朝贵搜集整理：《遮天树王》，杨知勇选自云南省民间文学集成办公室编《哈尼族神话传说集成》，中国民间文艺出版社，1990年，见姚宝瑄主编《中国各民族神话》（哈尼族、傣族），太原：山西出版传媒集团·书海出版社2014年版，第127页。

W1437.10
神教人上天方法

实例

（参见下级母题实例）

W1437.10.1
雷公教人上天方法

实例

黎族 七指岭脚下的寨子里有个名叫打古的青年，雷公与他成为朋友，还教会了他上天的本领。

【流传】海南省·（三亚市）·保亭县（保亭黎族苗族自治县）

【出处】
(a) 广东民族学院中文系七七级采风组

采集，陈永平整理：《雷公根》，见广东民族学院中文系编《黎族民间故事选》，上海：上海文艺出版社1983年版。

(b) 同（a），见姚宝瑄主编《中国各民族神话》（高山族、黎族、畲族），太原：山西出版传媒集团·书海出版社2014年版，第66页。

W1437.10.2
神告诉人上天方法

实 例

哈尼族 好心的阿匹梅烟（神名），告诉了先祖上天的办法。

【流传】云南省·（红河哈尼族彝族自治州）·元阳（元阳县）、红河（红河县）、金平（金平苗族瑶族傣族自治县）（采集于元阳县攀枝花区洞铺寨）

【出处】朱小和讲，史军超搜集整理：《动植物的家谱》（1982），原载云南省民间文学集成办公室编《哈尼族神话传说集成》，中国民间文艺出版社1990年版，见姚宝瑄主编《中国各民族神话》（哈尼族、傣族），太原：山西出版传媒集团·书海出版社2014年版，第145页。

W1437.11
上天的帮助者

实 例

（参见下级母题实例）

W1437.11.1
乌鸦作人上天的帮助者

【关联】［W3368］与乌鸦有关的其他母题

实 例

（参见下级母题实例）

W1437.11.1.1
乌鸦带不会飞的动物上天

实 例

彝族 蛇缠在乌鸦脖子上，老鼠坐在乌鸦屁股上，蜂子夹在乌鸦翅膀下，乌鸦带着它们飞上天去了。

【流传】四川省·凉山州（凉山彝族自治州）

【出处】沈伍己讲，邹志诚记录整理：《洪水潮天的故事》，原载李德君、陶学良编《彝族民间故事选》，见陶阳、钟秀编《中国神话》（上），北京：商务印书馆2008年版，第451~464页。

彝族 乌鸦为救恩人举木惹牛（人名）带着蛇、青蛙、蜜蜂、老鼠飞到天上。

【流传】（无考）

【出处】

(a) 阿鲁斯基搜集整理：《举木惹牛》，见谷德明编《中国少数民族神话选》，西北民族学院研究所编印，内部资料，1983年。

(b) 阿鲁斯基搜集整理：《举木惹牛娶

天女》，见姚宝瑄主编《中国各民族神话》（羌族、彝族），太原：山西出版传媒集团·书海出版社 2014 年版，第 118 ~ 119 页。

W1437.11.2
神蛙作人上天的帮助者

实例

纳西族 利恩若在神蛙的帮助下，被一只白鹤驮载着到了天庭。

【流传】云南省·（丽江市）·丽江县（古城区、玉龙纳西族自治县）

【出处】木丽春采集整理：《除夕夜洗浴的俗礼》，见木丽春编著《纳西族民间故事集》，昆明：云南人民出版社 2007 年版，第 27 页。

W1437.12
上天的伴随者

实例

（参见下级母题实例）

W1437.12.1
动物作为人上天的伴随着

实例

拉祜族（苦聪） 猎人为了找回被太阳偷走的一包"万年青"药，用铁打了一架楼梯后，领着老虎和狗上天找太阳。

【流传】云南省

【出处】李老倌讲，李权扬整理：《老虎吃太阳，天狗吃月亮》，原载李子贤编《云南少数民族神话选》，见陶阳、钟秀编《中国神话》（上），北京：商务印书馆 2008 年版，第 276 ~ 277 页。

W1437.13
上天的使者

【关联】［W0210］天使

实例

（参见下级母题实例）

W1437.13.1
动物作人上天的使者

实例

纳西族 男祖先崇仁丽恩到天上娶了天女册恒布白命后回到人间，生的 3 个儿子成长满三年，不会说话。册恒布白命就让金色蝙蝠、机敏的灰狗上天去向父母请教。

【流传】云南省·丽江（丽江市）

【出处】和芳（东巴）读经，和志武翻译整理：《崇邦统》（人类迁徙记）（1954），见吕大吉、何耀华总主编《中国各民族原始宗教资料集成》（纳西族卷、羌族卷、独龙族卷、傈僳族卷、怒族卷），北京：中国社会科学出版社 2000 年版，第 329 页。

W1438
上天的路径

【关联】

① ［W1168.21.1.2.2］南天门是进出

天地的门户

② [W1444.1] 下凡

实　例

（参见下级母题实例）

W1438.1
上天的路

【汤普森】F57

【关联】[W1413.1] 天地之间一条路相连

实　例

蒙古族 七仙女让丈夫郭拉斯青（勇敢的猎人，国王）归来后，顺着上天的路去找她。

【流传】（无考）

【出处】哈扎搜集，巴音巴图、姚宝瑄记录整理：《郭拉斯青和七仙女》，见姚宝瑄主编《中国各民族神话》（达斡尔族、鄂伦春族、鄂温克族、蒙古族），太原：山西出版传媒集团·书海出版社2014年版，第228页。

W1438.1.0
通天路的产生

实　例

（参见下级母题实例）

W1438.1.0.1
神踩出通天路

实　例

（参见下级母题实例）

W1438.1.0.1.1
神踩出77条通天路

实　例

哈尼族 大神们的脚巴掌在天地之间踩出了七十七条通天通地的大路、小路。

【流传】云南省·（红河哈尼族彝族自治州）·元阳县、金平县（金平苗族瑶族傣族自治县）、红河县等地

【出处】朱小和讲，史军超、卢朝贵搜集整理：《烟本霍本》，原载刘辉豪、阿罗编《哈尼族民间故事选》，上海文艺出版社1989年版，见姚宝瑄主编《中国各民族神话》（哈尼族、傣族），太原：山西出版传媒集团·书海出版社2014年版，第34页。

W1438.1.0.2
雷公电母凿开天路

实　例

汉族 电母雷公凿外域朝天之路。

【流传】（无考）

【出处】[唐] 崔致远：《补安南录异图记》，见马书田《中国道教诸神》，北京：燕山出版社2006年版，第146页。

W1438.1.1
高大的树干是上天的路

实　例

侗族 （参见 W1410.8.3 母题实例）

W1438.1.2
人从天边能上天

实例

裕固族 （实例待考）

W1438.1.3
山是上天的路

【关联】［W1437.3］通过山上天

实例

（参见下级母题实例）

W1438.1.3.1
五指山的主峰是通天路

实例

黎族 五指山的主峰是通天路。

【流传】（无考）

【出处】苏海鸥整理：《阿德哥和七仙妹》，见中华民族故事大系编委会编《中华民族故事大系》第7卷（黎族、傈僳族、佤族），上海：上海文艺出版社1995年版，第69页。

W1438.1.3.2
从东方的山上上天

实例

彝族 开天辟地的诸神一起从东方的土尔山来到宇宙的上方，到了恩体古兹天神家里。

【流传】（四川省·凉山彝族自治州）

【出处】

（a）冯元蔚译：《勒俄特依》，成都：四川民族出版社1986年版。

（b）冯元蔚译，蔷紫改写：《勒俄特依》，见姚宝瑄主编《中国各民族神话》（羌族、彝族），太原：山西出版传媒集团·书海出版社2014年版，第148页。

W1438.1.3.3
天桥岭是通天的路

实例

满族 恶神耶鲁里不甘心在暗界里过日子，从天桥岭暗暗潜回到天上。

【流传】（无考）

【出处】《阿布卡赫赫女神创世》，王松根据富育光、孟慧英、王宏刚撰写的《满族宗教与神话》改写，见姚宝瑄主编《中国各民族神话》（满族、赫哲族、朝鲜族），太原：山西出版传媒集团、书海出版社2014年版，第4~14页。

W1438.1.3.4
灵山是通天的路

【关联】

① ［W1437.3.1］通过灵山上天
② ［W1450.5］灵山是天梯
③ ［W1852.6.78］灵山

实例

汉族 巫咸、巫即、巫盼等十巫，从灵山升降（于天）。

【流传】（无考）

【出处】《山海经·大荒北经》。

W1438.1.4
登天之塔（通天塔）

【汤普森】F58

实例

（实例待考）

W1438.1.5
石路是通天路

实例

（参见下级母题实例）

W1438.1.5.1
龙王的石坎路是通天路

实例

布依族 龙王有条石坎路能通天地。

【流传】贵州省·（黔南布依族苗族自治州）·都匀（都匀市）

【出处】罗开发讲，祖岱年整理：《仙虎与地怪》，见中华民族故事大系编委会编《中华民族故事大系》第 3 卷（彝族、壮族、布依族），上海：上海文艺出版社 1995 年版，第 789 页。

W1438.2
上天的绳索（登天之绳）

【汤普森】F51

【关联】
① ［W1074.5.1］去上界的通道
② ［W1408］天地由绳索相连

实例

藏族 诸王到死后都是由"登天之绳"上升虚空而消逝了。因此，他们都没有坟墓。

【流传】（无考）

【出处】第五世达赖喇嘛著，郭和卿译：《西藏王臣记》，北京：民族出版社 1983 年版，见吕大吉、何耀华总主编《中国各民族原始宗教资料集成》（鄂伦春族卷、鄂温克族卷、赫哲族卷、达斡尔族卷、锡伯族卷、满族卷、蒙古族卷、藏族卷），北京：中国社会科学出版社 1999 年版，第 917 页。

W1438.2.1
藤蔓作为上天的绳索

【汤普森】F51.1.2

【关联】［W1433.5］通过植物的藤上天（攀藤上天）

实例

维吾尔族 公主爬上御花园的一棵树，见一株牵牛花藤蔓攀援着树干直往上长。藤蔓缠住了公主的身体越长越高，一直把公主带到了天上。

【流传】新疆维吾尔自治区·（阿克苏地区）·库车县·比依西巴克乡

【出处】马合木提·阿尤甫讲，米吉提·艾沙采录：《公主变成了月亮》，见中国民间文学集成全国编辑委员会编《中国民间故事集成》（新疆卷），北京：中国 ISBN 中心 2008 年版，第 5 页。

W1438.2.2
蜘蛛网作为上天的绳索

【汤普森】F51.1.1

实 例

（实例待考）

W1438.2.3
通过神女放下的绳子上天

实 例

珞巴族 （实例待考）

W1438.2.4
辫子是上天的绳索

实 例

（参见下级母题实例）

W1438.2.4.1
天上的人的辫子是上天的绳索

实 例

瑶族 雅拉的妻子尼娥到月亮后，把自己的头发拉得长长的，编起一条长长的辫子。月亮走到山顶天空的时候，尼娥低下头把辫子垂下山顶。雅拉抓住辫子，一挪一撑地像猿猴一样，爬进了月亮。

【流传】广西壮族自治区

【出处】萧甘牛搜集：《射月亮》，原载中国社会科学院文学研究所编《中国民间故事选》，见陶阳、钟秀编《中国神话》（上），北京：商务印书馆2008年版，第248~251页。

W1438.3
上天的桥

【关联】[W1442.1.3] 到月亮的天桥

实 例

（参见下级母题实例）

W1438.3.1
虹是上天的桥

【关联】[W4487.1] 虹是神造的桥

实 例

瑶族 萨满魂灵到天界见神灵时，卧拉多玛玛女神（女星神）借"星桥"给萨满魂灵做天上的歇脚包（家），以便继续跋涉远程。

【流传】（无考）

【出处】

（a）富育光：《萨满教与神话》，沈阳：辽宁大学出版社1990年版，第102页。

（b）《星神助世》，见吕大吉、何耀华总主编《中国各民族原始宗教资料集成》（鄂伦春族卷、鄂温克族卷、赫哲族卷、达斡尔族卷、锡伯族卷、满族卷、蒙古族卷、藏族卷），北京：中国社会科学出版社1999年版，第483页。

W1438.3.2
星桥是上天的桥

实 例

满族 天和地在离我们很远很远的地

方连在了一起，如果人到那里，就可从地面上到天上。

【流传】（无考）

【出处】那木吉拉翻译，姚宝瑄整理：《乌龟驮地球》，见姚宝瑄主编《中国各民族神话》（达斡尔族、鄂伦春族、鄂温克族、蒙古族），太原：山西出版传媒集团·书海出版社 2014 年版，第 166 页。

W1438.4
在天地相连处可以上天

【关联】
① ［W1166.2］天边在天与地的交界处
② ［W1274.2］天地交界处

实 例

蒙古族 （实例待考）

W1438.5
上天的门

【关联】［W1168.21］天门

实 例

（参见下级母题实例）

W1438.5.1
阊阖是升天之门

实 例

汉族 阊阖，始升天之门也。

【流传】（无考）

【出处】
(a)［汉］刘安及门客：《淮南子·原道训》高诱注。

(b)《阊阖》，见袁珂《中国神话大词典》，北京：华夏出版社 2015 年版，第 300 页。

汉族 "吾令帝阍开关兮，倚阊阖而望予。"王逸注："阊阖，天门也。"

【流传】（无考）

【出处】［战国］屈原：《楚辞·离骚》王逸注。

❈ W1440
奔月（到月亮上）

实 例

（参见下级母题实例）

W1441
人可以到月亮上

【关联】［W1692.9.3］月亮到地球的距离

实 例

汉族 以前，月亮离地面只有二三十尺，人们在晚上可以到月亮上玩。

【流传】（无考）

【出处】莫亦宽讲，吴荷丹记录：《天是怎样升高的》，见曹廷伟编著《广西民间故事辞典》，南宁：广西教育出版社 1993 年版，第 12 页。

W1442
人到月亮上的方法

实 例

（参见下级母题实例）

W1442.0
在特定人物帮助下奔月

实例

（参见下级母题实例）

W1442.0.1
在神的帮助下奔月

实例

（参见下级母题实例）

W1442.0.1.1
小伙在一个老太太的帮助下登上月亮

实例

汉族　心地善良乐于助人的姜二在救助的一个老太太的帮助下，登上了月亮。

【流传】辽宁省·（抚顺市）·新宾满族自治县

【出处】洪福来讲，徐奎生记录整理：《月亮沟的来历》（1984.12.06），见姚宝瑄主编《中国各民族神话》（满族、赫哲族、朝鲜族），太原：山西出版传媒集团·书海出版社2014年版，第65~70页。

满族　（实例待考）

W1442.0.2
在人的帮助下奔月

实例

（实例待考）

W1442.0.3
在动物的帮助下奔月

实例

（实例待考）

W1442.0.4
在其他特定物帮助下奔月

实例

（参见下级母题实例）

W1442.0.4.1
嫦娥放下绳子把1个女子拉到月宫

【关联】［W0671］嫦娥

实例

白族（那马）　嫦娥放下绳子，将求救的女子拉到了月宫。

【流传】云南省·（怒江傈僳族自治州）·兰坪县（兰坪白族普米族自治县）·营盘镇·恩琪（恩琪村）、新华（新华村）等村

【出处】刘龙初调查整理：《兰坪维西那马人崇拜白石》（1988），见吕大吉、何耀华总主编《中国各民族原始宗教资料集成》（彝族卷、白族卷、基诺族卷），北京：中国社会科学出版社1996年版，第487页。

W1442.1
通过桥到月亮上

实例

（参见下级母题实例）

W1442.1.1

人通过虹桥到月亮上

【关联】［W4498］虹是桥

实 例

布依族 竹娥踏着彩虹到月亮上成了仙女。

【流传】（无考）

【出处】《岩岗和竹娥》，见千夜网：http://history.1001n.com.cn/info/info.asp? id=4728，2001.05.31。

高山族 人通过虹桥可走到月亮上。

【流传】（无考）

【出处】汪梅田整理：《月亮为什么这么亮》，见中华民族故事大系编委会编《中华民族故事大系》第8卷（畲族、高山族、拉祜族），上海：上海文艺出版社1995年版，第405页。

高山族 阿里山和月亮之间有一座美丽的虹桥相连，从地面走向月亮并不困难。

【流传】福建省·漳州市

【出处】达莱（汉族名林松山）讲，汪梅田采录：《月儿为什么这么亮》，见中国民间文学集成全国编辑委员会编《中国民间故事集成》（福建卷），北京：中国ISBN中心1998年版，第13页。

W1442.1.2

人通过仙人架的木桥到月亮上

实 例

苗族 古昔有仙人架木桥，一端在凡间，一端在天上月亮边。

【流传】（无考）

【出处】《榜香由》，原载《民间文学资料·苗族叙事诗（三）》第五集，见袁珂《中国神话大词典》，北京：华夏出版社2015年版，第425页。

W1442.1.3

到月亮的天桥

实 例

景颇族 宁贯娃（改天整地者）找到最高的格岳崩山，把天桥架到月亮上。

【流传】云南省·（德宏傣族景颇族自治州）·陇川县

【出处】施夏崩等讲，何峨采录：《宁贯娃改天整地》，见中国民间文学集成全国编辑委员会编《中国民间故事集成》（云南卷），北京：中国ISBN中心2003年版，第61页。

W1442.2

人通过天梯到月亮上

实 例

汉族 开天门时，天上还会放下一个梯子，这个梯子一直通到月亮，人们还可以登着梯子到月亮上。

【流传】浙江省·舟山市·（定海区）·金塘（金塘镇）、盘峙（盘峙乡）一带

【出处】翁国安讲，朱亚萍记录整理：《开天门》（1987.11.20），见姚宝瑄主编《中国各民族神话》（汉族），

太原：山西出版传媒集团·书海出版社 2014 年版，第 264~265 页。

苗族 （实例待考）

W1442.3
人通过头发到月亮上

实 例

（参见下级母题实例）

W1442.3.1
抓着妻子的长辫子爬上月亮

【关联】 [W1438.2.4] 辫子是上天的绳索

实 例

瑶族 雅拉（射日者名字）抓着妻子的长辫子爬上月亮。

【流传】 （a）广西壮族自治区·桂北（主要包括桂林市、贺州市、柳州北部）

【出处】

(a) 萧甘牛搜集整理：《雅拉射月亮》，见曹廷伟编著《广西民间故事辞典》，南宁：广西教育出版社 1993 年版，第 10 页。

(b)《射月亮》，见谷德明编《中国少数民族神话》，北京：中国民间文艺出版社 1987 年版，第 132 页。

瑶族 雅拉的妻子尼娥到月亮后，把自己的头发拉得长长的，编起一条长长的辫子。月亮走到山顶天空的时候，尼娥低下头把辫子垂下山顶。雅拉抓住辫子，一挪一撑地像猿猴一样，爬进了月亮。

【流传】 广西壮族自治区

【出处】 萧甘牛搜集：《射月亮》，原载中国社会科学院文学研究所编《中国民间故事选》，见陶阳、钟秀编《中国神话》（上），北京：商务印书馆 2008 年版，第 248~251 页。

瑶族 月亮中的妻子尼娥低下头把辫子垂下山顶，丈夫雅拉抓住辫子，一挪一撑地像猿猴一样，爬进了月亮。

【流传】 广西壮族自治区

【出处】 萧甘牛记录整理：《射月亮》，见姚宝瑄主编《中国各民族神话》（土家族、毛南族、侗族、瑶族），太原：山西出版传媒集团·书海出版社 2014 年版，第 197 页。

W1442.3.2
抓着情人的辫子爬上月亮

实 例

回族 嫦娥就用她的长头发搓成一根长绳子，让情人吴刚顺着绳子爬到月亮上去。

【流传】 河北省·（沧州市）·孟村县·（辛店镇）·何吕店村

【出处】 吴玉方讲，吴玉水采录：《嫦娥和后羿》，见中国民间文学集成全国编辑委员会编《中国民间故事集成》（河北卷），北京：中国 ISBN 中心 2003 年版，第 25 页。

W1442.4

人通过树到月亮上

实 例

（参见下级母题实例）

W1442.4.1

通过大杉树能到月亮上

实 例

侗族 （实例待考）

W1442.4.1.1

抓月中的树上到月亮上

实 例

赫哲族 女子抓月中的树上了月亮。

【流传】黑龙江省·（佳木斯市）·同江（同江市）、桦川（桦川县），（双鸭山市）·饶河（饶河县）

【出处】尤芦氏等讲，马名超整理：《月亮里的姑娘》，见中华民族故事大系编委会编《中华民族故事大系》第16卷（赫哲族、门巴族、珞巴族、基诺族），上海：上海文艺出版社1995年版，第24页。

W1442.5

人通过绳索到月亮上

实 例

（参见下级母题实例）

W1442.5.1

人顺着绳子爬到月亮上

实 例

回族 （实例待考）

W1442.6

人通过山到月亮上

实 例

（参见下级母题实例）

W1442.6.1

人从月亮山到月亮上

实 例

水族 （实例待考）

W1442.7

人通过特定物到月亮上

【关联】［W1434.7.1］女子乘凤凰羽毛变成的花毯到月宫

实 例

（实例待考）

W1442.7.1

人通过羽毛毯到月亮上

实 例

汉族 吴刚的妻子蓝郁花坐着凤凰的子一下飞进了银光闪闪的月宫里，落在一株宝树上。

【流传】浙江省

【出处】唐宗龙记录，陈玮君整理：《砍宝树》，见姚宝瑄主编《中国各民族神话》（汉族），太原：山西出版传媒集团·书海出版社2014年版，第278~280页。

W1443
与奔月有关的其他母题

【关联】
① ［W1427.1.1］狗到月亮上
② ［W4180］月亮中的人（神）

实例

（参见下级母题实例）

W1443.0
奔月的原因

实例

（参见下级母题实例）

W1443.0.1
为保护月亮奔月

实例

畲族　妻子为了阻止丈夫射落最后一个月亮，就随风直上，飞到月里头。

【流传】浙江省·（温州市）·文成县

【出处】雷西可讲，雷德宽记录，文帆整理：《十个日头九个月》（1987.12.22），见姚宝瑄主编《中国各民族神话》（高山族、黎族、畲族），太原：山西出版传媒集团·书海出版社2014年版，第111页。

W1443.0.2
为取金子奔月

实例

汉族　一个贪婪的财主为了把月亮里的那棵树弄来，使家中金银堆积如山，就用重金买了一匹飞马，骑着这匹马向月宫奔去。

【流传】辽宁省·（沈阳市）·新民县（新民市）东北部农村

【出处】任勇讲，任荣艳记录整理：《月亮里的桂树》，见姚宝瑄主编《中国各民族神话》（汉族），太原：山西出版传媒集团·书海出版社2014年版，第263页。

W1443.0.3
为找药奔月

实例

汉族　人们为找回被月亮盗取的能治百病的宝石，就搭个登天的梯子，一直给搭到月亮上去，叫猎狗上去把宝贝要回来。

【流传】辽宁省·（本溪市）·本溪县（本溪满族自治县）·山城子乡

【出处】李国强讲，孙立、孙化广搜集整理：《月有圆缺的传说》（1986），见姚宝瑄主编《中国各民族神话》（汉族），太原：山西出版传媒集团·书海出版社2014年版，第228~230页。

W1443.0.4
为砍倒娑婆树到月亮

实 例

汉族 有个老倌爬上月亮，想砍倒娑婆树。

【流传】浙江

【出处】汪荣福搜集：《天狗拖月亮》，见姚宝瑄主编《中国各民族神话》（汉族），太原：山西出版传媒集团·书海出版社 2014 年版，第 265 ～ 277 页。

W1443.1
特定的人奔月

【关联】［W0671］嫦娥

实 例

汉族 （参见 W1427.1.3 母题实例）

W1443.2
骑牛奔月

实 例

汉族 "飞天牛"让吴强（人名）闭上眼睛，不一会儿工夫，就到了月亮上。

【流传】河南

【出处】辛毅记录整理：《吴刚砍桂》，见姚宝瑄主编《中国各民族神话》（汉族），太原：山西出版传媒集团·书海出版社 2014 年版，第 282 ～ 285 页。

W1444
与上天有关的其他母题

实 例

（参见下级母题实例）

W1444.0
上天前的准备

实 例

（参见下级母题实例）

W1444.0.1
上天前要祈祷特定的神

实 例

（参见下级母题实例）

W1444.0.1.1
上天前要祈祷布星女神

实 例

满族 萨满的魂灵要登上最高的九层宇宙上去寻访众天神，以及动物、植物神或氏族神要登天，都必须祈请布星女神队拉多妈妈，求她赐给白翅膀，求她指派耀眼的星辰引导、护卫他们，供应他们水饭。

【流传】（无考）

【出处】《阿布卡赫赫女神创世》，王松根据富育光、孟慧英、王宏刚撰写的《满族宗教与神话》改写，见姚宝瑄主编《中国各民族神话》（满族、赫哲族、朝鲜族），太原：山西出版传

W1444.0.2
上天需要清空腹内浊物

实例

汉族 张伏羲想去补天，但上不了天。神仙指点他，说他肚里有烟火之食，要把肚里的脏东西洗净才能上天。他到分水河，拿剑把肚子剖开来，先在混水里洗，又到清水里去汰，连肠子都洗干净了，他就上了天。

【流传】江苏省·（淮安市）·金湖县南片（南部）

【出处】冯学仁讲，戴之尧记录：《张伏羲补天》（1987.06.23），见姚宝瑄主编《中国各民族神话》（汉族），太原：山西出版传媒集团·书海出版社2014年版，第63页。

W1444.0.3
上天前要清理干净身体

实例

（参见下级母题实例）

W1444.0.3.1
上天前要剪指甲、刮脚皮、擦汗渍、去头屑

实例

汉族 扁鼓王到了上天时节，便剪了脚趾甲，刮了脚底皮，擦了汗泥渍，挖了头皮屑，乱七八糟一大堆，随手向大地一撒，双手拍拍屁股，自己干干净净上天庭。

【流传】浙江省·（丽水市）·缙云县一带

【出处】上官旭昌讲，上官新友搜集整理：《扁鼓王劈地》（1985），见姚宝瑄主编《中国各民族神话》（汉族），太原：山西出版传媒集团·书海出版社2014年版，第18~20页。

W1444.1
下凡

【关联】[W0106] 神下凡

实例

（参见下级母题实例）

W1444.1.1
特定人物下凡

【关联】
① [W0106] 神下凡
② [W0224] 天女下凡
③ [W1776.5] 星宿下凡

实例

苗族 （参见W1420.1.1母题实例）

W1444.1.2
被惩罚下凡

【关联】[W9906] 惩罚

实例

汉族 （实例待考）

W1444.1.2.1
射日的舜被惩罚下凡

实 例

汉族 舜射死天帝的 9 个太阳儿子，被天帝赶出了天界。

【流传】四川省·成都市·东城区

【出处】李芝讲，张光荣采录：《舜射九日》，见中国民间文学集成全国编辑委员会编《中国民间故事集成》（四川卷·上），北京：中国 ISBN 中心 1998 年版，第 90 页。

W1444.1.3
特定的山是下凡的路

【关联】
① ［W1413］天地之间有路相连（通天的路）
② ［W1437.3］通过山上天

实 例

（参见下级母题实例）

W1444.1.3.1
特定的山的山顶是下凡的路

实 例

苗族 香炉山的山顶是下凡的路。

【流传】贵州东南（贵州省东南部）

【出处】李瑞岐整理：《香炉山的传说》，见中华民族故事大系编委会编《中华民族故事大系》第 2 卷（藏族、维吾尔族、苗族），上海：上海文艺出版社 1995 年版，第 695 页。

W1444.1.3.2
月亮山是下凡的路

实 例

水族 水族后生阿波顺着月亮山爬到天上，引得仙女到人间。

【流传】（无考）

【出处】韦免低等讲，潘朝霖搜集整理：《月亮山》，见谷德明编《中国少数民族神话》，北京：中国民间文艺出版社 1987 年版，第 654 页。

W1444.1.4
顺着树干下凡

【关联】［W1410.8.3］高大的树干通天

实 例

满族 阿布卡恩都里让人们顺着树干下到地上。

【流传】（无考）

【出处】乌丙安：《满族神话探索——天地层、地震鱼、世界树》，见袁珂主编《中国神话》第 1 集，北京：中国民间文艺出版社 1987 年版，第 42 页。

W1444.1.5
顺着绳索下凡

【关联】［W1408］天地由绳索相连

实 例

（参见下级母题实例）

W1444.1.5.1
天上的人顺着绳索下到地上

实例

珞巴族 （参见 W1434.3 母题实例）

W1444.1.5.2
牛郎顺着织女的绳子回到凡间

实例

苗族 织女姊妹终设法以金线、银线搓成绳，系大铜鼓两耳，令牛郎全家坐鼓中，悬之而下，至地再以鼓声告天上放绳乃已。如此牛郎织女一家俱至凡间，重度美满幸福生活。

【流传】（无考）

【出处】《牛郎织女》，原载梁彬、王天若编《苗族民间故事选》（一），见袁珂《中国神话大词典》，北京：华夏出版社 2015 年版，第 417 页。

W1444.1.6
通过梅花鹿的顶天角回到人间

实例

达斡尔族 （实例待考）

W1444.1.7
通过其他方法下凡

实例

（实例待考）

W1444.1.8
与下凡有关的其他母题

实例

（参见下级母题实例）

W1444.1.8.1
人从天上被抛下

实例

蒙古族 天女下凡与人间小伙婚生 1 对男女，被母亲带到天上后，要被天神处死。杀手攫取两个孩子，打开南天门，然后从两根宝柱之间，从朵朵彩云之上，朝着漂浮的山岩，掷下两个孩子。从两根苦难柱之间，从黑花的乌云之上，在扁形岩石的尖儿上，将两个孩子摔得粉碎。

【流传】内蒙古自治区·哲里木盟（通辽市）·达尔罕旗（科尔沁左翼中旗）

【出处】扎拉干巴雅尔讲，苏鲁格译：*《宝木勒的传说》，见吕大吉、何耀华总主编《中国各民族原始宗教资料集成》（鄂伦春族卷、鄂温克族卷、赫哲族卷、达斡尔族卷、锡伯族卷、满族卷、蒙古族卷、藏族卷），北京：中国社会科学出版社 1999 年版，第 657 页。

W1444.1.8.2
人从天缝降落人间

实例

哈尼族 地上的第一个女人塔婆然，是

天神从天缝中丢到地上来的。

【出处】

（a）陈布勤讲，杨万智搜集整理：《始祖塔婆然》，载《山茶》1986年第6期。

（b）同（a），见姚宝瑄主编《中国各民族神话》（哈尼族、傣族），太原：山西出版传媒集团·书海出版社2014年版，第67页。

W1444.2
上天的原因

【关联】

① ［W1443.0］奔月的原因
② ［W1455］造天梯的原因

实 例

（参见下级母题实例）

W1444.2.0
为讨要特定物上天

【关联】［W1457.1.1］为了到天上要回不死药造天梯

实 例

保安族 兔子为了取雨上天。

【流传】（无考）

【出处】马少青整理：《妥勒尕尕上天取雨》，见中华民族故事大系编委会编《中华民族故事大系》第15卷（德昂族、保安族、裕固族、京族、塔塔尔族、独龙族、鄂伦春族），上海：上海文艺出版社1995年版，第123页。

W1444.2.0.1
为找粮种上天

实 例

哈尼族 小金马驮着玛麦（人名）到天上找天神讨粮种。

【流传】云南省·（红河哈尼族彝族自治州）·元阳县

【出处】朱小和讲，李永万翻译，红芒、芳芳整理：《玛麦的传说》，原载《哈尼族民间故事》编辑组编《哈尼族民间故事》，见陶阳、钟秀编《中国神话》（下），北京：商务印书馆2008年版，第1478~1482页。

羌族 狗顺着洪水浮到了天上，去向老天爷要粮食。

【流传】四川省·（阿坝藏族羌族自治州）·松潘县·镇平乡·双泉上村

【出处】扎西讲，王康、吴文光、龚剑雄采录，王康整理：《五谷粮食的来历》，原载西南民族学院图书馆与西南民族学院《羌族文学简史》编写组1987年合编《羌族民间文学资料集》（一），见姚宝瑄主编《中国各民族神话》（羌族、彝族），太原：山西出版传媒集团·书海出版社2014年版，第15页。

W1444.2.0.2
为折桂枝上天

【关联】［W4197.2］月亮中的桂树

【实例】

汉族 后羿到昆仑山找王母娘娘要来神药升腾灵丹，准备吃药上天折桂枝。

【流传】江苏省·（淮安市）·淮阴市（淮阴区）

【出处】徐省生讲，徐素芳记录集整理：《后羿射日与嫦娥奔月》（1988.05.20），见姚宝瑄主编《中国各民族神话》（汉族），太原：山西出版传媒集团·书海出版社 2014 年版，第 139～140 页。

W1444.2.1
人到天上玩耍

【实例】

苗族 古时，天上人间有梯相连，人欲登天游玩，即可缘梯而上，实甚方便。

【流传】（无考）

【出处】《天梯》，原载燕宝编《苗族民间故事选》（原名《天上人间》），见袁珂《中国神话大词典》，北京：华夏出版社 2015 年版，第 416 页。

W1444.2.1.1
以前的人因无事可做上天玩

【实例】

仫佬族 一叫达伙的青年，整天闲着没事做，所以每天都到天上去玩。

【流传】广西壮族自治区·（河池市）·罗城县（罗城仫佬族自治县）·东门（东门镇）一带

【出处】
（a）龙华新讲，龙殿保搜集整理：《天是怎样升高的》，见谷德明编《中国少数民族神话》，北京：中国民间文艺出版社 1987 年版，第 150 页。
（b）同（a），见曹廷伟编著《广西民间故事辞典》，南宁：广西教育出版社 1993 年版，第 12 页。

仫佬族 达伙（人名）搭着梯子到天上去玩。玉皇大帝问他怎么天天到天上玩，他回答说："我们整天闲着没事做，所以都想上天来玩。"

【流传】广西壮族自治区·（河池市）·罗城仫佬族地区（罗城仫佬族自治县）

【出处】龙华新讲，龙殿宝搜集整理：《天是怎样升高起来的》，见姚宝瑄主编《中国各民族神话》（仫佬族、壮族、京族），太原：山西出版传媒集团·书海出版社 2014 年版，第 4 页。

W1444.2.2
人到天上给天神盖房子

【关联】
① ［W1735.11.1］北斗星移动是 7 兄弟需要到不同地方造房子
② ［W6204］房屋的建造

【实例】

藏族 天神白梵天王派七人到天上给他盖房子。

【流传】西藏自治区·拉萨（拉萨市）
【出处】罗桑多吉讲，王尧整理：《七兄弟星的故事》，见中华民族故事大系编委会编《中华民族故事大系》第2卷（藏族、维吾尔族、苗族），上海：上海文艺出版社1995年版，第56页。

W1444.2.3
人到天上打工
实例
（参见下级母题实例）

W1444.2.3.1
人到天上造金银
实例
独龙族 嘎姆朋（人名）要到天上去造金银。
【流传】（无考）
【出处】《大蚂蚁分开地》，见谷德明编《中国少数民族神话》，北京：中国民间文艺出版社1987年版，第532页。

独龙族 有个叫嘎姆朋的人到天上去造金银。他踩着土台，一步步地朝上走去。
【流传】云南省怒江独龙族地区
【出处】
（a）当色·顶、孔英金、卜松、鲁腊·顶讲，李子贤、张文臣、李承明记录，孟国才、张联华、和诠翻译，李子贤整理：《大蚂蚁分天地》，见陶立璠、朱桂元等编《中国少数民族神话汇编》，中央民族学院少数民族古籍整理出版规划领导小组办公室编，内部资料，1984年。
（b）同（a），见姚宝瑄主编《中国各民族神话》（水族、布朗族、独龙族、基诺族、傈僳族），太原：山西出版传媒集团·书海出版社2014年版，第111页。

W1444.2.3.2
人到天上盖房子
【关联】[W1719.3.2] 7颗亮星是7兄弟在天上盖楼房
实例
藏族 白梵天神遣使迎凡间七兄弟上天为天神盖屋。
【流传】（无考）
【出处】《七兄弟星》，原载毛星主编《中国少数民族文学》（上册）第402页，见袁珂《中国神话大词典》，北京：华夏出版社2015年版，第407页。

W1444.2.4
人因追赶猎物到天上
实例
黎族 七兄弟射猎天猪，一路顺着天猪的血迹追上天庭。
【流传】（无考）
【出处】龙敏搜集整理：《兄弟星座》，见谷德明编《中国少数民族神话》，北京：中国民间文艺出版社1987年版，第188页。

W1444.2.5
上天的其他原因

实例

（参见下级母题实例）

W1444.2.5.1
为报告灾情上天

实例

壮族　选派跑得最快的绿马上天去报告灾情，祈求天神下雨。

【流传】广西壮族自治区·（百色市）·靖西（靖西市）

【出处】凌树东搜集整理：*《保护鸡、猪、马魂》（1990），见吕大吉、何耀华总主编《中国各民族原始宗教资料集成》（土家族卷、瑶族卷、壮族卷、黎族卷），北京：中国社会科学出版社1998年版，第602页。

W1444.2.5.2
人为避难上天

实例

（参见下级母题实例）

W1444.2.5.2.1
人为避洪水上天

【关联】[W8300] 洪水中逃生

实例

汉族　（实例待考）

W1444.2.5.2.2
人为躲避魔鬼上天

实例

哈萨克族　创世主迦萨甘用黄泥造出第一个男人阿娲阿塔和第一个女人阿娲阿娜。迦萨甘赋予他们生命后，就互相爱恋。但魔鬼阻挠他们婚配，他俩就飞上天去了。

【流传】（新疆维吾尔自治区）

【出处】阿吾里汗·哈里、刘兆云等记录整理：《迦萨甘造人》，见姚宝瑄主编《中国各民族神话》（乌孜别克族、哈萨克族、柯尔克孜族、俄罗斯族、维吾尔族、塔吉克族、塔塔尔族、锡伯族），太原：山西出版传媒集团·书海出版社2014年版，第26页。

W1444.2.5.2.3
人为躲避困境上天

实例

（参见下级母题实例）

W1444.2.5.2.3.1
媳妇为躲避婆婆折磨上天

实例

赫哲族　媳妇备受婆婆折磨，在河边向月亮哭泣时，她挑着一对水桶、扯着一棵树飞上了天，来到了月亮里，后来成了月亮里能干活的媳妇。

【流传】黑龙江省

【出处】毕张氏、尤卢氏讲，隋书金整理：《月亮的故事》（1958.09.31），见姚宝瑄主编《中国各民族神话》（满族、赫哲族、朝鲜族），太原：山西出版传媒集团·书海出版社 2014年版，第 106~109 页。

W1444.2.5.3
人与天女联姻后上天

【关联】［W7267］人与天女婚

实 例

<u>裕固族</u> 天上的天鹅仙女因为同情地上放牧的小伙子，就下凡和他成了亲。之后姑娘和小伙子回到了天上。

【流传】（甘肃省）
【出处】
（a）白斯坦讲，才让丹珍整理：《天鹅琴》，载《民间文学》1982 年第 7 期。
（b）同（a），见姚宝瑄主编《中国各民族神话》（土族、东乡族、回族、保安族、裕固族、撒拉族），太原：山西出版传媒集团·书海出版社 2014年版，第 89 页。

W1444.2.5.4
为找人上天

实 例

（参见下级母题实例）

W1444.2.5.4.1
上天寻找妻子

实 例

<u>哈尼族</u> 孤儿娶的妻子秀墨姑娘（太阳和月亮的七女儿）被恶人作梗飞回天上，孤儿准备了一袋能充饥解渴的橄榄，牵出一匹马骑上，又唤了一只狗跟在后面，朝着太阳出来的东方去了。

【流传】（无考）
【出处】威东讲，朗确搜集整理：《孤儿和秀墨姑娘》，原载《哈尼族神话传说集成》，见陶阳、钟秀编《中国神话》（中），北京：商务印书馆 2008年版，第 1006~1013 页。

W1444.2.5.5
因有功升天

【关联】［W0804.4］积功德成仙

实 例

（参见下级母题实例）

W1444.2.5.5.1
黄帝炼丹有功升天

实 例

<u>汉族</u> 天帝知道了黄帝炼丹为民治病的事，就派黄龙下凡来接黄帝到天上去。

【流传】中原一带
【出处】

（a）贾同然、程建军搜集，程建军整理：《黄帝岭》，见张楚北编《中原神话》，郑州：海燕出版社1988年版。

（b）贾同然、程建军搜集，程建军整理：《黄帝炼丹》，见姚宝瑄主编《中国各民族神话》（汉族），太原：山西出版传媒集团·书海出版社2014年版，第400~401页。

W1444.2.5.6
因善良升天

实例

畲族　善良者死后升天。

【流传】浙江省·丽水（丽水市）

【出处】陈玮君整理：《插花娘娘》，见中华民族故事大系编委会编《中华民族故事大系》第8卷（畲族、高山族、拉祜族），上海：上海文艺出版社1995年版，第87页。

W1444.2a
上天的环境

实例

（参见下级母题实例）

W1444.2a.1
电闪雷鸣的夜晚上天

实例

白族　阿牛的母亲桂花，在一个电闪雷鸣的夜晚突然失踪了，相传是儿子阿牛将她接到天上去了。

【流传】云南省·（大理白族自治州）·宾川县

【出处】

（a）李朝讲，王艳钧记录：《收蛇穴》，见李缵绪主编《白族神话传说集成》，中国民间文艺出版社1986年版。

（b）同（a），见姚宝瑄主编《中国各民族神话》（白族、拉祜族、景颇族），太原：山西出版传媒集团·书海出版社2014年版，第126~127页。

W1444.3
人不能上天的原因（人不能上天）

实例

高山族（阿美）　依勒克（天神名）与人间的姑娘结为夫妻。但天上的神仙不能老呆在人间；妻子是地上的人，不能和依勒克一道上天。

【流传】台湾

【出处】汪梅田搜集整理：《彩虹》，原载蔡铁民编《高山族民间故事选》，见陶阳、钟秀编《中国神话》（上），北京：商务印书馆2008年版，第215~217页。

W1444.3.1
天上筑起太阳门后，人不能再上天

实例

景颇族　自从天上筑起太阳门（天堂世界的大门）和地下出现了九岔路口

（人和鬼两个世界的分界处），人就不能到天（太阳宫）上去了。

【流传】云南省·（德宏傣族景颇族自治州）·陇川县

【出处】

（a）施戛崩等讲，何峨采录：《宁贯娃改天整地》，见中国民间文学集成全国编辑委员会编《中国民间故事集成》（云南卷），北京：中国ISBN中心2003年版，第61页。

（b）孔勒锐等讲，何峨采录：《吉露归天》，见中国民间文学集成全国编辑委员会编《中国民间故事集成》（云南卷），北京：中国ISBN中心2003年版，第391页。

W1444.3.2
天帝不允许人上天

【关联】[W1415] 绝地天通

实 例

（参见下级母题实例）

W1444.3.2.1
天帝下令杀死上天的人

实 例

蒙古族 天帝是不许凡人到天上。天帝看见了上天的人就会杀死他。

【流传】（无考）

【出处】哈扎搜集，巴音巴图、姚宝瑄记录整理：《郭拉斯青和七仙女》，见姚宝瑄主编《中国各民族神话》（达斡尔族、鄂伦春族、鄂温克族、蒙古族），太原：山西出版传媒集团·书海出版社2014年版，第229~230页。

W1444.3.3
人从特定时代开始不能上天

实 例

（参见下级母题实例）

W1444.3.3.1
自从一个会上天的祖先死后人不能再上天

实 例

布依族 布杰（祖先名）以前可以上天。自从布杰死了以后，就没有哪个凡人能上天了。

【流传】整个布依族地区

【出处】班琅王、王鲁文、刘阿季讲，汛河记录整理：《洪水滔天》（1955），见陶立璠等编《中国少数民族神话汇编·洪水篇》，中央民族学院少数民族古籍整理出版规划领导小组办公室印（内部资料），第139页。

W1444.3.4
鸡叫后不能升天

实 例

汉族 九位仙女升天时急急赶路，但个个醉意朦胧，只走到宛丘南二十五里上空，鸡子就叫了。结果彩云落，仙女坠。

【流传】河南省·（周口市）·淮阳县

【出处】《龙酒的传说》，见张振犁编著《中原神话通鉴》（第一卷），郑州：河南大学出版社 2017 年版，第 228 页。

W1444.4
上天需要经过特定的障碍

实 例

（参见下级母题实例）

W1444.4.1
到天上要过 49 道天河

【关联】[W1780] 天河（银河）

实 例

土家族 人到天国要过四十九道天河。

【流传】湖南省·（湘西土家族苗族自治州）·永顺县·对山乡

【出处】彭承煜讲，彭勃搜集整理：《狗、牛、鸡的功劳》，见谷德明编《中国少数民族神话》，北京：中国民间文艺出版社 1987 年版，第 180 页。

W1444.4.2
上天要经过特定的门

实 例

（参见下级母题实例）

W1444.4.2.1
灵魂从凡间上天要经 12 到门

实 例

壮族 从凡间通天国的路上，一共有十二道门，一道比一道森严，一道比一道艰难。

【流传】（无考）

【出处】黄英振、李永宁、黄如猛搜集整理：*《超度经》（1989），见吕大吉、何耀华总主编《中国各民族原始宗教资料集成》（土家族卷、瑶族卷、壮族卷、黎族卷），北京：中国社会科学出版社 1998 年版，第 575 页。

W1444.4.2.2
死者升天要经过南天门

实 例

白族（勒墨） 打开南天门，让死者升天。

【流传】云南省·（怒江傈僳族自治州）·泸水县·洛本卓乡（洛本卓白族乡）

【出处】詹承绪等调查整理：《怒江白族祭天鬼》（1982），见吕大吉、何耀华总主编《中国各民族原始宗教资料集成》（彝族卷、白族卷、基诺族卷），北京：中国社会科学出版社 1996 年版，第 459 页。

W1444.4.3
上天要经过云层和炎热

实 例

藏族 天神的三姑娘在天泉洗浴时得到人间小伙的金指环，按婚俗应该成为这个小伙的妻子。姑娘要把小伙带到天上告知父母，对他说："我要带你到天上。半路上要遇到很密的云，从云里过时，你全身会被压得很痛，但是你千万要忍着不要喊痛；再往前走，走近月亮的时候，会感到身上很冷，也要忍着千万不要喊冷；再往前走，走近太阳的时候，会感到全身很热，还要忍着千万不要喊热。你一喊，就要落下来。只要你忍着不喊，就可以到天上去了。"

【流传】四川省藏族聚居地区

【出处】

（a）任称尔甲讲，萧崇素搜集整理：《种子的起源》，载《民间文学》1961年第2期。

（b）同（a），见陶阳、钟秀编《中国神话》（中），北京：商务印书馆2008年版，第898～910页。

W1444.5

上天的特定时间

实例

（参见下级母题实例）

W1444.5.1

人在四时八节可以上天宫

【关联】[W4810] 二十四节气

实例

汉族 以前，百姓在四时八节上天宫。

【流传】浙江省·（宁波市）·宁海县·（力洋镇）·力洋村

【出处】叶丙标讲，叶柱采录：《玉帝分开地》，见中国民间文学集成全国编辑委员会编《中国民间故事集成》（浙江卷），北京：中国ISBN中心1997年版，第22页。

汉族 人以前在四时八节就到天宫里玩，搞得干干净净的天宫一塌糊涂。

【流传】浙江省·宁波市·宁海县

【出处】叶丙标讲，叶柱记录：《玉帝分天地》，见罗杨总主编，戴余金本卷主编《中国民间故事丛书·浙江宁波·宁海卷》，北京：知识产权出版社2015年版，第4页。

W1444.6

上天需要的时间

实例

（参见下级母题实例）

W1444.6.0

上天需要9年

实例

纳西族（摩梭） 天门开过九次以后，猫头鹰、蜂子、蝴蝶、蜘蛛等飞到了天地的交界处。

【流传】云南省·（丽江市）·宁蒗县（宁蒗彝族自治县）

【出处】

（a）《昂姑咪》，载《山茶》1986年第3期。

（b）同（a），见姚宝瑄主编《中国各民族神话》（佤族、阿昌族、纳西族、普米族、德昂族），太原：山西出版

W1444.6.1
上天需要99天

实例

壮族 以前，上天需要走99天。

【流传】云南省·（文山壮族苗族自治州）·砚山（砚山县）、文山（文山市）、富宁（富宁县）

【出处】林安在讲，刘德荣整理：《三七的传说》，见中华民族故事大系编委会编《中华民族故事大系》第3卷（彝族、壮族、布依族），上海：上海文艺出版社1995年版，第448页。

W1444.6.2
上天需要9天9夜

实例

满族 两只喜鹊飞了九天九夜，飞到了天上。

【流传】（无考）

【出处】《托阿恩都哩》，原载傅英仁编《满族神话故事》，见陶阳、钟秀编《中国神话》（下），北京：商务印书馆2008年版，第1136~1141页。

W1444.6.2.1
到天上需要9天

实例

水族 阿波（小伙名）缘马桑树登天，九日方达。

【流传】（无考）

【出处】袁珂改编：《月亮山》，原载谷德明编《中国少数民族神话选》，见袁珂《中国神话大词典》，北京：华夏出版社2015年版，第536页。

W1444.6.3
上天需要2天2夜

实例

哈尼族 去补天的艾浦艾乐兄妹俩足足飞了两天两夜，才飞到天洞旁边。

【流传】云南省·（红河哈尼族彝族自治州）

【出处】朱小和讲，史军超搜集整理：《补天的兄妹俩》，原载《哈尼族神话传说集成》，见陶阳、钟秀编《中国神话》（上），北京：商务印书馆2008年版，第396~397页。

W1444.7
上天后不能返回

实例

（参见下级母题实例）

W1444.7.1
人上天因路的消失留在天上

实例

黎族 到了天上的七兄弟因为自己的失误使通天树变小了，无路可下，只好留在天上。

【流传】海南省·（三亚市）·乐东县（乐东黎族自治县）

【出处】龙敏记录整理：《兄弟星座》，见姚宝瑄主编《中国各民族神话》（高山族、黎族、畲族），太原：山西出版传媒集团·书海出版社 2014 年版，第 60 页。

W1444.7.2
上天后因天梯消失留在天上

实例

怒族 天梯倒掉后，从地上到天上干活的讷恰格瓦彭和讷恰格瓦讷两兄妹永远留在天上。

【流传】云南省·（怒江傈僳族自治州）·贡山县（贡山独龙族怒族自治县）

【出处】彭兆清提供，攸延春整理：《创世纪》，见攸延春《怒族文学史》，昆明：云南民族出版社 2003 年版，第 18 页。

W1444.7.2.1
狗上天后因天梯消失留在天上

实例

汉族 一条通人性的猎狗，蹬着梯子上了月亮，它与月亮说话时，搭的长梯已经烂了，狗再也回不去了。

【流传】辽宁省·（本溪市）·本溪县（本溪满族自治县）·山城子乡

【出处】李国强讲，孙立、孙化广搜集整理：《月有圆缺的传说》（1986），见姚宝瑄主编《中国各民族神话》（汉族），太原：山西出版传媒集团·书海出版社 2014 年版，第 228 ~ 230 页。

W1444.7.3
因吃药上天后不能再返回人间

实例

（参见下级母题实例）

W1444.7.3.1
吃升腾灵丹上天后不能再返回人间

实例

汉族 后羿到昆仑山找王母娘娘要来神药升腾灵丹，准备吃药上天折桂枝。但是吃药上天后就不能再下来。

【流传】江苏省·（淮安市）·淮阴市（淮阴区）

【出处】徐省生讲，徐素芳记录集整理：《后羿射日与嫦娥奔月》（1988.05.20），见姚宝瑄主编《中国各民族神话》（汉族），太原：山西出版传媒集团·书海出版社 2014 年版，第 139 ~ 140 页。

W1444.8
上天中途坠落

实例

（参见下级母题实例）

W1444.8.1
上天时因上天的木杆断裂坠落

【关联】[W1478] 天梯的毁灭（天梯的消失、天梯的倒掉）

实例

满族 天鸡落到地上变成的5个美女，仍想到天上过安逸的生活。她们都争着抱住一棵顶天立地的粗枯木杆，抢着攀枝往上爬，结果枯木杆折断倾倒，把五个美女甩向四方，都从云中掉了下来。

【流传】黑龙江省·（黑河市）·爱辉县（爱辉区）·大五家子村

【出处】张石头讲，富希陆采集：《民族起源神话》，原载富希陆《瑷珲祖风遗拾》，见吕大吉、何耀华总主编《中国各民族原始宗教资料集成》（鄂伦春族卷、鄂温克族卷、赫哲族卷、达斡尔族卷、锡伯族卷、满族卷、蒙古族卷、藏族卷），北京：中国社会科学出版社1999年版，第487页。

W1444.9
从天上掉下来

实例

（实例待考）

W1444.9.1
天上的人踩到鸡屎滑倒掉到地上

实例

珞巴族 （实例待考）

W1444.10
上天能力的丧失

实例

（参见下级母题实例）

W1444.10.1
特定物会使神失去上天能力

实例

（参见下级母题实例）

W1444.10.1.1
天神闻到土味失去回天能力

实例

傣族 有一个天神下来看大地，嗅到了大地上的水土香味，便无法再回到天上，只好留在地上种田。

【流传】（无考）

【出处】《水沫造地》，原文本为仓齐华翻译，周开学记录，谷德明整理《开天辟地》，原载谷德明《中国少数民族神话选》，西北民族学院研究所，内部发行，1983年，见姚宝瑄主编《中国各民族神话》（哈尼族、傣族），太原：山西出版传媒集团·书海出版社2014年版，第238页。

W1444.11
上天时情形

实例

（参见下级母题实例）

W1444.11.1
上天时两耳生风

实例

朝鲜族 牧童坐在天上打水的水桶里，水桶开始往上升了，只听见"噌噌噌"地响着，两耳一溜风的，身上冷飕飕的，经过好一阵工夫。突然咯噔一下，天宫到了。

【流传】（辽宁省·沈阳市郊区）

【出处】金德顺讲，裴永镇整理：《牧童和仙女》，原载《金德顺故事集》，见陶阳、钟秀编《中国神话》（中），北京：商务印书馆2008年版，第920~930页。

W1444.12
上天后情形（上天的结果）

实例

（参见下级母题实例）

W1444.12.1
上天后在天上踏着云行走

实例

朝鲜族 牧童到天上找到离去的妻子七仙女和孩子。天上的岳丈让牧童去到耗子国去索取人皮一百张、人睾丸三斗，才能容纳他。牧童一直朝耗子国走，不知踏过了多少块云彩，也不知走了多少日子，这一天终于来到了耗子国。

【流传】（辽宁省·沈阳市郊区）

【出处】金德顺讲，裴永镇整理：《牧童和仙女》，原载《金德顺故事集》，见陶阳、钟秀编《中国神话》（中），北京：商务印书馆2008年版，第920~930页。

W1444.13
人重回天上

实例

珞巴族 人从天上降到地上。过了很多年，大地遭受到强烈地震，有的人过不下去，就飞回天上。有的人因为良心不好，只飞到半空中，就摔下地来。

【流传】西藏自治区·（林芝地区）·察隅县

【出处】腊荣讲，明珠译，杨毓骧整理：《虎哥与人弟》，载《山茶》1985年第5期。

W1444.14
其他特定物上天

实例

（参见下级母题实例）

W1444.14.1
动植物上天

实例

白族 天神将猴子和檀香树一起带到天上，玉皇大帝让猴子在天上吃喝享乐。

【流传】云南省·（大理白族自治州）·洱源县·西山·五加大村

【出处】赵寅松调查整理：《洱源白族尊山石动植物为本主》（1988），见吕大吉、何耀华总主编《中国各民族原始宗教资料集成》（彝族卷、白族卷、基诺族卷），北京：中国社会科学出版社1996年版，第561页。

W1444.14.2
地狱里的鬼上天

实 例

汉族 很古的时候，天和地是连在一块。地狱里的鬼怪们，也常跑到天庭去逛游。

【流传】河南省·安阳市·安阳县·磊口乡·目明村

【出处】赵庆士（农民）讲，左兵采录：《女娲造人（四）》（原名《下雨时为啥起黑云》），见张振犁编著《中原神话通鉴》（第一卷），郑州：河南大学出版社2017年版，第169页。

✿ W1445
天梯

【汤普森】①A666；②F52

实 例

（参见下级母题实例）

W1446
天梯自然存在

实 例

苗族 地上有上天的天梯。

【流传】（无考）

【出处】梁彬搜集整理：《天龙女的传说》，见黄革编《广西少数民族民间故事》，南宁：广西民族出版社1984年版，第229~231页。

土家族 从前有上天的梯子。

【流传】湖北省·（宜昌市）·长阳（长阳土家族自治县）·（都镇湾镇）·椿树坪（椿树坪村）

【出处】《从前地里没得草》，见白庚胜总主编《中国民间故事全书》（湖北省·长阳卷），北京：知识产权出版社2007年版，第10页。

W1446.1
地中间有一把千万年不会腐朽的活木梯

实 例

怒族 （参见W1477.2.2母题实例）

W1446.2
盘古开辟天地之初有1个天梯

实 例

汉族 盘古开辟天地之初，天上和人间相通。人间有一个梯子，一直通到天上。

【流传】江苏省·（宿迁市）·泗阳县

【出处】房右居讲，蒋光祥搜集整理：《天上、人间、地下》（1986.10.10），见姚宝瑄主编《中国各民族神话》（汉族），太原：山西出版传媒集团·书海出版社2014年版，第40~41页。

W1446a
天梯源于某处

实例

（参见下级母题实例）

W1446a.1
神赐天梯

实例

（参见下级母题实例）

W1446a.1.1
长白山神送天梯

实例

满族 长白山神左手举着一个桦木扎成的小排筏，右手拎着个梯子，来到天池边。对丢失衣服的天女佛库伦说："只要把这张梯子往空中竖起来，马上就能回到天上去。"

【流传】吉林省·（延边朝鲜族自治州）·敦化市·额穆镇

【出处】

（a）伊化山、纪祥春讲，李果钧、刘忠义搜集整理：《天女浴躬池》，见《满族民间故事选》，上海：上海文艺出版社1983年版。

（b）同（a），见姚宝瑄主编《中国各民族神话》（满族、赫哲族、朝鲜族），太原：山西出版传媒集团·书海出版社2014年版，第95~99页。

W1447
神变成天梯

【关联】［W0132］神的变化（神的变形）

实例

高山族 神变成了天梯。

【流传】（无考）

【出处】汪梅田整理：《彩虹的传说》，见中华民族故事大系编委会编《中华民族故事大系》第8卷（畲族、高山族、拉祜族），上海：上海文艺出版社1995年版，第414页。

W1447.1
天神变成玉白色的软天梯

实例

高山族（阿美） 依勒克（天神名）变成一架玉白色的软梯，从天上长长地垂了下来。

【流传】台湾

【出处】汪梅田搜集整理：《彩虹》，原载蔡铁民编《高山族民间故事选》，见陶阳、钟秀编《中国神话》（上），北京：商务印书馆2008年版，第215~217页。

W1447.2
神仙变成玉白色的软天梯

实例

<u>高山族</u> 神仙依勒克为了让凡间的妻子上天，变成一架玉白色的软梯，长长地垂了下来，让妻子顺梯子往天上爬。

【流传】（无考）

【出处】
(a) 汪梅田搜集整理：《彩虹的传说》，见陈国强编《高山族民间故事选》，福州：福建人民出版社1980年版。

(b) 同（a），见姚宝瑄主编《中国各民族神话》（高山族、黎族、畲族），太原：山西出版传媒集团·书海出版社2014年版，第43页。

<u>高山族</u> 依勒克本天上神仙下凡与阿美人姑娘相恋成婚。因凡人不能上天，伊勒克语妻曰："我先上天，化天梯来接汝，汝可循此攀登至天上，如此我二人便可天长地久、永不分离矣。"

【流传】（无考）

【出处】袁珂改编：《依勒克》（原名《彩虹的传说》），原载蔡铁民编《高山族民间故事选》，见袁珂《中国神话大词典》，北京：华夏出版社2015年版，第527页。

W1448
树为天梯（树是天梯）

【汤普森】F54

【关联】[W1410] 通天的树（通天的植物）

实例

（参见下级母题实例）

W1448.1
大树是天梯

实例

<u>瑶族</u> 中大人（指地上人）沿大树登天。

【流传】（无考）

【出处】《天梯》，见袁珂《中国神话大词典》，北京：华夏出版社2015年版，第56页。

W1448.2
日月树是天梯

【关联】
① [W1410.8.1] 日月树通天地
② [W1433.3] 通过日月树上天

实例

<u>汉族</u> （实例待考）

<u>苗族</u> 此前，有通天的日月树。

【流传】湖南省·湘西（湘西土家族苗族自治州）；贵州省·（铜仁市）·松桃（松桃苗族自治县）

【出处】滕树宽、龙炳文搜集，江波整理：《阿陪果本》，见中华民族故事大系编委会编《中华民族故事大系》第2卷（藏族、维吾尔族、苗族），上海：上海文艺出版社1995年版，第

638页。

苗族 阿墙果本（文化英雄名）缘日月树而登天。

【流传】（无考）

【出处】《天梯》，见袁珂《中国神话大词典》，北京：华夏出版社2015年版，第56页。

壮族 卜伯（文化英雄名）缘日月树而登天。

【流传】（无考）

【出处】《天梯》，见袁珂《中国神话大词典》，北京：华夏出版社2015年版，第56页。

W1448.2.1

山上的日月树是天梯

【关联】[W1168.21.1.2.9] 南天门有日月树

实 例

（实例待考）

W1448.2.1.1

岜赤山上的日月树是天梯

实 例

壮族 雷王只留岜赤山（传说最高的山）上的日月树作为天梯，沟通天上地下的通路。

【流传】

（a）广西壮族自治区·（南宁市）·马山县·加芳乡（加方乡）

（b）广西壮族自治区红水河流域各县

【出处】

（a）韦公讲，蓝鸿恩采录翻译：《布伯斗雷王》，见中国民间文学集成全国编辑委员会编《中国民间故事集成》（广西卷），北京：中国ISBN中心2001年版，第49页。

（b）蓝鸿恩搜集整理：《布伯》，见谷德明编《中国少数民族神话》，北京：中国民间文艺出版社1987年版，第90页。

壮族 雷王把天升高起来时，只留岜赤山上的日月树作为天梯，沟通天上地下的通路。

【流传】广西壮族自治区红水河流域各县

【出处】蓝鸿恩搜集整理：《布伯的故事》，原载蓝鸿恩编《壮族民间故事选》，见陶阳、钟秀编《中国神话》（上），北京：商务印书馆2008年版，第498～508页。

壮族 雷神怕布伯带人再到天上捣乱，便把天升高起来，只留岜赤山上的日月树作为天梯。

【流传】广西壮族自治区红水河流域各县

【出处】

（a）《布伯的故事》，载《民间文学》1979年第10期。

（b）同（a）（王松选定），见姚宝瑄主编《中国各民族神话》（仫佬族、壮族、京族），太原：山西出版传媒集团·书海出版社2014年版，第104页。

(c) 同（a），《日月树》（原名《卜伯的故事》），见袁珂《中国神话大词典》，北京：华夏出版社2015年版，第436页。

W1448.2.1.2
赤山上的日月树是天梯

实例

壮族 赤山上的日月树作为天梯，沟通天上地下的通路。

【流传】广西壮族自治区红水河流域各县

【出处】蓝鸿恩搜集整理：《布伯的故事》，原载蓝鸿恩编《壮族民间故事选》，见陶阳、钟秀编《中国神话》（上），北京：商务印书馆2008年版，第498~508页。

W1448.3
马桑树是天梯

【关联】
① ［W1410.2］通天的马桑树
② ［W1483.2］马桑树是通天树

实例

侗族 马桑树长得高齐天可当做天梯。

【流传】贵州省·（黔东南苗族侗族自治州）·天柱县

【出处】杨引招讲，龙玉成采录：《姜良姜妹》注释，见中国民间文学集成全国编辑委员会编《中国民间故事集成》（贵州卷），北京：中国ISBN中心2003年版，第43页。

侗族 天王放出十二个太阳晒干了洪水。葫芦中躲避洪水的姜良、姜妹兄妹回到地上，热得难受，矢竹做箭，顺着上天梯（上天梯：树名，即马桑树，传说古代马桑树高可比天，所以叫上天梯）爬到树尖上去射太阳。

【流传】（贵州省）

【出处】杨引招讲，龙玉成搜集整理：《捉雷公引起的故事》，原载《侗族民间故事选》，见陶阳、钟秀编《中国神话》（上），北京：商务印书馆2008年版，第465~471页。

水族 阿波（人名）沿马桑树登天。

【流传】（无考）

【出处】《天梯》，见袁珂《中国神话大词典》，北京：华夏出版社2015年版，第56页。

W1448.3.1
三峡的马桑树是天梯

实例

汉族 古时三峡有马桑树，根植于地，树梢耸天。一日群猴攀树采果，竟跻其顶，升天而去。

【流传】（无考）

【出处】《建木》，见袁珂《中国神话大词典》，北京：华夏出版社2015年版，第214页。

W1448.4

水杉树是天梯

实 例

土家族 土家人认为那棵很高的水杉树是"上天梯"。

【流传】湖北省·（恩施土家族苗族自治州）·利川市·谋道镇

【出处】朱林山等讲，黄汝家采录：《上天梯》，见中国民间文学集成全国编辑委员会编《中国民间故事集成》（湖北卷），北京：中国 ISBN 中心 1999 年版，第 16 页。

W1448.5

建木是天梯

实 例

汉族 为以山为天梯之说不多，如一些古籍中曾记建木为天梯。

【流传】（无考）

【出处】

（a）《山海经·海内南经》。

（b）《天梯》，见袁珂《中国神话大词典》，北京：华夏出版社 2015 年版，第 56 页。

汉族 昔昆仑山有通天树曰建木，人祖伏羲曾援之以登天。

【流传】（无考）

【出处】袁珂改编：《无梯建木》（原名《天和地是如何分开的》），原载《民间文学》1988 年第 2 期，见袁珂《中国神话大词典》，北京：华夏出版社 2015 年版，第 376 页。

汉族 通天树建木生长在龙井之畔。

【流传】河南省·（周口市）·淮阳县

【出处】《龙酒的传说》，见张振犁编著《中原神话通鉴》（第一卷），郑州：河南大学出版社 2017 年版，第 227 页。

W1448.5.1

都广的建木是天梯

【关联】［W1063.2.2］都广之野是天地的中心

实 例

汉族 建木（神木名）在都广，众帝所自上下。

【流传】（无考）

【出处】

（a）《山海经·海内经》。

（b）［汉］刘安及门客：《淮南子·地形训》。

汉族 建木在都广，众帝跊自上下。

【流传】（无考）

【出处】

（a）［汉］刘安及门客：《淮南子·地形训》。

（b）《建木》，见袁珂《中国神话大词典》，北京：华夏出版社 2015 年版，第 214 页。

W1448.5a

若木是天梯

实 例

汉族 为以山为天梯之说不多，如一些古籍中曾记若木为天梯。

【流传】（无考）

【出处】

（a）［汉］刘安及门客：《淮南子·地形训》。

（b）《天梯》，见袁珂《中国神话大词典》，北京：华夏出版社2015年版，第56页。

W1448.6
桃树是天梯

实例

彝族 （参见 W1427.3.1 母题实例）

W1448.7
与树为天梯有关的其他母题

实例

（参见下级母题实例）

W1448.7.1
树长不成天梯

实例

独龙族 到天上做活的嘎姆朋（人名）发现连接天地的土台倒塌，不能回到人间，就让地上的人为他赶快种棕树。可是棕树怎么长也接不到天上，嘎姆朋无法回到地上来了。

【流传】云南省怒江独龙族地区

【出处】

（a）当色·顶、孔英金、卜松、鲁腊·顶讲，李子贤、张文臣、李承明记录，孟国才、张联华、和诠翻译，李子贤整理：《大蚂蚁分天地》，见陶立璠、朱桂元等编《中国少数民族神话汇编》，中央民族学院少数民族古籍整理出版规划领导小组办公室编，内部资料，1984年。

（b）同（a），见姚宝瑄主编《中国各民族神话》（水族、布朗族、独龙族、基诺族、傈僳族），太原：山西出版传媒集团·书海出版社2014年版，第112页。

W1448.7.2
扶桑不能作天梯

实例

汉族 扶桑虽皆佚数百丈、数千丈乃至千里之大树，然未谓可以缘之而登天。

【流传】（无考）

【出处】

（a）《十洲记》。

（b）《天梯》，见袁珂《中国神话大词典》，北京：华夏出版社2015年版，第56页。

W1449
藤作为天梯

【关联】［W1438.2.1］藤蔓作为上天的绳索

实例

汉族 以前，百姓通过天萝藤到天上，闹得天宫不安宁。

【流传】浙江省·（宁波市）·宁海县·（力洋镇）·力洋村

【出处】叶丙标讲，叶柱采录：《玉帝分开地》，见中国民间文学集成全国编辑委员会编《中国民间故事集成》（浙江卷），北京：中国 ISBN 中心 1997 年版，第 22 页。

W1449.1
藤条长不成天梯

实 例

独龙族 到天上做活的嘎姆朋（人名）发现连接天地的土台倒塌，不能回到人间，就让地上的人为他快种起藤条、竹子，可是藤条、竹子怎么也接不到天上，嘎姆朋无法回到地上来了。

【流传】云南省怒江独龙族地区

【出处】

(a) 当色·顶、孔英金、卜松、鲁腊·顶讲，李子贤、张文臣、李承明记录，孟国才、张联华、和诠翻译，李子贤整理：《大蚂蚁分天地》，见陶立璠、朱桂元等编《中国少数民族神话汇编》，中央民族学院少数民族古籍整理出版规划领导小组办公室编，内部资料，1984 年。

(b) 同 (a)，见姚宝瑄主编《中国各民族神话》（水族、布朗族、独龙族、基诺族、傈僳族），太原：山西出版传媒集团·书海出版社 2014 年版，第 112 页。

W1450
山是天梯

【关联】

① [W1274.1a] 天地通过神山相连

② [W1833.4] 通天的山

实 例

汉族 天梯有两种，一种是山，一种是树，都是不假人力，自然生长的东西。

【流传】（无考）

【出处】《伏羲攀登天梯》，原载袁珂编译《中国神话故事》，见陶阳、钟秀编《中国神话》（上），北京：商务印书馆 2008 年版，第 181～183 页。

W1450.1
日月山是天梯

【关联】[W1404.1] 日月山通天地

实 例

汉族 有山名曰日月山，天枢也。

【流传】（无考）

【出处】《山海经·大荒西经》。

W1450.2
须弥山是天梯

【关联】[W1852.6.155.2] 须弥山是地上最高的山

实 例

蒙古族（卫拉特） 须弥宝山是原来大地上最高的山，是登天的梯子。

【流传】（无考）

【出处】姚玉瑄搜集整理：《麦德尔娘娘开天辟地》，见满都呼主编《中国阿尔泰语系诸民族神话故事》，北京：民族出版社1997年版，第147~148页。

蒙古族 须弥宝山是原来大地上最高的山，是登天的梯子。

【流传】新疆维吾尔自治区蒙古族居住地区

【出处】姚宝瑄搜集整理：《麦德尔神女开天辟地》，载《民间文学》1986年第3期。

蒙古族 须弥宝山是原来大地上最高的山，也是登天的梯子。

【流传】新疆维吾尔族自治区蒙古族居住地区

【出处】姚宝瑄搜集整理：《麦德尔神女开天辟地》，见姚宝瑄主编《中国各民族神话》（达斡尔族、鄂伦春族、鄂温克族、蒙古族），太原：山西出版传媒集团·书海出版社2014年版，第134页。

W1450.3
昆仑山是天梯

【关联】[W1437.3.3]通过昆仑山上天

实例

汉族 昆仑之丘是天梯。

【流传】（无考）

【出处】[汉]刘安及门客：《淮南子·地形训》。

汉族 昆仑山为太帝上天之处。

【流传】（无考）

【出处】[汉]刘安及门客：《淮南子·地形训》。

汉族 天梯是古人想象中的可赖以登天之自然物。古籍中可考者首推昆仑。

【流传】（无考）

【出处】《天梯》，见袁珂《中国神话大词典》，北京：华夏出版社2015年版，第56页。

W1450.3.1
昆仑山的最高峰是天梯

实例

汉族 昆仑山就是山当中的天梯，登上它最高的山峰，就能直达天廷。

【流传】（无考）

【出处】《伏羲攀登天梯》，原载袁珂编译《中国神话故事》，见陶阳、钟秀编《中国神话》（上），北京：商务印书馆2008年版，第181~183页。

W1450.4
巨石是天梯

实例

汉族 混元巨石连接天地。

【流传】湖北省·神农架林区·松柏镇·堂房村

【出处】曹良坤讲，胡崇峻采录：《江沽养天育地》，见中国民间文学集成全国编辑委员会编《中国民间故事集成》（湖北卷），北京：中国 ISBN 中心 1999 年版，第 3 页。

W1450.5

灵山是天梯

【关联】

① ［W1438.1.3.4］灵山是通天的路
② ［W1852.6.78］灵山

实 例

汉族 灵山盖山中天梯也。

【流传】（无考）

【出处】

（a）袁珂：《山海经校注》。
（b）赵沛霖：《先秦神话思想史论》，北京：学苑出版社 2002 年版，第 171 页。

汉族 为以山为天梯之说甚多，灵山是天梯。

【流传】（无考）

【出处】《天梯》，见袁珂《中国神话大词典》，北京：华夏出版社 2015 年版，第 56 页。

W1450.6

肇山是天梯

实 例

汉族 肇山是天梯。

【流传】（无考）

【出处】《山海经·海内经》。

汉族 为以山为天梯之说甚多，如肇山是天梯。

【流传】（无考）

【出处】《天梯》，见袁珂《中国神话大词典》，北京：华夏出版社 2015 年版，第 56 页。

汉族 华山青水之东，有山名曰肇山。有人名曰柏高，柏高上下于此，至于天。

【流传】（无考）

【出处】

（a）《山海经·海内经》。
（b）《肇山》，见袁珂《中国神话大词典》，北京：华夏出版社 2015 年版，第 343 页。

W1450.7

登葆山是天梯

实 例

汉族 为以山为天梯之说甚多，登葆山是天梯。

【流传】（无考）

【出处】《天梯》，见袁珂《中国神话大词典》，北京：华夏出版社 2015 年版，第 56 页。

W1450.8

远方的一座山是天梯

实 例

蒙古族 很远的地方有一座高山，这座山是天梯，登上山顶就会上到天上。

【流传】（无考）

【出处】那木吉拉翻译，姚宝瑄整理：《三个姑娘和天王的儿子》，见姚宝瑄主编《中国各民族神话》（达斡尔族、鄂伦春族、鄂温克族、蒙古族），太原：山西出版传媒集团·书海出版社2014年版，第241页。

W1450.9
很高的山是天梯

实例

蒙古族 一座很高的山是天梯。

【流传】内蒙古自治区·（赤峰市）·克什克腾旗、林西（林西县）

【出处】赛野搜集整理：《宝钥匙》，见中华民族故事大系编委会编《中华民族故事大系》第1卷（汉族、蒙古族、回族），上海：上海文艺出版社1995年版，第465页。

W1451
积物作为天梯

实例

（参见下级母题实例）

W1451.1
垒石登天

【汤普森】F55.2

实例

（实例待考）

W1451.2
土堆为天梯

实例

（参见下级母题实例）

W1451.2.1
九道土台是天梯

【关联】[W1475.2] 天梯有9级

实例

独龙族 古老的时候，连接天和地的是九道土台。

【流传】（无考）

【出处】《大蚂蚁分开地》，见谷德明编《中国少数民族神话》，北京：中国民间文艺出版社1987年版，第532页。

W1452
虹是天梯

【汤普森】F56

【关联】[W4507.1] 虹有特定的职能

实例

（参见下级母题实例）

W1452.1
七色彩虹是玉皇放下的天梯

实例

蒙古族 一道七色彩虹从天上垂下来连住了山顶，是玉皇放下的天梯。

【流传】（无考）

【出处】刀劳斤讲，乌恩搜集，郭永明翻译整理：《北斗七星》，见中华民族故事大系编委会编《中华民族故事大系》第1卷（汉族、蒙古族、回族），上海：上海文艺出版社1995年版，第527页。

W1453

其他特定的物作为天梯

实 例

（参见下级母题实例）

W1453.1

烟柱为天梯

【汤普森】F52.1

实 例

（实例待考）

W1453.2

竖起的木耙作为天梯

实 例

高山族 竖起的木耙可作为上天的通道。

【流传】（无考）

【出处】陈炜萍整理：《天上、人间、地下》，见中华民族故事大系编委会编《中华民族故事大系》第8卷（畲族、高山族、拉祜族），上海：上海文艺出版社1995年版，第409页。

高山族 昔人间天上，有路可通，地上人欲上天，即竖其耕田之木耙，噢而呼之，天上人便来热情接住，人即踏其耙齿，拾级而登。

【流传】（无考）

【出处】袁珂改编：《天梯》（原名《天上、人间、地下》），原载《台湾高山族传说与风情》（下册），见袁珂《中国神话大词典》，北京：华夏出版社2015年版，第523页。

W1453.2a

梯子作为天梯

实 例

（参见下级母题实例）

W1453.2a.1

因为以前天很低，梯子可以作天梯

【关联】［W1158.1］原来的天很低（以前天很低）

实 例

仫佬族 以前，由于天太低了，人们随便搭两三把楼梯就可以到天上去玩。

【流传】广西壮族自治区·（河池市）·罗城仫佬族地区（罗城仫佬族自治县）

【出处】龙华新讲，龙殿宝搜集整理：《天是怎样升高起来的》，见姚宝瑄主编《中国各民族神话》（仫佬族、壮族、京族），太原：山西出版传媒集团·书海出版社2014年版，第4页。

W1453.3

动物肢体作为天梯

实 例

（参见下级母题实例）

W1453.3.1
鹿角作为天梯

【关联】

① ［W1432.4.5］骑鹿角上天

② ［W3285.0］鹿角的来历

实 例

达斡尔族 鹿的角顶到天上，攀着鹿角上天，可以到天门。

【流传】内蒙古自治区·（呼伦贝尔市）·莫力达瓦达斡尔族自治旗

【出处】娜仁挂讲，萨音塔娜采录：《花甲葬的规矩是咋改变的》，见中国民间文学集成全国编辑委员会编《中国民间故事集成》（内蒙古卷），北京：中国 ISBN 中心 2007 年版，第 414 页。

鄂伦春族 喜勒特很（英雄名）顺着鹿王的茸角爬上天堂。

【流传】（中国东北部地区）

【出处】
（a）张凤铸、蔡伯文记录整理：《喜勒特很报仇记》，见张凤铸、蔡伯文编《鄂伦春民间文学选》，呼和浩特：内蒙古人民出版社 1980 年版。
（b）同（a），见姚宝瑄主编《中国各民族神话》（达斡尔族、鄂伦春族、鄂温克族、蒙古族），太原：山西出版传媒集团·书海出版社 2014 年版，第 102 页。

W1453.3.2
龙角作为天梯

【关联】［W3564］龙的角

实 例

满族 龙角是升天的宝物，能变大，也能变小。

【流传】黑龙江省

【出处】赵书搜集整理：《女真定水》，见中华民族故事大系编委会编《中华民族故事大系》第 4 卷（朝鲜族、满族、侗族），上海：上海文艺出版社 1995 年版，第 363 页。

※ W1455
造天梯的原因

实 例

（参见下级母题实例）

W1456
为了到天上玩造天梯

实 例

汉族 （参见 W1477.4.1.3 母题实例）

苗族 （参见 W1478a.3 母题实例）

仫佬族 达伙常为到天上玩，搭天梯。

【流传】广西壮族自治区·（河池市）·罗城县（罗城仫佬族自治县）

【出处】龙华新讲：《天是怎样升高起来的》，见包玉堂《仫佬族民间故事》，上海：上海文艺出版社1988年版。

W1457
为了到天上索要特定物造天梯

实例

（参见下级母题实例）

W1457.1
为了到天上取药造天梯

实例

<u>彝族</u> 格兹天神的九儿子在人间搭上铁梯子到太阳那里讨神药。

【流传】云南省·（昆明市）·石林彝族自治县·（圭山镇）·亩竹箐村

【出处】昂迈娘讲：《神药》，见李德君采录《彝族撒尼人民间文学作品采集实录》，北京：中央民族大学出版社2009年版，第503页。

W1457.1.1
为了到天上要回不死药造天梯

【关联】

① ［W0951.1］不死药在天上
② ［W1444.2.0］为讨要特定物上天

实例

<u>哈尼族</u> 人们决定造天梯搭到太阳上，找回太阳偷走的纠底纳迟（不死药）。

【流传】云南省·（玉溪市）·元江县（元江哈尼族彝族傣族自治县）·羊街乡、那诺乡及因远镇清水河流域一带

【出处】《天灾歌》，见元江县哈尼文化学会、元江县史志编纂办公室编《元江哈尼族古歌集》，内部编印，2005年，第101页。

<u>哈尼族</u> 起死回生药被月亮偷到天上后，三弟兄立即动手打造天梯，下决心把起死回生药要回来。

【流传】云南省·（红河哈尼族彝族自治州）·元阳地区（元阳县）

【出处】李书周、李七周讲，李期傅（疑为李期博）搜集整理：《起死回生药》，原载云南省民间文学集成办公室编《哈尼族神话传说集成》，中国民间文艺出版社1990年版，见姚宝瑄主编《中国各民族神话》（哈尼族、傣族），太原：山西出版传媒集团·书海出版社2014年版，第209页。

<u>哈尼族</u> 阿翁、阿立兄弟俩的起死回生神药被月亮偷走了。他俩决心造座天梯，到月亮上去夺回神药。

【流传】云南省

【出处】李章法、毛佑全讲，傅光宇记录整理：《天狗吃月亮》，见姚宝瑄主编《中国各民族神话》（哈尼族、傣族），太原：山西出版传媒集团·书海出版社2014年版，第94页。

W1457.2
为了到月宫取药造天梯

实例

（参见下级母题实例）

W1457.2.1
为了从月亮那里要回起死回生药造天梯

实例

哈尼族 兄弟为了找起死回生药,造天梯。

【流传】(无考)

【出处】毛佑全等整理:《两兄弟,猎豹和月亮》,见刘城淮主编《世界神话集(1)·自然神话》,长沙:湖南大学出版社1999年版,第222页。

哈尼族 三弟兄为了从月亮那里要回偷去的起死回生药,动手打造天梯。

【流传】云南省·(红河哈尼族彝族自治州)·红河县

【出处】李书周讲,李期博等采录:《起死回生药》,见中国民间文学集成全国编辑委员会编《中国民间故事集成》(云南卷),北京:中国ISBN中心2003年版,第326页。

W1457.2.2
为了找回被月亮盗取的治百病的宝石造天梯

实例

汉族 人们为找回被月亮盗取的能治百病的宝石,就搭个登天的梯子,一直给搭到月亮上去。

【流传】辽宁省·(本溪市)·本溪县(本溪满族自治县)·山城子乡

【出处】李国强讲,孙立、孙化广搜集整理:《月有圆缺的传说》(1986),见姚宝瑄主编《中国各民族神话》(汉族),太原:山西出版传媒集团·书海出版社2014年版,第228~230页。

W1457.3
为了到月宫取救命树造天梯

实例

拉祜族 为取回刮入月宫的救命树,百姓编了天梯。

【流传】(无考)

【出处】《纳布娄斯》,见云南省民族事务委员会编《拉祜族文化大观》,昆明:云南民族出版社1999年版,第182页。

W1457.4
为了到天上要种子造天梯

【关联】[W3902]种子在天上

实例

哈尼族 先祖三兄弟为了到天神优似那里要树种和庄稼种,杀象造天梯。

【流传】云南省·(红河哈尼族彝族自治州)·元阳县

【出处】朱小和讲,史军超采录:《动植物的家谱》,见中国民间文学集成全国编辑委员会编《中国民间故事集成》(云南卷),北京:中国ISBN中心2003年版,第346页。

W1458

为了特定目的造天梯

实 例

（参见下级母题实例）

W1458.1

为了寻找太阳造天梯

【关联】［W9832］找太阳（找月亮）

实 例

（实例待考）

W1458.1.1

两兄妹为了寻找太阳造天梯

实 例

侗族　两兄妹为寻太阳造了天梯。

【流传】贵州省

【出处】

（a）梁普安等讲，龙玉成采录：《救太阳》（1983），见燕宝、张晓编《贵州神话传说》，贵阳：贵州人民出版社1997年版，第16～17页。

（b）同（a），中国各民族宗教与神话大词典编审委员会编《中国各民族宗教与神话大词典》，北京：学苑出版社1990年版，第111～112页。

W1458.2

为送太阳回天造天梯

实 例

侗族　广（人名）带着大伙造天梯，好把太阳重新挂起来。

【流传】

（a）贵州省·（黔东南苗族侗族自治州）·从江县

（b）广西壮族自治区·（柳州市）·三江县（三江侗族自治县）·（丹洲镇）·板必村

【出处】

（a）梁普安等讲，龙玉成采录：《救太阳》（1983），见中国民间文学集成全国编辑委员会编《中国民间故事集成》（贵州卷），北京：中国ISBN中心2003年版，第27页。

（b）黄大奶讲，鼓声等整理：《救太阳》，见谷德明编《中国少数民族神话》，北京：中国民间文艺出版社1987年版，第628页。

W1458.2.1

众人为送太阳回天用杉木造天梯

【关联】

① ［W1462］人造天梯

② ［W1467.3.1］用杉木造天梯

实 例

侗族　为送太阳重返天空。广（人名）乃率众男，砍杉木造天梯。

【流传】（无考）

【出处】《救太阳》，原载杨通山等编《侗族民间故事选》，见袁珂《中国神话大词典》，北京：华夏出版社2015年版，第467页。

侗族　太阳被恶魔打落后，有两兄妹

与大家商量好做一架天梯，搓一条麻绳把太阳拉回天上去。

【流传】广西壮族自治区·（柳州市）·三江侗族自治县·（丹洲镇）·板必（板必村）

【出处】黄大奶讲，鼓声、卜朗整理：《兄妹救太阳》，见姚宝瑄主编《中国各民族神话》（土家族、毛南族、侗族、瑶族），太原：山西出版传媒集团·书海出版社2014年版，第123页。

W1458.3
为了到天上过节日造天梯

实　例

（参见下级母题实例）

W1458.3.1
为了到天上过拉鼓节造天梯

实　例

苗族　地上的人踩着天梯，到天堂度拉鼓节。

【流传】（无考）

【出处】梁彬搜集整理：《天龙女的传说》，见黄革编《广西少数民族民间故事》，南宁：广西民族出版社1984年版，第229~231页。

W1458.4
为了夺回宝物造天梯

实　例

哈尼族　兄弟俩为了夺回宝贝，造天梯。

【流传】（无考）

【出处】《纠底那迟和天狗吃月亮》，见中国各民族宗教与神话大词典编审委员会编《中国各民族宗教与神话大词典》，北京：学苑出版社1990年版，第170页。

W1459
造天梯的其他原因

实　例

（参见下级母题实例）

W1459.1
神仙为上天造天梯

【关联】[W0812.2] 仙人住在天上

实　例

汉族　一位石匠为神仙凿出上天的梯子。

【流传】辽宁省·朝阳市·（朝阳县·台子乡）·六家子乡（今六家子村）

【出处】魏德信讲：《天梯》，见本县编《辽宁省民间文学集成·朝阳市卷》，内部资料，1986年，第88~89页。

W1459.2
神为体察民情造天梯

实　例

汉族　古时天神通过天梯到人间体察下情，人们借助天梯到天上向天帝诉苦。

【流传】（无考）

【出处】《北方天帝颛顼》，见王德恒等《造神史话》，天津：百花文艺出版社2002年版，第39页。

✻ W1460
天梯的制造者

实 例

（参见下级母题实例）

W1461
神或神性人物造天梯

实 例

（参见下级母题实例）

W1461.1
天神造天梯

实 例

哈尼族 （实例待考）

W1461.2
伏羲造天梯

【关联】[W0675] 伏羲

实 例

汉族 伏羲领着甲乙寅卯木做成了一只通到天上的梯子。

【流传】浙江省·湖州市·镇西乡·赵家坪（不详）

【出处】冯雨轩讲，钟铭采录：《华胥补天》，见中国民间文学集成全国编辑委员会编《中国民间故事集成》（浙江卷），北京：中国ISBN中心1997年版，第18页。

汉族 女娲补天时，伏羲忙领着甲、乙、寅、卯、木做起了梯子。伏羲做了七天七夜，终于做成了通天的梯子。

【流传】河南省·（濮阳市）·范县

【出处】董天备（56岁，中专）讲，崔金钊采录：《女娲补天（八）》（1989.11.03），见张振犁编著《中原神话通鉴》（第一卷），郑州：河南大学出版社2017年版，第137页。

W1461.3
伏羲女娲造天梯

【关联】[W0680.2.2] 伏羲女娲是兄妹

实 例

汉族 伏羲与女娲做成了通天梯。

【流传】青海省·（海东市）·平安县（平安区）·石灰窑乡

【出处】魏永发讲，魏占乾采录：《女娲炼石补天》，见中国民间文学集成全国编辑委员会编《中国民间故事集成》（青海卷），北京：中国ISBN中心2007年版，第5页。

W1461.4
其他神或神性人物造天梯

实 例

（参见下级母题实例）

W1461.4.1
扁古王造天梯

实 例

汉族 扁古王用东边栽树和西边种草，竖好了天梯。

【流传】浙江省·（丽水市）·缙云县·舒洪镇·分水坑村

【出处】上官旭昌讲，上官新友采录：《扁古盘古造生灵》，见中国民间文学集成全国编辑委员会编《中国民间故事集成》（浙江卷），北京：中国ISBN中心1997年版，第48页。

W1461.4.2
达伙常搭天梯

实 例

仫佬族 达伙常搭天梯。

【流传】广西壮族自治区·（河池市）·罗城县（罗城仫佬族自治县）

【出处】龙华新讲：《天是怎样升高起来的》，见包玉堂《仫佬族民间故事》，上海：上海文艺出版社1988年版。

W1461.4.3
黄帝造天梯

【关联】

① ［W0690］黄帝
② ［W0697.7］黄帝是发明者

实 例

汉族 居于天地中央的天梯建木，原是中央天帝黄帝运用他的神通和法力创造的。

【流传】（无考）

【出处】《伏羲攀登天梯》，原载袁珂编译《中国神话故事》，见陶阳、钟秀编《中国神话》（上），北京：商务印书馆2008年版，第181~183页。

汉族 天梯建木，乃黄帝所造作、施为者。

【流传】（无考）

【出处】《建木》，见袁珂《中国神话大词典》，北京：华夏出版社2015年版，第214页。

W1462
人造天梯

实 例

独龙族 以前，人们在木肯木当木圣地搭起一道梯子，可以上天下地。

【流传】（a）云南省·（怒江傈僳族自治州）·贡山县（贡山独龙族怒族自治县）·独龙江乡

【出处】

（a）孔志清、伊里亚讲，巴子采录：《天地是怎么分开的》，见中国民间文学集成全国编辑委员会编《中国民间故事集成》（云南卷），北京：中国ISBN中心2003年版，第81页。

（b）同（a），见陶立璠、赵桂芳等编《中国少数民族神话汇编》（开天辟地篇等），中央民族学院少数民族古籍整理出版规划领导小组办公室印（未署出版时间），第 379 页。

哈尼族 人们造了高高的天梯。

【流传】云南省·（玉溪市）·元江县（元江哈尼族彝族傣族自治县）·羊街乡、那诺乡及因远镇清水河流域一带

【出处】《天灾歌》，见元江县哈尼文化学会、元江县史志编纂办公室编《元江哈尼族古歌集》，内部编印，2005 年，第 101 页。

拉祜族 人造天梯上天。

【流传】（无考）

【出处】《人类的分属》，见云南省民族事务委员会编《拉祜族文化大观》，昆明：云南民族出版社 1999 年版，第 182 页。

W1462.1

兄弟俩造天梯

实 例

哈尼族 兄弟俩打造了天梯。

【流传】（无考）

【出处】《纠底那迟和天狗吃月亮》，见中国各民族宗教与神话大词典编审委员会编《中国各民族宗教与神话大词典》，北京：学苑出版社 1990 年版，第 170 页。

哈尼族 阿翁、阿立兄弟俩为了上天向月亮讨回神药，动手造天梯，一边造，一边接。造了好久好久，天梯到底接好了。

【流传】云南省

【出处】李章法讲，毛佑全、傅光宇搜集整理：《天狗吃月亮》，载《山茶》1982 年第 5 期。

W1462.2

两兄妹造天梯

实 例

侗族 两兄妹为拯救落到地上的太阳，造了天梯。

【流传】（无考）

【出处】

（a）梁普安等讲，龙玉成 1983 年采录：《救太阳》，见燕宝、张晓编《贵州神话传说》，贵阳：贵州人民出版社 1997 年版，第 16~17 页。

（b）同（a），见中国各民族宗教与神话大词典编审委员会编《中国各民族宗教与神话大词典》，北京：学苑出版社 1990 年版，第 111~112 页。

W1462.3

壮汉造天梯

实 例

高山族（卑南） 一个壮汉造出天梯。

【流传】（无考）

【出处】［俄］李福清：《神话与鬼话——台湾原住民神话故事比较研究》（增订本），北京：社会科学文献出版社 2001 年版，第 130 页。

W1462.4
百姓编天梯

实例

拉祜族 百姓用草等编出了天梯。

【流传】（无考）

【出处】《纳布娄斯》，见云南省民族事务委员会编《拉祜族文化大观》，昆明：云南民族出版社1999年版，第182页。

W1462.5
石匠造天梯

【关联】[W6076.4] 石匠

实例

汉族 一位石匠为神仙造天梯。

【流传】辽宁省·朝阳市·（朝阳县·台子乡）·六家子乡（今六家子村）

【出处】魏德信讲：《天梯》，见本县编《辽宁省民间文学集成·朝阳市卷》，内部资料，1986年，第88~89页。

W1462.6
其他特定的人造天梯

【关联】[W1464a.2.2] 猎人用铁打造天梯

实例

（参见下级母题实例）

W1462.6.1
万能手造天梯

实例

保安族 北家三哥是个"万能手"，能造出一架登天梯。

【流传】甘肃省·临夏回族自治州

【出处】

（a）乔维森、野枫搜集整理：《三邻舍》，见满都呼主编《中国阿尔泰语系诸民族神话故事》，北京：民族出版社1997年版，第229~233页。

（b）《三邻舍》，见中国各民族宗教与神话大词典编审委员会编《中国各民族宗教与神话大词典》，北京：学苑出版社1990年版，第27页。

保安族 黄河岸边大河家住人家三户。其中北家三兄为"万能手"，心灵手巧，能制各种稀罕之物，纵天梯亦能为之。

【流传】（无考）

【出处】袁珂改编：《三兄弟》（原名《人与魔王》），原载谷德明编《中国少数民族神话选》，见袁珂《中国神话大词典》，北京：华夏出版社2015年版，第583页。

W1462.6.2
祖先婚生的第一个儿子发明藤网天梯

实例

珞巴族 （实例待考）

W1463
其他造天梯者

实例

（参见下级母题实例）

W1463.1
天造天梯

实例

珞巴族 一日天男（神话中说天是一个男子）竖长梯，顺着长梯来地上。

【流传】西藏自治区

【出处】于乃昌：《珞巴族神话与生殖崇拜》，见 http://www.tibet-web.com，2003.10.06。

W1463.2
动物造天梯

实例

（参见下级母题实例）

W1463.2.1
蚕和蜘蛛编天梯

【关联】
① [W3462.1] 蚕为什么吐丝
② [W3478.1.2] 蜘蛛为什么吐丝

实例

纳西族（摩梭） 女始祖昂姑咪去天上时，蚕子和蜘蛛编要为她编了一架上天的梯子。蚕子和蜘蛛在云墙和山顶之间一刻也不停地吐着金线、银线，顺着梯子来来回回编织横档。天门又开了九回，天梯编织成了。

【流传】云南省·（丽江市）·宁蒗县（宁蒗彝族自治县）

【出处】《昂姑咪》，见姚宝瑄主编《中国各民族神话》（佤族、阿昌族、纳西族、普米族、德昂族），太原：山西出版传媒集团·书海出版社2014年版，第106～107页。

纳西族（摩梭） 女始祖昂姑咪要去天上讨光亮、火种和吃食。蚕子和蜘蛛给她编一架梯子一头系在天墙上，一头拴在喇踏山尖上，顺着梯子就可以爬上天去。

【流传】云南省·（丽江市）·宁蒗县（宁蒗彝族自治县）

【出处】桑直若史、益依关若讲，章天锡、章天铭搜集，章虹宇整理：《昂姑咪》，载《山茶》1986年第3期。

❋ W1464
造天梯的材料

实例

（参见下级母题实例）

W1464a
用金属造天梯

【关联】[W1980] 金属的产生（金属的获得）

实例

（参见下级母题实例）

W1464a.1
用银造天梯

实例

纳西族 天国天宫里，天神阿普拆去了

原先架好的白银梯子。

【流传】（云南省）

【出处】和芳、和志新编译：《崇邦统——人类迁徙记》，见姚宝瑄主编《中国各民族神话》（佤族、阿昌族、纳西族、普米族、德昂族），太原：山西出版传媒集团·书海出版社2014年版，第162页。

W1464a.1.1
祖先用银搭天梯

实 例

纳西族 很古的时候，利恩若（男祖先名）和波白命（天女，利恩若的妻子）离开天庭的时候，面前阻挡了一座高大的山崖，他们搭了银子的天梯，踩着天梯下来了。

【流传】云南省·（丽江市）·丽江县（古城区、玉龙纳西族自治县）

【出处】木丽春采集整理：《谷种来历的传说》，见木丽春编著《纳西族民间故事集》，昆明：云南人民出版社2007年版，第83页。

W1464a.2
用铁造天梯

【关联】［W1481.2］天梯被水锈掉

实 例

（参见下级母题实例）

W1464a.2.1
3兄弟炼铁造天梯

实 例

哈尼族 三兄弟打造铁块做天梯。

【流传】云南省·（红河哈尼族彝族自治州）·红河县

【出处】李书周讲，李期博等采录：《起死回生药》，见中国民间文学集成全国编辑委员会编《中国民间故事集成》（云南卷），北京：中国ISBN中心2003年版，第326页。

哈尼族 三兄弟支起炉子，找来许多铁块，不分昼夜地打造天梯。

【流传】云南省·（红河哈尼族彝族自治州）·元阳地区（元阳县）

【出处】李书周、李七周讲，李期傅（疑为李期博）搜集整理：《起死回生药》，原载云南省民间文学集成办公室编《哈尼族神话传说集成》，中国民间文艺出版社1990年版，见姚宝瑄主编《中国各民族神话》（哈尼族、傣族），太原：山西出版传媒集团·书海出版社2014年版，第209页。

W1464a.2.2
猎人用铁打造天梯

实 例

拉祜族（苦聪） 猎人为了找回被太阳偷走的一包"万年青"药，决心上天去找太阳算账，用铁打了一架楼梯（天梯）。

【流传】云南省

【出处】李老倌讲，李权扬整理：《老虎吃太阳，天狗吃月亮》，原载李子贤编《云南少数民族神话选》，见陶阳、钟秀编《中国神话》（上），北京：商务印书馆2008年版，第276～277页。

W1465

用石头造天梯

实 例

（参见下级母题实例）

W1465.1

上天青石梯

实 例

（参见下级母题实例）

W1465.1.1

上天青梯

实 例

汉族 佛上忉利天，为母说法九十日。佛上天青梯，今变为石，没入地，唯十二磴，磴间二尺余。彼耆老云，梯入地尽，佛法灭。

【流传】（无考）

【出处】

（a）《汉唐地理书钞》辑唐李泰《括地志》。

（b）《天梯》，见袁珂《中国神话大词典》，北京：华夏出版社2015年版，第56页。

W1466

用木头造天梯

实 例

（参见下级母题实例）

W1466.1

通天的木梯

实 例

独龙族 天和地之间搭了一架木梯。

【流传】（无考）

【出处】《木克木当》，见中国各民族宗教与神话大词典编审委员会编《中国各民族宗教与神话大词典》，北京：学苑出版社1990年版，第121页。

独龙族 克伦（女巫师名）的"卜拉"（灵魂）曾经顺着通天的木梯到达过"南木那卡"（南木山），那是"南木"（天鬼）住的地方，非常干净和漂亮，到处开满了香气扑鼻的鲜花。

【流传】云南省·（怒江傈僳族自治州）·贡山（贡山独龙族怒族自治县）·独龙江公社（独龙江乡）·熊当村

【出处】蔡家麒：《独龙族社会历史综合考察报告》，原载中国西南民族研究学会等编《民族调查研究》专刊第1集，1983年，见吕大吉、何耀华总主编《中国各民族原始宗教资料集成》（纳西族卷、羌族卷、独龙族卷、傈僳族卷、怒族卷），北京：中国社会科学出版社2000年版，第647页。

W1466.2
用竹子造天梯

实例

傈僳族 格士力（人名）日日上山伐竹，三山之后复三山，终伐尽九山之竹，沿江做成长梯一架，以其一端搭月上，一端缚家门外两棵龙竹上，决心登天探月。

【流传】（云南省·怒江州）

【出处】袁珂改编：《天狗吃月》（原名《天狗吃月亮》），原载怒江州傈僳族民间故事编辑组编《傈僳族民间故事》，见袁珂《中国神话大词典》，北京：华夏出版社2015年版，第512页。

W1467
用植物造天梯

实例

（参见下级母题实例）

W1467.1
用草造天梯（用草编天梯）

【汤普森】F52.1

实例

高山族（卑南） （实例待考）

拉祜族 人们用一种草编了天梯，派白兔到月亮上取药。

【流传】（无考）

【出处】《纳布娄斯》，见王松《论神话及其他》，昆明：云南民族出版社2006年版，第111页。

拉祜族 百姓用草编了一个天梯。

【流传】云南省·（普洱市）·澜沧（澜沧拉祜族自治县）

【出处】扎约讲，张蓉兰、自力采集：《纳布娄斯》，见中华民族故事大系编委会编《中华民族故事大系》第8卷（畲族、高山族、拉祜族），上海：上海文艺出版社1995年版，第703页。

拉祜族 人们用一种草编起了天梯，并派白兔到月亮上去拿药

【流传】（云南省）

【出处】

（a）扎约讲，张蓉兰整理：《纳布娄斯》，见中国作家协会云南分会编《云南民族民间故事选》，云南人民出版社1981年版。

（b）同（a），见姚宝瑄主编《中国各民族神话》（白族、拉祜族、景颇族），太原：山西出版传媒集团·书海出版社2014年版，第200页。

拉祜族 乡人以草织为天梯，遣白兔入月中取药。

【流传】（无考）

【出处】袁珂改编：《纳布娄斯》，原载谷德明编《中国少数民族神话选》，见袁珂《中国神话大词典》，北京：华夏出版社2015年版，第533页。

W1467.1.1
天神用茅草造天梯

实例

哈尼族 俄玛天神砍来九山的茅草，搓成粗粗的索子，又用茅草索做成楼梯，成为天梯。

【流传】云南省·（红河哈尼族彝族自治州）·元阳县

【出处】卢朝贵讲，史军超采录：《神和人的家谱》，见中国民间文学集成全国编辑委员会编《中国民间故事集成》（云南卷），北京：中国 ISBN 中心 2003 年版，第 23 页。

哈尼族 俄玛天神怕地上的儿孙们认不得天上的路，就砍来九山的茅草，搓成粗粗的索子，又用茅草索做成楼梯，要上天，就收上去，要下地就放下来，人的祖先们像山上的老猴，顺着天梯去去来来，着实热闹好玩。

【流传】云南省·（红河哈尼族彝族自治州）·元阳（元阳县）、红河（红河县）、金平（金平苗族瑶族傣族自治县）（采集于元阳县·胜村乡·全福庄）

【出处】卢朝贵讲，史军超搜集整理：《神和人的家谱》，原载云南省民间文学集成办公室编《哈尼族神话传说集成》，中国民间文艺出版社 1990 年版，见姚宝瑄主编《中国各民族神话》（哈尼族、傣族），太原：山西出版传媒集团·书海出版社 2014 年版，第 44 页。

W1467.2
用麻秆做天梯

实例

汉族 一个人用麻秆做了个梯子，一直伸到天上。

【流传】宁夏回族自治区·（固原市）·固原县·头营乡·张崖村

【出处】叶旭讲，叶志文采录：《月亮为什么有圆缺》，见《中国民间文学集成全国编辑委员会编《中国民间故事集成》（宁夏卷），北京：中国 ISBN 中心 1999 年版，第 21 页。

傈僳族 用麻秆做天梯。

【流传】云南省·德宏（德宏傣族景颇族自治州）

【出处】祝发清等整理：《神药的故事》，见中华民族故事大系编委会编《中华民族故事大系》第 7 卷（黎族、傈僳族、佤族），上海：上海文艺出版社 1995 年版，第 278 页。

普米族 人们用麻秆造天梯。

【流传】云南省·（怒江傈僳族自治州）·兰坪（兰坪白族普米族自治县）

【出处】杨奎文整理：《日食的传说》，见中华民族故事大系编委会编《中华民族故事大系》第 14 卷（普米族、塔吉克族、怒族、俄罗斯族、鄂温克族），上海：上海文艺出版社 1995 年版，第 222 页。

W1467.3
用杉木树造天梯

【关联】

① ［W3778］杉树

② ［W1483.4］杉树是通天树

实例

侗族 "广"兄和"闷"妹砍杉木树造天梯。

【流传】（无考）

【出处】

(a) 梁普安等讲，龙玉成采录：《救太阳》（1983），见燕宝、张晓编《贵州神话传说》，贵阳：贵州人民出版社1997年版，第16～17页。

(b) 同(a)，中国各民族宗教与神话大词典编审委员会编《中国各民族宗教与神话大词典》，北京：学苑出版社1990年版，第111～112页。

土家族 以前，下起大雪，人被冻死，幸存的兄妹俩以水杉树做天梯，到了天宫。

【流传】湖北省·（恩施土家族苗族自治州）·利川（利川市）

【出处】朱林山讲，黄汝家搜集整理：《水杉的传说》，见归秀文编《土家族民间故事选》，上海：上海文艺出版社1989年版，第29页。

土家族 冰消雪化后，人间又变得暖和起来。兄妹俩通过水杉树从天上返回人间。

【流传】湖北省·（恩施土家族苗族自治州）·利川市·谋道镇

【出处】朱林山等讲，黄汝家采录：《上天梯》，见中国民间文学集成全国编辑委员会编《中国民间故事集成》（湖北卷），北京：中国ISBN中心1999年版，第16页。

W1467.3.1
用杉木造天梯

实例

侗族 广（人名）用又直又高的杉木天梯。

【流传】

(a) 贵州省·（黔东南苗族侗族自治州）·从江县

(b) 广西壮族自治区·（柳州市）·三江县（三江侗族自治县）·（丹洲镇）·板必村

【出处】

(a) 梁普安等讲，龙玉成采录：《救太阳》，见中国民间文学集成全国编辑委员会编《中国民间故事集成》（贵州卷），北京：中国ISBN中心2003年版，第27页。

(b) 黄大奶讲，鼓声等整理：《救太阳》，见谷德明编《中国少数民族神话》，北京：中国民间文艺出版社1987年版，第628页。

侗族 为送太阳重返天空。广（人名）乃率众男，砍杉木造天梯。

【流传】（无考）

【出处】《救太阳》，原载杨通山等编

《侗族民间故事选》，见袁珂《中国神话大词典》，北京：华夏出版社 2015 年版，第 467 页。

侗族 人们为把太阳放回天上，做了一个杉木天梯。

【流传】广西壮族自治区·（柳州市）·三江县（三江侗族自治县）·（丹洲镇）·板必村

【出处】黄大奶讲，鼓声、卜朗整理：《救太阳》，原载广西民间文学研究会编《侗族文学资料》（第二集），见陶阳、钟秀编《中国神话》（上），北京：商务印书馆 2008 年版，第 262~264 页。

W1467.4
用树与草做天梯

实例

汉族 扁古王用东边栽树和西边种草，竖好了天梯。

【流传】浙江省·（丽水市）·缙云县·舒洪镇·分水坑村

【出处】上官旭昌讲，上官新友采录：《扁古盘古造生灵》，见中国民间文学集成全国编辑委员会编《中国民间故事集成》（浙江卷），北京：中国ISBN中心 1997 年版，第 48 页。

W1467.4.1
盘古的父亲扁鼓王用树与草做天梯

实例

汉族 扁鼓王（盘古的父亲）劈好大地后，再也上不了天，就打算等树和草长大后，做具天梯爬上天。扁鼓王东边栽树，西边种草，花了半生心血，终于竖好了天梯。

【流传】浙江省·（丽水市）·缙云县一带

【出处】上官旭昌讲，上官新友搜集整理：《扁鼓王劈地》（1985），见姚宝瑄主编《中国各民族神话》（汉族），太原：山西出版传媒集团·书海出版社 2014 年版，第 18~20 页。

W1467.5
用竹子和木头做天梯

实例

珞巴族 （实例待考）

W1467.6
栗树做天梯的杆，哈扫树做天梯的板

实例

哈尼族 人们砍来了栗树做天梯的杆，砍来了哈扫树做天梯的板，造天梯。

【流传】云南省·（玉溪市）·元江县（元江哈尼族彝族傣族自治县）·羊街乡、那诺乡及因远镇清水河流域一带

【出处】《天灾歌》，见元江县哈尼文化学会、元江县史志编纂办公室编《元江哈尼族古歌集》，内部编印，2005 年，第 101 页。

W1468
用其他物造天梯
实 例

（参见下级母题实例）

W1468.1
用象骨造天梯
实 例

（参见下级母题实例）

W1468.1.1
用77节象骨造天梯
实 例

哈尼族 先祖三兄弟杀大象，用大象的77节骨头造天梯。

【流传】云南省·（红河哈尼族彝族自治州）·元阳县

【出处】朱小和讲，史军超采录：《动植物的家谱》，见中国民间文学集成全国编辑委员会编《中国民间故事集成》（云南卷），北京：中国ISBN中心2003年版，第346页。

哈尼族 好心的阿匹梅烟（神名），告诉了要取种子的先祖上天的办法，她说："要上天，就要找最大的大象骨头搭天梯，不拿大象骨头搭，上边的搭上去，下边的就倒了，大象骨头七十七节，赶紧找大象骨头去吧。"

【流传】云南省·（红河哈尼族彝族自治州）·元阳（元阳县）、红河（红河县）、金平（金平苗族瑶族傣族自治县），采集于元阳县攀枝花区洞铺寨

【出处】朱小和讲，史军超搜集整理：《动植物的家谱》（1982），原载云南省民间文学集成办公室编《哈尼族神话传说集成》，中国民间文艺出版社1990年版，见姚宝瑄主编《中国各民族神话》（哈尼族、傣族），太原：山西出版传媒集团·书海出版社2014年版，第145页。

W1468.2
用桥做天梯
【关联】[W1407]连接天地的桥（天桥、通天桥）

实 例

（参见下级母题实例）

W1468.2.1
仙人架木桥做天梯
实 例

苗族 古昔有仙人架木桥，一端在凡间，一端在天上月亮边。

【流传】（无考）

【出处】《榜香由》，原载《民间文学资料·苗族叙事诗（三）》第五集，见袁珂《中国神话大词典》，北京：华夏出版社2015年版，第425页。

W1468.3
用特定工具造天梯

实 例

（参见下级母题实例）

W1468.3.1
竖起的木耙作为天梯

实 例

高山族 （参见 W1415a.1.1 母题实例）

W1468.4
用云造天梯

实 例

（参见下级母题实例）

W1468.4.1
神用不同颜色的云造天梯

实 例

（参见下级母题实例）

W1468.4.1.1
神造天梯时用红云做架，黄云做踏板，白云做吊索

实 例

彝族（阿细） 男神式别尼和女神尼别厄搬来了红色的云彩做楼梯的方架，又搬来了黄色的云彩来做楼梯的踏板，再用白色的云彩做吊索，把天梯挂到了天上。

【流传】（a）云南省·红河哈尼族彝族自治州·弥勒县·（西山镇）

【出处】

（a）潘正兴等唱述，云南省民族民间文学红河调查队搜集翻译整理：《阿细的先基》，昆明：云南人民出版社1959 年版。

（b）云南省民族民间文学红河调查队搜集整理，古梅改写：《最古的时候》，见姚宝瑄主编《中国各民族神话》（羌族、彝族），太原：山西出版传媒集团·书海出版社 2014 年版，第 134~135 页。

W1468.4.2
云梯

【关联】

① ［W1416a.1］孕妇蹬断云梯绝地天通

② ［W1434.0.1］通过云梯上天

实 例

（参见下级母题实例）

W1468.4.2.1
鲁班造云梯

实 例

汉族 鲁班做出了云梯，创造了指南。

【流传】（无考）

【出处】

（a）甄茂枢搜集整理：《木鸟》，载《民间文学》1980 年 5 期。

(b) 同（a），见姚宝瑄主编《中国各民族神话》（汉族），太原：山西出版传媒集团·书海出版社 2014 年版，第 408～411 页。

W1468.4.2.2
云梯在东方

实例

高山族 通天的路在东方，东方的天空下有一条很长很长的云梯。

【流传】（无考）

【出处】陈炜萍搜集整理：《天上、人间、地下》，原载《高山族民间故事选》，见陶阳、钟秀编《中国神话》（上），北京：商务印书馆 2008 年版，第 184～186 页。

W1468.5
玉线做天梯

【关联】［W1866.4.7.7］玉线

实例

侗族 萨天巴（蜘蛛，女祖神，创世神）吐出玉线当天梯。

【流传】广西壮族自治区·（柳州市）·三江（三江侗族自治县），（桂林市）·龙胜（龙胜各族自治县）

【出处】杨卜林喜、杨卜松林、杨明世讲，杨国仁、涛声搜集整理，蕾紫改写：《创世女神萨天巴》，原文为过伟改写自侗族创世史诗《嘎茫莽道时嘉——远祖歌》（未出版稿），见姚宝瑄主编《中国各民族神话》（土家族、毛南族、侗族、瑶族），太原：山西出版传媒集团·书海出版社 2014 年版，第 81 页。

W1469
与天梯的产生有关的其他母题

实例

（参见下级母题实例）

W1469.1
造天梯的时间

实例

（参见下级母题实例）

W1469.1.1
造天梯用了 33 天

实例

侗族 广（人名）带着大伙用 33 天的时间造了一架天梯。

【流传】
(a) 贵州省·（黔东南苗族侗族自治州）·从江县
(b) 广西壮族自治区·（柳州市）·三江县（三江侗族自治县）·（丹洲镇）·板必村

【出处】
(a) 梁普安等讲，龙玉成采录：《救太阳》，见中国民间文学集成全国编辑委员会编《中国民间故事集成》（贵州卷），北京：中国 ISBN 中心 2003 年版，第 27 页。
(b) 黄大奶讲，鼓声等整理：《救太

阳》，见谷德明编《中国少数民族神话》，北京：中国民间文艺出版社1987年版，第628页。

W1469.1.2
造天梯用了99天

实例

哈尼族 人们赶造了九十九天，做成高高的天梯。

【流传】云南省·（玉溪市）·元江县（元江哈尼族彝族傣族自治县）·羊街乡、那诺乡及因远镇清水河流域一带

【出处】《天灾歌》，见元江县哈尼文化学会、元江县史志编纂办公室编《元江哈尼族古歌集》，内部编印，2005年，第101页。

W1469.2
造天梯不成功

【关联】
① ［W1448.7.1］树长不成天梯
② ［W1449.1］藤条长不成天梯

实例

（参见下级母题实例）

W1469.2.1
绳索做天梯不成功

实例

独龙族 到天上造金银的嘎姆朋（人名）发现连接天地的土台倒塌，不能回到人间，就想用金银做成金绳银绳将自己吊到地上去。可是，金绳银绳没有这么长，嘎姆朋还是回不到地上来。

【流传】云南省怒江独龙族地区

【出处】
（a）当色·顶、孔英金、卜松、鲁腊·顶讲，李子贤、张文臣、李承明记录，孟国才、张联华、和诠翻译，李子贤整理：《大蚂蚁分天地》，见陶立璠、朱桂元等编《中国少数民族神话汇编》，中央民族学院少数民族古籍整理出版规划领导小组办公室印，内部资料，1984年。
（b）同（a），见姚宝瑄主编《中国各民族神话》（水族、布朗族、独龙族、基诺族、傈僳族），太原：山西出版传媒集团·书海出版社2014年版，第112页。

W1469.2.2
人造不成天梯

【关联】［W1462］人造天梯

实例

独龙族 到天上做活的嘎姆朋（人名）发现连接天地的土台倒塌，不能回到人间，就让地上的人为他搭梯子。地上的人们赶快搭梯子，可是怎么也接不到天上，嘎姆朋无法回到地上来了。

【流传】云南省怒江独龙族地区

【出处】
（a）当色·顶、孔英金、卜松、鲁腊·

顶讲，李子贤、张文臣、李承明记录，孟国才、张联华、和诠翻译，李子贤整理：《大蚂蚁分天地》，见陶立璠、朱桂元等编《中国少数民族神话汇编》，中央民族学院少数民族古籍整理出版规划领导小组办公室印，内部资料，1984年。

（b）同（a），见姚宝瑄主编《中国各民族神话》（水族、布朗族、独龙族、基诺族、傈僳族），太原：山西出版传媒集团·书海出版社2014年版，第112页。

W1469.3
生长出来的天梯（生天梯）

实 例

（参见下级母题实例）

W1469.3.1
仙女撒种子长出天梯

【关联】［W0826.3］仙女的本领

实 例

汉族 七仙姑撒下凌霄花种子，顷刻长成天梯，乃自天送董永之子还家。

【流传】（无考）

【出处】《建木》，见袁珂《中国神话大词典》，北京：华夏出版社2015年版，第214页。

✽ W1470
天梯的特征

实 例

（参见下级母题实例）

W1471
天梯很矮

【关联】［W1317］天地原来离得很近（天地距离很近）

实 例

（参见下级母题实例）

W1471.1
天梯只有两三个阶梯

实 例

仫佬族 由于天太低了，人们随便搭两三把楼梯就可以到天上去玩。

【流传】广西壮族自治区·（河池市）·罗城县（罗城仫佬族自治县）·东门（东门镇）一带

【出处】

（a）龙华新讲，龙殿保搜集整理：《天是怎样升高的》，见谷德明编《中国少数民族神话》，北京：中国民间文艺出版社1987年版，第150页。

（b）同（a），见曹廷伟编著《广西民间故事辞典》，南宁：广西教育出版社1993年版，第12页。

仫佬族 以前，由于天太低了，人们随便搭两三把楼梯就可以到天上去玩。

【流传】广西壮族自治区·（河池市）·罗城县（罗城仫佬族自治县）

【出处】龙华新讲，龙殿保搜集整理：《天是怎样升高起来的》，原载包玉堂等编《仡佬族民间故事》（本篇神话"仡佬族"应为"仫佬族"），见陶阳、钟秀编《中国神话》（上），北京：商务印书馆 2008 年版，第 188~190 页。

W1471.2
天梯 12 阶

实　例

汉族　佛上忉利天，为母说法九十日。佛上天青梯，今变力石，没入地，唯十二磴，磴间二尺余。彼耆老云，梯入地居，佛法灭。

【流传】（无考）
【出处】
（a）《汉唐地理书钞》辑唐李泰《括地志》。
（b）《天梯》，见袁珂《中国神话大词典》，北京：华夏出版社 2015 年版，第 56 页。

W1472
天梯很高

【关联】
① ［W1318］天地原来离得很远（天地距离很远）
② ［W1413.5］天梯是通天的路

实　例

（参见下级母题实例）

W1472.1
天梯长 999 度

实　例

侗族　广（人名）带着大伙砍杉木，造了一架 999 度（b 为"丈"）长的天梯。

【流传】
（a）贵州省·（黔东南苗族侗族自治州）·从江县
（b）广西壮族自治区·（柳州市）·三江县（三江侗族自治县）·（丹洲镇）·板必村
【出处】
（a）梁普安等讲，龙玉成采录：《救太阳》，见中国民间文学集成全国编辑委员会编《中国民间故事集成》（贵州卷），北京：中国 ISBN 中心 2003 年版，第 27 页。
（b）黄大奶讲，鼓声等整理：《救太阳》，见谷德明编《中国少数民族神话》，北京：中国民间文艺出版社 1987 年版，第 628 页。

W1472.2
天梯长 999 丈

实　例

（参见下级母题实例）

W1472.2.1
杉木天梯长 999 丈

【关联】［W1467.3.1］用杉木造天梯

实　例

侗族　广（人名）乃率众男砍杉木造天梯，长九百九十九丈。

【流传】（无考）
【出处】《救太阳》，原载杨通山等编

侗族 有两兄妹要把被恶魔打落的太阳送上天。哥哥带着男人们修了三十三天，修起了一架九百九十九丈长的杉木天梯。

【流传】广西壮族自治区·（柳州市）·三江侗族自治县·（丹洲镇）·板必（板必村）

【出处】黄大奶讲，鼓声、卜朗整理：《兄妹救太阳》，见姚宝瑄主编《中国各民族神话》（土家族、毛南族、侗族、瑶族），太原：山西出版传媒集团·书海出版社 2014 年版，第 123 页。

侗族 有两兄妹，哥哥叫广，妹妹叫扣，广带着男人们修了三十三天，修了一架九百九十九丈长的杉木天梯。

【流传】广西壮族自治区·（柳州市）·三江县（三江侗族自治县）·（丹洲镇）·板必村

【出处】黄大奶讲，鼓声、卜朗整理：《救太阳》，原载广西民间文学研究会编《侗族文学资料》（第二集），见陶阳、钟秀编《中国神话》（上），北京：商务印书馆 2008 年版，第 262～264 页。

W1473
天梯可以收放

实 例

哈尼族 俄玛天神做天梯，地上的子孙要上天，就收上去；天上的子孙要下地，就放下来。

【流传】云南省·（红河哈尼族彝族自治州）·元阳县

【出处】卢朝贵讲，史军超采录：《神和人的家谱》，见中国民间文学集成全国编辑委员会编《中国民间故事集成》（云南卷），北京：中国 ISBN 中心 2003 年版，第 23 页。

W1474
天梯飘摇不定

【关联】［W1042.1］最早的天地飘浮动荡

实 例

（实例待考）

W1475
天梯有固定的层数

实 例

（参见下级母题实例）

W1475.1
天梯有 8 级

【汤普森】A666.1

实 例

（实例待考）

W1475.2
天梯有 9 级

【关联】

① ［W1163.9］天有 9 层（九重天）

② ［W1451.2.1］九道土台是天梯

实 例

独龙族 以前，人们上天的梯子有九级。

【流传】（a）云南省·（怒江傈僳族自治州）·贡山县（贡山独龙族怒族自治县）·独龙江乡

【出处】

(a) 孔志清、伊里亚讲，巴子采录：《天地是怎么分开的》，见中国民间文学集成全国编辑委员会编《中国民间故事集成》（云南卷），北京：中国ISBN中心2003年版，第81页。

(b) 同（a），见陶立璠、赵桂芳等编《中国少数民族神话汇编》（开天辟地篇等），中央民族学院少数民族古籍整理出版规划领导小组办公室印（未署出版时间），第379页。

独龙族 人们在"木格当"搭起天地间一道九级的梯子。

【流传】（无考）

【出处】李金明：《独龙族文学简史》，昆明：云南民族出版社2004年版，第79~80页。

独龙族 古老的时候，连接天和地的是九道土台。

【流传】（无考）

【出处】《大蚂蚁分开地》，见谷德明编《中国少数民族神话》，北京：中国民间文艺出版社1987年版，第532页。

W1475.2.1
天梯为9格木梯

实 例

独龙族 天和地之间搭了一架九格的木梯。

【流传】（无考）

【出处】《木克木当》，见中国各民族宗教与神话大词典编审委员会编《中国各民族宗教与神话大词典》，北京：学苑出版社1990年版，第121页。

W1475.3
天梯有99级

实 例

（参见下级母题实例）

W1475.3.1
天梯是99阶石梯

实 例

苗族 人修的99重石梯成为天梯。

【流传】贵州东南（贵州省东南部）

【出处】李瑞岐整理：《香炉山的传说》，见中华民族故事大系编委会编《中华民族故事大系》第2卷（藏族、维吾尔族、苗族），上海：上海文艺出版社1995年版，第699页。

W1475.4
天梯其他数量的层级

实 例

（实例待考）

W1476

与天梯特征有关的其他母题

实例

（参见下级母题实例）

W1476.1

天梯不坚固

【关联】［W1478］天梯的毁灭

实例

（实例待考）

W1476.2

天梯的终点在月亮上

实例

哈尼族 天梯的一头支在月亮上。

【流传】云南省·（红河哈尼族彝族自治州）·红河县

【出处】李书周讲，李期博等采录：《起死回生药》，见中国民间文学集成全国编辑委员会编《中国民间故事集成》（云南卷），北京：中国 ISBN 中心 2003 年版，第 326 页。

傈僳族 男子用妻子剥去了麻皮的麻杆扎成一条很长的梯子搭在月亮上。

【流传】云南省·（怒江傈僳族自治州）·福贡县

【出处】恒白此讲，霜现月等采录：《狗吃月亮》，见中国民间文学集成全国编辑委员会编《中国民间故事集成》（云南卷），北京：中国 ISBN 中心 2003 年版，第 132 页。

W1477

天梯的放置（天梯的位置）

实例

（参见下级母题实例）

W1477.1

云托着天梯

实例

（参见下级母题实例）

W1477.1.1

天梯立在白云上

实例

哈尼族 一朵白云托起天梯。

【流传】云南省·（红河哈尼族彝族自治州）·红河县

【出处】李书周讲，李期博等采录：《起死回生药》，见中国民间文学集成全国编辑委员会编《中国民间故事集成》（云南卷），北京：中国 ISBN 中心 2003 年版，第 326 页。

哈尼族 三兄弟造好天梯后，远处的天边缓缓地飘来一朵白云托起天梯，又慢慢地飘向天际，把天梯头支在月亮上。

【流传】云南省·（红河哈尼族彝族自治州）·元阳地区（元阳县）

【出处】李书周、李七周讲，李期傅（疑为李期博）搜集整理：《起死回生药》，原载云南省民间文学集成办公室编《哈尼族神话传说集成》，中国民间文艺出版社1990年版，见姚宝瑄主编《中国各民族神话》（哈尼族、傣族），太原：山西出版传媒集团·书海出版社2014年版，第209页。

W1477.2
天梯在天地中央

【关联】［W1063］世界的中心（天地的中心）

实例

汉族　建木在都广，众帝跻自上下。日中无景，呼而无响，盖天地之中也。

【流传】（无考）

【出处】

(a)［汉］刘安及门客：《淮南子·地形训》。

(b)《建木》，见袁珂《中国神话大词典》，北京：华夏出版社2015年版，第214页。

W1477.2.1
天梯在天地中央的中央

实例

汉族　作为天梯的"建木"生长在天地的中心。

【流传】（无考）

【出处】《伏羲攀登天梯》，原载袁珂编译《中国神话故事》，见陶阳、钟秀编《中国神话》（上），北京：商务印书馆2008年版，第181~183页。

W1477.2.2
天梯放在地的中央

【关联】［W1236］地的中心（地心）

实例

怒族　大地的中间有一把千万年不会腐朽的活木梯。

【流传】云南省·（怒江傈僳族自治州）·贡山县（贡山独龙族怒族自治县）

【出处】彭兆清提供，攸延春整理：《创世纪》，见攸延春《怒族文学史》，昆明：云南民族出版社2003年版，第18页。

W1477.3
天梯放在东方

【关联】［W1468.4.2.2］云梯在东方

实例

高山族　通天的云梯在东方。

【流传】（无考）

【出处】陈炜萍整理：《天上、人间、地下》，见中华民族故事大系编委会编《中华民族故事大系》第8卷（畲族、高山族、拉祜族），上海：上海文艺出版社1995年版，第411页。

W1477.4
与天梯的放置有关的其他母题

实例

（参见下级母题实例）

W1477.4.1
天梯放在天门处

实例

（参见下级母题实例）

W1477.4.1.1
开天门时放下天梯

实例

汉族 开天门时，天上还会放下一个梯子。

【流传】浙江省·舟山市·（定海区）·金塘（金塘镇）、盘峙（盘峙乡）一带

【出处】翁国安讲，朱亚萍记录整理：《开天门》（1987.11.20），见姚宝瑄主编《中国各民族神话》（汉族），太原：山西出版传媒集团·书海出版社2014年版，第264~265页。

W1477.4.1.2
天梯连接南天门

【关联】

① [W1168.21.1.2.10] 到南天门须经过天梯

② [W1274.1c] 天地通过天梯相连

实例

汉族 在没有"天门石"以前，从彩云缭绕的天宫到人间来，要出南天门，经过天梯。

【流传】四川省·成都市

【出处】张承业搜集整理：《天门石》，见姚宝瑄主编《中国各民族神话》（汉族），太原：山西出版传媒集团·书海出版社2014年版，第82~84页。

W1477.4.1.3
天梯搭在天门边上

实例

汉族 以前，天没有现在这么高。所以，地下的人每天吃了饭，就搬一个梯子往天门边上一放，上去找天上的人玩。

【流传】湖北省·（荆门市）·京山县一带

【出处】冯家才讲，冯本林搜集整理：《天是怎样变高的》，原载中国民间文艺研究会湖北分会编《湖北民间故事传说集》，见姚宝瑄主编《中国各民族神话》（汉族），太原：山西出版传媒集团·书海出版社2014年版，第71~72页。

W1477.4.2
天梯在石阙

实例

汉族 缘石阙之天梯。

【流传】（无考）

【出处】

(a)《艺文类聚》卷六二引刘歆《甘泉宫赋》。

(b)《天梯》，见袁珂《中国神话大词典》，北京：华夏出版社2015年版，

第 56 页。

W1477.4.3
天梯一头系在天墙，一头拴在山尖

实例

纳西族（摩梭） 蚕子和蜘蛛为昂姑咪（女始祖名）编了一架梯子，一头系在天墙上，一头拴在喇踏山尖上。

【流传】云南省·（丽江市）·宁蒗县（宁蒗彝族自治县）

【出处】

（a）《昂姑咪》，载《山茶》1986 年第 3 期。

（b）同（a），见姚宝瑄主编《中国各民族神话》（佤族、阿昌族、纳西族、普米族、德昂族），太原：山西出版传媒集团·书海出版社 2014 年版，第 106 页。

W1477.4.4
天梯的垫脚

实例

（参见下级母题实例）

W1477.4.4.1
雾露做云梯的垫脚

实例

彝族（阿细） 男神式别尼和女神尼别厄用红色的云彩、黄色的云彩、白色的云彩等造天梯，把天梯挂到了天上后，用雾露做云梯的垫脚。

【流传】（a）云南省·红河哈尼族彝族自治州·弥勒县·（西山镇）

【出处】

（a）潘正兴等唱述，云南省民族民间文学红河调查队搜集翻译整理：《阿细的先基》，昆明：云南人民出版社 1959 年版。

（b）云南省民族民间文学红河调查队搜集整理，古梅改写：《最古的时候》，见姚宝瑄主编《中国各民族神话》（羌族、彝族），太原：山西出版传媒集团·书海出版社 2014 年版，第 135 页。

W1477.4.5
天梯放在圣地

实例

独龙族 以前，人们在木肯木当木圣地搭起一道梯子，可以上天下地，很是方便。

【流传】（a）云南省·（怒江傈僳族自治州）·贡山县（贡山独龙族怒族自治县）·独龙江乡

【出处】

（a）孔志清、伊里亚讲，巴子采录：《天地是怎么分开的》，见中国民间文学集成全国编辑委员会编《中国民间故事集成》（云南卷），北京：中国 ISBN 中心 2003 年版，第 81 页。

（b）同（a），见陶立璠、赵桂芳等编《中国少数民族神话汇编》（开天辟地篇等），中央民族学院少数民族古籍整理出版规划领导小组办公室印（未署出版时间），第 379 页。

W1477a
天梯的悬挂

实 例

（参见下级母题实例）

W1477a.1
动物帮助挂天梯

【关联】［W9990］动物作为帮助者

实 例

（参见下级母题实例）

W1477a.1.1
蜜蜂和蝴蝶帮助挂天梯

实 例

纳西族（摩梭） 蜜蜂和蝴蝶把蚕和蜘蛛编的梯子的线头拴到天上。

【流传】云南省·（丽江市）·宁蒗县（宁蒗彝族自治县）

【出处】

（a）《昂姑咪》，载《山茶》1986 年第 3 期。

（b）同（a），见姚宝瑄主编《中国各民族神话》（佤族、阿昌族、纳西族、普米族、德昂族），太原：山西出版传媒集团·书海出版社 2014 年版，第 106 页。

✱ W1478
天梯的毁灭（天梯的消失、天梯的倒掉）

【关联】

① ［W1415］绝地天通

② ［W1422.2.2］天梯烂掉后绝地天通

实 例

（参见下级母题实例）

W1478a
天梯毁灭的原因

【关联】［W1415a］绝地天通的原因

实 例

（参见下级母题实例）

W1478a.1
怕人到天上闹事砍断天梯

【关联】

① ［W1304.2］天神害怕地神把天升高

② ［W1415a.1.3］为防凡人上天生乱绝地天通

实 例

壮族 雷王见布伯（人的首领）走后，就反悔答应了向人间放水的许诺，但又怕布伯再上天来闹，于是，便叫手下陆盟去砍断邕赤山上作为天梯的日月树。

【流传】广西壮族自治区红水河流域各县

【出处】

（a）《布伯的故事》，载《民间文学》

1979 年第 10 期。

(b) 同 (a)（王松选定），见姚宝瑄主编《中国各民族神话》（仫佬族、壮族、京族），太原：山西出版传媒集团·书海出版社 2014 年版，第 106 页。

W1478a.1.1
天神怕人到天上找麻烦砍断天梯

实例

哈尼族 天神们怕地上的人还来天上问事情，找麻烦，就抬起斧子砍断了天梯。从此人再也上不去天了。

【流传】云南省·（红河哈尼族彝族自治州）·元阳（元阳县）、红河（红河县）、金平（金平苗族瑶族傣族自治县）（采集于元阳县·胜村乡·全福庄）

【出处】卢朝贵讲，史军超搜集整理：《神和人的家谱》，原载云南省民间文学集成办公室编《哈尼族神话传说集成》，中国民间文艺出版社 1990 年版，见姚宝瑄主编《中国各民族神话》（哈尼族、傣族），太原：山西出版传媒集团·书海出版社 2014 年版，第 45 页。

W1478a.2
人做坏事造成天梯消失

实例

（参见下级母题实例）

W1478a.2.1
人干坏事后天上收回天梯

实例

汉族 自从有人盗月亮上砍娑婆树之后，天门再也没开过，天梯也不再放下来。

【流传】浙江省·舟山市·（定海区）·金塘（金塘镇）、盘峙（盘峙乡）一带

【出处】翁国安讲，朱亚萍记录整理：《开天门》（1987.11.20），见姚宝瑄主编《中国各民族神话》（汉族），太原：山西出版传媒集团·书海出版社 2014 年版，第 264~265 页。

W1478a.3
天梯不知何故断掉

实例

苗族 以前，人能通过天梯上天游玩。后来不知何故，长梯忽断，天上人间，遂绝通路。

【流传】（无考）

【出处】《天梯》，原载燕宝编《苗族民间故事选》（原名《天上人间》），见袁珂《中国神话大词典》，北京：华夏出版社 2015 年版，第 416 页。

W1479
神或神性人物毁掉天梯

实例

（参见下级母题实例）

W1479.1
神收回天梯

实例

（参见下级母题实例）

W1479.1.1
天帝收回天梯

实例

汉族　天梯建木因被天帝收回，从此更无通天之路，天地由是遂截然判分。

【流传】（无考）

【出处】袁珂改编：《无梯建木》（原名《天和地是如何分开的》），原载《民间文学》1988年第2期，见袁珂《中国神话大词典》，北京：华夏出版社2015年版，第376页。

W1479.2
玉皇大帝收回天梯

【关联】［W0777］玉皇大帝

实例

土家族　玉皇大帝把天梯抽上天去。

【流传】湖北省·（宜昌市）·长阳（长阳土家族自治县）·（都镇湾镇）·椿树坪（椿树坪村）

【出处】《从前地里没得草》，见白庚胜总主编《中国民间故事全书》（湖北省·长阳卷），北京：知识产权出版社2007年版，第10页。

瑶族　（实例待考）

W1479.2.1
玉帝让烧掉天梯

实例

汉族　玉帝命人烧掉天梯。

【流传】湖北省·天门县（天门市）

【出处】郭明雄讲：《野草的来历》，见天门县文化馆编《天门民间故事》第1集，内部编印，1985年。

W1479.3
天神砍掉天梯

实例

哈尼族　天神们怕人常到天上找麻烦，就抬起斧子砍断了天梯。从此人再也上不了天了。

【流传】云南省·（红河哈尼族彝族自治州）·元阳县

【出处】卢朝贵讲，史军超采录：《神和人的家谱》，见中国民间文学集成全国编辑委员会编《中国民间故事集成》（云南卷），北京：中国ISBN中心2003年版，第23页。

哈尼族　先祖要上天的时候，上天的神梯已经被天神们砍断了。

【流传】云南省·（红河哈尼族彝族自治州）·元阳县

【出处】朱小和讲，史军超采录：《动植物的家谱》，见中国民间文学集成全国编辑委员会编《中国民间故事集成》（云南卷），北京：中国ISBN中心2003年版，第346页。

哈尼族　先祖要上天要植物种子时，可惜上天的神梯已经被天神们砍断了。

【流传】云南省·（红河哈尼族彝族自治州）·元阳（元阳县）、红河（红河县）、金平（金平苗族瑶族傣族自治县）采集于元阳县攀枝花区洞铺寨

【出处】朱小和讲，史军超搜集整理：《动植物的家谱》（1982），原载云南省民间文学集成办公室编《哈尼族神话传说集成》，中国民间文艺出版社1990年版，见姚宝瑄主编《中国各民族神话》（哈尼族、傣族），太原：山西出版传媒集团·书海出版社2014年版，第145页。

W1479.4
神锯掉天梯

【关联】[W1421.1] 把山锯矮绝地天通

实　例

苗族　（参见W1421.1.1母题实例）

W1479.5
神刮风吹断天梯

实　例

拉祜族　厄莎刮风，吹断天梯。

【流传】（无考）

【出处】《人类的分属》，见云南省民族事务委员会编《拉祜族文化大观》，昆明：云南民族出版社1999年版，第182页。

W1479.6
雷公砍断天梯

【关联】[W1416.5] 雷公绝地天通

实　例

水族　雷公劈掉上天的山。

【流传】贵州省·（黔南布依族苗族自治州）·三都（三都水族自治县）

【出处】韦免低等讲，潘朝霖整理：《月亮山》，见中华民族故事大系编委会编《中华民族故事大系》第9卷（水族、东乡族、纳西族），上海：上海文艺出版社1995年版，第83页。

壮族　雷公让雷将陆盟砍断岜赤山上的日月树（天梯）。

【流传】

（a）广西壮族自治区·（南宁市）·马山县·加芳乡（加方乡）

（bc）广西壮族自治区红水河流域各县

【出处】

（a）韦公讲，蓝鸿恩采录翻译：《布伯斗雷主》，见中国民间文学集成全国编辑委员会编《中国民间故事集成》（广西卷），北京：中国ISBN中心2001年版，第49页。

（b）蓝鸿恩搜集整理：《布伯》，见谷德明编《中国少数民族神话》，北京：中国民间文艺出版社1987年版，第90页。

（c）同（b），载《民间文学》1979年第10期。

W1479.6.1
雷公用雷火劈断天梯

【关联】

① ［W4598.9］雷火

② ［W6960.5］雷火成为火种

实 例

汉族 以前，人通过天梯到天上玩，在天上吹拉弹唱，跳舞游戏，闹得那些修炼的神仙很不安宁。于是，神仙们到玉皇大帝那里告了一状。玉皇大帝命令雷公用雷火打断天梯，使人们无法再上天去玩了。

【流传】湖北省·天门县（天门市）

【出处】郭明雄讲，陈默整理：《天梯与野草》，原载天门县文化馆编《天门民间故事》第1集，见陶阳、钟秀编《中国神话》（上），北京：商务印书馆2008年版，第187页。

W1479.7
其他神或神性人物毁灭天梯

实 例

（参见下级母题实例）

W1479.7.1
盘古收回天梯

实 例

汉族 盘古王为了不让猴子、凤凰、老虎和龙王上天，抽回天梯。

【流传】浙江省·（丽水市）·缙云县·舒洪镇·分水坑村

【出处】上官旭昌讲，上官新友采录：《扁古盘古造生灵》，见中国民间文学集成全国编辑委员会编《中国民间故事集成》（浙江卷），北京：中国ISBN中心1997年版，第48页。

W1479.7.2
颛顼让"重"、"黎"撤掉天梯

【关联】［W1416.7.1］重、黎二神绝地天通

实 例

汉族 颛顼认为人、神不分弊端太大，就让他的孙子"重"和"黎"把天梯撤掉。

【流传】（无考）

【出处】《北方天帝颛顼》，见王德恒等《造神史话》，天津：百花文艺出版社2002年版，第39~40页。

W1479a
特定的人毁掉天梯

实 例

（参见下级母题实例）

W1479a.1
天上的人撤掉天梯

实 例

汉族 以前，地上的人造访天上的人，受到很好款待。后来因为人间的人到天上大喊大叫，偷天上人的东

西，这样就惹得天上人生气了。就把人间通上天的梯子拆掉了。

【流传】江苏省·（宿迁市）·泗阳县

【出处】房右居讲，蒋光祥搜集整理：《天上、人间、地下》（1986.10.10），见姚宝瑄主编《中国各民族神话》（汉族），太原：山西出版传媒集团·书海出版社 2014 年版，第 40~41 页。

W1479a.2
女人毁掉天梯

实 例

（参见下级母题实例）

W1479a.2.1
孕妇咳嗽震断天梯

实 例

高山族 孕妇，于登梯中途，气喘咳嗽，梯被震断，从此天路不通。

【流传】（无考）

【出处】袁珂改编：《天梯》（原名《天上、人间、地下》），原载《台湾高山族传说与风情》（下册），见袁珂《中国神话大词典》，北京：华夏出版社 2015 年版，第 523 页。

W1480
动物毁掉天梯

【汤普森】 ≈ A666.2

实 例

（参见下级母题实例）

W1480.1
蚂蚁咬塌天梯

实 例

独龙族 蚂蚁挖空人上天的梯子（土台）。

【流传】（无考）

【出处】《蚂蚁把天地分开》，见云南省民族事务委员会编《独龙族文化大观》，昆明：云南民族出版社 1999 年版，第 191 页。

独龙族 人得罪大蚂蚁，蚂蚁把天地间一道九级的梯子下的泥沙掏空。

【流传】（无考）

【出处】李金明：《独龙族文学简史》，昆明：云南民族出版社 2004 年版，第 79~80 页。

独龙族 上天的人没有给大蚂蚁藤篾脚圈（绑腿），蚂蚁于是把天梯的脚咬断了。

【流传】（a）云南省·（怒江傈僳族自治州）·贡山县（贡山独龙族怒族自治县）·独龙江乡

【出处】

（a）孔志清、伊里亚讲，巴子采录：《天地是怎么分开的》，见中国民间文学集成全国编辑委员会编《中国民间故事集成》（云南卷），北京：中国 ISBN 中心 2003 年版，第 81 页。

（b）同（a），见陶立璠、赵桂芳等编《中国少数民族神话汇编》（开天辟地篇等），中央民族学院少数民族古籍整理出版规划领导小组办公室印（未署出版时间），第379页。

（c）《大蚂蚁分开地》，见谷德明编《中国少数民族神话》，北京：中国民间文艺出版社1987年版，第532页。

怒族 蚂蚁啃断天梯。

【流传】云南省·（怒江傈僳族自治州）·贡山（贡山独龙族怒族自治县）

【出处】庚松等讲，彭兆清整理：《创世记》，见中华民族故事大系编委会编《中华民族故事大系》第14卷（普米族、塔吉克族、怒族、俄罗斯族、鄂温克族），上海：上海文艺出版社1995年版，第516页。

普米族 蚂蚁啃断天梯。

【流传】云南省·（怒江傈僳族自治州）·兰坪（兰坪白族普米族自治县）

【出处】熊瑞祥讲，昂栋整理：《狗为什么咬月亮》，见中华民族故事大系编委会编《中华民族故事大系》第14卷（普米族、塔吉克族、怒族、俄罗斯族、鄂温克族），上海：上海文艺出版社1995年版，第229页。

W1480.1.1
黑蚂蚁白蚂蚁咬塌天梯

实例

哈尼族 地下的黑蚁和白蚁一齐聚来啃木头天梯，天梯倒塌。

【流传】云南省·（玉溪市）·元江县（元江哈尼族彝族傣族自治县）·羊街乡、那诺乡及因远镇一带

【出处】《阿萨阿拉和阿然歌》，见元江县哈尼文化学会、元江县史志编纂办公室编《元江哈尼族古歌集》，内部编印，2005年，第133页。

W1480.1.2
红白蚂蚁咬塌天梯

实例

怒族 地上的兄妹到天上打铁，吃得腰粗肚圆，却讥笑在天梯上不停奔忙的小红蚂蚁，生气的红蚂蚁就啃断了天梯。

【流传】云南省·（怒江傈僳族自治州）·贡山县（贡山独龙族怒族自治县）

【出处】彭兆清提供，攸延春整理：《创世纪》，见攸延春《怒族文学简史》，昆明：云南民族出版社2003年版，第18~20页。

W1480.2
蛀虫咬断天梯

实例

佤族 天梯被蛀虫咬断。

【流传】云南省·（临沧市）·沧源（沧源佤族自治县）

【出处】王敬骝整理：《天上怎样会有月蚀》，见中华民族故事大系编委会编《中华民族故事大系》第7卷（黎族、傈僳族、佤族），上海：上海文艺出

W1480.2.1
白蠹咬断天梯

实例

佤族 豺狗架梯登月索讨被窃灵芝。天长日久，登月之梯为白蠹蛀断，豺狗无法下地，只得长留天上。

【流传】（云南省？）

【出处】袁珂改编：《豺狗食月》（原名《月蚀的故事》），原载李肃立编《神话传说故事选》，见袁珂《中国神话大词典》，北京：华夏出版社 2015 年版，第 521 页。

W1481
与天梯毁掉有关的其他母题

实例

（参见下级母题实例）

W1481.1
天梯遭诅咒失去作用

实例

（实例待考）

W1481.2
天梯被水锈掉

【关联】[W1464a.2] 用铁造天梯

实例

（参见下级母题实例）

W1481.2.1
天梯浇冷水锈掉

【关联】[W1486.5.2] 用冷水浇通天树后通天树倒掉

实例

哈尼族 家里的人们听错了话，用冷水一天洗三次天梯脚，结果梯脚越来越锈，越锈越小，最后断掉。

【流传】云南省·（红河哈尼族彝族自治州）·红河县

【出处】李书周讲，李期博等采录：《起死回生药》，见中国民间文学集成全国编辑委员会编《中国民间故事集成》（云南卷），北京：中国 ISBN 中心 2003 年版，第 326 页。

W1481.3
天梯被火烧掉

实例

汉族 （参见 W1479.2.1 母题实例）

W1481.4
违反禁忌天梯被拆除

【关联】[W6547.5] 其他特定行为的禁忌

实例

羌族 天神阿布遐拉女儿嫁人下凡，违背不要回头看的禁忌，天梯被拆除。

【流传】（无考）

【出处】朱金龙讲，陈安强整理：《动植物起源的神话》，见何斯强、蒋彬主编《羌族：四川汶山县阿尔村调查》，昆明：云南大学出版社 2004 年版，第 225~226 页。

W1481.5
天梯的维护
实例

（参见下级母题实例）

W1481.5.1
天梯需要按时浇热水
实例

（参见下级母题实例）

W1481.5.1.1
天梯需要每天浇 2 次热水
实例

哈尼族 阿翁、阿立兄弟俩造天梯上天向月亮讨回神药。临上天梯时，再三嘱咐妻子：为了不使天梯脚被虫蛀坏，叫她们每天在梯脚浇上两次滚烫的开水。

【流传】云南省

【出处】李章法讲，毛佑全、傅光宇搜集整理：《天狗吃月亮》，载《山茶》1982 年第 5 期。

W1481.5.1.2
天梯需要每天浇 3 次热水
实例

哈尼族 阿翁登上打造好的天梯上天找回不死药时嘱咐家里说："每天要用开水洗三次天梯脚。"

【流传】云南省·（红河哈尼族彝族自治州）·元阳地区（元阳县）

【出处】李书周、李七周讲，李期傅（疑为李期博）搜集整理：《起死回生药》，原载云南省民间文学集成办公室编《哈尼族神话传说集成》，中国民间文艺出版社 1990 年版，见姚宝瑄主编《中国各民族神话》（哈尼族、傣族），太原：山西出版传媒集团·书海出版社 2014 年版，第 209 页。

W1481.5.1.3
天梯需要每天浇 3 瓢热水
实例

拉祜族（苦聪） 猎人用铁打了一架楼梯后，领着老虎和狗上天找太阳要找回被偷走的"万年青"药。吩咐妻子每天往楼梯上泼三瓢热水，不然就不牢了。

【流传】云南省

【出处】李老倌讲，李权扬整理：《老虎吃太阳，天狗吃月亮》，原载李子贤编《云南少数民族神话选》，见陶阳、钟秀编《中国神话》（上），北京：商务印书馆 2008 年版，第 276~277 页。

✵ W1482
通天树（特定的天梯通天树）
【关联】

① ［W1270］天地相连

② ［W1325.2］通天树是天柱

③ ［W1410］通天的树（通天的植物）

④ ［W1420］毁掉通天树绝地天通

⑤ ［W1433.2］通过通天树上天

⑥ ［W1448］树为天梯

实　例

（参见下级母题实例）

W1483

通天树是特定的树

实　例

（参见下级母题实例）

W1483.1

天树通天地

实　例

满族　（参见 W1483.5 母题实例）

W1483.2

马桑树是通天树

【关联】［W3771.1.1］马桑树可以通天

实　例

汉族　青蛙通过齐天高的马桑树可以爬到天上去。

【流传】湖北省·（荆门市）·京山县·三阳镇

【出处】秦守华讲，李维铭采录：《太阳的生日》，见中国民间文学集成全国编辑委员会编《中国民间故事集成》（湖北卷），北京：中国 ISBN 中心 1999 年版，第 17 页。

土家族　上古洪荒时候，地上的马桑树伸到天上去了，人爬上马桑树到天上去玩。

【流传】湖南省、湖北省、贵州省等地

【出处】田建柏讲，彭勃等搜集整理：《补天补地》，见中华民族故事大系编委会编《中华民族故事大系》第 5 卷（瑶族、白族、土家族），上海：上海文艺出版社 1995 年版，第 657 页。

土家族　孙猴子常常沿着齐天高的马桑树往上爬。从那树顶爬到天上去了。

【流传】重庆市·酉阳土家族苗族自治县·老寨（老寨乡）一带

【出处】

(a)《马桑树的变迁和百家姓的由来》，见刘长贵、彭林绪搜集整理《土家族民间故事》，重庆：重庆出版社 1986 年版。

(b) 同 (a)，见姚宝瑄主编《中国各民族神话》（土家族、毛南族、侗族、瑶族），太原：山西出版传媒集团·书海出版社 2014 年版，第 21 页。

羌族　一个调皮的猴子爬到一棵很高的马桑树上玩耍，顺着树尖爬到了天上。

【流传】四川省·（阿坝藏族羌族自治州）·汶川县·龙溪公社（龙溪乡）·胜利大队（胜利村）·马登生产队（今为马登村）

【出处】西南民族学院语文系民族民间文学组：《黄水潮天》，见谷德明编《中国少数民族神话》，北京：中国民间文艺出版社 1987 年版，第 267 页。

W1483.3
桃树是通天树

【关联】［W3787.1］神奇的桃木

实　例

苗族　天地像一个大桃子，中间分开天地后，桃子里长出了一颗桃芽，长成上顶着天下抵着地的桃树。

【流传】贵州省·（安顺市）·镇宁县（镇宁布依族苗族自治县）·板阳乡

【出处】朱顺清讲，杨文金等采录：《杨亚射日月》，见中国民间文学集成全国编辑委员会编《中国民间故事集成》（贵州卷），北京：中国ISBN中心2003年版，第23页。

W1483.4
杉树是通天树

【关联】［W3778］杉树

实　例

（参见下级母题实例）

W1483.4.1
从大杉树尖能上月亮

实　例

侗族　叟（人名）上了大杉树尖顶，再一蹬，顺着风势奔上了月宫。

【流传】（ab）广西壮族自治区·（桂林市）·龙胜县（龙胜各族自治县）·平等（平等乡）、龙平（今为平等乡龙平村）一带

【出处】
(a) 奈勾讲，华谋搜集整理：《救月亮》，见谷德明编《中国少数民族神话》，北京：中国民间文艺出版社1987年版，第631页。

(b) 同(a)，《侗族民间故事选》，上海：上海文艺出版社1982年版，第11页。

(c)《救月亮》，见《侗族文学史》编写组编《侗族文学史》，贵阳：贵州民族出版社1988年版，第59页。

W1483.5
神树是通天树

实　例

满族　全族举行火祭是要选择神树。被萨满昏厥中选定的神树，就被看成与天相通的神树，不论其树干高矮粗细。

【流传】吉林省·（延边朝鲜族自治州）·珲春地区（珲春市）

【出处】富育光根据实地调查（1980s）和光绪十六年（1890年）著述的《扈伦七姓满洲火祭神书》整理翻译：《火祭》，见吕大吉、何耀华总主编《中国各民族原始宗教资料集成》（鄂伦春族卷、鄂温克族卷、赫哲族卷、达斡尔族卷、锡伯族卷、满族卷、蒙古族卷、藏族卷），北京：中国社会科学出版社1999年版，第518页。

W1483.6

芋树是通天树

实例

黎族 一棵顶天立地的芋树是天地之间的桥梁。

【流传】（无考）

【出处】龙敏搜集整理：《兄弟星座》注释，见谷德明编《中国少数民族神话》，北京：中国民间文艺出版社1987年版，第188页。

黎族 古代有一棵顶天立地的天芋树，是天地之间的桥梁。

【流传】海南省·（三亚市）·乐东县（乐东黎族自治县）

【出处】龙敏记录整理：《兄弟星座》注释，见姚宝瑄主编《中国各民族神话》（高山族、黎族、畲族），太原：山西出版传媒集团·书海出版社2014年版，第59页。

W1483.7

梧桐树是通天树

实例

塔吉克族 在女子的哀求下，擀面杖变成梧桐树不断长高，一直长到了天上。

【流传】（新疆维吾尔自治区）

【出处】艾布力·艾山汗、西仁·库尔班搜集，夏羿、朱华翻译整理：《梧桐树》，见姚宝瑄主编《中国各民族神话》（乌孜别克族、哈萨克族、柯尔克孜族、俄罗斯族、维吾尔族、塔吉克族、塔塔尔族、锡伯族），太原：山西出版传媒集团·书海出版社2014年版，第286页。

W1484

变化产生通天树

【关联】[W3729]树是变化产生的

实例

（参见下级母题实例）

W1484.1

拐棍变通天树

实例

哈尼族 检收（魔鬼投胎变成的女孩）的拐棍变成大树后，她爬上大树回到天上去了。

【流传】云南省·（红河哈尼族彝族自治州）·红河县

【出处】李克郎讲，黄世荣采录：《砍遮天大树》，见中国民间文学集成全国编辑委员会编《中国民间故事集成》（云南卷），北京：中国ISBN中心2003年版，第156页。

W1485

人栽种通天树

实例

（参见下级母题实例）

W1485.1
人栽的铜树和铁树成为通天树

实例

傈僳族 人间的老公公为了夺回被日月抢去的灵芝草，栽下一棵铜树、一棵铁树，三年后树长得靠近了天。

【流传】四川省·（凉山彝族自治州）·德昌县·金沙乡（金沙傈僳族乡）·观音堂（观音堂村）

【出处】纪天富讲，贾斌等翻译采录：《天狗吃日月》，见中国民间文学集成全国编辑委员会编《中国民间故事集成》（四川卷·下），北京：中国ISBN中心1998年版，第1435页。

W1486
与通天树有关的其他母题

实例

（参见下级母题实例）

W1486.1
通天树的长高

实例

（参见下级母题实例）

W1486.1.1
通天树经特定的液体浇灌后长高

实例

水族 月亮山上的马桑树要用龙角泉里的九挑水，拌上每个人的九滴血来淋它，才能长高到天上。

【流传】（无考）

【出处】韦免低等讲，潘朝霖搜集整理：《月亮山》，见谷德明编《中国少数民族神话》，北京：中国民间文艺出版社1987年版，第654页。

W1486.2
通天树穿过了3层天

【关联】[W1163.3] 天有3层

实例

鄂温克族 天地初开时，大地有棵大树，树干一直穿过了3层天。

【流传】内蒙古自治区·（呼伦贝尔市）·根河市·敖鲁古雅乡（敖鲁古雅鄂温克族乡）

【出处】汪立珍：《鄂温克族神话研究》，北京：中央民族大学出版社2006年版，第135页。

W1486.3
通天树是银的

实例

鄂温克族 树干一直穿过了3层天的树的皮和树节都是银的。

【流传】内蒙古自治区·（呼伦贝尔市）·根河市·敖鲁古雅乡（敖鲁古雅鄂温克族乡）

【出处】汪立珍：《鄂温克族神话研究》，北京：中央民族大学出版社2006年版，第135页。

W1486.4
通天树被诅咒后变小
【关联】［W9175］咒语

实例

汉族 （实例待考）

W1486.5
通天树的倒掉
【关联】［W1415］绝地天通

实例

（参见下级母题实例）

W1486.5.1
用淘米水浇通天树后通天树倒掉

实例

白族 妻子把浇上天的百节树的泉水改用现成的淘米水，结果百节树烂了根，便倒了下来。

【流传】云南省·（大理白族自治州）·洱源（洱源县）、剑河（剑河县）

【出处】王金发讲，杨明高搜集整理：《天狗追仙草》，见中华民族故事大系编委会编《中华民族故事大系》第5卷（瑶族、白族、土家族），上海：上海文艺出版社1995年版，第420~421页。

W1486.5.2
用冷水浇通天树后通天树倒掉
【关联】［W1481.2.1］天梯浇冷水锈掉

实例

傈僳族 通天的铜树、铁树因为懒儿媳没有按吩咐按时浇温水，生锈后倒掉。

【流传】四川省·（凉山彝族自治州）·德昌县·金沙乡（金沙傈僳族乡）·观音堂（观音堂村）

【出处】纪天富讲，贾斌等翻译采录：《天狗吃日月》，见中国民间文学集成全国编辑委员会编《中国民间故事集成》（四川卷·下），北京：中国ISBN中心1998年版，第1435页。

W1486.5.3
太阳晒死通天树

实例

苗族 雷公放出12个太阳来晒死了通天地的日月树。

【流传】湖南省·（湘西土家族苗族自治州）·花垣县·猫儿乡

【出处】龙玉六讲，滕树宽等采录：《阿陪果本和雷公》，见中国民间文学集成全国编辑委员会编《中国民间故事集成》（湖南卷），北京：中国ISBN中心2002年版，第23页。

W1486.6
通天树长在特定地方

实例

（参见下级母题实例）

W1486.6.1
通天树在月亮山上

【实例】

水族 （参见 W1486.1.1 母题实例）

W1486.7
通天树的作用

【实例】

（参见下级母题实例）

W1486.7.1
洪水中通过通天树逃生

【关联】

① ［W8300］洪水中逃生

② ［W8321］洪水时树上逃生

【实例】

普米族 （实例待考）

W1487
与天梯有关的其他母题

【实例】

（参见下级母题实例）

W1487.0
上天入地的梯子

【实例】

独龙族 以前，人们在木肯木当木圣地搭起一道梯子，可以上天下地。

【流传】（a）云南省·（怒江傈僳族自治州）·贡山县（贡山独龙族怒族自治县）·独龙江乡

【出处】

（a）孔志清、伊里亚讲，巴子采录：《天地是怎么分开的》，见中国民间文学集成全国编辑委员会编《中国民间故事集成》（云南卷），北京：中国ISBN中心2003年版，第81页。

（b）同（a），见陶立璠、赵桂芳等编《中国少数民族神话汇编》（开天辟地篇等），中央民族学院少数民族古籍整理出版规划领导小组办公室印（未署出版时间），第379页。

W1487.1
人通过天梯到天上

【关联】

① ［W1413.5］天梯是通天的路

② ［W1434.0］通过梯子上天

【实例】

独龙族 地上的人可以从连接天和地的土台上天。

【流传】（无考）

【出处】《大蚂蚁分开地》，见谷德明编《中国少数民族神话》，北京：中国民间文艺出版社1987年版，第532页。

侗族 萨天巴放下天梯把有功的马王接到天上。

【流传】（无考）

【出处】《开天辟地》，见杨保愿《嘎茫莽道时嘉》（《侗族远祖歌》），北京：中国民间文艺出版社1986年版，第

20 页。

仡佬族 阿仰（洪水后的幸存者之一）沿着一朵朵云彩铺成的阶路，走到了天上。

【流传】贵州省·（毕节市）·黔西县·羊耳公社（沙井乡）·松河大队（松河村）

【出处】赵银周等讲，李道等采录：《阿仰兄妹制人烟》，见中国民间文学集成全国编辑委员会编《中国民间故事集成》（贵州卷），北京：中国 ISBN 中心 2003 年版，第 54 页。

汉族 以前的人很悠闲，平时没有事做，闲着无聊，人们就顺着天梯爬到天上去玩。

【流传】湖北省·天门县（天门市）

【出处】郭明雄讲，陈默整理：《天梯与野草》，原载天门县文化馆编《天门民间故事》第 1 集，见陶阳、钟秀编《中国神话》（上），北京：商务印书馆 2008 年版，第 187 页。

瑶族 以前有天梯，人可通过天梯上天。

【流传】广东省·（清远市）·连南县（连南瑶族自治县）

【出处】广西少数民族社会历史调查组等搜集整理：《开天辟地的传说》，见中华民族故事大系编委会编《中华民族故事大系》第 5 卷（瑶族、白族、土家族），上海：上海文艺出版社 1995 年版，第 27～29 页。

W1487.1.1
伏羲通过天梯来往天地间

实例

汉族 伏羲能够缘着一道天梯，自由自在地上下于天地之间。

【流传】（无考）

【出处】《伏羲攀登天梯》，原载袁珂编译《中国神话故事》，见陶阳、钟秀编《中国神话》（上），北京：商务印书馆 2008 年版，第 181～183 页。

W1487.2
神通过天梯到地上

【关联】[W1444.1] 下凡

实例

汉族（参见 W1459.2 母题实例）

W1487.3
人通过天梯回到人间

【关联】[W1077.1] 返回人间

实例

苗族 体仑米（人名）娶了爷梭（雷公）的老婆谷寻后，从天梯上回到人间。

【流传】贵州省·（毕节市）·赫章县·古木乡

【出处】黄三妹讲，杨明忠采录：《体仑米和爷梭》，见中国民间文学集成全国编辑委员会编《中国民间故事集成》（贵州卷），北京：中国 ISBN 中心 2003 年版，第 51 页。

W1487.4
天梯有特定的使用者

实例

（参见下级母题实例）

W1487.4.1
天梯为神人、仙人、巫师而设

实例

【汉族】天梯是为神人、仙人、巫师三种人而设。

【流传】（无考）

【出处】《颛顼隔断天地的通路》，原载袁珂编译《中国神话故事》，见陶阳、钟秀编《中国神话》（上），北京：商务印书馆 2008 年版，第 195 ~ 198 页。

W1487.4.2
有智慧的凡人可以攀登天梯

实例

【汉族】下方有许多勇敢智慧的凡人，凭了他们的智慧和勇敢，也可以攀登天梯，直达天庭。

【流传】（无考）

【出处】《颛顼隔断天地的通路》，原载袁珂编译《中国神话故事》，见陶阳、钟秀编《中国神话》（上），北京：商务印书馆 2008 年版，第 195 ~ 198 页。

W1487.5
天梯的看守

实例

（参见下级母题实例）

W1487.5.1
青鸾童儿看守天梯

实例

【汉族】天梯旁边有青鸾童儿看守。

【流传】四川省·成都市

【出处】张承业搜集整理：《天门石》，见姚宝瑄主编《中国各民族神话》（汉族），太原：山西出版传媒集团·书海出版社 2014 年版，第 82 ~ 84 页。

W1487.6
天梯的数量

【关联】［W1446.2］盘古开辟天地之初有 1 个天梯

实例

（参见下级母题实例）

W1487.6.1
天梯数量很多

实例

（参见下级母题实例）

W1487.6.1.1
各地都有天梯

实例

【汉族】以前，天和地虽然是分开的，

但是距离较近，并且也还有道路可以相通。这道路就是各个地方的天梯。

【流传】（无考）

【出处】《颛顼隔断天地的通路》，原载袁珂编译《中国神话故事》，见陶阳、钟秀编《中国神话》（上），北京：商务印书馆 2008 年版，第 195～198 页。

W1487.7
特定名称的天梯

实 例

（参见下级母题实例）

W1487.7.1
盘龙梯

实 例

（参见下级母题实例）

W1487.7.1.1
五龙绕柱形成盘龙梯

实 例

土家族 龙女五姐妹化成五条真龙，五龙绕柱，一条接着一条，绕着挡住泉水的锁龙柱柱盘旋而上，十只龙爪紧扣柱身，龙鳞片片张开，形成一道盘龙梯。铁塔（人名）通过盘龙梯攀援而上。

【流传】（湖南省·湘西土家族苗族自治州·保靖县）

【出处】罗轶整理：《铁塔娶龙女》（原名为《撒珠湖》），见姚宝瑄主编

《中国各民族神话》（土家族、毛南族、侗族、瑶族），太原：山西出版传媒集团·书海出版社 2014 年版，第 36 页。

1.2.8　与天地有关的其他母题
【W1490～W1499】

※ W1490
天地的关系

【关联】
① ［W4690］天上 1 天等于地上 1 年
② ［W4850］天地的秩序

实 例

（参见下级母题实例）

W1491
天地是子女

实 例

（实例待考）

W1492
天地是夫妻

【关联】［W7532］天地婚

实 例

佤族 天和地原本是一对夫妻。

【流传】云南省·（普洱市）·西盟县（西盟佤族自治县）

【出处】达老屈等讲，隋嘎等采录：《司

岗里》，见中国民间文学集成全国编辑委员会编《中国民间故事集成》（云南卷），北京：中国 ISBN 中心 2003 年版，第 96 页。

佤族 天和地原来是一对夫妻。

【流传】云南省·（普洱市）·西盟县（西盟佤族自治县），（临沧市）·沧源县（沧源佤族自治县）

【出处】隋嘎、岩扫等讲，艾荻等搜集整理：《司岗里》，见尚仲豪、郭九思等编《佤族民间故事选》，上海：上海文艺出版社 1989 年版，第 1 页。

佤族 天和地原来是一对夫妻，他们舍不得分开。

【流传】（云南省·普洱市·西盟佤族自治县）

【出处】随戛、岩扫、岩瑞等讲，艾荻、张天达搜集整理：《司岗里》，见姚宝瑄主编《中国各民族神话》（佤族、阿昌族、纳西族、普米族、德昂族），太原：山西出版传媒集团·书海出版社 2014 年版，第 12 页。

佤族 天和地原是一对恩爱夫妻

【流传】（无考）

【出处】岩洪搜集：《天为什么变脸》，见姚宝瑄主编《中国各民族神话》（佤族、阿昌族、纳西族、普米族、德昂族），太原：山西出版传媒集团·书海出版社 2014 年版，第 4 页。

W1492.1
天父地母

【关联】［W2487.1］天地婚生人

实 例

鄂温克族 天是父亲，地是母亲。

【流传】内蒙古自治区·（呼伦贝尔市）·陈巴尔虎旗

【出处】汪立珍：《鄂温克族神话研究》，北京：中央民族大学出版社 2006 年版，第 110～111 页。

彝族 天父黑压压，地母黑沉沉。天父叫什么？地母又叫什么？我曾听说过，恒是雾罩父，汉是雾罩母。

【流传】黔西（贵州省西部）与云南（云南省）接壤的彝族地区

【出处】阿候布代讲，王正贡、王子尧、王冶新、何积金搜集整理，蔷紫改写：《天生地产》，原载中国民间文艺研究会贵州分会编《民间文学资料》，内部资料，1986 年，见姚宝瑄主编《中国各民族神话》（羌族、彝族），太原：山西出版传媒集团·书海出版社 2014 年版，第 162 页。

W1492.2
天阳地阴两口子

实 例

汉族 天是阳，地是阴，天和地是两口子。

【流传】湖南省·常德县（常德市）·（鼎城区）·灌溪乡（灌溪镇）

【出处】唐万顺讲，唐孟元采录：《盘古开天辟地》，见中国民间文学集成全国编辑委员会编《中国民间故事集成》（湖南卷），北京：中国ISBN中心2002年版，第3页。

W1492.3
天雄地雌两夫妻

实例

傈僳族 天笼罩着地，天为雄，地为雌，天地配成了一对夫妻。

【流传】（a）云南省·（怒江傈僳族自治州）·泸水县

【出处】

（a）胡贵讲，刘辉豪采录：《木布帕造天地人》，见中国民间文学集成全国编辑委员会编《中国民间故事集成》（云南卷），北京：中国ISBN中心2003年版，第42页。

（b）刘辉豪、胡贵搜集整理：《天、地、人的形成》，见谷德明编《中国少数民族神话》，北京：中国民间文艺出版社1987年版，第370页。

W1493
天地是兄妹

实例

苗族 原来，天地相连，地认天做哥哥，天认地做妹妹。

【流传】云南省·文山（文山壮族苗族自治州）

【出处】《起祖歌》，见中国社会科学院云南少数民族文学研究所等编《云南少数民族文学资料》第3辑，内部编印，1981年，第69页。

W1493a
天地是兄弟

实例

傣族 古时候，天和地本来是兄弟俩。

【流传】云南省·西双版纳（西双版纳傣族自治州）

【出处】杨胜能搜集：《天和地打架》，见姚宝瑄主编《中国各民族神话》（哈尼族、傣族），太原：山西出版传媒集团·书海出版社2014年版，第307页。

W1494
与天地关系有关的其他母题

实例

（参见下级母题实例）

W1494.1
天地是君臣关系

【关联】［W5009］人的等级的产生

实例

（参见下级母题实例）

W1494.1.1
天为君，地为臣

实例

彝族 天大为君，地大为臣。

【流传】贵州省·毕节（毕节市）·赫章县

【出处】贵州省毕节地区民族事务委员会编，王子尧等译：《物始纪略》（第一集），成都：四川民族出版社1990年版，第14页。

W1494.2
天地是伙伴

实例

（实例待考）

W1494.2a
天地是仇敌

实例

傣族 古时候，天和地本来是兄弟俩，后来为了一件事，兄弟二人竟闹翻了脸，从此成为冤家对头。

【流传】云南省·西双版纳（西双版纳傣族自治州）

【出处】杨胜能搜集：《天和地打架》，见姚宝瑄主编《中国各民族神话》（哈尼族、傣族），太原：山西出版传媒集团·书海出版社2014年版，第307页。

W1494.3
天原来是地的盖子

实例

藏族 一只力大无穷的共命鸟把大地盖子举了上去，就成了天。

【流传】四川省·（阿坝藏族羌族自治州）·若尔盖县·求吉乡·下王则村

【出处】大夺戈讲，阿强等采录：《开天辟地》，见中国民间文学集成全国编辑委员会编《中国民间故事集成》（四川卷·下），北京：中国ISBN中心1998年版，第933页。

W1494.4
地是天的最底层

【关联】［W1163.15.4］天的最下层

实例

独龙族 （实例待考）

W1494.5
天地的亲属

实例

（参见下级母题实例）

W1494.5.1
阴阳是天地的母亲

【关联】［W4755］阴阳的产生

实例

藏族 形成天地的母亲是阴阳。

【流传】云南省·迪庆（迪庆藏族自治州）

【出处】才旦旺堆搜集，蔷紫整理《神蛋创世纪》，见姚宝瑄主编《中国各民族神话》（门巴族、珞巴族、怒族、藏族），太原：山西出版传媒集团·书海出版社2014年版，第77页。

1.2.8 与天地有关的其他母题

※ W1495
天地的变化

实例

（参见下级母题实例）

W1496
天地的变圆

实例

（参见下级母题实例）

W1496.1
把天地煮圆

实例

（参见下级母题实例）

W1496.1.1
神用锅把天地煮圆

实例

苗族 剖帕用斧子将天地分开后，天地不圆，往吾（神人名）用锅把天地煮圆。

【流传】（无考）

【出处】《苗族史诗·开天辟地》，见过竹《苗族神话研究》，南宁：广西人民出版社1988年版，第99页。

W1496.2
把地球变圆

实例

（参见下级母题实例）

W1496.2.1
地球是一个大石锅

实例

珞巴族 地球是一个大石锅。

【流传】西藏自治区·珞渝地区（包括上珞渝，泛指古称的白马岗即今林芝市墨脱县、马尼岗、梅楚卡一带，下珞渝则泛指永木河、锡约尔河、巴恰西仁河流域）

【出处】布洛（60多岁）讲，于乃昌、张力凤、陈理明整理：《天神三兄弟》，原载于乃昌《西藏民间故事——珞巴族、门巴族专辑》，见陶阳、钟秀编《中国神话》（上），北京：商务印书馆2008年版，第48～49页。

W1497
天地互换

实例

（参见下级母题实例）

W1497.1
天翻成地，地翻成天

【关联】[W8584] 天翻地覆

实例

黎族 玉帝告知人们天地颠倒。

【流传】海南省·（三亚市）·保亭县（保亭黎族苗族自治县）、琼中（琼中黎族苗族自治县）

【出处】王知会讲，谢盛圻整理：《五指山与七指岭》，见中华民族故事大系编委会编《中华民族故事大系》第7卷（黎族、傈僳族、佤族），上海：上海文艺出版社1995年版，第20页。

<u>彝族</u> 远古的时候天地混沌，天翻成地，地翻成天。

【流传】（无考）

【出处】《天地的起源》，见郭思九、陶学良整理《查姆》，昆明：云南人民出版社1994年版。

<u>彝族</u> 在远古时的混沌世界里，一时天翻成地，一时又地翻成天，翻翻滚滚，滚滚翻翻。

【流传】（云南省·楚雄彝族自治州·双柏县，红河哈尼族彝族自治州等地）

【出处】
(a) 云南省民族民间文学楚雄、红河调查队搜集，郭思九、陶学良整理：《查姆》，昆明：云南人民出版社1981年版。
(b) 郭思九、陶学良整理，古梅改写：《彝家的古根》，选自《云南民族文学资料》第七集中的《查姆》上部前三章，见姚宝瑄主编《中国各民族神话》（羌族、彝族），太原：山西出版传媒集团·书海出版社2014年版，第52页。

W1497.1.1
张古和盘古把天翻成地，地翻成天

实 例

<u>侗族</u> 原来天凹凸不平，张古和盘古（巨人）就把天拿来做地，把地拿去做天。

【流传】贵州省·（黔东南苗族侗族自治州）·三穗县·款场（款场乡）

【出处】杨引兰讲，周昌武采录：《开天辟地》，见中国民间文学集成全国编辑委员会编《中国民间故事集成》（贵州卷），北京：中国ISBN中心2003年版，第5页。

W1497.1.1
天地正反互变

实 例

<u>彝族</u> 天地变化天地未分明时，一天反着变，一天正着变。

【流传】四川省·凉山地区（凉山彝族自治州）

【出处】冯元蔚译注：《勒俄特依》，成都：四川民族出版社1986年版，第4页。

W1497.2
玉帝告知天地颠倒

【关联】
① ［W1064］世界的错乱（颠倒的世界）
② ［W8032］灾难预言者

实 例

<u>汉族</u> （参见W1497.1母题实例）

W1498
与天地变化有关的其他母题

【关联】

① ［W1199.3］地的增大

② ［W1199.4］地的变小

③ ［W1252.3］会自己增大的土（息壤）

④ ［W1383.1］天的变大

⑤ ［W1393.2.1］把造小的地变大

实 例

（参见下级母题实例）

W1498.1
沧海变桑田

实 例

（参见下级母题实例）

W1498.1.1
特定人物造成大地巨变

实 例

（参见下级母题实例）

W1498.1.1.1
女巨人搓泥使大海变平地

实 例

基诺族 （实例待考）

W1498.1.1.2
水母娘娘将平地变成泽国

实 例

汉族 水母娘娘挑水一担行道上，将神州东南悉化泽国。

【流传】（江苏省·淮安市·盱眙县）

【出处】《水母洞》，见袁珂《中国神话大词典》，北京：华夏出版社 2015 年版，第 85 页。

W1498.1.2
平坝以前是海洋

【关联】

① ［W1259.3］平坝（坝子）

② ［W1259.3.2b］海水退去形成平坝

实 例

白族 很早以前，鹤庆坝子原先是个大海。

【流传】云南省·（大理白族自治州）·鹤庆县·城郊（城郊乡）、西山区（西山一带）

【出处】朱二爷、徐元讲，章虹宇、傅光宇整理：《人类是从哪里来的》，见谷德明编《中国少数民族神话》，北京：中国民间文艺出版社 1987 年版，第 299~302 页。

白族 大理坝还是一片汪洋大海时，人们都分散居住在苍山上，或是沿着海边住下来。在山上的靠狩猎采果度日，在海边的靠捕鱼捞虾为生。

【流传】云南省·大理（大理白族自治州·喜州区·庆洞村）

【出处】杨宗元、段圭讲，许天侠、周百里搜集整理：《爱民皇帝段宗堂——喜州区庆洞村神都本主》，原载大理市文化局编《白族本主神话》，中国民间文艺出版社 1988 年版，见姚宝瑄主编《中国各民族神话》（白族、拉祜族、景颇族），太原：山西出版传媒集团·书海出版社 2014 年版，第 137 页。

白族　古时候，大理坝子是一片茫茫大海。

【流传】云南省·（大理白族自治州）·宾川县、大理市

【出处】李朝讲，王艳钧记录：《灰龙、金鸡治黑龙》（1981.07），见姚宝瑄主编《中国各民族神话》（白族、拉祜族、景颇族），太原：山西出版传媒集团·书海出版社 2014 年版，第 69 页。

白族　从前，大理坝子是一片汪洋大海。

【流传】云南省·（大理白族自治州）·大理市

【出处】大理市文化局编：《制服孽龙罗刹》，见《龙神话传说》，昆明：云南人民出版社 1985 年版，第 40～44 页。

白族　很早以前，大理是一片汪洋大海，白族人居住在苍山上，从事打猎和放牧，过着极其简单的原始生活。

【流传】云南省·（大理白族自治州）·大理市

【出处】*《"绕三灵"的来历》，见大理白族自治州《白族民间故事》编辑组编《白族民间故事》，昆明：云南人民出版社 1982 年版，第 23～

25 页。

白族　远古时代，鹤庆是个大海，没有万物，也无人类。

【流传】云南省·（大理白族自治州）·鹤庆县

【出处】王承权调查整理：《鹤庆白族奇岩大石祭祀》（1988），见吕大吉、何耀华总主编《中国各民族原始宗教资料集成》（彝族卷、白族卷、基诺族卷），北京：中国社会科学出版社 1996 年版，第 482 页。

W1498.1.2.1
沧海 3 次变成桑田

实　例

汉族　汉孝桓帝时，神仙王远字方平，降于蔡经家。麻姑自说云："接侍已来，已见东海三为桑田，向到蓬莱水浅，浅于往者会时略半也，岂将复还为陵陆乎？"

【流传】（无考）

【出处】

（a）《神仙传》卷七。

（b）《沧海桑田》，见袁珂《中国神话大词典》，北京：华夏出版社 2015 年版，第 174 页。

W1498.1.2.2
7 百年前平坝沉在海洋

实　例

蒙古族　七百多年以前，通海坝子还沉溺在一片汪洋之中。

【流传】云南省·（玉溪市）·通海县

【出处】

（a）赵寅生、杨进书搜集，赵生整理：《避石珠》，见李子贤编：《云南少数民族神话选》，昆明：云南人民出版社1990年版。

（b）同（a），见姚宝瑄主编《中国各民族神话》（达斡尔族、鄂伦春族、鄂温克族、蒙古族），太原：山西出版传媒集团·书海出版社2014年版，第208页。

W1498.1.2.3
平坝以前是湖泊

【关联】［W1259.3.2］地上不积水的地方成为坝子

实例

白族 很久以前，大理坝子是一片汪洋，海水一直淹到点苍山的半山腰。

【流传】云南省·大理（大理白族自治州）

【出处】杨绍仁讲，赵守直搜集整理：《绕三灵的由来》，见中华民族故事大系编委会编《中华民族故事大系》第5卷（瑶族、白族、土家族），上海：上海文艺出版社1995年版，第545页。

彝族 沙马甲谷平坝在很久以前是个高山湖。

【流传】四川省·（凉山彝族自治州）·昭觉县

【出处】《沙马甲谷水洞的故事》，原载《凉山报》1962年2月5日，见姚宝瑄主编《中国各民族神话》（羌族、彝族），太原：山西出版传媒集团·书海出版社2014年版，第274页。

W1498.1.2.4
平塘以前是海子

实例

布依族 平塘地区昔为海子。

【流传】（无考）

【出处】《古杰》（原名《铜鼓》），原载毛星主编《中国少数民族文学》（中册），见袁珂《中国神话大词典》，北京：华夏出版社2015年版，第447页。

W1498.1.3
高山以前是大海

【关联】

① ［W1852.6.149.1］喜马拉雅山以前是洪水

② ［W1964］与海有关的其他母题

实例

高山族（布农） 以前，台湾的阿里山上不像现在这样一派好风光，而是一片汪洋。

【流传】（无考）

【出处】

（a）竹山定讲，陈炜萍搜集整理：《神鸟传火》，见陈国强编《高山族神话传说》，福州：福建人民出版社1980年版。

（b）同（a），见姚宝瑄主编《中国各民族神话》（高山族、黎族、畲族），太原：山西出版传媒集团·书海出版社2014年版，第35页。

W1498.1.3.1
1万年前大兴安岭是大海

实例

鄂温克族 一万年前的时候，整个大兴安岭一带都是一片汪洋大海。

【流传】（无考）

【出处】

（a）何秀芝讲，杜梅整理：《豪英峰的传说》，见满都呼主编《中国阿尔泰语系诸民族神话故事》，北京：民族出版社1997年版，第307页。

（b）《豪英峰的传说》，见《鄂温克族民间故事》，呼和浩特：内蒙古人民出版社1989年版，第107页。

W1498.1.3.2
高山变成海，海变成山

【关联】［W1835］山的变化

实例

白族 板古、板梅（男女始祖名）为造除妖上天炼剑，历经将近三千天的磨难，人间已过了好几千年，一切都变了。地上山峦改了向，海湖河川掉了头；有的高山降成了海，有的大海升成了山。

【流传】云南省·（大理白族自治州）·剑川（剑川县）

【出处】李恩发讲，李绍尼整理：《"五百天"神》，原载陶立璠、李耀宗《中国少数民族神话传说选》，四川民族出版社1985年版，见姚宝瑄主编《中国各民族神话》（白族、拉祜族、景颇族），太原：山西出版传媒集团·书海出版社2014年版，第122页。

W1498.1.3a
高山以前是平坝

实例

汉族 高高山原来也是一马平川的肥沃良园。

【流传】河南省·（开封市）·杞县

【出处】李少白（大学历史系讲师）讲，李国富采录整理：《高高山》，见张振犁编著《中原神话通鉴》（第一卷），郑州：河南大学出版社2017年版，第160页。

W1498.1.4
城池原来是沼泽

实例

汉族 洛阳东北孟津老城一带，在远古时代是一片水草丰盛的地方。

【流传】河南省·洛阳（洛阳市）

【出处】张作贞讲，褚书智搜集整理：《龙马负图》，原载林野等编《中州名胜传说》，见陶阳、钟秀编《中国神话》（下），北京：商务印书馆2008年版，第1179~1181页。

W1498.1.4.1
大理原来是沼泽

实 例

白族、汉族 俗传大理旧为泽国，邪龙据之，是为罗刹，好食人。

【流传】（无考）

【出处】［清］陈梦雷原编，蒋廷锡重编：《古今图书集成·山川典》卷一九五引《大理府志》。

白族 古时候，大理地区是一片沼泽，毒蛇猛兽经常出没。

【流传】云南省·（大理白族自治州）·宾川县

【出处】
（a）李朝讲，王艳钧记录：《收蛇穴》，见李缵绪主编《白族神话传说集成》，中国民间文艺出版社1986年版。
（b）同（a），见姚宝瑄主编《中国各民族神话》（白族、拉祜族、景颇族），太原：山西出版传媒集团·书海出版社2014年版，第124页。

W1498.1.4a
城池原来是湖泊

实 例

（参见下级母题实例）

W1498.1.4a.1
太原原来是湖泊

实 例

汉族 古时山西太原原为一大湖，名晋阳湖。

【流传】（山西省·太原市）

【出处】袁珂改编：《晋阳湖》（原名《禹王治水的传说》），原载《民间文学》1961年第4期，见袁珂《中国神话大词典》，北京：华夏出版社2015年版，第388页。

W1498.1.4b
城池原来是海洋

实 例

（参见下级母题实例）

W1498.1.4b.1
大理原来是汪洋

实 例

白族 大理这块地方，古时候是一片汪洋，海水一直浸到苍山的半山腰。

【流传】（云南省·大理白族自治州·大理市）

【出处】杨国宪记录：《开辟大理的传说》，见姚宝瑄主编《中国各民族神话》（白族、拉祜族、景颇族），太原：山西出版传媒集团·书海出版社2014年版，第60页。

W1498.1.5
城池原来临大海

实 例

汉族 辽宁省东沟县这地方，南半部是一大片平川地，还有几座小山。相传在开天辟地那时候，这儿还是一片大海。

【流传】辽宁省·（丹东市）·东沟县（东港市），（大连市）·庄河县（庄河市）一带

【出处】王锦函讲，王荷清记录整理：《杨二郎填海追太阳》，见姚宝瑄主编《中国各民族神话》（汉族），太原：山西出版传媒集团·书海出版社2014年版，第123~130页。

汉族 很久以前，今天泗洪县石集这块地面处在大海边上。

【流传】江苏省·（宿迁市）·泗洪县·城头（城头乡）·莫台村

【出处】莫天创讲，莫云搜集整理：《二郎担山赶太阳》（1988.12），见姚宝瑄主编《中国各民族神话》（汉族），太原：山西出版传媒集团·书海出版社2014年版，第120~121页。

W1498.1.6
特定的地方原来是大海

实例

白族 很久以前，洱源凤羽是一片无边的大海。

【流传】云南省·（大理白族自治州）·洱源（洱源县）

【出处】阿五爹讲，施灿等搜集整理：《开辟凤羽坝》，见中华民族故事大系编委会编《中华民族故事大系》第5卷（瑶族、白族、土家族），上海：上海文艺出版社1995年版，第347页。

白族 很久以前，据说大理一带还没有山，只有茫茫无际的水，浪花比山还高。

【流传】云南省·大理白族地区（大理白族自治州）

【出处】邓英鹦搜集整理：《鹤拓》，原载《大理民间故事选》，见姚宝瑄主编《中国各民族神话》（白族、拉祜族、景颇族），太原：山西出版传媒集团·书海出版社2014年版，第30页。

鄂伦春族 在很古的时候，阿里河这一带是一片汪洋大海。

【流传】内蒙古自治区·（呼伦贝尔市）·鄂伦春族自治旗

【出处】
(a) 葛德宏讲，隋书金记录整理：《猎人柯阿汗》，见隋书金编《鄂伦春族民间故事选》，上海：上海文艺出版社1988年版。
(b) 同(a)，见姚宝瑄主编《中国各民族神话》（达斡尔族、鄂伦春族、鄂温克族、蒙古族），太原：山西出版传媒集团·书海出版社2014年版，第84~90页。

高山族（布农） 原来，台湾的阿里山上不像现在这样一派好风光，而是一片汪洋大水。

【流传】台湾

【出处】竹山定讲，陈炜萍搜集整理：《神鸟传火》，原载《民间文学》

1985 年第 6 期。

W1498.1.7
冰山原来没有冰雪

【关联】[W1842a] 冰山

实 例

塔吉克族 被称为"冰山之父"的慕士塔格山原来没有冰雪，而是一个繁花似锦的人间仙境。

【流传】（新疆维吾尔自治区）

【出处】西仁·库尔班、段石羽搜集整理：《慕士塔格的传说》，见姚宝瑄主编《中国各民族神话》（乌孜别克族、哈萨克族、柯尔克孜族、俄罗斯族、维吾尔族、塔吉克族、塔塔尔族、锡伯族），太原：山西出版传媒集团·书海出版社 2014 年版，第 276 页。

W1498.1.8
峡谷原来是大海

实 例

汉族 古时三峡地区原为汪洋大海。

【流传】（无考）

【出处】《黄牛岩》，原载中国民间文艺研究会湖北分会编《三峡的传说》，见袁珂《中国神话大词典》，北京：华夏出版社 2015 年版，第 389 页。

W1498.1.9
岛以前是平原

【关联】[W1259] 与平原有关的其他母题

实 例

黎族 很久以前，海南岛是一片无边的平原。

【流传】（海南省）

【出处】

（a）王知会讲，谢盛圻搜集整理：《五指山与七指岭》，见广东民族学院中文系编《黎族民间故事选》，上海：上海文艺出版社 1983 年版。

（b）同（a），见姚宝瑄主编《中国各民族神话》（高山族、黎族、畲族），太原：山西出版传媒集团·书海出版社 2014 年版，第 52 页。

W1498.2
天地变化的次数

实 例

（参见下级母题实例）

W1498.2.1
天地第 1 次变化

实 例

彝族 古代天地第一次变化，宇宙为混沌状态。

【流传】（无考）

【出处】《呗耄天降》，原载马学良《倮族的巫师"呗耄"及"天书"》，见《边政公论》1947 年第 6 卷第 1 期。

W1498.2.1.1
天地第1次变化为水

实例

彝族 远古时候，天地变化十分剧烈，共经过十代变化。第一代变化是混混沌沌的云雾变成了水，大地一片渺茫，无际无边。

【流传】（四川省·凉山彝族自治州）

【出处】

（a）冯元蔚译：《勒俄特依》，成都：四川民族出版社1986年版。

（b）冯元蔚译，蔷紫改写：《勒俄特依》，见姚宝瑄主编《中国各民族神话》（羌族、彝族），太原：山西出版传媒集团·书海出版社2014年版，第146页。

W1498.2.2
天地2次变化

【关联】［W1124.4］第2次产生天地（再造天地）

实例

（参见下级母题实例）

W1498.2.2.1
天地第2次变化为雾

实例

彝族 远古时候，天地变化十分剧烈，共经过十代变化。第二代森森大水又化为雾露，蒸蒸上升。

【流传】（四川省·凉山彝族自治州）

【出处】

（a）冯元蔚译：《勒俄特依》，成都：四川民族出版社1986年版。

（b）冯元蔚译，蔷紫改写：《勒俄特依》，见姚宝瑄主编《中国各民族神话》（羌族、彝族），太原：山西出版传媒集团·书海出版社2014年版，第146页。

W1498.2.3
天地3次变化

实例

彝族 古代天地曾有三次大变化。

【流传】（无考）

【出处】《呗耄天降》，原载马学良《倮族的巫师"呗耄"及"天书"》，见《边政公论》1947年第6卷第1期。

彝族 古昔天地有三次变化。

【流传】（无考）

【出处】马学良：《民族语言教学文集》，成都：四川民族出版社1988年版，第54页

W1498.2.3.1
天地第3次变化出金色的水

【关联】［W1895.4.1］金黄色的水

实例

彝族 远古时候，天地变化十分剧烈，共经过十代变化。第三代是茫茫的大水，由混混沌沌变成了金黄色。

【流传】（四川省·凉山彝族自治州）

【出处】

（a）冯元蔚译：《勒俄特依》，成都：四川民族出版社1986年版。

（b）冯元蔚译，蔷紫改写：《勒俄特依》，见姚宝瑄主编《中国各民族神话》（羌族、彝族），太原：山西出版传媒集团·书海出版社2014年版，第146页。

W1498.2.4
天地4次变化

实 例

（参见下级母题实例）

W1498.2.4.1
天地第4次变化出星光

实 例

彝族　远古时候，天地共经过十代剧烈变化。其中第四代是大地的四周慢慢闪烁着微微的光芒，那就是星光。

【流传】（四川省·凉山彝族自治州）

【出处】

（a）冯元蔚译：《勒俄特依》，成都：四川民族出版社1986年版。

（b）冯元蔚译，蔷紫改写：《勒俄特依》，见姚宝瑄主编《中国各民族神话》（羌族、彝族），太原：山西出版传媒集团·书海出版社2014年版，第146页。

W1498.2.5
天地5次变化

实 例

（参见下级母题实例）

W1498.2.5.1
天地第5次变化是星星会发声

实 例

彝族　远古时候，天地共经过十代剧烈变化。其中第五代是那刚刚露出头角的星星，发出了声音。

【流传】（四川省·凉山彝族自治州）

【出处】

（a）冯元蔚译：《勒俄特依》，成都：四川民族出版社1986年版。

（b）冯元蔚译，蔷紫改写：《勒俄特依》，见姚宝瑄主编《中国各民族神话》（羌族、彝族），太原：山西出版传媒集团·书海出版社2014年版，第146页。

W1498.2.6
天地6次变化

实 例

（参见下级母题实例）

W1498.2.6.1
天地第6次变化是会发声星星平静下来

实 例

彝族　远古时候，天地共经过十代剧

烈变化。其中第六代是那些刚刚发出声音的星星，发出了强烈的声音之后，又慢慢平静了下来。

【流传】（四川省·凉山彝族自治州）

【出处】

（a）冯元蔚译：《勒俄特依》，成都：四川民族出版社1986年版。

（b）冯元蔚译，蔷紫改写：《勒俄特依》，见姚宝瑄主编《中国各民族神话》（羌族、彝族），太原：山西出版传媒集团·书海出版社2014年版，第146页。

W1498.2.7
天地 7 次变化

实 例

（参见下级母题实例）

W1498.2.7.1
天地第 7 次变化后变平静

实 例

彝族　远古时候，天地共经过十代剧烈变化。其中第七、八代世界平静之后不久，又开始了变化，而且变化来得格外凶猛。

【流传】（四川省·凉山彝族自治州）

【出处】

（a）冯元蔚译：《勒俄特依》，成都：四川民族出版社1986年版。

（b）冯元蔚译，蔷紫改写：《勒俄特依》，见姚宝瑄主编《中国各民族神话》（羌族、彝族），太原：山西出版传媒集团·书海出版社2014年版，第146页。

W1498.2.8
天地 8 次变化

实 例

（参见下级母题实例）

W1498.2.8.1
天地第 8 次变化与第 7 次差不多

实 例

彝族　远古时候，天地共经过十代剧烈变化。其中第七、八代世界平静之后不久，又开始变化，这次变化来得格外凶猛。

【流传】（四川省·凉山彝族自治州）

【出处】

（a）冯元蔚译：《勒俄特依》，成都：四川民族出版社1986年版。

（b）冯元蔚译，蔷紫改写：《勒俄特依》，见姚宝瑄主编《中国各民族神话》（羌族、彝族），太原：山西出版传媒集团·书海出版社2014年版，第146页。

W1498.2.9
天地 10 次变化

实 例

彝族　远古时候，天地的变化十分剧烈，一会儿是正向的变，一会儿又是反面的变。天地有十变，天地有十代的变化。

【流传】（四川省·凉山彝族自治州）

【出处】

（a）冯元蔚译：《勒俄特依》，成都：四川民族出版社1986年版。

（b）冯元蔚译，蔷紫改写：《勒俄特依》，见姚宝瑄主编《中国各民族神话》（羌族、彝族），太原：山西出版传媒集团·书海出版社2014年版，第146页。

W1498.2.10
天地1天9变

实例

汉族 盘古开天地时，天地一天九变。

【流传】福建省·（泉州市）·永春县（古称桃源）·蓬壶乡

【出处】林烈火讲，林绥国采录：《盘古分天地》，见中国民间文学集成全国编辑委员会编《中国民间故事集成》（福建卷），北京：中国ISBN中心1998年版，第3页。

W1498.3
大地变轻

实例

哈萨克族 大地渐渐变轻。

【流传】新疆维吾尔自治区·（阿勒泰地区）·阿勒泰市·切尔齐西乡（切尔克齐乡）

【出处】毕达合买提·木海讲，呼扎依尔·沙德瓦哈斯采录，杨凌等译：《天与地的由来》，见中国民间文学集成全国编辑委员会编《中国民间故事集成》（新疆卷），北京：中国ISBN中心2008年版，第7页。

W1498.4
改天换地（天地的更新）

【关联】［W1396.4］重新改天造地

实例

（参见下级母题实例）

W1498.4.1
因人的不良行为造成改天换地

实例

纳西族 弟兄姐妹成婚，秽气污染了天地，污染了日月，污染了星辰，于是造成天不会是现在的天，会出现新天；地不会是现在的地，会出现新地。

【流传】（云南省）

【出处】和芳、和志新编译：《崇邦统——人类迁徙记》，见姚宝瑄主编《中国各民族神话》（佤族、阿昌族、纳西族、普米族、德昂族），太原：山西出版传媒集团·书海出版社2014年版，第143页。

纳西族 祖先五弟兄，为同姐妹结缘而斗争；祖先六姐妹，又同弟兄结伴成配偶。秽气污染了天地，污染了日月，污染了星辰，天呀不会是现在的天，会出现新天；地呀不会是现在的地，会出现新地。

【流传】云南省·丽江（丽江市）

【出处】和芳（东巴）读经，和志武翻译整理：《崇邦统》（人类迁徙记）（1954），见吕大吉、何耀华总主编《中国各民族原始宗教资料集成》（纳西族卷、羌族卷、独龙族卷、傈僳族卷、怒族卷），北京：中国社会科学出版社2000年版，第323页。

W1498.4.2
因天地不平改天换地

【关联】[W1127.5]最初天地不平

实例

哈尼族 因为鱼最早生出的天和地高低凸凹太大，不平坦。神们就商议改天换地。

【流传】云南省·（红河哈尼族彝族自治州）·元阳县

【出处】

（a）朱小和讲，芦朝贵等整理：《天、地、人的传说》，载《山茶》1983年第4期。

（b）朱小和讲，芦朝贵、杨笛搜集整理：《大鱼脊背甩出的世界》，原载《山茶》1983年第4期（王松将原题目《天、地、人的传说》改为此题目），见姚宝瑄主编《中国各民族神话》（哈尼族、傣族），太原：山西出版传媒集团·书海出版社2014年版，第26页。

W1498.4.3
众神改天换地

实例

侗族 萨天巴（蜘蛛，女祖神，创世神）敲起天钟，把众神召唤到身边说："孩子们，我生的天与地，很不像样，我决定叫你们去看看，然后商量如何改天换地。"

【流传】广西壮族自治区·（柳州市）·三江（三江侗族自治县），（桂林市）·龙胜（龙胜各族自治县）

【出处】杨卜林喜、杨卜松林、杨明世讲，杨国仁、涛声搜集整理，蔷紫改写：《创世女神萨天巴》，原文为过伟改写自侗族创世史诗《嘎茫莽道时嘉——远祖歌》（未出版稿），见姚宝瑄主编《中国各民族神话》（土家族、毛南族、侗族、瑶族），太原：山西出版传媒集团·书海出版社2014年版，第74页。

W1498.5
天地变大

【关联】

①[W1383.1]天的变大

②[W1393.2]地的变大（地变大）

实例

（参见下级母题实例）

W1498.5.1

天神把天地变大

实例

哈萨克族 最初，天和地都很小。由于迦萨甘天神的神力，天和地才慢慢变大的。

【流传】新疆维吾尔自治区哈萨克族居住地区

【出处】《迦萨甘创世》，斯丝据别克苏勒坦、佟中明撰写的《哈萨克族宗教与神话》改写，见姚宝瑄主编《中国各民族神话》（乌孜别克族、哈萨克族、柯尔克孜族、俄罗斯族、维吾尔族、塔吉克族、塔塔尔族、锡伯族），太原：山西出版传媒集团·书海出版社2014年版，第25~26页。

W1498.5.2

巨人把天地捏大

实例

苗族 纳罗引勾（半人半兽的巨人）修整天地时，天还不大，地也不宽，他又把天来拍，把地来捏，从此天宽无边，地大无缘。

【流传】广西壮族自治区·（柳州市）·融水苗族自治县

【出处】
(a) 杨达香讲，梁彬搜集整理：《创世纪》（一、开天辟地，地始天初），见梁彬、王天若编《苗族民间故事选》，南宁：广西人民出版社1986年版。

(b) 同（a），见姚宝瑄主编《中国各民族神话》（布依族、仡佬族、苗族），太原：山西出版传媒集团·书海出版社2014年版，第170页。

苗族 原来天和地很小。巨人把公、巨神样公、巨神把婆、巨人廖婆的巴掌很大，他们的臂力很强。他们用巴掌拍了三拍，天才变得今天这么大；他们把地捏了三捏，地才这么宽。

【流传】贵州省·（黔东南苗族侗族自治州）·台江县、施秉县、凯里县（凯里市）等地

【出处】秦公、岩公、李普奶等苗族八歌手说唱，唐春芳、桂舟人搜集整理：《巨鸟生天地，众神辟地天》，见姚宝瑄主编《中国各民族神话》（布依族、仡佬族、苗族），太原：山西出版传媒集团·书海出版社2014年版，第116页。

W1498.5.3

布洛陀把天地变大

实例

壮族 壮家的开天辟地老祖布洛陀，造了天地和人。后来人多了，布洛陀嫌天地小了，就把天加大加高，把地加宽加厚。

【流传】广西壮族自治区·（百色市）·西林县

【出处】岑永钦、黎显春讲，岑隆业、杨荣杰、金稼民整理：《铜鼓的来历》，原载选自蓝鸿恩编《壮族民间

故事选》，见陶阳、钟秀编《中国神话》（下），北京：商务印书馆2008年版，第1271~1274页。

W1498.5.3a
萨迦甘把天地拉大

实例

哈萨克族 原来天地很小。天地为迦萨甘所拉，始大如今时。

【流传】（无考）

【出处】袁珂改编：《迦萨甘》，原载毛星主编《中国少数民族文学》（上册），见袁珂《中国神话大词典》，北京：华夏出版社2015年版，第495页。

W1498.5.4
挤压使天地变大

实例

苗族 （世界最早产生的两块薄板儿），只有一个公公和一个婆婆，他们两个拉巴两块薄板儿，一边拉扯了三下，天上那块拍三拍，地上这块压三压，这样它才快长大，两块长得宽又宽，抬眼看不见边边。

【流传】原文无流传地，据文本及注释推测该神话流传于贵州省·黔东南苗族侗族自治州·凯里市、台江县等地。

【出处】张启庭、张荣光、张正玉、张启德演唱，张明搜集，燕宝整理译注：《创造宇宙·开天辟地》，见贵州省少数民族古籍整理出版规划小组办公室编，燕宝整理译注《苗族古歌》，贵阳：贵州民族出版社1993年版，第25~26页。

W1498.5.5
天地同时增长

【关联】[W1124.2.0]天地同时产生

实例

汉族 盘古觉得天地太近，就头顶天，脚踏地，拼命撑开。撑一次，天就高一丈，地就厚一丈，盘古的身体也长一丈。

【流传】浙江省·（温州市）·永嘉县各地

【出处】陈仁讲，谢圣铎搜集整理：《盘古开天地》（1985），见姚宝瑄主编《中国各民族神话》（汉族），太原：山西出版传媒集团·书海出版社2014年版，第13~14页。

W1498.5.6
天地不断增长

实例

哈萨克族 创世主迦萨甘创造的天和地各增长成七层后，而且还在慢慢地长大。

【流传】（新疆维吾尔自治区）

【出处】

（a）尼哈迈提·蒙加尼整理，校仲彝记录整理：《迦萨甘创世》，见张越、姚宝瑄编《新疆民族神话故事选》，乌鲁木齐：新疆人民出版社1989年版。
(b) 同(a)，见姚宝瑄主编《中国各民族神话》（乌孜别克族、哈萨克族、柯尔克孜族、俄罗斯族、维吾尔族、塔吉克族、塔塔尔族、锡伯族），太原：山西出版传媒集团·书海出版社2014年版，第22页。

W1498.5.7
天地日长1丈

实 例

汉族 盘古在天地间越长越高，他日长一丈，天和地也日离一丈。

【流传】河南省·（驻马店市）·汝南县
【出处】李建国（45岁，中专）讲，李超采录：《盘古开辟天地》（1987.06），见张振犁编著《中原神话通鉴》（第一卷），郑州：河南大学出版社2017年版，第26页。

W1498.6
天地变小

【关联】
① ［W1199.4］地的变小
② ［W1383.1a］天的变小

实 例

（实例待考）

W1498.7
天地变化有时平静有时剧烈

实 例

彝族 远古时候，天地共经过十代剧烈变化。其中第七、八代世界平静之后不久，又开始了变化，而且变化来得格外凶猛。

【流传】（四川省·凉山彝族自治州）
【出处】
(a) 冯元蔚译：《勒俄特依》，成都：四川民族出版社1986年版。
(b) 冯元蔚译，蔷紫改写：《勒俄特依》，见姚宝瑄主编《中国各民族神话》（羌族、彝族），太原：山西出版传媒集团·书海出版社2014年版，第146页。

W1498.8
天地恢复元气

【关联】［W9380］复元

实 例

（参见下级母题实例）

W1498.8.1
洪水后，天地恢复元气

实 例

土家族 洪水后很长时间，天地才逐渐恢复了元气。

【流传】四川省·酉阳县（今重庆市·酉阳县）·可大乡·老店村
【出处】徐元科讲，胡长辉等采录：《补所和雍尼》，见中国民间文学集成全国编辑委员会编《中国民间故事集成》（四川卷·下），北京：中国ISBN中心1998年版，第1213页。

W1499

与天地有关的其他母题

实 例

（参见下级母题实例）

W1499.0

天地各居其所

实 例

珞巴族 尼多（珞巴语，天）住在天上，石奇（珞巴语，地）住在地下。

【流传】

（a）西藏自治区·下珞渝

（b）西藏自治区·下珞渝·德根部落巴比村

【出处】

（a）维·埃尔温搜集：《尼多和石奇》，见中华民族故事大系编委会编《中华民族故事大系》第 16 卷（赫哲族、门巴族、珞巴族、基诺族），上海：上海文艺出版社 1995 年版，第 391～392 页。

（b）B. K. 舒克拉搜集：《尼多和石奇》，见李坚尚、刘芳贤编《珞巴族门巴族民间故事选》，上海：上海文艺出版社 1993 年版，第 5 页。

W1499.1

空气的产生

【关联】［W4570］气的产生（空气的产生）

实 例

（参见下级母题实例）

W1499.1.1

神拉风箱产生地上的气

实 例

哈尼族 大神们拉风箱，地上就有了气。

【流传】云南省·（红河哈尼族彝族自治州）·元阳县

【出处】朱小和讲，史军超等录采：《神的古今》，见中国民间文学集成全国编辑委员会编《中国民间故事集成》（云南卷），北京：中国 ISBN 中心 2003 年版，第 19 页。

W1499.2

天地有特定的名称

【关联】［W1168.13.12］其他名称的天

实 例

（参见下级母题实例）

W1499.2.1

天叫奔梭哈海，地叫罗梭梭海

实 例

哈尼族 最早的时候，金鱼娘扇出来的天，叫奔梭哈海，金鱼娘扇出来的地，叫罗梭梭海。

【流传】云南省·（红河哈尼族彝族自治州）·元阳县、金平县（金平苗族瑶族傣族自治县）、红河县等地

【出处】朱小和讲，史军超、卢朝贵搜集整理：《烟本霍本》，原载刘辉豪、

阿罗编《哈尼族民间故事选》，上海文艺出版社 1989 年版，见姚宝瑄主编《中国各民族神话》（哈尼族、傣族），太原：山西出版传媒集团·书海出版社 2014 年版，第 34 页。

W1499.3
天上落石头

【关联】
① [W1762.1] 星星是天上的石头
② [W4364.1] 陨石雨

实例

汉族 （实例待考）

满族 很早以前的天龇牙咧嘴，大块小块的石头一个劲儿地往下掉。

【流传】（a）辽宁省岫岩县（岫岩满族自治县）·城南蓝旗堡子（不详）

【出处】
(a) 李成明讲，张其卓采录：《海伦格格补天》，见中国民间文学集成全国编辑委员会编《中国民间故事集成》（辽宁卷），北京：中国 ISBN 中心 1994 年版，第 3 页。
(b) 《海伦格格补天》，见《满族三老故事集·李成明的故事》，春风文艺 1984。
(c) 《海伦格格补天》，见满都呼主编《中国阿尔泰语系诸民族神话故事》，北京：民族出版社 1997 年版，第 259 页。

W1499.4
天地的碰撞

实例

（参见下级母题实例）

W1499.4.1
动物造成天地碰撞

【关联】[W8063] 动物制造灾难

实例

（参见下级母题实例）

W1499.4.1.1
马鹿使天与地相撞

实例

普米族 马鹿给人间带来了灾难，使天与地相撞了。

【流传】云南省·（怒江傈僳族自治州）·兰坪县（兰坪白族普米族自治县），（丽江市）·宁蒗县（宁蒗彝族自治县）

【出处】王震亚采录：《简锦祖杀马鹿》，见中国民间文学集成全国编辑委员会编《中国民间故事集成》（云南卷），北京：中国 ISBN 中心 2003 年版，第 386 页。

W1499.5
天地的消失

实例

（参见下级母题实例）

W1499.5.1
天崩地裂使天地消失

【关联】［W8587.2］天崩地裂

实 例

白族 天崩地裂后，没有了天地。

【流传】云南省·（大理白族自治州）·大理（大理市）、洱源县等地

【出处】杨国政讲，杨亮才采录：《开天辟地》，见中国民间文学集成全国编辑委员会编《中国民间故事集成》（云南卷），北京：中国ISBN中心2003年版，第9页。

W1499.6
天地两重天

实 例

（参见下级母题实例）

W1499.6.1
天上生活好，地上多艰难

实 例

纳西族（摩梭） 天和地只隔着一堵墙，天上的神有吃、有穿、有火烤，地上的人没吃、没穿、受冷受冻。

【流传】云南省·（丽江市）·宁蒗县（宁蒗彝族自治县）

【出处】
（a）《昂姑咪》，载《山茶》1986年第3期。

（b）同（a），见姚宝瑄主编《中国各民族神话》（佤族、阿昌族、纳西族、普米族、德昂族），太原：山西出版传媒集团·书海出版社2014年版，第109页。

W1499.7
天地间诸物

【关联】［W1038.5］以前天地间什么也没有

实 例

（参见下级母题实例）

W1499.7.1
最早天地间有一面铜鼓

【关联】［W6274.3］铜鼓

实 例

瑶族 最早时天地之间，有一面铜鼓。

【流传】广西壮族自治区·（河池市）·大化县（大化瑶族自治县）·七百弄乡

【出处】蓝阿勇（72岁）讲，蒙冠雄采录翻译：《密洛陀》（1982），见中国民间文学集成全国编辑委员会编《中国民间故事集成》（广西卷），北京：中国ISBN中心2001年版，第11~22页。

1.3 万物[①]
【W1500～W1539】

1.3.1 万物的产生
【W1500～W1529】

❀ W1500
万物的产生

实 例

（参见下级母题实例）

W1500.1
以前没有万物

实 例

景颇族 很古以前，世间本来没有天，没有地，也没有万物。

【流传】（云南省·德宏傣族景颇族自治州）

【出处】岳志明、杨国治翻译整理：《驾驭太阳的母亲》，见姚宝瑄主编《中国各民族神话》（白族、拉祜族、景颇族），太原：山西出版传媒集团·书海出版社 2014 年版，第 204 页。

珞巴族 最初，天是光光的，地是秃秃的，天地间什么也没有。

【流传】西藏自治区·珞巴族博嘎尔部落

【出处】达牛、东娘、达农讲：《斯金金巴巴娜达明和金尼麦包》，原载《西藏民间故事——珞巴族、门巴族专辑》，见陶阳、钟秀编《中国神话》（中），北京：商务印书馆 2008 年版，第 643～645 页。

苗族 最初最初古时期，草草芭茅还不长，花花野菜还没生；天上还没有造就，地上还没有造成。

【流传】原文无流传地，据文本及注释推测该神话流传于贵州省·黔东南苗族侗族自治州·凯里市、台江县等地。

【出处】张启庭、张荣光、张正玉、张启德演唱，张明搜集，燕宝整理译注：《创造宇宙·开天辟地》，见贵州省少数民族古籍整理出版规划小组办公室编，燕宝整理译注《苗族古歌》，贵阳：贵州民族出版社 1993 年版，第 3 页。

羌族 在远古的时候，宇宙一团昏黑，没有天地，更没有万物。

【流传】四川省·（阿坝藏族羌族自治州）·茂县

【出处】《羊角花》，原载茂县文化馆编《羌族民间故事》（三），1982 年 12

[①] 万物，本部分属于万物起源综述，"万物"作为泛指，主要指那些在神话中没有说出具体物的名称的一些叙事。

月，见吕大吉、何耀华总主编《中国各民族原始宗教资料集成》（纳西族卷、羌族卷、独龙族卷、傈僳族卷、怒族卷），北京：中国社会科学出版社2000年版，第583~583页。

水族 远古时候，没有树木，没有河流，没有万物。

【流传】（无考）

【出处】潘静流唱，燕宝记译，化斯改写：《伢俣开创世界》（原名《造天造地》），见姚宝瑄主编《中国各民族神话》（水族、布朗族、独龙族、基诺族、傈僳族），太原：山西出版传媒集团·书海出版社2014年版，第4页。

彝族 以前，地上无万物，天和地之间，阴森又寂静。

【流传】云南省·红河（红河哈尼族彝族自治州）·元阳（元阳县）、绿春（绿春县）、石屏（石屏县），（玉溪市）元江（哈尼族彝族傣族自治县），（普洱市）·墨江（哈尼族自治县）等

【出处】龙保贵搜集整理，黄建明摘录：《祭龙的根由》，见吕大吉、何耀华总主编《中国各民族原始宗教资料集成》（彝族卷、白族卷、基诺族卷），北京：中国社会科学出版社1996年版，第280~281页。

W1500.1.1
几亿亿年前什么也没有

实例

傣族 几亿亿年以前，没有宇宙间的一切。

【流传】（无考）

【出处】《地球和"英叭"的由来》，见姚宝瑄主编《中国各民族神话》（哈尼族、傣族），太原：山西出版传媒集团·书海出版社2014年版，第332页。

W1500.1.2
开天辟地前没有万物

实例

普米族 开天辟地之前，没有日月星也没有万物。

【流传】（普米族广大地区）

【出处】杨祖德、杨学胜讲：《简剑祖射马鹿创天地》，据杨庆文《普米族文学简介》中的《捷巴鹿的故事》和季志超《藏族普米族创世神话比较》中的《吉赛叭》等编写，见姚宝瑄主编《中国各民族神话》（佤族、阿昌族、纳西族、普米族、德昂族），太原：山西出版传媒集团·书海出版社2014年版，第302页。

W1500.1.3
混沌世界时没有万物

【关联】

① ［W1040］最早的世界是混沌
② ［W1091.0.2］世界混沌时代没有万物

实例

白族 以前的世界是一个黑咕隆咚的

混沌世界，没有人类和万物。

【流传】云南省·（大理白族自治州）·鹤庆（鹤庆县），丽江（丽江市）及（丽江市）·永胜（永胜县）

【出处】李剑飞讲，李缵绪、章虹宇记录：《人类和万物的起源》（又名《劳谷与劳泰》、《古干古洛创世记》），原载李缵绪主编《白族神话传说集成》，中国民间文艺出版社1986年版，见姚宝瑄主编《中国各民族神话》（白族、拉祜族、景颇族），太原：山西出版传媒集团·书海出版社2014年版，第18页。

藏族 很早以前，世界混沌不开，万物俱无。

【流传】（四川省·凉山彝族自治州·冕宁县等）

【出处】刘世旭：《冕宁等县藏族的白石崇拜辨析》，载《西南民族学院学报》1989年第4期。

W1500.1.4
天地刚形成时没有万物

【关联】［W1317.5.2］天地刚形成时距离很近

实 例

纳西族（摩梭）天地刚刚分开的时候，地上没有人类和万物，只有一个又深又黑的海子和一座又高又大的山。

【流传】云南省·（丽江市）·宁蒗县（宁蒗彝族自治县）

【出处】
（a）《昂姑咪》，载《山茶》1986年第3期。
（b）同（a），见姚宝瑄主编《中国各民族神话》（佤族、阿昌族、纳西族、普米族、德昂族），太原：山西出版传媒集团·书海出版社2014年版，第104页。

W1500.1.4.1
刚开天辟地时没有万物

实 例

纳西族 刚开天辟地时，大地上光秃秃的没有万类物种的生衍，大地荒漠得像死去了一样。

【流传】云南省·（丽江市）·丽江县（古城区、玉龙纳西族自治县）

【出处】木丽春采集整理：《男女结合生人的故事》，见木丽春编著《纳西族民间故事集》，昆明：云南人民出版社2007年版，第86页。

W1500.1.5
太古时没有万物

实 例

高山族（排湾）太古时候，世上没有人类和万物，光秃秃的，什么都没有。

【流传】（无考）

【出处】《万物的由来》，见姚宝瑄主编《中国各民族神话》（高山族、黎族、畲族），太原：山西出版传媒集团·

书海出版社 2014 年版，第 9 页。

W1501
天降万物

【汤普森】 ≈F1037

实 例

（参见下级母题实例）

W1501.1
从天堂降万物

实 例

（实例待考）

W1501.2
真主降万物

【关联】［W0793］真主

实 例

回族 （参见 W1502.1.3.3 母题实例）

W1501.3
人射天射下万物

实 例

哈尼族 远古，巨石里面炸出的一个汉子射天射下万物。

【流传】云南省·思茅地区（普洱市）

【出处】《天、地、人和万物的起源》，见中国各民族宗教与神话大词典编审委员会编《中国各民族宗教与神话大词典》，北京：学苑出版社 1990 年版，第 169 页。

W1501.4
万物原来在天上

实 例

珞巴族（苏龙部落） 创造了万物的太阳女神，最初带着孩子们（万物）住在天上。

【流传】西藏自治区

【出处】阿岗讲，郭翠琴整理：《藏族人民为什么在世界屋脊上定居》，见《珞巴族民间故事》：http://www.tibet-web.com/old/minjian/ync/gushi/mulu.htm，2003.10.02。

W1501a
特定人物赐予万物

【关联】［W1511.1］天神生万物

实 例

（参见下级母题实例）

W1501a.1
山神带来万物

【关联】
① ［W0391］山神
② ［W1282.6.2］山神分开天地

实 例

藏族 我们的一切是谁带来的？是"觉"（"觉"又称"鲁"，是"山菩萨"即山神的意思，"山菩萨"以白石为表示，也可说白石即"山菩萨"的化身）带来的。

【流传】（四川省·凉山彝族自治州·冕宁县·泸宁乡）

【出处】杨光甸：《冕宁县泸宁区藏族调查笔记》（打印稿），西南民族学院研究所编印，1982年，见吕大吉、何耀华总主编《中国各民族原始宗教资料集成》（鄂伦春族卷、鄂温克族卷、赫哲族卷、达斡尔族卷、锡伯族卷、满族卷、蒙古族卷、藏族卷），北京：中国社会科学出版社1999年版，第939页。

W1502

万物自然产生

实 例

（参见下级母题实例）

W1502.1

地上出现万物

【关联】[W1515.1] 地生万物

实 例

白族　天下有了人类和万物。

【流传】（无考）

【出处】《土皇公公管四季》，见中国各民族宗教与神话大词典编审委员会编《中国各民族宗教与神话大词典》，北京：学苑出版社1990年版，第22页。

W1502.1.1

地管生成万物

实 例

蒙古族　（参见 W1515.1 母题实例）

W1502.1.2

天地分开时地上就有了万物

实 例

壮族　重叠在一起天地被霹雳劈开时，地上就有了万物。

【流传】广西壮族自治区右江、红河一带

【出处】周朝珍口述，何承文整理：《布洛陀》，原载蓝鸿恩编《壮族民间故事选》，见陶阳、钟秀编《中国神话》（上），北京：商务印书馆2008年版，第67~86页。

W1502.1.3

开天辟地后自然出现万物

【关联】[W1124.4.2] 重新开天辟地

实 例

（参见下级母题实例）

W1502.1.3.1

盘古开天辟地后自然出现万物

【关联】[W1104.1] 盘古造天地（盘古开天辟地）

实 例

布依族　很古的时候，自盘古王开天辟地后，世间有了万物。

【流传】（无考）

【出处】班琅王等讲，汛河记录整理：《洪水滔天》，见谷德明编《中国少数民族神话》，北京：中国民间文艺出

布依族 盘古开天辟地后，世间有了山坡，有了河流，有了树木，有了人烟，有了万物。

【流传】（a）整个布依族地区

【出处】

（a）班琅王、王鲁文、刘阿季讲，汛河记录整理：《洪水滔天》（1955），见陶立璠等编《中国少数民族神话汇编·洪水篇》，中央民族学院少数民族古籍整理出版规划领导小组办公室印（内部资料），第133~139页。

（b）同（a），汛河搜集整理：《布依族民间故事集》，北京：中国民间文艺出版社1982年版。

（c）同（a），见姚宝瑄主编《中国各民族神话》（布依族、仡佬族、苗族），太原：山西出版传媒集团·书海出版社2014年版，第63页。

汉族 盘古用神力开天辟地之后，一个月生山，两个月有河，三个月出草，四个月长树，接着虫、鱼、禽、兽相继出现。

【流传】浙江省·（嘉兴市）·海宁县

【出处】沈关勇等讲，郑伟成记录，王钱松整理：《日月平升》，载《民间文学》1983年第10期。

W1502.1.3.2
盘果王开天辟地后自然出现万物

实 例

布依族 盘果王把宇宙劈成天地后，就有了万物。

【流传】（无考）

【出处】《混沌王和盘果王》，见贵州省社会科学院文学研究所主编《布依族文学史》，内部编印，1983年，第35页。

W1502.1.3.3
真主分来天地后自然出现万物

实 例

回族 真主分开天地后，出现万物。

【流传】宁夏回族自治区·银川（银川市）

【出处】《人是怎样来的》，见马乐群等《银川民间故事》（上），内部编印，1988年，第2~3页。

W1502.2
万物自然再生

实 例

（参见下级母题实例）

W1502.2.1
大洪水后万物自然再生

实 例

普米族 第一次洪水潮天后，大地上的动物、草木又渐渐地生殖繁衍起来。

【流传】云南省·（丽江市）·宁蒗县（宁蒗彝族自治县

【出处】曹南久讲，杨曾烈采录：《土箭射日》，见中国民间文学集成全国编辑委员会编《中国民间故事集成》（云南卷），北京：中国 ISBN 中心 2003 年版，第 136 页。

W1502.3
与自然产生万物有关的其他母题

实 例

（参见下级母题实例）

W1502.3.1
按真主的意愿产生万物

【关联】［W1104a.1］上帝的意志产生天地

实 例

回族　安拉说我要让天地之间什么都有，于是就造出了万物。

【流传】黑龙江省·（牡丹江市）·绥芬河市

【出处】杨明岱讲，周爱民采录：《阿丹人祖》，见中国民间文学集成全国编辑委员会编《中国民间故事集成》（黑龙江卷），北京：中国 ISBN 中心 2005 年版，第 20 页。

W1502.3.2
天地形成后自然出现万物

实 例

（参见下级母题实例）

W1502.3.2.1
世界形成后自然出现万物

实 例

纳西族　世界出现天地后，地上生出万物。

【流传】云南省·（迪庆藏族自治州）·中甸（香格里拉县）

【出处】云南省编辑组编：《云南民族民俗和宗教调查》，昆明：云南民族出版社 1985 年版，第 256 页。

W1502.3.2.2
陆地形成后自然出现万物

实 例

柯尔克孜族　陆地形成后逐渐出现了各种生物。

【流传】（无考）

【出处】［苏联］艾特玛托夫：《野鸭鲁弗尔》，见《艾特玛托夫小说集》（下），北京：外国文学出版社 1981 年版，第 422～423 页。

W1502.3.3
有了太阳和大地后万物慢慢产生

实 例

汉族　天上有了太阳，天下也有了地，万物便慢慢生长起来，有草有树有鸟兽。

【流传】浙江省·（金华市）·东阳县（东阳市）

【出处】

(a) 徐移根讲，周中帆记录整理：《天和地合》，见陶阳、钟秀编《中国神话》（上），北京：商务印书馆 2008 年版，第 193～194 页。

(b) 同 (a)，见姚宝瑄主编《中国各民族神话》（汉族），太原：山西出版传媒集团·书海出版社2014年版，第42~43页。

W1502.3.4
有了天地日月星辰后产生万物

实例

（参见W1502.3.3母题实例）

※ W1503
万物是造出来的（造万物）

实例

（参见下级母题实例）

W1503a
造万物的原因

实例

（参见下级母题实例）

W1503a.1
因为世界荒凉造万物

【关联】［W1038.2］最早的世界是荒凉的

实例

彝族 天神向地上一望，觉得土地太荒凉，于是又把万能的手一挥，创造了山、水、风、云、林木、荒草和飞禽走兽。

【流传】（无考）

【出处】《人类和石头的战争》，原载李子贤编《云南少数民族神话选》，云南人民出版社1990年版，见姚宝瑄主编《中国各民族神话》（羌族、彝族），太原：山西出版传媒集团·书海出版社2014年版，第276页。

W1503a.1.1
神因为世界荒凉造万物

实例

（参见下级母题实例）

W1503a.1.1.1
南北方神因为世界荒凉造万物

【关联】
① ［W0253］南方神
② ［W0254］北方神

实例

景颇族 有一天，南方的神（鬼）松昌和北方的神（鬼）诺强碰到一起了。他们都觉得世上太荒凉寂寞了，应该建造万物，让世上到处都充满生气。

【流传】（无考）

【出处】殷江腊讲，永生翻译，东耳、永生整理，木子改写：《人类始祖的传说》，见姚宝瑄主编《中国各民族神话》（白族、拉祜族、景颇族），太原：山西出版传媒集团·书海出版社2014年版，第216页。

W1503a.2
因寂寞造万物

实例

水族 牙线（仙婆，天神的女儿）来

到大地上，看不到一个人的影子，很是寂寞。她决心要为大地创造人类和万物。

【流传】贵州省·（黔东南苗族侗族自治州）·榕江县·平永乡

【出处】潘开雄等讲，杨路塔采录：《十二个仙蛋》，见中国民间文学集成全国编辑委员会编《中国民间故事集成》（贵州卷），北京：中国ISBN中心2003年版，第10页。

W1503a.2.1
人神因寂寞造万物

【关联】[W2044.1.1] 神感到寂寞造人

实例

彝族 在人间还没有万物的时候，在地面上住着个叫德布阿尔的人神，觉得大地太寂寞，太单调，便去请人神阿俄署布造万物。

【流传】（四川省·凉山彝族自治州）

【出处】

(a) 冯元蔚译：《勒俄特依》，成都：四川民族出版社1986年版。

(b) 冯元蔚译，蔷紫改写：《勒俄特依》，见姚宝瑄主编《中国各民族神话》（羌族、彝族），太原：山西出版传媒集团·书海出版社2014年版，第153页。

W1503a.3
因大地空然无物造万物

【关联】[W1235.2] 以前的地是空的

实例

(参见下级母题实例)

W1503a.3.1
创世母亲因大地空然无物造万物

实例

基诺族 创世母亲虽创造了天地后，看到大地空然无物，于是又设法造万物。

【流传】云南省·（西双版纳傣族自治州·景洪市）·（基诺山基诺族乡）·巴亚寨

【出处】巴卡老四等讲，杜玉亭调查整理：《创世母亲造天地万物》（1958～1981），见吕大吉、何耀华总主编《中国各民族原始宗教资料集成》（彝族卷、白族卷、基诺族卷），北京：中国社会科学出版社1996年版，第879页。

W1504
神或神性人物造万物

实例

(参见下级母题实例)

W1504.1
神造万物

实例

(参见下级母题实例)

W1504.1.1
天王造万物

实 例

傣族 天王因帕雅普创造万物与人类。

【流传】（无考）

【出处】《因帕雅普》，见张公瑾《傣族文化研究》，昆明：云南民族出版社1988年版，第44页。

W1504.1.2
天神造万物

【关联】[W1020.3] 天神是创世者

实 例

鄂温克族 天神宝勒哈（天神，有时亦称"宝勒哈·巴格西"，"巴格西"为"佛师"之意）看到冷冷清清的世界时，决心造生灵万物。

【流传】内蒙古自治区·（呼伦贝尔市）·陈巴尔虎旗·鄂温克苏木（鄂温克民族乡）

【出处】托玛讲，耐登采录，白杉翻译：《天神宝勒哈创世纪》，见中国民间文学集成全国编辑委员会编《中国民间故事集成》（内蒙古卷），北京：中国ISBN中心2007年版，第9页。

哈尼族 天神造出万事万物。

【流传】
（a）云南省·（红河哈尼族彝族自治州）·元阳县
（b）云南省·（红河哈尼族彝族自治州）·元阳（元阳县）、红河（红河县）、绿春（绿春县）、金平（金平苗族瑶族傣族自治县）等

【出处】
（a）朱小和讲，史军超采录：《查牛补天地》，见中国民间文学集成全国编辑委员会编《中国民间故事集成》（云南卷），北京：中国ISBN中心2003年版，第29页。
（b）同（a），见云南省民间文学集成办公室编《哈尼族神话传说集成》，北京：中国民间文艺出版社1990年版。

哈尼族 天神造了世间的万物。

【流传】云南省·（红河哈尼族彝族自治州·元阳县·攀枝花乡·硐蒲寨）

【出处】朱小和讲，史军超搜集整理：《永生不死的姑娘》，原载《哈尼族神话传说集成》，见陶阳、钟秀编《中国神话》（下），北京：商务印书馆2008年版，第1095~1099页。

哈萨克族 天神腾格里是世界万物的创造者。

【流传】（无考）

【出处】黄中祥：《传承方式与演唱传统——哈萨克族民间演唱艺人调查研究》，北京：民族出版社2009年版，第269页。

拉祜族 天神厄霞创造人类和万物。

【流传】（无考）

【出处】《神人斗法》，见高明强编《创世的神话和传说》，上海：上海三联

书店 1988 年版，第 59 页。

苗族 天神列老列格米·爷觉朗努造万物。

【流传】云南省·（曲靖市）·宣威县（宣威市）

【出处】苏正学讲，张绍祥采录：《人蜕皮》，见中国民间文学集成全国编辑委员会编《中国民间故事集成》（云南卷），北京：中国 ISBN 中心 2003 年版，第 282 页。

纳西族 天神格尔美创造了天地和万物。

【流传】云南省·（丽江市）·宁蒗县（宁蒗彝族自治县）

【出处】巴采若、桑绒泥搓讲，章虹宇搜集：《喇氏族的来源》，见姚宝瑄主编《中国各民族神话》（佤族、阿昌族、纳西族、普米族、德昂族），太原：山西出版传媒集团·书海出版社 2014 年版，第 177 页。

普米族 天神创造万物。

【流传】云南省·（丽江市）·宁蒗（宁蒗彝族自治县）；四川省·（凉山彝族自治州）·木里（木里藏族自治县）

【出处】草木绒讲，章虹宇整理：《九木鲁》，见中华民族故事大系编委会编《中华民族故事大系》第 14 卷（普米族、塔吉克族、怒族、俄罗斯族、鄂温克族），上海：上海文艺出版社 1995 年版，第 28 页。

W1504.1.3
天神用泥造万物

实 例

鄂温克族 天神保如很巴格西（有的文本译为保鲁恨巴格西），用泥造出世间万物。

【流传】（ab）内蒙古自治区·（呼伦贝尔市）·陈巴尔虎旗·鄂温克苏木（鄂温克民族乡）·必鲁图村（毕鲁图嘎查村）

【出处】

（a）赛金苏龙讲，马名超搜集整理：《用泥土造人和万物的传说》，见满都呼主编《中国阿尔泰语系诸民族神话故事》，北京：民族出版社 1997 年版，第 299 页。

（b）《用泥土造人和万物的传说》，见《鄂温克族民间故事》，上海：上海文艺出版社 1989 年版。

（c）《天神用泥土造人》，见中国各民族宗教与神话大词典编审委员会编《中国各民族宗教与神话大词典》，北京：学苑出版社 1990 年版，第 136 页。

W1504.1.4
天神派神造万物

实 例

哈尼族 天神派仰者（神名）到大地上把万物繁衍。

【流传】云南省·（玉溪市）·元江县

（元江哈尼族彝族傣族自治县）·羊街乡、那诺乡及因远镇清水河流域一带

【出处】《赐种歌》，见元江县哈尼文化学会、元江县史志编纂办公室编《元江哈尼族古歌集》，内部编印，2005年，第64页。

拉祜族 天神厄莎派神造万物。

【流传】（无考）

【出处】《牡帕密帕》，见中国各民族宗教与神话大词典编审委员会编《中国各民族宗教与神话大词典》，北京：学苑出版社1990年版，第175页。

W1504.1.5

最高天神造万物

实 例

彝族 最高神更资天神是天地万物的缔造者。

【流传】云南省·（楚雄彝族自治州）·永仁县

【出处】

（a）曲木阿石等讲，罗有能整理：《更资天神》，见云南省楚雄州文教局、云南省楚雄州民委会编《楚雄民间文学资料》，内部资料，1979年。

（b）同（a），见姚宝瑄主编《中国各民族神话》（羌族、彝族），太原：山西出版传媒集团·书海出版社2014年版，第173页。

W1504.2

创世神造万物（创世主造万物）

【关联】

① [W0424] 创世神

② [W1508.5.1] 创世神借助灵气造万物

实 例

哈萨克族 创世主迦萨甘创造了万物。

【流传】（无考）

【出处】尼合迈德·蒙加尼搜集，校仲彝翻译整理：《神与灵魂》，见谷德明编《中国少数民族神话》，北京：中国民间文艺出版社1987年版，第730～731页。

满族 创世神老三星借助灵气造出了万事万物。

【流传】（无考）

【出处】傅英仁讲述：《老三星创世》，见傅英仁讲述，张爱云整理《满族萨满神话》，哈尔滨：黑龙江人民出版社2005年版，第10页。

W1504.2.1

创世母亲造万物

实 例

基诺族 创世母亲创造了天地万物，创造了人类。

【流传】云南

【出处】吕大吉、何耀华总主编：《中国各民族原始宗教资料集成》（彝族卷、白族卷、基诺族卷），北京：中国社

会科学出版社 1996 年版，第 797 页。

W1504.2.2
创世主造万物

【关联】[W0793.7] 真主是创世主

实　例

哈萨克族 万物是创世主迦萨甘创造的。

【流传】（新疆维吾尔自治区）

【出处】尼哈迈提·蒙加尼搜集，校仲彝翻译整理：《神与灵魂》，见姚宝瑄主编《中国各民族神话》（乌孜别克族、哈萨克族、柯尔克孜族、俄罗斯族、维吾尔族、塔吉克族、塔塔尔族、锡伯族），太原：山西出版传媒集团·书海出版社 2014 年版，第 31~32 页。

W1504.2.3
创世者造万物

实　例

（参见下级母题实例）

W1504.2.3.1
万物产生于创世者的意念

【汤普森】A612

实　例

傣族 神仙王让神通广大的布尚改、雅尚改携带着仙葫芦到地球上创造人类和万物。

【流传】云南省

【出处】《布尚改雅尚改》，见岩温扁、征鹏编译《傣族民间传说》，北京：中国旅游出版社 1982 年版，第 1 页。

W1504.3
女神造万物

【关联】[W1504.2.1] 创世母亲造万物

实　例

（参见下级母题实例）

W1504.3.1
女神姆六甲造万物

【关联】[W0705.5] 姆洛甲是创世大神

实　例

水族 （实例待考）

【出处】牙娲是制造万物的女神。

【流传】贵州省·（黔南布依族苗族自治州）·三都县（三都水族自治县）

【出处】刘恒虽讲，潘朝霖采录：《恩公开辟大地》，见中国民间文学集成全国编辑委员会编《中国民间故事集成》（贵州卷），北京：中国ISBN中心 2003 年版，第 8 页。

壮族 女神姆六甲造天地、人类及万物。

【流传】（无考）

【出处】《姆六甲》，原载欧阳若修等著《壮族文学史》，见袁珂《中国神话大词典》，北京：华夏出版社 2015 年版，第 442 页。

W1504.4
天女造万物

实例

羌族 天神（天王）阿爸木比达的三公主木姐珠制就人间的一切。

【流传】四川省·（阿坝藏族羌族自治州）·汶川县·雁门乡·小寨子

【出处】
（a）钱安靖：《羌族和羌语支各居民集团宗教习俗调查报告》，四川大学宗教研究所油印本，1987年12月。
（b）同（a），见吕大吉、何耀华总主编《中国各民族原始宗教资料集成》（纳西族卷、羌族卷、独龙族卷、傈僳族卷、怒族卷），北京：中国社会科学出版社2000年版，第521页。

W1504.4.1
天帝的小女儿造万物

实例

苗族 天帝（苗族称佑索）派他的小女儿勾索到凡间造万物。

【流传】广西壮族自治区·（百色市）·隆林县

【出处】杨光富：《广西隆林县苗族舞蹈情况》，见过竹《苗族神话研究》，南宁：广西人民出版社1988年版，第168页。

W1504.5
佛造万物

实例

鄂温克族 （实例待考）

W1504.6
夫妻神造万物

【关联】
① ［W0141］对偶神（夫妻神）
② ［W1507.1.1］日月夫妻造万物；

实例

傣族 布尚改、雅尚改夫妇二神，亲手造人及自然界万千种动物。

【流传】（云南省？）

【出处】袁珂改编：《布尚改、雅尚改》，原载《傣族民间传说》，见袁珂《中国神话大词典》，北京：华夏出版社2015年版，第500页。

W1504.6.1
天公地母造万物

【关联】 ［W1516.0a］天公地母婚生万物

实例

阿昌族 天公遮帕麻与地母遮米麻创造了万物。

【流传】云南省

【出处】《遮帕麻与遮米麻》，见孙正国《中国族源性女神母题的文化阐释》，载《思想战线》2003年第3期。

哈萨克族 宇宙万物都来源于天父和地母。

【流传】新疆维吾尔自治区哈萨克族居住地区

【出处】《迦萨甘创世》，斯丝据别克苏勒坦、佟中明撰写的《哈萨克族宗教与神话》改写，见姚宝瑄主编《中国各民族神话》（乌孜别克族、哈萨克族、柯尔克孜族、俄罗斯族、维吾尔族、塔吉克族、塔塔尔族、锡伯族），太原：山西出版传媒集团·书海出版社2014年版，第25~26页。

W1504.6.2
人王公

【关联】[W1508.2.1.1] 人王公和人王婆用黄泥造万物

实 例

白族 人王公和人王婆用黄泥捏人和万物。

【流传】云南省·（大理白族自治州）·鹤庆县·朵美乡

【出处】彭独豹讲：《石家什》，见中国民间文学集成全国编辑委员会编《中国民间故事集成》（云南卷），北京：中国ISBN中心2003年版，第233~234页。

W1504.7
众神造万物

【关联】[W1508.3.1] 众神用神山土和灵泉水造万物

实 例

满族 阿不凯恩都哩率领众弟子造出万物。

【流传】黑龙江省·（牡丹江市）·宁安县·宁安镇

【出处】关振川讲，傅英仁采录：《阿不凯恩都哩创世》，见中国民间文学集成全国编辑委员会编《中国民间故事集成》（黑龙江卷），北京：中国ISBN中心2005年版，第17~18页。

W1504.7.1
特定数量的神造万物

实 例

（参见下级母题实例）

W1504.7.1.1
7个大神造万物

实 例

哈尼族 鱼抖出的7个大神造万物。

【流传】云南省·（红河哈尼族彝族自治州）·元阳县·（攀枝花乡）·洞铺寨

【出处】《烟本霍本》，上海：上海文艺出版社1989年版。

W1504.7.1.2
9个大神造万物

实 例

瑶族 密洛陀让9个大神造万物。

【流传】（无考）

【出处】刘江华：《中国神话故事》（天、地、人物卷），北京：中国世界语出版社1999年版，第37~43页。

W1504.7.2
神巨人和他的孩子造万物

【关联】

① ［W0497.7.9］巨灵神
② ［W0660］巨人

实 例

布朗族 神巨人顾米亚和他的12个孩子创造万物。

【流传】（a）云南省·（西双版纳傣族自治州）·勐海县

【出处】

（a）岩的兴讲，朱嘉禄采录：《顾米亚》，见中国民间文学集成全国编辑委员会编《中国民间故事集成》（云南卷），北京：中国ISBN中心2003年版，第150页。

（b）朱嘉禄整理：《顾米亚》，见谷德明编《中国少数民族神话》，北京：中国民间文艺出版社1987年版，第480页。

（c）《顾米亚》，见云南省民族事务委员会编《布朗族文化大观》，昆明：云南民族出版社1999年版，第171页。

布朗族 神巨人顾米亚和他的十二个孩子，开天辟地，创造万物。

【流传】云南省

【出处】朱嘉禄整理：《顾米亚》，原载《中国民间故事选》第2集，人民文学出版社1962年版，见陶阳、钟秀编《中国神话》（上），北京：商务印书馆2008年版，第38~44页。

布朗族 神巨人顾米亚和他的12个孩子创造万物。

【流传】云南省·（红河哈尼族彝族自治州）·金平县（金平苗族瑶族傣族自治县）

【出处】朱嘉禄整理：《顾米亚》，原载《中国民间故事选》第2集，人民文学出版社1962年版，见姚宝瑄主编《中国各民族神话》（水族、布朗族、独龙族、基诺族、傈僳族），太原：山西出版传媒集团·书海出版社2014年版，第90页。

W1504.7.3
天神地神造万物

实 例

哈尼族 古远的时候，天神地神造了地、造了高山大海、造了世间的万物。

【流传】（云南省·红河哈尼族彝族自治州·元阳县）

【出处】朱小和讲，史军超搜集整理：《永生不死的姑娘》，原载云南省民间文学集成办公室编《哈尼族神话传说集成》，中国民间文艺出版社1990年版，见姚宝瑄主编《中国各民族神话》（哈尼族、傣族），太原：山西出版传媒集团·书海出版社2014年版，第 166 页。

W1504.7.4
神男神女造万物

实例

苗族 荒古，抱（孵）婆波泥帕和抱（孵）公永立帕相交，生出制造万物的召立自（男）和告妮自（女）。

【流传】云南省·（昭通市）·彝良县

【出处】张富才整理：《造天造地》，见《云南省彝良县故事卷》，内部编印。

W1504.8
祖先造万物

实例

白族（实例待考）

普米族 简剑祖造万物。

【流传】（无考）

【出处】《吉赛叽》，见中国各民族宗教与神话大词典编审委员会编《中国各民族宗教与神话大词典》，北京：学苑出版社1990年版，第519页。

W1504.8.1
祖先翁戛造万物

实例

布依族 祖先翁嘎造出万物。

【流传】贵州省·黔西南（黔西南布依族苗族自治州）

【出处】

（a）《混沌王和盘果王》，见贵州省社会科学院文学研究所主编《布依族文学史》，内部编印，1983年，第50页。

（b）《造千种万物》，见贵州省社会科学院文学研究所主编《布依族文学史》，内部编印，1983年，第51~52页。

布依族 天空中的清气与凡尘中的浊气混合生成的葫芦生的祖先翁戛老祖先造出了万物。

【流传】贵州省布依族地区

【出处】杨正荣、祝登壅讲，岭玉清、汛河搜集整理，古梅改写：《翁戛造万物》，见姚宝瑄主编《中国各民族神话》（布依族、仡佬族、苗族），太原：山西出版传媒集团·书海出版社2014年版，第7页。

W1504.8.2
女始祖密洛陀造万物

实例

瑶族 密洛陀用泥土造水缸，米饭造酒，芭芒叶造蝗虫，南瓜造猴子，造出万物。

【流传】广西壮族自治区·（河池市）·巴马瑶族自治县

【出处】

（a）蓝有荣讲，黄书光等搜集，韦编联整理：《密洛陀》，见谷德明编《中国少数民族神话》，北京：中国民间文艺出版社1987年版，第122页。

（b）蓝有荣讲：《密洛陀》，见陶阳、

钟秀编《中国神话》，上海：上海文艺出版社1996年版，第91页。

瑶族 天地间的铜鼓中有1女，即万物之母密洛陀。密洛陀出生后造万物。

【流传】广西壮族自治区·（河池市）·大化县（大化瑶族自治县）·七百弄乡

【出处】蓝阿勇讲，蒙冠雄采录翻译：《密洛陀》，见中国民间文学集成全国编辑委员会编《中国民间故事集成》（广西卷），北京：中国ISBN中心2001年版，第11页。

W1504.8.3
男女祖先下凡后造万物

实例

壮族 祖公布洛陀和祖婆姆六甲下凡后，在广西田阳县的敢壮山居住，创造出万物。

【流传】广西壮族自治区·百色市·田阳县·坡洪镇

【出处】黄明标主编：《壮族麽经布洛陀遗本影印译注》（上卷），南宁：广西人民出版社2016年版，第1页。

W1504.9
其他神或神性人物造万物

实例

（参见下级母题实例）

W1504.9.1
宇宙神造万物

【关联】［W0203.1］宇宙神

实例

柯尔克孜族 宇宙神造世间的万物。

【流传】（无考）

【出处】《创世纪》，见中国各民族宗教与神话大词典编审委员会编《中国各民族宗教与神话大词典》，北京：学苑出版社1990年版，第369~370页。

柯尔克孜族 最初宇宙之神创造了世间万物。

【流传】新疆维吾尔自治区·柯尔克孜地区（克孜勒苏柯尔克孜自治州）

【出处】《火神》，斯丝根据多里昆·吐尔地、阿地力·朱玛吐尔地撰写的《柯尔克孜族宗教与神话》改写，见姚宝瑄主编《中国各民族神话》（乌孜别克族、哈萨克族、柯尔克孜族、俄罗斯族、维吾尔族、塔吉克族、塔塔尔族、锡伯族），太原：山西出版传媒集团·书海出版社2014年版，第146页。

W1504.9.2
全能者造万物

【关联】
① ［W0497.3］万能神
② ［W0133.3］神是全能的

实例

黎族 伟代是创造万物的全能者。

【流传】（海南省）

【出处】符亚时讲：《伟代造动物》，见姚宝瑄主编《中国各民族神话》（高山族、黎族、畲族），太原：山西出版传媒集团·书海出版社2014年版，第51页。

W1504.9.3
地神造万物

实 例

（实例待考）

W1504.9.4
毕摩造物

【关联】

① ［W1101.5.2］毕摩扫除宇宙孽障后露出天地

② ［W9147］毕摩

实 例

彝族　远古的时候，德布阿尔请来阿俄署布（毕摩），给地面造物。

【流传】（无考）

【出处】《勒俄特衣》，见冯元蔚、曲比石美整理校订《凉山彝文资料选译》第1集，西南民族学院印刷厂，1978年，第17页。

W1504.9.5
无极造万物

【关联】

① ［W1852.6.8.1］无极造金山

② ［W1852.6.9.1］无极造银山

③ ［W1983.4.5.1］无极造铁山

实 例

苗族　天生无极，无极创造了万物。

【流传】湖南省苗族地区

【出处】龙王六演唱，龙炳文翻译：《开天立地》，苗地根据《楚风》刊登的《苗族古歌》的第一部分《开天日立》改写，见姚宝瑄主编《中国各民族神话》（布依族、仡佬族、苗族），太原：山西出版传媒集团·书海出版社2014年版，第129页。

W1505
特定的神或神性人物造万物

实 例

（参见下级母题实例）

W1505.1
盘古造万物

【关联】［W1505.5.1］盘古的弟弟盘生造万物

实 例

侗族　盘古（人的始祖）生出来以后，就创造天地万物。

【流传】

（a）贵州省·（黔东南苗族侗族自治州）·从江县·高增公社（高增乡）

（b）贵州省

【出处】

（a）梁普安等讲，龙玉成采录：《古老和盘古》，见中国民间文学集成全国编辑委员会编《中国民间故事集成》

（贵州卷），北京：中国 ISBN 中心 2003 年版，第 4 页。

（b）同（a），见燕宝、张晓编《贵州神话传说》，贵阳：贵州人民出版社 1997 年版，第 3 页。

W1505.1.1
盘古造天造地后造万物

实 例

畲族 盘古造天造地后，接着又造出世界的万物。

【出处】畲族地区

【出处】《盘古》，钟后根据畲族蓝国运、蓝国根《畲族古老神话传说及人物》改写，见姚宝瑄主编《中国各民族神话》（高山族、黎族、畲族），太原：山西出版传媒集团·书海出版社 2014 年版，第 84 页。

W1505.2
女娲造万物

【关联】

① ［W0710］女娲
② ［W1527.2.3.3a.1］女娲先造动物然后造植物

实 例

汉族 女娲造出万物生灵。

【流传】江苏省·（盐城市）·滨海县

【出处】李维波讲：《女娲定寿限》，见中国民间文学集成全国编辑委员会编《中国民间故事集成》（江苏卷），北京：中国 ISBN 中心 1998 年版，第 16～17 页。

W1505.2.1
女娲娘娘造万物

实 例

汉族 女娲娘娘利用 10 天时间捏万物。

【流传】河南省

【出处】陈明绍讲：《女娲捏泥造人畜》，见张楚北《中原神话》，郑州：海燕出版社 1988 年版，第 32 页。

汉族 女娲娘娘造万物。

【流传】湖北省

【出处】杨明春讲，宋虎搜集整理：《女娲造六畜》，见姚宝瑄主编《中国各民族神话》（汉族），太原：山西出版传媒集团·书海出版社 2014 年版，第 33～34 页。

汉族 以前世上什么也没有。女娲娘娘造出万物。

【流传】湖北省·孝感市

【出处】杨明春讲述，宋虎搜集整理：《女娲造六畜》，载《民间文学》1986 年第 1 期。

W1505.2.1.1
盘古王开天辟地后，女娲娘娘造万物

实 例

汉族 盘古王开天辟地后，女娲娘娘造了人类和万物，世上热闹起来。

【流传】浙江省·（丽水市）·遂昌县

【出处】毛广寿讲，廖恒民搜集整理：《女娲补天》（1987.05），见姚宝瑄主编《中国各民族神话》（汉族），太原：山西出版传媒集团·书海出版社2014年版，第53～54页。

W1505.2.2
玉帝派女娲下凡造万物

实 例

汉族 玉皇大帝派女娲落凡制造生灵。

【流传】山西省·（阳泉市）·平定县·（锁簧镇）·东锁簧村

【出处】朱翠兰讲：《兄妹神婚与东西磨山》，见中国民间文学集成全国编辑委员会编《中国民间故事集成》（山西卷），北京：中国ISBN中心1999年版，第12～14页。

W1505.3
真主造万物

【关联】［W1583.3］真主造月亮

实 例

回族 （实例待考）

柯尔克孜族 真主（柯尔克孜族又称"安拉"或"胡大依"）先创造了大地和万物。

【流传】（新疆维吾尔自治区）

【出处】

（a）《创世的传说》，见毛星主编《中国少数民族文学》，长沙：湖南人民出版社1983年版。

（b）同（a），见姚宝瑄主编《中国各民族神话》（乌孜别克族、哈萨克族、柯尔克孜族、俄罗斯族、维吾尔族、塔吉克族、塔塔尔族、锡伯族），太原：山西出版传媒集团·书海出版社2014年版，第144页。

撒拉族 创造宇宙万物的主是真主胡大。

【流传】（无考）

【出处】大漠、马英生搜集：《胡大吹出天地》，见满都呼主编《中国阿尔泰语系诸民族神话故事》，北京：民族出版社1997年版，第96页。

塔吉克族 真主安拉创造宇宙万物。

【流传】新疆维吾尔自治区·（喀什地区）·塔什库尔干塔吉克自治县

【出处】马达里汗讲，西仁·库尔班等采录翻译：《关于地震的神话》，见中国民间文学集成全国编辑委员会编《中国民间故事集成》（新疆卷），北京：中国ISBN中心2008年版，第26页。

W1505.4
玉帝造万物

【关联】［W1505.2.2］玉帝派女娲下凡造万物

实 例

彝族 玉帝使世界有了万物。

【流传】（无考）

【出处】《开天辟地》，见谷德明编《中

国少数民族神话》，北京：中国民间文艺出版社1987年版，第290页。

W1505.5
其他特定的神或神性人物造万物

实 例

（参见下级母题实例）

W1505.5.1
盘古的弟弟盘生造万物

【关联】［W0725.3.1］盘古和盘生两兄弟

实 例

白族　盘古的弟弟盘生造了万物，从此天下才有生灵。

【流传】云南省

【出处】杨露枝讲：《土皇公公管四季》，见中国民间文学集成全国编辑委员会编《中国民间故事集成》（云南卷），北京：中国ISBN中心2003年版，第286页。

W1506
人造万物

实 例

裕固族　有了人间炊烟后，人创造了万物。

【流传】（无考）

【出处】

（a）托瓦讲，增才整理：《阿斯哈斯》，见满都呼主编《中国阿尔泰语系诸民族神话故事》，北京：民族出版社1997年版，第121~123页。

（b）托瓦口述，增才整理：《阿斯哈斯》，载《陇苗》1981年第12期。

W1506.1
天降的人造万物

实 例

（实例待考）

W1506.2
天降的夫妻造万物

【关联】［W2022.1.0.1］天降最早1对男女

实 例

傣族　（实例待考）

W1506.3
女子造万物

实 例

（参见下级母题实例）

W1506.3.1
三个姑娘造万物

实 例

汉族　大黑、二白、三姑娘造万物。

【流传】云南省·（大理白族自治州）·鹤庆县

【出处】杨五一、李鸿钧讲：《地母三姑造万物》，见中国民间文学集成全国编辑委员会编《中国民间故事集成》（云南卷），北京：中国ISBN中心

2003 年版，第 113 页。

W1506.4
聪明人造万物

【关联】［W2925］智者

实例

苗族　创造万物的姜央聪明，鬼点子多。

【流传】贵州省·黔东南苗族侗族自治州·台江县等地

【出处】吴住九讲，阿凤记录：《月亮上的人和树》，见姚宝瑄主编《中国各民族神话》（布依族、仡佬族、苗族），太原：山西出版传媒集团·书海出版社 2014 年版，第 273 页。

W1506.4.1
天神派人造万物

实例

拉祜族　世上的万物都是天神厄莎派人创造的。

【流传】（云南省）

【出处】杨铜搜集整理：《地子扎努扎别》，见姚宝瑄主编《中国各民族神话》（白族、拉祜族、景颇族），太原：山西出版传媒集团·书海出版社 2014 年版，第 186 页。

W1507
与造万物者有关的其他母题

实例

（参见下级母题实例）

W1507.1
日月创造万物

实例

（参见下级母题实例）

W1507.1.1
日月夫妻造万物

【关联】［W1504.6］夫妻神造万物

实例

蒙古族　日月夫妻造了万物。

【流传】（无考）

【出处】《蒙古族自然神灵的信仰和崇拜》，见吕大吉、何耀华总主编《中国各民族原始宗教资料集成》（鄂伦春族卷、鄂温克族卷、赫哲族卷、达斡尔族卷、锡伯族卷、满族卷、蒙古族卷、藏族卷），北京：中国社会科学出版社 1999 年版，第 601 页。

蒙古族（布里亚特）　太阳和月亮是夫妻，不仅创造了人类，而且创造了万物。有时他们也将其称之为"创造神"。

【流传】（无考）

【出处】

（a）［苏联］Г.P. 加尔达诺娃著，宋长宏译，佟德富校：《喇嘛教前的布里亚特宗教信仰》（俄文版），诺沃西比尔斯克：科学出版社西伯利亚分社 1987 年版，第 14~20 页。

（b）同（a），见吕大吉、何耀华总主编《中国各民族原始宗教资料集成》

(鄂伦春族卷、鄂温克族卷、赫哲族卷、达斡尔族卷、锡伯族卷、满族卷、蒙古族卷、藏族卷），北京：中国社会科学出版社1999年版，第601页。

W1507.2
天和地创造万物

实例

彝族（撒尼）先有天、地，后有山川、树木，最后由天和地创造了人类和宇宙万物。

【流传】云南省·昆明（昆明市）·（寻甸回族彝族自治县·先锋乡）·恰普鲁村

【出处】*《彝族撒尼支宗教祭司张琼1948年主祭实录》，见吕大吉、何耀华总主编《中国各民族原始宗教资料集成》（彝族卷、白族卷、基诺族卷），北京：中国社会科学出版社1996年版，第56页。

W1507.3
动物造造万物

实例

（参见下级母题实例）

W1507.3.1
动物吐出万物

实例

（参见下级母题实例）

W1507.3.1.1
蛇吐出万物

【关联】[W1513.3] 蛇生万物

实例

佤族 一位佤族祖先制服了凶恶的大蛇，迫使大蛇吐出人和万物。

【流传】云南省

【出处】《大蛇吐东西》，见中国社会科学院云南少数民族文学研究所等编《云南少数民族文学资料》（第1辑），内部编印，1980年，第10页。

W1507.4
其他特定名称的造万物者

实例

布依族 翁杰、阿辉等造就万物。

【流传】贵州省·黔南（黔南布依族苗族自治州）各地

【出处】《造万物歌》，见王清士等编写《布依族文学史》，贵阳：贵州人民出版社1983年版，第53~54页。

W1507.5
造万物的帮助者

实例

（参见下级母题实例）

W1507.5.1
神仙指点造万物

实例

裕固族 一个名叫九尊卓玛的大神根据

神仙的指点，创造万物。

【流传】甘肃省

【出处】

（a）《九尊卓玛》，见杨进智《裕固族研究论文集》，兰州：兰州大学出版社1996年版，第345~346页。

（b）同（a），见色音《论中国少数民族萨满教哲学的滥觞》，http://www.aoism.org.hk

W1508

造万物的材料

【关联】

① ［W1108］造天地的材料

② ［W2080］造人的材料

实 例

（参见下级母题实例）

W1508.1

用肢体造万物

实 例

苗族 毛发做竹木，肉汁做盐井油泉，血液做泉眼水源，脊骨做天梁，用造竹木山林的毛发造万物。

【流传】（无考）

【出处】石宗仁整理：《创天立地》，见高明强编《创世的神话和传说》，上海：上海三联书店1988年版，第63页。

W1508.1.1

天女肢解自己做成万物

实 例

彝族

（参见 W1521.5.2 母题实例）

W1508.2

用泥土造万物

实 例

（参见下级母题实例）

W1508.2.1

用黄泥造万物

【关联】［W2087.2］用黄泥造人（用黄土造人）

实 例

（参见下级母题实例）

W1508.2.1.1

人王公和人王婆用黄泥造万物

【关联】［W1504.6.2］人王公和人王婆造万物

实 例

白族 人王公和人王婆用黄泥捏人和万物。

【流传】云南省·（大理白族自治州）·鹤庆县·朵美乡

【出处】彭独豹讲：《石家什》，见中国民间文学集成全国编辑委员会编《中国民间故事集成》（云南卷），北京：

中国 ISBN 中心 2003 年版，第 233～234 页。

W1508.2.2
天神用泥土造万物

实例

鄂温克族 天神保鲁根巴格西用地面上的泥土捏造世上的万物和人类。

【流传】内蒙古自治区·呼伦贝尔市·陈巴尔虎旗

【出处】赛金苏龙讲，马名超记录整理：《天神保鲁根巴格西造万物》，见姚宝瑄主编《中国各民族神话》（达斡尔族、鄂伦春族、鄂温克族、蒙古族），太原：山西出版传媒集团·书海出版社 2014 年版，第 119 页。

满族 天神用泥造万物。

【流传】（无考）

【出处】《用泥土造人和造万物的传说》，见王士媛等编《鄂温克族民间故事》，上海：上海文艺出版社 1995 年版。

W1508.2.3
下凡的男女婚后用泥造万物

实例

傣族 天上女子亚桑盖下凡到大地上，万年后，男子布桑盖也从天而降，结为夫妻，用泥捏动物做万物。

【流传】云南省

【出处】《布桑盖与亚桑盖》，见张公瑾著《傣族文化研究》，昆明：云南民族出版社 1988 年版，第 39～40 页。

W1508.2.4
女娲用泥造万物

实例

汉族 女娲娘娘用泥巴捏万物。

【流传】河南省

【出处】陈明绍讲：《女娲捏泥造人畜》，见张楚北《中原神话》，郑州：海燕出版社 1988 年版，第 32 页。

W1508.3
用水和神土造万物

【关联】［W1184.2］用神土造地

实例

（参见下级母题实例）

W1508.3.1
众神用神山土和灵泉水造万物

实例

满族 众神用神山土和灵泉水造出万物。

【流传】黑龙江省·（牡丹江市）·宁安县·宁安镇

【出处】关振川讲，傅英仁采录：《阿不凯恩都哩创世》，见中国民间文学集成全国编辑委员会编《中国民间故事集成》（黑龙江卷），北京：中国ISBN 中心 2005 年版，第 17～18 页。

W1508.4

用宝贝造万物（用宝物造万物）

【关联】［W9650］宝物

实例

（参见下级母题实例）

W1508.4.1

用赶山鞭、聚水瓶等宝贝造万物

【关联】

① ［W9679］宝瓶

② ［W9687.2］赶山鞭

实例

汉族 大黑、二白和三姑娘分别向天王老子要了赶山鞭、聚水瓶和一个大葫芦，分头去大地上造万物。

【流传】云南省·（大理白族自治州）·鹤庆县

【出处】杨五一、李鸿钧讲：《地母三姑造万物》，见中国民间文学集成全国编辑委员会编《中国民间故事集成》（云南卷），北京：中国 ISBN 中心 2003 年版，第 113 页。

W1508.5

用灵气造万物

实例

（参见下级母题实例）

W1508.5.1

创世神借助灵气造万物

【关联】［W1504.2］创世神造万物（创世主造万物）

实例

满族 创世神老三星借助灵气造出了万事万物。

【流传】黑龙江省·（牡丹江市）·宁古塔（宁安县）

【出处】傅英仁讲述：《老三星创世》，见傅英仁讲述，张爱云整理《满族萨满神话》，哈尔滨：黑龙江人民出版社 2005 年版，第 10 页。

W1509

与造万物有关的其他母题

实例

（参见下级母题实例）

W1509.1

造万物的准备

【关联】

① ［W1110.0］造天地前的准备

② ［W2128.0］造人准备（造人前的准备）

实例

（参见下级母题实例）

W1509.1.1

先开天辟地，后造万物

实例

基诺族 阿嬷腰白（女神名）开天辟地以后，世上的万物都慢慢地创造出来。

【流传】（a）云南省·（西双版纳傣族自治州）·景洪县（景洪市）

【出处】

（a）沙车讲，禹尺采录：《敬献祖先的来历》，见中国民间文学集成全国编辑委员会编《中国民间故事集成》（云南卷），北京：中国ISBN中心2003年版，第189页。

（b）同（a），见陶阳、钟秀编《中国神话》（中），北京：商务印书馆2008年版，第603页。

（c）沙车讲，仲录整理：《祭祖的由来》，见谷德明编《中国少数民族神话》，北京：中国民间文艺出版社1987年版，第536页。

W1509.2
造万物的时间

实例

（参见下级母题实例）

W1509.2.1
6天造出万物

实例

汉族

（参见W1527.2.3.3a母题实例）

W1509.2.2
7天造出万物

【关联】[W1012.2] 7天创造出世界

实例

（实例待考）

W1509.2.3
10天造出万物

实例

汉族 女娲娘娘用了10天的时间，用泥造出万物。

【流传】河南省

【出处】陈明绍讲：《女娲捏泥造人畜》，见张楚北《中原神话》，郑州：海燕出版社1988年版，第32页。

W1509.2.4
神用81年造出万物

实例

满族 阿不凯恩都哩与众弟子造了九九八十一年，地上有了各类动物和人群。

【流传】黑龙江省·（牡丹江市）·宁安县·宁安镇

【出处】关振川讲，傅英仁采录：《阿不凯恩都哩创世》，见中国民间文学集成全国编辑委员会编《中国民间故事集成》（黑龙江卷），北京：中国ISBN中心2005年版，第17页。

W1509.3
万物是魔法造出的

【汤普森】D2178

实例

（实例待考）

W1509.4
犁出世界

实例

汉族（实例待考）

W1509.4.1
天神犁出万物

实例

傣族 天神混散用大犁犁出高山江河。

【流传】（无考）

【出处】《混散》，见中央民族学院少数民族文艺研究所编《中国民族民间文学》，北京：中央民族学院出版社1987年版，第110页。

W1509.5
按照天界的样子创造万物

实例

（参见下级母题实例）

W1509.5.1
众神按照天界的样子创造万物

实例

满族 阿不凯恩都哩率领众弟子，按照天界的样子创造万物。

【流传】黑龙江省·（牡丹江市）·宁安县·宁安镇

【出处】关振川讲，傅英仁采录：《阿不凯恩都哩创世》，见中国民间文学集成全国编辑委员会编《中国民间故事集成》（黑龙江卷），北京：中国ISBN中心2005年版，第17页。

W1509.6
借助灵气造万物

【关联】［W1508.5.1］创世神借助灵气造万物

实例

满族 创世神老三星借助灵气造出了万事万物。

【流传】（无考）

【出处】傅英仁讲述：《老三星创世》，见傅英仁讲述，张爱云整理《满族萨满神话》，哈尔滨：黑龙江人民出版社2005年版，第10页。

W1509.7
万物是成对造出来的

【汤普森】A610.1

实例

（实例待考）

W1509.8
再造万物

【关联】［W1124.4］第2次产生天地（再造天地、重造天地）

实例

（参见下级母题实例）

W1509.8.1

祖先多次造万物

实 例

苗族　男祖宗们一次再一次造万物。

【流传】贵州省·（安顺市）·紫云县（紫云苗族布依族自治县）麻山苗区

【出处】杨再华唱诵，杨正江译：《亚鲁族源》，见中国民间文艺家协会主编《亚鲁王》，北京：中华书局 2011 年版，第 57 页。

W1509.9

造万物后的处置

实 例

（参见下级母题实例）

W1509.9.1

神造万物后放洞中

实 例

佤族　利吉神与路安神创造天地、日月、动物、植物与人，以人置石洞中。

【流传】（云南省？）

【出处】袁珂改编：《西岗里》，原载毛星主编《中国少数民族文学》（下册），见袁珂《中国神话大词典》，北京：华夏出版社 2015 年版，第 519 页。

※ W1510

万物是生育产生的（生万物）

实 例

（参见下级母题实例）

W1511

神或神性人物生万物

实 例

（参见下级母题实例）

W1511.1

天神生万物

【关联】［W1501.4］万物原来在天上

实 例

（参见下级母题实例）

W1511.1.1

女天神生万物

实 例

哈尼族　最大的天神俄玛是生下一切神和人的阿妈，天上地下的万事万物都是她生出来的。

【流传】云南省·（红河哈尼族彝族自治州）·元阳县

【出处】卢朝贵讲，史军超采录：《神和人的家谱》，见中国民间文学集成全国编辑委员会编《中国民间故事集成》（云南卷），北京：中国 ISBN 中心 2003 年版，第 23 页。

哈尼族　最高最大的女天神俄玛是生下

一切神和人的阿妈，天上地下的万事万物也是她生出来的。

【流传】云南省·（红河哈尼族彝族自治州）·元阳（元阳县）、红河（红河县）、金平（金平苗族瑶族傣族自治县）（采集于元阳县·胜村乡·全福庄）

【出处】卢朝贵讲，史军超搜集整理：《神和人的家谱》，原载云南省民间文学集成办公室编《哈尼族神话传说集成》，中国民间文艺出版社 1990 年版，见姚宝瑄主编《中国各民族神话》（哈尼族、傣族），太原：山西出版传媒集团·书海出版社 2014 年版，第 39 页。

哈尼族 天神俄玛是最高最大的女神，世间的万物都是她生养的。

【流传】云南省·红河哈尼族彝族自治州

【出处】《窝果策尼果》，见红河哈尼族彝族自治州人民政府编《哈尼族口传文化译注全集》第 1 卷，昆明：云南民族出版社 2009 年版，第 18 页。

W1511.1.1.1
女天神的光生万物

【关联】［W1515.6.1］光生万物

实 例

满族 女天神阿布卡赫赫产生的光中生出万物。

【流传】黑龙江省·黑河地区（黑河市）·孙吴县·（沿江满族达斡尔族乡）·四季屯（四季屯村）

【出处】吴纪贤、富希陆讲：《天宫大战——黑水女真人传世神话》（1939，选自富育光、郭淑云整理的手稿），见姚宝瑄主编《中国各民族神话》（满族、赫哲族、朝鲜族），太原：山西出版传媒集团·书海出版社 2014 年版，第 22 页。

W1511.1.2
天神的母亲生万物

【关联】［W0202］天神的关系

实 例

彝族 天地万物都是最高神更资天神的母亲蒲依生出来的。

【流传】云南省·（楚雄彝族自治州）·永仁县

【出处】

（a）曲木阿石等讲，罗有能整理：《更资天神》，见云南省楚雄州文教局和云南省楚雄州民委会编《楚雄民间文学资料》，内部资料，1979 年。

（b）同（a），见姚宝瑄主编《中国各民族神话》（羌族、彝族），太原：山西出版传媒集团·书海出版社 2014 年版，第 173 页。

W1511.2
女神生万物

实 例

（参见下级母题实例）

W1511.2.1
太阳女神生万物

【关联】［W0273.2］女太阳神（太阳女神）

实 例

珞巴族 天上和人间的一切都是太阳女神——多尼亚依乃生的。

【流传】西藏自治区

【出处】阿岗讲，郭翠琴整理：《藏族人民为什么在世界屋脊上定居》，见《珞巴族民间故事》：http://www.tibet-web.com/old/minjian/ync/gushi/mulu.htm，2003.10.02。

壮族 女神神米洛甲的阴道变成一个石洞，把万物都装在里头，随后又把万物一一生出来。

【流传】（无考）

【出处】过竹：《葫芦说》，载《民间文学论坛》1985年第5期。

W1511.2.2
天王母生万物

实 例

彝族 天下万物都是天神仇格紫的妻子天王母所生。

【流传】云南省·红河哈尼族彝族自治州·红河县

【出处】白瑞义、张秀丽搜集整理：《尼苏夺节》，见云南省红河县民族事务所委员会编《红河县民族民间故事》，昆明：云南民族出版社1990年版。

W1511.3
天公地母生万物

【关联】

① ［W0142］天公地母
② ［W1504.6.1］天公地母造万物

实 例

朝鲜族 （实例待考）

哈萨克族 天公地母结合才有了大地万物。

【流传】（无考）

【出处】黄中祥：《传承方式与演唱传统——哈萨克族民间演唱艺人调查研究》，北京：民族出版社2009年版，第269页。

普米族 天公地母生万物。

【流传】云南省·（怒江傈僳族自治州）·兰坪（兰坪白族普米族自治县）

【出处】和光生讲，和善金整理：《笑魔吃人》，见中华民族故事大系编委会编《中华民族故事大系》第14卷（普米族、塔吉克族、怒族、俄罗斯族、鄂温克族），上海：上海文艺出版社1995年版，第233页。

W1511.3.1
地母生万物

【关联】［W0238］地母

实 例

彝族 万物都是母（指地母）长成。

【流传】云南省·（大理白族自治州）·巍山县（巍山彝族回族自治县）·五印乡·岩子脚（岩子脚村）、紫马鹿村

【出处】王丽珠搜集：《无上虚空地母养生保命真经》，见吕大吉、何耀华总主编《中国各民族原始宗教资料集成》（彝族卷、白族卷、基诺族卷），北京：中国社会科学出版社1996年版，第63~64页。

W1511.4
土地神生万物

【关联】［W0236］土地神

实 例

毛南族 （实例待考）

W1511.5
创世者生育万物

实 例

（实例待考）

W1511.6
巨人生万物

实 例

彝族 巨人阿黑西尼摩生万物。

【流传】云南省·红河（红河哈尼族彝族自治州）

【出处】《阿黑西尼摩》，见王松《论神话及其他》，昆明：云南人民出版社2006年版，第18页。

W1511.7
石神生万物

实 例

藏族 "觉"（即"神"）是至高无上的，我们的一切都是从"石八觉"来的，也是"觉"赐予的。

【流传】（四川省·凉山彝族自治州·冕宁县·泸宁乡）

【出处】杨光甸：《冕宁县泸宁区藏族调查笔记》（打印稿），西南民族学院研究所编印，1982年，见吕大吉、何耀华总主编《中国各民族原始宗教资料集成》（鄂伦春族卷、鄂温克族卷、赫哲族卷、达斡尔族卷、锡伯族卷、满族卷、蒙古族卷、藏族卷），北京：中国社会科学出版社1999年版，第959页。

W1511.8
始祖神生万物

【关联】［W0641］祖先神

实 例

满族 始母神赫赫满尼在震天动地的战鼓声中，生下了人类的始祖和宇宙间的所有生灵。

【流传】（无考）

【出处】《阿布卡赫赫女神创世》，王松根据富育光、孟慧英、王宏刚撰写的《满族宗教与神话》改写，见姚宝瑄主编《中国各民族神话》（满族、赫哲族、朝鲜族），太原：山西出版传媒集团、书海出版社2014年版，第

4～14页。

W1512
特定的神或神性人物生万物

实例

（参见下级母题实例）

W1512.1
盘古生万物

实例

汉族　盘古氏，天地万物之祖。

【流传】（无考）

【出处】［梁］任昉：《述异记》。

W1512.2
其他特定的神或神性人物生万物

实例

彝族　天地万物都是蒲依生出来的。

【流传】云南省·（楚雄彝族自治州）·永仁县

【出处】曲木阿石讲，罗有能采录：《更资天神》，见中国民间文学集成全国编辑委员会编《中国民间故事集成》（云南卷），北京：中国 ISBN 中心 2003 年版，第 3 页。

W1512.2.1
祖先生万物

【关联】［W1513.2.1］祖先鱼生万物

实例

（实例待考）

W1513
动物生万物

【关联】［W2155］动物生人

实例

（参见下级母题实例）

W1513.1
鸟生万物

【汤普森】≈ A647

实例

（实例待考）

W1513.2
鱼生万物

【关联】

① ［W1190.1］鱼生地

② ［W1980.0.3.1］鱼内脏中有金银

③ ［W1996.2.1］世界最早产生的是鱼

实例

（参见下级母题实例）

W1513.2.1
祖先鱼生万物

【关联】［W0650.6］祖先是鱼

实例

哈尼族　祖先鱼生万物，一天生一样，生下天地、有无、生死等的弟兄，总共是 77 个。

【流传】云南省·（红河哈尼族彝族自治州）·元阳县·（黄草岭乡）·树

皮寨（树皮寨村）

【出处】杨批斗讲，史军超采录：《祖先鱼上山》，见中国民间文学集成全国编辑委员会编《中国民间故事集成》（云南卷），北京：中国ISBN中心2003年版，第37页。

哈尼族 神奇的祖先鱼生出有、无、黄、红、绿、白、黑、花、生、死、大、小、半等。

【流传】（无考）

【出处】《那突德取厄玛》，见中国各民族宗教与神话大词典编审委员会编《中国各民族宗教与神话大词典》，北京：学苑出版社1990年版，第168页。

W1513.2.2
大金鱼生万物

实 例

哈尼族 密乌艾西艾玛大金鱼生万物及人。

【流传】云南省

【出处】《烟本霍本》，见史军超《哈尼族文化英雄论》，载《民族文学研究》1998年第3期。

W1513.2.3
金鱼娘生万物

实 例

哈尼族 "密乌艾西艾玛"金鱼娘生万物。

【流传】云南省·（红河哈尼族彝族自治州）·元阳（元阳县）、红河（红河县）等地

【出处】朱小和讲，史军超等整理：《烟本霍本》，见刘江华《中国神话故事》（天、地、人物卷），北京：中国世界语出版社1999年版，第17~19页。

哈尼族 大海里的密乌艾西艾玛金鱼娘是天地万物和所有神的阿玛。

【流传】

（ab）云南省·（红河哈尼族彝族自治州）·元阳县·黄草岭区（黄草岭乡）·树皮寨

（c）云南省·（红河哈尼族彝族自治州）·元阳县

【出处】

（a）杨批斗讲，史军超采录：《年月树》，见中国民间文学集成全国编辑委员会编《中国民间故事集成》（云南卷），北京：中国ISBN中心2003年版，第289页。

（b）同（a），见云南省民间文学集成办公室编《哈尼族神话传说集成》，北京：中国民间文艺出版社1990年版。

（c）朱小和讲，史军超等采录：《神的古今》，见中国民间文学集成全国编辑委员会编《中国民间故事集成》（云南卷），北京：中国ISBN中心2003年版，第19页。

W1513.3
蛇生万物

【关联】［W1507.3.1.1］蛇吐出万物

> 实例

> 佤族　一位佤族祖先制服了凶恶的大蛇，迫使大蛇吐出人和万物。

【流传】云南省

【出处】《大蛇吐东西》，见中国社会科学院云南少数民族文学研究所等编《云南少数民族文学资料》第1辑，内部编印，1980年，第10页。

W1513.4
其他动物生万物

> 实例

（参见下级母题实例）

W1513.4.1
海螺生万物

> 实例

> 藏族

（参见 W1993.2.1 母题实例）

W1513.4.2
蜘蛛生万物

【关联】［W1116.3］蜘蛛生天地

> 实例

> 侗族　天外住着一只金斑大蜘蛛生下了万物。

【流传】广西壮族自治区·（柳州市）·三江（三江侗族自治县），（桂林市）·龙胜（龙胜各族自治县）

【出处】杨卜林喜、杨卜松林、杨明世讲，杨国仁、涛声搜集整理，蔷紫改写：《创世女神萨天巴》，原文为过伟改写自侗族创世史诗《嘎茫莽道时嘉——远祖歌》（未出版稿），见姚宝瑄主编《中国各民族神话》（土家族、毛南族、侗族、瑶族），太原：山西出版传媒集团·书海出版社2014年版，第72页。

W1514
植物生万物

> 实例

（参见下级母题实例）

W1514.1
葫芦生万物

【关联】
① ［W1789.1.2］天河水源于神葫芦
② ［W3891］与葫芦有关的其他母题

> 实例

（参见下级母题实例）

W1514.1.1
天神赐的金葫芦生万物

【关联】［W3891.1.4］金葫芦

> 实例

> 傣族　（参见 W1524.3.2.1 母题实例）

W1514.1.2
种的葫芦生万物

> 实例

> 汉族　（实例待考）

W1514.1.3

婚生的葫芦生万物

实 例

(参见下级母题实例)

W1514.1.3.1

人与仙女婚生的葫芦生万物

实 例

彝族 天上仙家女下凡与洪水后幸存的玉朴笃慕成婚生两个葫芦。切开第一个，人间的一切，葫芦里面都有。

【流传】云南省·（玉溪市）峨山（峨山彝族自治县）

【出处】李春富翻译，赵光汉整理：《洪水滔天史》，见云南省少数民族古籍整理出版规划办公室编《洪水泛滥》，昆明：云南民族出版社1987年版，第44～45页。

W1514.1.4

母牛生的葫芦生万物

实 例

佤族（永不列部落） 始祖岩该冈木杀吞食葫芦的母牛，取出葫芦并把它种在贡莱姆山上，生出万物。

【流传】云南省·（普洱市）·西盟县（西盟佤族自治县）

【出处】尼嘎、阿香采录：《上下葫芦国的由来》，见中国民间文学集成全国编辑委员会编《中国民间故事集成》（云南卷），北京：中国ISBN中心2003年版，第192页。

W1514.2

柳树生万物

【关联】[W2171.5] 柳树生人

实 例

(参见下级母题实例)

W1514.2.1

神树生的柳树生万物

【关联】[W1996.3.1.3] 世界最早出现的是水中生的神树。

实 例

满族 水中生的佛朵（神树），能行走，它越变越多，长成了佛多毛（或"佛佛毛"），即柳叶树。"佛多毛"中生万物。

【流传】（无考）

【出处】

（a）富育光：《萨满教与神话》，沈阳：辽宁大学出版社1990年版，第50页。

（b）《柳叶繁衍人类（二）》，见吕大吉、何耀华总主编《中国各民族原始宗教资料集成》（鄂伦春族卷、鄂温克族卷、赫哲族卷、达斡尔族卷、锡伯族卷、满族卷、蒙古族卷、藏族卷），北京：中国社会科学出版社1999年版，第486页。

W1514.2.2
柳叶生万物

【关联】

① ［W1524.2］柳叶变成万物

② ［W2176.1］柳叶生人

实 例

（参见下级母题实例）

W1514.2.2.1
天母的女阴变成的柳叶生万物

实 例

满族

（参见 W1524.2 母题实例）

W1514.2.2.2
女天神胯下的柳叶生万物

实 例

满族 阿布卡赫赫（女天神）打不过恶魔耶鲁里，只好往天上飞去，耶鲁时紧追不放，一爪子把她的下胯抓住，抓下来的是一把披身柳叶，柳叶飘落人间，柳叶生育出人类万物。

【流传】吉林省·（延边朝鲜族自治州）·珲春市

【出处】《柳叶繁衍人类（一）》，选自富育光翻译《喜塔拉氏萨满神谕》，见吕大吉、何耀华总主编《中国各民族原始宗教资料集成》（鄂伦春族、鄂温克族、赫哲族、达斡尔族、锡伯族、满族、蒙古族、藏族），北京：中国社会科学出版社1999年版，第485页。

W1514.3
梭罗树生万物

【关联】［W3784］梭罗树

实 例

（参见下级母题实例）

W1514.3.1
天上的梭罗树是万物之源

实 例

彝族 天上的梭罗树是万物之源。世上所有的动物和粮食，全靠天上的梭罗树。如果没有天上的梭罗树，动物就难生存。

【流传】云南省·楚雄彝族自治州

【出处】《门米间扎节》，古梅根据《楚雄民间文学资料》改写，见姚宝瑄主编《中国各民族神话》（羌族、彝族），太原：山西出版传媒集团·书海出版社2014年版，第84页。

W1515
无生命物或自然物生万物

实 例

（参见下级母题实例）

W1515.1
地生万物

【关联】

① ［W1991.1］有了地后自然产生生物

② ［W1993.0］大地孕育生命

【实例】

蒙古族 地管着生长万物。

【流传】吉林省·（松原市）·前郭尔罗斯（前郭尔罗斯蒙古族自治县）·乌兰敖都乡

【出处】《武当喇嘛创世》，见白庚胜总主编《中国民间故事全书》（吉林省·前郭尔罗斯县卷），北京：知识产权出版社2009年版，第3页。

蒙古族 造出天地山水后，地管生长万物。

【流传】内蒙古自治区·哲里木盟（通辽市）·（科尔沁左翼右旗）·甘旗卡镇

【出处】哈拉巴拉讲，徐少义采录：《扎萨喇嘛》，见中国民间文学集成全国编辑委员会编《中国民间故事集成》（内蒙古卷），北京：中国ISBN中心2007年版，第6页。

纳西族 （实例待考）

彝族 地能生万物。

【流传】云南省·（楚雄彝族自治州）·楚雄（楚雄市）

【出处】李忠祥等翻译：《洪水泛滥》，见云南省少数民族古籍整理出版规划办公室编《洪水泛滥》，昆明：云南民族出版社1987年版，第18页。

W1515.1.1
地孕育万物

【实例】

侗族 天为降物之本，地为孵婴之摇篮。一切由天赐，一切由大地孕育。

【流传】广西壮族自治区·（柳州市）·三江（三江侗族自治县），（桂林市）·龙胜（龙胜各族自治县）

【出处】杨卜林喜、杨卜松林、杨明世讲，杨国仁、涛声搜集整理，蓍紫改写：《创世女神萨天巴》，原文为过伟改写自侗族创世史诗《嘎茫莽道时嘉——远祖歌》（未出版稿），见姚宝瑄主编《中国各民族神话》（土家族、毛南族、侗族、瑶族），太原：山西出版传媒集团·书海出版社2014年版，第72页。

W1515.1.2
地生百样物种

【实例】

苗族 千样物种大地生，百样物种大地长。

【流传】原文无流传地，据文本及注释推测该神话流传于贵州省·黔东南苗族侗族自治州·凯里市、台江县等地。

【出处】张启庭、张荣光、张正玉、张启德演唱，张明搜集，燕宝整理译注：《创造宇宙·开天辟地》，见贵州省少数民族古籍整理出版规划小组办公室编，燕宝整理译注《苗族古歌》，贵阳：贵州民族出版社1993年版，第53页。

W1515.1a
土生万物

实　例

白族　万物本是土中生，不是空中来发生。

【流传】云南省·（大理白族自治州）·剑川县·甸南镇

【出处】《地母经》，见张海福调查整理：《鹤庆白族祭地活动》（1989），吕大吉、何耀华总主编：《中国各民族原始宗教资料集成》（彝族卷、白族卷、基诺族卷），北京：中国社会科学出版社1996年版，第466页。

汉族　开古之事说不清，都说万物土里生。

【流传】辽宁省·阜新市·细河区

【出处】吴振清讲，郝殿玺搜集整理：《人的来历》，原载阜新市细河区民间文学集成编委会编《细河区资料本》，见陶阳、钟秀编《中国神话》（上），北京：商务印书馆2008年版，第3243~26页。

彝族　万物本是土中出，不是空中来发生。

【流传】云南省·（大理白族自治州）·巍山县（巍山彝族回族自治县）·五印乡·岩子脚（岩子脚村）、紫马鹿村

【出处】王丽珠搜集：《无上虚空地母养生保命真经》，见吕大吉、何耀华总主编《中国各民族原始宗教资料集成》（彝族卷、白族卷、基诺族卷），北京：中国社会科学出版社1996年版，第63~64页。

彝族（撒尼）　万物皆从土中生。

【流传】云南省·昆明（昆明市）·（寻甸回族彝族自治县）·（先锋乡）·恰普鲁村

【出处】《地母经》，见吕大吉、何耀华总主编《中国各民族原始宗教资料集成》（彝族卷、白族卷、基诺族卷），北京：中国社会科学出版社1996年版，第313页。

W1515.1a.1
中央戊己土中生万物

实　例

汉族　盘古爷和盘古奶见盘古山的人多得盛不下了，就开始分世界。中央戊己土，土中生万物，天地已造成，万物四处生。

【流传】河南省·（南阳市）·桐柏县·（洪仪河乡·清泉寺）

【出处】史海惠（68岁，和尚）讲，马卉欣录音，马辉岐采录整理：《盘古分世界》（1990.07.13），见张振犁编著《中原神话通鉴》（第一卷），郑州：河南大学出版社2017年版，第52页。

W1515.2
石生万物

【汤普森】A644

【关联】［W1982.1.2］石生银

实例

（实例待考）

W1515.3
水生万物

实例

满族　世界最早是水，水能产生万物，也能消灭万物。

【流传】（无考）

【出处】傅英仁讲述：《老三星创世》，见傅英仁讲述，张爱云整理《满族萨满神话》，哈尔滨：黑龙江人民出版社 2005 年版，第 10 页。

土家族　（实例待考）

W1515.3.1
地水生万物

【关联】［W1897.17.3］地水（真水）

实例

满族　"巴纳姆水"也叫"真水"，汉语叫"地水"。这种水能产生万物，也能消灭万物。这种巴纳姆水是由两种不同的水组成的。较重的是巴纳姆水，比较轻的就叫水。

【流传】黑龙江省·（牡丹江市）·宁古塔（宁安县）

【出处】傅英仁讲：《老三星创世》，见傅英仁讲述，张爱云整理《满族萨满神话》，哈尔滨：黑龙江人民出版社 2006 年版，第 10 页。

W1515.4
海生万物

实例

哈尼族　天地万物和所有神从大海里的生出。

【流传】

（ab）云南省·（红河哈尼族彝族自治州）·元阳县·黄草岭区（黄草岭乡）·树皮寨

（c）云南省·（红河哈尼族彝族自治州）·元阳县

【出处】

（a）杨批斗讲，史军超采录：《年月树》，见中国民间文学集成全国编辑委员会编《中国民间故事集成》（云南卷），北京：中国 ISBN 中心 2003 年版，第 289 页。

（b）同（a），见云南省民间文学集成办公室编《哈尼族神话传说集成》，北京：中国民间文艺出版社 1990 年版。

（c）朱小和讲，史军超等采录：《神的古今》，见中国民间文学集成全国编辑委员会编《中国民间故事集成》（云南卷），北京：中国 ISBN 中心 2003 年版，第 19 页。

W1515.5
气生万物

【关联】

① ［W1884.3］气生水

② ［W2207］气生人

实例

汉族 夫形者生之舍也，气者生之充也，神者生之制也。

【流传】（无考）

【出处】［汉］刘安及门客：《淮南子·原道训》。

汉族 天气蒙鸿，萌芽兹始，遂分天地，肇立乾坤，启阴感阳。

【流传】（无考）

【出处】

(a)《五运历年记》，见［清］马骕《绎史》卷一。

(b)《五运历年记》，见［明］董斯张《广博物志》卷九。

W1515.5.1
四季的消散之气成为万物

实例

汉族 四时之散精气生万物。

【流传】（无考）

【出处】［汉］刘安及门客：《淮南子·天文训》。

W1515.5.2
雾露变的气生万物

实例

彝族 雾露变气育万物。

【流传】（无考）

【出处】《天地的起源》，见郭思九、陶学良整理《查姆》，昆明：云南人民出版社1994年版。

彝族 雾露变气育万物，万物生长天地间。

【流传】（云南省·楚雄彝族自治州·双柏县，红河哈尼族彝族自治州等地）

【出处】

(a) 云南省民族民间文学楚雄、红河调查队搜集，郭思九、陶学良整理：《查姆》，昆明：云南人民出版社1981年版。

(b) 郭思九、陶学良整理，古梅改写：《彝家的古根》，选自《云南民族文学资料》第七集中的《查姆》上部前三章，见姚宝瑄主编《中国各民族神话》（羌族、彝族），太原：山西出版传媒集团·书海出版社2014年版，第56页。

W1515.5.3
神的气生万物

实例

满族 女天神阿布卡赫赫能气生万物。

【流传】黑龙江省·黑河地区（黑河市）·孙吴县·（沿江满族达斡尔族乡）·四季屯（四季屯村）

【出处】吴纪贤、富希陆讲：《天宫大战——黑水女真人传世神话》（1939，选自富育光、郭淑云整理的手稿），见姚宝瑄主编《中国各民族神话》（满族、赫哲族、朝鲜族），太原：山西出版传媒集团·书海出版社2014年版，第22页。

W1515.6
其他无生命物或自然物生万物

实例

（参见下级母题实例）

W1515.6.1
光生万物

【关联】［W1511.1.1］女天神的光生万物

实例

满族　女天神阿布卡赫赫能光生万物。

【流传】黑龙江省·黑河地区（黑河市）·孙吴县·（沿江满族达斡尔族乡）·四季屯（四季屯村）

【出处】吴纪贤、富希陆讲：《天宫大战——黑水女真人传世神话》（1939，选自富育光、郭淑云整理的手稿），见姚宝瑄主编《中国各民族神话》（满族、赫哲族、朝鲜族），太原：山西出版传媒集团·书海出版社2014年版，第22页。

W1515.6.2
影子生万物

【关联】

① ［W1518.1］万物源于影子
② ［W1845.3.8.3］山箐的影子生山箐

实例

彝族　大影形生万物。

【流传】（无考）

【出处】蔷紫改写：《影与变创世纪·扯舍十代论》，原载贵州省民间文学工作组编《民间文学资料》，1986年，见姚宝瑄主编《中国各民族神话》（羌族、彝族），太原：山西出版传媒集团·书海出版社2014年版，第127页。

W1515.6.3
湖中的粘液生万物

实例

藏族　所有生物都是从湖中间的粘液部分诞生。

【流传】（无考）

【出处】［法］石泰安著，耿昇译：《西藏的文明》，北京：中国藏学出版社1999年版。

W1516
婚生万物

实例

（参见下级母题实例）

W1516.0
天地婚生万物

【关联】

① ［W1544.6.3］天地婚生日月
② ［W1713.1］天地婚生星星
③ ［W1993.1］天地婚生生灵

实例

哈尼族　上有天，下有地，天地一起生

万物。

【流传】（云南省）

【出处】刘辉豪、白章富搜集整理，昌文根据古梅改写的《奥色密色》中的一节改写：《塔婆、模米生儿女》，见姚宝瑄主编《中国各民族神话》（哈尼族、傣族），太原：山西出版传媒集团·书海出版社 2014 年版，第 70 页。

W1516.0.1
天地交合化生万物

实例

纳西族 "美科吐哥果盘若记，堆奔西哥开美命金"，指二人名，一为男，示由天门边生出，画一鹤头，注其名之第一音，一为女，由地上村中生出，故画一地，画其有头饰，此二人为夫妇，在经典中极常见，似有以之影射一切人类之意。

【流传】云南省

【出处】李霖灿编著：《么些象形文字字典》，台北：台湾文史哲出版社 1972 年版，第 2 页。

W1516.0a
天公地母婚生万物

实例

怒族 "天公地母"，二者相合，生造万物。

【流传】（无考）

【出处】吕大吉、何耀华总主编：《中国各民族原始宗教资料集成》（纳西族卷、羌族卷、独龙族卷、傈僳族卷、怒族卷），北京：中国社会科学出版社 2000 年版，第 837 页。

W1516.1
日月交配生万物（日月婚生万物）

【关联】[W7533] 日月婚

实例

独龙族 远古的时候，日月交配之后，才有生物。

【流传】云南省

【出处】

（a）《木彭哥》，原载《俅人族神话》（俅人是汉族对独龙族的称谓），见何愈《西南少数民族及其神话》，广州：新世纪出版社 1951 年版，第 61 页。

（b）《木彭哥》，见谷德明编《中国少数民族神话》，北京：中国民间文艺出版社 1987 年版，第 529 页。

独龙族 日月交配生万物，雪山之神把雪水化为清水洗礼万物。

【流传】云南省独龙江南与缅甸相邻的马库、拉瓦夺

【出处】《嘎美嘎沙造人》，见李金明《独龙族文学简史》，昆明：云南民族出版社 2004 年版，第 72~73 页。

独龙族 远古之时，日月交配生万物。

【流传】云南省

【出处】

（a）李子贤辑：《卡窝卡蒲分万物》，

见中国各民族宗教与神话大词典编审委员会编《中国各民族宗教与神话大词典》，北京：学苑出版社1990年版，第121页。

（b）陶阳、牟钟秀著：《中国创世神话》，上海：上海人民出版社2006年版，第24页。

独龙族 远古之时，日月交配以后，乃有万物。

【流传】（a）云南省怒江独龙族地区

【出处】

（a）当色·顶、孔英金、卜松、鲁腊·顶讲，李子贤、张文臣、李慰明记录，孟国才、张联华、和诠翻译，李子贤整理：《木彭哥》，见姚宝瑄主编《中国各民族神话》（水族、布朗族、独龙族、基诺族、傈僳族），太原：山西出版传媒集团·书海出版社2014年版，第110页。

（b）《卡窝卡蒲分万物》，原载李子贤《独龙族的古老神话》，见姚宝瑄主编《中国各民族神话》（水族、布朗族、独龙族、基诺族、傈僳族），太原：山西出版传媒集团·书海出版社2014年版，第113页。

怒族 日月婚生万物。

【流传】云南省·（怒江傈僳族自治州）·贡山（贡山独龙族怒族自治县）

【出处】庚松等讲，彭兆清整理：《创世记》，见中华民族故事大系编委会编《中华民族故事大系》第14卷（普米族、塔吉克族、怒族、俄罗斯族、鄂温克族），上海：上海文艺出版社1995年版，第517页。

W1516.2
气交合生万物

【关联】［W1525.3］气化生万物

实 例

汉族 有未始有有始者：天气始下，地气始上，阴阳错合，相与优游竞畅于宇宙之间。

【流传】（无考）

【出处】［汉］刘安及门客：《淮南子·俶真训》。

W1516.3
阴阳相交生万物

实 例

佤族 阴阳相交生万物。

【流传】云南省·（普洱市）·西盟佤族自治县、澜沧拉祜族自治县等地

【出处】毕登程、隋嘎编著：《司岗里——佤族创世史诗》，昆明：云南出版集团公司·云南人民出版社2009年版，第169页。

W1516.3.1
阴阳合生万物

实 例

汉族 天地之合和，阴阳之陶化万物。

【流传】（无考）

【出处】［汉］刘安及门客：《淮南子·本经训》。

汉族 道曰规始于一，一而不生，故分而为阴阳，阴阳合和而万物生。

【流传】（无考）

【出处】［汉］刘安及门客撰：《淮南子·天文训》。

W1516.4

神婚生万物

【关联】［W7200］神的婚姻

实　例

高山族 太阳神生的两个蛋分别孵出男神那玛达乌和女神那玛依德，太阳神让他们结婚，并要求他们生万物。

【流传】（无考）

【出处】《万物的由来》，见姚宝瑄主编《中国各民族神话》（高山族、黎族、畲族），太原：山西出版传媒集团·书海出版社2014年版，第10页。

W1516.4.1

西王母东王公孕生万物

实　例

汉族 以西华至妙之气，化而生金母焉，金母生于神洲伊川，厥姓缑氏，生而飞翔，以主阴灵之气，理于西方，亦号王母。皆挺质大无毓神玄奥于西方，渺莽之中，分大道醇精之气，结气成形，与东王木公共理二气，而养育天地，陶钧万物矣。

【流传】（无考）

【出处】［唐］杜光庭：《墉城集仙录》卷一"金母元君"条。

W1517

卵生万物

实　例

（参见下级母题实例）

W1517.1

不断演化出的白卵生万物

实　例

纳西族 露凝出白蛋，白蛋孵开，出现了万物。

【流传】（a）云南省·丽江县（丽江市）

【出处】

（a）和正才等讲，杨世光采录，李即善翻译者：《东术争战记》，见中国民间文学集成全国编辑委员会编《中国民间故事集成》（云南卷），北京：中国ISBN中心2003年版，第378页。

（b）李即善翻译，杨世光整理：《东术争战记》，见谷德明编《中国少数民族神话》，北京：中国民间文艺出版社1987年版，第435页。

纳西族 声音和气息交合刮起三股白风。白风变出白云，白云酿出白露，白露凝出白蛋。白蛋中孵出白、黑、红、黄、绿各色万物。

【流传】云南省·丽江地区（丽江市）

【出处】李即善翻译，杨世光整理：《东术争战记》，原载中共丽江地委宣传部编《纳西族民间故事选》，见陶阳、钟秀编《中国神话》（中），北京：商务印书馆 2008 年版，第 726~735 页。

W1517.2
天地卵生万物

实例

（参见下级母题实例）

W1517.2.1
天地卵 1 万零 8 百年孕生万物

实例

汉族 天地合闭，像个大西瓜，合得团团圆圆的，包罗万物在内，计一万零八百年，凡一切诸物，皆溶化其中矣。

【流传】（无考）

【出处】［明］周游：《开辟衍绎》。

W1518
与生万物有关的其他母题

实例

（参见下级母题实例）

W1518.0
万物生于太一

实例

汉族 "主之以太一"，成玄英注："太者，广大之名。一以不二为称，言大道旷荡，无不制围，囊括万有，

通而为一，故谓之太一也。"

【流传】（无考）

【出处】［战国］庄周：《庄子·天下篇》成玄英注。

汉族 洞同天地，浑沌为朴，未造而成物，谓之太一。同出于一，所为各异，有鸟有鱼有兽，谓之分物。

【流传】（无考）

【出处】［汉］刘安及门客：《淮南子·诠言训》。

W1518.1
万物源于影子

【关联】

① ［W1546.3］日月产生前先产生影子
② ［W1727.4］星星产生前先产生影子
③ ［W1823.2a］影子中产生山
④ ［W1957.5］影子中产生海

实例

纳西族 天地日月、石木水火、山川河流没有形成前，先出现了它们的影子。

【流传】（a）云南省·丽江县（丽江市）

【出处】

（a）和芳讲，和志武采录：《人类迁徙记》，见中国民间文学集成全国编辑委员会编《中国民间故事集成》（云南卷），北京：中国 ISBN 中心 2003 年版，第 49 页。

（b）和志武翻译整理：《人类迁徙记》，见谷德明编《中国少数民族神话》，北京：中国民间文艺出版社 1987 年

版，第395页。

<mark>纳西族</mark> 上古时候，天地日月、石木水火、山川河流还没有形成，然而天地的影子、日月的影子、石木的影子、水火的影子、山川的影子、河流的影子已经出现了。

【流传】（云南省·丽江市）

【出处】和志武翻译整理：《人类迁徙记》，原载中共丽江地委宣传部编《纳西族民间故事选》，见陶阳、钟秀编《中国神话》（中），北京：商务印书馆2008年版，第856～876页。

W1518.2
万物生于无形

实例

<mark>汉族</mark> 夫无形者，物之大祖也。

【流传】（无考）

【出处】［汉］刘安及门客：《淮南子·原道训》。

<mark>藏族</mark> 最初宇宙本为虚空，由空渐生"有识"。

【流传】西藏自治区

【出处】［德］霍夫曼：《西藏的苯教》，载《西藏研究》1984年第3期。

W1518.3
万物生于混沌

【关联】［W1057.1］混沌（混沌卵）

实例

<mark>汉族</mark> 所谓有始者：繁愤未发，萌兆牙蘖，未有形垺埌垺，无无蠕蠕，将欲生兴而未成物类。

【流传】（无考）

【出处】［汉］刘安及门客：《淮南子·俶真训》。

W1518.3.1
神使混沌生出万物

实例

<mark>汉族</mark> （神将混沌）别为阴阳，离为八极；刚柔相成，万物乃形。

【流传】（无考）

【出处】［汉］刘安及门客：《淮南子·精神训》。

W1518.3.2
风使混沌生出万物

实例

<mark>德昂族</mark> 最早时，天地混沌，狂风不知吹了几万年，终于吹出了一团黑糊糊的东西，产生出万物。

【流传】云南省·德宏州（德宏傣族景颇族自治州）

【出处】陈志鹏采录：《祖先创世纪》，见中国民间文学集成全国编辑委员会编《中国民间故事集成》（云南卷），北京：中国ISBN中心2003年版，第106页。

W1518.4
道生万物

实例

（参见下级母题实例）

W1518.4.1
三生万物

实例

汉族 道生一，一生二，二生三，三生万物。

【流传】（无考）

【出处】《老子》第四十二章。

W1518.5
日月星辰的运动生万物

【关联】
① ［W4881］日月的运行
② ［W4963］星辰的运行

实例

彝族 日月星辰在运动。万物在动中生，万物在动中演变。不动不生，不生不长。

【流传】（云南省·楚雄彝族自治州·双柏县，红河哈尼族彝族自治州等地）

【出处】
（a）云南省民族民间文学楚雄、红河调查队搜集，郭思九、陶学良整理：《查姆》，昆明：云南人民出版社1981年版。
（b）郭思九、陶学良整理，古梅改写：《彝家的古根》，选自《云南民族文学资料》第七集中的《查姆》上部前三章，见姚宝瑄主编《中国各民族神话》（羌族、彝族），太原：山西出版传媒集团·书海出版社2014年版，第59页。

W1518.6
洪水后万物复生

实例

傣族 洪水过后几年，地上的土质逐渐变得松软，各种植物又开始复生，大地又长出森林，人和各种动物也才慢慢兴旺起来。

【流传】（云南省）

【出处】岩温扁、杨胜能、吴军搜集整理：《太阳的传说》，原载李子贤编《云南少数民族神话选》，云南人民出版社1990年版，见姚宝瑄主编《中国各民族神话》（哈尼族、傣族），太原：山西出版传媒集团·书海出版社2014年版，第329页。

W1518.7
用种子种出万物

【关联】［W1527.5］万物的种子

实例

彝族（俚颇） 天神盘颇看到造好的天地，想起了他的"卡利是利"，想起了这是万物的种子。于是用这些种子种出万物。

【流传】云南省·（楚雄彝族自治州）·大姚县·昙华山区（昙华乡）

【出处】
（a）陆颇梭颇（毕摩）演唱，夏光辅、诺海阿苏翻译：《俚泼古歌》，见云南省社会科学院楚雄彝族文化研究所编《彝族民间文学》第2辑，1985年。

(b) 陆颇梭颇（毕摩）演唱，夏光辅、诺海阿苏翻译，古梅改写：《赤梅葛——俚泼古歌》，见姚宝瑄主编《中国各民族神话》（羌族、彝族），太原：山西出版传媒集团·书海出版社2014年版，第96页。

✱ W1520
万物是变化产生的

【关联】［W9593.1.2］英雄死后化生万物

实例

（参见下级母题实例）

W1521
神或神性人物变化为万物（神或神性人物变化出万物）

实例

（参见下级母题实例）

W1521.0
神化育万物

实例

（参见下级母题实例）

W1521.0.1
天神化育万物

实例

鄂伦春族 天神化育万物。

【流传】内蒙古自治区、黑龙江省

【出处】孟古古善讲，谭玉昆翻译，黑龙江少数民族文学艺术调查组搜集，隋军整理：《恩都力创造了鄂伦春人》，见中华民族故事大系编委会编《中华民族故事大系》第15卷（德昂族、保安族、裕固族、京族、塔塔尔族、独龙族、鄂伦春族），上海：上海文艺出版社1995年版，第697页。

W1521.0.2
神死后化生万物

实例

彝族 黑埃罗波赛神死后，其一身变作世间万物及诸神。

【流传】（无考）

【出处】《黑埃罗波赛神》（原名《查姆·万物起源歌》），原载毛星主编《中国少数民族文学》（下册），见袁珂《中国神话大词典》，北京：华夏出版社2015年版，第436页。

W1521.1
盘古化生万物

【关联】
① ［W0720］盘古
② ［W1250.2.2］盘古死后肉变成泥土

实例

（参见下级母题实例）

W1521.1.1
盘古的肢体化生万物

实例

苗族 盘古的骨变成石头，肉变山

岭，毛发变草木森林，血变河流，筋变道路。

【流传】贵州省·（黔东南苗族侗族自治州）·岑巩县

【出处】武生整理：《盘古开天地》，见《中国民间文学集成贵州省岑巩县故事卷》，内部编印。

苗族 盘古气变云雾，骨变石头，毛发变草木，血变河流，筋变道路。

【流传】贵州省

【出处】袁玉芬讲：《盘古开天地》，见燕宝、张晓编《贵州神话传说》，贵阳：贵州人民出版社1997年版，第5页。

W1521.1.2

盘古垂死化生万物

【关联】［W2309.4.1］盘古垂死化生人

实 例

白族 盘古死后变日月星辰及地上万物。

【流传】云南省·（大理白族自治州）·大理（大理市）、洱源（洱源县）、剑川县

【出处】杨国政讲、杨亮才记录：《开天辟地》，见李缵绪主编《白族神话传说集成》，北京：中国民间文艺出版社1986年版。

汉族 盘古死后，变日月星辰，地上万物。

【流传】河南省·（济源市）王屋山一带

【出处】程玉林讲：《盘古寺》，见张振犁、程健君编《中原神话专题资料》，中国民间文艺家协会河南分会内部编印，1987年。

汉族 盘古垂死化身，以其躯体化为大地万物。

【流传】（湖北省·神农架林区）

【出处】张树艺、曹坤良唱：《黑暗传》，原载中国民间文艺研究会湖北分会编《神农架·黑暗传》序言（多种版本汇编本），见袁珂《中国神话大词典》，北京：华夏出版社2015年版，第393页。

瑶族 盘古死后骨头变石山，皮肉变泥山，五指变五指山，指甲变彩砾，牙齿变金银，血液变神水。

【流传】（无考）

【出处】《盘古造天地》，见中国各民族宗教与神话大词典编审委员会编《中国各民族宗教与神话大词典》，北京：学苑出版社1990年版，第654页。

彝族 盘古死后，头变成了天，心变成了地，肉变成了世上的动物。胡子变成了粮食种子。血变成了金银铜铁锡。

【流传】云南省·（楚雄彝族自治州）·楚雄（楚雄市）、南华（南华县）、双柏（双柏县）等地

【出处】《查姆·鲁查姆》，见杨继中、芮增瑞、左玉堂编《楚雄彝族文学简史》，北京：中国民间文艺出版社1986年版，第43~44页。

壮族 天地初分，巨人盘古垂死化身，两目变成日月，四肢五体为四极五岳，血液变成江河。

【流传】（无考）

【出处】《盘古》，见中国各民族宗教与神话大词典编审委员会编《中国各民族宗教与神话大词典》，北京：学苑出版社1990年版，第784页。

W1521.2
创世者的肢体化生万物

【汤普森】A614

实例

（实例待考）

W1521.3
创世者的眼泪化为万物

【汤普森】A613

【关联】［W1889.1］神的眼泪化成水

实例

（实例待考）

W1521.4
巨人被杀死后化生万物（巨人垂死化生万物）

【汤普森】A642

实例

仡佬族 地上的万物是巨人有禄死后的身体变成的，身体不同部位变成了不同的自然物。

【流传】（无考）

【出处】《巨人有禄》，见 http://edit.ndcnc.gov.cn/datalib/2003。

壮族 天地初分，巨人盘古垂死化身，两目变成日月，四肢五体为四极五岳，血液变成江河。

【流传】（无考）

【出处】《盘古》，见中国各民族宗教与神话大词典编审委员会编《中国各民族宗教与神话大词典》，北京：学苑出版社1990年版，第784页。

W1521.5
其他神或神性人物变成万物

实例

（参见下级母题实例）

W1521.5.1
女娲化生万物

实例

汉族 娲，古之神圣女，化万物者也。

【流传】（无考）

【出处】［东汉］许慎：《说文解字》。

W1521.5.2
天女化生万物

实例

彝族 天神阿罗德女儿阿录茵肢解自己做成万物。

【流传】（无考）

【出处】《阿录茵造天地》，见云南省民

W1521.5.3

撑天者变成万物

实例

布依族 撑天者力戛死后，大肠变红水河，小肠变花江河，心变鱼塘，嘴巴变水井，胳膊和手腕，变山坡，骨骼变石头。

【流传】贵州省

【出处】

（a）王燕、春甫、班告爷等讲，汎河整理：《力戛撑天》，见谷德明编《中国少数民族神话》，北京：中国民间文艺出版社1987年版，第611~613页。

（b）王燕等讲：《力戛撑天》，见陶阳、钟秀编《中国神话》，上海：上海文艺出版社1996年版，第17页。

W1522

人变成万物

实例

（参见下级母题实例）

W1522.1

怪人变成万物

实例

侗族 千种万物都是冷顺（怪人）变的。

【流传】贵州省

【出处】《嘎冷顺》，见中国民间文学集成全国编辑委员会编《中国民间故事集成》（贵州卷），北京：中国ISBN中心2003年版，第31页。

侗族 怪人星郎的尸体变成了各种各样的东西。

【流传】

（a）贵州省·（黔东南苗族侗族自治州）·从江县·高增乡

（b）贵州省·（黔东南苗族侗族自治州）·从江（从江县）、黎平（黎平县）等侗族地区

【出处】

（a）梁普安等讲，龙玉成采录：《物种的起源》，见中国民间文学集成全国编辑委员会编《中国民间故事集成》（贵州卷），北京：中国ISBN中心2003年版，第31页。

（b）同（a），见燕宝、张晓编《贵州神话传说》，贵阳：贵州人民出版社1997年版，第71页

W1523

动物变成万物

【关联】

① ［W1545.4］动物变成日月

② ［W2348］与动物变成人有关的其他母题

实例

（参见下级母题实例）

W1523.1
虎死后变成万物

实例

彝族 虎死后变成万物。

【流传】（无考）

【出处】云南省民族民间文学楚雄调查队搜集翻译整理：《梅葛》，昆明：云南人民出版社1978年版，第12~14页。

W1523.2
鹿死后变成万物

实例

普米族 鹿的心肝肺变群山，肠变江河道路，骨架变地脉，胃变皮囊，血变龙潭湖海。

【流传】云南省·（怒江傈僳族自治州）·兰坪（兰坪白族普米族自治县）

【出处】《杀鹿歌》，见云南省民族事务委员会编《普米族文化大观》，昆明：云南民族出版社1999年版，第123页。

W1523.3
牛变成万物

实例

藏族 由于宰牛，放不同地方，形成山川和万物。

【流传】（无考）

【出处】古歌《斯巴形成歌》异文和问答歌《斯巴宰牛歌》。

W1523.4
巨兽死后化为万物

实例

怒族 大地万物为巨人砍死之巨兽所化。

【流传】（无考）

【出处】袁珂改编：《巨兽化万物》，原载毛星主编《中国少数民族文学》（下册），见袁珂《中国神话大词典》，北京：华夏出版社2015年版，第579页。

W1524
植物变成万物

【关联】

① ［W1545.5］植物变成日月
② ［W1820］植物变成山
③ ［W1983.3］植物变成铁
④ ［W2350］植物变化为人（植物变成人）
⑤ ［W3031］植物变成动物
⑥ ［W3706.4］植物变成草木

实例

（参见下级母题实例）

W1524.1
树变成万物

实例

（参见下级母题实例）

W1524.1.1
树死后变成万物

实 例

汉族 大树死后变成人间的虫鸟万物。

【流传】河南省·（驻马店市）·正阳县·袁寨乡·袁寨村

【出处】张昀讲，张振犁采录：《玉人和玉姐》，见中国民间文学集成全国编辑委员会编《中国民间故事集成》（河南卷），北京：中国ISBN中心2001年版，第11页。

W1524.1.2
神造的树变成万物

实 例

拉祜族 天神厄莎用汗垢培植成一棵大树，这棵树变成了万物。

【流传】（无考）

【出处】

（a）《厄莎造植物昆虫》，见中国各民族宗教与神话大词典编审委员会编《中国各民族宗教与神话大词典》，北京：学苑出版社1990年版，第176页。

（b）《太阳月亮洗澡池》，见中国各民族宗教与神话大词典编审委员会编《中国各民族宗教与神话大词典》，北京：学苑出版社1990年版，第180页。

W1524.1.3
特定名称的树变成万物

实 例

（参见下级母题实例）

W1524.1.3.1
枫树变成万物

实 例

苗族 砍倒的枫树变成了万物。

【流传】（无考）

【出处】《苗族史诗·古枫歌》，见过竹《苗族神话研究》，南宁：广西人民出版社1988年版，第85页。

W1524.2
柳叶变成万物

【关联】［W1514.2.2］柳叶生万物

实 例

满族 天母的女阴变成的柳叶落到人间，生育了人类万物。

【流传】（无考）

【出处】杨俊峰：《图腾崇拜文化》，北京：大众文艺出版社2000年版，第95页。

W1524.3
葫芦变成万物

【关联】

① ［W1514.1］葫芦生万物

② ［W1545.5.1］葫芦变成日月

③ [W9692.4] 宝葫芦

实 例

傣族　天神因叭乃遣布桑该与牙桑该夫妇至地上。临行，予一葫芦，二神破葫芦取种籽撒于空中，分别落于大地、天空、山野及海洋，化为世间万物。

【流传】（云南省？）

【出处】袁珂改编：《布桑该与牙桑该》，原载毛星主编《中国少数民族文学》（下册），见袁珂《中国神话大词典》，北京：华夏出版社 2015 年版，第 500 页。

W1524.3.1
仙葫芦籽变成万物

实 例

傣族　布尚改、雅尚改（造物神）把仙葫芦籽洒向大地，变成万物。

【流传】云南省

【出处】《布尚改、雅尚改》，见岩温扁、征鹏编译《傣族民间传说》，北京：中国旅游出版社 1982 年版，第 1 页。

W1524.3.2
金葫芦变出万物

实 例

（参见下级母题实例）

W1524.3.2.1
神赐的金葫芦变出万物

实 例

傣族　英叭用自身的污垢捏出男女二神，赐给他们的金葫芦长出万物。

【流传】（无考）

【出处】《巴塔麻戛捧尚罗》，见祜巴勐《论傣族诗歌》，北京：中国民间文艺出版社 1981 年版，第 15～16 页。

W1524.4
其他植物变成万物

实 例

（参见下级母题实例）

W1524.4.1
枫树变成万物

实 例

苗族

（参见 W1524.1.3.1 母题实例）

W1525
无生命物变成万物

【关联】[W1994.2] 雪变成生物

实 例

（参见下级母题实例）

W1525.1
水变成万物

实 例

珞巴族　万物都是水变的。

【流传】西藏自治区·下珞渝（下珞渝则泛指永木河、锡约尔河、巴恰西仁河流域）

【出处】维·埃尔温搜集：《德日雅木

拉》，见中华民族故事大系编委会编《中华民族故事大系》第 16 卷（赫哲族、门巴族、珞巴族、基诺族），上海：上海文艺出版社 1995 年版，第 395 页。

珞巴族 世上的万物据说都是水变的。

【流传】

（a）西藏自治区·下珞渝（泛指永木河、锡约尔河、巴恰西仁河流域）

（b）西藏自治区·下珞渝（又写作"下珞瑜"）西巴霞曲流域

【出处】

（a）维·埃尔温搜集：《德日雅木拉》，见中华民族故事大系编委会编《中华民族故事大系》第 16 卷（赫哲族、门巴族、珞巴族、基诺族），上海：上海文艺出版社 1995 年版，第 395 页。

（b）同（a），见李坚尚、刘芳贤编《珞巴族门巴族民间故事选》，上海：上海文艺出版社 1993 年版，第 9 页。

W1525.2
气体演变成万物

【汤普森】A621.1

【关联】

① ［W1122.5］气变成天地
② ［W1127.2］最初的天地是气

实　例

（参见下级母题实例）

W1525.2.1
精气变成万物

实　例

汉族 天地之袭精为阴阳，阴阳之专精为四时，四时之散精为万物。

【流传】（无考）

【出处】［汉］刘安及门客：《淮南子·天文训》。

W1525.3
气化生万物

【关联】［W1516.2］气交合生万物

实　例

（实例待考）

W1525.3.1
女神的气化生万物

实　例

满族 女神阿布卡赫赫可以气生万物，幻化出宇宙中的万事万物。

【流传】（无考）

【出处】谷颖重述：《盗火女神——拖亚拉哈》，见陶阳、钟秀编《中国神话》（中），北京：商务印书馆 2008 年版，第 757~760 页。

W1525.3.2
道气化生万物

实　例

汉族 在昔道气凝寂，湛体无为，将

欲启迪玄功，生化万物，先以束华至真之气化而生木公焉。

【流传】（无考）

【出处】［元］赵道一：《历世真仙体道通鉴后集》卷一"金母元君"条。

W1526
与变化为万物有关的其他母题

实例

（参见下级母题实例）

W1526.1
阴阳化万物

实例

汉族　万物所出，造于太一，化于阴阳。

【流传】（无考）

【出处】《吕氏春秋·大乐》。

W1526.2
怪胎变化为万物

【关联】［W2600］人生怪胎

实例

侗族　生育的怪胎星郎砍碎后，尸体变成了各种各样的东西。

【流传】

（a）贵州省·（黔东南苗族侗族自治州）·从江县·高增乡

（b）贵州省·（黔东南苗族侗族自治州）·从江、黎平等侗族地区

【出处】

(a) 梁普安等讲，龙玉成采录：《物种的起源》，见中国民间文学集成全国编辑委员会编《中国民间故事集成》（贵州卷），北京：中国ISBN中心2003年版，第31页。

(b) 同 (a)，见燕宝、张晓编《贵州神话传说》，贵阳：贵州人民出版社1997年版，第71页

哈尼族　洪水后，兄妹结婚生肉团，剁后撒到四面八方，变成飞禽走兽、花草、树木。

【流传】（无考）

【出处】王文清讲：《俄八美八》，见谷德明编《中国少数民族神话》，北京：中国民间文艺出版社1987年版，第332页。

拉祜族　兄妹婚后，把饭团似的胎儿捏碎撒到荒山四野，变成了万物。

【流传】（无考）

【出处】《传人种》，见中国各民族宗教与神话大词典编审委员会编《中国各民族宗教与神话大词典》，北京：学苑出版社1990年版，第175页。

W1526.3
肉团变成万物

实例

（参见下级母题实例）

W1526.3.1
两个太阳碰撞生的肉团变成万物

实例

白族　很早以前，两个太阳碰撞，一

个掉进大海的水眼洞里生肉团，肉团变成万物。

【流传】（无考）

【出处】《人类是从哪里来的？》，见谷德明编《中国少数民族神话》，北京：中国民间文艺出版社1987年版，第299页。

W1527
与万物产生有关的其他母题

实　例

（参见下级母题实例）

W1527.1
万物产生的时间

实　例

（参见下级母题实例）

W1527.1.1
特定的时代产生万物

实　例

（参见下级母题实例）

W1527.1.1.1
第16代祖先神时产生万物

实　例

哈尼族　自从天神俄玛传下了人神的家谱，世上传宗接代的事情就有了。家谱传到第十六代先祖梅烟恰，样样好东西都生出来了。

【流传】云南省·（红河哈尼族彝族自治州）·元阳（元阳县）、红河（红河县）、金平（金平苗族瑶族傣族自治县），采集于元阳县攀枝花区洞铺寨

【出处】朱小和讲，史军超搜集整理：《动植物的家谱》（1982），原载云南省民间文学集成办公室编《哈尼族神话传说集成》，中国民间文艺出版社1990年版，见姚宝瑄主编《中国各民族神话》（哈尼族、傣族），太原：山西出版传媒集团·书海出版社2014年版，第137页。

W1527.1.1.2
万物产生于独眼人时代

实　例

彝族　第一代独眼睛人这一代时，世上有了万物。

【流传】（云南省·楚雄彝族自治州·双柏县，红河哈尼族彝族自治州等地）

【出处】

（a）云南省民族民间文学楚雄、红河调查队搜集，郭思九、陶学良整理：《查姆》，昆明：云南人民出版社1981年版。

（b）郭思九、陶学良整理，古梅改写：《彝家的古根》，选自《云南民族文学资料》第七集中的《查姆》上部前三章，见姚宝瑄主编《中国各民族神话》（羌族、彝族），太原：山西出版传媒集团·书海出版社2014年版，第65页。

W1527.1.2

万物始于原始元始

实例

汉族 无宗无上，而独能为万物之始，故名元始。运道一切为极尊，而常处二清，出诸天上，故称天尊。

【流传】（无考）

【出处】《初学记》卷二三引《太玄真一本际经》。

W1527.2

万物产生的顺序

【关联】［W1124.2］天地出现的顺序（天地产生的顺序）

实例

（参见下级母题实例）

W1527.2.1

万物产生顺序已事先安排好

实例

佤族 天下万物的创造都是按照事先安排好的顺序来进行的。

【流传】云南省·（普洱市）·西盟县（西盟佤族自治县）

【出处】达老屈等讲，隋嘎等采录：《司岗里》，见中国民间文学集成全国编辑委员会编《中国民间故事集成》（云南卷），北京：中国 ISBN 中心 2003 年版，第 96 页。

佤族 天下万物的创造，都是按照事先安排好的顺序进行的。

【流传】（云南省·普洱市·西盟佤族自治县）

【出处】随戛、岩扫、岩瑞等讲，艾荻、张天达搜集整理：《司岗里》，见姚宝瑄主编《中国各民族神话》（佤族、阿昌族、纳西族、普米族、德昂族），太原：山西出版传媒集团·书海出版社 2014 年版，第 13 页。

佤族 天下万物的创造，都是按照事先安排好的顺序进行。

【流传】云南省·（普洱市）·西盟县（西盟佤族自治县），（临沧市）·沧源县（沧源佤族自治县）

【出处】随戛、岩扫、岩瑞等讲述，艾荻、张开达搜集整理：《司岗里》，载《山茶》1988 年第 1 期。

W1527.2.1.1

丈夫规定妻子生万物的顺序

实例

高山族 男神那玛达乌和妹妹女神那玛依德成婚之后，由哥哥那玛达乌口授，应该先生什么，后生什么。

【流传】（无考）

【出处】《万物的由来》，见姚宝瑄主编《中国各民族神话》（高山族、黎族、畲族），太原：山西出版传媒集团·书海出版社 2014 年版，第 10 页。

W1527.2.2

先有人后有万物

实 例

独龙族 最早产生的1男1女成亲，繁衍子孙，遂有了人类。然后才显现出鸟、兽、虫、鱼等万物。

【流传】（a）云南省怒江独龙族地区

【出处】

(a) 当色·顶、孔英金、卜松、鲁腊·顶讲，李子贤、张文臣、李慰明记录，孟国才、张联华、和诠翻译，李子贤整理：《木彭哥》，见姚宝瑄主编《中国各民族神话》（水族、布朗族、独龙族、基诺族、傈僳族），太原：山西出版传媒集团·书海出版社2014年版，第110页。

(b)《卡窝卡蒲分万物》，原载李子贤《独龙族的古老神话》，见姚宝瑄主编《中国各民族神话》（水族、布朗族、独龙族、基诺族、傈僳族），太原：山西出版传媒集团·书海出版社2014年版，第113页。

裕固族 （实例待考）

W1527.2.2a

先有万物后有人

【关联】[W2742] 先有万物后有人

实 例

羌族 当世界上有了山、水、岩石、树木等万事万物以后，索依迪朗（索依迪朗，羌语，意为娘老子。迪，羌语，意为"老汉"，即"父亲"；朗，羌语，意为"阿妈"，即"母亲"）想让世界上有人，于是怀孕生出人。

【流传】（无考）

【出处】《索依迪朗：设计造人》，原载西南民族学院《羌族文学简史》编写组编《羌族民间文学资料集》（一），1987年4月，见吕大吉、何耀华总主编《中国各民族原始宗教资料集成》（纳西族卷、羌族卷、独龙族卷、傈僳族卷、怒族卷），北京：中国社会科学出版社2000年版，第578页。

W1527.2.3

动物与人产生的顺序

【关联】

① [W2733] 人与动物同源
② [W2742] 先有万物后有人

实 例

（参见下级母题实例）

W1527.2.3.0

先有动物后有人

实 例

门巴族 很早以前，地上已有猴子，没有人。

【流传】西藏自治区·（林芝地区）·墨脱县

【出处】《听话的猴子变成人》，见廖东凡主编《神山之祖》，武汉：湖北少年儿童出版社2001年版，第10~11页。

W1527.2.3.0.1
先有猴子后有人

实例

怒族 原来天下没有人，只有很多猴子。

【流传】云南省·（怒江傈僳族自治州）·贡山县（贡山独龙族怒族自治县）

【出处】彭兆清提供，攸延春整理：《创世纪》，见攸延春《怒族文学史》，昆明：云南民族出版社2003年版，第18页。

W1527.2.3.1
制造人与动物时最先造出牛

实例

哈萨克族（实例待考）

W1527.2.3.1a
先产生野牛后产生人再产生各种动物

实例

基诺族 创世母亲用身上的污垢造动物，首先造的是野牛，其次是造人，然后各种动物相继造出。

【流传】云南省·（西双版纳傣族自治州·景洪市）·（基诺山基诺族乡）·巴亚寨

【出处】巴卡老四等讲，杜玉亭调查整理：《创世母亲造天地万物》（1958～1981），见吕大吉、何耀华总主编《中国各民族原始宗教资料集成》（彝族卷、白族卷、基诺族卷），北京：中国社会科学出版社1996年版，第879页。

W1527.2.3.2
天上先降动物后降下人

【关联】[W3004.1.3] 牲畜从天上来

实例

珞巴族（实例待考）

W1527.2.3.3
第一是鸡，第二是狗，第三是猪，第四是羊，第五是水牛，第六是马，第七是人

【关联】[W3075] 家畜

实例

壮族（实例待考）

W1527.2.3.3a
第一是鸡，第二是狗，第三是羊，第四是猪，第五是马，第六是牛，第七是人，第八是五谷，第九是瓜果，第十是蔬菜

实例

汉族 女娲娘娘第一天捏的是鸡子，第二天捏了狗，第三天捏了羊，第四天捏了猪，第五天捏了马，第六天捏了牛，第七天捏人，第八天她又捏了

五谷，第九天捏了瓜果，第十天捏了蔬菜。

【流传】中原一带

【出处】陈明绍讲，冬禾搜集整理：《女娲捏泥造人畜》，原载张楚北编《中原神话》，见陶阳、钟秀编《中国神话》（下），北京：商务印书馆2008年版，第1192～1193页。

W1527.2.3.3a.1
女娲第一天造鸡，依次是二狗，三羊、四猪，五马、六羊、七人、八谷、九果、十菜

【关联】［W1505.2］女娲造万物

实例

汉族 女娲娘娘第一天造鸡，依次是二狗，三羊、四猪，五马、六羊、七人、八谷、九果、十菜。

【流传】河南省

【出处】陈明绍讲：《女娲捏泥造人畜》，见张楚北《中原神话》，郑州：海燕出版社1988年版，第32页。

W1527.2.3.3b
女娲先造六畜后造人

实例

汉族 女娲娘娘在第1至第7天分别捏鸡、狗、羊、猪、马、牛、人。

【流传】河南省·（许昌市）·襄城县·山头店乡

【出处】陈明绍讲：《女娲捏人畜》，见中国民间文学集成全国编辑委员会编《中国民间故事集成》（河南卷），北京：中国ISBN中心2001年版，第21页。

汉族 女娲先造六畜后造人，第1至第7天造出的分别是鸡、狗、猫、羊、牛、马、人。

【流传】湖北省·孝感（孝感市）

【出处】杨明春讲：《女娲造六畜》，载《民间文学》1986年第1期。

W1527.2.3.3c
女娲先造草木，后造动物，最后造人

实例

汉族 女娲第1天造草木，第2天鱼虾，第3天禽兽，第4天牲畜，第5天用黄泥捏50个金童，第6天50个玉女，第7日回天。

【流传】山西省·（阳泉市）·平定县·（锁簧镇）·东锁簧村

【出处】朱翠兰讲：《兄妹神婚与东西磨山》，见中国民间文学集成全国编辑委员会编《中国民间故事集成》（山西卷），北京：中国ISBN中心1999年版，第12～14页。

W1527.2.3.4
先产生动植物后有人

实例

羌族 男神和女神开天辟地后，先有树木有野兽后有人类

【流传】四川省·（阿坝藏族羌族自治

州）·茂县·三龙乡

【出处】

（a）《羌族的祭山会》（1983.05），原载钱安靖《羌族宗教习俗调查资料》，见羌族社会历史调查四川省编写组编《羌族社会历史调查》，成都：四川省社会科学院出版社1986年版。

（b）同（a），见昌大吉、何耀华总主编《中国各民族原始宗教资料集成》（纳西族卷、羌族卷、独龙族卷、傈僳族卷、怒族卷），北京：中国社会科学出版社2000年版，第552页。

藏族（白马） 天也有了，地也有了，动物、植物都有了，就是没得人住在中间。

【流传】四川省

【出处】扎嘎才让、小石桥、顶专讲述，谢世廉、周益华、姜志成、周贤中搜集：《天、地、人的起源》，原载中国民间文艺研究会四川分会《四川白马藏族民间文学资料集》，见陶阳、钟秀编《中国神话》（上），北京：商务印书馆2008年版，第35~37页。

W1527.2.3a
先产生动物然后产生植物

实例

高山族 太阳卵孵出的男神那玛达乌和女神那玛依德兄妹成婚。妹妹便依次化生出牛、马、狗、羊、万兽、飞禽、树木、花草，世上才有了万物。

【流传】（无考）

【出处】《万物的由来》，见姚宝瑄主编《中国各民族神话》（高山族、黎族、畲族），太原：山西出版传媒集团·书海出版社2014年版，第10页。

W1527.2.3a.1
女娲先造动物然后造植物

实例

汉族 女娲娘娘第一天造鸡，依次是二狗，三羊、四猪、五马、六羊、七人、八谷、九果、十菜。

【流传】河南省

【出处】陈明绍讲：《女娲捏泥造人畜》，见张楚北《中原神话》，郑州：海燕出版社1988年版，第32页。

W1527.2.4
万物同时造出

实例

（参见下级母题实例）

W1527.2.4.1
天公地母同时造出万物

实例

阿昌族 天公地母遮帕麻与遮米麻在大地上织出花、草、树、江河、海洋。

【流传】（无考）

【出处】《阿昌族简史》编写组：《阿昌族简史》，昆明：云南人民出版社1986年版，第87页。

W1527.2.5
多种动物同时产生

【关联】［W3096.1］多种动物同源

实例

（实例待考）

W1527.2.6
多种植物同时产生

【关联】
① ［W3618.1］神生的植物生出多种植物
② ［W3637.2］同源的植物

实例

阿昌族 遮帕麻与遮米麻在大地上织出花、草、树等植物。

【流传】（无考）

【出处】《阿昌族简史》编写组：《阿昌族简史》，昆明：云南人民出版社1986年版，第87页。

W1527.2.7
多种无生命物同时产生

实例

（实例待考）

W1527.2.8
先造天地日月星辰后造万物

实例

羌族 天地造好了，阿巴木比塔（羌语，意为天神或天帝）又叫神公神母造太阳、月亮、星星，然后再造万物。

【流传】四川省·（阿坝藏族羌族自治州）·茂县

【出处】《羊角花》，原载茂县文化馆编《羌族民间故事》（三），1982年12月，见吕大吉、何耀华总主编《中国各民族原始宗教资料集成》（纳西族卷、羌族卷、独龙族卷、傈僳族卷、怒族卷），北京：中国社会科学出版社2000年版，第583页。

W1527.2.9
与万物产生的顺序有关的其他母题

实例

（参见下级母题实例）

W1527.2.9.1
万物产生前先产生规矩

【关联】［W5991.3］与规矩的产生有关的其他母题

实例

哈尼族 天神俄玛最先生下了玛白、烟奴两个分别制作"规矩"、"礼节"姑娘。她俩站在烟罗神殿的金门坎上，传出了最好的古规古礼。这样，俄玛以后生下来的天神、地神、人神和万事万物都不会错乱了。

【流传】云南省·（红河哈尼族彝族自治州）·元阳（元阳县）、红河（红河县）、金平（金平苗族瑶族傣族自治县）（采集于元阳县·胜村乡·全福庄）

【出处】卢朝贵讲，史军超搜集整理：

《神和人的家谱》,原载云南省民间文学集成办公室编《哈尼族神话传说集成》,中国民间文艺出版社1990年版,见姚宝瑄主编《中国各民族神话》(哈尼族、傣族),太原:山西出版传媒集团·书海出版社2014年版,第39页。

W1527.3
抽象物的产生(可感物的产生)

实例

(参见下级母题实例)

W1527.3.1
"有"和"无"的产生

实例

(参见下级母题实例)

W1527.3.1.1
先生"有",后生"无"

实例

哈尼族 祖先鱼第三天生"有"(指可以摸得着拿得住的各种东西)。第四天生下"无"(指拿不着,听不见,看不见,认不得的事物)。

【流传】云南省·(红河哈尼族彝族自治州)·元阳县·(黄草岭乡)·树皮寨(树皮寨村)

【出处】杨批斗讲,史军超采录:《祖先鱼上山》,见中国民间文学集成全国编辑委员会编《中国民间故事集成》(云南卷),北京:中国ISBN中心2003年版,第37页。

W1527.3.2
色彩的产生

【关联】[W4580]颜色的产生

实例

(参见下级母题实例)

W1527.3.2.1
先生"黄",后生"红"

实例

哈尼族 祖先鱼祖先鱼第五天生"黄";第六天生"红"。

【流传】云南省·(红河哈尼族彝族自治州)·元阳县·(黄草岭乡)·树皮寨(树皮寨村)

【出处】杨批斗讲,史军超采录:《祖先鱼上山》,见中国民间文学集成全国编辑委员会编《中国民间故事集成》(云南卷),北京:中国ISBN中心2003年版,第37页。

W1527.4
多种物同源[①]

【关联】

① [W1547.1]日月同时产生

---

① "多种物同源",此母题与"多种物同时产生"是两个不同的概念。"多种物同时产生"主要指在时间上多种物一起产生出来,不一定来源于同一个母题。而"多种物同源"则在叙事中可以看出这些物源于同一个母体,包括两种情况,(1)多种物来源的母体不一定是动物性质的生命体,有时也可以源于同一个山洞、葫芦、瓜果等;(2)从制造的角度,同一个制造者造出的不同的物,也可以视为同源。

② [W1891.5] 水火同时产生
③ [W2733] 人与动物同源
④ [W2734] 人与植物同源
⑤ [W2735] 人与动植物同源
⑥ [W3096.1] 多种动物同源
⑦ [W3096.2] 动物与植物同源

实　例

（参见下级母题实例）

W1527.4.1
多种无生命物同源

实　例

哈尼族　先祖塔婆的三儿子龙王欧罗给母亲三节竹筒中，第二节竹筒（有的说为第一节）内尽是些五光十色的金银珠宝，她将金银珠宝撒向大地。大地上就有了金银铜铁等矿藏。

【流传】（a）云南省·（红河哈尼族彝族自治州）·元阳县

【出处】

(a) 朱小和讲，卢朝贵采录：《塔婆取种》，见中国民间文学集成全国编辑委员会编《中国民间故事集成》（云南卷），北京：中国ISBN中心2003年版，第300页。

(b) 朱小和讲，芦朝贵等整理：《天、地、人的传说》，载《山茶》1983年第4期。

(c) 同 (b)，见谷德明编《中国少数民族神话》，北京：中国民间文艺出版社1987年版，第313页。

(d) 朱小和讲，芦朝贵等整理：《天、地、人的传说》，见陶立璠、赵桂芳等编《中国少数民族神话汇编》（开天辟地篇等），中央民族学院少数民族古籍整理出版规划领导小组办公室印（未署出版时间），第261页。

彝族　盘古死后，血变成了金银铜铁锡。

【流传】云南省·（楚雄彝族自治州）·楚雄（楚雄市）、南华（南华县）、双柏（双柏县）等地

【出处】《查姆·鲁查姆》，见杨继中、芮增瑞、左玉堂编《楚雄彝族文学简史》，北京：中国民间文艺出版社1986年版，第43~44页。

W1527.4.1.1
地与山同源

实　例

珞巴族　女乌佑（珞巴语，鬼、精灵，也可指神、神灵）生的卵中生出了石基、土乐和土基，那就是现在的大地、大山和小山。

【流传】

(a) 西藏自治区·下珞瑜（泛指永木河、锡约尔河、巴恰西仁河流域）

(b) 西藏自治区·下珞渝（又写作"下珞瑜"）·西巴霞曲一带（山区米里部落切米尔村）

【出处】

(a) 维·埃尔温搜集：《重刚义如木夫妇》，见中华民族故事大系编委会编《中华民族故事大系》第16卷（赫哲族、门巴族、珞巴族、基诺族），上

海：上海文艺出版社1995年版，第401页。
（b）同（a），见李坚尚、刘芳贤编《珞巴族门巴族民间故事选》，上海：上海文艺出版社1993年版，第15页。

W1527.4.2
无生命物与生物同源

实　例

（参见下级母题实例）

W1527.4.2.1
日月星辰与动植物同源

实　例

珞巴族 太阳、月亮和星星，树木和花草，鸟兽和虫鱼，都是大地母生下的孩子。

【流传】西藏自治区·（林芝地区）·米林县·纳玉公社（南伊乡）

【出处】达牛、东娘讲：《阿巴达尼和阿巴达洛》，见谷德明编《中国少数民族神话》，北京：中国民间文艺出版社1987年版，第252页。

W1527.5
万物的种子

【关联】［W3900］种子的产生

实　例

彝族（俚颇） 天神盘颇知道"卡利是利"是万物的种子。

【流传】云南省·（楚雄彝族自治州）·大姚县·昙华山区（昙华乡）

【出处】
（a）陆颇梭颇（毕摩）演唱，夏光辅、诺海阿苏翻译：《俚泼古歌》，见云南省社会科学院楚雄彝族文化研究所编《彝族民间文学》（第二辑），1985年。
（b）陆颇梭颇（毕摩）演唱，夏光辅、诺海阿苏翻译，古梅改写：《赤梅葛——俚泼古歌》，见姚宝瑄主编《中国各民族神话》（羌族、彝族），太原：山西出版传媒集团·书海出版社2014年版，第96页。

W1527.5.1
神造万物的种子

【关联】［W3933］神造种子

实　例

（实例待考）

W1527.5.1.1
寡神和团神造陆地上万物之种

实　例

佤族 （实例待考）

W1527.5.2
神或神性人物生万物的种子

实　例

（参见下级母题实例）

W1527.5.2.1
巨人生万物的种子

【实例】

彝族 巨人尼支呗洛生 12 个儿子，分别是树子、蒿枝、野葡萄、牵牛花、野草、猿猴、熊、狗、青蛙、鸟类的祖先。

【流传】云南省·楚雄地区（楚雄彝族自治州）

【出处】《创造万物的巨人尼支呗洛》，见谷德明编《中国少数民族神话》，北京：中国民间文艺出版社 1987 年版，第 280 页。

W1527.6
万物产生的根本

【实例】

彝族 混沌世界产生了黑与白，黑也在变化，白也在变化，黑与白变化出"尼"和"能"。"尼"和"能"是世间万物产生的根本。

【流传】（贵州省彝族地区）

【出处】《索恒哲》，见王富慧（珠尼阿依）译著，贵州省民族古籍整理办公室编《彝族神话史诗选》，北京：民族出版社 2013 年版，第 3~4 页。

W1527.7
特定物的产生

【实例】

（参见下级母题实例）

W1527.7.1
黄色物的产生

【实例】

彝族 混沌世界最早产生了黑与白，黑与白变化出"尼"和"能"，"尼"和"能"变化生出"阴"和"阳"，"阴"和"阳"结合，生出黄色物。

【流传】（贵州省彝族地区）

【出处】《索恒哲》，见王富慧（珠尼阿依）译著，贵州省民族古籍整理办公室编《彝族神话史诗选》，北京：民族出版社 2013 年版，第 3~6 页。

1.3.2　万物的特征
【W1530 ~ W1534】

W1530
万物的性别

【关联】[W1755.1] 星星有男女

【实例】

（参见下级母题实例）

W1530.1
以前万物没有性别

【实例】

（实例待考）

W1530.2
万物都有公母（万物有雌雄）

实例

壮族 布洛陀（又译作"布碌陀"、"布洛朵"、"抱洛朵"等，壮族文化始祖、英雄、神话中的人王等）将世间的所有东西都拿来称，重的属母，在下方，轻的归公，应该在上。

【流传】云南省·（文山壮族苗族自治州）·西畴县

【出处】陆开富等讲，王明富采录：《布洛陀》，见中国民间文学集成全国编辑委员会编《中国民间故事集成》（云南卷），北京：中国ISBN中心2003年版，第86页。

W1531
万物的居所

实例

（参见下级母题实例）

W1531.1
以前万物生活在天上

实例

（实例待考）

W1531.2
以前万物生活在半空中

实例

普米族 混沌不分的远古时代，人类和万物就像是一粒粒灰尘样，在宇宙的半空中生活。

【流传】（无考）

【出处】若扯绒布讲：《天阳老祖和地阴阿斯》，见章虹宇《普米族的"八卦图"》，载《云南民族学院学报》1995年第2期。

W1532
以前万物会说话

【关联】[W1769.6] 会说话的星星

实例

布朗族 很古的时候，世上万物能与人对话。

【流传】云南省·（临沧市）·双江县（双江拉祜族佤族布朗族傣族自治县）

【出处】植万七讲，傣春华采录：《兄妹成婚衍人类》，见中国民间文学集成全国编辑委员会编《中国民间故事集成》（云南卷），北京：中国ISBN中心2003年版，第206页。

景颇族 以前万物会说话。

【流传】（无考）

【出处】何峨整理：《万物诞生》，见中华民族故事大系编委会编《中华民族故事大系》第10卷（景颇族、柯尔克孜族、土族），上海：上海文艺出版社1995年版，第11页。

佤族 以前的人、动物和植物，一切的一切却都有着思考的脑袋和说话的舌头。

【流传】（无考）

1.3.2 万物的特征   ‖W1532.1–W1532.2‖ 1669

【出处】挨嘎搜集整理：《谁做天下万物之王》，原载中国少数民族文学学会编《中国少数民族民间故事选》，中国民间文艺出版社 1981 年版，见姚宝瑄主编《中国各民族神话》（佤族、阿昌族、纳西族、普米族、德昂族），太原：山西出版传媒集团·书海出版社 2014 年版，第 7 页。

佤族 古昔不仅人能言，即草木鸟兽亦俱能言。

【流传】（云南省？）

【出处】袁珂改编：《达惹嘎木》（原名《青蛙大王与母牛》），原载陶阳·钟秀编《中国神话》，见袁珂《中国神话大词典》，北京：华夏出版社 2015 年版，第 520 页。

彝族 以前，万物都会说话。

【流传】
(a) 四川省·（凉山彝族自治州）·美姑县·拉马阿觉乡·尔布村
(b) 四川省·（凉山彝族自治州）·甘洛县·玉田呷日乡

【出处】
(a) 吉拉乌火讲，阿都乌果采录：《降雷》，见中国民间文学集成全国编辑委员会编《中国民间故事集成》（四川卷·上），北京：中国 ISBN 中心 1998 年版，第 773 页。
(b) 厅木铁钉讲，沙光荣采录：《智水和哑水》，见中国民间文学集成全国编辑委员会编《中国民间故事集成》（四川卷·上），北京：中国 ISBN 中心 1998 年版，第 754 页。

(c) 新克搜集整理：《天神的哑水》见谷德明编《中国少数民族神话》，北京：中国民间文艺出版社 1987 年版，第 287~290 页。
(d)《天神的哑水》，见《中国民间故事选》第 2 集。

彝族 古昔世间万物俱能言。

【流传】（无考）

【出处】《天神哑水》，原载《中国民间故事选》（第二集）（原名《天神的哑水》），见袁珂《中国神话大词典》，北京：华夏出版社 2015 年版，第 429 页。

W1532.1
以前山川河流会说话

实　例

汉族 （实例待考）

彝族 以前，山川河流会说话。

【流传】四川省·（凉山彝族自治州）·美姑县·拉马阿觉乡·尔布村

【出处】吉拉乌火讲，阿都乌果采录：《降雷》，见中国民间文学集成全国编辑委员会编《中国民间故事集成》（四川卷·上），北京：中国 ISBN 中心 1998 年版，第 773 页。

W1532.2
以前草木会说话

【关联】［W3662］以前植物会说话

实　例

佤族 很古的时候，不单人会说话，

树木草蒿也会说话。

【流传】云南省·（临沧市）·沧源县（沧源佤族自治县）

【出处】肖则贡讲，学良采录：《葫芦里出来的人烟》，见中国民间文学集成全国编辑委员会编《中国民间故事集成》（云南卷），北京：中国ISBN中心2003年版，第194页。

W1532a
万物不会说话

实 例

（参见下级母题实例）

W1532a.1
万物不会说话的原因

实 例

（参见下级母题实例）

W1532a.1.1
万物因喝了哑水不会说话

【关联】[W1897.3]哑水

实 例

彝族 万物不知清亮的水是天神的哑水，争相去喝，结果世间万物悉不能言。

【流传】（无考）

【出处】《天神哑水》，原载《中国民间故事选》（第二集）（原名《天神的哑水》），见袁珂《中国神话大词典》，北京：华夏出版社2015年版，第429~430页。

W1533
以前的自然物会行走

【关联】[W1865.6]石头会行走

实 例

（参见下级母题实例）

W1533.1
以前柴草会行走

实 例

纳西族 馋嘴婆跑出门外一看，只见柴禾汗流浃背地向家里走来。

【流传】云南省·（丽江市）·丽江县（古城区、玉龙纳西族自治县）

【出处】木丽春采集整理：《柴禾的故事》，见木丽春编著《纳西族民间故事集》，昆明：云南人民出版社2007年版，第119页。

W1534
与万物的特征有关的其他母题

实 例

（参见下级母题实例）

W1534.0
万物差异的来历

【关联】[W1538.2]以前万物不分

实 例

（参见下级母题实例）

W1534.0.1

以前万物没有区别

实例

独龙族 远古时，日月婚生的万物都是无边无角的圆块，混沌无别。

【流传】（a）云南省怒江独龙族地区

【出处】

（a）当色·顶、孔英金、卜松、鲁腊·顶讲，李子贤、张文臣、李慰明记录，孟国才、张联华、和诠翻译，李子贤整理：《木彭哥》，见姚宝瑄主编《中国各民族神话》（水族、布朗族、独龙族、基诺族、傈僳族），太原：山西出版传媒集团·书海出版社2014年版，第110页。

（b）《卡窝卡蒲分万物》，原载李子贤《独龙族的古老神话》，见姚宝瑄主编《中国各民族神话》（水族、布朗族、独龙族、基诺族、傈僳族），太原：山西出版传媒集团·书海出版社2014年版，第113页。

W1534.0.1.1

水洗涤出万物的区别

【关联】[W1995.5.2] 洗涤后产生生物

实例

独龙族 以前万物的形体没有区别，雪山之神卡窝卡蒲将雪化为清水，用清水洗濯万物，将其赘瘤除去，才把万物区分开来。

【流传】（a）云南省怒江独龙族地区

【出处】

（a）当色·顶、孔英金、卜松、鲁腊·顶讲，李子贤、张文臣、李慰明记录，孟国才、张联华、和诠翻译，李子贤整理：《木彭哥》，见姚宝瑄主编《中国各民族神话》（水族、布朗族、独龙族、基诺族、傈僳族），太原：山西出版传媒集团·书海出版社2014年版，第110页。

（b）《卡窝卡蒲分万物》，原载李子贤《独龙族的古老神话》，见姚宝瑄主编《中国各民族神话》（水族、布朗族、独龙族、基诺族、傈僳族），太原：山西出版传媒集团·书海出版社2014年版，第113页。

W1534.1

万物繁殖能力的获得

【关联】[W2580.2] 生育能力的获得

实例

（参见下级母题实例）

W1534.1.1

神或神性人物让万物有繁殖能力

实例

（参见下级母题实例）

W1534.1.1.1

女神赐万物生育能力

实例

蒙古族（布里亚特）（实例待考）

W1534.1.1.2
真主让万物有繁殖能力

实例

回族 安拉让万物都有成长和繁殖后代的能力。

【流传】黑龙江省·（牡丹江市）·绥芬河市

【出处】杨明岱讲，周爱民采录：《阿丹人祖》，见中国民间文学集成全国编辑委员会编《中国民间故事集成》（黑龙江卷），北京：中国 ISBN 中心 2005 年版，第 20 页。

W1534.2
万物的生长

实例

（参见下级母题实例）

W1534.2.1
特定的神负责万物的生长

实例

彝族 波立阿约神负责万物的生长。

【流传】四川省·（凉山彝族自治州）·雷波县

【出处】(a) 保木和铁讲，芦芙阿梅译，白芝采录：《开天辟地》，见中国民间文学集成全国编辑委员会编《中国民间故事集成》（四川卷·上），北京：中国 ISBN 中心 1998 年版，第 749 页。

(b)《开天辟地》，见陶立璠、赵桂芳等编《中国少数民族神话汇编》（开天辟地篇等），中央民族学院少数民族古籍整理出版规划领导小组办公室印（未署出版时间），第 85~95 页。

W1534.2.2
地管着生长万物

实例

蒙古族 地管着生长万物。

【流传】吉林省·（松原市）·前郭尔罗斯（前郭尔罗斯蒙古族自治县）·乌兰敖都乡

【出处】《武当喇嘛创世》，见白庚胜总主编《中国民间故事全书》（吉林省·前郭尔罗斯县卷），北京：知识产权出版社 2009 年版，第 3 页。

W1534.2.3
万物生长靠太阳

【关联】

① ［W1502.3.3］有了太阳和大地后万物慢慢产生

② ［W1618］太阳的能力

实例

布依族 后生力戛撑天后，天虽稳固，尚无日月，世间无光明，庄稼不能生长。

【流传】（无考）

【出处】《力戛撑天》，原载谷德明编《中国少数民族神话选》，见袁珂《中国神话大词典》，北京：华夏出版社

1.3.2 万物的特征　‖W1534.2.3.1–W1534.2.3a‖　1673

拉祜族　天上还没有太阳，因为天上还没有月亮，因为天上还没有星星，所以，万物还不会生长。

【流传】云南省大拉祜及黄拉祜中部一带

【出处】小八讲，古木整理：《天神厄莎》（整理中参照了《牡帕密帕》和《古根》），见姚宝瑄主编《中国各民族神话》（白族、拉祜族、景颇族），太原：山西出版传媒集团·书海出版社 2014 年版，第 160 页。

苗族　古时天上无日月，四处皆黑，草木不生，庄稼不长。

【流传】（无考）

【出处】《公鸡请日月》，原载谷德明编《中国少数民族神话选》，见袁珂《中国神话大词典》，北京：华夏出版社 2015 年版，第 417 页。

彝族　天上无太阳，庄稼不熟，牛羊不长，草木枯死，花果不收。

【流传】（无考）

【出处】《三女寻太阳》，原载谷德明编《中国少数民族神话》（原名《三女找太阳》），见袁珂《中国神话大词典》，北京：华夏出版社 2015 年版，第 428 页。

W1534.2.3.1
阳光抚育万物

实 例

彝族　古时候，天上的七个太阳发出的阳光像乳汁一样哺育大地，树木常青，鲜花不败，庄稼一年收七次，牛羊一年生七胎。

【流传】（无考）

【出处】《三女镇夜猫精》，王四代根据此誉阿立讲，摩依翻译，上元、邹志诚整理《三女找太阳》（谷德明编《中国少数民族神话选》，西北民族学院研究所 1983 年内部资料）改写，见姚宝瑄主编《中国各民族神话》（羌族、彝族），太原：山西出版传媒集团·书海出版社 2014 年版，第 361 页。

W1534.2.3a
神火使万物生长

【关联】[W4598.5] 神火

实 例

满族　阿布卡赫赫有位护眼女神，她的神火能穿透大地，润育沃野，滋生万物。

【流传】黑龙江省·黑河地区（黑河市）·孙吴县·（沿江满族达斡尔族乡）·四季屯（四季屯村）

【出处】吴纪贤、富希陆讲：《天宫大战——黑水女真人传世神话》（1939，选自富育光、郭淑云整理的手稿），见姚宝瑄主编《中国各民族神话》（满族、赫哲族、朝鲜族），太原：山西出版传媒集团·书海出版社 2014 年版，第 25 页。

W1534.2.4
与万物生长有关的其他母题

实例

（参见下级母题实例）

W1534.2.4.1
天地刚分开时万物无法生长

【关联】[W1275] 天地的分开

实例

水族　女神伢俣刚分开天地时，天上没有光，地下也不亮，天上模模糊糊，地下昏昏暗暗，这样万物无法生存，万物无法生长。

【流传】（无考）

【出处】潘静流唱，燕宝记译，化斯改写：《伢俣开创世界》（原名《造天造地》），见姚宝瑄主编《中国各民族神话》（水族、布朗族、独龙族、基诺族、傈僳族），太原：山西出版传媒集团·书海出版社2014年版，第5页。

W1534.2.4.2
以前万物生长很快

【关联】[W1792.4c.2] 天国里的万物迅速成长

实例

纳西族　很古的时候，美利陆阿普和美利色阿主，创造了人间的万类物种，可是，大地上万类物种都朝着太阳蹿天生长着。

【流传】云南省·（丽江市）·丽江县（古城区、玉龙纳西族自治县）

【出处】木丽春采集整理：《松树高矮的故事》，见木丽春编著《纳西族民间故事集》，昆明：云南人民出版社2007年版，第289页。

W1534.2.4.3
诵经可以使万物生长

【关联】[W6468.10] 诵经

实例

彝族　古代洪荒之时，天神遣毕摩的先祖下凡诵经，地上的万物因此得以生长。

【流传】云南省·（楚雄彝族自治州）武定，（昆明市）·禄劝（彝族苗族自治）县一带

【出处】何耀华：《彝族社会中的毕摩》，载《云南社会科学》1988年第2期。

W1534.2.4.4
万物生长靠灵魂

【关联】[W1534.5] 万物有灵

实例

壮族　一切事物如果没有魂，就不能产生、成长和发展变化。

【流传】（贵州省·黔东南苗族侗族自治州·从江县）

【出处】覃华儒搜集整理：*《万物有魂》（1989），见吕大吉、何耀华总主

编《中国各民族原始宗教资料集成》（土家族卷、瑶族卷、壮族卷、黎族卷），北京：中国社会科学出版社1998年版，第486页。

W1534.2.4.5
神分出日暖夜凉后生物生长

实 例

毛南族 格（神名，毛南语音译）射日以后，分出日暖夜凉，从此地上的生物就蓬勃生长起来。

【流传】广西壮族自治区·（河池市）·环江毛南族自治县·上南（上南乡）、中南（中南乡）、下南（下南乡）·上纳屯

【出处】

（a）蒙贵章讲，蒙国荣、韦志华、谭贻生记录翻译，蒙国荣整理：《天皇到盘、古》（1984.07），见杨光富《回、彝、水、仡佬、毛南、京六族故事选》，南宁：广西人民出版社1988年版。

（b）同（a），见姚宝瑄主编《中国各民族神话》（土家族、毛南族、侗族、瑶族），太原：山西出版传媒集团·书海出版社2014年版，第50页。

W1534.3
万物的生育

实 例

（参见下级母题实例）

W1534.3.1
天神给万物分配生育任务

实 例

基诺族 天神给万物分配生育任务。

【流传】云南省·（西双版纳傣族自治州）·景洪（景洪市）

【出处】李刚《老虎为什么不多》，见中华民族故事大系编委会编《中华民族故事大系》第16卷（赫哲族、门巴族、珞巴族、基诺族），上海：上海文艺出版社1995年版，第979页。

W1534.3.2
万物生育方式不同的来历

实 例

蒙古族（布里亚特） 依杜根女神把雪白的马驹赐给了白色牝马，把喳喳叫的小乌鸦赐给了黑乌鸦，把甜稠李枝赐给了稠李树。

【流传】（无考）

【出处】［苏联］Г.Р.加尔达诺娃著，宋长宏译，佟德富校：《喇嘛教前的布里亚特宗教信仰》（俄文版），诺沃西比尔斯克：科学出版社西伯利亚分社1987年版，第26~30页，见吕大吉、何耀华总主编《中国各民族原始宗教资料集成》（鄂伦春族卷、鄂温克族卷、赫哲族卷、达斡尔族卷、锡伯族卷、满族卷、蒙古族卷、藏族卷），北京：中国社会科学出版社1999年版，第650页。

W1534.4
会隐形的物体

【汤普森】D1655

【关联】［W9169］隐身术

实 例

（实例待考）

W1534.5
万物有灵

【关联】

① ［W1534.2.4.4］万物生长靠灵魂

② ［W1865.11］石头有灵魂

实 例

怒族 贡山怒族所信奉万物有灵。

【流传】云南省·（怒江傈僳族自治州）·贡山（贡山独龙族怒族自治县）

【出处】

（a）张文照整理：《怒族宗教情况》，见《怒族社会历史调查》，昆明：云南人民出版社 1981 年版，第 114 页。

（b）同（a），见吕大吉、何耀华总主编《中国各民族原始宗教资料集成》（纳西族卷、羌族卷、独龙族卷、傈僳族卷、怒族卷），北京：中国社会科学出版社 2000 年版，第 849 页。

佤族 佤族认为万物有灵，日、月、山川、河流、树林等中，都存在着一个最大的主宰一切的"神灵"。

【流传】云南省·（临沧市）·沧源县（沧源佤族自治县）

【出处】白老大讲，张云采录：《兄妹神》附记，见中国民间文学集成全国编辑委员会编《中国民间故事集成》（云南卷），北京：中国 ISBN 中心 2003 年版，第 334 页。

W1534.5.1
创世主赋予万物灵魂

实 例

哈萨克族 万能的创世主迦萨甘给世间的万物赋予灵魂。

【流传】（无考）

【出处】《神与灵魂》，见谷德明编《中国史诗神话选》（初稿），内部资料，第 807 页。

哈萨克族 创世主迦萨甘创造了种种有益的草木虫鱼，并且给它们注入了灵魂，使它们都有了生命。

【流传】（新疆维吾尔自治区）

【出处】

（a）尼哈迈提·蒙加尼整理，校仲彝记录整理：《迦萨甘创世》，见张越、姚宝瑄编《新疆民族神话故事选》，乌鲁木齐：新疆人民出版社 1989 年版。

（b）同（a），见姚宝瑄主编《中国各民族神话》（乌孜别克族、哈萨克族、柯尔克孜族、俄罗斯族、维吾尔族、塔吉克族、塔塔尔族、锡伯族），太原：山西出版传媒集团·书海出版社 2014 年版，第 23 页。

W1534.6

以前万物不停地旋转

实 例

普米族 以前,天地一刻不停地旋转,人类和万物也随天地一刻不停地旋转。

【流传】(无考)

【出处】若扯绒布讲:《天阳老祖和地阴阿斯》,见章虹宇《普米族的"八卦图"》,载《云南民族学院学报》1995年第2期。

W1534.6a

万物都是运动的

【关联】[W3661] 以前的植物会行走

实 例

彝族 天地间的事,动是第一要紧的事。

【流传】(云南省·楚雄彝族自治州·双柏县,红河哈尼族彝族自治州等地)

【出处】

(a) 云南省民族民间文学楚雄、红河调查队搜集,郭思九、陶学良整理:《查姆》,昆明:云南人民出版社1981年版。

(b) 郭思九、陶学良整理,古梅改写:《彝家的古根》,选自《云南民族文学资料》第七集中的《查姆》上部前三章,见姚宝瑄主编《中国各民族神话》(羌族、彝族),太原:山西出版传媒集团·书海出版社2014年版,第59页。

W1534.7

以前万物都会思考

实 例

佤族 以前的人、动物和植物,一切的一切却都有着思考的脑袋。

【流传】(无考)

【出处】挨嘎搜集整理:《谁做天下万物之王》,原载中国少数民族文学学会编《中国少数民族民间故事选》,中国民间文艺出版社1981年版,见姚宝瑄主编《中国各民族神话》(佤族、阿昌族、纳西族、普米族、德昂族),太原:山西出版传媒集团·书海出版社2014年版,第7页。

W1534.8

以前万物都是圆的

实 例

独龙族 远古时,日月婚生的万物都是无边无角的圆块。

【流传】(a) 云南省怒江独龙族地区

【出处】

(a) 当色·顶、孔英金、卜松、鲁腊·顶讲,李子贤、张文臣、李慰明记录,孟国才、张联华、和诠翻译,李子贤整理:《木彭哥》,见姚宝瑄主编《中国各民族神话》(水族、布朗族、独龙族、基诺族、傈僳族),太原:山西出版传媒集团·书海出版社2014年版,第110页。

(b)《卡窝卡蒲分万物》,原载李子贤《独龙族的古老神话》,见姚宝瑄主编《中国各民族神话》(水族、布朗族、独龙族、基诺族、傈僳族),太原:山西出版传媒集团·书海出版社 2014 年版,第 113 页。

W1534.9
万物的特定肢体的来历

实例

(参见下级母题实例)

W1534.9.1
万物的嘴的来历

实例

(参见下级母题实例)

W1534.9.1.1
杀的特定动物的嘴变成万物的嘴

实例

哈尼族 天神们杀翻塔婆的龙牛铺设天地造万物时,牛嘴成为世上万物的口,万物没有口,就无法生存。

【流传】(无考)

【出处】《杀牛龙,造天地》,根据张牛朗、杨批斗、李书周等演唱,杨保生、李家顺等翻译,杨笛、郭纯礼等整理《十二奴局》和《奥色密色》翻译稿改写,见姚宝瑄主编《中国各民族神话》(哈尼族、傣族),太原:山西出版传媒集团·书海出版社 2014 年版,第 13 页。

W1534.10
万物呼吸的来历

实例

(参见下级母题实例)

W1534.10.1
神拉风箱使万物会呼吸

实例

哈尼族 众神造地时拉风箱,万物才会呼吸。

【流传】云南省·(红河哈尼族彝族自治州)·元阳县、金平县(金平苗族瑶族傣族自治县)、红河县等地

【出处】朱小和讲,史军超、卢朝贵搜集整理:《烟本霍本》,原载刘辉豪、阿罗编《哈尼族民间故事选》,上海文艺出版社 1989 年版,见姚宝瑄主编《中国各民族神话》(哈尼族、傣族),太原:山西出版传媒集团·书海出版社 2014 年版,第 37 页。

W1534.11
万物会开花

【关联】

① [W1613.6] 日月开花
② [W3644.1] 有的植物为什么开花
③ [W1769.11] 星星开花

实例

(参见下级母题实例)

W1534.11.1
地上的万物学天上开花

实 例

彝族（俚颇） 天上先开花，花的影子就映照在地面上，地面上的万物，都抬起头看看天上，万物也就跟着开了花。水，开花了；山，开花了；石头，开花了；土地，也开花了。小兔吃着开花草，小兔也开花了，白白的一朵花，开在头上；獐子吃了开花草，獐子也开花了，一朵朱红色的花，开在它的身上；豺狼也开花，狐狸也开花，豪猪也开花，兽类都开花，不开花的兽类没有了。

【流传】云南省·（楚雄彝族自治州）·大姚县·昙华山区（昙华乡）

【出处】
(a) 陆颇梭颇（毕摩）演唱，夏光辅、诺海阿苏翻译：《俚泼古歌》，见云南省社会科学院楚雄彝族文化研究所编《彝族民间文学》第 2 辑，1985 年。
(b) 陆颇梭颇（毕摩）演唱，夏光辅、诺海阿苏翻译，古梅改写：《赤梅葛——俚泼古歌》，见姚宝瑄主编《中国各民族神话》（羌族、彝族），太原：山西出版传媒集团·书海出版社 2014 年版，第 109 页。

W1534.11.2
滚磨时的火花碰到之物都开花

实 例

汉族 盘古与妹妹滚磨结婚时，石磨滚下去迸有火花，碰到哪里，都开花。

【流传】河南省·（南阳市）·桐柏县·安棚乡

【出处】姚义雨（40 岁，农民）讲，马卉欣转述，河南大学"中原神话调查组"录音，张振犁、程健君采录：《盘古兄妹婚（五）》（1984.12.22），见张振犁编著《中原神话通鉴》（第一卷），郑州：河南大学出版社 2017 年版，第 101 页。

1.3.3 与万物有关的其他母题
【W1535 ~ W1539】

W1535
万物的名称

【关联】
① [W6850] 名字的产生
② [W6851] 以前万物没有名字

实 例

（参见下级母题实例）

W1535.1
万物产生后各获得名字

【汤普森】A1191

实 例

（实例待考）

W1535.2
神或神性人物为万物命名

【关联】[W6853] 神或神性人物给特定物命名

实例

壮族　掌管万物生死大权的布洛陀（b 为"布碌陀"）为花草树木，鸟兽鱼虫，人类畜类一一都给安名定姓。

【流传】
（a）广西壮族自治区·（河池市）·巴马县（巴马瑶族自治县）·所略乡·所略村
（b）广西壮族自治区右江、云南省红河一带

【出处】
（a）周朝珍讲，何承文采录翻译：《布洛陀》，见中国民间文学集成全国编辑委员会编《中国民间故事集成》（广西卷），北京：中国 ISBN 中心 2001 年版，第 30 页。
（b）周朝珍讲，何承文整理：《布碌陀》，见谷德明编《中国少数民族神话》，北京：中国民间文艺出版社 1987 年版，第 68 页。

W1535.2.1
始祖为万物定名字

实例

壮族　（实例待考）

W1535.2.2
天鬼为万物命名

【关联】[W0906.1] 天上的鬼（天鬼）

实例

景颇族　（实例待考）

W1535.2.3
智慧神给万物取名

【关联】
① [W0496] 智慧神（知识神）
② [W6878] 神或神性人物为人取名

实例

景颇族　潘瓦能桑遮瓦能章（智慧神）生下来以后，就给世界上的万物取了名字。

【流传】（无考）

【出处】斋瓦贡退干唱，李向前、木然瑶都搜集整理，木子改写：《穆脑斋瓦——宁冠瓦》，见姚宝瑄主编《中国各民族神话》（白族、拉祜族、景颇族），太原：山西出版传媒集团·书海出版社 2014 年版，第 224 页。

W1535.3
与万物名称有关的其他母题

实例

（参见下级母题实例）

W1535.3.1
金木水火土

实例

（参见下级母题实例）

W1535.3.1.1
天地卵中孕生金木水火土

实例

汉族 天地合闭，像个大西瓜，合得团团圆圆的，包罗万物在内，计一万零八百年，凡一切诸物，皆溶化其中矣。止有金木水火土五者混于其内，硬者如瓜子，软者如瓜瓤，内有青黄赤白黑五色，亦溶化其中。

【流传】（无考）

【出处】［明］周游：《开辟衍绎》。

W1536
万物的种类

【关联】
① ［W2990］人的种类
② ［W3080］动物的种类
③ ［W3688］植物的种类

实例

（参见下级母题实例）

W1536.1
万物有不同类型

实例

（参见下级母题实例）

W1536.1.1
77 个不同类型的物

实例

哈尼族 祖先鱼生下天地、有无、生死等的弟兄，总共是 77 个。

【流传】云南省·（红河哈尼族彝族自治州）·元阳县·（黄草岭乡）·树皮寨

【出处】杨批斗讲，史军超采录：《祖先鱼上山》，见中国民间文学集成全国编辑委员会编《中国民间故事集成》（云南卷），北京：中国 ISBN 中心 2003 年版，第 37 页。

W1536.1.2
物种有百种

实例

哈尼族 大鱼的白哩（传说中的鱼肚中的器官，类似千层肚一样的东西）有百十层，一层装着一样物种。

【流传】云南省·（红河哈尼族彝族自治州）·红河县

【出处】张平础讲，李期博记录翻译：《杀鱼取种》，原载云南省民间文学集成办公室编《哈尼族神话传说集成》，中国民间文艺出版社 1990 年版，见姚宝瑄主编《中国各民族神话》（哈尼族、傣族），太原：山西出版传媒集团·书海出版社 2014 年版，第 156 页。

W1536.1.3
万物有 1 万 2 千类

实例

瑶族 书神邮友郁夺一天走了一万两千里路，给一万两千种物体取了名。

【流传】（无考）

【出处】《密洛陀神谱》，蓝田根据农学冠等撰写的《瑶族神话传说中的人物》编写，见姚宝瑄主编《中国各民族神话》（土家族、毛南族、侗族、瑶族），太原：山西出版传媒集团·书海出版社2014年版，第149页。

瑶族（布努）密洛陀（万物之母，女始祖，女神）的第九个儿子邮友郁夺为万事命名时，万物全给安上名，名称安了万二类。

【流传】广西壮族自治区·（河池市）·都安县（都安瑶族自治县）、巴马县（巴马瑶族自治县）、南丹县，（百色市）·田东县、平果县等地

【出处】桑布郎等传，蒙凤标（83岁）、罗仁祥（73岁）等唱：《密洛陀》（1983），见蓝怀昌、蓝书京、蒙通顺搜集翻译整理《密洛陀》，北京：中国民间文艺出版社1988年版，第165页。

W1537

万物的寿命

实例

（参见下级母题实例）

W1537.1

万物寿命的制定

【汤普森】≈A1320

实例

（参见下级母题实例）

W1537.1.1

神决定万物的寿命

【关联】

① ［W2943.0］神规定人的寿命

② ［W3091.1］神或神性人物定动物的寿命

实例

（参见下级母题实例）

W1537.1.1.1

神生育万物的寿命

实例

哈尼族 最高的神王阿匹梅烟生出天地的长命。

【流传】云南省·（红河哈尼族彝族自治州）·元阳（元阳县）·攀枝花（攀枝花乡）·洞铺寨

【出处】朱小和讲，史军超采录：《永生不死的姑娘》，见中国民间文学集成全国编辑委员会编《中国民间故事集成》（云南卷），北京：中国ISBN中心2003年版，第130页。

W1537.1.1.2

祖先神掌管万物生死

实例

壮族 布洛陀（男始祖，神）掌管万物生死大权。

【流传】广西壮族自治区右江、红河一带

【出处】周朝珍口述，何承文整理：《布洛陀》，原载蓝鸿恩编《壮族民间故事选》，见陶阳、钟秀编《中国神话》（上），北京：商务印书馆 2008 年版，第 67~86 页。

W1537. 1. 1. 3
众神商议万物的寿命
【关联】[W1110.0.1] 众人商议开天辟地
实 例

哈尼族　天神、地神、太阳神、月亮神、庄稼神、年神、水神、树神还有人神九个大神以前商量万物的寿命。

【流传】（云南省·红河哈尼族彝族自治州·元阳县）
【出处】朱小和讲，史军超搜集整理：《永生不死的姑娘》，原载云南省民间文学集成办公室编《哈尼族神话传说集成》，中国民间文艺出版社 1990 年版，见姚宝瑄主编《中国各民族神话》（哈尼族、傣族），太原：山西出版传媒集团·书海出版社 2014 年版，第 166 页。

W1537. 1. 2
特定动物决定万物的寿命
实 例
（实例待考）

W1537. 2
万物寿命的改变
实 例
（参见下级母题实例）

W1537. 2. 1
万物交换寿命
【关联】[W2958] 人与动物交换调整寿限
实 例
（参见下级母题实例）

W1537. 3
与万物寿命有关的其他母题
实 例
（参见下级母题实例）

W1537. 3. 1
万物的毁灭
实 例
（参见下级母题实例）

W1537. 3. 1. 1
天地第十代，万物毁灭
【关联】[W8673] 世界的毁灭
实 例

彝族　天地第十代，万物毁灭尽。

【流传】四川省·凉山地区（凉山彝族自治州）
【出处】冯元蔚译注：《勒俄特依》，成都：四川民族出版社 1986 年版，第 5 页。

W1537.3.2
万物生死的控制

实 例

(参见下级母题实例)

W1537.3.2.1
咒语可控制万物的生死

实 例

(参见下级母题实例)

W1537.3.2.1.1
猕猴念咒使万物有生有死

实 例

傈僳族 老猕猴念咒让万物有生死。

【流 传】云南省·(怒江傈僳族自治州)·碧江县(1986年撤销县制，归入福贡县等)

【出 处】刘辉豪搜集整理：《天、地、人的由来》，见中华民族故事大系编委会编《中华民族故事大系》第7卷(黎族、傈僳族、佤族)，上海：上海文艺出版社1995年版，第261~263页。

W1537.3.3
万物不死

【关联】
① ［W1618.9］太阳不死
② ［W1625.3］月亮不死
③ ［W1852.6.6］不死山
④ ［W1865.4.2］石头不死

实 例

(参见下级母题实例)

W1537.3.3.1
万物不死是因为使用了不死药

实 例

哈尼族 纠底纳迟药(不死药)飞来了，从此人地上的万物不会死亡了。

【流 传】云南省·(玉溪市)·元江县(元江哈尼族彝族傣族自治县)·羊街乡、那诺乡及因远镇清水河流城一带

【出 处】《天灾歌》，见元江县哈尼文化学会、元江县史志编纂办公室编《元江哈尼族古歌集》，内部编印，2005年，第100页。

W1537.3.4
万物都会死

实 例

彝族(罗鲁泼) 万物都会死，太阳会死，月亮会死，人会死。

【流 传】云南省·(楚雄彝族自治州)·永仁县

【出 处】

(a) 李德宝演唱，李必荣、李荣才搜集，夏光辅、诺海阿苏翻译：《冷斋调》(1984)，见云南省社会科学院楚雄彝族文化研究所编《彝族民间文学》第2辑，1985年。

(b) 夏光辅、诺海阿苏翻译，古梅改

写：《冷斋调》，见姚宝瑄主编《中国各民族神话》（羌族、彝族），太原：山西出版传媒集团·书海出版社 2014 年版，第 116 页。

W1537.3.5
造万物时没有造寿命

实例

哈尼族 造天造地的时候，天神样样都造下来了，没有造的只有一样，就是寿命这个东西。

【流传】云南省·（红河哈尼族彝族自治州·元阳县·攀枝花乡·硐蒲寨）

【出处】朱小和讲，史军超搜集整理：《永生不死的姑娘》，原载《哈尼族神话传说集成》，见陶阳、钟秀编《中国神话》（下），北京：商务印书馆 2008 年版，第 1095~1099 页。

W1538
与万物有关的其他母题

实例

（参见下级母题实例）

W1538.1
万物的首领

【关联】[W5030] 首领

实例

（参见下级母题实例）

W1538.1.1
人是万物之长

【关联】
① [W2997.9] 人是万物之灵
② [W4627.3] 人主宰世间万物

实例

（实例待考）

W1538.1.2
龙、凤、龟、麟、虎是万物的首领

实例

普米族 万物的首领是龙、凤、龟、麟、虎。

【流传】（无考）

【出处】若扯绒布讲：《天阳老祖和地阴阿斯》，见章虹宇《普米族的"八卦图"》，载《云南民族学院学报》1995 年第 2 期。

W1538.1a
万物之母

实例

彝族 阿俄署布是万物之母。

【流传】（四川省·凉山彝族自治州）

【出处】

（a）冯元蔚译：《勒俄特依》，成都：四川民族出版社 1986 年版。

（b）冯元蔚译，蔷紫改写：《勒俄特依》，见姚宝瑄主编《中国各民族神

W1538.1a.1

始祖密洛陀是万物之母

【关联】

① ［W0704］密洛陀

② ［W1103.9.6.2］女始祖密洛陀造天地

实例

瑶族　最早时天地之间，有一面铜鼓。铜鼓中间睡着一个女人密洛陀（万物之母），头枕着一对鼓槌，旁边有九个浮游的影子。这九个影子就是九个大神，是那女人的护卫。这面铜鼓靠九十九条金龙盘托，有九十九只凤凰相伴。

【流传】广西壮族自治区·（河池市）·大化县（大化瑶族自治县）·七百弄乡

【出处】蓝阿勇（72岁）讲，蒙冠雄采录翻译：《密洛陀》（1982），见中国民间文学集成全国编辑委员会编《中国民间故事集成》（广西卷），北京：中国ISBN中心2001年版，第11~22页。

W1538.2

以前万物不分

【关联】［W1534.0.1］水洗涤出万物的区别

话》（羌族、彝族），太原：山西出版传媒集团·书海出版社2014年版，第153页。

实例

独龙族　万物混沌无别。雪山之神卡窝卡蒲将雪化为清水，雪山之水分出万物。

【流传】云南省

【出处】

（a）李子贤辑：《卡窝卡蒲分万物》，见中国各民族宗教与神话大词典编审委员会编《中国各民族宗教与神话大词典》，北京：学苑出版社1990年版，第121页。

（b）陶阳、牟钟秀著：《中国创世神话》，上海：上海人民出版社2006年版，第24页。

W1538.3

万物的分工

【关联】［W5082］社会分工

实例

（参见下级母题实例）

W1538.3.1

玉皇给万物分工

实例

壮族　天上的玉皇给万物分工。

【流传】广西壮族自治区·（崇左市）·龙州县·金龙乡·更怀屯

【出处】黄氏喜讲：《万物分工离》，见张声震总主编，农冠品编注《壮族神话集成》，南宁：广西民族出版社2007年版，第182~184页。

W1538.4
水管滋润生灵

实例

蒙古族 造出天地山水后，水管滋润生灵。

【流传】内蒙古自治区·哲里木盟（通辽市）·（科尔沁左翼右旗）·甘旗卡镇

【出处】哈拉巴拉讲，徐少义采录：《扎萨喇嘛》，见中国民间文学集成全国编辑委员会编《中国民间故事集成》（内蒙古卷），北京：中国 ISBN 中心 2007 年版，第 6 页。

W1538.5
无生命物

实例

（参见下级母题实例）

W1538.5.1
以前无生命物都有生命

实例

纳西族 远古的时代，树木会走路，石头会说话，天和地也会生气。

【流传】云南省·（丽江市）·丽江县（古城区、玉龙纳西族自治县）

【出处】木丽春采集整理：《回祖源故地的传说》，见木丽春编著《纳西族民间故事集》，昆明：云南人民出版社 2007 年版，第 75 页。

W1538.5.2
无生命物生无生命物

实例

汉族 金山上的金子到地上还会生出金子。

【流传】辽宁省·（葫芦岛市）·建昌县·二道湾子（二道湾子蒙古族乡）一带

【出处】谢林德讲，冷朝阳记录：《月亮的传说》，见姚宝瑄主编《中国各民族神话》（汉族），太原：山西出版传媒集团·书海出版社 2014 年版，第 269~271 页。

W1538.5.3
无生命物不会行走的原因

实例

（参见下级母题实例）

W1538.5.3.1
得罪神灵造成柴草不再行走

【关联】[W9908] 不敬神被惩罚

实例

纳西族 馋嘴婆得罪了管柴禾的术神灵，弄得柴禾不会走路了，人们要烧柴禾，得辛辛苦苦地跑到山里，汗流浃背地背回来。

【流传】云南省·（丽江市）·丽江县（古城区、玉龙纳西族自治县）

【出处】木丽春采集整理：《柴禾的故

事》，见木丽春编著《纳西族民间故事集》，昆明：云南人民出版社 2007 年版，第 119 页。

W1538.5.4
万物的关系

实例

（参见下级母题实例）

W1538.5.4.1
相克的事物

实例

（参见下级母题实例）

W1538.5.4.1.1
水火相克

【关联】［W1897.16a］水与火是仇敌

实例

汉族　南海龙王降雨，以水克火。

【流传】（无考）

【出处】

（a）《八百蛟龙护南岳》，载《民间文学》1982 年第 7 期。

（b）同（a），见姚宝瑄主编《中国各民族神话》（汉族），太原：山西出版传媒集团·书海出版社 2014 年版，第 372~375 页。

1.4　日月[①]
【W1540～W1699】

1.4.1　日月的产生
【W1540～W1599】

❈ W1540
日月的产生

实　例

（参见下级母题实例）

W1540.1
以前没有日月

【关联】［W1700.1］以前没有星星

实　例

高山族（泰雅） 古时，天地无日月，四季暗淡无光。

【流传】（台湾？）

【出处】袁珂改编：《父子射日》，原载毛星主编《中国少数民族文学》（中册），见袁珂《中国神话大词典》，北京：华夏出版社2015年版，第524页。

汉族 原来，天上没得太阳也没得月亮，整个天都黑漆漆的。

【流传】四川省·巴县（重庆·巴南区）·广阳镇

【出处】杨学模讲，杜志榜记录，李子硕整理：《破鼓救月》（1988.05），见姚宝瑄主编《中国各民族神话》（汉族），太原：山西出版传媒集团·书海出版社2014年版，第234～236页。

汉族 很久以前，大地一片漆黑，没太阳，也没月亮。

【流传】浙江省·舟山市·（定海区·岑港镇）·烟墩（烟墩村）、马目（马目村）一带

【出处】夏长生讲，夏志芳记录整理：《鸡神分日夜》（1987.07.20），见姚宝瑄主编《中国各民族神话》（汉族），太原：山西出版传媒集团·书海出版社2014年版，第176页。

汉族 以前，没天、没地、没日、没月。

【流传】河南省·（濮阳市）·濮阳县（五星乡）·西八里庄村

---

① 日月，该类母题存在多种混杂情况，如有的神话叙事中可能日月同时产生，有的神话叙事强调的可能只是太阳或月亮，因此在母题的编目中难以完全剥离其中的重合现象。对此类问题在本编中采相近母题连续编排，相同母题相互观照的方式，如"日月的产生"母题类型，我们将其分为"日月同时产生"、"太阳的产生"和"月亮的产生"三个下一级母题类型。在"日月同时产生"母题中主要涉及的是日月作为一对共同体同时产生；"太阳的产生"和"月亮的产生"强调的则是"太阳"、"月亮"单独产生的神话母题，至于"太阳"、"月亮"单独产生类目下与"日月同时产生"相关母题，则采取相互观照提示的方式，只列举其中的一个编码。这种编排方式同样使用在"日月的特征"、"日月的数量"等一系列表述顺序之中。

【出处】魏世敏（60岁）讲，魏盼先采录：《盘古开天》（1990.06），见张振犁编著《中原神话通鉴》（第一卷），郑州：河南大学出版社2017年版，第14页。

苗族 很古以前，天上没有太阳和月亮。

【流传】贵州省·黔东南地区（黔东南苗族侗族自治州）

【出处】杨告金讲，杨光全记录整理：《公鸡请日月》，见姚宝瑄主编《中国各民族神话》（布依族、仡佬族、苗族），太原：山西出版传媒集团·书海出版社2014年版，第269页。

苗族 很古以前，天上没有太阳，也没有月亮。

【流传】（无考）

【出处】陶家仁讲述，陶永华、刘德荣搜集整理：《阳雀造日月》，载《山茶》1982年第5期。

苗族 很古以前，天上没有太阳，也没有月亮。

【流传】云南省

【出处】陶家仁讲，陶永华、刘德荣记录整理：《阳雀造日月》，见姚宝瑄主编《中国各民族神话》（布依族、仡佬族、苗族），太原：山西出版传媒集团·书海出版社2014年版，第257页。

苗族 远古的时候，没有太阳和月亮。

【流传】云南省

【出处】
（a）《造人烟的传说》，见杨光汉主编《云南苗族民间故事集成》，北京：中国民间文艺出版社1988年版。
（b）同（a），见姚宝瑄主编《中国各民族神话》（布依族、仡佬族、苗族），太原：山西出版传媒集团·书海出版社2014年版，第287页。

苗族 古时天上无日月。

【流传】（无考）

【出处】《公鸡请日月》，原载谷德明编《中国少数民族神话选》，见袁珂《中国神话大词典》，北京：华夏出版社2015年版，第417页。

门巴族 很早以前，天上没有日、月。

【流传】（西藏自治区）

【出处】
（a）《门巴族的来源》，见张江华等编《门巴族封建农奴社会》，成都：四川民族出版社1988年版。
（b）同（a），见姚宝瑄主编《中国各民族神话》（门巴族、珞巴族、怒族、藏族），太原：山西出版传媒集团·书海出版社2014年版，第4页。

彝族 刚造出的天光秀秃的，天上还没有太阳，天上还没有月亮。

【流传】（云南省·楚雄彝族自治州·姚安县·官屯乡·马游村，大姚县·昙华乡等）

【出处】
（a）郭天元（马游村）、李申呼颇（昙华乡）、李福玉颇（苴）演唱，郭思

九、许明学、龚维顺、张宝省、陈志群、胡炳文等搜集,刘德虎、龚维顺、陈志群、李树荣、郭天元等整理:《梅葛》(第一部"创世"),见云南省民族民间文学楚雄调查队《梅葛》(1959),昆明:云南人民出版社2009年版。

(b)《打虎开天辟地》,蔷紫据云南省民族民间文学楚雄调查队著《梅葛》(云南人民出版社2009年版)改写,见姚宝瑄主编《中国各民族神话》(羌族、彝族),太原:山西出版传媒集团·书海出版社2014年版,第194页。

W1540.1.0
特定的时代没有日月
【实 例】

(参见下级母题实例)

W1540.1.0.1
洪荒时代没有日月
【关联】[W1091.1]世界经历洪荒时代
【实 例】

纳西族 洪荒时代,混沌未开,天地不分,这时候没有日月。

【流传】(无考)

【出处】《人祖利恩》,见姚宝瑄主编《中国各民族神话》(佤族、阿昌族、纳西族、普米族、德昂族),太原:山西出版传媒集团·书海出版社2014年版,第173页。

W1540.1.0.2
开天辟地后没有日月
【实 例】

布依族 祖先翁戛造出天地后,天上还没有太阳,天上还没有月亮,也没有星星。

【流传】贵州省布依族地区

【出处】杨正荣、祝登壅讲,岭玉清、汛河搜集整理,古梅改写:《翁戛造万物》,见姚宝瑄主编《中国各民族神话》(布依族、仡佬族、苗族),太原:山西出版传媒集团·书海出版社2014年版,第8页。

蒙古族 天地形成之初,宇宙间并没有太阳和月亮。

【流传】新疆维吾尔自治区·(巴音郭楞蒙古自治州)·博湖县·才干淖尔乡

【出处】图格吉优讲,特·敖如格欣采录:《日月的形成和日蚀月蚀的由来》,见中国民间文学集成全国编辑委员会编《中国民间故事集成》(新疆卷),北京:中国 ISBN 中心2008年版,第12页。

彝族 在天地初开的时候,天上还没有日月星辰,地上也没有江河山岳。

【流传】(无考)

【出处】

(a)蒋汉章翻译,李仲舒整理:《创造万物的巨人支格阿鲁》,见陶立璠、李耀宗主编《中国少数民族神话传说

（b）《创造万物的巨人尼支呷咯》，见谷德明编《中国少数民族神话》，北京：中国民间文艺出版社 1987 年版，第 280 页。

W1540.1.0.3
远古时没有日月

实 例

布依族 远古时，天上无太阳月亮。

【流传】（无考）

【出处】《当万与蓉莲》，原载田兵等编《布依族文学史》，见袁珂《中国神话大词典》，北京：华夏出版社 2015 年版，第 449 页。

哈尼族 远古时候，世界只有云雾水气，没有日月星辰。

【流传】云南省·（西双版纳傣族自治州）·勐海县

【出处】朗特讲，古梅搜集整理：《天怀孕，地怀孕》，见姚宝瑄主编《中国各民族神话》（哈尼族、傣族），太原：山西出版传媒集团·书海出版社 2014 年版，第 15 页。

苗族 远古的时候，上没有日月星辰，下没有山川河流。

【流传】广西壮族自治区·（柳州市）·融水县（融水苗族自治县）

【出处】杨达香讲，梁彬搜集整理：《创世记》，见谷德明编《中国少数民族神话》，北京：中国民间文艺出版社 1987 年版，第 545 页。

苗族 远古之时，天无日月。

【流传】（无考）

【出处】《阳雀造日月》，原载谷德明编《中国少数民族神话选》，见袁珂《中国神话大词典》，北京：华夏出版社 2015 年版，第 418 页。

普米族 远古时候，天上没有太阳，没有月亮。

【流传】云南省·（怒江傈僳族自治州）·兰坪县（兰坪白族普米族自治县）

【出处】熊美珍讲，杨照辉采录：《月亮妹妹》，见中国民间文学集成全国编辑委员会编《中国民间故事集成》（云南卷），北京：中国 ISBN 中心 2003 年版，第 134 页。

W1540.1.0.4
最早产生人时没有日月

实 例

撒拉族 阿丹和海娃落尘的时候，天上没有太阳和月亮，到处黑洞洞的。

【流传】（无考）

【出处】大漠、马英生搜集整理：《经受磨难》，见满都呼主编《中国阿尔泰语系诸民族神话故事》，北京：民族出版社 1997 年版，第 98 页。

W1540.1.1
以前没有太阳

实 例

傣族 以前，天上没有太阳。

【流传】（云南省）

【出处】

（a）岩温扁、杨胜能、吴军搜集整理：《傣族男子为什么要纹身》，见傅光宇编《傣族民间故事选》，上海：上海文艺出版社1985年版。

（b）同（a），见姚宝瑄主编《中国各民族神话》（哈尼族、傣族），太原：山西出版传媒集团·书海出版社2014年版，第354页。

彝族（阿细）　最古的时候，天上没有太阳。天上的阿洛神在天上安了太阳。

【流传】（a）云南省·红河哈尼族彝族自治州·弥勒县·（西山镇）

【出处】

（a）潘正兴等唱述，云南省民族民间文学红河调查队搜集翻译整理：《阿细的先基》，昆明：云南人民出版社1959年版。

（b）云南省民族民间文学红河调查队搜集整理，古梅改写：《最古的时候》，见姚宝瑄主编《中国各民族神话》（羌族、彝族），太原：山西出版传媒集团·书海出版社2014年版，第133页。

藏族　很早以前的时候，天空中没有太阳。

【流传】青海省·黄南州（黄南藏族自治州）·同仁县

【出处】娘先讲，赵清阳采录：《从前天空无太阳》，见中国民间文学集成全国编辑委员会编《中国民间故事集成》（青海卷），北京：中国ISBN中心2007年版，第6页。

W1540.1.1.1

特定的地方没有太阳

实例

门巴族　门巴人的家乡是个美丽的、富饶的地方，一年三熟，物产丰富。他们祖祖辈辈在这块土地上劳动生活。但这里没有太阳，在黑暗中生活。

【流传】（西藏自治区）

【出处】

（a）李朝鲜整理：《英雄倾滚》，见于乃昌编《西藏民间故事》（第五集），拉萨：西藏人民出版社1989年版。

（b）同（a），见姚宝瑄主编《中国各民族神话》（门巴族、珞巴族、怒族、藏族），太原：山西出版传媒集团·书海出版社2014年版，第9页。

W1540.1.2

以前没有月亮

实例

高山族　以前天上没有月亮，只有一个太阳。

【流传】（无考）

【出处】陈国强整理：《射日的故事》，见中华民族故事大系编委会编《中华民族故事大系》第8卷（畲族、高山族、拉祜族），上海：上海文艺出版社1995年版，第397页。

水族　以前，天上只有太阳，没有月

亮和星星。

【流传】广西壮族自治区·（河池市）·宜山（宜州市）·龙头乡

【出处】李明讲，黄柳军搜集：《月妹》，见曹廷伟编著《广西民间故事辞典》，南宁：广西教育出版社1993年版，第9页。

瑶族 以前，天上只有太阳，没有月亮。

【流传】（a）广西壮族自治区·桂北（主要包括桂林市、贺州市、柳州北部）

【出处】

（a）萧甘牛搜集整理：《雅拉射月亮》，见曹廷伟编著《广西民间故事辞典》，南宁：广西教育出版社1993年版，第10页。

（b）《射月亮》，见谷德明编《中国少数民族神话》，北京：中国民间文艺出版社1987年版，第132页。

壮族 以前天上没有月亮。

【流传】广西壮族自治区·（桂林市）·龙胜县（龙胜各族自治县）

【出处】陈且旧整理：《月亮妹》，见中华民族故事大系编委会编《中华民族故事大系》第3卷（彝族、壮族、布依族），上海：上海文艺出版社1995年版，第390页。

W1540.1.2.1
刚造出天地后没有月亮

实例

侗族 萨天巴（蜘蛛，女祖神，创世神）生出天地后，天上没有风、没有云、没有雷电和雨神，也没有光、没有星辰和彩虹、没有明明晃晃的月亮。

【流传】广西壮族自治区·（柳州市）·三江（三江侗族自治县），（桂林市）·龙胜（龙胜各族自治县）

【出处】杨卜林喜、杨卜松林、杨明世讲，杨国仁、涛声搜集整理，蔷紫改写：《创世女神萨天巴》，原文为过伟改写自侗族创世史诗《嘎茫莽道时嘉——远祖歌》（未出版稿），见姚宝瑄主编《中国各民族神话》（土家族、毛南族、侗族、瑶族），太原：山西出版传媒集团·书海出版社2014年版，第73页。

W1540.1.3
以前只有星星没有日月

实例

白族 古时候，没有太阳，也没有月亮，只有像撒满芝麻一样的星星，昏暗昏暗的。

【流传】云南省·（大理白族自治州）·剑川（剑川县）

【出处】施美祥讲，瑞鸿等搜集整理：《日月从哪来》，见中华民族故事大系编委会编《中华民族故事大系》第5卷（瑶族、白族、土家族），上海：上海文艺出版社1995年版，第553页。

白族 古时候，这里没有太阳，也没

有月亮，只有像撒满芝麻一样的星星。

【流传】云南省·（大理白族自治州）·剑川县

【出处】施美祥讲，瑞鸿、瑞林记录，乐夫整理：《日月从哪里来》，见姚宝瑄主编《中国各民族神话》（白族、拉祜族、景颇族），太原：山西出版传媒集团·书海出版社2014年版，第43页。

W1540.1.4
以前只有云水雾气没有日月

【关联】［W1546.1］消除云雾出现日月

实 例

哈尼族 远古时候，世界只有云雾水气，没有日月星辰。

【流传】云南省·（西双版纳傣族自治州）·勐海县

【出处】朗特讲，古梅搜集整理：《天怀孕，地怀孕》，见姚宝瑄主编《中国各民族神话》（哈尼族、傣族），太原：山西出版传媒集团·书海出版社2014年版，第15页。

W1540.1.5
以前没有日月星辰

实 例

哈尼族 以前没有山峦河川、日月星辰，亦无人烟。

【流传】（无考）

【出处】《开天辟地》（原名《奥色密色》），原载毛星主编《中国少数民族文学》（下册），见袁珂《中国神话大词典》，北京：华夏出版社2015年版，第490页。

哈尼族 远古的时候，没有日月和星辰。

【流传】（无考）

【出处】《杀牛龙，造天地》，根据张牛朗、杨批斗、李书周等演唱，杨保生、李家顺等翻译，杨笛、郭纯礼等整理《十二奴局》和《奥色密色》翻译稿改写，见姚宝瑄主编《中国各民族神话》（哈尼族、傣族），太原：山西出版传媒集团·书海出版社2014年版，第9页。

拉祜族 很古的时候，没有天，也没有地，也没有日月和星辰。

【流传】云南省大拉祜及黄拉祜中部一带

【出处】小八讲，古木整理：《天神厄莎》（整理中参照了《牡帕密帕》和《古根》），见姚宝瑄主编《中国各民族神话》（白族、拉祜族、景颇族），太原：山西出版传媒集团·书海出版社2014年版，第158页。

维吾尔族 很早以前，宇宙里没有太阳，没有月亮，没有地球，也没有星星。

【流传】新疆维吾尔自治区·伊犁州（伊犁哈萨克自治州）·察布查尔县（察布查尔锡伯自治县）

【出处】牙库布讲，阿不都拉搜集翻译，姚宝瑄整理：《女天神创世》，见姚宝瑄主编《中国各民族神话》（乌孜别克族、哈萨克族、柯尔克孜族、俄罗斯族、维吾尔族、塔吉克族、塔塔尔族、锡伯族），太原：山西出版传媒集团·书海出版社2014年版，第225页。

彝族 古时无天地日月星辰。

【流传】（无考）

【出处】《黑埃罗波赛神》（原名《查姆·万物起源歌》），原载毛星主编《中国少数民族文学》（下册），见袁珂《中国神话大词典》，北京：华夏出版社2015年版，第436页。

彝族 很久以前，天上没太阳，天上没星星，天上没月亮。

【流传】云南省·红河（红河哈尼族彝族自治州）·元阳（元阳县）、绿春（绿春县）、石屏（石屏县），（玉溪市）元江（哈尼族彝族傣族自治县），（普洱市）·墨江（哈尼族自治县）等

【出处】龙倮贵搜集整理，黄建明摘录：《祭龙的根由》，见吕大吉、何耀华总主编《中国各民族原始宗教资料集成》（彝族卷、白族卷、基诺族卷），北京：中国社会科学出版社1996年版，第280~281页。

彝族 以前，天地混沌，上无日月星辰。

【流传】（无考）

【出处】《支格阿鲁》，原载毛星主编《中国少数民族文学》（下册）（原名

《勒乌特衣》），见袁珂《中国神话大词典》，北京：华夏出版社2015年版，第429页。

W1540.1.5.1
远古时没有日月星辰

实例

苗族 远古的时候，天上没有日月星辰。

【流传】广西壮族自治区·（柳州市）·融水苗族自治县

【出处】
(a) 杨达香讲，梁彬搜集整理：《创世纪》（一、开天辟地，地始天初），见梁彬、王天若编《苗族民间故事选》，南宁：广西人民出版社1986年版。

(b) 同（a），见姚宝瑄主编《中国各民族神话》（布依族、仡佬族、苗族），太原：山西出版传媒集团·书海出版社2014年版，第168页。

W1540.1.5.2
天地初开时没有日月星辰

实例

满族 天地初开的时候，没有日、月、星、辰。

【流传】（无考）

【出处】
(a) 富育光：《萨满教与神话》，沈阳：辽宁大学出版社1990年版，第62页。

(b)《神鸟救世》，见吕大吉、何耀华

总主编《中国各民族原始宗教资料集成》（鄂伦春族卷、鄂温克族卷、赫哲族卷、达斡尔族卷、锡伯族卷、满族卷、蒙古族卷、藏族卷），北京：中国社会科学出版社1999年版，第482页。

W1541

日月出现的时间（日月产生的时间）

【关联】

① ［W1502.1.3］开天辟地后自然出现万物

② ［W1540.1.0.2］开天辟地后没有日月

③ ［W1599.3］最早出现的是月亮

实例

（参见下级母题实例）

W1541.1

世界最早出现的是日月

实例

汉族 早先天底下只有一雌一雄两样东西，即月亮和太阳。

【流传】浙江省·宁波市·镇海区·城关

【出处】何薇强讲，沈志远采录：《太阳追月亮》，见中国民间文学集成全国编辑委员会编《中国民间故事集成》（浙江卷），北京：中国ISBN中心1997年版，第33页。

W1541.2

天地混沌未分时出现日月

实例

朝鲜族 天地混沌未分时，天上挂着两个太阳和两个月亮。

【流传】（无考）

【出处】《创世记》，见金东勋《朝鲜族的神话传说》，http://www.chinactwh.com，2003.09.02。

W1541.3

天地分开时出现日月

【关联】［W1540.1.0.2］开天辟地后没有日月

实例

苗族 盘古开天，南火立地后，天上才有日有月。

【流传】（无考）

【出处】龙炳文整理：《古老话》，见苏晓星《苗族文学史》，成都：四川出版集团·四川民族出版社2003年版，第62页。

纳西族 很古的时候，天地初分，日月出现。

【流传】云南省·丽江（丽江市）

【出处】和正才讲：《普称乌璐》，见《东巴经文资料》（1963~1964），中国社会科学院图书馆单册复印云南丽江县文化馆资料合订本，第1页。

土族 天地自然分开时，出现日月。

【流传】青海省·（海东市）·互助县（互助土族自治县）

【出处】李郄宝（土族）讲，李友楼（土族）记录：《天地形成》，见满都呼主编《中国阿尔泰语系诸民族神话故事》，北京：民族出版社1997年版，第208~209页。

裕固族 天地刚分开时，世上只有月亮和太阳。

【流传】（无考）

【出处】钟进文整理：《日母月父》，见满都呼主编《中国阿尔泰语系诸民族神话故事》，北京：民族出版社1997年版，第116页。

裕固族 天地刚分开时，天上只有1日1月。

【流传】（无考）

【出处】《日母月父》，见杨进智《裕固族研究论文集》，兰州：兰州大学出版社1996年版，第350页。

W1541.3.1
天地开辟后出现日月星辰

实 例

汉族 天地开辟以后，天上有了太阳、月亮和星星。

【流传】（无考）

【出处】《女娲创造人类》，原载袁珂编译《中国神话故事》，见陶阳、钟秀编《中国神话》（上），北京：商务印书馆2008年版，第317~319页。

W1541.3.1.1
盘果王分开天地后出现日月星辰

【关联】

① ［W0728.3.7.1］盘果王
② ［W1104.1.1］盘果王开天辟地

实 例

布依族 盘果王分开天地后，上有日月星辰，下有河流山川，天地始得开拓。

【流传】贵州省黔西南及黔南大部分地区

【出处】《混沌王与盘果王》，原载贵州省社会科学院文学研究所编《布依族文学史》，见袁珂《中国神话大词典》，北京：华夏出版社2015年版，第451页。

W1541.4
三皇五帝后出现日月

实 例

汉族 经前三皇后五帝，有了日月星斗。

【流传】河南省·（周口市）·沈丘县·卡路口乡·孙庄

【出处】孙洪杰（男，67岁，农民。不识字）讲，孙如灵采录：《伏羲和女娲（四）》（1986.10），见张振犁编著《中原神话通鉴》（第一卷），郑州：河南大学出版社2017年版，第324页。

W1542

日月源于某个地方或自然存在

实 例

（参见下级母题实例）

W1542.1

出现天地时自然出现日月

【关联】［W1541.3］天地分开时出现日月

实 例

汉族 天地形成后，天上有了日月。

【流传】山西省·（运城市）·闻喜县（旧称桐乡）·（桐城镇）·峪堡村

【出处】王有山讲，王更元采录：《盘古出生》，见中国民间文学集成全国编辑委员会编《中国民间故事集成》（山西卷），北京：中国 ISBN 中心1999 年版，第 3 页。

汉族 天设日月。

【流传】（无考）

【出处】［汉］刘安及门客：《淮南子·泰族训》。

土族 很久以前，既没有天地，后来天地分开，出现了日月。

【流传】青海省·（海东市）·互助县（互助土族自治县）

【出处】李郅宝讲，李友楼等采录：《天地的形成》，见满都呼主编《中国阿尔泰语系诸民族神话故事》，北京：民族出版社 1997 年版，第 208 页。

W1542.1.1

开天辟地后自然出现日月

【关联】［W1555.1.2］盘古开天辟地后造太阳

实 例

苗族 盘古开天，祝融立地之后，天上才有了日月。

【流传】湖南省苗族地区

【出处】龙王六演唱，龙炳文翻译：《开天立地》，苗地根据《楚风》刊登的《苗族古歌》的第一部分《开天日立》改写，见姚宝瑄主编《中国各民族神话》（布依族、仡佬族、苗族），太原：山西出版传媒集团·书海出版社 2014 年版，第 128 页。

W1542.2

日月已存在，后来由神喊出

【关联】

① ［W1634.1.2］特定人物喊出 6 个太阳和 7 个月亮

② ［W1701.1］人喊出星星

实 例

彝族 （实例待考）

W1542.2.1

日月已存在，后来由雷公放出

实 例

苗族

（参见 W1652.0.1.2 母题实例）

W1542.2.2
鸡叫出日月星辰

【关联】［W9844.1］公鸡喊太阳

实例

（参见下级母题实例）

W1542.2.2.1
天鸡叫出日月星辰

实例

汉族 （实例待考）

W1542.2.2.2
女娲造的鸡叫出日月星辰

【关联】［W3348.2.4］女娲造鸡

实例

汉族 女娲娘娘第一天造出鸡。鸡子一叫，天门开了，日月星辰齐出来。

【流传】湖北省·孝感市

【出处】杨明春讲述，宋虎搜集整理：《女娲造六畜》，载《民间文学》1986年第1期。

汉族 女娲娘娘造万物。第一天，她把泥巴摔来摔去，摔出一只鸡子。鸡子一叫，天门开了，日月星辰齐出来。

【流传】湖北省

【出处】杨明春讲，宋虎搜集整理：《女娲造六畜》，见姚宝瑄主编《中国各民族神话》（汉族），太原：山西出版传媒集团·书海出版社2014年版，第33～34页。

W1542.2.3
祭祀后喊出日月

实例

彝族 阿吕居子（人名）造好金屋、银屋后，宰了一头白阉牛来祭。九天喊到晚，喊出六个太阳来。九夜喊到亮，喊出七个月亮来。

【流传】（四川省·凉山彝族自治州）

【出处】

（a）冯元蔚译：《勒俄特依》，成都：四川民族出版社1986年版。

（b）冯元蔚译，蔷紫改写：《勒俄特依》，见姚宝瑄主编《中国各民族神话》（羌族、彝族），太原：山西出版传媒集团·书海出版社2014年版，第161页。

W1542.3
日月来自于另外一个世界

实例

壮族 盘古把另一个世界太阳姐姐和月亮妹妹带到人间。

【流传】广西壮族自治区·（柳州市）·融安县·大良乡（大良镇）

【出处】陈氏讲，罗文贤搜集整理：《月亮和太阳的来历》，见曹廷伟编著《广西民间故事辞典》，南宁：广西教育出版社1993年版，第4页。

W1542.3.1

日月源于天外

实例

彝族 兹阿玛（即天宫仙人）从天外请来九个太阳，八个月亮。

【流传】贵州省西部、云南省东北部、四川省西南部彝族地区

【出处】阿危·热默讲，阿乍·芮芝整理：《人祖的由来》，见姚宝瑄主编《中国各民族神话》（羌族、彝族），太原：山西出版传媒集团·书海出版社 2014 年版，第 185 页。

W1542.4

日月从洞中出

【汤普森】A713

实例

（参见下级母题实例）

W1542.4.1

日月源于天洞

【关联】［W1366］天洞（天上的窟窿、天被撞破）

实例

（参见下级母题实例）

W1542.4.1.1

鸟啄天洞出现日月星辰

实例

满族 一只天鸟把阿布卡赫赫（女天神）背上天去，把天给啄个洞，又啄个洞，一连啄出千千万万个洞，从此出现了日月星光。

【流传】（无考）

【出处】

（a）富育光：《萨满教与神话》，沈阳：辽宁大学出版社 1990 年版，第 62 页。

（b）《神鸟救世》，见吕大吉、何耀华总主编《中国各民族原始宗教资料集成》（鄂伦春族卷、鄂温克族卷、赫哲族卷、达斡尔族卷、锡伯族卷、满族卷、蒙古族卷、藏族卷），北京：中国社会科学出版社 1999 年版，第 482 页。

W1542.5

从地下挖出日月

实例

（参见下级母题实例）

W1542.5.1

天王从地下挖出日月

【关联】［W0204］天帝（天王、天皇、天君）

实例

苗族 日月是天王从地下挖出的。

【流传】（无考）

【出处】屈育德：《神话·传说·民俗》，北京：中国文联出版社 1988 年版，第 69 页。

W1542.6
玉帝派来日月

【关联】［W0777］玉皇大帝

实例

壮族 凡间不分昼夜，玉帝派来日月。

【流传】广西壮族自治区·（南宁市）·隆安（隆安县）

【出处】《盘古开天辟地》，见张声震总主编，农冠品编注《壮族神话集成》，南宁：广西民族出版社2007年版，第6页。

W1543
日月是造出来的（造日月）

实例

（参见下级母题实例）

W1543.1
神或神性人物造日月

实例

（参见下级母题实例）

W1543.1.1
天神造日月

实例

傣族 以前地上昼夜不分，天地漆黑。天神知之，乃为造一太阳。然太阳唯照白日，夜晚仍漆黑。天神又另造一月亮，于是夜晚亦有光明。

【流传】（云南省？）

【出处】袁珂改编：《开天辟地》，原载谷德明编《中国少数民族神话选》，见袁珂《中国神话大词典》，北京：华夏出版社2015年版，第498页。

哈尼族 天神造出太阳和月亮。

【流传】

（a）云南省·（红河哈尼族彝族自治州）·元阳县

（b）云南省·（红河哈尼族彝族自治州）·元阳（元阳县）、红河（红河县）、绿春（绿春县）、金平（金平苗族瑶族傣族自治县）等

【出处】

（a）朱小和讲，史军超采录：《查牛补天地》，见中国民间文学集成全国编辑委员会编《中国民间故事集成》（云南卷），北京：中国ISBN中心2003年版，第29页。

（b）同（a），见云南省民间文学集成办公室编《哈尼族神话传说集成》，北京：中国民间文艺出版社1990年版。

哈尼族 古时候，天神造出天和地，造出太阳和月亮。

【流传】云南省·（红河哈尼族彝族自治州）·元阳（元阳县）、红河（红河县）、绿春（绿春县）、金平（金平苗族瑶族傣族自治县）

【出处】朱小和讲唱，史军超搜集整理：《查牛补天地》（1983），原载云南省民间文学集成办公室编《哈尼族神话传说集成》，中国民间文艺出版社

1990 年版，见姚宝瑄主编《中国各民族神话》（哈尼族、傣族），太原：山西出版传媒集团·书海出版社 2014 年版，第 48 页。

珞巴族 天神造日月。

【流传】西藏自治区·（林芝地区）·墨脱县

【出处】布洛讲，于乃昌、张为凤整理：《天神三兄弟》，见廖东凡主编《神山之祖》，武汉：湖北少年儿童出版社 2001 年版，第 3～4 页。

怒族 天神造日月星。

【流传】（无考）

【出处】金阿友讲，叶世昌整理：《天上为什么闪电打雷下雨》，见中华民族故事大系编委会编《中华民族故事大系》第 14 卷（普米族、塔吉克族、怒族、俄罗斯族、鄂温克族），上海：上海文艺出版社 1995 年版，第 525 页。

佤族 里（天神名，旧译"利吉神"）在光滑平坦的天上安了太阳，安了月亮，安了星星。

【流传】云南省·（普洱市）·西盟县（西盟佤族自治县），（临沧市）·沧源县（沧源佤族自治县）

【出处】随戛、岩扫、岩瑞等讲述，艾荻、张开达搜集整理：《司岗里》，载《山茶》1988 年第 1 期。

彝族 古时混沌初开时，天上无日月，请天神出日月。

【流传】四川省彝族地区

【出处】沙马拉毅主编：《彝族文学概论》，太原：山西教育出版社 2001 年版，第 35 页。

W1543.1.1.1
天神磨出日月星辰

【关联】［W1708.2.1］天神磨出星星

实 例

佤族 "俚"（神名）把天磨光滑后，又磨出灿烂的日、月、星辰。

【流传】云南省·（普洱市）·西盟佤族自治县、澜沧拉祜族自治县等地

【出处】毕登程、隋嘎编著：《司岗里——佤族创世史诗》，昆明：云南出版集团公司·云南人民出版社 2009 年版，第 8 页。

W1543.1.1.2
女天神造日月

实 例

水族 女天神牙巫（伢俣）造日月。

【流传】贵州省·（黔南布依族苗族自治州）·三都县（三都水族自治县）、荔波（荔波县）、独山（独山县），（黔东南苗族侗族自治州）·榕江（榕江县）、雷山（雷山县）等

【出处】

（a）陶阳、钟秀《中国创世神话》，上海：上海人民出版社 1993 年版，第 64 页。

（b）《开天地造人烟》，见范禹主编《水族文学史》，贵阳：贵州人民出版

社 1987 年版，第 39~40 页。

W1543.1.2
女神造日月
实例

（参见下级母题实例）

W1543.1.2.1
女神用清气造日月
【关联】［W1543.5.3.5］用气造日月

实例

水族　女神伢俣取来清气，用清气做出太阳，又做出了月亮。

【流传】（无考）

【出处】潘静流唱，燕宝记译，化斯改写：《伢俣开创世界》（原名《造天造地》），见姚宝瑄主编《中国各民族神话》（水族、布朗族、独龙族、基诺族、傈僳族），太原：山西出版传媒集团·书海出版社 2014 年版，第 5 页。

水族　伢俣（伢俣，水族语"女娲"）取清气以造日月各十，以造作过多，岩石泥土俱熔化，人不能生存。

【流传】（无考）

【出处】袁珂改编：《伢俣开天》（原名《开天立地》），原载毛星主编《中国少数民族文学》（中册），见袁珂《中国神话大词典》，北京：华夏出版社 2015 年版，第 539 页。

W1543.1.2.2
女神吐出日月
【关联】［W1544.1.4］女神生日月

实例

维吾尔族　远古，女神吐出日、月、星星。

【流传】新疆维吾尔自治区·喀什（喀什地区）一带

【出处】伊犁自治州查布察尔锡伯自治县老人讲：《女天神创世》，见陶阳、牟钟秀著《中国创世神话》，上海：上海人民出版社 2006 年版，第 115 页。

W1543.1.3
天女造日月
实例

（参见下级母题实例）

W1543.1.3.1
玉皇大帝的女儿吹出日月
实例

蒙古族　玉皇大帝的女儿牡丹青姆吹太阳和月亮。

【流传】吉林省·（松原市）·前郭县（前郭尔罗斯蒙古族自治县）·乌兰敖都乡

【出处】宝音特古斯讲：《日月和昼夜》，见刘魁立主编《玉皇大帝的传说》，北京：中国社会出版社 2008 年版，第 66~67 页。

W1543.1.3.2
王母娘娘的九女造日月

【关联】[W0711.3.4] 女娲是王母娘娘的女儿

实例

蒙古族 王母娘娘的九女牡丹青姆用金镜在海面上磨出太阳，用银镜磨出月亮。

【流传】吉林省·（松原市）·前郭尔罗斯（前郭尔罗斯蒙古族自治县）·乌兰敖都乡

【出处】《日月和昼夜》，见白庚胜总主编《中国民间故事全书》（吉林省·前郭尔罗斯县卷），北京：知识产权出版社 2009 年版，第 5 页。

W1543.1.4
火神造日月

实例

苗族

（参见下级母题实例）

W1543.1.5
两个神分别造日月

实例

佤族 利吉神和路安神创造太阳和月亮。

【流传】（无考）

【出处】《司岗里》，见云南省民族事务委员会编《佤族文化大观》，昆明：云南民族出版社 1999 年版，第 160 页。

W1543.1.5.1
阴阳鬼神造日月

实例

景颇族 一对代表阴阳的天鬼汪拉（男）和能班木占（女）创造了日月星辰。

【流传】云南省·（德宏傣族景颇族自治州）·盈江县·卡场公社（卡场镇）·乌帕大队（乌帕村）

【出处】贡退干唱：《穆脑斋瓦》，见中国社会科学院云南少数民族文学研究所等编《云南少数民族文学资料》第 1 辑，内部编印，1980 年，第 122 页。

W1543.1.6
造物主造日月（创世主造日月）

实例

哈萨克族 创世主迦萨甘创造了太阳和月亮。

【流传】（a）新疆维吾尔自治区

【出处】

（a）《造物主创世》，见满都呼主编《中国阿尔泰语系诸民族神话故事》，北京：民族出版社 1997 年版，第 63 页。

（b）尼合迈德·蒙加尼搜集，校仲彝翻译整理：《迦萨甘创世》，见谷德明编

W1543.1.6.1
造物主用自身的光和热造日月

实例

哈萨克族 创世主迦萨甘用自身的光和热又创造了太阳和月亮。

【流传】新疆维吾尔自治区

【出处】尼合迈德·蒙加尼搜集，校仲彝翻译整理：《迦萨甘创世》，载《新疆民族文学》1982年第2期。

W1543.1.7
文化英雄造日月

【汤普森】A717

实例

（参见 W1543.2.1 母题实例）

W1543.1.8
祖先造日月

【关联】［W1103.9］祖先造天地

实例

布依族 人祖布灵用红白岩石造日月，叫黄龙把日月托到天上，把亮晶石变成星星。

【流传】（无考）

【出处】古歌《造万物》，见中国各民族宗教与神话大词典编审委员会编《中国各民族宗教与神话大词典》，北京：学苑出版社1990年版，第44页。

布依族 祖先翁嘎创造日月。

【流传】（无考）

【出处】《混沌王和盘果王》，见贵州省社会科学院文学研究所主编《布依族文学史》，内部编印，1983年，第50页。

普米族 简剑祖杀鹿创造了日月星辰。

【流传】（无考）

【出处】《吉赛叽》，见中国各民族宗教与神话大词典编审委员会编《中国各民族宗教与神话大词典》，北京：学苑出版社1990年版，第519页。

W1543.1.8.1
男始祖造日月

实例

壮族 布洛陀（男始祖）上天去造日月星辰。

【流传】广西壮族自治区·（河池市）·东兰县·大同乡·和龙村

【出处】覃凤平等讲，覃剑萍采录翻译：《姆洛甲断案》，见中国民间文学集成全国编辑委员会编《中国民间故事集成》（广西卷），北京：中国ISBN中心2001年版，第8页。

壮族 布洛陀（男祖先）在天上造日月五星。

【流传】广西壮族自治区·（河池市）·东兰县

【出处】覃剑萍搜集整理：*《始母姆

洛甲司管生育》（1990），见吕大吉、何耀华总主编《中国各民族原始宗教资料集成》（土家族卷、瑶族卷、壮族卷、黎族卷），北京：中国社会科学出版社1998年版，第527页。

W1543.1.8.2
女始祖造日月

实 例

壮族

（参见W1504.3.1母题实例）

W1543.1.8.3
祖先用金银造日月

【关联】［W1543.5.3］造日月的材料

实 例

苗族 苗族四祖先告宝、告雄、告且、告当，以金银铸造日月12双。嘱彼等轮流照耀人间。

【流传】（无考）

【出处】《公鸡请日月》，原载谷德明编《中国少数民族神话选》，见袁珂《中国神话大词典》，北京：华夏出版社2015年版，第417页。

W1543.1.9
其他神或神性人物造日月

实 例

（参见下级母题实例）

W1543.1.9.1
星神造日月星

【关联】［W0285］星神

实 例

满族 女星神卧勒多赫赫用女天神阿布卡赫赫眼泪生出顺、毕牙、那丹那呼（日、月、小七星）。

【流传】黑龙江省·黑河地区（黑河市）·孙吴县·（沿江满族达斡尔族乡）·四季屯（四季屯村）

【出处】吴纪贤、富希陆讲：《天宫大战——黑水女真人传世神话》（1939，选自富育光、郭淑云整理的手稿），见姚宝瑄主编《中国各民族神话》（满族、赫哲族、朝鲜族），太原：山西出版传媒集团·书海出版社2014年版，第22页。

W1543.1.9.2
天鬼造日月星辰

实 例

景颇族 地球上男女天鬼出现之后，他们决心造天、造地、造日月星辰。

【流传】（无考）

【出处】斋瓦贡退干唱，李向前、木然瑶都搜集整理，木子改写：《穆脑斋瓦——宁冠瓦》，见姚宝瑄主编《中国各民族神话》（白族、拉祜族、景颇族），太原：山西出版传媒集团·书海出版社2014年版，第224页。

W1543.1.9.3
天父地母造日月星辰

【关联】［W0142.2］天父地母

实例

哈萨克族 迦萨甘创造的天父和地母又创造了日、月、星辰。

【流传】新疆维吾尔自治区哈萨克族居住地区

【出处】《迦萨甘创世》，斯丝据别克苏勒坦、佟中明撰写的《哈萨克族宗教与神话》改写，见姚宝瑄主编《中国各民族神话》（乌孜别克族、哈萨克族、柯尔克孜族、俄罗斯族、维吾尔族、塔吉克族、塔塔尔族、锡伯族），太原：山西出版传媒集团·书海出版社2014年版，第25~26页。

W1543.1.9.4
夫妻神撒葫芦籽变成日月星辰

实例

傣族 以前，世界只有光秃秃的地和海水。神仙王遣布尚改、雅尚改老夫妇二神，携仙葫芦下地，葫芦中每粒种子均蕴藏万千生命，以之撒向天空，天空即遍布日月星辰。

【流传】（云南省？）

【出处】袁珂改编：《布尚改、雅尚改》，原载《傣族民间传说》，见袁珂《中国神话大词典》，北京：华夏出版社2015年版，第500页。

W1543.2
特定的神或神性人物造日月

实例

（参见下级母题实例）

W1543.2.1
盘古造日月

【关联】［W1505.1］盘古造万物

实例

畲族 盘古造出日月转东西。

【流传】（无考）

【出处】钟玮琦整理：《畲族高皇歌》，见山客之家网：http://www.shezu.net/666/dispbbs.asp? boardid, 2006.06.27。

畲族 盘古造太阳与月亮。

【流传】浙江省·（温州市）·文成县

【出处】雷西可讲，雷德宽记录，文帆整理：《十个日头九个月》（1987.12.22），见姚宝瑄主编《中国各民族神话》（高山族、黎族、畲族），太原：山西出版传媒集团·书海出版社2014年版，第110页。

壮族 盘古造日月。

【流传】广西壮族自治区红水河流域

【出处】《布洛陀经诗》，见中国民间文学集成全国编辑委员会编《中国民间故事集成》（广西卷），北京：中国ISBN中心2001年版，第37页。

壮族 盘古造日月星辰。

【流传】

（a）广西壮族自治区·（河池市）·凤山（凤山县）·报均、那复屯（不详）

（b）广西壮族自治区·（百色市）·德保（德保县）·龙光乡

【出处】

（a）乜朝荣唱：《开天辟地歌》，见张声震总主编，农冠品编注《壮族神话集成》，南宁：广西民族出版社2007年版，第8页。

（b）姆黄福田唱：《盘古歌》，见张声震总主编，农冠品编注《壮族神话集成》，南宁：广西民族出版社2007年版，第9页。

W1543.2.1.1
盘古开天辟地后造日月

实例

汉族　盘古开天辟地后又造出了日月。

【流传】宁夏回族自治区·（石嘴山市）·惠农县（惠农区）·庙台乡

【出处】李生枝讲，艾天恩采录：《世上人为啥女人比男人少》，见中国民间文学集成全国编辑委员会编《中国民间故事集成》（宁夏卷），北京：中国ISBN中心1999年版，第14页。

W1543.2.2
喇嘛造日月

实例

蒙古族　扎萨喇嘛为了治理人间的混乱，造了太阳、月亮、星辰。

【流传】内蒙古自治区·哲里木盟（通辽市）·（科尔沁左翼右旗）·甘旗卡镇

【出处】哈拉巴拉讲，徐少义采录：《扎萨喇嘛》，见中国民间文学集成全国编辑委员会编《中国民间故事集成》（内蒙古卷），北京：中国ISBN中心2007年版，第6页。

W1543.2.3
太上老君造日月

【关联】［W0791.3］与太上老君有关的其他母题

实例

壮族　太上老君造日月。

【流传】（无考）

【出处】张声震主编：《布洛陀经诗》，见张声震总主编，农冠品编注《壮族神话集成》，南宁：广西民族出版社2007年版，第83页。

W1543.2.4
其他特定名称的神或神性人物造日月

【关联】［W1543.5.9.1］红镜神人安日月

实例

（参见下级母题实例）

W1543.2.4.1
农董勾造日月

实例

苗族　远古的时候，没有太阳和月

亮，农董勾造了太阳和月亮。

【流传】云南省·（文山壮族苗族自治州）·富宁县

【出处】罗正明讲，王忠林等采录：《谁来造人烟》，见中国民间文学集成全国编辑委员会编《中国民间故事集成》（云南卷），北京：中国ISBN中心2003年版，第92页。

苗族　远古的时候，没有太阳和月亮，农董勾造了太阳和月亮。

【流传】云南省

【出处】

（a）《造人烟的传说》，见杨光汉主编《云南苗族民间故事集成》，北京：中国民间文艺出版社1988年版。

（b）同（a），见姚宝瑄主编《中国各民族神话》（布依族、仡佬族、苗族），太原：山西出版传媒集团·书海出版社2014年版，第287页。

W1543.2.4.2
务友造日月

实例

苗族　务友（神名）造太阳和月亮。

【流传】贵州省·（黔东南苗族侗族自治州）·剑河县·（观么乡）·新合村

【出处】张岩山讲，万必轩采录：《太阳和月亮是咋个来的》，见中国民间文学集成全国编辑委员会编《中国民间故事集成》（贵州卷），北京：中国ISBN中心2003年版，第19页。

苗族　六个铜匠和七个铁匠铸造了天上的日月。

【流传】贵州省西部与云南省东北地区

【出处】

（a）《杨亚射日月》，见贵州省民间文学工作组编《苗族文学史》，贵阳：贵州人民出版社1981年版。

（b）《杨亚射日月》，见袁珂《中国神话大词典》，北京：华夏出版社2015年版，第419页。

W1543.2.4.3
叫万家的神造日月

实例

黎族　有一个名字叫万家的神，造了5个太阳和5个月亮。

【流传】海南省·琼中县（琼中黎族苗族自治县）·五指山公社·番龙村（今属五指山市·水满乡·番龙村）

【出处】王克福讲，冯秀梅采录：《山区与平原的由来》，见中国民间文学集成全国编辑委员会编《中国民间故事集成》（海南卷），北京：中国ISBN中心2002年版，第5页。

W1543.2.4.4
巨人高辛造日月

【关联】

① ［W1555.4.2］高辛帝造太阳（帝喾造太阳）

② ［W1583.6.5］高辛造月亮

实例

畲族　巨人高辛做日月。

【流传】（无考）

【出处】《高辛》，见高明强编《创世的神话和传说》，上海：上海三联书店1988年版，第132页。

W1543.3
人造日月

【关联】［W1706］人造星星

实 例

（参见下级母题实例）

W1543.3.1
工匠造日月

实 例

彝族　策举祖手下的工匠造出7轮日和7轮月。

【流传】贵州省·毕节（毕节市）

【出处】贵州省毕节地区民族事务委员会编，陈长友主编：《物始纪略》（第二集），成都：四川民族出版社1991年版，第15页。

W1543.3.2
铜匠银匠造日月

【关联】
① ［W1636.1］铜匠铁匠造8对日月
② ［W6076.1］工匠

实 例

苗族

（参见 W1543.2.4.2 母题实例）

W1543.3.3
铁匠造日月

【汤普森】≈A700.5

【关联】［W6076.6］铁匠

实 例

（实例待考）

W1543.3.4
老人造日月

实 例

（参见下级母题实例）

W1543.3.4.1
4个老人造日月

实 例

苗族　苗族的四个老人告宝、告当、告旦、告雄用金银铸造了12对日月挂在天上。

【流传】贵州省·黔东南地区（黔东南苗族侗族自治州）

【出处】杨告金讲，杨光全记录整理：《公鸡请日月》，见姚宝瑄主编《中国各民族神话》（布依族、仡佬族、苗族），太原：山西出版传媒集团·书海出版社2014年版，第269页。

W1543.3.5
三兄弟分别造日月星

【关联】［W5183.3a］三兄弟

实 例

珞巴族　乌佑三兄弟从锅里搅出了太

阳、月亮和北斗星。

【流传】（无考）

【出处】《乌佑三兄弟》，见中国各民族宗教与神话大词典编审委员会编《中国各民族宗教与神话大词典》，北京：学苑出版社1990年版，第390页。

珞巴族 天地之初，一片汪洋大海，有都姑、隆姑、贡姑三兄弟，撒神土造地，大哥从石锅的海水里搅出太阳，二哥搅出月亮，三哥搅出北斗七星。

【流传】西藏自治区·（林芝地区）·墨脱县

【出处】布洛讲，于乃昌、张为凤整理：《天神三兄弟》，见廖东凡主编《神山之祖》，武汉：湖北少年儿童出版社2001年版，第3~4页。

W1543.3.6
其他特定的人造日月

实例

（参见下级母题实例）

W1543.3.6.1
特定的女人造日月

实例

（参见下级母题实例）

W1543.3.6.1.1
亚鲁王的儿媳造日月

实例

苗族 亚鲁王说派嘎赛咏（女性人名，亚鲁王的儿媳）造太阳和月亮。

【流传】贵州省·（安顺市）·紫云县（紫云苗族布依族自治县）麻山苗区

【出处】陈兴华唱诵，杨正江译：《造日月，射日月》，见中国民间文艺家协会主编《亚鲁王》，北京：中华书局2011年版，第260页。

W1543.3.6.2
兄妹造日月

实例

彝族 洪水后，葫芦生出的兄妹见太阳还没有，月亮还没有，兄妹两个人，再去做太阳，再去做月亮。

【流传】云南省·楚雄彝族自治州

【出处】罗文荣演唱，李世忠翻译，蓟紫改写：《老人梅葛》附记，见姚宝瑄主编《中国各民族神话》（羌族、彝族），太原：山西出版传媒集团·书海出版社2014年版，第126页。

W1543.4
其他人物造日月

实例

（参见下级母题实例）

W1543.4.1
龙造日月

实例

彝族 造天地的老龙俄谷生小龙诺谷，是造日龙造月龙。

【流传】云南省·红河（红河哈尼族彝族自治州）·元阳（元阳县）、绿春（绿春县）、石屏（石屏县），（玉溪市）元江（哈尼族彝族傣族自治县），（普洱市）·墨江（哈尼族自治县）等

【出处】龙俾贵搜集整理，黄建明摘录：《祭龙的根由》，见吕大吉、何耀华总主编《中国各民族原始宗教资料集成》（彝族卷、白族卷、基诺族卷），北京：中国社会科学出版社1996年版，第280~281页。

W1543.4.2
鸟造日月

【关联】［W1584a.1］阳雀造月亮

实例

（实例待考）

W1543.4.2.1
阳雀造日月

实例

苗族 为了得到光明和温暖，聪明的阳雀打制成了9个太阳和8个月亮。

【流传】（无考）

【出处】
(a) 陶家仁讲，陶永华等搜集整理：《阳雀造日月》，载《山茶》1982年第5期。
(b) 同（a），见谷德明编《中国少数民族神话》，北京：中国民间文艺出版社1987年版，第604页。

W1543.5
与造日月有关的其他母题

【关联】［W1559.2］在海底搅出太阳

实例

（参见下级母题实例）

W1543.5.0
造日月前的准备

实例

（参见下级母题实例）

W1543.5.0.1
神造日月前先堵地洞

实例

彝族 有个叫赌乃仇耐的天神从天上下到地下，有个天神耐乃周娜也从天上来到地下，他们到处去堵地上的洞，堵完地洞，才商量造日月。

【流传】黔西（贵州省西部）与云南（云南省）接壤的彝族地区

【出处】阿候布代讲，王正贡、王子尧、王治新、何积金搜集整理，蔷紫改写：《天生地产》，原载中国民间文艺研究会贵州分会编《民间文学资料》，内部资料，1986年，见姚宝瑄主编《中国各民族神话》（羌族、彝族），太原：山西出版传媒集团·书海出版社2014年版，第163页。

W1543.5.1
造日月的时间

实例

（参见下级母题实例）

W1543.5.1.1
天地没有完全产生时开始造日月

实例

彝族 很古的时候，天还没有生圆，地也还没有生满的时候，就有人（神、天人）在造日月了。

【流传】黔西（贵州省西部）与云南（云南省）接壤的彝族地区

【出处】阿候布代讲，王正贡、王子尧、王冶新、何积金搜集整理，蔷紫改写：《天生地产》，原载中国民间文艺研究会贵州分会编《民间文学资料》，内部资料，1986年，见姚宝瑄主编《中国各民族神话》（羌族、彝族），太原：山西出版传媒集团·书海出版社2014年版，第163页。

W1543.5.2
造日月的地点

实例

（参见下级母题实例）

W1543.5.2.1
在海面上造早日月

实例

蒙古族

（参见 W1543.5.6.2 母题实例）

W1543.5.3
造日月的材料

实例

（参见下级母题实例）

W1543.5.3.1
用金银造日月

【关联】[W1543.1.8.3] 祖先用金银造日月

实例

阿昌族 天公遮帕麻捏金沙银沙为日月，扯下乳房做山峰，甩"赶山鞭"播星星。

【流传】（云南省）

【出处】《遮帕麻与遮米麻》，见中国各民族宗教与神话大词典编审委员会编《中国各民族宗教与神话大词典》，北京：学苑出版社1990年版，第3页。

苗族 仙婆务拱用金银来造了12个太阳和12个月亮，但不能抬到天上去。

【流传】贵州省·（黔东南苗族侗族自治州）·剑河县·（观么乡）·新合村

【出处】张岩山讲，万必轩采录：《太阳和月亮是咋个来的》，见中国民间文学集成全国编辑委员会编《中国民间故事集成》（贵州卷），北京：中国ISBN中心2003年版，第19页。

苗族 铜匠和银匠用金银造了太阳和

1.4.1 日月的产生　　‖W1543.5.3.1.1-W1543.5.3.2a.1‖　**1715**

月亮。

【流传】（无考）

【出处】《杨亚射日月》，见马学良、梁庭望、张公瑾主编《中国少数民族文学史》，北京：中央民族大学出版社2001年版，第115页。

苗族　包公公、送公公、丘公公用金银造日月，金屑银屑铸造小星星。

【流传】贵州省东部

【出处】《铸造日月的磨难》，见高明强编《创世的神话和传说》，上海：上海三联书店1988年版，第102页。

苗族　（从水中搬运来金银之后），大块金银用打柱，打造柱子来撑天，中块金银造日月，铸造云雾山（指天上）太阳。

【流传】原文无流传地，据文本及注释推测该神话流传于贵州省·黔东南苗族侗族自治州·凯里市、台江县等地。

【出处】张启庭、张荣光、张正玉、张启德演唱，张明搜集，燕宝整理译注：《创造宇宙·运金运银》，见贵州省少数民族古籍整理出版规划小组办公室编，燕宝整理译注《苗族古歌》，贵阳：贵州民族出版社1993年版，第298页。

W1543.5.3.1.1
用金银造日月不成功

实　例

苗族

（参见 W1543.1.8.3 母题实例）

W1543.5.3.2
用铁造日月

实　例

（参见下级母题实例）

W1543.5.3.2.1
用铁炼制日月

实　例

瑶族　卜罗陀看见地里有发亮的铁耙，就扛去炼成了9个太阳和9个月亮。

【流传】广西壮族自治区·（河池市）·南丹县

【出处】

（a）《谢古婆与格怀》，见陶立璠、李耀宗编《中国少数民族神话传说选》，成都：四川民族出版社，1985年版。

（b）同（a），见姚宝瑄主编《中国各民族神话》（土家族、毛南族、侗族、瑶族），太原：山西出版传媒集团·书海出版社2014年版，第203页。

W1543.5.3.2a
用石造日月

实　例

（参见下级母题实例）

W1543.5.3.2a.1
用石盘造日月

实　例

苗族　聪明的阳雀（鸟名，此处也可

视为人名）打了九个石盘，制成了九个太阳；又打了八个石盘，制成了八个月亮。

【流传】（无考）

【出处】陶家仁讲述，陶永华、刘德荣搜集整理：《阳雀造日月》，载《山茶》1982 年第 5 期。

W1543.5.3.3
用树枝造日月

【汤普森】A717.1

实 例

畲族 高辛用松枝编太阳，杨柳条编月亮。

【流传】（无考）

【出处】

（a）《高辛和龙王》，见谷德明编《中国少数民族神话》，北京：中国民间文艺出版社 1987 年版，第 203 页。

（b）《高辛》，见高明强编《创世的神话和传说》，上海：上海三联书店 1988 年版，第 132 页。

（c）《高辛与龙王》，见陈玮君《畲族民间故事》，杭州：浙江人民出版社 1979 年版，第 3 页。

W1543.5.3.4
用光和热造日月

【关联】［W4107］太阳的发热

实 例

（参见下级母题实例）

W1543.5.3.4.1
创世主用光和热造日月

实 例

哈萨克族 造物主用自身的热和光又创造了太阳和月亮。

【流传】（无考）

【出处】《迦萨甘创世》，载《新疆民族文学》1982 年第 2 期。

哈萨克族 创世主迦萨甘用自身的光和热造了太阳和月亮。

【流传】（a）新疆维吾尔自治区

【出处】

（a）《造物主创世》，见满都呼主编《中国阿尔泰语系诸民族神话故事》，北京：民族出版社 1997 年版，第 63 页。

（b）尼合迈德·蒙加尼搜集，校仲彝翻译整理：《迦萨甘创世》，见谷德明编《中国少数民族神话》，北京：中国民间文艺出版社 1987 年版，第 727 页。

哈萨克族 创世主迦萨甘用自身的光和热创造了太阳和月亮。

【流传】（新疆维吾尔自治区）

【出处】

（a）尼哈迈提·蒙加尼整理，校仲彝记录整理：《迦萨甘创世》，见张越、姚宝瑄编《新疆民族神话故事选》，乌鲁木齐：新疆人民出版社 1989 年版。

（b）同（a），见姚宝瑄主编《中国各民族神话》（乌孜别克族、哈萨克族、柯尔克孜族、俄罗斯族、维吾尔族、

W1543.5.3.5
用气造日月

【关联】

① ［W1543.1.2.1］女神用清气造日月
② ［W1665.1］女神伢俣用清气造出10个月亮

实 例

水族　女神伢俣取来清气，用清气做出太阳，又做出了月亮。

【流传】（无考）

【出处】潘静流唱，燕宝记译，化斯改写：《伢俣开创世界》（原名《造天造地》），见姚宝瑄主编《中国各民族神话》（水族、布朗族、独龙族、基诺族、傈僳族），太原：山西出版传媒集团·书海出版社2014年版，第5页。

W1543.5.3.6
用眼睛造日月

实 例

（参见下级母题实例）

W1543.5.3.6.1
用牛的左眼做太阳，右眼做月亮

实 例

哈尼族　天神们杀翻塔婆的龙牛铺设天地造万物时，左眼做天上的太阳，右眼就是天上的月亮。

【流传】（无考）

【出处】《杀牛龙，造天地》，根据张牛朗、杨批斗、李书周等演唱，杨保生、李家顺等翻译，杨笛、郭纯礼等整理《十二奴局》和《奥色密色》翻译稿改写，见姚宝瑄主编《中国各民族神话》（哈尼族、傣族），太原：山西出版传媒集团·书海出版社2014年版，第12页。

W1543.5.6
造日月的方法

实 例

（参见下级母题实例）

W1543.5.6.1
用魔法造日月

实 例

汉族　日月是一个神仙的1男1女两个孩子施法力造出的。

【流传】四川省·（达州市）·万源县·井溪乡

【出处】姚光明讲，姚中德采录：《太阳和月亮》，见中国民间文学集成全国编辑委员会编《中国民间故事集成》（四川卷·上），北京：中国ISBN中心1998年版，第30页。

W1543.5.6.1.1
神用法棍在海里搅出日月

实例

门巴族

（参见 W1559.1.3.1 母题实例）

W1543.5.6.2
用磨镜造日月

实例

蒙古族 在海面上磨出日月。用金镜磨出太阳，用银镜磨出月亮。

【流传】吉林省·（松原市）·前郭尔罗斯（前郭尔罗斯蒙古族自治县）·乌兰敖都乡

【出处】《日月和昼夜》，见见白庚胜总主编《中国民间故事全书》（吉林省·前郭尔罗斯县卷），北京：知识产权出版社 2009 年版，第 5 页。

W1543.5.6.3
左手造日，右手造月

实例

彝族 莫木都布则左手造太阳，右手造月亮。

【流传】云南省·（昭通市）·永善县大凉山一带

【出处】＊岭光电译，马海本呷、罗家修整理校订：《古侯》（公史篇），四川省民委彝文工作组印，1980 年，见吕大吉、何耀华总主编《中国各民族原始宗教资料集成》（彝族卷、白族卷、基诺族卷），北京：中国社会科学出版社 1996 年版，第 47 页。

W1543.5.6.4
造日月时把日月削圆

实例

彝族 读俄始祖站在宇宙间，造好日月后，请恒也阿里利把日削圆，又把月削圆。

【流传】黔西（贵州省西部）与云南（云南省）接壤的彝族地区

【出处】阿候布代讲，王正贡、王子尧、王冶新、何积金搜集整理，蕢紫改写：《天生地产》，原载中国民间文艺研究会贵州分会编《民间文学资料》，内部资料，1986 年，见姚宝瑄主编《中国各民族神话》（羌族、彝族），太原：山西出版传媒集团·书海出版社 2014 年版，第 165 页。

W1543.5.7
造日月的参照物

实例

（参见下级母题实例）

W1543.5.7.1
仿照漩涡造日月

实例

苗族 有个鲍公和熊公，有个茸公和当公（四个神性人物名），去犁那个凹岩窝，（发现）细碎石块往下落，滚到岩下水潭里，溅起浪花起漩涡，就用漩涡作模样，才能拿来造月亮，铸造云坡的太阳。

【流传】原文无流传地，据文本及注释推测该神话流传于贵州省·黔东南苗族侗族自治州·凯里市、台江县等地。

【出处】张启庭、张荣光、张正玉、张启德演唱，张明搜集，燕宝整理译注：《创造宇宙·铸日造月》，见贵州省少数民族古籍整理出版规划小组办公室编，燕宝整理译注《苗族古歌》，贵阳：贵州民族出版社1993年版，第325～326页。

W1543.5.8
造日月的顺序

实 例

（参见下级母题实例）

W1543.5.8.1
先造太阳，后造月亮

实 例

傣族 以前，天地漆黑一团。天神给人做了个太阳，可是有太阳只能照白天，晚上还是漆黑一片。天神又给人们造了个月亮，晚上也有了光明。

【流传】（无考）

【出处】《水沫造地》，原文本为仓齐华翻译，周开学记录，谷德明整理《开天辟地》，原载谷德明《中国少数民族神话选》，西北民族学院研究所内部发行，1983年，见姚宝瑄主编《中国各民族神话》（哈尼族、傣族），太原：山西出版传媒集团·书海出版社2014年版，第238页。

W1543.5.9
日月造好后的处理

实 例

（参见下级母题实例）

W1543.5.9.1
红镜神人安日月

实 例

土族 红镜神人安日月。

【流传】（无考）

【出处】《混沌周末》，原载马光星《略论土族的神话史诗〈混沌周末〉》，见《中国少数民族学术讨论会》（下），中国少数民族文学学会印，1984年。

W1543.5.10
造日月不成功

【关联】[W1543.5.3.1.1]用金银造日月不成功

实 例

（参见下级母题实例）

W1543.5.10.1
最早造出的日月不发光

实 例

布依族 最早时，祖先的两颗牙齿变成

日月。但太阳不发光，月亮不会亮。

【流传】贵州省布依族地区

【出处】杨正荣、祝登壅讲，岭玉清、汛河搜集整理，古梅改写：《翁戛造万物》，见姚宝瑄主编《中国各民族神话》（布依族、仡佬族、苗族），太原：山西出版传媒集团·书海出版社2014年版，第8页。

W1543.5.10.2
最早造出的日月不明亮

实例

哈尼族 天神造出了天地、日月。太阳亮是亮了，只是灰灰的，照不出七拿，月亮明是明了，只是雾雾的，照不出三拿。

【流传】云南省·（红河哈尼族彝族自治州）·元阳（元阳县）、红河（红河县）、绿春（绿春县）、金平（金平苗族瑶族傣族自治县）

【出处】朱小和讲唱，史军超搜集整理：《查牛补天地》（1983），原载云南省民间文学集成办公室编《哈尼族神话传说集成》，中国民间文艺出版社1990年版，见姚宝瑄主编《中国各民族神话》（哈尼族、傣族），太原：山西出版传媒集团·书海出版社2014年版，第49页。

W1543.5.11
重造日月

【关联】

① ［W1007.4.1］重造世界

② ［W1124.4］第2次产生天地（再造天地）

实例

布依族 天上的虎威神将告诉当万和蓉莲夫妇重造日月的方法。

【流传】贵州省·（黔南布依族苗族自治州）·惠水县

【出处】罗玉林等讲，汛河采录：《当万和蓉莲》，见中国民间文学集成全国编辑委员会编《中国民间故事集成》（贵州卷），北京：中国ISBN中心2003年版，第16页。

W1543.5.11.1
因日月不发光重造日月

实例

彝族 把原来不发光的日月射下来后，读俄始祖来重做日和月。

【流传】黔西（贵州省西部）与云南（云南省）接壤的彝族地区

【出处】阿候布代讲，王正贡、王子尧、王冶新、何积金搜集整理，薔紫改写：《天生地产》，原载中国民间文艺研究会贵州分会编《民间文学资料》，内部资料，1986年，见姚宝瑄主编《中国各民族神话》（羌族、彝族），太原：山西出版传媒集团·书海出版社2014年版，第165页。

W1544
日月是生育产生的（生日月）

实例

（参见下级母题实例）

W1544.1
神或神性人物生日月

【关联】［W1113］特定的神或神性人物生天地

实 例

（参见下级母题实例）

W1544.1.1
创世神生日月

实 例

（实例待考）

W1544.1.2
日月神生日月

实 例

哈尼族 姐弟俩分别变成太阳神和月亮神。两人做了夫妻，生下许多小太阳和小月亮。他们家的小狗跑到天上把那些小太阳小月亮吃掉，只留他俩在天上。

【流传】（无考）

【出处】《约罗约白》，见中国各民族宗教与神话大词典编审委员会编《中国各民族宗教与神话大词典》，北京：学苑出版社1990年版，第169~170页。

W1544.1.3
天神生日月

实 例

彝族 天上的太阳和月亮是天神的儿女。

【流传】四川省·（攀枝花市）·米易县

【出处】呼银安讲，彭莹采录：《射太阳和月亮》，见中国民间文学集成全国编辑委员会编《中国民间故事集成》（四川卷·上），北京：中国ISBN中心1998年版，第771页。

W1544.1.3.1
日月是天神的两个儿子

实 例

珞巴族 日月是天神拉仁乌佑（珞巴语音译，泛指他们所崇拜的各种精灵）的两个儿子。

【流传】西藏自治区·林芝市·墨脱县·甘登乡、达木珞巴民族乡（讲述地点：墨脱县·达木珞巴民族乡·朱巴村）

【出处】仁真讲：《珞巴族神话（五）》（1957.09），见冀文正《珞巴族民间故事》，成都：四川民族出版社2011年版，第5页。

W1544.1.3.2
日月是天公的儿女

实 例

珞巴族 天上的9个太阳把大地晒得很热，天公和他的儿女太阳、月亮、星星在一起谈论解决办法。

【流传】西藏自治区·林芝市·墨脱县·达木珞巴民族乡、旁辛乡、甘登

乡（讲述地点：墨脱县·达木珞巴民族乡·马尔康村）

【出处】安布讲：《天和地》（1955.10），见冀文正《珞巴族民间故事》，成都：四川民族出版社2011年版，第4页。

W1544.1.4
女神生日月

【汤普森】≈A715.2

【关联】［W1112.1］女神生天地

实 例

瑶族　密洛陀（女神名）生下一对日月双胞胎后，又迎着风一连生了十一个月亮，十二个月亮一起挂在天上。

【流传】广西壮族自治区·（河池市）·都安瑶族自治县江水河一带瑶族地区

【出处】《密洛陀创世》，蓝田根据莎红整理的《密洛陀》和潘泉脉整理的《密洛陀》两部不同版本的长诗《密洛陀》改写，见姚宝瑄主编《中国各民族神话》（土家族、毛南族、侗族、瑶族），太原：山西出版传媒集团·书海出版社2014年版，第154页。

W1544.1.4.1
第一个女神生日月

实 例

瑶族　世上的第一个女神密洛陀迎着风怀孕，过了九千九百年，生下一对太阳和月亮双胞胎。

【流传】广西壮族自治区·（河池市）·都安瑶族自治县江水河一带瑶族地区

【出处】《密洛陀创世》，蓝田根据莎红整理的《密洛陀》和潘泉脉整理的《密洛陀》两部不同版本的长诗《密洛陀》改写，见姚宝瑄主编《中国各民族神话》（土家族、毛南族、侗族、瑶族），太原：山西出版传媒集团·书海出版社2014年版，第152页。

W1544.1.4.2
羲和生10个太阳，常羲生12个月亮

实 例

汉族　东方天帝帝俊有两个妻子一个叫常羲，替他生了十二个月亮女儿；另一个叫羲和，替他生了十个太阳儿子。

【流传】（无考）

【出处】袁珂重述：《射日奔月》，原载袁珂《神异篇》，见陶阳、钟秀编《中国神话》（上），北京：商务印书馆2008年版，第279~288页。

W1544.1.5
地母生日月

【关联】［W0238］地母

实 例

珞巴族

（参见W1561.5母题实例）

W1544.1.6
王母娘娘生日月

实例

汉族 太阳月亮两姊妹是王母娘娘的亲生女儿。

【流传】贵州省·（遵义市）·余庆县·太子区（不详）

【出处】马佐秀讲，李业成采录：《太阳姐姐和月亮妹妹》，见中国民间文学集成全国编辑委员会编《中国民间故事集成》（贵州卷），北京：中国ISBN中心2003年版，第18页。

汉族 王母娘娘一胎生了两个娃娃，先落地的起名叫月亮，后落地的起名叫太阳。

【流传】陕西省·（商洛市）·商南县·沙坪乡·永红村

【出处】陈西南讲，孙桂霞采录：《月亮和太阳》，见中国民间文学集成全国编辑委员会编《中国民间故事集成》（陕西卷），北京：中国ISBN中心1996年版，第11页。

W1544.1.6.1
日月是玉帝的儿女

【关联】［W0780.2］玉皇大帝的儿女

实例

汉族 太阳和月亮兄妹是玉皇大帝的娃儿。

【流传】四川省·（宜宾市）·高县·大窝乡（大窝镇）

【出处】袁家林讲，王进龙采录：《太阳和月亮》，见中国民间文学集成全国编辑委员会编《中国民间故事集成》（四川卷·上），北京：中国ISBN中心1998年版，第31页。

W1544.1.6.1.1
日月是玉帝的1双儿女

实例

苗族 玉帝有一双儿女，就是月亮和太阳。

【流传】四川省·（宜宾市）·筠连县·沫爱区

【出处】王文治讲，陈明钊采录：《太阳和月亮》，见中国民间文学集成全国编辑委员会编《中国民间故事集成》（四川卷），北京：中国ISBN中心1998年版，第1318页。

W1544.1.7
文化英雄生日月

实例

汉族 （参见W1544.1.4.2母题实例）

W1544.1.8
始祖生日月

实例

哈尼族 （参见W1513.2.3母题实例）

W1544.1.9

巨人生日月

实 例

彝族 巨人阿黑西尼摩生下日和月，生下云和星。

【流传】云南省·红河（红河哈尼族彝族自治州）

【出处】《阿黑西尼摩》，见王松《论神话及其他》，昆明：云南人民出版社 2006 年版，第 18 页。

W1544.1.10

魔鬼生日月

【汤普森】A715.3

实 例

（实例待考）

W1544.1.11

其他神或神性人物生日月

实 例

（实例待考）

W1544.2

人生日月

实 例

（参见下级母题实例）

W1544.2.1

一个女人生日月

【汤普森】A715.1

实 例

（参见下级母题实例）

W1544.2.1.1

日月是一个女人的两个儿子

【汤普森】≈ A700.3

实 例

鄂伦春族

（实例待考）

W1544.2.1.2

日月是一个女人生的 1 对兄妹

实 例

鄂伦春族 德依勒阿恰（太阳）和别亚（月亮）是一个阿妮生养的亲兄妹俩。

【流传】黑龙江省·黑河市·（爱辉区）·新生乡（新生鄂伦春族乡）

【出处】

(a) 莫庆云讲：《白天和黑天是怎么分开的》，见中国民间文学集成全国编辑委员会编《中国民间故事集成》（黑龙江卷），北京：中国 ISBN 中心 2005 年版，第 28 页。

(b) 莫庆云讲：《白天为啥比黑天亮》，见满都呼主编《中国阿尔泰语系诸民族神话故事》，北京：民族出版社 1997 年版，第 323 页。

W1544.3

动物生日月

【关联】

① ［W1116］动物生天地

② ［W1563］动物生太阳

实例

（参见下级母题实例）

W1544.3.1

蜥蜴生日月

【汤普森】A715.6

实例

（实例待考）

W1544.3.2

鱼生日月

【汤普森】A713.1

【关联】［W1996.2.1］世界最早产生的是鱼

实例

哈尼族 （参见 W1513.2.3 母题实例）

W1544.3.3

鸟生日月

实例

（参见下级母题实例）

W1544.3.3.1

9头怪鸟生日月

实例

苗族 一只九个头的怪鸟生的蛋孵出8对日月。

【流传】湖南省·（湘西土家族苗族自治州）·凤凰县·腊尔山乡（腊尔山镇）

【出处】龙老八讲，龙文玉采录：《明那雄射日月》，见中国民间文学集成全国编辑委员会编《中国民间故事集成》（湖南卷），北京：中国 ISBN 中心 2002 年版，第 11 页。

W1544.4

植物生日月

【关联】［W1545.5］植物变成日月

实例

（参见下级母题实例）

W1544.4.1

桃树开花生日月

实例

苗族 天地像一个大桃子，桃子里长出的桃树开花，生出太阳和月亮。

【流传】贵州省·（安顺市）·镇宁县（镇宁布依族苗族自治县）·板阳乡

【出处】朱顺清讲，杨文金等采录：《杨亚射日月》，见中国民间文学集成全国编辑委员会编《中国民间故事集成》（贵州卷），北京：中国 ISBN 中心 2003 年版，第 23 页。

W1544.4.2

人种的两棵树分别结出日月

实例

怒族 人种的两棵树分别结出日月。

【流传】云南省·（怒江傈僳族自治

州）·贡山（贡山独龙族怒族自治县）

【出处】庚松等讲，彭兆清整理：《创世记》，见中华民族故事大系编委会编《中华民族故事大系》第14卷（普米族、塔吉克族、怒族、俄罗斯族、鄂温克族），上海：上海文艺出版社1995年版，第517页。

W1544.4.3
梭罗树开花生日月

【关联】［W1545.5.3.2］日月是梭罗树开的花

实例

彝族　太空中有梭罗树，白天开花是太阳，夜里开花是月亮。

【流传】（无考）

【出处】郭九思、陶学良整理：《查姆》，昆明：云南人民出版社1981年版，第7~8页。

W1544.5
其他物生日月

实例

（参见下级母题实例）

W1544.5.0
天生日月

实例

（参见下级母题实例）

W1544.5.0.1
天孕生日月

实例

哈尼族　天怀孕九千九百九十九年后，乌云滚滚，天号地哭，一阵剧痛，天生下一对男女，这对男女就是太阳和月亮。

【流传】云南省·（西双版纳傣族自治州）·勐海县

【出处】朗特讲，古梅搜集整理：《天怀孕，地怀孕》，见姚宝瑄主编《中国各民族神话》（哈尼族、傣族），太原：山西出版传媒集团·书海出版社2014年版，第16页。

W1544.5.1
光中生月亮，火中生太阳

【汤普森】A712.1

【关联】［W1574.2］火变成太阳

实例

（实例待考）

W1544.6
婚生日月

实例

（参见下级母题实例）

W1544.6.0
神或神性人物婚生日月

【关联】

① ［W7200］神的婚姻

② ［W7240~W7254］神性人物的婚姻

实 例

（实例待考）

W1544.6.0.1
天公地母婚生日月星辰

实 例

珞巴族 太阳、月亮、星星是天公地母的儿女。

【流传】西藏自治区·（林芝市）·墨脱县·达木珞巴民族乡·马尔康村

【出处】安布讲，冀文正采集：《天和地》，见冀文正《珞巴族民间故事》，成都：四川民族出版社2011年版，第3~4页。

W1544.6.1
日月婚生日月

【关联】[W7533] 日月婚

实 例

壮族 太阳和月亮结婚生10个太阳。

【流传】云南省·文山（文山壮族苗族自治州）；广西壮族自治区·河池（河池市）

【出处】蓝鸿恩整理：《射太阳》，见张声震总主编，农冠品编注《壮族神话集成》，南宁：广西民族出版社2007年版，第50页。

W1544.6.1.1
日月兄妹婚生日月

实 例

瑶族 密洛陀（万物之母，女始祖，女神）造出的月亮妹妹和太阳哥哥结了婚，3年后生下男女各十一个太阳和月亮。

【流传】广西壮族自治区·（河池市）·大化县（大化瑶族自治县）·七百弄乡

【出处】蓝阿勇讲，蒙冠雄采录翻译：《密洛陀》，见中国民间文学集成全国编辑委员会编《中国民间故事集成》（广西卷），北京：中国ISBN中心2001年版，第11页。

W1544.6.1.2
日神月神婚生日月

实 例

哈尼族 月亮神和太阳神婚后，小太阳小月亮是两个两个地出来。

【流传】云南省·（红河哈尼族彝族自治州）·元阳县

【出处】卢朝贵讲，史军超采录：《太阳和月亮》，见中国民间文学集成全国编辑委员会编《中国民间故事集成》（云南卷），北京：中国ISBN中心2003年版，第117页。

W1544.6.2
日形和月形相配生日月

实 例

彝族 日形和月形相配，产生日月。

【流传】（无考）

【出处】《日月二象论》，见罗曲《彝族民间文艺概论》，成都：巴蜀书社

2001年版。

W1544.6.3
天地婚生日月

【关联】

① ［W7532］天地婚
② ［W1713.1］天地婚生星星

实　例

珞巴族 最初天地混沌一团，后来分开天地，天与地结婚后，生9个太阳。

【流传】西藏自治区·（林芝地区）·米林县

【出处】东娘讲，于乃昌整理，见廖东凡主编《神山之祖》，武汉：湖北少年儿童出版社2001年版，第2页。

W1544.6.3.1
天地婚后地生日月

实　例

珞巴族 天和地结婚，地生许多孩子，包括太阳、月亮。

【流传】（a）西藏自治区·（林芝地区）·米林县

【出处】

(a)《天和地》，见中国民间文学集成全国编辑委员会编《中国民间故事集成》（西藏卷），北京：中国ISBN中心2001年版，第8页。

(b) 达牛、东娘、达农讲：《斯金金巴巴娜达明和金尼麦包》，见谷德明编《中国少数民族神话》，北京：中国民间文艺出版社1987年版，第252页。

珞巴族 天和地结婚，大地生了月亮。

【流传】西藏自治区·（林芝地区）·米林县·纳玉公社（纳玉乡）

【出处】

(a) 达牛、东娘、达农讲：《斯金金巴巴娜达明和金尼麦包》，见谷德明编《中国少数民族神话》，北京：中国民间文艺出版社1987年版，第252页。

(b) 同（a），见《珞巴族民间故事》：http：//www.tibet-web.com/old/minjian/ync/gushi/mulu.htm，2003.10.02。

珞巴族 天和地结婚以后，大地生了太阳、月亮等许多孩子。

【流传】西藏自治区·（林芝市）·米林县·纳玉区（南伊乡）

【出处】达牛、东娘、达农讲，于乃昌搜集：《斯金金巴巴娜达明和金尼麦包》，见姚宝瑄主编《中国各民族神话》（门巴族、珞巴族、怒族、藏族），太原：山西出版传媒集团·书海出版社2014年版，第20页。

珞巴族 天和地结婚以后，大地母生了许多孩子。太阳和月亮就是大地母诞生的孩子。

【流传】西藏自治区·珞巴族博嘎尔部落

【出处】达牛、东娘、达农讲：《斯金金巴巴娜达明和金尼麦包》，原载《西藏民间故事——珞巴族、门巴族专辑》，见陶阳、钟秀编《中国神话》（中），北京：商务印书馆2008年版，第643~645页。

W1544.6.4
铁水和石水婚生日月

实　例

　傣族　（实例待考）

W1544.7
感生日月

实　例

（参见下级母题实例）

W1544.7.1
女神感生日月

【汤普森】A715.2

【关联】[W2279.1]神感生人

实　例

（参见下级母题实例）

W1544.7.1.1
女神密洛陀感生日月

实　例

　瑶族　女神密洛陀吞金环银环育日月。

【流传】（无考）

【出处】刘江华：《中国神话故事》（天、地、人物卷），北京：中国世界语出版社1999年版，第37~43页。

W1544.7.2
女子感生日月

实　例

（实例待考）

W1544.8
卵生日月

【关联】[W1545.6]卵变成日月

实　例

（参见下级母题实例）

W1544.8.1
神生的卵生日月

实　例

　彝族　黑埃罗波赛神产一卵，卵中有天地、日月。

【流传】（无考）

【出处】《黑埃罗波赛神》（原名《查姆·万物起源歌》，原载毛星主编《中国少数民族文学》（下册），见袁珂《中国神话大词典》，北京：华夏出版社2015年版，第436页。

W1544.9
与生育日月有关的其他母题

【关联】[W1639.1.0.2]生育12对日月

实　例

（参见下级母题实例）

W1544.9.1
天神用日月种子撒出日月

实　例

　彝族（俚颇）　天神盘颇看到造好的天地，想起了他的"卡利是利"，想起了这个日月星宿的种子。盘颇便带着"卡利是利"来到高高的天上，抓出第一把种子，撒出满天的星宿。又抓起第二把种子，用力撒向天际，那茫茫的高空上便出现了太阳和月亮。

【流传】云南省·（楚雄彝族自治州）·大姚县·昙华山区（昙华乡）

【出处】
（a）陆颇梭颇（毕摩）演唱，夏光辅、诺海阿苏翻译：《俚泼古歌》，见云南省社会科学院楚雄彝族文化研究所编《彝族民间文学》第2辑，1985年。

（b）陆颇梭颇（毕摩）演唱，夏光辅、诺海阿苏翻译，古梅改写：《赤梅葛——俚泼古歌》，见姚宝瑄主编《中国各民族神话》（羌族、彝族），太原：山西出版传媒集团·书海出版社2014年版，第96页。

W1544.9.1.1
日月种子

实例

（实例待考）

W1545
日月是变化产生的（变化产生日月）

实例

（参见下级母题实例）

W1545.1
神或神性人物变成日月

【汤普森】A718.2

实例

（参见下级母题实例）

W1545.1.1
两位祖先变成日月

实例

普米族 原来天地黑暗，普米族的祖先阿普和阿斯，分别变为太阳和月亮，悬挂天上，照耀着天地人类、万物。

【流传】（无考）

【出处】若扯绒布讲：《天阳老祖和地阴阿斯》，见章虹宇《普米族的"八卦图"》，载《云南民族学院学报》1995年第2期。

W1545.1.1.1
男女祖先变成日月

【关联】［W1600.3.2］女始祖变成女太阳，男始祖变成月亮男

实例

苗族 女始祖波丽萍变成太阳照白天，男始祖岳利毕变成月亮照夜晚，照得白天亮堂堂，照得夜晚也能见路走。

【流传】云南省

【出处】王建国讲，陆兴凤翻译：《人类始祖返老还童的故事》，原载《云南苗族民间故事集成》，见陶阳、钟秀编《中国神话》（下），北京：商务印书馆2008年版，第1100~1103页。

W1545.1.2
天上的父子变成日月

实例

汉族 上天上住的男人和他的 36 个娃子，在天上慢慢变成了日月星辰。

【流传】湖北省·（十堰市）·丹江口市·（六里坪镇）·狮子沟（狮子沟村）

【出处】葛朝荣讲·李征康采录：《风云雷雨雾的来历》，见中国民间文学集成全国编辑委员会编《中国民间故事集成》（湖北卷），北京：中国 ISBN 中心 1999 年版，第 25 页。

W1545.1.3
天神的魂魄变成日月

实例

满族 天神阿布卡赫赫之魂魄为天空里的日月星。

【流传】（无考）

【出处】孟慧英：《乌麦研究》，载《黑龙江民族丛刊》2000 年第 3 期。

W1545.1.4
其他神或神性人物变成日月

实例

（参见下级母题实例）

W1545.1.4.1
神仙奶奶的孙子孙女变成日月

实例

彝族 神仙奶奶让她的孙子、孙女（一说两个孙女，月亮为姐，太阳为妹）一个化成太阳，一个变成月亮。

【流传】（无考）

【出处】《太阳妹和月亮哥》，见中国各民族宗教与神话大词典编审委员会编《中国各民族宗教与神话大词典》，北京：学苑出版社 1990 年版，第 677 页。

彝族 神仙奶奶的孙儿、孙女分别变成了太阳和月亮。

【流传】（无考）

【出处】《太阳妹和月亮哥》，云南省民族事务委员会编《彝族文化大观》，昆明：云南民族出版社 1999 年版，第 321 页。

W1545.1.4.2
神的 2 个儿子变成日月

实例

傣族 神子岩底死后变成了太阳；岩尖死后变成了月亮，人们送给他的花儿变成了星星。

【流传】（无考）

【出处】《太阳和月亮》，见谷德明编《中国少数民族神话》，北京：中国民间文艺出版社 1987 年版，第 349 页。

W1545.2
神或神性人物的眼睛变成日月

实例

（参见下级母题实例）

W1545.2.1
神的眼睛变成日月

实例

（参见下级母题实例）

W1545.2.1.1
神被烧后眼睛变成日月

实例

满族　热火烧得阿布卡赫赫肢身融解，眼睛变成了日、月。

【流传】黑龙江省·黑河地区（黑河市）·孙吴县·（沿江满族达斡尔族乡）·四季屯（四季屯村）

【出处】白蒙古讲：《天宫大战》（六胼凌），转引自王宏刚《满洲萨满教创世神话中的人本主义曙光》，载《西北民族研究》2007年第4期。

满族　多阔霍女神的热火烧得天神阿布卡赫赫的肢身融化了，当阿布卡赫撞出雪山之后，眼睛便冲上天去变成了日月。

【流传】（无考）

【出处】《阿布卡赫赫女神创世》，王松根据富育光、孟慧英、王宏刚撰写的《满族宗教与神话》改写，见姚宝瑄主编《中国各民族神话》（满族、赫哲族、朝鲜族），太原：山西出版传媒集团、书海出版社2014年版，第4~14页。

W1545.2.1.2
神死后双眼化为日月

实例

珞巴族　一个叫"禅图"的乌佑（珞巴语，鬼、精灵，也可指神、神灵）死后，眼睛将会变成太阳和月亮。

【流传】

（a）西藏自治区·下珞渝（泛指永木河、锡约尔河、巴恰西仁河流域）

（b）西藏自治区·下珞渝（又写作"下珞瑜"）·阿帕塔尼部落日如村

【出处】

（a）B.K.舒克拉搜集：《肯库》，见中华民族故事大系编委会编《中华民族故事大系》第16卷（赫哲族、门巴族、珞巴族、基诺族），上海：上海文艺出版社1995年版，第394页。

（b）同（a），见李坚尚、刘芳贤编《珞巴族门巴族民间故事选》，上海：上海文艺出版社1993年版，第8页。

彝族　黑埃波罗赛神死后，眼睛变日月星辰。

【流传】（无考）

【出处】

（a）《黑埃波罗赛造天地》，见中国各民族宗教与神话大词典编审委员会编《中国各民族宗教与神话大词典》，北京：学苑出版社1990年版，第677页。

（b）《黑埃波罗赛神》，见云南省民族事务委员会编《彝族文化大观》，昆明：云南民族出版社1999年版，第320页。

彝族 黑埃罗波赛神死后，眼变成了日月。

【流传】（无考）

【出处】《黑埃罗波赛神》（原名《查姆·万物起源歌》），原载毛星主编《中国少数民族文学》（下册），见袁珂《中国神话大词典》，北京：华夏出版社2015年版，第436页。

W1545.2.1.3
神的左眼变成太阳，右眼变成月亮

【关联】[W1569.5.1] 神的左眼变成太阳

实例

苗族 拨老（神）用右眼当月亮，左眼当太阳。

【流传】贵州省·（毕节市）·赫章县

【出处】杨质昌、王正义整理：《造天地人类歌》，见《贵州省赫章县故事卷》，内部编印。

W1545.2.2
天神的眼睛变成日月

【关联】[W1611.3] 日月是天地的眼睛

实例

（参见下级母题实例）

W1545.2.2.1
天神用左眼做太阳，右眼做月亮

【关联】

① [W1545.2.7.2] 盘古的左眼变成太阳，右眼变成月亮

② [W1545.2.7.3] 盘瓠王左眼化为太阳，右眼化为月亮

实例

拉祜族 天神厄莎用他的左眼做了太阳，用他的右眼做了月亮。

【流传】云南省大拉祜及黄拉祜中部一带

【出处】小八讲，古木整理：《天神厄莎》（整理中参照了《牡帕密帕》和《古根》），见姚宝瑄主编《中国各民族神话》（白族、拉祜族、景颇族），太原：山西出版传媒集团·书海出版社2014年版，第161页。

W1545.2.2.2
女天神的眼睛变成日月

实例

满族 阿布卡赫赫天母神被火烧的肢体溶解，眼睛变日月。

【流传】（无考）

【出处】《天宫大战》，见富育光《萨满教与神话》，沈阳：辽宁人民出版社1990年版，第234页。

W1545.2.3
天女的眼睛变成日月

【实例】

满族 天帝的小女儿，挖出了自己双眼，变成太阳和月亮。

【流传】（无考）

【出处】曾层、余畴搜集：《日月峰》，见中国民间文艺研究会编《满族民间故事选》（二），沈阳：春风文艺出版社 1985 年版。

W1545.2.4
神牛的眼睛变成日月

【实例】

哈尼族 神牛的双眼化日月。

【流传】（无考）

【出处】《大鱼与天地、人类》，见高明强编《创世的神话和传说》，上海：上海三联书店 1988 年版，第 74 页。

哈尼族 阿匹梅烟大神杀查牛，用牛眼做日月之光。

【流传】（无考）

【出处】《查牛补天地》，见中国各民族宗教与神话大词典编审委员会编《中国各民族宗教与神话大词典》，北京：学苑出版社 1990 年版，第 169 页。

藏族 （实例待考）

W1545.2.5
怪物的眼睛变成日月

【关联】

① ［W0860］怪物

② ［W0863］怪物的本领

【实例】

珞巴族 怪物的眼睛变日月。

【流传】西藏自治区·下珞渝（下珞渝则泛指永木河、锡约尔河、巴恰西仁河流域）

【出处】B.K. 舒克拉搜集：《肯库》，见中华民族故事大系编委会编《中华民族故事大系》第 16 卷（赫哲族、门巴族、珞巴族、基诺族），上海：上海文艺出版社 1995 年版，第 394 页。

W1545.2.6
巨兽的眼睛变成日月

【关联】［W3047.7.2］巨兽

【实例】

怒族 巨人砍死巨兽，骨头变成石块，两只眼睛变成太阳和月亮。

【流传】（无考）

【出处】云南省编辑组：《怒族社会历史调查》，昆明：云南人民出版社 1981 年版。

W1545.2.6.1

巨兽没有烂的眼化为太阳,腐烂的眼化为月亮

实例

怒族　巨人砍死之巨兽后,巨兽余下二眼,一未腐烂,化为太阳;一已腐烂,化为月亮。

【流传】（无考）

【出处】袁珂改编:《巨兽化万物》,原载毛星主编《中国少数民族文学》（下册）,见袁珂《中国神话大词典》,北京:华夏出版社2015年版,第579页。

W1545.2.6a

巨人的眼睛变成日月

【关联】[W0660] 巨人

实例

布依族　大力士力戛把天钉稳后,右手挖下自己的右眼,挂在天边,就变成了太阳;左手挖下自己的左眼,挂在天的西边,就变成了月亮。

【流传】贵州省

【出处】王燕、春甫、班告爷等讲,汛河搜集整理:《力戛撑天》,原载陶立璠、李耀宗编《中国少数民族神话传说选》,见陶阳、钟秀编《中国神话》（中）,北京:商务印书馆2008年版,第773~775页。

W1545.2.6a.1

日月是巨人睁开的双眼

实例

汉族　巨人盘古撑开天地,力气用尽,累死的时节,他睁开左眼,变成太阳,睁开右眼,变成月亮。

【流传】浙江省·（温州市）·永嘉县各地

【出处】陈仁讲,谢圣铎搜集整理:《盘古开天地》（1985）,见姚宝瑄主编《中国各民族神话》（汉族）,太原:山西出版传媒集团·书海出版社2014年版,第13~14页。

W1545.2.7

特定名称神性人物的眼睛变成日月

实例

（参见下级母题实例）

W1545.2.7.1

盘古的眼睛变成日月

【关联】[W1718.6.3] 盘古的眼变星星

实例

白族　盘古氏的一眼化日,一眼化月。

【流传】（无考）

【出处】《开天辟地》,原载谷德明编《中国少数民族神话》,见袁珂《中国神话大词典》,北京:华夏出版社

2015年版，第474页。

汉族 天气蒙鸿，萌芽兹始，遂分天地。首生盘古。古垂死化身，左眼为日，右眼为月。

【流传】（无考）

【出处】
(a)《五运历年记》，见［清］马骕《绎史》卷一。
(b)《五运历年记》，见［明］董斯张《广博物志》卷九。

汉族 世界产生后，首生盘古，垂死化身，气成风云，声为雷霆，左眼为日，右眼为月。

【流传】（无考）

【出处】［北宋］张君房：《云笈七签》卷五六《诸家气法》。

汉族 盘古死，目为日月。

【流传】（无考）

【出处】［唐］释澄观：《大方广佛华严经随疏演义钞》卷四二引《三王历》。

汉族 盘古氏，天地万物之祖也。昔盘古氏死后，目为日月。

【流传】（无考）

【出处】［南朝·梁］任昉：《述异记》。

汉族 盘古氏之死也，头为五岳，目为日月。

【流传】（无考）

【出处】［唐］不题撰人：《灌畦暇语》。

汉族 盘古死后，他的两只眼睛变成了太阳和月亮。

【流传】江苏省·（淮安市）·涟水（涟水县）各地

【出处】徐学尧讲，徐省生搜集整理：《开天辟地和人的由来》（1986.06），见姚宝瑄主编《中国各民族神话》（汉族），太原：山西出版传媒集团·书海出版社2014年版，第20～22页。

汉族 盘古为改造世界仆地而死，将自己的两只眼睛变成太阳和月亮。

【流传】江苏省·（淮安市）·涟水县·南集乡·禹庄村

【出处】徐学尧讲，徐省生搜集整理：《世界的由来》（1983），见姚宝瑄主编《中国各民族神话》（汉族），太原：山西出版传媒集团·书海出版社2014年版，第24～28页。

汉族 盘古的两只眼睛变成天上的日头和月亮。

【流传】浙江省·（丽水市·莲都区·万象街道）·刘祠堂背

【出处】孙华仙讲，唐宗龙搜集整理：《盘古造化天地》（1963），见姚宝瑄主编《中国各民族神话》（汉族），太原：山西出版传媒集团·书海出版社2014年版，第9～10页。

汉族 盘古死了，倒在地上。他的两只眼变成了太阳和月亮。

【流传】河南省·（南阳市）·新野县

【出处】曹学典讲，曹宝泉采录：《盘古爷开天》，见张振犁编著《中原神话通鉴》（第一卷），郑州：河南大学出版社2017年版，第35页。

W1545.2.7.1.1
盘古睁着的眼睛变成日月

实例

汉族　盘古睡觉时总是睁着眼，这就是太阳和月亮。

【流传】陕西省·（渭南市）·合阳县·东王乡（洽川镇）·莘野村

【出处】张甲民讲，梁浩秋采录：《男人喉咙的疙瘩》，见中国民间文学集成全国编辑委员会编《中国民间故事集成》（陕西卷），北京：中国 ISBN 中心 1996 年版，第 9 页。

汉族　盘古因长久支撑天地死去了。他临死时圆睁的双目变成了太阳和月亮。

【流传】河南省·（驻马店市）·汝南县

【出处】李建国（45 岁，中专）讲，李超采录：《盘古开辟天地》（1987.06），见张振犁编著《中原神话通鉴》（第一卷），郑州：河南大学出版社 2017 年版，第 26 页。

W1545.2.7.1.2
盘古死后眼睛变成日月

实例

汉族　盘古开天辟地死后，眼睛变成了日月。

【流传】河北省·（邯郸市）·涉县

【出处】《女娲兄妹结亲的传说》，见张振犁编著《中原神话通鉴》（第一卷），郑州：河南大学出版社 2017 年版，第 313 页。

W1545.2.7.2
盘古的左眼变成太阳，右眼变成月亮

【关联】

① ［W1545.2.2.1］天神用左眼做太阳，右眼做月亮

② ［W1572.2.5.1］盘古的左眼变成太阳

实例

白族　盘古死后，左眼变太阳，右眼变月亮，牙齿变星辰和石头。

【流传】（无考）

【出处】《天地起源》，见谷德明编《中国少数民族神话》，北京：中国民间文艺出版社 1987 年版，第 293 页。

白族　盘古死后，按观音的指点变万物。他的左眼变成太阳，右眼变成月亮。

【流传】云南省·（大理白族自治州）·大理（大理市）、洱源（洱源县）、剑川（剑川县）

【出处】杨国政讲，杨亮才记录整理：《开天辟地》，见中华民族故事大系编委会编《中华民族故事大系》第 5 卷（瑶族、白族、土家族），上海：上海文艺出版社 1995 年版，第 319 ~ 320 页。

白族　盘古死时，观音的手指到哪里，他就变到哪里。他的左眼变成太

阳，右眼变成月亮。

【流传】云南省·（大理白族自治州）·大理（大理市）、洱源（洱源县）、剑川（剑川县）等地

【出处】杨国政讲，杨亮才记录整理：《开天辟地》，原载《云南民间故事选》（不详），见姚宝瑄主编《中国各民族神话》（白族、拉祜族、景颇族），太原：山西出版传媒集团·书海出版社2014年版，第6页。

汉族　天气蒙鸿，萌芽兹始，遂分天地。首生盘古。垂死化身，左眼为日，右眼为月。

【流传】（无考）

【出处】

（a）《五运历年记》，见［清］马骕《绎史》卷一。

（b）《五运历年记》，见［明］董斯张《广博物志》卷九。

汉族　盘古死的时候，他的左眼变成了太阳，右眼变成了月亮。

【流传】（无考）

【出处】袁珂译述：《盘古开天辟地》，原载袁珂编译《中国神话故事》，见陶阳、钟秀编《中国神话》（上），北京：商务印书馆2008年版，第7~8页。

汉族　盘古死后，左眼变成了又圆又大又明亮的太阳，右眼变成了明光光的月亮。

【流传】河南省

【出处】程玉林讲述，缪华、胡佳作搜集整理：《九重天的来历》，原载张振犁、程健君合编《中原神话专题资料》，见陶阳、钟秀编《中国神话》（上），北京：商务印书馆2008年版，第19~21页。

汉族　盘古死后，他的左眼就变成了又圆又大又明亮的太阳，右眼变成了明光光的月亮。

【流传】河南省尾山一带

【出处】程玉林讲，缪华、胡佳作搜集整理：《盘古寺》，原载张振犁、程健君编《中原神话专题资料》，见姚宝瑄主编《中国各民族神话》（汉族），太原：山西出版传媒集团·书海出版社2014年版，第4~6页。

汉族　盘古开辟天地后，全身突然起了大变化。他的左眼变成了太阳，右眼变成了明亮的月亮。

【流传】河南省·新乡市

【出处】马如心（50岁）讲，马安中采录整理：《盘古开天地》（1986.08），见张振犁编著《中原神话通鉴》（第一卷），郑州：河南大学出版社2017年版，第16~17页。

汉族　盘古的左眼变成了太阳。右眼变成了月亮

【流传】河南省·（驻马店市）·新蔡县·裳村乡

【出处】刘义（76岁，农民）讲，刘国富采录，龚国强采录整理：《盘古开天地的来历》（1987.09.05），见张振犁编著《中原神话通鉴》（第一卷），

1.4.1 日月的产生　　‖W1545.2.7.2a—W1545.2.7.3‖ 1739

郑州：河南大学出版社 2017 年版，第 25 页。

汉族　盘古临死时，左眼变为太阳，右眼变为月亮。

【流传】河南省·登封市

【出处】《嵩山的来历》（据《述异记·盘古化物》整理），见张振犁编著《中原神话通鉴》（第一卷），郑州：河南大学出版社 2017 年版，第 12 页。

汉族　（盘古）由于劳累过度，倒下了。他的左眼，变成了明亮的太阳，右眼成了皎洁的月亮，他的汗毛，变成花草树木，汗水成了雨露，他的精灵，变成了人畜鸟兽鱼虫。

【流传】河南省·汝州市·薛庄乡·徐洼村

【出处】王欢进采录：《盘古创世》（1989.10.07），见张振犁编著《中原神话通鉴》（第一卷），郑州：河南大学出版社 2017 年版，第 23 页。

汉族　盘古死后，左眼变成了又圆又大又明亮的太阳，高挂天上，日夜给大地送暖。右眼变成月亮。

【流传】河南省·济源市·（城关）

【出处】程玉林讲，缪华、胡佳作采录：《盘古寺》，见张振犁编著《中原神话通鉴》（第一卷），郑州：河南大学出版社 2017 年版，第 3 页。

瑶族　五彩云生盘古，盘古左眼变日，右眼变月，指甲变星。

【流传】（无考）

【出处】《盘古》，见中央民族学院少数民族文艺研究所编《中国民族民间文学》，北京：中央民族学院出版社 1987 年版，第 713 页。

瑶族　盘古左眼变太阳，右眼变月亮。

【流传】广西壮族自治区·（百色市）·西林县

【出处】《盘古造天地》，见中国各民族宗教与神话大词典编审委员会编《中国各民族宗教与神话大词典》，北京：学苑出版社 1990 年版，第 654 页。

W1545.2.7.2a
盘古睁着的眼变成太阳，闭着的眼变成月亮

实　例

汉族　盘古王睁只眼闭只眼，他的两只眼睛就是太阳和月亮。

【流传】四川省·巴县（今重庆市·巴南区）

【出处】王国珍讲，罗桂英记录，金祥度搜集整理：《盘古王造天地》（1988.01），见姚宝瑄主编《中国各民族神话》（汉族），太原：山西出版传媒集团·书海出版社 2014 年版，第 29~30 页。

W1545.2.7.3
盘瓠王左眼化为太阳，右眼化为月亮

【关联】

① ［W0729］盘瓠（盘皇）

② ［W1545.2.7.1］盘古的眼睛变成日月

【实例】

苗族 盘瓠王长眠不醒。他的左眼渐化为日，右眼渐化为月。

【流传】（无考）

【出处】《盘瓠王造天地》，原载《三套集成四川宜宾地区卷·苗族民间故事分册》，见袁珂《中国神话大词典》，北京：华夏出版社2015年版，第425页。

W1545.2.7.4
盘古的眼珠变成日月

【实例】

汉族 盘古的两颗眼珠变成月亮和太阳。

【流传】山东省·（济宁市）·梁山县·（韩垓镇）·开河东村

【出处】刘建山讲，樊兆阳采录：《盘古开天地》，见中国民间文学集成全国编辑委员会编《中国民间故事集成》（山东卷），北京：中国ISBN中心2007年版，第3页。

W1545.2.7.4a
祖先力嘎的眼珠变成日月

【实例】

布依族 洪荒时代，祖先力嘎把两只眼珠挖出来钉在天上，变日月。

【流传】贵州省

【出处】

(a)《力嘎撑天》，见中国各民族宗教与神话大词典编审委员会编《中国各民族宗教与神话大词典》，北京：学苑出版社1990年版，第44页。

(b) 王燕等讲：《力戛撑天》，见陶阳、钟秀编《中国神话》，上海：上海文艺出版社1996年版，第17页。

W1545.2.7.5
撑天者的右眼变成太阳，左眼变成月亮

【实例】

布依族 撑天的后生力戛挖下自己的右眼悬之天东以为日，左眼悬之天西以为月。

【流传】（无考）

【出处】《力戛撑天》，原载谷德明编《中国少数民族神话选》，见袁珂《中国神话大词典》，北京：华夏出版社2015年版，第445页。

W1545.2.7.6
天女的左眼变成太阳，右眼变成月亮

【关联】

① ［W1103.10.4］天女开天辟地

② ［W1595.2.2.5］天女的右眼变成月亮

【实例】

汉族 天帝的小女儿为了大地上的人们能活命，便飞到天山上，把自己的左眼挖出来，抛向天空，变成了太阳。看到晚上不够亮，又把右眼挖出来抛向天空，变成了月亮。

【流传】江苏省·常州市

【出处】蒋寿元讲，冯爱娟记录整理：《太阳和月亮的来历》（1988.05），见姚宝瑄主编《中国各民族神话》（汉族），太原：山西出版传媒集团·书海出版社2014年版，第179~180页。

W1545.2a
神或神性人物的肢体变成日月

实例

（参见下级母题实例）

W1545.2a.1
神或神性人物的乳房变日月

【关联】[W063.1] 男神原来有乳房

实例

（参见下级母题实例）

W1545.2a.1.1
地球母亲的乳房变成日月

【汤普森】A715.4

实例

（实例待考）

W1545.2a.1.2
女娲的双乳变成日月

【关联】
① [W0714] 女娲的能力或事迹
② [W1104.2] 女娲造天地

实例

汉族 女娲用自己的身体补天缝。她的二只大奶奶（乳房），一只变成天上的日头（太阳），一只变成夜来的月亮。

【流传】江苏省·（苏州市）·太仓县

【出处】曹展氏讲，尹培民搜集整理：《天上日月云彩哪里来》，见姚宝瑄主编《中国各民族神话》（汉族），太原：山西出版传媒集团·书海出版社2014年版，第72~73页。

W1545.2a.2
神或神性人物的头变日月

实例

（参见下级母题实例）

W1545.2a.2.1
盘古的头变成日月

【关联】
① [W0722.2.11] 盘古三头六臂
② [W1569.6.1] 盘古的头变成太阳

实例

汉族 盘古顶出天后，发现四周漆漆黑。三头六臂的盘古撞落了两个头。一个朝东甩，一个朝西甩，骨碌碌滚滚天边去，一个变作血红血红的太阳，一个变作雪亮雪亮的月亮。

【流传】（无考）

【出处】王阿英讲，蔡斌搜集整理：《盘古开天地》，见姚宝瑄主编《中国各民族神话》（汉族），太原：山西出版传媒集团·书海出版社 2014 年版，第 17~18 页。

见高明强编《创世的神话和传说》，上海：上海三联书店 1988 年版，第 62 页。

W1545.2a.2.1.1
盘古的2个头变成日月

【实例】

【汉族】盘古忍痛把两个头化成太阳、月亮。

【流传】上海市·黄浦区

【出处】曹鸿翔讲，方卡采录：《女娲娘娘造人》，见中国民间文学集成全国编辑委员会编《中国民间故事集成》（上海卷），北京：中国 ISBN 中心 2007 年版，第 4 页。

W1545.2a.3
与神或神性人物的肢体变成日月有关的其他母题

【关联】［W1545.7.8.1］祖先的两颗牙齿变成日月

【实例】

（参见下级母题实例）

W1545.2a.3.1
盘古盘生兄弟的耳目等变日月星辰

【实例】

【白族】盘古、盘生兄弟的耳目等变日月星辰。

【流传】（无考）

【出处】《吃龙王·造天地·分节气》，

W1545.2a.3.2
盘古的心变成太阳，胆变成月亮

【实例】

【苗族】见风就长的蛋中生盘古，累死后心变太阳，胆变月亮。

【流传】（无考）

【出处】袁玉芬讲：《盘古开天地》，见燕宝、张晓编《贵州神话传说》，贵阳：贵州人民出版社 1997 年版，第 5 页。

【苗族】盘古累死心变成太阳，胆变成月亮。

【流传】贵州省·（黔东南苗族侗族自治州）·岑巩县

【出处】武生整理：《盘古开天地》，见《中国民间文学集成贵州省岑巩县故事卷》，内部编印。

W1545.2a.3.3
盘古的左手变成太阳，右手变成月亮

【关联】［W1543.5.9］左手造日，右手造月

【实例】

【畲族】盘古用他的左手变成天上的太阳，天地才有了光亮；用他的右手变成了天上的月亮，夜晚才有了光亮。

【流传】畲族地区

【出处】《盘古》，钟后根据畲族蓝国运、蓝国根《畲族古老神话传说及人物》改写，见姚宝瑄主编《中国各民族神话》（高山族、黎族、畲族），太原：山西出版传媒集团·书海出版社2014年版，第84页。

W1545.3
人变成日月

【关联】［W9550］人变无生命物

实 例

（参见下级母题实例）

W1545.3.1
人为创造光明变成日月

实 例

高山族（参见W1545.3.3.1母题实例）

W1545.3.2
1对男女变成日月

【汤普森】A736.1

实 例

佤族 小伙子变太阳，姑娘变月亮。

【流传】（无考）

【出处】郭思九：《佤族文学简史》，昆明：云南民族出版社1995年版，第67页。

W1545.3.2.1
1对飞到天上的男女变成日月

实 例

哈萨克族 创世主迦萨甘用黄泥造出第一个男人阿娲阿塔和第一个女人阿娲阿娜。他们为躲避魔鬼对婚姻的干扰，向天上飞去，逃到中途就失散了。阿娲阿塔就成了太阳，阿娲阿娜却成了月亮。

【流传】（新疆维吾尔自治区）

【出处】阿吾里汗·哈里、刘兆云等记录整理：《迦萨甘造人》，见姚宝瑄主编《中国各民族神话》（乌孜别克族、哈萨克族、柯尔克孜族、俄罗斯族、维吾尔族、塔吉克族、塔塔尔族、锡伯族），太原：山西出版传媒集团·书海出版社2014年版，第26页。

哈萨克族 迦萨甘造出男女，男名阿娲阿塔，女名阿娲阿娜。由于魔鬼阻其婚配，二人遂飞上天空。然于中途失散，阿娲阿塔成为太阳，阿娲阿娜成为月亮。

【流传】（无考）

【出处】袁珂改编：《迦萨甘》，原载毛星主编《中国少数民族文学》（上册），见袁珂《中国神话大词典》，北京：华夏出版社2015年版，第495页。

W1545.3.3
1对夫妻变成日月

【关联】［W1545.3.4.6］兄妹结婚后变成日月

实 例

布依族 一对布依族年轻夫妇，舍身化为太阳（当万）和月亮（蓉莲）。

【流传】贵州省·（黔南布依族苗族自治州）·惠水（惠水县）、罗甸（罗甸县）、长顺（长顺县），（安顺市）·紫云（紫云苗族布依族自治县），（黔西南布依族苗族自治州）·贞丰（贞丰县）、望谟（望谟县）等地

【出处】

（a）《当万和蓉莲》，见中国各民族宗教与神话大词典编审委员会编《中国各民族宗教与神话大词典》，北京：学苑出版社1990年版，第44页。

（b）罗玉林等讲，汛河搜集整理：《当万和蓉莲》，见燕宝、张晓编《贵州神话传说》，贵阳：贵州人民出版社1997年版，第13～15页。

（c）谷德明整理：《当万与蓉莲》，见刘城淮主编《世界神话集（1）·自然神话》，长沙：湖南大学出版社1999年版，第127页。

高山族 一对夫妻变成日月。

【流传】（无考）

【出处】陈炜萍整理：《太阳与月亮》，见中华民族故事大系编委会编《中华民族故事大系》第8卷（畲族、高山族、拉祜族），上海：上海文艺出版社1995年版，第408页。

W1545.3.3.1
1对夫妻到天上变成日月

【关联】［W1545.3.13.2］1对夫妻的灵魂升天变成日月

实　例

高山族（排弯） 嘎拉斯和咖道（地上的一对夫妻）把天空捅破，他俩被风卷上天宫，变成了天上的月亮和太阳。

【流传】福建省·福州市

【出处】金原金讲，陈炜萍采录：《月亮和太阳》，见中国民间文学集成全国编辑委员会编《中国民间故事集成》（福建卷），北京：中国ISBN中心1998年版，第12页。

高山族（排湾） 一个叫嘎拉斯的妇女，与丈夫咖道用杵杆把天捅破顶高，天帝让咖道化为太阳，嘎拉斯化为月亮。

【流传】（无考）

【出处】《破天》，见高明强编《创世的神话和传说》，上海：上海三联书店1988年版，第139页。

高山族（排湾） 嘎拉斯（女子名）和丈夫咖道把低矮的天捅破升高，他俩在一阵闪闪的白光中，被风卷上了天宫，变成了天上的月亮和太阳。

【流传】（台湾）

【出处】

（a）巴克奥罗·莫拉隆·巴吉列达·卡拉尤普讲：《捅天的夫妻》，载《民间文学》1982年第12期。

（b）同（a），见姚宝瑄主编《中国各民族神话》（高山族、黎族、畲族），太原：山西出版传媒集团·书海出版社2014年版，第4页。

高山族 一对青年夫妇马鲁巴和达普娜到天上为人类找光明，男的化为太

阳，女的化为月亮。

【流传】（无考）

【出处】屈育德：《神话·传说·民俗》，北京：中国文联出版社1988年版，第66页。

高山族 以前世界黑暗，一对夫妻齐马鲁巴罗与达普娜化一缕青烟，乘风而上。升至天际时，便各自东西，分手别去。健壮之齐马鲁巴罗变为火热之日，悬于东边天际；秀丽之达普娜变为娴静之月，悬于西边天际。

【流传】（无考）

【出处】袁珂改编：《齐马鲁巴罗与达普娜》（原名《升天》），原载《中国少数民族神话选》，见袁珂《中国神话大词典》，北京：华夏出版社2015年版，第526页。

苗族 波里毕和爷里毕（世上最早一对夫妇，b为波丽萍和岳利华）上天以后，就变成了太阳和月亮。

【流传】

（a）贵州省·（毕节市）·威宁县（威宁彝族回族苗族自治县）·龙街（龙街镇）

（b）云南省·（昭通市）·彝良县

【出处】

（a）韩庆安记录者：《波里毕和爷里毕》，见中国民间文学集成全国编辑委员会编《中国民间故事集成》（贵州卷），北京：中国ISBN中心2003年版，第14页。

（b）王建国讲，陆兴凤翻译，杨光汉采录：《人类始祖返老还童》，见中国民间文学集成全国编辑委员会编《中国民间故事集成》（云南卷），北京：中国ISBN中心2003年版，第280页。

W1545.3.3.2
男子与仙女夫妻俩变成日月

实 例

汉族 以前天上没有日月。一个叫赵光蛋的汉子与仙姑结婚后，赵光蛋变月亮，仙姑变太阳。

【流传】甘肃省·（庆阳市·正宁县）·宫河（宫河镇）一带

【出处】冯宏宁搜集整理：《太阳和月亮的传说》，见曹焕荣主编《中国民间故事集成·甘肃卷正宁县资料本》，内部编印，1989年，第2页。

W1545.3.4
1对兄妹变成日月

实 例

汉族 人间的一对兄妹为照亮人间变成太阳和月亮。

【流传】四川省·（绵阳市）·三台县·东山乡（东塔镇）·三村

【出处】何群英讲，冯云坤采录：《太阳和月亮》，见中国民间文学集成全国编辑委员会编《中国民间故事集成》（四川卷·上），北京：中国ISBN中心1998年版，第30页。

普米族 一对兄妹变成日月。

【流传】云南省·（丽江市）·宁蒗（宁蒗彝族自治县）

【出处】贺兴泽等整理：《帕米查列》，见中华民族故事大系编委会编《中华民族故事大系》第 14 卷（普米族、塔吉克族、怒族、俄罗斯族、鄂温克族），上海：上海文艺出版社 1995 年版，第 12 页。

瑶族 洪水后，兄妹俩化身为日月。
【流传】粤北地区（广东省北部地区）
【出处】曾祥委：《盘古探源》见 http://bbs.yuding8.com。

壮族 以前，有兄妹俩被分派去作日月。
【流传】广西壮族自治区·（防城港市）·上思县·思阳乡（思阳镇）·昌墩村·孔驮屯
【出处】黄胜光讲：《太阳和月亮的由来离》，见张声震总主编，农冠品编注《壮族神话集成》，南宁：广西民族出版社 2007 年版，第 184 页。

W1545.3.4.1
神造的 1 对兄妹变成日月

实 例

彝族 神造出的兄妹二人，哥哥变成了太阳，妹妹变成了月亮。
【流传】（无考）
【出处】柯象峰：《猡猡文字之初步研究》，见吕大吉、何耀华总主编《中国各民族原始宗教资料集成》（彝族卷、白族卷、基诺族卷），北京：中国社会科学出版社 1996 年版，第 274～275 页。

W1545.3.4.2
盘古的 1 对儿女兄妹变成日月

实 例

布依族 洪水后，盘古的一对儿女中妹妹变为"当婉"（太阳），哥哥变为"冗令"（月亮）。
【流传】（无考）
【出处】杨路塔：《日·月·星》，见曹文轩主编《中国神话故事精选》，北京：北京大学出版社 2004 年版，第 16～18 页。

W1545.3.4.3
1 对兄妹中的哥哥变成太阳，妹妹变成月亮

实 例

瑶族 洪水后，逃生的兄妹成亲繁衍人类。后来哥哥变成太阳，妹妹变成月亮。
【流传】湖南省·（永州市）·江华县（江华瑶族自治县）·大锡公社（大锡乡）
【出处】盘才坤讲：《兄妹成亲》，见湖南民委民族民间文学整理组编：《民族民间文学资料》24 集之《瑶族民间传说故事选》，1980 刻印本，第 69 页。

W1545.3.4.4
1 对兄妹中的妹妹变成太阳，哥哥变成月亮

实 例

布依族 古时，有一对兄妹，妹妹当婉变太阳，哥哥冗令变月亮。

【流传】贵州省（黔南布依族苗族自治州）平塘（平塘县）、惠水（惠水县）、罗甸（罗甸县）交界处

【出处】杨兴荣等讲：《日、月、星》，载《山茶》1987年第2期。

布依族 天上有12个太阳，射落10日后，剩下妹妹当婉作太阳，哥哥见令为月亮。

【流传】贵州省·（黔南布依族苗族自治州）·罗甸（罗甸县）

【出处】黄米石念讲：《十二个太阳》，载《山茶》1987年第2期。

羌族 洪水后，妹妹变太阳，哥哥变月亮。

【流传】（无考）

【出处】李明等：《羌族文学史》，成都：四川民族出版社1994年版，第59页。

土家族 洪水后，幸存的兄妹俩经过难题考验结婚。结婚后繁衍人类，兄妹二人被观音菩萨接上了天。哥哥变成了月亮，妹妹变成了太阳。

【流传】湖北省

【出处】

(a) 王史幺姐讲，全明村搜集整理：《土家人的祖先》，见中华民族故事大系编委会编《中华民族故事大系》第5卷（瑶族、白族、土家族），上海：上海文艺出版社1995年版，第668页。

(b) 史幺姐讲，全明村搜集整理：《土家人的祖先》，见归秀文编《土家族民间故事选》，上海：上海文艺出版社1989年版，第27页。

W1545.3.4.5
葫芦兄妹变成日月

实 例

拉祜族 葫芦兄妹变成了日月。

【流传】（无考）

【出处】

(a) 刘辉豪整理：《阿娜、阿罗造天地》，见中国各民族宗教与神话大词典编审委员会编《中国各民族宗教与神话大词典》，北京：学苑出版社1990年版，第174页。

(b) 云南省民族事务委员会编《拉祜族文化大观》，昆明：云南民族出版社1999年版，第174页。

W1545.3.4.6
兄妹结婚后变成日月

【关联】［W1545.3.3］1对夫妻变成日月

实 例

普米族 兄妹成结婚后感到很羞耻，认为见不得人，就要求天神干衣米让他

们变成太阳和月亮，干衣米同意了。

【流传】云南省·（怒江傈僳族自治州）·兰坪县（兰坪白族普米族自治县）

【出处】熊美珍讲，杨照辉采录：《月亮妹妹》，见中国民间文学集成全国编辑委员会编《中国民间故事集成》（云南卷），北京：中国 ISBN 中心 2003 年版，第 134 页。

普米族 哥哥搓直鲁衣和泽里甲姆妹妹结婚，兄妹感到羞耻，求神仙让妹妹变太阳，哥哥变月亮。

【流传】云南省·（怒江傈僳族自治州）·兰坪（兰坪白族普米族自治县）

【出处】《搓直鲁衣和泽里甲姆》（译为《日月兄妹》），见云南省民族事务委员会编《普米族文化大观》，昆明：云南民族出版社 1999 年版，第 123 页。

W1545.3.5
1 对姐弟变成日月

实 例

朝鲜族 以前天上无日月，老太太生的姐弟二人变日月。

【流传】河北省·秦皇岛市·抚宁县·西河南乡（留守营镇）·朝鲜族村

【出处】金三元讲：《太阳和月亮的故事》，见本县编《辽宁民间文学集成·抚宁民间故事卷》（二），内部资料，1987 年，第 933～936 页。

W1545.3.6
1 对兄弟变成日月

实 例

汉族 天王造出的男子大黑和二白兄弟俩分别变成太阳和月亮。

【流传】云南省·（大理白族自治州）·鹤庆县

【出处】杨五一、李鸿钧讲：《地母三姑造万物》，见中国民间文学集成全国编辑委员会编《中国民间故事集成》（云南卷），北京：中国 ISBN 中心 2003 年版，第 113 页。

W1545.3.7
1 对姐妹到天上变成日月

实 例

傣族 一对漂亮的姐妹飞到天上变成太阳和月亮。

【流传】云南省·（西双版纳傣族自治州）·勐海县

【出处】《日食和月食》，见岩香《傣族民间故事》，昆明：云南出版集团 2009 年版，第 21 页。

W1545.3.7.1
姐姐变成月亮，妹妹变成太阳

实 例

哈尼族 日月被妖魔吃掉后，12 岁的阿培和 6 岁的阿妞姐妹俩，妹妹变成太阳，姐姐变成月亮。

【流传】云南省

【出处】《太阳和月亮》，见中国社会科学院云南少数民族文学研究所等编《云南少数民族文学资料》第 2 辑，内部编印，1981 年，第 7 页。

W1545.3.7a
2 个女孩变成日月

实例

（参见下级母题实例）

W1545.3.7a.1
白色的女孩变成月亮，红色的女孩变成太阳

实例

汉族 东方大山里有两个小姑娘，白的是月亮，红的是太阳。

【流传】（无考）

【出处】《盘古请日月》，见中国各民族宗教与神话大词典编审委员会编《中国各民族宗教与神话大词典》，北京：学苑出版社 1990 年版，第 265～266 页。

W1545.3.8
1 对叔侄变成日月

【汤普森】A711.1

实例

（实例待考）

W1545.3.9
人因为羞耻变成日月

实例

普米族

（参见 W1570.3.2.1 母题实例）

W1545.3.10
三姐妹分别变成日月星

实例

景颇族 三姐妹分别变成日月星。

【流传】（无考）

【出处】木然脑都搜集整理：《太阳、月亮和星星》，见中华民族故事大系编委会编《中华民族故事大系》第 10 卷（景颇族、柯尔克孜族、土族），上海：上海文艺出版社 1995 年版，第 31 页。

W1545.3.11
三个媳妇变成日月星

实例

撒拉族 阿妈的儿子哈三斗妖魔，天上的太阳就是哈三的媳妇，月亮和星星是老二和老三的媳妇。

【流传】（无考）

【出处】毛草讲，大漠记录：《哈三的经历》，见满都呼主编《中国阿尔泰语系诸民族神话故事》，北京：民族出版社 1997 年版，第 105～106 页。

W1545.3.12
人的眼睛变成日月

【关联】［W1719.6.10.2］人死升天眼睛变成星星

实例

（实例待考）

W1545.3.13
人的灵魂变成日月

实例

（参见下级母题实例）

W1545.3.13.1
1对兄妹的灵魂变成日月

实例

布依族 盘古王的一对儿女兄妹俩，死后灵魂变成一对火球升上天空，成为日月。

【流传】贵州省·（黔南布依族苗族自治州）·平塘（平塘县）、罗甸（罗甸县）、惠水（惠水县）三县交界地区

【出处】杨兴荣、杨再良讲，杨路塔搜集整理：《日、月、星》，载《山茶》1987年第2期。

布依族 盘古王有一对儿女找到了火。死后兄妹俩的灵魂变成两个火球，一个管白天，一个管晚上，成为日月。

【流传】贵州省·（黔南布依族苗族自治州）平塘县、罗甸县、惠水县三县交界地区

【出处】杨兴荣、杨再良讲，杨路塔记录整理：《日、月、星》，见姚宝瑄主编《中国各民族神话》（布依族、仡佬族、苗族），太原：山西出版传媒集团·书海出版社2014年版，第77页。

W1545.3.13.2
1对夫妻的灵魂升天变成日月

实例

汉族 洪水后幸存的1男1女结为夫妻，二人死后，灵魂上了天，丈夫做太阳，妻子做月亮。

【流传】广西壮族自治区·（南宁市）·武鸣县

【出处】蔡泽覃讲，卢德山等记录：《婚姻的来历》，见曹廷伟编著《广西民间故事辞典》，南宁：广西教育出版社1993年版，第5页。

W1545.4
动物变成日月

【关联】［W1523］动物变成万物

实例

（参见下级母题实例）

W1545.4.1
龙的眼睛变成日月

实例

（参见下级母题实例）

W1545.4.1.1

阴龙睁得大的眼是太阳，睁得小的眼是月亮

实 例

土家族 古时候，阴龙在天上，睁得大的眼是太阳，睁得小的眼是月亮。

【流传】湖北省·（宜昌市）·长阳（长阳土家族自治县）·贺家坪（贺家坪镇）·火麦溪（火麦溪村）

【出处】《神龙造天、造地、造人》，见白庚胜总主编《中国民间故事全书》（湖北省·长阳卷），北京：知识产权出版社2007年版，第3页。

W1545.4.2

牛的眼睛变成日月

【关联】

① ［W1559.1.4］把神牛的眼放到金圈造成太阳

② ［W1758.2］神巨人用犀牛的眼做星星

实 例

藏族 什巴杀牛，牛的眼睛变日月。

【流传】青海省

【出处】＊《世界的产生》，见陶阳、牟钟秀著《中国创世神话》，上海：上海人民出版社2006年版，第44页。

W1545.4.2.1

牛的左眼变成太阳，右眼变成月亮

实 例

哈尼族 诸神得牛，亦不杀食，以其左眼为日，右眼为月。

【流传】（无考）

【出处】《大鱼开辟天地》（原名《天、地、人的传说》），原载谷德明编《中国少数民族神话》，见袁珂《中国神话大词典》，北京：华夏出版社2015年版，第489页。

W1545.4.2.2

龙牛左眼化为太阳，右眼化为月亮

实 例

哈尼族 天王让众人造天地时，他们杀掉一头如山大的龙牛，其中左眼化为日，右眼化为月。

【流传】（无考）

【出处】《开天辟地》（原名《奥色密色》），原载毛星主编《中国少数民族文学》（下册），见袁珂《中国神话大词典》，北京：华夏出版社2015年版，第490页。

W1545.4.3

鹿的眼睛变成日月

实 例

普米族 吉赛米（杀鹿人）猎杀鹿后，

鹿眼变成了日月。

【流传】云南省·丽江（丽江市）·宁蒗县（宁蒗彝族自治县）

【出处】《吉赛米》（杀鹿人），见宁蒗彝族自治县志编委会编《宁蒗彝族自治县志》，昆明：云南民族出版社1993年版，第239页。

W1545.4.3.1
杀死的马鹿的眼睛变成日月

实 例

普米族 猎人吉赛米射死一只马鹿，牙变星辰，眼睛变成了日月。

【流传】云南省·（怒江傈僳族自治州）·兰坪（兰坪白族普米族自治县）

【出处】

(a)《杀鹿歌》，见云南省民族事务委员会编《普米族文化大观》，昆明：云南民族出版社1999年版，第123页。

(b)《杀鹿歌》，见陶阳、牟钟秀著《中国创世神话》，上海：上海人民出版社2006年版，第52页。

普米族 巨人简剑祖杀死马鹿后，鹿眼变成了日月。

【流传】（无考）

【出处】《捉马鹿的故事》，见毛星主编《中国少数民族文学》（下），长沙：湖南人民出版社1983年版，第146页。

W1545.4.4
虎的眼睛变成日月

实 例

（参见下级母题实例）

W1545.4.4.1
天神用虎的左眼做太阳，右眼做月亮

【关联】[W1558.4.3]虎的左眼做太阳

实 例

彝族 格兹天神用虎的左眼做太阳，右眼做月亮。

【流传】（无考）

【出处】

(a)《格兹天神开天辟地》，见云南省民族事务委员会编《彝族文化大观》，昆明：云南民族出版社1999年版，第319页。

(b) 云南省民族民间文学楚雄调查队搜集翻译整理《梅葛》，昆明：云南人民出版社1978年版，第12~14页。

彝族 格兹天神为撑天，让5个儿子捉住老虎并杀掉，分虎肉时，格兹天神吩咐："虎眼不要分，左边的虎眼拿来做太阳，右边的虎眼拿来做月亮。"

【流传】（云南省·楚雄彝族自治州·姚安县·官屯乡·马游村，大姚县·昙华乡等）

【出处】

(a) 郭天元（马游村）、李申呼颇（昙

1.4.1 日月的产生 ||W1545.4.4a—W1545.4.6|| **1753**

华乡)、李福颇（苴）演唱，郭思九、许明学、龚维顺、张宝省、陈志群、胡炳文等搜集，刘德虎、龚维顺、陈志群、李树荣、郭天元等整理：《梅葛》（第一部"创世"），见云南省民族民间文学楚雄调查队《梅葛》（1959），昆明：云南人民出版社2009年版。

(b)《打虎开天辟地》，蔷紫据云南省民族民间文学楚雄调查队著《梅葛》（云南人民出版社2009年版）改写，见姚宝瑄主编《中国各民族神话》（羌族、彝族），太原：山西出版传媒集团·书海出版社2014年版，第194页。

W1545.4.4a
虎的上肢化为日月

实 例

(参见下级母题实例)

W1545.4.4a.1
虎死后左右二膊化为日月

实 例

彝族 天神觉世人太寂寞，取来杀死的老虎的左右二膊化为日月。

【流传】（无考）
【出处】《天神格兹苦》（原名《云南彝族史诗·梅葛》），原载毛星主编《中国少数民族文学》（下册），见袁珂《中国神话大词典》，北京：华夏出版社2015年版，第430页。

W1545.4.5
鸟的眼睛变成日月

实 例

(参见下级母题实例)

W1545.4.5.1
鸟的右眼变成太阳，左眼变成月亮

实 例

藏族 一只大鸟的左眼成了月亮，右眼成了太阳。

【流传】四川省
【出处】刘尚乐整理：《天和地是怎样来的》，见中国各民族宗教与神话大词典编审委员会编《中国各民族宗教与神话大词典》，北京：学苑出版社1990年版，第749页。

藏族 世界最早出现的一只人面大鸟。它的左眼成了月亮，右眼成了太阳。

【流传】（无考）
【出处】刘尚乐搜集整理：《天和地是怎样来的》，见姚宝瑄主编《中国各民族神话》（门巴族、珞巴族、怒族、藏族），太原：山西出版传媒集团·书海出版社2014年版，第84页。

W1545.4.6
天鹅变成日月

【关联】[W3362]与天鹅有关的其他母题

W1545.4.6.1
三只天鹅变成日月星

实 例

撒拉族 三只天鹅分别是太阳、月亮和星星。

【流传】（无考）

【出处】毛草讲，大漠记录：《哈三的经历》，见满都呼主编《中国阿尔泰语系诸民族神话故事》，北京：民族出版社1997年版，第103页。

W1545.4.7
蜜蜂变成日月

【关联】［W3475］与蜜蜂有关的其他母题

实 例

（参见下级母题实例）

W1545.4.7.1
雄雌蜜蜂变成日月

【关联】［W1545.4.8.1］雄雌动物分别变成日月

实 例

东乡族 雄雌蜜蜂变成日月。

【流传】（无考）

【出处】作任整理：《姣姣女》，见中华民族故事大系编委会编《中华民族故事大系》第9卷（水族、东乡族、纳西族），上海：上海文艺出版社1995年版，第497页。

W1545.4.8
与动物变成日月有关的其他母题

实 例

（参见下级母题实例）

W1545.4.8.1
雄雌动物分别变成日月

实 例

（实例待考）

W1545.4.8.2
乌龙和白熊变成日月

实 例

毛南族 九头乌龙变太阳，九头熊妖变月亮。

【流传】（无考）

【出处】《格射日月》，见谷德明编《中国少数民族神话》，北京：中国民间文艺出版社1987年版，第160页。

W1545.4.8.3
太阳是红兔子，月亮是白兔子

【关联】［W1617.3］太阳是红的（红太阳）

实 例

汉族 有一个人到了天上看见有一只红兔子和一只白兔子，从东跳到西，从西跳到东，一直跳个不停。天神告诉他，红的是太阳，白的是月亮。

【流传】江苏省·（常州市）·武进县

【出处】王金生讲，王挺德记录整理：《红兔子和白兔子》，见姚宝瑄主编《中国各民族神话》（汉族），太原：山西出版传媒集团·书海出版社 2014 年版，第 190 页。

W1545.4.8.4
日月是鹰

【关联】［W1610］日月的外貌

实例

汉族　太阳和月亮是金虫鹰和银虫鹰。

【流传】湖北省·丹江口市

【出处】葛朝宝讲，沈志远记录：《太阳和月亮》，见姚宝瑄主编《中国各民族神话》（汉族），太原：山西出版传媒集团·书海出版社 2014 年版，第 193~194 页。

W1545.5
植物变成日月

【关联】
① ［W1524］植物变成万物
② ［W1544.4］植物生日月

实例

（参见下级母题实例）

W1545.5.1
葫芦变成日月

【关联】［W1524.3 葫芦变成万物

实例

傣族　布桑该、雅桑该（又译布桑戛西和雅桑戛赛。一对夫妻神）来到地球上，把仙葫芦子撒到了天空，天空出现了日月。

【流传】（a）云南省·（西双版纳傣族自治州）·景洪市

【出处】
（a）波岩扁讲，岩温扁、征鹏翻译：《布桑该雅桑该》，见中国民间文学集成全国编辑委员会编《中国民间故事集成》（云南卷），北京：中国 ISBN 中心 2003 年版，第 85 页。
（b）《布桑戛西与雅桑戛赛》，见谷德明编《中国少数民族神话》，北京：中国民间文艺出版社 1987 年版，第 346 页。

W1545.5.2
特定的果子变成日月

实例

怒族

（参见 W1573.3.1 母题实例）

W1545.5.3
花变成日月

实例

（参见下级母题实例）

W1545.5.3.1
桃花变成日月

实例

苗族　太阳是仙桃树的花瓣变的，月

亮是花蕊变的。

【流传】贵州省·安顺（安顺市）·镇宁（镇宁布依族苗族自治县）等

【出处】《杨亚射日月》，见苏晓星《苗族文学史》，成都：四川出版集团、四川民族出版社2003年版，第78页。

W1545.5.3.2
日月是梭罗树开的花

实例

彝族 梭罗树要栽在天空中的九千台上，四棵树枝盖四方，四枝枝上长出四片叶，四片叶子上开出四朵花。四朵梭罗花，白天像太阳，晚上像月亮。

【流传】云南省·楚雄彝族自治州

【出处】《门米间扎节》，古梅根据《楚雄民间文学资料》改写，见姚宝瑄主编《中国各民族神话》（羌族、彝族），太原：山西出版传媒集团·书海出版社2014年版，第83页。

W1545.5.3.2.1
梭罗树白天开的花变成太阳，晚上开的花变成月亮

实例

彝族 神王涅依左颇叫龙王阿玛种夜里开花的梭罗树，树开花变成月亮；叫儿子种白天开花的梭罗树，树开花变成太阳。

【流传】（无考）

【出处】《涅依左颇造天地万物》，见云南省民族事务委员会编《彝族文化大观》，昆明：云南民族出版社1999年版，第320页。

W1545.5.4
草变成日月

实例

（参见下级母题实例）

W1545.5.4.1
神草揉碎变成日月

【关联】［W0934］神草（仙草）

实例

彝族 支格阿鲁（文化英雄名）决心为人造福，采得神草足罗八鸟一束，揉碎望空撒之，天上遂有日月星辰。

【流传】（无考）

【出处】《支格阿鲁》，原载毛星主编《中国少数民族文学》（下册）（原名《勒乌特衣》），见袁珂《中国神话大词典》，北京：华夏出版社2015年版，第429页。

W1545.6
卵变成日月

【关联】［W1544.8］卵生日月

实例

（参见下级母题实例）

W1545.6.1
蛋的特定部分变成日月星辰

实例

（参见下级母题实例）

W1545.6.1.1
蛋壳变日月

实例

汉族 大鸡蛋中孕育盘古。盘古打破蛋壳。鸡子壳被盘古砸了个末末碎，都杂到清和黄里去了。鸡子清中杂着两块稍大的碎壳，一块变作日头，一块变作月亮。

【流传】浙江省·（金华市）·东阳县

【出处】

(a) 张宣元讲，周耀明搜集整理：《盘古王开天》，载《民间文学》1986 年第 11 期。

(b) 同（a），见姚宝瑄主编《中国各民族神话》（汉族），太原：山西出版传媒集团·书海出版社 2014 年版，第 6~7 页。

W1545.6.1.1.1
混沌卵的蛋壳碎后变成日月

【关联】[W1859.5.2.1] 混沌卵的蛋壳碎后变成岩石

实例

汉族 以前的世界像鸡卵。被卵中的盘古撑碎后，卵壳砸为碎末，杂于清黄之中。杂于黄者为岩石，杂于清者为星星，清中有两碎壳稍大，遂成日月。

【流传】（浙江省东部一带）

【出处】

(a) 《浙东神话》，载《民间文学》1986 年第 11 期。

(b) 《盘古王开天》，见袁珂《中国神话大词典》，北京：华夏出版社 2015 年版，第 390 页。

W1545.6.1.1.2
天地卵的蛋壳碎后变成日月

实例

汉族 从前最早的世界像个硕大的鸡子。盘古孕育其中。盘古把鸡子壳给砸烂后，粉碎的鸡蛋壳杂到清和黄里。鸡子清中杂有两块稍大的碎壳，一块变作日头，一块变作月亮。天地卵孵出盘古，盘古砸破蛋壳，蛋壳变日、月。

【流传】浙江省·（金华市）·东阳县（东阳市）

【出处】张宣元讲：《盘古生开天》，载《民间文学》1986 年第 11 期。

W1545.6.1.1.2a
混沌卵的壳劈碎变成日月

实例

汉族 混沌卵里面生出的鸡头龙身的盘古拿了把斧子，劈开大鸡蛋。那些劈碎的硬壳有的崩到了清里，有的崩到了黄里。崩到清里的小碎块，变成了星星，还有两块大的，一块变成了太阳，一块变成了月亮。

【流传】河南省·（濮阳市）·濮阳县（五星乡）·西八里庄村

【出处】魏世敏（60岁）讲，魏盼先采录：《盘古开天》（1990.06），见张振犁编著《中原神话通鉴》（第一卷），郑州：河南大学出版社2017年版，第14页。

W1545.6.1.1.3
孕育盘古的鸡蛋的蛋壳碎后变成日月

实 例

汉族 盘古把个鸡子壳砸破，鸡子壳被盘古砸碎，一块变作日头，一块变作月亮。

【流传】浙江省·（金华市）·东阳县（东阳市）·青联乡·雅坑村

【出处】张宣元讲，周耀明采录：《盘古开天》，见中国民间文学集成全国编辑委员会编《中国民间故事集成》（浙江卷），北京：中国ISBN中心1997年版，第15页。

汉族 孕育盘古的蛋壳被盘古顶烂后，只有两块大的，一块变成了太阳，一块变成了月亮。

【流传】湖南省·（怀化市）·洪江市·贮木场

【出处】向培风讲，向艺采录：《盘古开天辟地》，见中国民间文学集成全国编辑委员会编《中国民间故事集成》（湖南卷），北京：中国ISBN中心2002年版，第3页。

W1545.6.1.2
蛋白变成日月

实 例

彝族

（参见W1545.6.1.3.1母题实例）

W1545.6.1.3
蛋白变成日月星辰

实 例

（参见下级母题实例）

W1545.6.1.3.1
神生的蛋的蛋白变成日月星辰

实 例

彝族 黑埃波罗赛神生蛋，蛋白变日月星辰。

【流传】（无考）

【出处】《黑埃波罗赛神》，见云南省民族事务委员会编《彝族文化大观》，昆明：云南民族出版社1999年版，第320页。

彝族 黑埃罗波赛神产一卵，卵共三层，其中卵皮成天，卵白成日月星辰。

【流传】（无考）

【出处】《黑埃罗波赛神》（原名《查姆·万物起源歌》，原载毛星主编

《中国少数民族文学》（下册），见袁珂《中国神话大词典》，北京：华夏出版社 2015 年版，第 436 页。

W1545.6.1.3.2
盘古生的蛋的蛋白变成日月星辰

实例

彝族　古时候，盘古下了一个蛋，蛋分为三层，蛋白变成日月星辰。

【流传】云南省·（楚雄彝族自治州）·楚雄（楚雄市）、南华（南华县）、双柏（双柏县）等地

【出处】《查姆·鲁查姆》，见杨继中、芮增瑞、左玉堂编《楚雄彝族文学简史》，北京：中国民间文艺出版社 1986 年版，第 43～44 页。

W1545.6.2
神珠变成日月

【关联】[W0966.4] 神珠

实例

裕固族

（参见 W1593.1.4 母题实例）

W1545.7
无生命物或自然物变成日月

实例

（参见下级母题实例）

W1545.7.1
气变成日月

【关联】
① [W1576.2] 气变成太阳

② [W1598.6] 气变成月亮

实例

（参见下级母题实例）

W1545.7.1.1
天吐的两团白气变成日月

实例

哈尼族　天吐两团白气，一团是太阳，一团是月亮。

【流传】云南省·（西双版纳傣族自治州）·勐腊县

【出处】李万福讲：《天与地》，载《山茶》1986 年第 6 期。

哈尼族　天吐出两团白气，先吐的一团又热又白，成为太阳。后吐的那团气成为月亮。

【流传】云南省·（西双版纳傣族自治州）·勐腊县

【出处】李万福讲，杨万智搜集整理：《天、地的来源》，原载云南省民间文学集成办公室编《哈尼族神话传说集成》，中国民间文艺出版社 1990 年版，见姚宝瑄主编《中国各民族神话》（哈尼族、傣族），太原：山西出版传媒集团·书海出版社 2014 年版，第 24～25 页。

W1545.7.1.2
分开天地时清气上浮变成日月

实例

毛南族　（实例待考）

W1545.7.1.3
盘古夫妻吹的气变成日月

实 例

【汉族】盘古王夫妻二人各吹口大气合拢来，变成永远发亮的月亮和太阳。

【流传】四川省·（宜宾市）·宜宾县·光明乡（龙池乡）

【出处】廖伯康讲：《天地、太阳、白天、黑夜的由来》，见中国民间文学集成全国编辑委员会编《中国民间故事集成》（四川卷·上），北京：中国ISBN中心1998年版，第23页。

W1545.7.2
阴阳二气化生日月

实 例

【汉族】日月本阴阳之气。

【流传】（无考）

【出处】《天文玉历精异赋》，见刘永明主编《四库未收术数类古籍大全》（占候集成）第二集（1），黄山书社（无影印时间），第399页。

【彝族】阴阳二气化生日月。

【流传】（无考）

【出处】《日月二象论》，见罗曲《彝族民间文艺概论》，成都：巴蜀书社2001年版。

W1545.7.3
石头变成日月

【关联】

① ［W1574.3］石头变成太阳

② ［W1598.5］石头变成月亮

实 例

（参见下级母题实例）

W1545.7.3.1
山里滚出的白石和红石变成日月

实 例

【拉祜族】世界燃烧，山肚子里滚出了一块白石和红石，变成了月亮和太阳。

【流传】（无考）

【出处】

(a)《造天造地》，见云南省民族事务委员会编《拉祜族文化大观》，昆明：云南民族出版社1999年版，第173页。

(b)《天地日月得来历》，见孙敏等编《拉祜族苦聪人民间文学集成》，昆明：云南人民出版社1990年版，第14页。

W1545.7.4
火球变成日月

【关联】

① ［W1576.2］火球变成太阳

② ［W1598.4］火球变成月亮

③ ［W1727.3］火球相撞产生星星

④ ［W1765.1］星星是两个太阳（火球）在天上撞碰出的火星

实 例

（参见下级母题实例）

W1545.7.4.1
石头崩到空中变成的两个火球成为日月

实例

(参见下级母题实例)

W1545.7.4.1.1
盘古砍石头迸出的两个火球变成日月

实例

汉族 盘古用斧子砍了两块大石头，这两块石头崩到空中变成两个火球，人们叫它月亮和太阳。

【流传】陕西省·宝鸡县（宝鸡市）·（渭滨区）·马营镇·永清村

【出处】张世爱讲，李淳采录：《开天辟地》，见中国民间文学集成全国编辑委员会编《中国民间故事集成》（陕西卷），北京：中国 ISBN 中心 1996 年版，第 4 页。

W1545.7.4.2
玉帝造的两个火球变成日月

实例

汉族 玉皇大帝造两个大火球，成了太阳和月亮。

【流传】河南省

【出处】李孟荣讲：《太阳和月亮》，见张楚北《中原神话》，郑州：海燕出版社 1988 年版，第 115 页。

W1545.7.4.3
神珠变成的两个火球变成日月

实例

裕固族 神珠变成两个火球，成为 1 对日月。

【流传】（无考）

【出处】《神珠》，见杨进智《裕固族研究论文集》，兰州：兰州大学出版社 1996 年版，第 350 页。

W1545.7.4a
火把变成日月

【关联】

① ［W1574.2.1］太阳是火把

② ［W1598.3］火变成月亮（火把变成月亮）

实例

(参见下级母题实例)

W1545.7.4a.1
天神点的火把变成日月

实例

哈尼族 阿波摩米（天神）点燃两根火把，一把安在东边天上当做太阳；一把安在西边天上当做月亮。

【流传】云南省

【出处】王文清讲，毛佑全等搜集整理：《俄八美八》，见谷德明编《中国少数民族神话》，北京：中国民间文艺出版社 1987 年版，第 332 页。

【哈尼族】洪水后，阿波摩米（天神名）点燃两根火把，一把安在东边天上当太阳，一把安在西边天上当月亮。

【流传】（云南省）

【出处】王文清讲，毛佐全、傅光宇搜集整理：《俄八美八》，原载《玉溪文化》，见姚宝瑄主编《中国各民族神话》（哈尼族、傣族），太原：山西出版传媒集团·书海出版社2014年版，第88页。

W1545.7.5
地的眼睛变成日月

【关联】[W12443.3] 地的眼睛

实例

（参见下级母题实例）

W1545.7.5.1
地死后眼睛变成日月

【关联】[W1129.7] 天地的寿命

实例

【珞巴族】地死后眼变日月。

【流传】西藏自治区·下珞渝（下珞渝则泛指永木河、锡约尔河、巴恰西仁河流域）

【出处】维·埃尔温搜集：《库朱木·禅图》，见中华民族故事大系编委会编《中华民族故事大系》第16卷（赫哲族、门巴族、珞巴族、基诺族），上海：上海文艺出版社1995年版，第400页。

【珞巴族】大地死后，她的眼睛变成太阳和月亮。

【流传】
(a) 西藏自治区·下珞瑜（泛指永木河、锡约尔河、巴恰西仁河流域）
(b) 西藏自治区·下珞渝（又写作"下珞瑜"）·阿帕塔尼部落日如村

【出处】
(a) 维·埃尔温搜集整理：《库朱木·禅图》，见中华民族故事大系编委会编《中华民族故事大系》第16卷（赫哲族、门巴族、珞巴族、基诺族），上海：上海文艺出版社1995年版，第400页。
(b) 同(a)，见李坚尚、刘芳贤编《珞巴族门巴族民间故事选》，上海：上海文艺出版社1993年版，第14页。

W1545.7.5a
天的眼睛变成日月

实例

【鄂温克族】天是父亲，太阳和月亮当作父亲的眼睛。

【流传】黑龙江省·（齐齐哈尔市）·讷河市

【出处】汪立珍：《鄂温克族神话研究》，北京：中央民族大学出版社2006年版，第108页。

【鄂温克族】太阳和月亮是天空的眼睛。

【流传】黑龙江省·嫩江地区（今大部分归属齐齐哈尔市）

【出处】汪立珍：《鄂温克族神话研

究》，北京：中央民族大学出版社 2006 年版，第 128 页。

W1545.7.6
饼变成日月

实 例

（参见下级母题实例）

W1545.7.6.1
伏羲女娲夫妇做的芝麻饼变成日月

【关联】 ［W0680.4a.1］伏羲女娲是夫妻

实 例

汉族 伏羲、女娲两夫妻做芝麻饼。一个饼丢在炉膛里，被烧得通红，变成了如今挂在天上的太阳；另一个饼滚到山的那一边，变成月亮。

【流传】浙江省·（温州市）·文成县·南田区·石庄乡

【出处】陈成藏讲，陈云记录，文帆整理：《芝麻饼与日月星辰》（1987.10.03），见姚宝瑄主编《中国各民族神话》（汉族），太原：山西出版传媒集团·书海出版社 2014 年版，第 306 页。

W1545.7.6.2
老奶奶手托的 2 张圆饼变成日月

实 例

白族 一位头发雪白的老奶奶，两手各托一个圆饼，第一个饼叫作太阳，第二个饼叫作月亮。

【流传】云南省·（大理白族自治州）·剑川（剑川县）

【出处】施美祥讲，瑞鸿等搜集整理：《日月从哪来》，见中华民族故事大系编委会编《中华民族故事大系》第 5 卷（瑶族、白族、土家族），上海：上海文艺出版社 1995 年版，第 553~555 页。

白族 天降的白发奶奶给穷苦的老妈妈两个饼。大地变得一片黑暗后，老妈妈拿出一个饼，这个饼就飞到天上去了，发出耀眼的光。老妈妈捞出另一个饼，另一个饼又飞到天上去了，发出明晃晃的光。人们把第一个饼叫做太阳，把第二个饼叫做月亮。

【流传】云南省·（大理白族自治州）·剑川县

【出处】施美祥讲，瑞鸿、瑞林记录，乐夫整理：《日月从哪里来》，见姚宝瑄主编《中国各民族神话》（白族、拉祜族、景颇族），太原：山西出版传媒集团·书海出版社 2014 年版，第 44~45 页。

W1545.7.7
洞变成日月

实 例

（参见下级母题实例）

W1545.7.7.1
日月是天上凿开的洞

【关联】［W1366］天洞（天上的窟窿、天被撞破）

实　例

纳西族（摩梭）耗子和猫头鹰把厚厚的隔开天地的云墙打通了一个大圆洞，五光十色的亮光从圆洞中漏出来，照亮了天空，照亮了大地。人们把白天的光亮叫做太阳，把夜晚的光亮叫做月亮；见到太阳一次叫一天，见到月亮一次叫一夜。

【流传】云南省·（丽江市）·宁蒗县（宁蒗彝族自治县）

【出处】桑直若史、益依关若讲，章天钖、章天铭搜集，章虹宇整理：《昂姑咪》，载《山茶》1986年第3期。

W1545.7.8
牙齿变成日月

实　例

（参见下级母题实例）

W1545.7.8.1
祖先的两颗牙齿变成日月

实　例

布依族　祖先翁戛造出天地后天上没有日月。他就拔下他的两颗大座牙，把它们深深嵌在天的中心，一颗变成太阳，一颗变成月亮。

【流传】贵州省布依族地区

【出处】杨正荣、祝登壅讲，岭玉清、汛河搜集整理，古梅改写：《翁戛造万物》，见姚宝瑄主编《中国各民族神话》（布依族、仡佬族、苗族），太原：山西出版传媒集团·书海出版社2014年版，第8页。

W1545.7.9
泥变成日月

实　例

（参见下级母题实例）

W1545.7.9.1
造天的泥巴变成日月

实　例

畲族　玉皇大帝派两个神仙兄弟造天地。哥哥端一碗白土和一碗水造天时，很勤奋，他看到造完天后还剩下两块泥巴没用上，就把一块大的捏成圆形放在天的东角，变成了太阳；把小的一块捏成弧形放在天的西角，变成了月亮。

【流传】福建省·（漳州市）·华安（华安县）

【出处】钟国姓讲，钟武艺采录：《兄弟俩造天地》，原载《中国民间故事集成·福建卷·漳州市分卷》，漳州市民间文学集成编委会1991年编印，见《福建省少数民族古籍丛书》编委会编《畲族卷·民间故事》，福州：海峡出版发行集团·海峡书局2013

W1545.8
与变化成日月有关的其他母题

实例

（参见下级母题实例）

W1545.8.1
日月是天空上的镜子

【汤普森】A714.4

【关联】[W1725.4] 铜镜变成星星

实例

（参见下级母题实例）

W1545.8.1.1
日月是两姐妹手中的镜子

实例

汉族 一个叫月亮的姐姐和叫太阳的妹妹用镜子照人间形成日月。

【流传】北京市·顺义县（顺义区）

【出处】侯淑兰讲，金克亮采录：《太阳和月亮》，见中国民间文学集成全国编辑委员会编《中国民间故事集成》（北京卷），北京：中国 ISBN 中心 1999 年版，第 4 页。

W1545.8.1.2
日月是天女手中的镜子

实例

蒙古族 玉皇大帝的女儿牡丹青姆用镜子给人间造光。

【流传】吉林省·（松原市）·前郭县（前郭尔罗斯蒙古族自治县）·乌兰敖都乡

【出处】宝音特古斯讲：《日月和昼夜》，见刘魁立主编《玉皇大帝的传说》，北京：中国社会出版社 2008 年版，第 66~67 页。

W1545.8.2
1 个太阳射成两半分出日月

【关联】[W9790] 射日月的结果

实例

佤族 天上有 1 个太阳，小伙子比赛射日，射成两半，分出日月。

【流传】（无考）

【出处】岩米口述，宁默整理：《射日》，见尚仲豪、郭思九等编《佤族民间故事选》，上海：上海文艺出版社 1989 年版，第 31~32 页。

W1545.8.3
1 对日月变成多个日月

实例

瑶族 以前，天上太阳和月亮交朋友，变成十二个太阳十二个月亮，地上草木干枯了。

【流传】广西壮族自治区·（河池市）·巴马县（巴马瑶族自治县）·东山乡·崟山村

【出处】蒙老三（70 岁）讲，蒙灵记录翻译：《密洛陀》（1981），原载南宁师范学院编《广西少数民族与汉族民

W1545.8.4
日月是一个妇女抛到天上的两张饼

实例

白族

（参见 W1545.7.6.2 母题实例）

W1545.8.5
日月是天帝的两件宝贝

【关联】

① ［W0200.1］天神的神器

② ［W1692.7.1］日月是天帝的宝物

实例

汉族 太阳和月亮是天老爷的两件宝贝。天老爷的1对儿女经常拿老天爷的两件宝贝一对日月到外面玩耍，照亮了大地。

【流传】四川省·（成都市）·金堂县·同兴乡

【出处】蒋婆婆讲，黄在双采录者：《太阳宝和月亮宝》，见中国民间文学集成全国编辑委员会编《中国民间故事集成》（四川卷），北京：中国 ISBN 中心 1998 年版，第 32 页。

W1545.8.6
日月是天上的火神

【关联】

① ［W0466.7］火神变太阳

② ［W1620.3］太阳是火神

实例

汉族 日头和月亮都是天上的火神。

【流传】河北省·（邯郸市）·武安县（武安市）·（康二城镇）·紫泉村

【出处】刘生明讲，冀秀生采录：《日头和月亮》，见中国民间文学集成全国编辑委员会编《中国民间故事集成》（河北卷），北京：中国 ISBN 中心 2003 年版，第 11 页。

W1545.8.7
八卦图变成日月

实例

汉族 太上老君脱下自己的蓝衫，遮在整个天上。蓝衫上的八卦图，变成了太阳和月亮。

【流传】河南省·（南阳市）·镇平县

【出处】贺天祥讲，贺海成、姜典凯搜集整理：《天为什么是蓝的》，载《民间文学》1986 年第 1 期。

W1545.8.7.1
天上八卦图的碎花变成星辰

实例

汉族 太上老君用冰块补的天不完美。他便脱下自己的蓝衫，遮在整个天上。蓝衫上的八卦图，变成了太阳、月亮，点点碎花化作了满天星斗。

【流传】河南省·（南阳市）·镇平县

【出处】贺天祥讲，贺海成、姜典凯搜集整理：《天为什么是蓝的》，见姚宝瑄主编《中国各民族神话》（汉族），太原：山西出版传媒集团·书海出版社2014年版，第66~67页。

W1546
日月产生的其他方式
实 例

（参见下级母题实例）

W1546.1
消除云雾出现日月
【关联】［W1540.1.4］以前只有云水雾气没有日月

实 例

（参见下级母题实例）

W1546.1.1
鸡撞开云雾后出现日月
实 例

纳西族 蛋生的怪鸡拿头上的高角撞开了天上的云雾，天上便出现日月星辰。

【流传】云南省·丽江（丽江市）

【出处】《人祖利恩》，见谷德明编《中国少数民族神话》，北京：中国民间文艺出版社1987年版，第415页。

W1546.1.2
天神除雾后出现日月星辰
实 例

彝族 天神扫清了天空的浓雾，露出日、月、星辰。

【流传】云南省·（昆明市）·路南（石林彝族自治县）·圭山（圭山镇）

【出处】

（a）王伟收集：*《天神创世》，见谷德明编《中国少数民族神话》，北京：中国民间文艺出版社1987年版，第309~310页。

（b）同（a），见吕大吉、何耀华总主编《中国各民族原始宗教资料集成》（彝族卷、白族卷、基诺族卷），北京：中国社会科学出版社1996年版，第25页

彝族 天地还是一团浓雾的时候，有一位天神云游。他觉得四周空洞洞的没有一点着力之处，就挥动他那万能的手扫清了天空的浓雾，露出日月星辰。

【流传】（无考）

【出处】《人类和石头的战争》，原载李子贤编《云南少数民族神话选》，云南人民出版社1990年版，见姚宝瑄主编《中国各民族神话》（羌族、彝族），太原：山西出版传媒集团·书海出版社2014年版，第275页。

W1546.1.2.1
天神分开天地并扫清天空浓雾后出现日月星辰
实 例

彝族 最早的世界是雾。有天神出天

宫云游四海，觉周遭空空洞洞无着力处。因挥其万能巨手，隔开天地，扫清天空浓雾，露出日月星辰。

【流传】（无考）

【出处】《人与石头》，原载谷德明编《中国少数民族神话选》（原名《人类和石头的战争》），见袁珂《中国神话大词典》，北京：华夏出版社2015年版，第427页。

彝族 一位天神把天和地隔开后，又扫清了天空的浓雾，露出了日月星辰。

【流传】（无考）

【出处】《人类和石头的战争》，原载谷德明编《中国少数民族神话选》，见陶阳、钟秀编《中国神话》（下），北京：商务印书馆2008年版，第1084~1085页。

W1546.2

现在的日月是射日时留下的两个太阳

【关联】

① ［W1597.2］射日后1个太阳变成月亮
② ［W9790］射日月的结果

实 例

布依族 伏羲兄妹把天上的12个太阳射落10个，留下的2个太阳，就是今天的太阳和月亮。

【流传】（无考）

【出处】
（a）祝登雍讲：《伏羲兄妹》，见谷德明编《中国少数民族神话选》，西北民族学院研究所1983年编印，内部资料。

（b）同（a），见姚宝瑄主编《中国各民族神话》（布依族、仡佬族、苗族），太原：山西出版传媒集团·书海出版社2014年版，第59页。

W1546.2.1

打落多余的太阳剩下的2个成为日月

实 例

布依族 古代天上有12个太阳。有个叫王姜的人，把10个太阳都打落下来，天上只剩下了两个太阳，成为现在的太阳和月亮。

【流传】（无考）

【出处】
（a）《王姜射日》，见谷德明编《中国少数民族神话选》，西北民族学院研究所1983年编印，内部资料。

（b）同（a），见姚宝瑄主编《中国各民族神话》（布依族、仡佬族、苗族），太原：山西出版传媒集团·书海出版社2014年版，第57页。

W1546.3

日月产生前先产生影子

【关联】

① ［W1518.1］万物源于影子
② ［W1727.4］星星产生前先产生影子
③ ［W1823.2a］影子中产生山
④ ［W1957.5］影子中产生海

实例

（参见下级母题实例）

W1546.3.1
日月产生前先出现3种日月的影子

实例

纳西族 太古那时候，日和月还没有创造，先出现了三样日影子和月影子

【流传】（云南省）

【出处】和芳、和志新编译：《崇邦统——人类迁徙记》，见姚宝瑄主编《中国各民族神话》（佤族、阿昌族、纳西族、普米族、德昂族），太原：山西出版传媒集团·书海出版社2014年版，第137页。

纳西族 日和月还没有创造时，先出现了三样日影子和月影子。

【流传】云南省·丽江（丽江市）

【出处】和芳（东巴）读经，和志武翻译整理：《崇邦统》（人类迁徙记）（1954），见吕大吉、何耀华总主编《中国各民族原始宗教资料集成》（纳西族卷、羌族卷、独龙族卷、傈僳族卷、怒族卷），北京：中国社会科学出版社2000年版，第320页。

W1546.4
日月的分离

【关联】[W4880] 与日月的放置有关的其他母题

实例

（参见下级母题实例）

W1546.4.1
盘古分开日月

实例

（参见下级母题实例）

W1546.4.1.1
盘古用斧子分开日月

实例

汉族 以前太阳、月亮挨得绑紧。盘古一板斧砍去，太阳吓得扯伸一趟跑远。月亮胆子小，朝后头缩。以后，月亮永远撵不到太阳，总是见一个不见另一个。

【流传】四川省·（成都市）·灌县（今都江堰市）·胥家乡

【出处】卿上伦讲，兰字尧搜集整理：《为啥有白天黑夜》（1987.06.28），见姚宝瑄主编《中国各民族神话》（汉族），太原：山西出版传媒集团·书海出版社2014年版，第73~74页。

W1547
日月产生的顺序

【关联】[W1541] 日月出现的时间（日月产生的时间）

实例

（参见下级母题实例）

W1547.1
日月同时产生

【关联】[W1676.2.1] 月亮姐姐和太阳

妹妹是孪生姐妹

实 例

汉族

（参见 W1547.2 母题实例）

W1547.2
日月星同时产生

实 例

汉族 混混沌沌像鸡蛋样的东西的胎壳破裂后的块块和渣子，喷得到处都是，这就是太阳、月亮和星星。

【流传】湖北省·（黄冈市）·浠水县·清泉镇·关山村

【出处】廖康成讲，詹承宗采录：《天父地母》，见中国民间文学集成全国编辑委员会编《中国民间故事集成》（湖北卷），北京：中国 ISBN 中心 1999 年版，第 6 页。

W1547.3
先有太阳后有月亮

【关联】［W1543.5.8.1］先造太阳，后造月亮

实 例

汉族 以前，先有了太阳，但晚上没有月亮，一片漆黑。

【流传】陕西省·（延安市）·延川县

【出处】刘艳红搜集整理：《月亮的传说》，见延川县民间文学征集办公室编《民间文学选编》，内部编印，1984 年，第 104 页。

珞巴族 太阳出世早，月亮出世晚。

【流传】西藏自治区·下珞渝（下珞渝则泛指永木河、锡约尔河、巴恰西仁河流域）

【出处】维·埃尔温搜集：《日蚀的由来》，见中华民族故事大系编委会编《中华民族故事大系》第 16 卷（赫哲族、门巴族、珞巴族、基诺族），上海：上海文艺出版社 1995 年版，第 410 页。

珞巴族 太阳出世较早，月亮出世较晚。

【流传】

（a）西藏自治区·下珞瑜（泛指永木河、锡约尔河、巴恰西仁河流域）

（b）西藏自治区·下珞渝（又写作"下珞瑜"）·迦龙部落顿村

【出处】

（a）维·埃尔温搜集：《日蚀的由来》，见中华民族故事大系编委会编《中华民族故事大系》第 16 卷（赫哲族、门巴族、珞巴族、基诺族），上海：上海文艺出版社 1995 年版，第 410~411 页。

（b）同（a），见李坚尚、刘芳贤编《珞巴族门巴族民间故事选》，上海：上海文艺出版社 1993 年版，第 24~25 页。

W1547.4
先有月亮后有太阳

实 例

拉祜族 从一座山的肚子里滚出了一块

白石头和一块红石头。先飞上天的那块白石头，就变成了月亮。后飞上天的红石头变成太阳。

【流传】云南省·（普洱市）·镇源县（镇沅彝族哈尼族拉祜族自治县）

【出处】范清莲讲，自力采录：《天地日月的来历》，见中国民间文学集成全国编辑委员会编《中国民间故事集成》（云南卷），北京：中国ISBN中心2003年版，第47页。

W1548

与日月的产生有关的其他母题

实 例

（参见下级母题实例）

W1548.1

日月哪个先产生

【关联】

① ［W1543.5.1］造日月的时间

② ［W1547］日月产生的顺序

实 例

（参见下级母题实例）

W1548.1.1

以前只有太阳，没有月亮

实 例

白族 很早以前，天上只有太阳，没有月亮。

【流传】云南省·（大理白族自治州）·洱源县·炼铁区·新庄乡·石明月村

【出处】云南省民间文学集成办公室编：《白族神话传说集成》，北京：中国民间文艺出版社1986年版，第21~22页。

白族 很早以前，天上只有太阳，没有月亮。

【流传】云南省·（大理白族自治州）·洱源县

【出处】李永志讲，李华龙、王立智记录，李佩玖翻译：《石明月》，见姚宝瑄主编《中国各民族神话》（白族、拉祜族、景颇族），太原：山西出版传媒集团·书海出版社2014年版，第41页。

珞巴族 在古代，天上只有多尼和波如两个太阳兄弟。没有月亮，白天有光，晚上黑暗。

【流传】西藏自治区·林芝市·墨脱县·甘登乡、达木珞巴民族乡（讲述地点：墨脱县·达木珞巴民族乡·达木村）

【出处】顿加讲：《珞巴族神话（四）》（1955.10），见冀文正《珞巴族民间故事》，成都：四川民族出版社2011年版，第4页。

蒙古族 以前，普天下只有白天有太阳，夜晚没有月亮。

【流传】辽宁省·朝阳市·喀喇沁左翼蒙古族自治县·东哨乡·东哨

【出处】王天彬讲，琴音记录整理：《月亮公主》（1983年初冬），见姚宝瑄主编《中国各民族神话》（达斡尔族、

瑶族 古时天空但有日而无星月。

【流传】（无考）

【出处】《雅拉射月》（原名《射月亮》），原载《中国民间故事选》（第一集），见袁珂《中国神话大词典》，北京：华夏出版社2015年版，第473页。

瑶族 古老的时候，天空上只有太阳，没有月亮，也没有星星。

【流传】广西壮族自治区

【出处】萧甘牛搜集：《射月亮》，原载中国社会科学院文学研究所编《中国民间故事选》，见陶阳、钟秀编《中国神话》（上），北京：商务印书馆2008年版，第248~251页。

瑶族 古老的时候，天空上只有太阳，没有月亮，没有星星。一到晚上，四处墨墨黑。

【流传】广西壮族自治区

【出处】萧甘牛记录整理：《射月亮》，见姚宝瑄主编《中国各民族神话》（土家族、毛南族、侗族、瑶族），太原：山西出版传媒集团·书海出版社2014年版，第195页。

W1548.1.1.1
远古时，只有太阳没有月亮

实例

高山族 远古时代，那时天空上只是悬挂着一颗明晃晃的太阳，并没有月亮。

【流传】台湾

【出处】

（a）《射日的故事》，见陈国强编《高山族神话传说》，福州：福建人民出版社1980年版。

（b）同（a），见姚宝瑄主编《中国各民族神话》（高山族、黎族、畲族），太原：山西出版传媒集团·书海出版社2014年版，第24页。

W1548.1.1.2
以前有2个太阳没有月亮

实例

珞巴族 从前，高高的天空上没有月亮，却有着2个太阳。

【流传】

（a）西藏自治区·下珞瑜（泛指永木河、锡约尔河、巴恰西仁河流域）

（b）西藏自治区·下珞渝（又写作"下珞瑜"）·义都部落丹龙曲河谷

【出处】

（a）T.K.巴鲁阿搜集：《两个太阳》，见中华民族故事大系编委会编《中华民族故事大系》第16卷（赫哲族、门巴族、珞巴族、基诺族），上海：上海文艺出版社1995年版，第405~406页。

（b）同（a），见李坚尚、刘芳贤编《珞巴族门巴族民间故事选》，上海：上海文艺出版社1993年版，第19~20页。

珞巴族 古代只有 2 个太阳，还没有月亮，白天有光，晚上黑暗。

【流传】西藏自治区·（林芝市）·墨脱县·甘登乡、达木珞巴民族乡

【出处】顿加讲，冀文正采集：《天和地》，见冀文正《珞巴族民间故事》，成都：四川民族出版社 2011 年版，第 4~5 页。

W1548.1.1.3
只有 1 个太阳没有月亮

实 例

高山族 远古天唯一日而无月。

【流传】（无考）

【出处】袁珂改编：《负子射日》（原名《射日的故事》），原载谷德明编《中国少数民族神话选》，见袁珂《中国神话大词典》，北京：华夏出版社 2015 年版，第 525 页。

W1548.2
日月的区分

实 例

（参见下级母题实例）

W1548.2.1
盘古区分出日月

实 例

仡佬族 盘古王分清日月阴阳。

【流传】贵州省·（六盘水市）·六枝特区·店子乡（新窑乡）·那义村·

青桐林

【出处】程少先等讲，叶正乾采录：《盘古王和他的儿孙们》，见中国民间文学集成全国编辑委员会编《中国民间故事集成》（贵州卷），北京：中国 ISBN 中心 2003 年版，第 62 页。

W1548.3
日月与动植物同源

实 例

珞巴族 太阳、月亮和星星，树木和花草，鸟兽和虫鱼，都是大地母生下的孩子。

【流传】西藏自治区·（林芝地区）·米林县·纳玉公社（南伊乡）

【出处】达牛、东娘讲：《阿巴达尼和阿巴达洛》，见谷德明编《中国少数民族神话》，北京：中国民间文艺出版社 1987 年版，第 252 页。

W1548.4
先有雷电后有日月

实 例

怒族 天上地上有了人类后，只有雷电没有日月。

【流传】云南省·（怒江傈僳族自治州）·贡山县（贡山独龙族怒族自治县）

【出处】彭兆清提供，攸延春整理：《创世纪》，见攸延春《怒族文学史》，昆明：云南民族出版社 2003 年版，第 18 页。

W1548.5
日月漂在水上
实例

汉族 太阳和月亮漂在水面上。

【流传】河北省·廊坊市·（安次区·北史家务乡）·周各庄

【出处】王万永讲，李宝才采录：《找日头》，见中国民间文学集成全国编辑委员会编《中国民间故事集成》（河北卷），北京：中国 ISBN 中心 2003 年版，第 9 页。

W1548.6
洗日月
【关联】［W1613.2］原来的日月是脏的

实例

（参见下级母题实例）

W1548.6.1
羲和洗日月
实例

汉族

（参见 W1695.6.1.1 母题实例）

W1548.6.2
水神洗日月
实例

彝族 神仙之王派罗塔纪姑娘（水王）飞到九千台天上，去洗月亮和太阳。

【流传】（无考）

【出处】《天地的起源》，见郭思九、陶学良整理《查姆》，昆明：云南人民出版社 1994 年版。

W1548.7
日月在火中得到滋养
【汤普森】A700.7

实例

（实例待考）

W1548.8
日月的更新
实例

彝族 三个仙女与笃慕（洪水后幸存者，彝族祖先名）婚生子女后，天地更了新，日月更了新。群星更了新，云雾更了新。

【流传】云南省·（玉溪市）·新平（新平彝族傣族自治县）

【出处】普学旺搜集翻译：《洪水泛滥史》，见云南省少数民族古籍整理出版规划办公室编《洪水泛滥》，昆明：云南民族出版社 1987 年版，第 69 页。

W1548.9
动物的作用使日月产生
实例

（参见下级母题实例）

W1548.9.1
巨鸭啄天洞出现了日月星光

实例

满族　冰海盖住了天空，蔽盖了大地，大嘴巨鸭，口喷烈火，把冰天给啄了千千万万个洞，从此才又出现了日月星光。

【流传】黑龙江省·黑河地区（黑河市）·孙吴县·（沿江满族达斡尔族乡）·四季屯（四季屯村）

【出处】白蒙古讲：《天宫大战》（五胐凌），转引自王宏刚《满洲萨满教创世神话中的人本主义曙光》，载《西北民族研究》2007年第4期。

W1548.10
特定人物在天上钉上日月

实例

（参见下级母题实例）

W1548.10.1
安拉在天幕上钉上日月星辰

实例

塔吉克族　安拉创造宇宙时，将天空升高，在天幕上钉上了日月星辰。

【流传】新疆维吾尔自治区·（喀什地区）·塔什库尔干塔吉克自治县·瓦尔西代乡

【出处】马达里汗讲，西仁·库尔班等采录翻译：《人类的来历》，见中国民间文学集成全国编辑委员会编《中国民间故事集成》（新疆卷），北京：中国ISBN中心2008年版，第34页。

W1548.10.2
神把日月星辰镶在天上

实例

哈尼族　加波俄郎（神名）把天造好后，又在天上镶嵌了日月星辰。

【流传】云南省·西双版纳（西双版纳傣族自治州）

【出处】飘马讲，白章富搜集整理：《奥颠米颠》，见姚宝瑄主编《中国各民族神话》（哈尼族、傣族），太原：山西出版传媒集团·书海出版社2014年版，第79页。

❀ W1550
太阳的产生

实例

（参见下级母题实例）

W1551
太阳来于某个地方或自然存在

实例

（参见下级母题实例）

W1551.0
特定人物放出太阳

实例

（参见下级母题实例）

W1551.0.1
雷公放出太阳

【关联】［W1652.0.1b］雷公放出 12 个太阳

实例

苗族

（参见 W1416.5.2 母题实例）

W1551.0.2
上帝赋予太阳

实例

（参见下级母题实例）

W1551.0.2.1
上帝给地母太阳

实例

哈萨克族 上帝大发慈悲，给了大地之母太阳。

【流传】新疆维吾尔自治区·（伊犁哈萨克自治州）·新源县·阿热勒托别乡（阿热勒托别镇）

【出处】马丽亚·库别克讲，木合买提拜·巴依吉格托夫采录，杨凌等译：《地之母》，见中国民间文学集成全国编辑委员会编《中国民间故事集成》（新疆卷），北京：中国 ISBN 中心 2008 年版，第 8 页。

W1551.0.3
天帝放出太阳

实例

（参见下级母题实例）

W1551.0.3.1
天帝放出 12 个太阳

实例

蒙古族 天帝为惩罚人类，放出了 12 个太阳。

【流传】（无考）

【出处】

（a）赛野搜集整理：《乌恩射太阳》，见谷德明编《中国少数民族神话选》，西北民族学院研究所 1983 年编印，内部发行。

（b）赛野搜集整理：《乌恩战妖龙》，见姚宝瑄主编《中国各民族神话》（达斡尔族、鄂伦春族、鄂温克族、蒙古族），太原：山西出版传媒集团·书海出版社 2014 年版，第 187 页。

W1551.1
混沌时出现太阳

实例

珞巴族

（参见 W1599.3 母题实例）

W1551.2
天空自然生出太阳

实例

（参见下级母题实例）

W1551.2.1
分开天地后出现太阳

实例

藏族 天和地分开之后，太阳升起来了。

【流传】（无考）

【出处】才旦旺堆搜集，蔷紫整理：《大鹏分天地》，见姚宝瑄主编《中国各民族神话》（门巴族、珞巴族、怒族、藏族），太原：山西出版传媒集团·书海出版社2014年版，第81页。

W1551.2.1.1
盘古爷、盘古奶分开天地后出现太阳

实例

汉族 盘古爷、盘古奶分开特定天地后，大地上有了太阳，大地上有了风。

【流传】河南省·（南阳市）·桐柏县·二郎山乡·田口村，（驻马店市）·泌阳县·盘古村（盘古乡）·黑山沟组（?）（采录地点：桐柏山盘古庙会）

【出处】李新超（27岁，初中）、李明松（59岁，文盲）讲，马卉欣、殷润璞录音，马卉欣采录整理：《盘古不听老牛劝》（1989.04.08），见张振犁编著《中原神话通鉴》（第一卷），郑州：河南大学出版社2017年版，第71～72页。

W1551.2.2
天产生后出现太阳

实例

哈尼族 黑色的混沌中风吹出天以后，太阳跟着出来，天空变成了蓝色。

【流传】云南省·（普洱市）·孟连县（孟连傣族拉祜族佤族自治县）

【出处】李格、王富帮讲，张犁翻译，李灿伟、莫非搜集整理：《天、地、人和万物的起源》，原载云南省民间文学集成办公室编《哈尼族神话传说集成》，中国民间文艺出版社1990年版，见姚宝瑄主编《中国各民族神话》（哈尼族、傣族），太原：山西出版传媒集团·书海出版社2014年版，第58页。

W1551.3
天洞里冒出太阳

【关联】

① ［W1366］天洞（天上的窟窿、天被撞破）

② ［W1542.4.1］日月源于天洞

实例

白族 海潮把天冲开了一个大洞，退

潮后，天洞里冒出了一大一小的两个太阳。

【流传】云南省·（大理白族自治州）·鹤庆县·城郊乡（草海镇）·新民村

【出处】李剑飞讲，李缵绪采录：《人和万物的起源》，见中国民间文学集成全国编辑委员会编《中国民间故事集成》（云南卷），北京：中国ISBN中心2003年版，第13页。

W1551.3.1
太阳是云洞中漏出的光

实例

普米族 老鼠在云墙上啃出盒大的一个大洞，亮光从洞中渗漏出来，就是太阳。

【流传】云南省·（丽江市）·宁蒗县（宁蒗彝族自治县）

【出处】格若讲，章渊采录：《太阳、月亮和星星》，见中国民间文学集成全国编辑委员会编《中国民间故事集成》（云南卷），北京：中国ISBN中心2003年版，第133页。

W1551.3.2
太阳是闪红光的圆洞

实例

普米族 太阳是闪红光的圆洞。

【流传】云南省·（丽江市）·宁蒗县（宁蒗彝族自治县）；四川省·（凉山彝族自治州）·西昌（西昌市）、木里（木里藏族自治县）等普米族地区

【出处】编玛讲，章虹宇整理：《巴弄明和巴弄姆》，见中华民族故事大系编委会编《中华民族故事大系》第14卷（普米族、塔吉克族、怒族、俄罗斯族、鄂温克族），上海：上海文艺出版社1995年版，第35页。

W1551.3.3
海水冲开天洞冒出太阳

实例

白族 海水冲出天洞。潮落后，从天洞里冒出了一大一小的两个太阳来。

【流传】云南省·（大理白族自治州）·鹤庆（鹤庆县），丽江（丽江市）及（丽江市）·永胜（永胜县）

【出处】李剑飞讲，李缵绪、章虹宇记录：《人类和万物的起源》（又名《劳谷与劳泰》、《古干古洛创世记》），原载李缵绪主编《白族神话传说集成》，中国民间文艺出版社1986年版，见姚宝瑄主编《中国各民族神话》（白族、拉祜族、景颇族），太原：山西出版传媒集团·书海出版社2014年版，第18页。

W1551.4
世界毁灭后自然出现1个新太阳

【汤普森】A719.2

实例

（实例待考）

W1551.5
太阳源于其他某个地方
实 例

（参见下级母题实例）

W1551.5.1
从东海取回太阳
实 例

（参见下级母题实例）

W1551.5.1.1
炎帝从东海取回太阳
实 例

汉族　炎帝乘五色鸟从东海抱回了一个太阳。

【流传】陕西省·宝鸡市
【出处】夏国祥讲，高随民采录：《炎帝抱太阳》，见中国民间文学集成全国编辑委员会编《中国民间故事集成》（陕西卷），北京：中国 ISBN 中心1996 年版，第 17 页。

W1551.5.2
从某个地点放出太阳
实 例

（实例待考）

W1551.5.3
用柱子顶开天后出现太阳
实 例

彝族　典尼（最早出现的人之一）用铜柱子顶开了东方的天，太阳就从东方升起来。

【流传】（无考）
【出处】马海鸟黎讲，谷德明整理：《开天辟地》，见谷德明编《中国少数民族神话》，北京：中国民间文艺出版社1987 年版，第 290~293 页。

W1551.5.4
太阳源于雾中
实 例

汉族　火鸟扑扑翅往雾里飞，"轰隆轰隆"地啄，啄了九九八十一日。雾被啄散了，天上显出个大火盆，红光光的，那便是日头（太阳）。

【流传】浙江省·（金华市）·东阳县（东阳市）
【出处】徐移根讲，周中帆记录整理：《天和地合》，见陶阳、钟秀编《中国神话》（上），北京：商务印书馆2008 年版，第 193~194 页。

※ W1552
太阳是造出来的（造太阳）
【汤普森】A719
实 例

（参见下级母题实例）

W1553
造太阳的原因
【关联】[W1534.2.3] 万物生长靠太阳
实 例

（参见下级母题实例）

W1553.1
女神为惩罚对手而造太阳

【实例】

拉祜族

（实例待考）

W1553.2
为毁灭世界造太阳

【关联】[W8600] 旱灾

【实例】

（参见下级母题实例）

W1553.2.1
神为毁灭世界造太阳

【实例】

哈尼族 烟沙神和沙拉神因为众神争吵，搭起天灶，采来大石，炼制9个火球（太阳），想把天地烧毁。

【流传】云南省

【出处】

（a）朱小和讲，芦朝贵等整理：《天、地、人的传说》，载《山茶》1983年第4期。

（b）同（a），见谷德明编《中国少数民族神话》，北京：中国民间文艺出版社1987年版，第313页。

（c）朱小和讲，芦朝贵等整理：《天、地、人的传说》，见陶立璠、赵桂芳等编《中国少数民族神话汇编》（开天辟地篇等），中央民族学院少数民族古籍整理出版规划领导小组办公室印（未署出版时间），第261页。

W1553.3
为晒干地面造太阳

【实例】

（参见下级母题实例）

W1553.3.1
为烤干洪水造太阳

【实例】

黎族 洪水初退时，地面很湿软，伟代（黎族创造万物的神）便造出5个太阳把地面晒干。

【流传】（a）海南省·（三亚市）·乐东县（乐东黎族自治县）·抱由公社（抱由镇）

【出处】

（a）符亚时讲，广东省民族普查队采录：《伟代造动物》，见中国民间文学集成全国编辑委员会编《中国民间故事集成》（海南卷），北京：中国ISBN中心2002年版，第14页。

（b）同（a），见广东民族学院中文系编《黎族民间故事选》，上海：上海文艺出版社1982年版，第10页。

（c）符亚时口述：《伟代造动物》，见谷德明编《中国少数民族神话》，北京：中国民间文艺出版社1987年版，第200页。

黎族 洪水初退时，地面湿软，动物都站不住脚，于是伟代（创造万物的全能者）便造出五个太阳把地面晒干。

【流传】（海南省）

【出处】符亚时讲：《伟代造动物》，见姚宝瑄主编《中国各民族神话》（高山族、黎族、畲族），太原：山西出版传媒集团·书海出版社2014年版，第51页。

W1553.4
根据人的愿望造太阳

实 例

傣族 以前，天地漆黑一团，人们非常希望能有个太阳。天神知道后就给做了个太阳。

【流传】（无考）

【出处】《水沫造地》，原文本为仓齐华翻译，周开学记录，谷德明整理《开天辟地》，原载谷德明《中国少数民族神话选》，西北民族学院研究所，内部发行，1983年，见姚宝瑄主编《中国各民族神话》（哈尼族、傣族），太原：山西出版传媒集团·书海出版社2014年版，第238页。

W1553.5
为人类生存造太阳

【关联】［W1534.2.3］万物生长靠太阳

实 例

毛南族 天皇（天皇，毛南语音译，神名）造他的一代人时，晓得没有阳光人类就会毁灭。于是一次就造出十二个太阳。

【流传】广西壮族自治区·（河池市）·环江毛南族自治县·上南（上南乡）、中南（中南乡）、下南（下南乡）·上纳屯

【出处】

（a）蒙贵章讲，蒙国荣、韦志华、谭贻生记录翻译，蒙国荣整理：《天皇到盘、古》（1984.07），见杨光富《回、彝、水、仡佬、毛南、京六族故事选》，南宁：广西人民出版社1988年版。

（b）同（a），见姚宝瑄主编《中国各民族神话》（土家族、毛南族、侗族、瑶族），太原：山西出版传媒集团·书海出版社2014年版，第49页。

W1553a
造太阳的准备

实 例

（参见下级母题实例）

W1553a.1
造太阳前测算

实 例

彝族 混沌最早变化产生的索恒哲（原书解释为哲人名字，本书认为是最早产生的天神的名称）造出星星和月亮后，宇宙仍然昏蒙蒙，索恒哲来计算，造出了太阳。

【流传】（贵州省彝族地区）

【出处】《索恒哲》，见王富慧（珠尼阿

W1554
神或神性人物造太阳

实例

（参见下级母题实例）

W1554.1
天神造太阳

实例

哈尼族 天上的大神造太阳。

【流传】云南省·（玉溪市）·元江县（元江哈尼族彝族傣族自治县）·咪哩乡、羊岔街乡及因远镇一带

【出处】《开天辟地歌》，见元江县哈尼文化学会、元江县史志编纂办公室编《元江哈尼族古歌集》，内部编印，2005年，第10页。

景颇族 天神番瓦能桑创造9个太阳。

【流传】（无考）

【出处】《占支苦》，见中国各民族宗教与神话大词典编审委员会编《中国各民族宗教与神话大词典》，北京：学苑出版社1990年版，第363页。

W1554.1.1
天公用雨水拌金沙造太阳

实例

阿昌族

（参见W1543.5.3.1母题实例）

W1554.1.2
天王造太阳

实例

侗族 天王12兄弟造了太阳，照得大地亮堂堂。

【流传】贵州省·（黔东南苗族侗族自治州）·从江县·高增公社（高增乡）

【出处】梁普安等讲，龙玉成采录：《古老和盘古》，见中国民间文学集成全国编辑委员会编《中国民间故事集成》（贵州卷），北京：中国ISBN中心2003年版，第4页。

W1554.1.2.1
盘古生的天王12兄弟造太阳

实例

侗族 古老和盘古生的天王12兄弟造太阳。

【流传】贵州省·（黔东南苗族侗族自治州）·黎平县·岩洞镇·四洲萨老街

【出处】吴良修讲：《古老和盘古》，王宪昭采集，2009.08。

W1554.2
女神造太阳

实例

（参见下级母题实例）

W1554.2.1
神女炼出太阳

实 例

满族 阿布卡恩都里的两个格格神女，炼出10个太阳。

【流传】（无考）

【出处】《太阳和月亮的传说》，见乌丙安等《满族民间故事选》，上海：上海文艺出版社1983年版。

W1554.2.2
天女制造太阳

实 例

蒙古族

（参见W1543.1.3.1母题实例）

W1554.2.3
女神吐出太阳

实 例

维吾尔族 女天神把宇宙间所有的尘土和空气全都吸进肚子里。后来觉得肚子难受，就使劲吐了一口唾沫，吐出来的东西一下子飞起来，挂在了天上，发着耀眼的红光，成了太阳，把宇宙照得通红通红的。

【流传】新疆维吾尔自治区·伊犁州（伊犁哈萨克自治州）·察布查尔县（察布查尔锡伯自治县）

【出处】牙库布讲，阿不都拉搜集翻译，姚宝瑄整理：《女天神创世》，见姚宝瑄主编《中国各民族神话》（乌孜别克族、哈萨克族、柯尔克孜族、俄罗斯族、维吾尔族、塔吉克族、塔塔尔族、锡伯族），太原：山西出版传媒集团·书海出版社2014年版，第225页。

W1554.2.4
女神用清气造10个太阳

【关联】

① ［W1543.5.3.5］用气造日月

② ［W1650］10个太阳

实 例

水族 女神伢俣取来清气，用清气做出太阳，又做出了月亮。

【流传】（无考）

【出处】潘静流唱，燕宝记译，化斯改写：《伢俣开创世界》（原名《造天造地》），见姚宝瑄主编《中国各民族神话》（水族、布朗族、独龙族、基诺族、傈僳族），太原：山西出版传媒集团·书海出版社2014年版，第5页。

W1554.2.5
创世女神造太阳

实 例

基诺族 阿嫫腰白（神名，创世女神）造了7个太阳。

【流传】云南省·（西双版纳傣族自治州）·景洪县（景洪市）

【出处】白桂林等讲，刘怡采录：《阿嫫腰白造天地》，见中国民间文学集成全国编辑委员会编《中国民间故事集成》（云南卷），北京：中国 ISBN 中心 2003 年版，第 77 页。

W1554.3
火神造太阳

实例

（参见下级母题实例）

W1554.3.1
天上的火神造太阳

实例

水族　天上的火神造太阳。

【流传】贵州省·（黔南布依族苗族自治州）·三都（三都水族自治县）

【出处】韦金荣等讲，张巢等整理：《都柳江的传说》，见中华民族故事大系编委会编《中华民族故事大系》第 9 卷（水族、东乡族、纳西族），上海：上海文艺出版社 1995 年版，第 84 页。

W1554.4
雷神造太阳

实例

（参见下级母题实例）

W1554.4.1
雷婆造太阳

实例

侗族

（参见 W1647.1.5 母题实例）

W1554.4.2
雷公造太阳

实例

壮族　天上原来只有 1 个太阳，雷公又造了 11 个太阳。

【流传】广西壮族自治区·（崇左市）·龙州县

【出处】吴经文讲，见覃建才搜集：《侯野射太阳》，见曹廷伟编著《广西民间故事辞典》，南宁：广西教育出版社 1993 年版，第 5 页。

壮族　最古的时候，只有一个太阳，后来雷公又造了十一个，天上共有十二个太阳。

【流传】（广西壮族自治区·崇左市·龙州县）

【出处】广西壮族文学史龙州调查组搜集，黄永辉整理：《侯野》，原载谷德明编《中国少数民族神话选》，西北民族学院编印，1983 年，见姚宝瑄主编《中国各民族神话》（仫佬族、壮族、京族），太原：山西出版传媒集团·书海出版社 2014 年版，第 166 页。

W1554.5
巨神造太阳

实例

（实例待考）

W1554.6

仙人造太阳

实 例

（参见下级母题实例）

W1554.6.1

仙人用火搓出太阳

实 例

水族　天上有个管火海子的仙人，从火海子里扒出火，搓成太阳。

【流传】贵州省·（黔南布依族苗族自治州）·三都县（三都水族自治县）·恒丰乡

【出处】韦金荣讲，祖岱年采录：《旺虽射日》，见中国民间文学集成全国编辑委员会编《中国民间故事集成》（贵州卷），北京：中国ISBN中心2003年版，第26页。

W1554.7

神人造太阳

【关联】［W1583.4］神人造月亮

实 例

（参见下级母题实例）

W1554.7.1

太阳是神人在天上画的圆圈

【关联】［W1696.1.1］月宫是画出来的

实 例

壮族　布洛陀拿出神笔，往东边划个"○"，东边升起个灿烂的太阳。

【流传】广西壮族自治区·（百色市）·田阳县

【出处】李世锋：《布洛陀神功缔造人间天地》，见广西田阳县人民政府网：http://www.gxty.gov.cn/tykk/ShowArticle.asp?ArticleID=726，2007.01.22。

W1554.8

祖先造太阳

实 例

（参见下级母题实例）

W1554.8.1

女始祖造太阳

实 例

（参见下级母题实例）

W1554.8.1.1

女始祖阿嫫尧白造太阳

实 例

基诺族

（参见W1647.1.6母题实例）

W1554.8.1.2

女始祖萨天巴造太阳

实 例

侗族　以前大地黑暗，女始祖萨天巴造出了太阳。

【流传】（无考）

【出处】《开天辟地》，见杨保愿《嘎茫

莽道时嘉》(《侗族远祖歌》),北京:中国民间文艺出版社1986年版,第22页。

W1554.8.1.3
女祖先耶炯造太阳

实例

苗族 耶炯(女祖先名)造十二个太阳照遍十二个疆域。

【流传】贵州省·(安顺市)·紫云县(紫云苗族布依族自治县)麻山苗区

【出处】杨再华唱诵,杨正江译:《亚鲁族源》,见中国民间文艺家协会主编《亚鲁王》,北京:中华书局2011年版,第43页。

W1554.8.2
男始祖造太阳

实例

(参见下级母题实例)

W1554.8.2.1
男祖先力嘎造太阳

实例

布依族 天地初开时,一团漆黑,布依族祖先力嘎遂来造太阳。

【流传】(无考)

【出处】《射太阳》,见千夜网:http://history.1001n.com.cn/info/info.asp?id=4728,2001.05.31。

W1554.8.2.2
男祖先布灵用红岩石造太阳

【关联】[W1558.6.1]用红岩石造太阳

实例

布依族 布灵(又译"独零",布依语"人猿",含"祖先"之意)用红岩石造了太阳。

【流传】(无考)

【出处】《造万物》第二章,见BBS水木清华站:http://www.smth.edu.cn,2006.07.20。

W1554.8.2.3
男祖先火布碟造太阳

实例

苗族 火布碟(男性祖先名)去造12个太阳。

【流传】贵州省·(安顺市)·紫云县(紫云苗族布依族自治县)麻山苗区

【出处】杨再华唱诵,杨正江译:《亚鲁族源》,见中国民间文艺家协会主编《亚鲁王》,北京:中华书局2011年版,第31页。

W1554.8.2.4
男祖先布洛陀造太阳

实例

壮族 布洛陀(男始祖)造日。

【流传】广西壮族自治区·(河池市)·东兰县

【出处】覃鼎琨讲，覃承勤采录翻译：《姆洛甲造三批人》附记，见中国民间文学集成全国编辑委员会编《中国民间故事集成》（广西卷），北京：中国ISBN中心2001年版，第4页。

W1554.9
魔鬼造太阳

实例

（参见下级母题实例）

W1554.9.1
旱魔造太阳

【关联】［W0463］旱神

实例

纳西族

（参见 W1695.12.1.2.1.1 母题实例）

W1554.9.2
恶魔为毁灭人类造多个太阳

实例

土家族 （实例待考）

W1554.10
其他神或神性人物造太阳

【关联】［W1647.1.4］创世母亲把1个太阳分成7个太阳

实例

（参见下级母题实例）

W1554.10.1
天神的弟子造太阳

实例

满族 阿布凯恩都哩的弟子造9个太阳。

【流传】（无考）

【出处】《三音贝子》，见马学良、梁庭望、张公瑾主编《中国少数民族文学史》，北京：中央民族大学出版社2001年版，第71页。

满族 阿布卡恩都里造人之后，大地上没有光，就派四个徒弟给地上的人造太阳。

【流传】（无考）

【出处】傅英仁讲述：《三音贝子》，见傅英仁搜集整理《满族神话故事》，哈尔滨：北方文艺出版社1985年版，第95页。

W1554.10.2
哥白神造太阳

实例

彝族 祖先早就说过，天上的太阳，是发光的哥白神做的。

【流传】云南省·（红河哈尼族彝族自治州）·弥勒县、泸西县，（昆明市）·路南县（石林彝族自治县）等地

【出处】毕荣亮讲，光未然采集整理，古梅改写：《创世纪》，见姚宝瑄主编《中国各民族神话》（羌族、彝族），太原：山西出版传媒集团·书海出版

社 2014 年版，第 91 页。

W1554.10.3
宇宙大神造太阳

实例

布朗族 宇宙大神的儿子帕雅英造太阳。

【流传】云南省·西双版纳（西双版纳傣族自治州）·勐海县

【出处】《帕雅英与十二瓦席》，见云南省民族事务委员会编《布朗族文化大观》，昆明：云南民族出版社 1999 年版，第 173 页。

W1554.10.4
造物神造太阳

实例

壮族 造物神凡歪造太阳。

【流传】广西壮族自治区·（柳州市）·柳江（柳江县）·穿山乡·板穿山村

【出处】覃少华唱：《世间万物从哪来》，见张声震总主编，农冠品编注《壮族神话集成》，南宁：广西民族出版社 2007 年版，第 11 页。

W1555
特定的神或神性人物造太阳
（神性人物造太阳）

实例

（参见下级母题实例）

W1555.1
盘古造太阳

【关联】

① ［W1104.1］盘古造天地（盘古开天辟地）

② ［W1505.1］盘古造万物

③ 【W1583.6.0】盘古造月亮

实例

（参见下级母题实例）

W1555.1.1
盘古上天造太阳

实例

汉族 盘古爬到天上，造起了太阳。

【流传】浙江省·湖州市·镇西乡·赵家坪（不详）

【出处】冯雨轩讲，钟铭采录：《华胥补天》，见中国民间文学集成全国编辑委员会编《中国民间故事集成》（浙江卷），北京：中国 ISBN 中心 1997 年版，第 18 页。

W1555.1.2
盘古开天辟地后造太阳

实例

汉族 盘古开天辟地以后又造出了太阳。

【流传】宁夏回族自治区·（石嘴山市）·惠农县（惠农区）·庙台乡

【出处】李生枝讲，艾天恩采录：《世上

人为啥女人比男人少》，见中国民间文学集成全国编辑委员会编《中国民间故事集成》（宁夏卷），北京：中国ISBN中心1999年版，第14页。

W1555.2
真主让天空出现太阳

实 例

回族　安拉在空中造了两个发光的东西，其中白天发光的叫太阳。

【流传】黑龙江省·（牡丹江市）·绥芬河市

【出处】杨明岱讲，周爱民采录：《阿丹人祖》，见中国民间文学集成全国编辑委员会编《中国民间故事集成》（黑龙江卷），北京：中国ISBN中心2005年版，第20页。

回族　仁慈的真主降下了"口唤"（即"命令"、"允许"），天开地裂，东方发白，天空出现了光灿灿的太阳。

【流传】宁夏回族自治区·银川（银川市）

【出处】王甫成讲，谢荣搜集整理：《人祖阿旦》，见中华民族故事大系编委会编《中华民族故事大系》第1卷（汉族、蒙古族、回族），上海：上海文艺出版社1995年版，第745~746页。

W1555.3
佛造太阳

实 例

壮族　佛陀造出2个太阳。

【流传】广西壮族自治区·来宾（来宾市）·（兴宾区）·良塘乡·七洞村

【出处】陈云丰讲：《太阳与月亮》，见张声震总主编，农冠品编注《壮族神话集成》，南宁：广西民族出版社2007年版，第190页。

W1555.3.1
观音造太阳

实 例

彝族　观音用牛的左膀子做成太阳。

【流传】云南省·楚雄彝族自治州

【出处】罗文荣演唱，李世忠翻译，蔷紫改写：《老人梅葛》，见姚宝瑄主编《中国各民族神话》（羌族、彝族），太原：山西出版传媒集团·书海出版社2014年版，第124页。

W1555.3a
仙造太阳

实 例

（参见下级母题实例）

W1555.3a.1
仙婆造太阳

实 例

水族　牙巫（仙婆）性急造10个

太阳。

【流传】（无考）

【出处】古歌《开天地造人烟》，见范禹主编《水族文学史》，贵阳：贵州人民出版社1987年版，第44~45页。

W1555.4
其他特定的神或神性人物造太阳

实例

（参见下级母题实例）

W1555.4.1
汉王造太阳

实例

毛南族 以前没有太阳，汉王造出太阳。

【流传】（无考）

【出处】《盘古兄妹和他们的神祖神孙》，见南宁师院广西民族民间文学研究室编《民歌与民间故事》（七）（下），内部资料，第660页。

W1555.4.2
高辛帝造太阳（帝喾造太阳）

实例

畲族 高辛帝自己造出了一个太阳。

【流传】（无考）

【出处】《三公主和龙犬》，见高明强编《创世的神话和传说》，上海：上海三联书店1988年版，第127页。

畲族 高辛用松树枝编成一个球，点着火，挂在天上，就成了太阳。

【流传】福建省·福安（福安市）、（宁德市）·霞浦（霞浦县）；浙江省畲族地区

【出处】

（a）陈玮君记录：《高辛与龙王》，见蒋风等编《畲族民间故事选》，上海：上海文艺出版社1983年版。

（b）陈玮君记录：《高辛造万物》，见姚宝瑄主编《中国各民族神话》（高山族、黎族、畲族），太原：山西出版传媒集团·书海出版社2014年版，第87页。

W1555.4.2.1
高辛用松树枝编造太阳

实例

畲族 高辛（人神名，古帝王）用松树枝编成一个球，点着火，挂在天上，这便是太阳。

【流传】（无考）

【出处】陈玮君整理：《高辛和龙王》，见谷德明编《中国少数民族神话》，北京：中国民间文艺出版社1987年版，第203页。

W1555.4.3
男始祖布洛陀用泥造太阳

【关联】［W1704.4.1］男始祖布洛陀造星星

实例

壮族 布洛陀（始祖名）和着泥巴，

捏成一个像吊篮那样的东西（太阳）。

【流传】（无考）

【出处】《造太阳》，原载蓝鸿恩搜集整理《神弓宝剑》，中国民间文艺出版社 1985 年版，见吕大吉、何耀华总主编《中国各民族原始宗教资料集成》（土家族卷、瑶族卷、壮族卷、黎族卷），北京：中国社会科学出版社 1998 年版，第 606 页。

W1555.4.4
布什格造太阳

实 例

仡佬族 布什格（神名）造天时，造太阳。

【流传】贵州省·（遵义市）·遵义县·平正公社（平正乡）

【出处】

（a）陈保和讲，田兴才等搜集：《布什格制天，布比密制地》，见陶立璠、赵桂芳等编《中国少数民族神话汇编》（开天辟地篇等），中央民族学院少数民族古籍整理出版规划领导小组办公室印（未署出版时间），第 325 页。

（b）同（a），见谷德明编《中国少数民族神话》，北京：中国民间文艺出版社 1987 年版，第 671 页。

（c）陈保和讲，田兴才等采录：《制天制地》，见中国民间文学集成全国编辑委员会编《中国民间故事集成》（贵州卷），北京：中国 ISBN 中心 2003 年版，第 7 页。

（d）同（a），陈保和讲，田兴才搜集：《布什格制天，布比密制地》，见贵州民研会、贵州民族学院编《民间文学资料》第 49 集，内部资料，1982 年。

W1556
人造太阳

实 例

（参见下级母题实例）

W1556.1
女人造太阳

【关联】[W1558.3.3] 女人用 1 两金子造的镯子成为太阳

实 例

苗族 嘎赛咏（女性人名）用金子打成的手镯成了太阳。

【流传】贵州省·（安顺市）·紫云县（紫云苗族布依族自治县）麻山苗区

【出处】陈兴华唱诵，杨正江译：《造日月，射日月》，见中国民间文艺家协会主编《亚鲁王》，北京：中华书局 2011 年版，第 263 页。

W1557
动物造太阳

实 例

（参见下级母题实例）

W1557.1
龙喷火形成太阳

实 例

毛南族 天上多出的 9 个太阳是九头乌

龙精飞出天庭，像日头一样，喷出的烈火。

【流传】广西壮族自治区·（河池市）·环江县（环江毛南族自治县）·下南公社（下南乡）·波川大队（波川村）

【出处】谭履宜讲，蒋志雨等整理：《格射日月》，见谷德明编《中国少数民族神话》，北京：中国民间文艺出版社 1987 年版，第 160 页。

W1558

造太阳的材料

实例

（参见下级母题实例）

W1558.1

用火造太阳

实例

水族

（参见 W1554.6.1 母题实例）

W1558.2

用泥造太阳

【关联】［W1555.4.3］男始祖布洛陀用泥造太阳

实例

壮族 布洛陀（始祖名）和着泥巴，捏成一个像吊篮那样的东西（太阳）。

【流传】（无考）

【出处】《造太阳》，原载蓝鸿恩搜集整理《神弓宝剑》，中国民间文艺出版社 1985 年版，见吕大吉、何耀华总主编《中国各民族原始宗教资料集成》（土家族卷、瑶族卷、壮族卷、黎族卷），北京：中国社会科学出版社 1998 年版，第 606 页。

W1558.2.1

用黄泥造太阳

实例

布依族

（参见 W1652.0.8 母题实例）

W1558.2.2

用其他泥造太阳

实例

（实例待考）

W1558.2.3

布洛陀用泥造太阳

实例

壮族 布洛陀用泥巴捏一个像吊篮那样的东西拿到天火里烧，造出太阳。

【流传】广西壮族自治区·（南宁市）·上林县·西燕乡（西燕镇）

【出处】

（a）韦奶讲，蓝鸿恩采录翻译：《太阳、月亮和星星》，见中国民间文学集成全国编辑委员会编《中国民间故事集成》（广西卷），北京：中国 ISBN 中心 2001 年版，第 38 页。

(b) 同（a），见张声震总主编，农冠品编注《壮族神话集成》，南宁：广西民族出版社2007年版，第310页。

W1558.3
用金子造太阳

【关联】［W1694.4］金太阳

实例

（参见下级母题实例）

W1558.3.1
天神用金子造太阳

实例

哈尼族 天上的大神用金子做成了太阳。

【流传】云南省·（玉溪市）·元江县（元江哈尼族彝族傣族自治县）·咪哩乡、羊岔街乡及因远镇一带

【出处】《开天辟地歌》，见元江县哈尼文化学会、元江县史志编纂办公室编《元江哈尼族古歌集》，内部编印，2005年，第10页。

哈尼族 天神铺天时，镶上用金子做成的太阳。

【流传】云南省·（玉溪市）·元江县（元江哈尼族彝族傣族自治县）·羊街乡、那诺乡及因远镇清水河流域一带

【出处】《修天补地歌》，见元江县哈尼文化学会、元江县史志编纂办公室编《元江哈尼族古歌集》，内部编印，2005年，第22页。

拉祜族 天神用金子制造太阳。

【流传】云南省·（普洱市）·澜沧县（澜沧拉祜族自治县）、孟连县（孟连傣族拉祜族佤族自治县）

【出处】扎袜等讲，苏敬梅等搜集，苏敬梅等整理：《牡帕密帕》，见中华民族故事大系编委会编《中华民族故事大系》第8卷（畲族、高山族、拉祜族），上海：上海文艺出版社1995年版，第684页。

拉祜族 厄莎（关于厄莎的身份有多种说法，如天神、天帝、创世女神、始祖等）用三百六十万斤金子炼出太阳。

【流传】云南省·（普洱市）·澜沧县（澜沧拉祜族自治县）

【出处】李云保讲述，扎约采录：《牡帕密帕的故事》，见陶阳、钟秀编《中国神话》（上），北京：商务印书馆2008年版，第129~139页。

W1558.3.2
女神厄莎用365万斤金子炼出太阳

【关联】［W1585.2.1］女神厄莎用360万斤银子炼出月亮

实例

拉祜族

（参见W1585.2.1母题实例）

W1558.3.3
女人用1两金子造的镯子成为太阳

【实例】

苗族 嘎赛咏（女性人名）用十二两金子，打成十二只手镯，丢在十二处角落，成了十二个太阳。

【流传】 贵州省·（安顺市）·紫云县（紫云苗族布依族自治县）麻山苗区

【出处】 陈兴华唱诵，杨正江译：《造日月，射日月》，见中国民间文艺家协会主编《亚鲁王》，北京：中华书局2011年版，第263页。

W1558.3a
用银造太阳

【关联】 ［W1694.5］银太阳

【实例】

苗族 有个鲍公和熊公，有个茸公和当公（四个神性人物名），三冲三岭作架子，上面架口大鼎锅，架起炉来化银子，锅底下面烧起火，烧起火来化银子，铸在青石塘里面，才造成了银太阳。

【流传】 原文无流传地，据文本及注释推测该神话流传于贵州省·黔东南苗族侗族自治州·凯里市、台江县等地。

【出处】 张启庭、张荣光、张正玉、张启德演唱，张明搜集，燕宝整理译注：《创造宇宙·铸日造月》，见贵州省少数民族古籍整理出版规划小组办公室编，燕宝整理译注《苗族古歌》，贵阳：贵州民族出版社1993年版，第331页。

W1558.3b
用金银造太阳

【关联】 ［W1543.5.3.1］用金银造日月

【实例】

苗族 太阳是金子、银子打的。

【流传】 广西壮族自治区·（柳州市）·融水苗族自治县

【出处】
（a）杨达香讲，梁彬搜集整理：《创世纪》（四、降服太阳，柱生求助）注释，见梁彬、王天若编《苗族民间故事选》，南宁：广西人民出版社1986年版。
（b）同（a），见姚宝瑄主编《中国各民族神话》（布依族、仡佬族、苗族），太原：山西出版传媒集团·书海出版社2014年版，第190页。

W1558.4
用眼睛造太阳

【关联】 ［W1572.2］眼睛变成太阳

【实例】

（参见下级母题实例）

W1558.4.1
用牛的左眼做太阳

【实例】

哈尼族

（参见 W1543.5.3.6.1 母题实例）

W1558.4.2
用牛的右眼做太阳

【关联】［W1585.1.1］用牛的右眼做月亮

实 例

哈尼族

（参见 W1572.2.8.5a 母题实例）

W1558.4.3
虎的左眼做太阳

【关联】［W1595.2.4.4］虎的右眼变成月亮

实 例

彝族 天神的儿女造天地后，天上和地上什么也没有。于是他们捉住老虎，用虎的左眼作太阳。

【流传】云南省·楚雄彝族自治州·姚安县、大姚县等彝族地区

【出处】《创世·开天辟地》，见云南省民族民间文学楚雄调查队整理编写《梅葛》，昆明：云南人民出版社2009年版，第13页。

W1558.5
用光和热造太阳

实 例

哈萨克族

（参见 W1543.1.6.1 母题实例）

W1558.6
用石头造太阳

实 例

（参见下级母题实例）

W1558.6.1
用红岩石造太阳

实 例

布依族 布灵（又译"独零"，布依语"人猿"，含"祖先"之意）用红岩石造了太阳。

【流传】（无考）

【出处】《造万物》第二章，见 BBS 水木清华站：http://www.smth.edu.cn，2006.07.20。

W1558.6.2
用石磨造太阳

【关联】［1574.3.3］阳雀造的9个石盘变成9个太阳

实 例

苗族 为了得到光明和温暖，聪明的阳雀打了9个石盘，制成了9个太阳。

【流传】（无考）

【出处】

(a) 陶家仁讲，陶永华等搜集整理：《阳雀造日月》，载《山茶》1982年第5期。

(b) 同 (a)，见谷德明编《中国少数

民族神话》，北京：中国民间文艺出版社1987年版，第604页。

苗族 以前没有日月，为了得到光明和温暖，聪明的阳雀打了九个石盘，制成了九个太阳。

【流传】云南省

【出处】陶家仁讲，陶永华、刘德荣记录整理：《阳雀造日月》，见姚宝瑄主编《中国各民族神话》（布依族、仡佬族、苗族），太原：山西出版传媒集团·书海出版社2014年版，第257页。

W1558.6.3
用火石造太阳

实例

（参见下级母题实例）

W1558.6.3.1
创世者用火石造太阳

实例

瑶族 发枚（造天地者）找来许多火石钉在天上，火石互相碰撞，发出了火光，永远不会熄灭，就成了太阳。

【流传】贵州省·（黔东南苗族侗族自治州）·从江县·（翠里乡）·高芒乡（高芒村）

【出处】赵金荣讲，杨路塔采录：《造日月》，见中国民间文学集成全国编辑委员会编《中国民间故事集成》（贵州卷），北京：中国ISBN中心2003年版，第20页。

W1558.7
与造太阳材料有关的其他母题

【关联】

① ［W1559.2.1］用泥巴造太阳不成功

② ［W1559.2.2］用点燃的木头造太阳不成功

实例

（参见下级母题实例）

W1558.7.1
用松枝编太阳

【关联】［W1555.4.2.1］高辛用松树枝编造太阳

实例

畲族 以前没有日月，高辛用松枝编太阳，杨柳条编月亮。

【流传】（无考）

【出处】

（a）《高辛和龙王》，见谷德明编《中国少数民族神话》，北京：中国民间文艺出版社1987年版，第203页。

（b）《高辛》，见高明强编《创世的神话和传说》，上海：上海三联书店1988年版，第132页。

（c）《高辛与龙王》，见陈玮君《畲族民间故事》，杭州：浙江人民出版社1979年版，第3页。

W1558.7.2
用蛟龙的眉毛和眼睫毛造太阳

实例

壮族 布洛陀用泥巴、蛟龙的眉毛和眼睫毛造太阳。

【流传】广西壮族自治区·（南宁市）·上林县·西燕乡（西燕镇）

【出处】韦奶讲：《太阳、月亮和星星》，见张声震总主编，农冠品编注《壮族神话集成》，南宁：广西民族出版社 2007 年版，第 309～310 页。

W1558.7.3
观音用牛的左膀造太阳

【关联】［W1555.3.1］观音造太阳

实 例

彝族 观音用牛的左膀子做成太阳。

【流传】云南省·楚雄彝族自治州

【出处】罗文荣演唱，李世忠翻译，蕾紫改写：《老人梅葛》，见姚宝瑄主编《中国各民族神话》（羌族、彝族），太原：山西出版传媒集团·书海出版社 2014 年版，第 124 页。

W1558.7.4
始祖用雨水拌金沙造太阳

实 例

阿昌族 天公遮帕麻用雨水拌金沙造太阳，用雨水拌银沙造月亮。

【流传】（无考）

【出处】

(a) 刘江：《阿昌族文化史》，昆明：云南民族出版社 2001 年版，第 288 页。

(b) 赵安贤讲、杨叶生翻译、智克整理：《遮帕麻与遮米麻》，见梁河县民族民间文学调查组采集《阿昌族民间文学资料》（第一辑），梁河县文化馆内部编印，1987 年，第 4～18 页。

阿昌族 遮帕麻（男始祖名，被奉为"天公"）叫三十名神兵背来银色的沙子，叫三十员神将挑来金黄色的沙子，叫三千六百只白鹤鼓动着它们雪白的翅膀掀起阵阵狂风。有风就有雨，遮帕麻用雨水拌金沙造了一个太阳。

【流传】（云南省）

【出处】赵安贤讲，智克整理：《遮帕麻与遮米麻》，见姚宝瑄主编《中国各民族神话》（佤族、阿昌族、纳西族、普米族、德昂族），太原：山西出版传媒集团·书海出版社 2014 年版，第 74 页。

阿昌族 遮帕麻（男始祖、天公）用雨水拌金沙造了一个太阳，用雨水拌银沙造了一个月亮。

【流传】云南省·（德宏傣族景颇族自治州）·梁河县

【出处】赵安贤讲述，杨叶生翻译，智克整理：《遮帕麻与遮米麻》，载《山茶》1981 年第 2 期。

阿昌族 天公遮帕麻用雨水拌金沙造了一个太阳。

【流传】(a) 云南省·（德宏傣族景颇族自治州）·梁河县

【出处】

(a) 赵安贤讲，杨叶生、智克采录：《遮帕麻与遮米麻》，见中国民间文学集成全国编辑委员会编《中国民间故事集成》（云南卷），北京：中国ISBN中心2003年版，第69页。

（b）赵安贤讲，舟叶生译，智克整理：《遮帕麻与遮米麻》，见谷德明编《中国少数民族神话》，北京：中国民间文艺出版社1987年版，第490页。

（c）同（b），见陶立璠、赵桂芳等编《中国少数民族神话汇编》（开天辟地篇等），中央民族学院少数民族古籍整理出版规划领导小组办公室印（未署出版时间），第330页。

W1559

与造太阳有关的其他母题

【关联】［W1694.2.1.1］火神和旱神造了假太阳

实 例

（参见下级母题实例）

W1559.0

造太阳的时间

实 例

（参见下级母题实例）

W1559.0.1

造天时造太阳

实 例

仡佬族 布什格（神名）造天时，造太阳。

【流传】贵州省·（遵义市）·遵义县·平正公社（平正乡）

【出处】

（a）陈保和讲，田兴才等搜集：《布什格制天，布比密制地》，见陶立璠、赵桂芳等编《中国少数民族神话汇编》（开天辟地篇等），中央民族学院少数民族古籍整理出版规划领导小组办公室印（未署出版时间），第325页。

（b）同（a），见谷德明编《中国少数民族神话》，北京：中国民间文艺出版社1987年版，第671页。

（c）陈保和讲，田兴才等采录：《制天制地》，见中国民间文学集成全国编辑委员会编《中国民间故事集成》（贵州卷），北京：中国ISBN中心2003年版，第7页。

（d）同（a），陈保和讲，田兴才搜集：《布什格制天，布比密制地》，见贵州民研会、贵州民族学院编《民间文学资料》第49集，内部资料，1982年。

W1559.1

造太阳的方法

实 例

（参见下级母题实例）

W1559.1.1

造太阳方法的获得

实 例

（实例待考）

1.4.1 日月的产生　‖W1559.1.2—W1559.1.3.1.1‖ **1799**

W1559.1.2
磨金镜成为太阳

【关联】［W1575.2.3］金铜镜变成太阳

实　例

蒙古族　天女用金镜在海面上磨出太阳。

【流传】（a）吉林省·（松原市）·前郭县（前郭尔罗斯蒙古族自治县）·乌兰敖都乡

【出处】

（a）宝音特古斯讲，苏赫巴鲁等采录翻译：《日月和昼夜》，见中国民间文学集成全国编辑委员会编《中国民间故事集成》（吉林卷），北京：中国文联出版公司1992年版，第6页。

（b）《日月和昼夜》，载《吉林民间文学》1982年第3～4期。

（c）《日月和昼夜》，见满都呼主编《中国阿尔泰语系诸民族神话故事》，北京：民族出版社1997年版，第165页。

W1559.1.3
从海底搅出太阳

实　例

（参见下级母题实例）

W1559.1.3.1
两兄弟从海底搅出太阳

实　例

珞巴族　天上的仓巴和夹金兄弟俩下凡。他俩用神箭在大海底下往左搅了三圈，搅出了太阳。

【流传】西藏自治区·（林芝地区）·墨脱县·东布村

【出处】

（a）白嘎讲，于乃昌等采录：《太阳、月亮和草药》，见中国民间文学集成全国编辑委员会编《中国民间故事集成》（西藏卷），北京：中国ISBN中心2001年版，第7页。

（b）同（a），见《珞巴族民间故事》：http：//www.tibet－web.com/old/minjian/ync/gushi/mulu.htm，2003.10.02。

门巴族　最早的天神兄弟俩用法棍插进海水里，向左搅动了三次，从海底钻出一个火烧的太阳。

【流传】西藏自治区·（林芝地区）·墨脱县

【出处】益西平措讲，冀文正采录：《创世说》，见中国民间文学集成全国编辑委员会编《中国民间故事集成》（西藏卷），北京：中国ISBN中心2001年版，第4页。

W1559.1.3.1.1
天神兄弟从石锅里的海水中搅出太阳

实　例

珞巴族　天神三兄弟中的大哥都姑就钻到石板盖下面，把石锅里的海水用力地搅了三圈，搅出了太阳。

【流传】西藏自治区·（林芝地区）·

墨脱县·达木乡（达木珞巴族乡）

【出处】

（a）布洛讲，于乃昌等整理：《天神三兄弟》，见中国民间文学集成全国编辑委员会编《中国民间故事集成》（西藏卷），北京：中国 ISBN 中心 2001 年版，第 6 页。

（b）同（a），见《珞巴族民间故事》：http：//www.tibet-web.com/old/minjian/ync/gushi/mulu.htm，2003.10.02。

W1559.1.4
把神牛的眼放到金圈造成太阳

【关联】［W1545.4.2］牛的眼睛变成日月

实 例

哈尼族　太阳神约罗接过大神递来的查牛（天地神专养的神牛）的右眼，放进了太阳的金圈里，这下子，太阳变成热乎乎的太阳了。

【流传】云南省·（红河哈尼族彝族自治州）·元阳（元阳县）、红河（红河县）、绿春（绿春县）、金平（金平苗族瑶族傣族自治县）

【出处】朱小和讲唱，史军超搜集整理：《查牛补天地》（1983），原载云南省民间文学集成办公室编《哈尼族神话传说集成》，中国民间文艺出版社 1990 年版，见姚宝瑄主编《中国各民族神话》（哈尼族、傣族），太原：山西出版传媒集团·书海出版社 2014 年版，第 54~55 页。

W1559.1.5
炼造太阳是使太阳发热

【关联】［W1554.2.1］神女炼出太阳

实 例

侗族　被拉上天的太阳暗淡无光。广（人名）便拿起一个鼓风炉，扛起一把大铁锤，回到天上，把太阳放进炉里去炼。太阳终于发热了，明亮了。

【流传】广西壮族自治区·（柳州市）·三江县（三江侗族自治县）·（丹洲镇）·板必村

【出处】黄大奶讲，鼓声、卜朗整理：《救太阳》，原载广西民间文学研究会编《侗族文学资料》（第二集），见陶阳、钟秀编《中国神话》（上），北京：商务印书馆 2008 年版，第 262~264 页。

W1559.1.6
烧制太阳

实 例

壮族　布洛陀（始祖名）用泥巴造太阳后，拿到天火里去烧，待到烧得红通通的时候，就找来一根铁链捆绑住，拖到高山顶上。

【流传】（无考）

【出处】《造太阳》，原载蓝鸿恩搜集整理《神弓宝剑》，中国民间文艺出版社 1985 年版，见吕大吉、何耀华总主编《中国各民族原始宗教资料集成》（土家族卷、瑶族卷、壮族卷、黎族卷），北京：中国社会科学出版社 1998 年版，第 606 页。

W1559.2
造太阳不成功

实例

（参见下级母题实例）

W1559.2.1
用泥巴造太阳不成功

【关联】［W1558.2］用泥造太阳

实例

瑶族 发枚（始祖，造天地者）拿泥巴捏成一个圆球，安在天上，但泥巴不会发光。

【流传】贵州省·（黔东南苗族侗族自治州）·从江县·（翠里乡）·高芒乡（高芒村）

【出处】赵金荣讲，杨路塔采录：《造日月》，见中国民间文学集成全国编辑委员会编《中国民间故事集成》（贵州卷），北京：中国 ISBN 中心 2003 年版，第 20 页。

W1559.2.2
用点燃的木头造太阳不成功

实例

瑶族 发枚（始祖，造天地者）拿木头桩桩安在天上，木头点着火，但不久又熄灭了，仍然没有光亮。

【流传】贵州省·（黔东南苗族侗族自治州）·从江县·（翠里乡）·高芒乡（高芒村）

【出处】赵金荣讲，杨路塔采录：《造日月》，见中国民间文学集成全国编辑委员会编《中国民间故事集成》（贵州卷），北京：中国 ISBN 中心 2003 年版，第 20 页。

W1559.3
重造太阳

实例

彝族 宇宙最早产生的索恒哲（原书解释为哲人名字，本书认为是最早产生的天神的名称）第三次造出来的太阳，挂在天上后，晒焦大地，于是他又到天上，摘下太阳来，重把太阳造。

【流传】（贵州省彝族地区）

【出处】《索恒哲》，见王富慧（珠尼阿依）译著，贵州省民族古籍整理办公室编《彝族神话史诗选》，北京：民族出版社 2013 年版，第 29~31 页。

W1559.3.1
重新炼造太阳

【关联】［W1543.5.11］重造日月

实例

侗族 被送到天上的太阳因为被恶魔泼了污水，暗淡无光，地上还是一片漆黑的。哥哥便拿起一个鼓风炉，扛起一把大铁锤，回到天上，把太阳放进炉里去炼。

【流传】广西壮族自治区·（柳州市）·三江侗族自治县·（丹洲镇）·板必（板必村）

【出处】黄大奶讲，鼓声、卜朗整理：《兄妹救太阳》，见姚宝瑄主编《中国各民族神话》（土家族、毛南族、侗族、瑶族），太原：山西出版传媒集团·书海出版社2014年版，第124页。

W1559.4
多次造太阳

实 例

（参见下级母题实例）

W1559.4.1
4次造太阳

实 例

彝族　宇宙最早产生的索恒哲（原书解释为哲人名字，本书认为是最早产生的天神的名称）第三次造出来的太阳，挂在天上后，晒焦大地，于是再改造太阳。

【流传】（贵州省彝族地区）

【出处】《索恒哲》，见王富慧（珠尼阿依）译著，贵州省民族古籍整理办公室编《彝族神话史诗选》，北京：民族出版社2013年版，第29~30页。

❋ W1560
太阳是生育产生的（生太阳）

实 例

（参见下级母题实例）

W1561
神或神性人物生太阳

实 例

（参见下级母题实例）

W1561.1
天神生太阳

【关联】[W1561.6.1] 太阳是玉皇大帝的女儿

实 例

（参见下级母题实例）

W1561.1.1
太阳是天帝的儿子

实 例

汉族　很久以前，天帝的儿子十个小太阳违犯天规。

【流传】河南省·洛阳市

【出处】刘东山讲，顾丰年记录整理：《嫦娥种牡丹》，见姚宝瑄主编《中国各民族神话》（汉族），太原：山西出版传媒集团·书海出版社2014年版，第237~240页。

W1561.1.1.1
太阳是东方天帝的儿子

实 例

汉族　尧在位时，天上出现的十个太阳都是东方天帝帝俊的儿子。

【流传】（无考）

【出处】袁珂重述:《射日奔月》,原载袁珂《神异篇》,见陶阳、钟秀编《中国神话》(上),北京:商务印书馆 2008 年版,第 279~288 页。

W1561.1.1.2
太阳是天公公的儿子

实 例

汉族 以前,天上的二个日头都是天公公的儿子。

【流传】江苏省·(苏州市)·太仓县

【出处】尹培民讲,黄凤尔记录:《天上有过两个太阳》,见姚宝瑄主编《中国各民族神话》(汉族),太原:山西出版传媒集团·书海出版社 2014 年版,第 178~179 页。

W1561.1.2
太阳是天帝的孙子

实 例

汉族 天上的 10 个太阳是天帝的十个调皮的孙子。

【流传】河南省

【出处】林小群、杨文彪讲,李延平整理:《第十个太阳》,原载张振犁、程健君编《中原神话专题资料》,见陶阳、钟秀编《中国神话》(上),北京:商务印书馆 2008 年版,第 243~244 页。

W1561.2
太阳神生太阳

【关联】[W0275.3]太阳神的子女

实 例

哈尼族 太阳神约罗脾气不好,动不动就生下一窝一窝的姑娘和儿子。

【流传】云南省·(红河哈尼族彝族自治州)·元阳县

【出处】卢朝贵讲,史军超采录:《神和人的家谱》,见中国民间文学集成全国编辑委员会编《中国民间故事集成》(云南卷),北京:中国 ISBN 中心 2003 年版,第 23 页。

W1561.2.1
太阳是太阳神的儿子

实 例

景颇族

(参见 W1680.2.2 母题实例)

W1561.3
女神生太阳

实 例

(参见下级母题实例)

W1561.3.1
女神羲和生太阳

【关联】[W0752.1]羲和是太阳的母亲

实 例

汉族 女神羲和生 10 日,一个住在

扶桑树的上面。

【流传】（无考）

【出处】《山海经·海外东经》。

汉族 女子名曰羲和，方浴日于甘渊。羲和者，帝俊之妻，生十日。

【流传】（无考）

【出处】

(a)《山海经·大荒南经》。

(b) 同 (a)，见袁珂《中国神话大词典》，北京：华夏出版社2015年版，第2页。

汉族 羲和为帝俊之妻，太阳之母。

【流传】（无考）

【出处】《羲和》，见乌丙安主编《中国民间神谱》，沈阳：辽宁人民出版社2007年版，第57页。

汉族 天上出现的10太阳是羲和的儿子。

【流传】甘肃省·天水市·北道区（麦积区）·街子乡

【出处】丁浩学讲，苏金顺采录：《后羿射日》，见中国民间文学集成全国编辑委员会编《中国民间故事集成》（甘肃卷），北京：中国ISBN中心2001年版，第16页。

W1561.3.2
帝俊之妻生10日

【关联】［W1650］10个太阳

汉族 东南海之外，甘水之间，有羲和之国。羲和者，帝俊之妻，生十日。

【流传】（无考）

【出处】

(a)《山海经·大荒南经》。

(b)《甘渊》，见袁珂《中国神话大词典》，北京：华夏出版社2015年版，第89页。

W1561.3.3
密洛陀生12个太阳

【关联】［W1652.0.3］女神生12个太阳

实例

瑶族 密洛陀（女神名）生下一对日月双胞胎后，又迎着风，一连生了十一个太阳。

【流传】广西壮族自治区·（河池市）·都安瑶族自治县江水河一带瑶族地区

【出处】《密洛陀创世》，蓝田根据莎红整理的《密洛陀》和潘泉脉整理的《密洛陀》两部不同版本的长诗《密洛陀》改写，见姚宝瑄主编《中国各民族神话》（土家族、毛南族、侗族、瑶族），太原：山西出版传媒集团·书海出版社2014年版，第153页。

W1561.4
火神生太阳

实例

傣族 火神生7个太阳。

【流传】（无考）

【出处】《大火烧天》，见岩峰、王松、

刀保尧《傣族文学史》，昆明：云南民族出版社1995年版，第89页。

汉族 火神的9个儿子是9个太阳。

【流传】重庆市·巴县（巴南区）·鱼洞镇

【出处】《太阳和星星的来历》，见李子硕《民间故事集成》（重庆巴县），内部编印，1989年，第10页。

W1561.5

地母生太阳

实 例

珞巴族（博嘎尔、崩尼部落） 地母斯金第二次怀孕，生下了太阳9姐妹。

【流传】（无考）

【出处】于乃昌：《珞巴族文学史》，拉萨：西藏人民出版社·南京：江苏教育出版社2001年版，第139页。

W1561.6

太阳是玉帝的孩子

实 例

（参见下级母题实例）

W1561.6.1

太阳是玉皇大帝的女儿

实 例

鄂温克族 太阳是一位叫希温·乌娜吉的姑娘，是玉皇大帝的小女儿。

【流传】内蒙古自治区·呼伦贝尔盟（呼伦贝尔市）

【出处】《天阳神的传说》，见吕大吉、何耀华总主编《中国各民族原始宗教资料集成》（鄂伦春族卷、鄂温克族卷、赫哲族卷、达斡尔族卷、锡伯族卷、满族卷、蒙古族卷、藏族卷），北京：中国社会科学出版社1999年版，第94~95页。

鄂温克族 太阳姑娘希温·乌娜吉是天宫玉皇大帝的小女儿。

【流传】内蒙古自治区·呼伦贝尔盟（呼伦贝尔市）

【出处】隋书今搜集整理：《太阳神的传说》（1981.10.15），见马名超、王士媛、白衫编《鄂温克族民间故事选》，上海：上海文艺出版社1989年版，第5页。

W1561.6.2

太阳是玉帝的儿子

实 例

（参见下级母题实例）

W1561.6.2.1

天上的9个太阳是玉帝的9个儿子

实 例

汉族 天上的9个太阳是天帝的9个儿子。

【流传】湖北省·（黄冈市）·麻城市·白果镇·望花山村

【出处】戴昌荣讲，郑重建采录：《龟母吞日》，见中国民间文学集成全国编辑委员会编《中国民间故事集成》（湖北卷），北京：中国 ISBN 中心 1999 年版，第 19 页。

W1561.6.2.2
天上的 10 个太阳是玉帝的 10 个

【实例】

【汉族】天上有 10 个日头，都是玉皇大帝的儿子。

【流传】浙江省·金华市·婺城区·东湄乡

【出处】齐正讲，叶继绿采录：《马齿苋为啥晒不死》，见中国民间文学集成全国编辑委员会编《中国民间故事集成》（浙江卷），北京：中国 ISBN 中心 1997 年版，第 28 页。

【汉族】天上有 10 日，是天帝的 10 个孩子。

【流传】河南省

【出处】
（a）林小群讲：《第十个太阳》，见张楚北《中原神话》，郑州：海燕出版社 1988 年版。
（b）同（a），见陶阳、钟秀编《中国神话》，上海：上海文艺出版社 1996 年版，第 395 页。

【汉族】天上有 10 个太阳，他们是玉皇大帝的儿子。

【流传】
（a）四川省·（宜宾市）·高县·（沙河镇）·麻柳乡（麻柳村）；江苏省·常州市
（b）四川省·（宜宾市）·高县

【出处】
（a）刘明华讲，王进龙采录：《后羿射日》，见中国民间文学集成全国编辑委员会编《中国民间故事集成》（四川卷·上），北京：中国 ISBN 中心 1998 年版，第 85 页。
（b）刘明华讲：《羿射九日》，见刘魁立主编《玉皇大帝的传说》，北京：中国社会出版社 2008 年版，第 68~69 页。

【汉族】天上的 10 个太阳是天帝的儿子。

【流传】四川省·成都市·东城区

【出处】李芝讲，张光荣采录：《舜射九日》，见中国民间文学集成全国编辑委员会编《中国民间故事集成》（四川卷·上），北京：中国 ISBN 中心 1998 年版，第 90 页。

W1561.7
太阳是盘古的孩子

【关联】［W0725.5］盘古的后代（盘古的子女）

【实例】

（参见下级母题实例）

W1561.7.1
太阳是盘古的儿子

【实例】

【汉族】

（实例待考）

W1561.7.2
太阳是盘古的女儿

实例

汉族　太阳是盘古的女儿。

【流传】四川省·巫溪县（今重庆市·巫溪县）·红路乡

【出处】夏利国讲，赖春明采录：《日和月》，见中国民间文学集成全国编辑委员会编《中国民间故事集成》（四川卷·上），北京：中国 ISBN 中心1998 年版，第 29 页。

W1561.8
与神或神性人物生太阳有关的其他母题

实例

（参见下级母题实例）

W1561.8.1
太阳是最高神王的女儿

实例

哈尼族　最高的神王阿匹梅烟生的第三个姑娘叫永生不死的约白太阳姑娘。

【流传】云南省·（红河哈尼族彝族自治州）·元阳（元阳县）·攀枝花（攀枝花乡）·洞铺寨

【出处】朱小和讲，史军超采录：《永生不死的姑娘》，见中国民间文学集成全国编辑委员会编《中国民间故事集成》（云南卷），北京：中国 ISBN 中心 2003 年版，第 130 页。

W1561.8.1a
最高神王生太阳姑娘

【关联】[W1604.1.1] 太阳姑娘

实例

哈尼族　万能的大神、最高的神王阿匹梅烟为她生的第三个姑娘取名叫"永生不死的约白太阳姑娘"，给她穿的是金衣裳。

【流传】（云南省·红河哈尼族彝族自治州·元阳县）

【出处】朱小和讲，史军超搜集整理：《永生不死的姑娘》，原载云南省民间文学集成办公室编《哈尼族神话传说集成》，中国民间文艺出版社 1990 年版，见姚宝瑄主编《中国各民族神话》（哈尼族、傣族），太原：山西出版传媒集团·书海出版社 2014 年版，第 168 页。

W1561.8.2
太阳是神孕生的金球

【关联】[W1574.2.6] 火球变成太阳

实例

（参见下级母题实例）

W1561.8.2.1
女始祖生的金球变成太阳

实例

瑶族　（实例待考）

【出处】密洛陀（万物之母，女始祖，女神）造太阳时，摘下左耳金环环，吞下肚子育金球，过了九千年生下一个大金球。密洛陀伸出右手在空中画个圆圈圈，对着大金球轻轻一吹，大金球升上天空，这就是太阳。

【流传】广西壮族自治区·（河池市）·大化县（大化瑶族自治县）·七百弄乡

【出处】蓝阿勇（72岁）讲，蒙冠雄采录翻译：《密洛陀》（1982），见中国民间文学集成全国编辑委员会编《中国民间故事集成》（广西卷），北京：中国 ISBN 中心2001年版，第11~22页。

W1562
人生太阳

实 例

（参见下级母题实例）

W1562.1
世上出现的第一个女人生太阳

【关联】[W1680.3] 太阳的母亲

实 例

（实例待考）

W1562.2
其他特定的人生太阳

实 例

（参见下级母题实例）

W1562.2.1
太阳是马桑树人的儿子

实 例

汉族 太阳是马桑树人的儿子。

【流传】湖北省·神农架林区·盘水乡（松柏镇）·盘水村

【出处】贺久恒讲，胡崇峻采录：《盘古杀雾神》，见中国民间文学集成全国编辑委员会编《中国民间故事集成》（湖北卷），北京：中国 ISBN 中心1999年版，第4页。

W1563
动物生太阳

【关联】[W1544.3] 动物生日月

实 例

（实例待考）

W1564
植物生太阳

实 例

（参见下级母题实例）

W1564.1
葫芦生太阳

【关联】[W1590.1] 葫芦生月亮

实 例

傈僳族 世界最早出现的是5个冰葫芦。第二个是圆葫芦，里头装的是一个太阳。

【流传】四川省·（凉山彝族自治州）·德昌县·金沙乡（金沙傈僳族乡）·王家山（王家山村）

【出处】张长贵讲，李国才翻译采录：《冰天鹅、冰蚂蚁造天地》，见中国民间文学集成全国编辑委员会编《中国民间故事集成》（四川卷·下），北京：中国ISBN中心1998年版，第1431页。

W1565

无生命物生太阳

实 例

（参见下级母题实例）

W1565.1

天生太阳

【关联】

① ［W1576.2.2］天吐的一团白气变成太阳

② ［W1649.0.3］龙王让天生9个太阳

实 例

哈尼族 古时，天吐太阳。

【流传】云南省·（西双版纳傣族自治州）·勐腊县

【出处】李万福讲：《天与地》，载《山茶》1986年第6期。

纳西族 很古的时候，有一个叫鲁帕斯拉的龙王为了惩治地上的生物，让天上生了九个太阳。

【流传】云南省·（丽江市）·宁蒗县（宁蒗彝族自治县）·永宁区（今永宁乡）·拉伯乡（今与永宁乡为并列乡镇）

【出处】

(a) 根若尔青、达史讲，拉木·吸吐萨搜集整理：《鹰神汁池嘎尔》，见《云南摩梭人民间文学集成》，北京：中国民间文艺出版社1990年版。

(b) 同(a)，见姚宝瑄主编《中国各民族神话》（佤族、阿昌族、纳西族、普米族、德昂族），太原：山西出版传媒集团·书海出版社2014年版，第112页。

W1565.2

大地生太阳

【关联】

① ［W1566.4.1］天地婚后大地生太阳

② ［W1561.5］地母生太阳

③ ［W1649.0.2］地生9个太阳

实 例

珞巴族 天和地结婚，大地生了太阳。

【流传】西藏自治区·（林芝地区）·米林县·纳玉公社（纳玉乡）

【出处】

(a) 达牛、东娘、达农讲：《斯金金巴巴娜达明和金尼麦包》，见谷德明编《中国少数民族神话》，北京：中国民间文艺出版社1987年版，第252页。

(b) 同(a)，见《珞巴族民间故事》：http://www.tibet-web.com/old/minjian/ync/gushi/mulu.htm，2003.10.02。

苗族 （实例待考）

W1565.3

山生太阳

【关联】［W1574.3.1］山中滚出的红石头变成太阳

实 例

拉祜族 从一座山的肚子里滚出了一块白石头和一块红石头。先飞上天的那块白石头，就变成了月亮。后飞上天的红石头变成太阳。

【流传】云南省·（普洱市）·镇源县（镇沅彝族哈尼族拉祜族自治县）

【出处】范清莲讲，自力采录：《天地日月的来历》，见中国民间文学集成全国编辑委员会编《中国民间故事集成》（云南卷），北京：中国ISBN中心2003年版，第47页。

W1565.4

海生太阳

【关联】［W1559.1.3.1］两兄弟从海底搅出太阳

实 例

汉族 古历六月初六那一天，公鸡从海里喊出太阳，这天是太阳的生日。

【流传】湖北省·（荆门市）·京山县·三阳镇

【出处】秦守华讲，李维铭采录：《太阳的生日》，见中国民间文学集成全国编辑委员会编《中国民间故事集成》（湖北卷），北京：中国ISBN中心1999年版，第17页。

珞巴族 天上的仓巴和夹金兄弟俩下凡。用神箭在大海底下往左搅了三圈，搅出了太阳。

【流传】西藏自治区·（林芝地区）·墨脱县·东布村

【出处】
(a) 白嘎讲，于乃昌等采录：《太阳、月亮和草药》，见中国民间文学集成全国编辑委员会编《中国民间故事集成》（西藏卷），北京：中国ISBN中心2001年版，第7页。
(b) 同（a），见《珞巴族民间故事》：http://www.tibet-web.com/old/minjian/ync/gushi/mulu.htm，2003.10.02。

W1565.5

洞生太阳

实 例

汉族 一个老头把从洞里发现的圆球（太阳）踢到天上，把天下照明亮了。

【流传】河北省·（邯郸市）·武安县（武安市）·（康二城镇）·紫泉村

【出处】陈林枝讲，冀秀生采录：《找日头》，见中国民间文学集成全国编辑委员会编《中国民间故事集成》（河北卷），北京：中国ISBN中心2003年版，第9页。

W1566

婚生太阳

实 例

（参见下级母题实例）

W1566.1
日月婚生太阳

实例

壮族 太阳和月亮在天空里结婚后，生下 10 个太阳来。

【流传】广西壮族自治区·（南宁市）·上林县·西燕乡（西燕镇）

【出处】

（a）韦奶讲，蓝鸿恩采录翻译：《太阳、月亮和星星》，见中国民间文学集成全国编辑委员会编《中国民间故事集成》（广西卷），北京：中国 ISBN 中心 2001 年版，第 38 页。

（b）同（a），见张声震总主编，农冠品编注《壮族神话集成》，南宁：广西民族出版社 2007 年版，第 310 页。

W1566.1.1
月亮神和太阳神婚生太阳

实例

（参见下级母题实例）

W1566.1.1.1
月亮神姐姐和太阳神弟弟婚生太阳

实例

哈尼族 许多小太阳（太阳）是月亮神姐姐和太阳神弟弟婚后生出的。

【流传】云南省·（红河哈尼族彝族自治州）·元阳县

【出处】卢朝贵讲，史军超采录：《太阳和月亮》，见中国民间文学集成全国编辑委员会编《中国民间故事集成》（云南卷），北京：中国 ISBN 中心 2003 年版，第 117 页。

W1566.2
鬼姐弟俩婚生太阳

实例

景颇族 鬼姐弟婚生太阳。

【流传】（无考）

【出处】何峨整理：《万物诞生》，见中华民族故事大系编委会编《中华民族故事大系》第 10 卷（景颇族、柯尔克孜族、土族），上海：上海文艺出版社 1995 年版，第 6 页。

W1566.3
一对特定夫妻婚生太阳

实例

（参见下级母题实例）

W1566.3.1
第一对夫妇生太阳

【汤普森】A715

实例

（实例待考）

W1566.3.2
天神帝俊与羲和婚生 10 日

【关联】 ［W1561.3.2］帝俊之妻生

10日

实　例

汉族　羲和为天神帝俊之妻，她生了十个太阳儿子。

【流传】（无考）

【出处】陶阳根据《山海经》、《淮南子》、《楚辞》重述：《太阳神》，见陶阳、钟秀编《中国神话》（中），北京：商务印书馆2008年版，第718~720页。

汉族　羲和者，帝俊之妻，生十日。

【流传】（无考）

【出处】
(a)《山海经·大荒南经》。
(b) 同 (a)，见袁珂《中国神话大词典》，北京：华夏出版社2015年版，第2页。

W1566.4
天地结婚生太阳

【关联】
① [W1544.6.3] 天地婚生日月
② [W1590.2] 天地结婚生月亮
③ [W7532] 天地婚

实　例

珞巴族（博嘎尔部落）　天和地结婚，生太阳。

【流传】西藏自治区

【出处】于乃昌：《珞巴族文学史》，拉萨：西藏人民出版社·南京：江苏教育出版社2001年版，第156页。

W1566.4.1
天地婚后大地生太阳

【关联】[W1565.2] 大地生太阳

实　例

珞巴族　天和地结婚后，地生了9个太阳。

【流传】(a) 西藏自治区·（林芝地区）·米林县

【出处】
(a) 东娘讲，于乃昌整理，见廖东凡主编《神山之祖》，武汉：湖北少年儿童出版社2001年版，第2页。
(b)《九个太阳》，见中央民族学院少数民族文艺研究所编《中国民族民间文学》，北京：中央民族学院出版社1987年版，第403页。
(c) 中国各民族宗教与神话大词典编审委员会编《中国各民族宗教与神话大词典》，北京：学苑出版社1990年版，第391页。

珞巴族　天和地结婚，大地生了九个太阳。

【流传】西藏自治区·林芝地区·米林县·纳玉区（南伊乡）

【出处】
(a) 东娘、达牛讲，于乃昌搜集：《天地成婚》（1979.07），见毛星主编《中国少数民族文学》（上册），长沙：湖南人民出版社1983年版。
(b) 同 (a)，见姚宝瑄主编《中国各民族神话》（门巴族、珞巴族、怒族、

W1566.4.2
天地婚生 9 个太阳

实例

珞巴族 天和地结婚后不久，大地生了九个太阳。

【流传】西藏自治区·林芝地区·米林县·纳玉区（南伊乡）

【出处】
（a）东娘、达牛讲，于乃昌搜集：《天地成婚》（1979.07），见毛星主编《中国少数民族文学》（上册），长沙：湖南人民出版社 1983 年版。
（b）同（a），见姚宝瑄主编《中国各民族神话》（门巴族、珞巴族、怒族、藏族），太原：山西出版传媒集团·书海出版社 2014 年版，第 18 页。

W1566.5
日月结婚生太阳

【关联】[W7533] 日月婚

实例

（参见下级母题实例）

W1566.5.1
日月婚生 8 个太阳

实例

（参见下级母题实例）

W1566.5.1.1
日月婚后太阳生 8 个太阳

实例

羌族 日月婚配，太阳怀孕了，一下就生了 8 个太阳儿子。

【流传】四川省·（阿坝藏族羌族自治州）·理县·蒲溪乡·河坝村

【出处】韩长清讲，李冀祖采录：《月亮和太阳》，见中国民间文学集成全国编辑委员会编《中国民间故事集成》（四川卷·下），北京：中国 ISBN 中心 1998 年版，第 1111 页。

W1566.5.2
日月婚生 10 个太阳

实例

壮族 太阳和月亮在天空里，一个是男性，一个是女性，感到很寂寞，它们就结婚了，一下子便生下十个太阳来。

【流传】（无考）

【出处】《射太阳》，原载蓝鸿恩搜集整理《神弓宝剑》，中国民间文艺出版社 1985 年版，见吕大吉、何耀华总主编《中国各民族原始宗教资料集成》（土家族卷、瑶族卷、壮族卷、黎族卷），北京：中国社会科学出版社 1998 年版，第 607 页。

W1566.6
其他物婚生太阳

实例

（参见下级母题实例）

W1566.6.1
铁水和石水结婚生太阳

实例

傣族　铁水和石水结婚生的7个孩子变成7个太阳。

【流传】（无考）

【出处】岩峰等整理：《太阳七兄弟》，见岩峰、王松、刀保尧《傣族文学史》，昆明：云南民族出版社1995年版，第88页。

傣族　火神让铁水和石水结成夫妻，便生出了这七个火少年。这七兄弟是七团火，也就是七个太阳。

【流传】（无考）

【出处】岩峰、王松搜集整理：《射神惟鲁塔》，原载《中国各民族宗教与神话大词典》编审委员会编《中国各民族宗教与神话大词典》，学苑出版社1990年版，见姚宝瑄主编《中国各民族神话》（哈尼族、傣族），太原：山西出版传媒集团·书海出版社2014年版，第380页。

W1566.6.2
真与实婚生太阳

实例

纳西族　真与实相配变出太阳。

【流传】（无考）

【出处】《纳西族的创世传说》，见丽江玉水寨网：http://www.yushuizhai.com，2010.07.08。

W1567
与生育太阳有关的其他母题

实例

（参见下级母题实例）

W1567.1
卵生太阳

【关联】[W1545.6]卵变成日月

实例

（参见下级母题实例）

W1567.1.0
鸟卵生太阳

实例

（参见下级母题实例）

W1567.1.0.1
九头怪鸟的金蛋孵出太阳

实例

苗族　一只九个头的怪鸟飞到太阳树上，停了8天，生了8个金蛋，8个金蛋变成了8个太阳。

【流传】湖南省·（湘西土家族苗族自治州）·凤凰县·腊尔山乡（腊尔山镇）

【出处】龙老八讲，龙文玉采录：《明那

1.4.1 日月的产生 ‖W1567.1.1-W1567.2.1‖ **1815**

雄射日月》，见中国民间文学集成全国编辑委员会编《中国民间故事集成》（湖南卷），北京：中国 ISBN 中心 2002 年版，第 11 页。

W1567.1.1
宝蛋孵出太阳

实 例

苗族 神婆婆务罗务素给纳罗引勾（半人半兽巨人）的 12 个宝蛋孵出 12 个太阳。

【流传】
（a）广西壮族自治区·（柳州市）·融水县（融水苗族自治县）·滚贝乡
（b）广西壮族自治区·（柳州市）·融水县（融水苗族自治县）

【出处】
（a）杨达香讲，梁彬采录翻译：《纳罗引勾开天辟地造人》，见中国民间文学集成全国编辑委员会编《中国民间故事集成》（广西卷），北京：中国 ISBN 中心 2001 年版，第 24 页。
（b）杨达香讲，梁彬搜集整理：《创世记》，见谷德明编《中国少数民族神话》，北京：中国民间文艺出版社 1987 年版，第 545 页。

W1567.1.2
蝴蝶的卵生太阳

实 例

苗族 一公一母蝴蝶交配后产生 5 个蛋，其中一个养出太阳。

【流传】广西壮族自治区北部地区
【出处】过竹：《苗族神话研究》，南宁：广西人民出版社 1988 年版，第 216 页。

W1567.1.3
母鸟孵卵生出太阳

实 例

苗族 鹆鹏榜留（母鸟名）为纳罗引勾（半人半兽的巨人）孵 12 个宝蛋，孵出 12 个宝灯（太阳）。

【流传】广西壮族自治区·（柳州市）·融水苗族自治县
【出处】
（a）杨达香讲，梁彬搜集整理：《创世纪》（一、开天辟地，地始天初），见梁彬、王天若编《苗族民间故事选》，南宁：广西人民出版社 1986 年版。
（b）同（a），见姚宝瑄主编《中国各民族神话》（布依族、仡佬族、苗族），太原：山西出版传媒集团·书海出版社 2014 年版，第 173 页。

W1567.2
鸟是太阳诞生的帮助者

实 例

（参见下级母题实例）

W1567.2.1
天鹅是太阳诞生的帮助者

实 例

傈僳族 天鹅用翅膀撞破葫芦壳，葫芦里滚出了圆圆的太阳。

【流传】四川省·（凉山彝族自治州）·德昌县·金沙乡（金沙傈僳乡）·王家山（王家山村）

【出处】张长贵讲，李国才翻译采录：《冰天鹅、冰蚂蚁造天地》，见中国民间文学集成全国编辑委员会编《中国民间故事集成》（四川卷·下），北京：中国ISBN中心1998年版，第1431页。

W1567.3
特定的种子生太阳

实 例

（参见下级母题实例）

W1567.3.1
观音撒的天种生9个太阳

实 例

彝族 观音补天时，撒天种撒了九里，天上却生出九个太阳。

【流传】云南省·楚雄彝族自治州

【出处】罗文荣演唱，李世忠翻译，蔷紫改写：《老人梅葛》，见姚宝瑄主编《中国各民族神话》（羌族、彝族），太原：山西出版传媒集团·书海出版社2014年版，第124页。

※ W1568
太阳是变化产生的

【汤普森】A718

实 例

（参见下级母题实例）

W1569
神或神性人物变成太阳

实 例

（参见下级母题实例）

W1569.1
天神变成太阳

实 例

（参见下级母题实例）

W1569.1.1
天神的儿女变成太阳

实 例

布依族

（参见W1652.0.10母题实例）

W1569.1.2
最大的天神变成太阳

【关联】［W0122.1］天神是最高的神

实 例

佤族 俚（最大的天神）变成了很烫很烫的太阳。

【流传】云南省·（普洱市）·西盟县（西盟佤族自治县）

【出处】达老屈等讲，隋嘎等采录：《司岗里》，见中国民间文学集成全国编辑委员会编《中国民间故事集成》（云南卷），北京：中国ISBN中心2003年版，第96页。

W1569.1.3
天神变成9个太阳

实 例

彝族 天神变做9个太阳。

【流传】贵州省·（毕节市）·威宁县（威宁彝族回族苗族自治县）

【出处】王海清讲，石磊1987年采录：《诸神争大》，见燕宝、张晓编《贵州神话传说》，贵阳：贵州人民出版社1997年版，第33～38页。

W1569.2
神的子女变成太阳

实 例

汉族

（参见W1677.5a母题实例）

W1569.3
火神变成太阳

【关联】

① ［W0466］火神

② ［W1647.1.2］火神的7个儿子变成7个太阳

③ ［W1649.0.4］火神的9个儿子变成9个太阳

实 例

傣族 火神七兄弟变成7个太阳。

【流传】（无考）

【出处】《惟鲁塔射太阳》，见中国各民族宗教与神话大词典编审委员会编《中国各民族宗教与神话大词典》，北京：学苑出版社1990年版，第83页。

畲族 太阳是天帝的火神。

【流传】福建省·（福州市）·连江（连江县）

【出处】林必霖等整理：《公鸡请太阳》，见中华民族故事大系编委会编《中华民族故事大系》第8卷（畲族、高山族、拉祜族），上海：上海文艺出版社1995年版，第7页。

W1569.3.0
火神住到天上变成太阳

实 例

柯尔克孜族 火神住到了天上以后，变成了太阳。

【流传】（无考）

【出处】

（a）张彦平摘译：《火神》，见满都呼主编《中国阿尔泰语系诸民族神话故事》，北京：民族出版社1997年版，第80页。

（b）《创世纪》，见中国各民族宗教与神话大词典编审委员会编《中国各民族宗教与神话大词典》，北京：学苑出版社1990年版，第369～370页。

W1569.3.1
火神的儿子变成太阳

实 例

傣族 火神王的七胞胎到天上战皮扎

祸（风雨云雾之王）时变成了7个太阳。

【流传】云南省·（西双版纳傣族自治州）·景洪市

【出处】波岩少讲，岩温扁等翻译：《青年射日》，见中国民间文学集成全国编辑委员会编《中国民间故事集成》（云南卷），北京：中国ISBN中心2003年版，第140页。

傣族　火神的七个儿子战胜了黑暗之神披乍贺。可是，由于他们已经变成了火球，就再也不能恢复原形。最后变成了七个太阳。这就是七个太阳的来历。

【流传】云南省·西双版纳（西双版纳傣族自治州）·勐海（勐海县）·勐遮（勐遮镇）、勐混（勐混镇）

【出处】波玉挽讲，王光搜集整理：《披乍贺与火神之子的一场战争》，见姚宝瑄主编《中国各民族神话》（哈尼族、傣族），太原：山西出版传媒集团·书海出版社2014年版，第248页。

傣族　火神生下7个儿子，他们到天上与黑暗魔王搏斗，变成了7个太阳。

【流传】（无考）

【出处】《七个太阳的传说》，见王松《论神话及其他》，昆明：云南民族出版社2006年版，第59~60页。

汉族　火神的儿子变成天上的火球。

【流传】四川省·巴县（今重庆市·巴南区）·土主乡·伏善村

【出处】张文奎讲，李子硕采录：《星星的来历》，见中国民间文学集成全国编辑委员会编《中国民间故事集成》（四川卷·上），北京：中国ISBN中心1998年版，第33页。

W1569.3.2
太阳是天帝的火神

实　例

畲族

（参见W1569.3母题实例）

W1569.3.3
火神逃到天上变成太阳

实　例

柯尔克孜族　火神被宇宙神打得落荒而逃。天神觉得火神会有益于万物生灵，便给了火神一块空中的地盘，火神就逃到天上躲藏了起来，成为后来人们所说的"太阳"。

【流传】新疆维吾尔自治区·柯尔克孜地区（克孜勒苏柯尔克孜自治州）

【出处】《火神》，斯丝根据多里昆·吐尔地、阿地力·朱玛吐尔地撰写的《柯尔克孜族宗教与神话》改写，见姚宝瑄主编《中国各民族神话》（乌孜别克族、哈萨克族、柯尔克孜族、俄罗斯族、维吾尔族、塔吉克族、塔塔尔族、锡伯族），太原：山西出版传媒集团·书海出版社2014年版，第146页。

W1569.4

河神变出太阳

【关联】［W0407］河神（江神）

实 例

汉族 河神想霸占民女嫦娥没有得逞，就变出9个太阳想把人都晒死。

【流传】河北省·（石家庄市）·藁城县（藁城市）·（常安镇）·耿村

【出处】靳景祥讲，杨荣国采录：《嫦娥奔月》，见中国民间文学集成全国编辑委员会编《中国民间故事集成》（河北卷），北京：中国ISBN中心2003年版，第27页。

W1569.5

神的肢体变成太阳

【汤普森】A718.2

实 例

（参见下级母题实例）

W1569.5.1

神的左眼变成太阳

【关联】［W1545.2.1.3］神的左眼变成太阳，右眼变成月亮

实 例

布朗族 地球之外有西双瓦席（十二行星），把光和热投射到地球上，宇宙大神的儿子帕雅英，把光和热集中在自己的左眼上，然后挖出左眼，挂在天空变太阳。

【流传】云南省·西双版纳（西双版纳傣族自治州）·勐海县

【出处】《帕雅英与十二瓦席》，见云南省民族事务委员会编《布朗族族文化大观》，昆明：云南民族出版社1999年版，第173页。

苗族

（参见W1545.2.1.3母题实例）

W1569.6

神性人物的肢体变成太阳

实 例

（参见下级母题实例）

W1569.6.1

盘古的头变成太阳

【关联】

① ［W1545.2a.2.1］盘古的头变成日月

② ［W1595.1.1］盘古的头变成月亮

实 例

汉族 三头的盘古在石鼓中闷得难受，就撞击石鼓，撞掉两个头，其中的一个变成太阳。

【流传】浙江省·（金华市）·兰溪（兰溪市）

【出处】王阿英讲述、蔡斌采录：《石鼓响，天地开》，见中国民间文学集成全国编辑委员会编《中国民间故事集成》（浙江卷），北京：中国ISBN中心1997年版，第16页。

W1569.6.2
盘古的眼睛变成太阳

【关联】

① ［W1545.2.7.2］盘古的左眼变成太阳，右眼变成月亮

② ［W1572.2.5.1］盘古的左眼变成太阳

实例

汉族 盘古挖下自己的左眼，往天上一扔，变成了太阳。

【流传】辽宁省·（沈阳市）·辽中县·于家坊子乡（于家房镇）·插拉村

【出处】任泰芳讲，李明采录：《双性人》，见中国民间文学集成全国编辑委员会编《中国民间故事集成》（辽宁卷），北京：中国 ISBN 中心 1994 年版，第 15 页。

汉族 盘古开天地累死后，眼睛变太阳。

【流传】河南省

【出处】郭云梦搜集：《莲生伏羲女娲》，见张楚北《中原神话》，郑州：海燕出版社 1988 年版，第 12 页。

W1569.6.3
玉皇大帝的女儿右眼化为太阳

实例

汉族 玉皇大帝的小女儿把自己的右眼挖出来，抛上天堂，变成了太阳。

【流传】江西省·宜春市·（袁州区）·湖田乡（湖田镇）·双湖村

【出处】易世才讲，李鉴采录：《玉皇大帝的女儿》，见中国民间文学集成全国编辑委员会编《中国民间故事集成》（江西卷），北京：中国 ISBN 中心 2002 年版，第 3 页。

W1569.6.4
仙女左眼化为太阳

实例

满族 小仙女把左眼挖了出来，向高高的天上抛去，天上出现了太阳。

【流传】（无考）

【出处】

(a) 曾层、佟畴搜集整理：《日月峰》，见满都呼主编《中国阿尔泰语系诸民族神话故事》，北京：民族出版社 1997 年版，第 270 页。

(b) 《日月峰》，见中国民间文艺研究会编《满族民间故事选》（二），沈阳：春风文艺出版社 1985 年版。

W1569.6.5
盘古的心变成太阳

【关联】［W1545.2a.3.2］盘古的心变成太阳，胆变成月亮

实例

苗族 见风就长的蛋中生出盘古。盘古开天辟地累死后，他的心变成了太阳。

【流传】（无考）

【出处】袁玉芬讲：《盘古开天地》，见

燕宝、张晓编《贵州神话传说》，贵阳：贵州人民出版社1997年版，第5页。

W1569.7
与神或神性人物变成太阳有关的其他母题

【关联】［W1681.5.1］天女中的七妹是太阳姑娘

实例

（参见下级母题实例）

W1569.7.1
炎帝是太阳

实例

汉族 炎帝者，太阳也。

【流传】（无考）

【出处】《白虎通·五行》。

W1569.7.2
天女变成太阳

实例

（参见下级母题实例）

W1569.7.2.1
七天女中的小妹变成太阳

实例

鄂伦春族 天女中的七妹是太阳姑娘。

【流传】（无考）

【出处】《太阳姑娘》，见中国各民族宗教与神话大词典编审委员会编《中国各民族宗教与神话大词典》，北京：学苑出版社1990年版，第130页。

W1570
人变成太阳

实例

（参见下级母题实例）

W1570.0
天上的人变成太阳

实例

汉族 天上有个九十多岁的老太婆的有两个儿子和一个女儿。其中一个儿子变成太阳。

【流传】浙江省·（台州市）·仙居县

【出处】顾碧芬讲，应洪川记录：《太阳、月亮和风的来历》，见姚宝瑄主编《中国各民族神话》（汉族），太原：山西出版传媒集团·书海出版社2014年版，第220～221页。

W1570.1
地上的人到天上后变成太阳

【汤普森】A711

实例

（参见下级母题实例）

W1570.1.1
人吃了元宝到天上变成太阳

实例

布依族 当万（人名）吞掉天帝的红元

宝，飞上天成为太阳。

【流传】贵州省·（黔南布依族苗族自治州）·惠水县

【出处】罗玉林等讲，汛河采录：《当万和蓉莲》，见中国民间文学集成全国编辑委员会编《中国民间故事集成》（贵州卷），北京：中国ISBN中心2003年版，第16页。

W1570.1.2
被刮到天上的手拿火把的人变成太阳

实　例

高山族（泰雅）以前，没有日月。一日，狂风骤起，有手持松明之二社人，被风刮至天上，化为二太阳。

【流传】（台湾?）

【出处】袁珂改编：《父子射日》，原载毛星主编《少数民族文学》中册，见袁珂《中国神话大词典》，北京：华夏出版社2015年版，第524页。

W1570.2
男子变成太阳

实　例

高山族 天上的太阳是男人变的。

【流传】（无考）

【出处】陈炜萍搜集整理：《天体的传说》，见陶阳、钟秀编《中国神话》（上），北京：商务印书馆2008年版，第219~221页。

畲族 日神是钟郎（男子名）。钟郎身上放射出的光亮是金灿灿而且强烈的，人们就叫它太阳。

【流传】（无考）

【出处】雷玉生等讲，唐宗龙记录：《金水湖和银水湖》，见谷德明编《中国少数民族神话》，北京：中国民间文艺出版社1987年版，第229页。

W1570.2.1
男子吃不死草飞到天上变成太阳

实　例

哈尼族 老七（兄弟七人中的老小）吃下不死草后，身子缩成一团飞上天去，变成了一轮金光闪闪的太阳。

【流传】（无考）

【出处】黄则恩讲，杨胜能搜集整理：《不死草》，原载《哈尼族神话传说集成》，见陶阳、钟秀编《中国神话》（下），北京：商务印书馆2008年版，第1063~1065页。

W1570.2.2
三兄弟中的大哥变成太阳

实　例

布朗族 一个人家的三个兄弟，大哥死后变成了太阳。

【流传】云南省·（西双版纳傣族自治州）·勐海县

【出处】岩叫讲，岩甩他采录：《日食和月食》，见中国民间文学集成全国编辑委员会编《中国民间故事集成》（云南卷），北京：中国ISBN中心

2003年版，第150页。

W1570.2.3
地方官的大儿子死后变成太阳

实 例

傣族 地方官的大儿子岩底被众人打死后变成太阳。

【流传】（无考）

【出处】波鸿杰搜集：《太阳和月亮》，见谷德明编《中国少数民族神话》，北京：中国民间文艺出版社1987年版，第349页。

W1570.3
女子变成太阳

实 例

（参见下级母题实例）

W1570.3.1
举着火把奔跑的女子变成太阳

【关联】［W1574.2.1］太阳是火把（火把变成太阳）

实 例

汉族 到佛爷那里寻找光明的一对兄妹，妹妹得到踏云鞋和火把。她举着火把，走到哪里哪里就有光明。她就是天上的太阳。

【流传】四川省·巴县（重庆·巴南区）

【出处】杨仲良讲，李子硕、罗桂英等记录，金祥度整理：《太阳和月亮》

（1988.07），见姚宝瑄主编《中国各民族神话》（汉族），太原：山西出版传媒集团·书海出版社2014年版，第194~195页。

W1570.3.2
兄妹中的妹妹变成太阳

实 例

汉族 人间的1对兄妹经玉帝允许，妹妹当了太阳。

【流传】四川省·（绵阳市）·三台县·东山乡（东塔镇）·三村

【出处】何群英讲，冯云坤采录：《太阳和月亮》，见中国民间文学集成全国编辑委员会编《中国民间故事集成》（四川卷·上），北京：中国ISBN中心1998年版，第30页。

W1570.3.2.1
兄妹中的妹妹害羞变成太阳

【关联】［W1593.1.2.1］兄妹俩中胆大的哥哥变成月亮

实 例

普米族 兄妹成结婚后感到很羞耻，认为见不得人，后来哥哥就做了月亮，妹妹变成太阳。

【流传】云南省·（怒江傈僳族自治州）·兰坪县（兰坪白族普米族自治县）

【出处】熊美珍讲，杨照辉采录：《月亮妹妹》，见中国民间文学集成全国编辑委员会编《中国民间故事集成》

W1570.3.2.2
兄妹中的妹妹胆小羞变成太阳

【实例】

<u>汉族</u> 有兄妹俩，妹妹胆小，当了太阳，白天走。

【流传】 吉林省·（通化市）·柳河县

【出处】 袁兰讲，张月照采录：《太阳和月亮的来历》，见中国民间文学集成全国编辑委员会编《中国民间故事集成》（吉林卷），北京：中国文联出版公司1992年版，第7页。

W1570.3.2.3
洪水后，兄妹中的妹妹变成太阳

【实例】

<u>拉祜族</u> 洪水后幸存两兄妹。兄妹中的妹妹变成了太阳。

【流传】 云南省·（普洱市）·镇沅县（镇沅彝族哈尼族拉祜族自治县）

【出处】 何正才等讲，自力采录：《洪水后幸存的两兄妹》，见中国民间文学集成全国编辑委员会编《中国民间故事集成》（云南卷），北京：中国ISBN中心2003年版，第178页。

W1570.3.3
姐弟中的姐姐变成太阳

【关联】［W1593.1.3］姐弟俩中的弟弟变成月亮

【实例】

<u>朝鲜族</u> 姐弟俩到天上后，姐姐变太阳。

【流传】 吉林省·（延边朝鲜族自治州）·图们江市

【出处】 印成春讲：《太阳和月亮》，见本州编《吉林省民间文学集成·延边朝鲜族自治州·故事卷》（上），内部编印，1987年，第234~240页。

W1570.3.4
夫妇中的妻子变成太阳

【关联】［W1593.1.4］夫妻中的丈夫变成月亮

【实例】

（参见下级母题实例）

W1570.3.4.1
妻子因得到火珠变成太阳

【实例】

<u>裕固族</u> 有一对夫妇，女的拿到了天神扔到人间的白色神珠，变成了一个白灿灿的圆火珠，升到天空，成为太阳。

【流传】（无考）

【出处】《神珠》，转引自钟进文《裕固族神话》，见满都呼主编《中国阿尔泰语系诸民族神话故事》，北京：民族出版社1997年版，第116页。

W1570.4
人死后变成太阳

实例

布朗族

（参见 W1570.2.2 母题实例）

傣族

（参见 W1570.2.3 母题实例）

W1570.5
恶人变成太阳

实例

傣族 恶官岩底自天还，民驱之复返天上。岩底遂率天兵来战，未经半日，遂为民所擒，火焚而死。岩底死后，化为太阳。

【流传】（云南省？）

【出处】袁珂改编：《岩底与岩尖谷》（原名《太阳和月亮》），原载谷德明编《中国少数民族神话选》，见袁珂《中国神话大词典》，北京：华夏出版社 2015 年版，第 503 页。

W1571
动物变成太阳

【关联】［W1594］动物变成月亮

实例

（参见下级母题实例）

W1571.1
乌鸦变成太阳

实例

汉族 太阳是乌鸦。

【流传】山西省·临汾市·（浮山县）·东张乡·西孔郭村

【出处】张国明讲，鲍槐记采集：*《马齿苋救太阳》，见中国民间文学集成全国编辑委员会编《中国民间故事集成》（山西卷），北京：中国 ISBN 中心 1999 年版，第 32 页。

W1571.1.1
10 只乌鸦变成 10 个太阳

实例

汉族 古时候，天上 10 只乌鸦变成 10 个太阳。

【流传】河南省·南阳（南阳市）

【出处】杜守元讲：《拉天灯》，见张楚北《中原神话》，郑州：海燕出版社 1988 年版，第 121 页。

W1571.2
太阳是三足乌

【关联】
① ［W1695.2］太阳鸟
② ［W1796.3］三足乌

实例

汉族 舜射下的太阳是金光闪闪的三足老鸹。

【流传】四川省·成都市·东城区

【出处】李芝讲，张光荣采录：《舜射九日》，见中国民间文学集成全国编辑委员会编《中国民间故事集成》（四川卷·上），北京：中国ISBN中心1998年版，第90页。

W1571.2.1
太阳中有三足鸟

实例

汉族　日中有三足鸟。

【流传】（无考）

【出处】［汉］王充：《论衡·说日》卷一一。

W1571.2.2
三足乌力量胜过太阳

实例

汉族

（实例待考）

W1571.2.3
太阳是三足老鸹

实例

汉族

（参见W1571.2母题实例）

W1571.2.4
三足金乌鸟变成太阳

实例

汉族　太阳是三只脚的金乌鸟变的

【流传】江苏省·南京市

【出处】吴玉门讲，赵慕明记录：《后羿射金乌》，见姚宝瑄主编《中国各民族神话》（汉族），太原：山西出版传媒集团·书海出版社2014年版，第138~139页。

W1571.2.5
太阳是三脚小乌鸦

实例

汉族　太阳是三脚小乌鸦。

【流传】浙江省

【出处】陈伟君记录整理：《奔月》，见姚宝瑄主编《中国各民族神话》（汉族），太原：山西出版传媒集团·书海出版社2014年版，第251~262页。

W1571.2.6
太阳是三条腿乌鸦

实例

汉族　被射死的太阳，是一只三条腿的乌鸦。

【流传】河南省·（南阳市）·桐柏县

【出处】邓鹏讲：《嫦娥下凡》，见姚宝瑄主编《中国各民族神话》（汉族），太原：山西出版传媒集团·书海出版社2014年版，第246~248页。

W1571.2.7
太阳是金色三足乌鸦

【关联】［W1617.2］太阳是金色的

实例

汉族　羿射中太阳，天空中一团火球

无声地爆裂了，流火乱飞，纷纷的金色羽毛四散，"訇"的一声落在地面上的，原来是一只极大的金黄色的三足乌鸦。

【流传】（无考）

【出处】袁珂重述：《射日奔月》，原载袁珂《神异篇》，见陶阳、钟秀编《中国神话》（上），北京：商务印书馆 2008 年版，第 279~288 页。

W1571.2.8
太阳是三只脚的神鸦

实例

畲族　很古的时候，天上有 10 个太阳一起出来，造成旱灾。畲家五个兄弟射太阳时，四个各个劳累而死。弟弟老五射落的头一个太阳是三只脚的神鸦。

【流传】福建省·（漳州市）·云霄县

【出处】张春梅讲，王雄铮采录：《五通神的来历》，原载《中国民间故事集成·福建卷·漳州市分卷》，漳州市民间文学集成编委会 1991 年编印，见《福建省少数民族古籍丛书》编委会编《畲族卷·民间故事》，福州：海峡出版发行集团·海峡书局 2013 年版，第 15 页。

W1571.3
鸡变成太阳

【关联】
① ［W1681.1.1.2］太阳与鸡是兄弟
② ［W9796.5.2］射落的太阳是鸡

实例

汉族　太阳是鸡变的。

【流传】（无考）

【出处】《金鸡和太阳的故事》，见河北省石家庄地区民间文学集成编委会《太行山的传说》，内部编印，1988 年。

W1571.3.1
太阳是公鸡

实例

壮族　太阳是天上的雄鸡。

【流传】广西壮族自治区·（河池市）·都安县（都安瑶族自治县）·雅龙乡·竹山村

【出处】韦汉斌讲，黄大荣采录翻译：《特火请太阳》，见中国民间文学集成全国编辑委员会编《中国民间故事集成》（广西卷），北京：中国 ISBN 中心 2001 年版，第 40 页。

W1571.4
金翅鸟变成太阳

实例

（参见下级母题实例）

W1571.4.1
水中的 9 个金翅鸟变成 9 个太阳

实例

汉族　河神水宫中的 9 个金翅鸟飞出

去变成了9个日头。

【流传】河北省·（石家庄市）·藁城县（藁城市）·（常安镇）·耿村

【出处】靳景祥讲，杨荣国采录：《嫦娥奔月》，见中国民间文学集成全国编辑委员会编《中国民间故事集成》（河北卷），北京：中国ISBN中心2003年版，第27页。

W1571.5
龙变成太阳

实 例

毛南族

（参见W1545.4.8.2母题实例）

W1571.6
猴子变成太阳

实 例

藏族 其公和日玛依（石生的猴娃）为了寻找自己的阿妈睁大眼睛，发出灼灼的光芒，其公变成了太阳。

【流传】四川省·（阿坝藏族羌族自治州）·阿坝县·城关（阿坝镇）

【出处】大纳柯讲，泽仁当州翻译，阿强等采录：《其公和日玛依》，见中国民间文学集成全国编辑委员会编《中国民间故事集成》（四川卷·下），北京：中国ISBN中心1998年版，第936页。

W1572
特定的肢体变成太阳

实 例

（参见下级母题实例）

W1572.1
头颅变成太阳

【汤普森】A718.1

【关联】［W1569.6.1］盘古的头变成太阳

实 例

（参见下级母题实例）

W1572.1.1
人的头变成太阳

实 例

（实例待考）

W1572.1.2
鸟头变成太阳

实 例

（参见下级母题实例）

W1572.1.2.1
鸟的9头变成9个太阳

实 例

汉族 天上九头鸟作怪，伸出九个头来变成九个太阳。

【流传】江苏省·常州市郊区

【出处】王福明讲，陆华珍记录：《嫦娥的故事》（1988.05），见姚宝瑄主编

《中国各民族神话》（汉族），太原：山西出版传媒集团·书海出版社2014年版，第240~241页。

W1572.2
眼睛变成太阳

【关联】[W1595.2]眼睛变成月亮

实例

（参见下级母题实例）

W1572.2.1
神的眼睛变成太阳

实例

（参见下级母题实例）

W1572.2.1.1
神的眼睛挂在天空变成太阳

实例

布朗族

（参见W1572.2.6.2母题实例）

W1572.2.2
神的左眼变成太阳

实例

苗族

（参见W1545.2.1.3母题实例）

W1572.2.3
神的右眼变成太阳

实例

哈尼族

（参见W1572.2.8.5a母题实例）

W1572.2.4
神性人物的眼睛变成太阳

实例

满族

（参见W1572.2.6.1母题实例）

W1572.2.5
神性人物的左眼变成太阳

实例

汉族

（参见W1572.2.5.3母题实例）

W1572.2.5.1
盘古的左眼变成太阳

【关联】

① [W1545.2.2.1]天神用左眼做太阳，右眼做月亮

② [W1545.2.7.2]盘古的左眼变成太阳，右眼变成月亮

实例

白族 盘古死后，观音的手指到哪里，他就变到哪里，他的左眼变成太阳。

【流传】

（a）云南省·（大理白族自治州）·大理（大理市）、洱源县等地

（b）云南省·（大理白族自治州）·洱源县

【出处】

（a）杨国政讲，杨亮才采录：《开天辟

地》，见中国民间文学集成全国编辑委员会编《中国民间故事集成》（云南卷），北京：中国 ISBN 中心 2003 年版，第 9 页。

（b）同（a），见谷德明编《中国少数民族神话》，北京：中国民间文艺出版社 1987 年版，第 293 页。

汉族　盘古死后，左眼变成了太阳。

【流传】

（a）四川省·奉节县（今重庆市·奉节县）·江南乡·观武村

（b）黑龙江省·（哈尔滨市）·通河县·通河镇

【出处】

（a）谭开高讲，谭发斌采录：《盘古开天地》，见中国民间文学集成全国编辑委员会编《中国民间故事集成》（四川卷·上），北京：中国 ISBN 中心 1998 年版，第 21 页。

（b）张建恒讲，张景义采录：《盘古开天辟地》，见中国民间文学集成全国编辑委员会编《中国民间故事集成》（黑龙江卷），北京：中国 ISBN 中心 2005 年版，第 3 页。

汉族　盘古挖下自己的左眼，往天上一扔，成了太阳。

【流传】辽宁省·（沈阳市）·辽中县·于家坊子乡（于家房镇）·插拉村

【出处】任泰芳讲，李明采录：《双性人》，见中国民间文学集成全国编辑委员会编《中国民间故事集成》（辽宁卷），北京：中国 ISBN 中心 1994

年版，第 15 页。

W1572.2.5.2
盘瓠的左眼变成太阳

【关联】［W0729.5］与盘瓠有关的其他母题

实　例

苗族　盘瓠王的左眼变成了太阳。

【流传】四川省·（宜宾市）·筠连县

【出处】熊凤祥讲，刘宇仁采录：《盘瓠王造天地》，见中国民间文学集成全国编辑委员会编《中国民间故事集成》（四川卷·下），北京：中国 ISBN 中心 1998 年版，第 1315 页。

W1572.2.5.2a
盘皇的左眼变成太阳

【关联】［W1595.2.2.2a］盘皇的右眼变成月亮

实　例

苗族　盘皇的左眼变成了天上的太阳。

【流传】海南省·（三亚市）·陵水县（陵水黎族自治县）·祖关镇（本号镇）·白水岭苗村

【出处】邓文安讲，潘先樗采录：《盘皇造万物》，见中国民间文学集成全国编辑委员会编《中国民间故事集成》（海南卷），北京：中国 ISBN 中心 2002 年版，第 3 页。

W1572.2.5.3
天女的左眼变成太阳

【关联】［W1545.2.7.6］天女的左眼变成太阳，右眼变成月亮

实 例

汉族 天帝最小的女儿用手把左眼挖了出来，向高高的天上抛去，天上立时就出现了明亮的太阳。

【流传】辽宁省·（丹东市）·宽甸县（宽甸满族自治县）

【出处】李大爷讲，曾层、佟畤记录整理：《日月峰》，见姚宝瑄主编《中国各民族神话》（汉族），太原：山西出版传媒集团·书海出版社2014年版，第181~183页。

W1572.2.5.4
撑天者的左眼变成太阳

实 例

布依族 撑天的后生力嘎挖下左眼挂东边变成了太阳。

【流传】贵州省·（黔西南布依族苗族自治州）·兴义县（兴义市）

【出处】班告爷讲，汛河采录：《力嘎撑天》，见中国民间文学集成全国编辑委员会编《中国民间故事集成》（贵州卷），北京：中国ISBN中心2003年版，第73页。

W1572.2.6
神性人物的右眼变成太阳

实 例

（参见下级母题实例）

W1572.2.6.1
天女的右眼变成太阳

实 例

满族 天上的玉皇大帝的小女儿小翠儿，用手把右眼睛抠出来向东边扔去。东边立刻出来一个大红火球子，把人间照得亮堂堂、暖烘烘的。从此人间就有了太阳。

【流传】辽宁省·（鞍山市）·岫岩满族自治县·牧牛乡一带

【出处】洪希山、孙洪运讲，崔勇搜集整理：《太阳、月亮和星星的传说》，见姚宝瑄主编《中国各民族神话》（满族、赫哲族、朝鲜族），太原：山西出版传媒集团·书海出版社2014年版，第62~63页。

W1572.2.6.2
撑天者的右眼变成太阳

实 例

布依族 撑天的后生力夏用右手挖下自己的右眼，挂在天的东边，就变成了太阳。

【流传】贵州省

【出处】王燕、春甫等讲，汛河记录整

理：《力戛撑天》，见谷德明编《中国少数民族神话》，北京：中国民间文艺出版社1987年版，第611页。

W1572.2.7
人的眼睛变成太阳

实 例

（参见下级母题实例）

W1572.2.7.1
人的左眼变成太阳

【关联】［W1595.2.3.2］人的左眼变成月亮

实 例

布依族　（实例待考）

W1572.2.7.2
人的右眼变成太阳

实 例

布依族　力戛（人名，大力士）把天钉稳了，但世间没有光阴，庄稼不能生长。力戛用右手挖下自己的右眼，挂在天的东边，就变成了太阳。

【流传】各地布依族地区

【出处】王燕、春甫、班告爷讲，汛河记录整理：《力戛创世》，见姚宝瑄主编《中国各民族神话》（布依族、亿佬族、苗族），太原：山西出版传媒集团·书海出版社2014年版，第5页。

W1572.2.8
动物的眼睛变成太阳

实 例

（参见下级母题实例）

W1572.2.8.1
猴娃的眼睛变成太阳

实 例

藏族　（实例待考）

W1572.2.8.2
鸟的右眼变成太阳

实 例

藏族

（参见 W1545.4.5.1 母题实例）

W1572.2.8.3
巨鸟的左眼变成太阳

实 例

彝族　混沌中出现一只大飞鸟，它的左眼称为太阳。

【流传】四川省·（凉山彝族自治州）·木里县（木里藏族自治县）·卡拉乡

【出处】陈安礼讲，陈青贵翻译，四川省民协木里采风队采录：《天和地是怎样来的》，见中国民间文学集成全国编辑委员会编《中国民间故事集成》（四川卷·下），北京：中国ISBN中心1998年版，第933页。

1.4.1 日月的产生　　‖W1572.2.8.3a–W1572.2.8.4.2‖　　1833

W1572.2.8.3a
人面鸟身的鸟左眼变成太阳

【关联】［W0637.1］九首人面鸟身之神

实　例

藏族 一只脸面像人的大鸟的左眼移为太阳。

【流传】四川省·凉山州（凉山彝族自治州）·木里县（木里藏族自治县）

【出处】＊《大鸟扇出天地》，见《藏族原始宗教资料丛编》，内部编印，第53页。

藏族 混沌世界中最早出现一个人面鸟身的马世纪（鸟名），它的右眼叫做月亮，它的左眼称为太阳。

【流传】（四川省·凉山彝族自治州·木里藏族自治县）

【出处】陈安礼讲，陈青贵等译：《天和地怎样来的》，原载《中国民间故事集成·木里卷》，见吕大吉、何耀华总主编《中国各民族原始宗教资料集成》（鄂伦春族卷、鄂温克族卷、赫哲族卷、达斡尔族卷、锡伯族卷、满族卷、蒙古族卷、藏族卷），北京：中国社会科学出版社1999年版，第938页。

W1572.2.8.4
鹿的眼睛变成太阳

实　例

（参见下级母题实例）

W1572.2.8.4.1
马鹿的左眼变成太阳

【关联】

① ［W1138.15.3］神用马鹿的头做天

② ［W1147.1.1］马鹿的头变成天

实　例

普米族 巨神简剑祖射死马鹿后，挖出马鹿的一对眼睛，把左眼抛向天，左眼便变成了亮堂堂的太阳，照得天上地下都金光灿烂。

【流传】（普米族广大地区）

【出处】杨祖德、杨学胜讲：《简剑祖射马鹿创天地》，据杨庆文《普米族文学简介》中的《捷巴鹿的故事》和季志超《藏族普米族创世神话比较》中的《吉赛叽》等编写，见姚宝瑄主编《中国各民族神话》（佤族、阿昌族、纳西族、普米族、德昂族），太原：山西出版传媒集团·书海出版社2014年版，第303页。

W1572.2.8.4.2
马鹿的1只眼变成太阳

实　例

普米族 简锦祖（巨人）杀死了作恶的马鹿，把马鹿的其中一只眼睛变成天上的太阳。

【流传】云南省·（怒江傈僳族自治州）·兰坪县（兰坪白族普米族自治县），（丽江市）·宁蒗县（宁蒗彝族自治县）

【出处】王震亚采录：《简锦祖杀马鹿》，见中国民间文学集成全国编辑委员会编《中国民间故事集成》（云南卷），北京：中国 ISBN 中心 2003 年版，第 386 页。

W1572.2.8.5
牛的左眼变成太阳

实例

哈尼族 神们得到牛后，用它的左眼变成太阳。

【流传】云南省

【出处】

(a) 朱小和讲，芦朝贵等整理：《天、地、人的传说》，载《山茶》1983 年第 4 期。

(b) 同 (a)，见谷德明编《中国少数民族神话》，北京：中国民间文艺出版社 1987 年版，第 313 页。

(c) 朱小和讲，芦朝贵等整理：《天、地、人的传说》，见陶立璠、赵桂芳等编《中国少数民族神话汇编》（开天辟地篇等），中央民族学院少数民族古籍整理出版规划领导小组办公室印（未署出版时间），第 261 页。

W1572.2.8.5.1
龙牛的左眼变成太阳

【关联】[W1595.2.5.3.1] 龙牛的右眼变成月亮

实例

哈尼族 天王杀掉塔婆的龙牛，用龙牛的左眼做太阳。

【流传】（无考）

【出处】

(a) 中央民族学院少数民族文艺研究所编：《中国民族民间文学》，北京：中央民族学院出版社 1987 年版，第 238 页。

(b) 刘辉豪、白章福搜集整理：《奥色密色》，载《山茶》1980 年第 3 期。

哈尼族 改天换地的众神得到龙王送来的牛后，把它的左眼变成太阳。

【流传】云南省·（红河哈尼族彝族自治州）·元阳县

【出处】

(a) 朱小和讲，芦朝贵等整理：《天、地、人的传说》，载《山茶》1983 年第 4 期。

(b) 朱小和讲，芦朝贵、杨笛搜集整理：《大鱼脊背甩出的世界》，原载《山茶》1983 年第 4 期，（王松将原题目《天、地、人》改为此题目），见姚宝瑄主编《中国各民族神话》（哈尼族、傣族），太原：山西出版传媒集团·书海出版社 2014 年版，第 27 页。

W1572.2.8.5a
神牛的右眼变成太阳

实例

哈尼族 大神俄白把查牛的右眼摘下来，做成热和的太阳。

【流传】

(a) 云南省·（红河哈尼族彝族自治

州)·元阳县

(b) 云南省·(红河哈尼族彝族自治州)·元阳(元阳县)、红河(红河县)、绿春(绿春县)、金平(金平苗族瑶族傣族自治县)等

【出处】

(a) 朱小和讲,史军超采录:《查牛补天地》,见中国民间文学集成全国编辑委员会编《中国民间故事集成》(云南卷),北京:中国ISBN中心2003年版,第29页。

(b) 同(a),见云南省民间文学集成办公室编《哈尼族神话传说集成》,北京:中国民间文艺出版社1990年版。

哈尼族 天神杀查牛(天地神专养的神牛)修补天地日月时,天神俄玛的姑娘,高能的大神俄白伸出手,把查牛的右眼摘下来,做成热乎乎的太阳。

【流传】云南省·(红河哈尼族彝族自治州)·元阳(元阳县)、红河(红河县)、绿春(绿春县)、金平(金平苗族瑶族傣族自治县)

【出处】朱小和讲唱,史军超搜集整理:《查牛补天地》(1983),原载云南省民间文学集成办公室编《哈尼族神话传说集成》,中国民间文艺出版社1990年版,见姚宝瑄主编《中国各民族神话》(哈尼族、傣族),太原:山西出版传媒集团·书海出版社2014年版,第54页。

W1572.2.8.6

龙的眼睛变成太阳

【关联】[W1545.4.1]龙的眼睛变成日月

实例

(参见下级母题实例)

W1572.2.8.6.1

阳龙睁得大的眼睛变成太阳

【关联】[W1595.2.4.3.1]阳龙睁得小的眼睛变成月亮

实例

土家族 阳龙在天上游荡,常用双眼观看阴龙的活动,睁得又大又圆的那只眼睛就是太阳。

【流传】湖北省·(宜昌市)·长阳县(长阳土家族自治县)·贺家坪区(贺家坪镇)·火麦溪村

【出处】郑文仕讲,杜荣东采录:《神龙造天造地造人》,见中国民间文学集成全国编辑委员会编《中国民间故事集成》(湖北卷),北京:中国ISBN中心1999年版,第7页。

W1572.2.9

无生命物的眼睛变成太阳

实例

(实例待考)

W1572.2.10
与眼睛变成太阳有关的其他母题

【关联】［W1545.7.5］地的眼睛变成日月

实 例

（参见下级母题实例）

W1572.2.10.1
巨兽的没有腐烂的眼变成太阳

实 例

怒族　巨人砍掉巨兽后，剩下的两只眼睛，一只没有腐烂变成太阳。

【流传】云南省

【出处】＊《氏族的来源》，见中国社会科学院云南少数民族文学研究所等编《云南少数民族文学资料》第2辑，内部编印，1981年，第124页。

W1572.2.10.2
仙人把蛤蟆的没有腐烂的眼变成太阳

【关联】［W1595.2.4.1a］癞蛤蟆腐烂的眼睛变成月亮

实 例

怒族　仙人杀掉造成地震的癞蛤蟆，蛤蟆的两只眼睛，一只腐烂了，一只没有腐烂。仙人就把没有腐烂的那只变成了太阳。

【流传】（云南省）

【出处】

(a)《天地来源》(1958)，见中国作家协会昆明分会民间文学工作部编《云南民族文学资料》第十九集，中国作家协会编印，1963年。

(b)《仙人造天地》(1958)，见姚宝瑄主编《中国各民族神话》（门巴族、珞巴族、怒族、藏族），太原：山西出版传媒集团·书海出版社2014年版，第54页。

W1572.2.10.3
青蛙的黑眼球变成太阳

实 例

哈尼族　青蛙纳得和阿依兄妹俩把青蛙母亲的黑眼球剜下来镶在天上做太阳。

【流传】云南省·（普洱市）·墨江县（墨江哈尼族自治县）

【出处】金开兴讲，蓝明红采录：《青蛙造天地》，见中国民间文学集成全国编辑委员会编《中国民间故事集成》（云南卷），北京：中国ISBN中心2003年版，第34页。

哈尼族　纳得、阿依青蛙兄妹把母亲老青蛙的黑眼珠剜下来。纳得小心翼翼地爬上了擎天柱，把黑眼珠镶在了东方的天际变成太阳，霎时大地一片光明。

【流传】云南省·（普洱市）·墨江县（墨江哈尼族自治县）

【出处】金开兴讲，蓝明红搜集整理：《青蛙造天造地》，单超选自云南省民间文学集成办公室编《哈尼族神话传说集成》，中国民间文艺出版社1990年，见姚宝瑄主编《中国各民族神话》（哈尼族、傣族），太原：山西出版传媒集团·书海出版社2014年版，第7页。

W1572.2.10.4
癞蛤蟆的一只眼珠变成太阳

实例

基诺族 最早的创世母亲发现水中有一个大癞蛤蟆。她跳进蛤蟆口内，癞蛤蟆被母亲越撑越大，被撑爆裂后，肢体便飘落四方。它的一只眼珠飘到空中变为太阳。

【流传】云南省·（西双版纳傣族自治州·景洪市）·（基诺山基诺族乡）·巴亚寨

【出处】巴卡老四等讲，杜玉亭调查整理：《创世母亲造天地万物》（1958～1981），见吕大吉、何耀华总主编《中国各民族原始宗教资料集成》（彝族卷、白族卷、基诺族卷），北京：中国社会科学出版社1996年版，第879页。

W1572.2.10.5
亮又热的眼睛变成太阳

实例

（参见下级母题实例）

W1572.2.10.5.1
大物的又热又亮的眼睛变成太阳

实例

基诺族 阿嫫腰白（神名，创世女神）用生育她的大物造天地后，大物有一双又热又亮的眼睛。其中热的一只眼睛成了太阳。

【流传】云南省·（西双版纳傣族自治州）·景洪县（景洪市）

【出处】白桂林等讲，刘怡采录：《阿嫫腰白造天地》，见中国民间文学集成全国编辑委员会编《中国民间故事集成》（云南卷），北京：中国ISBN中心2003年版，第77页。

W1572.3
肺变成太阳

【关联】［W1984.1.4.1］虎肺变成铜

实例

（参见下级母题实例）

W1572.3.1
怪物的肺变成太阳

实例

纳西族 怪物的肺变为太阳。

【流传】（无考）

【出处】东巴经《崇般图》，见林向肖《对纳西族创世神话本来面目的探讨——〈创世纪、开天辟地〉校注札记》，见《中国少数民族神话学术讨论会论文集》（下册），内部资料，1984年，第254页。

W1572.4
其他肢体变成太阳

实例

（实例待考）

W1573

植物变成太阳

【关联】［W1524］植物变成万物

实例

（参见下级母题实例）

W1573.1

桃花变成太阳

【关联】［W1545.5.3.1］桃花变成日月

实例

（实例待考）

W1573.1.1

桃花的花瓣变成太阳

实例

苗族　天地像一个大桃子，桃子里长出的桃树开花，花瓣变成了太阳。

【流传】贵州省·（安顺市）·镇宁县（镇宁布依族苗族自治县）·板阳乡

【出处】朱顺清讲，杨文金等采录：《杨亚射日月》，见中国民间文学集成全国编辑委员会编《中国民间故事集成》（贵州卷），北京：中国ISBN中心2003年版，第23页。

W1573.2

白天开花的梭罗树变成太阳

实例

（参见下级母题实例）

W1573.2.1

梭罗树的花变成太阳

【关联】［W1545.5.3.2］日月是梭罗树开的花

实例

彝族　众神之王涅倮佐颇的长子撒赛萨若埃在一千层天空种的一棵梭罗树白天开花，每一朵花放射出万颗金针，万颗金针刺人的眼睛，这就是太阳。

【流传】（云南省·楚雄彝族自治州·双柏县，红河哈尼族彝族自治州等地）

【出处】

（a）云南省民族民间文学楚雄、红河调查队搜集，郭思九、陶学良整理：《查姆》，昆明：云南人民出版社1981年版。

（b）郭思九、陶学良整理，古梅改写：《彝家的古根》，选自《云南民族文学资料》第七集中的《查姆》上部前三章，见姚宝瑄主编《中国各民族神话》（羌族、彝族），太原：山西出版传媒集团·书海出版社2014年版，第54页。

彝族　天仙在天上栽的梭罗树长大了，长出了叶子，叶子上长出了花，其中一朵花变成了太阳。从此，天上有了太阳。

【流传】云南省·楚雄彝族自治州

【出处】《门米间扎节》，古梅根据《楚雄民间文学资料》改写，见姚宝瑄主编《中国各民族神话》（羌族、彝族），太原：山西出版传媒集团·书海出版社 2014 年版，第 84 页。

W1573.3
红果变成太阳

实例

（参见下级母题实例）

W1573.3.1
人种树结出的红果变成太阳

实例

怒族 自从有人种的两棵树，长得跟山一样高，一棵树结的红色果子，红果子变成太阳。

【流传】云南省·（怒江傈僳族自治州）·贡山县（贡山独龙族怒族自治县）

【出处】彭兆清提供，攸延春整理：《创世纪》，见攸延春《怒族文学史》，昆明：云南民族出版社 2003 年版，第 18~20 页。

W1573.4
果核变成太阳

【汤普森】≈A718.3

实例

（实例待考）

W1573.5
仙葫芦籽变成太阳

【关联】[W1574.1.2] 神撒到空中的仙葫芦籽变成太阳

实例

傣族 布尚改、雅尚改（造物神、夫妻神）把仙葫芦籽洒向天空，变成太阳。

【流传】云南省

【出处】《布尚改雅尚改》，见岩温扁、征鹏编译《傣族民间传说》，北京：中国旅游出版社 1982 年版，第 1 页。

W1573.6
茶果变成太阳

实例

德昂族 帕达然（世上最早出现的人）采了一个茶果挂在天上，变成了太阳。

【流传】云南省·德宏州（德宏傣族景颇族自治州）

【出处】陈志鹏采录：《祖先创世纪》，见中国民间文学集成全国编辑委员会编《中国民间故事集成》（云南卷），北京：中国ISBN中心 2003 年版，第 106 页。

德昂族 帕达然（最早的人、神）采了一个茶果挂在天上，变成了太阳。

【流传】云南省·德宏州（德宏傣族景颇族自治州）

【出处】

(a) 陈志鹏搜集整理：《祖先创世纪》，见李子贤编《云南少数民族神话选》，昆明：云南人民出版社 1990 年版。

(b) 同（a），见姚宝瑄主编《中国各

民族神话》（佤族、阿昌族、纳西族、普米族、德昂族），太原：山西出版传媒集团·书海出版社2014年版，第392页。

W1574
无生命物变成太阳

【实例】

（参见下级母题实例）

W1574.1
被抛到空中的物体变成太阳

【汤普森】 A714

【实例】

（参见下级母题实例）

W1574.1.1
云神抛到空中的铜球变成太阳

【实例】

彝族 云神斯惹底尼将鸡刨出来的两个铜弹子，一个丢向东方，于是东方升起了太阳。

【流传】 四川省·（凉山彝族自治州）·雷波县

【出处】

（a）保木和铁讲，芦芙阿梅译，白芝采录：《开天辟地》，见中国民间文学集成全国编辑委员会编《中国民间故事集成》（四川卷·下），北京：中国ISBN中心1998年版，第749页。

（b）《开天辟地》，见陶立璠、赵桂芳等编《中国少数民族神话汇编》（开天辟地篇等），中央民族学院少数民族古籍整理出版规划领导小组办公室印（未署出版时间），第85~95页。

W1574.1.2
神撒到空中的仙葫芦籽变成太阳

【实例】

傣族 布尚改、雅尚改（造物神、夫妻神）把仙葫芦籽撒向天空，变成太阳。

【流传】 云南省

【出处】《布尚改雅尚改》，见岩温扁、征鹏编译《傣族民间传说》，北京：中国旅游出版社1982年版，第1页。

W1574.2
火变成太阳

【关联】

① ［W1576.2］火球变成太阳
② ［W1618.4］太阳浑身是火

【实例】

（参见下级母题实例）

W1574.2.1
太阳是火把（火把变成太阳）

【关联】［W1570.3.1］举着火把奔跑的女子变成太阳

【实例】

哈尼族 阿波摩米（天神）点燃两根火把，其中，一把安在东边天上当做太阳。

【流传】云南省

【出处】王文清讲，毛佑全等搜集整理：《俄八美八》，见谷德明编《中国少数民族神话》，北京：中国民间文艺出版社1987年版，第332页。

W1574.2.2
火的精气变成太阳

实例

汉族 火气之精者为日。

【流传】（无考）

【出处】[汉]刘安及门客：《淮南子·天文训》。

W1574.2.3
太阳是妖魔喷出的火

实例

毛南族 （实例待考）

W1574.2.4
火堆升起变成太阳

实例

（参见下级母题实例）

W1574.2.4.1
巨人升起的火堆变成太阳

实例

怒族 巨人搓海玩海使火堆升到天上后，变成太阳。

【流传】（无考）

【出处】李兴民讲，李含生、杨春寿、周良智搜集整理：《搓海玩海》，见陶立璠、李耀宗编《中国少数民族神话传说选》，成都：四川民族出版社1985年版，第28页。

怒族 巨人搓海玩海取来石柱，轻轻往火堆上一杵，整个火堆渐渐升上天空，变作红光熠熠的太阳。

【流传】云南省·（怒江傈僳族自治州）·贡山地区（贡山独龙族怒族自治县）

【出处】李兴民讲，李含生、杨春寿、周良智搜集整理：《搓海玩海》，见姚宝瑄主编《中国各民族神话》（门巴族、珞巴族、怒族、藏族），太原：山西出版传媒集团·书海出版社2014年版，第68页。

W1574.2.5
火团变成太阳

【关联】[W1576.3] 火盆变成太阳

实例

（参见下级母题实例）

W1574.2.5.1
神造的火团变成太阳

实例

侗族 为了让天地都变暖，为了叫天和地都有光亮，萨天巴（蜘蛛，女祖神，创世神）做了个火团，又把火团高高地挂在天上。

【出处】广西壮族自治区·（柳州市）·三江（三江侗族自治县），

（桂林市）·龙胜（龙胜各族自治县）

【出处】杨卜林喜、杨卜松林、杨明世讲，杨国仁、涛声搜集整理，蔷紫改写：《创世女神萨天巴》，原文为过伟改写自侗族创世史诗《嘎茫莽道时嘉——远祖歌》（未出版稿），见姚宝瑄主编《中国各民族神话》（土家族、毛南族、侗族、瑶族），太原：山西出版传媒集团·书海出版社2014年版，第84页。

W1574.2.5.2
天上火海的火团变成太阳

实例

水族 天上火海的火团成为太阳。

【流传】贵州省·（黔南布依族苗族自治州）·三都（三都水族自治县）

【出处】韦金荣等讲，张巢等整理：《都柳江的传说》，见中华民族故事大系编委会编《中华民族故事大系》第9卷（水族、东乡族、纳西族），上海：上海文艺出版社1995年版，第84页。

W1574.2.6
火球变成太阳

【关联】

① ［W1561.8.2］太阳是神孕生的金球
② ［W1576.1.1］太阳是一个巨大的热球
③ ［W1723.3］火球的碎片变成星星

实例

汉族 后羿射天上的9个火球，留下1个让它白天给人间照亮，就是现在的太阳。

【流传】四川省·巴县（今重庆市·巴南区）·土主乡·伏善村

【出处】张文奎讲，李子硕采录：《星星的来历》，见中国民间文学集成全国编辑委员会编《中国民间故事集成》（四川卷·上），北京：中国ISBN中心1998年版，第33页。

W1574.2.6.1
天皇地皇烧出的火球变成太阳

实例

汉族 天皇地皇把黑团团拘到天火盆里去烧，烧了一阵子把黑团团烧红，泼出去的成了一个大火球，变成了日头。

【流传】河北省·（石家庄市）·藁城县（藁城市）·（常安镇）·耿村

【出处】王玉田讲，杨志忠采录：《日月星的来历》，见中国民间文学集成全国编辑委员会编《中国民间故事集成》（河北卷），北京：中国ISBN中心2003年版，第13页。

W1574.2.6.2
文化英雄烧出的火球变成太阳

实例

怒族 英雄搓海玩海烧火团变成

太阳。

【流传】（无考）

【出处】《顶天造日》，见高明强编《创世的神话和传说》，上海：上海三联书店1988年版，第66页。

W1574.2.6.3
风神踢出的火球变成太阳

实 例

汉族　风神踢翻了女娲炼石的炉子，滚出来的最大的火球成了太阳。

【流传】湖南省·（衡阳市）·祁东县

【出处】刘贵福讲，王少磊采录：《太阳、月亮和星星的来历》，见中国民间文学集成全国编辑委员会编《中国民间故事集成》（湖南卷），北京：中国 ISBN 中心 2002 年版，第 7 页。

W1574.2.6.4
太阳是红色的火球

【关联】[W1618.4] 太阳浑身是火

实 例

汉族　后羿射日时，只听一声震天响，一个血红血红的火球从天上掉下来了。

【流传】江苏省·常州市

【出处】汤庚和讲，韦中权记录：《后羿的弓弦》（1980.12.29），见姚宝瑄主编《中国各民族神话》（汉族），太原：山西出版传媒集团·书海出版社 2014 年版，第 142～145 页。

W1574.2.6.5
太阳是天神放出的火球

实 例

汉族　以前世界又黑又冷，人们去求天老爷，天老爷放出个红彤彤的火球，人们当成宝贝一样，叫做太阳宝。

【流传】四川省·（都江堰市）·灌县（古城）·柳街乡一带

【出处】康弘讲，王纯五记录整理：《太阳宝和月儿光咋个来的》（1987.01.04），见姚宝瑄主编《中国各民族神话》（汉族），太原：山西出版传媒集团·书海出版社 2014 年版，第 213～214 页。

W1574.2.6.6
石狮吐出的红火球变成太阳

实 例

汉族　石狮肚里的饭团变做一团血红的火球，射到天空，变做日头。

【流传】浙江省·（绍兴市）·诸暨县（诸暨市）·草塔镇·中央份村

【出处】杨和芬讲，赵维苗采录：《石狮破天》，见中国民间文学集成全国编辑委员会编《中国民间故事集成》（浙江卷），北京：中国 ISBN 中心 1997 年版，第 42 页。

W1574.2.6.7
太阳是天上燃烧的松枝火球

实例

畲族 高辛以松枝编为球，燃火悬天上，是为日。

【流传】（无考）

【出处】袁珂改编：《高辛与龙王》，原载谷德明编《中国少数民族神话选》，见袁珂《中国神话大词典》，北京：华夏出版社2015年版，第522页。

W1574.2.7
火聚成太阳

【关联】[W1576.3] 火盆变成太阳

实例

藏族 野火凝聚成太阳。

【流传】西藏自治区

【出处】廖东凡记译：《泽当——西藏猴子变人的地方》，原载吴一虹编《风物传说》，见陶阳、钟秀编《中国神话》（上），北京：商务印书馆2008年版，第361~362页。

W1574.2.8
乌龙吐火形成太阳

实例

毛南族 禹皇身后99年，9条乌龙精飞出天庭，蹿出云层，像日头一样，喷着烈火。这样天上就有了10个日头，暴晒着人间。

【流传】广西壮族自治区·（河池市）·环江毛南族自治县·下南乡·下南、波川村

【出处】谭履宜讲，谭金田、蒋志雨整理：《格射日月》（1963、1980），见姚宝瑄主编《中国各民族神话》（土家族、毛南族、侗族、瑶族），太原：山西出版传媒集团·书海出版社2014年版，第57页。

W1574.2a
光变成太阳

【关联】[W1577.6] 太阳是特定的光

实例

（参见下级母题实例）

W1574.2a.1
太阳是云墙漏出的金光

【关联】[W1581.2.2] 月亮是云墙漏出的银光

实例

纳西族（摩梭） 耗子和猫头鹰终于把厚实的云墙打通了一个大圆洞，五光十色的亮光从圆洞中漏出来。这漏出来的光亮，一时金黄，一时银白，后人便把见到金光的时候叫做白天，见到银光的时候叫做夜晚；把白天的光亮叫做太阳。

【流传】云南省·（丽江市）·宁蒗县（宁蒗彝族自治县）

【出处】

(a)《昂姑咪》，载《山茶》1986年第

3 期。

（b）同（a），见姚宝瑄主编《中国各民族神话》（佤族、阿昌族、纳西族、普米族、德昂族），太原：山西出版传媒集团·书海出版社 2014 年版，第 107 页。

W1574.2a.2
女神画成的火球发出的火光形成太阳

实 例

瑶族（布努） 密洛陀（万物之母，女始祖，女神）朝前吐了十二口唾涎，左手指天画了个大圈。过了一千二百年，大圈变成一个火球，火球火光就是太阳。

【流传】广西壮族自治区·（河池市）·都安县（都安瑶族自治县）、巴马县（巴马瑶族自治县）、南丹县，（百色市）·田东县、平果县等地

【出处】桑布郎等传，蒙凤标（83 岁）、罗仁祥（73 岁）等唱：《密洛陀》（1983），见蓝怀昌、蓝书京、蒙通顺搜集翻译整理《密洛陀》，北京：中国民间文艺出版社 1988 年版，第 14 页。

W1574.2a.3
目光变成太阳

实 例

汉族 （实例待考）

W1574.2a.4
真主的光变成太阳

实 例

塔吉克族 今天当空高悬的太阳便是无穷无尽的安拉之光。

【流传】新疆维吾尔自治区·（喀什地区）·塔什库尔干塔吉克自治县

【出处】马达里汗讲，西仁·库尔班等采录翻译：《太阳神话》，见中国民间文学集成全国编辑委员会编《中国民间故事集成》（新疆卷），北京：中国 ISBN 中心 2008 年版，第 16 页。

W1574.3
石头变成太阳

【关联】

① ［W1545.7.3］石头变成日月
② ［W1598.5］石头变成月亮

实 例

汉族 天地相连间钻出了一个人，脑袋撞着天，撞炸的一块大石头飞到天上成了日头。

【流传】浙江省·（杭州市）·淳安县·姜家镇·姜家村

【出处】姜引军讲，姜曹诰采录：《盘古生囝图》，见中国民间文学集成全国编辑委员会编《中国民间故事集成》（浙江卷），北京：中国 ISBN 中心 1997 年版，第 38 页。

W1574.3.1
山中滚出的红石头变成太阳

【关联】［W1565.3］山生太阳

实 例

拉祜族 从震垮了的大山肚子里滚出了一块发亮的白石头，一块红得刺眼的红石头。后来，那块发亮的白石头和红石头，先后飞上了天。先飞上天的那块白石头。变成了月亮，高高地挂在天上。后飞上天的那块红石头，就变成了太阳。

【流传】云南省·（普洱市）·镇源县（镇沅彝族哈尼族拉祜族自治县）

【出处】
（a）范清连讲，自力搜集：《造天造地》，见中华民族故事大系编委会编《中华民族故事大系》第 8 卷（畲族、高山族、拉祜族），上海：上海文艺出版社 1995 年版，第 695 页。

（b）范清连讲，自力采录：《天地日月的来历》，见中国民间文学集成全国编辑委员会编《中国民间故事集成》（云南卷），北京：中国 ISBN 中心 2003 年版，第 47 页。

W1574.3.2
闪光的石头抛到天上变成太阳

实 例

苗族 世上太阳是最美的，是会闪光的石头抛到天上而形成的。

【流传】（无考）

【出处】王松：《论神话及其他》，昆明：云南人民出版社 2006 年版，第 33 页。

W1574.3.3
阳雀造的 9 个石盘变成 9 个太阳

【关联】［W1543.4.2.1］阳雀造日月

实 例

苗族 为让大地温暖，聪明的阳雀造 9 个石盘，制成 9 个太阳。

【流传】（无考）

【出处】《阳雀造日月》，原载谷德明编《中国少数民族神话选》，见袁珂《中国神话大词典》，北京：华夏出版社 2015 年版，第 418 页。

W1574.3.4
天地卵炸碎的石头变成太阳

实 例

汉族 天地混沌中"彭"地炸出一个人，炸碎的碎石头中有一块大的，变成了太阳。

【流传】浙江省·（杭州市）·淳安县·姜家镇

【出处】姜引军讲，姜增浩记录整理：《天地分开是盘古》，见淳安县民间文学征集办公室编《中国民间文学集成浙江省淳安县故事、歌谣、谚语卷》，内部编印，1988 年，第 1 页。

汉族 混沌的天地卵一声炸响，撞炸了的碎石头也往天上飞。有一块大的飞到天上贴住，成为火辣辣的日头。

【流传】（无考）

【出处】姜引军讲，姜曾诰搜集整理：《天地分开出盘古》，见姚宝瑄主编《中国各民族神话》（汉族），太原：山西出版传媒集团·书海出版社 2014 年版，第 15～16 页。

W1574.3.5
太阳是陨石

【关联】[W1866.1] 陨石

实 例

（实例待考）

【流传】江苏省·（南京市）·江浦县（浦口区）

【出处】徐宝金讲，徐才清记录整理：《蘑菇星救太阳》（1987.12），见姚宝瑄主编《中国各民族神话》（汉族），太原：山西出版传媒集团·书海出版社 2014 年版，第 156～157 页。

W1575
人造物变成太阳

实 例

（参见下级母题实例）

W1575.1
灯变成太阳

实 例

（参见下级母题实例）

W1575.1.1
太阳是天灯

实 例

（参见下级母题实例）

W1575.1.1.1
太阳是玉帝的天灯

实 例

汉族 天上的 10 个太阳是玉帝的 10 盏天灯

【流传】河南省·（驻马店市）·正阳县·慎水乡·韦老庄

【出处】代星讲，代胜利采录：《姊妹成婚》，见中国民间文学集成全国编辑委员会编《中国民间故事集成》（河南卷），北京：中国 ISBN 中心 2001 年版，第 14 页。

W1575.1.2
太阳是一盏神灯

实 例

羌族 洪水后幸存的太阳和月亮对人间的兴旺立了很大的功劳，天神木比塔给太阳妹妹一盏神灯，成为天上的太阳和月亮。

【流传】四川省·（阿坝藏族羌族自治州）·汶川县·威州乡（威州镇）·牛老寨

【出处】倪明富讲，周辉枝采录：《太阳和月亮》，见中国民间文学集成全国编辑委员会编《中国民间故事集成》（四川卷·下），北京：中国 ISBN 中心 1998 年版，第 1109 页。

W1575.1.3
太阳是东海龙王的灯

【关联】［W1598.2.1］月亮是东海龙王的灯

实 例

布依族　太阳挂在天上，东海龙王那里借的灯。

【流传】贵州省·贵阳（贵阳市）

【出处】陈素兰讲，张羽超等搜集，夏云昆整理：《开天辟地》，见中华民族故事大系编委会编《中华民族故事大系》第 3 卷（彝族、壮族、布依族），上海：上海文艺出版社 1995 年版，第 687 页。

W1575.1.4
太阳是佛祖赐的灯笼

实 例

满族　有一对兄妹要为人们寻找光明时找到佛祖。佛祖赐给他俩一盏灯笼和一双飞鞋。妹妹在前面跑，哥哥在后边撵，一直撵到今天。妹妹手中的灯笼便是太阳，哥哥手中的镜子便是月亮。

【流传】辽宁省·（鞍山市）·岫岩满族自治县·岫岩镇一带

【出处】李成明讲，张其卓、董明记录整理：《太阳和月亮的来历》（1983），见

姚宝瑄主编《中国各民族神话》（满族、赫哲族、朝鲜族），太原：山西出版传媒集团·书海出版社 2014 年版，第 63～65 页。

W1575.2
镜子变成太阳

【关联】

① ［W1585.5］磨镜造月亮

② ［W1598.1］镜子变成月亮

实 例

（实例待考）

W1575.2.1
太阳是火焰镜

实 例

白族　太阳是孙经武手中的火焰镜。

【流传】湖南省·（张家界市）·桑植县·马合口乡（马合口白族乡）·佳木峪村

【出处】谷兆庆讲，李康学等采录：《昂日星与公鸡》，见中国民间文学集成全国编辑委员会编《中国民间故事集成》（湖南卷），北京：中国 ISBN 中心 2002 年版，第 16 页。

满族　阿布卡恩都里的两个格格把 10 个火焰托里（镜子）往地上一照，成为 10 个太阳

【流传】（无考）

【出处】《太阳和月亮的传说》，见乌丙安、李文刚等编《满族民间故事选》，上海：上海文艺出版社 1985 年版，

第 5~8 页。

W1575.2.2
铜镜变成太阳

实例

满族 （实例待考）

W1575.2.3
金铜镜变成太阳

实例

蒙古族 天女用金镜在海面上磨出太阳。

【流传】（a）吉林省·（松原市）·前郭县（前郭尔罗斯蒙古族自治县）·乌兰敖都乡

【出处】

(a) 宝音特古斯讲，苏赫巴鲁等采录翻译：《日月和昼夜》，见《民间故事集成》（吉林），第 6 页。

(b) 《日月和昼夜》，载《吉林民间文学》1982 年第 3~4 期。

(c) 《日月和昼夜》，见满都呼主编《中国阿尔泰语系诸民族神话故事》，北京：民族出版社 1997 年版，第 165 页。

W1575.3
鼓变成太阳

【关联】[W6274.4.1] 太阳鼓

实例

（参见下级母题实例）

W1575.3.1
雷神的铜鼓变成太阳

实例

壮族 太阳是雷王的铜鼓变成的。

【流传】广西壮族自治区

【出处】兰鸿恩著：《广西民间文学散论》，南宁：广西人民出版社 1981 年版，第 12 页。

W1576
与变成太阳有关的其他母题

实例

（参见下级母题实例）

W1576.1
蛋变成太阳（卵变成太阳）

【关联】[W1545.6] 卵变成日月

实例

（参见下级母题实例）

W1576.1.1
太阳是一个巨大的热球

【关联】[W1574.2.6] 火球变成太阳

实例

高山族（泰雅） 远古以前，太阳是一个巨大的热球。

【流传】台湾

【出处】《分半太阳传说》，载《原报》第 15 期。

W1576.2
气变成太阳

【关联】［W1545.7.1］气变成日月

实 例

（参见下级母题实例）

W1576.2.1
火气变成太阳

实 例

汉族　积阳之热气生火，火气之精者为日。

【流传】（无考）

【出处】［汉］刘安及门客：《淮南子·天文训》。

W1576.2.2
天吐的一团白气变成太阳

【关联】［W1598.6.4］天吐的一团白气变成月亮

实 例

哈尼族（僾尼）　天吐白气凡二团，先吐者热而白，白光照地明亮亮，人称之曰太阳。

【流传】（无考）

【出处】《天与地》，原载陶阳、钟秀编《中国神话》，见袁珂《中国神话大词典》，北京：华夏出版社2015年版，第490页。

W1576.3
火盆变成太阳

【关联】
① ［W1574.2.7］火聚成太阳
② ［W1616.10.5］太阳像火塘

实 例

汉族　很早时，无天地。火鸟啄散了雾，天上出现个火盆，便是太阳。

【流传】浙江省·（金华市）·东阳县（东阳市）

【出处】徐移根讲：《天和地合》，见陶阳、钟秀编《中国神话》，上海：上海文艺出版社1996年版，第124页。

W1576.3.1
太阳是大火盆

【关联】［W1616.10.5］太阳像火塘

实 例

汉族　以前太阳被雾罩住。最早出现的火鸟啄了九九八十一日。雾被啄散了，天上显出个大火盆，红光光的，那便是日头。

【流传】浙江省·（金华市）·东阳县

【出处】徐移根讲，周中帆搜集整理：《天和地合》，见姚宝瑄主编《中国各民族神话》（汉族），太原：山西出版传媒集团·书海出版社2014年版，第42~43页。

W1576.4
用魔法变出太阳

【关联】［W9006］与魔法作用有关的其

它母题

实例

（参见下级母题实例）

W1576.4.1
盘古用魔法把"日"字变成太阳

实例

汉族 盘古在左手心写个"日"字，举在空中，就成为太阳。

【流传】江苏省·（南通市）·海安县·建设乡

【出处】陈锦彪讲，钱瑞斌采录：《盘古造日月》，见中国民间文学集成全国编辑委员会编《中国民间故事集成》（江苏卷），北京：中国 ISBN 中心 1998 年版，第 3 页。

W1576.5
饭团变成太阳

【关联】[W1598.15.4]饭团变成月亮

实例

汉族 （实例待考）

W1576.6
铜弹变成太阳

实例

（参见下级母题实例）

W1576.6.1
抛向东方的铜弹子变成太阳

实例

彝族

（参见 W1574.1.1 母题实例）

W1576.7
抽象物变化成太阳

实例

（参见下级母题实例）

W1576.7.1
"真"和"实"变化成太阳

实例

纳西族 最初真和实来做变化，开始出现白天亮太阳。

【流传】（云南省）

【出处】和芳、和志新编译：《崇邦统——人类迁徙记》，见姚宝瑄主编《中国各民族神话》（佤族、阿昌族、纳西族、普米族、德昂族），太原：山西出版传媒集团·书海出版社 2014 年版，第 138 页。

纳西族 最初"真"和"实"来做变化，开始出现白天亮太阳。

【流传】云南省·丽江（丽江市）

【出处】和芳（东巴）读经，和志武翻译整理：《崇邦统》（人类迁徙记）（1954），见吕大吉、何耀华总主编《中国各民族原始宗教资料集成》（纳西族卷、羌族卷、独龙族卷、傈僳族卷、怒族卷），北京：中国社会科学出版社 2000 年版，第 320 页。

W1576.7.2
"九"演变成太阳

实例

彝族　恒都周（原文注释不详，根据上下文疑为"影形"、"气"或"虚无"之意）是九，九变九千九，九千变太阳。

【流传】（无考）

【出处】蔷紫改写：《影与变创世纪·影形与明论》，原载贵州省民间文学工作组编《民间文学资料》，1986 年，见姚宝瑄主编《中国各民族神话》（羌族、彝族），太原：山西出版传媒集团·书海出版社 2014 年版，第 129 页。

W1577
与太阳的产生有关的其他母题

实例

（参见下级母题实例）

W1577.0
太阳产生的前兆

实例

（参见下级母题实例）

W1577.0.1
太阳产生前先产生影子

【关联】[W1546.3.1] 日月产生前先出现 3 种日月的影子

实例

彝族　太阳还没有产的时候，它的影形就已经生出来了。有了太阳的影形才生了太阳。

【流传】（无考）

【出处】蔷紫改写：《影与变创世纪·扯舍十代论》，原载贵州省民间文学工作组编《民间文学资料》，1986 年，见姚宝瑄主编《中国各民族神话》（羌族、彝族），太原：山西出版传媒集团·书海出版社 2014 年版，第 126 页。

W1577.1
火石碰撞形成太阳

实例

瑶族　造天地者发枚找来许多火石钉在天上，火石互相碰撞，发出了火光后变成了太阳。

【流传】贵州省·（黔东南苗族侗族自治州）·从江县·（翠里乡）·高芒乡（高芒村）

【出处】赵金荣讲，杨路塔采录：《造日月》，见中国民间文学集成全国编辑委员会编《中国民间故事集成》（贵州卷），北京：中国 ISBN 中心 2003 年版，第 20 页。

W1577.2

祈祷后产生太阳

实例

（参见下级母题实例）

W1577.2.1

文化英雄祈祷天神后产生太阳

实例

彝族 支格阿鲁（文化英雄，b 为"尼支呷洛"）在自己建造的金房子里祷告天神给世界一个照亮天地的东西吧，话犹未了，天的东边突然出现了 6 个太阳，把宇宙照亮。

【流传】（无考）

【出处】

（a）蒋汉章翻译，李仲舒整理：《创造万物的巨人支格阿鲁》，见陶立璠、李耀宗主编《中国少数民族神话传说选》成都：四川民族出版社 1985 年版，第 86 页。

（b）《创造万物的巨人尼支呷咯》，见谷德明编《中国少数民族神话》，北京：中国民间文艺出版社 1987 年版，第 280 页。

W1577.3

太阳与动物是同胞

【关联】 [W1681.1.1.2] 太阳与鸡是兄弟

实例

珞巴族 太阳、大地上的动物和虫豸们都是地的同胞孩子。

【流传】西藏自治区·（林芝地区）·米林县·纳玉区（南伊乡）

【出处】

（a）东娘讲，于乃昌采录：《九个太阳》，见中国民间文学集成全国编辑委员会编《中国民间故事集成》（西藏卷），北京：中国 ISBN 中心 2001 年版，第 9 页。

（b）同（a），见《珞巴族民间故事》：http://www.tibet-web.com/old/minjian/ync/gushi/mulu.htm，2003.10.02。

（c）达牛、东娘讲《阿巴达尼和阿巴达洛》，见谷德明编《中国少数民族神话》，北京：中国民间文艺出版社 1987 年版，第 252 页。

W1577.4

太阳出现的时间

【关联】[W9712] 射日的时间

实例

（参见下级母题实例）

W1577.4.1

太阳的生日

实例

（参见下级母题实例）

W1577.4.1.0

太阳的生日是正月初六

实例

（参见下级母题实例）

W1577.4.1.0a
太阳的生日是农历二月初一

实例

北方一些民族　北方以农历二月初一为太阳生日，人们聚集野外迎接太阳。

【流传】（无考）

【出处】《日神》，见乌丙安主编《中国民间神谱》，沈阳：辽宁人民出版社2007年版，第2页。

W1577.4.1.0b
太阳的生日是农历三月十九

实例

南方一些民族　江南则以农历三月十九为太阳生日。

【流传】（无考）

【出处】《日神》，见乌丙安主编《中国民间神谱》，沈阳：辽宁人民出版社2007年版，第2页。

W1577.4.1.1
太阳的生日是六月初六

实例

汉族　公鸡从海里喊出太阳的那一天是古历六月初六。人们说这天是太阳的生日。

【流传】湖北省·（荆门市）·京山县·三阳镇

【出处】秦守华讲，李维铭采录：《太阳的生日》，见中国民间文学集成全国编辑委员会编《中国民间故事集成》（湖北卷），北京：中国 ISBN 中心1999年版，第17页。

汉族　公鸡从海中喊出太阳的那天是古历六月初六，老人们说这天是太阳的生日。

【流传】（无考）

【出处】秦守华讲，李维铭采录：《太阳的生日》，原载《京山民间故事集》，见陶阳、钟秀编《中国神话》（上），北京：商务印书馆2008年版，第236～237页。

W1577.4.1.2
太阳的生日是冬月十九（十一月十九日）

实例

汉族　农历十一月十九日是太阳的生日。

【流传】湖北省

【出处】《太阳的生日》附记，见中国民间文学集成全国编辑委员会编《中国民间故事集成》（湖北卷），北京：中国 ISBN 中心1999年版，第17页。

彝族（撒尼）　太阳冬月十九生。

【流传】云南省·昆明（昆明市）·（寻甸回族彝族自治县·先锋乡）·恰普鲁村

【出处】＊《彝族撒尼支宗教祭司张琼1948年主祭实录》，见吕大吉、何耀华总主编《中国各民族原始宗教资料集成》（彝族卷、白族卷、基诺族

W1577.4.2
太阳在世界造出后产生

【汤普森】A719.3

实例

（实例待考）

W1577.4.3
补天后出现太阳

实例

（参见下级母题实例）

W1577.4.3.1
女娲补天后出现太阳

实例

汉族 女娲补天之后，人间开始有了太阳。

【流传】四川省·（成都市）·双流县·永兴镇

【出处】郭顺红讲，郭洪连采录：《羲兄妹与猿猴》，见中国民间文学集成全国编辑委员会编《中国民间故事集成》（四川卷·上），北京：中国ISBN中心1998年版，第53页。

W1577.4.4
洪水后出现太阳

【关联】[W8540] 洪水的结果

实例

（参见下级母题实例）

W1577.4.4.1
青蛙吸干洪水后出现太阳

实例

普米族 青蛙吸干洪水后出现太阳。

【流传】云南省·（丽江市）·宁蒗（宁蒗彝族自治县）、兰坪县（兰坪白族普米族自治县）；四川省·（凉山彝族自治州）·盐源（盐源县）、木里（木里藏族自治县）等

【出处】王震亚整理：《开天辟地》，见中华民族故事大系编委会编《中华民族故事大系》第14卷（普米族、塔吉克族、怒族、俄罗斯族、鄂温克族），上海：上海文艺出版社1995年版，第5页。

W1577.4.5
特定属相日出现太阳

【关联】[W6985] 生肖

实例

（参见下级母题实例）

W1577.4.5.1
鸡年鸡月鸡日出现2个太阳

实例

白族 不知过了多少年、多少月、多少天，终于到了属鸡年、鸡月、鸡日那天，石螺山上忽然出现了两个太阳。

【流传】云南省·（大理白族自治

州）·鹤庆县·城郊（城郊乡）、西山区（西山一带）

【出处】朱二爷、徐元讲，章虹宇、傅光宇整理：《人类是从哪里来的》，见谷德明编《中国少数民族神话》，北京：中国民间文艺出版社1987年版，第299~302页。

W1577.4.5.2
虎年产生太阳

实例

彝族 最古的时候，天上有个阿洛神，在属虎的那一年在天上安了太阳。

【流传】（a）云南省·红河哈尼族彝族自治州·弥勒县·（西山镇）

【出处】

（a）潘正兴等唱述，云南省民族民间文学红河调查队搜集翻译整理：《阿细的先基》，昆明：云南人民出版社1959年版。

（b）云南省民族民间文学红河调查队搜集整理，古梅改写：《最古的时候》，见姚宝瑄主编《中国各民族神话》（羌族、彝族），太原：山西出版传媒集团·书海出版社2014年版，第133页。

W1577.4.6
盘古开天地时出现太阳

实例

汉族 盘古王开天地的时候，天上一共有10个太阳。

【流传】四川省·（德阳市）·绵竹县（绵竹市）·马尾乡

【出处】黄永青讲，王仲齐采录：《后羿射日》，见中国民间文学集成全国编辑委员会编《中国民间故事集成》（四川卷·上），北京：中国ISBN中心1998年版，第85页。

W1577.4.7
尧帝时出现太阳

实例

汉族 帝尧时代，天上出现了10个太阳。

【流传】

（a）甘肃省·天水市·北道区（麦积区）·街子乡

（b）江苏省·常州市

（c）北京市·怀柔县（怀柔区）

【出处】

（a）丁浩学讲，苏金顺采录：《后羿射日》，见中国民间文学集成全国编辑委员会编《中国民间故事集成》（甘肃卷），北京：中国ISBN中心2001年版，第16页。

（b）汤庚和讲，韦中权采录：《后羿射日》，见中国民间文学集成全国编辑委员会编《中国民间故事集成》（江苏卷），北京：中国ISBN中心1998年版，第5页。

（c）程福讲，周玉琴采录：《后羿神弓与箭扣山》，见中国民间文学集成全国编辑委员会编《中国民间故事集成》（北京卷），北京：中国ISBN中心 1999 年版，第 9 页。

W1577.4.8
1 万年前出现太阳

实例

鄂温克族 一万年前的时候，天空悬着 9 颗太阳。

【流传】（无考）

【出处】

（a）何秀芝讲，杜梅整理：《豪英峰的传说》，见满都呼主编《中国阿尔泰语系诸民族神话故事》，北京：民族出版社 1997 年版，第 307 页。

（b）《豪英峰的传说》，见杜梅《鄂温克族民间故事》，呼和浩特：内蒙古人民出版社 1989 年版，第 107 页。

W1577.4.9
众多太阳产生的时间

实例

（实例待考）

W1577.5
补太阳

【关联】[W1599.5] 补月亮

实例

（参见下级母题实例）

W1577.5.0
补太阳者

实例

（参见下级母题实例）

W1577.5.0.1
工匠神补太阳

实例

哈尼族 77 个工匠神修补太阳。

【流传】云南省·（红河哈尼族彝族自治州）·元阳县

【出处】

（a）朱小和讲，史军超采录：《查牛补天地》，见中国民间文学集成全国编辑委员会编《中国民间故事集成》（云南卷），北京：中国 ISBN 中心 2003 年版，第 29 页。

W1577.5.1
用神牛补太阳

实例

哈尼族 补太阳不能用金银铜铁锡，要用查牛（天地神专养的神牛）来补。

【流传】

（a）云南省·（红河哈尼族彝族自治州）·元阳县

（b）云南省·（红河哈尼族彝族自治州）·元阳（元阳县）、红河（红河县）、绿春（绿春县）、金平（金平苗族瑶族傣族自治县）等

【出处】

（a）朱小和讲，史军超采录：《查牛补天地》，见中国民间文学集成全国编辑委员会编《中国民间故事集成》（云南卷），北京：中国 ISBN 中心 2003 年版，第 29 页。

W1577.5.2
用金料补太阳

实　例

（参见下级母题实例）

W1577.5.2.1
用金子补太阳不成功

实　例

哈尼族 工匠神用金料补太阳（没补好）。

【流传】

（a）云南省·（红河哈尼族彝族自治州）·元阳县

（b）云南省·（红河哈尼族彝族自治州）·元阳（元阳县）、红河（红河县）、绿春（绿春县）、金平（金平苗族瑶族傣族自治县）等

【出处】

（a）朱小和讲，史军超采录：《查牛天地》，见中国民间文学集成全国编辑委员会编《中国民间故事集成》（云南卷），北京：中国ISBN中心2003年版，第29页。

（b）同（a），见云南省民间文学集成办公室编《哈尼族神话传说集成》，北京：中国民间文艺出版社1990年版。

哈尼族 七十七个工匠神用金料补太阳。他们把金子打成太阳那样大，抬着去补太阳，可是补了七天，还是补不好。

【流传】云南省·（红河哈尼族彝族自治州）·元阳（元阳县）、红河（红河县）、绿春（绿春县）、金平（金平苗族瑶族傣族自治县）

【出处】朱小和讲唱，史军超搜集整理：《查牛补天地》（1983），原载云南省民间文学集成办公室编《哈尼族神话传说集成》，中国民间文艺出版社1990年版，见姚宝瑄主编《中国各民族神话》（哈尼族、傣族），太原：山西出版传媒集团·书海出版社2014年版，第49页。

W1577.6
太阳是特定的光

【关联】［W1574.2a］光变成太阳

实　例

（参见下级母题实例）

W1577.6.1
太阳是无穷无尽的安拉之光

实　例

塔吉克族

（参见 W1574.2a.4 母题实例）

W1577.7
太阳是特定的洞

实　例

（参见下级母题实例）

W1577.7.1
太阳是天上戳出的窟窿

实例

汉族　盘古王开天，扁古王开地时，扁古王请来一个叫"铁竹竿"的人，叫他把盘古王开的天戳烂。铁竹竿拿起家伙，把天戳了不知多少个窟窿。后来这些窟窿就成了星星、月亮和太阳。

【流传】河南省·（驻马店市）·新蔡县

【出处】杜程氏（68岁，农民）讲，杜小喜采录，龚国强采录整理：《盘古王和扁古王》（1987.09.15），见张振犁编著《中原神话通鉴》（第一卷），郑州：河南大学出版社2017年版，第42页。

✿ W1580
月亮的产生

【汤普森】A740

实例

（参见下级母题实例）

W1581
月亮来源于某个地方或自然存在

实例

（参见下级母题实例）

W1581.1
月亮是天上的洞

【关联】[W1366]天洞（天上的窟窿、天被撞破）

实例

汉族

（参见 W1598.14.1.1 母题实例）

W1581.1.1
月亮是闪白光的圆洞

实例

普米族　月亮是闪白光的圆洞。

【流传】云南省·（丽江市）·宁蒗县（宁蒗彝族自治县）；四川省·（凉山彝族自治州）·西昌（西昌市）、木里（木里藏族自治县）等普米族地区

【出处】编玛讲，章虹宇整理：《巴弄明和巴弄姆》，见中华民族故事大系编委会编《中华民族故事大系》第14卷（普米族、塔吉克族、怒族、俄罗斯族、鄂温克族），上海：上海文艺出版社1995年版，第35页。

W1581.2
月亮是云洞中漏出的光

【关联】[W1551.3.1]太阳是云洞中漏出的光

实例

普米族　老鼠在云墙上啃出盒大的一个洞，一道雪白的亮光从洞中渗漏出

来，就是月亮。

【流传】云南省·（丽江市）·宁蒗县（宁蒗彝族自治县）

【出处】格若讲，章渊采录：《太阳、月亮和星星》，见中国民间文学集成全国编辑委员会编《中国民间故事集成》（云南卷），北京：中国 ISBN 中心 2003 年版，第 133 页。

W1581.2.1
月亮是天上戳出的洞眼

实 例

（实例待考）

W1581.2.2
月亮是云墙漏出的银光

【关联】［W1574.2a.1］太阳是云墙漏出的金光

实 例

纳西族（摩梭） 耗子和猫头鹰终于把厚实的云墙打通了一个大圆洞，五光十色的亮光从圆洞中漏出来。这漏出来的光亮，一时金黄，一时银白，后人便把见到金光的时候叫做白天，见到银光的时候叫做夜晚；把白天的光亮叫做太阳，把夜晚的光亮叫做月亮。

【流传】云南省·（丽江市）·宁蒗县（宁蒗彝族自治县）

【出处】

(a)《昂姑咪》，载《山茶》1986 年第 3 期。

(b) 同 (a)，见姚宝瑄主编《中国各民族神话》（佤族、阿昌族、纳西族、普米族、德昂族），太原：山西出版传媒集团·书海出版社 2014 年版，第 107 页。

W1581.3
天空突然出现 1 个月亮

实 例

瑶族 有一个晚上，天空忽然出现了一个热烘烘的月亮。

【流传】广西壮族自治区

【出处】萧甘牛搜集：《射月亮》，原载中国社会科学院文学研究所编《中国民间故事选》，见陶阳、钟秀编《中国神话》（上），北京：商务印书馆 2008 年版，第 248~251 页。

瑶族 古老的时候，天空上只有太阳。有一个晚上，天空忽然出现了一个热烘烘的月亮。

【流传】广西壮族自治区

【出处】萧甘牛记录整理：《射月亮》，见姚宝瑄主编《中国各民族神话》（土家族、毛南族、侗族、瑶族），太原：山西出版传媒集团·书海出版社 2014 年版，第 195 页。

✱ W1582
月亮是造出来的（造月亮）

实 例

（参见下级母题实例）

W1582a

造月亮的原因

实 例

(参见下级母题实例)

W1582a.1

为了降低太阳的热度造月亮

【关联】[W4107.1] 太阳热度的降低

实 例

侗族 善良的萨天巴（蜘蛛，女祖神，创世神）为了降低原来造的火团（太阳）的温度，是地上的生命能够生存，又造个冰团（月亮）悬挂在天上。冰团没有腾腾的烈焰，冰团没有灼灼的火光。

【流传】广西壮族自治区·（柳州市）·三江（三江侗族自治县），（桂林市）·龙胜（龙胜各族自治县）

【出处】杨卜林喜、杨卜松林、杨明世讲，杨国仁、涛声搜集整理，蔷紫改写：《创世女神萨天巴》，原文为过伟改写自侗族创世史诗《嘎茫莽道时嘉——远祖歌》（未出版稿），见姚宝瑄主编《中国各民族神话》（土家族、毛南族、侗族、瑶族），太原：山西出版传媒集团·书海出版社 2014 年版，第 86 页。

W1583

神或神性人物造月亮

实 例

(参见下级母题实例)

W1583.0

神造月亮

实 例

仡佬族 布什格（神名）造天时，造出月亮。

【流传】贵州省·（遵义市）·遵义县·平正公社（平正乡）

【出处】

(a) 陈保和讲，田兴才等搜集：《布什格制天，布比密制地》，见陶立璠、赵桂芳等编《中国少数民族神话汇编》（开天辟地篇等），中央民族学院少数民族古籍整理出版规划领导小组办公室印（未署出版时间），第 325 页。

(b) 同（a），见谷德明编《中国少数民族神话》，北京：中国民间文艺出版社 1987 年版，第 671 页。

(c) 同（a）见贵州民研会、贵州民族学院编《民间文学资料》第 49 集，内部资料，1982 年。

(d) 陈保和讲，田兴才等采录：《制天制地》，见中国民间文学集成全国编辑委员会编《中国民间故事集成》（贵州卷），北京：中国 ISBN 中心 2003 年版，第 7 页。

W1583.1
天神造月亮（天王造月亮）

【实例】

佤族　俚（最大的天神）在光滑平坦的天上磨出了月亮。

【流传】云南省·（普洱市）·西盟县（西盟佤族自治县）

【出处】达老屈等讲，隋嘎等采录：《司岗里》，见中国民间文学集成全国编辑委员会编《中国民间故事集成》（云南卷），北京：中国ISBN中心2003年版，第96页。

W1583.1.1
2个天神造月亮

【实例】

哈尼族　天上的两个神造出月亮。

【流传】云南省·（玉溪市）·元江县（元江哈尼族彝族傣族自治县）·咪哩乡、羊岔街乡及因远镇一带

【出处】《开天辟地歌》，见元江县哈尼文化学会、元江县史志编纂办公室编《元江哈尼族古歌集》，内部编印，2005年，第10页。

W1583.1.2
12个天王兄弟造月亮

【实例】

侗族　天王12兄弟造了月亮，把黑夜也照亮。

【流传】贵州省·（黔东南苗族侗族自治州）·从江县·高增公社（高增乡）

【出处】梁普安等讲，龙玉成采录：《古老和盘古》，见中国民间文学集成全国编辑委员会编《中国民间故事集成》（贵州卷），北京：中国ISBN中心2003年版，第4页。

W1583.1a
地神造月亮

【实例】

哈尼族　地神铺天时造出月亮。

【流传】云南省·（玉溪市）·元江县（元江哈尼族彝族傣族自治县）·羊街乡、那诺乡及因远镇清水河流域一带

【出处】《修天补地歌》，见元江县哈尼文化学会、元江县史志编纂办公室编《元江哈尼族古歌集》，内部编印，2005年，第22页。

W1583.2
女神造月亮

【实例】

（参见下级母题实例）

W1583.2.1
女神在唾涎四周画圈变成月亮

【实例】

瑶族（布努）　密洛陀（万物之母，女

始祖，女神）朝前吐了十二口唾涎，右手指天画了个小圈。过了一千二百年，小圈变成一只银盘，成为月亮。

【流传】广西壮族自治区·（河池市）·都安县（都安瑶族自治县）、巴马县（巴马瑶族自治县）、南丹县，（百色市）·田东县、平果县等地

【出处】桑布郎等传，蒙凤标（83岁）、罗仁祥（73岁）等唱：《密洛陀》（1983），见蓝怀昌、蓝书京、蒙通顺搜集翻译整理《密洛陀》，北京：中国民间文艺出版社1988年版，第14~15页。

W1583.2.2

女天神吐出月亮

实例

维吾尔族 女天神把宇宙间所有的尘土和空气全都吸进肚子里。觉得肚子难受，先吐出太阳后，又使劲吐了一口唾沫，吐出来的东西挂在了西边的天上，闪着银光，也很亮，这是月亮。

【流传】新疆维吾尔自治区·伊犁州（伊犁哈萨克自治州）·察布查尔县（察布查尔锡伯自治县）

【出处】牙库布讲，阿不都拉搜集翻译，姚宝瑄整理：《女天神创世》，见姚宝瑄主编《中国各民族神话》（乌孜别克族、哈萨克族、柯尔克孜族、俄罗斯族、维吾尔族、塔吉克族、塔塔尔族、锡伯族），太原：山西出版传媒集团·书海出版社2014年版，第225页。

W1583.2a

天女造月亮

实例

蒙古族 天女用银镜在海面上磨出月亮。

【流传】（a）吉林省·（松原市）·前郭县（前郭尔罗斯蒙古族自治县）·乌兰敖都乡

【出处】

（a）宝音特古斯讲，苏赫巴鲁等采录翻译：《日月和昼夜》，见中国民间文学集成全国编辑委员会编《中国民间故事集成》（吉林卷），北京：中国文联出版公司1992年版，第6页。

（b）《日月和昼夜》，载《吉林民间文学》1982年第3~4期。

（c）《日月和昼夜》，见满都呼主编《中国阿尔泰语系诸民族神话故事》，北京：民族出版社1997年版，第165页。

W1583.3

真主造月亮

【关联】[W1505.3] 真主造万物

实例

回族 仁慈的真主降下了"口唤"（即"命令"、"允许"），夜晚便出现了亮晶晶的月亮。

【流传】宁夏回族自治区·银川（银川市）

【出处】王甫成讲，谢荣搜集整理：《人

祖阿旦》，见中华民族故事大系编委会编《中华民族故事大系》第1卷（汉族、蒙古族、回族），上海：上海文艺出版社1995年版，第745~746页。

W1583.3.1
真主让夜晚出现月亮

实例

回族 安拉在空中造了两个发光的东西，其中夜间发光的叫月亮。

【流传】黑龙江省·（牡丹江市）·绥芬河市

【出处】杨明岱讲，周爱民采录：《阿丹人祖》，见中国民间文学集成全国编辑委员会编《中国民间故事集成》（黑龙江卷），北京：中国ISBN中心2005年版，第20页。

W1583.4
神人造月亮

实例

（参见下级母题实例）

W1583.4.1
月亮是神人在天上画的圆圈

实例

壮族

（参见W1588.0.1母题实例）

W1583.5
祖先造月亮

实例

（参见下级母题实例）

W1583.5.1
女祖先造月亮

实例

侗族 萨天巴（女始祖名）造冰团（月亮）。

【流传】（无考）

【出处】《开天辟地》，见杨保愿《嘎茫莽道时嘉》（《侗族远祖歌》），北京：中国民间文艺出版社1986年版，第25页。

壮族 姆洛甲（女始祖）造月。

【流传】广西壮族自治区·（河池市）·东兰县

【出处】覃鼎琨讲，覃承勤采录翻译：《姆洛甲造三批人》附记，见中国民间文学集成全国编辑委员会编《中国民间故事集成》（广西卷），北京：中国ISBN中心2001年版，第4页。

W1583.5.2
男祖先造月亮

实例

布依族 布灵（又译"独零"，布依语"人猿"，含"祖先"之意）用白岩石造了月亮。

1.4.1 日月的产生　　‖W1583.5.2.1-W1583.6.0.2‖　1865

【流传】（无考）

【出处】《造万物》第二章，见 BBS 水木清华站：http://www.smth.edu.cn，2006.07.20。

苗族　火布当（男性祖先名）造月亮。

【流传】贵州省·（安顺市）·紫云县（紫云苗族布依族自治县）麻山苗区

【出处】杨再华唱诵，杨正江译：《亚鲁族源》，见中国民间文艺家协会主编《亚鲁王》，北京：中华书局 2011 年版，第 32 页。

壮族　布洛陀（男始祖名）拿出神笔，往西边画个圈，西边天上出现了一个月亮。

【流传】广西壮族自治区·（百色市）·田阳县

【出处】李世锋：《布洛陀神功缔造人间天地》，见广西田阳县人民政府网：http://www.gxty.gov.cn/tykk/ShowArticle.asp? ArticleID=726，2007.01.22。

W1583.5.2.1
男祖先造 12 个月亮

实　例

苗族　耶穹（男祖先名）造十二个月亮照亮十二方领地。

【流传】贵州省·（安顺市）·紫云县（紫云苗族布依族自治县）麻山苗区

【出处】杨再华唱诵，杨正江译：《亚鲁族源》，见中国民间文艺家协会主编《亚鲁王》，北京：中华书局 2011 年版，第 43 页。

W1583.6
其他神或神性人物造月亮

实　例

（参见下级母题实例）

W1583.6.0
盘古造月亮

【关联】[W1555.1] 盘古造太阳

实　例

（参见下级母题实例）

W1583.6.0.1
盘古上天造造月亮

实　例

汉族　盘古爬到天上，造月亮。

【流传】浙江省·湖州市·镇西乡·赵家坪（不详）

【出处】冯雨轩讲，钟铭采录：《华胥补天》，见中国民间文学集成全国编辑委员会编《中国民间故事集成》（浙江卷），北京：中国 ISBN 中心 1997 年版，第 18 页。

W1583.6.0.2
盘古开天辟地后造月亮

实　例

汉族　盘古开天辟地以后又造出了月亮。

【流传】宁夏回族自治区·（石嘴山

市）·惠农县（惠农区）·庙台乡

【出处】李生枝讲，艾天恩采录：《世上人为啥女人比男人少》，见《中国民间文学集成全国编辑委员会编《中国民间故事集成》（宁夏卷），北京：中国 ISBN 中心 1999 年版，第 14 页。

W1583.6.1
天公用雨水拌银沙造月亮

实例

阿昌族

（参见 W1558.7.4 母题实例）

W1583.6.2
玉皇仇恨人类放出多个太阳

实例

土家族（实例待考）

W1583.6.3
天皇地皇造月亮

实例

汉族

（参见 W1598.15.1 母题实例）

W1583.6.4
德帕神造月亮

实例

彝族 祖先早就说过，天上的月亮，是白白的德帕神造的。

【流传】云南省·（红河哈尼族彝族自治州）·弥勒县、泸西县，（昆明市）·路南县（石林彝族自治县）等地

【出处】毕荣亮讲，光未然采集整理，古梅改写：《创世纪》，见姚宝瑄主编《中国各民族神话》（羌族、彝族），太原：山西出版传媒集团·书海出版社 2014 年版，第 92 页。

W1583.6.5
高辛造月亮

【关联】

① ［W0768.1］高辛帝

② ［W1585.6.1］高辛用杨柳条编月亮

③ ［W1719.6.4］高辛王的两个儿子变成参商二星

实例

畲族 高辛（古帝王名）用杨柳条编成月亮。

【流传】（无考）

【出处】陈玮君整理：《高辛和龙王》，见谷德明编《中国少数民族神话》，北京：中国民间文艺出版社 1987 年版，第 203 页。

畲族 高辛用杨柳条编成一个球，点着火，挂在天上，这便是月亮。

【流传】福建省·福安（福安市）、（宁德市）·霞浦（霞浦县）；浙江省畲族地区

【出处】

（a）陈玮君记录：《高辛与龙王》，见蒋风等编《畲族民间故事选》，上海：

上海文艺出版社 1983 年版。

(b) 陈玮君记录：《高辛造万物》，见姚宝瑄主编《中国各民族神话》（高山族、黎族、畲族），太原：山西出版传媒集团·书海出版社 2014 年版，第 87 页。

W1583.6.6

王造月亮

实 例

壮族　四面王造 12 个月亮。

【流传】（无考）

【出处】张声震主编：《布洛陀经诗》，见张声震总主编，农冠品编注《壮族神话集成》，南宁：广西民族出版社 2007 年版，第 107 页。

W1584

人造月亮

实 例

（参见下级母题实例）

W1584.1

人织出月亮

实 例

（参见下级母题实例）

W1584.1.1

月姐织出月亮

实 例

汉族　有个孤苦伶仃名叫月姐的姑娘，织出一个大大的、圆圆的东西，挂到天上，成为月亮。

【流传】江苏省·（徐州市）·新沂市

【出处】孙仰之讲，纪昌敬记录整理：《月亮和星星》，见姚宝瑄主编《中国各民族神话》（汉族），太原：山西出版传媒集团·书海出版社 2014 年版，第 221~223 页。

W1584a

动物造月亮

实 例

（参见下级母题实例）

W1584a.1

阳雀造月亮

【关联】[W1543.4.2.1] 阳雀造日月

实 例

（参见下级母题实例）

W1584a.1.1

阳雀造的石盘成为月亮

【关联】[W1574.3.3] 阳雀造的 9 个石盘变成 9 个太阳

实 例

苗族　为让大地温暖，聪明的阳雀造的 8 个石盘，变成 8 个月亮。

【流传】（无考）

【出处】《阳雀造日月》，原载谷德明编《中国少数民族神话选》，见袁珂《中国神话大词典》，北京：华夏出版社 2015 年版，第 418 页。

W1585

造月亮的材料

实例

（参见下级母题实例）

W1585.1

用眼睛造月亮

【关联】[W1595.2] 眼睛变成月亮

实例

（实例待考）

W1585.1.1

用牛的右眼做月亮

【关联】[W1558.4.2] 用牛的右眼做太阳

实例

哈尼族 （实例待考）

W1585.1.2

用牛的左眼做月亮

实例

哈尼族

（参见 W1592.2.5.2 母题实例）

W1585.2

用银子造月亮

实例

哈尼族 地神铺天时，镶上用银子做成的月亮。

【流传】云南省·（玉溪市）·元江县（元江哈尼族彝族傣族自治县）·羊街乡、那诺乡及因远镇清水河流域一带

【出处】《修天补地歌》，见元江县哈尼文化学会、元江县史志编纂办公室编《元江哈尼族古歌集》，内部编印，2005年，第22页。

拉祜族 神用银子制造月亮。

【流传】云南省·（普洱市）·澜沧县（澜沧拉祜族自治县）、孟连县（孟连傣族拉祜族佤族自治县）

【出处】扎袜等讲，苏敬梅等搜集，苏敬梅等整理：《牡帕密帕》，见中华民族故事大系编委会编《中华民族故事大系》第8卷（畲族、高山族、拉祜族），上海：上海文艺出版社1995年版，第684页。

W1585.2.1

女神厄莎用360万斤银子炼出月亮

【关联】[W1558.3.1] 女神厄莎用365万斤金子炼出太阳

实例

拉祜族 厄莎（有多种说法，如天神、天帝、创世女神、始祖等）用三百六十万斤银子炼出月亮。

【流传】云南省·（普洱市）·澜沧县（澜沧拉祜族自治县）

【出处】李云保讲述，扎约采录：《牡帕密帕的故事》，见陶阳、钟秀编《中国神话》（上），北京：商务印书馆

2008年版，第129～139页。

W1585.3
用石头造月亮

实例

苗族 为了得到光明和温暖，聪明的阳雀打了8个石盘，制成了8个月亮。

【流传】（无考）

【出处】

（a）陶家仁讲，陶永华等搜集整理：《阳雀造日月》，载《山茶》1982年第5期。

（b）同（a），见谷德明编《中国少数民族神话》，北京：中国民间文艺出版社1987年版，第604页。

W1585.3.1
用白岩石造月亮

实例

布依族 布灵（又译"独零"，布依语"人猿"，含"祖先"之意）用白岩石造出了月亮。

【流传】（无考）

【出处】《造万物》第二章，见BBS水木清华站：http://www.smth.edu.cn，2006.07.20。

W1585.3.2
用玉石造月亮

实例

哈尼族 天上的二神用玉石做成了月亮。

【流传】云南省·（玉溪市）·元江县（元江哈尼族彝族傣族自治县）·咪哩乡、羊岔街乡及因远镇一带

【出处】《开天辟地歌》，见元江县哈尼文化学会、元江县史志编纂办公室编《元江哈尼族古歌集》，内部编印，2005年，第10页。

W1585.3.3
用火石造月亮

实例

瑶族

（参见W1607.6.1.1母题实例）

W1585.3.4
用一定数量的石头造成月亮

实例

汉族 太和中，郑仁本表弟，常与一王秀才游嵩山，将暮，不知所之。见一人布衣，甚洁白，问所自。其人笑曰："君知月乃七宝合成乎？月势如丸，其影，日烁其凸处也，常有八万二千石修之，予即一数。"

【流传】（无考）

【出处】

（a）[唐]段成式：《酉阳杂俎·天咫》。

（b）《玉斧修月》，见袁珂《中国神话大词典》，北京：华夏出版社2015年版，第95页。

W1585.3.5
用石磨造月亮

【关联】［W1584a.1.1］阳雀造的石盘成为月亮

实例

苗族 聪明的阳雀打了八个石盘，制成了八个月亮。

【流传】云南省

【出处】陶家仁讲，陶永华、刘德荣记录整理：《阳雀造日月》，见姚宝瑄主编《中国各民族神话》（布依族、亿佬族、苗族），太原：山西出版传媒集团·书海出版社2014年版，第257页。

W1585.4
用光和热造月亮

实例

哈萨克族（实例待考）

W1585.5
磨镜造月亮

【关联】［W1598.1］镜子变成月亮

实例

蒙古族 天女用银镜在海面上磨出月亮。

【流传】（a）吉林省·（松原市）·前郭县（前郭尔罗斯蒙古族自治县）·乌兰敖都乡

【出处】

（a）宝音特古斯讲，苏赫巴鲁等采录翻译：《日月和昼夜》，见中国民间文学集成全国编辑委员会编《中国民间故事集成》（吉林卷），北京：中国文联出版公司1992年版，第6页。

（b）《日月和昼夜》，载《吉林民间文学》1982年第3~4期。

（c）《日月和昼夜》，见满都呼主编《中国阿尔泰语系诸民族神话故事》，北京：民族出版社1997年版，第165页。

W1585.6
用植物编月亮

实例

（参见下级母题实例）

W1585.6.1
高辛用杨柳条编月亮

实例

畲族 高辛（人名，皇帝）用杨柳条编成一个球，点着火，挂在天上，这便是月亮。

【流传】（无考）

【出处】陈玮君整理：《高辛和龙王》，见谷德明编《中国少数民族神话》，北京：中国民间文艺出版社1987年版，第203页。

W1585.7
与造月亮材料与关的其他母题

实例

（参见下级母题实例）

W1585.7.1
用雨水拌银沙造月亮

【关联】[W1725.5.1] 撒到天上的铜沙变成星星

实 例

阿昌族 天公遮帕麻用雨水拌银沙造了一个月亮。

【流传】（a）云南省·（德宏傣族景颇族自治州）·梁河县

【出处】

（a）赵安贤讲，杨叶生智克采录：《遮帕麻与遮米麻》，见中国民间文学集成全国编辑委员会编《中国民间故事集成》（云南卷），北京：中国 ISBN 中心 2003 年版，第 69 页。

（b）赵安贤讲，舟叶生译，智克整理：《遮帕麻与遮米麻》，见谷德明编《中国少数民族神话》，北京：中国民间文艺出版社 1987 年版，第 490 页。

（c）同（b），见陶立璠、赵桂芳等编《中国少数民族神话汇编》（开天辟地篇等），中央民族学院少数民族古籍整理出版规划领导小组办公室印（未署出版时间），第 330 页。

阿昌族 遮帕麻（男始祖名，被奉为"天公"）用雨水拌银沙造了一个月亮。

【流传】（云南省）

【出处】赵安贤讲，智克整理：《遮帕麻与遮米麻》，见姚宝瑄主编《中国各民族神话》（佤族、阿昌族、纳西族、普米族、德昂族），太原：山西出版传媒集团·书海出版社 2014 年版，第 74 页。

W1585.7.2
用银丝织月亮

【关联】

① [W1586.3] 织出月亮

② [W1624.3] 银月亮

实 例

汉族 天黑了，月姐（女子名）用银发老太婆给的一盘银光闪闪的丝线和一盘淡蓝色的丝线织出月亮。

【流传】江苏省·（徐州市）·新沂市

【出处】孙仰之讲，纪昌敬记录整理：《月亮和星星》，见姚宝瑄主编《中国各民族神话》（汉族），太原：山西出版传媒集团·书海出版社 2014 年版，第 221～223 页。

W1585.7.3
月亮为七宝合成

实 例

汉族 太和中，郑仁本表弟，常与一王秀才游嵩山，将暮，不知所之。见一人布衣，甚洁白，问所自。其人笑曰："君知月乃七宝合成乎？"

【流传】（无考）

【出处】

（a）[唐] 段成式：《酉阳杂俎·天咫》。

（b）《玉斧修月》，见袁珂《中国神话

大词典》，北京：华夏出版社 2015 年版，第 95 页。

W1586
与造月亮有关的其他母题

实例

（参见下级母题实例）

W1586.1
水中搅出月亮

实例

（参见下级母题实例）

W1586.1.1
天神在海水中搅出月亮

实例

（参见下级母题实例）

W1586.1.1.1
天神两兄弟用法棍在海水中搅出月亮

实例

门巴族 最早的天神兄弟俩用法棍在海水里用劲向右搅动了三次，海里钻出来了一个月亮。

【流传】西藏自治区·（林芝地区）·墨脱县

【出处】益西平措讲，冀文正采录：《创世说》，见中国民间文学集成全国编辑委员会编《中国民间故事集成》（西藏卷），北京：中国 ISBN 中心 2001 年版，第 4 页。

W1586.1.2
天上的两兄弟下凡在海水中搅出月亮

实例

珞巴族 天上的仓巴和夹金兄弟俩下凡，用神箭在大海底下往右搅了三圈，搅出了月亮。

【流传】西藏自治区·（林芝地区）·墨脱县·东布村（东布街）

【出处】

（a）白嘎讲，于乃昌等采录：《太阳、月亮和草药》，见中国民间文学集成全国编辑委员会编《中国民间故事集成》（西藏卷），北京：中国 ISBN 中心 2001 年版，第 7 页。

（b）同（a），见《珞巴族民间故事》：http://www.tibet-web.com/old/minjian/ync/gushi/mulu.htm，2003.10.02。

W1586.1.3
天神三兄弟中的老二在石锅中搅出月亮

实例

珞巴族 天神三兄弟中的二哥隆姑也在大石锅里用力地搅了三圈，搅出了月亮。

【流传】西藏自治区·（林芝地区）·墨脱县·达木乡（达木珞巴族乡）

【出处】

（a）布洛讲，于乃昌等整理：《天神三

兄弟》，见中国民间文学集成全国编辑委员会编《中国民间故事集成》（西藏卷），北京：中国 ISBN 中心 2001 年版，第 6 页。

(b) 同（a），见《珞巴族民间故事》：http://www.tibet-web.com/old/minjian/ync/gushi/mulu.htm，2003.10.02。

珞巴族 都姑、隆姑、贡姑天神三兄弟来到下界在大海中支起石锅，又在石锅上面盖了大石板，在石板上开始撒神土造地。造好大地后一片黑暗。二哥隆姑在大石锅里用力地搅了三圈，搅出了月亮。

【流传】西藏自治区·珞渝地区（包括上珞渝，泛指古称的白马岗即今林芝市墨脱县、马尼岗、梅楚卡一带，下珞渝则泛指永木河、锡约尔河、巴恰西仁河流域）

【出处】布洛（60 多岁）讲，于乃昌、张力凤、陈理明整理：《天神三兄弟》，原载于乃昌《西藏民间故事——珞巴族、门巴族专辑》，见陶阳、钟秀编《中国神话》（上），北京：商务印书馆 2008 年版，第 48~49 页。

W1586.2
撞击产生月亮

实　例

（参见下级母题实例）

W1586.2.1
二郎神撞天产生月亮

实　例

汉族 二郎神头顶和天撞击的地方，形成了现时的月亮。

【流传】北京市·门头沟区

【出处】张广民讲，张万顺采录：《二郎神担山堵海》，见中国民间文学集成全国编辑委员会编《中国民间故事集成》（北京卷），北京：中国 ISBN 中心 1999 年版，第 8 页。

W1586.3
织月亮

实　例

（参见下级母题实例）

W1586.3.1
用丝线织出月亮

实　例

水族 月妹用骑白兔的老奶奶给的银白丝线织出月亮。

【流传】广西壮族自治区·（河池市）·宜山（宜州市）·龙头乡

【出处】李明讲，黄柳军搜集：《月妹》，见曹廷伟编著《广西民间故事辞典》，南宁：广西教育出版社 1993 年版，第 9 页。

✳ W1587
月亮是生育产生的（生月亮）
实 例

（参见下级母题实例）

W1588
神或神性人物生月亮
实 例

（参见下级母题实例）

W1588.0
神生月亮
【关联】［W1583.1.1］女天神吐出月亮

实 例

（参见下级母题实例）

W1588.0.1
神生的银球变成月亮
【关联】［W1588.3］月亮是神孕生的银球

实 例

瑶族 密洛陀（万物之母，女始祖，女神）造月亮时，摘下右耳银环环，吞下肚子育银球，过了九千年生下一个大银球。密洛陀伸出左手在空中画一个圆圈圈，对准大银球吹了一口气，大银球升上天空，这就是月亮。

【流传】广西壮族自治区·（河池市）·大化县（大化瑶族自治县）·七百弄乡

【出处】蓝阿勇（72岁）讲，蒙冠雄采录翻译：《密洛陀》（1982），见中国民间文学集成全国编辑委员会编《中国民间故事集成》（广西卷），北京：中国ISBN中心2001年版，第11～22页。

W1588.1
月亮是最高神王的女儿
实 例

哈尼族 最高的神王阿匹梅烟生的第四个姑娘是永生不死的约回月亮姑娘。

【流传】云南省·（红河哈尼族彝族自治州）·元阳（元阳县）·攀枝花（攀枝花乡）·洞铺寨

【出处】朱小和讲，史军超采录：《永生不死的姑娘》，见中国民间文学集成全国编辑委员会编《中国民间故事集成》（云南卷），北京：中国ISBN中心2003年版，第130页。

W1588.2
月亮是月亮神的女儿
实 例

景颇族 月亮是月亮神的女儿。

【流传】云南省·（德宏傣族景颇族自治州）·陇川县

【出处】孔勒锐等讲，何峨采录：《吉露归天》，见中国民间文学集成全国编辑委员会编《中国民间故事集成》（云南卷），北京：中国ISBN中心2003年版，第391页。

W1588.3
月亮是神孕生的银球

实 例

瑶族 密洛陀的右耳银环环，吞下肚子育银球，过了九千年生下一个大银球。密洛陀把大银球吹上天空，这就是月亮。

【流传】广西壮族自治区·（河池市）·大化县（大化瑶族自治县）·七百弄乡

【出处】蓝阿勇讲，蒙冠雄采录翻译：《密洛陀》，见中国民间文学集成全国编辑委员会编《中国民间故事集成》（广西卷），北京：中国 ISBN 中心 2001 年版，第 11 页。

W1588.4
神性女子生月亮

实 例

（参见下级母题实例）

W1588.4.1
帝俊之妻生月亮

【关联】
① ［W0752.3］羲和是帝俊的妻子
② ［W1561.3.1］女神羲和生太阳

实 例

汉族 有女子方浴月，帝俊妻常羲生月十有二。

【流传】（无考）

【出处】《山海经·大荒西经》。

W1588.4.2
常羲生 12 个月亮

实 例

汉族

（参见 W1638.1.2 母题实例）

W1588.5
盘古生月亮

实 例

（参见下级母题实例）

W1588.5.1
月亮是盘古的儿子

实 例

汉族 月亮是盘古的儿子。

【流传】四川省·巫溪县（今重庆市·巫溪县）·红路乡

【出处】夏利国讲，赖春明采录：《日和月》，见中国民间文学集成全国编辑委员会编《中国民间故事集成》（四川卷·上），北京：中国 ISBN 中心 1998 年版，第 29 页。

W1589
特定的人生月亮

实 例

（参见下级母题实例）

W1589.1
第一对夫妇生出月亮

【汤普森】A745.1

【关联】[W1687.2.1] 人类始祖是月亮的母亲

实例

（实例待考）

W1589.2
月亮是梭罗树人的女儿

实例

汉族　月亮是梭罗树人的女儿。

【流传】湖北省·神农架林区·盘水乡（松柏镇）·盘水村

【出处】贺久恒讲，胡崇峻采录：《盘古杀雾神》，见中国民间文学集成全国编辑委员会编《中国民间故事集成》（湖北卷），北京：中国 ISBN 中心 1999 年版，第 4 页。

W1589.3
女子感生月亮

实例

（参见下级母题实例）

W1589.3.1
女子吃牛头和虎爪生的女儿变成月亮

实例

苗族　姑娘妮仰吃了牛头和虎爪，首生雷公后又连生下三仔一女。其中，姑娘漂亮，妮仰很疼爱她，就叫她配咧（月亮）。

【流传】广西壮族自治区·（柳州市）·融水苗族自治县

【出处】

（a）杨达香讲，梁彬搜集整理：《创世纪》（五、水淹天下，兄妹乘葫），见梁彬、王天若编《苗族民间故事选》，南宁：广西人民出版社 1986 年版。

（b）同（a），见姚宝瑄主编《中国各民族神话》（布依族、仡佬族、苗族），太原：山西出版传媒集团·书海出版社 2014 年版，第 196 页。

W1590
与生育月亮有关的其他母题

实例

（参见下级母题实例）

W1590.0
太阳生月亮

【关联】
① [W1618.12] 太阳会生育
② [W1671.1] 太阳是月亮的母亲

实例

蒙古族　太阳是月亮的母亲，因为月亮是从太阳那里得到它的光辉的。

【流传】（无考）

【出处】［英］道森编，吕浦译，周良霄注：《出使蒙古记》，北京：中国社会科学出版社 1983 年版，第 12 页。

W1590.1
葫芦生月亮

【关联】［W1564.1］葫芦生太阳

实 例

傈僳族 天鹅用翅膀撞破葫芦壳，葫芦里滚出了圆圆的月亮。

【流传】四川省·（凉山彝族自治州）·德昌县·金沙乡（金沙傈僳族乡）·王家山（王家山村）

【出处】张长贵讲，李国才翻译采录：《冰天鹅、冰蚂蚁造天地》，见中国民间文学集成全国编辑委员会编《中国民间故事集成》（四川卷·下），北京：中国 ISBN 中心 1998 年版，第 1431 页。

W1590.2
天地结婚生月亮

【关联】［W1566.4］天地结婚生太阳

实 例

珞巴族 天地结婚后，大地生了月亮。

【流传】西藏自治区·（林芝地区）·米林县·马尼岗·穷林村

【出处】亚如、亚崩讲，高前译，李坚尚等搜集整理：《天和地》，见中国民间文学集成全国编辑委员会编《中国民间故事集成》（西藏卷），北京：中国 ISBN 中心 2001 年版，第 8 页。

W1590.3
星星生月亮

【汤普森】A745.2

【关联】［W1687.2.3］星星是月亮的母亲

实 例

（实例待考）

W1590.4
月亮神和太阳神婚生月亮

实 例

哈尼族 许多小月亮（月亮）是月亮神姐姐和太阳神弟弟婚后生出的。

【流传】云南省·（红河哈尼族彝族自治州）·元阳县

【出处】卢朝贵讲，史军超采录：《太阳和月亮》，见中国民间文学集成全国编辑委员会编《中国民间故事集成》（云南卷），北京：中国 ISBN 中心 2003 年版，第 117 页。

W1590.5
鬼姐弟婚生月亮

实 例

景颇族 一对鬼姐弟结婚，生月亮。

【流传】（无考）

【出处】何峨整理：《万物诞生》，见中华民族故事大系编委会编《中华民族故事大系》第 10 卷（景颇族、柯尔克孜族、土族），上海：上海文艺出版社 1995 年版，第 6 页。

W1590.6
虚与假婚生月亮

实 例

纳西族 虚与假相合变出月亮。

【流传】（无考）

【出处】《纳西族的创世传说》，见丽江玉水寨网：http://www.yushuizhai.com，2010.07.08。

W1590.7
卵生月亮

实例

（参见下级母题实例）

W1590.7.1
蝴蝶的卵生月亮

实例

苗族 一公一母蝴蝶交配后产生5个蛋，其中一个养出月亮。

【流传】广西壮族自治区北部地区

【出处】过竹：《苗族神话研究》，南宁：广西人民出版社1988年版，第216页。

W1590.7.2
怪鸟生的银蛋成为月亮

实例

苗族 一只九个头的怪鸟飞到月亮树上停了8天，生了8个银蛋，8个银蛋变成了8个月亮。

【流传】湖南省·（湘西土家族苗族自治州）·凤凰县·腊尔山乡（腊尔山镇）

【出处】龙老八讲，龙文玉采录：《明那雄射日月》，见中国民间文学集成全国编辑委员会编《中国民间故事集成》（湖南卷），北京：中国ISBN中心2002年版，第11页。

W1590.8
种出月亮

实例

（参见下级母题实例）

W1590.8.1
观音撒地种生出月亮

【关联】［W1687.2.2］大地是月亮的母亲

实例

彝族 观音补地时，撒地种撒了七里，却生出了七个月亮。

【流传】云南省·楚雄彝族自治州

【出处】罗文荣演唱，李世忠翻译，蔷紫改写：《老人梅葛》，见姚宝瑄主编《中国各民族神话》（羌族、彝族），太原：山西出版传媒集团·书海出版社2014年版，第124页。

❋ W1591
月亮是变化产生的

【汤普森】A743

实例

（参见下级母题实例）

W1592
神或神性人物变成月亮

实例

（参见下级母题实例）

W1592.1
神的子孙变成月亮

实 例

彝族（实例待考）

W1592.2
妖魔变成月亮

实 例

（参见下级母题实例）

W1592.2.1
九头熊妖的头变成月亮

实 例

毛南族 九头熊妖在晚上混同月亮一起出山，天边就像多挂了9面大镜子，寒气逼人。

【流传】广西壮族自治区·（河池市）·环江县（环江毛南族自治县）·下南公社（下南乡）·波川大队（波川村）

【出处】谭履宜讲，蒋志雨等整理：《格射日月》，见谷德明编《中国少数民族神话》，北京：中国民间文艺出版社1987年版，第160页。

W1592.3
冷神变成月亮

实 例

柯尔克孜族 天帝派冷神升到天上，以后它就变成了月亮。

【流传】（无考）

【出处】

（a）张彦平摘译：《火神》，见满都呼主编《中国阿尔泰语系诸民族神话故事》，北京：民族出版社1997年版，第80页。

（b）张彦平译：《火神》，见玛凯来克·月米尔巴依《柯尔克孜神话》（柯尔克孜文），克孜勒苏印刷，1994年。

（c）《创世纪》，见中国各民族宗教与神话大词典编审委员会编《中国各民族宗教与神话大词典》，北京：学苑出版社1990年版，第369~370页。

柯尔克孜族 火神想焚烧大地时，宇宙之神吩咐把冷冻之神升到天空中，命令冷冻之神把被火神烧烫的大地变冷。这个冷冻之神，就是后来的"月亮"。

【流传】新疆维吾尔自治区·柯尔克孜地区（克孜勒苏柯尔克孜自治州）

【出处】《火神》，斯丝根据多里昆·吐尔地、阿地力·朱玛吐尔地撰写的《柯尔克孜族宗教与神话》改写，见姚宝瑄主编《中国各民族神话》（乌孜别克族、哈萨克族、柯尔克孜族、俄罗斯族、维吾尔族、塔吉克族、塔塔尔族、锡伯族），太原：山西出版传媒集团·书海出版社2014年版，第147页。

W1592.4
与神或神性人物变成月亮有关的其他母题

【关联】[W1627.1] 月亮是神

实例

基诺族 （实例待考）

W1593
人变成月亮

【汤普森】①A747；②A753

实例

（参见下级母题实例）

W1593.1
男子变成月亮

实例

（参见下级母题实例）

W1593.1.1
月亮是漂亮的少年

实例

高山族

（参见 W1607.2 母题实例）

W1593.1.1.1
举着镜子奔跑的男子变成月亮

【关联】[W1598.1] 镜子变成月亮

实例

汉族 到佛爷那里寻找光明的一对兄妹，哥哥得到踏云鞋和镜子。哥哥就穿起踏云鞋，举起镜子去追妹儿。哥哥举的是镜子，火光照在镜子上就不很亮，他就是天上的月亮。

【流传】四川省·巴县（重庆·巴南区）

【出处】杨仲良讲，李子硕、罗桂英等记录，金祥度整理：《太阳和月亮》（1988.07），见姚宝瑄主编《中国各民族神话》（汉族），太原：山西出版传媒集团·书海出版社 2014 年版，第 194~195 页。

W1593.1.2
兄妹中的哥哥变成月亮

实例

汉族 人间的 1 对兄妹经玉帝允许，哥哥当了月亮。

【流传】四川省·（绵阳市）·三台县·东山乡（东塔镇）·三村

【出处】何群英讲，冯云坤采录：《太阳和月亮》，见中国民间文学集成全国编辑委员会编《中国民间故事集成》（四川卷·上），北京：中国 ISBN 中心 1998 年版，第 30 页。

W1593.1.2.1
兄妹俩中胆大的哥哥变成月亮

实例

汉族 有兄妹俩，哥哥胆儿大，当了月亮，黑夜里走。

【流传】吉林省·（通化市）·柳河县

【出处】袁兰讲，张月照采录：《太阳和月亮的来历》，见中国民间文学集成全国编辑委员会编《中国民间故事集成》（吉林卷），北京：中国文联出版公司1992年版，第7页。

拉祜族 洪水后，幸存两兄妹。哥哥胆子大，身体好，天神就让哥哥做了月亮，晚上出来。

【流传】云南省·（普洱市）·镇沅县（镇沅彝族哈尼族拉祜族自治县）

【出处】何正才等讲，自力采录：《洪水后幸存的两兄妹》，见中国民间文学集成全国编辑委员会编《中国民间故事集成》（云南卷），北京：中国ISBN中心2003年版，第178页。

W1593.1.3
姐弟俩中的弟弟变成月亮

【关联】［W1570.3.3］姐弟中的姐姐变成太阳

实 例

朝鲜族 姐弟俩到天上后，姐姐变成了太阳，弟弟变成了月亮。

【流传】吉林省·（延边朝鲜族自治州）·图们江市

【出处】印成春讲：《太阳和月亮》，见本州编《吉林省民间文学集成·延边朝鲜族自治州·故事卷》（上），内部编印，1987年，第234～240页。

W1593.1.4
夫妻中的丈夫变成月亮

【关联】［W1570.3.4］夫妇中的妻子变成太阳

实 例

裕固族 有一对夫妇，男的拿到了天神扔到人间的黄色神珠，变成了一个黄灿灿的圆火珠，升到天空，成为月亮。

【流传】（无考）

【出处】《神珠》，转引自钟进文《裕固族神话》，见满都呼主编《中国阿尔泰语系诸民族神话故事》，北京：民族出版社1997年版，第116页。

W1593.2
人死后变成月亮

实 例

布朗族 一个人家的三个兄弟，二哥死后变成了月亮。

【流传】云南省·（西双版纳傣族自治州）·勐海县

【出处】岩叫讲，岩甩他采录：《日食和月食》，见中国民间文学集成全国编辑委员会编《中国民间故事集成》（云南卷），北京：中国ISBN中心2003年版，第150页。

傣族 岩尖（一个好的地方首领）死后变成月亮。

【流传】（无考）

【出处】波鸿杰搜集：《太阳和月亮》，见谷德明编《中国少数民族神话》，北京：中国民间文艺出版社1987年版，第349页。

W1593.3
女子变成月亮

实例

畲族 月神是蓝娘（女子名）。蓝娘身上放射出的光亮是白花花而且柔和的，人们就叫它月亮。

【流传】（无考）

【出处】雷玉生等讲，唐宗龙记录：《金水湖和银水湖》，见谷德明编《中国少数民族神话》，北京：中国民间文艺出版社1987年版，第229页。

W1593.3.1
老奶奶变成月亮

实例

布朗族 以前，没有月亮，一个老奶奶变月亮。

【流传】云南省·（西双版纳傣族自治州）·勐海（勐海县）

【出处】朗确整理：《月亮与布朗人》，见中华民族故事大系编委会编《中华民族故事大系》第12卷（布朗族、撒拉族、毛南族），上海：上海文艺出版社1995年版，第27页。

W1593.3.2
一个受虐待的媳妇变成月亮

实例

赫哲族 一个受虐待的媳妇变成月亮。

【流传】东北三江一带

【出处】《月亮的神话》，见中国各民族宗教与神话大词典编审委员会编《中国各民族宗教与神话大词典》，北京：学苑出版社1990年版，第311页。

W1593.3.2.1
受婆婆虐待的媳妇升天变成月亮

实例

赫哲族 婆婆欺凌儿媳伯雅木奇格姑娘，姑娘上了天，住在金子似的月亮里。

【流传】（无考）

【出处】尤卢氏、韩福德讲，马名超整理：《月亮》，载《黑龙江民间文学》1983年第2期。

W1593.3.3
飞到天上的女人变成月亮

实例

哈尼族 丈夫老七吃不死草变成太阳后，妻子十分想念他，一天，便把剩下的那棵不死草舂成粉末吞下肚去，她也缩成一团飞上天去，变成了一轮银光闪闪的月亮，挂在夜空。

【流传】（无考）

【出处】黄则恩讲，杨胜能搜集整理：《不死草》，原载《哈尼族神话传说集成》，见陶阳、钟秀编《中国神话》（下），北京：商务印书馆2008年版，第1063~1065页。

W1593.3.3.1
吞下元宝的女子飞到天上变成月亮

实 例

布依族 蓉莲（女子名）吞掉天帝的白元宝，飞上天成为月亮。

【流传】贵州省·（黔南布依族苗族自治州）·惠水县

【出处】罗玉林等讲，汛河采录：《当万和蓉莲》，见中国民间文学集成全国编辑委员会编《中国民间故事集成》（贵州卷），北京：中国ISBN中心2003年版，第16页。

W1593.3.4
姐弟中的姐姐变成月亮

实 例

朝鲜族 月顺和星顺姐弟俩为躲避老虎爬到天上其中，姐姐月顺变成月亮。

【流传】辽宁省·（抚顺市）·新宾（新宾满族自治县）、抚顺（抚顺县）等地

【出处】吉惠淑讲，裴永镇记录整理：《月顺和星顺》，见姚宝瑄主编《中国各民族神话》（满族、赫哲族、朝鲜族），太原：山西出版传媒集团·书海出版社2014年版，第157~161页。

W1593.3.5
天上的女子变成月亮

实 例

汉族 天上有个九十多岁的老太婆的有两个儿子和一个女儿。她的女儿变成了月亮。

【流传】浙江省·（台州市）·仙居县

【出处】顾碧芬讲，应洪川记录：《太阳、月亮和风的来历》，见姚宝瑄主编《中国各民族神话》（汉族），太原：山西出版传媒集团·书海出版社2014年版，第220~221页。

W1593.3.6
月亮是公主的脸

实 例

塔吉克族 空中的两轮明月，一轮是天上的月亮，一轮则是国王美丽公主的面庞。

【流传】（新疆维吾尔自治区）

【出处】艾布力·艾山汗、西仁·库尔班搜集，夏羿、朱华翻译整理：《玉枝金花》，见姚宝瑄主编《中国各民族神话》（乌孜别克族、哈萨克族、柯尔克孜族、俄罗斯族、维吾尔族、塔吉克族、塔塔尔族、锡伯族），太原：山西出版传媒集团·书海出版社2014年版，第294页。

W1593.3.7
嫂子升天时把一半光和热给了妹妹变成月亮

实 例

满族 兄妹八人还有七嫂被天神带到天上时，嫂子把自己的一半光和热给了小妹妹，自己变成了月亮。

【流传】吉林省·（延边朝鲜族自治州）·珲春（珲春市）

【出处】祖玉莲讲，于又燕等搜集整理：《月亮阿沙》，见中华民族故事大系编委会编《中华民族故事大系》第4卷（朝鲜族、满族、侗族），上海：上海文艺出版社1995年版，第311~312页。

W1593.4
好人变成月亮

实例

（参见下级母题实例）

W1593.4.1
好官变成月亮

实例

傣族 月为好官所化，故月光亦清凉可爱。

【流传】（云南省？）

【出处】袁珂改编：《岩底与岩尖谷》（原名《太阳和月亮》），原载谷德明编《中国少数民族神话选》，见袁珂《中国神话大词典》，北京：华夏出版社2015年版，第503页。

W1593.5
恶人变成月亮

实例

（参见下级母题实例）

W1593.5.1
恶妇变成月亮

实例

布朗族 恶妇到天上变成了月亮。

【流传】云南省·（西双版纳傣族自治州）·勐海（勐海县）

【出处】康朗香讲，岩帕南翻译，门图整理：《月亮和星星的由来》，见中华民族故事大系编委会编《中华民族故事大系》第12卷（布朗族、撒拉族、毛南族），上海：上海文艺出版社1995年版，第23页。

W1593.6
人吃特定物后变成月亮

实例

（参见下级母题实例）

W1593.6.1
人吃珍珠变成月亮

实例

蒙古族 三公主一口将珍珠吞下肚里，立刻就觉得身上轻得像天上的云、空中的风，身体放出洁白柔和的光。人们就一齐为她起名叫"月亮"。

【流传】辽宁省·朝阳市·喀喇沁左翼蒙古族自治县·东哨乡·东哨

【出处】王天彬讲，琴音记录整理：《月亮公主》（1983年初冬），见姚宝瑄主编《中国各民族神话》（达斡尔族、鄂伦春族、鄂温克族、蒙古族），太原：山西出版传媒集团·书海出版社2014年版，第158~159页。

W1594
动物变成月亮

【关联】［W1571］动物变成太阳

实 例

（参见下级母题实例）

W1594.1
熊变成月亮

实 例

毛南族 九头熊妖在晚上混同月亮一起出山，天边就像多挂了9面大镜子（月亮）。

【流传】广西壮族自治区·（河池市）·环江县（环江毛南族自治县）·下南公社（下南乡）·波川大队（波川村）

【出处】谭履宜讲，蒋志雨等整理：《格射日月》，见谷德明编《中国少数民族神话》，北京：中国民间文艺出版社1987年版，第160页。

W1594.2
兔子变成月亮

实 例

汉族

（参见 W1545.4.8.3 母题实例）

W1594.3
鸡变成月亮

实 例

（参见下级母题实例）

W1594.3.1
月亮是草鸡（母鸡变成月亮）

【关联】［W1571.3.1］太阳是公鸡

实 例

汉族 日月变成天鸡在天上玩时，盘古氏怕天鸡把鸡尿拉到天桌上，就拿起菩提树下的一根树丫子去赶。结果把一只草鸡赶落来。这草鸡就是月亮，赶落来后，从此不能再上天桌。

【流传】浙江省·（舟山市）·嵊泗县

【出处】李明亮讲，金德章记录整理：《月亮和太阳》，见姚宝瑄主编《中国各民族神话》（汉族），太原：山西出版传媒集团·书海出版社2014年版，第189页。

W1594.4
动物的肢体变成月亮

【关联】［W1595.2.4］动物的眼睛变成月亮

实 例

哈尼族

（参见 W1595.2.4.1 母题实例）

W1595

特定人物的肢体变成月亮

【实例】

(参见下级母题实例)

W1595.1

神或神性人物的头变成月亮

【汤普森】A714.2

【实例】

(参见下级母题实例)

W1595.1.1

盘古的头变成月亮

【关联】

① ［W1545.2a.2.1］盘古的头变成日月

② ［W1569.6.1］盘古的头变成太阳

【实例】

汉族 三头的盘古在石鼓中闷得难受，就撞击石鼓，撞掉两个头，其中的一个变成月亮。

【流传】浙江省·（金华市）·兰溪（兰溪市）

【出处】王阿英讲述、蔡斌采录：《石鼓响，天地开》，见中国民间文学集成全国编辑委员会编《中国民间故事集成》（浙江卷），北京：中国ISBN中心1997年版，第16页。

W1595.2

眼睛变成月亮

【关联】［W1572.2］眼睛变成太阳

【实例】

(参见下级母题实例)

W1595.2.1

神的眼睛变成月亮

【汤普森】A714.7

【实例】

(实例待考)

W1595.2.2

神性人物的眼睛变成月亮

【汤普森】A714.7

【实例】

(参见下级母题实例)

W1595.2.2.1

盘古死后右眼变成月亮

【实例】

白族 盘古死后，观音的手指到哪里，他就变到哪里，他的右眼变成月亮。

【流传】

(a) 云南省·（大理白族自治州）·大理（大理市）、洱源县等地

(b) 云南省·（大理白族自治州）·洱源县

【出处】

(a) 杨国政讲，杨亮才采录：《开天辟

1.4.1 日月的产生 ‖W1595.2.2.1‖ **1887**

地》，见中国民间文学集成全国编辑委员会编《中国民间故事集成》（云南卷），北京：中国 ISBN 中心 2003 年版，第 9 页。

（b）同（a），见谷德明编《中国少数民族神话》，北京：中国民间文艺出版社 1987 年版，第 293 页。

汉族　天气蒙鸿，萌芽兹始，遂分天地。首生盘古。垂死化身，左眼为日，右眼为月。

【流传】（无考）

【出处】

（a）《五运历年记》，见［清］马骕《绎史》卷一。

（b）《五运历年记》，见［明］董斯张《广博物志》卷九。

汉族　盘古死后，右眼变成了月亮。

【流传】

（a）四川省·奉节县（今重庆市·奉节县）·江南乡·观武村

（b）黑龙江省·（哈尔滨市）·通河县·通河镇

【出处】

（a）谭开高讲，谭发斌采录：《盘古开天地》，见中国民间文学集成全国编辑委员会编《中国民间故事集成》（四川卷·上），北京：中国 ISBN 中心 1998 年版，第 21 页。

（b）张建恒讲，张景义采录：《盘古开天辟地》，见中国民间文学集成全国编辑委员会编《中国民间故事集成》（黑龙江卷），北京：中国 ISBN 中心 2005 年版，第 3 页。

汉族　盘古挖下右眼扔在天上，成了月亮。

【流传】辽宁省·（沈阳市）·辽中县·于家坊子乡（于家房镇）·插拉村

【出处】任泰芳讲，李明采录：《双性人》，见中国民间文学集成全国编辑委员会编《中国民间故事集成》（辽宁卷），北京：中国 ISBN 中心 1994 年版，第 15 页。

汉族　盘古临死时，左眼变为太阳，右眼变为月亮。

【流传】河南省·登封市

【出处】《嵩山的来历》（据《述异记·盘古化物》整理），见张振犁编著《中原神话通鉴》（第一卷），郑州：河南大学出版社 2017 年版，第 12 页。

汉族　（盘古）由于劳累过度，倒下了。他的左眼，变成了明亮的太阳，右眼成了皎洁的月亮。

【流传】河南省·汝州市薛庄乡·徐洼村

【出处】王欢进采录：《盘古创世》（1989.10.07），见张振犁编著《中原神话通鉴》（第一卷），郑州：河南大学出版社 2017 年版，第 23 页。

汉族　盘古死后，右眼变成了明光光的月亮，给大地照明。

【流传】河南省·济源市·（城关）

【出处】程玉林讲，缪华、胡佳作采录：《盘古寺》，见张振犁编著《中原神话通鉴》（第一卷），郑州：河南大学出版社2017年版，第3页。

汉族 盘古的左眼变成了太阳，右眼变成了月亮。

【流传】河南省·（驻马店市）·新蔡县·裳村乡

【出处】刘义（76岁，农民）讲，刘国富采录，龚国强采录整理：《盘古开天地的来历》（1987.09.05），见张振犁编著《中原神话通鉴》（第一卷），郑州：河南大学出版社2017年版，第25页。

W1595.2.2.2
盘瓠的右眼变成月亮

实例

苗族 盘瓠王的右眼变成了月亮。

【流传】四川省·（宜宾市）·筠连县

【出处】熊凤祥讲，刘宇仁采录：《盘瓠王造天地》，见中国民间文学集成全国编辑委员会编《中国民间故事集成》（四川卷·下），北京：中国ISBN中心1998年版，第1315页。

W1595.2.2.2a
盘皇的右眼变成月亮

【关联】[W1572.2.5.2a] 盘皇的左眼变成太阳

实例

苗族 盘皇的右眼变成了月亮。

【流传】海南省·（三亚市）·陵水县（陵水黎族自治县）·祖关镇（本号镇）·白水岭苗村

【出处】邓文安讲，潘先樗采录：《盘皇造万物》，见中国民间文学集成全国编辑委员会编《中国民间故事集成》（海南卷），北京：中国ISBN中心2002年版，第3页。

W1595.2.2.3
仙女的右眼变成月亮

实例

满族 小仙女把右眼挖了出来，向天上抛去，天上出现了月亮。

【流传】（无考）

【出处】

（a）曾层、佟畴搜集整理：《日月峰》，见满都呼主编《中国阿尔泰语系诸民族神话故事》，北京：民族出版社1997年版，第270页。

（b）《日月峰》，见中国民间文艺研究会编《满族民间故事选》（二），沈阳：春风文艺出版社1985年版。

W1595.2.2.3a
1个后生的左眼变成月亮

实例

布依族 撑天的后生力嘎挖下右眼挂西边变成月亮。

【流传】贵州省·（黔西南布依族苗族自治州）·兴义县（兴义市）

【出处】班告爷讲，汛河采录：《力嘎撑天》，见中国民间文学集成全国编辑委员会编《中国民间故事集成》（贵州卷），北京：中国 ISBN 中心 2003 年版，第 73 页。

W1595.2.2.4
天女的左眼变成月亮

【关联】

① ［W1545.2.7.6］天女的左眼变成太阳，右眼变成月亮

② ［W1572.2.5.3］天女的左眼变成太阳

实 例

满族　天上的玉皇大帝的小女儿小翠儿，把左眼睛抠出来向东边扔去，东边立刻出现了一个大白球子，人间又亮了起来，这就是月亮。

【流传】辽宁省·（鞍山市）·岫岩满族自治县·牧牛乡一带

【出处】洪希山、孙洪运讲，崔勇搜集整理：《太阳、月亮和星星的传说》，见姚宝瑄主编《中国各民族神话》（满族、赫哲族、朝鲜族），太原：山西出版传媒集团·书海出版社 2014 年版，第 62～63 页。

W1595.2.2.4.1
玉皇大帝的小女儿的左眼变成月亮

实 例

汉族　玉皇大帝的小女儿把自己的左眼挖出来，抛上天堂，变成了月亮。

【流传】江西省·宜春市·（袁州区）·湖田乡（湖田镇）·双湖村

【出处】易世才讲，李鉴采录：《玉皇大帝的女儿》，见中国民间文学集成全国编辑委员会编《中国民间故事集成》（江西卷），北京：中国 ISBN 中心 2002 年版，第 3 页。

W1595.2.2.4a
1 个后生的左眼变成月亮

实 例

布依族　撑天的后生力戛用左手挖下自己的左眼，挂在天的西边，就变成了月亮。

【流传】贵州省

【出处】王燕、春甫等讲，汛河记录整理：《力戛撑天》，见谷德明编《中国少数民族神话》，北京：中国民间文艺出版社 1987 年版，第 611 页。

W1595.2.2.5
天女的右眼变成月亮

【关联】［W1572.2.5.3］天女的左眼变成太阳

实 例

汉族　天帝最小的女儿把右眼挖了出来，向天上抛去，天上立时出现了一个圆圆的月亮。

【流传】辽宁省·（丹东市）·宽甸县（宽甸满族自治县）

【出处】李大爷讲，曾层、佟畤记录整理：《日月峰》，见姚宝瑄主编《中国各民族神话》（汉族），太原：山西出版传媒集团·书海出版社 2014 年版，

第 181～183 页。

W1595.2.3
人的眼睛变成月亮

实例

（参见下级母题实例）

W1595.2.3.1
人的右眼变成月亮

【关联】
① ［W1572.2.7.1］人的左眼变成太阳
② ［W1572.2.7.2］人的右眼变成太阳

实例

布依族 （实例待考）

W1595.2.3.2
人的左眼变成月亮

实例

布依族 力戛（人名，大力士）把天钉稳了，但世间没有光阴，庄稼不能生长。力戛用右手挖下自己的右眼，挂在天的东边，就变成了太阳；左手挖下自己的左眼，挂在天的西边，就变成了月亮。

【流传】 各地布依族地区

【出处】 王燕、春甫、班告爷讲，汛河记录整理：《力戛创世》，见姚宝瑄主编《中国各民族神话》（布依族、仡佬族、苗族），太原：山西出版传媒集团·书海出版社 2014 年版，第 5 页。

W1595.2.4
动物的眼睛变成月亮

实例

（参见下级母题实例）

W1595.2.4.1
青蛙的白眼球变成月亮

实例

哈尼族 青蛙纳得和阿依兄妹俩把青蛙母亲的白眼球剜下来镶在天上做月亮。

【流传】 云南省·（普洱市）·墨江县（墨江哈尼族自治县）

【出处】 金开兴讲，蓝明红采录：《青蛙造天地》，见中国民间文学集成全国编辑委员会编《中国民间故事集成》（云南卷），北京：中国 ISBN 中心 2003 年版，第 34 页。

哈尼族 纳得、阿依青蛙兄妹把母亲老青蛙的黑眼珠剜下来镶在天上做太阳，白眼珠剜下来镶在天上做月亮。

【流传】 云南省·（普洱市）·墨江县（墨江哈尼族自治县）

【出处】 金开兴讲，蓝明红搜集整理：《青蛙造天造地》，单超选自云南省民间文学集成办公室编《哈尼族神话传说集成》，中国民间文艺出版社 1990 年，见姚宝瑄主编《中国各民族神话》（哈尼族、傣族），太原：山西出版传媒集团·书海出版社 2014 年版，第 7 页。

W1595.2.4.1a
癞蛤蟆腐烂的眼睛变成月亮

【关联】［W1572.2.10.2］仙人把蛤蟆的没有腐烂的眼变成太阳

实 例

怒族 仙人杀掉造成地震的癞蛤蟆，蛤蟆的两只眼睛，一只腐烂了，一只没有腐烂。仙人把腐烂的那只变成了月亮。

【流传】（云南省）

【出处】

(a)《天地来源》（1958），见中国作家协会昆明分会民间文学工作部编《云南民族文学资料》第十九集，中国作家协会编印，1963年。

(b)《仙人造天地》（1958），见姚宝瑄主编《中国各民族神话》（门巴族、珞巴族、怒族、藏族），太原：山西出版传媒集团·书海出版社 2014 年版，第 54 页。

W1595.2.4.1b
癞蛤蟆的眼珠变成月亮

实 例

基诺族 最早的创世母亲发现水中有一个大癞蛤蟆。她跳进蛤蟆口内，癞蛤蟆被母亲越撑越大，被撑爆裂后，肢体便飘落四方。它的一只眼珠飘上空中变为太阳，另一只眼珠落在水中，被母亲捞起用绳子拴挂在天上变成月亮。

【流传】云南省·（西双版纳傣族自治州·景洪市）·（基诺山基诺族乡）·巴亚寨

【出处】巴卡老四等讲，杜玉亭调查整理：《创世母亲造天地万物》（1958～1981），见吕大吉、何耀华总主编《中国各民族原始宗教资料集成》（彝族卷、白族卷、基诺族卷），北京：中国社会科学出版社 1996 年版，第 879 页。

W1595.2.4.2
马鹿的一只眼变成月亮

实 例

普米族 简锦祖（巨人）杀死了作恶的马鹿，把马鹿的其中一只眼睛变成天上的月亮。

【流传】云南省·（怒江傈僳族自治州）·兰坪县（兰坪白族普米族自治县），（丽江市）·宁蒗县（宁蒗彝族自治县）

【出处】王震亚采录：《简锦祖杀马鹿》，见中国民间文学集成全国编辑委员会编《中国民间故事集成》（云南卷），北京：中国 ISBN 中心 2003 年版，第 386 页。

W1595.2.4.2a
马鹿的右眼变成月亮

实 例

普米族 巨神简剑祖射死马鹿后，挖出马鹿的一对眼睛，把右眼抛向天，右眼立刻变成一轮明月挂在蓝天。

【流传】（普米族广大地区）

【出处】杨祖德、杨学胜讲：《简剑祖射马鹿创天地》，据杨庆文《普米族文学简介》中的《捷巴鹿的故事》和季志超《藏族普米族创世神话比较》中的《吉赛叽》等编写，见姚宝瑄主编《中国各民族神话》（佤族、阿昌族、纳西族、普米族、德昂族），太原：山西出版传媒集团·书海出版社 2014 年版，第 303 页。

W1595.2.4.3
龙的眼睛变成月亮

实例

（参见下级母题实例）

W1595.2.4.3.1
阳龙睁得小的眼睛变成月亮

实例

土家族　阳龙在天上游荡，常用双眼观看阴龙的活动，睁得又大又圆的那只眼睛就是太阳，半睁半闭的那只眼睛就是月亮。

【流传】湖北省·（宜昌市）·长阳县（长阳土家族自治县）·贺家坪区（贺家坪镇）·火麦溪村

【出处】郑文仕讲，杜荣东采录：《神龙造天造地造人》，见中国民间文学集成全国编辑委员会编《中国民间故事集成》（湖北卷），北京：中国 ISBN 中心 1999 年版，第 7 页。

W1595.2.4.4
虎的右眼变成月亮

【关联】［W1558.4.3］虎的左眼做太阳

实例

彝族　天神的儿女造天地后，天上和地上什么也没有。于是他们捉住老虎，用虎的右眼作月亮。

【流传】云南省·楚雄彝族自治州·姚安县、大姚县等彝族地区

【出处】《创世·开天辟地》，见云南省民族民间文学楚雄调查队整理编写《梅葛》，昆明：云南人民出版社 2009 年版，第 13 页。

W1595.2.4.5
猴的眼睛变成月亮

实例

藏族　其公和日玛依（石生的两个猴娃）为了寻找自己的阿妈睁大眼睛，发出灼灼的光芒，日玛依变成了月亮，那魔鬼打来的石沙，也变成了天上无数的星星。

【流传】四川省·（阿坝藏族羌族自治州）·阿坝县·城关（阿坝镇）

【出处】大纳柯讲，泽仁当州翻译，阿强等采录：《其公和日玛依》，见中国民间文学集成全国编辑委员会编《中国民间故事集成》（四川卷·下），北京：中国 ISBN 中心 1998 年版，第 936 页。

W1595.2.4.6
巨鸟的右眼变成月亮

实例

藏族 混沌中出现一只大飞鸟，它的右眼叫做月亮，它的左眼称为太阳。

【流传】四川省·（凉山彝族自治州）·木里县（木里藏族自治县）·卡拉乡

【出处】陈安礼讲，陈青贵翻译，四川省民协木里采风队采录：《天和地是怎样来的》，见中国民间文学集成全国编辑委员会编《中国民间故事集成》（四川卷·下），北京：中国ISBN中心1998年版，第933页。

W1595.2.4.6.1
人面巨鸟的右眼变成月亮

实例

彝族 一只脸面像人的大鸟的右眼成为月亮。

【流传】四川省·凉山州（凉山彝族自治州）·木里县（木里藏族自治县）

【出处】*《大鸟扇出天地》，见《藏族原始宗教资料丛编》，内部编印，第53页。

W1595.2.4.7
鸟的左眼变成月亮

实例

藏族

（参见W1545.4.5.1母题实例）

W1595.2.4.8
鸟的右眼变成月亮

实例

藏族 混沌世界中最早出现一个人面鸟身的马世纪（鸟名），它的右眼叫做月亮。

【流传】（四川省·凉山彝族自治州·木里藏族自治县）

【出处】陈安礼讲，陈青贵等译：《天和地怎样来的》，原载《中国民间故事集成·木里卷》，见吕大吉、何耀华总主编《中国各民族原始宗教资料集成》（鄂伦春族卷、鄂温克族卷、赫哲族卷、达斡尔族卷、锡伯族卷、满族卷、蒙古族卷、藏族卷），北京：中国社会科学出版社1999年版，第938页。

W1595.2.4.9
巨兽一只腐烂的眼睛变成月亮

【关联】[W1595.2.4.1a]癞蛤蟆腐烂的眼睛变成月亮

实例

怒族 巨人砍掉巨兽后，剩下的两只眼睛，一只已腐烂，变成月亮。

【流传】云南省

【出处】*《氏族的来源》，见中国社会科学院云南少数民族文学研究所等编《云南少数民族文学资料》第2辑，内部编印，1981年，第124页。

W1595.2.4.10
大物一只污染的眼睛变成月亮

【实例】

基诺族 阿嫫腰白（神名，创世女神）用生育她的大物造天地后，大物有一双又热又亮的眼睛。她把其中的一只用自己的汗水抹了一下，变凉后成了月亮。

【流传】云南省·（西双版纳傣族自治州）·景洪县（景洪市）

【出处】白桂林等讲，刘怡采录：《阿嫫腰白造天地》，见中国民间文学集成全国编辑委员会编《中国民间故事集成》（云南卷），北京：中国ISBN中心2003年版，第77页。

W1595.2.5
牛的肢体变成月亮

【实例】

（参见下级母题实例）

W1595.2.5.1
牛的右膀做成月亮

【实例】

彝族 观音杀牛来造天地时，用右膀子做成了月亮。

【流传】云南省·楚雄彝族自治州

【出处】罗文荣演唱，李世忠翻译，蔷紫改写：《老人梅葛》，见姚宝瑄主编《中国各民族神话》（羌族、彝族），太原：山西出版传媒集团·书海出版社2014年版，第124页。

W1595.2.5.2
神牛的左眼变成月亮

【实例】

哈尼族 龙王的媳妇俄娇摘下查牛的左眼，做月亮。

【流传】

（a）云南省·（红河哈尼族彝族自治州）·元阳县

（b）云南省·（红河哈尼族彝族自治州）·元阳（元阳县）、红河（红河县）、绿春（绿春县）、金平（金平苗族瑶族傣族自治县）等

【出处】

（a）朱小和讲，史军超采录：《查牛补天地》，见中国民间文学集成全国编辑委员会编《中国民间故事集成》（云南卷），北京：中国ISBN中心2003年版，第29页。

（b）同（a），见云南省民间文学集成办公室编《哈尼族神话传说集成》，北京：中国民间文艺出版社1990年版。

哈尼族 天神杀查牛（天地神专养的神牛）修补天地日月时，龙王的媳妇俄娇摘下了查牛的左眼做月亮。月亮神约白赶紧接过左眼放进月亮的银圈里，月亮变成亮堂堂的月亮了。

【流传】云南省·（红河哈尼族彝族自治州）·元阳（元阳县）、红河（红

河县）、绿春（绿春县）、金平（金平苗族瑶族傣族自治县）

【出处】朱小和讲唱，史军超搜集整理：《查牛补天地》（1983），原载云南省民间文学集成办公室编《哈尼族神话传说集成》，中国民间文艺出版社1990年版，见姚宝瑄主编《中国各民族神话》（哈尼族、傣族），太原：山西出版传媒集团·书海出版社2014年版，第55页。

W1595.2.5.3
牛的右眼变成月亮

【关联】
① ［W1558.4.2］用牛的右眼做太阳
② ［W1585.1.1］用牛的右眼做月亮

实 例

哈尼族 神们得到牛后，把它的右眼变成月亮。

【流传】云南省

【出处】

(a) 朱小和讲，芦朝贵等整理：《天、地、人的传说》，载《山茶》1983年第4期。

(b) 同（a），见谷德明编《中国少数民族神话》，北京：中国民间文艺出版社1987年版，第313页。

(c) 朱小和讲，芦朝贵等整理：《天、地、人的传说》，见陶立璠、赵桂芳等编《中国少数民族神话汇编》（开天辟地篇等），中央民族学院少数民族古籍整理出版规划领导小组办公室印（未署出版时间），第261页。

W1595.2.5.3.1
龙牛的右眼变成月亮

【关联】［W1572.2.8.5.1］龙牛的左眼变成太阳

实 例

哈尼族 造地时，天王杀掉塔婆的龙牛，用龙牛的右眼做月亮。

【流传】（无考）

【出处】

(a) 中央民族学院少数民族文艺研究所编《中国民族民间文学》，北京：中央民族学院出版社1987年版，第238页。

(b) 刘辉豪、白章福搜集整理：《奥色密色》，载《山茶》1980年第3期。

哈尼族 改天换地的众神得到龙王送来的牛后，把它的右眼变成月亮。

【流传】云南省·（红河哈尼族彝族自治州）·元阳县

【出处】

(a) 朱小和讲，芦朝贵等整理：《天、地、人的传说》，载《山茶》1983年第4期。

(b) 朱小和讲，芦朝贵、杨笛搜集整理：《大鱼脊背甩出的世界》，原载《山茶》1983年第4期（王松将原题目《天、地、人的传说》改为此题目），见姚宝瑄主编《中国各民族神话》（哈尼族、傣族），太原：山西出版传媒集团·书海出版社2014年版，第27页。

W1595.3
胆变成月亮

实例

（参见下级母题实例）

W1595.3.1
盘古的胆变成月亮

【关联】[W1521.1.1] 盘古的肢体化生万物

实例

苗族

（参见 W1545.2a.3.2 母题实例）

W1595.4
耳朵变成月亮

实例

汉族 （实例待考）

W1595.5
肝变成月亮

实例

（参见下级母题实例）

W1595.5.1
怪物的肝变成月亮

实例

纳西族 怪物的肝变为月亮。

【流传】（无考）

【出处】东巴经《崇般图》，见林向肖《对纳西族创世神话本来面目的探讨——〈创世纪、开天辟地〉校注札记》，见《中国少数民族神话学术讨论会论文集》（下册），内部资料，1984年，第254页。

W1595.6
其他肢体变成月亮

实例

（实例待考）

W1596
植物变成月亮

【关联】
① [W1524] 植物变成万物
② [W1573] 植物变成太阳

实例

（参见下级母题实例）

W1596.1
花变成月亮

实例

（参见下级母题实例）

W1596.1.1
茶花变成月亮

实例

德昂族 帕达然（世上最早出现的人）摘了一朵茶花挂在天上，变成月亮。

【流传】云南省·德宏州（德宏傣族景颇族自治州）

【出处】陈志鹏采录：《祖先创世纪》，见中国民间文学集成全国编辑委员会编《中国民间故事集成》（云南卷），北京：中国 ISBN 中心 2003 年版，第 106 页。

德昂族 帕达然（最早的人、神）有茶树做伴十分高兴。他摘了一朵茶挂在天上，变成月亮。

【流传】云南省·德宏州（德宏傣族景颇族自治州）

【出处】

（a）陈志鹏搜集整理：《祖先创世纪》，见李子贤编《云南少数民族神话选》，昆明：云南人民出版社 1990 年版。

（b）同（a），见姚宝瑄主编《中国各民族神话》（佤族、阿昌族、纳西族、普米族、德昂族），太原：山西出版传媒集团·书海出版社 2014 年版，第 392 页。

W1596.1.2
桃树的花蕊变成月亮

实例

苗族 天地像一个大桃子，桃子里长出的桃树开花，花蕊变成了月亮。

【流传】贵州省·（安顺市）·镇宁县（镇宁布依族苗族自治县）·板阳乡

【出处】朱顺清讲，杨文金等采录：《杨亚射日月》，见中国民间文学集成全国编辑委员会编《中国民间故事集成》（贵州卷），北京：中国 ISBN 中心 2003 年版，第 23 页。

W1596.1.3
梭罗树的花变成月亮

【关联】

① ［W1545.5.3.2］日月是梭罗树开的花

② ［W1573.2.1］梭罗树的花变成太阳

实例

彝族 天仙在天上栽的梭罗树长大了，长出了叶子，叶子上长出了花，一朵花变成了太阳，一朵花变成了月亮。

【流传】云南省·楚雄彝族自治州

【出处】《门米间扎节》，古梅根据《楚雄民间文学资料》改写，见姚宝瑄主编《中国各民族神话》（羌族、彝族），太原：山西出版传媒集团·书海出版社 2014 年版，第 84 页。

W1596.1.3.1
月亮是梭罗树夜晚开的花

【关联】［W1573.2］白天开花的梭罗树变成太阳

实例

彝族 龙王罗阿玛在太空之中种出的梭罗树，白天不开花，到了夜晚开出银一样白净的鲜花。这就是月亮。

【流传】（云南省·楚雄彝族自治州·双柏县，红河哈尼族彝族自治州等地）

【出处】

（a）云南省民族民间文学楚雄、红河调查队搜集，郭思九、陶学良整理：

《查姆》，昆明：云南人民出版社1981年版。

（b）郭思九、陶学良整理，古梅改写：《彝家的古根》，选自《云南民族文学资料》第七集中的《查姆》上部前三章，见姚宝瑄主编《中国各民族神话》（羌族、彝族），太原：山西出版传媒集团·书海出版社2014年版，第54页。

W1596.2
草变成月亮

实例

（实例待考）

W1596.3
白果变成月亮

实例

（参见下级母题实例）

W1596.3.1
人种树结出的白果变成月亮

实例

怒族 自从有人种的两棵树，长得跟山一样高，一棵树白的果子，白色果子变成月亮。

【流传】云南省·（怒江傈僳族自治州）·贡山县（贡山独龙族怒族自治县）

【出处】彭兆清提供，攸延春整理：《创世纪》，见攸延春《怒族文学史》，昆明：云南民族出版社2003年版，第18页。

W1596.4
树变成月亮

实例

（参见下级母题实例）

W1596.4.1
夜里开花的梭罗树变成月亮

【关联】［W1544.4.3］梭罗树开花生日月

实例

彝族 神王涅侬保佐颇让龙王到天上种出一棵梭罗树，这棵树晚上开花变成月亮。

【流传】云南省·（楚雄彝族自治州）·双柏（双柏县）

【出处】*《众神创世》，见杨继中、芮增瑞、左玉堂编《楚雄彝族文学简史》，北京：中国民间文艺出版社1986年版，第45页。

W1596.5
葫芦变成月亮

实例

苗族 葫芦和桂树慢慢上升，升到半空忽然亮起来，后人称这个葫芦做"月亮"。

【流传】贵州省·（黔东南苗族侗族自治州）·镇远县·金堡乡（金堡镇）

【出处】杨世兰讲，孙潮采录：《阿央斗天王》，见中国民间文学集成全国编辑委员会编《中国民间故事集成》（贵州卷），北京：中国 ISBN 中心 2003 年版，第 41 页。

W1596.6
仙葫芦籽变成月亮

实例

傣族 布尚改、雅尚改（造物神、夫妻神）把仙葫芦籽撒向天空，变成月亮。

【流传】云南省

【出处】《布尚改雅尚改》，见岩温扁、征鹏编译《傣族民间传说》，北京：中国旅游出版社 1982 年版，第 1 页。

W1596.7
其他植物变成月亮

实例

（实例待考）

W1597
太阳变成月亮

【汤普森】A736.8

【关联】[W1545.8.2] 1 个太阳射成两半分出日月

实例

（参见下级母题实例）

W1597.1
太阳被射变成月亮

实例

布依族 小伙德金射日后，其中 1 个太阳成为月亮。

【流传】贵州省·（安顺市）·镇宁县（镇宁布依族苗族自治县）·扁担山（扁担山乡）

【出处】韦泽周讲：《德金射日》，见燕宝、张晓编《贵州神话传说》，贵阳：贵州人民出版社 1997 年版，第 20～22 页。

独龙族 天上二日并出，一个猎人射中了男太阳，使它成了月亮。

【流传】（无考）

【出处】屈育德：《神话·传说·民俗》，北京：中国文联出版社 1988 年版，第 70 页。

独龙族 被猎人射落的太阳，变成夜间的月亮。

【流传】（无考）

【出处】《猎人射太阳》，见中国各民族宗教与神话大词典编审委员会编《中国各民族宗教与神话大词典》，北京：学苑出版社 1990 年版，第 122 页。

侗族 姜良、姜妹兄妹俩射日时留下 2 个太阳，其中小太阳吓得躲在蕨芨叶下，后来就变成了月亮。

【流传】贵州省·（黔东南苗族侗族自治州）·天柱县

【出处】

（a）杨引招讲，龙玉龙搜集整理：《捉雷公》，载《南风》1981 年第 2 期。

（b）同（a），见姚宝瑄主编《中国各民族神话》（土家族、毛南族、侗族、瑶族），太原：山西出版传媒集团·

高山族 天上2个太阳,男孩射中的一个太阳变成月亮。

【流传】（无考）

【出处】《太阳和月亮》,见谷德明编《中国少数民族神话》,北京：中国民间文艺出版社1987年版,第243页。

高山族（泰雅） 人们射日时,一个太阳被射中后变成了月亮。

【流传】台湾·桃竹苗地区

【出处】云诗仙讲,曾康怡采录,许端荣撰：《射太阳的故事》,原载金荣华编《台湾桃竹苗地区民间故事》,见陶阳、钟秀编《中国神话》（上）,北京：商务印书馆2008年版,第297页。

满族 射日后,1个太阳变成月亮。

【流传】（无考）

【出处】《三音贝子》,见马学良、梁庭望、张公瑾主编《中国少数民族文学史》,北京：中央民族大学出版社2001年版,第71页。

W1597.1.1
中了毒箭的太阳变成月亮

实例

珞巴族 （实例待考）

W1597.1.2
太阳神被射溅出的火花变成月亮

实例

布朗族

（参见W1598.3母题实例）

W1597.1.3
太阳被射后吓得晚上出来变成月亮

实例

汉族 原来天上有12个太阳,二郎神摔死10个太阳后,吓得一个钻进大海中的太阳,再也不敢白天露面了,只有在夜间出来窥视人间,于是它就变成了现在的月亮。

【流传】江苏省·（宿迁市）·泗洪县·城头（城头乡）·莫台村

【出处】莫天创讲,莫云搜集整理：《二郎担山赶太阳》（1988.12）,见姚宝瑄主编《中国各民族神话》（汉族）,太原：山西出版传媒集团·书海出版社2014年版,第120~121页。

W1597.1.4
射日后1个太阳吓白脸变成月亮

实例

汉族 天上有10个太阳,人的祖宗头射落8个太阳后,他的老婆闲着,瞄着第九个日头射去,一声弦响,第九个日头吓得应弦翻了个跟斗,变得煞白,浑身凉津津的,自此伊就变成月亮。

【流传】福建省·（宁德市）·寿宁县·大安乡·鳌阳镇

【出处】吴兰妃讲,刘善林记录整理：《射日》（1987.05.08）,见姚宝瑄主编《中国各民族神话》（汉族），太原：山西出版传媒集团·书海出版社2014年版，第150~151页。

畲族 英雄射第10个太阳时只擦着一层皮，这只太阳的脸也吓白了，变成月亮。

【流传】福建省·（宁德市）·福鼎县（福鼎市）·前岐镇·罗唇村

【出处】李圣回讲，蓝振河采录：《太阳和月亮》，见中国民间文学集成全国编辑委员会编《中国民间故事集成》（福建卷），北京：中国ISBN中心1998年版，第11页。

W1597.1.5
被射瞎一只眼的太阳变成月亮

【关联】［W1597.5.1］太阳被射瞎眼变成月亮

实 例

珞巴族 古代，天上的多尼和波如两个太阳兄弟造成旱灾。神箭手阿巴达尼用力向天空射了一箭，正好击中波如的一只眼睛，波如从此少了一只眼睛，光芒暗了下来，变成了月亮。

【流传】西藏自治区·林芝市·墨脱县·甘登乡、达木珞巴民族乡（讲述地点：墨脱县·达木珞巴民族乡·达木村）

【出处】顿加讲：《珞巴族神话（四）》（1956.10），见冀文正《珞巴族民间故事》，成都：四川民族出版社2011年版，第5页。

W1597.2
射日后1个太阳变成月亮

实 例

布依族 卜丁射日留下2个太阳，其中一个变为月亮。

【流传】（a）贵州省

【出处】
（a）《卜丁射日》，见何积全、陈立浩主编《布依族文学史》，贵阳：贵州民族出版社1992年版，第36页。
（b）古歌《卜丁射日》，见王清士等编写《布依族文学史》，贵阳：贵州人民出版社1983年版，第39页。

壮族 从前天上有十九个太阳，被壮族英雄郎正用弓箭射下十七个。最后剩下两个，一个就是今天的太阳，另一个是月亮。

【流传】云南省·文山壮族苗族自治州·西畴县·兴街镇龙坪办事处·革机村

【出处】黄懿陆搜集整理：＊《祭太阳》（1990），见吕大吉、何耀华总主编《中国各民族原始宗教资料集成》（土家族卷、瑶族卷、壮族卷、黎族卷），北京：中国社会科学出版社1998年版，第500页。

W1597.2.1
射日后剩下的1个小太阳变成月亮

实 例

侗族 天上原来有12个太阳。姜良、姜妹兄妹射太阳时，姜良射落10个太阳，有一个小太阳吓得躲在蕨芨叶下，后来就变成了月亮。

【流传】（贵州省）

【出处】杨引招讲，龙玉成搜集整理：《捉雷公引起的故事》，原载《侗族民间故事选》，见陶阳、钟秀编《中国神话》（上），北京：商务印书馆2008年版，第465~471页。

W1597.2.2

射日者让1个太阳变成月亮

实例

壮族　郎正（英雄名）射太阳时根据人们的求情留下2个太阳。他说："留下一个太阳白天给你们晒粮食，留下一个太阳变月亮夜间给你们做伙伴。"

【流传】（无考）

【出处】陆世安讲，杨照昌整理：《布洛陀》，原载刘德荣等编《壮族民间故事》，云南人民出版社1988年版，见姚宝瑄主编《中国各民族神话》（仫佬族、壮族、京族），太原：山西出版传媒集团·书海出版社2014年版，第136页。

W1597.3

太阳的一半变成月亮

实例

（参见下级母题实例）

W1597.3.1

太阳被射成两半，一半变成月亮

实例

高山族　射日者把太阳射成两半，一半变成月亮。

【流传】（无考）

【出处】陈国强整理：《射日的故事》，见中华民族故事大系编委会编《中华民族故事大系》第8卷（畲族、高山族、拉祜族），上海：上海文艺出版社1995年版，第398页。

高山族　射日把太阳分成两半，白天大半块太阳升上来，晚上小半块太阳（现在叫月亮）来换它的班。

【流传】台湾

【出处】

（a）《射日的故事》，见陈国强编《高山族神话传说》，福州：福建人民出版社1980年版。

（b）同（a），见姚宝瑄主编《中国各民族神话》（高山族、黎族、畲族），太原：山西出版传媒集团·书海出版社2014年版，第24页。

W1597.3.2

太阳被打崩一半后变成月亮

实例

壮族　射日时把太阳打崩了一半，变成月亮。

【流传】广西壮族自治区·（崇左市）·大新县·土湖乡·三湖村

【出处】农高文讲：《平义射太阳》，见张声震总主编，农冠品编注《壮族神话集成》，南宁：广西民族出版社2007年版，第306页。

W1597.3.3
太阳射成两半后，一半分工做了月亮

实例

佤族 小伙把太阳射成了两半，老奶奶给两半太阳说分工，一个做太阳，一个做月亮。

【流传】云南省·（普洱市）·西盟县（西盟佤族自治县）

【出处】岩米讲，宁默采录：《射日》，见中国民间文学集成全国编辑委员会编《中国民间故事集成》（云南卷），北京：中国ISBN中心2003年版，第402页。

W1597.4
太阳受伤后变成月亮（受伤的太阳变成月亮）

实例

布依族 小伙德金射日，留下一个射伤悬在半空的太阳，为晚上搓麻线姑娘照明，由于它光线太暗，人们就把这个太阳叫做月亮。

【流传】贵州省·（安顺市）·镇宁县（镇宁布依族苗族自治县）·扁担山乡·孔马村

【出处】韦泽周讲，王忠勇等采录：《德金射日》，见中国民间文学集成全国编辑委员会编《中国民间故事集成》（贵州卷），北京：中国ISBN中心2003年版，第74页。

高山族（曹人） 受伤的太阳变为月亮。

【流传】（无考）

【出处】《曹人射日》，见中国各民族宗教与神话大词典编审委员会编《中国各民族宗教与神话大词典》，北京：学苑出版社1990年版，第144页。

高山族（泰雅） 三婴儿射伤一个太阳，变成月亮。

【流传】（无考）

【出处】《泰雅人射日》，见中国各民族宗教与神话大词典编审委员会编《中国各民族宗教与神话大词典》，北京：学苑出版社1990年版，第144页。

高山族（泰雅） 以前，天上有10个太阳，射日的队伍历尽艰难到了太阳的住处，把太阳打碎了8个，一个受伤的那个，就变成了月亮。

【流传】（台湾北半部）

【出处】宋神财讲，蔡春雅、王阿勉采录：《太阳和月亮的故事》，见陶阳、钟秀编《中国神话》（上），北京：商务印书馆2008年版，第256页。

高山族 勇士射日后，二日在天遂不并出，一日东出西没后，另一日以受伤行稍缓，始随其后而出，且光色由金红变为银白，人遂称此银白色之日为月。

【流传】（无考）

【出处】袁珂改编：《那巴阿拉马射日》（原名《太阳和月亮》），原载《高山族神话传说》，见袁珂《中国神话大词典》，北京：华夏出版社 2015 年版，第 525 页。

畲族　英雄射第 10 个太阳时只擦着一层皮，脸也吓白了，于是变成月亮。

【流传】福建省·（宁德市）·福鼎县（福鼎市）·前岐镇·罗唇村

【出处】李圣回讲，蓝振河采录：《太阳和月亮》，见中国民间文学集成全国编辑委员会编《中国民间故事集成》（福建卷），北京：中国 ISBN 中心 1998 年版，第 11 页。

W1597.4.1

被射伤的太阳热量减少变成月亮

实例

汉族　三个射日的年轻人射日。受伤的太阳，血还是不停地淌，热量减退了，光亮也暗了，后来就变成月亮。

【流传】江苏省·（淮安市）·淮安县（淮安区）

【出处】王恒金讲，顾军搜集整理：《背着小孩射太阳》（1986.09.05），见姚宝瑄主编《中国各民族神话》（汉族），太原：山西出版传媒集团·书海出版社 2014 年版，第 112 页。

W1597.4.2

太阳擦去一层皮变成月亮

实例

畲族　很早以前，天上有 11 个太阳，一对高大的夫妻跑到高山上射太阳。射到第 10 个太阳时，丈夫的箭射歪了，只擦去这个太阳的一层皮，吓得它脸色发白，变成了月亮。

【流传】福建省·（宁德市）·寿宁（寿宁县）

【出处】钟石顺讲，肖孝正采录：《太阳和月亮》，原载《中国民间故事集成·福建卷·闽东畲族故事》，宁德地区民间文学集成编委会 1990 年编印，见《福建省少数民族古籍丛书》编委会编《畲族卷·民间故事》，福州：海峡出版发行集团·海峡书局 2013 年版，第 7 页。

W1597.5

太阳的眼睛瞎了之后变成月亮

实例

（参见下级母题实例）

W1597.5.1

被射瞎眼的太阳变成月亮

实例

独龙族　被猎人射中的男太阳，因被射瞎了眼睛，变成了月亮。

【流传】云南省

【出处】李子贤等搜集整理：《创世纪神话故事六则·猎人射太阳》，见中国作家协会云南分会编《云南民族民间故事选》，昆明：云南人民出版社1981年版，第585~586页。

高山族 天上2个太阳，父亲的一支箭射进太阳的眼睛，把它的眼睛弄瞎了，光热一下子减弱了，变成了月亮。

【流传】（无考）

【出处】《人与月亮和解了》，见谷德明编《中国少数民族神话》，北京：中国民间文艺出版社1987年版，第241页。

高山族 性格暴躁的太阳哥哥被射伤眼睛后，与人和好，变成了月亮。

【流传】台湾

【出处】马哈山·达和讲，陶立璠记录整理：《太阳兄弟》，见姚宝瑄主编《中国各民族神话》（高山族、黎族、畲族），太原：山西出版传媒集团·书海出版社2014年版，第22~23页。

高山族（排湾、雅美） 天有2日，人间酷热，妇女们上屋顶舂谷，长杵如林，一个太阳被撞瞎眼睛，变成了月亮。

【流传】台湾南部

【出处】《杵日》，见中国各民族宗教与神话大词典编审委员会编《中国各民族宗教与神话大词典》，北京：学苑出版社1990年版，第146页。

高山族 孩子被太阳晒死，父张弓拔箭，对准天边眨眼之日射去，正中其眼而眇之，日之光热顿时减弱，遂变而为月。

【流传】（无考）

【出处】袁珂改编：《射日成月》（原名《人与月亮和解了》），原载谷德明编《中国少数民族神话选》，见袁珂《中国神话大词典》，北京：华夏出版社2015年版，第528页。

W1597.5.2
瞎了1只眼的太阳变成月亮

实 例

珞巴族 神箭手阿巴达尼射中了太阳弟弟波如的一只眼睛，从此太阳波如少了一只眼睛，光芒暗了下来，变成了月亮。

【流传】西藏自治区·（林芝市）·墨脱县·甘登乡、达木珞巴民族乡

【出处】顿加讲，冀文正采集：《天和地》，见冀文正《珞巴族民间故事》，成都：四川民族出版社2011年版，第4~5页。

W1597.6
太阳被阉割后变成月亮

【关联】［W1695.10.1］射日者阉割太阳

实 例

苗族 人们担心太阳生育太多，就请枉生（有的说是星王"北斗星"）把

其中的鹅鹅（太阳）阉了，成了夜里的月亮。

【流传】

（a）广西壮族自治区·（柳州市）·融水县（融水苗族自治县）·滚贝乡

（b）广西壮族自治区·（柳州市）·融水县（融水苗族自治县）

【出处】

（a）杨达香讲，梁彬采录翻译：《枉生射太阳》，见中国民间文学集成全国编辑委员会编《中国民间故事集成》（广西卷），北京：中国 ISBN 中心 2001 年版，第 42 页。

（b）杨达香讲，梁彬搜集整理：《创世记》，见谷德明编《中国少数民族神话》，北京：中国民间文艺出版社 1987 年版，第 545 页。

W1597.6.1

射日者阉割的太阳变成月亮

实例

苗族　射日后剩下的姜阳和鹅鹅 2 个太阳被鸡王喊出来后，谈情说爱，催三催四不出门。枉生（星王）一刀把鹅鹅阉了，最后就成了夜里的月亮。

【流传】广西壮族自治区·（柳州市）·融水苗族自治县

【出处】

（a）杨达香讲，梁彬搜集整理：《创世纪》（四、降服太阳，枉生求助），见梁彬、王天若编《苗族民间故事选》，南宁：广西人民出版社 1986 年版。

（b）同（a），见姚宝瑄主编《中国各民族神话》（布依族、仡佬族、苗族），太原：山西出版传媒集团·书海出版社 2014 年版，第 194 页。

W1597.7

胆子小的太阳变成月亮

【关联】[W1597.1.3] 太阳被射后吓得晚上出来变成月亮

实例

汉族　二郎神担山追日时，一个胆子小的太阳吓得脸色煞白，变成了月亮。

【流传】湖北省·（宜昌市）·当阳市·慈化镇（坝陵街道）·邹畈村

【出处】张兴保讲，徐应鼎等采录：《绊根草与马齿苋》，见中国民间文学集成全国编辑委员会编《中国民间故事集成》（湖北卷），北京：中国 ISBN 中心 1999 年版，第 20 页。

W1597.8

太阳的碎片变成月亮

实例

白族

（参见 W1597.10.1 母题实例）

W1597.9

小太阳变成月亮

【关联】[W1616.10.2] 小太阳

实例

（参见下级母题实例）

W1597.9.1
射日后剩下的小太阳变成月亮

实 例

侗族 射日后,最小的太阳吓得躲在蕨芨叶下,后来就变成了月亮。

【流传】贵州省·(黔东南苗族侗族自治州)·天柱县

【出处】杨引招讲,龙玉成采录:《姜良姜妹》,见中国民间文学集成全国编辑委员会编《中国民间故事集成》(贵州卷),北京:中国 ISBN 中心 2003 年版,第 43 页。

侗族 姜良、姜妹射太阳,小太阳躲藏变成了月亮。

【流传】贵州省·(黔东南苗族侗族自治州)·天柱县

【出处】杨引招口述,龙玉成搜集整理:《捉雷公》,见燕宝、张晓编《贵州神话传说》,贵阳:贵州人民出版社 1997 年版,第 28~32 页。

W1597.10
太阳的壳变成月亮

实 例

(参见下级母题实例)

W1597.10.1
被撞破外壳的太阳变成月亮

实 例

白族 两个太阳在天上撞碰,小太阳被撞破的外壳钉在天上,变成了月亮。

【流传】云南省·(大理白族自治州)·鹤庆县·城郊乡(草海镇)·新民村

【出处】李剑飞讲,李缵绪采录:《人和万物的起源》,见中国民间文学集成全国编辑委员会编《中国民间故事集成》(云南卷),北京:中国 ISBN 中心 2003 年版,第 13 页。

白族 两个太阳在天上撞呀、碰呀,小太阳的外壳被撞破了,脱落下来,钉在天上,变成了月亮。

【流传】云南省·(大理白族自治州)·鹤庆(鹤庆县),丽江(丽江市)及(丽江市)·永胜(永胜县)

【出处】李剑飞讲,李缵绪、章虹宇记录:《人类和万物的起源》(又名《劳谷与劳泰》、《古干古洛创世记》),原载李缵绪主编《白族神话传说集成》,中国民间文艺出版社 1986 年版,见姚宝瑄主编《中国各民族神话》(白族、拉祜族、景颇族),太原:山西出版传媒集团·书海出版社 2014 年版,第 18 页。

W1597.10.2
月亮是太阳的外壳

实 例

白族 天上最早产生的一大一小两个太阳不断碰撞,小太阳的外壳被撞破了,脱落下来,钉在天上,变成了月亮。

【流传】云南省·大理州（大理白族自治州）

【出处】《人类和万物的起源》，见云南省民间文学集成办公室编《白族神话传说集成》，北京：中国民间文艺出版社1986年版，第1~10页。

W1597.11
太阳的亡魂变成月亮

实例

独龙族 猎人射中1个太阳，这个太阳的亡魂变成月亮。

【流传】（无考）

【出处】云南省民族事务委员会编：《独龙族文化大观》，昆明：云南民族出版社1999年版，第200页。

W1597.12
太阳蒙白纱巾变成月亮

【关联】[W4199.3] 月亮的面纱

实例

（参见下级母题实例）

W1597.12.1
太阳被嫦娥蒙白纱巾后变成月亮

实例

汉族 嫦娥用白纱巾蒙住了1个太阳，这个太阳变成凉爽的月亮。

【流传】四川省·（德阳市）·绵竹县（绵竹市）·马尾乡

【出处】黄永青讲，王仲齐采录：《后羿射日》，见中国民间文学集成全国编辑委员会编《中国民间故事集成》（四川卷·上），北京：中国ISBN中心1998年版，第85页。

W1597.13
太阳扔进泥潭后变成月亮

实例

（参见下级母题实例）

W1597.13.1
太阳兄弟中的弟弟扔进泥潭后变成月亮

实例

珞巴族 有两个太阳兄弟，哥哥把弟弟扔到泥潭，弟弟出来后因为浑身沾满泥，变成了月亮。

【流传】（无考）

【出处】[俄]李福清著：《神话与鬼话——台湾原住民神话故事比较研究》（增订本），北京：社会科学文献出版社2001年版，第144页。

W1597.13a
太阳遇水变成月亮

实例

（参见下级母题实例）

W1597.13a.1
太阳在水中泡凉后变成月亮

【关联】[W4107.1] 太阳热度的降低

实 例

<u>布依族</u> 祖先力嘎射日时，剩下的 2 个太阳中有一个吓得掉到牛滚凼里泡了很久，后来变成了月亮。

【流传】（无考）

【出处】 《射太阳》，见千夜网：http://history.1001n.com.cn/info/info.asp? id = 4728，2001.05.31。

<u>布依族</u> 射日时剩下 2 个太阳。其中躲在云河里的那个太阳被水泡冷和洗白了，等它听到公鸡叫喊爬上岸时，已赶不上太阳了，就变成了月亮，在晚上出来。

【流传】（无考）

【出处】

(a) 伍岩、韦天寿、覃老云讲，韦连周记录：《神射手勒戛》，见谷德明编《中国少数民族神话选》，西北民族学院研究所 1983 年编印，内部资料。

(b) 同 (a)，见姚宝瑄主编《中国各民族神话》（布依族、仡佬族、苗族），太原：山西出版传媒集团·书海出版社 2014 年版，第 94 页。

W1597.13a.2
太阳淋水后变成月亮

实 例

<u>汉族</u> 赵公爷把天河水舀起，往太阳宝上淋，其中一块淋得冷清白淡，变成月儿光（月亮）了。

【流传】 四川省·（都江堰市）·灌县（古城）·柳街乡一带

【出处】 康弘讲，王纯五记录整理：《太阳宝和月儿光咋个来的》（1987.01.04），见姚宝瑄主编《中国各民族神话》（汉族），太原：山西出版传媒集团·书海出版社 2014 年版，第 213~214 页。

W1597.14
与太阳变成月亮有关其他母题

实 例

（参见下级母题实例）

W1597.14.1
男太阳变成月亮

【关联】 ［W4157.1］月亮的脸是被吓白的

实 例

<u>独龙族</u> 天上二日并出，一个猎人射中了男太阳，使它成了月亮。

【流传】（无考）

【出处】 屈育德：《神话·传说·民俗》，北京：中国文联出版社 1988 年版，第 70 页。

<u>独龙族</u> 被射落男太阳瞎了眼睛，变成了月亮。

【流传】（无考）

【出处】

(a) 《猎人射太阳》，见李金明《独龙族文学简史》，昆明：云南民族出版社 2004 年版，第 81~82 页。

(b) 云南大学民族民间文学贡山调查队搜集，当色·顶等讲，孟国才等翻译，李子贤等记录，李子贤整理：《猎人射太阳》，见中华民族故事大系编委会编《中华民族故事大系》第15卷（德昂族、保安族、裕固族、京族、塔塔尔族、独龙族、鄂伦春族），上海：上海文艺出版社1995年版，第599页。

W1597.14.1.1
太阳兄弟中的弟弟变成月亮

【关联】［W1597.13.1］太阳兄弟中的弟弟扔进泥潭后变成月亮

实例

珞巴族 有个太阳兄弟中的弟弟因为被哥哥扔进泥潭，浑身是泥，变成了月亮。

【流传】（无考）

【出处】［俄］李福清著：《神话与鬼话——台湾原住民神话故事比较研究》（增订本），北京：社会科学文献出版社2001年版，第144页。

W1597.14.2
始祖造的白色的太阳变成月亮

实例

壮族 布洛陀（始祖名）用泥造出第一个脸色惨白的不发光的太阳成了月亮。

【流传】（无考）

【出处】《造太阳》，原载蓝鸿恩搜集整理《神弓宝剑》，中国民间文艺出版社1985年版，见吕大吉、何耀华总主编《中国各民族原始宗教资料集成》（土家族卷、瑶族卷、壮族卷、黎族卷），北京：中国社会科学出版社1998年版，第607页。

W1597.14.3
晚上出来的太阳叫做月亮

【关联】［W1691.1］月亮在晚上代替太阳

实例

侗族 丈良、丈美兄妹射落十日，只留着两个在天空，白天黑夜分别照亮，白天的仍叫太阳，黑夜的后来叫月亮。

【流传】贵州省·（黔东南苗族侗族自治州）·黎平县

【出处】吴生贤、吴金松讲，杨国仁、涛声搜集整理：《龟婆孵蛋》，载《民间文学》1986年第1期。

瑶族 射日后，密洛陀（女神名）让剩下的两个太阳一个照白天、一个照夜晚。照白天的叫太阳，照夜晚的就叫月亮。

【流传】广西壮族自治区·（河池市）·都安瑶族自治县江水河一带瑶族地区

【出处】《密洛陀创世》，蓝田根据莎红整理的《密洛陀》和潘泉脉整理的《密洛陀》两部不同版本的长诗《密洛陀》改写，见姚宝瑄主编《中国各民族神话》（土家族、毛南族、侗族、瑶族），太原：山西出版传媒集团·书海出版社2014年版，第167页。

W1597. 14. 4

晚上落下的太阳出来时变成月亮

实 例

高山族 人用热水把天泼高后，太阳落下去了，天变黑了，而升起来的不再是火炎炎的日头，而是清凉凉的月亮。

【流传】（无考）

【出处】陈炜萍搜集整理：《天体的传说》，见陶阳、钟秀编《中国神话》（上），北京：商务印书馆 2008 年版，第 219～221 页。

W1598

其他特定的物变成月亮

【汤普森】A743

实 例

（参见下级母题实例）

W1598. 1

镜子变成月亮

【关联】［W1585.5］磨镜造月亮

实 例

（参见下级母题实例）

W1598. 1. 1

月亮是嫦娥拿的镜子

【关联】［W0671］嫦娥

实 例

白族 月亮是嫦娥拿的光明镜。

【流传】湖南省·（张家界市）·桑植县·马合口乡（马合口白族乡）·佳木峪村

【出处】谷兆庆讲，李康学等采录：《昂日星与公鸡》，见中国民间文学集成全国编辑委员会编《中国民间故事集成》（湖南卷），北京：中国 ISBN 中心 2002 年版，第 16 页。

W1598. 1. 2

月亮是天神的镜子

实 例

（参见下级母题实例）

W1598. 1. 2. 1

月亮是天神的铜镜

实 例

（参见下级母题实例）

W1598. 1. 2. 2

月亮是天神的发黄光的镜子

实 例

满族 天神让他的二格格在天上拿着发黄光的托里（镜子），于是宇宙间有了月亮。

【流传】（无考）

【出处】《太阳和月亮的传说》，见乌丙安、李文刚等编《满族民间故事选》，上海：上海文艺出版社 1985 年版，第 5～8 页。

W1598.1.3
月亮是宝石磨成的镜子

实例

东乡族 月亮是造物主用宝石磨成的一面镜子。

【流传】（无考）

【出处】
(a) 赵燕翼搜集整理：《米拉尕黑与海迪娅》，见郝苏民、马自祥编《东乡族民间故事集》，北京：中国民间文艺出版社1981年版。

(b) 同（a），见姚宝瑄主编《中国各民族神话》（土族、东乡族、回族、保安族、裕固族、撒拉族），太原：山西出版传媒集团·书海出版社2014年版，第23页。

W1598.1.4
月亮是佛祖赐的镜子

实例

满族 佛祖赐给寻找光明的一对兄妹一盏灯笼和一双飞鞋。妹妹在前面跑，哥哥在后边撵。妹妹手中的灯笼便是太阳，哥哥手中的镜子便是月亮。

【流传】辽宁省·（鞍山市）·岫岩满族自治县·岫岩镇一带

【出处】李成明讲，张其卓、董明记录整理：《太阳和月亮的来历》（1983），见姚宝瑄主编《中国各民族神话》（满族、赫哲族、朝鲜族），太原：山西出版传媒集团·书海出版社2014年版，第63~65页。

W1598.1.5
月亮是玉帝的镜子

实例

汉族 月亮是个冰蛋，是玉皇大帝的镜子。

【流传】陕西省·（汉中市）·南郑县·协税镇、周家坪镇

【出处】何章讲，李小曼搜集整理：《人的出世》，见南郑县民间故事集成编委会编《中国民间故事集成陕西卷·南郑县故事集成》，内部编印，1988年，第3页。

W1598.1.6
月亮是人磨制的石镜

实例

汉族 人磨出的石镜子变成了一个月亮。

【流传】云南省·（大理白族自治州）·鹤庆县·黄坪乡·黄坪村

【出处】唐元清讲，章虹宇采录：《山生葫芦传人种》，见中国民间文学集成全国编辑委员会编《中国民间故事集成》（云南卷），北京：中国ISBN中心2003年版，第213页。

W1598.2
灯变成月亮

实例

（参见下级母题实例）

W1598.2.1
月亮是东海龙王的灯

【关联】[W1575.1.3] 太阳是东海龙王的灯

实 例

布依族 月亮挂在天上，东海龙王那里借的灯。

【流传】贵州省·贵阳（贵阳市）

【出处】陈素兰讲，张羽超等搜集，夏云昆整理：《开天辟地》，见中华民族故事大系编委会编《中华民族故事大系》第3卷（彝族、壮族、布依族），上海：上海文艺出版社1995年版，第688页。

W1598.2.2
月亮是一盏神灯

实 例

羌族 洪水后幸存的太阳和月亮对人间的兴旺立了很大的功劳，天神木比塔给月亮哥哥一盏神灯，成为天上的月亮。

【流传】四川省·（阿坝藏族羌族自治州）·汶川县·威州乡（威州镇）·牛老寨

【出处】倪明富讲，周辉枝采录：《太阳和月亮》，见中国民间文学集成全国编辑委员会编《中国民间故事集成》（四川卷·下），北京：中国ISBN中心1998年版，第1109页。

W1598.2.3
月亮是点燃的灯笼

实 例

（参见下级母题实例）

W1598.2.3.1
月亮是张古老造天时点燃的灯笼

实 例

土家族 张古老做天时，夜里把灯笼挂在天上，就是今天天上的月亮。

【流传】湖南省·（湘西土家族苗族自治州）·龙山县·（湾塘乡）·坡脚（坡脚村）

【出处】向廷龙讲，彭勃翻译整理：《造天造地》，见谷德明编《中国少数民族神话》，北京：中国民间文艺出版社1987年版，第165页。

W1598.2.3.1a
月亮是张古老补天时点燃的灯笼

实 例

土家族 天上的月亮，是张古老补天时夜里挂的灯笼。

【流传】湖南省、湖北省、贵州省等地

【出处】田建柏讲，彭勃等搜集整理：《补天补地》，见中华民族故事大系编委会编《中华民族故事大系》第5卷（瑶族、白族、土家族），上海：上海文艺出版社1995年版，第657~658页。

W1598.2.3.2
月亮是月亮妹妹点燃的大灯笼

实例

<u>壮族</u> 月亮是壮乡的月亮妹到天上点燃大灯笼。

【流传】广西壮族自治区·（桂林市）·龙胜县（龙胜各族自治县）

【出处】
（a）陈且旧搜集整理：《月亮妹》，见曹廷伟编著《广西民间故事辞典》，南宁：广西教育出版社1993年版，第8页。
（b）陈且旧整理：《月亮妹》，见中华民族故事大系编委会编《中华民族故事大系》第3卷（彝族、壮族、布依族），上海：上海文艺出版社1995年版，第392页。

W1598.3
火变成月亮（火把变成月亮）

【关联】［W1574.2］火变成太阳

实例

<u>布朗族</u> 月亮是太阳神被射后溅出的火花。

【流传】云南省·（西双版纳傣族自治州）·景洪（景洪市）

【出处】波尔帕讲，岩温扁整理：《征服太阳神》，见中华民族故事大系编委会编《中华民族故事大系》第12卷（布朗族、撒拉族、毛南族），上海：上海文艺出版社1995年版，第11页。

W1598.3.1
月亮是火把

实例

<u>汉族</u> 黑了时，月亮就出来给人们举火把，人些也好做活路。

【流传】四川省·巴县（重庆·巴南区）·广阳镇

【出处】杨学模讲，杜志榜记录，李子硕整理：《破鼓救月》（1988.05），见姚宝瑄主编《中国各民族神话》（汉族），太原：山西出版传媒集团·书海出版社2014年版，第234~236页。

W1598.3.1.1
月亮是天神点的火把

实例

<u>哈尼族</u> 阿波摩米（天神）点燃两根火把，一把安在西边天上当做月亮。

【流传】云南省

【出处】王文清讲，毛佑全等搜集整理：《俄八美八》，见谷德明编《中国少数民族神话》，北京：中国民间文艺出版社1987年版，第332页。

W1598.3.1.2
月亮是张古老补天时点的火把

实例

<u>土家族</u> 月亮很明亮，是张古老补天时用过的火把。

【流传】四川省·秀山县（今重庆市·秀山土家族苗族自治县）·海洋乡

【出处】彭国然讲，李绍明采录：《依罗娘娘造人》，见中国民间文学集成全国编辑委员会编《中国民间故事集成》（四川卷·下），北京：中国ISBN中心1998年版，第1211页。

W1598.4
火球变成月亮

【关联】

① ［W1574.2.6］火球变成太阳
② ［W1588.3］月亮是神孕生的银球

实 例

（参见下级母题实例）

W1598.4.1
女娲的火炉中滚出的火球变成月亮

实 例

汉族　风神踢翻了女娲炼石的炉子，滚出来的一个火球渐渐变冷，有的成了月亮。

【流传】湖南省·（衡阳市）·祁东县

【出处】刘贵福讲，王少磊采录：《太阳、月亮和星星的来历》，见中国民间文学集成全国编辑委员会编《中国民间故事集成》（湖南卷），北京：中国ISBN中心2002年版，第7页。

W1598.4.2
石狮吐出的白色火球变成月亮

实 例

汉族　石狮肚里的饭镬团变做一团白色的火球，射到天空，变做月亮。

【流传】浙江省·（绍兴市）·诸暨县（诸暨市）·草塔镇·中央份村

【出处】杨和芬讲，赵维苗采录：《石狮破天》，见中国民间文学集成全国编辑委员会编《中国民间故事集成》（浙江卷），北京：中国ISBN中心1997年版，第42页。

W1598.5
石头变成月亮

【关联】

① ［W1545.7.3］石头变成日月
② ［W1574.3］石头变成太阳

实 例

汉族　天地相连间钻出了一个人，脑袋撞着天，撞炸的一块石头飞到天上成了月亮。

【流传】浙江省·（杭州市）·淳安县·姜家镇·姜家村

【出处】姜引军讲，姜曹诰采录：《盘古生团图》，见中国民间文学集成全国编辑委员会编《中国民间故事集成》（浙江卷），北京：中国ISBN中心1997年版，第38页。

W1598.5.1
山中滚出的白石头变成月亮

实例

拉祜族 山中滚出的白石头成为月亮。

【流传】云南省·（普洱市）·镇沅（镇沅彝族哈尼族拉祜族自治县）

【出处】范清连讲，自力搜集：《造天造地》，见中华民族故事大系编委会编《中华民族故事大系》第8卷（畲族、高山族、拉祜族），上海：上海文艺出版社1995年版，第695页。

拉祜族 大地抖动，从一座高山震垮了的肚子里滚出了一块发亮的白石头，白石头飞上天变成了月亮。

【流传】云南省·（普洱市）·镇源县（镇沅彝族哈尼族拉祜族自治县）

【出处】范清莲讲，自力采录：《天地日月的来历》，见中国民间文学集成全国编辑委员会编《中国民间故事集成》（云南卷），北京：中国ISBN中心2003年版，第47页。

W1598.5.2
石盘变成月亮

实例

苗族

（参见W1637.2.1母题实例）

W1598.5.3
补天的五彩石变成月亮

【关联】

① [W1387.1.1] 用五彩石补天

② [W1867.4.16] 五彩石

实例

汉族 天补起了，女娲娘娘看看那块补疤太难看了，就捡了好多五彩石子，放到补起的天上。有些石子就成为月亮。

【流传】浙江省·（丽水市）·遂昌县

【出处】毛广寿讲，廖恒民搜集整理：《女娲补天》（1987.05），见姚宝瑄主编《中国各民族神话》（汉族），太原：山西出版传媒集团·书海出版社2014年版，第53~54页。

W1598.5.4
天地卵爆炸飞到天上的一块石头变成月亮

实例

汉族 天地混沌中"彭"地炸出一个人，炸碎的碎石头中一块小的变成月亮。

【流传】浙江省·（杭州市）·淳安县·姜家镇

【出处】姜引军讲，姜增浩记录整理：《天地分开是盘古》，见淳安县民间文学征集办公室编《中国民间文学集成浙江省淳安县故事、歌谣、谚语卷》，内部编印，1988年，第1页。

汉族 混沌的天地卵一声炸响，撞炸了的碎石头也往天上飞。有一块大的变成太阳，另一块小一点的成了清柔柔的月亮。

【流传】（无考）

【出处】姜引军讲，姜曾诰搜集整理：《天地分开出盘古》，见姚宝瑄主编《中国各民族神话》（汉族），太原：山西出版传媒集团·书海出版社2014年版，第15~16页。

W1598.5.5
石头月亮变成月亮

实 例

白族　天上的月亮是由石头月亮变成的，有了石月亮，黑夜才有了光明。

【流传】云南省·（大理白族自治州）·洱源县

【出处】李永志讲，李华龙、王立智记录，李佩玖翻译：《石明月》［附录］，见姚宝瑄主编《中国各民族神话》（白族、拉祜族、景颇族），太原：山西出版传媒集团·书海出版社2014年版，第43页。

W1598.5a
泥水变成月亮

实 例

（参见下级母题实例）

W1598.5a.1
飞到天上的泥水变成月亮

实 例

藏族　泥水飞升到天上变成月亮。

【流传】西藏自治区

【出处】廖东凡记译：《泽当——西藏猴子变人的地方》，原载吴一虹编《风物传说》，见陶阳、钟秀编《中国神话》（上），北京：商务印书馆2008年版，第361~362页。

W1598.6
气变成月亮

【关联】［W1545.7.1］气变成日月

实 例

（参见下级母题实例）

W1598.6.1
神吹的气合成月亮

实 例

汉族

（参见 W1545.7.1.3 母题实例）

W1598.6.2
水汽变成月亮

【关联】［W1896.4.1］水气

实 例

汉族

（参见 W1598.6.3 母题实例）

W1598.6.3
水的精气变成月亮

实 例

汉族　积阳之热气生火，火气之精者为日；积阴之寒气为水，水气之精者为月。

【流传】（无考）

【出处】［汉］刘安及门客：《淮南子·天文训》。

W1598.6.4
天吐的一团白气变成月亮

【关联】［W1576.2.2］天吐的一团白气变成太阳

实例

哈尼族（僾尼） 天吐白气凡二团，先吐者成为太阳。后吐者因天之力不足矣，无太阳之白，亦无太阳之亮，人称之曰月亮。

【流传】（无考）

【出处】《天与地》，原载陶阳、钟秀编《中国神话》，见袁珂《中国神话大词典》，北京：华夏出版社2015年版，第490页。

W1598.7
闪光的碎片变成月亮

【汤普森】A742

实例

（实例待考）

W1598.8
贝壳变成月亮

【汤普森】A743.1

实例

（实例待考）

W1598.9
白元宝变成月亮

实例

布依族

（参见 W1593.3.3.1 母题实例）

W1598.9a
宝珠变成月亮

【关联】［W9686］宝珠

实例

（参见下级母题实例）

W1598.9a.1
龙女扔到天上的宝珠变成月亮

实例

汉族 龙女把宝珠拿来往天上一扔，变成了月亮。

【流传】福建省·（宁德市）·周宁县·浦源（浦源镇）、纯池乡（纯池镇）

【出处】邱端素讲，李晓云记录整理：《日月和天星》（1987.08.05），见姚宝瑄主编《中国各民族神话》（汉族），太原：山西出版传媒集团·书海出版社2014年版，第206~207页。

W1598.9a.2
龙珠升天变成月亮

实例

白族 偷盗者将龙珠变成的石明月从

石壁中掘出，抱在怀里。但当他扬扬得意的时候，石明月忽然从手中滑脱，徐徐向天空升去，明晃晃地挂在天上，照亮了所有的村寨、大地山川，照亮了人间。从此，天上就有了月亮。

【流传】云南省·（大理白族自治州）·洱源县

【出处】李永志讲，李华龙、王立智记录，李佩玖翻译：《石明月》，见姚宝瑄主编《中国各民族神话》（白族、拉祜族、景颇族），太原：山西出版传媒集团·书海出版社 2014 年版，第 42 页。

W1598.10
抛到空中的物体变成月亮

【汤普森】 A741

实 例

（参见下级母题实例）

W1598.10.1
抛向西方的铜蛋变成月亮

实 例

彝族 云神斯惹底尼将鸡刨出来的两个铜弹子，一个丢向西方，西方现出了月亮。

【流传】四川省·（凉山彝族自治州）·雷波县

【出处】

（a）保木和铁讲，芦芙阿梅译，白芝采录：《开天辟地》，见中国民间文学集成全国编辑委员会编《中国民间故事集成》（四川卷·下），北京：中国ISBN 中心 1998 年版，第 749 页。

（b）《开天辟地》，见陶立璠、赵桂芳等编《中国少数民族神话汇编》（开天辟地篇等），中央民族学院少数民族古籍整理出版规划领导小组办公室印（未署出版时间），第 85～95 页。

W1598.11
蛋（蛋壳）变成月亮

实 例

汉族

（参见 W1545.6.1.1 母题实例）

W1598.12
灵魂变成月亮

【关联】［W0870］灵魂（鬼）

实 例

（参见下级母题实例）

W1598.12.1
太阳的亡魂变成月亮

实 例

独龙族

（参见 W1597.11 母题实例）

W1598.13
一个黑疙瘩变成月亮

实 例

（参见下级母题实例）

W1598.13.1
猪圈中挖出的发光的黑疙瘩变成月亮

实 例

汉族 以前，晚上没有月亮。一个老婆婆在挖猪圈粪时，挖出的一个发光的黑疙瘩，挂到天空，成了今天的月亮。

【流传】陕西省·（延安市）·延川县

【出处】刘艳红搜集整理：《月亮的传说》，见延川县民间文学征集办公室编《民间文学选编》，内部编印，1984年，第104页。

W1598.14
特定的洞变成月亮

实 例

（参见下级母题实例）

W1598.14.1
月亮是洞眼

实 例

汉族

（参见下级母题实例）

W1598.14.1.1
月亮是戳破的天上的洞眼

实 例

汉族 扁古王请来铁竹杆，叫他把盘古王开的天戳烂，戳出的很多洞洞眼眼，形成天上的月亮。

【流传】四川省·（宜宾市）·屏山县·屏边乡（屏边镇）·麻柳村

【出处】徐云华讲，徐登奎采录：《盘古开天地》，见中国民间文学集成全国编辑委员会编《中国民间故事集成》（四川卷·上），北京：中国ISBN中心1998年版，第23页。

W1598.14.1.2
月亮是天上戳出的窟窿

实 例

汉族 盘古王开天，扁古王开地时，扁古王报复盘古王整他，就请来一个叫"铁竹竿"的人，叫他把盘古王开的天戳烂。铁竹竿拿起家伙，把天戳了不知多少个窟窿，后来这些窟窿就成了星星、月亮和太阳。

【流传】河南省·（驻马店市）·新蔡县

【出处】杜程氏（68岁，农民）讲，杜小喜采录，龚国强采录整理：《盘古王和扁古王》（1987.09.15），见张振犁编著《中原神话通鉴》（第一卷），郑州：河南大学出版社2017年版，第42页。

W1598.14.2
月亮是天上打开的地窖洞口

实 例

水族 天王把自己下嫁到人间的九女被抓回天上关起来，她经常在地窖里看望地上的丈夫阿波，九妹打开的地窖盖板，就成了天上的月亮。

【流传】（无考）

【出处】

（a）韦免低等讲，潘朝霖搜集整理：《月亮山》，见谷德明编《中国少数民族神话》，北京：中国民间文艺出版社1987年版，第654页。

（b）韦免低等讲，潘朝霖整理：《月亮山》，见中华民族故事大系编委会编《中华民族故事大系》第9卷（水族、东乡族、纳西族），上海：上海文艺出版社1995年版，第83页。

W1598.15
与特定物变成月亮有关的其他母题

实 例

（参见下级母题实例）

W1598.15.1
天火盆炼出的渣变成月亮

实 例

汉族 天皇地皇把黑团团拘到天火盆里去烧，盆底有一块炼渣，往外一泼变成了圆滴溜儿的月亮。

【流传】河北省·（石家庄市）·藁城县（藁城市）·（常安镇）·耿村

【出处】王玉田讲，杨志忠采录：《日月星的来历》，见中国民间文学集成全国编辑委员会编《中国民间故事集成》（河北卷），北京：中国ISBN中心2003年版，第13页。

W1598.15.2
月亮是天上的一个地窖盖板

【关联】［W1598.14.2］月亮是天上打开的地窖洞口

实 例

水族 （实例待考）

W1598.15.3
焚烧的圆形物变成月亮

实 例

柯尔克孜族

（参见W1592.3母题实例）

W1598.15.4
饭团变成月亮

【关联】［W1576.5］饭团变成太阳

实 例

汉族 （实例待考）

W1598.15.5
月亮是冰团

实 例

侗族 （实例待考）

汉族 月亮是天上的一个冰蛋。

【流传】陕西省·（汉中市）·南郑县·协税镇、周家坪镇

【出处】何章讲，李小曼搜集整理：《人的出世》，见南郑县民间故事集成编

W1598.16
假和虚变化成月亮

【关联】［W1590.6］虚与假婚生月亮

实　例

纳西族　假和虚做变化，开始出现夜晚暗月亮。

【流传】（云南省）

【出处】和芳、和志新编译：《崇邦统——人类迁徙记》，见姚宝瑄主编《中国各民族神话》（佤族、阿昌族、纳西族、普米族、德昂族），太原：山西出版传媒集团·书海出版社2014年版，第138页。

纳西族　假和虚来做变化，开始出现夜晚暗月亮。

【流传】云南省·丽江（丽江市）

【出处】和芳（东巴）读经，和志武翻译整理：《崇邦统》（人类迁徙记）（1954），见吕大吉、何耀华总主编《中国各民族原始宗教资料集成》（纳西族卷、羌族卷、独龙族卷、傈僳族卷、怒族卷），北京：中国社会科学出版社2000年版，第320页。

W1598.17
数字变成月亮

实　例

（参见下级母题实例）

W1598.17.1
八变八万八，八万变成月亮

实　例

彝族　恒都周（原文注释不详，根据上下文疑为"影形"、"气"或"虚无"之意）是八，八变八万八，八万变月亮。月亮不停地走，只照夜晚。

【流传】（无考）

【出处】蔷紫改写：《影与变创世纪·影形与明论》，原载贵州省民间文学工作组编《民间文学资料》，1986年，见姚宝瑄主编《中国各民族神话》（羌族、彝族），太原：山西出版传媒集团·书海出版社2014年版，第129页。

W1598.18
魔法变出月亮

实　例

汉族　盘古在右手心写个"月"字，举在空中，就是月亮。

【流传】江苏省·（南通市）·海安县·建设乡

【出处】陈锦彪讲，钱瑞斌采录：《盘古造日月》，见中国民间文学集成全国编辑委员会编《中国民间故事集成》（江苏卷），北京：中国ISBN中心1998年版，第3页。

W1599
与月亮的产生有关的其他母题
实 例

（参见下级母题实例）

W1599.0
月亮产生前的准备
实 例

（参见下级母题实例）

W1599.0.1
月亮产生前先产生影子
【关联】［W1546.3］日月产生前先产生影子

实 例

彝族 月亮还没有生的时候，它的影形已经生出来了。有了月亮的影形才生出月亮。

【流传】（无考）

【出处】蔷紫改写：《影与变创世纪·扯舍十代论》，原载贵州省民间文学工作组编《民间文学资料》，1986年，见姚宝瑄主编《中国各民族神话》（羌族、彝族），太原：山西出版传媒集团·书海出版社2014年版，第126页。

W1599.1
月亮产生的时间
实 例

（参见下级母题实例）

W1599.1.0
月亮的生日是正月初六
彝族（撒尼） 太阴正月初六生，善男信女要心诚；一炷清香一盏灯，消灾免祸福自申。

【流传】云南省·昆明（昆明市）·（寻甸回族彝族自治县·先锋乡）·恰普鲁村

【出处】《太阴经》，*《彝族撒尼支宗教祭司张琼1948年主祭实录》，见吕大吉、何耀华总主编《中国各民族原始宗教资料集成》（彝族卷、白族卷、基诺族卷），北京：中国社会科学出版社1996年版，第56页。

W1599.1.1
月亮的生日是农历八月十五
实 例

壮族 农历八月十五是月亮的生日。

【流传】广西壮族自治区·（桂林市）·龙胜县（龙胜各族自治县）

【出处】

(a) 陈且旧搜集整理：《月亮妹》，见曹廷伟编著《广西民间故事辞典》，南宁：广西教育出版社1993年版，第8页。

(b) 陈且旧整理：《月亮妹》，见中华民族故事大系编委会编《中华民族故事大系》第3卷（彝族、壮族、布依族），上海：上海文艺出版社1995年版，第392页。

W1599.1.2
特定的年份产生月亮

实 例

（参见下级母题实例）

W1599.1.2.1
兔年产生月亮

实 例

彝族（阿细）最古的时候，天上没有月亮。有个纳巴神，在属兔的那年安了月亮。

【流传】（a）云南省·红河哈尼族彝族自治州·弥勒县·（西山镇）

【出处】

（a）潘正兴等唱述，云南省民族民间文学红河调查队搜集翻译整理：《阿细的先基》，昆明：云南人民出版社1959年版。

（b）云南省民族民间文学红河调查队搜集整理，古梅改写：《最古的时候》，见姚宝瑄主编《中国各民族神话》（羌族、彝族），太原：山西出版传媒集团·书海出版社2014年版，第133页。

W1599.1.3
洪水后产生月亮

实 例

普米族 青蛙吸干洪水后出现月亮。

【流传】云南省·（丽江市）·宁蒗（宁蒗彝族自治县），（怒江傈僳族自治州）·兰坪（兰坪白族普米族自治县）；四川省·（凉山彝族自治州）·木里县（木里藏族自治县）、盐源（盐源县）等

【出处】王震亚整理：《开天辟地》，见中华民族故事大系编委会编《中华民族故事大系》第14卷（普米族、塔吉克族、怒族、俄罗斯族、鄂温克族），上海：上海文艺出版社1995年版，第5页。

W1599.2
祈祷后产生月亮

实 例

（参见下级母题实例）

W1599.2.1
文化英雄祈祷出 7 个月亮

实 例

彝族 支格阿鲁（文化英雄，b 为"尼支呷洛"）在自己建造的银房子里祷告天神给世界一个照亮天地的东西，话犹未了，天的东边突然出现了 7 个月亮。

【流传】（无考）

【出处】

（a）蒋汉章翻译，李仲舒整理：《创造万物的巨人支格阿鲁》，见陶立璠、李耀宗主编《中国少数民族神话传说选》，成都：四川民族出版社1985年版，第86页。

（b）《创造万物的巨人尼支呷洛》，见谷德明编《中国少数民族神话》，北京：中国民间文艺出版社1987年版，

第 280 页。

W1599.3
最早出现的是月亮

【汤普森】A711.3

实例

哈尼族 天地混沌时，月亮出来，然后请出星星、太阳，最后人来到世界。

【流传】云南省

【出处】八耶讲：*《混沌》，见《中国天文学史文集》（二），北京：科学出版社1981年版，第12页。

W1599.4
神变成月亮的心脏

实例

佤族 伦（传说中的天神之一）一下子跳到月亮里面，变成了月亮的心脏。

【流传】云南省·（普洱市）·西盟县（西盟佤族自治县）

【出处】达老屈等讲，隋嘎等采录：《司岗里》，见中国民间文学集成全国编辑委员会编《中国民间故事集成》（云南卷），北京：中国 ISBN 中心2003年版，第96页。

W1599.5
补月亮

【关联】[W1577.5] 补太阳

实例

（参见下级母题实例）

W1599.5.1
工匠神补月亮

实例

哈尼族 77 个工匠神补月亮。

【流传】

(a) 云南省·（红河哈尼族彝族自治州）·元阳县

(b) 云南省·（红河哈尼族彝族自治州）·元阳（元阳县）、红河（红河县）、绿春（绿春县）、金平（金平苗族瑶族傣族自治县）等

【出处】

(a) 朱小和讲，史军超采录：《查牛补天地》，见中国民间文学集成全国编辑委员会编《中国民间故事集成》（云南卷），北京：中国 ISBN 中心2003年版，第29页。

(b) 同 (a)，见云南省民间文学集成办公室编《哈尼族神话传说集成》，北京：中国民间文艺出版社1990年版。

W1599.5.2
用银料补月亮

【关联】[W1585.2] 用银子造月亮

实例

（参见下级母题实例）

W1599.5.2.1
用银子补月亮不成功

实例

哈尼族 工匠神用银料补月亮（没补好）。

【流传】

(a) 云南省·（红河哈尼族彝族自治州）·元阳县

(b) 云南省·（红河哈尼族彝族自治州）·元阳（元阳县）、红河（红河县）、绿春（绿春县）、金平（金平苗族瑶族傣族自治县）等

【出处】

(a) 朱小和讲，史军超采录：《查牛补天地》，见中国民间文学集成全国编辑委员会编《中国民间故事集成》（云南卷），北京：中国 ISBN 中心 2003 年版，第 29 页。

(b) 同（a），见云南省民间文学集成办公室编《哈尼族神话传说集成》，北京：中国民间文艺出版社 1990 年版。

哈尼族 七十七个工匠神用银料补月亮。他们把银子打成月亮那样大，拿去补，还是补不成。

【流传】云南省·（红河哈尼族彝族自治州）·元阳（元阳县）、红河（红河县）、绿春（绿春县）、金平（金平苗族瑶族傣族自治县）

【出处】朱小和讲唱，史军超搜集整理：《查牛补天地》（1983），原载云南省民间文学集成办公室编《哈尼族神话传说集成》，中国民间文艺出版社1990年版，见姚宝瑄主编《中国各民族神话》（哈尼族、傣族），太原：山西出版传媒集团·书海出版社 2014 年版，第 49 页。

W1599.5.3
用牛补月亮

实例

（参见下级母题实例）

W1599.5.3.1
用神牛补月亮

实例

哈尼族 补月亮不能用金银铜铁锡，只能用查牛（天地神专养的神牛）来补。

【流传】

(a) 云南省·（红河哈尼族彝族自治州）·元阳县

(b) 云南省·（红河哈尼族彝族自治州）·元阳（元阳县）、红河（红河县）、绿春（绿春县）、金平（金平苗族瑶族傣族自治县）等

【出处】

(a) 朱小和讲，史军超采录：《查牛补天地》，见中国民间文学集成全国编辑委员会编《中国民间故事集成》（云南卷），北京：中国 ISBN 中心 2003 年版，第 29 页。

(b) 同（a），见云南省民间文学集成办公室编《哈尼族神话传说集成》，北京：

中国民间文艺出版社 1990 年版。

W1599.5.3.2
用牛皮补月亮

实 例

哈尼族 （实例待考）

W1599.5.4
玉斧修月

实 例

汉族　太和中，郑仁本表弟，常与一王秀才游嵩山，将暮，不知所之。见一人布衣，甚洁白，问所自。其人笑曰："君知月乃七宝合成乎？月势如丸，其影，日烁其凸处也，常有八万二千石修之，予即一数。"

【流传】（无考）

【出处】

(a)［唐］段成式：《酉阳杂俎·天咫》。

(b)《玉斧修月》，见袁珂《中国神话大词典》，北京：华夏出版社 2015 年版，第 95 页。

汉族　玉斧修成宝月团。

【流传】（无考）

【出处】

(a)［宋］王安石：《题画扇》。

(b)《玉斧修月》，见袁珂《中国神话大词典》，北京：华夏出版社 2015 年版，第 95 页。

W1599.6
青蛙吸干洪水后出现月亮

【关联】［W8506］动物退洪水

实 例

普米族

（参见 W1599.1.3 母题实例）

W1599.7
月亮是从地上飞到天上的

实 例

白族　天上的月亮就是从这山崖里掘出来，飞上天去的。

【流传】云南省·（大理白族自治州）·洱源县·炼铁区·新庄乡·石明月村

【出处】云南省民间文学集成办公室编：《白族神话传说集成》，北京：中国民间文艺出版社 1986 年版，第 21～22 页。

1.4.2　日月的特征
【W1600～W1629】

❀ W1600
日月的性别特征[①]

【关联】［W1530］万物的性别

---

① 日月的性别特征，在不同神话叙事中有多种说法，如有的说"男太阳女月亮"，有的说"女太阳男月亮"，等等。一般神话叙事中关于日月的"性别"往往与二者的关系联系在一起，为了一并表述这些不同的叙事元素，本编目把其归为一种类型。

实 例

（参见下级母题实例）

W1600.1
日月有男女
【汤普森】 A736.1

实 例

汉族

（参见 W1600.2 母题实例）

W1600.2
太阳男，月亮女

实 例

达斡尔族 太阳是男的，所以威力大；月亮是女的，所以走路慢。

【流传】（无考）

【出处】《达斡尔族民间神话》，见毅松、涂建军等《达斡尔族、鄂温克族、鄂伦春族文化研究》，呼和浩特：内蒙古教育出版社 2007 年版，第 83 页。

鄂伦春族 勒钦（太阳）和别阿（月亮）是一男一女，日为男，月为女。

【流传】（无考）

【出处】莫庆云讲：《白天为啥比黑天亮》，见满都呼主编《中国阿尔泰语系诸民族神话故事》，北京：民族出版社 1997 年版，第 323 页。

汉族 太阳为男，月亮为女。

【流传】山东省

【出处】陶阳、钟秀《中国创世神话》，上海：上海人民出版社 1993 年版，第 53 页。

汉族 早先天底下只有一雌一雄两样东西。雌的叫月亮，雄的叫太阳。

【流传】浙江省·宁波市·镇海区

【出处】何薇强讲，沈志远记录整理：《太阳追月亮》，见姚宝瑄主编《中国各民族神话》（汉族），太原：山西出版传媒集团·书海出版社 2014 年版，第 198～199 页。

京族 （实例待考）

W1600.2.1
太阳是刚烈男，月亮是温柔女
【关联】［W1619.3.2］太阳刚烈

实 例

哈萨克族 太阳原是强悍刚烈的男性，月亮本是温柔恬静的女流。

【流传】新疆维吾尔自治区

【出处】尼合迈德·蒙加尼搜集，校仲彝翻译整理：《迦萨甘创世》，载《新疆民族文学》1982 年第 2 期。

W1600.2.2
太阳是神男，月亮是神女
【关联】
① ［W1611.2］日月是神（日月是仙）
② ［W1620.3.2］太阳是发光的男神
③ ［W1627.1.2］月亮是发光的女神

实 例

（实例待考）

W1600.2.2.1
日月是神派去的神男神女

实 例

蒙古族 麦德尔神女怜惜须弥宝山上那些又小又矮的人，就派了神男神女每天去给他们照明。神男白天值班，发热发红光，这就是太阳；神女晚上值班，发白光，这就是月亮。

【流传】新疆维吾尔自治区蒙古族居住地区

【出处】姚宝瑄搜集整理：《麦德尔神女开天辟地》，见姚宝瑄主编《中国各民族神话》（达斡尔族、鄂伦春族、鄂温克族、蒙古族），太原：山西出版传媒集团·书海出版社2014年版，第135页。

W1600.3
太阳女，月亮男

实 例

傣族 太阳是女的，月亮是男的。

【流传】云南省·德宏州（德宏傣族景颇族自治州）·盈江县·盏西镇

【出处】龚小回讲：《太阳妹妹与月亮哥哥》，王宪昭搜集，2010.01。

傈僳族 太阳是女的，月亮是男的。

【流传】云南省·（德宏傣族景颇族自治州）·陇川县·（陇把镇）·邦外公社（邦外村）

【出处】李有华讲，黄云松等采录：《天地人的来历》，见中国民间文学集成全国编辑委员会编《中国民间故事集成》（云南卷），北京：中国ISBN中心2003年版，第44页。

珞巴族 天上有女的太阳和男的月亮。

【流传】西藏自治区·（林芝地区）·米林县·纳玉乡（南伊乡）

【出处】颜其香：《中国少数民族风土漫记》，北京：农村读物出版社2001年版，第95页。

门巴族 月亮是公的，太阳是母的。

【流传】西藏自治区·（林芝地区）·墨脱县

【出处】益西平措讲，冀文正采录：《创世说》，见中国民间文学集成全国编辑委员会编《中国民间故事集成》（西藏卷），北京：中国ISBN中心2001年版，第4页。

水族 女神伢俣射日月后剩下一对日月。太阳是个母的，月亮是公的。

【流传】（无考）

【出处】潘静流唱，燕宝记译，化斯改写：《伢俣开创世界》（原名《造天造地》），见姚宝瑄主编《中国各民族神话》（水族、布朗族、独龙族、基诺族、傈僳族），太原：山西出版传媒集团·书海出版社2014年版，第6页。

壮族 太阳是女的，月亮是男的。

【流传】（无考）

【出处】《太阳月亮和它们的孩子们》注释，原载蓝鸿恩搜集整理《神弓宝剑》，中国民间文艺出版社1985年版，见吕大吉、何耀华总主编《中国各民族原始宗教资料集成》（土家族卷、瑶族卷、壮族卷、黎族卷），北京：中国社会科学出版社1998年版，第608页。

W1600.3.1
太阳是母亲，月亮是父亲

【关联】［W1672］日月是夫妻

实例

鄂温克族 太阳是母亲，月亮是父亲。

【流传】内蒙古自治区·（呼伦贝尔市）·根河市·敖鲁古雅乡（敖鲁古雅鄂温克族乡）

【出处】汪立珍：《鄂温克族神话研究》，北京：中央民族大学出版社2006年版，第122页。

鄂温克族 使用驯鹿的鄂温克人认为太阳是母亲，给人类带来温暖；月亮是父亲，夜间给人们带来光明。

【流传】内蒙古自治区·（呼伦贝尔市·根河市）·敖鲁古雅地区（敖鲁古雅鄂温克族乡）

【出处】《太阳和月亮》，原载孟和《萨满教》（初稿），第6页，见吕大吉、何耀华总主编《中国各民族原始宗教资料集成》（鄂伦春族卷、鄂温克族卷、赫哲族卷、达斡尔族卷、锡伯族卷、满族卷、蒙古族卷、藏族卷），北京：中国社会科学出版社1999年版，第94页。

W1600.3.2
女始祖变成女太阳，男始祖变成月亮男

【关联】［W1545.1.1.1］男女祖先变成日月

实例

苗族 人的女始祖波丽萍变成太阳，男始祖岳利毕变成月亮。

【流传】云南省

【出处】王建国讲，陆兴凤翻译：《人类始祖返老还童的故事》，原载《云南苗族民间故事集成》，见陶阳、钟秀编《中国神话》（下），北京：商务印书馆2008年版，第1100~1103页。

W1600.4
太阳和月亮都为女

实例

（参见下级母题实例）

W1600.4.1
日月是美女

实例

哈萨克族 以前，月亮和太阳是两个阿吾勒的美丽超群的少女。

【流传】（无考）

【出处】比达克买提·木海搜集，安蕾、毕桤译：《月亮上暗影的来历》，见满都呼主编《中国阿尔泰语系诸民族神话故事》，北京：民族出版社1997年

版，第 63 页。

哈萨克族 月亮和太阳是两个阿吾勒（意为小牧村）的容貌出众的美女。

【流传】新疆维吾尔自治区·（阿勒泰地区）·阿勒泰市·切尔齐西乡（切尔克齐乡）

【出处】毕达合买提·木海讲，呼扎依尔·沙德瓦哈斯采录，杨凌等译：《月亮上的白斑》，见中国民间文学集成全国编辑委员会编《中国民间故事集成》（新疆卷），北京：中国 ISBN 中心 2008 年版，第 10 页。

汉族 太阳和月亮是住在天上的美人儿。

【流传】北京市·顺义县（顺义区）

【出处】刘刘氏讲，释治军采录：《太阳为啥不让人瞧》，见中国民间文学集成全国编辑委员会编《中国民间故事集成》（北京卷），北京：中国 ISBN 中心 1999 年版，第 5 页。

W1600.5
与日月性别有关的其他母题

【关联】[W1672] 日月是夫妻

实 例

（参见下级母题实例）

W1600.5.1
日月被阉割

【关联】
① [W1597.6] 太阳被阉割后变成月亮
② [W1695.10.1] 射日者阉割太阳

实 例

（参见下级母题实例）

W1600.5.1.1
射日者阉割日月

实 例

壮族 特桃（射日者）把太阳和月亮的生殖器官阉掉了。

【流传】广西壮族自治区·（南宁市）·上林县·西燕乡（西燕镇）

【出处】
(a) 韦奶讲，蓝鸿恩采录翻译：《太阳、月亮和星星》，见中国民间文学集成全国编辑委员会编《中国民间故事集成》（广西卷），北京：中国 ISBN 中心 2001 年版，第 38 页。
(b) 同 (a)，见张声震总主编，农冠品编注《壮族神话集成》，南宁：广西民族出版社 2007 年版，第 310 页。

※ W1601
太阳的性别

实 例

（参见下级母题实例）

W1602
太阳有男有女

【关联】[W1642.1] 1 男 1 女两个太阳

实 例

独龙族 两个太阳是一男一女，被猎人射中的是男太阳。女太阳见势不妙，便慌慌张张地逃到山背后躲藏起来。

【流传】云南省

【出处】李子贤等搜集整理：《创世纪神话故事六则·猎人射太阳》，见中国作家协会云南分会编《云南民族民间故事选》，昆明：云南人民出版社1981年版，第585~586页。

汉族　十乌俱飞，羿射九雌；雄得独全，虽惊不危。

【流传】（无考）

【出处】

（a）《易林·履之履》。

（b）同（a），见袁珂《中国神话大词典》，北京：华夏出版社2015年版，第3页。

珞巴族　（实例待考）

W1603

太阳是男的（男太阳）

实　例

汉族　太阳是雄的。

【流传】浙江省·宁波市·镇海区·城关

【出处】何薇强讲，沈志远采录：《太阳追月亮》，见中国民间文学集成全国编辑委员会编《中国民间故事集成》（浙江卷），北京：中国ISBN中心1997年版，第33页。

哈萨克族　太阳原是刚烈的男性。

【流传】（新疆维吾尔自治区）

【出处】

（a）尼哈迈提·蒙加尼整理，校仲彝记录整理：《迦萨甘创世》，见张越、姚宝瑄编《新疆民族神话故事选》，乌鲁木齐：新疆人民出版社1989年版。

（b）同（a），见姚宝瑄主编《中国各民族神话》（乌孜别克族、哈萨克族、柯尔克孜族、俄罗斯族、维吾尔族、塔吉克族、塔塔尔族、锡伯族），太原：山西出版传媒集团·书海出版社2014年版，第24页。

珞巴族　以前，有两个太阳兄弟。

【流传】（无考）

【出处】［俄］李福清著：《神话与鬼话——台湾原住民神话故事比较研究》（增订本），北京：社会科学文献出版社2001年版，第144页。

W1603.1

太阳在白天是男人

【汤普森】A722.13

实　例

蒙古族　麦德尔女神派了男神、女神每天给人间照明。男神白天值班，发热发光，这就是太阳。

【流传】内蒙古自治区

【出处】《麦德尔娘娘开天辟地》，见中国民间文学集成全国编辑委员会编《中国民间故事集成》（内蒙古卷），北京：中国ISBN中心2007年版，第3页。

W1603.2
特定的太阳是男的

【实 例】

彝族 （实例待考）

W1603.3
太阳是男性的化身

【实 例】

朝鲜族 太阳即"阳"是男性的化身。

【流传】（无考）

【出处】崔羲秀：《朝鲜族与满族始祖传说、神话之比较》，载《延边大学学报》1998第2期。

W1603.4
与太阳是男有关的其他母题

【关联】［W1695.11.0.1］男太阳被射死

【实 例】

（参见下级母题实例）

W1603.4.1
太阳是一个骑马的小伙

【实 例】

彝族 空中的第七个太阳是一个骑马的小伙。

【流传】（a）云南省·（楚雄彝族自治州）·楚雄（楚雄市）

【出处】

(a) 杨发旺讲，者厚培采录：《三女找太阳》，见中国民间文学集成全国编辑委员会编《中国民间故事集成》（云南卷），北京：中国ISBN中心2003年版，第115页。

(b)《三女找太阳》，见谷德明编《中国少数民族神话》，北京：中国民间文艺出版社1987年版，第276页。

彝族 白发老人告诉寻找太阳的三个姑娘说，太阳是一个骑着一匹红马小伙子。

【流传】（无考）

【出处】《三女镇夜猫精》，王四代根据此誉阿立讲，摩依翻译，上元、邹志诚整理《三女找太阳》（谷德明编《中国少数民族神话选》，西北民族学院研究所1983年内部资料）改写，见姚宝瑄主编《中国各民族神话》（羌族、彝族），太原：山西出版传媒集团·书海出版社2014年版，第362页。

W1603.4.2
太阳是强悍刚烈的男性

【关联】［W1619.3.2］太阳刚烈

【实 例】

哈萨克族 太阳原是强悍刚烈的男性。

【流传】（a）新疆维吾尔自治区

【出处】

(a)《造物主创世》，见满都呼主编《中国阿尔泰语系诸民族神话故事》，北京：民族出版社1997年版，第63页。

(b) 尼合迈德·蒙加尼搜集，校仲彝翻译整理：《迦萨甘创世》，见谷德明编《中国少数民族神话》，北京：中国民间文艺出版社1987年版，第727页。

哈萨克族 太阳原是强悍刚烈的男性。

【流传】新疆维吾尔自治区·（乌鲁木齐市）·乌鲁木齐县（天山区）·白杨沟夏牧场夏牧场

【出处】谢热亚孜旦·马尔萨克讲，尼合买提·蒙加尼采录：《迦萨甘创世》，见中国民间文学集成全国编辑委员会编《中国民间故事集成》（新疆卷），北京：中国ISBN中心2008年版，第4页。

W1603.4.3
太阳是白天值班的男神

实 例

蒙古族 麦德尔女神派了男神、女神每天给人间照明。男神白天值班，发热发光，这就是太阳。

【流传】内蒙古自治区

【出处】《麦德尔娘娘开天辟地》，见中国民间文学集成全国编辑委员会编《中国民间故事集成》（内蒙古卷），北京：中国ISBN中心2007年版，第3页。

蒙古族 麦德尔神女可怜须弥山上的矮小人，于是令神男、神女前去为之照明。神男昼值班，发热且发红光，遂为太阳。

【流传】（无考）

【出处】*《麦德尔神女》，原载陶阳、钟秀编《中国神话》，见袁珂《中国神话大词典》，北京：华夏出版社2015年版，第399页。

W1603.4.4
太阳是魁梧的男子

实 例

汉族 太阳是一个魁梧勇猛的男子汉，有火一样的热情。

【流传】上海市·静安区·余姚路街道

【出处】李春生讲，谢长安采录：《太阳和月亮》，见中国民间文学集成全国编辑委员会编《中国民间故事集成》（上海卷），北京：中国ISBN中心2007年版，第22页。

W1604
太阳是女的（女太阳）

【汤普森】A736.2

实 例

布朗族 （实例待考）

独龙族 天上2个太阳，猎人射死男太阳后，每天升起来的是女太阳。

【流传】（无考）

【出处】《猎人射太阳》，见李金明《独龙族文学简史》，昆明：云南民族出版社2004年版，第81~82页。

鄂温克族 太阳是一位年轻勤劳的姑娘，名字叫希温·乌娜吉（太阳姑娘）。

【流传】内蒙古自治区·呼伦贝尔盟

（呼伦贝尔市）

【出处】

（a）隋书今搜集整理：《太阳神的传说》（1981.10.15），见马名超、王士媛、白衫编《鄂温克族民间故事选》，上海：上海文艺出版社1989年版，第5页。

（b）《太阳神的传说》，见吕大吉、何耀华总主编《中国各民族原始宗教资料集成》（鄂伦春族卷、鄂温克族卷、赫哲族卷、达斡尔族卷、锡伯族卷、满族卷、蒙古族卷、藏族卷），北京：中国社会科学出版社1999年版，第94～95页。

哈萨克族 太阳是容貌出众的美女。

【流传】新疆维吾尔自治区·（阿勒泰地区）·阿勒泰市·切尔齐西乡（切尔克齐乡）

【出处】毕达合买提·木海讲，呼扎依尔·沙德瓦哈斯采录，杨凌等译：《月亮上的白斑》，见中国民间文学集成全国编辑委员会编《中国民间故事集成》（新疆卷），北京：中国ISBN中心2008年版，第10页。

汉族 全世界就只一个太阳，太阳是个姑娘。

【流传】湖北省·丹江口市

【出处】葛朝宝讲，沈志远记录：《太阳和月亮》，见姚宝瑄主编《中国各民族神话》（汉族），太原：山西出版传媒集团·书海出版社2014年版，第193～194页。

珞巴族（德根等部落） 兄弟俩上天入地时都被竹子挡住，十分生气，便去问东英阿奶（"东英阿奶"珞巴语，意为"太阳"。珞巴族神话中，太阳为女性，故称为"阿奶"）。

【流传】西藏自治区

【出处】

（a）达得讲，刘芳贤、李坚尚搜集整理：《智勇双全的两兄弟》，载《民间文学》1985年第8期。

（b）同（a），见姚宝瑄主编《中国各民族神话》（门巴族、珞巴族、怒族、藏族），太原：山西出版传媒集团·书海出版社2014年版，第45～46页。

普米族 天神让妹妹做月亮，妹妹说她晚上出来害怕，天神就让她做太阳。

【流传】云南省·（怒江傈僳族自治州）·兰坪县（兰坪白族普米族自治县）

【出处】熊美珍讲，杨照辉采录：《月亮妹妹》，见中国民间文学集成全国编辑委员会编《中国民间故事集成》（云南卷），北京：中国ISBN中心2003年版，第134页。

羌族 妹妹认为晚上出来害怕，就白天出来成为太阳。

【流传】四川省·（阿坝藏族羌族自治州）·汶川县·威州乡（威州镇）·牛老寨

【出处】倪明富讲，周辉枝采录：《太阳和月亮》，见中国民间文学集成全国编辑委员会编《中国民间故事集成》（四川卷·下），北京：中国ISBN中心1998年版，第1109页。

羌族 天上只有一个太阳和一个月亮。太阳是女的。

【流传】四川省·（阿坝藏族羌族自治州）·理县·蒲溪乡·河坝村

【出处】韩长清讲，李冀祖采录：《月亮和太阳》，见中国民间文学集成全国编辑委员会编《中国民间故事集成》（四川卷·下），北京：中国 ISBN 中心1998年版，第1111页。

壮族 太阳是女的，白天才敢出来。

【流传】云南省·文山（文山壮族苗族自治州）；广西壮族自治区·河池（河池市）

【出处】蓝鸿恩整理：《太阳月亮和它们的孩子》，见张声震总主编，农冠品编注《壮族神话集成》，南宁：广西民族出版社2007年版，第51页。

壮族（侬人） 乜星（女子名）顺着鸡叫的方向（酉方）去寻找到太阳后，太阳说："我是一个女人，没有衣服，光着身子怎么能出现在人们的眼前？"太阳不愿上天。

【流传】云南省·文山壮族苗族自治州·西畴县·西洒镇·汤果村一带

【出处】王明富搜集整理：《鸟衣与壮族女人节》，见 http://tieba.baidu.com/p/1849011753。

W1604.1

太阳是年轻的姑娘

实 例

鄂温克族 太阳是年轻的姑娘。

【流传】内蒙古自治区·呼伦贝尔（呼伦贝尔市）

【出处】隋书金整理：《太阳姑娘》，见中华民族故事大系编委会编《中华民族故事大系》第14卷（普米族、塔吉克族、怒族、俄罗斯族、鄂温克族），上海：上海文艺出版社1995年版，第803页。

W1604.1.1

太阳姑娘

【关联】[1561.8.1a] 最高神王生太阳姑娘

实 例

哈尼族 万能的大神、最高的神王阿匹梅烟为她生的第三个姑娘取名叫"永生不死的约白太阳姑娘"，给她穿的是金衣裳

【流传】（云南省·红河哈尼族彝族自治州·元阳县）

【出处】朱小和讲，史军超搜集整理：《永生不死的姑娘》，原载云南省民间文学集成办公室编《哈尼族神话传说集成》，中国民间文艺出版社1990年版，见姚宝瑄主编《中国各民族神话》（哈尼族、傣族），太原：山西出版传媒集团·书海出版社2014年版，第168页。

W1604.1.1.1

太阳姑娘心地善良

【关联】[W1619.6] 善良的太阳

【实例】

鄂温克族 太阳姑娘希温·乌娜吉有一颗纯朴善良的心灵。

【流传】内蒙古自治区·呼伦贝尔盟（呼伦贝尔市）

【出处】

（a）隋书今搜集整理：《太阳神的传说》（1981.10.15），见马名超、王士媛、白衫编《鄂温克族民间故事选》，上海：上海文艺出版社1989年版，第5页。

（b）《太阳神的传说》，见吕大吉、何耀华总主编《中国各民族原始宗教资料集成》（鄂伦春族卷、鄂温克族卷、赫哲族卷、达斡尔族卷、锡伯族卷、满族卷、蒙古族卷、藏族卷），北京：中国社会科学出版社1999年版，第94~95页。

W1604.1.1.2
太阳姑娘美丽

【实例】

汉族 太阳是一位模样很俊的姑娘。

【流传】宁夏回族自治区·（固原市）·彭阳县·王洼乡

【出处】党进财讲，高忠雄采录：《太阳和月亮》，见中国民间文学集成全国编辑委员会编《中国民间故事集成》（宁夏卷），北京：中国ISBN中心1999年版，第20页。

汉族 天上的太阳是个俏姑娘。

【流传】天津市·北郊区

【出处】张母讲，张义书采录：《太阳与月亮》，见中国民间文学集成全国编辑委员会编《中国民间故事集成》（天津卷），北京：中国ISBN中心2004年版，第3页。

汉族 太阳是个勤劳美丽的姑娘。

【流传】江苏省·（泰州市）·兴化市

【出处】徐殿臣讲，王才良记录：《太阳和月亮的爱情》（1987.07.12），见姚宝瑄主编《中国各民族神话》（汉族），太原：山西出版传媒集团·书海出版社2014年版，第199~200页。

W1604.1.1.3
太阳姑娘勤劳

【实例】

鄂温克族 太阳是一位年轻勤劳的姑娘，鄂温克语叫希温·乌娜吉。

【流传】内蒙古自治区·（呼伦贝尔市·根河市）·敖鲁古雅鄂温克民族乡（敖鲁古雅鄂温克族乡）

【出处】安娜·索等讲，英山等采录翻译：《希温·乌娜吉》，见中国民间文学集成全国编辑委员会编《中国民间故事集成》（内蒙古卷），北京：中国ISBN中心2007年版，第16页。

W1604.2
太阳是少女

【实例】

汉族 太阳是手里拿着绣花针的少女。

【流传】江苏省·（宿迁市）·泗阳（泗阳县），（泰州市）·兴化（兴化市）等地

【出处】徐秀英讲，王东风记录整理：《月亮和太阳》（1986.08.05），见姚宝瑄主编《中国各民族神话》（汉族），太原：山西出版传媒集团·书海出版社2014年版，第186~187页。

W1604.3
多个太阳都是女的
实例

（参见下级母题实例）

W1604.3.1
12个太阳都是女的
实例

瑶族　发枚（始祖，造天地者）造了12个太阳都是女的。

【流传】贵州省·（黔东南苗族侗族自治州）·从江县·（翠里乡）·高芒乡（高芒村）

【出处】赵金荣讲，杨路塔采录：《造日月》，见中国民间文学集成全国编辑委员会编《中国民间故事集成》（贵州卷），北京：中国ISBN中心2003年版，第20页。

W1604.4
太阳妹妹
实例

（参见下级母题实例）

W1604.4.1
爱美的太阳妹妹
实例

（参见下级母题实例）

W1604.4.1.1
太阳妹妹穿金纱
实例

汉族　月亮姐姐和太阳妹妹两个穿的是闪光发亮的银纱和金纱，把这个地方照得亮通通的。

【流传】河南省·（南阳市）·桐柏县·毛集镇·王湾村

【出处】王明菊讲，王玲采录：《盘古请日月》（1986.03），见张振犁编著《中原神话通鉴》（第一卷），郑州：河南大学出版社2017年版，第45页。

W1604.5
太阳公主
实例

（参见下级母题实例）

W1604.5.1
爱美的太阳公主
实例

傣族　太阳公主圆面长发，眼如星辰之闪亮。

【流传】（云南省？）

【出处】袁珂改编：《太阳公主》，原载傅光宇等编《傣族民间故事选》，见袁珂《中国神话大词典》，北京：华夏出版社2015年版。

✽ W1605
月亮的性别

实例

（参见下级母题实例）

W1606
月亮有男有女

实例

（参见下级母题实例）

W1607
月亮是男的

实例

汉族　天皇送给月亮哥哥一粒银石。

【流传】四川省·万县市（今重庆市·万州区）·长岭乡（长岭镇）·傅家村

【出处】李美仁讲，李孙元采录：《繁星的来历》，见中国民间文学集成全国编辑委员会编《中国民间故事集成》（四川卷·上），北京：中国ISBN中心1998年版，第34页。

汉族　月亮是男的。

【流传】重庆市·巴县（巴南区）·鱼洞镇

【出处】《月亮的圆缺和星星的眨眼》，见李子硕《民间故事集成》（重庆巴县），内部编印，1989年，第12页。

汉族　月亮是个男的。

【流传】四川省·巴县（重庆·巴南区）·鱼洞镇

【出处】张文奎讲，李子硕记录整理：《月亮的圆缺和星星眨眼》（1988.04），见姚宝瑄主编《中国各民族神话》（汉族），太原：山西出版传媒集团·书海出版社2014年版，第209~210页。

羌族　天上只有一个太阳和一个月亮。月亮是男的。

【流传】四川省·（阿坝藏族羌族自治州）·理县·蒲溪乡·河坝村

【出处】韩长清讲，李冀祖采录：《月亮和太阳》，见中国民间文学集成全国编辑委员会编《中国民间故事集成》（四川卷·下），北京：中国ISBN中心1998年版，第1111页。

壮族　月亮是男的，晚上出来巡夜。

【流传】云南省·文山（文山壮族苗族自治州）；广西壮族自治区·河池（河池市）

【出处】蓝鸿恩整理：《太阳月亮和它们的孩子》，见张声震总主编，农冠品编注《壮族神话集成》，南宁：广西民族出版社2007年版，第51页。

W1607.1
月亮是男神

【关联】［W1611.2］日月是神（仙）

实例

汉族　月亮是天上的一个男神。

【流传】四川省·巴县（今重庆市·巴南区）·土主乡·伏善村

【出处】张文奎讲，李子硕采录：《星星眨眼睛》，见中国民间文学集成全国编辑委员会编《中国民间故事集成》（四川卷·上），北京：中国ISBN中心1998年版，第35页。

W1607.2
月亮是俊小伙

实例

高山族 月亮是个漂亮的少年。

【流传】（无考）

【出处】汪梅田整理：《太阳和月亮的故事》，见中华民族故事大系编委会编《中华民族故事大系》第8卷（畲族、高山族、拉祜族），上海：上海文艺出版社1995年版，第399页。

汉族 月亮是一个英俊的小伙子。

【流传】宁夏回族自治区·（固原市）·彭阳县·王洼乡

【出处】党进财讲，高忠雄采录：《太阳和月亮》，见中国民间文学集成全国编辑委员会编《中国民间故事集成》（宁夏卷），北京：中国ISBN中心1999年版，第20页。

汉族 月亮是个俊小伙儿。

【流传】天津市·北郊区

【出处】张母讲，张义书采录：《太阳与月亮》，见中国民间文学集成全国编辑委员会编《中国民间故事集成》（天津卷），北京：中国ISBN中心2004年版，第3页。

W1607.3
月亮是勤劳的小伙

【关联】［W1626.1a］勤劳的月亮

实例

汉族 月亮是个勤劳勇敢的小伙子。

【流传】江苏省·（泰州市）·兴化市

【出处】徐殿臣讲，王才良记录：《太阳和月亮的爱情》（1987.07.12），见姚宝瑄主编《中国各民族神话》（汉族），太原：山西出版传媒集团·书海出版社2014年版，第199~200页。

W1607.4
月亮是年轻的小伙

实例

苗族 古时候，月亮是个年轻小伙，名字叫央。

【流传】贵州省·（黔东南苗族侗族自治州）·镇远县·金堡乡（金堡镇）

【出处】杨世兰讲，孙潮采录：《阿央斗天王》，见中国民间文学集成全国编辑委员会编《中国民间故事集成》（贵州卷），北京：中国ISBN中心2003年版，第41页。

W1607.5
月亮是爱管事的男子

实例

怒族 月亮是男人，爱管事，所以要

告诉人们春夏秋冬一年四季。

【流传】云南省·（怒江傈僳族自治州）·贡山县（贡山独龙族怒族自治县）

【出处】彭兆清提供，攸延春整理：《创世纪》，见攸延春《怒族文学史》，昆明：云南民族出版社 2003 年版，第 18 页。

W1607.6
与月亮是男的有关的其他母题

实 例

（参见下级母题实例）

W1607.6.1
多个月亮都是男的

实 例

（参见下级母题实例）

W1607.6.1.1
12 个月亮都是男的

实 例

瑶族　发枚（始祖，造天地者）用火石造了 12 个月亮都是男的，它们的光强过太阳，发枚就用稀泥巴去抹，月亮的光才弱下来。

【流传】贵州省·（黔东南苗族侗族自治州）·从江县·（翠里乡）·高芒乡（高芒村）

【出处】赵金荣讲，杨路塔采录：《造月》，见中国民间文学集成全国编辑委员会编《中国民间故事集成》（贵州卷），北京：中国 ISBN 中心 2003 年版，第 20 页。

W1608
月亮是女的

实 例

汉族　月亮是雌的。

【流传】浙江省·宁波市·镇海区·城关

【出处】何薇强讲，沈志远采录：《太阳追月亮》，见中国民间文学集成全国编辑委员会编《中国民间故事集成》（浙江卷），北京：中国 ISBN 中心 1997 年版，第 33 页。

土家族　（实例待考）

W1608.0
月亮是美女

实 例

哈萨克族　月亮是美女，太阳是她的男恋人。

【流传】新疆维吾尔自治区·（乌鲁木齐市）·乌鲁木齐县（天山区）·白杨沟夏牧场

【出处】谢热亚孜旦·马尔萨克讲，尼合买提·蒙加尼采录，杨凌等译：《月亮和太阳》，见中国民间文学集成全国编辑委员会编《中国民间故事集成》（新疆卷），北京：中国 ISBN 中心 2008 年版，第 11~12 页。

塔吉克族　太阳和月亮本是美女。

‖W1608.1-W1608.2‖ 1.4.2 日月的特征

【流传】新疆维吾尔自治区·（喀什地区）·塔什库尔干塔吉克自治县·提孜那甫乡

【出处】肉恰依克讲，西仁·库尔班等采录翻译：《太阳和月亮》，见中国民间文学集成全国编辑委员会编《中国民间故事集成》（新疆卷），北京：中国ISBN中心2008年版，第11页。

W1608.1

月亮是女神

【关联】[W1620.3.0]太阳是男神

实例

土家族（实例待考）

W1608.1.1

月亮是慈善的女神

实例

鄂伦春族 月亮是一位慈善的女神。

【流传】（无考）

【出处】吴雅芝整理：《月亮神的传说》，见满都呼主编《中国阿尔泰语系诸民族神话故事》，北京：民族出版社1997年版，第320页。

W1608.1.2

月亮是发白光的女神

实例

蒙古族 麦德尔女神派了男神、女神每天给人间照明。女神晚上值班，发出的是白光，这就是月光。

【流传】内蒙古自治区

【出处】《麦德尔娘娘开天辟地》，见中国民间文学集成全国编辑委员会编《中国民间故事集成》（内蒙古卷），北京：中国ISBN中心2007年版，第3页。

W1608.2

月亮是温柔恬静的女子

实例

哈萨克族 月亮本是温柔恬静的女流。

【流传】（a）新疆维吾尔自治区

【出处】

（a）《造物主创世》，见满都呼主编《中国阿尔泰语系诸民族神话故事》，北京：民族出版社1997年版，第63页。

（b）尼合迈德·蒙加尼搜集，校仲彝翻译整理：《迦萨甘创世》，见谷德明编《中国少数民族神话》，北京：中国民间文艺出版社1987年版，第727页。

哈萨克族 月亮是温柔恬静的女性。

【流传】新疆维吾尔自治区·（乌鲁木齐市）·乌鲁木齐县（天山区）·白杨沟夏牧场

【出处】谢热亚孜旦·马尔萨克讲，尼合买提·蒙加尼采录：《迦萨甘创世》，见中国民间文学集成全国编辑委员会编《中国民间故事集成》（新疆卷），北京：中国ISBN中心2008年版，第4页。

哈萨克族 月亮本是温柔恬静的女流。

【流传】（新疆维吾尔自治区）

【出处】

（a）尼哈迈提·蒙加尼整理，校仲彝记录整理：《迦萨甘创世》，见张越、姚宝瑄编《新疆民族神话故事选》，乌鲁木齐：新疆人民出版社1989年版。

（b）同（a），见姚宝瑄主编《中国各民族神话》（乌孜别克族、哈萨克族、柯尔克孜族、俄罗斯族、维吾尔族、塔吉克族、塔塔尔族、锡伯族），太原：山西出版传媒集团·书海出版社2014年版，第24页。

W1608.3

月亮是文静的姑娘

【关联】［W1626.10］月亮文静端庄

实 例

汉族　月亮是个文气的小姑娘。

【流传】浙江省·（金华市）·东阳县（东阳市）南部各乡镇

【出处】申屠和兰讲，周中帆记录整理：《日月成亲》，见姚宝瑄主编《中国各民族神话》（汉族），太原：山西出版传媒集团·书海出版社2014年版，第201～202页。

W1608.4

月亮是端庄温和的姑娘

实 例

汉族　月亮是一个端庄温和的姑娘。

【流传】上海市·静安区·余姚路街道

【出处】李春生讲，谢长安采录：《太阳和月亮》，见中国民间文学集成全国编辑委员会编《中国民间故事集成》（上海卷），北京：中国ISBN中心2007年版，第22页。

W1610

日月的外貌

【关联】［W1545.4.8.4］日月是鹰

实 例

（参见下级母题实例）

W1610.1

日月是有羽毛的球

【汤普森】A738.1.1

实 例

（实例待考）

W1610.2

日月的躯壳

实 例

（参见下级母题实例）

W1610.2.1

日月把躯壳留在天上

实 例

瑶族　太阳和月亮把各自的躯壳和一份光辉仍然留在天空，把灵光变成了一对非常漂亮的年轻人。

【流传】（无考）

【出处】

（a）赵老大讲，梅中泉记录整理：《日

月成婚》，见谷德明编《中国少数民族神话》，北京：中国民间文艺出版社1987年版，第140页。

（b）同（a），载《山茶》1983年第3期。

W1610.3
日月为什么赤身裸体

实例

（实例待考）

W1610.3.1
日月赤身裸体是因为衣服被锁起来

实例

苗族（实例待考）

W1610.4
残缺的日月

【关联】［W1692.5］日月的修补

实例

（参见下级母题实例）

W1610.4.1
瞎眼的太阳和跛腿的月亮

实例

彝族 支格阿龙（文化英雄名）射日月后，剩下一个瞎眼的太阳和跛了一只腿的月亮。

【流传】四川省·凉山州（凉山彝族自治州）

【出处】赤哈子讲，上元、邹志诚整理：《射太阳和月亮》，原载李德君、陶学良编《彝族民间故事选》，见陶阳、钟秀编《中国神话》（中），北京：商务印书馆2008年版，第675~686页。

W1610.5
日月是人兽同形

实例

（参见下级母题实例）

W1610.5.1
日月是人兽同形的夫妻

【关联】［W1672］日月是夫妻

实例

蒙古族（布里亚特）日月则是人兽同形的夫妻形象。

【流传】（无考）

【出处】

（a）［苏联］И.А.曼日格耶夫著，宋长宏译，佟德富校：《布里亚特萨满教和前萨满教辞典》（俄文版），莫斯科：科学出版社1978年版，第59~60页。

（b）同（a），见吕大吉、何耀华总主编《中国各民族原始宗教资料集成》（鄂伦春族卷、鄂温克族卷、赫哲族卷、达斡尔族卷、锡伯族卷、满族卷、蒙古族卷、藏族卷），北京：中国社会科学出版社1999年版，第603页。

W1611
日月有特定身份

【关联】[W1600.4.1] 日月是美女

实 例

(参见下级母题实例)

W1611.1
日月是天的使者（日月是天使）

实 例

汉族 日月者，天之使也。

【流传】（无考）

【出处】[汉] 刘安及门客：《淮南子·天文训》。

W1611.2
日月是神（日月是仙）

实 例

蒙古族 （实例待考）

彝族 日月是仙根，成为神仙。

【流传】贵州省·毕节（毕节市）·赫章县

【出处】贵州省毕节地区民族事务委员会编，王子尧等译：《物始纪略》（第一集），成都：四川民族出版社1990年版，第6页。

W1611.2.1
太阳是男神，月亮是女神

【关联】

① [W1600.2.2] 太阳是神男，月亮是神女

② [W1608.1] 月亮是女神

③ [W1620.3.0] 太阳是男神

实 例

达斡尔族 日月分别是男神与女神，行走快慢不同。

【流传】（无考）

【出处】关纪新：《自然认知神话》，见 http://iel.cass.cn。

W1611.3
日月是天地的眼睛

实 例

彝族 日和月是天和地的眼睛，它们的走动，关系着世界万物的生命。

【流传】（云南省·楚雄彝族自治州·双柏县，红河哈尼族彝族自治州等地）

【出处】

(a) 云南省民族民间文学楚雄、红河调查队搜集，郭思九、陶学良整理：《查姆》，昆明：云南人民出版社1981年版。

(b) 郭思九、陶学良整理，古梅改写：《彝家的古根》，选自《云南民族文学资料》第七集中的《查姆》上部前三章，见姚宝瑄主编《中国各民族神话》（羌族、彝族），太原：山西出版传媒集团·书海出版社2014年版，第59页。

W1611.3.1
日月是天的眼睛

【汤普森】A714.1

【关联】[W1545.2.2] 天神的眼睛变成日月

实例

彝族

(参见 W1611.3 母题实例)

W1612
日月有特殊能力

实例

(参见下级母题实例)

W1612.1
日月能起死回生

【关联】[W9300] 复活

实例

(参见下级母题实例)

W1612.1.1
日月偷神药后能起死回生

【关联】[W1625.2] 月亮能死而复生

实例

哈尼族 太阳和月亮偷到了起死回生的妙药,于是日月可起死回生。

【流传】(无考)

【出处】李书周等讲,李期博搜集整理:《起死回生药》,见《哈尼族民间故事选》,上海:上海文艺出版社 1989 年版。

W1613
与日月的特征有关的其他母题

实例

(参见下级母题实例)

W1613.0
日月不会死亡

【关联】
① [W1618.9] 太阳不死
② [W1625.3] 月亮不死

实例

(参见下级母题实例)

W1613.0.1
日月不会死亡是因为吃了不死草

实例

哈尼族 日月是一对夫妻分别吃了不死草变成的,天上才有了不会老的太阳,才有了不会老的月亮。

【流传】(无考)

【出处】黄则恩讲,杨胜能搜集整理:《不死草》,原载《哈尼族神话传说集成》,见陶阳、钟秀编《中国神话》(下),北京:商务印书馆 2008 年版,第 1063~1065 页。

W1613.0a
日月会死亡

实例

彝族(罗鲁泼) 太阳会死,月亮

会死。

【流传】云南省·（楚雄彝族自治州）·永仁县

【出处】

（a）李德宝演唱，李必荣、李荣才搜集，夏光辅、诺海阿苏翻译：《冷斋调》（1984），见云南省社会科学院楚雄彝族文化研究所编《彝族民间文学》第2辑，1985年。

（b）夏光辅、诺海阿苏翻译，古梅改写：《冷斋调》，见姚宝瑄主编《中国各民族神话》（羌族、彝族），太原：山西出版传媒集团·书海出版社2014年版，第116页。

W1613.1

日月命短

实 例

（参见下级母题实例）

W1613.1.1

以前日月的寿命不长

实 例

哈尼族 以前的太阳月亮命不长。

【流传】云南省·（红河哈尼族彝族自治州）·元阳（元阳县）·攀枝花（攀枝花乡）·洞铺寨

【出处】朱小和讲，史军超采录：《永生不死的姑娘》，见中国民间文学集成全国编辑委员会编《中国民间故事集成》（云南卷），北京：中国ISBN中心2003年版，第130页。

哈尼族 古远的时候，天神地神造万物。太阳月亮有了，但太阳月亮命不长。

【流传】（云南省·红河哈尼族彝族自治州·元阳县）

【出处】朱小和讲，史军超搜集整理：《永生不死的姑娘》，原载云南省民间文学集成办公室编《哈尼族神话传说集成》，中国民间文艺出版社1990年版，见姚宝瑄主编《中国各民族神话》（哈尼族、傣族），太原：山西出版传媒集团·书海出版社2014年版，第166页。

哈尼族 在古远，太阳月亮有了，但是太阳月亮命不长。

【流传】云南省·（红河哈尼族彝族自治州·元阳县·攀枝花乡·硐蒲寨）

【出处】朱小和讲，史军超搜集整理：《永生不死的姑娘》，原载《哈尼族神话传说集成》，见陶阳、钟秀编《中国神话》（下），北京：商务印书馆2008年版，第1095～1099页。

W1613.2

原来的日月是脏的

【关联】［W1548.6］洗日月

实 例

彝族 原来日月不干净，神仙罗塔纪姑娘挑来不同颜色的海水洗日月。

【流传】（无考）

【出处】杨森、李映权译：《梅葛》，见中国作家协会昆明分会民族民间文学编委会《云南民族民间资料》第二

W1613.2.1
邪恶的日月

实例

布朗族 太阳九姊妹和月亮十弟兄一齐来到顾米亚开辟的天地间，集中了热力，放射出暴烈的光，晒呀晒，想毁灭这大地上的一切。

【流传】云南省

【出处】朱嘉禄整理：《顾米亚》，原载《中国民间故事选》第2集，见陶阳、钟秀编《中国神话》（上），北京：商务印书馆2008年版，第38～44页。

W1613.3
日月的镜子

实例

汉族 姐妹俩得到的能作为日月的镜子，是山顶上一位白发老人给的。

【流传】北京市·顺义县（顺义区）

【出处】侯淑兰讲，金克亮采录：《太阳和月亮》，见中国民间文学集成全国编辑委员会编《中国民间故事集成》（北京卷），北京：中国ISBN中心1999年版，第4页。

W1613.4
日月的灯

实例

（参见下级母题实例）

W1613.4.1
日月发光是他们各自提着神灯

实例

羌族 天神木比塔很赞赏月亮和太阳兄妹俩婚生人类又不愿意离开人类的德行，就让他们提着神灯白天黑夜轮流照看自己的子女。

【流传】（四川省）

【出处】
（a）朱文仙讲，倪明高记录整理：《太阳和月亮》，见四川阿坝州文化局主编《羌族民间故事集》，北京：中国民间文艺出版社1988年版。
（b）同（a），见姚宝瑄主编《中国各民族神话》（羌族、彝族），太原：山西出版传媒集团·书海出版社2014年版，第13页。

W1613.5
日月原来绑在一起

【关联】[W1546.4] 日月的分离

实例

汉族 以前太阳、月亮挨得绑紧。

【流传】四川省·（成都市）·灌县（今都江堰市）·胥家乡

【出处】卿上伦讲，兰字尧搜集整理：《为啥有白天黑夜》（1987.06.28），见姚宝瑄主编《中国各民族神话》（汉族），太原：山西出版传媒集团·书海出版社2014年版，第73～74页。

W1613.6
日月开花

实 例

（参见下级母题实例）

W1613.6.1
八月十五日月开花

实 例

彝族 八月十五到，日月就开花。十冬腊月到，星星就开花。

【流传】云南省·楚雄彝族自治州·姚安县、大姚县等彝族地区

【出处】《婚事和恋歌·相配》，见云南省民族民间文学楚雄调查队整理编写《梅葛》，昆明：云南人民出版社2009年版，第109页。

W1613.7
日月的灵光

实 例

瑶族 洪水后，日月乃将各自躯壳及一份光辉仍留天空，而以其灵光化为人。

【流传】（无考）

【出处】《日月成婚》，原载谷德明编《中国少数民族神话选》，见袁珂《中国神话大词典》，北京：华夏出版社2015年版，第469页。

W1613.8
日月很聪明

实 例

珞巴族 太阳哥哥多尼和月亮弟弟波如两个都很聪明。

【流传】西藏自治区·林芝市·墨脱县·甘登乡、达木珞巴民族乡（讲述地点：墨脱县·达木珞巴民族乡·朱巴村）

【出处】仁真讲：《珞巴族神话（五）》（1957.09），见冀文正《珞巴族民间故事》，成都：四川民族出版社2011年版，第5页。

❋ W1615
太阳的特征

【汤普森】① ≈ A720；② A739

实 例

（参见下级母题实例）

W1616
太阳的外貌

实 例

（参见下级母题实例）

W1616.1
太阳像人类一样

【汤普森】A736

实 例

（参见下级母题实例）

W1616.1.1
太阳是巨人

实例

回族 巨人太阳喘息而入屋，屋内顿炽热如火烤。

【流传】（无考）

【出处】《伊斯麻》，原载谷德明编《中国少数民族神话选》（原名《太阳的回答》），见袁珂《中国神话大词典》，北京：华夏出版社2015年版，第404页。

回族 太阳巨人喘着大气走进屋里，屋子里顿时像火烧那样炽热。

【流传】甘肃省·临夏回族自治州

【出处】柯扬记录整理：《太阳的回答》，见姚宝瑄主编《中国各民族神话》（土族、东乡族、回族、保安族、裕固族、撒拉族），太原：山西出版传媒集团·书海出版社2014年版，第57页。

W1616.2
太阳的心

实例

汉族 后羿就带了神箭、神弓，跑到一座高山顶上，一箭射去，不歪不斜正好射中太阳心。

【流传】江苏省·南京市

【出处】吴玉门讲，赵慕明记录：《后羿射金乌》，见姚宝瑄主编《中国各民族神话》（汉族），太原：山西出版传媒集团·书海出版社2014年版，第138～139页。

W1616.3
太阳的脸

实例

（参见下级母题实例）

W1616.3.1
太阳有2张脸

【汤普森】A733.3

实例

（参见下级母题实例）

W1616.3.2
太阳是麻脸

实例

汉族 日月变成天鸡在天上玩时，盘古氏怕天鸡把鸡尿拉到天桌上，就拿起菩提树下的一根树丫子去赶。结果把一只草鸡赶落来，还把雄鸡痛打一顿，把雄鸡的脸孔打得鲜血淋淋，留下许多血点子。这雄鸡就是太阳，一副雪白粉嫩脸孔成了红脸，还留下许多麻点子，变成了一个麻脸。

【流传】浙江省·（舟山市）·嵊泗县

【出处】李明亮讲，金德章记录整理：《月亮和太阳》，见姚宝瑄主编《中国各民族神话》（汉族），太原：山西出版传媒集团·书海出版社2014年版，第189页。

汉族 太阳，满面孔大麻皮，火气暴躁。

【流传】浙江省·宁波市·镇海区

【出处】何薇强讲，沈志远记录整理：《太阳追月亮》，见姚宝瑄主编《中国各民族神话》（汉族），太原：山西出版传媒集团·书海出版社 2014 年版，第 198 ~ 199 页。

W1616.4
太阳的眼睛

实 例

（参见下级母题实例）

W1616.4.1
宝石是太阳的眼睛

【关联】［W9650］宝物

实 例

汉族 太阳有两颗宝石，是它的眼睛。

【流传】重庆市·巴县（巴南区）

【出处】《太阳的眼睛和脚》，见李子硕《民间故事集成》（重庆巴县），内部编印，1989 年，第 8 页。

W1616.5
太阳的腿

实 例

（参见下级母题实例）

W1616.5.1
太阳有 8 条腿

实 例

蒙古族（布里亚特） 蒙古族的太阳母亲有 8 条腿。

【流传】（无考）

【出处】《蒙古族自然神灵的信仰和崇拜》，见吕大吉、何耀华总主编《中国各民族原始宗教资料集成》（鄂伦春族卷、鄂温克族卷、赫哲族卷、达斡尔族卷、锡伯族卷、满族卷、蒙古族卷、藏族卷），北京：中国社会科学出版社 1999 年版，第 601 页。

蒙古族（布里亚特） 八条腿的日母。

【流传】（无考）

【出处】

（a）［苏联］Г. Р. 加尔达诺娃著，宋长宏译，佟德富校：《喇嘛教前的布里亚特宗教信仰》（俄文版），诺沃西比尔斯克：科学出版社西伯利亚分社 1987 年版，第 14 ~ 20 页。

（b）同（a），见吕大吉、何耀华总主编《中国各民族原始宗教资料集成》（鄂伦春族卷、鄂温克族卷、赫哲族卷、达斡尔族卷、锡伯族卷、满族卷、蒙古族卷、藏族卷），北京：中国社会科学出版社 1999 年版，第 601 页。

蒙古族 八条腿的日母，九条腿的月父。

【流传】（无考）

【出处】［苏联］Г.Р. 加尔达诺娃著，宋长宏译，佟德富校：《喇嘛教前的布里亚特宗教信仰》（俄文版），诺沃西比尔斯克：科学出版社西伯利亚分社1987年版，第11～14页，见吕大吉、何耀华总主编《中国各民族原始宗教资料集成》（鄂伦春族卷、鄂温克族卷、赫哲族卷、达斡尔族卷、锡伯族卷、满族卷、蒙古族卷、藏族卷），北京：中国社会科学出版社1999年版，第753～754页。

W1616.5.1.1
太阳画成有八条光线

实 例

蒙古族（布里亚特）太阳被画成里外8条光线的太阳。

【流传】（无考）

【出处】

（a）［苏联］Г.Р. 加尔达诺娃著，宋长宏译，佟德富校：《喇嘛教前的布里亚特宗教信仰》（俄文版），诺沃西比尔斯克：科学出版社西伯利亚分社1987年版，第14～20页。

（b）同（a），见吕大吉、何耀华总主编《中国各民族原始宗教资料集成》（鄂伦春族卷、鄂温克族卷、赫哲族卷、达斡尔族卷、锡伯族卷、满族卷、蒙古族卷、藏族卷），北京：中国社会科学出版社1999年版，第602页。

W1616.5a
太阳的手

【关联】［W1437.1］通过太阳的手臂上天

实 例

珞巴族

（参见 W1437.1 母题实例）

W1616.6
太阳为什么是圆的

【关联】

① ［W1543.5.6.4］造日月时把日月削圆

② ［W1618.1］太阳是热的球

实 例

（实例待考）

W1616.6.1
太阳圆是因为它没有受过伤

实 例

京族 太阳是圆的，是因为它一直没有受过伤。

【流传】广西壮族自治区·防城（防城港市）·（东兴市·江平镇）·京族三岛（万尾、巫头、山心三岛）

【出处】苏锡权等讲，符达升整理：《太阳与月亮》，见曹廷伟编著《广西民间故事辞典》，南宁：广西教育出版社1993年版，第3页。

W1616.6.2
特定人物把太阳修整成圆形

实例

苗族 鲍公（神性人物名）是个好心肠，他有手艺会敲锤，日月敲打圆溜光。

【流传】原文无流传地，据文本及注释推测该神话流传于贵州省·黔东南苗族侗族自治州·凯里市、台江县等地。

【出处】张启庭、张荣光、张正玉、张启德演唱，张明搜集，燕宝整理译注：《创造宇宙·铸日造月》，见贵州省少数民族古籍整理出版规划小组办公室编，燕宝整理译注《苗族古歌》，贵阳：贵州民族出版社1993年版，第337页。

W1616.6.2.1
女神把太阳修整成圆形

实例

苗族 宇郁（女神名）拿着把剪刀，剪了边缘小枝桠，太阳脸圆模样好，月亮脸圆好模样。

【流传】原文无流传地，据文本及注释推测该神话流传于贵州省·黔东南苗族侗族自治州·凯里市、台江县等地。

【出处】张启庭、张荣光、张正玉、张启德演唱，张明搜集，燕宝整理译注：《创造宇宙·铸日造月》，见贵州省少数民族古籍整理出版规划小组办公室编，燕宝整理译注《苗族古歌》，贵阳：贵州民族出版社1993年版，第336页。

W1616.7
以前太阳有棱角

【关联】[W1622.2] 有棱角的月亮

实例

（参见下级母题实例）

W1616.7.1
以前造出的太阳七棱八角

【关联】[W1622.2.1] 七棱八角的月亮

实例

黎族 有一个名字叫万家的神，造的太阳热烘烘的，七棱八角，不方不圆。

【流传】海南省·琼中县（琼中黎族苗族自治县）·五指山公社·番龙村（今属五指山市·水满乡·番龙村）

【出处】王克福讲，冯秀梅采录：《山区与平原的由来》，见中国民间文学集成全国编辑委员会编《中国民间故事集成》（海南卷），北京：中国ISBN中心2002年版，第5页。

W1616.8
太阳面貌丑陋

实例

汉族 太阳生得丑里八怪，又麻又癞。

【流传】湖北省·（孝感市）·云梦

县·胡金店乡

【出处】赵尊言讲，赵俊鹏采录：《月亮哥哥和太阳妹妹》，见中国民间文学集成全国编辑委员会编《中国民间故事集成》（湖北卷），北京：中国ISBN中心1999年版，第22页。

汉族 太阳姐姐生得丑陋。

【流传】山西省·（忻州市）·原平县·崞阳镇

【出处】薛其公讲，薛桂芳采录：《阳婆姐姐和月亮妹妹》，见中国民间文学集成全国编辑委员会编《中国民间故事集成》（山西卷），北京：中国ISBN中心1999年版，第9页。

W1616.8.1
太阳丑却勤劳

【关联】［W1619.2］勤劳的太阳

实例

黎族 太阳和月亮是一对亲姐妹。太阳姐姐四肢粗大，身子壮实，脸庞又红又黑，不是很好看，但勤劳、勇敢。

【流传】海南省五指山一带

【出处】《大地和太阳成亲》，见姚宝瑄主编《中国各民族神话》（高山族、黎族、畲族），太原：山西出版传媒集团·书海出版社2014年版，第50页。

W1616.9
太阳长着翅膀

【汤普森】A726.2

实例

（实例待考）

W1616.10
与太阳外貌有关的其他母题

【关联】［W1653a.2］多个太阳大小不同

实例

（参见下级母题实例）

W1616.10.0
造太阳大小的确定

实例

壮族 布洛陀商议造太阳时，有的说造一个像量米筒那样小就可以了；有的说，造一个橡三脚灶的圆圈那么大才好。

【流传】（无考）

【出处】《造太阳》，原载蓝鸿恩搜集整理《神弓宝剑》，中国民间文艺出版社1985年版，见吕大吉、何耀华总主编《中国各民族原始宗教资料集成》（土家族卷、瑶族卷、壮族卷、黎族卷），北京：中国社会科学出版社1998年版，第606页。

W1616.10.1
大太阳（巨大的太阳）

实例

哈萨克族 蔚蓝的天空中出现了一个很大很大的太阳。

【流传】新疆维吾尔自治区·（伊犁哈萨克自治州）·新源县·阿热勒托别乡（阿热勒托别镇）

【出处】马丽亚·库别克讲，木合买提拜·巴依吉格托夫采录，杨凌等译：《地之母》，见中国民间文学集成全国编辑委员会编《中国民间故事集成》（新疆卷），北京：中国ISBN中心2008年版，第8页。

W1616.10.2
小太阳

【关联】[W1597.9] 小太阳变成月亮

实例

白族　很早以前，太阳还小，太阳光照到这背阴山的时间短，光照不足，早晚白天也是天昏地暗阴惨惨的。

【流传】云南省·（大理白族自治州）·洱源县·炼铁区·新庄乡·石明月村

【出处】云南省民间文学集成办公室编：《白族神话传说集成》，北京：中国民间文艺出版社1986年版，第21~22页。

W1616.10.2.1
以前太阳很小

【关联】[W1618.5.1] 小太阳长大

实例

白族　很早以前，太阳还小，没有长大。

【流传】云南省·（大理白族自治州）·洱源县·炼铁区·新庄乡·石明月村

【出处】云南省民间文学集成办公室编：《白族神话传说集成》，北京：中国民间文艺出版社1986年版，第21~22页。

白族　很早以前，太阳还小，没有长大，太阳光照到背阴山的时间短，光照不足。

【流传】云南省·（大理白族自治州）·洱源县

【出处】李永志讲，李华龙、王立智记录，李佩玖翻译：《石明月》，见姚宝瑄主编《中国各民族神话》（白族、拉祜族、景颇族），太原：山西出版传媒集团·书海出版社2014年版，第41页。

W1616.10.2.2
以前有9个小太阳

实例

哈尼族　很早以前，天上有九个小太阳，它们同心协力，不分昼夜地把温暖送给地上的人们。

【流传】云南省·（红河哈尼族彝族自治州）·金平县（金平苗族瑶族傣族自治县）

【出处】李干正讲，周智霆采录：《公鸡请太阳》，见中国民间文学集成全国编辑委员会编《中国民间故事集成》（云南卷），北京：中国ISBN中心2003年版，第124页。

W1616.10.2.3
天上出现10个小太阳

【关联】［W1650.4］与10个太阳有关的其他母题

实 例

汉族 有一年，天上出现了十个小太阳。

【流传】河南省·（南阳市）·桐柏县

【出处】邓鹏讲：《嫦娥下凡》，见姚宝瑄主编《中国各民族神话》（汉族），太原：山西出版传媒集团·书海出版社2014年版，第246~248页。

W1616.10.3
太阳的斑点（太阳黑子）

【关联】［W1616.3.2］太阳是麻脸

实 例

侗族 太阳身至今有数处乌红斑点，是找太阳的女子所滴之血。

【流传】（无考）

【出处】《救太阳》，原载杨通山等编《侗族民间故事选》，见袁珂《中国神话大词典》，北京：华夏出版社2015年版，第467页。

侗族 太阳身上有几点乌红乌红的斑点，是扪（女子名）滴在太阳身上的血。

【流传】广西壮族自治区·（柳州市）·三江县（三江侗族自治县）·（丹洲镇）·板必村

【出处】黄大奶讲，鼓声、卜朗整理：《救太阳》，原载广西民间文学研究会编《侗族文学资料》第2集，见陶阳、钟秀编《中国神话》（上），北京：商务印书馆2008年版，第262~264页。

W1616.10.3.1
太阳的黑斑是泪痕

实 例

汉族 天地的女儿月氏管理太阳时，因害羞哭啼，太阳面上的黑斑就是她的泪痕。

【流传】浙江省·（丽水市）·青田（青田县）·（方山乡）·石前村

【出处】吴海娟讲，叶中鸣记录整理：《日氏和月氏》（1984.10.25），见姚宝瑄主编《中国各民族神话》（汉族），太原：山西出版传媒集团·书海出版社2014年版，第192~193页。

W1616.10.3.2
太阳的斑点是疤痕

实 例

拉祜族 太阳黑子是豹子咬伤我的瘀疤。

【流传】云南省大拉祜及黄拉祜中部一带

【出处】小八讲，古木整理：《天神厄莎》（整理中参照了《牡帕密帕》和《古根》），见姚宝瑄主编《中国各民族神话》（白族、拉祜族、景颇族），太原：山西出版传媒集团·书海出版社2014年版，第161页。

W1616.10.4
太阳的头发

实例

藏族　昔有国王令公主抛金球招驸马，并传以王位。一牧童在山沟拾得公主金球，国王令往取太阳发三根来，才能将公主嫁给他。

【流传】（无考）

【出处】《牧童取太阳发》，原载谷德明编《中国少数民族神话选》（原名《牧童取太阳的头发》），见袁珂《中国神话大词典》，北京：华夏出版社2015年版，第411页。

W1616.10.5
太阳像火塘

【关联】

① [W1576.3] 火盆变成太阳

② [W1684.2a.2] 太阳的火盆

实例

阿昌族　遮帕麻（男始祖名，被奉为"天公"）造的太阳像阿昌家的火塘火辣辣、亮堂堂。

【流传】（云南省）

【出处】赵安贤讲，智克整理：《遮帕麻与遮米麻》，见姚宝瑄主编《中国各民族神话》（佤族、阿昌族、纳西族、普米族、德昂族），太原：山西出版传媒集团·书海出版社2014年版，

第74页。

W1617
太阳的颜色

实例

（参见下级母题实例）

W1617.0
有多种颜色的太阳

实例

（参见下级母题实例）

W1617.0.1
太阳有红、白、花、黑、黄、绿、灰、紫等颜色

【关联】

① [W1652.1.1] 12个太阳中的红太阳是姜阳

② [W1652.1.2] 12个太阳中的白太阳是雷公雹

③ [W1652.1.3] 12个太阳中的花太阳是老虎

④ [W1652.1.5] 12个太阳中的黑太阳是疯牯牛

⑤ [W1652.1.7] 12个太阳中的黄太阳是狮子

⑥ [W1652.1.9] 12个太阳中的绿太阳是鸭公精

⑦ [W1652.1.10] 12个太阳中的灰太阳是马鹜

⑧ [W1652.1.11] 12个太阳中的紫太阳是鹅鹅娘

实例

苗族 12个宝蛋孵出12个太阳，红的美姜阳，白的雷公雹，花的凶老虎，软的老蛇妖，黑的疯牦牛，圆的大象佬，黄的猛狮子，长的美龙娇，绿的鸭公精，灰的癞马骜，紫的鹈鹕娘，扁的乌龟魈。

【流传】广西壮族自治区·（柳州市）·融水苗族自治县

【出处】

（a）杨达香讲，梁彬搜集整理：《创世纪》（三、太阳打斗，人死草枯），见梁彬、王天若编《苗族民间故事选》，南宁：广西人民出版社1986年版。

（b）同（a），见姚宝瑄主编《中国各民族神话》（布依族、仡佬族、苗族），太原：山西出版传媒集团·书海出版社2014年版，第183~184页。

W1617.0.2
五色的太阳

实例

汉族 少昊金天氏邑于穷桑，日五色，互照穷桑。

【流传】（无考）

【出处】［春秋战国］尸佼：《尸子》卷上。

W1617.1
红太阳和绿太阳

实例

布依族 年王射落5个红太阳和5个绿太阳。

【流传】（无考）

【出处】古歌《十二个太阳》，见王清士等编写《布依族文学史》，贵阳：贵州人民出版社1983年版，第37~38页。

W1617.2
太阳是金色的

【汤普森】≈F793.1

【关联】

① ［W1571.2.7］太阳是金色三足乌鸦

② ［W1694.4］金太阳

实例

（参见下级母题实例）

W1617.2.1
神王给太阳姑娘穿上金衣裳

实例

哈尼族 神王阿匹梅烟给永生不死的约白太阳姑娘穿的是金衣裳。

【流传】云南省·（红河哈尼族彝族自治州）·元阳（元阳县）·攀枝花（攀枝花乡）·洞铺寨

【出处】朱小和讲，史军超采录：《永生不死的姑娘》，见中国民间文学集成全国编辑委员会编《中国民间故事集成》（云南卷），北京：中国ISBN中心2003年版，第130页。

哈尼族 最高的神王阿匹梅烟女神生九个姑娘，并给九个姑娘取名字。其中，第三个姑娘取名叫"永生不死的约白太阳姑娘",给她穿的是金衣裳。

【流传】云南省·（红河哈尼族彝族自治州·元阳县·攀枝花乡·硐蒲寨）

【出处】朱小和讲，史军超搜集整理：《永生不死的姑娘》，原载《哈尼族神话传说集成》，见陶阳、钟秀编《中国神话》（下），北京：商务印书馆2008年版，第1095~1099页。

W1617.2.2
女始祖给太阳穿上金衣裳形成金色

实　例

瑶族（布努）密洛陀（万物之母，女始祖，女神）造出太阳后，给太阳穿上金衣裳，金衣变成火把亮闪闪。

【流传】广西壮族自治区·（河池市）·都安县（都安瑶族自治县）、巴马县（巴马瑶族自治县）、南丹县，（百色市）·田东县、平果县等地

【出处】桑布郎等传，蒙凤标（83岁）、罗仁祥（73岁）等唱：《密洛陀》（1983），见蓝怀昌、蓝书京、蒙通顺搜集翻译整理《密洛陀》，北京：中国民间文艺出版社1988年版，第15页。

W1617.2.3
比金子还亮的太阳

实　例

哈尼族 远古时候，天上有六个比金子还明亮的太阳。

【流传】云南省·（西双版纳傣族自治州）·勐海县

【出处】龙八秋讲，杨胜能搜集整理：《噶贝阿切梅林》，原载云南省民间文学集成办公室编《哈尼族神话传说集成》，中国民间文艺出版社1990年版，见姚宝瑄主编《中国各民族神话》（哈尼族、傣族），太原：山西出版传媒集团·书海出版社2014年版，第161页。

W1617.3
太阳是红的（红太阳）

【汤普森】A739.5

【关联】

① [W1545.4.8.3] 太阳是红兔子，月亮是白兔子

② [W1574.2.6a] 太阳是红色的火球

实　例

（参见下级母题实例）

W1617.3.1
用火烤红了太阳

实　例

（参见下级母题实例）

W1617.3.1.1
祖先用火烤红了太阳

实　例

布依族 祖先翁戛用火烤红了太阳。

【流传】（无考）

【出处】《辟地撑天》，见何积全、陈立

浩主编《布依族文学史》，贵阳：贵州民族出版社1992年版，第34页。

W1617.3.2
东方有个红太阳

实例

珞巴族 寻找太阳的人做了一个梦，梦中一位善良的老人告诉他，东方有个红太阳。

【流传】西藏自治区·（林芝市）·墨脱县·达木珞巴民族乡、加拉萨乡、甘登乡

【出处】牛布讲，冀文正采集：《寻找太阳的人》，见冀文正《珞巴族民间故事》，成都：四川民族出版社2011年版，第42页。

W1617.3.3
太阳吃阳极丹变成红太阳

实例

汉族 天上的二个日头偷吃了父亲天公公乾坤八卦炉里阴阳两极丹。阿哥吃了阳极丹，变得浑身通红，赤沸滚汤。

【流传】江苏省·（苏州市）·太仓县

【出处】尹培民讲，黄凤尔记录：《天上有过两个太阳》，见姚宝瑄主编《中国各民族神话》（汉族），太原：山西出版传媒集团·书海出版社2014年版，第178~179页。

W1617.3.4
太阳红色是害羞造成的

实例

汉族 天帝的一对儿女去看守日月，兄妹做了交换，妹妹换成管太阳。妹妹就带着太阳出来时，地上的人发觉管太阳的变成女的了，觉得很稀奇，都跑出来看。结果妹妹脸都羞红了，白生生的太阳也映得绯红，从这以后，白太阳就成了红太阳了。

【流传】四川省·（成都市）·金堂县

【出处】蒋婆婆讲，黄在双记录，黄安春整理：《太阳和月亮的传说》，见姚宝瑄主编《中国各民族神话》（汉族），太原：山西出版传媒集团·书海出版社2014年版，第196~198页。

W1617.3.4.1
太阳哥哥看见月亮妹妹的裸体把脸羞红了

实例

苗族 太阳哥哥一眼看见月亮妹妹光叉叉地在洗澡，把脸羞红了。

【流传】四川省·（泸州市）·叙永县·水潦乡（水潦彝族乡）·田坝村一组

【出处】王叔奎讲，艾青海采录：《太阳和月亮》，见中国民间文学集成全国编辑委员会编《中国民间故事集成》（四川卷·下），北京：中国ISBN中心1998年版，第1318页。

W1617.3.5
太阳红色是血染成的

实例

哈尼族 每当清晨看到东方红日升，人们就会想起花虎在咬太阳时咬破的鲜血染红了它的身体。

【流传】云南省·（玉溪市）·元江县（元江哈尼族彝族傣族自治县）·羊街乡、那诺乡及因远镇一带

【出处】《阿萨阿拉和阿然歌》，见元江县哈尼文化学会、元江县史志编纂办公室编《元江哈尼族古歌集》，内部编印，2005年，第135页。

W1617.3.6
与红太阳有关的其他母题

实例

（参见下级母题实例）

W1617.3.6.1
太阳的红斑点是滴上血造成的

实例

侗族 太阳上有几点乌红乌红的斑点，是扪（女子名，找太阳时被魔鬼吃掉，血滴在太阳上）滴在太阳身上的血。

【流传】（ab）广西壮族自治区·（柳州市）·三江县（三江侗族自治县）·（丹洲镇）·板必村

【出处】（a）黄大奶讲，鼓声等整理：《救太阳》，见谷德明编《中国少数民族神话》，北京：中国民间文艺出版社1987年版，第628页。

（b）同（a），《侗族民间故事选》，上海：上海文艺出版社1982年版，第8页。

（c）《救太阳》，见《侗族文学史》编写组编《侗族文学史》，贵阳：贵州民族出版社1988年版，第58页。

W1617.3.6.2
红太阳名字叫姜阳

【关联】

① ［W1652.1.1］12个太阳中的红太阳是姜阳

② ［W1695.1.4.3］两个太阳分别叫"姜阳"和"鹅鹅"

实例

苗族 红太阳的名字叫姜阳。

【流传】

（a）广西壮族自治区·（柳州市）·融水县（融水苗族自治县）·滚贝乡

（b）广西壮族自治区·（柳州市）·融水县（融水苗族自治县）

【出处】

（a）杨达香讲，梁彬采录翻译：《枉生射太阳》，见中国民间文学集成全国编辑委员会编《中国民间故事集成》（广西卷），北京：中国ISBN中心2001年版，第42页。

（b）杨达香讲，梁彬搜集整理：《创世记》，见谷德明编《中国少数民族神话》，北京：中国民间文艺出版社

1987年版，第545页。

W1617.3.6.3
暖心的红太阳

实 例

珞巴族 寻找太阳的人做了一个梦，梦中一位善良的老人告诉他，东方有个红太阳，只要有决心，不怕苦，不怕邪，一定可以到达目的地，找到那颗温暖的红太阳。

【流传】西藏自治区·林芝市·墨脱县·达木珞巴民族乡、加拉萨乡、甘登乡（讲述地点：墨脱县·达木珞巴民族乡·格林村）

【出处】牛布讲：《寻找太阳的人》（1956.08），见冀文正《珞巴族民间故事》，成都：四川民族出版社2011年版，第42页。

W1617.3a
太阳是绿色的（绿太阳）

实 例

布依族 年王第二箭射落5个绿的太阳。

【流传】贵州省

【出处】《十二个太阳》，见何积全、陈立浩主编《布依族文学史》，贵阳：贵州民族出版社1992年版，第35页。

W1617.4
太阳是黄色的

【关联】［W1652.1.7］12个太阳中的黄太阳是狮子

实 例

哈尼族 以前，太阳是黄色的。

【流传】云南省·（普洱市）·墨江县（墨江哈尼族自治县）

【出处】

（a）李恒忠讲，李灿伟采录：《兄妹传人》，见中国民间文学集成全国编辑委员会编《中国民间故事集成》（云南卷），北京：中国ISBN中心2003年版，第165页。

（b）李灿伟搜集整理：《兄妹传人种》，见《哈尼族民间故事》编辑组编《哈尼族民间故事》，昆明：云南人民出版社1984年版。

W1617.5
太阳是白色的

实 例

（参见下级母题实例）

W1617.5.1
太阳为什么看起来很白

实 例

（参见下级母题实例）

W1617.5.1.1
太阳很白是因为脸上撒了白碱

实 例

柯尔克孜族 月亮妹妹也从地上抓起一把白碱土，撒在太阳姐姐脸上，所以太阳的面孔是白亮白亮的。

【流传】新疆维吾尔自治区·（阿勒泰地区）·阿勒泰市·切尔齐西乡（切尔克齐乡）

【出处】卡德尔阿洪·依布拉音讲，阿不都克热木采录，张彦平译：《日月两姐妹》，见中国民间文学集成全国编辑委员会编《中国民间故事集成》（新疆卷），北京：中国ISBN中心2008年版，第11页。

W1617.6
巨亮的太阳

实例

彝族　宇宙最早产生的索恒哲（原书解释为哲人名字，本书认为是最早产生的天神的名称）第三次造出来的太阳，一经挂好后，实在不得了，整个宇宙中，整个天空里，整个大地上，因有太阳光，永远成白天，永远无黑夜。

【流传】（贵州省彝族地区）

【出处】《索恒哲》，见王富慧（珠尼阿依）译著，贵州省民族古籍整理办公室编《彝族神话史诗选》，北京：民族出版社2013年版，第26～29页。

W1618
太阳的能力

实例

（参见下级母题实例）

W1618.0
太阳有不寻常的能力

【汤普森】F961.1

【关联】

① ［W1534.2.3］万物生长靠太阳

② ［W1620.5］太阳是阳类万物的主宰

实例

（实例待考）

W1618.1
太阳是热的球

【关联】［W4106］太阳的光与热

实例

高山族（泰雅）　远古以前，太阳是一个巨大的热球。

【流传】台湾

【出处】《分半太阳传说》，载《原报》，第15期。

W1618.1.1
太阳溅上回生水变热

实例

纳西族　崇人抛鼎（人名）盗回生水时，把回生水溅到太阳上，太阳出来暖烘烘。

【流传】云南省·丽江县（丽江市）

【出处】东巴阿保讲，和即仁采录：《崇人抛鼎寻不死药》，见中国民间文学集成全国编辑委员会编《中国民间故事集成》（云南卷），北京：中国IS-

BN 中心 2003 年版，第 322 页。

W1618.2
太阳过热给人类造成痛苦
【汤普森】①A720.2；②A728.1
【关联】［W9700］射日的原因

实例

（参见下级母题实例）

W1618.2.1
原来的太阳比现在热

实例

侗族　万能的萨天巴（蜘蛛，女祖神，创世神）为融化原来的冰雪世界做的火团，把冰雪融化之后，烤得大地滚烫。地上的动物热得逃进水里纷纷死去，地上的植物也被烤得一片焦黄。

【流传】广西壮族自治区·（柳州市）·三江（三江侗族自治县），（桂林市）·龙胜（龙胜各族自治县）

【出处】杨卜林喜、杨卜松林、杨明世讲，杨国仁、涛声搜集整理，蕾紫改写：《创世女神萨天巴》，过伟改写自侗族创世史诗《嘎茫莽道时嘉——远祖歌》（未出版稿），见姚宝瑄主编《中国各民族神话》（土家族、毛南族、侗族、瑶族），太原：山西出版传媒集团·书海出版社 2014 年版，第 86 页。

W1618.3
太阳具有魔力
【汤普森】D1291.1

实例

（实例待考）

W1618.4
太阳浑身是火
【关联】
① ［W1574.2］火变成太阳
② ［W1574.2.6a］太阳是红色的火球

实例

汉族　太阳很热，浑身是火。

【流传】上海市·虹口区·江湾镇

【出处】林云奋讲，胡子平采录：《天狗吃太阳》，见中国民间文学集成全国编辑委员会编《中国民间故事集成》（上海卷），北京：中国 ISBN 中心 2007 年版，第 20 页。

W1618.4.1
太阳是一把火
【关联】
① ［1545.7.4a］火把变成日月
② ［W1574.2.1］太阳是火把

实例

纳西族　太阳是一把火。

【流传】云南省·（丽江市）·丽江县（古城区、玉龙纳西族自治县）

【出处】木丽春采集整理：《鹰蛋女寻找

火种》，见木丽春编著《纳西族民间故事集》，昆明：云南人民出版社2007年版，第126页。

W1618.5
太阳能变化大小

【关联】［W9575.1］日月的变形

实例

瑶族（实例待考）

W1618.5.1
小太阳长大

【关联】
① ［W1616.10.2］小太阳
② ［W1616.10.2.1］以前太阳很小

实例

哈尼族 很远的时候，天上有9个小太阳渐渐地，九个太阳长大了。

【流传】云南省·（红河哈尼族彝族自治州）·金平县（金平苗族瑶族傣族自治县）

【出处】李干正讲，周智霆采录：《公鸡请太阳》，见中国民间文学集成全国编辑委员会编《中国民间故事集成》（云南卷），北京：中国ISBN中心2003年版，第124页。

汉族 原来天上的二个日头不过是像天上的二颗小星，可是弟兄俩一长大，心就野了。

【流传】江苏省·（苏州市）·太仓县

【出处】尹培民讲，黄凤尔记录：《天上有过两个太阳》，见姚宝瑄主编《中国各民族神话》（汉族），太原：山西出版传媒集团·书海出版社2014年版，第178~179页。

W1618.5.2
太阳吃特定食物后长大

【关联】［W1695.4.3］太阳吃仙丹后长大

实例

汉族 原来天上的二个日头很小，他们乘父亲天公公打瞌睡辰光，偷吃了乾坤八卦炉里阴阳两极丹，弟兄俩突然变得大得不得了。

【流传】江苏省·（苏州市）·太仓县

【出处】尹培民讲，黄凤尔记录：《天上有过两个太阳》，见姚宝瑄主编《中国各民族神话》（汉族），太原：山西出版传媒集团·书海出版社2014年版，第178~179页。

W1618.6
太阳变鸡

【关联】
① ［W9575.1］日月的变形
② ［W9575.1.1］太阳变鸟

实例

（参见下级母题实例）

W1618.6.1
太阳落地变成鸡

实例

畲族 后羿射下的1个太阳变成鸡。

【流传】浙江省丽水（丽水市）山区

【出处】《金鸡与太阳》，http//www.book001.com。

W1618.6.2
太阳的眼睫毛落到了大地上变成鸡

实 例

珞巴族 太阳的眼睫毛落到了大地上，变成了鸡。

【流传】西藏自治区·（林芝地区）·米林县·纳玉区（南伊乡）

【出处】
（a）东娘讲，于乃昌采录：《九个太阳》，见中国民间文学集成全国编辑委员会编《中国民间故事集成》（西藏卷），北京：中国 ISBN 中心 2001 年版，第 9 页。
（b）同（a），见《珞巴族民间故事》：http://www.tibet-web.com/old/minjian/ync/gushi/mulu.htm，2003.10.02。

W1618.6.3
太阳的眼落地变成鸡

实 例

珞巴族 穷究底乌射穿太阳的眼睛，使之落地变成鸡。

【流传】西藏自治区·（林芝地区）·米林县

【出处】东娘讲，于乃昌整理，见廖东凡主编《神山之祖》，武汉：湖北少年儿童出版社 2001 年版，第 2 页。

W1618.7
太阳变猪

实 例

（参见下级母题实例）

W1618.7.1
射落的太阳变成猪

实 例

畲族 天上有 10 个太阳，后羿一连射落了 9 个太阳。九个太阳射落地后，有的变猪。

【流传】浙江省·丽水市·（莲都区·大港头镇）·北埠乡（北埠村）

【出处】蓝飞鹏讲，蓝周根采录：《金鸡》，见中国民间文学集成全国编辑委员会编《中国民间故事集成》（浙江卷），北京：中国 ISBN 中心 1997 年版，第 27 页。

W1618.8
太阳变化为其他物

【关联】［W9575.1］日月的变形

实 例

（参见下级母题实例）

W1618.8.0
太阳变成老太婆

实 例

珞巴族 太阳变成一个老太婆。

【流传】珞巴族博嘎尔部落［搜集地点

为西藏自治区·林芝市·米林县·纳玉区（南伊乡）]

【出处】东娘、达牛讲，于乃昌整理：《阿巴达尼娶天女》（1986.08），见姚宝瑄主编《中国各民族神话》（门巴族、珞巴族、怒族、藏族），太原：山西出版传媒集团·书海出版社 2014 年版，第 35 页。

W1618.8.1
太阳变十头鸟

【关联】[W3328.5.6] 十头鸟

实 例

汉族　被二郎神用山压住的一个太阳变成一只十头鸟。

【流传】河南省·南阳（南阳市）
【出处】杜守元讲：《拉天灯》，见张楚北《中原神话》，郑州：海燕出版社 1988 年版，第 121 页。

W1618.8.2
太阳变狗

实 例

畲族　（实例待考）

W1618.8.3
太阳变猫

实 例

畲族　（实例待考）

W1618.8.4
太阳变猫、狗、猪等动物

【关联】[W9796.4] 太阳被射落后变各种动物

实 例

畲族

（参见 W9796.4 母题实例）

W1618.8.5
射落的太阳变草坪

实 例

纳西族

（参见 W1261.3.1 母题实例）

W1618.8.6
太阳变成肉团

实 例

白族　梗在大金龙喉咙中的太阳，变成了一个大肉团。

【流传】云南省·（大理白族自治州）·鹤庆县·城郊乡（草海镇）·新民村
【出处】李剑飞讲，李缵绪采录：《人和万物的起源》，见中国民间文学集成全国编辑委员会编《中国民间故事集成》（云南卷），北京：中国 ISBN 中心 2003 年版，第 13 页。

W1618.9
太阳不死

【关联】
① [W1537.3.3] 万物不死

② ［W1613.0］日月不会死亡

实 例

（参见下级母题实例）

W1618.9.1
太阳得到不死药后不死

实 例

哈尼族 因为太阳偷走人间的纠底纳迟（不死药），所以不会死。

【流传】云南省·（玉溪市）·元江县（元江哈尼族彝族傣族自治县）·羊街乡、那诺乡及因远镇清水河流域一带

【出处】《天灾歌》，见元江县哈尼文化学会、元江县史志编纂办公室编《元江哈尼族古歌集》，内部编印，2005年，第101页。

W1618.9a
太阳有生死

【关联】［W1695.11］太阳的死亡

实 例

（参见下级母题实例）

W1618.9a.1
年轻的太阳

实 例

蒙古族 天地刚刚分开的时候，太阳还很年轻，月亮也很漂亮。

【流传】吉林省·（松原市）·前郭尔罗斯蒙古族自治县·乌兰敖都（乌兰敖都乡）

【出处】白音特古斯讲，苏赫巴鲁整理：《日食和月食的由来》，见姚宝瑄主编《中国各民族神话》（达斡尔族、鄂伦春族、鄂温克族、蒙古族），太原：山西出版传媒集团·书海出版社2014年版，第150页。

蒙古族 天地刚刚分开的时候，太阳还很年轻。

【流传】内蒙古自治区·（松原市）·前郭尔罗斯（前郭尔罗斯蒙古族自治县）·乌兰敖都（乌兰敖都乡）

【出处】白音特古斯讲，苏赫巴鲁搜集整理：《日蚀和月蚀的由来》，原载陶立潘、李耀宗编《中国少数民族神话传说选》，见陶阳、钟秀编《中国神话》（上），北京：商务印书馆2008年版，第254~255页。

W1618.10
太阳是管理者

实 例

（参见下级母题实例）

W1618.10.1
天上的1个太阳管陆地，8个管海洋

【关联】［W1649］9个太阳（九阳）

实 例

藏族

（参见W1648.2母题实例）

W1618.10.2
太阳主阳

实例

汉族 日者,阳之主也,是故春夏则群兽除,日至而麋鹿解。

【流传】(无考)

【出处】[汉]刘安及门客:《淮南子·天文训》。

W1618.11
太阳是魂灵守护者

实例

蒙古族(布里亚特) 太阳是魂灵监护者。

【流传】(无考)

【出处】

(a) [苏联] И. А. 曼日格耶夫著,宋长宏译,佟德富校:《布里亚特萨满教和前萨满教辞典》(俄文版),莫斯科:科学出版社1978年版,第59~60页。

(b) 同(a),见吕大吉、何耀华总主编《中国各民族原始宗教资料集成》(鄂伦春族卷、鄂温克族卷、赫哲族卷、达斡尔族卷、锡伯族卷、满族卷、蒙古族卷、藏族卷),北京:中国社会科学出版社1999年版,第603页。

W1618.12
太阳会生育

【关联】

① [W1590.0] 太阳生月亮

② [W1711] 太阳生星星

实例

(参见下级母题实例)

W1618.12.1
太阳生蛋

实例

高山族 以前世界上什么都没有。太阳来到扎嘎宝根的山坡上,生下红、白两个蛋。

【流传】(无考)

【出处】《万物的由来》,见姚宝瑄主编《中国各民族神话》(高山族、黎族、畲族),太原:山西出版传媒集团·书海出版社2014年版,第9页。

W1619
太阳的性格

【关联】[W1626] 月亮的性格

实例

(参见下级母题实例)

W1619.0
健壮的太阳

实例

黎族 太阳姐姐长得皮肤浅黑,脸儿红红,四肢粗大,非常结实,总是早出晚归,是个劳动的能手。

【流传】海南省·(三亚市)·乐东县(乐东黎族自治县)·三平乡

【出处】邢国精讲,华南师范学院中文

系搜集整理：《月亮为什么夜里出来》，见中国民间文学集成全国编辑委员会编《中国民间故事集成》（海南卷），北京：中国 ISBN 中心 2002 年版，第 23 页。

W1619.1
热情的太阳

实 例

傣族 太阳哥哥热情奔放。

【流传】云南省·保山市

【出处】刀柄中讲，艾宗升采录：《月食》，见中国民间文学集成全国编辑委员会编《中国民间故事集成》（云南卷），北京：中国 ISBN 中心 2003 年版，第 143 页。

W1619.2
勤劳的太阳

实 例

汉族 太阳姐姐勤快手巧。

【流传】贵州省·（遵义市）·余庆县·太子区（不详）

【出处】马佐秀讲，李业成采录：《太阳姐姐和月亮妹妹》，见中国民间文学集成全国编辑委员会编《中国民间故事集成》（贵州卷），北京：中国 ISBN 中心 2003 年版，第 18 页。

汉族 太阳很勤快，一早就起床做活。

【流传】湖北省·孝感市·（孝南区）·三汊镇·诸赵村

【出处】王婆婆讲，宋晓英采录：《月亮哥哥和太阳妹妹》，见中国民间文学集成全国编辑委员会编《中国民间故事集成》（湖北卷），北京：中国 ISBN 中心 1999 年版，第 22 页。

汉族 太阳勤快，一早就起床干活，人人都喜欢她。

【流传】江苏省·（淮安市）·洪泽县

【出处】蒋海玉讲，楚爱民记录整理：《太阳和月亮》，见姚宝瑄主编《中国各民族神话》（汉族），太原：山西出版传媒集团·书海出版社 2014 年版，第 188～189 页。

汉族 日头是个勤力的小后生。

【流传】浙江省·（金华市）·东阳县（东阳市）南部各乡镇

【出处】申屠和兰讲，周中帆记录整理：《日月成亲》，见姚宝瑄主编《中国各民族神话》（汉族），太原：山西出版传媒集团·书海出版社 2014 年版，第 201～202 页。

W1619.2a
懒惰的太阳

【关联】［W1626.1］懒惰的月亮

实 例

汉族 羿射日后只剩一个太阳。这个太阳懒散起来，不是在汤谷洗澡玩耍，就是在扶桑树上睡觉。

【流传】（无考）

【出处】陶阳根据《山海经》、《淮南子》、《楚辞》重述：《太阳神》，见陶阳、钟秀编《中国神话》（中），北京：商务印书馆2008年版，第718~720页。

W1619.3
暴躁的太阳

实例

汉族 太阳性情暴烈。

【流传】广西壮族自治区·南宁市·江南区

【出处】邓承学等讲，艾可记录：《太阳和月亮》，见曹廷伟编著《广西民间故事辞典》，南宁：广西教育出版社1993年版，第3页。

汉族 太阳姐姐性子属火，性格火暴。

【流传】陕西省·（汉中市）·南郑县·山口乡、红光乡

【出处】王明锐讲，伯和搜集整理：《日月成婚》，见南郑县民间故事集成编委会编《中国民间故事集成陕西卷·南郑县故事集成》，内部编印，1988年，第2页。

W1619.3.1
太阳暴躁是因为它是男人变的

实例

高山族 因为太阳是男人变的，所以它像男人一样开朗，也像男人一样的威严暴躁。

【流传】（无考）

【出处】陈炜萍搜集整理：《天体的传说》，见陶阳、钟秀编《中国神话》

（上），北京：商务印书馆2008年版，第219~221页。

W1619.3.2
太阳刚烈

实例

哈萨克族 太阳原是刚烈的男性。

【流传】（新疆维吾尔自治区）

【出处】
（a）尼哈迈提·蒙加尼整理，校仲彝记录整理：《迦萨甘创世》，见张越、姚宝瑄编《新疆民族神话故事选》，乌鲁木齐：新疆人民出版社1989年版。
（b）同（a），见姚宝瑄主编《中国各民族神话》（乌孜别克族、哈萨克族、柯尔克孜族、俄罗斯族、维吾尔族、塔吉克族、塔塔尔族、锡伯族），太原：山西出版传媒集团·书海出版社2014年版，第24页。

W1619.3.3
太阳7兄弟性格暴烈

实例

傣族 太阳七兄弟都是火暴性子，一个比一个烈，它们听了英叭神的话，个个都想显神力，显本领。

【流传】（无考）

【出处】岩峰、王松搜集整理：《射神惟鲁塔》，原载《中国各民族宗教与神话大词典》编审委员会编《中国各民族宗教与神话大词典》，学苑出版社1990年版，见姚宝瑄主编《中国各民

族神话》（哈尼族、傣族），太原：山西出版传媒集团·书海出版社 2014 年版，第 380 页。

W1619.3a
太阳急性子

实例

京族 太阳是个火性子。

【流传】广西壮族自治区·防城县（防城港市）·（东兴市·江平镇）·京族三岛（万尾、巫头、山心三岛）

【出处】郑贤芳讲，莫振芳记录整理：《日月分道》，见姚宝瑄主编《中国各民族神话》（仫佬族、壮族、京族），太原：山西出版传媒集团·书海出版社 2014 年版，第 192 页。

W1619.4
泼辣的太阳

实例

汉族 太阳是小姑子，痛快泼辣。

【流传】北京市·顺义县（顺义区）

【出处】刘刘氏讲，释治军采录：《太阳为啥不让人瞧》，见中国民间文学集成全国编辑委员会编《中国民间故事集成》（北京卷），北京：中国 ISBN 中心 1999 年版，第 5 页。

W1619.5
宽厚的太阳

实例

汉族 太阳排行老大，心胸宽，平时总让着月亮弟弟和公鸡弟弟。

【流传】河北省·（沧州市）·海兴县·高湾镇

【出处】崔连起讲，何兴楼采录：《太阳月亮和公鸡》，见中国民间文学集成全国编辑委员会编《中国民间故事集成》（河北卷），北京：中国 ISBN 中心 2003 年版，第 13 页。

W1619.6
善良的太阳

【关联】
① ［W1604.1.1.1］太阳姑娘心地善
② ［W1626.7］慈善的月亮（月亮善良）

实例

高山族 太阳正直、善良，没有私心，又很慷慨。

【流传】（无考）

【出处】陈炜萍搜集整理：《天体的传说》，见陶阳、钟秀编《中国神话》（上），北京：商务印书馆 2008 年版，第 219~221 页。

怒族 太阳是女人，心肠好。

【流传】云南省·（怒江傈僳族自治州）·贡山县（贡山独龙族怒族自治县）

【出处】彭兆清提供，攸延春整理：《创世纪》，见攸延春《怒族文学史》，昆明：云南民族出版社 2003 年版，第 18 页。

W1619.7
嫉妒的太阳

实例

塔吉克族 太阳和月亮本是亲姊妹，都非常嫉妒对方的美。

【流传】新疆维吾尔自治区·（喀什地区）·塔什库尔干塔吉克自治县·提孜那甫乡

【出处】肉恰依克讲，西仁·库尔班等采录翻译：《太阳和月亮》，见中国民间文学集成全国编辑委员会编《中国民间故事集成》（新疆卷），北京：中国ISBN中心2008年版，第11页。

W1619.8
凶恶的太阳

【关联】［W1613.2.1］邪恶的日月

实例

壮族 太阳很残忍，每天清早起来，总要吃掉许多生命。它吃掉的不是别人，而是自己的孩子——星星。

【流传】广西壮族自治区

【出处】罗苏英、韦建真等讲，游华显记录，依易天整理：《太阳、月亮和星星》，载《山茶》1982年第5期。

W1619.8.1
太阳吃掉自己的孩子星星

【关联】

① ［W1690.1］日月争吵是因为太阳要吃掉它们的孩子

② ［W1773.4］星星消失是因为被吞吃

实例

壮族 太阳很残忍，每天清早起来都要吃掉许多生命。它吃掉的不是别人，而是自己的孩子——星星。

【流传】广西壮族自治区

【出处】罗苏英、韦建真等讲，游华显记录整理：《太阳、月亮和星星》，见姚宝瑄主编《中国各民族神话》（仫佬族、壮族、京族），太原：山西出版传媒集团·书海出版社2014年版，第125页。

W1619.8.2
太阳两兄弟中弟弟性恶

【关联】［W1681.1.1］太阳两兄弟

实例

珞巴族

（参见W1619.8.3母题实例）

W1619.8.3
太阳弟弟心不好

实例

珞巴族 太阳两兄弟中太阳弟弟心地不怎么好。

【流传】

（a）西藏自治区·下珞瑜（泛指永木河、锡约尔河、巴恰西仁河流域）

（b）西藏自治区·下珞渝（又写作"下珞瑜"）·义都部落丹龙曲河谷

【出处】

（a）T.K.巴鲁阿搜集：《两个太阳》，

见中华民族故事大系编委会编《中华民族故事大系》第 16 卷（赫哲族、门巴族、珞巴族、基诺族），上海：上海文艺出版社 1995 年版，第 405 ~ 406 页。

（b）同（a），见李坚尚、刘芳贤编《珞巴族门巴族民间故事选》，上海：上海文艺出版社 1993 年版，第 19 ~ 20 页。

W1619.9
太阳有多重性格

实 例

（参见下级母题实例）

W1619.9.1
太阳急躁懒惰

实 例

纳西族 太阳月亮是两姐妹。姐姐太阳的脾气急躁，又爱睡懒觉，月亮妹妹的脾气温柔，又勤谨。

【流传】云南省·（丽江市）·丽江县（古城区、玉龙纳西族自治县）

【出处】木丽春采集整理：《太阳眩人眼睛的传说》，见木丽春编著《纳西族民间故事集》，昆明：云南人民出版社 2007 年版，第 130 页。

W1619.9.2
太阳活泼热情

实 例

汉族 太阳妹子生得天真活泼，热情奔放。

【流传】浙江省·（嘉兴市）·海宁县

【出处】沈关勇等讲，郑伟成记录，王钱松整理：《日月平升》，载《民间文学》1983 年第 10 期。

W1619.9.3
太阳天真活泼

实 例

汉族 妹子太阳生得天真、活泼。

【流传】浙江省·海宁市·祝场、斜桥等乡及毗邻的海盐县部分农村

【出处】沈关勇、汪彩贞讲，郑伟成、王钱松记录，王钱松整理：《日月平升》（1981），见姚宝瑄主编《中国各民族神话》（汉族），太原：山西出版传媒集团·书海出版社 2014 年版，第 191 ~ 192 页。

W1619.9.4
太阳性格的变化

实 例

（参见下级母题实例）

W1619.9.4.1
射日后太阳变温和

【关联】

① ［W9790］射日月的结果
② ［W9796.9］射日后日月变得正常

实 例

汉族 武士射日后，剩下的最后一个

太阳正常地从东边升起，阳光不是以前那么毒辣了，而是暖和和的。

【流传】江苏省·（南京市）·江浦县（浦口区）

【出处】徐宝金讲，徐才清记录整理：《蘑菇星救太阳》（1987.12），见姚宝瑄主编《中国各民族神话》（汉族），太原：山西出版传媒集团·书海出版社2014年版，第156~157页。

W1620
与太阳特征有关的其他母题

【关联】
① ［W1695.16］日精
② ［W4106］太阳的光与热
③ ［W4863.1］太阳是天地的主宰
④ ［W4931.3］以前太阳不落（不落的太阳）
⑤ ［W9128.1］太阳是巫师

实 例

（参见下级母题实例）

W1620.1
太阳的特殊现象

【汤普森】F961.1

实 例

（实例待考）

W1620.2
太阳润万物

【汤普森】A738.4

实 例

布依族 （参见 W1534.2.3 母题实例）

W1620.3
太阳是神

实 例

（参见下级母题实例）

W1620.3.1
太阳是火神

【关联】［W1569.3］火神变太阳

实 例

畲族 很久以前，天上有9个太阳，它们是天帝的9个火神。

【流传】福建省·（福州市）·连江（连江县）

【出处】林必霖搜集，黄家殿、邱学飞采录：《太阳和月亮》，原载《畲族传说故事》，福州：福建人民出版社1984年版，见《福建省少数民族古籍丛书》编委会编《畲族卷·民间故事》，福州：海峡出版发行集团·海峡书局2013年版，第9页。

W1620.3.2
太阳是男神

实 例

达斡尔族

（参见 W1611.2.1 母题实例）

W1620.3.2.1
太阳是发光的男神

实 例

蒙古族 麦德尔神女怜惜须弥宝山上那

些又小又矮的人，派了神男、神女每天去给他们照明。神男白天值班，发热发红光，就是太阳。

【流传】新疆维吾尔自治区蒙古族居住地区

【出处】姚宝瑄搜集整理：《麦德尔神女开天辟地》，载《民间文学》1986年第3期。

W1620.3.3
太阳是始祖母神

【关联】

① ［W1627.1.6］月亮是始祖父神
② ［W7533］日月婚

实例

鄂温克族 太阳给人以温暖，是始祖母神。

【流传】内蒙古自治区·（呼伦贝尔市）·额尔古纳左旗·阿龙山镇

【出处】纽拉（女萨满，1907年生）讲，满都尔图、孟和采录整理：《最早萨满传袭的传说》（1990.11.12），见吕大吉、何耀华总主编《中国各民族原始宗教资料集成》（鄂伦春族卷、鄂温克族卷、赫哲族卷、达斡尔族卷、锡伯族卷、满族卷、蒙古族卷、藏族卷），北京：中国社会科学出版社1999年版，第123页。

W1620.3a
太阳是佛

【关联】

① ［W0787.9］与佛有关的其他母题
② ［W6424］太阳崇拜

实例

（参见下级母题实例）

W1620.3a.1
太阳佛

实例

汉族 虹的出现都在晴日，挂在太阳佛对向。

【流传】浙江省·（温州市）·洞头县·三盘乡·擂网岙（擂网岙村）

【出处】谢钦其讲，蔡庚尧整理：《彩虹斗太阳》（1986.03），见姚宝瑄主编《中国各民族神话》（汉族），太原：山西出版传媒集团·书海出版社2014年版，第154~155页。

W1620.4
太阳是天的眼睛

实例

鄂温克族

（参见 W1545.7.5a 母题实例）

W1620.5
太阳是阳类万物的主宰

【关联】［W4627］万物秩序的建立

实例

汉族 （实例待考）

W1620.6
太阳怕雷公电母

实例

壮族　太阳怕雷公电母，一见到雷公神和电娘娘的影子就躲起来。

【流传】广西壮族自治区·南宁（南宁市）·江南区

【出处】邓承学讲：《太阳和月亮》，见张声震总主编，农冠品编注《壮族神话集成》，南宁：广西民族出版社2007年版，第185页。

W1620.7
太阳有好眼力

实例

汉族　太阳的眼光最贼（好）。

【流传】天津市·河西区

【出处】黄老太太讲，李昶采录：《土虫变人》，见中国民间文学集成全国编辑委员会编《中国民间故事集成》（天津卷），北京：中国ISBN中心2004年版，第5页。

W1620.8
太阳有智慧

【关联】［W9245.1］太阳是智慧的象征

实例

回族　人们有难题就去问太阳。太阳告诉人们："在木犁上安装一张铁的铧尖，再套两只牛拉着，那就省力得多了。"

【流传】甘肃省·临夏回族自治州

【出处】柯扬记录整理：《太阳的回答》，见姚宝瑄主编《中国各民族神话》（土族、东乡族、回族、保安族、裕固族、撒拉族），太原：山西出版传媒集团·书海出版社2014年版，第58页。

✳ W1621
月亮的特征

实例

（参见下级母题实例）

W1622
月亮的外貌

【关联】［W4140］月相与月相变化

实例

（参见下级母题实例）

W1622.0
月亮是圆的

【关联】

① ［W1543.5.6.4］造日月时把日月削圆

② ［W4141］月亮为什么是圆的

实例

（参见下级母题实例）

W1622.0.1
月亮射去角后变圆

【关联】［W1622.2］有棱角的月亮

实 例

瑶族 天上出现七棱八角的月亮。雅拉（人名）登山重射百箭，月之棱角皆去，月亦成为圆轮形。

【流传】（无考）

【出处】《雅拉射月》（原名《射月亮》），原载《中国民间故事选》（第一集），见袁珂《中国神话大词典》，北京：华夏出版社2015年版，第473页。

瑶族 射手雅拉向月亮一连射了一百次，把月亮的棱角都射掉了，月亮成了一个圆圆的轮子，在天空打转转。

【流传】广西壮族自治区

【出处】萧甘牛搜集：《射月亮》，原载中国社会科学院文学研究所编《中国民间故事选》，见陶阳、钟秀编《中国神话》（上），北京：商务印书馆2008年版，第248~251页。

瑶族 原来的月亮有棱角。射手雅拉射月亮，一连射了一百次，把月亮的棱角都射掉了，成了一个圆圆的轮子，在天空打转转。

【流传】广西壮族自治区

【出处】萧甘牛记录整理：《射月亮》，见姚宝瑄主编《中国各民族神话》（土家族、毛南族、侗族、瑶族），太原：山西出版传媒集团·书海出版社2014年版，第196页。

W1622.1
以前的月亮不圆

【关联】[W4140] 月相与月相变化

实 例

汉族 （实例待考）

W1622.2
有棱角的月亮

【关联】[W1616.7] 以前太阳有棱角

实 例

（参见下级母题实例）

W1622.2.1
七棱八角的月亮

【关联】[W1616.7.1] 以前造出的太阳七棱八角

实 例

汉族 从前，月亮是九个角八个棱，能把庄稼苗晒焦。猎人亚拉把月亮的九角八棱给射掉，变成了一个圆月亮。

【流传】山东省·（临沂市）·临沭县·（白旄镇）·东白旄村

【出处】胡怀梅讲，靖一民采录：《亚拉射月》，见中国民间文学集成全国编辑委员会编《中国民间故事集成》（山东卷），北京：中国ISBN中心2007年版，第6页。

黎族 有一个名字叫万家的神，造的月亮七棱八角，不方不圆。

【流传】海南省·琼中县（琼中黎族苗族自治县）·五指山公社·番龙村（今属五指山市·水满乡·番龙村）

【出处】王克福讲，冯秀梅采录：《山区

与平原的由来》，见中国民间文学集成全国编辑委员会编《中国民间故事集成》（海南卷），北京：中国 ISBN 中心 2002 年版，第 5 页。

瑶族　古时天空但有日而无星月，忽出怪月，七棱八角，其热胜日。
【流传】（无考）
【出处】《雅拉射月》（原名《射月亮》），原载《中国民间故事选》（第一集），见袁珂《中国神话大词典》，北京：华夏出版社 2015 年版，第 473 页。

瑶族　天空忽然出现的一个月亮七棱八角、不方不圆，像山上刚爆下的大石块。
【流传】广西壮族自治区
【出处】萧甘牛记录整理：《射月亮》，见姚宝瑄主编《中国各民族神话》（土家族、毛南族、侗族、瑶族），太原：山西出版传媒集团·书海出版社 2014 年版，第 195 页。

瑶族　最早出现的月亮七棱八角，不方不圆，像山上刚爆下的大石块。
【流传】广西壮族自治区
【出处】萧甘牛搜集：《射月亮》，原载中国社会科学院文学研究所编《中国民间故事选》，见陶阳、钟秀编《中国神话》（上），北京：商务印书馆 2008 年版，第 248~251 页。

W1622.2.2
月亮小时候的 2 只角长大后会消失

实　例

汉族　月亮从小两只角，长大没得角。
【流传】湖北省·丹江口市
【出处】葛朝宝讲，沈志远记录：《太阳和月亮》，见姚宝瑄主编《中国各民族神话》（汉族），太原：山西出版传媒集团·书海出版社 2014 年版，第 193~194 页。

W1622.3
月亮有 9 条腿

实　例

蒙古族（布里亚特）　蒙古族的月亮父亲有 9 条腿。
【流传】（无考）
【出处】《蒙古族自然神灵的信仰和崇拜》，见吕大吉、何耀华总主编《中国各民族原始宗教资料集成》（鄂伦春族卷、鄂温克族卷、赫哲族卷、达斡尔族卷、锡伯族卷、满族卷、蒙古族卷、藏族卷），北京：中国社会科学出版社 1999 年版，第 601 页。

蒙古族（布里亚特）　九条腿的月父。
【流传】（无考）
【出处】
（a）［苏联］Г.Р. 加尔达诺娃著，宋长宏译，佟德富校：《喇嘛教前的布里亚特宗教信仰》（俄文版），诺沃西比尔斯克：科学出版社西伯利亚分社1987年版，第14～20页。

(b) 同（a），见吕大吉、何耀华总主编《中国各民族原始宗教资料集成》（鄂伦春族卷、鄂温克族卷、赫哲族卷、达斡尔族卷、锡伯族卷、满族卷、蒙古族卷、藏族卷），北京：中国社会科学出版社1999年版，第601页。

蒙古族 八条腿的日母，九条腿的月父。

【流传】（无考）

【出处】

(a) ［苏联］Г.P.加尔达诺娃著，宋长宏译，佟德富校：《喇嘛教前的布里亚特宗教信仰》（俄文版），诺沃西比尔斯克：科学出版社西伯利亚分社1987年版，第14～16页。

(b) 同（a），见吕大吉、何耀华总主编《中国各民族原始宗教资料集成》（鄂伦春族卷、鄂温克族卷、赫哲族卷、达斡尔族卷、锡伯族卷、满族卷、蒙古族卷、藏族卷），北京：中国社会科学出版社1999年版，第753～754页。

W1622.4
美貌的月亮

实例

傣族 （参见W1626.2母题实例）

汉族 月亮妹妹很漂亮。

【流传】湖北省·（孝感市）·云梦县·胡金店乡

【出处】赵尊言讲，赵俊鹏采录：《月亮哥哥和太阳妹妹》，见中国民间文学集成全国编辑委员会编《中国民间故事集成》（湖北卷），北京：中国ISBN中心1999年版，第22页。

W1622.4.1
天地刚分开时月亮很漂亮

实例

蒙古族 天地刚刚分开的时候，月亮很漂亮。

【流传】吉林省·（松原市）·前郭尔罗斯蒙古族自治县·乌兰敖都（乌兰敖都乡）

【出处】白音特古斯讲，苏赫巴鲁整理：《日食和月食的由来》，见姚宝瑄主编《中国各民族神话》（达斡尔族、鄂伦春族、鄂温克族、蒙古族），太原：山西出版传媒集团·书海出版社2014年版，第150页。

W1622.4.2
月亮穿银纱

实例

汉族 月亮姐姐和太阳妹妹两个穿的是闪光发亮的银纱和金纱，把这个地方照得亮通通的。

【流传】河南省·（南阳市）·桐柏县·毛集镇·王湾村

【出处】王明菊讲，王玲采录：《盘古请

日月》（1986.03），见张振犁编著《中原神话通鉴》（第一卷），郑州：河南大学出版社 2017 年版，第 45 页。

W1622.5
丑陋的月亮

实 例

汉族 天上的月亮长得很丑。

【流传】河北省·（邯郸市）·武安县（武安市）·（康二城镇）·紫泉村

【出处】刘生明讲，冀秀生采录：《日头和月亮》，见中国民间文学集成全国编辑委员会编《中国民间故事集成》（河北卷），北京：中国 ISBN 中心 2003 年版，第 11 页。

W1622.5.1
月亮哥哥又丑又懒

实 例

汉族 月亮哥哥又丑又懒。

【流传】
（a）湖北省·（孝感市）·应城市·三合乡
（b）贵州省·（遵义市）·余庆县·龙溪区

【出处】
（a）李泽仁讲，李民生采录：《月亮哥哥和太阳妹妹》，见中国民间文学集成全国编辑委员会编《中国民间故事集成》（湖北卷），北京：中国 ISBN 中心 1999 年版，第 22 页。

（b）彭永模讲，李业成采录：《月亮哥哥和太阳妹妹》，见中国民间文学集成全国编辑委员会编《中国民间故事集成》（贵州卷），北京：中国 ISBN 中心 2003 年版，第 19 页。

W1622.5.2
丑陋的女月亮

实 例

（参见下级母题实例）

W1622.5.2.1
月亮姐姐很丑

实 例

蒙古族 太阳和月亮是姐妹俩，丑陋的姐姐月亮出现时天空暗淡无光。

【流传】内蒙古自治区东部地区

【出处】那木吉拉：《中国阿尔泰语系诸民族神话比较研究》，北京：学习出版社 2010 年版，第 176 页。

W1622.5.3
月亮脸上刺着黑字

实 例

汉族 月亮脸上刺着黑字，怕人看见笑话，出来的时候还时常捂着半个脸。

【流传】河北省·（邯郸市）·武安县（武安市）·（康二城镇）·紫泉村

【出处】刘生明讲，冀秀生采录：《日头和月亮》，见中国民间文学集成全国编辑委员会编《中国民间故事集成》（河北卷），北京：中国 ISBN 中心 2003 年版，第 11 页。

W1622.6
月亮全身都是眼睛

实 例

苗族　天上的真月亮，全身都是眼睛。

【流传】湖南省·（湘西土家族苗族自治州）·凤凰县·腊尔山乡（腊尔山镇）

【出处】龙老八讲，龙文玉采录：《明那雄射日月》，见中国民间文学集成全国编辑委员会编《中国民间故事集成》（湖南卷），北京：中国 ISBN 中心 2002 年版，第 11 页。

W1622.7
月亮的图形

实 例

（参见下级母题实例）

W1622.7.1
月亮被画成里外 9 圈

实 例

蒙古族（布里亚特）　月亮被画成里外 9 圈的图形，没有光线。

【流传】（无考）

【出处】

（a）［苏联］Г.Р. 加尔达诺娃著，宋长宏译，佟德富校：《喇嘛教前的布里亚特宗教信仰》（俄文版），诺沃西比尔斯克：科学出版社西伯利亚分社 1987 年版，第 14~20 页。

（b）同（a），见吕大吉、何耀华总主编《中国各民族原始宗教资料集成》（鄂伦春族卷、鄂温克族卷、赫哲族卷、达斡尔族卷、锡伯族卷、满族卷、蒙古族卷、藏族卷），北京：中国社会科学出版社 1999 年版，第 602 页。

W1623
月亮的构造

【关联】［W1696］月宫（广寒宫）

实 例

（参见下级母题实例）

W1623.1
月亮有 15 个门

实 例

蒙古族　月亮有十五个门。

【流传】辽宁省·（朝阳市）·喀左县（喀喇沁左翼蒙古族自治县）·（白塔子镇）·三道营子（三道营子村）

【出处】金荣讲，靳宏琴采录：《月亮十五个门》，见中国民间文学集成全国编辑委员会编《中国民间故事集成》（辽宁卷），北京：中国 ISBN 中心 1994 年版，第 7 页。

W1624

月亮的颜色

【关联】

① ［W4158.2］月亮生病后光亮变淡

② ［W4158.3］月亮丢了火之后颜色变淡

实例

（参见下级母题实例）

W1624.1

红月亮

【关联】［W4162］月亮变红的原因

实例

（参见下级母题实例）

W1624.1.1

月亮原来发红光

实例

汉族　月亮原来是火体金身，发着红光。

【流传】四川省·巴县（重庆·巴南区）·鱼洞镇

【出处】张文奎讲，李子硕记录整理：《月亮的圆缺和星星眨眼》（1988.04），见姚宝瑄主编《中国各民族神话》（汉族），太原：山西出版传媒集团·书海出版社2014年版，第209~210页。

W1624.2

金月亮

【关联】［W1694.4］金太阳

实例

赫哲族（实例待考）

W1624.3

银月亮

【关联】

① ［W1581.2.2］月亮是云墙漏出的银光

② ［W1585.7.2］用银丝织月亮

③ ［W1694.5］银太阳

实例

苗族　桑札（神名）射落日和月。射落十一个月亮，射掉十一个太阳。还剩一个金太阳，还有一个银月亮。

【流传】原文无流传地，据文本及注释推测该神话流传于贵州省·黔东南苗族侗族自治州·凯里市、台江县等地。

【出处】张启庭、张荣光、张正玉、张启德演唱，张明搜集，燕宝整理译注：《创造宇宙·呼日喊月》，见贵州省少数民族古籍整理出版规划小组办公室编，燕宝整理译注《苗族古歌》，贵阳：贵州民族出版社1993年版，第382页。

W1624.3.1

月亮银色是因为造月亮者给月亮穿上银裙

实例

瑶族（布努）密洛陀（万物之母，女

始祖，女神）造出月亮后，给月亮穿了银裙装，银裙变成明灯闪闪亮。

【流传】广西壮族自治区·（河池市）·都安县（都安瑶族自治县）、巴马县（巴马瑶族自治县）、南丹县，（百色市）·田东县、平果县等地

【出处】桑布郎等传，蒙凤标（83岁）、罗仁祥（73岁）等唱：《密洛陀》（1983），见蓝怀昌、蓝书京、蒙通顺搜集翻译整理《密洛陀》，北京：中国民间文艺出版社1988年版，第15页。

W1624.3.2
月亮银色是因为穿着银衣裳

实 例

哈尼族 永生不死的约回月亮姑娘穿的是银衣裳。

【流传】云南省·（红河哈尼族彝族自治州）·元阳（元阳县）·攀枝花（攀枝花乡）·洞铺寨

【出处】朱小和讲，史军超采录：《永生不死的姑娘》，见中国民间文学集成全国编辑委员会编《中国民间故事集成》（云南卷），北京：中国ISBN中心2003年版，第130页。

W1624.4
白色的月亮（白月亮）

【关联】［W4157］月亮为什么是苍白的

实 例

布依族 祖先翁戛水洗白了月亮。

【流传】（无考）

【出处】《辟地撑天》，见何积全、陈立浩主编《布依族文学史》，贵阳：贵州民族出版社1992年版，第34页。

W1624.5
黄色的月亮（黄月亮）

【关联】［W4161］月亮为什么发黄

实 例

高山族 以前，月亮不像如今这么亮，颜色一片昏黄。

【流传】福建省·漳州市

【出处】达莱（汉族名林松山）讲汪梅田采录者：《月儿为什么这么亮》，见中国民间文学集成全国编辑委员会编《中国民间故事集成》（福建卷），北京：中国ISBN中心1998年版，第13页。

W1624.6
蓝色的月亮（蓝月亮）

实 例

（参见下级母题实例）

W1624.6.1
神吹出的蓝色云雾变成蓝月亮

实 例

纳西族 陆色二神朝筏子猛地吹了一口气，倏忽间大筏子变成了一缕闪着蓝色光焰的云雾，慢慢变成蓝月亮。

【流传】云南省·（丽江市）·丽江县

（古城区、玉龙纳西族自治县）

【出处】木丽春采集整理：《蓝月亮谷的传说》，见木丽春编著《纳西族民间故事集》，昆明：云南人民出版社2007年版，第162页。

W1625
月亮有不寻常的能力

实例

（参见下级母题实例）

W1625.1
月亮会变化

【关联】［W1950.3.3］月亮落地变成海子

实例

纳西族

（参见 W1950.3.3.1 母题实例）

W1625.2
月亮能死而复生

【关联】［W9300］复活

实例

珞巴族（博嘎尔部落）很早以前，月亮死了还能活过来。

【流传】西藏自治区·（林芝地区）·米林县

【出处】东娘讲，于乃昌整理：《啄木鸟》，见《珞巴族民间故事》：http://www.tibet-web.com/old/minjian/ync/gushi/mulu.htm，2003.10.02。

W1625.3
月亮不死

【关联】

① ［W1537.3.3］万物不死

② ［W1613.0］日月不会死亡

③ ［W1618.9］太阳不死

实例

（参见下级母题实例）

W1625.3.1
月亮不死是因为它能躲开死亡的种子

实例

彝族 天王撒死种籽时，会让的就能活在世上。八月九月间，死种撒到月亮上，月亮也会让。

【流传】云南省·楚雄彝族自治州·姚安县、大姚县等彝族地区

【出处】《丧葬·死亡》，见云南省民族民间文学楚雄调查队整理编写《梅葛》，昆明：云南人民出版社2009年版，第217页。

W1625.3.2
月亮不死是因为得到了不死药

【关联】［W1618.9.1］太阳得到不死药后不死

实例

哈尼族 因为月亮偷走人间的纠底纳迟（不死药），所以不会死。

【流传】云南省·（玉溪市）·元江县（元江哈尼族彝族傣族自治县）·羊街乡、那诺乡及因远镇清水河流域一带

【出处】《天灾歌》，见元江县哈尼文化学会、元江县史志编纂办公室编《元江哈尼族古歌集》，内部编印，2005年，第101页。

哈尼族 神药纠底那迟没有拿回人间，被月亮得到了，所以月亮永远不会死，永远有光亮。

【流传】云南省

【出处】李章法、毛佑全讲，傅光宇记录整理：《天狗吃月亮》，见姚宝瑄主编《中国各民族神话》（哈尼族、傣族），太原：山西出版传媒集团·书海出版社2014年版，第95页。

W1625.4
月亮生育力很强

实 例

壮族 月亮每个月有十多天生孩子（星星）。

【流传】广西壮族自治区

【出处】罗苏英、韦建真等讲，游华显记录整理：《太阳、月亮和星星》，见姚宝瑄主编《中国各民族神话》（仫佬族、壮族、京族），太原：山西出版传媒集团·书海出版社2014年版，第125页。

W1625.5
月亮主阴

实 例

汉族 月者，阴之宗也，是以月虚而鱼脑减，月死而蠃龙焦。

【流传】（无考）

【出处】[汉]刘安及门客：《淮南子·天文训》。

W1626
月亮的性格

[汤普森] A750

【关联】[W1619] 太阳的性格

实 例

（参见下级母题实例）

W1626.1
懒惰的月亮

【关联】[W1619.2a] 懒惰的太阳

实 例

汉族 月亮向太阳求婚受惩罚，脸上刺了"丑鬼"二字，以后他变得越来越懒了。

【流传】江苏省·（盐城市）·射阳县

【出处】吕香讲，傅仪记录：《太阳和月亮》（1987.07.12），见姚宝瑄主编《中国各民族神话》（汉族），太原：山西出版传媒集团·书海出版社2014年版，第187~188页。

黎族

（参见W1626.9.1母题实例）

W1626.1.1
月亮是懒汉

实例

汉族 月亮是个懒汉。

【流传】河北省·（邯郸市）·武安县（武安市）·（康二城镇）·紫泉村

【出处】刘生明讲，冀秀生采录：《日头和月亮》，见中国民间文学集成全国编辑委员会编《中国民间故事集成》（河北卷），北京：中国 ISBN 中心 2003 年版，第 11 页。

W1626.1.2
月亮哥哥很懒

实例

汉族 月亮哥哥很懒。

【流传】
(a) 湖北省·（孝感市）·应城市·三合乡
(b) 贵州省·（遵义市）·余庆县·龙溪区

【出处】
(a) 李泽仁讲，李民生采录：《月亮哥哥和太阳妹妹》，见中国民间文学集成全国编辑委员会编《中国民间故事集成》（湖北卷），北京：中国 ISBN 中心 1999 年版，第 22 页。
(b) 彭永模讲，李业成采录：《月亮哥哥和太阳妹妹》，见中国民间文学集成全国编辑委员会编《中国民间故事集成》（贵州卷），北京：中国 ISBN 中心 2003 年版，第 19 页。

W1626.1.3
月亮妹妹很懒

实例

黎族 月亮妹妹长得皮肤雪白，身体娇嫩，脸蛋圆圆，像初开的桂花一样美丽，但是她不爱劳动，是懒惰的人。

【流传】
(a) 海南省·（三亚市）·乐东县（乐东黎族自治县）·三平乡
(b) 海南省·（三亚市）·乐东县（乐东黎族自治县）

【出处】
(a) 邢国精讲，华南师范学院中文系搜集整理：《月亮为什么夜里出来》，见中国民间文学集成全国编辑委员会编《中国民间故事集成》（海南卷），北京：中国 ISBN 中心 2002 年版，第 23 页。
(b) 邢国精讲，华南师范学院中文系搜集：《月亮为什么只在夜间出来》，见中华民族故事大系编委会编《中华民族故事大系》第 7 卷（黎族、傈僳族、佤族），上海：上海文艺出版社 1995 年版，第 238 页。

W1626.1.3.1
月亮妹妹又懒又贪玩

实例

汉族 月亮妹妹又懒又贪玩。

【流传】贵州省·（遵义市）·余庆县·太子区（不详）

【出处】马佐秀讲，李业成采录：《太阳姐姐和月亮妹妹》，见中国民间文学集成全国编辑委员会编《中国民间故事集成》（贵州卷），北京：中国ISBN中心2003年版，第18页。

W1626.1a
勤劳的月亮

【关联】［W1607.3］月亮是勤劳的小伙

实 例

汉族　月亮是个勤劳勇敢的小伙子。

【流传】江苏省·（泰州市）·兴化市

【出处】徐殿臣讲，王才良记录：《太阳和月亮的爱情》（1987.07.12），见姚宝瑄主编《中国各民族神话》（汉族），太原：山西出版传媒集团·书海出版社2014年版，第199~200页。

W1626.2
害羞的月亮

实 例

傣族　月亮妹妹美貌害羞。

【流传】云南省·保山市

【出处】刀柄中讲，艾宗升采录：《月食》，见中国民间文学集成全国编辑委员会编《中国民间故事集成》（云南卷），北京：中国ISBN中心2003年版，第143页。

W1626.2.1
月亮胆小

实 例

汉族　月亮本是小胆子，被盘古氏一吓胆子更小了。

【流传】浙江省·（舟山市）·嵊泗县

【出处】李明亮讲，金德章记录整理：《月亮和太阳》，见姚宝瑄主编《中国各民族神话》（汉族），太原：山西出版传媒集团·书海出版社2014年版，第189页。

W1626.3
暴躁的月亮

实 例

（实例待考）

W1626.4
温柔的月亮

【关联】［W1608.2］月亮是温柔恬静的女子

实 例

高山族　月亮光皎洁柔和，是因为它是一个美丽姑娘的化身。

【流传】（无考）

【出处】陈炜萍搜集整理：《天体的传说》，见陶阳、钟秀编《中国神话》（上），北京：商务印书馆2008年版，第219~221页。

汉族　月亮性情温柔。

【流传】广西壮族自治区·南宁市·江南区

【出处】邓承学等讲，艾可记录：《太阳和月亮》，见曹廷伟编著《广西民间故事辞典》，南宁：广西教育出版社1993年版，第3页。

W1626.4.1
月亮弟弟很温柔

实 例

汉族　月亮弟弟性子属水，很柔和。

【流传】陕西省·（汉中市）·南郑县·山口乡、红光乡

【出处】王明锐讲，伯和搜集整理：《日月成婚》，见南郑县民间故事集成编委会编《中国民间故事集成陕西卷·南郑县故事集成》，内部编印，1988年，第2页。

W1626.4.2
月亮妹妹很温柔

实 例

汉族　天上的月亮妹妹生性温顺。

【流传】宁夏回族自治区·（固原市）·固原县

【出处】朱之泓采录：《太阳和月亮》，见中国民间文学集成全国编辑委员会编《中国民间故事集成》（宁夏卷），北京：中国ISBN中心1999年版，第20页。

柯尔克孜族　月亮妹妹比太阳姐姐更明亮，更美貌，性情也温柔可爱。

【流传】（无考）

【出处】伊尼克讲，艾布尔·艾山汗搜集，张彦平译：《日月两姐妹》，见满都呼主编《中国阿尔泰语系诸民族神话故事》，北京：民族出版社1997年版，第82页。

W1626.4.3
月亮嫂子很温柔

实 例

汉族　月亮是嫂子，温和善良。

【流传】北京市·顺义县（顺义区）

【出处】刘刘氏讲，释治军采录：《太阳为啥不让人瞧》，见中国民间文学集成全国编辑委员会编《中国民间故事集成》（北京卷），北京：中国ISBN中心1999年版，第5页。

W1626.5
爱打扮的月亮

实 例

汉族　月亮白天在家扯起胯子睡懒觉，晚上打扮得水灵灵的，越望她，她越变着姿态来媚你。

【流传】湖北省·孝感市·（孝南区）·三汊镇·诸赵村

【出处】王婆婆讲，宋晓英采录：《月亮哥哥和太阳妹妹》，见中国民间文学集成全国编辑委员会编《中国民间故事集成》（湖北卷），北京：中国ISBN中心1999年版，第22页。

W1626.6
倔脾气的月亮

实例

汉族 月亮是老二，脾气倔，动不动就翻脸。

【流传】河北省·（沧州市）·海兴县·高湾镇

【出处】崔连起讲，何兴楼采录：《太阳月亮和公鸡》，见中国民间文学集成全国编辑委员会编《中国民间故事集成》（河北卷），北京：中国ISBN中心2003年版，第13页。

W1626.7
慈善的月亮（月亮善良）

【关联】[W1627.2] 月亮是慈善的女神

实例

（参见下级母题实例）

W1626.7.1
月亮是慈善的妈妈

实例

汉族 月亮很慈善，她每天清晨总是在屋里细心地为星星这些孩子们梳头、穿衣，忙得团团转。

【流传】浙江省·（丽水市）·庆元县

【出处】何毅讲，陈业记录：《月亮和日头分家》，见姚宝瑄主编《中国各民族神话》（汉族），太原：山西出版传媒集团·书海出版社2014年版，第205页。

壮族 月亮是个很慈善的妈妈，在明朗的晚上，它总是带着自己的孩子在天空里漫游。

【流传】广西壮族自治区

【出处】罗苏英、韦建真等讲，游华显记录，依易天整理：《太阳、月亮和星星》，载《山茶》1982年第5期。

壮族 月亮是个很慈善的妈妈，在明朗的晚上，它总是带着自己的孩子（星星）在天空里漫游。

【流传】广西壮族自治区

【出处】罗苏英、韦建真等讲，游华显记录整理：《太阳、月亮和星星》，见姚宝瑄主编《中国各民族神话》（仫佬族、壮族、京族），太原：山西出版传媒集团·书海出版社2014年版，第125页。

W1626.8
爱嫉妒的月亮

实例

汉族 石头能治百病的事，被天上的月亮知道了，它非常眼气，下决心要把它弄到手。

【流传】辽宁省·（本溪市）·本溪县（本溪满族自治县）·山城子乡

【出处】李国强讲，孙立、孙化广搜集整理：《月有圆缺的传说》（1986），见姚宝瑄主编《中国各民族神话》（汉族），太原：山西出版传媒集团·书海出版社2014年版，第228～

230 页。

W1626.9
月亮有双重性格

实例

（参见下级母题实例）

W1626.9.1
月亮美却懒惰

实例

黎族　太阳和月亮是一对亲姐妹。月亮妹妹身子婀娜娇嫩，脸儿又白又嫩，长得像桂花一样美丽，就是很懒惰。

【流传】海南省五指山一带

【出处】《大地和太阳成亲》，见姚宝瑄主编《中国各民族神话》（高山族、黎族、畲族），太原：山西出版传媒集团·书海出版社 2014 年版，第 50 页。

W1626.10
月亮文静端庄

实例

汉族　月亮阿姐生得文静典雅，端庄大方。

【流传】浙江省·（嘉兴市）·海宁县

【出处】沈关勇等讲，郑伟成记录，王钱松整理：《日月平升》，载《民间文学》1983 年第 10 期。

汉族　阿姐月亮生得文静、大方。

【流传】浙江省·海宁市·祝场、斜桥等乡及毗邻的海盐县部分农村

【出处】沈关勇、汪彩贞讲，郑伟成、王钱松记录，王钱松整理：《日月平升》（1981），见姚宝瑄主编《中国各民族神话》（汉族），太原：山西出版传媒集团·书海出版社 2014 年版，第 191~192 页。

W1627
与月亮特征有关的其他母题

【关联】

① ［W1627.4］以前月亮比太阳亮

② ［W4947］月亮的运行

实例

（参见下级母题实例）

W1627.1
月亮是神

实例

（参见下级母题实例）

W1627.1.1
月亮是火体金身发红光的神

实例

汉族　月亮是一个火体金身发红光的神。

【流传】四川省·巴县（今重庆市·巴南区）·土主乡·伏善村

【出处】张文奎讲，李子硕采录：《星星眨眼睛》，见中国民间文学集成全国编辑委员会编《中国民间故事集成》

（四川卷·上），北京：中国 ISBN 中心 1998 年版，第 35 页。

汉族 月亮跟火神的九个儿子一样，也是个火体金身发红光的神。

【流传】四川省·巴县（重庆·巴南区）·鱼洞镇

【出处】张文奎讲，李子硕记录整理：《月亮的圆缺和星星眨眼》（1988.04），见姚宝瑄主编《中国各民族神话》（汉族），太原：山西出版传媒集团·书海出版社 2014 年版，第 209～210 页。

W1627.1.2
月亮是发光的女神

【关联】［W1620.3.2］太阳是发光的男神

实例

蒙古族 麦德尔神女怜惜须弥宝山上那些又小又矮的人，派了神男、神女每天去给他们照明。神女晚上值班，发白光，这就是月亮。

【流传】新疆维吾尔自治区蒙古族居住地区

【出处】姚宝瑄搜集整理：《麦德尔神女开天辟地》，载《民间文学》1986 年第 3 期。

W1627.1.3
月亮是慈善的女神

实例

鄂伦春族

（参见 W1608.1.1 母题实例）

W1627.1.4
月亮是月神蓝娘

实例

汉族 月神是蓝娘（女子名）。蓝娘身上放射出的光亮是白花花而且柔和的，人们就叫它是月亮。

【流传】浙江

【出处】唐宗龙讲，陈玮君整理：《金水湖和银水湖》，见姚宝瑄主编《中国各民族神话》（汉族），太原：山西出版传媒集团·书海出版社 2014 年版，第 214～220 页。

W1627.1.5
月亮是时间保护神

【关联】［W0497.1］时间神

实例

蒙古族（布里亚特） 月亮被认为是时间的保护神。

【流传】（无考）

【出处】

(a)［苏联］Г.P. 加尔达诺娃著，宋长宏译，佟德富校：《喇嘛教前的布里亚特宗教信仰》（俄文版），诺沃西比尔斯克：科学出版社西伯利亚分社 1987 年版，第 14～20 页。

(b) 同 (a)，见吕大吉、何耀华总主编《中国各民族原始宗教资料集成》（鄂伦春族卷、鄂温克族卷、赫哲族卷、达斡尔族卷、锡伯族卷、满族卷、蒙古族卷、藏族卷），北京：中国社会科学出版社 1999 年版，第 602 页。

W1627.1.6
月亮是始祖父神

【关联】
① ［W1620.3.3］太阳是始祖母神
② ［W7533］日月婚

实 例

鄂温克族 月亮在黑夜中给人以光明，是始祖父神。

【流传】内蒙古自治区·（呼伦贝尔市）·额尔古纳左旗·阿龙山镇

【出处】纽拉（女萨满，1907 年生）讲，满都尔图、孟和采录整理：《最早萨满传袭的传说》（1990.11.12），见吕大吉、何耀华总主编《中国各民族原始宗教资料集成》（鄂伦春族卷、鄂温克族卷、赫哲族卷、达斡尔族卷、锡伯族卷、满族卷、蒙古族卷、藏族卷），北京：中国社会科学出版社 1999 年版，第 123 页。

W1627.1.7
月亮是晚上值班的神女

实 例

蒙古族 麦德尔神女可怜须弥山上的矮小人，于是令神男、神女前去为之照明。神男昼值班，发热且发红光，遂为太阳；神女夜值班，发白光，遂为月亮。

【流传】（无考）

【出处】*《麦德尔神女》，原载陶阳、钟秀编《中国神话》，见袁珂《中国神话大词典》，北京：华夏出版社 2015 年版，第 399 页。

W1627.2
月亮的大小

实 例

（参见下级母题实例）

W1627.2.1
超级月亮

实 例

汉族 （实例待考）

W1627.2.2
月亮中秋时最大

实 例

汉族 年年八月中秋，月亮最大最圆。

【流传】浙江省·宁波市·镇海区·骆驼（骆驼街道）·东钱村

【出处】陈佩珍讲，陈奎观记录整理：《拾月华》（1987.06.15），见姚宝瑄主编《中国各民族神话》（汉族），太原：山西出版传媒集团·书海出版社 2014 年版，第 271~272 页。

W1627.2.3
月亮被烤后变小

实 例

侗族 善良的萨天巴（蜘蛛，女祖

神，创世神）造了火团（太阳）和冰团（月亮）。火团是在冰团的上方，冰团便被烤得大汗直淌。于是冰团慢慢变了样，渐渐被融化变小了。

【流传】广西壮族自治区·（柳州市）·三江（三江侗族自治县），（桂林市）·龙胜（龙胜各族自治县）

【出处】杨卜林喜、杨卜松林、杨明世讲，杨国仁、涛声搜集整理，蔷紫改写：《创世女神萨天巴》，原文为过伟改写自侗族创世史诗《嘎茫莽道时嘉——远祖歌》（未出版稿），见姚宝瑄主编《中国各民族神话》（土家族、毛南族、侗族、瑶族），太原：山西出版传媒集团·书海出版社2014年版，第86页。

W1627.3
以前月亮比太阳亮

【关联】[W4155] 月亮发光的原因

实例

瑶族　发枚（始祖，造天地者）用火石造的12个月亮的光强过太阳。

【流传】贵州省·（黔东南苗族侗族自治州）·从江县·（翠里乡）·高芒乡（高芒村）

【出处】赵金荣讲，杨路塔采录：《造日月》，见中国民间文学集成全国编辑委员会编《中国民间故事集成》（贵州卷），北京：中国ISBN中心2003年版，第20页。

W1627.3.1
用水煮月亮使它月亮失去光辉

实例

布依族　（实例待考）

W1627.3.2
月亮发光源于回生水

实例

纳西族　崇人抛鼎（人名）盗回生水时，把回生水溅到月亮上，月亮出来亮堂堂。

【流传】云南省·丽江县（丽江市）

【出处】东巴阿俁讲，和即仁采录：《崇人抛鼎寻不死药》，见中国民间文学集成全国编辑委员会编《中国民间故事集成》（云南卷），北京：中国ISBN中心2003年版，第322页。

W1627.3.3
月亮发光是因为上面放了镜子

实例

拉祜族　天神厄莎造日、月，以金针置日上，以镜置月上，使之放光，以照天地万物。

【流传】（无考）

【出处】袁珂改编：《天神厄莎》，原载毛星主编《中国少数民族文学》（下册），见袁珂《中国神话大词典》，北京：华夏出版社2015年版，第530页。

W1627.3.4
月亮放进牛眼后发光

实例

哈尼族 天神养的神牛查牛（泥牛）。神牛俄白，摘下泥牛的左眼，放进月亮的银圈，于是月亮出来放光明。

【流传】云南省·红河哈尼族彝族自治州

【出处】《杀泥牛》，见红河哈尼族彝族自治州人民政府编《哈尼族口传文化译注全集》，昆明：云南人民出版社2009年版，第88页。

W1627.3a
月亮的冷热

实例

（参见下级母题实例）

W1627.3a.1
发热的月亮（热月亮）

实例

瑶族 有一个晚上，天空忽然出现了一个热烘烘的月亮。

【流传】广西壮族自治区

【出处】萧甘牛搜集：《射月亮》，原载中国社会科学院文学研究所编《中国民间故事选》，见陶阳、钟秀编《中国神话》（上），北京：商务印书馆2008年版，第248~251页。

W1627.3a.2
以前月亮很热

【关联】［W4107］太阳的发热

实例

瑶族 最早出现的月亮发出毒热的光，把田地里的禾苗晒得枯焦焦，把人们晒得热乎乎，快要给晒死了

【流传】广西壮族自治区

【出处】萧甘牛搜集：《射月亮》，原载中国社会科学院文学研究所编《中国民间故事选》，见陶阳、钟秀编《中国神话》（上），北京：商务印书馆2008年版，第248~251页。

W1627.3a.3
月亮不如太阳热

实例

基诺族 癞蛤蟆的一只眼珠飘上空中变为太阳，另一只眼珠落在水中，被母亲捞起用绳子拴挂在天上变成月亮。因为月亮落在水中，所以不如太阳热和亮。

【流传】云南省·（西双版纳傣族自治州·景洪市）·（基诺山基诺族乡）·巴亚寨

【出处】巴卡老四等讲，杜玉亭调查整理：《创世母亲造天地万物》（1958~1981），见吕大吉、何耀华总主编《中国各民族原始宗教资料集成》（彝族卷、白族卷、基诺族卷），北京：中国社会科学出版社1996年版，第

W1627.3a.4
月亮是凉的

【关联】［W4199.7］月亮为什么是凉的

实例

阿昌族 遮帕麻（男始祖名，被奉为"天公"）造的月亮就像泉水凉阴阴、清汪汪。

【流传】（云南省）

【出处】赵安贤讲，智克整理：《遮帕麻与遮米麻》，见姚宝瑄主编《中国各民族神话》（佤族、阿昌族、纳西族、普米族、德昂族），太原：山西出版传媒集团·书海出版社2014年版，第74页。

W1627.4
月亮是天的右眼

实例

鄂温克族（实例待考）

W1627.5
月亮是宫殿

【关联】［W1696］月宫（广寒宫）

实例

汉族 月姐（女子名）带着织出的大大的、圆圆的东西，被大风刮到天上，这时一下变成了一座透明的宫殿。那透明的宫殿，就是现在天上的月亮。

【流传】江苏省·（徐州市）·新沂市

【出处】孙仰之讲，纪昌敬记录整理：《月亮和星星》，见姚宝瑄主编《中国各民族神话》（汉族），太原：山西出版传媒集团·书海出版社2014年版，第221~223页。

W1627.5a
月亮是星星

实例

彝族 二十七星星，再加上宏博（月亮），形成二十八颗星。

【流传】（贵州省彝族地区）

【出处】《索恒哲》，见王富慧（珠尼阿依）译著，贵州省民族古籍整理办公室编《彝族神话史诗选》，北京：民族出版社2013年版，第20页。

W1627.6
月亮告诉人四季变化

实例

怒族 月亮是一个爱管事的男人，他告诉人们春夏秋冬一年四季。

【流传】云南省·（怒江傈僳族自治州）·贡山县（贡山独龙族怒族自治县）

【出处】彭兆清提供，攸延春整理：《创世纪》，见攸延春《怒族文学史》，昆明：云南民族出版社2003年版，第18页。

W1627.7

月光如水

实例

（参见下级母题实例）

W1627.7.1

天神梳理月光

实例

哈尼族 莫米（天神）用木梳把月亮光梳下来。

【流传】云南省·红河州（红河哈尼族彝族自治州）一带

【出处】张牛郎、涂伙沙等演唱，赵官禄等搜集整理：《十二奴局》，昆明：云南人民出版社1989年版，第4页。

W1627.8

月亮行为不端

实例

珞巴族 太阳哥哥多尼和月亮弟弟波如两个都很聪明，但波如品行不端。

【流传】西藏自治区·林芝市·墨脱县·甘登乡、达木珞巴民族乡（讲述地点：墨脱县·达木珞巴民族乡·朱巴村）

【出处】仁真讲：《珞巴族神话（五）》（1957.09），见冀文正《珞巴族民间故事》，成都：四川民族出版社2011年版，第5页。

W1627.8.1

月亮善偷

实例

珞巴族 天神有两个儿子太阳多尼和月亮波如。月亮波如经常偷星神儿子的项链，致使许多星星从天而降。

【流传】西藏自治区·林芝市·墨脱县·甘登乡、达木珞巴民族乡（讲述地点：墨脱县·达木珞巴民族乡·朱巴村）

【出处】仁真讲：《珞巴族神话（五）》（1957.09），见冀文正《珞巴族民间故事》，成都：四川民族出版社2011年版，第5页。

1.4.3 日月的数量
【W1630～W1669】

❀ **W1630**

日月的数量[①]

实例

（参见下级母题实例）

[①] 日月的数量，此母题多表现为太阳和月亮同时出现，在母题连接上一般与"射日月"母题关系密切。可以作为"射日月"的原因。

W1631
1个太阳和1个月亮

【实　例】

苗族　古时天上只有1个太阳和1个月亮。

【流传】（无考）

【出处】《明那雄斗日月》，见中国各民族宗教与神话大词典编审委员会编《中国各民族宗教与神话大词典》，北京：学苑出版社1990年版，第485页。

佤族　利吉神和路安神补造1日1月。

【流传】（无考）

【出处】《人类出洞》，见高明强编《创世的神话和传说》，上海：上海三联书店1988年版，第52页。

裕固族　天上只有1日1月。

【流传】（无考）

【出处】《日母月父》，见杨进智《裕固族研究论文集》，兰州：兰州大学出版社1996年版，第350页。

W1631.1
天神造1对日月

【实　例】

彝族　宇宙最早产生的索恒哲（原书解释为哲人名字，本书认为是最早产生的天神的名称）造出的日月和星星，吩咐它们："太阳和月亮，你俩是一对，你俩是一双。太阳管发热，月亮管发光。"

【流传】（贵州省彝族地区）

【出处】《索恒哲》，见王富慧（珠尼阿依）译著，贵州省民族古籍整理办公室编《彝族神话史诗选》，北京：民族出版社2013年版，第35页。

W1632
2个太阳和2个月亮

【实　例】

朝鲜族　（实例待考）

土家族　原先，太阳有两个，月亮有两个。

【流传】湖北省·（宜昌市）·长阳县（长阳土家族自治县）·都镇湾镇·杜家冲村

【出处】孙家香讲：《太阳和月亮》，见长阳土家族网：http：//www.cy-tujia.com/list_body.php? id, 2005.12.10。

W1632.1
天上突然出现2对日月

【关联】［W1581.3］天空突然出现1个月亮

【实　例】

藏族　天上忽然出现了两个太阳和两个月亮。

【流传】（西藏自治区）

【出处】

(a) 旺秋搜集：《僜人创世神话》，根据中国社科院民族研究所编《僜人社会历史调查》，云南人民出版社1990

年版，西藏民间文艺研究会主办《邦锦梅朵》1984年第8期中的《僜人创世神话》整理。

(b) 同（a），见姚宝瑄主编《中国各民族神话》(门巴族、珞巴族、怒族、藏族)，太原：山西出版传媒集团·书海出版社2014年版，第90页。

W1633
5个太阳和5个月亮

实例

黎族　洪水后，天上出现了（b为神造）5个太阳和5个月亮。

【流传】

(a) 海南省·琼中县（琼中黎族苗族自治县）·五指山公社·水满村（今属五指山市·水满乡）

(b) 海南省·琼中县（琼中黎族苗族自治县）·五指山公社·番龙村（今属五指山市·水满乡·番龙村）

【出处】

(a) 王知会讲，云博生采录：《人类的起源》，见中国民间文学集成全国编辑委员会编《中国民间故事集成》（海南卷），北京：中国ISBN中心2002年版，第3页。

(b) 王克福讲，冯秀梅采录：《山区与平原的由来》，见中国民间文学集成全国编辑委员会编《中国民间故事集成》（海南卷），北京：中国ISBN中心2002年版，第5页。

(c) 云博生搜集：《人类的起源》，见谷德明编《中国少数民族神话》，北京：中国民间文艺出版社1987年版，第185页。

黎族　雨停后，天上忽出五日五月，晒干洪水。

【流传】（海南省？）

【出处】袁珂改编：《人类起源》（原名《人类的起源》），原载王越辑《五指山的传说》，见袁珂《中国神话大词典》，北京：华夏出版社2015年版，第506页。

黎族　滔天洪水之后，一个人叫万家的人造了5个太阳和5个月亮。

【流传】（无考）

【出处】《万家》，见海南黎族苗族自治州文化局《黎族民间故事集》，广州：花城出版社1982年版，第27页。

W1634
6个太阳和6个月亮

实例

苗族　过去太阳和月亮都是6对。

【流传】贵州省·铜仁市·松桃县（松桃苗族自治县）

【出处】巴岱熊唱，龙克恩翻译，龙健搜集：《鸡源歌》，见苗青主编《东部民间文学作品选》，贵阳：贵州民族出版社2003年版，第38页。

W1634.1
6个太阳和7个月亮

实例

彝族　支格阿鲁（文化英雄，b为

"尼支呷洛")祈祷后,天上的6个太阳和7个月亮。

【流传】(无考)

【出处】

(a) 蒋汉章翻译,李仲舒整理:《创造万物的巨人支格阿鲁》,见陶立璠、李耀宗主编《中国少数民族神话传说选》成都:四川民族出版社1985年版,第86页。

(b)《创造万物的巨人尼支呷咯》,见谷德明编《中国少数民族神话》,北京:中国民间文艺出版社1987年版,第280页。

彝族 以前,天上有六日七月。

【流传】(无考)

【出处】《支格阿鲁》,原载毛星主编《中国少数民族文学》(下册)(原名《勒乌特衣》),见袁珂《中国神话大词典》,北京:华夏出版社2015年版,第429页。

彝族 以前,天上有6个太阳和7个月亮。

【流传】

(a) 四川省·(攀枝花市)·米易县

(b) 四川省·凉山(凉山彝族自治州)一带

【出处】

(a) 呼银安讲,彭莹采录:《射太阳和月亮》,见中国民间文学集成全国编辑委员会编《中国民间故事集成》(四川卷·下),北京:中国ISBN中心1998年版,第771页。

(b) 马长寿:《凉山罗彝考察报告》,见肖远平《神话的超越》,载《贵州民族学院学报》2009年第2期。

(c)《创造万物的巨人尼支呷洛》,见谷德明编《中国少数民族神话》,北京:中国民间文艺出版社1987年版,第280页。

(d) 彝文典籍《古侯》(公史篇)。

彝族 东方与西方出现六个太阳七个月亮。

【流传】云南省·(昭通市)·永善县大凉山一带

【出处】岭光电译,马海本呷、罗家修整理校订:《古侯》(公史篇),四川省民委彝文工作组印,1980年,见吕大吉、何耀华总主编《中国各民族原始宗教资料集成》(彝族卷、白族卷、基诺族卷),北京:中国社会科学出版社1996年版,第47页。

W1634.1.1

天地变化时出现6个太阳和7个月亮

实 例

彝族 古代天地第一次变化,宇宙为混沌状态,天上有6个月亮,7个太阳。

【流传】(无考)

【出处】《呗耄天降》,原载马学良《倮族的巫师"呗耄"及"天书"》,见《边政公论》1947年第6卷第1期。

W1634.1.2
特定人物喊出6个太阳和7个月亮

实 例

彝族 阿吕居子（人名）九天喊到晚，喊出六个太阳来。九夜喊到亮，喊出七个月亮来。

【出处】（四川省·凉山彝族自治州）

【出处】
(a) 冯元蔚译：《勒俄特依》，成都：四川民族出版社1986年版。
(b) 冯元蔚译，蔷紫改写：《勒俄特依》，见姚宝瑄主编《中国各民族神话》（羌族、彝族），太原：山西出版传媒集团·书海出版社2014年版，第161页。

W1635
7个太阳和7个月亮

实 例

仡佬族 古时昼夜有七日七月，迭相照耀。

【流传】（无考）

【出处】袁珂改编：《公鸡唤日》（原名《喊太阳》），原载谷德明编《中国少数民族神话选》，见袁珂《中国神话大词典》，北京：华夏出版社2015年版，第571页。

黎族 天上有7个太阳和7个月亮，把大地烧得热烫。

【流传】
(a) 海南省·（三亚市）·乐东县（乐东黎族自治县）·抱由镇
(bc) 海南省五指山区

【出处】
(a) 林大陆讲，广东民族学院中文系七七级采风组采录：《大力神》，见中国民间文学集成全国编辑委员会编《中国民间故事集成》（海南卷），北京：中国ISBN中心2002年版，第14页。
(b) 同(a)，见谷德明编《中国少数民族神话》，北京：中国民间文艺出版社1987年版，第191页。
(c) 同(a)，见广东民族学院中文系编《黎族民间故事选》，上海：上海文艺出版社1982年版，第1页。
(d) 龙敏等整理：《大力神》，见曹文轩主编《中国神话故事精选》，北京：北京大学出版社2004年版，第14~15页。

黎族 远古时候，天上有七个太阳和七个月亮。

【流传】海南省五指山一带

【出处】林大陆讲，龙敏、林树勇、陈大平整理：《大力神》，原载广东民族学院中文系编《黎族民间故事选》，见姚宝瑄主编《中国各民族神话》（高山族、黎族、畲族），太原：山西出版传媒集团·书海出版社2014年版，第48页。

傈僳族 洪荒之世的第二个时代名为mioushul-miou-hsiengia，人身大约尺许，不幸天灾流行，空中发现有七轮太阳，七轮月亮，晒得遍地生烟，草木尽枯。

【流传】碧罗雪山（云南省·怒江傈僳族自治州·贡山独龙族怒族自治县与云南省·迪庆藏族自治州·德钦县交界一带）

【出处】《巫师的由来》，原载陶云逵《碧罗雪山之傈僳族》，见国立中央研究院《历史语言研究所集刊》第17本，商务印书馆民国三十七年（1948），第403~404页。

仫佬族 古时候，白天有7个太阳，夜晚有7个月亮。

【流传】（无考）

【出处】王国荣、王国华讲，陈营章、张守顺搜集整理：《喊太阳》，见谷德明编《中国少数民族神话》，北京：中国民间文艺出版社1987年版，第669~670页。

苗族 天上有太阳和月亮各7个。

【流传】（无考）

【出处】《公鸡请日月》，见苏晓星《苗族文学史》，成都：四川出版集团、四川民族出版社2003年版，第78页。

彝族 以前，天上有7个太阳和7个月亮。

【流传】（无考）

【出处】马海鸟黎讲，谷德明整理：《开天辟地》，见谷德明编《中国少数民族神话》，北京：中国民间文艺出版社1987年版，第290~293页。

W1635.0
7对日月的产生

实例

彝族 天君与地君，张开龙嘴放出七太阳和七月亮。

【流传】云南省·（玉溪市）·新平（新平彝族傣族自治县）

【出处】普学旺搜集翻译：《洪水泛滥史》，见云南省少数民族古籍整理出版规划办公室编《洪水泛滥》，昆明：云南民族出版社1987年版，第65页。

W1635.0.1
盘古在天上挂7对日月

实例

傈僳族 盘古在天上挂7个太阳7个月亮。

【流传】四川省·（凉山彝族自治州）·德昌（德昌县）

【出处】李国才讲，禾青整理：《盘古造人》，见中华民族故事大系编委会编《中华民族故事大系》第7卷（黎族、傈僳族、佤族），上海：上海文艺出版社1995年版，第265页。

傈僳族 盘古在天上挂了七个太阳，七个月亮。

【流传】（无考）

【出处】禾青：《盘古造人》，见祝发清、左玉堂、尚仲豪编《傈僳族民间故事选》，上海：上海文艺出版社

1985年版，第7~11页。

W1635.0.2
天神派出7对日月

实例

`傈僳族` 天神为毁灭地神造出的不成功的人类，就派出7个太阳和7个月亮，白天晒，晚上晒，晒了7天7夜。

【流传】（无考）

【出处】

（a）《开天辟地》，载《山茶》1983年第3期。

（b）同（a），见姚宝瑄主编《中国各民族神话》（水族、布朗族、独龙族、基诺族、傈僳族），太原：山西出版传媒集团·书海出版社2014年版，第181页。

W1635.1
7个太阳和5个月亮

实例

`彝族` 很古时，天上有7个太阳和5个月亮。

【流传】（无考）

【出处】禄晓玉讲，王继超翻译，陈长友采录：《射日月》，见燕宝、张晓编《贵州神话传说》，贵阳：贵州人民出版社1997年版，第23页。

W1635.2
7个太阳和6个月亮

实例

`彝族` 天上有7个太阳，晒得万物不能生存；天上有6个月亮，弄得白天和夜晚分不清。

【流传】云南省·（楚雄彝族自治州）·大姚县

【出处】肖开亮讲，李世忠等采录：《阿鲁举热》，见中国民间文学集成全国编辑委员会编《中国民间故事集成》（云南卷），北京：中国ISBN中心2003年版，第341页。

`彝族` 天上出现6个月亮，7个太阳。

【流传】云南省金河江沿岸

【出处】《阿鲁举热》，见张永祥《彝族民间故事》，昆明：云南出版集团有限责任公司2009年版，第72页。

W1635.3
7个太阳和9个月亮

实例

`彝族` 天上有7个太阳和9个月亮。

【流传】（无考）

【出处】

（a）《射太阳和月亮》，见云南省民族事务委员会编《彝族文化大观》，昆明：云南民族出版社1999年版，第321页。

（b）彝经典籍《西南彝志》。

彝族 古时候，天上出现了九个月亮和七个太阳。

【流传】（无考）

【出处】赤哈子讲，上元、邹志诚整理：《射太阳和月亮》，见姚宝瑄主编《中国各民族神话》（羌族、彝族），太原：山西出版传媒集团·书海出版社2014年版，第296页。

W1636
8个太阳和8个月亮

实例

苗族 天上有8个太阳和8个月亮。

【流传】贵州省·（毕节市）·威宁地区（威宁彝族回族苗族自治县）

【出处】《杨亚射日月歌》，见中央民族学院民族研究论丛《民族文学论文选》，北京：中央民族学院出版社1987年版，第404页。

W1636.1
铜匠铁匠造8对日月

实例

苗族 铜匠和银匠造了8个太阳8个月亮。

【流传】（无考）

【出处】《杨亚射日月》，见马学良、梁庭望、张公瑾主编《中国少数民族文学史》，北京：中央民族大学出版社2001年版，第115页。

苗族 六个铜匠和七个铁匠铸造日月时，造出8对日月。

【流传】贵州省西部与云南省东北地区

【出处】

(a)《杨亚射日月》，见贵州省民间文学工作组编《苗族文学史》，贵阳：贵州人民出版社1981年版。

(b)《杨亚射日月》，见袁珂《中国神话大词典》，北京：华夏出版社2015年版，第419页。

W1637
9个太阳和9个月亮

实例

苗族 白天有9个太阳，晚上有9个月亮。

【流传】湖南省·（湘西土家族苗族自治州）·凤凰县·腊尔山乡（腊尔山镇）

【出处】龙老八讲，龙文玉采录：《明那雄射日月》，见中国民间文学集成全国编辑委员会编《中国民间故事集成》（湖南卷），北京：中国ISBN中心2002年版，第11页。

苗族 天上有9个太阳和9个月亮。

【流传】(a) 云南省·开远市

【出处】

(a)《九个太阳和九个月亮》，见赵伯乐、罗有亮《开远市苗族传统文化及其现代适应》，昆明：云南出版集团公司·云南人民出版社2010年版，第23页。

(b)《九个太阳和九个月亮》（资料

稿），见苏晓星《苗族文学史》，成都：四川出版集团·四川民族出版社2003年版，第77页。

（c）同（a）《明那雄斗日月》，见中国各民族宗教与神话大词典编审委员会编《中国各民族宗教与神话大词典》，北京：学苑出版社1990年版，第485页。

苗族　天上有9个太阳9个月亮。

【流传】湖南省·（常德市）·武陵（武陵区）

【出处】吴凤满、唐求九唱：《板东辰》，见龙岳洲等编《武陵苗族古歌》，贵阳：贵州民族出版社1994年版，第6页。

纳西族　远宙之时，天出九日九月，昼间日出。

【流传】（无考）

【出处】袁珂改编：《靴顶力士》，原载谷德明编《中国少数民族神话选》，见袁珂《中国神话大词典》，北京：华夏出版社2015年版，第551页。

怒族　天空出现九日九月，气候炎热，万物无法生长。

【流传】（无考）

【出处】袁珂改编：《怒族来源》，原载《云南少数民族文学资料》第二辑，见袁珂《中国神话大词典》，北京：华夏出版社2015年版，第579页。

怒族　天空中出现9个太阳和9个月亮。

【流传】（a）云南省

【出处】

（a）李卫才采录：《腊普和亚妞》，见中国民间文学集成全国编辑委员会编《中国民间故事集成》（云南卷），北京：中国ISBN中心2003年版，第186页。

（b）《射太阳月亮》，见攸延春《怒族文学史》，昆明：云南民族出版社2003年版，第22页。

（c）毛星主编《中国少数民族文学》（下），长沙：湖南人民出版社1983年版，第543~544页。

瑶族　天上有9个太阳和9个月亮。

【流传】（无考）

【出处】《格怀射日月》，见马学良、梁庭望、张公瑾主编《中国少数民族文学史》，北京：中央民族大学出版社2001年版，第116页。

彝族　天上有9日9月。

【流传】（无考）

【出处】《拉天缩地》，见高明强编《创世的神话和传说》，上海：上海三联书店1988年版，第33页。

W1637.0
9个太阳9个月亮的产生

实　例

（参见下级母题实例）

W1637.0.1
特定人物用铁炼造9对日月

【关联】［W1543.5.3.2.1］用铁炼制

日月

实例

瑶族 卜罗陀看见地里有发亮的铁耙，就扛去炼成了9对日月，来照亮人间，温暖世界。

【流传】广西壮族自治区·（河池市）·南丹县

【出处】

（a）《谢古婆与格怀》，见陶立璠、李耀宗编《中国少数民族神话传说选》，成都：四川民族出版社，1985年版。

（b）同（a），见姚宝瑄主编《中国各民族神话》（土家族、毛南族、侗族、瑶族），太原：山西出版传媒集团·书海出版社2014年版，第203页。

W1637.0.2
洪水后出现9对日月

【关联】［W8514］晒干洪水

实例

怒族 滔滔洪水退去后，大地晴朗，天空出现9个太阳和9个月亮。

【流传】（无考）

【出处】

（a）《射太阳月亮》，见毛星主编《中国少数民族文学》，长沙：湖南人民出版社1983年。

（b）同（a），见姚宝瑄主编《中国各民族神话》（门巴族、珞巴族、怒族、藏族），太原：山西出版传媒集团·书海出版社2014年版，第59页。

W1637.0.3
第2代人时有9对日月

实例

彝族 格兹天神造出第二代人时，他们抗不住九个太阳，天上又有九个月亮，白天太阳晒，晚上九个月亮照。

【流传】（云南省·楚雄彝族自治州·姚安县·官屯乡·马游村，大姚县·昙华乡等）

【出处】

（a）郭天元（马游村）、李申呼颇（昙华乡）、李福玉颇（苴）演唱，郭思九、许明学、龚维顺、张宝省、陈志群、胡炳文等搜集，刘德虎、龚维顺、陈志群、李树荣、郭天元等整理：《梅葛》（第一部"创世"），见云南省民族民间文学楚雄调查队《梅葛》（1959），昆明：云南人民出版社2009年版。

（b）《打虎开天辟地》，蔷紫据云南省民族民间文学楚雄调查队著《梅葛》（云南人民出版社2009年版）改写，见姚宝瑄主编《中国各民族神话》（羌族、彝族），太原：山西出版传媒集团·书海出版社2014年版，第199页。

彝族 格滋天神造出第二代人时，他们吃的山林果，住的老山洞。没有春夏秋冬，不分四季四时，天上有九个太阳，天上有九个月亮。

【流传】云南省·楚雄彝族自治州·姚

安县、大姚县等彝族地区

【出处】《创世·人类起源》，见云南省民族民间文学楚雄调查队整理编写《梅葛》，昆明：云南人民出版社2009年版，第21页。

W1637.1
9个太阳7个月亮

实例

傈僳族　天上出了9个太阳和7个月亮，白天晒得大地冒烟，夜晚寒风飕飕遍地白霜。

【流传】（无考）

【出处】

(a) 刘辉豪、胡贵搜集整理：《天、地、人的形成》，见谷德明编《中国少数民族神话》，北京：中国民间文艺出版社1987年版，第370页。

(b) 《天、地、人的形成》，见中国各民族宗教与神话大词典编审委员会编《中国各民族宗教与神话大词典》，北京：学苑出版社1990年版，第386页。

(c) 同（b）见马学良、梁庭望、张公瑾主编《中国少数民族文学史》，北京：中央民族大学出版社2001年版，第95～96页。

纳西族　天上有9个太阳，7个月亮。

【流传】（无考）

【出处】周汝诚讲，王思宁、牛相奎、阿华记录，牛相奎整理：《靴顶力士》，见谷德明编《中国少数民族神话》，北京：中国民间文艺出版社1987年版，第419～420页。

怒族　天上9颗太阳，地上7颗月亮。

【流传】（无考）

【出处】《瘟神歌》，见叶世富《论怒族宗教和文学》，载《怒江民族研究》创刊号。

怒族　在远古的年代，在漫长的岁月；天上出现九颗太阳，地上出现七颗月亮。

【流传】云南省·怒江州（怒江傈僳族自治州）

【出处】

(a) 《创世歌》，叶世富：《论怒族宗教与文学》，载云南省民族理论研究会怒江州会分筹备组编《怒江民族研究》，1985年创刊号，第41～42页。

(b) 同（a），见吕大吉、何耀华总主编《中国各民族原始宗教资料集成》（纳西族卷、羌族卷、独龙族卷、傈僳族卷、怒族卷），北京：中国社会科学出版社2000年版，第896～899页。

苗族　天上有太阳9个，月亮7个。

【流传】（无考）

【出处】《因能刚》，见田兵、刚仁等《苗族文学史》，贵阳：贵州人民出版社1981年版，第40页。

彝族　以前，天界有9个太阳和7个月亮。

【流传】（无考）

【出处】《吉智高卢》，原载谷德明编《中国少数民族神话》，西北民族学院研究所印刷，内部资料，1983年，见姚宝瑄主编《中国各民族神话》（羌族、彝族），太原：山西出版传媒集团·书海出版社2014年版，第320页。

彝族 以前，天界有太阳九、月亮七。

【流传】（无考）

【出处】《吉智高卢》，原载《中国少数民族神话选》，见袁珂《中国神话大词典》，北京：华夏出版社2015年版，第431页。

彝族 古时候，天上出现了九个月亮和七个太阳，把地上的庄稼晒枯了，草木也晒死了。

【流传】四川省·凉山州（凉山彝族自治州）

【出处】赤哈子讲，上元、邹志诚整理：《射太阳和月亮》，原载李德君、陶学良编《彝族民间故事选》，见陶阳、钟秀编《中国神话》（中），北京：商务印书馆2008年版，第675～686页。

W1637.1.1
观音撒出9个太阳7个月亮

实例

彝族 观音补天补地时，撒天撒了九里，天上却生出九个太阳；撒地撒了七里，却生出了七个月亮。

【流传】云南省·楚雄彝族自治州

【出处】罗文荣演唱，李世忠翻译，蔷紫改写：《老人梅葛》，见姚宝瑄主编《中国各民族神话》（羌族、彝族），太原：山西出版传媒集团·书海出版社2014年版，第124页。

W1637.2
9个太阳8个月亮

实例

彝族 以前，天上有9日8月。

【流传】贵州省

【出处】《日月二象论》，见罗曲《彝族民间文艺概论》，成都：巴蜀书社2001年版。

W1637.2.1
阳雀造9个太阳8个月亮

【关联】［W1543.4.2.1］阳雀造日月

实例

苗族 阳雀（鸟名，也可视为人名）打了九个石盘，制成了九个太阳；又打了八个石盘，制成了八个月亮。

【流传】（无考）

【出处】

（a）陶家仁讲，陶永华等搜集整理：《阳雀造日月》，载《山茶》1982年第5期。

（b）同（a），见谷德明编《中国少数民族神话》，北京：中国民间文艺出版社1987年版，第604页。

（c）《阳雀造日月》，见苏晓星《苗族

文学史》,成都:四川出版集团·四川民族出版社 2003 年版,第 78 页。

(d) 《日女月郎》,见田兵、刚仁等《苗族文学史》,贵阳:贵州人民出版社 1981 年版,第 40 页。

苗族 聪明的阳雀制成了九个太阳和八个月亮。

【流传】云南省

【出处】陶家仁讲,陶永华、刘德荣记录整理:《阳雀造日月》,见姚宝瑄主编《中国各民族神话》(布依族、仡佬族、苗族),太原:山西出版传媒集团·书海出版社 2014 年版,第 257 页。

W1637.2.2
仙人请来造 9 个太阳 8 个月亮

实 例

彝族 兹阿玛(即天宫仙人)从天外请来九个太阳,八个月亮。

【流传】贵州省西部、云南省东北部、四川省西南部彝族地区

【出处】阿危·热默讲,阿乍·芮芝整理:《人祖的由来》,见姚宝瑄主编《中国各民族神话》(羌族、彝族),太原:山西出版传媒集团·书海出版社 2014 年版,第 185 页。

W1637.2.3
天神用法术请来造 9 个太阳 8 个月亮

实 例

彝族 天神兹阿玛,施展干水法,请来九太阳,邀来八月亮,要晒四海水。

【流传】云南省·(楚雄彝族自治州)·楚雄(楚雄市)

【出处】李忠祥等翻译:《洪水泛滥》,见云南省少数民族古籍整理出版规划办公室编《洪水泛滥》,昆明:云南民族出版社 1987 年版,第 1 页。

W1637.3
9 个太阳 10 个月亮

实 例

布朗族 天上有 9 个太阳和 10 个月亮。

【流传】(无考)

【出处】《顾米亚》,见云南省民族事务委员会编《布朗族文化大观》,昆明:云南民族出版社 1999 年版,第 171 页。

W1637.3.1
太阳九姊妹和月亮十弟兄

实 例

布朗族 天上有太阳九姊妹和月亮十弟兄。

【流传】(a) 云南省·(西双版纳傣族自治州)·勐海县

【出处】

(a) 岩的兴讲,朱嘉禄采录:《顾米亚》,见中国民间文学集成全国编辑委员会编《中国民间故事集成》(云南卷),北京:中国 ISBN 中心 2003 年版,第 150 页。

(b) 朱嘉禄整理：《顾米亚》，见谷德明编《中国少数民族神话》，北京：中国民间文艺出版社1987年版，第480页。

布朗族 太阳九姊妹和月亮十弟兄与造天地万物的顾米亚作对。

【流传】云南省

【出处】朱嘉禄整理：《顾米亚》，原载《中国民间故事选》第2集，见陶阳、钟秀编《中国神话》（上），北京：商务印书馆2008年版，第38～44页。

W1638
10个太阳和10个月亮

实 例

汉族 天上有10日10月。

【流传】湖北省·仙桃市·毛咀镇

【出处】刘小元讲述，别道林采录：《绊根草与马齿苋》，见中国民间文学集成全国编辑委员会编《中国民间故事集成》（湖北卷），北京：中国ISBN中心1999年版，第20页。

毛南族 天上有10个太阳和10个月亮。

【流传】广西壮族自治区·（河池市）·环江县（环江毛南族自治县）·下南公社（下南乡）·波川大队（波川村）

【出处】《格射日月》，见谷德明编《中国少数民族神话》，北京：中国民间文艺出版社1987年版，第160页。

W1638.0
10个太阳和1个月亮

实 例

白族 在天地刚刚分开的时候，天上有十个太阳，一个月亮。

【流传】云南省·（大理白族自治州）·鹤庆（鹤庆县）

【出处】罗玉生讲，艺叟记录：《日月甲马》，原载《中国民间故事全书》（云南省·鹤庆卷），见陶阳、钟秀编《中国神话》（下），北京：商务印书馆2008年版，第1463～1466页。

W1638.1
10个太阳和9个月亮

实 例

毛南族 （实例待考）

W1638.1.1
盘古造10个太阳9个月亮

实 例

畲族 盘古把日头与月造得太多了，天上挂起10个日头9个月。

【流传】浙江省·（温州市）·文成县·大沉区（大峃镇）、中樟乡

【出处】雷西可讲，雷德宽等采录：《十个日头九个月》，见中国民间文学集成全国编辑委员会编《中国民间故事集成》（浙江卷），北京：中国ISBN中心1997年版，第26页。

畲族 盘古把太阳与月亮造多了，天上挂起十个日头九个月。

【流传】浙江省·（温州市）·文成县

【出处】雷西可讲，雷德宽记录，文帆整理：《十个日头九个月》（1987.12.22），见姚宝瑄主编《中国各民族神话》（高山族、黎族、畲族），太原：山西出版传媒集团·书海出版社2014年版，第110页。

W1638.1.2
10个太阳和12个月亮

实 例

汉族 东方天帝帝俊有两个妻子一个叫常羲，替他生了十二个月亮女儿；另一个叫羲和，替他生了十个太阳儿子。

【流传】（无考）

【出处】袁珂重述：《射日奔月》，原载袁珂《神异篇》，见陶阳、钟秀编《中国神话》（上），北京：商务印书馆2008年版，第279～288页。

W1639
其他数量的日月

实 例

（参见下级母题实例）

W1639.0
11个太阳和11个月亮

实 例

（参见下级母题实例）

W1639.0.1
日月婚生11对日月

实 例

瑶族（布努） 密洛陀（万物之母，女始祖，女神）造的一对日月违反了家规结亲，生下了十一个男孩，养育了十一个女仔。使天上有了十二对日月。

【流传】广西壮族自治区·（河池市）·都安县（都安瑶族自治县）、巴马县（巴马瑶族自治县）、南丹县，（百色市）·田东县、平果县等地

【出处】桑布郎等传，蒙凤标（83岁）、罗仁祥（73岁）等唱：《密洛陀》（1983），见蓝怀昌、蓝书京、蒙通顺搜集翻译整理《密洛陀》，北京：中国民间文艺出版社1988年版，第页。

W1639.1
12个太阳和12个月亮

实 例

汉族 从前天上有12个太阳，12个月亮。

【流传】四川省·（绵阳市）·盐亭县·富驿镇

【出处】杨春讲，何德祥采录：《二郎戳日》，见中国民间文学集成全国编辑委员会编《中国民间故事集成》（四川卷·上），北京：中国ISBN中心1998年版，第93页。

汉族 天上有12个太阳和12个

月亮。

【出处】四川省·（绵阳市）·三台县·东山乡（东塔镇）·三村

【出处】何群英讲，冯云坤采录：《太阳和月亮》，见中国民间文学集成全国编辑委员会编《中国民间故事集成》（四川卷·上），北京：中国 ISBN 中心 1998 年版，第 30 页。

苗族 从前有 12 个太阳，古时有 12 个月亮。

【流传】（无考）

【出处】龙王六诵，龙炳文翻译：《开天立地》，见陶立璠、赵桂芳等编《中国少数民族神话汇编》（开天辟地篇等），中央民族学院少数民族古籍整理出版规划领导小组办公室印（未署出版时间），第 42 页。

苗族 远古的时候，天上有十二个太阳和十二个月亮。

【流传】湖南省苗族地区

【出处】龙王六演唱，龙炳文翻译：《开天立地》，苗地根据《楚风》刊登的《苗族古歌》的第一部分《开天日立》改写，见姚宝瑄主编《中国各民族神话》（布依族·仡佬族·苗族），太原：山西出版传媒集团·书海出版社 2014 年版，第 128 页。

苗族 从前十二个月亮，十二太阳云坡上，一个早上争着出，一个夜里争着上。

【流传】原文无流传地，据文本及注释推测该神话流传于贵州省·黔东南苗族侗族自治州·凯里市、台江县等地。

【出处】姜洪魁演唱，杨忠诚搜集，燕宝整理译注：《沿河西迁》，见贵州省少数民族古籍整理出版规划小组办公室编，燕宝整理译注《苗族古歌》，贵阳：贵州民族出版社 1993 年版，第 710 页。

瑶族 天上有 12 个太阳和 12 个月亮。

【流传】（无考）

【出处】刘江华编：《中国神话故事》（天、地、人物卷），北京：中国世界语出版社 1999 年版。

瑶族 天上的太阳和月亮突然多起来，密洛陀（万物之母，女始祖，女神）数了数，有十二个太阳、十二个月亮，大地晒得热辣辣的。

【流传】广西壮族自治区·（河池市）·大化县（大化瑶族自治县）·七百弄乡

【出处】蓝阿勇（72 岁）讲，蒙冠雄采录翻译：《密洛陀》（1982），见中国民间文学集成全国编辑委员会编《中国民间故事集成》（广西卷），北京：中国 ISBN 中心 2001 年版，第 11 ~ 22 页。

壮族 远古时天上有 12 个太阳和 12 个月亮。

【流传】

（a）云南省·（文山壮族苗族自治州）·西畴县·兴街镇·下南丘村

(b) 云南省·（文山壮族苗族自治州）·西畴县

【出处】

(a) 陆开富讲：《布洛朵》，见张声震总主编，农冠品编注《壮族神话集成》，南宁：广西民族出版社2007年版，第41页。

(b) 陆开富等讲，王明富采录：《布洛陀》，见中国民间文学集成全国编辑委员会编《中国民间故事集成》（云南卷），北京：中国ISBN中心2003年版，第86页。

W1639.1.0
12对日月的产生

实 例

（参见下级母题实例）

W1639.1.0.0
自然存在12对日月

实 例

苗族 以前，天上有12个太阳和12个月亮，晒得岩石消融，山崖融化。

【流传】贵州省·（安顺市）·紫云县（紫云苗族布依族自治县）麻山苗区

【出处】杨再华唱诵，杨正江译：《亚鲁族源》，见中国民间文艺家协会主编《亚鲁王》，北京：中华书局2011年版，第43页。

苗族 很古以前，天上有十二个太阳和十二个月亮。

【流传】贵州省·（黔东南苗族侗族自治州）·台江县

【出处】吴住九讲，金凤记录整理：《三颗星星》，见姚宝瑄主编《中国各民族神话》（布依族、仡佬族、苗族），太原：山西出版传媒集团·书海出版社2014年版，第276页。

苗族 从前，天上有十二对日月。

【流传】湖南省·湘西（湘西土家族苗族自治州）一带

【出处】

(a) 吴文祥讲：《张果老射日月》，见凌纯声，芮逸夫《湘西苗族调查报告》，上海：商务印书馆1947年版。

(b) 同（a），见姚宝瑄主编《中国各民族神话》（布依族、仡佬族、苗族），太原：山西出版传媒集团·书海出版社2014年版，第267页。

瑶族 以前有十二个太阳和十二个月亮。

【流传】（无考）

【出处】《密洛陀神谱》，蓝田根据农学冠等撰写的《瑶族神话传说中的人物》编写，见姚宝瑄主编《中国各民族神话》（土家族、毛南族、侗族、瑶族），太原：山西出版传媒集团·书海出版社2014年版，第149页。

W1639.1.0.1
造12对日月

实 例

苗族 苗族四祖先告宝、告雄、告且、告当，以金银铸造日月12双。

【流传】（无考）

【出处】《公鸡请日月》，原载谷德明编《中国少数民族神话选》，见袁珂《中国神话大词典》，北京：华夏出版社2015年版，第417页。

苗族　苗族的告宝、告当、告旦、告雄四个老人，用金银铸造了十二对日月挂在天上。

【流传】贵州省·黔东南地区（黔东南苗族侗族自治州）

【出处】杨告金讲，杨光全记录整理：《公鸡请日月》，见姚宝瑄主编《中国各民族神话》（布依族、仡佬族、苗族），太原：山西出版传媒集团·书海出版社2014年版，第269页。

W1639.1.0.1.1
火神造12对日月

实例

苗族　盘古开天，南火（火神名）立地后，造12个日月。

【流传】湖南省·湘西（湘西土家族苗族自治州）

【出处】龙炳文整理：《古老话》，见苏晓星《苗族文学史》，成都：四川出版集团·四川民族出版社2003年版，第62页。

W1639.1.0.1.2
造明之神造12对日月

实例

苗族　造明之神果楼生冷造12双日月。

【流传】（无考）

【出处】石宗仁整理：《创天立地》，见苏晓星《苗族文学史》，成都：四川出版集团·四川民族出版社2003年版，第63页。

W1639.1.0.1.3
4位老人造12对日月

实例

苗族　宝公、雄公、且公和当公四位老人用金子造12对日月。

【流传】贵州省·黔东南（黔东南苗族侗族自治州）

【出处】《铸日造月》，见苏晓星《苗族文学史》，成都：四川出版集团·四川民族出版社2003年版，第81页。

苗族　包公公、送公公、丘公公用金银造12日12月。

【流传】贵州省东部

【出处】《铸造日月的磨难》，见高明强编《创世的神话和传说》，上海：上海三联书店1988年版，第102页。

W1639.1.0.2
生育12对日月

实例

瑶族（布努）　密洛陀（女神名）生下十二对日月。

【流传】广西壮族自治区·（河池市）·都安瑶族自治县江水河一带瑶族地区

【出处】《密洛陀创世》，蓝田根据莎红整理的《密洛陀》和潘泉脉整理的《密洛陀》两部不同版本的长诗《密洛陀》改写，见姚宝瑄主编《中国各民族神话》（土家族、毛南族、侗族、瑶族），太原：山西出版传媒集团·书海出版社2014年版，第154页。

W1639.1.0.2.1
日月婚生12对日月

实例

瑶族　日与月结婚生12个太阳和12个月亮。

【流传】（无考）

【出处】《萨当琅》，见陶阳、牟钟秀著《中国创世神话》，上海：上海人民出版社2006年版，第63页。

W1639.1.1
12对日月并出

【关联】［W1653.8］多日并出

实例

瑶族　12对日月同时出现。

【流传】广西壮族自治区·（河池市）·都安县（都安瑶族自治县）、巴马县（巴马瑶族自治县）、南丹县，（百色市）·田东县、平果县等地

【出处】桑布郎等传，蒙凤标（83岁）、罗仁祥（73岁）等唱：《密洛陀》（1983），见蓝怀昌、蓝书京、蒙通顺搜集翻译整理《密洛陀》，北京：中国民间文艺出版社1988年版，第175页。

W1639.1.2
16个太阳和17个月亮

实例

瑶族　远古时候，天上有十六个太阳和十七个月亮。

【流传】贵州省·（黔南布依族苗族自治州）·荔波县·瑶麓乡

【出处】覃继高等讲，黄海采录：《十六个太阳和十七个月亮》，见中国民间文学集成全国编辑委员会编《中国民间故事集成》（贵州卷），北京：中国ISBN中心2003年版，第21页。

W1639.2
36个太阳和36个月亮
（36对日月）

实例

苗族　以前，天上有日、月各36个。

【流传】四川省

【出处】袁珂：《中国民族神话词典》，成都：四川省社科院出版社1989年版，第72页。

W1639.2.1
张果老造36对日月

实例

苗族　张果老开天辟地时，造出太阳和月亮各36个。

【流传】

（a）四川省·（泸州市）·叙永县

(b) 四川省

【出处】

(a)《叙永县苗族〈日月传说的故事〉》，见《中国少数民族社会历史调查资料丛刊》修订委员会中国少数民族社会历史调查资料丛刊修订编辑委员会编《四川省苗族傈僳族傣族白族满族社会历史调查》北京：民族出版社2009年版。

(b)《日月传说》，见袁珂《中国神话大词典》，北京：华夏出版社2015年版，第417页。

W1639.3
98个太阳和98个月亮

实例

苗族 天上有98个太阳和98个月亮。

【流传】（无考）

【出处】《九十八个太阳和九十八个月亮》，见苏晓星《苗族文学史》，成都：四川出版集团·四川民族出版社2003年版，第77页。

W1639.4
99个太阳和99个月亮

实例

苗族 天上有99个太阳和99个月亮。

【流传】(a) 云南省

【出处】

(a)《99个太阳和99个月亮》，见巴略、王秀盛《苗族文学概论》，北京：中国文史出版社2006年版，第20页。

(b)《九十九个太阳和九十九个月亮》，见千里原主编《民族工作大全》，国家民委网 http://www.china.org.cn。

W1639.4.1
99个太阳和66个月亮

实例

彝族 日月交配后，生99个太阳和66个月亮。

【流传】黔西（贵州省西部）与云南（云南省）接壤的彝族地区

【出处】阿候布代讲，王正贡、王子尧、王冶新、何积金搜集整理，蔷紫改写：《天生地产》，原载中国民间文艺研究会贵州分会编《民间文学资料》，内部资料，1986年，见姚宝瑄主编《中国各民族神话》（羌族、彝族），太原：山西出版传媒集团·书海出版社2014年版，第166页。

W1639.5
99个太阳和110个月亮

实例

苗族 天上有太阳99个、月亮110个。

【流传】贵州省·（安顺市）·安顺县（今西秀区）、镇宁县（镇宁布依族苗族自治县）等

【出处】《杨亚射日月》，见苏晓星《苗族文学史》，成都：四川出版集团、四川民族出版社2003年版，第78页。

W1639.5.1
桃花瓣变成99个太阳和110个月亮

【关联】[W1653.5.1] 桃花瓣变成99个太阳

实例

苗族　天地像一个大桃子，桃子里长出的桃树开花，花瓣变成了99个太阳、花蕊变成了110个月亮。

【流传】贵州省·（安顺市）·镇宁县（镇宁布依族苗族自治县）·板阳乡

【出处】朱顺清讲，杨文金等采录：《杨亚射日月》，见中国民间文学集成全国编辑委员会编《中国民间故事集成》（贵州卷），北京：中国ISBN中心2003年版，第23页。

W1639.6
天上有很多日月

实例

纳西族　古时候，日月很多。

【流传】（无考）

【出处】《太阳月亮的来历》，见云南省民族事务委员会编《纳西族文化大观》，昆明：云南民族出版社1999年版，第327页。

W1639.7
多个日月同时出现

【汤普森】F961.0.4

【关联】[W8012.2] 日月引起灾难

实例

（参见下级母题实例）

W1639.7.1
因晒洪水出现多个日月

实例

侗族

（参见W1652.0.1.5.1母题实例）

W1639.7.2
洪水后出现多个日月

实例

黎族

（参见W1633母题实例）

W1639a
与日月数量有关的其他母题

实例

（参见下级母题实例）

W1639a.1
日月数量的增加

【关联】[W1543] 日月是造出来的（造日月）

实例

（实例待考）

W1639a.2
日月数量的减少

【关联】[W9790] 射日月的结果

实例

（参见下级母题实例）

W1639a.2.1
天神收回多余的日月

实例

傈僳族 天神派出的 7 对日月晒了 7 天 7 夜，毁灭地上的第一代不成功的生灵后，收回 6 对日月，只给地上留 1 个太阳，白天晒庄稼，留 1 个月亮，晚上照明。

【流传】（无考）

【出处】
（a）《开天辟地》，载《山茶》1983 年第 3 期。
（b）同（a），见姚宝瑄主编《中国各民族神话》（水族、布朗族、独龙族、基诺族、傈僳族），太原：山西出版传媒集团·书海出版社 2014 年版，第 181 页。

❋ W1640
太阳的数量①

实例

（参见下级母题实例）

W1641
1 个太阳

【关联】［W4931.3］以前太阳不落（不落的太阳）

实例

佤族 天上有 1 个太阳。

【流传】（无考）

【出处】岩米口述，宁默整理：《射日》，见尚仲豪、郭思九等编《佤族民间故事选》，上海：上海文艺出版社 1989 年版，第 31~32 页。

W1641.0
以前只有 1 个太阳

实例

壮族 最古的时候，只有一个太阳。

【流传】（广西壮族自治区·崇左市·龙州县）

【出处】广西壮族文学史龙州调查组搜集，黄永辉整理：《侯野》，原载谷德明编《中国少数民族神话选》，西北民族学院编印，1983 年，见姚宝瑄主编《中国各民族神话》（仫佬族、壮族、京族），太原：山西出版传媒集团·书海出版社 2014 年版，第 166 页。

W1641.1
1 个太阳的产生

实例

汉族 （参见 W1555.4.2 母题实例）

---

① 太阳的数量，此母题一般与射日母题类型中的"射日原因"密切联系。为避免重复，此类母题及编目不再出现在射日母题中。

W1641.2
1 个太阳的特征

实 例

（实例待考）

W1641.3
与 1 个太阳有关的其他母题

实 例

（参见下级母题实例）

W1641.3.1
天父怀中剩下 1 个发光的太阳

实 例

珞巴族 天地婚之后，大地生 9 个太阳。7 个在天地相连处，1 个被射后不再发光。天父的怀里只剩下一个继续发着光芒的太阳。

【流传】西藏自治区·林芝地区·米林县·纳玉区（南伊乡）

【出处】
(a) 东娘、达牛讲，于乃昌搜集：《天地成婚》（1979.07），见毛星主编《中国少数民族文学》（上册），长沙：湖南人民出版社 1983 年版。
(b) 同 (a)，见姚宝瑄主编《中国各民族神话》（门巴族、珞巴族、怒族、藏族），太原：山西出版传媒集团·书海出版社 2014 年版，第 18 页。

W1641.3.2
剩下 1 个太阳

实 例

白族 两个太阳在天上越撞越猛，小太阳被撞落到大海里。

【流传】云南省·（大理白族自治州）·鹤庆县·城郊乡（草海镇）·新民村

【出处】李剑飞讲，李缵绪采录：《人和万物的起源》，见中国民间文学集成全国编辑委员会编《中国民间故事集成》（云南卷），北京：中国 ISBN 中心 2003 年版，第 13 页。

W1642
2 个太阳

【关联】[W1681.1.1] 太阳两兄弟

实 例

白族 天上有 2 个太阳。

【流传】（无考）

【出处】中国各民族宗教与神话大词典编审委员会编：《中国各民族宗教与神话大词典》，北京：学苑出版社 1990 年版，第 6 页。

独龙族 古时候，天上总是并排出现 2 个太阳。

【流传】云南省

【出处】李子贤：《独龙族文学概况》，见中国社会科学院云南少数民族文学研究所等编《云南少数民族文学资料》第 2 辑，内部编印，1981 年，第

141 页。

独龙族 古时天上有 2 个太阳。

【流传】云南省独龙江一带

【出处】李子贤 1963 年搜集：《猎人射太阳》，见李子贤编《云南少数民族神话选》，昆明：云南人民出版社 1990 年版。

高山族 天上挂着两个太阳，一个刚刚落下地，另一个立刻又爬上天。人们炎热不堪。

【流传】（无考）

【出处】《人与月亮和解了》，见谷德明编《中国少数民族神话》，北京：中国民间文艺出版社 1987 年版，第 241 页。

高山族（排湾） 天上本来有两个太阳。

【流传】（无考）

【出处】尹建中编：《台湾山胞各族传统神话故事与传说文献编纂研究》，"内政部"，1994 年，第 189 页。

高山族 很久以前，天空中有两个太阳。

【流传】台湾

【出处】马哈山·达和讲，陶立璠记录整理：《太阳兄弟》，见姚宝瑄主编《中国各民族神话》（高山族、黎族、畲族），太原：山西出版传媒集团·书海出版社 2014 年版，第 20 页。

哈尼族 白天出来两个太阳，两个冒金火的太阳，晒得石头炸开了缝。

【流传】红河哈尼族彝族自治州

【出处】《窝果策尼果》，见红河哈尼族彝族自治州人民政府编《哈尼族口传文化译注全集》第 1 卷，昆明：云南民族出版社 2009 年版，第 265 页。

汉族 很早以前，天上有过两个日头。

【流传】江苏省·（苏州市）·太仓县

【出处】尹培民讲，黄凤尔记录：《天上有过两个太阳》，见姚宝瑄主编《中国各民族神话》（汉族），太原：山西出版传媒集团·书海出版社 2014 年版，第 178～179 页。

珞巴族 天上有两个太阳兄弟。

【流传】（无考）

【出处】［俄］李福清著：《神话与鬼话——台湾原住民神话故事比较研究》（增订本），北京：社会科学文献出版社 2001 年版，第 144 页。

珞巴族 以前天上只有两个太阳。

【流传】西藏自治区·下珞渝（下珞渝则泛指永木河、锡约尔河、巴恰西仁河流域）

【出处】T. K. 巴鲁阿搜集：《两个太阳》，见中华民族故事大系编委会编《中华民族故事大系》第 16 卷（赫哲族、门巴族、珞巴族、基诺族），上海：上海文艺出版社 1995 年版，第 405 页。

壮族 以前，天地之间只有 1 竹竿高，有 2 个火辣辣的太阳。

【流传】广西壮族自治区·（柳州

市）·柳江（柳江县）·洛满乡·古洲村

【出处】林桂兰讲：《太阳和月亮的传说》，见张声震总主编，农冠品编注《壮族神话集成》，南宁：广西民族出版社 2007 年版，第 184 页。

W1642.1
2 个太阳的产生

实 例

（参见下级母题实例）

W1642.1.1
天洞中生 2 个太阳

实 例

白族　从海水冲开的天洞里冒出了一大一小的两个太阳。

【流传】云南省·大理州（大理白族自治州）

【出处】《人类和万物的起源》，见云南省民间文学集成办公室编《白族神话传说集成》，北京：中国民间文艺出版社 1986 年版，第 1~10 页。

W1642.1.2
夏桀时出现 2 个太阳

【关联】［W1650.0.3］尧时出现 10 个太阳

实 例

汉族　夏桀之时，费昌之河上，见二日。在东者烂烂将起，在西者沈沈将灭，若疾雷之声。

【流传】（无考）

【出处】

(a) ［晋］张华：《博物志·异闻》。

(b) 同(a)，见袁珂《中国神话大词典》，北京：华夏出版社 2015 年版，第 3 页。

W1642.2
2 个太阳的特征

实 例

（参见下级母题实例）

W1642.2.1
1 男 1 女 2 个太阳

实 例

独龙族　天上有一男一女两个太阳。

【流传】（无考）

【出处】

(a) 云南大学民族民间文学贡山调查队搜集，当色·顶等讲，孟国才等翻译，李子贤等记录，李子贤整理：《猎人射太阳》，见中华民族故事大系编委会编《中华民族故事大系》第 15 卷（德昂族、保安族、裕固族、京族、塔塔尔族、独龙族、鄂伦春族），上海：上海文艺出版社 1995 年版，第 598 页。

(b) 《猎人射太阳》，见中国各民族宗教与神话大词典编审委员会编《中国各民族宗教与神话大词典》，北京：学苑出版社 1990 年版，第 122 页。

W1642.2.2
1大1小2个太阳

实例

白族 从天洞里冒出一大一小的2个太阳。

【流传】云南省

【出处】《人类和万物的起源》，见云南省民间文学集成办公室编《白族神话传说集成》，北京：中国民间文艺出版社1986年年版，第1~10页。

白族 从天洞里冒出了一大一小的两个太阳来。

【流传】云南省·（大理白族自治州）·鹤庆（鹤庆县），丽江（丽江市）及（丽江市）·永胜（永胜县）

【出处】李剑飞讲，李缵绪、章虹宇记录：《人类和万物的起源》（又名《劳谷与劳泰》、《古干古洛创世记》），原载李缵绪主编《白族神话传说集成》，中国民间文艺出版社1986年版，见姚宝瑄主编《中国各民族神话》（白族、拉祜族、景颇族），太原：山西出版传媒集团·书海出版社2014年版，第18页。

W1642.3
与2个太阳有关的其他母题

实例

（参见下级母题实例）

W1642.3.1
盘古开天辟地出现2个太阳

实例

汉族 盘古开天辟地以后，天上有2个太阳。

【流传】江苏省·（淮安市）·淮安县（淮安区）

【出处】王恒金讲，顾军搜集整理：《背着小孩射太阳》（1986.09.05），见姚宝瑄主编《中国各民族神话》（汉族），太原：山西出版传媒集团·书海出版社2014年版，第112页。

W1642.3.2
2个有特定名字的太阳

实例

（参见下级母题实例）

W1642.3.2.1
天上有多尼和波如两个太阳

实例

珞巴族 在古代，天上有多尼和波如两个太阳。

【流传】西藏自治区·（林芝市）·墨脱县·甘登乡、达木珞巴民族乡

【出处】顿加讲，冀文正采集：《天和地》，见冀文正《珞巴族民间故事》，成都：四川民族出版社2011年版，第4~5页。

W1643

3个太阳

实 例

赫哲族 以前时候，天上有三个日头。

【流传】（无考）

【出处】

（a）徐昌翰、黄任远：《赫哲族文学》，哈尔滨：北方文艺出版社1991年版，第69~70页。

（b）［俄］施腾伯格：《关于基利亚克人、奥罗奇人、戈尔德人、涅基达尔人、阿伊努人的著作与资料集》，见喻权中《死亡的超越与转化——赫哲-那乃族初始萨满神话考疑》，载《黑龙江民族丛刊》1998年第3期。

赫哲族 早先，天上有三个日头。

【流传】黑龙江省·（佳木斯市）·同江县（同江市）

【出处】龙树林、吴连贵讲，龙志贤、黄任远搜集整理：《射太阳》，原载王士媛编《赫哲族民间故事选》，见陶阳、钟秀编《中国神话》（上），北京：商务印书馆2008年版，第289~290页。

赫哲族 早先，天上有三个日头，它们挂在天当腰，毒辣辣的，像火盆一样。

【流传】黑龙江省·（佳木斯市）·同江市

【出处】龙树林、吴连贵讲，龙志贤、黄任远记录整理：《射太阳》，见姚宝瑄主编《中国各民族神话》（满族、赫哲族、朝鲜族），太原：山西出版传媒集团·书海出版社2014年版，第109~111页。

W1643.1

开天辟地时出现3个太阳

实 例

赫哲族 开天辟地的时候，天空有三个太阳。

【流传】（黑龙江省）

【出处】

（a）《民族问题五种丛书》黑龙江省编辑组：《赫哲族社会历史调查》，牡丹江：黑龙江朝鲜民族出版社1987年版，第171页。

（b）《送魂萨满来源的传说》，见吕大吉、何耀华总主编《中国各民族原始宗教资料集成》（鄂伦春族卷、鄂温克族卷、赫哲族卷、达斡尔族卷、锡伯族卷、满族卷、蒙古族卷、藏族卷），北京：中国社会科学出版社1999年版，第243页。

W1644

4个太阳

【汤普森】≈A716.1

实 例

（实例待考）

W1645

5个太阳

实 例

黎族 原来，天上有5个太阳，热得人难以生存。

【流传】海南省·（三亚市）·乐东县（乐东黎族自治县）·抱由公社（抱由镇）

【出处】符亚时讲，广东省民族普查队采录：《三兄妹》，见中国民间文学集成全国编辑委员会编《中国民间故事集成》（海南卷），北京：中国ISBN中心2002年版，第21页。

W1646
6个太阳

实　例

哈尼族 天上有着6个比金子还明亮的太阳，轮流着落山，使人间只有白天。

【流传】云南省·（西双版纳傣族自治州）·勐海县

【出处】龙八秋讲，杨胜能采录：《射太阳的英雄》，见中国民间文学集成全国编辑委员会编《中国民间故事集成》（云南卷），北京：中国ISBN中心2003年版，第122页。

哈尼族 远古时候，天上有六个比金子还明亮的太阳。

【流传】云南省·（西双版纳傣族自治州）·勐海县

【出处】龙八秋讲，杨胜能搜集整理：《噶贝阿切梅林》，原载云南省民间文学集成办公室编《哈尼族神话传说集成》，中国民间文艺出版社1990年版，见姚宝瑄主编《中国各民族神话》（哈尼族、傣族），太原：山西出版传媒集团·书海出版社2014年版，第161页。

哈尼族 一天，天上突然出现了六个太阳。

【流传】（无考）

【出处】李期博搜集整理：《遮阿都射日的故事》，见姚宝瑄主编《中国各民族神话》（哈尼族、傣族），太原：山西出版传媒集团·书海出版社2014年版，第164页。

彝族

（参见W1542.2.3母题实例）

W1647
7个太阳

【汤普森】A720.1

实　例

布朗族 天上出了7个太阳。

【流传】云南省·（临沧市）·双江县（双江拉祜族佤族布朗族傣族自治县）

【出处】植万七讲，傣春华采录：《兄妹成婚衍人类》，见中国民间文学集成全国编辑委员会编《中国民间故事集成》（云南卷），北京：中国ISBN中心2003年版，第206页。

布朗族 天上生活着太阳7兄弟。

【流传】云南省·（西双版纳傣族自治州）·景洪（景洪市）

【出处】波尔帕讲，岩温扁整理：《征服太阳神》，见中华民族故事大系编委会编《中华民族故事大系》第 12 卷（布朗族、撒拉族、毛南族），上海：上海文艺出版社 1995 年版，第 9 页。

傣族 天上有 7 个太阳。

【流传】云南省·（西双版纳傣族自治州）·景洪（景洪市）

【出处】《太阳的传说》，见岩香《傣族民间故事》，昆明：云南出版集团 2009 年版，第 16 页。

傣族 天地形成后，空中出现太阳凡七，光焰如火，令大地燃烧。

【流传】（云南省？）

【出处】袁珂改编：《英叭止水火》，原载江应梁《傣族史》，见袁珂《中国神话大词典》，北京：华夏出版社 2015 年版，第 502 页。

德昂族 以前，天上 7 日并出晒死庄稼。

【流传】云南省·德宏（德宏傣族景颇族自治州）

【出处】段庆国等搜集：《仙人射太阳》，见中华民族故事大系编委会编《中华民族故事大系》第 15 卷（德昂族、保安族、裕固族、京族、塔塔尔族、独龙族、鄂伦春族），上海：上海文艺出版社 1995 年版，第 18 页。

仡佬族 古时候，白天有 7 个太阳。

【流传】（无考）

【出处】王国荣、王国华讲，陈营章等搜集整理：《喊太阳》，见谷德明编《中国少数民族神话》，北京：中国民间文艺出版社 1987 年版，第 669 页。

汉族 很古的时候，天上 7 个太阳。

【流传】河北省

【出处】刘威讲：《二郎担山捉太阳》，见任丘市三套集成办公室《中国民间故事集成·任丘市资料卷》，内部编印，1985，第 334～335 页。

基诺族

（参见 W1647.1.4 母题实例）

傈僳族 以前，有太阳 7 姊妹。

【流传】四川省·（凉山彝族自治州）·德昌县·宽裕乡·赵家湾子

【出处】张国全讲，李文华等采录：《天管师和张古老》，见中国民间文学集成全国编辑委员会编《中国民间故事集成》（四川卷·下），北京：中国 ISBN 中心 1998 年版，第 1437 页。

门巴族 须弥山上的山洞里装有七个太阳。

【流传】西藏自治区·（林芝地区）·墨脱县·东布村（东布街）

【出处】伊西平措讲，于乃昌等整理：《释迦牟尼和加白贡市》，见《门巴族民间故事》：http://www.tibet-web.com/old/minjian/ync/gushi/mulu.htm，2003.10.02。

苗族 天开辟地时，天上有 7 个太阳。

【流传】（无考）

【出处】《蚯蚓和太阳》，见西南师范学院采风队编《苗族民间故事》，成都：四川民族出版社 1987 年版，第 282～

彝族 古时候，天上有 7 个太阳。

【流传】

（a）云南省·（楚雄彝族自治州）·楚雄（楚雄市）

（b）云南省·（楚雄彝族自治州）·楚雄市·三街镇

【出处】

（a）杨发旺讲，者厚培采录：《三女找太阳》，见中国民间文学集成全国编辑委员会编《中国民间故事集成》（云南卷），北京：中国 ISBN 中心 2003 年版，第 115 页。

（b）《三女找太阳》，见沙马拉毅主编《彝族文学概论》，太原：山西教育出版社 2001 年版，第 35~36 页。

（c）同（b），见谷德明编《中国少数民族神话》，北京：中国民间文艺出版社 1987 年版，第 276 页。

彝族 古时候，天上有七个太阳。

【流传】云南省·楚雄（楚雄彝族自治州）哀牢山区

【出处】

（a）《三女找太阳》，见吕大吉、何耀华总主编《中国各民族原始宗教资料集成》（彝族卷、白族卷、基诺族卷），北京：中国社会科学出版社 1996 年版，第 23 页。

（b）厚培坡集，唐楚臣、刘纯龙整理，载西北民族学院研究所《中国少数民族神话选》，第 302~304 页。

彝族 古昔天有太阳七，阳光如乳汁哺育万物，令树木长青，鲜花不败。

【流传】（无考）

【出处】《三女寻太阳》，原载谷德明编《中国少数民族神话》（原名《三女找太阳》），见袁珂《中国神话大词典》，北京：华夏出版社 2015 年版，第 428 页。

彝族 古时候，天上的七个太阳发出的阳光像乳汁一样哺育大地，树木常青，鲜花不败。

【流传】（无考）

【出处】《三女镇夜猫精》，王四代根据此誉阿立讲，摩依翻译，上元、邹志诚整理《三女找太阳》（谷德明编《中国少数民族神话选》，西北民族学院研究所 1983 年内部资料）改写，见姚宝瑄主编《中国各民族神话》（羌族、彝族），太原：山西出版传媒集团·书海出版社 2014 年版，第 361 页。

藏族 世界开始时有 7 个太阳。

【流传】西藏自治区·（那曲地区）·黑河地区（那曲县）

【出处】佟锦华：《藏族文学研究》，北京：中国藏学出版社 1992 年版，第 388 页。

W1647.1
7 个太阳的产生

实 例

（参见下级母题实例）

W1647.1.1
自然产生 7 个太阳

实 例

汉族 天上原来有 7 个太阳。

【流传】

（a）陕西省·（咸阳市）·彬县·小章乡·赵寨村

（b）北京市·通县（通州区）（通州区）

【出处】

（a）池老犟讲，纪笑强采录：《二郎神担山压太阳》，见中国民间文学集成全国编辑委员会编《中国民间故事集成》（陕西卷），北京：中国 ISBN 中心 1996 年版，第 21 页。

（b）王月珍讲，蔺再山采录：《二郎神担山捉太阳》，见中国民间文学集成全国编辑委员会编《中国民间故事集成》（北京卷），北京：中国 ISBN 中心 1999 年版，第 6 页。

傈僳族 有一天，天上出现 7 个太阳。

【流传】云南省·（德宏傣族景颇族自治州）·陇川县·（陇把镇）·邦外公社（邦外村）

【出处】李有华讲，黄云松等采录：《天地人的来历》，见中国民间文学集成全国编辑委员会编《中国民间故事集成》（云南卷），北京：中国 ISBN 中心 2003 年版，第 44 页。

蒙古族 很久以前，天空出现了七颗太阳。

【流传】内蒙古自治区

【出处】《额尔黑莫日根射日》，见中国民间文学集成全国编辑委员会编《中国民间故事集成》（内蒙古卷），北京：中国 ISBN 中心 2007 年版，第 7 页。

蒙古族 从前，天上出现 7 个太阳。

【流传】（无考）

【出处】

（a）《额尔黑莫日根射日》，见［蒙古］舍·嘎丹巴、德·策仁苏德那木编：《蒙古民间文学精华集》，呼和浩特：内蒙古人民出版社 1984 年版。

（b）哈斯译：《额尔黑·蔑尔根射日》，见［蒙古］舍·嘎丹巴、德·策仁苏德那木编《蒙古民间文学精华集》（下），呼和浩特：内蒙古人民出版社 1984 年版，第 731 页。

彝族（阿细） 天空出了七个太阳，晒死了蚂蚁瞎眼人。

【流传】云南省·红河哈尼族彝族自治州·弥勒县

【出处】潘正兴等唱述，云南省民族民间文学红河调查队搜集翻译整理：《阿细的先基》，昆明：云南人民出版社 1959 年版。

W1647.1.2
7 个火神变成 7 个太阳

实 例

傣族 火神七兄弟合力战胜风雨云雾神皮扎祸之后，再也不能回到地球上了，他们变成了七个太阳高高挂在天空。

【流传】（云南省）

【出处】岩温扁、杨胜能、吴军搜集整理：《太阳的传说》，原载李子贤编《云南少数民族神话选》，云南人民出版社1990年版，见姚宝瑄主编《中国各民族神话》（哈尼族、傣族），太原：山西出版传媒集团·书海出版社2014年版，第325页。

W1647.1.2.1
火神的7个儿子变成7个太阳

【关联】
① ［W1569.3.1］火神的儿子变成太阳
② ［W1649.0.4］火神的9个儿子变成9个太阳

实 例

傣族 火神的七个儿子变成了七个太阳，高高地挂在天空之中。

【流传】云南省·西双版纳（西双版纳傣族自治州）·勐海（勐海县）·勐遮（勐遮镇）、勐混（勐混镇）

【出处】波玉挽讲，王光搜集整理：《披乍贺与火神之子的一场战争》，见姚宝瑄主编《中国各民族神话》（哈尼族、傣族），太原：山西出版传媒集团·书海出版社2014年版，第248页。

W1647.1.3
铁水和石水结成夫妻生7个太阳

【关联】［W1566.6.1］铁水和石水结婚生太阳

实 例

傣族 火神让铁水和石水结成夫妻，便生出了这七个火少年。这七兄弟是七团火，也就是七个太阳。

【流传】（无考）

【出处】岩峰、王松搜集整理：《射神惟鲁塔》，原载《中国各民族宗教与神话大词典》编审委员会编《中国各民族宗教与神话大词典》，学苑出版社1990年版，见姚宝瑄主编《中国各民族神话》（哈尼族、傣族），太原：山西出版传媒集团·书海出版社2014年版，第380页。

W1647.1.4
创世母亲把1个太阳分成7个太阳

实 例

基诺族 创世母亲为了建立地上的秩序，便把空中的太阳一分为七，七个太阳直射大地。

【流传】云南省·（西双版纳傣族自治州·景洪市）·基诺山（基诺山基诺族乡）·戛里果箐、巴亚新寨、茶叶大地、巴卡寨

【出处】不拉塞等讲，杜玉亭调查整理：《卓巴、牛皮木鼓与寨鬼》（1980～1990），见吕大吉、何耀华总主编《中国各民族原始宗教资料集成》（彝族卷、白族卷、基诺族卷），北京：中国社会科学出版社1996年版，第

873 页。

W1647.1.5
雷婆造 7 个太阳

【实例】

侗族　雷婆造 7 个太阳放在天上。

【流传】（无考）

【出处】《侗族创世纪》，见中央民族学院少数民族文艺研究所编《中国民族民间文学》，北京：中央民族学院出版社 1987 年版，第 135 页。

W1647.1.6
祖先造 7 个太阳

【实例】

哈尼族　阿嫫尧白（女祖先名）造 7 个太阳。

【流传】（无考）

【出处】刘怡搜集整理：《阿嫫尧白造天地》，见中华民族故事大系编委会编《中华民族故事大系》第 6 卷（哈尼族、哈萨克族、傣族），上海：上海文艺出版社 1995 年版，第 794～796 页。

W1647.1.7
天生 7 个太阳

【实例】

藏族　世界开始时是一片大海。天空生了 7 个太阳。

【流传】西藏自治区·那曲地区

【出处】《柱下遗教》、《西藏王统记》和《贤者喜宴》等。

W1647.1.8
天神放出 7 个太阳

【实例】

拉祜族　天神厄莎见开田种地的扎努扎别不把粮食奉献给他，就放出七个太阳，想把扎努扎别晒死。

【流传】（云南省）

【出处】杨铜搜集整理：《地子扎努扎别》，见姚宝瑄主编《中国各民族神话》（白族、拉祜族、景颇族），太原：山西出版传媒集团·书海出版社 2014 年版，第 186～187 页。

W1647.2
7 个太阳的关系

【实例】

（参见下级母题实例）

W1647.2.1
太阳 7 姊妹

【实例】

傈僳族　（实例待考）

W1647.3
与 7 个太阳有关的其他母题

【实例】

（参见下级母题实例）

W1647.3.1
7个太阳使庄稼每年收7次

实例

彝族

（参见 W1534.2.3.1 母题实例）

W1648
8个太阳

实例

蒙古族 从前赡部洲形成的时候天上有8个太阳。

【流传】内蒙古自治区·呼伦贝尔地区（呼伦贝尔市）·巴尔虎（陈巴尔虎旗）

【出处】《额尔黑·莫尔根汗》，见朋斯格旺吉拉等搜集整理《萨楚来莫日根汗》（蒙古文），海拉尔：内蒙古文化出版社1986年版，第27~28页。

W1648.1
旱魔放出8个太阳

实例

纳西族 旱魔放出8个太阳。

【流传】（无考）

【出处】杨世光整理：《七星披肩的来历》，见中华民族故事大系编委会编《中华民族故事大系》第9卷（水族、东乡族、纳西族），上海：上海文艺出版社1995年版，第948页。

W1648.2
海里的8个太阳

实例

藏族 天上出现8个太阳是管陆地的1个太阳与管海洋8个太阳交换岗位造成的。

【流传】四川省·（凉山彝族自治州）·木里县（木里藏族自治县）县城

【出处】苏郎讲，李锦川采录：《洪水潮天》，见中国民间文学集成全国编辑委员会编《中国民间故事集成》（四川卷），北京：中国ISBN中心1998年版，第938页。

W1649
9个太阳（九阳）

【关联】［1618.10.1］天上的1个太阳管陆地，8个管海洋

实例

布依族 以前，天上9日并出。

【流传】贵州省

【出处】《卜丁射日》，见何积全、陈立浩主编《布依族文学史》，贵阳：贵州民族出版社1992年版，第36页。

高山族（泰雅） 从前，天上有九个太阳。

【流传】台湾·桃竹苗地区

【出处】云诗仙讲，曾康怡采录，许端荣撰：《射太阳的故事》，原载金荣华编《台湾桃竹苗地区民间故事》，见

陶阳、钟秀编《中国神话》（上），北京：商务印书馆 2008 年版，第 297 页。

哈尼族 古时天上有 9 个太阳。

【流传】云南省

【出处】

（a）《为什么鸡叫太阳就出来》，见李子贤编：《云南少数民族神话选》，云南人民 1990。

（b）李乔搜集：《俄普浦罗》，见谷德明编《中国少数民族神话》，北京：中国民间文艺出版社 1987 年版，第 322 页。

汉族 朝濯发于汤谷兮，夕晞余身兮九阳。

【流传】（无考）

【出处】［战国］屈原：《楚辞·远游》。

汉族 仲长统云："沆瀣当餐，九阳代烛。"

【流传】（无考）

【出处】

（a）［战国］屈原《楚辞·远游》洪兴祖补注。

（b）《九阳》，见袁珂《中国神话大词典》，北京：华夏出版社 2015 年版，第 9 页。

汉族 九阳，日也；阳谷上有扶木，九日居下枝，一日居上枝。

【流传】（无考）

【出处】

（a）［战国］屈原《楚辞·远游》洪兴祖补注。

（b）《九阳》，见袁珂《中国神话大词典》，北京：华夏出版社 2015 年版，第 9 页。

汉族 踵九阳兮戏荡。

【流传】（无考）

【出处】

（a）王逸：《九思·遭厄》。

（b）《九阳》，见袁珂《中国神话大词典》，北京：华夏出版社 2015 年版，第 9 页。

汉族 古时候，天上有 9 个日头。

【流传】河南

【出处】尚保元、吴光瑞讲，尚海三记录：《二郎担山撵太阳》，原载河南师大中文系编《河南民间故事》，见陶阳、钟秀编《中国神话》（中），北京：商务印书馆 2008 年版，第 673～674 页。

汉族 天上出现了 9 个太阳。

【流传】河南省·（南阳市）·镇平县、内乡县、邓县（邓州市）交界处

【出处】尚保元讲：《二郎担山撵太阳》，见张楚北《中原神话》，郑州：海燕出版社 1988 年版，第 118 页。

汉族 古时候，天上有 9 个日头。

【流传】河南省

【出处】吴光瑞、尚保元讲，尚海三记录：《二郎担山撵太阳》，见姚宝瑄主编《中国各民族神话》（汉族），太原：山西出版传媒集团·书海出版社 2014 年版，第 134～135 页。

<u>汉族</u> 天上有9个太阳满天嬉戏打闹。

【流传】湖北省·（黄冈市）·麻城市·白果镇·望花山村

【出处】戴昌荣讲，郑重建采录：《龟母吞日》，见中国民间文学集成全国编辑委员会编《中国民间故事集成》（湖北卷），北京：中国ISBN中心1999年版，第19页。

<u>汉族</u> 在上古时，天上齐陡陡冒出了9个太阳，晒得大地焦了，禾苗枯了。

【流传】江苏省·（连云港市）·东海县

【出处】王运家讲，朱守和记录：《二郎神挑来平明龙虎山》，见姚宝瑄主编《中国各民族神话》（汉族），太原：山西出版传媒集团·书海出版社2014年版，第114~115页。

<u>汉族</u> 在很古以前，天空有9个太阳。

【流传】江苏省·（镇江市）·丹阳市·云林乡·（文山村）

【出处】曹一民讲，眭和荣记录整理：《太阳与马齿苋》（1987.08），见姚宝瑄主编《中国各民族神话》（汉族），太原：山西出版传媒集团·书海出版社2014年版，第149页。

<u>汉族</u> 很久以前，天上共有九个太阳。

【流传】江苏省·淮安市

【出处】范文灿讲，吉凤山记录整理：《后羿射日》（1986.09），见姚宝瑄主编《中国各民族神话》（汉族），太原：山西出版传媒集团·书海出版社2014年版，第141~142页。

<u>景颇族</u> 住到天上的人管9个太阳。

【流传】（无考）

【出处】何峨整理：《人种流传》，见中华民族故事大系编委会编《中华民族故事大系》第10卷（景颇族、柯尔克孜族、土族），上海：上海文艺出版社1995年版，第29页。

<u>景颇族</u> 古时天上九日并出，地上人畜草木几尽为之烤死，河流亦俱枯干。

【流传】（无考）

【出处】袁珂改编：《蝙蝠》，原载谷德明编《中国少数民族神话选》，见袁珂《中国神话大词典》，北京：华夏出版社2015年版，第557页。

<u>珞巴族</u> 以前，天上有9个太阳，烤得地上冒火。

【流传】西藏自治区·林芝市·墨脱县·达木珞巴民族乡、墨脱乡（讲述地点：墨脱县·达木珞巴民族乡·卡布村）

【出处】安布讲：《五兄弟的传说》（1955.08），见冀文正《珞巴族民间故事》，成都：四川民族出版社2011年版，第18页。

<u>羌族</u> 古昔天有九日，大地皆晒燃，所有人及动物悉被晒死。

【流传】（无考）

【出处】袁珂改编：《姐弟造人烟》（原名《造人烟》），原载谷德明编《中

1.4.3 日月的数量 ‖W1649.0—W1649.0.0‖ **2033**

国少数民族神话选》，见袁珂《中国神话大词典》，北京：华夏出版社2015年版，第565页。

畲族　很久以前，天上有9个太阳。

【流传】福建省·（福州市）·连江（连江县）

【出处】林必霖搜集，黄家殿、邱学飞采录：《太阳和月亮》，原载《畲族传说故事》，福州：福建人民出版社1984年版，见《福建省少数民族古籍丛书》编委会编《畲族卷·民间故事》，福州：海峡出版发行集团·海峡书局2013年版，第9页。

彝族　远古的时候天上有九个太阳，烈日炎炎，大地一片酷热。

【流传】云南省·（红河哈尼族彝族自治州）·弥勒（弥勒市）·巡检司（巡检司镇）·独家村

【出处】孙官生调查整理：*《祭天崖画》，见吕大吉、何耀华总主编《中国各民族原始宗教资料集成》（彝族卷、白族卷、基诺族卷），北京：中国社会科学出版社1996年版，第58页。

藏族　天上出来9个太阳。

【流传】（无考）

【出处】米亚罗讲，萧崇索搜集整理：《种子的起源》，见谷德明编《中国少数民族神话》，北京：中国民间文艺出版社1987年版，第685页。

壮族　原来天上有9个太阳。

【流传】广西壮族自治区·（崇左市）·大新县·土湖乡·三湖村

【出处】农高文讲：《平义射太阳》，见张声震总主编，农冠品编注《壮族神话集成》，南宁：广西民族出版社2007年版，第306页。

W1649.0
9个太阳的产生

【关联】

① ［W1566.4.2］天地婚生9个太阳

② ［W1567.3.1］观音撒的天种生9个太阳

③ ［W1574.3.3］阳雀造的9个石盘变成9个太阳

【实　例】

羌族　乌鸦告诉天上将出现9个太阳。

【流传】四川省·（阿坝藏族羌族自治州）·茂县、黑水（黑水县）

【出处】许贵福讲，吴廷安等搜集：《白石神》，见中华民族故事大系编委会编《中华民族故事大系》第11卷（达斡尔族、仫佬族、羌族），上海：上海文艺出版社1995年版，第667页。

W1649.0.0
自然存在9个太阳

【实　例】

汉族　古时候，天上有9个日头。

【流传】河南省

【出处】尚保元等讲，尚海三搜集：《二郎担山撵太阳》，见中华民族故事大系编委会编《中华民族故事大系》第1卷（汉族、蒙古族、回族），上海：上海文艺出版社1995年版，第19页。

汉族 很古的时候，天上有9个日头。

【流传】湖北省·（咸宁市）·崇阳县·台山乡萧家岭（今肖岭乡·台山村）

【出处】王岳南讲，陆义国采录：《日头是鸡公叫出来的》，见中国民间文学集成全国编辑委员会编《中国民间故事集成》（湖北卷），北京：中国ISBN中心1999年版，第18页。

汉族 很古的时候，天上有9个太阳。

【流传】四川省·永川县（今重庆市·永川区）·高滩乡·三村

【出处】周长权讲魏福碧采录者：《武爷射太阳》，见中国民间文学集成全国编辑委员会编《中国民间故事集成》（四川卷·上），北京：中国ISBN中心1998年版，第92页。

珞巴族 原来天上有9个太阳。

【流传】西藏自治区·（林芝地区）·墨脱县·（达木珞巴族乡）·卡布村

【出处】安布讲，冀文正采录：《珞巴五兄弟》，见中国民间文学集成全国编辑委员会编《中国民间故事集成》（西藏卷），北京：中国ISBN中心2001年版，第16页。

苗族 天上出现9个太阳包，9个太阳出齐。

【流传】四川省·（宜宾市）筠连县·联合（联合苗族乡）

【出处】刘光启讲，四川大学中文系85级采风队采录：《九个太阳包》，见中国民间文学集成全国编辑委员会编《中国民间故事集成》（四川卷·下），北京：中国ISBN中心1998年版，第1315页。

纳西族 九个盘神兄弟造天，七个禅神姐妹造地的时候，天上有九个太阳。

【流传】云南省·（丽江市）·丽江县（古城区、玉龙纳西族自治县）

【出处】木丽春采集整理：《公鸡喊太阳的传说》，见木丽春编著《纳西族民间故事集》，昆明：云南人民出版社2007年版，第124页。

W1649.0.0.1
天地初开时自然出现9个太阳

实例

珞巴族 混沌初开时，地上没有水，天上又有九个太阳。

【流传】西藏自治区·林芝市·墨脱县·达木珞巴民族乡、旁辛乡、甘登乡（讲述地点：墨脱县·达木珞巴民族乡·马尔康村）

【出处】安布讲：《天和地》（1955.10），见冀文正《珞巴族民间故事》，成都：四川民族出版社2011年版，第3页。

藏族 日月形成，天地初开，天上出现了9个太阳。

【流传】青海省·黄南州（黄南藏族自治州）·同仁县

【出处】加毛泽讲，仁青侃卓等采录：《哈拉射日》，见中国民间文学集成全国编辑委员会编《中国民间故事集成》（青海卷），北京：中国 ISBN 中心 2007 年版，第 8 页。

W1649.0.0.2
大水时代自然出现 9 个太阳

实　例

鄂温克族　大兴安岭是一片大海时，天上有 9 个太阳。

【流传】（无考）

【出处】毅松、涂建军等《达斡尔族、鄂温克族、鄂伦春族文化研究》，呼和浩特：内蒙古教育出版社 2007 年版，第 280 页。

W1649.0.0.3
洪水后自然出现 9 个太阳

实　例

羌族　洪水后，天上有 9 个太阳。

【流传】（无考）

【出处】《开天辟地》，见中国各民族宗教与神话大词典编审委员会编《中国各民族宗教与神话大词典》，北京：学苑出版社 1990 年版，第 528 页。

W1649.0.0.4
以前白天时会出现 9 个太阳

实　例

纳西族　远古时代，白天时天上出现 9 个太阳，烧死庄稼，渴死了牛羊。

【流传】（无考）

【出处】周汝诚讲，王恩宁等记录，牛相奎等整理：《靴顶力士》，见谷德明编《中国少数民族神话》，北京：中国民间文艺出版社 1987 年版，第 419 页。

W1649.0.1
天神放出 9 个太阳

实　例

彝族　天神米姑鲁生气，用 9 个太阳暴晒大地，草地全晒死。

【流传】贵州省·（毕节市）·威宁县（威宁彝族回族苗族自治县）

【出处】王海清讲，石磊采录：《诸神争大》，见中国民间文学集成全国编辑委员会编《中国民间故事集成》（贵州卷），北京：中国 ISBN 中心 2003 年版，第 28 页。

彝族（罗罗泼）　天女生的儿子尼支甲洛到地上要造光明时，不知如何去造。他跑到山上呼喊："天神呀，请你放出光明。"天神听见了，便从天上放出 9 个太阳。

【流传】云南省·（楚雄彝族自治州）·南华县·五街（五街镇）

【出处】李发彪等演唱，吉厚培、夏光辅搜集整理：《青棚调——彝族支系罗罗泼古歌》，原载云南省社会科学院楚雄彝族文化研究所编《彝族民间文学》第 2 辑，1985 年，见姚宝瑄主编《中国各民族神话》（羌族、彝族），太原：山西出版传媒集团·书海出版社2014年版，第170页。

W1649.0.1.1
天神挂出9个太阳

【实例】

拉祜族 巨人札努札别不服从天神厄莎的古理古规，与厄莎犟拗，厄莎挂起9个太阳曝晒他。

【流传】（无考）

【出处】《札努札别》，见云南省民族事务委员会编《拉祜族文化大观》，昆明：云南民族出版社1999年版，第183页。

W1649.0.1a
天神造9个太阳

【实例】

景颇族 天神番瓦能桑创造9个太阳。

【流传】（无考）

【出处】《占支苦》，见中国各民族宗教与神话大词典编审委员会编《中国各民族宗教与神话大词典》，北京：学苑出版社1990年版，第363页。

W1649.0.1b
天神的徒弟造9个太阳

【实例】

满族 阿布凯恩都哩的弟子造太阳。徒弟们觉得一个太阳不够用，一口气造了9个太阳。

【流传】（无考）

【出处】

(a) 傅英仁讲述：《三音贝子》，见傅英仁搜集整理《满族神话故事》，哈尔滨：北方文艺出版社1985年版，第95页。

(b)《三音贝子》，见马学良、梁庭望、张公瑾主编《中国少数民族文学史》，北京：中央民族大学出版社2001年版，第71页。

W1649.0.2
地生9个太阳

【关联】[W1565.2] 地生太阳

【实例】

珞巴族 大地生了九个太阳。

【流传】西藏自治区·林芝地区·米林县·纳玉区（南伊乡）

【出处】

(a) 东娘、达牛讲，于乃昌搜集：《天地成婚》（1979.07），见毛星主编《中国少数民族文学》（上册），长沙：湖南人民出版社1983年版。

(b) 同(a)，见姚宝瑄主编《中国各民族神话》（门巴族、珞巴族、怒族、藏族），太原：山西出版传媒集团·书海出版社2014年版，第18页。

W1649.0.2a
天地婚生9个太阳

【实例】

珞巴族 天和地结婚不久，大地生了9

个太阳。

【流传】西藏自治区·（林芝地区）·米林县·纳玉区（南伊乡）

【出处】

（a）东娘讲，于乃昌采录：《九个太阳》，见中国民间文学集成全国编辑委员会编《中国民间故事集成》（西藏卷），北京：中国 ISBN 中心 2001 年版，第 9 页。

（b）同（a），见《珞巴族民间故事》：http：//www.tibet – web.com/old/minjian/ync/gushi/mulu.htm，2003.10.02。

珞巴族 天和地从混沌中分离之后，就结了婚。不久，大地生了九个太阳。

【流传】西藏自治区·林芝地区·米林县·纳玉区（南伊乡）

【出处】

（a）东娘、达牛讲，于乃昌搜集：《天地成婚》（1979.07），见毛星主编《中国少数民族文学》（上册），长沙：湖南人民出版社 1983 年版。

（b）同（a），见姚宝瑄主编《中国各民族神话》（门巴族、珞巴族、怒族、藏族），太原：山西出版传媒集团·书海出版社 2014 年版，第 18 页。

W1649.0.3

龙王让天生 9 个太阳

实 例

纳西族 很古的时候，有一个叫鲁帕斯拉的龙王为了惩治地上的生物，让天上生了九个太阳。

【流传】云南省·（丽江市）·宁蒗县（宁蒗彝族自治县）·永宁区（今永宁乡）·拉伯乡（今与永宁乡为并列乡镇）

【出处】

（a）根若尔青、达史讲，拉木·吸吐萨搜集整理：《鹰神汁池嘎尔》，见《云南摩梭人民间文学集成》，北京：中国民间文艺出版社 1990 年版。

（b）同（a），见姚宝瑄主编《中国各民族神话》（佤族、阿昌族、纳西族、普米族、德昂族），太原：山西出版传媒集团·书海出版社 2014 年版，第 112 页。

W1649.0.4

火神的 9 个儿子变成 9 个太阳

实 例

汉族 火神的九个儿子离开了天庭，他们摇身一变，变成九个大火球，凑在一堆猛起发光发热。

【流传】四川省·巴县（重庆·巴南区）·鱼洞镇

【出处】张文奎讲，李子硕记录整理：《太阳和星星的来历》（1988.04），见姚宝瑄主编《中国各民族神话》（汉族），太原：山西出版传媒集团·书海出版社 2014 年版，第 207~209 页。

W1649.0.5

九头鸟的 9 头变成 9 个太阳

【关联】［W1572.1.3］鸟头变成太阳

实　例

汉族　天上九头鸟作怪，伸出九个头来变成九个太阳。

【流传】江苏省·常州市郊区

【出处】王福明讲，陆华珍记录：《嫦娥的故事》（1988.05），见姚宝瑄主编《中国各民族神话》（汉族），太原：山西出版传媒集团·书海出版社2014年版，第240~241页。

W1649.0.6
神炼制的89个火球变成9个太阳

【关联】［W1574.2.6］火球变成太阳

实　例

哈尼族　烟沙神和沙拉神搭起天灶，采来大石，炼制火球，想把天地烧毁。经过七七四十九天，他们炼出了九个火球。九个火球把天烧得通红，把地上的岩石烧得像蜡一样熔化。

【流传】云南省·（红河哈尼族彝族自治州）·元阳县

【出处】
(a) 朱小和讲，芦朝贵等整理：《天、地、人的传说》，载《山茶》1983年第4期。
(b) 朱小和讲，芦朝贵、杨笛搜集整理：《大鱼脊背甩出的世界》，原载《山茶》1983年第4期（王松将原题目《天、地、人的传说》改为此题目），见姚宝瑄主编《中国各民族神话》（哈尼族、傣族），太原：山西出版传媒集团·书海出版社2014年版，第27页。

W1649.1
太阳9姐妹

【关联】［W1681.3］太阳的姐妹

实　例

布朗族　顾米亚造天地时，有9个太阳姊妹。

【流传】（无考）

【出处】《顾米亚造天造地》，见中国各民族宗教与神话大词典编审委员会编《中国各民族宗教与神话大词典》，北京：学苑出版社1990年版，第31页。

布朗族　太阳九姊妹和月亮十弟兄不甘心顾米亚开天辟地的成功，要破坏他造的天地。

【流传】云南省·（红河哈尼族彝族自治州）·金平县（金平苗族瑶族傣族自治县）

【出处】朱嘉禄整理：《顾米亚》，原载《中国民间故事选》第2集，人民文学出版社1962年版，见姚宝瑄主编《中国各民族神话》（水族、布朗族、独龙族、基诺族、傈僳族），太原：山西出版传媒集团·书海出版社2014年版，第91页。

珞巴族（博嘎尔、崩尼部落）　天和地结婚，地母斯金第二次怀孕，生太阳九姐妹。

【流传】（无考）

【出处】于乃昌：《珞巴族文学史》，拉萨：西藏人民出版社·南京：江苏教育出版社2001年版，第139页。

W1649.2
9个太阳2男7女

实例

珞巴族　大地母生2男7女9个太阳。

【流传】（无考）

【出处】《九个太阳》，见中央民族学院少数民族文艺研究所编《中国民族民间文学》，北京：中央民族学院出版社1987年版，第403页。

W1649.3
9个太阳产生的时间

实例

（参见下级母题实例）

W1649.3.1
盘古开天辟地时出现9个太阳

实例

汉族　盘古开天地的时候，天上有9个日头。

【流传】福建省·（宁德市）·周宁县·礼门乡·洋中村

【出处】李有灿讲，魏日树记录整理：《人的尾巴和日头》（1987.04.04），见姚宝瑄主编《中国各民族神话》（汉族），太原：山西出版传媒集团·书海出版社2014年版，第151~152页。

W1649.3.2
混沌初开时出现9个太阳

实例

珞巴族　混沌初开时，天上有9个太阳。

【流传】西藏自治区·（林芝市）·墨脱县·达木珞巴民族乡·马尔康村

【出处】安布讲，冀文正采集：《天和地》，见冀文正《珞巴族民间故事》，成都：四川民族出版社2011年版，第3~4页。

W1649.3.3
特定的时代出现9个太阳

实例

纳西族　格久纳巴之时代，出现了9个太阳，热得直发汗，石山化成沙，沙石溶成河。

【流传】云南省·（丽江市·宁蒗彝族自治县）·永宁（永宁乡）一带

【出处】阿窝都之诵，陈福全调查记录，和志武翻译整理：《崇顶吕英英·泽亨金金米》（祭天神和祖先）（1962，1989），见吕大吉、何耀华总主编《中国各民族原始宗教资料集成》（纳西族卷、羌族卷、独龙族卷、傈僳族卷、怒族卷），北京：中国社会科学出版社2000年版，第228页。

W1649.4
与9个太阳有关的其他母题

【关联】［W1616.10.2.2］以前有9个小太阳

实例

（参见下级母题实例）

W1649.4.1
九日称九乌

实例

汉族　尧时十日并出，草木焦枯。尧命羿仰射十日，中其九日，日中九乌皆死，堕其羽翼故留其一日也。

【流传】（无考）

【出处】

（a）［战国］屈原：《楚辞·天问》王逸注。

（b）同（a），见袁珂《中国神话大词典》，北京：华夏出版社2015年版。

汉族　羿昔落九乌，天人清且安。

【流传】（无考）

【出处】

（a）［唐］李白：《古朗月行》。

（b）同（a），见袁珂《中国神话大词典》，北京：华夏出版社2015年版，第8页。

W1649.4.2
9个太阳1个管陆地，8个管海洋

实例

藏族　天上有9个太阳，其中有1个管陆地，8个管海洋。

【流传】四川省·（凉山彝族自治州）·木里县（木里藏族自治县）县城

【出处】苏郎讲，李锦川采录：《洪水潮天》，见中国民间文学集成全国编辑委员会编《中国民间故事集成》（四川卷·下），北京：中国ISBN中心1998年版，第938页。

W1650
10个太阳

【关联】

① ［W1554.2.4］女神用清气造10个太阳

② ［W1566.3.2］天神帝俊与羲和婚生10日

③ ［W1566.5.1］日月婚生10个太阳

实例

高山族（泰雅）　从前，天上有十个太阳。

【流传】（台湾北半部）

【出处】宋神财讲，蔡春雅、王阿勉采录：《太阳和月亮的故事》，见陶阳、钟秀编《中国神话》（上），北京：商务印书馆2008年版，第256页。

汉族　天上有10个太阳。

【流传】重庆市·巴县（巴南区）·广阳镇

【出处】《公鸡为啥早晨叫》，见李子硕《民间故事集成》（重庆巴县），内部编印，1989年，第18页。

汉族　天上有10日。

【流传】河南省

【出处】

（a）林小群讲：《第十个太阳》，见张楚北《中原神话》，郑州：海燕出版社1988年版。

（b）同（a），见陶阳、钟秀编《中国神话》，上海：上海文艺出版社1996年版，第395页。

汉族　天上有10个太阳。

【流传】

（a）四川省·（宜宾市）·高县·麻柳乡

（b）江苏省·常州市

【出处】

（a）刘明华讲，王进龙采录：《后羿射日》，见中国民间文学集成全国编辑委员会编《中国民间故事集成》（四川卷·上），北京：中国ISBN中心1998年版，第85页。

（b）汤庚和讲，韦中权采录：《后羿射日》，见中国民间文学集成全国编辑委员会编《中国民间故事集成》（江苏卷），北京：中国ISBN中心1998年版，第5页。

汉族　天上有10个太阳。

【流传】四川省·（宜宾市）·高县

【出处】刘明华讲：《羿射九日》，见刘魁立主编《玉皇大帝的传说》，北京：中国社会出版社2008年版，第68～69页。

汉族　早先，不晓得好多年了，天上有10个太阳。

【流传】四川省·（成都市）·金堂县

【出处】吕容讲，吕容记录，张顺源整理：《羿老二射太阳》，见姚宝瑄主编《中国各民族神话》（汉族），太原：山西出版传媒集团·书海出版社2014年版，第145～146页。

汉族　很古的时候，天上有10个太阳。

【流传】四川省·巴县（重庆·巴南区）·五布乡

【出处】王庭光讲，梁昌明记录，金祥度整理：《嫦娥奔月》（1987.10），见姚宝瑄主编《中国各民族神话》（汉族），太原：山西出版传媒集团·书海出版社2014年版，第245～246页。

汉族　天上有10个太阳。

【流传】山西省·（阳泉市）·平定县·张庄（张庄镇）

【出处】冯富国讲，尹荣富采集：《小蒂蒂救太阳》，见中国民间文学集成全国编辑委员会编《中国民间故事集成》（山西卷），北京：中国ISBN中心1999年版，第31页。

汉族　原先天上有10个太阳。

【流传】上海市·黄浦区

【出处】陆耀良讲，方卡采录：《后羿射太阳》，见中国民间文学集成全国编辑委员会编《中国民间故事集成》（上海卷），北京：中国ISBN中心2007年版，第19页。

汉族　很久以前，天上共有十个

太阳。

【流传】河南省

【出处】林小群、杨文彪讲，李延平整理：《第十个太阳》，原载张振犁、程健君编《中原神话专题资料》，见陶阳、钟秀编《中国神话》（上），北京：商务印书馆2008年版，第243~244页。

汉族 很早以前，天空曾经有10个太阳。

【流传】江苏省·（南京市）·江浦县（浦口区）

【出处】徐宝金讲，徐才清记录整理：《蘑菇星救太阳》（1987.12），见姚宝瑄主编《中国各民族神话》（汉族），太原：山西出版传媒集团·书海出版社2014年版，第156~157页。

汉族 很久以前，天上共有10个太阳。

【流传】江苏省·（徐州市）·邳县

【出处】郭文才讲，杨光正记录：《蚯蚓为什么没有眼睛》，见姚宝瑄主编《中国各民族神话》（汉族），太原：山西出版传媒集团·书海出版社2014年版，第147~148页。

汉族 古时候，天上有10个日头。

【流传】福建省·（宁德市）·周宁县·浦源（浦源镇）、纯池乡（纯池镇）

【出处】邱端素讲，李晓云记录整理：《日月和天星》（1987.08.05），见姚宝瑄主编《中国各民族神话》（汉族），太原：山西出版传媒集团·书海出版社2014年版，第206~207页。

羌族 天上有10个太阳。

【流传】（无考）

【出处】《兄妹射日治人烟》，见李明等：《羌族文学史》，成都：四川民族出版社1994年版，第61页。

W1650.0
以前有10个太阳

实 例

布依族 很久以前，天上有10个太阳。

【流传】贵州省·（安顺市）·镇宁县（镇宁布依族苗族自治县）·扁担山乡·孔马村

【出处】韦泽周讲，王忠勇等采录：《德金射日》，见中国民间文学集成全国编辑委员会编《中国民间故事集成》（贵州卷），北京：中国ISBN中心2003年版，第74页。

汉族 古时候，天上10个太阳，二郎神担起两山，压住9个太阳。被压住的一个太阳变成一只十头鸟。

【流传】河南省·南阳（南阳市）

【出处】杜守元讲：《拉天灯》，见张楚北《中原神话》，郑州：海燕出版社1988年版，第121页。

瑶族 古时候，天上有10个太阳。

【流传】（无考）

【出处】黄书光等搜集整理：《射太

阳》，见谷德明编《中国少数民族神话》，北京：中国民间文艺出版社1987年版，第129页。

W1650.0.0
远古时有 **10** 个太阳

实 例

汉族 远古时，天上有十个日头，把天地间照得光堂堂。

【流传】福建省·（宁德市）·寿宁县·大安乡·鳌阳镇

【出处】吴兰妃讲，刘善林记录整理：《射日》（1987.05.08），见姚宝瑄主编《中国各民族神话》（汉族），太原：山西出版传媒集团·书海出版社2014年版，第150~151页。

畲族 远古的时候，天上有10个日头。

【流传】福建省·（宁德市）·寿宁（寿宁县）

【出处】吴兰妃讲，刘善林采录：《日头月亮和人祖》，原载《中国民间故事集成·福建卷·闽东畲族故事》，宁德地区民间文学集成编委会1990年编印，见《福建省少数民族古籍丛书》编委会编《畲族卷·民间故事》，福州：海峡出版发行集团·海峡书局2013年版，第13页。

畲族 很古的时候，天上有10个太阳。

【流传】福建省·（漳州市）·云霄县

【出处】张春梅讲，王雄铮采录：《五通神的来历》，原载《中国民间故事集成·福建卷·漳州市分卷》，漳州市民间文学集成编委会1991年编印，见《福建省少数民族古籍丛书》编委会编《畲族卷·民间故事》，福州：海峡出版发行集团·海峡书局2013年版，第14页。

W1650.0.0.1
盘古开天辟地时有 **10** 个太阳

实 例

汉族 盘古开天辟地的时候，天上有10个太阳。

【流传】上海市·虹口区·江湾镇

【出处】林云奋讲，胡子平采录：《天狗吃太阳》，见中国民间文学集成全国编辑委员会编《中国民间故事集成》（上海卷），北京：中国ISBN中心2007年版，第20页。

W1650.0.1
人类产生时有 **10** 个太阳

实 例

汉族 上古刚有人烟的时候，天上一共有10个太阳。

【流传】四川省·巴县（今重庆市·巴南区）·文阳镇

【出处】杜志榜讲，李子硕记录整理：《公鸡为啥早晨叫》（1988.02），见姚宝瑄主编《中国各民族神话》（汉族），太原：山西出版传媒集团·书海出版社2014年版，第173~175页。

W1650.0.2
以前突然出现10个太阳

实例

汉族　以前，天上突然出现10个太阳。

【流传】四川省·成都市·东城区

【出处】李芝讲，张光荣采录：《舜射九日》，见中国民间文学集成全国编辑委员会编《中国民间故事集成》（四川卷·上），北京：中国ISBN中心1998年版，第90页。

汉族　很早以前，天上忽然出现了10个太阳，一齐放射着火热的光芒。

【流传】江苏省·常州市

【出处】汤庚和讲，韦中权记录：《后羿的弓弦》（1980.12.29），见姚宝瑄主编《中国各民族神话》（汉族），太原：山西出版传媒集团·书海出版社2014年版，第142～145页。

W1650.0.3
尧时出现10个太阳

【关联】［W1642.1.2］夏桀时出现2个太阳

实例

汉族　逮至尧之时，十日并出，焦禾稼，杀草木，而民无所食。

【流传】（无考）

【出处】［汉］刘安及门客：《淮南子·本经训》。

汉族　尧在位时，曾有十个太阳，一齐出现在天空，把禾苗晒焦了，把草木晒死了。

【流传】（无考）

【出处】袁珂重述：《射日奔月》，原载袁珂《神异篇》，见陶阳、钟秀编《中国神话》（上），北京：商务印书馆2008年版，第279～288页。

汉族　尧时，十日并出，庄稼枯死，生民垂危。

【流传】辽宁省·（大连市）·瓦房店市·赵屯（赵屯乡）一带

【出处】姜赵氏讲，阎立赟记录整理：《太阳、蚂蚱菜和曲蟮》，见姚宝瑄主编《中国各民族神话》（汉族），太原：山西出版传媒集团·书海出版社2014年版，第146～147页。

汉族　尧时，天上出了十个日头，草木尽干，生灵差不多死尽。

【流传】浙江省·（温州市）·洞头县·洞头乡·后垅村

【出处】吴艺讲，叶永福记录：《嫦娥吞仙丹》（1987.05.30），见姚宝瑄主编《中国各民族神话》（汉族），太原：山西出版传媒集团·书海出版社2014年版，第240～241页。

W1650.1
太阳10兄弟

【关联】［W1679.1.1］太阳10兄弟是玉帝的侄子

实例

畲族　天上有10个太阳兄弟。

【流传】浙江省·丽水市·（莲都区·大港头镇）·北埠乡（北埠村）

【出处】蓝飞鹏讲，蓝周根采录：《金鸡》，见中国民间文学集成全国编辑委员会编《中国民间故事集成》（浙江卷），北京：中国 ISBN 中心 1997 年版，第 27 页。

畲族　在古代，天上有十个太阳兄弟。

【流传】浙江省·丽水市

【出处】蓝飞鹏、蓝章水讲，蓝周根记录：《金鸡神话故事》，见姚宝瑄主编《中国各民族神话》（高山族、黎族、畲族），太原：山西出版传媒集团·书海出版社 2014 年版，第 108 页。

W1650.2
天神放出 10 个太阳

实例

汉族　天老爷接二连三又放了几个火球，结果放多了，一共 10 个太阳宝。

【流传】四川省·（都江堰市）·灌县（古城）·柳街乡一带

【出处】康弘讲，王纯五记录整理：《太阳宝和月儿光咋个来的》（1987.01.04），见姚宝瑄主编《中国各民族神话》（汉族），太原：山西出版传媒集团·书海出版社 2014 年版，第 213~214 页。

W1650.2a
天神炼出 10 个太阳

实例

满族　阿布卡恩都里炼出来十个又大又红的火焰托里（满语，"铜镜"），被他的 2 个公主拿到天上，形成 10 个太阳。

【流传】(a) 黑龙江省·（黑河市）·孙吴县

【出处】

(a) 张石头讲，富育光整理：《太阳和月亮的传说》，见谷德明编《中国少数民族神话》，北京：中国民间文艺出版社 1987 年版，第 5~9 页。

(b)《太阳和月亮的传说》，见满都呼主编《中国阿尔泰语系诸民族神话故事》，北京：民族出版社 1997 年版，第 251 页。

(c) 同（b），见乌丙安等《满族民间故事选》，上海：上海文艺出版社 1983 年版。

W1650.2b
10 个太阳是天帝的 10 个孩子

实例

汉族　天上有 10 日，是天帝的 10 个孩子。

【流传】河南省

【出处】林小群讲：《第十个太阳》，见陶阳、钟秀编《中国神话》，上海：上海文艺出版社 1996 年版，第 395 页。

W1650.3
10 个太阳并出

【关联】［W1653.8］多日并出

实例

瑶族 古时，天上10个太阳并出。

【流传】（无考）

【出处】《格怀射日》（原名《射太阳》），原载《中国少数民族神话选》，见袁珂《中国神话大词典》，北京：华夏出版社2015年版，第472页。

W1650.4
与10个太阳有关的其他母题

【关联】

① [W1616.10.2.3] 天上出现10个小太阳

② [W1682.1.1] 大的太阳父亲和9个小太阳儿子

实例

（参见下级母题实例）

W1650.4.1
10个太阳1大9小

【关联】

① [W1616.10.2.2] 以前有9个小太阳

② [W1682.1.1] 大的太阳父亲和9个小太阳儿子

实例

高山族（阿美） 很久以前，天上有10个太阳，一个大，九个小。

【流传】（台湾）

【出处】田美华讲，许端容采录：《太阳爸爸》，原载金荣华编《台湾花莲阿美族民间故事》，见陶阳、钟秀编《中国神话》（上），北京：商务印书馆2008年版，第页。

W1650.4.2
原来的1个太阳和后来出现的9个太阳形成10个太阳

实例

毛南族 九头乌龙精（b为9条妖龙）飞出天庭，窜出云层，像日头一样，喷着烈火。这样天上就有了10个日头。

【流传】

（a）广西壮族自治区·（河池市）·环江县（环江毛南族自治县）·下南公社（下南乡）·波川大队（波川村）

（b）广西壮族自治区·（河池市）·环江（环江毛南族自治县）·下南（下南乡）·波川（波川村）

【出处】

（a）谭履宜讲，蒋志雨等整理：《格射日月》，见谷德明编《中国少数民族神话》，北京：中国民间文艺出版社1987年版，第160页。

（b）谭履宜讲，谭金田、蒋志雨整理：《格射日月》，曹廷伟编著《广西民间故事辞典》，南宁：广西教育出版社1993年版，第8页。

（c）谭履宜口述，谭金田整理：《格射日月》，见袁凤辰编《毛难族民间故事集》，北京：中国民间文艺出版社1984年版，第8~11页。

(d)《格射日月》，见中国各民族宗教与神话大词典编审委员会编《中国各民族宗教与神话大词典》，北京：学苑出版社1990年版，第417页。

W1651
11个太阳

实例

汉族 原先天上有11个太阳。

【流传】湖南省·（衡阳市）·祁东县

【出处】谢开讲，谢德元采录：《后羿射日》，见中国民间文学集成全国编辑委员会编《中国民间故事集成》（湖南卷），北京：中国ISBN中心2002年版，第10页。

回族 后羿射太阳时，天上有11个太阳，他射死10个，剩下1个也不知道藏到哪去了。

【流传】河北省·（承德市）·平泉县·杨树岭镇

【出处】吴玉方讲，吴玉水采录：《嫦娥和后羿》附记，见中国民间文学集成全国编辑委员会编《中国民间故事集成》（河北卷），北京：中国ISBN中心2003年版，第25页。

畲族 千万年千万年前，天上的太阳有11个。

【流传】福建省·（宁德市）·福鼎县（福鼎市）·前岐镇·罗唇村

【出处】李圣回讲，蓝振河采录：《太阳和月亮》，见中国民间文学集成全国编辑委员会编《中国民间故事集成》（福建卷），北京：中国ISBN中心1998年版，第11页。

畲族 很早以前，天上有11个太阳。

【流传】福建省·（龙岩市）·漳平（连漳平市）

【出处】兰进科讲，邱水才采录：《日头公和月婆娘》，原载《畲家风情》（第二集），漳平县民政局1989年编印，见《福建省少数民族古籍丛书》编委会编《畲族卷·民间故事》，福州：海峡出版发行集团·海峡书局2013年版，第11页。

畲族 很早以前，天上有11个太阳。

【流传】福建省·（宁德市）·寿宁（寿宁县）

【出处】钟石顺讲，肖孝正采录：《太阳和月亮》，原载《中国民间故事集成·福建卷·闽东畲族故事》，宁德地区民间文学集成编委会1990年编印，见《福建省少数民族古籍丛书》编委会编《畲族卷·民间故事》，福州：海峡出版发行集团·海峡书局2013年版，第7页。

W1651.1
雷公造11个太阳

【关联】[W1652.0.1b] 雷公放出12个太阳

实例

壮族 以前没有太阳，雷公造了11个太阳。

【流传】(a) 广西壮族自治区·（崇左

市）·龙州（龙州县）一带

【出处】

（a）广西壮族文学史龙州调查组搜集，黄永辉整理：《侯野射太阳》，见谷德明编《中国少数民族神话》，北京：中国民间文艺出版社1987年版，第102页。

（b）《侯野射太阳》，见梁庭望、农学冠《壮族文学概要》，南宁：广西民族出版社1991年版，第19页。

（c）同（b），见《侯野射日》，见蓝鸿恩《壮族民间故事选》，上海：上海文艺出版社1984年版。

W1652

12个太阳

【汤普森】 ≈ A739.3

【关联】 ［W1695.1.4.7］十二天干是12个太阳的名字

实例

布依族 古代天上有12个太阳。

【流传】（无考）

【出处】

（a）《王姜射日》，见谷德明编《中国少数民族神话选》，西北民族学院研究所1983年编印，内部资料。

（b）同（a），见姚宝瑄主编《中国各民族神话》（布依族、仡佬族、苗族），太原：山西出版传媒集团·书海出版社2014年版，第57页。

布依族 以前的天上有12个太阳。

【流传】（无考）

【出处】《王姜射日》，原载谷德明编《中国少数民族神话选》，见袁珂《中国神话大词典》，北京：华夏出版社2015年版，第445页。

布依族 从前，天上有12个太阳。

【流传】（无考）

【出处】

（a）伍岩、韦天寿、覃老云讲，韦连周记录：《神射手勒戛》，见谷德明编《中国少数民族神话选》，西北民族学院研究所1983年编印，内部资料。

（b）同（a），见姚宝瑄主编《中国各民族神话》（布依族、仡佬族、苗族），太原：山西出版传媒集团·书海出版社2014年版，第91页。

布依族 从前有12个太阳。

【流传】贵州省·贵阳市

【出处】荔波、覃子双讲，韦连周记录：《勒戛射日和葫芦救人》，见姚宝瑄主编《中国各民族神话》（布依族、仡佬族、苗族），太原：山西出版传媒集团·书海出版社2014年版，第78页。

布依族 从前天上有12个太阳。

【流传】贵州省·（黔南布依族苗族自治州）·惠水（黑水县）、贵定（贵定县）

【出处】

（a）罗朝发、韦应才讲，黄达式等搜集整理：《公鸡和太阳》，见贵州社科院文研所等编《布依族民间故事》，贵阳：贵州人民出版社1982年版，第

358～359 页。

（b）古歌《十二个太阳》，见王清士等编写《布依族文学史》，贵阳：贵州人民出版社 1983 年版，第 37～38 页。

汉族 很古的时候，天上有 12 个太阳。

【流传】

（a）湖北省·（荆门市）·京山县·三阳镇

（b）湖北省·广水市·城郊乡·十里铺村

（c）湖北省·（宜昌市）·当阳市·慈化镇（坝陵街道）·邹畈村

【出处】

（a）秦守华讲，李维铭采录：《太阳的生日》，见中国民间文学集成全国编辑委员会编《中国民间故事集成》（湖北卷），北京：中国 ISBN 中心 1999 年版，第 17 页。

（b）佘桂英讲，周贵祖采录：《绊根草与马齿苋》，见中国民间文学集成全国编辑委员会编《中国民间故事集成》（湖北卷），北京：中国 ISBN 中心 1999 年版，第 20 页。

（c）张兴保讲，徐应鼎等采录：《绊根草与马齿苋》，见中国民间文学集成全国编辑委员会编《中国民间故事集成》（湖北卷），北京：中国 ISBN 中心 1999 年版，第 20 页。

汉族 天上有 12 个太阳。

【流传】黑龙江省·黑河市

【出处】贾长有讲，贾永先采录：《二郎担山赶太阳》，见中国民间文学集成全国编辑委员会编《中国民间故事集成》（黑龙江卷），北京：中国 ISBN 中心 2005 年版，第 25 页。

汉族 天上有 12 个太阳。

【流传】河北省·承德市·（双滦区）·偏桥子乡（偏桥子镇）

【出处】苏景芝讲，辛翠莲采录：《二郎神担山赶太阳》，见中国民间文学集成全国编辑委员会编《中国民间故事集成》（河北卷），北京：中国 ISBN 中心 2003 年版，第 28 页。

汉族 以前，天上有 12 个太阳。

【流传】山西省·临汾市·（浮山县）·东张乡·西孔郭村

【出处】张国明讲，鲍槐记采集：*《马齿苋救太阳》，见中国民间文学集成全国编辑委员会编《中国民间故事集成》（山西卷），北京：中国 ISBN 中心 1999 年版，第 32 页。

汉族 天上原来有 12 个太阳。

【流传】广西壮族自治区·（来宾市）·金秀县（金秀瑶族自治县）·桐木镇

【出处】闵联生讲，李绍东等搜集整理：《射太阳》，见曹廷伟编著《广西民间故事辞典》，南宁：广西教育出版社 1993 年版，第 6 页。

汉族 开天辟地后，天空中出现 12 个太阳。

【流传】吉林省·通化（通化市）

【出处】《射日头》，见柳竹等采集整理

《吉林省民间文学集成通化卷·黄显孚故事集》，内部编印，1980年，第3页。

汉族 早先天空中有12个太阳。

【流传】内蒙古自治区·（兴安盟）·科尔沁右翼前旗

【出处】李祥讲，龙飞等采录：《猪毛菜与马舌菜》，见中国民间文学集成全国编辑委员会编《中国民间故事集成》（内蒙古卷），北京：中国ISBN中心2007年版，第399页。

汉族 很久以前，天空中有12个太阳，轮流照晒，地面上炎热难当，草木枯焦，人们挥汗如雨，苦不可言。

【流传】江苏省·（宿迁市）·泗洪县·城头（城头乡）·莫台村

【出处】莫天创讲，莫云搜集整理：《二郎担山赶太阳》（1988.12），见姚宝瑄主编《中国各民族神话》（汉族），太原：山西出版传媒集团·书海出版社2014年版，第120~121页。

汉族 古时候，天上有12个太阳。

【流传】江苏省·（徐州市）·新沂市

【出处】叶炳南讲，张希贤整理：《追赶太阳》，见姚宝瑄主编《中国各民族神话》（汉族），太原：山西出版传媒集团·书海出版社2014年版，第121~123页。

蒙古族 天上有12个太阳。

【流传】（无考）

【出处】《乌恩射太阳》，见谷德明编《中国少数民族神话》，北京：中国民间文艺出版社1987年版，第49页。

蒙古族 天空出现了12个太阳。

【流传】（无考）

【出处】
（a）赛野搜集整理：《乌恩射太阳》，见谷德明编《中国少数民族神话选》，西北民族学院研究所1983年编印，内部发行。
（b）赛野搜集整理：《乌恩战妖龙》，见姚宝瑄主编《中国各民族神话》（达斡尔族、鄂伦春族、鄂温克族、蒙古族），太原：山西出版传媒集团·书海出版社2014年版，第186页。

蒙古族 天上出现了十二个太阳后，火烧火燎的，人们热得都喘不过气来了。

【流传】内蒙古自治区·昭乌达盟（赤峰市）·林西县巴林桥北侧

【出处】阿拉塔希热讲，赛野采录：《半拉山的传说》，见中国民间文学集成全国编辑委员会编《中国民间故事集成》（内蒙古卷），北京：中国ISBN中心2007年版，第225页。

苗族 天上有12个太阳。

【流传】广西壮族自治区

【出处】《太阳打斗》，见中国各民族宗教与神话大词典编审委员会编《中国各民族宗教与神话大词典》，北京：学苑出版社1990年版，第485页。

苗族 一天，天上出来12个太阳。

【流传】贵州省·（安顺市）·紫云县

（紫云苗族布依族自治县）麻山苗区

【出处】陈兴华唱诵，杨正江译：《造日月，射日月》，见中国民间文艺家协会主编《亚鲁王》，北京：中华书局2011年版，第267页。

水族　天上有12个太阳。

【流传】贵州省·（黔南布依族苗族自治州）·都匀（都匀市）

【出处】蒙泽和等讲，曹霖等整理：《化石娘》，见中华民族故事大系编委会编《中华民族故事大系》第9卷（水族、东乡族、纳西族），上海：上海文艺出版社1995年版，第64页。

水族　天上有十二个太阳。

【流传】贵州省·（黔南布依族苗族自治州）·都匀市·王司区（王司镇）

【出处】

(a) 蒙泽和等讲，曹霖、张巢、世质搜集整理：《化石娘》，见祖岱年、周隆渊编《水族民间故事选》，上海：上海文艺出版社1988年版。

(b) 同（a），见姚宝瑄主编《中国各民族神话》（水族、布朗族、独龙族、基诺族、傈僳族），太原：山西出版传媒集团·书海出版社2014年版，第12页。

土家族　突然有一天，天上出现了十二个太阳。

【流传】四川省酉水河一带

【出处】彭明清讲，彭林绪搜集整理：《太阳和月亮》，见中华民族故事大系编委会编《中华民族故事大系》第5卷（瑶族、白族、土家族），上海：上海文艺出版社1995年版，第654页。

壮族　古昔天出十二日。

【流传】（无考）

【出处】《特康射日》，原载欧阳若修等著《壮族文学史》，见袁珂《中国神话大词典》，北京：华夏出版社2015年版，第443页。

壮族　古时候天上挂着十二个太阳。

【流传】广西壮族自治区

【出处】吴经文等讲，侬易天整理：《特康射太阳》，载《山茶》1982年第3期。

壮族　古时候，天上挂着十二个太阳。

【流传】广西壮族自治区

【出处】吴经文讲，侬易天整理：《特康射太阳》，见姚宝瑄主编《中国各民族神话》（仫佬族、壮族、京族），太原：山西出版传媒集团·书海出版社2014年版，第126页。

壮族（侬人）　远古，天上有十二个太阳，轮流挂在天上，大地被烤得一片焦黄。

【流传】云南省·文山壮族苗族自治州·西畴县·西洒镇·汤果村一带

【出处】王明富搜集整理：《鸟衣与壮族女人节》，见http://tieba.baidu.com/p/1849011753。

W1652.0
12个太阳的产生

【关联】

① ［W1551.0.1］雷公放出12个太阳

② ［W1551.0.3.1］天帝放出12个太阳

③ ［W1561.3.3］密洛陀生12个太阳

实 例

（参见下级母题实例）

W1652.0.1
特定人物放出12个太阳

实 例

土家族 墨特巴想晒死人类，放下12个太阳。

【流传】（无考）

【出处】《洛雨射日》，见中国各民族宗教与神话大词典编审委员会编《中国各民族宗教与神话大词典》，北京：学苑出版社1990年版，第587页。

W1652.0.1.1
玉帝放出12个太阳

实 例

土家族 玉帝放出12个太阳。

【流传】（无考）

【出处】《太阳与月亮》，原载毛星主编《中国少数民族文学》（中册），见袁珂《中国神话大词典》，北京：华夏出版社2015年版，第486页。

W1652.0.1.2
雷公放出12个太阳

实 例

苗族 阿陪果本斗雷公时，雷公放出12个太阳。

【流传】湖南省·湘西（湘西土家族苗族自治州）；贵州省·（铜仁市）·松桃（松桃苗族自治县）

【出处】滕树宽等搜集，江波整理：《阿陪果本》，见燕宝编《苗族民间故事选》，上海：上海文艺出版社1981年版，第8~15页。

苗族 雷公放出十二个太阳，晒死日月树。

【流传】（无考）

【出处】《日月树》，原载燕宝编《苗族民间故事选》（原名《阿陪果本》），见袁珂《中国神话大词典》，北京：华夏出版社2015年版，第417页。

W1652.0.1.3
雷婆放出12个太阳

【关联】［W0312］女雷神（雷婆）

实 例

侗族 雷婆放出十二个太阳来晒洪水。

【流传】贵州省·（黔东南苗族侗族自治州）·黎平县

【出处】

（a）吴生贤、吴金松讲，杨国仁、涛声搜集整理：《龟婆孵蛋》，载《民间文学》1986 年第 1 期。

(b) 同 (a)，见姚宝瑄主编《中国各民族神话》（土家族、毛南族、侗族、瑶族），太原：山西出版传媒集团·书海出版社 2014 年版，第 103 页。

W1652.0.1.4
张果老放出 12 个太阳

实例

土家族 洪水淹后之大地，到处一片粘糊，张果老乃令太阳十二出以晒地。

【流传】（无考）

【出处】《青蛙吞太阳》（原名《造天制地》），原载《中国少数民族神话选》，见袁珂《中国神话大词典》，北京：华夏出版社 2015 年版，第 488 页。

W1652.0.1.5
天王放出 12 个太阳

实例

（参见下级母题实例）

W1652.0.1.5.1
洪水后，天王放出 12 个太阳

实例

侗族 洪水后，天王放出 12 个太阳。

【流传】(a) 贵州省·（黔东南苗族侗族自治州）·天柱县

【出处】

(a) 杨引招口述，龙玉成搜集整理：《捉雷公》，见燕宝、张晓编《贵州神话传说》，贵阳：贵州人民出版社 1997 年版，第 28~32 页。

(b) 龙玉成搜集整理：《捉雷公引起的故事》，见中华民族故事大系编委会编《中华民族故事大系》第 4 卷（朝鲜族、满族、侗族），上海：上海文艺出版社 1995 年版），第 684~690 页。

(c) 《洪水滔天》，见中国各民族宗教与神话大词典编审委员会编《中国各民族宗教与神话大词典》，北京：学苑出版社 1990 年版，第 111 页。

侗族 天王放出十二个太阳，就像十二团火，白天黑夜不停地晒，晒得石头开裂了，洪水晒干了。

【流传】（贵州省）

【出处】杨引招讲，龙玉成搜集整理：《捉雷公引起的故事》，原载《侗族民间故事选》，见陶阳、钟秀编《中国神话》（上），北京：商务印书馆 2008 年版，第 465~471 页。

W1652.0.2
天皇造 12 个太阳

实例

毛南族 天皇（天皇，毛南语音译，神名）造出 12 个太阳。

【流传】广西壮族自治区·（河池市）·环江毛南族自治县·上南（上南乡）、中南（中南乡）、下南（下南乡）·上纳屯

【出处】

（a）蒙贵章讲，蒙国荣、韦志华、谭贻生记录翻译，蒙国荣整理：《天皇到盘、古》（1984.07），见杨光富《回、彝、水、仡佬、毛南、京六族故事选》，南宁：广西人民出版社1988年版。

（b）同（a），见姚宝瑄主编《中国各民族神话》（土家族、毛南族、侗族、瑶族），太原：山西出版传媒集团·书海出版社2014年版，第49页。

W1652.0.2.1
第三代天皇造12个太阳

实 例

毛南族 第三代神天皇造出12个太阳。

【流传】（无考）

【出处】《天皇》，见中国各民族宗教与神话大词典编审委员会编《中国各民族宗教与神话大词典》，北京：学苑出版社1990年版，第417页。

W1652.0.2a
汉王造12个太阳

实 例

毛南族 以前，天上没有太阳，汉王造出12个太阳。

【流传】（无考）

【出处】《盘古兄妹和他们的神祖神孙》，见南宁师院广西民族民间文学研究室编《广西少数民族与汉族民歌与民间故事》（七）（下），内部编印，第660页。

W1652.0.2b
仙人造12个太阳

实 例

水族 天上有一司火海子之仙人，见人间无冷无热，心不乐之，乃从火海子中扒出烈火十二团，搓成滚圆太阳十二个，掷之最低一层天，令强热之光照射人间。

【流传】（贵州省·黔南州？）

【出处】袁珂改编：《都柳江》（原名《都柳江的传说》），原载黔南文学艺术研究室编《水族民间故事》，见袁珂《中国神话大词典》，北京：华夏出版社2015年版，第542页。

W1652.0.3
女神生12个太阳

【关联】［W1561.3.3］密洛陀生12个太阳

实 例

瑶族 密洛陀（女神名）生下一对日月双胞胎后，又一连生了十一个太阳。12个太阳一起挂在天上。

【流传】广西壮族自治区·（河池市）·都安瑶族自治县江水河一带瑶族地区

【出处】《密洛陀创世》，蓝田根据莎红整理的《密洛陀》和潘泉脉整理的《密洛陀》两部不同版本的长诗《密洛陀》改写，见姚宝瑄主编《中国各民族神话》（土家族、毛南族、侗族、瑶族），太原：山西出版传媒集团·书海出版社2014年版，第153页。

W1652.0.4
卵生12个太阳

实 例

苗族 12个宝蛋孵出12个太阳。

【流传】广西壮族自治区·（柳州市）·融水苗族自治县

【出处】
（a）杨达香讲，梁彬搜集整理：《创世纪》（三、太阳打斗，人死草枯），见梁彬、王天若编《苗族民间故事选》，南宁：广西人民出版社1986年版。
（b）同（a），见姚宝瑄主编《中国各民族神话》（布依族、仡佬族、苗族），太原：山西出版传媒集团·书海出版社2014年版，第183~184页。

W1652.0.4.1
神婆婆的12个宝蛋孵出12个太阳

实 例

苗族 鹡鹕榜留（母鸟名）为纳罗引勾（半人半兽的巨人）孵12个宝蛋，孵出12个宝灯（太阳）。

【流传】广西壮族自治区·（柳州市）·融水苗族自治县

【出处】
（a）杨达香讲，梁彬搜集整理：《创世纪》（一、开天辟地，地始天初），见梁彬、王天若编《苗族民间故事选》，南宁：广西人民出版社1986年版。
（b）同（a），见姚宝瑄主编《中国各民族神话》（布依族、仡佬族、苗族），太原：山西出版传媒集团·书海出版社2014年版，第173页。

W1652.0.5
神公造12个太阳

实 例

苗族 有个鲍公和熊公，有个茸公和当公（四个神性人物名），铸了十二个夜晚，铸成十二个月亮；铸了十二个时辰，铸成十二个太阳。

【流传】原文无流传地，据文本及注释推测该神话流传于贵州省·黔东南苗族侗族自治州·凯里市、台江县等地。

【出处】张启庭、张荣光、张正玉、张启德演唱，张明搜集，燕宝整理译注：《创造宇宙·铸日造月》，见贵州省少数民族古籍整理出版规划小组办公室编，燕宝整理译注《苗族古歌》，贵阳：贵州民族出版社1993年版，第337页。

W1652.0.6
盘古喊来12个太阳

【关联】［W9841］神使太阳（月亮）复出

实 例

汉族 盘古觉得一个太阳太少，晒不干胶泥，叫来了十二个太阳。

【流传】（无考）

【出处】秦守华讲，李维铭采录：《太阳的生日》，原载《京山民间故事集》，见陶阳、钟秀编《中国神话》（上），北京：商务印书馆 2008 年版，第 236～237 页。

W1652.0.7
祖先造 12 个太阳

实 例

布依族 布依族祖先力嘎造成了 12 个太阳。

【流传】（无考）

【出处】《射太阳》，见千夜网：http://history.1001n.com.cn/info/info.asp?id=4728，2001.05.31。

布依族 天地初开时，布依族祖先力嘎造成 12 太阳。

【流传】（无考）

【出处】《射太阳》，见中国各民族宗教与神话大词典编审委员会编《中国各民族宗教与神话大词典》，北京：学苑出版社 1990 年版，第 44 页。

瑶族 发枚（始祖，造天地者）一连在天上造了 12 个太阳。

【流传】贵州省·（黔东南苗族侗族自治州）·从江县·（翠里乡）·高芒乡（高芒村）

【出处】赵金荣讲，杨路塔采录：《造日月》，见中国民间文学集成全国编辑委员会编《中国民间故事集成》（贵州卷），北京：中国 ISBN 中心 2003 年版，第 20 页。

W1652.0.8
巨神造 12 个太阳

实 例

布依族 巨神布杰用黄泥做 12 个太阳。

【流传】（无考）

【出处】《翁杰和布杰》，见高明强编《创世的神话和传说》，上海：上海三联书店 1988 年版，第 94 页。

W1652.0.9
女人造 12 个太阳

实 例

苗族 嘎赛咏（女性人名）造了十二个太阳。

【流传】贵州省·（安顺市）·紫云县（紫云苗族布依族自治县）麻山苗区

【出处】陈兴华唱诵，杨正江译：《造日月，射日月》，见中国民间文艺家协会主编《亚鲁王》，北京：中华书局 2011 年版，第 263 页。

W1652.0.10
天神的 11 个儿子和 1 个女儿变成 12 个太阳

实 例

布依族 天神的 11 个儿子和 1 个姑娘得到盘古的火种，变 12 个太阳。

【流传】贵州省·（黔南布依族苗族自

治州）·罗甸（罗甸县）

【出处】黄米石念讲：《十二个太阳》，载《山茶》1987年第2期。

W1652.0.11
原来的1个太阳和雷公造的11个太阳形成12个太阳

【关联】［W1651.1］雷公造11个太阳

实 例

壮族　最古的时候，只有1个太阳，后来雷公又造了11个，天上形成了12个太阳。

【流传】（a）广西壮族自治区·（崇左市）·龙州（龙州县）一带

【出处】
(a) 广西壮族文学史龙州调查组搜集，黄永辉整理：《侯野射太阳》，见谷德明编《中国少数民族神话》，北京：中国民间文艺出版社1987年版，第102页。
(b)《侯野射太阳》，见梁庭望、农学冠《壮族文学概要》，南宁：广西民族出版社1991年版，第19页。
(c)《侯野射日》，见蓝鸿恩《壮族民间故事选》，上海：上海文艺出版社1984年版。

W1652.1
12个太阳的身份

实 例

（参见下级母题实例）

W1652.1.0
12个太阳身份不同

实 例

（实例待考）

W1652.1.1
12个太阳中的红太阳是姜阳

【关联】［W1617.3］太阳是红的（红太阳）

实 例

苗族　12个宝蛋孵出12个太阳各不相同。其中，红的是美姜阳。

【流传】广西壮族自治区·（柳州市）·融水苗族自治县

【出处】
(a) 杨达香讲，梁彬搜集整理：《创世纪》（三、太阳打斗，人死草枯），见梁彬、王天若编《苗族民间故事选》，南宁：广西人民出版社1986年版。
(b) 同(a)，见姚宝瑄主编《中国各民族神话》（布依族、仡佬族、苗族），太原：山西出版传媒集团·书海出版社2014年版，第183～184页。

W1652.1.2
12个太阳中的白太阳是雷公雹

【关联】［W1617.5］太阳是白色的

实 例

苗族　12个宝蛋孵出12个太阳，其中，白的是雷公雹。

【流传】广西壮族自治区·（柳州市）·融水苗族自治县

【出处】

（a）杨达香讲，梁彬搜集整理：《创世纪》（三、太阳打斗，人死草枯），见梁彬、王天若编《苗族民间故事选》，南宁：广西人民出版社1986年版。

（b）同（a），见姚宝瑄主编《中国各民族神话》（布依族、仡佬族、苗族），太原：山西出版传媒集团·书海出版社2014年版，第183~184页。

W1652.1.3
12个太阳中的花太阳是老虎

实例

苗族　12个宝蛋孵出的12个太阳各不相同。其中，花的是凶老虎。

【流传】广西壮族自治区·（柳州市）·融水苗族自治县

【出处】

（a）杨达香讲，梁彬搜集整理：《创世纪》（三、太阳打斗，人死草枯），见梁彬、王天若编《苗族民间故事选》，南宁：广西人民出版社1986年版。

（b）同（a），见姚宝瑄主编《中国各民族神话》（布依族、仡佬族、苗族），太原：山西出版传媒集团·书海出版社2014年版，第183~184页。

W1652.1.4
12个太阳中的软太阳是蛇妖

【关联】［W0844.4］蛇妖（蛇精）

实例

苗族　12个宝蛋孵出的12个太阳各不相同。其中，软的是老蛇妖。

【流传】广西壮族自治区·（柳州市）·融水苗族自治县

【出处】

（a）杨达香讲，梁彬搜集整理：《创世纪》（三、太阳打斗，人死草枯），见梁彬、王天若编《苗族民间故事选》，南宁：广西人民出版社1986年版。

（b）同（a），见姚宝瑄主编《中国各民族神话》（布依族、仡佬族、苗族），太原：山西出版传媒集团·书海出版社2014年版，第183~184页。

W1652.1.5
12个太阳中的黑太阳是疯牯牛

实例

苗族　12个宝蛋孵出的12个太阳各不相同。其中，黑的是疯牯牛。

【流传】广西壮族自治区·（柳州市）·融水苗族自治县

【出处】

（a）杨达香讲，梁彬搜集整理：《创世纪》（三、太阳打斗，人死草枯），见梁彬、王天若编《苗族民间故事选》，南宁：广西人民出版社1986年版。

（b）同（a），见姚宝瑄主编《中国各民族神话》（布依族、仡佬族、苗族），太原：山西出版传媒集团·书海出版社2014年版，第183~184页。

W1652.1.6

12个太阳中的圆太阳是大象

实例

苗族 12个宝蛋孵出的12个太阳各不相同。其中，圆的是大象佬。

【流传】广西壮族自治区·（柳州市）·融水苗族自治县

【出处】

（a）杨达香讲，梁彬搜集整理：《创世纪》（三、太阳打斗，人死草枯），见梁彬、王天若编《苗族民间故事选》，南宁：广西人民出版社1986年版。

（b）同（a），见姚宝瑄主编《中国各民族神话》（布依族、仡佬族、苗族），太原：山西出版传媒集团·书海出版社2014年版，第183~184页。

W1652.1.7

12个太阳中的黄太阳是狮子

【关联】［W1617.4］太阳是黄色的

实例

苗族 12个宝蛋孵出的12个太阳各不相同。其中，黄的是猛狮子。

【流传】广西壮族自治区·（柳州市）·融水苗族自治县

【出处】

（a）杨达香讲，梁彬搜集整理：《创世纪》（三、太阳打斗，人死草枯），见梁彬、王天若编《苗族民间故事选》，南宁：广西人民出版社1986年版。

（b）同（a），见姚宝瑄主编《中国各民族神话》（布依族、仡佬族、苗族），太原：山西出版传媒集团·书海出版社2014年版，第183~184页。

W1652.1.8

12个太阳中的长太阳是龙娇

实例

苗族 12个宝蛋孵出的12个太阳各不相同。其中，长的是美龙娇。

【流传】广西壮族自治区·（柳州市）·融水苗族自治县

【出处】

（a）杨达香讲，梁彬搜集整理：《创世纪》（三、太阳打斗，人死草枯），见梁彬、王天若编《苗族民间故事选》，南宁：广西人民出版社1986年版。

（b）同（a），见姚宝瑄主编《中国各民族神话》（布依族、仡佬族、苗族），太原：山西出版传媒集团·书海出版社2014年版，第183~184页。

W1652.1.9

12个太阳中的绿太阳是鸭公精

【关联】［W1617.3a］太阳是绿色的（绿太阳）

实例

苗族 12个宝蛋孵出的12个太阳各不相同。其中，绿的是鸭公精。

【流传】广西壮族自治区·（柳州市）·融水苗族自治县

【出处】

（a）杨达香讲，梁彬搜集整理：《创世

纪》（三、太阳打斗，人死草枯），见梁彬、王天若编《苗族民间故事选》，南宁：广西人民出版社1986年版。

（b）同（a），见姚宝瑄主编《中国各民族神话》（布依族、仡佬族、苗族），太原：山西出版传媒集团·书海出版社2014年版，第183～184页。

W1652.1.10
12个太阳中的灰太阳是马骜

实 例

苗族 12个宝蛋孵出的12个太阳各不相同。其中，灰的是癞马骜。

【流传】广西壮族自治区·（柳州市）·融水苗族自治县

【出处】

（a）杨达香讲，梁彬搜集整理：《创世纪》（三、太阳打斗，人死草枯），见梁彬、王天若编《苗族民间故事选》，南宁：广西人民出版社1986年版。

（b）同（a），见姚宝瑄主编《中国各民族神话》（布依族、仡佬族、苗族），太原：山西出版传媒集团·书海出版社2014年版，第183～184页。

W1652.1.11
12个太阳中的紫太阳是鹈鹈娘

实 例

苗族 12个宝蛋孵出的12个太阳各不相同。其中，紫的鹈鹈是娘。

【流传】广西壮族自治区·（柳州市）·融水苗族自治县

【出处】

（a）杨达香讲，梁彬搜集整理：《创世纪》（三、太阳打斗，人死草枯），见梁彬、王天若编《苗族民间故事选》，南宁：广西人民出版社1986年版。

（b）同（a），见姚宝瑄主编《中国各民族神话》（布依族、仡佬族、苗族），太原：山西出版传媒集团·书海出版社2014年版，第183～184页。

W1652.1.12
12个太阳中的扁太阳是乌龟魈

实 例

苗族 12个宝蛋孵出12个太阳各不相同。其中，扁的是乌龟魈。

【流传】广西壮族自治区·（柳州市）·融水苗族自治县

【出处】

（a）杨达香讲，梁彬搜集整理：《创世纪》（三、太阳打斗，人死草枯），见梁彬、王天若编《苗族民间故事选》，南宁：广西人民出版社1986年版。

（b）同（a），见姚宝瑄主编《中国各民族神话》（布依族、仡佬族、苗族），太原：山西出版传媒集团·书海出版社2014年版，第183～184页。

W1652.1.13
太阳是天上的12个老爷儿

实 例

汉族 太阳是天上12个老爷儿。

【流传】河北省·承德市·（双滦

区)·偏桥子乡(偏桥子镇)

【出处】苏景芝讲·辛翠莲采录:《二郎神担山赶太阳》,见中国民间文学集成全国编辑委员会编《中国民间故事集成》(河北卷),北京:中国ISBN中心2003年版,第28页。

W1652.2
特定时间有 12 个太阳
实例

(参见下级母题实例)

W1652.2.1
盘古之前有 12 个太阳
实例

汉族 盘古之前,天上有12个太阳。

【流传】江苏省·(连云港市)·东海县

【出处】丁维英讲,陈绍武、王运生记录:《二郎担山赶太阳》(1987.05),见姚宝瑄主编《中国各民族神话》(汉族),太原:山西出版传媒集团·书海出版社2014年版,第113页。

W1652.2.2
开天辟地后出现 12 个太阳
实例

布依族 开天辟地后,天上出现12个太阳。

【流传】(无考)

【出处】《公鸡请太阳》,原载谷德明编《中国少数民族神话选》,见袁珂《中国神话大词典》,北京:华夏出版社2015年版,第446页。

W1652.2.3
远古时有 12 个太阳
实例

布依族 远古时候,有12个太阳。

【流传】(无考)

【出处】

(a) 祝登雍讲:《伏羲兄妹》,见谷德明编《中国少数民族神话选》,西北民族学院研究所1983年编印,内部资料。

(b) 同(a),见姚宝瑄主编《中国各民族神话》(布依族、仡佬族、苗族),太原:山西出版传媒集团·书海出版社2014年版,第58页。

布依族 远古时,天有十二日。

【流传】(无考)

【出处】《伏羲兄妹》,原载谷德明编《中国少数民族神话选》,见袁珂《中国神话大词典》,北京:华夏出版社2015年版,第448页。

布依族 远古时期,天上突现太阳十二。

【流传】(无考)

【出处】《年王射日》(原名《十二个太阳》),原载贵州省社会科学院文学研究所编《布依族文学史》,见袁珂《中国神话大词典》,北京:华夏出版社2015年版,第448页。

W1652.2.4
洪水后出现12个太阳

实例

土家族　洪水淹过的大地到处都水糊糊的，神人张果老就叫了12个太阳来晒地。

【流传】（无考）

【出处】

（a）《青蛙吞太阳》，见谷德明编《中国少数民族神话》，北京：中国民间文艺出版社1987年版。

（b）同（a），见姚宝瑄主编《中国各民族神话》（土家族、毛南族、侗族、瑶族），太原：山西出版传媒集团·书海出版社2014年版，第20页。

W1652.3
与12个太阳有关的其他母题

实例

（参见下级母题实例）

W1652.3.1
12个太阳不同母

实例

苗族　12个宝蛋孵出12个太阳，红的美姜阳，白的雷公雹，花的凶老虎，软的老蛇妖，黑的疯牯牛，圆的大象佬，黄的猛狮子，长的美龙娇，绿的鸭公精，灰的癞马鹜，紫的鹅鹅娘，扁的乌龟魈。它们生前不同娘，古时结宿怨，到了天上以后，睁开眼睛，才认清冤家老对头。

【流传】广西壮族自治区·（柳州市）·融水苗族自治县

【出处】

（a）杨达香讲，梁彬搜集整理：《创世纪》（三、太阳打斗，人死草枯），见梁彬、王天若编《苗族民间故事选》，南宁：广西人民出版社1986年版。

（b）同（a），见姚宝瑄主编《中国各民族神话》（布依族、仡佬族、苗族），太原：山西出版传媒集团·书海出版社2014年版，第183～184页。

W1653
其他数量的太阳

实例

（参见下级母题实例）

W1653.1
13个太阳

实例

布依族　安王飞到天上后，天上出现了13个太阳。

【流传】贵州省

【出处】《安王和祖王》（又译作《岸王和梭王》、《罕温和索温》等），见何积全、陈立浩主编《布依族文学史》，贵阳：贵州民族出版社1992年版，第59页。

汉族　（实例待考）

W1653.1a
16 个太阳

实例

瑶族 天上的 16 个太阳是哥弟。

【流传】贵州省·（黔南布依族苗族自治州）·荔波县·瑶麓乡

【出处】覃继高等讲，黄海采录：《十六个太阳和十七个月亮》，见中国民间文学集成全国编辑委员会编《中国民间故事集成》（贵州卷），北京：中国ISBN 中心 2003 年版，第 21 页。

W1653.2
18 个太阳

实例

汉族 （实例待考）

W1653.2a
19 个太阳

实例

壮族 从前天上有十九个太阳。

【流传】云南省·文山壮族苗族自治州·西畴县·兴街镇龙坪办事处·革机村

【出处】黄懿陆搜集整理：*《祭太阳》（1990），见吕大吉、何耀华总主编《中国各民族原始宗教资料集成》（土家族卷、瑶族卷、壮族卷、黎族卷），北京：中国社会科学出版社 1998 年版，第 500 页。

W1653.2a.1
几万年前出现 19 个太阳

实例

壮族 几万年前，天上出了十九个太阳。

【流传】（无考）

【出处】陆世安讲，杨照昌整理：《布洛陀》，原载刘德荣等编《壮族民间故事》，云南人民出版社 1988 年版，见姚宝瑄主编《中国各民族神话》（仫佬族、壮族、京族），太原：山西出版传媒集团·书海出版社 2014 年版，第 135 页。

W1653.2b
24 个太阳

实例

汉族 很久很久以前，天空出现了二十四个太阳。

【流传】福建省·（三明市）·建宁（建宁县）各地

【出处】章行义讲，张炳勋记录整理：《公鸡加冠》（1987.05.07），见姚宝瑄主编《中国各民族神话》（汉族），太原：山西出版传媒集团·书海出版社 2014 年版，第 172~173 页。

W1653.3
66 个太阳

实例

彝族 天上有 66 个太阳。

【流传】（无考）

【出处】［日］山田仁史：《太阳の射手》，京都大学修士论文，1996年，第204页。

W1653.4
72个太阳

实例

汉族　（实例待考）

W1653.5
99个太阳

实例

苗族　从前天上有99个太阳。

【流传】云南省

【出处】《九十九个太阳和九十九个月亮》，见中国社会科学院云南少数民族文学研究所等编《云南少数民族文学资料》第3辑，内部编印，1981年，第66页。

W1653.5.1
桃花瓣变成99个太阳

实例

苗族　太古时，一棵大桃树的花瓣变成了99个太阳。

【流传】贵州省·（安顺市·镇宁布依族苗族自治县）·黄果树（黄果树镇）一带

【出处】朱顺清讲，杨文金采录：《杨亚射日月》，见燕宝、张晓编《贵州神话传说》，贵阳：贵州人民出版社1997年版，第18～19页。

W1653.6
100个太阳

【关联】［W1682.1.3］太阳的99个儿子

实例

彝族　日月交配后，日生九十九，同时一天出，一天照大地。

【流传】黔西（贵州省西部）与云南（云南省）接壤的彝族地区

【出处】阿候布代讲，王正贡、王子尧、王冶新、何积金搜集整理，薔紫改写：《天生地产》，原载中国民间文艺研究会贵州分会编《民间文学资料》，内部资料，1986年，见姚宝瑄主编《中国各民族神话》（羌族、彝族），太原：山西出版传媒集团·书海出版社2014年版，第166页。

W1653.7
108个太阳

实例

（参见下级母题实例）

W1653.8
多日并出

【关联】
① ［W1639.1.1］12对日月并出
② ［W1650.3］10个太阳并出

实例

哈尼族　月亮神和太阳神婚后，生的许

多太阳一起出来，把大地晒软了。

【流传】云南省·（红河哈尼族彝族自治州）·元阳县

【出处】卢朝贵讲，史军超采录：《太阳和月亮》，见中国民间文学集成全国编辑委员会编《中国民间故事集成》（云南卷），北京：中国ISBN中心2003年版，第117页。

哈萨克族 像大锅一样笼罩着四周的天空上出现了许多太阳。

【流传】（无考）

【出处】玛丽娅·科别杰讲，穆哈买提拜·拜吉格铁甫搜集，安蕾等译：《大地母亲》，见满都呼主编《中国阿尔泰语系诸民族神话故事》，北京：民族出版社1997年版，第58页。

汉族 很久以前，天上有多个太阳。

【流传】重庆市·巴县（巴南区）·鱼洞镇

【出处】《为啥会有昼夜》，见李子硕《民间故事集成》（重庆巴县），内部编印，1989年，第4页。

W1653.8.1
特定时间多日并出

实　例

（参见下级母题实例）

W1653.8.1.1
六月六多日并出

实　例

汉族 天上有十个太阳，它们平时轮流出来。六月初六那天全都出来，把地皮子都晒焦了，万物也没得法生长。

【流传】四川省·巴县（重庆·巴南区）·五布乡

【出处】王庭光讲，梁昌明记录，金祥度整理：《嫦娥奔月》（1987.10），见姚宝瑄主编《中国各民族神话》（汉族），太原：山西出版传媒集团·书海出版社2014年版，第245~246页。

W1653a
与多个太阳有关的其他母题

实　例

（参见下级母题实例）

W1653a.1
多个太阳是假象

【关联】[W1694.2] 假太阳

实　例

满族 恶魔耶鲁里把他的九个头变成九个亮星像太阳一样，这样天空一下好像有了十个太阳。

【流传】黑龙江省·黑河地区（黑河市）·孙吴县·（沿江满族达斡尔族乡）·四季屯（四季屯村）

【出处】吴纪贤、富希陆讲：《天宫大战——黑水女真人传世神话》（1939，选自富育光、郭淑云整理的手稿），见姚宝瑄主编《中国各民族神话》（满族、赫哲族、朝鲜族），太原：山西出版传媒集团·书海出版社2014

年版，第26页。

W1653a.2
多个太阳大小不同

实 例

【汉族】有一天天塌了，天空中星乱云散，就连那大大小小的太阳也都逃来躲去，没有一个落脚的地方，东奔西窜不安宁。

【流传】浙江

【出处】陈伟君记录整理：《奔月》，见姚宝瑄主编《中国各民族神话》（汉族），太原：山西出版传媒集团·书海出版社2014年版，第251~262页。

W1653a.3
女神觉得造的太阳不够亮造出多个太阳

实 例

【水族】女神伢俣取来清气造出第一个太阳，天边立刻就露出微微的光亮；她觉得不够亮，便又一连做了9个，凑成了10个太阳。天下就烫得太难过了。

【流传】（无考）

【出处】潘静流唱，燕宝记译，化斯改写：《伢俣开创世界》（原名《造天造地》），见姚宝瑄主编《中国各民族神话》（水族、布朗族、独龙族、基诺族、傈僳族），太原：山西出版传媒集团·书海出版社2014年版，第5页。

W1653a.4
太阳无定数

实 例

（参见下级母题实例）

W1653a.4.1
天上有时9日有时10日

实 例

【汉族】日之数或九或十，初本无定，故《吕氏春秋·求人》有"禹南至九阳之山"。

【流传】（无考）

【出处】《九阳》，见袁珂《中国神话大词典》，北京：华夏出版社2015年版，第9页。

※ W1655
月亮的数量

实 例

（参见下级母题实例）

W1656
1个月亮

实 例

（参见下级母题实例）

W1656.1
全世界只有1个月亮

实 例

【汉族】全世界就只一个月亮，月亮是

个儿娃子。

【流传】湖北省·丹江口市

【出处】葛朝宝讲，沈志远记录：《太阳和月亮》，见姚宝瑄主编《中国各民族神话》（汉族），太原：山西出版传媒集团·书海出版社 2014 年版，第 193～194 页。

W1657
2 个月亮

实例

汉族（实例待考）

塔吉克族 小王子看到野外空中有两轮明月。

【流传】（新疆维吾尔自治区）

【出处】艾布力·艾山汗、西仁·库尔班搜集，夏羿、朱华翻译整理：《玉枝金花》，见姚宝瑄主编《中国各民族神话》（乌孜别克族、哈萨克族、柯尔克孜族、俄罗斯族、维吾尔族、塔吉克族、塔塔尔族、锡伯族），太原：山西出版传媒集团·书海出版社 2014 年版，第 294 页。

W1657.1
2 个冒银火的月亮

实例

哈尼族 夜晚出来两个月亮；两个冒银火的月亮，照得草木一片焦黄。

【流传】云南省·红河哈尼族彝族自治州

【出处】《窝果策尼果》，见红河哈尼族彝族自治州人民政府编《哈尼族口传文化译注全集》第 1 卷，昆明：云南民族出版社 2009 年版，第 265 页。

W1658
3 个月亮

实例

（实例待考）

W1659
4 个月亮

实例

（实例待考）

W1660
5 个月亮

实例

黎族（参见 W1543.2.4.3 母题实例）

W1661
6 个月亮

实例

苗族（参见 W1634 母题实例）

W1662
7 个月亮

【汤普森】A759.5

实例

仡佬族

（参见 W1635 母题实例）

1.4.3 日月的数量

彝族 支格阿鲁（文化英雄，b 为"尼支呷洛"）祈祷后，天上出现 7 个月亮。

【流传】（无考）

【出处】

（a）蒋汉章翻译，李仲舒整理：《创造万物的巨人支格阿鲁》，见陶立璠、李耀宗主编《中国少数民族神话传说选》成都：四川民族出版社 1985 年版，第 86 页。

（b）《创造万物的巨人尼支呷咯》，见谷德明编《中国少数民族神话》，北京：中国民间文艺出版社 1987 年版，第 280 页。

W1662.1
天神放出 7 个月亮

实 例

彝族（罗罗泼） 天女生的儿子尼支甲洛请求天神后，天神便放出七个月亮。

【流传】云南省·（楚雄彝族自治州）·南华县·五街（五街镇）

【出处】李发彪等演唱，吉厚培、夏光辅搜集整理：《青棚调——彝族支系罗罗泼古歌》，原载云南省社会科学院楚雄彝族文化研究所编《彝族民间文学》第 2 辑，1985 年，见姚宝瑄主编《中国各民族神话》（羌族、彝族），太原：山西出版传媒集团·书海出版社 2014 年版，第 171 页。

W1663
8 个月亮

实 例

（参见下级母题实例）

W1663.1
阳雀造的 8 个石盘变成 8 个月亮

【关联】[W1637.2.1] 阳雀造 9 个太阳 8 个月亮

实 例

苗族 为让大地温暖，聪明的阳雀造的 8 个石盘，变成 8 个月亮。

【流传】（无考）

【出处】《阳雀造日月》，原载谷德明编《中国少数民族神话选》，见袁珂《中国神话大词典》，北京：华夏出版社 2015 年版，第 418 页。

W1664
9 个月亮

实 例

畲族

（参见 W1638.1.1 母题实例）

W1664.1
月亮 9 弟兄

实 例

傈僳族 以前，有月亮 9 弟兄造出天。

【流传】四川省·（凉山彝族自治

州）·德昌县·宽裕乡·赵家湾子

【出处】张国全讲，李文华等采录：《天管师和张古老》，见中国民间文学集成全国编辑委员会编《中国民间故事集成》（四川卷·下），北京：中国ISBN中心1998年版，第1437页。

W1665

10个月亮

【关联】［W1688.1.1］月亮10弟兄

实 例

布朗族 顾米亚造天地时，有月亮10兄弟。

【流传】（无考）

【出处】《顾米亚造天造地》，见中国各民族宗教与神话大词典编审委员会编《中国各民族宗教与神话大词典》，北京：学苑出版社1990年版，第31页。

W1665.1

女神伢俣用清气造10个月亮

【关联】

① ［W1543.5.3.5］用气造日月

② ［W1554.2.4］女神用清气造10个太阳

③ ［W1704.2.1］伢俣女神造星星

④ ［W1851.0.3.1］始祖婆伢俣造五岳

实 例

水族 女神伢俣取来清气造出10个月亮。

【流传】（无考）

【出处】潘静流唱，燕宝记译，化斯改写：《伢俣开创世界》（原名《造天造地》），见姚宝瑄主编《中国各民族神话》（水族、布朗族、独龙族、基诺族、傈僳族），太原：山西出版传媒集团·书海出版社2014年版，第5页。

W1665.2

原来的1个月亮和9只白熊形成10个月亮

实 例

毛南族 9只白熊和月亮同时出来成了10个月亮。

【流传】（无考）

【出处】《格射日月》，见中国各民族宗教与神话大词典编审委员会编《中国各民族宗教与神话大词典》，北京：学苑出版社1990年版，第417页。

W1666

11个月亮

实 例

（实例待考）

W1667

12个月亮

实 例

布依族 （实例待考）

汉族 帝俊妻常羲生月十有二。

【流传】（无考）

【出处】《山海经·大荒西经》。

苗族 天上有 12 个日月。

【流传】湖南省·湘西（湘西土家族苗族自治州）

【出处】龙炳文整理：《古老话》，见苏晓星《苗族文学史》，成都：四川出版集团、四川民族出版社 2003 年版，第 62 页。

苗族 一夜现十二个月亮。

【流传】贵州省·（安顺市）·紫云县（紫云苗族布依族自治县）麻山苗区

【出处】陈兴华唱诵，杨正江译：《造日月，射日月》，见中国民间文艺家协会主编《亚鲁王》，北京：中华书局 2011 年版，第 267 页。

瑶族 发枚（始祖，造天地者）用火石造了 12 个月亮。

【流传】贵州省·（黔东南苗族侗族自治州）·从江县·（翠里乡）·高芒乡（高芒村）

【出处】赵金荣讲，杨路塔采录：《造日月》，见中国民间文学集成全国编辑委员会编《中国民间故事集成》（贵州卷），北京：中国 ISBN 中心 2003 年版，第 20 页。

壮族

（参见 W1583.6.6 母题实例）

W1668
其他众多的月亮
【关联】[W4951.2] 多个月亮并出

实例

（参见下级母题实例）

W1668.1
30 个月亮

实例

（参见下级母题实例）

W1668.1.1
月宫中有 30 个月亮

实例

京族 月亮月宫里有 30 个月亮。

【流传】（a）广西壮族自治区·防城（防城港市）·（东兴市·江平镇）·京族三岛（万尾、巫头、山心三岛）

【出处】
（a）苏锡权等讲，符达升整理：《太阳与月亮》，见曹廷伟编著《广西民间故事辞典》，南宁：广西教育出版社 1993 年版，第 3 页。
（b）朝伟整理：《太阳和月亮》，见中国各民族宗教与神话大词典编审委员会编《中国各民族宗教与神话大词典》，北京：学苑出版社 1990 年版，第 357 页。

W1668.2
88 个月亮

实例

彝族 （实例待考）

W1668.3
99 个月亮

实 例

苗族 从前天上 99 个月亮。

【流传】云南省

【出处】《九十九个太阳和九十九个月亮》，见中国社会科学院云南少数民族文学研究所等编《云南少数民族文学资料》第 3 辑，内部编印，1981 年，第 66 页。

W1668.4
110 个月亮

实 例

苗族 大桃树的花蕊变成了 110 个月亮。

【流传】贵州省·（安顺市·镇宁布依族苗族自治县）·黄果树（黄果树镇）一带

【出处】朱顺清讲，杨文金采录：《杨亚射日月》，见燕宝、张晓编《贵州神话传说》，贵阳：贵州人民出版社 1997 年版，第 18~19 页。

W1668.5
1000 个月亮

实 例

汉族 古时候，天上有 1000 个月亮。

【流传】湖北省·（咸宁市）·通山县·大畈镇·官塘村

【出处】袁达建讲，袁观恩采录：《月亮变锄头》，见中国民间文学集成全国编辑委员会编《中国民间故事集成》（湖北卷），北京：中国 ISBN 中心 1999 年版，第 21 页。

W1668.6
其他特定数量的月亮

实 例

（参见下级母题实例）

W1668.6.1
17 个月亮

实 例

瑶族 天上的 17 个月亮是姊妹。

【流传】贵州省·（黔南布依族苗族自治州）·荔波县·瑶麓乡

【出处】覃继高等讲，黄海采录：《十六个太阳和十七个月亮》，见中国民间文学集成全国编辑委员会编《中国民间故事集成》（贵州卷），北京：中国 ISBN 中心 2003 年版，第 21 页。

1.4.4　日月的关系
【W1670 ~ W1689】

❀ W1670
日月的关系

实 例

（参见下级母题实例）

W1671
日月是母女

实 例

（参见下级母题实例）

W1671.1
太阳是月亮的母亲

实 例

蒙古族 太阳是月亮的母亲。

【流传】（无考）

【出处】《蒙古族自然神灵的信仰和崇拜》，见吕大吉、何耀华总主编《中国各民族原始宗教资料集成》（鄂伦春族卷、鄂温克族卷、赫哲族卷、达斡尔族卷、锡伯族卷、满族卷、蒙古族卷、藏族卷），北京：中国社会科学出版社1999年版，第601页。

蒙古族 太阳是月亮的母亲，因为月亮是从太阳那里得到它的光辉的。

【流传】（无考）

【出处】［英］道森编，吕浦译，周良霄注：《出使蒙古记》，北京：中国社会科学出版社1983年版，第12页。

W1671.2
月亮是太阳的女儿

实 例

彝族 月亮姑娘是太阳的女儿。

【流传】四川省·（凉山彝族自治州）·昭觉县

【出处】蒋道伦讲，王万金采录：《彝家姑娘进月宫》，见中国民间文学集成全国编辑委员会编《中国民间故事集成》（四川卷·下），北京：中国ISBN中心1998年版，第751页。

W1672
日月是夫妻

【汤普森】A220.0.2

【关联】

① ［W1600.3.1］太阳是母亲，月亮是父亲

② ［W1610.5.1］日月是人兽同形

③ ［W7533］日月婚

实 例

布朗族 顾米亚射日月后，吓得躲在石洞中的一对太阳和月亮，结成了一对夫妻。

【流传】云南省·（红河哈尼族彝族自治州）·金平县（金平苗族瑶族傣族自治县）

【出处】朱嘉禄整理：《顾米亚》，原载《中国民间故事选》第2集，人民文学出版社1962年版，见姚宝瑄主编《中国各民族神话》（水族、布朗族、独龙族、基诺族、傈僳族），太原：山西出版传媒集团·书海出版社2014年版，第94页。

傣族 太阳和月亮是一对夫妻。

【流传】云南省·德宏州（德宏傣族景颇族自治州）·盈江县·盏西镇

【出处】龚小回讲：《太阳妹妹与月亮哥

哥》，王宪昭搜集，2010.01。

鄂伦春族 勒钦（太阳）和别阿（月亮）是一对夫妻。

【流传】（无考）

【出处】莫庆云讲，白水夫采录：《白天为啥比黑天亮》，见徐昌翰、隋书今、庞玉田著《鄂伦春族文学》，哈尔滨：北方文艺出版社1993年版。

鄂温克族 日月是一对夫妻。太阳是母亲，月亮是父亲。

【流传】内蒙古自治区·（呼伦贝尔市）·根河市·敖鲁古雅乡（敖鲁古雅鄂温克族乡）

【出处】汪立珍：《鄂温克族神话研究》，北京：中央民族大学出版社2006年版，第122页。

高山族（阿美） 日月本是夫妻。

【流传】（无考）

【出处】《日月夫妻》，见中国各民族宗教与神话大词典编审委员会编《中国各民族宗教与神话大词典》，北京：学苑出版社1990年版，第146页。

汉族 太阳孙开和月亮唐末，是一对夫妻。

【流传】湖北省西北部一带

【出处】马卉欣整理：《盘古顶天》，见桐柏网，http://tongbai.01ny.cn，2001.01.26。

汉族 日头和月亮是对两公婆。

【出处】浙江省·（金华市）·东阳县（东阳市）南部各乡镇

【出处】申屠和兰讲，周中帆记录整理：《日月成亲》，见姚宝瑄主编《中国各民族神话》（汉族），太原：山西出版传媒集团·书海出版社2014年版，第201~202页。

汉族 月亮和太阳本是两夫妻。

【流传】浙江省·（舟山市）·嵊泗县

【出处】李明亮讲，金德章记录整理：《月亮和太阳》，见姚宝瑄主编《中国各民族神话》（汉族），太原：山西出版传媒集团·书海出版社2014年版，第189页。

蒙古族 日月是夫妻。

【流传】（无考）

【出处】《蒙古族自然神灵的信仰和崇拜》，见吕大吉、何耀华总主编《中国各民族原始宗教资料集成》（鄂伦春族卷、鄂温克族卷、赫哲族卷、达斡尔族卷、锡伯族卷、满族卷、蒙古族卷、藏族卷），北京：中国社会科学出版社1999年版，第601页。

蒙古族（布里亚特） 太阳和月亮是夫妻。

【流传】（无考）

【出处】

（a）［苏联］Г.Р.加尔达诺娃著，宋长宏译，佟德富校：《喇嘛教前的布里亚特宗教信仰》（俄文版），诺沃西比尔斯克：科学出版社西伯利亚分社1987年版，第14~20页。

（b）同（a），见吕大吉、何耀华总主编《中国各民族原始宗教资料集成》

（鄂伦春族卷、鄂温克族卷、赫哲族卷、达斡尔族卷、锡伯族卷、满族卷、蒙古族卷、藏族卷），北京：中国社会科学出版社1999年版，第601页。

彝族 日月是夫妻，月亮看不惯太阳蛮横，只要看到太阳升起，就带着星星逃走。

【流传】（无考）

【出处】《太阳失妻儿》，见高明强编《创世的神话和传说》，上海：上海三联书店1988年版，第31页。

W1672.1
太阳丈夫和月亮妻子

实 例

高山族（排弯） 妻子嘎拉斯和丈夫咖道被风卷上天宫，变成了天上的月亮和太阳。排弯人叫月亮做"嘎拉斯"。

【流传】福建省·福州市；台湾

【出处】金原金讲，陈炜萍采录：《月亮和太阳》，见中国民间文学集成全国编辑委员会编《中国民间故事集成》（福建卷），北京：中国ISBN中心1998年版，第12页。

汉族 太阳是丈夫，月亮是妻子。

【流传】广西壮族自治区·南宁市·江南区

【出处】邓承学等讲，艾可记录：《太阳和月亮》，见曹廷伟编著《广西民间故事辞典》，南宁：广西教育出版社1993年版，第3页。

壮族 太阳丈夫，月亮是妻子。

【流传】广西壮族自治区·南宁（南宁市）·江南区

【出处】邓承学讲：《太阳和月亮》，见张声震总主编，农冠品编注《壮族神话集成》，南宁：广西民族出版社2007年版，第185页。

W1672.2
太阳妻子和月亮丈夫

实 例

布朗族 顾米亚射日月，只剩1日（女）1月（男），藏入山洞成了夫妻。

【流传】（无考）

【出处】《顾米亚》，见中央民族学院少数民族文艺研究所编《中国民族民间文学》，北京：中央民族学院出版社1987年版，第53~54页。

傣族 （实例待考）

鄂温克族 使用驯鹿的鄂温克人认为太阳是母亲，月亮是父亲。

【流传】内蒙古自治区·（呼伦贝尔市）·根河市·敖鲁古雅地区（敖鲁古雅鄂温克族乡）

【出处】《太阳和月亮》，见吕大吉、何耀华总主编《中国各民族原始宗教资料集成》（鄂伦春族卷、鄂温克族卷、赫哲族卷、达斡尔族卷、锡伯族卷、满族卷、蒙古族卷、藏族卷），北京：中国社会科学出版社1999年版，第94页。

鄂温克族 太阳是母亲，月亮是父亲。

【流传】（无考）

【出处】汪立珍：《鄂温克族神话研究》，北京：中央民族大学出版社2006年版，第128页。

怒族 月亮是丈夫，太阳是妻子。

【流传】云南省·（怒江傈僳族自治州）·贡山县（贡山独龙族怒族自治县）

【出处】

（a）彭兆清提供，攸延春整理：《创世纪》，见攸延春《怒族文学史》，昆明：云南民族出版社2003年版，第18页。

（b）庚松等讲，彭兆清整理：《创世记》，见中华民族故事大系编委会编《中华民族故事大系》第14卷（普米族、塔吉克族、怒族、俄罗斯族、鄂温克族），上海：上海文艺出版社1995年版，第517页。

瑶族 月亮是男的，他找太阳做妻子后，太阳与月亮成为了夫妻。

【流传】贵州省·（黔东南苗族侗族自治州）·从江县·（翠里乡）·高芒乡（高芒村）

【出处】赵金荣讲，杨路塔采录：《造日月》，见中国民间文学集成全国编辑委员会编《中国民间故事集成》（贵州卷），北京：中国ISBN中心2003年版，第20页。

W1672.3
日月是兄妹结成的夫妻

【汤普森】A736.1.4.2

【关联】［W1673］日月是兄妹

实 例

瑶族

（参见 W1544.6.1.1 母题实例）

W1672.4
太阳和月亮是恋人（情人）

【汤普森】A736.1.3

实 例

哈萨克族 太阳和月亮本高悬中天，久久相望，早已产生了爱情。

【流传】（a）新疆维吾尔自治区

【出处】

（a）《造物主创世》，见满都呼主编《中国阿尔泰语系诸民族神话故事》，北京：民族出版社1997年版，第63页。

（b）尼合迈德·蒙加尼搜集，校仲彝翻译整理：《迦萨甘创世》，见谷德明编《中国少数民族神话》，北京：中国民间文艺出版社1987年版，第727页。

哈萨克族 创造天和地时，月亮和太阳是一对无法结为夫妻的恋人。

【流传】新疆维吾尔自治区·（乌鲁木齐市）·乌鲁木齐县（天山区）·白杨沟夏牧场

【出处】谢热亚孜旦·马尔萨克讲，尼合买提·蒙加尼采录，杨凌等译：

《月亮和太阳》，见中国民间文学集成全国编辑委员会编《中国民间故事集成》（新疆卷），北京：中国ISBN中心2008年版，第11页。

裕固族 天地刚分开时，天上只有1日1月，它们是一对情人。

【流传】（无考）

【出处】
（a）《日母月父》，见杨进智《裕固族研究论文集》，兰州：兰州大学出版社1996年版，第350页。

（b）钟进文整理：《日母月父》，见满都呼主编《中国阿尔泰语系诸民族神话故事》，北京：民族出版社1997年版，第116页。

W1673

日月是兄妹

【关联】［W1672.3］日月是兄妹结成的夫妻

实　例

傣族 太阳和月亮是兄妹。

【流传】云南省·保山市

【出处】刀柄中讲，艾宗升采录：《月食》，见中国民间文学集成全国编辑委员会编《中国民间故事集成》（云南卷），北京：中国ISBN中心2003年版，第143页。

汉族 太阳和月亮是两兄妹。

【流传】四川省·（攀枝花市）·米易县·黄草乡

【出处】徐钟氏讲，张勇采录：《太阳妹妹和月亮哥哥》，见中国民间文学集成全国编辑委员会编《中国民间故事集成》（四川卷·上），北京：中国ISBN中心1998年版，第55页。

汉族 日头和月亮是兄妹。

【流传】湖北省·（孝感市）·云梦县·胡金店乡

【出处】赵尊言讲，赵俊鹏采录：《月亮哥哥和太阳妹妹》，见中国民间文学集成全国编辑委员会编《中国民间故事集成》（湖北卷），北京：中国ISBN中心1999年版，第22页。

汉族 在天上，月亮和太阳是兄妹俩。

【流传】江苏省·（盐城市）·射阳县

【出处】吕香讲，傅仪记录：《太阳和月亮》（1987.07.12），见姚宝瑄主编《中国各民族神话》（汉族），太原：山西出版传媒集团·书海出版社2014年版，第187~188页。

京族 太阳和月亮俩称兄道妹，情同手足，结伴相随，形影不离。

【流传】广西壮族自治区·防城县（防城港市）·（东兴市·江平镇）·京族三岛（万尾、巫头、山心三岛）

【出处】郑贤芳讲，莫振芳记录整理：《日月分道》，见姚宝瑄主编《中国各民族神话》（仫佬族、壮族、京族），太原：山西出版传媒集团·书海出版社2014年版，第192页。

苗族 太阳和月亮是两兄妹。

【流传】四川省·（泸州市）·叙永

县·水潦乡（水潦彝族乡）·田坝村一组

【出处】王叔奎讲，艾青海采录：《太阳和月亮》，见中国民间文学集成全国编辑委员会编《中国民间故事集成》（四川卷·下），北京：中国 ISBN 中心 1998 年版，第 1318 页。

W1673.1
太阳妹妹和月亮哥哥

【汤普森】A736.1.1

【关联】［W1622.5.1］月亮哥哥又丑又懒

实 例

布依族 盘古王的一对儿女布杰和布缅兄妹射日后，天上只剩下天神最小的一对儿女兄妹俩变成的太阳了。太阳商议后，妹妹成为悬在的太阳就管白天，哥哥成为月亮管晚上。

【流传】贵州省·（黔南布依族苗族自治州）·罗甸县等地

【出处】黄未石念、王卜小荣讲，杨路塔记录整理：《十二个太阳》，见姚宝瑄主编《中国各民族神话》（布依族、仡佬族、苗族），太原：山西出版传媒集团·书海出版社 2014 年版，第 75 页。

布依族 盘古王的一对儿女兄妹俩，死后变成日月。妹妹叫做"当婉"（太阳），哥哥叫做"冗令"（月亮）。

【流传】贵州省·（黔南布依族苗族自治州）·平塘（平塘县）、罗甸（罗甸县）、惠水（惠水县）三县交界地区

【出处】杨兴荣、杨再良讲，杨路塔搜集整理：《日、月、星》，载《山茶》1987 年第 2 期。

鄂伦春族 早先，太阳妹妹德依勒阿恰（德依勒阿恰：鄂伦春语，太阳）和哥哥别亚（别亚：鄂伦春语，月亮）两口子都还在地上，也是靠打猎过日子。

【流传】黑龙江省·黑河市·（爱辉区）·新生乡（新生鄂伦春族乡）

【出处】莫庆云讲：《白天和黑天是怎么分开的》，见中国民间文学集成全国编辑委员会编《中国民间故事集成》（黑龙江卷），北京：中国 ISBN 中心 2005 年版，第 28 页。

仡佬族 日与月为兄妹，月为兄而日为妹。

【流传】（贵州省北部）

【出处】袁珂改编：《月兄日妹》（原名《日月兄妹照人间》），原载毛星主编《中国少数民族文学》（中册），见袁珂《中国神话大词典》，北京：华夏出版社 2015 年版，第 572 页。

汉族 月亮是哥哥，太阳是妹妹。

【流传】重庆市·巴县（巴南区）·鱼洞镇

【出处】《太阳和月亮》，见李子硕《民间故事集成》（重庆巴县），内部编印，1989 年，第 5 页。

汉族 有兄妹俩，哥哥当了月亮，妹

妹当了太阳。

【流传】吉林省·（通化市）·柳河县

【出处】袁兰讲，张月照采录：《太阳和月亮的来历》，见中国民间文学集成全国编辑委员会编《中国民间故事集成》（吉林卷），北京：中国文联出版公司1992年版，第7页。

汉族 太阳月亮是两兄妹，太阳是妹妹。

【流传】四川省·（攀枝花市）·米易县·黄草乡

【出处】徐钟氏讲，张勇采录：《太阳妹妹和月亮哥哥》，见中国民间文学集成全国编辑委员会编《中国民间故事集成》（四川卷·上），北京：中国ISBN中心1998年版，第55页。

汉族 月亮哥哥和太阳妹妹在天上照亮人间。

【流传】

（a）四川省·巫溪县（今重庆市·巫溪县）·红路乡

（b）河北省·（邯郸市）·武安县（武安市）·（康二城镇）·紫泉村

【出处】

（a）夏利国讲，赖春明采录：《日和月》，见中国民间文学集成全国编辑委员会编《中国民间故事集成》（四川卷·上），北京：中国ISBN中心1998年版，第29页。

（b）刘生明讲，冀秀生采录：《日头和月亮》，见中国民间文学集成全国编辑委员会编《中国民间故事集成》（河北卷），北京：中国ISBN中心2003年版，第11页。

汉族 月亮和太阳是两兄妹，月亮是哥哥，太阳是妹妹。

【流传】四川省·巴县（重庆·巴南区）·广阳镇

【出处】杨学模讲，杜志榜记录，李子硕整理：《破鼓救月》（1988.05），见姚宝瑄主编《中国各民族神话》（汉族），太原：山西出版传媒集团·书海出版社2014年版，第234~236页。

汉族 太阳与月亮为亲兄妹，太阳为妹而月亮为兄。

【流传】（无考）

【出处】《太阳与月亮》，原载《渚陵民间文学集成·神话》，见袁珂《中国神话大词典》，北京：华夏出版社2015年版，第376页。

苗族 月亮是哥哥，太阳是妹妹。

【流传】四川省·（宜宾市）·筠连县·沐爱区（沐爱镇）

【出处】王文治讲，陈明钊采录：《太阳和月亮》，见中国民间文学集成全国编辑委员会编《中国民间故事集成》（四川卷·下），北京：中国ISBN中心1998年版，第1318页。

苗族 玉帝有一双儿女，哥哥是月亮，妹妹是太阳。

【流传】川（四川省）、滇（云南省）交界处苗族山区

【出处】王文治讲：《太阳和月亮》，见刘魁立主编《玉皇大帝的传说》，北京：中国社会出版社2008年版，第

33～34页。

苗族 日月是兄妹俩，月亮是哥哥，太阳是妹妹。

【流传】云南省

【出处】《九十九个太阳和九十九个月亮》，见中国社会科学院云南少数民族文学研究所等编《云南少数民族文学资料》第3辑，内部编印，1981年，第66页。

羌族 月亮是哥哥，太阳是妹妹。

【流传】四川省·（阿坝藏族羌族自治州）·汶川县·威州乡（威州镇）·牛老寨

【出处】倪明富讲，周辉枝采录：《太阳和月亮》，见中国民间文学集成全国编辑委员会编《中国民间故事集成》（四川卷·下），北京：中国 ISBN 中心1998年版，第1109页。

土家族 月亮是哥哥，太阳是妹妹。

【流传】（a）湖北省·（宜昌市）·长阳县（长阳土家族自治县）·都镇湾镇·杜家冲村

【出处】

(a) 孙家香讲：《太阳和月亮》，见长阳土家族网：http://www.cy-tujia.com/list_body.php? id, 2005.12.10。

(b)《洛雨射日》，见中国各民族宗教与神话大词典编审委员会编《中国各民族宗教与神话大词典》，北京：学苑出版社1990年版，第587页。

土家族 卵雨射落十日后，剩下的两个太阳，一个是哥哥，一个是妹妹，胆子大的哥哥夜里走，取个名字叫月亮，妹妹日里走，名字仍然叫太阳。

【流传】湖南省·（湘西土家族苗族自治州）·龙山县·（湾塘乡）·坡脚（坡脚村）

【出处】向风阳讲，彭勃搜集翻译整理：《太阳和月亮》，见谷德明编《中国少数民族神话》，北京：中国民间文艺出版社1987年版，第177页。

彝族 太阳是妹妹，月亮是哥哥。

【流传】四川省·（攀枝花市）·米易县

【出处】呼银安讲，彭莹采录：《射太阳和月亮》，见中国民间文学集成全国编辑委员会编《中国民间故事集成》（四川卷·下），北京：中国 ISBN 中心1998年版，第771页。

彝族（俚颇） 天神盘颇用种子撒出日月两兄妹。妹妹白天走，妹妹便做了太阳；哥哥夜间行，哥哥便做了月亮。

【流传】云南省·（楚雄彝族自治州）·大姚县·昙华山区（昙华乡）

【出处】

(a) 陆颇梭颇（毕摩）演唱，夏光辅、诺海阿苏翻译：《俚泼古歌》，见云南省社会科学院楚雄彝族文化研究所编《彝族民间文学》第二辑，1985年。

(b) 陆颇梭颇（毕摩）演唱，夏光辅、诺海阿苏翻译，古梅改写：《赤梅葛——俚泼古歌》，见姚宝瑄主编《中国各民族神话》（羌族、彝族），太原：山西出版传媒集团·书海出版社2014年版，第97页。

W1673.2
太阳哥哥和月亮妹妹
【汤普森】A736.1.2

实　例

傣族　太阳和月亮是兄妹，太阳哥哥热情奔放，月亮妹妹美貌害羞。
【流传】云南省·保山市
【出处】刀柄中讲，艾宗升采录：《月食》，见中国民间文学集成全国编辑委员会编《中国民间故事集成》（云南卷），北京：中国ISBN中心2003年版，第143页。

鄂伦春族　得勒钦（太阳）和别亚（月亮）是亲兄妹。
【流传】（无考）
【出处】《得勒钦和别亚》，见中国各民族宗教与神话大词典编审委员会编《中国各民族宗教与神话大词典》，北京：学苑出版社1990年版，第131页。

汉族　太阳是哥哥，月亮年轻是妹妹。
【流传】甘肃省·（白银市）·景泰县
【出处】吴铭讲，焦信采录：《太阳和月亮》，见中国民间文学集成全国编辑委员会编《中国民间故事集成》（甘肃卷），北京：中国ISBN中心2001年版，第5页。

汉族　日月两兄妹，日头是哥哥，月亮是妹妹。
【流传】湖北省·（孝感市）·云梦县·胡金店乡
【出处】赵尊言讲，赵俊鹏采录：《月亮哥哥和太阳妹妹》，见中国民间文学集成全国编辑委员会编《中国民间故事集成》（湖北卷），北京：中国ISBN中心1999年版，第22页。

京族　古代，太阳是哥哥，月亮是妹妹。
【流传】（无考）
【出处】朝伟整理：《日月分道》，见中国各民族宗教与神话大词典编审委员会编《中国各民族宗教与神话大词典》，北京：学苑出版社1990年版，第357页。

苗族　太阳是哥哥，月亮是妹妹。
【流传】四川省·（泸州市）·叙永县·水潦乡（水潦彝族乡）·田坝村一组
【出处】王叔奎讲，艾青海采录：《太阳和月亮》，见中国民间文学集成全国编辑委员会编《中国民间故事集成》（四川卷·下），北京：中国ISBN中心1998年版，第1318页。

瑶族　日月是一对兄妹。太阳是哥哥，月亮是妹妹。
【流传】（无考）
【出处】
(a) 赵老大讲，梅中泉记录整理：《日月成婚》，载《山茶》1983年第3期。
(b) 同(a)，见姚宝瑄主编《中国各民族神话》（土家族、毛南族、侗族、瑶族），太原：山西出版传媒集团·书海出版社 2014 年版，第 178 页。

壮族 太阳是哥哥，月亮是妹妹。

【流传】广西壮族自治区·（防城港市）·上思县·思阳乡（思阳镇）·昌墩村·孔驮屯

【出处】黄胜光讲：《太阳和月亮的由来离》，见张声震总主编，农冠品编注《壮族神话集成》，南宁：广西民族出版社 2007 年版，第 184 页。

W1673.3
太阳和月亮是同胞兄妹

实 例

鄂伦春族 古时得勒钦（太阳）和别亚（月亮）是亲兄妹。

【流传】（无考）

【出处】《得勒钦和别亚》，原载马名超、崔焱《鄂伦春族宗教与神话》，见中国各民族宗教与神话大词典编审委员会编《中国各民族宗教与神话大词典》，北京：学苑出版社 1990 年版，第 131 页。

汉族 太阳和月亮原是同胞兄妹。

【流传】

（a）甘肃省·（白银市）·景泰县

（b）四川省·（宜宾市）·高县·大窝乡（镇）

（c）湖北省·（孝感市）·应城市·三合乡

（d）贵州省·（遵义市）·余庆县·龙溪区

（e）河北省·（邯郸市）·武安县（武安市）·（康二城镇）·紫泉村

【出处】

（a）吴铭讲，焦信采录：《太阳和月亮》，见中国民间文学集成全国编辑委员会编《中国民间故事集成》（甘肃卷），北京：中国 ISBN 中心 2001 年版，第 5 页。

（b）袁家林讲，王进龙采录：《太阳和月亮》，见中国民间文学集成全国编辑委员会编《中国民间故事集成》（四川卷·上），北京：中国 ISBN 中心 1998 年版，第 31 页。

（c）李泽仁讲，李民生采录：《月亮哥哥和太阳妹妹》，见中国民间文学集成全国编辑委员会编《中国民间故事集成》（湖北卷），北京：中国 ISBN 中心 1999 年版，第 22 页。

（d）彭永模讲，李业成采录：《月亮哥哥和太阳妹妹》，见中国民间文学集成全国编辑委员会编《中国民间故事集成》（贵州卷），北京：中国 ISBN 中心 2003 年版，第 19 页。

（e）刘生明讲，冀秀生采录：《日头和月亮》，见中国民间文学集成全国编辑委员会编《中国民间故事集成》（河北卷），北京：中国 ISBN 中心 2003 年版，第 11 页。

W1674
太阳和月亮是姐弟

实 例

珞巴族 太阳和月亮是姐弟。

【流传】西藏自治区·（林芝地区）·米林县·纳玉乡（南伊乡）

【出处】颜其香：《中国少数民族风土漫记》，北京：农村读物出版社2001年版，第95页。

W1674.1
太阳姐姐和月亮弟弟

实 例

朝鲜族 太阳和月亮中，姐姐是太阳，弟弟是月亮。

【流传】河北省·秦皇岛市·抚宁县·西河南乡（留守营镇）·朝鲜族村

【出处】金三元讲：《太阳和月亮的故事》，见本县编《辽宁民间文学集成·抚宁民间故事卷》（二），内部资料，1987年，第933~936页。

汉族 月亮是弟弟，太阳是姐姐。

【流传】陕西省·（汉中市）·南郑县·山口乡、红光乡

【出处】王明锐讲，伯和搜集整理：《日月成婚》，见南郑县民间故事集成编委会编《中国民间故事集成陕西卷·南郑县故事集成》，内部编印，1988年，第2页。

W1674.2
太阳弟弟和月亮姐姐

实 例

（实例待考）

W1675
日月是兄弟

【汤普森】A736.3

实 例

布朗族 太阳和月亮是兄弟。

【流传】云南省·（西双版纳傣族自治州）·勐海县

【出处】岩叫讲，岩甩他采录：《日食和月食》，见中国民间文学集成全国编辑委员会编《中国民间故事集成》（云南卷），北京：中国ISBN中心2003年版，第150页。

W1675.1
日月是孪生兄弟

【汤普森】A736.3.1

实 例

（实例待考）

W1675.2
太阳哥哥和月亮弟弟

【汤普森】A745.3

实 例

布朗族 太阳和月亮兄弟，太阳是老大，月亮是老二。

【流传】云南省·（西双版纳傣族自治州）·勐海县

【出处】岩叫讲，岩甩他采录：《日食和月食》，见中国民间文学集成全国编辑委员会编《中国民间故事集成》

（云南卷），北京：中国 ISBN 中心 2003 年版，第 150 页。

【高山族】太阳弟弟就是现在的太阳，太阳哥哥就是现在的月亮。

【流传】台湾

【出处】马哈山·达和讲，陶立璠记录整理：《太阳兄弟》，见姚宝瑄主编《中国各民族神话》（高山族、黎族、畲族），太原：山西出版传媒集团·书海出版社 2014 年版，第 23 页。

【汉族】天上的红太阳和白太阳兄弟二人中，太阳是哥哥，月亮是弟弟。

【流传】江苏省·（苏州市）·太仓县

【出处】尹培民讲，黄凤尔记录：《天上有过两个太阳》，见姚宝瑄主编《中国各民族神话》（汉族），太原：山西出版传媒集团·书海出版社 2014 年版，第 178~179 页。

【苗族】太阳和月亮是兄弟俩。太阳哥哥，月亮是弟弟。

【流传】贵州省·（黔东南苗族侗族自治州）·凯里（凯里市）、麻江县等

【出处】吴凯洪记录整理：《太阳和月亮的故事》，见姚宝瑄主编《中国各民族神话》（布依族、仡佬族、苗族），太原：山西出版传媒集团·书海出版社 2014 年版，第 267 页。

W1675.2.1

太阳哥哥和月亮弟弟是天神的两个儿子

实 例

【珞巴族】天神拉仁乌佑（珞巴语音译，泛指他们所崇拜的各种精灵）有两个儿子，哥哥叫多尼，是太阳；弟弟叫波如，是月亮。

【流传】西藏自治区·林芝市·墨脱县·甘登乡、达木珞巴民族乡（讲述地点：墨脱县·达木珞巴民族乡·朱巴村）

【出处】仁真讲：《珞巴族神话》（五）（1957.09），见冀文正《珞巴族民间故事》，成都：四川民族出版社 2011 年版，第 5 页。

W1675.3

太阳弟弟和月亮哥哥

实 例

（实例待考）

W1676

日月是姐妹

【关联】［W5185］姐妹

实 例

【汉族】太阳和月亮姐妹同吃同住，同出同归。

【流传】山西省·（忻州市）·原平县·崞阳镇

【出处】薛其公讲,薛桂芳采录:《阳婆姐姐和月亮妹妹》,见中国民间文学集成全国编辑委员会编《中国民间故事集成》(山西卷),北京:中国ISBN中心1999年版,第9页。

黎族 太阳和月亮是一对亲姐妹。

【流传】海南省五指山一带

【出处】《大地和太阳成亲》,见姚宝瑄主编《中国各民族神话》(高山族、黎族、畲族),太原:山西出版传媒集团·书海出版社2014年版,第50页。

纳西族 很古的时候,传说太阳月亮是两姐妹。

【流传】云南省·(丽江市)·丽江县(古城区、玉龙纳西族自治县)

【出处】木丽春采集整理:《太阳眩人眼睛的传说》,见木丽春编著《纳西族民间故事集》,昆明:云南人民出版社2007年版,第130页。

W1676.0
日月是两姐妹(日月是两姊妹)

实 例

汉族 太阳和月亮是天上的两姐妹。

【流传】宁夏回族自治区·(固原市)·固原县

【出处】朱之泓采录:《太阳和月亮》,见中国民间文学集成全国编辑委员会编《中国民间故事集成》(宁夏卷),北京:中国ISBN中心1999年版,第20页。

汉族 太阳和月亮是两姊妹。

【流传】贵州省·(遵义市)·余庆县·太子区(不详)

【出处】马佐秀讲,李业成采录:《太阳姐姐和月亮妹妹》,见中国民间文学集成全国编辑委员会编《中国民间故事集成》(贵州卷),北京:中国ISBN中心2003年版,第18页。

汉族 天宫里住着太阳和月亮姐妹俩。

【流传】陕西省·(商洛市)·商南县·沙坪乡·永红村

【出处】陈西南讲,孙桂霞采录:《月亮和太阳》,见中国民间文学集成全国编辑委员会编《中国民间故事集成》(陕西卷),北京:中国ISBN中心1996年版,第11页。

黎族 太阳和月亮,是两姐妹。

【流传】海南省·(三亚市)·乐东县(乐东黎族自治县)·三平乡

【出处】邢国精讲,华南师范学院中文系搜集整理:《月亮为什么夜里出来》,见中国民间文学集成全国编辑委员会编《中国民间故事集成》(海南卷),北京:中国ISBN中心2002年版,第23页。

柯尔克孜族 远古时,太阳和月亮是姐妹俩。

【流传】(无考)

【出处】伊尼克讲,艾布尔·艾山汗搜集,张彦平译:《日月两姐妹》,见满都呼主编《中国阿尔泰语系诸民族神话故事》，北京：民族出版社 1997 年版，第 82 页。

柯尔克孜族 古时，太阳和月亮是姐妹俩。

【流传】新疆维吾尔自治区·（阿勒泰地区）·阿勒泰市·切尔齐西乡（切尔克齐乡）

【出处】卡德尔阿洪·依布拉音讲，阿不都克热木采录，张彦平译：《日月两姐妹》，见中国民间文学集成全国编辑委员会编《中国民间故事集成》（新疆卷），北京：中国 ISBN 中心 2008 年版，第 10 页。

W1676.1

日月是孪生姐妹

【关联】

① ［W1547.1］日月同时产生
② ［W2722］双胞胎（孪生）

实 例

汉族 阳婆（太阳）和月亮是一母同胞的亲生姐妹。

【流传】山西省·（忻州市）·原平县·崞阳镇

【出处】薛其公讲，薛桂芳采录：《阳婆姐姐和月亮妹妹》，见中国民间文学集成全国编辑委员会编《中国民间故事集成》（山西卷），北京：中国 IS-BN 中心 1999 年版，第 9 页。

汉族 太阳和月亮是一对孪生姐妹。

【流传】吉林省·（四平市）·双辽县（双辽市）·柳条乡

【出处】张丽华讲，曹国志采录：《太阳和月亮的来历》，见中国民间文学集成全国编辑委员会编《中国民间故事集成》（吉林卷），北京：中国文联出版公司 1992 年版，第 7 页。

塔吉克族 太阳和月亮本是亲姊妹。

【流传】新疆维吾尔自治区·（喀什地区）·塔什库尔干塔吉克自治县·提孜那甫乡

【出处】肉恰依克讲，西仁·库尔班等采录翻译：《太阳和月亮》，见中国民间文学集成全国编辑委员会编《中国民间故事集成》（新疆卷），北京：中国 ISBN 中心 2008 年版，第 11 页。

W1676.2

月亮姐姐和太阳妹妹

实 例

汉族 有两个小姑娘，姐姐是月亮，妹妹叫太阳。

【流传】河南省·（南阳市）·桐柏县一带

【出处】王玲、蔡长敏搜集整理：《盘古请日月》，见桐柏网，http：//tongbai.01ny.cn，2005.10.13。

汉族 太阳是月亮的妹妹，胆小。

【流传】山东省·（菏泽市）·东明县·东明集镇

【出处】任随菊讲，东明集镇文化站采录：《日月运行》，见中国民间文学集成全国编辑委员会编《中国民间故事集成》（山东卷），北京：中国 ISBN

中心2007年版，第3页。

汉族 在一个名叫扶桑的地方，有一对孪生姐妹。阿姐名叫月亮，妹子名叫太阳。

【流传】浙江省·（嘉兴市）·海宁县

【出处】沈关勇等讲，郑伟成记录，王钱松整理：《日月平升》，载《民间文学》1983年第10期。

蒙古族 日月是姐妹俩，姐姐是月亮，妹妹是太阳。

【流传】（a）喀尔喀蒙古民间

【出处】

（a）［蒙古］Д·策仁苏德那木编：《蒙古神话》（基利尔蒙古文），乌兰巴托1989年版，第46页。

（b）李德辉：《裕国旗口碑古籍概述》，载《甘肃民族研究》1996年第2期。

土家族 日月姐妹中，太阳是妹妹。

【流传】（无考）

【出处】《洛雨射日》，见中国各民族宗教与神话大词典编审委员会编《中国各民族宗教与神话大词典》，北京：学苑出版社1990年版，第587页。

W1676.2.1

月亮姐姐和太阳妹妹是孪生姐妹

实例

汉族 在名叫扶桑的地方，有一对孪生姐妹。阿姐叫月亮，妹子叫太阳。

【流传】浙江省·海宁市·祝场、斜桥等乡及毗邻的海盐县部分农村

【出处】沈关勇、汪彩贞讲，郑伟成、王钱松记录，王钱松整理：《日月平升》（1981），见姚宝瑄主编《中国各民族神话》（汉族），太原：山西出版传媒集团·书海出版社2014年版，第191~192页。

汉族 大地昏昏沉沉。盘古见东方有一线光亮，就顺亮光走去，到了一个大山峡里，看到了两个漂漂亮亮的小姑娘。一个长得白浓浓的，一个长得红扑扑的。长得白浓浓的那个是姐，叫月亮；长得红扑扑的那个是妹，叫太阳。

【流传】河南省·（南阳市）·桐柏县·毛集镇·王湾村

【出处】王明菊讲，王玲采录：《盘古请日月》（1986.03），见张振犁编著《中原神话通鉴》（第一卷），郑州：河南大学出版社2017年版，第45页。

W1676.3

太阳姐姐和月亮妹妹

实例

汉族 太阳月亮两姊妹，太阳是姐姐。

【流传】贵州省·（遵义市）·余庆县·太子区（不详）

【出处】马佐秀讲，李业成采录：《太阳姐姐和月亮妹妹》，见中国民间文学集成全国编辑委员会编《中国民间故事集成》（贵州卷），北京：中国IS-

BN 中心 2003 年版，第 18 页。

鄂温克族 太阳是姐姐，月亮是妹妹。

【流传】内蒙古自治区·（呼伦贝尔市）·鄂温克族自治旗·南屯

【出处】满都呼主编：《中国阿尔泰语系诸民族神话故事》，北京：民族出版社 1997 年版，第 82 页。

柯尔克孜族 太阳是姐姐，月亮是妹妹。

【流传】（无考）

【出处】伊尼克讲，艾布尔·艾山汗搜集，张彦平译：《日月两姐妹》，见满都呼主编《中国阿尔泰语系诸民族神话故事》，北京：民族出版社 1997 年版，第 82 页。

黎族 太阳姐姐和月亮妹妹。

【流传】海南省·（三亚市）·乐东县（乐东黎族自治县）

【出处】邢国精讲，华南师范学院中文系搜集：《月亮为什么只在夜间出来》，见中华民族故事大系编委会编《中华民族故事大系》第 7 卷（黎族、傈僳族、佤族），上海：上海文艺出版社 1995 年版，第 238 页。

壮族

（参见 W1677.8.1 母题实例）

W1676.3.1
月亮妹妹比太阳姐姐貌美

实 例

柯尔克孜族 月亮妹妹比太阳姐姐更皎洁、更美貌，性情也温柔可爱。

【流传】新疆维吾尔自治区·（阿勒泰地区）·阿勒泰市·切尔齐西乡（切尔克齐乡）

【出处】卡德尔阿洪·依布拉音讲，阿不都克热木采录，张彦平译：《日月两姐妹》，见中国民间文学集成全国编辑委员会编《中国民间故事集成》（新疆卷），北京：中国 ISBN 中心 2008 年版，第 10 页。

W1676.4
多对日月是姐妹

实 例

（参见下级母题实例）

W1676.4.1
12 对日月是姊妹

实 例

汉族 12 个太阳和 12 个月亮本来是姊妹。

【流传】四川省·（绵阳市）·盐亭县·富驿镇

【出处】杨春讲，何德祥采录：《二郎戳日》，见中国民间文学集成全国编辑委员会编《中国民间故事集成》（四川卷·上），北京：中国 ISBN 中心 1998 年版，第 93 页。

W1677
与日月关系有关的其他母题

实 例

（参见下级母题实例）

W1677.1
太阳众姐妹和月亮众兄弟

实例

汉族 （实例待考）

W1677.2
太阳众兄弟和月亮众姐妹

实例

汉族 （实例待考）

W1677.3
日月是姑嫂

实例

（参见下级母题实例）

W1677.3.1
太阳是小姑，月亮是嫂子

实例

汉族 日月是姑嫂，太阳是小姑子，月亮是嫂子。

【流传】北京市·顺义县（顺义区）

【出处】刘刘氏讲，释治军采录：《太阳为啥不让人瞧》，见中国民间文学集成全国编辑委员会编《中国民间故事集成》（北京卷），北京：中国ISBN中心1999年版，第5页。

汉族 太阳和月亮姑嫂俩，月亮是嫂嫂，太阳是小姑。

【流传】湖北省·孝感市·（孝南区）·三汊镇·诸赵村

【出处】王婆婆讲，宋晓英采录：《月亮哥哥和太阳妹妹》，见中国民间文学集成全国编辑委员会编《中国民间故事集成》（湖北卷），北京：中国ISBN中心1999年版，第22页。

汉族 太阳和月亮是姑嫂。太阳是小姑，月亮是嫂嫂。

【流传】江苏省·（淮安市）·洪泽县

【出处】蒋海玉讲，楚爱民记录整理：《太阳和月亮》，见姚宝瑄主编《中国各民族神话》（汉族），太原：山西出版传媒集团·书海出版社2014年版，第188~189页。

满族 月亮是太阳的阿沙（嫂子）。

【流传】吉林省·（延边朝鲜族自治州）·珲春（珲春市）

【出处】祖玉莲讲，于又燕等搜集整理：《月亮阿沙》，见中华民族故事大系编委会编《中华民族故事大系》第4卷（朝鲜族、满族、侗族），上海：上海文艺出版社1995年版，第308页。

W1677.3.2
太阳是嫂子，月亮是小姑

实例

汉族 太阳和月亮是姑嫂俩。原先，小姑是住在月亮上的，嫂子是住在太阳上的。

【流传】江苏省·（宿迁市）·泗阳（泗阳县），（泰州市）·兴化（兴化市）等地

【出处】徐秀英讲，王东风记录整理：《月亮和太阳》（1986.08.05），见姚宝瑄主编《中国各民族神话》（汉族），太原：山西出版传媒集团·书海出版社 2014 年版，第 186～187 页。

W1677.4
日月是朋友

实 例

高山族（实例待考）

W1677.5
日月与动物是兄弟

【关联】

① ［W1776.4.3］星星是日月的朋友

② ［W9980］朋友

实 例

（参见下级母题实例）

W1677.5.1
太阳、月亮与公鸡是三兄弟

实 例

汉族　太阳、月亮和公鸡是三弟兄。

【流传】四川省·雅安市·市中区

【出处】赖德胜讲，徐小桃采录：《太阳、月亮和公鸡》，见中国民间文学集成全国编辑委员会编《中国民间故事集成》（四川卷·上），北京：中国 ISBN 中心 1998 年版，第 41 页。

W1677.5.2
太阳、月亮和天狗是三兄弟

【关联】

① ［W1168.21.1.2.4］天狗把守南天门

② ［W3074.3］天狗

实 例

布朗族　太阳、月亮和天狗是三兄弟。

【流传】云南省·（西双版纳傣族自治州）·勐海县

【出处】岩叫讲，岩甩他采录：《日食和月食》，见中国民间文学集成全国编辑委员会编《中国民间故事集成》（云南卷），北京：中国 ISBN 中心 2003 年版，第 150 页。

W1677.5.3
太阳、月亮与青蛙是三兄弟

实 例

傣族　太阳、月亮和青蛙是三兄弟。

【流传】云南省·德宏州（德宏傣族景颇族自治州）·盈江县·盏西镇

【出处】龚小回讲：《太阳妹妹与月亮哥哥》，王宪昭搜集，2010.01

W1677.5a
日月和风是姊妹

实 例

汉族　天上有个九十多岁的老太婆的有两个儿子和一个女儿。她一个儿子变成风，另一个儿子变成太阳，女儿却变成了月亮。

【流传】浙江省·（台州市）·仙居县

【出处】顾碧芬讲，应洪川记录：《太阳、月亮和风的来历》，见姚宝瑄主编《中国各民族神话》（汉族），太原：山西出版传媒集团·书海出版社2014年版，第220~221页。

W1677.6

月亮是太阳的长工

实例

苗族 月亮是太阳雇请的长工。

【流传】贵州省·黔东南（黔东南苗族侗族自治州）

【出处】过竹：《苗族神话研究》，南宁：广西人民出版社1988年版，第202页。

W1677.7

日月是仇敌

【关联】[W1684.3] 太阳的仇敌

实例

（参见下级母题实例）

W1677.7.1

日月因争美结仇

实例

哈萨克族 太阳和月亮俩相互争美斗艳彼此妒忌，结了仇。

【流传】（无考）

【出处】比达克买提·木海搜集，安蕾、毕祎译：《月亮上暗影的来历》，见满都呼主编《中国阿尔泰语系诸民族神话故事》，北京：民族出版社1997年版，第63页。

W1677.7a

日月和睦相处

实例

苗族 太阳和月亮是兄弟俩，自从母亲死了以后，相依为命，和和睦睦，互相尊敬，吃啥子好东西都在一起。

【流传】贵州省·（黔东南苗族侗族自治州）·凯里（凯里市）、麻江县等

【出处】吴凯洪记录整理：《太阳和月亮的故事》，见姚宝瑄主编《中国各民族神话》（布依族、仡佬族、苗族），太原：山西出版传媒集团·书海出版社2014年版，第267页。

W1677.8

日月是孪生的仙女

实例

（参见下级母题实例）

W1677.8.1

太阳仙女是姐姐，月亮仙女是妹妹

实例

壮族 盘古发现另一个世界有两个双生仙女，太阳姐姐和月亮妹妹，能发出光。

【流传】广西壮族自治区·（柳州市）·融安县·大良乡

【出处】陈氏讲，罗文贤搜集整理：《月亮和太阳的来历》，见曹廷伟编著《广西民间故事辞典》，南宁：广西教育出版社1993年版，第4页。

W1677.9
日月的客人

实 例

（参见下级母题实例）

W1677.9.1
大地到太阳和月亮那里做客

实 例

黎族 大地是太阳和月亮姐妹最喜欢的客人，天天都到她们家里去作客。

【流传】海南省·（三亚市）·乐东县（乐东黎族自治县）·三平乡

【出处】邢国精讲，华南师范学院中文系搜集整理：《月亮为什么夜里出来》，见中国民间文学集成全国编辑委员会编《中国民间故事集成》（海南卷），北京：中国ISBN中心2002年版，第23页。

W1677.10
日月的子女

【关联】［W1776.3.2］星星是日月的子女

实 例

（参见下级母题实例）

W1677.10.1
日月有亿万个儿女

实 例

纳西族 天上的日月有亿万个儿女。

【流传】云南省·丽江（丽江市）

【出处】和芳（东巴）读经，和志武翻译整理：《多格飒》（1963），见吕大吉、何耀华总主编《中国各民族原始宗教资料集成》（纳西族卷、羌族卷、独龙族卷、傈僳族卷、怒族卷），北京：中国社会科学出版社2000年版，第358页。

✵ W1678
太阳的关系

实 例

（参见下级母题实例）

W1679
太阳的亲属

实 例

（参见下级母题实例）

W1679.1
太阳是玉帝的侄子

【关联】［W0780］玉皇大帝的关系

实 例

（参见下级母题实例）

W1679.1.1
太阳10兄弟是玉帝的侄子

实例

汉族 太阳10兄弟是玉帝的侄儿。

【流传】辽宁省·（鞍山市）·海城市·南台镇·后柳村

【出处】罗兴朗讲：《眼泪流成河》，见本市编《辽宁省民间文学集成·鞍山市卷》，内部编印，1988年，第23~24页。

W1680
太阳的父母

实例

（参见下级母题实例）

W1680.1
太阳的父母是神

【关联】［W1566.1］月亮神和太阳神婚后生太阳

实例

（参见下级母题实例）

W1680.1.1
太阳是玉皇大帝和王母娘娘的儿子

实例

汉族 太阳是玉皇大帝和王母娘娘的儿子。

【流传】四川省·（宜宾市）·高县·大窝乡（大窝镇）

【出处】袁家林讲，王进龙采录：《太阳和月亮》，见中国民间文学集成全国编辑委员会编《中国民间故事集成》（四川卷·上），北京：中国ISBN中心1998年版，第31页。

W1680.2
太阳的父亲

【汤普森】A221

【关联】［W0275.1.2］太阳神的父亲

实例

（参见下级母题实例）

W1680.2.1
太阳是天神的孩子

实例

汉族 （实例待考）

W1680.2.2
太阳是太阳神的儿子

【关联】［W1560］太阳是生育产生的（生育太阳）

实例

汉族 太阳星君是7个太阳的父亲。

【流传】北京市·通县（通州区）

【出处】王月珍讲，蔺再山采录：《二郎神担山捉太阳》，见中国民间文学集成全国编辑委员会编《中国民间故事集成》（北京卷），北京：中国ISBN中心1999年版，第6页。

景颇族 太阳是太阳神的儿子。

【流传】云南省·（德宏傣族景颇族自治州）·陇川县

【出处】孔勒锐等讲，何峨采录：《吉露归天》，见中国民间文学集成全国编辑委员会编《中国民间故事集成》（云南卷），北京：中国ISBN中心2003年版，第391页。

W1680.2.3
太阳是创世者的儿子

【关联】
① ［W1015］创世者（造物主）
② ［W1030.3］创世者的后代

实例

（实例待考）

W1680.2.4
太阳是玉皇大帝的儿子

实例

汉族

（参见 W1680.1.1 母题实例）

W1680.2.5
太阳是玉皇大帝的女儿

实例

（参见下级母题实例）

W1680.2.5.1
太阳是玉皇大帝的小女儿

实例

鄂温克族 太阳是玉皇大帝的小女儿。

【流传】内蒙古自治区·呼伦贝尔（呼伦贝尔市）

【出处】隋书金整理：《太阳姑娘》，见中华民族故事大系编委会编《中华民族故事大系》第14卷（普米族、塔吉克族、怒族、俄罗斯族、鄂温克族），上海：上海文艺出版社1995年版，第803页。

W1680.2.6
太阳是公鸡的儿子

实例

（参见下级母题实例）

W1680.2.6.1
公鸡有 10 个太阳儿子

实例

汉族 公鸡有 10 个太阳儿子。

【流传】黑龙江省·（齐齐哈尔市）·甘南县·平阳镇·兴隆村

【出处】李振奎讲，李静采录：《太阳是公鸡的儿子》，见中国民间文学集成全国编辑委员会编《中国民间故事集成》（黑龙江卷），北京：中国ISBN中心2005年版，第27页。

汉族 公鸡的 10 个太阳儿子在天上驾着太阳车乱跑，造成旱灾时，天老爷就让一个叫后羿的神仙去收拾这些畜生。

【流传】东北地区（复述地点：海伦市）

【出处】王立臣复述：《公鸡打鸣》（2012.09），见李海生《东北民间故事》（上册），哈尔滨：黑龙江教育出版社2016年版，第45页。

W1680.3
太阳的母亲

【关联】［W0752.1］羲和是太阳的母亲

实例

藏族 牧童为找3根太阳的头发到了太阳家。时太阳尚出未归，太阳母殷勤待之，餐以酥油茶及糌粑。

【流传】（无考）

【出处】《牧童取太阳发》，原载谷德明编《中国少数民族神话选》（原名《牧童取太阳的头发》），见袁珂《中国神话大词典》，北京：华夏出版社2015年版，第411页。

W1680.3.1
天是太阳的母亲

实例

汉族 太阳的母亲是天空。

【流传】甘肃省·（庆阳市）·正宁（正宁县）一带

【出处】黄鹏搜集整理：《阳光与黑暗》，见曹焕荣主编《中国民间故事集成·甘肃卷正宁县资料本》，内部编印，1989年，第1页。

W1680.3.2
大地是太阳的母亲

实例

珞巴族（参见 W1649.0.2 母题实例）

W1680.3.3
地母是太阳的母亲

实例

（参见下级母题实例）

W1680.3.3.1
地母生太阳9姐妹

实例

珞巴族（博嘎尔、崩尼部落） 地母斯金怀再孕，生太阳九姐妹。

【流传】（无考）

【出处】于乃昌：《珞巴族文学史》，拉萨：西藏人民出版社·南京：江苏教育出版社2001年版，第139页。

W1680.3.4
其他特定人物是太阳的母亲

实例

（参见下级母题实例）

W1680.3.4.1
西河娘娘是太阳的母亲

实例

汉族 太阳的妈妈西河娘娘驾六条龙拉车与儿子们游玩。

【流传】四川省·成都市·东城区

【出处】李芝讲，张光荣采录：《舜射九日》，见中国民间文学集成全国编辑委员会编《中国民间故事集成》（四川卷·上），北京：中国 ISBN 中心

1998 年版，第 90 页。

W1680.3.4.2
太阳的母亲是一个白发老奶奶

实例

回族 太阳的母亲是一个白发苍苍的老奶奶。

【流传】甘肃省·临夏回族自治州

【出处】柯扬记录整理：《太阳的回答》，见姚宝瑄主编《中国各民族神话》（土族、东乡族、回族、保安族、裕固族、撒拉族），太原：山西出版传媒集团·书海出版社 2014 年版，第 57 页。

藏族 年老白发的太阳母亲很慈善。

【流传】（无考）

【出处】

（a）《牧童取太阳的头发》，见谷德明编《中国少数民族神话选》，西北民族学院研究所编印，内部资料，1983 年。

（b）同（a），见姚宝瑄主编《中国各民族神话》（门巴族、珞巴族、怒族、藏族），太原：山西出版传媒集团·书海出版社 2014 年版，第 127 页。

W1680.3.4.3
太阳的母亲很善良

实例

回族 太阳的阿娘有一副好心肠。

【流传】甘肃省·临夏回族自治州

【出处】柯扬记录整理：《太阳的回答》，见姚宝瑄主编《中国各民族神话》（土族、东乡族、回族、保安族、裕固族、撒拉族），太原：山西出版传媒集团·书海出版社 2014 年版，第 56 页。

W1680.4
太阳的父母有特定名称

【关联】［W1566.3.2］天神帝俊与羲和婚生 10 日

实例

汉族

（参见 W1544.1.4.2 母题实例）

W1680.4.1
太阳的父亲叫艾盘加，母亲叫兰拜

实例

珞巴族 太阳两兄弟的父亲叫艾盘加，母亲叫兰拜。

【流传】

（a）西藏自治区·下珞瑜（泛指永木河、锡约尔河、巴恰西仁河流域）

（b）西藏自治区·下珞渝（又写作"下珞瑜"）丹龙曲河谷义都部落

【出处】

（a）T. K. 巴鲁阿搜集：《两个太阳》，见中华民族故事大系编委会编《中华民族故事大系》第 16 卷（赫哲族、门巴族、珞巴族、基诺族），上海：上海文艺出版社 1995 年版，第 405～406 页。

(b) 同（a），见李坚尚、刘芳贤编《珞巴族门巴族民间故事选》，上海：上海文艺出版社1993年版，第19～20页。

W1681
太阳的兄弟姐妹

【关联】［W1677.1］太阳众姐妹和月亮众兄弟

实 例

（参见下级母题实例）

W1681.1
太阳的兄弟

【关联】

① ［W1650.1］太阳10兄弟
② ［W1675］日月是兄弟

实 例

（参见下级母题实例）

W1681.1.1
太阳两兄弟

【关联】［W1642］2个太阳

实 例

珞巴族 以前，有两个太阳兄弟。

【流传】（无考）

【出处】［俄］李福清著：《神话与鬼话——台湾原住民神话故事比较研究》（增订本），北京：社会科学文献出版社2001年版，第144页。

珞巴族 在古代，天上有多尼和波如两个太阳，他们是两兄弟。

【流传】西藏自治区·（林芝市）·墨脱县·甘登乡、达木珞巴民族乡

【出处】顿加讲，冀文正采集：《天和地》（1955.10），见冀文正《珞巴族民间故事》，成都：四川民族出版社2011年版，第4～5页。

W1681.1.1.1
2个太阳是亲兄弟

实 例

高山族 天空中的两个太阳是一对亲兄弟。

【流传】台湾

【出处】马哈山·达和讲，陶立璠记录整理：《太阳兄弟》，见姚宝瑄主编《中国各民族神话》（高山族、黎族、畲族），太原：山西出版传媒集团·书海出版社2014年版，第20页。

W1681.1.1.2
太阳与鸡是兄弟

【关联】［W1577.3］太阳与动物是同胞

实 例

汉族 （参见W1677.5.1母题实例）

W1681.1.1.3
公鸡是太阳的弟弟

实 例

畲族 九个太阳被后羿射落地后，有一个变成公鸡。留在天上的太阳提出

来要与金鸡分清兄弟名分，金鸡体谅太阳孤单一人，就满口答允叫太阳为"日头哥"了。

【流传】浙江省·丽水市

【出处】蓝飞鹏、蓝章水讲，蓝周根记录：《金鸡神话故事》，见姚宝瑄主编《中国各民族神话》（高山族、黎族、畲族），太原：山西出版传媒集团·书海出版社2014年版，第108页。

W1681.1.1.4
太阳与公鸡是结拜兄弟

实例

畲族 射日后，天上剩下的太阳与射落的变成金鸡的太阳结拜兄弟名分。

【流传】浙江省·丽水市·（莲都区·大港头镇）·北埠乡（北埠村）

【出处】蓝飞鹏讲，蓝周根采录：《金鸡》，见中国民间文学集成全国编辑委员会编《中国民间故事集成》（浙江卷），北京：中国ISBN中心1997年版，第27页。

W1681.1.2
太阳3兄弟

【关联】

① ［W1677.5.1］太阳、月亮与公鸡是三兄弟

② ［W1677.5.2］太阳、月亮和天狗是三兄弟

③ ［W1677.5.3］太阳、月亮与青蛙是三兄弟

实例

汉族 太阳、月亮和公鸡是同胞三兄弟。

【流传】河北省·（沧州市）·海兴县·高湾镇

【出处】崔连起讲，何兴楼采录：《太阳月亮和公鸡》，见中国民间文学集成全国编辑委员会编《中国民间故事集成》（河北卷），北京：中国ISBN中心2003年版，第13页。

W1681.1.3
太阳7兄弟

【关联】［W1619.3.3］太阳7兄弟性格暴烈

实例

布朗族

（参见W1647母题实例）

W1681.1.4
天上的众多太阳是兄弟

【关联】

① ［W1650.1］太阳10兄弟

② ［W1679.1.1］太阳10兄弟是玉帝的侄子

实例

瑶族 天上的16个太阳是哥弟。

【流传】贵州省·（黔南布依族苗族自治州）·荔波县·瑶麓乡

【出处】覃继高等讲，黄海采录：《十六个太阳和十七个月亮》，见中国民间

文学集成全国编辑委员会编《中国民间故事集成》（贵州卷），北京：中国ISBN中心2003年版，第21页。

W1681.1.5

太阳与星星是兄弟

实例

（参见下级母题实例）

W1681.1.5.1

太阳是星星的哥哥

实例

汉族 太阳是小星星们的老大哥。

【流传】陕西省·（西安市）·临潼县（临潼区）·行者乡（行者街道）·海家庄

【出处】李世忠讲，赵康民采录：《二郎神称骊山》，见中国民间文学集成全国编辑委员会编《中国民间故事集成》（陕西卷），北京：中国ISBN中心1996年版，第20页。

汉族 太阳是星星的老大哥。

【流传】陕西省·西安市

【出处】赵康民记录集整理：《二郎神称骊山》，见姚宝瑄主编《中国各民族神话》（汉族），太原：山西出版传媒集团·书海出版社2014年版，第136~137页。

W1681.2

天上的众多太阳是兄弟姐妹

实例

汉族 （实例待考）

W1681.3

太阳的姐妹

【关联】[W1649.1]太阳9姐妹

实例

布朗族 太阳九姊妹和月亮十弟兄破坏顾米亚造出的天地。

【流传】云南省·（红河哈尼族彝族自治州）·金平县（金平苗族瑶族傣族自治县）

【出处】朱嘉禄整理：《顾米亚》，原载《中国民间故事选》第2集，人民文学出版社1962年版，见姚宝瑄主编《中国各民族神话》（水族、布朗族、独龙族、基诺族、傈僳族），太原：山西出版传媒集团·书海出版社2014年版，第91页。

W1681.3.1

7个太阳是姐妹

实例

汉族 天上的7个太阳是亲姊妹。

【流传】陕西省·（咸阳市）·彬县·小章乡·赵寨村

【出处】池老犟讲，纪笑强采录：《二郎神担山压太阳》，见中国民间文学集成全国编辑委员会编《中国民间故事集成》（陕西卷），北京：中国ISBN中心1996年版，第21页。

W1681.4
太阳兄妹

实例

（实例待考）

W1681.4.1
太阳与河流是兄妹

实例

（实例待考）

W1681.4.1.1
太阳和丹巴江是兄妹

实例

珞巴族 （实例待考）

W1681.5
与太阳的兄弟姐妹有关的其他母题

实例

（参见下级母题实例）

W1681.5.1
天女中的七妹是太阳姑娘

【关联】[W1604.1.1] 太阳姑娘

实例

鄂伦春族

（参见1569.7.2.1母题实例）

W1681.5.2
云彩是太阳的姐姐

实例

回族 太阳请云彩阿姐伴行。

【流传】（无考）

【出处】《伊斯麻》，原载谷德明编《中国少数民族神话选》（原名《太阳的回答》），见袁珂《中国神话大词典》，北京：华夏出版社2015年版，第404页。

W1681.5.3
太阳与地上的动物是兄弟姐妹

【关联】[W1577.3] 太阳与动物是同胞

实例

珞巴族 太阳与大地上的虫豸们一样，都是大地生的孩子。

【流传】西藏自治区·（林芝地区）·米林县·纳玉区（南伊乡）

【出处】

（a）东娘讲，于乃昌采录：《九个太阳》，见中国民间文学集成全国编辑委员会编《中国民间故事集成》（西藏卷），北京：中国ISBN中心2001年版，第9页。

（b）同（a），见《珞巴族民间故事》：http://www.tibet-web.com/old/minjian/ync/gushi/mulu.htm，2003.10.02。

（c）达牛、东娘讲：《阿巴达尼和阿巴达洛》，见谷德明编《中国少数民族神话》，北京：中国民间文艺出版社

1987 年版，第 252 页。

W1682
太阳的儿女
【汤普森】A736.5
【关联】［W0275.3］太阳神的子女

实例

（参见下级母题实例）

W1682.0
太阳有 1 对儿女

实例

（参见下级母题实例）

W1682.0.1
太阳神有 1 对儿女

实例

景颇族 天上的太阳神有一对儿女，男的叫宁冠知恧，女的叫玛璋维舜。
【流传】（无考）
【出处】
（a）木然瑠都搜集整理：《宁冠娃》，载《山茶》1983 年第 3 期。
（b）同（a）见谷德明编《中国少数民族神话》，北京：中国民间文艺出版社 1987 年版，第 465 页。

W1682.1
太阳的儿子
【汤普森】A225
【关联】［W2217.1］人是太阳的儿子

实例

（参见下级母题实例）

W1682.1.1
大的太阳父亲和 9 个小太阳儿子

实例

高山族（阿美） 很久以前，天上有 10 个太阳，一个大的太阳是爸爸，九个小太阳是孩子。
【流传】（台湾）
【出处】田美华讲，许端容采录：《太阳爸爸》，原载金荣华编《台湾花莲阿美族民间故事》，见陶阳、钟秀编《中国神话》（上），北京：商务印书馆 2008 年版，第页。

W1682.1.2
日月婚生儿子
【关联】
① ［W1544.6.1］日月婚生日月
② ［W2487.2］日月婚生人

实例

彝族 日月一交配，日月便生子。
【流传】黔西（贵州省西部）与云南（云南省）接壤的彝族地区
【出处】阿候布代讲，王正贡、王子尧、王冶新、何积金搜集整理，蔷紫改写：《天生地产》，原载中国民间文艺研究会贵州分会编《民间文学资料》，内部资料，1986 年，见姚宝瑄主编《中国各民族神话》（羌族、彝族），太原：山西出版传媒集团·书海出版社 2014 年版，第 166 页。

W1682.1.3
太阳的 99 个儿子

实例

（参见下级母题实例）

W1682.1.3.1
日月交配太阳生 99 子

实例

彝族　日月交配后，日生九十九，同时一天出，一天照大地。

【流传】黔西（贵州省西部）与云南（云南省）接壤的彝族地区

【出处】阿候布代讲，王正贡、王子尧、王冶新、何积金搜集整理，蔷紫改写：《天生地产》，原载中国民间文艺研究会贵州分会编《民间文学资料》，内部资料，1986 年，见姚宝瑄主编《中国各民族神话》（羌族、彝族），太原：山西出版传媒集团·书海出版社 2014 年版，第 166 页。

W1682.2
太阳的女儿

实例

（参见下级母题实例）

W1682.2.1
太阳有 2 个女儿

实例

蒙古族　天地分开以后，太阳就有了两个女儿。

【流传】内蒙古自治区

【出处】苏赫巴鲁搜集整理：《成吉思汗的祖先》，见《成吉思汗的故事》，转引自中国民间文学集成全国编辑委员会编《中国民间故事集成》（内蒙古卷），北京：中国 ISBN 中心 2007 年版，第 50 页。

W1683
太阳的其他亲属

【汤普森】≈ A226

【关联】［W0275.4］与太阳神的关系有关的其他母题

实例

（参见下级母题实例）

W1683.1
太阳的妻子

实例

独龙族

（参见 W1516.1 母题实例）

W1683.2
鸡与太阳是亲戚

实例

（参见下级母题实例）

W1683.2.1
太阳是公鸡的舅舅

实例

苗族　太阳是公鸡家舅。

【流传】贵州省·（黔东南苗族侗族自治州）·剑河县·（观么乡）·新合村

【出处】张岩山讲，万必轩采录：《太阳和月亮是咋个来的》，见中国民间文学集成全国编辑委员会编《中国民间故事集成》（贵州卷），北京：中国ISBN中心2003年版，第19页。

W1683.3
太阳、月亮是一家

【关联】［W1776.3.1］太阳、月亮和星星是一家人

实例

珞巴族（实例待考）

W1684
与太阳的关系有关的其他母题

实例

（参见下级母题实例）

W1684.0
太阳的守护

实例

（参见下级母题实例）

W1684.0.1
神守护太阳

实例

汉族（实例待考）

W1684.0.2
人到天上守护太阳

实例

朝鲜族 母亲担心恶龙不死还会吞掉太阳，就对三兄弟说："从今天起你们三人就到天上去，永远守卫着太阳吧。"

【流传】吉林省·（延边朝鲜族自治州）·延吉县（延吉市）

【出处】

（a）朴正姬讲，何鸣雁翻译，金明汉整理：《三胎星》（1962），见《朝鲜民间故事集》，北京：中国民间文艺出版社1984年版。

（b）同（a）见姚宝瑄主编：《中国各民族神话》（满族、赫哲族、朝鲜族），太原：山西出版传媒集团·书海出版社2014年版，第181～187页。

W1684.1
太阳的朋友

【关联】［W1776.4.3］星星是日月的朋友

实例

（参见下级母题实例）

W1684.1.1
太阳和月亮是朋友

【汤普森】 A736.6

实例

（实例待考）

W1684.1.2

公鸡是太阳的朋友

【关联】［W3350.3.2］鸡与太阳是亲戚

实 例

哈尼族 公鸡曾经是太阳的好朋友。

【流传】云南省·（红河哈尼族彝族自治州）·金平县（金平苗族瑶族傣族自治县）

【出处】李干正讲，周智霆采录：《公鸡请太阳》，见中国民间文学集成全国编辑委员会编《中国民间故事集成》（云南卷），北京：中国 ISBN 中心 2003 年版，第 124 页。

景颇族 公鸡是太阳的好伙伴。

【流传】（无考）

【出处】罗玉山整理：《公鸡请太阳》，见中华民族故事大系编委会编《中华民族故事大系》第 10 卷（景颇族、柯尔克孜族、土族），上海：上海文艺出版社 1995 年版，第 37 页。

苗族 太阳姑娘愿做公鸡的知心朋友，当着月亮的面，害羞地把一块红色绣花巾赠送给公鸡，与公鸡约定每年腊月三十那天相会一次。

【流传】贵州省·黔东南地区（黔东南苗族侗族自治州）

【出处】杨告金讲，杨光全记录整理：《公鸡请日月》，见姚宝瑄主编《中国各民族神话》（布依族、仡佬族、苗族），太原：山西出版传媒集团·书海出版社 2014 年版，第 272 页。

W1684.1.3

太阳与巨人是朋友

实 例

布依族 远古，哥哥保根多、弟弟保根本两个巨人兄弟，保根本有 7 个太阳朋友。

【流传】四川省·（凉山彝族自治州）·宁南县·上游公社（西瑶乡）

【出处】伍天全讲，祖岱年、搜集整理：《洪水朝天》，见贵州社科院文研所等编《布依族民间故事》，贵阳：贵州人民出版社 1982 年版，第 321 ~ 323 页。

W1684.2

太阳的从属

【关联】［W1986.2.2］太阳的神狗毛变煤

实 例

（参见下级母题实例）

W1684.2.1

为太阳服务的动物

【汤普森】A732

实 例

（参见下级母题实例）

W1684.2.1.1

太阳的马

【汤普森】A732.2

【关联】［W4933.2］太阳运行的负载者

实例

彝族 白发老人告诉寻找太阳的三个姑娘说，立秋的时候会有一个小伙子骑着一匹红马来到这里，那小伙子就是她们要找的太阳。

【流传】（无考）

【出处】《三女镇夜猫精》，王四代根据此誉阿立讲，摩依翻译，上元、邹志诚整理《三女找太阳》（谷德明编《中国少数民族神话选》，西北民族学院研究所1983年内部资料）改写，见姚宝瑄主编《中国各民族神话》（羌族、彝族），太原：山西出版传媒集团·书海出版社2014年版，第362页。

W1684.2.2
太阳的坐骑

实例

（实例待考）

W1684.2.3
太阳的车子

实例

汉族 太阳的妈妈西河娘娘驾六条龙拉车与儿子们游玩。

【流传】四川省·成都市·东城区

【出处】李芝讲，张光荣采录：《舜射九日》，见中国民间文学集成全国编辑委员会编《中国民间故事集成》（四川卷·上），北京：中国ISBN中心1998年版，第90页。

W1684.2a
太阳的工具

实例

（参见下级母题实例）

W1684.2a.1
太阳的金盘

【关联】［W4113.1］太阳的金针

实例

德昂族 太阳搬出金盘，月亮端出银盘，星星射出光芒，把大地照得通亮。

【流传】云南省·德宏州（德宏傣族景颇族自治州）

【出处】
（a）陈志鹏搜集整理：《祖先创世纪》，见李子贤编《云南少数民族神话选》，昆明：云南人民出版社1990年版。

（b）同（a），见姚宝瑄主编《中国各民族神话》（佤族、阿昌族、纳西族、普米族、德昂族），太原：山西出版传媒集团·书海出版社2014年版，第394页。

W1684.2a.2
太阳的火盆

【关联】［W1576.3］火盆变成太阳

实例

（实例待考）

W1684.2a.2.1
太阳端火盆帮人晒东西

实例

汉族 日头是个勤力的小后生。他在日里端个火盆帮人晒东西。

【流传】浙江省·（金华市）·东阳县（东阳市）南部各乡镇

【出处】申屠和兰讲，周中帆记录整理：《日月成亲》，见姚宝瑄主编《中国各民族神话》（汉族），太原：山西出版传媒集团·书海出版社2014年版，第201~202页。

W1684.3
太阳的仇敌

【关联】[W1677.7] 日月是仇敌

实例

（参见下级母题实例）

W1684.3.1
太阳与蚯蚓是仇敌（太阳与蛐蟮是仇敌）

【关联】[W9757.4] 蚯蚓帮助射日

实例

汉族 二郎神担山追日时，蛐蟮报信，所以太阳和蛐蟮结下了仇恨，蛐蟮一爬出来，太阳就要晒死它。

【流传】湖北省·（宜昌市）·当阳市·慈化镇（坝陵街道）·邹畈村

【出处】张兴保讲，徐应鼎等采录：《绊根草与马齿苋》，见中国民间文学集成全国编辑委员会编《中国民间故事集成》（湖北卷），北京：中国ISBN中心1999年版，第20页。

W1684.4
太阳的疗伤者

实例

（参见下级母题实例）

W1684.4.1
玄鸟为太阳献药疗伤

【关联】[W1689.3.1] 兔子给月亮疗伤

实例

彝族 虎扑打太阳，太阳被打得浑身血淋淋。玄鸟为太阳献药疗伤。

【流传】贵州省·毕节（毕节市）·赫章县

【出处】贵州省毕节地区民族事务委员会编，王子尧等译：《物始纪略》第一集，成都：四川民族出版社1990年版，第193页。

※ W1685
月亮的关系

实例

（参见下级母题实例）

W1686
月亮的亲属

【汤普森】A745

【关联】［W1627.1.6］月亮是始祖父神

实例

（参见下级母题实例）

W1686.1
月亮是天之母

实例

锡伯族 月亮是天之母，星辰是母之子。

【流传】（无考）

【出处】

(a) 佟克力：《锡伯族历史与文化》，乌鲁木齐：新疆人民出版社1989年版，第178~179页。

(b)《星辰崇拜》，见吕大吉、何耀华总主编《中国各民族原始宗教资料集成》（鄂伦春族卷、鄂温克族卷、赫哲族卷、达斡尔族卷、锡伯族卷、满族卷、蒙古族卷、藏族卷），北京：中国社会科学出版社1999年版，第396页。

W1687
月亮的父母

【关联】［W1590.2］天地结婚生月亮

实例

（参见下级母题实例）

W1687.1
月亮的父亲

实例

（参见下级母题实例）

W1687.1.1
天神是月亮的父亲

实例

彝族

（参见W1544.1.3母题实例）

W1687.1.2
创世者是月亮的父亲

实例

（实例待考）

W1687.1.3
人类始祖是月亮的父亲

【关联】［W0640］祖先

实例

（实例待考）

W1687.1.4
天是月亮的父亲

实例

（实例待考）

W1687.2
月亮的母亲

实例

蒙古族

（参见W1590.0母题实例）

W1687.2.1
人类始祖是月亮的母亲

实例

瑶族

（参见 W1544.1.4.1 母题实例）

W1687.2.2
大地是月亮的母亲

实例

珞巴族

（参见 W1527.4.2.1 母题实例）

W1687.2.3
星星是月亮的母亲

【汤普森】 A745.2

【关联】[W1590.3] 星星生月亮

实例

（参见下级母题实例）

W1688
月亮的兄弟姐妹

【关联】
① [W1675.2] 太阳哥哥和月亮弟弟
② [W1752.5.3] 七星姊妹是月亮的妹妹

实例

（实例待考）

W1688.1
月亮众兄弟

实例

（参见下级母题实例）

W1688.1.1
月亮10弟兄

【关联】[W1665] 10个月亮

实例

布朗族　太阳九姊妹和月亮十弟兄不甘心顾米亚开天辟地的成功，要破坏他造的天地。

【流传】云南省·（红河哈尼族彝族自治州）·金平县（金平苗族瑶族傣族自治县）

【出处】朱嘉禄整理：《顾米亚》，原载《中国民间故事选》第2集，人民文学出版社1962年版，见姚宝瑄主编《中国各民族神话》（水族、布朗族、独龙族、基诺族、傈僳族），太原：山西出版传媒集团·书海出版社2014年版，第91页。

W1688.2
月亮是公鸡的姐姐

【关联】[W1680.2.6] 太阳是公鸡的儿子

实例

苗族　月亮是公鸡家姐。

【流传】贵州省·（黔东南苗族侗族自治州）·剑河县·（观么乡）·新

合村

【出处】张岩山讲，万必轩采录：《太阳和月亮是咋个来的》，见中国民间文学集成全国编辑委员会编《中国民间故事集成》（贵州卷），北京：中国ISBN中心2003年版，第19页。

W1688a
月亮的子女

实例

（参见下级母题实例）

W1688a.1
月亮生66子

实例

彝族　日月交配后，月生六十六，同一个晚上亮，同一个晚上照大地。

【流传】黔西（贵州省西部）与云南（云南省）接壤的彝族地区

【出处】阿候布代讲，王正贡、王子尧、王冶新、何积金搜集整理，蔷紫改写：《天生地产》，原载中国民间文艺研究会贵州分会编《民间文学资料》，内部资料，1986年，见姚宝瑄主编《中国各民族神话》（羌族、彝族），太原：山西出版传媒集团·书海出版社2014年版，第166页。

W1688a.2
月亮的女儿

实例

珞巴族　一个暴雨天，太阳的儿子达西和月亮的女儿亚姆同时降落人间。

【流传】西藏自治区·林芝市·墨脱县·达木珞巴民族乡、墨脱乡（讲述地点：墨脱县·达木珞巴民族乡·卡布村）

【出处】安布讲：《五兄弟的传说》（1955.08），见冀文正《珞巴族民间故事》，成都：四川民族出版社2011年版，第18页。

W1689
与月亮的关系有关的其他母题

实例

（参见下级母题实例）

W1689.1
月亮的朋友

【关联】［W1684.1］太阳的朋友

实例

（实例待考）

W1689.2
月亮的仇敌

实例

（参见下级母题实例）

W1689.2.1
月亮与火星是一对冤家

实例

鄂温克族　太空中的月亮与火星是一对冤家。

【流传】内蒙古自治区·（呼伦贝尔市）·陈巴尔虎旗

【出处】汪立珍：《鄂温克族神话研究》，北京：中央民族大学出版社2006年版，第75页。

W1689.3
月亮的疗伤者

实例

（参见下级母题实例）

W1689.3.1
兔子给月亮疗伤

【关联】［W1684.4.1］玄鸟为太阳献药疗伤

实例

彝族　兔给月亮献药，治被狗咬伤的月亮。

【流传】贵州省·毕节（毕节市）·赫章县

【出处】贵州省毕节地区民族事务委员会编，王子尧等译：《物始纪略》第一集，成都：四川民族出版社1990年版，第196页。

W1689.4
月亮的坐骑

实例

（参见下级母题实例）

W1689.4.1
月亮骑仙马

【关联】［W4952］与月亮的运行有关的其他母题

实例

彝族　支格阿龙（英雄名）射日月后天下漆黑。支格阿龙站在峡谷里吩咐月亮快出来时，月亮说："我跛了一只腿，走不动。"支格阿龙说："那好办，我送你一匹仙马，你骑着马吧！"月亮同意了。

【流传】（无考）

【出处】赤哈子讲，上元、邹志诚整理：《射太阳和月亮》，见姚宝瑄主编《中国各民族神话》（羌族、彝族），太原：山西出版传媒集团·书海出版社2014年版，第297~298页。

1.4.5　与日月有关的其他母题
【W1690~W1699】

W1690
日月的矛盾

实例

（参见下级母题实例）

W1690.1
日月争吵是因为太阳要吃掉它们的孩子

【汤普森】A736.1.4.1

【关联】［W1619.8］残忍的太阳

实例

（实例待考）

W1690.2
太阳被月亮诅咒

【汤普森】A736.9

实例

（实例待考）

W1691
日月相互转化

【汤普森】A736.8

【关联】［W1597］太阳变成月亮

实例

（参见下级母题实例）

W1691.1
月亮在晚上代替太阳

【汤普森】A756

【关联】［W1597.14.3］晚上出来的太阳叫做月亮

实例

汉族 开始时，丈夫做太阳，妻子做月亮。后来，妻子说晚上天黑害怕，二人做了交换。

【流传】广西壮族自治区·（南宁市）·武鸣县

【出处】蔡泽覃讲，卢德山等记录：《婚姻的来历》，见曹廷伟编著《广西民间故事辞典》，南宁：广西教育出版社1993年版，第5页。

W1691.2
日月交换名称

实例

傈僳族 男太阳白天睡大觉，晚上才出来走动，久而久之，人们就不再叫他太阳，而叫他月亮了。女太阳白天出来，人们叫她太阳。

【流传】云南省·（德宏傣族景颇族自治州）·陇川县·（陇把镇）·邦外公社（邦外村）

【出处】李有华讲，黄云松等采录：《天地人的来历》，见中国民间文学集成全国编辑委员会编《中国民间故事集成》（云南卷），北京：中国ISBN中心2003年版，第44页。

W1692
与日月有关的其他母题

【关联】

① ［W097.4］日月是神宫

② ［W1124.6］日月是造天地时的破坏者

③ ［W1683.3］太阳、月亮是一家

④ ［W1776.3.1］太阳、月亮和星星是一家人

⑤ ［W7533］日月婚

1.4.5 与日月有关的其他母题 ‖W1692.0—W1692.1.1‖

⑥ ［W7533.1］月亮哥哥与太阳妹妹成婚

实 例

（参见下级母题实例）

W1692.0
日月的分配

实 例

（参见下级母题实例）

W1692.0.1
盘古分配日月

实 例

畲族 盘古设立九州，造出十个日头和九个月亮。一州有一个月亮；一州分一个太阳，还剩一个，于是挂在天中央统照天下。

【流传】浙江省·（温州市）·文成县

【出处】雷西可讲，雷德宽记录，文帆整理：《十个日头九个月》（1987.12.22），见姚宝瑄主编《中国各民族神话》（高山族、黎族、畲族），太原：山西出版传媒集团·书海出版社2014年版，第110页。

W1692.1
日月的喂养

实 例

（参见下级母题实例）

W1692.1.1
女子用金汁喂太阳，银汁喂月亮

实 例

布朗族 顾米莎菲玛（神巨人顾米亚的女儿）担负了喂养太阳、月亮的任务。她用金汁喂太阳，银汁喂月亮。

【流传】（a）云南省·（西双版纳傣族自治州）·勐海县

【出处】

（a）岩的兴讲，朱嘉禄采录：《顾米亚》，见中国民间文学集成全国编辑委员会编《中国民间故事集成》（云南卷），北京：中国ISBN中心2003年版，第150页。

（b）朱嘉禄整理：《顾米亚》，见谷德明编《中国少数民族神话》，北京：中国民间文艺出版社1987年版，第480页。

布朗族 顾米莎菲玛（射日月者顾米亚的女儿）担负了喂养太阳、月亮的任务。她一天不停地拿金汁喂太阳，银汁喂月亮。

【流传】云南省

【出处】朱嘉禄整理：《顾米亚》，原载《中国民间故事选》第2集，见陶阳、钟秀编《中国神话》（上），北京：商务印书馆2008年版，第38~44页。

布朗族 顾米莎菲玛担负了喂养太阳、月亮的任务。她一天不停地拿金汁喂太阳，银汁喂月亮。

【流传】云南省·（红河哈尼族彝族自治州）·金平县（金平苗族瑶族傣族

自治县）

【出处】朱嘉禄整理：《顾米亚》，原载《中国民间故事选》第 2 集，人民文学出版社 1962 年版，见姚宝瑄主编《中国各民族神话》（水族、布朗族、独龙族、基诺族、傈僳族），太原：山西出版传媒集团·书海出版社 2014 年版，第 95 页。

W1692.1a
日月的患病

实 例

（参见下级母题实例）

W1692.1a.1
日月得眼病

实 例

纳西族 秽气污染了高天和大地，污染了太阳和月亮，污染了山林和深谷。日月出现了眼病。

【流传】（云南省）

【出处】和芳、和志新编译：《崇邦统——人类迁徙记》，见姚宝瑄主编《中国各民族神话》（佤族、阿昌族、纳西族、普米族、德昂族），太原：山西出版传媒集团·书海出版社 2014 年版，第 143 页。

W1692.2
日月的消失

【关联】

① ［W4213.1］天狗吞食太阳形成日食
② ［W4232.1］天狗吃月亮形成月食
③ ［W9790］射日月的结果

实 例

汉族 很早以前，有一天，太阳跟月亮全没了。

【流传】河北省·廊坊市·（安次区·北史家务乡）·周各庄

【出处】王万永讲，李宝才采录：《找日头》，见中国民间文学集成全国编辑委员会编《中国民间故事集成》（河北卷），北京：中国 ISBN 中心 2003 年版，第 9 页。

W1692.2.1
龙偷日月（龙吞日月）

实 例

（参见下级母题实例）

W1692.2.1.1
公龙偷太阳，母龙偷月亮

实 例

汉族 公龙偷走了太阳，母龙把月亮也放在嘴里一吐一吞，藏起了月亮。

【流传】河北省·廊坊市·（安次区·北史家务乡）·周各庄

【出处】王万永讲，李宝才采录：《找日头》，见中国民间文学集成全国编辑委员会编《中国民间故事集成》（河北卷），北京：中国 ISBN 中心 2003 年版，第 9 页。

W1692.2.2
恶神偷日月

实　例

纳西族　米利术主（恶神）派遣能者把东地的太阳、月亮偷到手，从山洞里扛回来。

【流传】（a）云南省·丽江县（丽江市）

【出处】

（a）和正才等讲，杨世光采录，李即善翻译：《东术争战记》，见中国民间文学集成全国编辑委员会编《中国民间故事集成》（云南卷），北京：中国ISBN中心2003年版，第378页。

（b）李即善翻译，杨世光整理：《东术争战记》，见谷德明编《中国少数民族神话》，北京：中国民间文艺出版社1987年版，第435页。

W1692.2.3
挂日月者收回日月

实　例

傈僳族　盘古挂出了日月，后来又收回了日月。

【流传】四川省·（凉山彝族自治州）·德昌（德昌县）

【出处】李国才讲，禾青整理：《盘古造人》，见中华民族故事大系编委会编《中华民族故事大系》第7卷（黎族、傈僳族、佤族），上海：上海文艺出版社1995年版，第265页。

W1692.3
日月被遮蔽

【汤普森】A737

【关联】[W4210]日食月食

实　例

（实例待考）

W1692.4
日月失而复得

【关联】[W9800]找日月

实　例

纳西族　银鼠咬断铜链和铁链，放出了太阳、月亮。

【流传】（a）云南省·丽江县（丽江市）

【出处】

（a）和正才等讲，杨世光采录，李即善翻译：《东术争战记》，见中国民间文学集成全国编辑委员会编《中国民间故事集成》（云南卷），北京：中国ISBN中心2003年版，第378页。

（b）李即善翻译，杨世光整理：《东术争战记》，见谷德明编《中国少数民族神话》，北京：中国民间文艺出版社1987年版，第435页。

W1692.5
日月的修补

【关联】[W1610.4]残缺的日月

实　例

（参见下级母题实例）

W1692.5.1
因日月被摔坏修补日月

实例

苗族 （英雄汉里功抬日月升天时，因为太烫）轱辘滚到山冲里，日月破成九大块。

【流传】原文无流传地，据文本及注释推测该神话流传于贵州省·黔东南苗族侗族自治州·凯里市、台江县等地。

【出处】张启庭、张荣光、张正玉、张启德演唱，张明搜集，燕宝整理译注：《创造宇宙·铸日造月》，见贵州省少数民族古籍整理出版规划小组办公室编，燕宝整理译注《苗族古歌》，贵阳：贵州民族出版社1993年版，第344页。

W1692.5.1.1
日月碎成9块

【关联】［W9790］射日月的结果

实例

苗族 英雄汉里功抬日月升天时，因为太烫，日月轱辘滚到山冲里破成九大块。摔破了呵再修补，箍好了来再抬走。

【流传】原文无流传地，据文本及注释推测该神话流传于贵州省·黔东南苗族侗族自治州·凯里市、台江县等地。

【出处】张启庭、张荣光、张正玉、张启德演唱，张明搜集，燕宝整理译注：《创造宇宙·铸日造月》，见贵州省少数民族古籍整理出版规划小组办公室编，燕宝整理译注《苗族古歌》，贵阳：贵州民族出版社1993年版，第344~345页。

W1692.5.2
把日月焊好

实例

苗族 （日月被摔成9块）日月焊好了以后，没有半点伤疤痕，溜溜光光如当初。

【流传】原文无流传地，据文本及注释推测该神话流传于贵州省·黔东南苗族侗族自治州·凯里市、台江县等地。

【出处】张启庭、张荣光、张正玉、张启德演唱，张明搜集，燕宝整理译注：《创造宇宙·铸日造月》，见贵州省少数民族古籍整理出版规划小组办公室编，燕宝整理译注《苗族古歌》，贵阳：贵州民族出版社1993年版，第349~350页。

W1692.6
日月名称的来历

【关联】
① ［W1691.2］日月交换名称
② ［W1695.1］太阳的名字

实例

（参见下级母题实例）

W1692.6.1
以变成日月的人命名日月

实 例

(参见下级母题实例)

W1692.6.1.1
以 1 对变成日月的夫妻的名字命名日月（咖道河嘎拉斯）

实 例

高山族（排湾） 嘎拉斯（女子名）和丈夫咖道到天上变成日月，所以排湾人叫月亮为"嘎拉斯"，称太阳为"咖道"。

【流传】（台湾）

【出处】

(a) 巴克奥罗·莫拉隆·巴吉列达·卡拉尤普讲：《捅天的夫妻》，载《民间文学》1982 年第 12 期。

(b) 同（a），见姚宝瑄主编《中国各民族神话》（高山族、黎族、畲族），太原：山西出版传媒集团·书海出版社 2014 年版，第 4~5 页。

W1692.6.1.2
以 1 对变成日月的兄妹的名字命名日月（当婉与冗令）

实 例

布依族 人们为了感谢兄妹俩白天黑夜轮流在天上给人们放射光明，就给他俩各取了一个好听的名字。妹妹被叫做"当婉"（太阳），哥哥被称为"冗令"（月亮）。

【流传】贵州省·（黔南布依族苗族自治州）·罗甸等县

【出处】黄米石念、王卜小荣讲，杨路塔搜集整理：《十二个太阳》，载《山茶》1987 年第 2 期。

布依族 人们为了感谢兄妹俩白天黑夜轮流在天上给人们放射光明，就给他俩各取了一个好听的名字。妹妹被叫做"当婉"（太阳），哥哥被称为"冗令"（月亮）。

【流传】贵州省·（黔南布依族苗族自治州）·罗甸县等地

【出处】黄未石念、王卜小荣讲，杨路塔记录整理：《十二个太阳》，见姚宝瑄主编《中国各民族神话》（布依族、仡佬族、苗族），太原：山西出版传媒集团·书海出版社 2014 年版，第 75 页。

布依族 盘古王有一对儿女死后的灵魂变成两个火球升到天上。兄妹分工由妹妹管白天，哥哥管晚上。大家给他俩取了美丽的名字，把妹妹叫做"当婉"（太阳），把哥哥叫做"冗令"（月亮）。

【流传】贵州省·（黔南布依族苗族自治州）平塘县、罗甸县、惠水县三县交界地区

【出处】杨兴荣、杨再良讲，杨路塔记录整理：《日、月、星》，见姚宝瑄主编《中国各民族神话》（布依族、仡佬族、苗族），太原：山西出版传媒集团·书海出版社 2014 年版，第 78 页。

W1692.7

日月是宝物

【关联】［W9650］宝物

实例

（参见下级母题实例）

W1692.7.1

日月是天帝的宝物

【关联】［W1545.8.5］日月是天帝的两件宝贝

实例

汉族 太阳和月亮是天帝的两件宝贝。

【流传】四川省·（成都市）·金堂县

【出处】蒋婆婆讲，黄在双记录，黄安春整理：《太阳和月亮的传说》，见姚宝瑄主编《中国各民族神话》（汉族），太原：山西出版传媒集团·书海出版社2014年版，第196~198页。

W1692.8

天地的照明

【关联】［W1050.4］最早时天地黑暗

实例

（参见下级母题实例）

W1692.8.1

用宝蛋照明天地

【关联】［W1576.1］蛋变成太阳（卵变成太阳）

实例

（参见下级母题实例）

W1692.8.1.1

神婆婆孵宝蛋照明天地

【关联】［W1652.0.4.1］神婆婆的12个宝蛋孵出12个太阳

实例

苗族 纳罗引勾（半人半兽的巨人）开辟的天地很黑暗。神婆婆务罗务素给他十二个宝蛋：红蛋红彤彤，白蛋白澎澎，黄蛋金灿灿，花蛋花斑斑，黑蛋磷闪闪，紫蛋曜炫炫，灰蛋灰蒙蒙，绿蛋绿绒绒，圆蛋圆溜溜，软蛋软柔柔，长蛋明晃晃，扁蛋亮堂堂。让他孵宝蛋去照明天地。

【流传】广西壮族自治区·（柳州市）·融水苗族自治县

【出处】

（a）杨达香讲，梁彬搜集整理：《创世纪》（一、开天辟地，地始天初），见梁彬、王天若编《苗族民间故事选》，南宁：广西人民出版社1986年版。

（b）同（a），见姚宝瑄主编《中国各民族神话》（布依族、仡佬族、苗族），太原：山西出版传媒集团·书海出版社2014年版，第171页。

W1692.9

与日月距离有关的母题

实例

（参见下级母题实例）

1.4.5 与日月有关的其他母题

W1692.9.1
日月的距离

实 例

（实例待考）

W1692.9.2
太阳到地球的距离

实 例

（实例待考）

W1692.9.3
月亮到地球的距离

实 例

（参见下级母题实例）

W1692.9.3.1
月亮距地面二、三十尺

实 例

汉族 以前，月亮离地面只有二、三十尺，人们在晚上可以到月亮上玩。

【流传】（无考）

【出处】莫亦宽讲，吴荷丹记录：《天是怎样升高的》，见曹廷伟编著《广西民间故事辞典》，南宁：广西教育出版社1993年版，第12页。

W1693
太阳宫

实 例

（参见下级母题实例）

W1693.1
太阳宫用金银建造

实 例

景颇族 太阳宫是金窝银窝，煮饭用银三脚，打水用金瓢舀。

【流传】云南省·（德宏傣族景颇族自治州）·陇川县

【出处】孔勒锐等讲，何峨采录：《吉露归天》，见中国民间文学集成全国编辑委员会编《中国民间故事集成》（云南卷），北京：中国ISBN中心2003年版，第391页。

W1693.2
太阳宫宽敞高大

实 例

景颇族 天上的太阳宫宽敞高大。

【流传】（无考）

【出处】何峨整理：《万物诞生》，见中华民族故事大系编委会编《中华民族故事大系》第10卷（景颇族、柯尔克孜族、土族），上海：上海文艺出版社1995年版，第10页。

W1693.3
太阳宫的门

实 例

（参见下级母题实例）

W1693.3.1
太阳宫有镶金宫门

实例

裕固族　太阳宫是金子铸镶的大门。

【流传】（甘肃省祁连山一带）

【出处】

(a) 乔维森、野枫记录整理：《莫拉》，见《少数民族文学作品选》编辑委员会编《中国少数民族文学作品选》（第二分册），上海：上海文艺出版社1981年版。

(b) 同（a），见姚宝瑄主编《中国各民族神话》（土族、东乡族、回族、保安族、裕固族、撒拉族），太原：山西出版传媒集团·书海出版社2014年版，第92页。

W1693.4
太阳宫的看守

【关联】［W1696.3］月宫的看守者

实例

（参见下级母题实例）

W1693.4.1
神女把守太阳宫

实例

裕固族　太阳神的宫殿门口坐着一位守门神女，这是太阳神座前的女弟子，穿红戴绿，年纪轻轻，长得很美丽。

【流传】（甘肃省祁连山一带）

【出处】

(a) 乔维森、野枫记录整理：《莫拉》，见《少数民族文学作品选》编辑委员会编《中国少数民族文学作品选》（第二分册），上海：上海文艺出版社1981年版。

(b) 同（a），见姚宝瑄主编《中国各民族神话》（土族、东乡族、回族、保安族、裕固族、撒拉族），太原：山西出版传媒集团·书海出版社2014年版，第92页。

W1693.4.2
神鸡看守太阳宫

实例

纳西族　太阳家的门口有一只看门的神鸡。

【流传】云南省·（丽江市）·丽江县（古城区、玉龙纳西族自治县）

【出处】木丽春采集整理：《鹰蛋女寻找火种》，见木丽春编著《纳西族民间故事集》，昆明：云南人民出版社2007年版，第127页。

W1693.5
太阳宫的位置

实例

（参见下级母题实例）

W1693.5.1
太阳宫在扶桑树上

【关联】［W1410.1］通天的扶桑树

1.4.5　与日月有关的其他母题

实例

汉族　太阳的宫殿在扶桑树上。

【流传】四川省·成都市·东城区

【出处】李芝讲，张光荣采录：《舜射九日》，见中国民间文学集成全国编辑委员会编《中国民间故事集成》（四川卷·上），北京：中国 ISBN 中心 1998 年版，第 90 页。

W1693.5.2
西方日宫

实例

汉族　西方日宫之外，有山焉，其长十余里，广二三里，高百余丈，皆大黄之金，其色殊美，不杂土石，不生草木。

【流传】（无考）

【出处】〔汉〕东方朔：《神异经·西荒经》。

W1693.6
与太阳宫有关的其他母题

【关联】［W1163.11.1.2］第 12 层天是太阳宫

实例

（参见下级母题实例）

W1693.6.1
太阳宫的设施

实例

（参见下级母题实例）

W1693.6.1.1
太阳宫有大火炉

实例

白族　板古、板梅（男女始祖名）为造除妖之剑，径直向着太阳飞去，飞了九百九十九天，饿了九百九十九天，终于飞到万丈火焰升腾、千重热气蒸人的太阳宫中的大火炉旁。

【流传】云南省·（大理白族自治州）·剑川（剑川县）

【出处】李恩发讲，李绍尼整理：《"五百天"神》，原载陶立璠、李耀宗《中国少数民族神话传说选》，四川民族出版社 1985 年版，见姚宝瑄主编《中国各民族神话》（白族、拉祜族、景颇族），太原：山西出版传媒集团·书海出版社 2014 年版，第 122 页。

W1693.6.2
红光环绕太阳宫

实例

裕固族　莫拉（人名）终于来到了东海岸上。远远看见红光影里闪出太阳神的宫殿。

【流传】（甘肃省祁连山一带）

【出处】

（a）乔维森、野枫记录整理：《莫拉》，见《少数民族文学作品选》编辑委员会编《中国少数民族文学作品选》（第二分册），上海：上海文艺出版社

1981年版。

（b）同（a），见姚宝瑄主编《中国各民族神话》（土族、东乡族、回族、保安族、裕固族、撒拉族），太原：山西出版传媒集团·书海出版社 2014 年版，第 91~92 页。

W1693.6.3
太阳宫之旅

【汤普森】F17

实 例

（实例待考）

W1693.6.4
太阳门

实 例

（参见下级母题实例）

W1693.6.4.1
太阳门天堂的门

【关联】［W1071］上界（天堂）

实 例

景颇族 后来天上筑起一个太阳门（天堂世界的大门）。

【流传】云南省·（德宏傣族景颇族自治州）·陇川县

【出处】

（a）施戛崩等讲，何峨采录：《宁贯娃改天整地》，见中国民间文学集成全国编辑委员会编《中国民间故事集成》（云南卷），北京：中国 ISBN 中心 2003 年版，第 61 页。

（b）孔勒锐等讲，何峨采录：《吉露归天》，见中国民间文学集成全国编辑委员会编《中国民间故事集成》（云南卷），北京：中国 ISBN 中心 2003 年版，第 391 页。

W1693a
太阳城

实 例

景颇族 凡间女子哦麻咋班逛到太阳城，对太阳神的儿子说："你是世上最强的男子，我要嫁给你！"

【流传】（云南省）

【出处】

（a）恩空腊翻译、刘扬武整理：《女人为什么兴嫁给男人》，见李子贤编《云南少数民族神话选》，昆明：云南人民出版社 1990 年版。

（b）同（a），见姚宝瑄主编《中国各民族神话》（白族、拉祜族、景颇族），太原：山西出版传媒集团·书海出版社 2014 年版，第 238 页。

W1694
特殊的太阳

实 例

（参见下级母题实例）

W1694.1
毒太阳

实 例

（参见下级母题实例）

W1694.1.1
雷公造毒太阳

【关联】[W1651.1] 雷公造11个太阳

实例

壮族 雷公闲而无事造了个毒太阳。

【流传】广西壮族自治区·（柳州市）·柳江（柳江区）

【出处】潘忠勤搜集：《斗雷王》，见张声震总主编，农冠品编注《壮族神话集成》，南宁：广西民族出版社2007年版，第284页。

W1694.2
假太阳

【关联】[W1653a.1] 多个太阳是假象

实例

（参见下级母题实例）

W1694.2.1
神造假太阳

实例

（参见下级母题实例）

W1694.2.1.1
火神和旱神造假太阳

实例

阿昌族 魔王火神和旱神腊訇仇视人类，造了1个假太阳钉在天上，烤干大地。

【流传】（无考）

【出处】

(a) 赵安贤讲、杨叶生翻译、智克整理：《遮帕麻与遮米麻》，见梁河县文化馆编《阿昌族民间文学资料》（第一辑），内部本，第9页。

(b)《遮帕麻与遮米麻》，见中国各民族宗教与神话大词典编审委员会编《中国各民族宗教与神话大词典》，北京：学苑出版社1990年版，第3页。

阿昌族 狂风和闪电孕育了一个最大的火神和旱神腊訇造了个假太阳钉在天幕上。

【流传】云南省·（德宏傣族景颇族自治州）·梁河县

【出处】赵安贤讲述，杨叶生翻译，智克整理：《遮帕麻与遮米麻》，载《山茶》1981年第2期。

阿昌族 火神旱神腊訇造了个假太阳钉在天幕上。

【流传】（云南省）

【出处】赵安贤讲，智克整理：《遮帕麻与遮米麻》，见姚宝瑄主编《中国各民族神话》（佤族、阿昌族、纳西族、普米族、德昂族），太原：山西出版传媒集团·书海出版社2014年版，第80页。

W1694.2.1.2
11对假太阳

实例

苗族 从前，天上有12对日月。其中11对时假日月。

【流传】湖南省·湘西（湘西土家族苗

族自治州）一带

【出处】

（a）吴文祥讲：《张果老射日月》，见凌纯声、芮逸夫《湘西苗族调查报告》，上海：商务印书馆1947年版。

（b）同（a），见姚宝瑄主编《中国各民族神话》（布依族、仡佬族、苗族），太原：山西出版传媒集团·书海出版社2014年版，第267页。

W1694.2.2
鸟蛋变成假太阳

【关联】［W0865.4］怪鸟

实例

（参见下级母题实例）

W1694.2.2.1
乌鸦的金蛋孵出假太阳

实例

苗族

（参见 W1567.1.0.1 母题实例）

W1694.2.2.2
怪鸟的蛋变成假太阳

【关联】［W0865.4］怪鸟

实例

（参见下级母题实例）

W1694.2.2.2.1
九头怪鸟的蛋孵出8个假太阳

实例

苗族 一只九个头的怪鸟生的蛋孵出8个假太阳和8个假月亮。

【流传】湖南省·（湘西土家族苗族自治州）·凤凰县·腊尔山乡（腊尔山镇）

【出处】龙老八讲，龙文玉采录：《明那雄射日月》，见中国民间文学集成全国编辑委员会编《中国民间故事集成》（湖南卷），北京：中国ISBN中心2002年版，第11页。

W1694.2.3
妖魔放出假太阳

实例

土家族 （实例待考）

W1694.2.4
恶魔的头变成假太阳

实例

满族 恶魔耶鲁里把他的九个头变成九个亮星，像太阳一样。

【流传】黑龙江省·黑河地区（黑河市）·孙吴县·（沿江满族达斡尔族乡）·四季屯（四季屯村）

【出处】吴纪贤、富希陆讲：《天宫大战——黑水女真人传世神话》（1939，选自富育光、郭淑云整理的手稿），见姚宝瑄主编《中国各民族神话》（满族、赫哲族、朝鲜族），太原：山西出版传媒集团·书海出版社2014年版，第26页。

W1694.2.5

假太阳不会升落

【关联】

① ［W4910］太阳的升起

② ［W4920］太阳的降落

实 例

阿昌族 火神旱神腊訇造的假太阳不会升，也不会降，使地面上只有白天，没有夜晚。

【流传】（云南省）

【出处】赵安贤讲，智克整理：《遮帕麻与遮米麻》，见姚宝瑄主编《中国各民族神话》（佤族、阿昌族、纳西族、普米族、德昂族），太原：山西出版传媒集团·书海出版社 2014 年版，第 80 页。

W1694.3

野太阳

实 例

（参见下级母题实例）

W1694.3.1

雾露和云团生野太阳

实 例

景颇族 雾露和云团是一对夫妻，孕育了野太阳。

【流传】云南省·（德宏傣族景颇族自治州）·盈江县·支丹山吾寨（不详）

【出处】萧家成译著：《勒包斋娃——景颇族创世史诗》，北京：民族出版社 1992 年版，第 2 页。

W1694.4

金太阳

【汤普森】≈F793.1

【关联】［W1624.2］金月亮

实 例

苗族 桑札是个英雄汉，桑札射落日和月。射落十一个月亮，射掉十一个太阳。还剩一个金太阳，还有一个银月亮。

【流传】原文无流传地，据文本及注释推测该神话流传于贵州省·黔东南苗族侗族自治州·凯里市、台江县等地。

【出处】张启庭、张荣光、张正玉、张启德演唱，张明搜集，燕宝整理译注：《创造宇宙·呼日喊月》，见贵州省少数民族古籍整理出版规划小组办公室编，燕宝整理译注《苗族古歌》，贵阳：贵州民族出版社 1993 年版，第 382 页。

W1694.5

银太阳

【关联】［W1624.3］银月亮

实 例

苗族 有个鲍公和熊公，有个茸公和当公（四个神性人物名），三冲三岭作架子，上面架口大鼎锅，架起炉来化银子，锅底下面烧起火，烧起火来化银子，铸在青石塘里面，才造成了银太阳。

【流传】原文无流传地，据文本及注释推测该神话流传于贵州省·黔东南苗族侗族自治州·凯里市、台江县等地。

【出处】张启庭、张荣光、张正玉、张启德演唱，张明搜集，燕宝整理译注：《创造宇宙·铸日造月》，见贵州省少数民族古籍整理出版规划小组办公室编，燕宝整理译注《苗族古歌》，贵阳：贵州民族出版社1993年版，第331页。

W1695
与太阳有关的其他母题

【关联】
① [W4118] 太阳里的人
② [W4119] 太阳里的物
③ [W6424] 太阳崇拜
④ [W7533] 日月婚
⑤ [W9245.1] 太阳是智慧的象征

实 例

（参见下级母题实例）

W1695.1
太阳的名字

实 例

（参见下级母题实例）

W1695.1.1
盘古给挂在天上的灯取名为太阳

实 例

布依族 盘古给挂在天上的灯取名为太阳。

【流传】贵州省·贵阳（贵阳市）

【出处】陈素兰讲，张羽超等搜集，夏云昆整理：《开天辟地》，见中华民族故事大系编委会编《中华民族故事大系》第3卷（彝族、壮族、布依族），上海：上海文艺出版社1995年版，第688页。

W1695.1.2
因为夫妻中丈夫管太阳，所以叫太阳公

【关联】[W1698.1.3] 因为夫妻中妻子管月亮，所以叫月亮婆

实 例

畲族 因为夫妻中丈夫管太阳，所以叫太阳公。

【流传】福建省·（宁德市）·福鼎（福鼎市）

【出处】李圣回讲，蓝天整理：《太阳和月亮》，见中华民族故事大系编委会编《中华民族故事大系》第8卷（畲族、高山族、拉祜族），上海：上海文艺出版社1995年版，第6页。

畲族 很早以前，天上有11个太阳，一对高大的夫妻跑到高山上射太阳后，剩下2个变成太阳和月亮。因为

太阳是由丈夫管的，人们就叫它"太阳公"。

【流传】福建省·（宁德市）·寿宁（寿宁县）

【出处】钟石顺讲，肖孝正采录：《太阳和月亮》，原载《中国民间故事集成·福建卷·闽东畲族故事》，宁德地区民间文学集成编委会1990年编印，见《福建省少数民族古籍丛书》编委会编《畲族卷·民间故事》，福州：海峡出版发行集团·海峡书局2013年版，第8~9页。

W1695.1.3
用动物命名不同的太阳

【关联】[W6850] 名字的产生

实 例

苗族　12个宝蛋孵出的12个太阳：红的美姜阳，白的雷公鼋，花的凶老虎，软的老蛇妖，黑的疯牦牛，圆的大象佬，黄的猛狮子，长的美龙娇，绿的鸭公精，灰的癞马鹜，紫的鹅鹅娘，扁的乌龟魁。

【流传】
（a）广西壮族自治区·（柳州市）·融水县（融水苗族自治县）·滚贝乡
（b）广西壮族自治区·（柳州市）·融水县（融水苗族自治县）

【出处】
（a）杨达香讲，梁彬采录翻译：《枉生射太阳》，见中国民间文学集成全国编辑委员会编《中国民间故事集成》（广西卷），北京：中国ISBN中心2001年版，第42页。
（b）杨达香讲，梁彬搜集整理：《创世记》，见谷德明编《中国少数民族神话》，北京：中国民间文艺出版社1987年版，第545页。

W1695.1.4
与太阳名字有关的其他母题

实 例

（参见下级母题实例）

W1695.1.4.0
太阳叫"日氏"

实 例

汉族　天帝有一男一女，男的叫日氏，女的叫月氏。

【流传】浙江省·（丽水市）·青田（青田县）·（方山乡）·石前村

【出处】吴海娟讲，叶中鸣记录整理：《日氏和月氏》（1984.10.25），见姚宝瑄主编《中国各民族神话》（汉族），太原：山西出版传媒集团·书海出版社2014年版，第192~193页。

W1695.1.4.1
太阳叫"孙开"

实 例

汉族　太阳叫孙开。

【流传】湖北省西北部一带

【出处】马卉欣整理：《盘古顶天》，见桐柏网，http://tongbai.01ny.cn,2001.01.26。

W1695.1.4.2
太阳叫"日头"

实例

汉族 老头把踢到了天上的圆球，起了个名字叫"日头"。

【流传】河北省·（邯郸市）·武安县（武安市）·（康二城镇）·紫泉村

【出处】陈林枝讲，冀秀生采录：《找日头》，见中国民间文学集成全国编辑委员会编《中国民间故事集成》（河北卷），北京：中国 ISBN 中心 2003 年版，第 9 页。

W1695.1.4.2.1
老头把踢到了天上的圆球叫"日头"

实例

汉族

（参见 W1695.1.4.2 母题实例）

W1695.1.4.2.2
因太阳出现在日里叫"日头"

实例

汉族 天上的红太阳和白太阳兄弟二人胡闹，父亲天公公大发脾气，规定红日头只能在日里出现，白日头只能在夜里出现。所以直到现在，阿哥红日头出现日里，地上的人叫它日头或太阳，弟弟只能在夜里出现，地上人叫它月亮。

【流传】江苏省·（苏州市）·太仓县

【出处】尹培民讲，黄凤尔记录：《天上有过两个太阳》，见姚宝瑄主编《中国各民族神话》（汉族），太原：山西出版传媒集团·书海出版社 2014 年版，第 178～179 页。

W1695.1.4.3
两个太阳分别叫"姜阳"和"鹅鹅"

实例

苗族

（参见 W1597.6.1 母题实例）

W1695.1.4.3a
两个太阳叫"多尼"和"波如"

实例

珞巴族 在古代，天上有多尼和波如两个太阳，他们是两兄弟。

【流传】西藏自治区·（林芝市）·墨脱县·甘登乡、达木珞巴民族乡

【出处】顿加讲，冀文正采集：《天和地》，见冀文正《珞巴族民间故事》，成都：四川民族出版社 2011 年版，第 4～5 页。

W1695.1.4.4
日神叫"太阳"

实例

汉族 日神是钟郎（男子名）。钟郎身上放射出的光亮是金灿灿而且强烈

1.4.5 与日月有关的其他母题

的，人们就叫它是太阳。

【流传】浙江

【出处】唐宗龙讲，陈玮君整理：《金水湖和银水湖》，见姚宝瑄主编《中国各民族神话》（汉族），太原：山西出版传媒集团·书海出版社 2014 年版，第 214～220 页。

W1695.1.4.5
太阳叫"太阳爸爸"

实例

高山族（阿美） 大太阳的威力太强，神射手就先射下两个小太阳，不料这时候大家觉得这样的温度刚好，于是留下那个大太阳不射了，所以现在天上还有一个太阳，那便是"太阳爸爸"。

【流传】（台湾）

【出处】田美华讲，许端容采录：《太阳爸爸》，原载金荣华编《台湾花莲阿美族民间故事》，见陶阳、钟秀编《中国神话》（上），北京：商务印书馆 2008 年版。

W1695.1.4.5a
太阳叫"爷爷"

实例

汉族 （实例待考）

W1695.1.4.5b
太阳叫"阿奶"

实例

珞巴族（德根等部落） 兄弟俩上天入地时都被竹子挡住，十分生气，便去问东英阿奶（"东英阿奶"珞巴语，意为"太阳"。珞巴族神话中，太阳为女性，故称为"阿奶"）。

【流传】西藏自治区

【出处】

(a) 达得讲，刘芳贤、李坚尚搜集整理：《智勇双全的两兄弟》，载《民间文学》1985 年第 8 期。

(b) 同 (a)，见姚宝瑄主编《中国各民族神话》（门巴族、珞巴族、怒族、藏族），太原：山西出版传媒集团·书海出版社 2014 年版，第 45～46 页。

W1695.1.4.6
太阳叫"希温·乌娜吉"

实例

鄂温克族 太阳的名字叫希温·乌娜吉（太阳姑娘）。

【流传】内蒙古自治区·呼伦贝尔盟（呼伦贝尔市）

【出处】

(a) 隋书今搜集整理：《太阳神的传说》（1981.10.15），见马名超、王士媛、白衫编《鄂温克族民间故事选》，上海：上海文艺出版社 1989 年版，第 5 页。

(b)《太阳神的传说》，见吕大吉、何耀华总主编《中国各民族原始宗教资料集成》（鄂伦春族卷、鄂温克族卷、赫哲族卷、达斡尔族卷、锡伯族卷、满族卷、蒙古族卷、藏族卷），北京：中国社会科学出版社 1999 年版，第

94~95页。

W1695.1.4.7
十二天干是12个太阳的名字

【关联】[W1652] 12个太阳

实例

苗族 有个鲍公和熊公，有个茸公和当公（四个神性人物名），铸造出12个太阳。一个太阳就叫子，二个太阳就叫丑，三个太阳就叫寅，四个太阳就叫卯，五个太阳就叫辰，六个太阳就叫巳，七个太阳就叫午，八个太阳就叫未，九个太阳就叫申，十个太阳就叫酉，十一个太阳叫戌，十二个太阳叫亥，那是十二金太阳。

【流传】原文无流传地，据文本及注释推测该神话流传于贵州省·黔东南苗族侗族自治州·凯里市、台江县等地。

【出处】张启庭、张荣光、张正玉、张启德演唱，张明搜集，燕宝整理译注：《创造宇宙·铸日造月》，见贵州省少数民族古籍整理出版规划小组办公室编，燕宝整理译注《苗族古歌》，贵阳：贵州民族出版社1993年版，第339~340页。

W1695.1.4.8
太阳是神封的神号

【关联】[W1698.1.4.3] 月亮是神封的神号

实例

侗族 善良的萨天巴（蜘蛛，女祖神，创世神）造的给世界温暖的"火团"名字不好听，不响亮。贤明的萨天巴就给它封个神号叫"太阳"。

【流传】广西壮族自治区·（柳州市）·三江（三江侗族自治县），（桂林市）·龙胜（龙胜各族自治县）

【出处】杨卜林喜、杨卜松林、杨明世讲，杨国仁、涛声搜集整理，蕾紫改写：《创世女神萨天巴》，原文为过伟改写自侗族创世史诗《嘎茫莽道时嘉——远祖歌》（未出版稿），见姚宝瑄主编《中国各民族神话》（土家族、毛南族、侗族、瑶族），太原：山西出版传媒集团·书海出版社2014年版，第87页。

W1695.1.4.9
太阳又称金乌

实例

汉族 相传日中有三足乌，故以金乌为日之代词。旧小说中常有"金乌西坠、玉兔东升"语，亦由此而来。

【流传】（无考）

【出处】《金乌》，见袁珂《中国神话大词典》，北京：华夏出版社2015年版，第205页。

W1695.2
太阳鸟

【关联】
① [W1571.2] 太阳是三足乌
② [W1571.3.1] 太阳是公鸡

实例

汉族 日中有踆乌。

【流传】（无考）

【出处】[汉]刘安及门客：《淮南子·精神训》。

W1695.3
太阳树

实例

苗族 明那雄（人名，消除多余日月者）从马桑树树尖，跳到太阳树上。

【流传】湖南省·（湘西土家族苗族自治州）·凤凰县·腊尔山乡（腊尔山镇）

【出处】龙老八讲，龙文玉采录：《明那雄射日月》，见中国民间文学集成全国编辑委员会编《中国民间故事集成》（湖南卷），北京：中国ISBN中心2002年版，第11页。

W1695.3.1
太阳树是生死通道

实例

赫哲族 萨满树与太阳树可以作为萨满的生死通道。

【流传】（无考）

【出处】喻权中：《死亡的超越与转化——赫哲-那乃族初始萨满神话考疑》，载《黑龙江民族丛刊》1998年第3期。

W1695.4
太阳的食物

实例

（参见下级母题实例）

W1695.4.1
神用金汁喂太阳

【关联】[W1692.2.1] 女子用金汁喂太阳，银汁喂月亮

实例

布朗族 神巨人顾米亚的女儿拿金汁喂太阳。

【流传】（a）云南省·（西双版纳傣族自治州）·勐海县

【出处】
(a) 岩的兴讲，朱嘉禄采录：《顾米亚》，见中国民间文学集成全国编辑委员会编《中国民间故事集成》（云南卷），北京：中国ISBN中心2003年版，第150页。
(b) 朱嘉禄整理：《顾米亚》，见谷德明编《中国少数民族神话》，北京：中国民间文艺出版社1987年版，第480页。

W1695.4.2
马齿苋用奶汁喂太阳

【关联】[W3825] 马齿苋

实例

汉族 羿射日时，剩下的最后一个太阳从天上落到地上，马齿苋见它怪可

怜的，马上张开密密层层的一大蓬厚叶片，叫太阳躲在下面，还挤出些奶汁喂它。

【流传】浙江

【出处】陈伟君记录整理：《奔月》，见姚宝瑄主编《中国各民族神话》（汉族），太原：山西出版传媒集团·书海出版社2014年版，第251~262页。

W1695.4.3
太阳吃仙丹后长大

【关联】[W0954.1 仙丹]

实例

汉族 原来天上的二个日头很小，他们乘父亲天公公打瞌睡辰光，偷吃了乾坤八卦炉里阴阳两极丹，弟兄俩突然变得大得不得了。

【流传】江苏省·（苏州市）·太仓县

【出处】尹培民讲，黄凤尔记录：《天上有过两个太阳》，见姚宝瑄主编《中国各民族神话》（汉族），太原：山西出版传媒集团·书海出版社2014年版，第178~179页。

W1695.5
太阳的座位

实例

（参见下级母题实例）

W1695.5.1
太阳的椅子在天的最高处

实例

彝族 人为太阳在最高的地方为太阳立了一把椅子之后，太阳从海里升起来，坐到椅子上。

【流传】广西壮族自治区·（百色市）·那坡县·城厢镇

【出处】梁绍安讲，王光荣搜集整理：《塞米请太阳》，见曹廷伟编著《广西民间故事辞典》，南宁：广西教育出版社1993年版，第7页。

W1695.6
太阳洗澡（太阳洗浴、洗太阳）

实例

（参见下级母题实例）

W1695.6.0
神洗太阳

实例

（参见下级母题实例）

W1695.6.0.1
女神洗太阳

实例

彝族 原来日月不干净，神仙罗塔纪姑娘挑来不同颜色的海水洗日月。

【流传】（无考）

【出处】杨森、李映权译：《梅葛》，见中国作家协会昆明分会民族民间文学编委会《云南民族民间资料》第二辑，内部资料，第108页。

W1695.6.1
母亲洗太阳（母亲为太阳洗澡）

实 例

（参见下级母题实例）

W1695.6.1.1
羲和为太阳儿子在甘渊洗浴

【关联】［W1977.4.4.2］甘渊

实 例

汉族　东南海之外，甘水之间，有羲和之国。有女子名曰羲和，方浴日于甘渊。

【流传】（无考）

【出处】

（a）《山海经·大荒南经》。

（b）《甘水》，见袁珂《中国神话大词典》，北京：华夏出版社2015年版，第89页。

W1695.6.2
太阳浴于咸池

【关联】［W1976.5.2.1］咸池

实 例

汉族　（日）浴于咸池。

【流传】（无考）

【出处】［汉］刘安及门客：《淮南子·天文训》。

W1695.6.3
太阳浴于扶桑

实 例

汉族　汤谷上有扶桑，十日所浴。

【流传】（无考）

【出处】

（a）《山海经·海外东经》。

（b）《甘渊》，见袁珂《中国神话大词典》，北京：华夏出版社2015年版，第89页。

W1695.6.4
太阳到海中洗浴

实 例

回族　巨人太阳取丈二长大浴巾，入海澡浴去。

【流传】（无考）

【出处】《伊斯麻》，原载谷德明编《中国少数民族神话选》（原名《太阳的回答》），见袁珂《中国神话大词典》，北京：华夏出版社2015年版，第404页。

回族　太阳巨人说完，就拿了一块丈二长的大浴巾到海里洗澡去了。

【流传】甘肃省·临夏回族自治州

【出处】柯扬记录整理：《太阳的回答》，见姚宝瑄主编《中国各民族神话》（土族、东乡族、回族、保安族、裕固族、撒拉族），太原：山西出版传媒集团·书海出版社2014年版，第58页。

W1695.7
太阳掉入陷阱

【汤普森】A728

实 例

（实例待考）

W1695.8

太阳被关押

【关联】

① ［W8974］关押

② ［W9876］捉太阳

实 例

(参见下级母题实例)

W1695.8.1

为控制时间关押太阳

实 例

(参见下级母题实例)

W1695.8.1.1

田公为控制时间关押太阳

实 例

京族　田头公为了控制时间，把太阳关起来。

【流传】广西壮族自治区·（防城港市·东兴市·江平镇）·京族三岛（万尾、巫头、山心三岛）和滨海京族居住村庄

【出处】过伟整理：《田头公》，见苏润光等编《京族民间故事选》，北京：中国民间文艺出版社 1984 年版，第 13 页。

W1695.9

太阳的躲藏

【关联】［W9832］找太阳

实 例

(参见下级母题实例)

W1695.9.1

太阳因害怕躲藏

【关联】［W9790］射日月的结果

实 例

土家族　天上有 2 个太阳和 2 个月亮。一个叫后羿的人射日月。吓得一个太阳躲在竹叶草下面。

【流传】湖北省·（宜昌市）·长阳县（长阳土家族自治县）·都镇湾镇·杜家冲村

【出处】孙家香讲：《太阳和月亮》，见长阳土家族网，http://www.cy-tujia.com/list_body.php?id，2005.12.10。

W1695.10

太阳受惩罚

实 例

汉族　（实例待考）

W1695.10.1

太阳被阉割

【关联】

① ［W1597.6］太阳被阉割后变成月亮

② ［W1600.5.1］日月被阉割

实 例

壮族　从太阳被阉了以后，在天空中游游荡荡，感到寂寞。

【流传】（无考）

【出处】《太阳月亮和它们的孩子们》，原载蓝鸿恩搜集整理《神弓宝剑》，中国民间文艺出版社 1985 年版，见吕大吉、何耀华总主编《中国各民族原始宗教资料集成》（土家族卷、瑶族卷、壮族卷、黎族卷），北京：中国社会科学出版社 1998 年版，第 608 页。

W1695.10.1.1
为避免太阳再生阉割太阳

实例

壮族　特桃射太阳后怕日月在生太阳，就把它们阉掉了。

【流传】云南省·文山（文山壮族苗族自治州）；广西壮族自治区·河池（河池市）

【出处】蓝鸿恩整理：《射太阳》，见张声震总主编，农冠品编注《壮族神话集成》，南宁：广西民族出版社 2007 年版，第 51 页。

壮族　猎人特桃射日后，怕剩下的太阳再生出太阳，布洛陀说："你把它们阉了吧，阉了就不会再生仔了。"

【流传】（无考）

【出处】《射太阳》，原载蓝鸿恩搜集整理《神弓宝剑》，中国民间文艺出版社 1985 年版，见吕大吉、何耀华总主编《中国各民族原始宗教资料集成》（土家族卷、瑶族卷、壮族卷、黎族卷），北京：中国社会科学出版社 1998 年版，第 608 页。

W1695.10.1.2
射日者阉割太阳

【关联】[W9715~9753] 射日者

实例

壮族

（参见 W1695.10.1.1 母题实例）

W1695.11
太阳的死亡

【关联】[W9790] 射日月的结果

实例

（参见下级母题实例）

W1695.11.0
太阳被射死

实例

畲族　天上有 10 个太阳，后羿一连射死了 9 个太阳。

【流传】浙江省·丽水市·（莲都区·大港头镇）·北埠乡（北埠村）

【出处】蓝飞鹏讲，蓝周根采录：《金鸡》，见中国民间文学集成全国编辑委员会编《中国民间故事集成》（浙江卷），北京：中国 ISBN 中心 1997 年版，第 27 页。

W1695.11.0.1
男太阳被射死

实例

独龙族　天上 2 个太阳，猎人射死男太

阳后，每天升起来的是女太阳。

【流传】（无考）

【出处】《猎人射太阳》，见李金明《独龙族文学简史》，昆明：云南民族出版社2004年版，第81~82页。

W1695.11.1
太阳死后变鸟

实 例

汉族

（参见 W9796.5.2 母题实例）

W1695.11.2
太阳被妖魔毁灭

【关联】［W8672.2.1］世界末日时太阳被妖魔毁灭

实 例

哈尼族

（参见 W1545.3.7.1 母题实例）

W1695.11.3
太阳被特定的人打死

实 例

赫哲族 太阳是被达赫苏尔赞金打死的（"达赫苏尔"本意是非婚生子之灵，"赞金"能言善辩之人）。

【流传】（无考）

【出处】喻权中：《死亡的超越与转化——赫哲-那乃族初始萨满神话考疑》，载《黑龙江民族丛刊》1998年第3期。

W1695.11.4
太阳落山就是死亡

实 例

汉族 太阳落山入夜便算死。

【流传】四川省·（凉山彝族自治州）大、小凉山一带

【出处】何耀华：《试论彝族的祖先崇拜》，载《贵州民族研究》1983年第4期。

W1695.11.5
太阳像人一样会死亡

【关联】［W1616.1］太阳像人类一样

实 例

彝族 人和太阳一个样，会生也会死。

【流传】云南省·楚雄彝族自治州·姚安县、大姚县等彝族地区

【出处】《丧葬·死亡》，见云南省民族民间文学楚雄调查队整理编写《梅葛》，昆明：云南人民出版社2009年版，第224页。

W1695.12
太阳的消失

【关联】

① ［W1692.2］日月的消失

② ［W9790~W9799］射日（月）的结果

③ ［W9809］太阳被偷

④ ［W9810］太阳被藏

1.4.5 与日月有关的其他母题 ‖W1695.12.0-W1695.12.1.2.2.1‖

⑤ [W9820] 太阳被遮蔽

⑥ [W9876] 捉太阳

实例

(参见下级母题实例)

W1695.12.0
太阳被射落

实例

布依族

(参见 W1545.3.4.4 母题实例)

W1695.12.1
太阳被吞食

实例

(参见下级母题实例)

W1695.12.1.1
神吞掉太阳

实例

(参见下级母题实例)

W1695.12.1.1.1
风雨云雾神吞掉太阳

实例

傣族 皮扎祸（风雨云雾之王）张开大口，把太阳吞下肚子。

【流传】云南省·（西双版纳傣族自治州）·景洪市

【出处】波岩少讲，岩温扁等翻译：《青年射日》，见中国民间文学集成全国编辑委员会编《中国民间故事集成》（云南卷），北京：中国 ISBN 中心 2003 年版，第 140 页。

W1695.12.1.2
动物吞吃太阳

实例

(参见下级母题实例)

W1695.12.1.2.1
狗吞吃太阳

【关联】[W4211] 日食

实例

汉族

(参见 W4213.1 母题实例)

W1695.12.1.2.2
龙吞吃太阳

实例

(参见下级母题实例)

W1695.12.1.2.2.1
巨龙吞吃太阳

实例

纳西族 善神北时三东用雪精造的巨龙吞掉天上旱魔造的 7 个太阳。

【流传】云南省·丽江（丽江市）·大研镇（即丽江市古城区）

【出处】杨世光整理：《七星披肩的来历》，见中共丽江地委宣传部编：《纳西族民间故事选》，上海：上海文艺出版社 1981 年版，第 263 页。

W1695.12.1.2.2.2
黑龙吞吃太阳

【实例】

朝鲜族 黑龙吞吃了太阳。

【流传】（无考）

【出处】《三胎星》，见中央民族学院少数民族文艺研究所编《中国民族民间文学》，北京：中央民族学院出版社1987年版，第86页。

W1695.12.1.3
其他特定人物吞吃太阳

【实例】

（参见下级母题实例）

W1695.12.2
天塌地陷时太阳消失

【关联】［W1697.5.1］天塌地陷时月亮消失

【实例】

（参见下级母题实例）

W1695.12.2.1
天塌地陷造成太阳破碎消失

【实例】

哈尼族 天崩地陷时，太阳随着天空一起裂成碎片掉了下来。

【流传】云南省

【出处】王文清讲，毛佑全等搜集整理：《俄八美八》，见谷德明编《中国少数民族神话》，北京：中国民间文艺出版社1987年版，第332页。

W1695.12.3
太阳被偷后消失

【关联】［W9809］太阳被偷

【实例】

（参见下级母题实例）

W1695.12.3.1
特定人物偷太阳造成太阳消失

【实例】

（参见下级母题实例）

W1695.12.3.1.1
东海龙王偷太阳

【关联】［W1692.2.1.1］公龙偷太阳，母龙偷月亮

【实例】

汉族 东海龙王偷走了天上的太阳。

【流传】河北省·（邯郸市）·武安县（武安市）·康二城镇·紫泉村

【出处】陈林枝讲，冀秀生采录：《找日头》，见中国民间文学集成全国编辑委员会编《中国民间故事集成》（河北卷），北京：中国ISBN中心2003年版，第9页。

W1695.12.3.2
太阳藏洞中

【关联】［W9817］太阳藏（被保存）

在洞中

实例

汉族　太阳原来藏在一个山洞里。

【流传】河北省·（邯郸市）·武安县（武安市）·（康二城镇）·紫泉村

【出处】陈林枝讲，冀秀生采录：《找日头》，见中国民间文学集成全国编辑委员会编《中国民间故事集成》（河北卷），北京：中国 ISBN 中心 2003 年版，第 9 页。

W1695.12.4
太阳被浇灭

实例

（参见下级母题实例）

W1695.12.4.1
星星的水浇灭太阳

实例

哈萨克族　星星的水浇灭许多太阳。

【流传】（无考）

【出处】玛丽娅·科别杰讲，穆哈买提拜·拜吉格铁甫搜集，安蕾、毕桦翻译：《大地母亲》，满都呼主编《中国阿尔泰语系诸民族神话故事》，北京：民族出版社 1997 年版，第 58~59 页。

W1695.12.5
太阳被打落

实例

（参见下级母题实例）

W1695.12.5.1
恶魔打落太阳

实例

侗族　有一个名叫商朱的恶魔，造了一根大铁棍，把太阳从金钩上打落下来，天地变得一片漆黑。

【流传】

(a) 贵州省·（黔东南苗族侗族自治州）·从江县

(bc) 广西壮族自治区·（柳州市）·三江县（三江侗族自治县）·（丹洲镇）·板必村

【出处】

(a) 梁普安等讲，龙玉成采录：《救太阳》，见中国民间文学集成全国编辑委员会编《中国民间故事集成》（贵州卷），北京：中国 ISBN 中心 2003 年版，第 27 页。

(b) 黄大奶讲，鼓声等整理：《救太阳》，见谷德明编《中国少数民族神话》，北京：中国民间文艺出版社 1987 年版，第 628 页。

(c) 同 (b)，见曹廷伟编著《广西民间故事辞典》，南宁：广西教育出版社 1993 年版，第 7 页。

W1695.12.6
太阳消失的情形

实例

（参见下级母题实例）

W1695.12.6.1
太阳突然消失

【实例】

汉族 有一年冬天，太阳突然不见了。天下昏昏暗暗，混混沌沌。

【流传】浙江省·宁波市·宁海县·桥头胡（桥头胡街道）

【出处】胡能青讲，胡文态记录：《三胎星》（1985），见罗杨总主编，戴余金本卷主编《中国民间故事丛书·浙江宁波·宁海卷》，北京：知识产权出版社2015年版，第6页。

W1695.13
太阳的复出

【关联】[W9840] 请出太阳

【实例】

畲族 勇团坐上腰间的五彩腰带飞上天空去拨开乌云，让人们重见天日。

【流传】（无考）

【出处】《天眼重开》，见谷德明编《中国少数民族神话》，北京：中国民间文艺出版社1987年版，第209页。

W1695.14
太阳偷人间的宝物

【实例】

傈僳族 天上的太阳偷走了人间能起死回生的绿叶。

【流传】云南省·（怒江傈僳族自治州）·福贡县

【出处】恒白此讲，霜现月等采录：《狗吃月亮》，见中国民间文学集成全国编辑委员会编《中国民间故事集成》（云南卷），北京：中国ISBN中心2003年版，第132页。

W1695.15
太阳国

【关联】[W5936] 其他特定的国家

【实例】

景颇族

（参见W1695.15母题实例）

W1695.16
日精

【实例】

苗族 天将奉命砍马桑树时，树被砍后创口复原。玉帝又令千里眼、顺风耳往察其事。又出武库中日精、月精二斧，遣神行将军送往，更斫九十九日，其树乃断，倒如山崩。

【流传】（无考）

【出处】《马桑树》，原载谢馨藻等搜集整理《苗族民间故事》，见袁珂《中国神话大词典》，北京：华夏出版社2015年版，第416页。

W1695.16.1
食日精永不饥饿

【实例】

汉族 背明之国，有紫菊，谓之日

1.4.5　与日月有关的其他母题　　‖W1695.16.2-W1695.16.4.1‖　**2139**

精，食者至死不饥饿。

【流传】（无考）

【出处】见［晋］王嘉撰，［梁］萧绮录，齐治平校注：《拾遗记》卷六，北京：中华书局 1981 年版，第 132 页。

W1695.16.2
日精之根

实 例

（参见下级母题实例）

W1695.16.2.1
日精之根在地的洞天中

实 例

汉族　大天之内，有地中之洞天二十六所。其第八是句曲山之洞，其内有阴晖夜光，日精之根，照此空内，明并日月矣。阴晖主夜，日精主昼，形如日月之圆，飞在元空之中。

【流传】（无考）

【出处】

（a）［南朝·梁］陶宏景：《真诰·稽神枢第一》。

（b）《洞天日月》，见袁珂《中国神话大词典》，北京：华夏出版社 2015 年版，第 246 页。

W1695.16.3
日精主昼

实 例

汉族　句曲山之洞内有阴晖夜光，日精之根，照此空内，明并日月矣。阴晖主夜，日精主昼，形如日月之圆，飞在元空之中。

【流传】（无考）

【出处】

（a）［南朝·梁］陶宏景：《真诰·稽神枢第一》。

（b）《洞天日月》，见袁珂《中国神话大词典》，北京：华夏出版社 2015 年版，第 246 页。

W1695.16.4
日精的数量

实 例

（参见下级母题实例）

W1695.16.4.1
24 个日精

实 例

汉族　二十四化各有大洞，或方千里、五百里、三百里，其中皆有日月飞精，谓之伏晨之根，下照洞中，与世间无异。

【流传】（无考）

【出处】

（a）［清］俞樾：《茶香室三钞》卷一"仙家自有日月"条引《仙传拾遗》载阳平谪仙之言。

（b）《洞天日月》，见袁珂《中国神话大词典》，北京：华夏出版社 2015 年版，第 246 页。

W1696

月宫（广寒宫、月亮宫）

【关联】

① ［W1163.10a.1.1］第 11 层天是月宫

② ［W4199.2］月亮中的宫殿

实 例

汉族 目即西华馆，意合广寒宫。

【流传】（无考）

【出处】

(a)《初学记》卷二三引《曲素决辞经》。

(b)《广寒宫》，见袁珂《中国神话大词典》，北京：华夏出版社 2015 年版，第 27 页。

纳西族 崇仁丽恩（男祖先名）与册恒布白（天女名）两个从天国迁徙下来时，一夜睡在太阳宫，一夜睡在月亮宫。

【流传】云南省·丽江（丽江市）

【出处】和芳（东巴）读经，和志武翻译整理：《崇邦统》（人类迁徙记）（1954），见吕大吉、何耀华总主编《中国各民族原始宗教资料集成》（纳西族卷、羌族卷、独龙族卷、傈僳族卷、怒族卷），北京：中国社会科学出版社 2000 年版，第 327 页。

W1696.0

月亮上的广寒宫

实 例

汉族 明皇游月宫，见榜曰广寒清虚之府。

【流传】（无考）

【出处】

(a)［五代］王仁裕：《开元天宝遗事》。

(b)《广寒宫》，见袁珂《中国神话大词典》，北京：华夏出版社 2015 年版，第 27 页。

汉族 夜深星月伴芙蓉，如在广寒宫里宿。

【流传】（无考）

【出处】［唐］鲍溶：《六宿水亭》。

汉族 月亮上有一座广寒宫，宫里空荡荡的只住着嫦娥一人。

【流传】河南省·洛阳市

【出处】刘东山讲，顾丰年记录整理：《嫦娥种牡丹》，见姚宝瑄主编《中国各民族神话》（汉族），太原：山西出版传媒集团·书海出版社 2014 年版，第 237~240 页。

W1696.1

月宫的产生

实 例

（参见下级母题实例）

W1696.1.1

月宫是画出来的

【关联】

① ［W1554.7.1］太阳是神人在天上画的圆圈

② ［W1583.4.1］月亮是神人在天上画的圆圈

1.4.5 与日月有关的其他母题

实例

汉族 一个叫月亮的姑娘把画的画挂到天上，形成月宫。

【流传】河北省·秦皇岛市·抚宁县·马庄乡·李新村

【出处】王桂兰讲：《月亮姑娘》，见秦皇岛市抚宁县三套集成办公室《抚宁民间故事卷》第1集，内部编印，1987，第11~13页。

W1696.1.2
月宫是造出来的

实例

（参见下级母题实例）

W1696.1.2.1
吴刚造月宫

实例

汉族 吴刚飞到月亮后，把杵臼交给了小白兔，嫦娥看看四周空荡荡的，没房子住，就叫吴刚在月亮里造一座宫殿。

【流传】浙江

【出处】陈伟君记录整理：《奔月》，见姚宝瑄主编《中国各民族神话》（汉族），太原：山西出版传媒集团·书海出版社2014年版，第251~262页。

W1696.1.3
特定物变成月宫

实例

（参见下级母题实例）

W1696.1.3.1
月姐织的圆物变成月宫

实例

汉族 月姐（女子名）带着织出的大大的、圆圆的东西，被大风刮到天上，这时一下变成了一座透明的宫殿。

【出处】江苏省·（徐州市）·新沂市

【出处】孙仰之讲，纪昌敬记录整理：《月亮和星星》，见姚宝瑄主编《中国各民族神话》（汉族），太原：山西出版传媒集团·书海出版社2014年版，第221~223页。

W1696.2
月宫的居住者

【关联】[W4180] 月亮中的人（神）

实例

（参见下级母题实例）

W1696.2.1
月宫中住着嫦娥

【关联】[W0671.1] 嫦娥奔月

实例

汉族

（参见 W1696.1.2.1 母题实例）

W1696.2.2
月宫中住着玉兔

实例

汉族

（参见 W4194.1 母题实例）

W1696.2.3
祖先居月宫

【关联】[W0656.1] 祖先住天上

实例

苗族 （实例待考）

纳西族 崇仁丽恩（祖先名）与妻子册恒布白命（天女名）从天国迁徙下来时，一夜睡在太阳宫，照不到阳光，要当父亲了；一夜睡在月亮宫，照不到月亮，要当母亲了。

【流传】（云南省）

【出处】和芳、和志新编译：《崇邦统——人类迁徙记》，见姚宝瑄主编《中国各民族神话》（佤族、阿昌族、纳西族、普米族、德昂族），太原：山西出版传媒集团·书海出版社2014年版，第158页。

纳西族 崇仁丽恩（男祖先名）与册恒布白（天女名）两个从天国迁徙下来时，一夜睡在太阳宫，一夜睡在月亮宫。

【流传】云南省·丽江（丽江市）

【出处】和芳（东巴）读经，和志武翻译整理：《崇邦统》（人类迁徙记）（1954），见吕大吉、何耀华总主编《中国各民族原始宗教资料集成》（纳西族卷、羌族卷、独龙族卷、傈僳族卷、怒族卷），北京：中国社会科学出版社2000年版，第327页。

W1696.2.4
月宫中住着天仙

实例

彝族 月宫里有金殿银殿，宫殿里住着天仙。

【流传】（无考）

【出处】朱叶整理：《支格阿龙寻父亲》，见姚宝瑄主编《中国各民族神话》（羌族、彝族），太原：山西出版传媒集团·书海出版社2014年版，第290页。

W1696.3
月宫的看守者

【关联】[W1693.4] 太阳宫的看守

实例

（参见下级母题实例）

W1696.3.1
女巫和妖魔看守月宫

实例

柯尔克孜族 月宫外有一个女巫、四十个头的阿日达哈尔和七头魔把门。

【流传】（无考）

【出处】张彦平编译：《月宫里的美女》，见满都呼主编《中国阿尔泰语系诸民族神话故事》，北京：民族出版社1997年版，第81页。

W1696.3.2
天狗看守月宫

实 例

蒙古族 天狗是月亮姑娘的护卫者。

【流传】辽宁省·（朝阳市）·喀左县（喀喇沁左翼蒙古族自治县）·（白塔子镇）·三道营子（三道营子村）

【出处】金荣讲，靳宏琴采录：《月亮十五个门》，见中国民间文学集成全国编辑委员会编《中国民间故事集成》（辽宁卷），北京：中国 ISBN 中心 1994 年版，第 7 页。

W1696.4
月宫之旅

实 例

汉族 （东方朔）曾随师主履行，比至朱陵、扶桑、蜃海、冥夜之丘、纯阳之陵、始青之下、月宫之间。

【流传】（无考）

【出处】
（a）《海内十洲记》。
（b）《月宫》，见袁珂《中国神话大词典》，北京：华夏出版社 2015 年版，第 71 页。

汉族 罗公远引明皇游月宫，掷一竹枝于空中，为大桥，色如金。行十数里，至一大城阙。罗曰："此乃月宫也。"

【流传】（无考）

【出处】
（a）《渔樵闲话录》上篇引《逸史》。
（b）《月宫》，见袁珂《中国神话大词典》，北京：华夏出版社 2015 年版，第 71 页。

W1696.4.1
人到月宫会仙女

【关联】［W0222］天女的居所

实 例

汉族 罗公远八月十五夜侍明皇于宫中玩月。公远曰："陛下莫要月宫中看否？"帝唯之。乃以柱杖向空掷之，化为大桥，桥道如银。与明皇升桥，行若十数里，精光夺目，寒气侵人，遂至大城。公远曰："此月宫也。"见仙女数百，皆素练霓衣，舞于广庭。

【流传】（无考）

【出处】
（a）《云笈七签》卷一一三《神仙感遇传》"罗公远"条。
（b）《唐明皇游月宫》，见袁珂《中国神话大词典》，北京：华夏出版社 2015 年版，第 273 页。

W1696.5
月宫的特点

实 例

（参见下级母题实例）

W1696.5.1
月宫很华丽

【关联】［W1791.1a］天宫庄严豪华

实 例

汉族 月宫里的亭台楼阁，闪闪发

光，桂树冰泉，清香幽静。

【流传】湖南省洞庭湖一带

【出处】金春华、吴竹溪记录整理：《嫦娥奔月》，见姚宝瑄主编《中国各民族神话》（汉族），太原：山西出版传媒集团·书海出版社2014年版，第244~245页。

汉族 很久以前，月宫造得比皇帝金銮殿还讲究。

【流传】浙江省·（温州市）·文成县·大峃区（大峃镇）一带

【出处】季遇地讲，季成锋记录，夏克旭整理：《吴刚砍树》（1987.06.18），见姚宝瑄主编《中国各民族神话》（汉族），太原：山西出版传媒集团·书海出版社2014年版，第281~282页。

W1696.5.2
月宫很冷

实例

汉族 月宫里出奇的冷清。

【流传】（无考）

【出处】袁珂重述：《射日奔月》，原载袁珂《神异篇》，见陶阳、钟秀编《中国神话》（上），北京：商务印书馆2008年版，第279~288页。

W1696.6
与月宫有关的其他母题

实例

（参见下级母题实例）

W1696.6.1
月寒宫有冰天池

实例

白族 板古、板梅（男女始祖名）为造除妖之剑，在太阳宫炼铸之后，又带着炽烈的神剑飞往月寒宫的冰天池去淬火降温。

【流传】云南省·（大理白族自治州）·剑川（剑川县）

【出处】李恩发讲，李绍尼整理：《"五百天"神》，原载陶立璠、李耀宗《中国少数民族神话传说选》，四川民族出版社1985年版，见姚宝瑄主编《中国各民族神话》（白族、拉祜族、景颇族），太原：山西出版传媒集团·书海出版社2014年版，第122页。

W1697
月亮的消失

【关联】[W4247] 月全食

实例

（参见下级母题实例）

W1697.1
月亮被藏（保存）起来

【关联】[W9832] 找太阳（找月亮）

实例

（参见下级母题实例）

W1697.1.1
月亮白天藏在地下

【汤普森】A753.3.3

实例

（实例待考）

W1697.1.2
月亮被藏（保存）在柜子中

【汤普森】A754

实例

（实例待考）

W1697.1.3
月亮被（神、魔鬼等）藏（埋）在洞穴中

【汤普森】A754.1

实例

（实例待考）

W1697.2
月亮被遮蔽

实例

汉族

（参见 W4156.2 母题实例）

W1697.2.1
月亮被遮蔽是因为怪物吞月亮

【汤普森】A737.1

实例

（实例待考）

W1697.3
偷月亮

实例

（参见下级母题实例）

W1697.3.1
月亮被特定人物偷走

实例

（参见下级母题实例）

W1697.3.1.1
风雨云雾神偷月亮

实例

傣族　皮扎祸（风雨云雾之王）张开大口，把月亮吞下肚子。

【流传】云南省·（西双版纳傣族自治州）·景洪市

【出处】波岩少讲，岩温扁等翻译：《青年射日》，见中国民间文学集成全国编辑委员会编《中国民间故事集成》（云南卷），北京：中国 ISBN 中心 2003 年版，第 140 页。

W1697.3.2
从怪物那里把月亮偷回来

【汤普森】A758

实例

（实例待考）

W1697.4
动物吞吃月亮

【关联】
① [W4231] 月食的原因
② [W4232.1] 天狗吃月亮形成月食

实例

（参见下级母题实例）

W1697.4.1
蜈蚣吃月亮

实例

水族　蜈蚣吃月亮。

【流传】贵州省·（黔南布依族苗族自治州）·三都（三都水族自治县）

【出处】潘绍猷讲，潘绍猷等整理：《蜈蚣吃月亮》，见中华民族故事大系编委会编《中华民族故事大系》第9卷（水族、东乡族、纳西族），上海：上海文艺出版社1995年版，第340页。

W1697.4.2
狗吃月亮

实例

白族

（参见 W3074.3.4 母题实例）

W1697.4.3
龙吞掉月亮

实例

汉族

（参见 W1692.2.1.1 母题实例）

W1697.5
与月亮的消失与关的其他母题

实例

哈尼族

（参见下级母题实例）

W1697.5.1
天塌地陷时月亮消失

【关联】[W1695.12.2] 天塌地陷时太阳消失

实例

哈尼族　天崩地陷时，月亮随着天空一起裂成碎片掉了下来。

【流传】云南省

【出处】王文清讲，毛佑全等搜集整理：《俄八美八》，见谷德明编《中国少数民族神话》，北京：中国民间文艺出版社1987年版，第332页。

W1698
与月亮有关的其他母题

【关联】
① [W4165] 月亮中的影子
② [W6425] 月亮崇拜
③ [W7533.1] 月亮哥哥与太阳妹妹结婚
④ [W7578.2] 月亮作媒人

实例

（参见下级母题实例）

W1698.1
月亮名称的来历

实 例

（参见下级母题实例）

W1698.1.1
月亮是一个叫月亮的女子挂上去的，所以叫月亮

实 例

壮族　月亮是因为一个叫月亮的女子挂上去的，所以叫月亮。

【流传】广西壮族自治区·（桂林市）·龙胜县（龙胜各族自治县）

【出处】陈且旧整理：《月亮妹》，见中华民族故事大系编委会编《中华民族故事大系》第3卷（彝族、壮族、布依族），上海：上海文艺出版社1995年版，第392页。

W1698.1.2
盘古给挂在天上的灯取名为月亮

【关联】[W0720]盘古

实 例

布依族　盘古给挂在天上的灯取名为月亮。

【流传】贵州省·贵阳（贵阳市）

【出处】陈素兰讲，张羽超等搜集，夏云昆整理：《开天辟地》，见中华民族故事大系编委会编《中华民族故事大系》第3卷（彝族、壮族、布依族），上海：上海文艺出版社1995年版，第688页。

W1698.1.3
因为夫妻中妻子管月亮，所以叫月亮婆

【关联】[W1695.1.2]因为夫妻中丈夫管太阳，所以叫太阳公

实 例

畲族　以前，有一对夫妻，夫妻中的丈夫管太阳，所以把太阳叫做"太阳公"；因为夫妻中妻子管月亮，所以把月亮叫做"月亮婆"。

【流传】福建省·（宁德市）·福鼎（福鼎市）

【出处】李圣回讲，蓝天整理：《太阳和月亮》，见中华民族故事大系编委会编《中华民族故事大系》第8卷（畲族、高山族、拉祜族），上海：上海文艺出版社1995年版，第6页。

畲族　很早以前，天上有11个太阳，一对高大的夫妻跑到高山上射太阳后，剩下2个变成太阳和月亮。因为月亮是由妻子管的，人们就叫它"月亮婆"。

【流传】福建省·（宁德市）·寿宁（寿宁县）

【出处】钟石顺讲，肖孝正采录：《太阳和月亮》，原载《中国民间故事集成·福建卷·闽东畲族故事》，宁德地区民间文学集成编委会1990年编印，见《福建省少数民族古籍丛书》编委会编《畲族卷·民间故事》，福

W1698.1.4
与月亮名字有关的其他母题

【实例】

（参见下级母题实例）

W1698.1.4.1
月亮叫唐末

【实例】

【汉族】月亮叫唐末。

【流传】湖北省西北部一带

【出处】马卉欣整理：《盘古顶天》，见桐柏网，http://tongbai.01ny.cn，2001.01.26。

W1698.1.4.2
晚上出来的太阳叫做月亮

【关联】

① ［W9790］射日月的结果

② ［W9794.1］太阳怕被射躲藏

【实例】

【侗族】丈良、丈美兄妹俩把天上12个太阳射落10个，只留着两个在天空，白天黑夜分别照亮，白天的仍叫太阳，黑夜的后来叫月亮。

【流传】贵州省·（黔东南苗族侗族自治州）·黎平县

【出处】

（a）吴生贤、吴金松讲，杨国仁、涛声搜集整理：《龟婆孵蛋》，载《民间文学》1986年第1期。

（b）同（a），见姚宝瑄主编《中国各民族神话》（土家族、毛南族、侗族、瑶族），太原：山西出版传媒集团·书海出版社2014年版，第103页。

W1698.1.4.3
月亮是神封的神号

【关联】［W1695.1.4.8］太阳是神封的神号

【实例】

【侗族】善良的萨天巴（蜘蛛，女祖神，创世神）为给世界带来清凉造的"冰团"的名字不好听，而且按侗家人的观念，是个不祥之物。所以，贤明的萨天巴就给它一个神号，叫月亮。

【流传】广西壮族自治区·（柳州市）·三江（三江侗族自治县），（桂林市）·龙胜（龙胜各族自治县）

【出处】杨卜林喜、杨卜松林、杨明世讲，杨国仁、涛声搜集整理，蔷紫改写：《创世女神萨天巴》，原文为过伟改写自侗族创世史诗《嘎茫莽道时嘉——远祖歌》（未出版稿），见姚宝瑄主编《中国各民族神话》（土家族、毛南族、侗族、瑶族），太原：山西出版传媒集团·书海出版社2014年版，第87页。

W1698.1.4.4
月亮叫"月氏"

实例

汉族 天帝有一男一女，男的叫日氏，女的叫月氏。

【流传】浙江省·（丽水市）·青田（青田县）·（方山乡）·石前村

【出处】吴海娟讲，叶中鸣记录整理：《日氏和月氏》（1984.10.25），见姚宝瑄主编《中国各民族神话》（汉族），太原：山西出版传媒集团·书海出版社2014年版，第192~193页。

W1698.1.4.5
月亮叫"妈妈"

实例

苗族 蝴蝶妈妈死后，她的三魂之一飞升到月亮上，所以月亮和苗语"妈妈"同音同义。

【流传】（无考）

【出处】燕宝整理：《妹榜妹留》，见姚宝瑄主编《中国各民族神话》（布依族、仡佬族、苗族），太原：山西出版传媒集团·书海出版社2014年版，第279页。

W1698.2
月亮是阴类万物的主宰

实例

汉族 月者阴之宗也。

【流传】（无考）

【出处】[汉]刘安及门客：《淮南子·天文训》。

W1698.3
月亮的工具

实例

（参见下级母题实例）

W1698.3.1
月亮有小刀，会割掉不敬者的耳朵

【关联】[W6539.3]月亮禁忌

实例

汉族 （实例待考）

W1698.3.2
月亮的镜子

实例

（参见下级母题实例）

W1698.3.2.1
月亮姑娘夜里捧枚铜镜

【关联】[W1598.1.2]月亮是天神的铜镜

实例

汉族 月亮是个文气的小姑娘。她在夜里捧枚铜镜帮人照路道。

【流传】浙江省·（金华市）·东阳县（东阳市）南部各乡镇

【出处】申屠和兰讲，周中帆记录整理：

《日月成亲》，见姚宝瑄主编《中国各民族神话》（汉族），太原：山西出版传媒集团·书海出版社2014年版，第201~202页。

W1698.3a
月亮撒尿

实例

（参见下级母题实例）

W1698.3a.1
月亮撒尿会使人生病

【关联】［W8640］瘟疫的产生（疾病的产生）

实例

基诺族 晒尿片在日落前必须收回，据说月亮与星星出来后会在尿片上屙尿，婴儿会因此得病。

【流传】云南省·（西双版纳傣族自治州·景洪市）·基诺山（基诺山基诺族乡）·巴亚中寨、戛里果箐

【出处】不拉孜等讲，杜玉亭调查整理：《巴亚寨产妇产期礼俗》（1989），见吕大吉、何耀华总主编《中国各民族原始宗教资料集成》（彝族卷、白族卷、基诺族卷），北京：中国社会科学出版社1996年版，第884页。

W1698.4
月亮的服饰

实例

（参见下级母题实例）

W1698.4.1
月亮的青丝帕

实例

汉族 月亮的青丝帕是母亲王母娘娘给她做防身用的。

【流传】陕西省·（商洛市）·商南县·沙坪乡·永红村

【出处】陈西南讲，孙桂霞采录：《月亮和太阳》，见中国民间文学集成全国编辑委员会编《中国民间故事集成》（陕西卷），北京：中国ISBN中心1996年版，第11页。

W1698.4.2
月亮的衣服

实例

（参见下级母题实例）

W1698.4.2.1
月亮穿着白麻布衣衫

实例

纳西族 月亮妹妹却穿着素洁的白麻布衣衫，人们怎样看都越看越觉得月亮漂亮。

【流传】云南省·（丽江市）·丽江县（古城区、玉龙纳西族自治县）

【出处】木丽春采集整理：《太阳眩人眼睛的传说》，见木丽春编著《纳西族民间故事集》，昆明：云南人民出版社2007年版，第131页。

1.4.5 与日月有关的其他母题 ‖W1698.4.2.2–W1698.5.1.1‖ 2151

W1698.4.2.2
月亮穿着银裙
【关联】［W1624.3.1］月亮银色是因为造月亮者给月亮穿上银裙

实 例

瑶族（布努）密洛陀（万物之母，女始祖，女神）给造出月亮穿上银裙装。

【流传】广西壮族自治区·（河池市）·都安县（都安瑶族自治县）、巴马县（巴马瑶族自治县）、南丹县，（百色市）·田东县、平果县等地

【出处】桑布郎等传，蒙凤标（83岁）、罗仁祥（73岁）等唱：《密洛陀》（1983），见蓝怀昌、蓝书京、蒙通顺搜集翻译整理《密洛陀》，北京：中国民间文艺出版社1988年版，第15页。

W1698.4.2.3
月亮姑娘穿银衣

实 例

哈尼族 万能的大神、最高的神王阿匹梅烟为她生的第四个姑娘叫"永生不死的约回月亮姑娘"，穿的是银衣裳。

【流传】（云南省·红河哈尼族彝族自治州·元阳县）

【出处】朱小和讲，史军超搜集整理：《永生不死的姑娘》，原载云南省民间文学集成办公室编《哈尼族神话传说集成》，中国民间文艺出版社1990年版，见姚宝瑄主编《中国各民族神话》（哈尼族、傣族），太原：山西出版传媒集团·书海出版社2014年版，第168页。

哈尼族 最高的神王阿匹梅烟女神生九个姑娘，并给九个姑娘取名字。其中，第四个姑娘叫"永生不死的约回月亮姑娘"，穿的是银衣裳。

【流传】云南省·（红河哈尼族彝族自治州·元阳县·攀枝花乡·硐蒲寨）

【出处】朱小和讲，史军超搜集整理：《永生不死的姑娘》，原载《哈尼族神话传说集成》，见陶阳、钟秀编《中国神话》（下），北京：商务印书馆2008年版，第1095～1099页。

W1698.5
月华
【关联】［W0284.2］月精

实 例

（参见下级母题实例）

W1698.5.1
月华是特定物

实 例

（参见下级母题实例）

W1698.5.1.1
月华是桂树叶

实 例

汉族 年年八月中秋月亮最大最圆时，月亮上砍桂树的吴刚就向下丢一瓣叶子。这瓣丢下来的叶子，掉到地

上，就叫月华。

【流传】浙江省·宁波市·镇海区·骆驼（骆驼街道）·东钱村

【出处】陈佩珍讲，陈奎观记录整理：《拾月华》（1987.06.15），见姚宝瑄主编《中国各民族神话》（汉族），太原：山西出版传媒集团·书海出版社2014年版，第271~272页。

W1698.5.1.2
月华是月宫树屑

【关联】［W4197］月亮中的树

实 例

汉族 在八月十五这天，月宫中的吴刚放下斧头去追天狗时，才有一根根树屑掉下地来，不再生回去。这树屑脱落天，就是月华。

【流传】浙江省·（宁波市）·宁海县·麻山乡·长田头村

【出处】麻彩云讲，麻承照记录整理：《吴刚砍娑婆树》（1986.12），见姚宝瑄主编《中国各民族神话》（汉族），太原：山西出版传媒集团·书海出版社2014年版，第265~277页。

W1698.5.1.2.1
月华是月宫娑婆树的树屑

实 例

汉族 吴刚在月宫中砍娑婆树，有些树屑从天上落下来，就是月华。

【流传】浙江省·（宁波市）·宁海县·麻山乡（今麻山乡与桑洲镇合并为桑洲镇）

【出处】麻云彩讲，麻承照采录：《吴刚砍娑婆树》，见中国民间文学集成全国编辑委员会编《中国民间故事集成》（浙江卷），北京：中国ISBN中心1997年版，第31页。

W1698.5.2
月华可以使人发财

实 例

汉族 月亮上的桂树叶被吴刚丢到地上，就是月华。它是聚宝盆，是宝贝，谁得到谁发财。

【流传】浙江省·宁波市·镇海区·骆驼（骆驼街道）·东钱村

【出处】陈佩珍讲，陈奎观记录整理：《拾月华》（1987.06.15），见姚宝瑄主编《中国各民族神话》（汉族），太原：山西出版传媒集团·书海出版社2014年版，第271~272页。

W1698.5.2a
月华可以使人成仙

实 例

汉族 月宫里的娑婆树是一棵神树。吴刚砍娑婆树时落到地上的树屑就是月华。谁吃了月华，就能成仙上天。

【流传】浙江省·宁波市·宁海县·麻山乡·田头村

【出处】麻彩云讲，麻承照记录：《兄妹结婚》（1986.12），见罗杨总主编，戴余金本卷主编《中国民间故事丛书·浙江宁波·宁海卷》，北京：知识产权出版社 2015 年版，第 6 页。

W1698.5.3
拾月华

实 例

汉族 中秋夜时，许许多多人家都睡在屋外，是想月华能掉到自己身上，或者看到它掉下去拾回来，这就叫拾月华。

【流传】浙江省·宁波市·镇海区·骆驼（骆驼街道）·东钱村

【出处】陈佩珍讲，陈奎观记录整理：《拾月华》（1987.06.15），见姚宝瑄主编《中国各民族神话》（汉族），太原：山西出版传媒集团·书海出版社 2014 年版，第 271～272 页。

W1698.5.3.1
八月十六拾月华

实 例

汉族 八月十六日夜里，男男女女，老老少少都睡在露天下，仰躺在竹椅、板凳或凉席上，等着月华从天上掉进嘴里。

【流传】浙江宁波与台州相邻一带

【出处】麻彩云讲，麻承照记录整理：《吴刚砍娑婆树》附记（1986.12），见姚宝瑄主编《中国各民族神话》（汉族），太原：山西出版传媒集团·书海出版社 2014 年版，第 265～277 页。

W1698.6
假月亮

实 例

（参见下级母题实例）

W1698.6.1
怪鸟的蛋变假月亮

实 例

苗族 一只九头怪鸟的 8 个金蛋和 8 个银蛋变成了 8 个假太阳和 8 个假月亮。

【流传】（无考）

【出处】《明那雄斗日月》，见中国各民族宗教与神话大词典编审委员会编《中国各民族宗教与神话大词典》，北京：学苑出版社 1990 年版，第 485 页。

W1698.6.2
乌鸦的银蛋孵出假月亮

实 例

苗族 乌鸦在太阳树上下的 8 个金蛋孵出 8 个假太阳。在月亮树上下的 8 个银蛋孵出 8 个假月亮。

【流传】湖南省·（常德市）·武陵（武陵区）

【出处】吴凤满、唐求九唱：《板东辰》，见龙岳洲等编《武陵苗族古歌》，贵阳：贵州民族出版社 1994 年版，第 5 页。

W1698.7
野月亮

实例

（参见下级母题实例）

W1698.7.1
雾露与云团婚生野月亮

实例

景颇族　雾露和云团是一对夫妻，孕育了野月亮。

【流传】云南省·（德宏傣族景颇族自治州）·盈江县·支丹山吾寨（不详）

【出处】萧家成译著：《勒包斋娃——景颇族创世史诗》，北京：民族出版社1992年版，第2页。

W1698.8
月亮的食物

【关联】[W1692.1]日月的喂养

实例

（参见下级母题实例）

W1698.8.1
神用银汁喂月亮

实例

布朗族　神巨人顾米亚的女儿拿银汁喂月亮。

【流传】（a）云南省·（西双版纳傣族自治州）·勐海县

【出处】（a）岩的兴讲，朱嘉禄采录：《顾米亚》，见中国民间文学集成全国编辑委员会编《中国民间故事集成》（云南卷），北京：中国ISBN中心2003年版，第150页。

（b）朱嘉禄整理：《顾米亚》，见谷德明编《中国少数民族神话》，北京：中国民间文艺出版社1987年版，第480页。

W1698.9
月亮的护卫者

实例

（参见下级母题实例）

W1698.9.1
天狗是月亮姑娘的护卫

【关联】[W1696.3.2]天狗看守月宫

实例

蒙古族　天狗是月亮姑娘的护卫者，忠实地看守着月宫。

【流传】辽宁省·（朝阳市）·喀左县（喀喇沁左翼蒙古族自治县）·（白塔子镇）·三道营子（三道营子村）

【出处】金荣讲，靳宏琴采录：《月亮十五个门》，见中国民间文学集成全国编辑委员会编《中国民间故事集成》（辽宁卷），北京：中国ISBN中心1994年版，第7页。

W1698.10
月亮受惩罚

实例

（参见下级母题实例）

W1698.10.1
阉割月亮

【关联】［W1600.5.1］日月被阉割

实 例

壮族　猎人特桄射日后，把剩下的把太阳和月亮的生殖器官阉掉了。

【流传】（无考）

【出处】《射太阳》，原载蓝鸿恩搜集整理《神弓宝剑》，中国民间文艺出版社 1985 年版，见吕大吉、何耀华总主编《中国各民族原始宗教资料集成》（土家族卷、瑶族卷、壮族卷、黎族卷），北京：中国社会科学出版社 1998 年版，第 608 页。

W1698.11
月亮的死亡

【关联】
① ［W1625.3］月亮不死
② ［W1695.11］太阳的死亡

实 例

（参见下级母题实例）

W1698.11.1
月亮由圆变缺就是死亡

实 例

彝族　月亮不死也不真，月亮由圆变缺便算死。

【流传】四川省·（凉山彝族自治州）大、小凉山一带

【出处】何耀华：《试论彝族的祖先崇拜》，载《贵州民族研究》1983 年第 4 期。

W1698.12
月亮的魂

实 例

（参见下级母题实例）

W1698.12.1
月亮在广寒宫养魄

实 例

汉族　冬至后，月养魄于广寒宫。

【流传】（无考）

【出处】
(a)《锦绣万花谷》前集卷一引东方朔《十洲记》。
(b)《广寒宫》，见袁珂《中国神话大词典》，北京：华夏出版社 2015 年版，第 27 页。

W1698.13
月亮受赞美的来历

实 例

（参见下级母题实例）

W1698.13.1
月亮受人赞美源于月亮母亲的誓言

实 例

汉族　温柔的月亮长年累月地挂在天

上，人们永远称赞她。是因为她的母亲的誓言造成的。

【流传】浙江省·（台州市）·仙居县

【出处】顾碧芬讲，应洪川记录：《太阳、月亮和风的来历》，见姚宝瑄主编《中国各民族神话》（汉族），太原：山西出版传媒集团·书海出版社2014年版，第220~221页。

1.5 星辰
【W1700～W1779】

1.5.1 星星的产生
【W1700～W1729】

✿ W1700
星星的产生
【汤普森】A760

实例

（参见下级母题实例）

W1700.1
以前没有星星

【关联】［W1540.1］以前没有日月

实例

阿昌族 以前天上没有星星。

【流传】云南省·（德宏傣族景颇族自治州）·梁河（梁河县）

【出处】孙广强讲，赵文彪搜集：《叫天雀》，见中华民族故事大系编委会编《中华民族故事大系》第13卷（仡佬族、锡伯族、阿昌族），上海：上海文艺出版社1995年版，第945页。

汉族 很早以前，天上没有星星，只有月亮仙女。

【流传】北京市·丰台区

【出处】王德茂讲，赵美琳采录：《启明星、长庚星、北极星》，见中国民间文学集成全国编辑委员会编《中国民间故事集成》（北京卷），北京：中国ISBN中心1999年版，第10页。

W1700.1.1
洪荒时代没有星星

实例

纳西族 洪荒时代，混沌未开，没有日月，没有星辰。

【流传】（无考）

【出处】《人祖利恩》，见姚宝瑄主编《中国各民族神话》（佤族、阿昌族、纳西族、普米族、德昂族），太原：山西出版传媒集团·书海出版社2014年版，第173～174页。

W1700.1.2
天刚造出时没有星星

实例

彝族 刚造出的天光秃秃的，天上没有日月，也没有星星。

【流传】（云南省·楚雄彝族自治州·姚安县·官屯乡·马游村，大姚县·昙华乡等）

【出处】

(a) 郭天元（马游村）、李申呼颇（昙华乡）、李福玉颇（苴）演唱，郭思九、许明学、龚维顺、张宝省、陈志群、胡炳文等搜集，刘德虎、龚维顺、陈志群、李树荣、郭天元等整理：《梅葛》（第一部"创世"），见云南省民族民间文学楚雄调查队《梅葛》（1959），昆明：云南人民出版社2009年版。

（b）《打虎开天辟地》，蔷紫据云南省民族民间文学楚雄调查队著《梅葛》（云南人民出版社2009年版）改写，见姚宝瑄主编《中国各民族神话》（羌族、彝族），太原：山西出版传媒集团·书海出版社2014年版，第194页。

W1700.1.3
太古时没有星星

实　例

彝族 在太古的时候，天地还没开辟前，头上没有天，没有星云雷雨。

【流传】云南省·（楚雄彝族自治州）·永仁县

【出处】

（a）曲木阿石等讲，罗有能整理：《更资天神》，见云南省楚雄州文教局、云南省楚雄州民委会编《楚雄民间文学资料》，内部资料，1979年。

（b）同（a），见姚宝瑄主编《中国各民族神话》（羌族、彝族），太原：山西出版传媒集团·书海出版社2014年版，第173页。

W1700.1.4
与没有星星有关的其他母题

实　例

（参见下级母题实例）

W1700.1.4.1
以前只有日月没有星星

实　例

汉族 很久以前，天上只有月亮和太阳，没有星星。

【流传】辽宁省·（沈阳市）·新民（新民市）北部地区

【出处】刘国文讲，刘玉双记录整理：《星星的由来》，见姚宝瑄主编《中国各民族神话》（汉族），太原：山西出版传媒集团·书海出版社2014年版，第289~290页。

藏族 从前，天上只有太阳和月亮，没有一颗小星星。

【流传】（无考）

【出处】

（a）觉乃尔讲，王彰明搜集整理：《星星的由来》，载《民间文学》1983年第10期。

（b）同（a），见姚宝瑄主编《中国各民族神话》（门巴族、珞巴族、怒族、藏族），太原：山西出版传媒集团·书海出版社2014年版，第93页。

藏族 昔天上但有太阳、月亮而无星星，遇无月之夜，大地一片漆黑。

【流传】（无考）

【出处】《老人星》，原载陶阳、钟秀编《中国神话》（原名《星星的由来》），见袁珂《中国神话大词典》，北京：华夏出版社2015年版，第408页。

W1700.1.4.2
以前只有太阳没有星星

实 例

汉族 以前，天上没有星星和月亮，只有一个太阳。

【流传】江苏省·（徐州市）·新沂市

【出处】孙仰之讲，纪昌敬记录整理：《月亮和星星》，见姚宝瑄主编《中国各民族神话》（汉族），太原：山西出版传媒集团·书海出版社 2014 年版，第 221～223 页。

W1700.1.4.3
以前没有月亮和星星

实 例

朝鲜族 天上原本是没有月亮和星星。

【流传】辽宁省·（抚顺市）·新宾（新宾满族自治县）、抚顺（抚顺县）等地

【出处】吉惠淑讲，裴永镇记录整理：《月顺和星顺》，见姚宝瑄主编《中国各民族神话》（满族、赫哲族、朝鲜族），太原：山西出版传媒集团·书海出版社 2014 年版，第 157～161 页。

W1700.2
星星产生的原因

实 例

（参见下级母题实例）

W1700.2.1
为照亮黑夜产生星星

实 例

藏族 宝珠和一位老人化为天上的星星后，黑夜始有光明。

【流传】（无考）

【出处】《老人星》，原载陶阳、钟秀编《中国神话》（原名《星的由来》），见袁珂《中国神话大词典》，北京：华夏出版社 2015 年版，第 408 页。

W1701
星星来源于某个地方

实 例

（参见下级母题实例）

W1701.1
人喊出星星

实 例

彝族 阿吕居子（人名）造好了竹木房，又宰了一只白阉鸡来祭。摆了四盘烧鸡肉，放在竹木房的四角，然后继续喊星星。三天喊到晚，喊出三排星。三夜喊到亮，喊出四神星。从此，天上的星斗数不尽。

【流传】（四川省·凉山彝族自治州）

【出处】

（a）冯元蔚译：《勒俄特依》，成都：四川民族出版社 1986 年版。

（b）冯元蔚译，蕾紫改写：《勒俄特

依》，见姚宝瑄主编《中国各民族神话》（羌族、彝族），太原：山西出版传媒集团·书海出版社 2014 年版，第 160~161 页。

W1701.2
天神放出星星

实例

彝族（罗罗泼） 月亮在夜间运行感到十分孤单。尼支甲洛（创世的英雄名）请求天神后，天神便又放出众星星，从此，众星便在晚上陪着月亮过生活。

【流传】云南省·（楚雄彝族自治州）·南华县·五街（五街镇）

【出处】李发彪等演唱，吉厚培、夏光辅搜集整理：《青棚调——彝族支系罗罗泼古歌》，原载云南省社会科学院楚雄彝族文化研究所编《彝族民间文学》第 2 辑，1985 年，见姚宝瑄主编《中国各民族神话》（羌族、彝族），太原：山西出版传媒集团·书海出版社 2014 年版，第 171 页。

W1701.3
星星从天洞中落下来

实例

汉族 共工撞完不周山没事了，漏子可捅大了：地往东南陷，海水咕嘟咕嘟往上涌；天往西北塌，大窟窿小眼子的，连星星都装不住了，一个个噼里啪啦往下掉。

【流传】（a）吉林·长春市·伊通县（伊通满族自治县）·伊丹镇

【出处】
（a）张久成、瓮圈村讲，施立学采录：《女娲补西北天》（1990），见中国民间文学集成全国编辑委员会编《中国民间故事集成》（吉林卷），北京：中国文联出版公司 1992 年版，第 1 页。
（b）同（a），见陶阳、钟秀编《中国神话》（上），北京：商务印书馆 2008 年版，第 398 页。

W1701.4
特定人物赐予星星

实例

（参见下级母题实例）

W1701.4.1
男始祖布洛陀送给人星星

实例

壮族 人们十分喜爱祖先保洛陀给的星星。

【流传】（无考）

【出处】岭隆业、杨荣杰、金稼民搜集、整理：《铜鼓的来历》，原载蓝鸿恩编《壮族民间故事选》，上海文艺出版社 1984 年版，见姚宝瑄主编《中国各民族神话》（仫佬族、壮族、京族），太原：山西出版传媒集团·书海出版社 2014 年版，第 149 页。

W1702
星星自然产生

实例

（参见下级母题实例）

W1702.1

动物的角刺破天后产生星星

【关联】[W1366.8] 动物撞破天

实例

纳西族 神鸡额玉额玛生的一个蛋撞在岩石上，生出多种动物。其中，父族生冠种，料想生冠子，又不生红冠，却生一对角，角长撑住天，天上布了星。

【流传】（云南省）

【出处】和芳、和志新编译：《崇邦统——人类迁徙记》，见姚宝瑄主编《中国各民族神话》（佤族、阿昌族、纳西族、普米族、德昂族），太原：山西出版传媒集团·书海出版社 2014 年版，第 139～140 页。

W1702.2

怪鸡撞开云雾后出现星星

实例

纳西族 一只怪鸡拿头上的高角撞开了天上的云雾，天上便出现日月星辰。

【流传】（无考）

【出处】《人祖利恩》，见姚宝瑄主编《中国各民族神话》（佤族、阿昌族、纳西族、普米族、德昂族），太原：山西出版传媒集团·书海出版社 2014 年版，第 174 页。

W1702.3

太阳落下去后自然出现星星

实例

哈尼族 混沌中产生天后，出现太阳。太阳落下去以后，又有圆圆的月亮和密密麻麻的星星冒了出来

【流传】云南省·（普洱市）·孟连县（孟连傣族拉祜族佤族自治县）

【出处】李格、王富帮讲，张犁翻译，李灿伟、莫非搜集整理：《天、地、人和万物的起源》，原载云南省民间文学集成办公室编《哈尼族神话传说集成》，中国民间文艺出版社 1990 年版，见姚宝瑄主编《中国各民族神话》（哈尼族、傣族），太原：山西出版传媒集团·书海出版社 2014 年版，第 59 页。

✳ W1703

星星是造出来的（造星星）

实例

（参见下级母题实例）

W1703a

造星星的原因

实例

（参见下级母题实例）

W1703a.1

为驱散黑暗造星星

实例

彝族 混沌最早变化产生的索恒哲（原书解释为哲人名字，本书认为是最早产生的天神的名称），第二次造出天地后，发现天地仍然黑暗。于是决定造会发光的星星。

【流传】（贵州省彝族地区）

【出处】《索恒哲》，见王富慧（珠尼阿依）译著，贵州省民族古籍整理办公室编《彝族神话史诗选》，北京：民族出版社2013年版，第10~11页。

W1704
神或神性人物造星星

【关联】
① ［W1723.7.1］神喷的火变成星星
② ［W1746.0］神造出彗星

实例

仡佬族 布什格（神名）造天时，制星星。

【流传】贵州省·（遵义市）·遵义县·平正公社（平正仡佬族乡）

【出处】

（a）陈保和讲，田兴才等搜集：《布什格制天，布比密制地》，见陶立璠、赵桂芳等编《中国少数民族神话汇编》（开天辟地篇等），中央民族学院少数民族古籍整理出版规划领导小组办公室印（未署出版时间），第325页。

（b）同（a），陈保和讲，田兴才搜集：《布什格制天，布比密制地》，见贵州民研会、贵州民族学院编《民间文学资料》第49集，内部资料，1982年。

（c）见谷德明编《中国少数民族神话》，北京：中国民间文艺出版社1987年版，第671页。

（d）陈保和讲，田兴才等采录：《制天制地》，见中国民间文学集成全国编辑委员会编《中国民间故事集成》（贵州卷），北京：中国ISBN中心2003年版，第7页。

拉祜族 （实例待考）

W1704.1
天神造星星

实例

佤族 最大的天神俚在光滑平坦的天上磨出了星星。

【流传】云南省·（普洱市）·西盟县（西盟佤族自治县）

【出处】达老屈等讲，隋嘎等采录：《司岗里》，见中国民间文学集成全国编辑委员会编《中国民间故事集成》（云南卷），北京：中国ISBN中心2003年版，第96页。

W1704.1.1
天公播出星星

实例

阿昌族 天公遮帕麻甩"赶山鞭"播星星。

【流传】（无考）

【出处】《遮帕麻与遮米麻》，见中国各民族宗教与神话大词典编审委员会编《中国各民族宗教与神话大词典》，北京：学苑出版社1990年版，第3页。

W1704.1.2
天神先造的小星，后造的大星

实例

彝族 星星会说话 混沌最早变化产

生的索恒哲（原书解释为哲人名字，本书认为是最早产生的天神的名称）先造的小星，后造的大星，这些星星全都会说话，全都会活动。

【流传】（贵州省彝族地区）

【出处】《索恒哲》，见王富慧（珠尼阿依）译著，贵州省民族古籍整理办公室编《彝族神话史诗选》，北京：民族出版社2013年版，第15~16页。

W1704.2
女神造星星

实例

维吾尔族 （实例待考）

W1704.2.1
伢俣女神造星星

【关联】[W1851.0.3.1]始祖婆伢俣造五岳

实例

水族 女神伢俣分开天地，造出日月后，有造了无数的星星，全都被撒在天上。

【流传】（无考）

【出处】潘静流唱，燕宝记译，化斯改写：《伢俣开创世界》（原名《造天造地》），见姚宝瑄主编《中国各民族神话》（水族、布朗族、独龙族、基诺族、傈僳族），太原：山西出版传媒集团·书海出版社2014年版，第5页。

W1704.2.2
女神撒到天空的泥巴变成星星

实例

瑶族（布努） 密洛陀（万物之母，女始祖，女神）从地上抓起十二把泥，泥巴变成金珠撒在天上，满天有了闪亮的繁星。

【流传】广西壮族自治区·（河池市）·都安县（都安瑶族自治县）、巴马县（巴马瑶族自治县）、南丹县，（百色市）·田东县、平果县等地

【出处】桑布郎等传，蒙凤标（83岁）、罗仁祥（73岁）等唱：《密洛陀》（1983），见蓝怀昌、蓝书京、蒙通顺搜集翻译整理《密洛陀》，北京：中国民间文艺出版社1988年版，第17页。

W1704.3
创世者造星星

【汤普森】A760.1

实例

（实例待考）

W1704.4
祖先造星星

实例

布依族 布灵（又译"独零"，布依语"人猿"，含"祖先"之意）用亮晶石砸碎撒上天变成星星。

【流传】（无考）

【出处】《造万物》第三章，见BBS水木清华站：http://www.smth.edu.cn，2006.07.20。

W1704.4.1
男祖先造星星

实例

苗族　火布当（男性祖先名）造星星。

【流传】贵州省·（安顺市）·紫云县（紫云苗族布依族自治县）麻山苗区

【出处】杨再华唱诵，杨正江译：《亚鲁族源》，见中国民间文艺家协会主编《亚鲁王》，北京：中华书局2011年版，第32页。

W1704.4.1.1
男始祖布洛陀造星星

【关联】[W0670.4]与布洛陀有关的其他母题

实例

壮族　布洛陀造太阳、月亮和星星。

【流传】（无考）

【出处】《布洛陀》，见中国各民族宗教与神话大词典编审委员会编《中国各民族宗教与神话大词典》，北京：学苑出版社1990年版，第783页。

壮族　始祖布洛陀上天去造日月五星，世间才见光明。

【流传】广西壮族自治区红水河地区（红水河一带）

【出处】覃剑萍搜集整理：*《祭始祖布洛陀》（1990），见吕大吉、何耀华总主编《中国各民族原始宗教资料集成》（土家族卷、瑶族卷、壮族卷、黎族卷），北京：中国社会科学出版社1998年版，第531页。

W1704.4.2
女祖先造星星

实例

（实例待考）

W1704.5
其他神或神性人物造星星

实例

（参见下级母题实例）

W1704.5.1
火神撒出星星

实例

满族　突姆火神怜悯夜夜摸黑的人类，便把自己身上的一束束光毛撕下来，抛到黑空中，化成依兰乌西哈（三星）、那丹乌西哈（七星）、明安乌西哈（千星）、图门乌西哈（万星）。

【流传】黑龙江省·黑河地区（黑河市）·孙吴县·（沿江满族达斡尔族乡）·四季屯（四季屯村）

【出处】吴纪贤、富希陆讲：《天宫大战——黑水女真人传世神话》（1939，选自富育光、郭淑云整理的手稿），见姚宝瑄主编《中国各民族神话》

（满族、赫哲族、朝鲜族），太原：山西出版传媒集团·书海出版社2014年版，第29页。

W1705
特定的神或神性人物造星星

实例

（参见下级母题实例）

W1705.1
盘古造星星

【关联】

① ［W1505.1］ 盘古造万物
② ［W1543.2.1］ 盘古造日月

实例

朝鲜族 （实例待考）

汉族 盘古爬到天上，造星星。

【流传】 浙江省·湖州市·镇西乡·赵家坪（不详）

【出处】 冯雨轩讲，钟铭采录：《华胥补天》，见中国民间文学集成全国编辑委员会编《中国民间故事集成》（浙江卷），北京：中国ISBN中心1997年版，第18页。

W1705.2
真主让天空出现星星

实例

回族 安拉造了许多星星挂在天上。

【流传】 黑龙江省·（牡丹江市）·绥芬河市

【出处】 杨明岱讲，周爱民采录：《阿丹人祖》，见中国民间文学集成全国编辑委员会编《中国民间故事集成》（黑龙江卷），北京：中国ISBN中心2005年版，第20页。

回族 仁慈的真主降下了"口唤"（即"命令"、"允许"），夜晚便出现了亮晶晶的星星。

【流传】 宁夏回族自治区·银川（银川市）

【出处】 王甫成讲，谢荣搜集整理：《人祖阿旦》，见中华民族故事大系编委会编《中华民族故事大系》第1卷（汉族、蒙古族、回族），上海：上海文艺出版社1995年版，第745~746页。

W1705.3
牛郎神造星星

实例

壮族 牛郎神造星星。

【流传】 广西壮族自治区·（柳州市）·柳江（柳江县）·穿山乡·板穿山村

【出处】 覃少华唱：《世间万物从哪来》，见张声震总主编，农冠品编注《壮族神话集成》，南宁：广西民族出版社2007年版，第11页。

W1705.4
其他特定的神或神性人物造星星

实例

（参见下级母题实例）

W1705.4.1
神巨人造星星

实例

布朗族

(参见 W1758.2 母题实例)

W1705.4.2
阿继神造星星

实例

彝族 祖先早就说过，天上的星星是阿继神造的。

【流传】云南省·（红河哈尼族彝族自治州）·弥勒县、泸西县，（昆明市）·路南县（石林彝族自治县）等地

【出处】毕荣亮讲，光未然采集整理，古梅改写：《创世纪》，见姚宝瑄主编《中国各民族神话》（羌族、彝族），太原：山西出版传媒集团·书海出版社 2014 年版，第 92 页。

W1705.4.3
高辛帝造星星

【关联】[W1725.6.3.1] 高辛帝补天的宝石变成星星

实例

畲族 高辛帝钉天形成星星。

【流传】（无考）

【出处】陈玮君整理：《高辛和龙王》，见谷德明编《中国少数民族神话》，北京：中国民间文艺出版社 1987 年版，第 203 页。

W1706
人造星星

【关联】[W1543.3] 人造日月

实例

壮族 保洛陀（男祖先名）让地上的人们自己动手造出一种地上的星星，比天星更好更有用。

【流传】（无考）

【出处】岭隆业、杨荣杰、金稼民搜集、整理：《铜鼓的来历》，原载蓝鸿恩编《壮族民间故事选》，上海文艺出版社 1984 年版，见姚宝瑄主编《中国各民族神话》（仫佬族、壮族、京族），太原：山西出版传媒集团·书海出版社 2014 年版，第 150 页。

W1706.1
射日者造星星

实例

土家族 土家族射日的小伙卵雨在天上洒出星星，北斗星、南斗星、紫薇星，满天都是。

【流传】湖南省·（湘西土家族苗族自治州）·龙山县·（湾塘乡）·坡脚（坡脚村）

【出处】向凤阳讲，彭勃搜集翻译整理：《太阳和月亮》，见谷德明编《中国少数民族神话》，北京：中国民间文艺出版社 1987 年版，第 177 页。

W1706a
动物造星星
实例

（参见下级母题实例）

W1706a.1
龙造星星
实例

〖彝族〗小龙诺谷造星宿，派使夜间出。

【流传】云南省·红河（红河哈尼族彝族自治州）·元阳（元阳县）、绿春（绿春县）、石屏（石屏县），（玉溪市）元江（哈尼族彝族傣族自治县），（普洱市）·墨江（哈尼族自治县）等

【出处】龙保贵搜集整理，黄建明摘录：《祭龙的根由》，见吕大吉、何耀华总主编《中国各民族原始宗教资料集成》（彝族卷、白族卷、基诺族卷），北京：中国社会科学出版社1996年版，第280~281页。

W1707
造星星的材料
【关联】［W1757］星星是某种特殊的东西

实例

（参见下级母题实例）

W1707.1
用土和石造星星
实例

〖壮族〗星星是用土和石造出来。

【流传】广西壮族自治区·（百色市）·隆林（隆林各族自治县）

【出处】杨业荣等整理：《铜鼓的传说》，见中华民族故事大系编委会编《中华民族故事大系》第3卷（彝族、壮族、布依族），上海：上海文艺出版社1995年版，第423页。

W1707.1.1
布洛陀用三彩泥和孔雀石造星星
【关联】［W1707.5.1］炼孔雀石造星星

实例

〖壮族〗始祖布洛陀带领人们挖来三彩泥（壮族制作烧陶的特质泥土。分油黑、雪白、金黄三色），先做成模子，又采来好看的孔雀石，用青冈柴烧炼的孔雀石变成了金光灿灿的溶浆。然后把溶浆倒进三彩泥模子里，造出一个个两头圆大、中间小、有四只耳朵的金光闪闪的东西。这些东西上面有刀箭、斧凿、鱼叉、耕织、狩猎、航行、游戏和占卜等许多图案；它一头封顶一头空，封顶上边是一个又大又亮的星星。大星星周围还有许多小星星。

【流传】广西壮族自治区·（百色市）·西林县

【出处】岑永钦、黎显春讲，岑隆业、

杨荣杰、金稼民整理：《铜鼓的来历》，原载选自蓝鸿恩编《壮族民间故事选》，见陶阳、钟秀编《中国神话》（下），北京：商务印书馆 2008 年版，第 1271~1274 页。

W1707.2
用月亮造星星

【汤普森】J2271.2.2

实例

（实例待考）

W1707.3
用牛牙做星星

【关联】［W1744.1］牛牙变成启明星

实例

哈尼族

（参见 W1724.3.4 母题实例）

W1707.4
用银造星星

实例

哈尼族 天上的三四五神用银子做成了满天星星。

【流传】云南省·（玉溪市）·元江县（元江哈尼族彝族傣族自治县）·咪哩乡、羊岔街乡及因远镇一带

【出处】《开天辟地歌》，见元江县哈尼文化学会、元江县史志编纂办公室编《元江哈尼族古歌集》，内部编印，2005 年，第 10 页。

W1707.5
炼石造星星

实例

（参见下级母题实例）

W1707.5.1
炼孔雀石造星星

【关联】［W1864.4.2］孔雀石的来历

实例

壮族 保洛陀用青钢柴烧炼孔雀石造星星。

【流传】广西壮族自治区·（百色市）·西林县

【出处】岑永钦等讲，岑隆业等搜集整理：《铜鼓的传说》，见谷德明编《中国少数民族神话》，北京：中国民间文艺出版社 1987 年版，第 116 页。

W1707.6
其他特定的材料造星星

实例

（参见下级母题实例）

W1707.6.1
神巨人用犀牛的眼造星星

实例

布朗族 神巨人顾米亚挖下犀牛的眼做星星。

【流传】云南省

【出处】

(a) 朱嘉禄整理：《顾米亚》，见陶阳、

钟秀编《中国神话》，上海：上海文艺出版社 1996 年版，第 105 页。

(b)《顾米亚》，见中央民族学院少数民族文艺研究所编《中国民族民间文学》，北京：中央民族学院出版社 1987 年版，第 53 页。

W1707.6.2
用虎牙造星星

【关联】［W1724.3.3］虎牙变成星星

实 例

彝族 格兹天神为撑天，让 5 个儿子捉住老虎并杀掉，分虎肉时，格兹天神吩咐："虎牙也不要分，虎牙拿来做星星。"

【流传】（云南省·楚雄彝族自治州·姚安县·官屯乡·马游村，大姚县·昙华乡等）

【出处】

(a) 郭天元（马游村）、李申呼颇（昙华乡）、李福玉颇（苴）演唱，郭思九、许明学、龚维顺、张宝省、陈志群、胡炳文等搜集，刘德虎、龚维顺、陈志群、李树荣、郭天元等整理：《梅葛》（第一部"创世"），见云南省民族民间文学楚雄调查队《梅葛》（1959），昆明：云南人民出版社 2009 年版。

(b)《打虎开天辟地》，蔷紫据云南省民族民间文学楚雄调查队著《梅葛》（云南人民出版社 2009 年版）改写，见姚宝瑄主编《中国各民族神话》（羌族、彝族），太原：山西出版传媒集团·书海出版社 2014 年版，第 194~195 页。

W1707.6.3
盘古用毛发造星星

实 例

畲族 盘古用他的头发和胡须造出了天上的星辰。

【流传】畲族地区

【出处】《盘古》，钟后根据畲族蓝国运、蓝国根《畲族古老神话传说及人物》改写，见姚宝瑄主编《中国各民族神话》（高山族、黎族、畲族），太原：山西出版传媒集团·书海出版社 2014 年版，第 84 页。

W1708
与造星星有关的其他母题

【关联】［W1759］星星是天上戳出的洞眼

实 例

（参见下级母题实例）

W1708.1
星星是撒出来的

实 例

（参见下级母题实例）

W1708.1.1
神撒出星星

【关联】

① ［W1704.5.1］火神撒出星星

② ［W1783.3.1］星神撒星星变成天河

实例

彝族 众神之王涅侬俸佐颇让他的二儿子涅侬撒萨歇背了一箩又一箩的星星，飞到太空之中，就像个播种的庄稼人一般，不断把背箩里的星星播撒出去。从此，便满天都是星星。

【流传】（云南省·楚雄彝族自治州·双柏县，红河哈尼族彝族自治州等地）

【出处】

(a) 云南省民族民间文学楚雄、红河调查队搜集，郭思九、陶学良整理：《查姆》，昆明：云南人民出版社1981年版。

(b) 郭思九、陶学良整理，古梅改写：《彝家的古根》，选自《云南民族文学资料》第七集中的《查姆》上部前三章，见姚宝瑄主编《中国各民族神话》（羌族、彝族），太原：山西出版传媒集团·书海出版社2014年版，第55页。

W1708.1.1.1
布星妈妈撒出星星

【关联】[W1727.1.1] 布星女神安置星星

实例

满族 阿布凯恩都哩（天神名）手下有一个大神叫布星妈妈，她有一只鹿皮口袋，口袋里装着些小星星。她奉阿布凯恩都哩的命令，从东往西撒去，撒得满天星斗。

【流传】黑龙江省·（牡丹江市）·宁古塔（宁安县）；吉林省·长白山地区（长白山一带）

【出处】

(a) 傅英仁讲述，张爱云记录整理：《天宫神魔大战》，见傅英仁讲述，张爱云记录整理《满族萨满神话》，哈尔滨：黑龙江人民出版社2006年版。

(b) 同 (a)，见陶阳、钟秀编《中国神话》（上），北京：商务印书馆2008年版，第155~180页。

W1708.1.2
月亮撒的种籽变成星星

实例

景颇族 以前，天上没有星星，月亮撒种籽变成星星。

【流传】（无考）

【出处】何峨整理：《万物诞生》，见中华民族故事大系编委会编《中华民族故事大系》第10卷（景颇族、柯尔克孜族、土族），上海：上海文艺出版社1995年版，第6页。

W1708.1.3
天公播撒出星星

实例

阿昌族 天公遮帕麻甩"赶山鞭"播星星。

【流传】（无考）

【出处】《遮帕麻与遮米麻》，见中国各民族宗教与神话大词典编审委员会编《中国各民族宗教与神话大词典》，北京：学苑出版社1990年版，第3页。

W1708.1.4
神的孩子播出撒星星

实 例

彝族 神王涅侬俕佐颇叫他的二儿子在空中撒满星星。

【流传】云南省·（楚雄彝族自治州）·双柏（双柏县）

【出处】*《众神创世》，见杨继中、芮增瑞、左玉堂编《楚雄彝族文学简史》，北京：中国民间文艺出版社1986年版，第45页。

W1708.1.5
射日者播出撒星星

实 例

土家族 射日小伙卵雨在天上洒了些星星。

【流传】湖南省·（湘西土家族苗族自治州）·龙山县·（湾塘乡）·坡脚（坡脚村）

【出处】向凤阳讲，彭勃搜集翻译整理：《太阳和月亮》，见谷德明编《中国少数民族神话》，北京：中国民间文艺出版社1987年版，第177页。

W1708.2
星星是磨出来的

【关联】[W1543.1.1.1]天神磨出日月星辰

实 例

（参见下级母题实例）

W1708.2.1
天神磨出星星

【关联】[W1543.1.1.1]天神磨出日月星辰

实 例

佤族 天神在光滑平坦的天上磨出了星星。

【流传】云南省·（普洱市）·西盟县（西盟佤族自治县）

【出处】达老屈等讲，隋嘎等采录：《司岗里》，见中国民间文学集成全国编辑委员会编《中国民间故事集成》（云南卷），北京：中国 ISBN 中心2003年版，第96页。

W1708.3
造星星不成功

实 例

（参见下级母题实例）

W1708.3.1
用灯做星星不成功

实 例

藏族 有逾百龄之老阿爸，少时即思悬灯若干于天上，令光照大地，而终未得善法。

【流传】（无考）

【出处】《老人星》，原载陶阳、钟秀编《中国神话》（原名《星星的由来》），见袁珂《中国神话大词典》，北京：

华夏出版社2015年版，第408页。

✵ W1709
星星是生育产生的（生星星）[①]

【实例】

（参见下级母题实例）

W1710
神或神性人物生星星

【实例】

（参见下级母题实例）

W1710.1
巨人生星星

【实例】

彝族 （实例待考）

W1711
太阳生星星

【汤普森】A764.3

【关联】［W1618.12］太阳会生育

【实例】

哈尼族 （实例待考）

W1711.1
太阳被阉后生的孩子很小变成星星

【实例】

壮族 太阳被阉过，所以他的孩子长不成小太阳，长成了星星。

【流传】广西壮族自治区·（南宁市）·上林县·西燕乡（西燕镇）

【出处】

（a）韦奶讲，蓝鸿恩采录翻译：《太阳、月亮和星星》，见中国民间文学集成全国编辑委员会编《中国民间故事集成》（广西卷），北京：中国ISBN中心2001年版，第38页。

（b）同（a），见张声震总主编，农冠品编注《壮族神话集成》，南宁：广西民族出版社2007年版，第310页。

W1712
月亮生星星

【汤普森】A746.1

【关联】［W1756.2.1］星星多是因为月亮经常生星星

【实例】

哈尼族 太阳和月亮怀了孕，生出了满天的星斗。

【流传】云南省·（西双版纳傣族自治州）·勐海县

【出处】朗特讲，古梅搜集整理：《天怀孕，地怀孕》，见姚宝瑄主编《中国各民族神话》（哈尼族、傣族），太原：山西出版传媒集团·书海出版社2014年版，第16页。

壮族 月亮为慈善温良之母，常于晴

[①] 星星是生育产生的（生星星），这类母题的表述中包含着"星星的家庭"、"星星的亲属"之类的母题，表达的是同一类意义，为避免过多重复，"星星的家庭"、"星星的亲属"之类的母题不再单列，具体情况参见相关母题实例。

朗之夜，携其子女漫游天空，此天上众星之闪烁也。

【流传】（无考）

【出处】《太阳、月亮与星星》，原载《中国少数民族神话选》，见袁珂《中国神话大词典》，北京：华夏出版社2015年版，第436页。

W1712.1
月亮每个月都生星星

实 例

壮族　月亮每个月都有十多天生孩子（星星）。

【流传】（无考）

【出处】

（a）罗苏英等讲，游华显记录，侬易天整理：《太阳、月亮和星星》，载《山茶》1982年第5期。

（b）同（a），见谷德明编《中国少数民族神话》，北京：中国民间文艺出版社1987年版，第109页。

W1713
婚生星星

实 例

（参见下级母题实例）

W1713.1
天地婚生星星

【关联】
① ［W1544.6.3］天地婚生日月
② ［W7532］天地婚

实 例

珞巴族　天地结婚后，生了星星。

【流传】西藏自治区·（林芝地区）·米林县·马尼岗·穷林村

【出处】亚如、亚崩讲，高前译，李坚尚等搜集整理：《天和地》，见中国民间文学集成全国编辑委员会编《中国民间故事集成》（西藏卷），北京：中国ISBN中心2001年版，第8页。

W1713.1.1
天地婚后地生星星

【关联】［W1769.1］星星原来住在地上

实 例

珞巴族　天和地结了婚以后，大地生了很多孩子。天地间的太阳、月亮、星星、树木、花草、鸟兽和虫鱼等都是大地生下的孩子。

【流传】西藏自治区·（林芝市）·米林县·纳玉区（南伊乡）

【出处】达牛、东娘讲：《阿巴达尼和阿巴达洛》，见姚宝瑄主编《中国各民族神话》（门巴族、珞巴族、怒族、藏族），太原：山西出版传媒集团·书海出版社2014年版，第25页。

W1713.2
日月婚生星星

【关联】
① ［W1733.3］日月婚生北斗星
② ［W1776.3.2］星星是日月的子女

实例

汉族 一大帮星星是日月夫妻的子女。

【流传】湖北省西北部一带

【出处】马卉欣整理：《盘古顶天》，见桐柏网，http://tongbai.01ny，2001.01.26。

实例

汉族 日头和月亮总算配成亲了，以后才有了满天星宿。

【流传】浙江省·（金华市）·东阳县（东阳市）南部各乡镇

【出处】申屠和兰讲，周中帆记录整理：《日月成亲》，见姚宝瑄主编《中国各民族神话》（汉族），太原：山西出版传媒集团·书海出版社 2014 年版，第 201~202 页。

壮族 太阳和月亮结婚生下许多星星。

【流传】广西壮族自治区·（南宁市）·上林县

【出处】罗苏英等讲，韦建其搜集整理：《太阳、月亮和星星》，见曹廷伟编著《广西民间故事辞典》，南宁：广西教育出版社 1993 年版，第 3 页。

W1713.2.1
日月生不成熟的孩子变成星星

实例

壮族 特桃射太阳后把日月阉掉了，生的孩子不成熟，就成了天上的星星。

【流传】云南省·文山（文山壮族苗族自治州）；广西壮族自治区·河池（河池市）

【出处】蓝鸿恩整理：《射太阳》，见张声震总主编，农冠品编注《壮族神话集成》，南宁：广西民族出版社 2007 年版，第 51 页。

壮族 太阳被阉割后仍与月亮生下孩子来。但是，因为太阳被阉过，它的孩子不成熟，这就是天上的星。

【流传】（无考）

【出处】《太阳月亮和它们的孩子们》，原载蓝鸿恩搜集整理《神弓宝剑》，中国民间文艺出版社 1985 年版，见吕大吉、何耀华总主编《中国各民族原始宗教资料集成》（土家族卷、瑶族卷、壮族卷、黎族卷），北京：中国社会科学出版社 1998 年版，第 608 页。

W1713.2.2
星星是日月的孩子

实例

汉族 星星是太阳和月亮的孩子。

【流传】宁夏回族自治区·（固原市）·固原县·黄锋堡乡

【出处】杨建玉讲：《太阳和月亮》，见中国民间文学集成全国编辑委员会编《中国民间故事集成》（宁夏卷），北京：中国 ISBN 中心 1999 年版，第 20 页。

> 汉族　太阳与月亮结婚生的孩子叫星星。

【流传】河北省

【出处】张锦荣讲：《为什么太阳、月亮和星星总不在一起》，见任丘市三套集成办公室：《中国民间故事集成·任丘市资料卷》，内部编印，1985，第354页。

> 壮族　星星是太阳和月亮的孩子。

【流传】广西壮族自治区·南宁（南宁市）·江南区

【出处】邓承学讲：《太阳和月亮》，见张声震总主编，农冠品编注《壮族神话集成》，南宁：广西民族出版社2007年版，第185页。

> 壮族　太阳、月亮和星星是一家人。太阳是父亲，月亮是母亲，星星是孩子。

【流传】广西壮族自治区

【出处】罗苏英、韦建真等讲，游华显记录，依易天整理：《太阳、月亮和星星》，载《山茶》1982年第5期。

W1713.2.3
星星是日月的子孙

实　例

> 汉族　日头和月亮是对两公婆，满天的星宿是他们的儿囡子孙。

【流传】浙江省·（金华市）·东阳县（东阳市）南部各乡镇

【出处】申屠和兰讲，周中帆记录整理：《日月成亲》，见姚宝瑄主编《中国各民族神话》（汉族），太原：山西出版传媒集团·书海出版社2014年版，第201~202页。

W1713.2.4
日月婚后月亮生星星

【关联】［W1712］月亮生星星

实　例

> 汉族　太阳是个残暴的父亲，月亮是个温柔的妈妈，星星是它们的孩子。

【流传】江苏省·（盐城市）·射阳县

【出处】徐友洪讲，王洪泽记录：《"三光"的故事》（1987.07.06），见姚宝瑄主编《中国各民族神话》（汉族），太原：山西出版传媒集团·书海出版社2014年版，第299~300页。

> 汉族　以前，月亮是妈妈，日头是爸爸，星星是它们的孩子。

【流传】浙江省·（丽水市）·庆元县

【出处】何毅讲，陈业记录：《月亮和日头分家》，见姚宝瑄主编《中国各民族神话》（汉族），太原：山西出版传媒集团·书海出版社2014年版，第205页。

> 壮族　日月是夫妻，月亮每个月有十多天生孩子（星星）。

【流传】广西壮族自治区

【出处】罗苏英、韦建真等讲，游华显记录，依易天整理：《太阳、月亮和星星》，载《山茶》1982年第5期。

W1713.3

人婚生星星

【关联】[W1858.3.1] 人婚生的石头上生成岩石

实例

(参见下级母题实例)

W1713.3.1

人婚生的孩子带到天上成为星星

实例

苗族　天上的星星是波里毕、爷里毕（世上最早一对夫妇，b 为波丽萍和岳利华）带上去的子孙。

【流传】

（a）贵州省·（毕节市）·威宁县（威宁彝族回族苗族自治县）·龙街（龙街镇）

（b）云南省·（昭通市）·彝良县

【出处】

（a）韩庆安记录者：《波里毕和爷里毕》，见中国民间文学集成全国编辑委员会编《中国民间故事集成》（贵州卷），北京：中国 ISBN 中心 2003 年版，第 14 页。

（b）王建国讲，陆兴凤翻译，杨光汉采录：《人类始祖返老还童》，见中国民间文学集成全国编辑委员会编《中国民间故事集成》（云南卷），北京：中国 ISBN 中心 2003 年版，第 280 页。

W1714

卵生星星

实例

(参见下级母题实例)

W1714.1

神生的卵生星星

实例

彝族　黑埃罗波赛神产一卵，卵中有天地、日月、星辰、风雨、粮食、人种。

【流传】（无考）

【出处】《黑埃罗波赛神》（原名《查姆·万物起源歌》，原载毛星主编《中国少数民族文学》（下册），见袁珂《中国神话大词典》，北京：华夏出版社 2015 年版，第 436 页。

W1714.2

神生的卵成为星星

实例

藏族　5 只鸟生 5 个的蛋。第一个蛋派往天空，天上群星由此而来。

【流传】西藏自治区·山南地区（山南市）·错那县

【出处】《五个蛋派用场》，见中国民间文学集成全国编辑委员会、中国歌谣集成西藏卷编辑委员会编《中国歌谣集·西藏卷》，北京：中国 ISBN 中心 1995 年版，第 74 页。

W1715
与生育星星有关的其他母题

实 例

（参见下级母题实例）

W1715.1
牦牛的精子与天相交生星星

实 例

纳西族 牦牛的精子与天相交，因此天上布满了星星。

【流传】云南

【出处】［美籍奥地利人］约瑟夫·洛克：《纳西人的"纳高"崇拜和有关仪式》，见吕大吉、何耀华总主编《中国各民族原始宗教资料集成》（纳西族卷、羌族卷、独龙族卷、傈僳族卷、怒族卷），北京：中国社会科学出版社2000年版，第110页。

W1715.2
用种子撒出星星

实 例

（参见下级母题实例）

W1715.2.1
有星星的种子撒出星星

【关联】［W1721.6］特定的种子变成星星

实 例

彝族（俚颇） 天神盘颇看到造好的天地，想起了他的"卡利是利"，想起了这个日月星宿的种子。盘颇便带着"卡利是利"来到高高的天上，抓出第一把种子，就朝茫茫的天际撒去，顿时，便出现了满天的星宿。

【流传】云南省·（楚雄彝族自治州）·大姚县·昙华山区（昙华乡）

【出处】

(a) 陆颇梭颇（毕摩）演唱，夏光辅、诺海阿苏翻译：《俚波古歌》，见云南省社会科学院楚雄彝族文化研究所编《彝族民间文学》第2辑，1985年。

(b) 陆颇梭颇（毕摩）演唱，夏光辅、诺海阿苏翻译，古梅改写：《赤梅葛——俚波古歌》，见姚宝瑄主编《中国各民族神话》（羌族、彝族），太原：山西出版传媒集团·书海出版社2014年版，第96页。

※ W1716
星星是变化产生的（变出星星）

实 例

（参见下级母题实例）

W1717
抛入空中的物变成星星

【汤普森】A763

［W1725］其他物变成星星

实 例

（参见下级母题实例）

W1717.1
抛到天上的玉珠变成星星

实例

汉族

（参见 W1725.3.6.1 母题实例）

W1718
神或神性人物变化为星星

实例

（参见下级母题实例）

W1718.1
女娲变成星星

【关联】［W0710］女娲

实例

（参见下级母题实例）

W1718.1.1
女娲死后身体化为星星

实例

汉族 女娲死后，身体成了星辰。

【流传】四川省·德阳市·市中区

【出处】胡能才讲，胡世用采录：《女娲娘娘的眼泪》，见中国民间文学集成全国编辑委员会编《中国民间故事集成》（四川卷·上），北京：中国ISBN中心1998年版，第56页。

W1718.2
仙女变成星星

【关联】［W1752.6a.1］北方天空的六颗明亮的星星是六个仙女

实例

汉族 仙女化成亮晶晶的星星。

【流传】江西省·（抚州市）·南丰县·白舍（白舍镇）

【出处】陈小毛讲，储小萍采录：《仙女化星星》，见中国民间文学集成全国编辑委员会编《中国民间故事集成》（江西卷），北京：中国ISBN中心2002年版，第6页。

W1718.2.1
6个仙女变成6颗星

实例

彝族 北方的6颗星星6个仙女，另一颗是找娘的拉普所变。

【流传】云南省·（楚雄彝族自治州）·楚雄（楚雄市）

【出处】李光高讲：《北斗七星》，载《山茶》1980年第1期。

W1718.3
七仙女变成七星

实例

黎族 七仙女是天上的七星。

【流传】（无考）

【出处】苏海鸥整理：《阿德哥和七仙

妹》，见中华民族故事大系编委会编《中华民族故事大系》第 7 卷（黎族、傈僳族、佤族），上海：上海文艺出版社 1995 年版，第 69 页。

W1718.4
特定的神变成星星

实 例

（参见下级母题实例）

W1718.4.1
恶神变成星星

【关联】［W0126.4］与恶神有关的其他母题

实 例

满族 恶神耶鲁里把九个头变成九个亮星，天上像有了十个太阳。

【流传】黑龙江省·黑河地区（黑河市）·孙吴县·（沿江满族达斡尔族乡）·四季屯（四季屯村）

【出处】白蒙古讲：《天宫大战》（五胼凌），转引自王宏刚《满洲萨满教创世神话中的人本主义曙光》，载《西北民族研究》2007 年第 4 期。

W1718.4.2
女神变成星星

实 例

满族 卧勒多赫赫星袋里的那丹女神知道突姆火神光灭星殒，便从布星袋中钻出，化成数百个小星星，像个星星火球，在耶鲁里黝黑的穹宇中，闪耀光芒。

【流传】黑龙江省·黑河地区（黑河市）·孙吴县·（沿江满族达斡尔族乡）·四季屯（四季屯村）

【出处】吴纪贤、富希陆讲：《天宫大战——黑水女真人传世神话》（1939，选自富育光、郭淑云整理的手稿），见姚宝瑄主编《中国各民族神话》（满族、赫哲族、朝鲜族），太原：山西出版传媒集团·书海出版社 2014 年版，第 30 页。

W1718.5
其他神或神性人物变成星星

实 例

（参见下级母题实例）

W1718.5.1
王母娘娘 2 个儿子变成星星

实 例

汉族 夜晚发现在东南边的天边上出现两颗明亮的星星，它们之间隔着一段距离，那就是王母娘娘两个儿子的化身。

【流传】江苏省·（南京市）·江浦县

【出处】段清兰讲，王红记录：《王母娘娘的两个儿子》（1987.12），见姚宝瑄主编《中国各民族神话》（汉族），太原：山西出版传媒集团·书海出版社 2014 年版，第 291 页。

W1718.6
神或神性人物的肢体变成星星

【关联】［W1724.2.1］盘古死后牙齿变成星星

实例

（参见下级母题实例）

W1718.6.1
神的眼睛变成星星

实例

汉族 （参见 W1718.6.3 母题实例）

W1718.6.2
天神的眼珠迸裂变成星星

实例

苗族 牛郎子（牛郎与子女的儿子）忽举弹弓，连发二弹，中其外公（天公）左右双目。天公双目迸裂，碎裂之眼珠，化为满天星斗。

【流传】（无考）

【出处】《牛郎织女》，原载梁彬、王天若编《苗族民间故事选》（一），见袁珂《中国神话大词典》，北京：华夏出版社 2015 年版，第 417 页。

W1718.6.3
盘古的眼变成星星

【关联】［W1545.2.7.1］盘古的眼睛变成日月

实例

苗族 盘古累死后眼睛变成星星。

【流传】（无考）

【出处】袁玉芬讲：《盘古开天地》，见燕宝、张晓编《贵州神话传说》，贵阳：贵州人民出版社 1997 年版，第 5 页。

W1718.6.3a
男始祖布洛陀的眼变成星星

实例

壮族 布洛陀的眼睛闪闪，变成天上星星。

【流传】广西壮族自治区·（百色市）·田阳县敢壮山一带

【出处】过伟：《壮族人文始祖论》，见张声震总主编，农冠品编注《壮族神话集成》，南宁：广西民族出版社 2007 年版，第 681 页。

W1718.6.4
盘古的汗毛孔变成星星

【关联】［W1707.6.3］盘古用毛发造星星

实例

汉族 盘古浑身的汗毛孔都变成闪闪发亮的星星。

【流传】山东省·（济宁市）·梁山县·（韩垓镇）·开河东村

【出处】刘建山讲，樊兆阳采录：《盘古开天地》，见中国民间文学集成全国编辑委员会编《中国民间故事集成》（山东卷），北京：中国 ISBN 中心 2007 年版，第 3 页。

W1719
人变成星星

【关联】［W1736.1.1］人变成北极星

实 例

蒙古族 很多星星都是人变成的。

【流传】（无考）

【出处】刀劳斤讲，乌恩搜集，郭永明翻译整理：《北斗七星》，见中华民族故事大系编委会编《中华民族故事大系》第 1 卷（汉族、蒙古族、回族），上海：上海文艺出版社 1995 年版，第 524 页。

W1719.1
人升天变成星星

【汤普森】≈ A761

实 例

（参见下级母题实例）

W1719.1.1
到天上看守天河的人变成星星

【关联】［W1736.1.1］人变成北极星

实 例

赫哲族 乌沙哈特（人名）到天上看守天河。现在人们看见天上的那几颗亮星，排成尖头大肚的，就是乌沙哈特坐的那只小快马子。它旁边的小星星，就是划船的木桨。那颗顶亮顶亮的，就是守护天河的乌沙哈特。

【流传】东北一带

【出处】吴连贵讲，黄任远、马名超记录整理：《天河》，见姚宝瑄主编《中国各民族神话》（满族、赫哲族、朝鲜族），太原：山西出版传媒集团·书海出版社 2014 年版，第 111 ~ 114 页。

W1719.2
天上的人变成星星

实 例

苗族 男女始祖生育的后代越来越多，有的搬到天上，四面八方散开，各自去找自己喜欢的住处。这样，天空又渐渐布满了人群。年长日久，天上的人变成了一颗颗闪闪发光的星星，从东边天到西边天，从南边天到北边天，到处都有他们的踪影。

【流传】云南省

【出处】王建国讲，陆兴凤翻译：《人类始祖返老还童的故事》，原载《云南苗族民间故事集成》，见陶阳、钟秀编《中国神话》（下），北京：商务印书馆 2008 年版，第 1100 ~ 1103 页。

W1719.2.1
留在天上的人变成星星

【关联】［W2997.0.3］人被留在天上

实 例

满族 到了天上而没有来得及回到地

上的人们，都留到了天上，变成了星星。

【流传】（无考）

【出处】乌丙安：《满族神话探索——天地层、地震鱼、世界树》，见袁珂主编《中国神话》第1集，北京：中国民间文艺出版社1987年版，第42页。

W1719.3

兄弟到天上变成星星

【关联】［W1731］北斗星（北斗七星）

实例

（参见下级母题实例）

W1719.3.1

三兄弟飞到天上化为三颗星星

【关联】［W1719.6.2］3个人变成3颗星

实例

朝鲜族 三兄弟为保护太阳，飞到天上，化为三颗星星。

【流传】（无考）

【出处】《三胎星》，见中央民族学院少数民族文艺研究所编《中国民族民间文学》，北京：中央民族学院出版社1987年版，第86页。

W1719.3.2

7兄弟变成7颗星

实例

黎族 兄弟到天上后无路可下，只好留在天上，成了七个星座。

【流传】（a）海南省·五指山（五指山市）

【出处】

（a）吉文新讲，龙敏整理：《兄弟星座》，见中华民族故事大系编委会编《中华民族故事大系》第7卷（黎族、傈僳族、佤族），上海：上海文艺出版社1995年版，第24页。

（b）龙敏搜集整理：《兄弟星座》，见谷德明编《中国少数民族神话》，北京：中国民间文艺出版社1987年版，第188页。

W1719.3.2.1

7颗亮星是7兄弟在天上盖楼房

【关联】［W1444.2.3.2］人到天上盖房子

实例

藏族 天空中的七颗亮星，是七兄弟在帮助天神盖楼房。

【流传】西藏自治区·拉萨（拉萨市）、昌都（昌都市）一带

【出处】《七兄弟星》，见中央民族学院编写组编《藏族文学史》，成都：四川民族出版社1985年版，第23页。

W1719.4

姐妹变成"姐妹星"

【关联】［W1752.5］七姊妹星的产生

实例

高山族 两姐妹变成"姐妹星"。

【流传】（无考）
【出处】肖丁三整理：《姐妹星》，见中华民族故事大系编委会编《中华民族故事大系》第8卷（畲族、高山族、拉祜族），上海：上海文艺出版社1995年版，第450页。

W1719.4.1
上天的7姐妹被玉帝吹仙气后化为七星

【关联】［W1718.3］七仙女变成七星

实例

苗族　苗家七姊妹顺着马桑树到天庭后，凡人接踵而至，使天国遭殃，玉帝乃拘来七女，吹以仙气，化之为七星。

【流传】（无考）
【出处】《马桑树》，原载谢馨藻等搜集整理《苗族民间故事》，见袁珂《中国神话大词典》，北京：华夏出版社2015年版，第416页。

W1719.5
人死后变成星星

实例

苗族　桑扎（人名）为了独霸英雄称号而杀死儿子的事，感到非常惭愧。见妻子也死了，更没脸活下去。第二天早晨鸡叫时，他就自杀了。最后父、母、子三人在不同的时间飞上天，变成三颗星星分别在傍晚、夜晚、鸡叫时出现。

【流传】贵州省·（黔东南苗族侗族自治州）·台江县
【出处】吴住九讲，金凤记录整理：《三颗星星》，见姚宝瑄主编《中国各民族神话》（布依族、仡佬族、苗族），太原：山西出版传媒集团·书海出版社2014年版，第277页。

W1719.6
其他特定的人变成星星

实例

（参见下级母题实例）

W1719.6.1
一对夫妻变成星星

实例

布朗族　一对夫妻变星星。

【流传】云南省·（西双版纳傣族自治州）·勐海（勐海县）
【出处】康朗香讲，岩帕南翻译，门图整理：《月亮和星星的由来》，见中华民族故事大系编委会编《中华民族故事大系》第12卷（布朗族、撒拉族、毛南族），上海：上海文艺出版社1995年版，第23页。

W1719.6.2
3个人变成3颗星

【关联】［W1752.7.1］一家3口变成三星

实例

保安族　有三个不孝的兄弟，到了天上

变成三星。

【流传】（无考）

【出处】王彰明整理：《三星哥的故事》，见中华民族故事大系编委会编《中华民族故事大系》第15卷（德昂族、保安族、裕固族、京族、塔塔尔族、独龙族、鄂伦春族），上海：上海文艺出版社1995年版，第126页。

独龙族 三个人变成三颗星。

【流传】（无考）

【出处】阿柏讲，李凡人等整理：《三星座》，见中华民族故事大系编委会编《中华民族故事大系》第15卷（德昂族、保安族、裕固族、京族、塔塔尔族、独龙族、鄂伦春族），上海：上海文艺出版社1995年版，第607页。

壮族 依秀三公孙，成了三颗明亮的星星。

【流传】广西壮族自治区·（桂林市）·龙胜县（龙胜各族自治县）·瓢里公社（瓢里乡）

【出处】陆安国讲，陈善搜集整理：《三颗明星》，见农冠品、曹廷伟编：《壮族民间故事选》，广西人民出版社1982年版，第79页。

W1719.6.2.1
3个人变成3颗特定的星

实例

独龙族 姑娘突然化作几朵白云，把马葛捧（人名）和他的两个同伴托出海面，升到天宫，变成了三颗亮晶晶的星星，即"三星座"。

【流传】（无考）

【出处】

（a）约翰讲，陈凤楼搜集整理：《大象的儿子》，见谷德明编《中国少数民族神话》，北京：中国民间文艺出版社1987年版，第517页。

（b）同（a）载《山茶》1983年第3期。

汉族 兄弟三人，升天变成了三颗星：启明星、长庚星、北极星。

【流传】北京市·丰台区

【出处】王德茂讲，赵美琳采录：《启明星、长庚星、北极星》，见中国民间文学集成全国编辑委员会编《中国民间故事集成》（北京卷），北京：中国ISBN中心1999年版，第10页。

W1719.6.3
盗贼变成星星

【关联】

① ［W1734.5］7个盗贼上天后变成北斗星

② ［W1742.2］盗贼变成启明星

实例

哈萨克族

（参见W1776.1.2.1母题实例）

W1719.6.3a
不孝者成星星

实例

保安族 有三个不孝的兄弟，到了天上

因不能进天堂，变成三星。

【流传】（无考）

【出处】王彰明整理：《三星哥的故事》，见中华民族故事大系编委会编《中华民族故事大系》第 15 卷（德昂族、保安族、裕固族、京族、塔塔尔族、独龙族、鄂伦春族），上海：上海文艺出版社 1995 年版，第 126 页。

布朗族 老奶奶把不肖的子孙变成星星。

【流传】云南省·（西双版纳傣族自治州）·勐海（勐海县）

【出处】朗确整理：《月亮与布朗人》，见中华民族故事大系编委会编《中华民族故事大系》第 12 卷（布朗族、撒拉族、毛南族），上海：上海文艺出版社 1995 年版，第 27 页。

W1719.6.3b

恶人变成星星

实　例

傣族 岩尖岩底兄弟俩，哥哥岩尖很坏，死后变太阳；岩底心善，死后变星星。

【流传】（无考）

【出处】马学良、梁庭望等编：《中国少数民族文学史》，北京：中央民族大学出版社 2001 年版，第 103 页。

W1719.6.4

高辛王的两个儿子变成参商二星

【关联】［W1736b.1.1］高辛的大儿子阏伯变成参星

实　例

汉族 高辛王的两个儿子变成参商二星。

【流传】浙江省·（温州市）·永嘉（永嘉市）

【出处】《参商二星》，见《民间故事集成》（浙江永嘉县卷），内部油印本（无编印时间），第 18 页。

W1719.6.5

妒妇被惩罚变成星星

【关联】［W9505］惩罚造成的变形

实　例

汉族 （实例待考）

W1719.6.6

老人升天变成星星

实　例

汉族 （实例待考）

藏族 老人自己化作一颗最大最亮的星。

【流传】西藏自治区

【出处】觉乃尔讲，王彰明记录整理：《星星的由来》，见姚宝瑄主编《中国各民族神话》（门巴族、珞巴族、怒族、藏族），太原：山西出版传媒集团·书海出版社 2014 年版，第 94 页。

W1719.6.7
1个到天上寻找母亲的小孩变成星星

【实 例】

彝族 北方夜晚天空六星，即六仙女也；最远一小星，即天上觅得阿母之拉普（人名，仙女与人间猎人的儿子）。彝族谓之为"拉普星"或"无娘星"。

【流传】（无考）

【出处】《无娘星》，原载毛星主编《中国少数民族文学》（下册），见袁珂《中国神话大词典》，北京：华夏出版社2015年版，第429页。

彝族 北方的天空中，有六颗明亮的星星是天上的六个仙女。距第六颗稍远一点的一颗小小的星星，是去找娘的拉普。所以彝家就叫它"拉普星"，也有人叫它"没娘星"。

【流传】云南省·楚雄（楚雄彝族自治州）

【出处】李光富、李学忠讲，唐楚臣、甘振林搜集整理：《北斗七星》，载《山茶》1980年第1期。

W1719.6.7a
寻找天边的男子变成星星

【实 例】

壮族 寻天边的男子老后变星星。

【流传】（无考）

【出处】《蚂勒寻天边》，见中央民族学院少数民族文艺研究所编《中国民族民间文学》，北京：中央民族学院出版社1987年版，第786页。

W1719.6.8
牛郎织女的2个孩子在天上变成星星

【关联】

① ［W0766.3.1］牛郎织女

② ［W1752.11.1］牛郎织女变成牛郎星和织女星

【实 例】

汉族 牵牛星一边儿还有两个小星星，那是织女的一双儿女。

【流传】河南省·（南阳市）·桐柏县

【出处】黄发美、黄正明讲，薛远增整理：《牵牛星和织女星》，见姚宝瑄主编《中国各民族神话》（汉族），太原：山西出版传媒集团·书海出版社2014年版，第312～315页。

W1719.6.9
姐弟俩到天上弟弟变成星星

【实 例】

朝鲜族 月顺和星顺姐弟俩为躲避老虎爬到天上。其中，弟弟星顺变成星星。

【流传】辽宁省·（抚顺市）·新宾（新宾满族自治县）、抚顺（抚顺县）等地

【出处】吉惠淑讲，裴永镇记录整理：《月顺和星顺》，见姚宝瑄主编《中国

各民族神话》（满族、赫哲族、朝鲜族），太原：山西出版传媒集团·书海出版社2014年版，第157~161页。

W1719.6.10
人的肢体变成星星

实例

（参见下级母题实例）

W1719.6.10.1
兄妹俩的心变成星星

【关联】
① ［W1741.2.1］英雄的心变成启明星
② ［W1741.3.1］盘古死后心变启明星

实例

彝族　神造出的兄妹二人，繁星是他们的心（思想）。

【流传】（无考）

【出处】柯象峰：《猡猡文字之初步研究》，见吕大吉、何耀华总主编《中国各民族原始宗教资料集成》（彝族卷、白族卷、基诺族卷），北京：中国社会科学出版社1996年版，第274~275页。

W1719.6.10.2
人死升天眼睛变成星星

【关联】［W1769.8.2.1］银色的星星是逝去已久的死者的眼睛

实例

高山族　人死后他们会"升天"，眼睛变成了星星。

【流传】（无考）

【出处】陈炜萍搜集整理：《天体的传说》，见陶阳、钟秀编《中国神话》（上），北京：商务印书馆2008年版，第219~221页。

W1720
动物变成星星

实例

（参见下级母题实例）

W1720.1
动物升天变成星星

【汤普森】≈A761

实例

（实例待考）

W1720.2
鸡变成星星

实例

傈僳族　（实例待考）

W1720.3
羊变成星星

【关联】［W1768.4］星星是天上的羊群

实例

柯尔克孜族　古代有位柯尔克孜族猎人，遇到40只野山羊。他射杀了其中的37只，另外3只逃走了，并凭着魔力升上了天，变成了三颗星星

（三羊星座）。

【流传】（无考）

【出处】张彦平编译：《猎人和野山羊》，见满都呼主编《中国阿尔泰语系诸民族神话故事》，北京：民族出版社1997年版，第84页。

W1720.4
龙的鳞甲变成星星

【关联】
① ［W1250.6］龙鳞变成土
② ［W3566］龙的鳞（龙鳞）

实例

畲族 龙的鳞甲变成了星星。

【流传】（无考）

【出处】《金水湖和银水湖》，见谷德明编《中国少数民族神话》，北京：中国民间文艺出版社1987年版，第229页。

W1720.4.1
火龙的鳞甲变成星星

【关联】［W3583.1］火龙（喷火的龙）

实例

汉族 钟郎（人名）在火龙背上揭鳞甲，把揭下来的鳞甲向天上抛，一片片的鳞甲抛到了天上，变化成为一颗颗的亮星星。

【流传】浙江

【出处】唐宗龙讲，陈玮君整理：《金水湖和银水湖》，见姚宝瑄主编《中国各民族神话》（汉族），太原：山西出版传媒集团·书海出版社2014年版，第214~220页。

畲族 星星是抛到天空上的火龙的鳞甲。

【流传】浙江省·丽水（丽水市）

【出处】唐宗龙等整理：《日神和月神的传说》，见中华民族故事大系编委会编《中华民族故事大系》第8卷（畲族、高山族、拉祜族），上海：上海文艺出版社1995年版，第19页。

畲族 龙之片片鳞甲，俱为钟郎揭之，掷于天上，化作星辰。

【流传】（无考）

【出处】袁珂改编：《钟郎与兰娘》（原名《金水湖和银水湖》），原载谷德明编《中国少数民族神话选》，见袁珂《中国神话大词典》，北京：华夏出版社2015年版，第521页。

W1720.4.1.1
人从火龙背上揭下鳞甲抛向天空变成星星

【关联】［W3583.1］火龙（喷火的龙）

实例

汉族

（参见W1720.4.1母题实例）

W1720.5
动物的眼睛变成星星

实例

（参见下级母题实例）

W1720.5.1
虎的眼睛变成星星

实例

彝族　天神觉世人太寂寞，取来杀死的老虎的眼化为星星。

【流传】（无考）

【出处】《天神格兹苦》（原名《云南彝族史诗·梅葛》），原载毛星主编《中国少数民族文学》（下册），见袁珂《中国神话大词典》，北京：华夏出版社 2015 年版，第 430 页。

W1720.5.2
牛眼变成星星

实例

彝族　观音杀牛造出天地日月后，又使出法术，把牛的眼睛变成星星。

【流传】云南省·楚雄彝族自治州

【出处】罗文荣演唱，李世忠翻译，蔷紫改写：《老人梅葛》，见姚宝瑄主编《中国各民族神话》（羌族、彝族），太原：山西出版传媒集团·书海出版社 2014 年版，第 124 页。

W1720.5.2.1
犀牛的眼睛变成星星

实例

布朗族　顾米亚（神巨人）挖下犀牛的两只眼睛做成星星，让它们在天上闪闪发光。

【流传】（a）云南省·（西双版纳傣族自治州）·勐海县

【出处】

(a) 岩的兴讲，朱嘉禄采录：《顾米亚》，见中国民间文学集成全国编辑委员会编《中国民间故事集成》（云南卷），北京：中国 ISBN 中心 2003 年版，第 150 页。

(b) 朱嘉禄整理：《顾米亚》，见谷德明编《中国少数民族神话》，北京：中国民间文艺出版社 1987 年版，第 480 页。

(c)《顾米亚造天地》，见高明强编《创世的神话和传说》，上海：上海三联书店 1988 年版，第 87 页。

布朗族　神巨人顾米亚挖下犀牛的两只眼睛，做成星星，让他们在天上闪闪发光。

【流传】云南省·（红河哈尼族彝族自治州）·金平县（金平苗族瑶族傣族自治县）

【出处】朱嘉禄整理：《顾米亚》，原载《中国民间故事选》第 2 集，人民文学出版社 1962 年版，见姚宝瑄主编《中国各民族神话》（水族、布朗族、独龙族、基诺族、傈僳族），太原：山西出版传媒集团·书海出版社 2014 年版，第 90 页。

W1720.6
其他特定的动物或动物肢体变成星星

【关联】[W1724.3] 动物的牙齿变成星星

实例

（参见下级母题实例）

W1720.6.1
虎尾变成星星

实例

彝族（罗鲁泼） 造天地时，虎的尾巴变成天上的星宿。

【流传】云南省·（楚雄彝族自治州）·永仁县

【出处】

（a）李德宝演唱，李必荣、李荣才搜集，夏光辅、诺海阿苏翻译：《冷斋调》（1984），见云南省社会科学院楚雄彝族文化研究所编《彝族民间文学》第2辑，1985年。

（b）夏光辅、诺海阿苏翻译，古梅改写：《冷斋调》，见姚宝瑄主编《中国各民族神话》（羌族、彝族），太原：山西出版传媒集团·书海出版社2014年版，第115页。

W1721
植物变成星星

【关联】［W1524］植物变成万物

实例

（参见下级母题实例）

W1721.1
花变成星星

实例

傣族 岩尖（一个好的地方首领）死后，人民送给他的花儿变成了星星。

【流传】（无考）

【出处】波鸿杰搜集：《太阳和月亮》，见谷德明编《中国少数民族神话》，北京：中国民间文艺出版社1987年版，第349页。

W1721.1.1
梭罗树开花形成繁星

实例

彝族 太空中有梭罗树开花形成繁星。

【流传】（无考）

【出处】

（a）郭九思、陶学良整理：《查姆》，昆明：云南人民出版社1981年版，第7~8页。

（b）中国作家协会昆明分会民间文学工作部编：《云南民族文学资料》（七），内部编印，1962年，第293页。

彝族 天仙在天上栽的梭罗树长大了，长出了叶子，叶子上长出了花，一朵花变成了太阳，一朵花变成了月亮，一朵花变成了星星。

【流传】云南省·楚雄彝族自治州

【出处】《门米间扎节》，古梅根据《楚雄民间文学资料》改写，见姚宝瑄主编《中国各民族神话》（羌族、彝族），太原：山西出版传媒集团·书海出版社2014年版，第84页。

W1721.1.2
茶花变成星星

实例

德昂族 帕达然（世上最早出现的人）把茶花揉成碎片，洒在蓝幽幽的天上，变成了星星。

【流传】云南省·德宏州（德宏傣族景颇族自治州）

【出处】陈志鹏采录：《祖先创世纪》，见中国民间文学集成全国编辑委员会编《中国民间故事集成》（云南卷），北京：中国 ISBN 中心 2003 年版，第 106 页。

德昂族 帕达然（最早的人、神）把茶花揉成碎片，洒在蓝幽幽的天上，变成了星星。

【流传】云南省·德宏州（德宏傣族景颇族自治州）

【出处】
（a）陈志鹏搜集整理：《祖先创世纪》，见李子贤编《云南少数民族神话选》，昆明：云南人民出版社 1990 年版。
（b）同（a），见姚宝瑄主编《中国各民族神话》（佤族、阿昌族、纳西族、普米族、德昂族），太原：山西出版传媒集团·书海出版社 2014 年版，第 392 页。

W1721.1.3
兄妹坟前的小花变成星星

实例

布依族 太阳和月亮的周围，还有千千万万颗小星星，那是当年大家奉献在兄妹二王坟前的小花变成的。

【流传】贵州省·（黔南布依族苗族自治州）·平塘（平塘县）、罗甸（罗甸县）、惠水（惠水县）三县交界地区

【出处】杨兴荣、杨再良讲，杨路塔搜集整理：《日、月、星》，载《山茶》1987 年第 2 期。

布依族 盘古王有一对儿女（兄妹）变成太阳和月亮。太阳和月亮的周围有千千万万颗小星星，人们都说，那是当年大家奉献在兄妹二王坟前的小花变成的。

【流传】贵州省·（黔南布依族苗族自治州）平塘县、罗甸县、惠水县三县交界地区

【出处】杨兴荣、杨再良讲，杨路塔记录整理：《日、月、星》，见姚宝瑄主编《中国各民族神话》（布依族、仡佬族、苗族），太原：山西出版传媒集团·书海出版社 2014 年版，第 78 页。

W1721.1.4
荞麦花变成星星

实例

彝族 支格阿鲁（最早出现的人之一）摘了 9 把荞子花撒向天空，变成了数不清的星星。

【流传】（无考）

【出处】马海乌黎讲，谷德明整理：《开天辟地》，见谷德明编《中国少数民

族神话》，北京：中国民间文艺出版社1987年版，第293页。

W1721.1.5
送给死者的花变成星星

实例

傣族 埋葬岩尖之日，人采花一朵插于其坟之四周。其后岩尖化为月亮，人民送与之花化为星星。

【流传】（云南省？）
【出处】袁珂改编：《岩底与岩尖谷》（原名《太阳和月亮》），原载谷德明编《中国少数民族神话选》，见袁珂《中国神话大词典》，北京：华夏出版社2015年版，第503页。

W1721.2
芝麻变成星星

实例

（参见下级母题实例）

W1721.2.1
撒在天上的芝麻变成星星

实例

汉族 伏羲、女娲两夫妻做芝麻饼。被狗打翻的芝麻变成天星，所以满天都是。

【流传】浙江省·（温州市）·文成县·南田区·石庄乡
【出处】陈成藏讲，陈云记录，文帆整理：《芝麻饼与日月星辰》（1987.10.03），见姚宝瑄主编《中国各民族神话》（汉族），太原：山西出版传媒集团·书海出版社2014年版，第306页。

W1721.2.1.1
月亮妹妹撒在天上的芝麻变成星星

实例

壮族 壮乡的月亮妹到天上撒出的芝麻在灯光中映照下成为星星。

【流传】广西壮族自治区·（桂林市）·龙胜县（龙胜各族自治县）
【出处】
（a）陈且旧搜集整理：《月亮妹》，见曹廷伟编著《广西民间故事辞典》，南宁：广西教育出版社1993年版，第8页。
（b）陈且旧整理：《月亮妹》，见中华民族故事大系编委会编《中华民族故事大系》第3卷（彝族、壮族、布依族），上海：上海文艺出版社1995年版，第392页。

W1721.3
仙葫芦籽变成星星

【关联】
① [W1524.3] 仙葫芦籽变成万物
② [W9692.4] 宝葫芦

实例

傣族 布桑该、雅桑该（一对夫妻神）来到地球上，把仙葫芦子撒到了天空，天空顿时繁星满天。

【流传】云南省·（西双版纳傣族自治州）·景洪市

【出处】波岩扁讲，岩温扁、征鹏翻译：《布桑该雅桑该》，见中国民间文学集成全国编辑委员会编《中国民间故事集成》（云南卷），北京：中国ISBN中心2003年版，第85页。

傣族 布尚改、雅尚改（造物神、夫妻神）把仙葫芦籽洒向天空，变成星星。

【流传】云南省

【出处】《布尚改雅尚改》，见岩温扁、征鹏编译《傣族民间传说》，北京：中国旅游出版社1982年版，第1页。

W1721.4
草变成星星

实例

（参见下级母题实例）

W1721.4.1
神草揉碎变成星星

【关联】
① ［W0934］神草（仙草）
② ［W1545.5.4.1］神草揉碎变成日月

实例

彝族 支格阿鲁（文化英雄名）决心为人造福，采得神草足罗八鸟一束，揉碎望空撒之，天上遂有日月星辰。

【流传】（无考）

【出处】《支格阿鲁》，原载毛星主编《中国少数民族文学》（下册）（原名《勒乌特衣》），见袁珂《中国神话大词典》，北京：华夏出版社2015年版，第429页。

W1721.5
树叶变成星星

实例

（实例待考）

W1721.6
特定的种子变成星星（特定的果实变成星星）

实例

景颇族 月亮撒种籽变成星星。

【流传】（无考）

【出处】何峨整理：《万物诞生》，见中华民族故事大系编委会编《中华民族故事大系》第10卷（景颇族、柯尔克孜族、土族），上海：上海文艺出版社1995年版，第6页。

W1721.6.1
天上的梭罗树的果实像星星

【关联】［W1721.1.1］梭罗树开花形成繁星

实例

彝族 天上的梭罗树，开花像日月，果实像星星，才会把大地照亮。

【流传】云南省·楚雄彝族自治州

【出处】《门米间扎节》，古梅根据《楚雄民间文学资料》改写，见姚宝瑄主编《中国各民族神话》（羌族、彝族），太原：山西出版传媒集团·书海出版社2014年版，第83页。

W1722

日月变成星星

【实例】

（参见下级母题实例）

W1722.1

日月划分成星星

【实例】

（参见下级母题实例）

W1722.1.1

盘古把日月分成星星

【实例】

【朝鲜族】天地混沌未分时，天上有2个太阳2月，盘古氏把1日1月分作南斗、北斗和星星。

【流传】（无考）

【出处】巫歌《创世纪》，见中国各民族宗教与神话大词典编审委员会编《中国各民族宗教与神话大词典》，北京：学苑出版社1990年版，第60页。

【朝鲜族】盘古在天上只留下一个太阳和一个月亮，用另外的一个太阳和一个月亮分别作斗、北斗和大小星座。

【流传】（无考）

【出处】《创世记》，见金东勋《朝鲜族的神话传说》，http://www.chinactwh.com，2003.09.02。

W1722.2

日月的精气变成星星

【实例】

【汉族】积阳之热气生火，火气之精者为日；积阴之寒气为水，水气之精者为月；日月之淫为精者为星辰。

【流传】（无考）

【出处】［汉］刘安及门客：《淮南子·天文训》。

W1722.3

太阳的碎片变成星星（月亮的碎片变成星星）

【汤普森】A764

【实例】

【汉族】（实例待考）

【畲族】远古的时候，人的祖宗头爬到昆仑山顶射太阳时，太阳的碎片变成大大小小的星斗。

【流传】福建省·（宁德市）·寿宁（寿宁县）

【出处】吴兰妃讲，刘善林采录：《日头月亮和人祖》，原载《中国民间故事集成·福建卷·闽东畲族故事》，宁德地区民间文学集成编委会1990年编印，见《福建省少数民族古籍丛书》编委会编《畲族卷·民间故事》，福州：海峡出版发行集团·海峡书局2013年版，第13~14页。

畲族 很古的时候，天上有10个太阳一起出来，造成旱灾。畲家五个兄弟射太阳，弟弟老五射落的太阳的碎片变成满天星斗。

【流传】福建省·（漳州市）·云霄县

【出处】张春梅讲，王雄铮采录：《五通神的来历》，原载《中国民间故事集成·福建卷·漳州市分卷》，漳州市民间文学集成编委会1991年编印，见《福建省少数民族古籍丛书》编委会编《畲族卷·民间故事》，福州：海峡出版发行集团·海峡书局2013年版，第15页。

水族 地仙旺虽一脚踏月亮山上，一脚蹬怒龙山顶，举弯形之铜岩山作大弓，对准个个太阳，连发十一支神箭。顷刻十一太阳俱被射碎，化为无数大小星星。

【流传】（贵州省·黔南州？）

【出处】袁珂改编：《都柳江》（原名《都柳江的传说》），原载黔南文学艺术研究室编《水族民间故事》，见袁珂《中国神话大词典》，北京：华夏出版社2015年版，第543页。

瑶族 （实例待考）

W1722.3.1
太阳神被射溅出的火花变成星星

实 例

布朗族
（参见 W1765.2 母题实例）

W1722.3.2
射碎的太阳变成星星

实 例

高山族（泰雅） 人们射落了八个太阳，其中七个太阳的碎片成了星星。

【流传】台湾·桃竹苗地区

【出处】云诗仙讲，曾康怡采录，许端荣撰：《射太阳的故事》，原载金荣华编《台湾桃竹苗地区民间故事》，见陶阳、钟秀编《中国神话》（上），北京：商务印书馆2008年版，第297页。

汉族 人的祖宗头射裂8个日头。八个日头碎片迸散苍天，就变成大大小小的星斗。

【流传】福建省·（宁德市）·寿宁县·大安乡·鳌阳镇

【出处】吴兰妃讲，刘善林记录整理：《射日》（1987.05.08），见姚宝瑄主编《中国各民族神话》（汉族），太原：山西出版传媒集团·书海出版社2014年版，第150~151页。

汉族 后生仔用铳射落的九个日头的碎片，飞散在天上，成了许多天星。

【流传】福建省·（宁德市）·周宁县·浦源（浦源镇）、纯池乡（纯池镇）

【出处】邱端素讲，李晓云记录整理：《日月和天星》（1987.08.05），见姚宝瑄主编《中国各民族神话》（汉族），太原：山西出版传媒集团·书

汉族 后羿把八个火球遭射碎了，大一块细一块的在天上飘来飘去，到了晚上还看得到一点点亮，它们就是现在的星星。

【流传】四川省·巴县（重庆·巴南区）·鱼洞镇

【出处】张文奎讲，李子硕记录整理：《太阳和星星的来历》（1988.04），见姚宝瑄主编《中国各民族神话》（汉族），太原：山西出版传媒集团·书海出版社2014年版，第207~209页。

水族 射碎太阳的变成星星。

【流传】贵州省·（黔南布依族苗族自治州）·三都（三都水族自治县）

【出处】韦金荣等讲，张巢等整理：《都柳江的传说》，见中华民族故事大系编委会编《中华民族故事大系》第9卷（水族、东乡族、纳西族），上海：上海文艺出版社1995年版，第85页。

藏族 哈拉（旱獭，草原上一种鼠类）射日，散落在大地上的太阳碎片，闪烁着斑斓的色彩：紫色变成了眨眼的星辰。

【流传】青海省·黄南州（黄南藏族自治州）·同仁县

【出处】加毛泽讲，仁青侃卓等采录：《哈拉射日》，见中国民间文学集成全国编辑委员会编《中国民间故事集成》（青海卷），北京：中国ISBN中心2007年版，第8页。

W1722.3.2.1
地仙射碎的太阳变成星星

实例

水族 一个名叫旺虽的地仙射碎11个太阳，太阳碎片化作无数大大小小的星星。

【流传】贵州省·（黔南布依族苗族自治州）·三都县（三都水族自治县）·恒丰乡

【出处】韦金荣讲，祖岱年采录：《旺虽射日》，见中国民间文学集成全国编辑委员会编《中国民间故事集成》（贵州卷），北京：中国ISBN中心2003年版，第26页。

W1722.3.3
打碎的太阳变成星星

实例

高山族（泰雅） 以前，天上有10个太阳，射日的队伍历尽艰难到了太阳的住处，把太阳打碎了8个，打伤了一个被打碎的太阳变成了星星。

【流传】（台湾北半部）

【出处】宋神财讲，蔡春雅、王阿勉采录：《太阳和月亮的故事》，见陶阳、钟秀编《中国神话》（上），北京：商务印书馆2008年版，第256页。

W1722.3.3.1
神祖打碎的太阳变成星星

实例

瑶族 现在天上的星星，就是被果阿

常（祖神）打碎的太阳碎片变成的。

【流传】贵州省·（黔南布依族苗族自治州）·荔波县·瑶麓乡

【出处】覃继高等讲，黄海采录：《十六个太阳和十七个月亮》，见中国民间文学集成全国编辑委员会编《中国民间故事集成》（贵州卷），北京：中国ISBN中心2003年版，第21页。

W1722.3.4
山猪咬碎的月亮变成星星

实 例

黎族 山猪把天上4个多余的月亮咬碎，变成许多星星。

【流传】（a）海南省·琼中县·五指山公社·水满村

【出处】

（a）王知会讲，云博生采录：《人类的起源》，见中国民间文学集成全国编辑委员会编《中国民间故事集成》（海南卷），北京：中国ISBN中心2002年版，第3页。

（b）云博生搜集：《人类的起源》，见谷德明编《中国少数民族神话》，北京：中国民间文艺出版社1987年版，第185页。

黎族 很久以前，洪水过后，天上出现5个太阳和5个月亮，山猪咬碎4个月亮变成星星。

【流传】（ab）海南省

【出处】

（a）云博生搜集：《人类的起源》，见陶阳、钟秀编《中国神话》，上海：上海文艺出版社1996年版，第184页。

（b）同（a），见海南黎族苗族自治州文化局《黎族民间故事集》，广州：花城出版社1982年版，第1～3页。

（c）同（a），见陶阳、牟钟秀著《中国创世神话》，上海：上海人民出版社2006年版，第144页。

W1722.4
太阳经历特定事件后变成星星

实 例

（参见下级母题实例）

W1722.4.1
太阳被洒水后变成星星

实 例

汉族 赵公爷把天河水舀起，往太阳宝上一淋，太阳宝就蔫气了。他一口气淋了八个太阳宝，都淋得来只剩点点亮光，变成了星星儿。

【流传】四川省·（都江堰市）·灌县（古城）·柳街乡一带

【出处】康弘讲，王纯五记录整理：《太阳宝和月儿光咋个来的》（1987.01.04），见姚宝瑄主编《中国各民族神话》（汉族），太原：山西出版传媒集团·书海出版社2014年版，第213～214页。

W1722.5

太阳的血点变成星星（月亮的血点变成星星）

【汤普森】≈A764.2

实 例

高山族

（参见 W1725.14.1 母题实例）

W1722.6

太阳抖落的碎物变成星星

实 例

哈萨克族 太阳剧烈的一颤动，团团黑暗粉碎得七零八落，零八落的碎物迸出火花，变成了天上的星星。

【流传】（无考）

【出处】美依里姆·扎拜讲，阿里木赛依提·吾勒达汗搜集，安蕾、毕桴译：《太阳与星星》，见满都呼主编《中国阿尔泰语系诸民族神话故事》，北京：民族出版社 1997 年版，第 61 页。

W1722.7

月亮的碎片变成星星

实 例

黎族 （实例待考）

W1722.7.1

射落的月亮的角变成星星

实 例

瑶族 天上出现七棱八角的月亮。雅拉（人名）登山重射百箭，月之棱角皆去，散之空中，成为闪烁众星。

【流传】（无考）

【出处】《雅拉射月》（原名《射月亮》），原载《中国民间故事选》（第一集），见袁珂《中国神话大词典》，北京：华夏出版社 2015 年版，第 473 页。

W1723

火星变成星星

实 例

佤族

（参见 W1723.5.1 母题实例）

W1723.1

神用赶山鞭抽出的火花变成星星

实 例

阿昌族 遮帕麻挥舞赶山鞭，抽出一串串火花，火花飞到天上，变成了满天的星斗。

【流传】（a）云南省·（德宏傣族景颇族自治州）·梁河县

【出处】

（a）赵安贤讲，杨叶生智克采录：《遮帕麻与遮米麻》，见中国民间文学集成全国编辑委员会编《中国民间故事集成》（云南卷），北京：中国 ISBN 中心 2003 年版，第 69 页。

（b）赵安贤讲，舟叶生译，智克整理：《遮帕麻与遮米麻》，见谷德明编《中国少数民族神话》，北京：中国民间文艺出版社 1987 年版，第 490 页。
（c）同（b），见陶立璠、赵桂芳等编《中国少数民族神话汇编》（开天辟地篇等），中央民族学院少数民族古籍整理出版规划领导小组办公室印（未署出版时间），第 330 页。

阿昌族 遮帕麻（男始祖名，被封为"天公"）挥舞赶山鞭，抽出一串串火花，他只留下一朵火花点燃了自己的柴堆，其他火花飞到天上，变成了满天的星斗。

【流传】（云南省）

【出处】赵安贤讲，智克整理：《遮帕麻与遮米麻》，见姚宝瑄主编《中国各民族神话》（佤族、阿昌族、纳西族、普米族、德昂族），太原：山西出版传媒集团·书海出版社 2014 年版，第 77 页。

阿昌族 遮帕麻（男始祖，天公）挥舞赶山鞭，抽出一串串火花。他只留下一朵火花点燃了自己的柴堆，其他火花飞到天上，变成了满天的星斗。

【流传】云南省·（德宏傣族景颇族自治州）·梁河县

【出处】赵安贤讲述，杨叶生翻译，智克整理：《遮帕麻与遮米麻》，载《山茶》1981 年第 2 期。

W1723.2
马踏水溅起的火星变成星星

实 例

（参见下级母题实例）

W1723.2.1
女神骑马踏水溅到天上的火星变成星星

实 例

蒙古族（卫拉特） 麦德尔神女的马蹄踏水溅起的火星，飞上高空成了星星。

【流传】（无考）

【出处】姚玉瑄搜集整理：《麦德尔娘娘开天辟地》，见满都呼主编《中国阿尔泰语系诸民族神话故事》，北京：民族出版社 1997 年版，第 147～148 页。

蒙古族 麦德尔女神骑着神马奔驰在蓝色的水面上，马蹄不断溅起火星，飞上高空就变成了一颗颗星星。

【流传】内蒙古自治区

【出处】《麦德尔娘娘开天辟地》，见中国民间文学集成全国编辑委员会编《中国民间故事集成》（内蒙古卷），北京：中国 ISBN 中心 2007 年版，第 3 页。

蒙古族 麦德尔神女骑着白色神马，往来奔驰在蓝色的水面上，马蹄踏水溅起的火星，飞上高空成了星星。

【流传】新疆维吾尔自治区蒙古族居住地区

【出处】姚宝瑄搜集整理：《麦德尔神女开天辟地》，载《民间文学》1986 年第 3 期。

蒙古族 麦德尔神女骑神马驰骋于大水

之上。马蹄踏水所溅火星，飞至于天，乃成星星。

【流传】（无考）

【出处】＊《麦德尔神女》，原载陶阳、钟秀编《中国神话》，见袁珂《中国神话大词典》，北京：华夏出版社2015年版，第399页。

蒙古族 世界大水时，麦德尔神女骑神马在水面上奔驰，马蹄踏水溅起的火星，飞上高空成了星星。

【流传】新疆维吾尔自治区蒙古族居住地区

【出处】姚宝瑄搜集整理：《麦德尔神女开天辟地》，见姚宝瑄主编《中国各民族神话》（达斡尔族、鄂伦春族、鄂温克族、蒙古族），太原：山西出版传媒集团·书海出版社2014年版，第135页。

W1723.3
盘古砍石的火星变成星星

实 例

汉族 盘古举起斧子向周围猛砍，石头迸起火星，溅到高处，变成了星星。

【流传】陕西省·宝鸡县（宝鸡市）·（渭滨区）·马营镇·永清村

【出处】张世爱讲，李浡采录：《开天辟地》，见中国民间文学集成全国编辑委员会编《中国民间故事集成》（陕西卷），北京：中国ISBN中心1996年版，第4页。

W1723.3a
二郎神与天宫撞出的火星变成星星

实 例

汉族 二郎神冲上云霄，头与天宫迸出许多火星子，成了天上的星星。

【流传】北京市·门头沟区

【出处】张广民讲，张万顺采录：《二郎神担山堵海》，见中国民间文学集成全国编辑委员会编《中国民间故事集成》（北京卷），北京：中国ISBN中心1999年版，第8页。

W1723.4
炼太阳迸出的火星变成星星

实 例

侗族 为使太阳放光，广（人名）纳太阳入炉中铸炼。炉火熊熊，炉膛飞溅粒粒火星，即今天上之群星也。

【流传】（无考）

【出处】《救太阳》，原载杨通山等编《侗族民间故事选》，见袁珂《中国神话大词典》，北京：华夏出版社2015年版，第467页。

侗族 在天上炼太阳时，炉子里飞溅出一颗颗火星，就是我们今天见到的星星。

【流传】广西壮族自治区·（柳州市）·三江侗族自治县·（丹洲镇）·板必（板必村）

【出处】黄大奶讲，鼓声、卜朗整理：

《兄妹救太阳》，见姚宝瑄主编《中国各民族神话》（土家族、毛南族、侗族、瑶族），太原：山西出版传媒集团·书海出版社 2014 年版，第 124 页。

侗族 被拉上天的太阳暗淡无光。广（人名）便拿起一个鼓风炉，扛起一把大铁锤，回到天上，把太阳放进炉里去炼。炉子里飞溅出一颗颗火星，它就是我们今天见到的星星。

【流传】广西壮族自治区·（柳州市）·三江县（三江侗族自治县）·（丹洲镇）·板必村

【出处】黄大奶讲，鼓声、卜朗整理：《救太阳》，原载广西民间文学研究会编《侗族文学资料》（第二集），见陶阳、钟秀编《中国神话》（上），北京：商务印书馆 2008 年版，第 262~264 页。

W1723.5
射日月迸出的火星变成星星

【关联】［W1722.3.2］射碎的太阳变成星星

实 例

（参见下级母题实例）

W1723.5.1
射太阳溅出的金花变成星星

实 例

佤族 小伙射日，太阳被射成了两半，溅出的金花变成星星。

【流传】云南省·（普洱市）·西盟县（西盟佤族自治县）

【出处】岩米讲，宁默采录：《射日》，见中国民间文学集成全国编辑委员会编《中国民间故事集成》（云南卷），北京：中国 ISBN 中心 2003 年版，第 402 页。

W1723.5.2
射月亮迸出的火星变成星星

实 例

瑶族 射手雅拉射月亮，把月亮射得火星乱冒。火星散布在天空就成了星子。

【流传】广西壮族自治区

【出处】萧甘牛记录整理：《射月亮》，见姚宝瑄主编《中国各民族神话》（土家族、毛南族、侗族、瑶族），太原：山西出版传媒集团·书海出版社 2014 年版，第 196 页。

瑶族 射手雅拉把月亮射得火星乱冒，那火星散布在天空就成了星子。

【流传】广西壮族自治区

【出处】萧甘牛搜集：《射月亮》，原载中国社会科学院文学研究所编《中国民间故事选》，见陶阳、钟秀编《中国神话》（上），北京：商务印书馆 2008 年版，第 248~251 页。

W1723.6
太阳碰撞的火星变成星星

实 例

（参见下级母题实例）

W1723.6.1
两个太阳撞出的火星粘在天上变成星星

实 例

白族 两个太阳在天上撞碰，撞出的火星飞进出去粘在了天上，变成了满天星斗。

【流传】云南省·（大理白族自治州）·鹤庆县·城郊乡（草海镇）·新民村

【出处】李剑飞讲，李缵绪采录：《人和万物的起源》，见中国民间文学集成全国编辑委员会编《中国民间故事集成》（云南卷），北京：中国ISBN中心2003年版，第13页。

白族 两个太阳在天上撞呀、碰呀，撞出的火星飞进出去粘在天上，变成了满天星斗

【流传】云南省·（大理白族自治州）·鹤庆（鹤庆县），丽江（丽江市）及（丽江市）·永胜（永胜县）

【出处】李剑飞讲，李缵绪、章虹宇记录：《人类和万物的起源》（又名《劳谷与劳泰》、《古干古洛创世记》），原载李缵绪主编《白族神话传说集成》，中国民间文艺出版社1986年版，见姚宝瑄主编《中国各民族神话》（白族、拉祜族、景颇族），太原：山西出版传媒集团·书海出版社2014年版，第18页。

白族 两个太阳在天上碰撞，撞出的火星飞进出去粘在了天上，变成了满天星斗。

【流传】云南省·大理州（大理白族自治州）

【出处】《人类和万物的起源》，见云南省民间文学集成办公室编《白族神话传说集成》，北京：中国民间文艺出版社1986年版，第1~10页。

W1723.7
与火星变成星星有关的其他母题

实 例

（参见下级母题实例）

W1723.7.1
神喷的火变成星星

实 例

满族 远古时，天神阿布卡恩都里居九重天。他呵气成霞，喷火为星。

【流传】（无考）

【出处】

(a)《拖亚拉哈》，原载富育光《天宫大战》，载《民间文学论坛》1986年第4期。

(b) 同(a)，见袁珂《中国神话大词典》，北京：华夏出版社2015年版，第462页。

满族 阿布卡恩都力大神性喜酣睡，高卧九层云天之上，呵气为霞，喷火成星。

【流传】（无考）

【出处】富希陆讲，富育光采录：《天宫

大战》，原载富育光编《满族神话选》，见陶阳、钟秀编《中国神话》（中），北京：商务印书馆 2008 年版，第 736~737 页。

满族　善神阿布卡赫赫喷火为星。

【流传】黑龙江省·黑河地区（黑河市）·孙吴县·（沿江满族达斡尔族乡）·四季屯（四季屯村）

【出处】吴纪贤、富希陆讲：《天宫大战——黑水女真人传世神话》（1939，选自富育光、郭淑云整理的手稿），见姚宝瑄主编《中国各民族神话》（满族、赫哲族、朝鲜族），太原：山西出版传媒集团·书海出版社 2014 年版，第 37 页。

W1723.7.2
火球变成星星

实　例

汉族　风神踢翻了女娲炼石的炉子，滚出来的火球有的成了星星。

【流传】湖南省·（衡阳市）·祁东县

【出处】刘贵福讲，王少磊采录：《太阳、月亮和星星的来历》，见中国民间文学集成全国编辑委员会编《中国民间故事集成》（湖南卷），北京：中国 ISBN 中心 2002 年版，第 7 页。

W1723.7.2.1
天皇地皇抛撒的小火球变成星星

实　例

汉族　天皇地皇把黑团团拘到天火盆里去烧，烧了一阵子把黑团团烧红，泼出去后溅出来的小火球，变成了星星。

【流传】河北省·（石家庄市）·藁城县（藁城市）·（常安镇）·耿村

【出处】王玉田讲，杨志忠采录：《日月星的来历》，见中国民间文学集成全国编辑委员会编《中国民间故事集成》（河北卷），北京：中国 ISBN 中心 2003 年版，第 13 页。

W1723.7.2.2
火球的碎片变成星星

【关联】
① ［W1598.4］火球变成月亮
② ［W1574.2.6］火球变成太阳

实　例

汉族　天上的 8 个火球遭射碎后，一块一块的在天上飘来飘去，它们就是现在的星星。

【流传】四川省·巴县（今重庆市·巴南区）·土主乡·伏善村

【出处】张文奎讲，李子硕采录：《星星的来历》，见中国民间文学集成全国编辑委员会编《中国民间故事集成》（四川卷·上），北京：中国 ISBN 中心 1998 年版，第 33 页。

W1724
牙齿变成星星

【关联】［W1545.7.8］牙齿变成日月

实　例

（参见下级母题实例）

W1724.1
神的牙齿变成星星

实 例

（参见下级母题实例）

W1724.1.1
神死后牙齿变成星星

实 例

彝族　黑埃波罗赛神死后，牙齿变星星。

【流传】（无考）

【出处】

（a）《黑埃波罗赛造天地》，见中国各民族宗教与神话大词典编审委员会编《中国各民族宗教与神话大词典》，北京：学苑出版社1990年版，第677页。

（b）《黑埃波罗赛神》，见云南省民族事务委员会编《彝族文化大观》，昆明：云南民族出版社1999年版，第320页。

彝族　黑埃罗波赛神死后，眼变日月，齿变星星。

【流传】（无考）

【出处】《黑埃罗波赛神》（原名《查姆·万物起源歌》），原载毛星主编《中国少数民族文学》（下册），见袁珂《中国神话大词典》，北京：华夏出版社2015年版，第436页。

W1724.2
神性人物的牙齿变成星星

实 例

（参见下级母题实例）

W1724.2.1
盘古死后牙齿变成星星

【关联】[W1980.2.3.1]盘古的牙齿变金银

实 例

白族　盘古死后，观音的手指到哪里，他就变到哪里，他的小牙齿变成星星（辰）。

【流传】

（a）云南省·（大理白族自治州）·大理（大理市）、洱源县等地

（b）云南省·（大理白族自治州）·洱源县

（c）云南省·（大理白族自治州）·大理（大理市）、洱源（洱源县）、剑川（剑川县）

【出处】

（a）杨国政讲，杨亮才采录：《开天辟地》，见中国民间文学集成全国编辑委员会编《中国民间故事集成》（云南卷），北京：中国ISBN中心2003年版，第9页。

（b）同（a），见谷德明编《中国少数民族神话》，北京：中国民间文艺出版社1987年版，第293页。

（c）同（a），见中华民族故事大系编委

会编《中华民族故事大系》第 5 卷（瑶族、白族、土家族），上海：上海文艺出版社 1995 年版，第 319 ~ 320 页。

白族 盘古氏的大小牙齿化为大小星星。

【流传】（无考）

【出处】《开天辟地》，原载谷德明编《中国少数民族神话》，见袁珂《中国神话大词典》，北京：华夏出版社 2015 年版，第 474 页。

汉族 盘古垂死化生，发齿为星辰。

【流传】（无考）

【出处】[三国]徐整：《三五历记》，原书已佚，据《绎史》引文。

W1724.2.1.1
盘古的小牙变成星星

实　例

白族 木十伟（盘古、盘生的化身）的小牙变星辰。

【流传】（无考）

【出处】李康德等讲，杨亮才、陶阳记录整理：《创世纪》，见杨亮才、李缵绪选编《白族民间叙事诗集》，北京：中国民间文艺出版社 1984 年版，第 14 页。

白族 盘古死时，小牙齿变成星星。

【流传】云南省·（大理白族自治州）·大理（大理市）、洱源（洱源县）、剑川（剑川县）等地

【出处】杨国政讲，杨亮才记录整理：《开天辟地》，原载《云南民间故事选》（不详），见姚宝瑄主编《中国各民族神话》（白族、拉祜族、景颇族），太原：山西出版传媒集团·书海出版社 2014 年版，第 6 页。

W1724.2.1a
盘皇的牙齿变成星星

实　例

苗族 盘皇（祖先）摘下牙齿化作星辰。

【流传】海南省·（三亚市）·陵水县（陵水黎族自治县）·祖关镇（本号镇）·白水岭苗村

【出处】邓文安讲，潘先榕采录：《盘皇造万物》，见中国民间文学集成全国编辑委员会编《中国民间故事集成》（海南卷），北京：中国 ISBN 中心 2002 年版，第 3 页。

W1724.2.2
祖先的牙齿变成星星

实　例

苗族 （实例待考）

W1724.2.2.1
祖先的小牙变成星星

实　例

布依族 祖先翁戛拔下几颗小牙嵌在天边，小牙便变成万颗星星。

【流传】贵州省布依族地区

【出处】杨正荣、祝登壅讲，岭玉清、汛河搜集整理，古梅改写：《翁戛造万物》，见姚宝瑄主编《中国各民族神话》（布依族、仡佬族、苗族），太原：山西出版传媒集团·书海出版社2014年版，第8页。

W1724.2.3
撑天者的牙齿变成星星

【关联】

① ［W1307.7.1］巨人一手撑天

② ［W1323］人支天（人支撑天）

实例

布依族 洪荒时代，祖先力嘎把两只眼珠挖出来钉在天上，变日月；拔牙齿钉天，牙齿变满天星星。

【流传】贵州省

【出处】

（a）《力嘎撑天》，见中国各民族宗教与神话大词典编审委员会编《中国各民族宗教与神话大词典》，北京：学苑出版社1990年版，第44页。

（b）王燕等讲：《力戛撑天》，见陶阳、钟秀编《中国神话》，上海：上海文艺出版社1996年版，第17页。

布依族 力戛用牙齿钉天防止天的塌落。钉天之齿，遂化为星辰。

【流传】（无考）

【出处】《力戛撑天》，原载谷德明编《中国少数民族神话选》，见袁珂《中国神话大词典》，北京：华夏出版社

2015年版，第445页。

W1724.2.4
天女的牙齿变成星星

实例

满族 天上的玉皇大帝的小女儿小翠儿，把白白的牙拔下来向前扔去，变成一个个小亮点，这就是星星。

【流传】辽宁省·（鞍山市）·岫岩满族自治县·牧牛乡一带

【出处】洪希山、孙洪运讲，崔勇搜集整理：《太阳、月亮和星星的传说》，见姚宝瑄主编《中国各民族神话》（满族、赫哲族、朝鲜族），太原：山西出版传媒集团·书海出版社2014年版，第62~63页。

W1724.3
动物的牙齿变成星星

实例

（参见下级母题实例）

W1724.3.1
龙牙变成星星

【关联】［W3568.4］龙牙

实例

汉族 青年和熊的三女儿补天时，他们用龙牙把网钉在天上，天补好，龙牙变成了星星。

【流传】辽宁省·（沈阳市）·新民县北部农村

【出处】刘赵氏讲，刘秀岩搜集整理：《补天的故事》（附记），见姚宝瑄主编《中国各民族神话》（汉族），太原：山西出版传媒集团·书海出版社2014年版，第63~65页。

W1724.3.1.1
星星是补天时做钉子的龙牙

实例

苗族　补天是，作为钉子的龙牙变成满天星斗。

【流传】广西壮族自治区·（柳州市）·大苗山（融水苗族自治县）

【出处】

（a）《龙牙颗颗钉满天》，见苏晓星《苗族文学史》，成都：四川出版集团·四川民族出版社2003年版，第75页。

（b）同（a），见田兵等《苗族文学史》，贵阳：贵州人民出版社1981年版，第57页。

苗族　桑哥哥与白姑娘闻二人披大氅，骑绵羊，一携钉，一执锤，往来天空知云。二人巡行各处，将龙牙作为钉子钉在天上。天上的点点发光之物，即颗颗龙牙钉，人们称之为星星。

【流传】（无考）

【出处】《桑哥哥与白姑娘》，原载谷德明编《中国少数民族神话选》（原名《龙牙颗颗钉满天》），见袁珂《中国神话大词典》，北京：华夏出版社2015年版，第425页。

W1724.3.1.1.1
乌龙的牙齿补天变成星星

实例

瑶族　老熊王的三女儿白姑娘和小伙用乌龙牙补天时，龙牙成为星星。

【流传】广西壮族自治区

【出处】萧甘牛搜集整理：《龙牙颗颗钉满天》，见曹廷伟编著《广西民间故事辞典》，南宁：广西教育出版社1993年版，第15页。

W1724.3.2
鹿的牙变成星星

实例

普米族　吉赛米（杀鹿人）猎杀鹿后，鹿牙变成了星辰。

【流传】云南省·丽江（丽江市）·宁蒗县（宁蒗彝族自治县）

【出处】《吉赛米》（杀鹿人），见宁蒗彝族自治县志编委会编《宁蒗彝族自治县志》，昆明：云南民族出版社1993年版，第239页。

普米族　巨神简剑祖射死马鹿后，看到马鹿头变成的天上空落落的什么也没有，便取下马鹿的牙齿，把马鹿的牙齿抛向天，那天上便出现了满天的星辰。

【流传】（普米族广大地区）

【出处】杨祖德、杨学胜讲：《简剑祖射马鹿创天地》，据杨庆文《普米族文学简介》中的《捉马鹿的故事》和季志超《藏族普米族创世神话比较》中的《吉赛叭》等编写，见姚宝瑄主编《中国各民族神话》（佤族、阿昌族、纳西族、普米族、德昂族），太原：山西出版传媒集团·书海出版社2014年版，第303页。

W1724.3.2.1
马鹿的牙变成星星

实 例

普米族 巨人简剑祖杀死马鹿后，鹿牙变成了星辰。

【流传】（无考）

【出处】《捉马鹿的故事》，见毛星主编《中国少数民族文学》（下），长沙：湖南人民出版社1983年版，第146页。

普米族 简锦祖（巨人）杀死了作恶的马鹿，取下马鹿的牙齿，鹿齿变成满天星星。

【流传】云南省·（怒江傈僳族自治州）·兰坪县（兰坪白族普米族自治县），（丽江市）·宁蒗县（宁蒗彝族自治县）

【出处】王震亚采录：《简锦祖杀马鹿》，见中国民间文学集成全国编辑委员会编《中国民间故事集成》（云南卷），北京：中国ISBN中心2003年版，第386页。

W1724.3.3
虎牙变成星星

实 例

彝族 天神的儿女造天地后，天上和地上什么也没有。于是他们捉住老虎，用虎牙作星星。

【流传】云南省·楚雄彝族自治州·姚安县、大姚县等彝族地区

【出处】《创世·开天辟地》，见云南省民族民间文学楚雄调查队整理编写《梅葛》，昆明：云南人民出版社2009年版，第13页。

W1724.3.4
牛的牙齿变成星星

【关联】
① ［W1734.12］牛的牙齿变成北斗星
② ［W1744.1］牛牙变成启明星

实 例

哈尼族 众神把查牛（牛）的牙齿变成最亮的启明星。

【流传】
（a）云南省·（红河哈尼族彝族自治州）·元阳县
（b）云南省·（红河哈尼族彝族自治州）·元阳（元阳县）、红河（红河县）、绿春（绿春县）、金平（金平苗族瑶族傣族自治县）等

【出处】
（a）朱小和讲，史军超采录：《查牛补天地》，见中国民间文学集成全国编

辑委员会编《中国民间故事集成》（云南卷），北京：中国 ISBN 中心 2003 年版，第 29 页。

（b）同（a），见云南省民间文学集成办公室编《哈尼族神话传说集成》，北京：中国民间文艺出版社 1990 年版。

（c）朱小和讲，芦朝贵等整理：《天、地、人的传说》，载《山茶》1983 年第 4 期。

（d）同（c），见谷德明编《中国少数民族神话》，北京：中国民间文艺出版社 1987 年版，第 313 页。

（e）朱小和讲，芦朝贵等整理：《天、地、人的传说》，见陶立璠、赵桂芳等编《中国少数民族神话汇编》（开天辟地篇等），中央民族学院少数民族古籍整理出版规划领导小组办公室印（未署出版时间），第 261 页。

哈尼族 诸神得牛，亦不杀食，以其牙化为满天星斗。

【流传】（无考）

【出处】《大鱼开辟天地》（原名《天、地、人的传说》），原载谷德明编《中国少数民族神话》，见袁珂《中国神话大词典》，北京：华夏出版社 2015 年版，第 489 页。

W1724.3.4.1
龙牛的牙齿变成星星

实 例

哈尼族 造地时，天王杀掉塔婆的龙牛，用龙牛的牙做星星。

【流传】（无考）

【出处】

（a）刘辉豪、白章福搜集整理：《奥色密色》，载《山茶》1980 年第 2 期。

（b）《奥色密色》，见中央民族学院少数民族文艺研究所编《中国民族民间文学》，北京：中央民族学院出版社 1987 年版，第 238 页。

哈尼族 天神们杀翻塔婆的龙牛铺设天地造万物时，牛的每一颗牙齿就是天上的一颗星星。

【流传】（无考）

【出处】《杀牛龙，造天地》，根据张牛朗、杨批斗、李书周等演唱，杨保生、李家顺等翻译，杨笛、郭纯礼等整理《十二奴局》和《奥色密色》翻译稿改写，见姚宝瑄主编《中国各民族神话》（哈尼族、傣族），太原：山西出版传媒集团·书海出版社 2014 年版，第 12～13 页。

哈尼族 天王让众人造天地时，他们杀掉一头如山大的龙牛，其中，它的牙化星星。

【流传】（无考）

【出处】《开天辟地》（原名《奥色密色》），原载毛星主编《中国少数民族文学》（下册），见袁珂《中国神话大词典》，北京：华夏出版社 2015 年版，第 490 页。

哈尼族 改天换地的众神得到龙王送来的牛后，把它的两颗尖牙变成启明星和北斗星，其他牙齿变成满天星斗。

【流传】云南省·（红河哈尼族彝族自治州）·元阳县

【出处】

（a）朱小和讲，芦朝贵等整理：《天、地、人的传说》，载《山茶》1983年第4期。

（b）朱小和讲，芦朝贵、杨笛搜集整理：《大鱼脊背甩出的世界》，原载《山茶》1983年第4期（王松将原题目《天、地、人的传说》改为此题目），见姚宝瑄主编《中国各民族神话》（哈尼族、傣族），太原：山西出版传媒集团·书海出版社2014年版，第27页。

W1724.3.4.2
神牛的牙齿变成星星

实例

哈尼族 阿匹梅烟大神杀查牛，用牛板牙做满天繁星。

【流传】（无考）

【出处】《查牛补天地》，见中国各民族宗教与神话大词典编审委员会编《中国各民族宗教与神话大词典》，北京：学苑出版社1990年版，第169页。

哈尼族 杀查牛（天地神专养的神牛）修补天地日月时，天神的女儿俄娇姑娘拔下了查牛的七十七颗板牙，朝天上一撒变成星星，天上变得亮晶晶的了。

【流传】云南省·（红河哈尼族彝族自治州）·元阳（元阳县）、红河（红河县）、绿春（绿春县）、金平（金平苗族瑶族傣族自治县）

【出处】朱小和讲唱，史军超搜集整理：《查牛补天地》（1983），原载云南省民间文学集成办公室编《哈尼族神话传说集成》，中国民间文艺出版社1990年版，见姚宝瑄主编《中国各民族神话》（哈尼族、傣族），太原：山西出版传媒集团·书海出版社2014年版，第55页。

W1724.4
其他特定的牙齿变成星星

实例

（参见下级母题实例）

W1724.4.1
钉天的牙齿变成星星

实例

布依族 后生力戛把天撑高后，用牙当钉子把天钉住，这些钉天的牙齿变成了满天星星。

【流传】（a）贵州省·（黔西南布依族苗族自治州）·兴义县（兴义市）

【出处】

（a）班告爷讲，汛河采录：《力戛撑天》，见中国民间文学集成全国编辑委员会编《中国民间故事集成》（贵州卷），北京：中国ISBN中心2003年版，第73页。

（b）王燕、春甫等讲，汛河记录整理：

《力戞撑天》，见谷德明编《中国少数民族神话》，北京：中国民间文艺出版社1987年版，第611页。

布依族 力戞（人名，大力士）为把天稳固下来，他钉天的牙齿，变成了满天星星。

【流传】各地布依族地区

【出处】王燕、春甫、班告爷讲，汛河记录整理：《力戞创世》，见姚宝瑄主编《中国各民族神话》（布依族、仡佬族、苗族），太原：山西出版传媒集团·书海出版社2014年版，第5页。

W1725
其他特定物变成星星

实 例

（参见下级母题实例）

W1725.1
金银碎片变成星星

实 例

拉祜族

（参见W1725.2.1母题实例）

W1725.2
银子变成星星

实 例

（参见下级母题实例）

W1725.2.1
神撒在天上的碎银变成星星

【关联】[W1725.5.1]撒到天上的铜沙变成星星

实 例

拉祜族 星星是神撒到天上的金银碎片。

【流传】云南省·（普洱市）·澜沧县（澜沧拉祜族自治县）、孟连县（孟连傣族拉祜族佤族自治县）

【出处】扎袜等讲，苏敬梅等搜集，苏敬梅等整理：《牡帕密帕》，见中华民族故事大系编委会编《中华民族故事大系》第8卷（畲族、高山族、拉祜族），上海：上海文艺出版社1995年版，第684页。

拉祜族 厄莎（有多种说法，如天神、天帝、创世女神、始祖等）把碎银子撒上天，变成了满天的星星。

【流传】云南省·（普洱市）·澜沧县（澜沧拉祜族自治县）

【出处】李云保讲述，扎约采录：《牡帕密帕的故事》，见陶阳、钟秀编《中国神话》（上），北京：商务印书馆2008年版，第129～139页。

W1725.2.2
月亮的银石破碎变成星星

实 例

汉族 月亮手中的银石被震碎，撒在天上，成了星星。

【流传】四川省·万县市（今重庆市·万州区）·长岭乡（长岭镇）·傅家村

【出处】李美仁讲，李孙元采录：《繁星的来历》，见中国民间文学集成全国编辑委员会编《中国民间故事集成》（四川卷·上），北京：中国ISBN中心1998年版，第34页。

W1725.2a
撒到天上的金果变成星星

实 例

苗族 纳罗引勾（开天辟地的大神）把金果树上的金果撒到天上成为星星。

【流传】广西壮族自治区·融水大年、拱洞等地

【出处】杨达香讲，梁彬搜集整理：《创世大神和神子神孙》，见曹廷伟编著《广西民间故事辞典》，南宁：广西教育出版社1993年版，第22页。

苗族 纳罗引勾（半人半兽的巨人）把金果撒到天上以后，变成了闪闪繁星，永世落不回地上了。

【流传】广西壮族自治区·（柳州市）·融水苗族自治县

【出处】
（a）杨达香讲，梁彬搜集整理：《创世纪》（二、捏人捏兽，栽果撒谷），见梁彬、王天若编《苗族民间故事选》，南宁：广西人民出版社1986年版。
（b）同（a），见姚宝瑄主编《中国各民族神话》（布依族、仡佬族、苗族），太原：山西出版传媒集团·书海出版社2014年版，第176页。

W1725.2a.1
祖先撒到天上的金果变成星星

实 例

苗族 纳罗引勾（祖先，半人半兽巨人）把金果树栽到坡上，把树上结出的一些金果撒上天，成了繁星。

【流传】
（a）广西壮族自治区·（柳州市）·融水县（融水苗族自治县）·滚贝乡
（b）广西壮族自治区·（柳州市）·融水县（融水苗族自治县）

【出处】
（a）杨达香讲，梁彬采录翻译：《纳罗引勾开天辟地造人》，见中国民间文学集成全国编辑委员会编《中国民间故事集成》（广西卷），北京：中国ISBN中心2001年版，第24页。
（b）杨达香讲，梁彬搜集整理：《创世记》，见谷德明编《中国少数民族神话》，北京：中国民间文艺出版社1987年版，第545页。

W1725.3
宝珠变成星星（珍珠变成星星）

【关联】
① [W1743] 珠宝变成启明星
② [W1762.3] 星星是天上的宝石
③ [W1763] 星星是天上的珍珠
④ [W9686] 宝珠

【实例】

（参见下级母题实例）

W1725.3.1
挂到天上的宝珠变成星星

【实例】

藏族　有一位年过百岁的老阿爸有九个儿子，他们每人带回了九九八十一颗宝珠。他们把这些闪光发亮的宝珠挂到天上，变成了亮晶晶的明星。

【流传】（无考）

【出处】觉乃尔讲，王彰明搜集整理：《星星的由来》，载《民间文学》1983年第10期。

W1725.3.1.1
仙鹤挂到天上的81颗宝珠变成星星

【实例】

藏族　古时，天上只有日月、没有星星，一个老阿爸让9个儿子去找到81颗宝珠，让仙鹤把宝珠挂在天上，天上有了星星。

【流传】（无考）

【出处】《星星的由来》，见陶阳、牟钟秀著《中国创世神话》，上海：上海人民出版社2006年版，第144页。

W1725.3.2
老人镶到天幕上宝珠变成星星

【关联】［W1798.1.2.1］老人把宝珠镶嵌在天幕

【实例】

藏族　老人携宝珠至一大松林。仙鹤见光明，齐集老人身旁。老人将颗颗宝珠置仙鹤身，己则骑最大仙鹤，率领群鹤，飞至天上。老人骑鹤以所有宝珠镶天幕上，宝珠立化为晶亮明星。

【流传】（无考）

【出处】《老人星》，原载陶阳、钟秀编《中国神话》（原名《星星的由来》），见袁珂《中国神话大词典》，北京：华夏出版社2015年版，第408页。

藏族　老人把宝珠一颗一颗放在仙鹤身上，自己骑了一只最大的仙鹤，带着鹤群向天上，把所有的宝珠都镶嵌在天幕上，这些宝珠立即变成了亮晶晶的明星。

【流传】西藏自治区

【出处】觉乃尔讲，王彰明记录整理：《星星的由来》，见姚宝瑄主编《中国各民族神话》（门巴族、珞巴族、怒族、藏族），太原：山西出版传媒集团·书海出版社2014年版，第94页。

W1725.3.3
女神撒珠子变成星星

【实例】

瑶族　密洛陀（女神名）顺手抓了一把闪亮的珠子，轻轻往蓝天一抛，让这万颗星陪伴月亮走夜路。

【流传】广西壮族自治区·（河池市）·都安瑶族自治县江水河一带瑶族地区

【出处】《密洛陀创世》，蓝田根据莎红整理的《密洛陀》和潘泉脉整理的《密洛陀》两部不同版本的长诗《密洛陀》改写，见姚宝瑄主编《中国各民族神话》（土家族、毛南族、侗族、瑶族），太原：山西出版传媒集团·书海出版社2014年版，第154页。

W1725.3.4
月亮衣服上的珠宝变成星星

实例

哈萨克族 创世主迦萨甘造出第一个女人阿娲阿娜飞到天上变成月亮。天上的星星就是阿娲阿娜身上的"蒙尼恰克"（哈萨克族妇女服饰上镶嵌的珠宝的通称）。

【流传】（新疆维吾尔自治区）

【出处】阿吾里汗·哈里、刘兆云等记录整理：《迦萨甘造人》，见姚宝瑄主编《中国各民族神话》（乌孜别克族、哈萨克族、柯尔克孜族、俄罗斯族、维吾尔族、塔吉克族、塔塔尔族、锡伯族），太原：山西出版传媒集团·书海出版社2014年版，第26页。

W1725.3.5
夜明珠变成星星

实例

汉族 天帝的小女儿把自己胸前的那串夜明珠抛向天空，变成了无数的星星。

【流传】江苏省·常州市

【出处】蒋寿元讲，冯爱娟记录整理：《太阳和月亮的来历》（1988.05），见姚宝瑄主编《中国各民族神话》（汉族），太原：山西出版传媒集团·书海出版社2014年版，第179~180页。

W1725.3.6
天女抛到空中的珍珠变成星星

实例

（参见下级母题实例）

W1725.3.6.1
玉帝小女儿抛到空中的珍珠变成星星

实例

汉族 玉皇大帝的小女儿把颈上的玉珠抛上天堂，变成了繁星。

【流传】江西省·宜春市·（袁州区）·湖田乡（湖田镇）·双湖村

【出处】易世才讲，李鉴采录：《玉皇大帝的女儿》，见中国民间文学集成全国编辑委员会编《中国民间故事集成》（江西卷），北京：中国ISBN中心2002年版，第3页。

汉族 天帝最小的女儿把脖子上的一串珍珠抛到了高空，那串珍珠立时就化作了满天的星星。

【流传】辽宁省·（丹东市）·宽甸县（宽甸满族自治县）

【出处】李大爷讲，曾层、佟畤记录整理：《日月峰》，见姚宝瑄主编《中国各民族神话》（汉族），太原：山西出版传媒集团·书海出版社2014年版，第181～183页。

W1725.3.6a
仙女抛到空中的珍珠变成星星

实 例

满族 小仙女把脖子上的一串珍珠抛到高空，化作了满天的星星。

【流传】（无考）

【出处】

（a）曾层、佟畤搜集整理：《日月峰》，见满都呼主编《中国阿尔泰语系诸民族神话故事》，北京：民族出版社1997年版，第270页。

（b）《日月峰》，见中国民间文艺研究会编《满族民间故事选》（二），沈阳：春风文艺出版社1985年版。

W1725.3.7
老人撒到空中的珍珠变成星星

实 例

汉族 老人将珍珠放在仙鹤身上，自己也骑上了一只仙鹤，飞上了天。刚到天边，珍珠便化做了星星。

【流传】辽宁省·（沈阳市）·新民（新民市）北部地区

【出处】刘国文讲，刘玉双记录整理：《星星的由来》，见姚宝瑄主编《中国各民族神话》（汉族），太原：山西出版传媒集团·书海出版社2014年版，第289～290页。

W1725.3.8
撒落的星神儿子的项链变成星星

实 例

珞巴族 月亮波如经常去偷星神儿子的项链，致使许多星星从天而降。

【流传】西藏自治区·（林芝市）·墨脱县·甘登乡、达木珞巴民族乡

【出处】仁真讲，冀文正采集：《天和地》，见冀文正《珞巴族民间故事》，成都：四川民族出版社2011年版，第5页。

W1725.3.9
盘古撒在天上的珍珠变成星星

实 例

布依族 以前，没有星星，盘古撒在天上的珍珠变成星星。

【流传】贵州省·贵阳（贵阳市）

【出处】陈素兰讲，张羽超等搜集，夏云昆整理：《开天辟地》，见中华民族故事大系编委会编《中华民族故事大系》第3卷（彝族、壮族、布依族），上海：上海文艺出版社1995年版，第688页。

W1725.4
铜镜变成星星

【关联】［W1545.8.1］日月是天空上的镜子

【实例】

（参见下级母题实例）

W1725.4.1
神把炼出的铜镜抛到天上变成星星

【实例】

满族　阿布卡恩都里的2个公主帮助阿布卡恩都里炼出了许多小托里（满语，"铜镜"），抛到天上形成星星和北斗。

【流传】黑龙江省·（黑河市）·孙吴县

【出处】

（a）张石头讲，富育光整理：《太阳和月亮的传说》，见谷德明编《中国少数民族神话》，北京：中国民间文艺出版社1987年版，第5~9页。

（b）《太阳和月亮的传说》，见满都呼主编《中国阿尔泰语系诸民族神话故事》，北京：民族出版社1997年版，第251页。

W1725.5
沙子变成星星

【关联】［W1725.6.7］魔鬼抛撒的石沙变成星星

【实例】

（参见下级母题实例）

W1725.5.1
撒到天上的铜沙变成星星

【关联】［W1585.7.1］用雨水拌银沙造月亮

【实例】

彝族　云神斯惹底尼将一升铜沙子撒上天，天上有了星星。

【流传】四川省·（凉山彝族自治州）·雷波县

【出处】

（a）保木和铁讲，芦芙阿梅译，白芝采录：《开天辟地》，见中国民间文学集成全国编辑委员会编《中国民间故事集成》（四川卷·下），北京：中国ISBN中心1998年版，第749页。

（b）《开天辟地》，见陶立璠、赵桂芳等编《中国少数民族神话汇编》（开天辟地篇等），中央民族学院少数民族古籍整理出版规划领导小组办公室印（未署出版时间），第85~95页。

W1725.6
石头变成星星

【关联】［W1762.2］星星是补天的石头

【实例】

（参见下级母题实例）

W1725.6.1
撒到天上的碎亮晶石变成星星

【实例】

布依族

（参见W1704.4母题实例）

W1725.6.2
月亮上的石头变成星星

【实例】

（参见下级母题实例）

W1725.6.2.1
后羿射落的月亮上的石头变成星星

实 例

回族　后羿一连射了几天月亮，月亮溅飞的石头，全变成了大大小小的星星。

【流传】河北省·孟村县·何吕店村

【出处】吴玉方讲，吴玉水采录：《嫦娥和后羿》，见中国民间文学集成全国编辑委员会编《中国民间故事集成》（河北卷），北京：中国 ISBN 中心 2003 年版，第 25 页。

W1725.6.3
补天的宝石变成星星

【关联】［W1768.7 星星是金钗玉坠

【关联】

① ［W1387.1.4］用宝石补天

② ［W1743.1］宝石变成北斗星

③ ［W1866.4］玉石（宝石）

实 例

（参见下级母题实例）

W1725.6.3.1
高辛帝补天的宝石变成星星

实 例

畲族　高辛帝拾了许多宝石作为钉子补天，这些宝石钉子变成了星星。

【流传】（无考）

【出处】

（a）《高辛和龙王》，见谷德明编《中国少数民族神话》，北京：中国民间文艺出版社 1987 年版，第 203 页。

（b）《高辛与龙王》，见陈玮君《畲族民间故事》，杭州：浙江人民出版社 1979 年版，第 3 页。

W1725.6.4
补天的五彩石变成星星

实 例

汉族　天补起了，女娲娘娘看看那块补疤太难看了，就捡了好多五彩石子，放到补起的天上。有些石子就成为星星。

【流传】浙江省·（丽水市）·遂昌县

【出处】毛广寿讲，廖恒民搜集整理：《女娲补天》（1987.05），见姚宝瑄主编《中国各民族神话》（汉族），太原：山西出版传媒集团·书海出版社 2014 年版，第 53~54 页。

W1725.6.5
天帝在天上撒的小石子变成星星

实 例

佤族

（参见 W1762.1.1 母题实例）

W1725.6.6
炸开的碎石撒到天上变成星星

实 例

汉族　混沌的天地卵一声炸响，撞炸了的碎石头也往天上飞。细细碎碎的石头散满天，就变成大大小小的星星。

【流传】（无考）

【出处】姜引军讲，姜曾诰搜集整理：《天地分开出盘古》，见姚宝瑄主编《中国各民族神话》（汉族），太原：山西出版传媒集团·书海出版社2014年版，第15~16页。

W1725.6.7
魔鬼抛撒的石沙变成星星

实 例

藏族 魔鬼抛出的石沙，变成了天上无数的星星。

【流传】四川省·（阿坝藏族羌族自治州）·阿坝县·城关（阿坝镇）

【出处】大纳柯讲，泽仁当州翻译，阿强等采录：《其公和日玛依》，见中国民间文学集成全国编辑委员会编《中国民间故事集成》（四川卷·下），北京：中国ISBN中心1998年版，第936页。

W1725.6.8
盘古带到天上的五色石泥变成星星

实 例

汉族 天地卵中生出一个盘古氏，左手执凿，右手执斧，犹如剖瓜相似，辟为两半。其中，下半渐低为地，亦含青黄赤白黑，为五色石泥。硬者带去上天，人观之为星。

【流传】（无考）

【出处】［明］周游：《开辟衍绎》。

W1725.6a
泥变成星星

【关联】［W1704.2.2］女神撒到天空的泥巴变成星星

实 例

瑶族（布努） 密洛陀（万物之母，女始祖，女神）从地上抓起12把泥，泥巴变成金珠撒在天上，于是天上有了繁星。

【流传】广西壮族自治区·（河池市）·都安县（都安瑶族自治县）、巴马县（巴马瑶族自治县）、南丹县、（百色市）·田东县、平果县等地

【出处】桑布郎等传，蒙凤标（83岁）、罗仁祥（73岁）等唱：《密洛陀》（1983），见蓝怀昌、蓝书京、蒙通顺搜集翻译整理《密洛陀》，北京：中国民间文艺出版社1988年版，第17页。

W1725.6b
水晶碎片变成星星

实 例

（参见下级母题实例）

W1725.6b.1
日月婚生的孩子弄破的水晶房碎片变成星星

【关联】［W7533］日月婚

实 例

白族 日月神婚生许多娃娃。这些娃娃

受不住孤寂时，就想法挖墙破壁，逃出水晶房子。他们弄坏的水晶墙壁，随风飘在云层上，成了天上的星星。

【流传】云南省·（大理白族自治州）·鹤庆（鹤庆县）

【出处】罗玉生讲，艺叟记录：《日月甲马》，原载《中国民间故事全书》（云南省·鹤庆卷），见陶阳、钟秀编《中国神话》（下），北京：商务印书馆2008年版，第1463~1466页。

W1725.7
山川之精变成星星

【关联】[W0854] 精怪

实 例

汉族 列宿乃山川之精。

【流传】（无考）

【出处】《天文玉历精异赋》，见刘永明主编《四库未收术数类古籍大全》（占候集成）第二集（1），黄山书社（无影印时间），第399页。

W1725.8
云的碎末变成星星

实 例

（参见下级母题实例）

W1725.8.1
老鼠啃出的云沫变成星星

实 例

纳西族（摩梭） 云墙被耗子啃得一点一点往下落，落下的粉末飘撒在空中，发出晶莹的光亮，变成了满天星星。

【流传】云南省·（丽江市）·宁蒗县（宁蒗彝族自治县）

【出处】桑直若史、益依关若讲，章天钖、章天铭搜集，章虹宇整理：《昂姑咪》，载《山茶》1986年第3期。

普米族 老鼠咬碎的云的碎末随风满天漂浮，有的会放光，就成了星星。

【流传】云南省·（丽江市）·宁蒗县（宁蒗彝族自治县）

【出处】格若讲，章渊采录：《太阳、月亮和星星》，见中国民间文学集成全国编辑委员会编《中国民间故事集成》（云南卷），北京：中国ISBN中心2003年版，第133页。

普米族 老鼠啃出的云沫变星星。

【流传】四川省·（凉山彝族自治州）·木里（藏族自治）、左所 云南省·宁蒗（彝族自治）等地

【出处】格若讲，章渊整理：《太阳、月亮和星星》，见中华民族故事大系编委会编《中华民族故事大系》第14卷（普米族、塔吉克族、怒族、俄罗斯族、鄂温克族），上海：上海文艺出版社1995年版，第8页。

W1725.8.2
猫头鹰和老鼠弄坏的云墙碎沫变成星星

实 例

纳西族（摩梭） 猫头鹰用尖硬的嘴壳

和爪子，耗子用锐利的牙齿和爪子，啃刨着云墙。云墙被它们啃得一点一点往下落，落下的粉末飘散在空中，发出晶莹的光亮，变成了满天星星。

【流传】云南省·（丽江市）·宁蒗县（宁蒗彝族自治县）

【出处】

（a）《昂姑咪》，载《山茶》1986 年第 3 期。

（b）同（a），见姚宝瑄主编《中国各民族神话》（佤族、阿昌族、纳西族、普米族、德昂族），太原：山西出版传媒集团·书海出版社 2014 年版，第 107 页。

W1725.9

水溅到天空变成星星

实例

（参见下级母题实例）

W1725.9.1

回生水溅到天上产生星星

【关联】

① ［W1897.1.2］回生水（使人死而复生的水）

② ［W1897.1.2.1］回生水在西天

实例

纳西族 崇人抛鼎（人名）盗回生水时，把回生水溅到天空，天空就布满了星星。

【流传】云南省·丽江县（丽江市）

【出处】东巴阿保讲，和即仁采录：《崇人抛鼎寻不死药》，见中国民间文学集成全国编辑委员会编《中国民间故事集成》（云南卷），北京：中国 ISBN 中心 2003 年版，第 322 页。

纳西族 回生水溅到天后产生了星星。

【流传】（无考）

【出处】和即仁整理：《崇人抛鼎寻不死药》，见中华民族故事大系编委会编《中华民族故事大系》第 9 卷（水族、东乡族、纳西族），上海：上海文艺出版社 1995 年版，第 692 页。

纳西族 崇人抛鼎（人名）盗取回生水时，从马上摔下来，牦牛角里的回生水都泼了出来。回生水溅到天空，天空就布满了星星。

【流传】云南省

【出处】和即仁翻译整理：《崇人抛鼎寻不死药》，原载李子贤《云南少数民族神话选》，见陶阳、钟秀编《中国神话》（下），北京：商务印书馆 2008 年版，第 1066~1071 页。

W1725.10

冰变成星星

实例

傈僳族 （实例待考）

W1725.11

眼泪变成星星

【关联】［W1521.3］创世者的眼泪化为万物

1.5.1 星星的产生

实例

（参见下级母题实例）

W1725.11.1
盘古的眼泪变成星星

实例

<汉族> 盘古的眼泪洒到天上，成了数不清的星星。

【流传】陕西省·（渭南市）·合阳县·东王乡（洽川镇）·莘野村

【出处】张甲民讲，梁浩秋采录：《男人喉咙的疙瘩》，见中国民间文学集成全国编辑委员会编《中国民间故事集成》（陕西卷），北京：中国ISBN中心1996年版，第9页。

<汉族> 盘古的两只眼睛溅出的无数泪珠儿，就变为千万颗星辰。

【流传】浙江省·（丽水市·莲都区·万象街道）·刘祠堂背

【出处】孙华仙讲，唐宗龙搜集整理：《盘古造化天地》（1963），见姚宝瑄主编《中国各民族神话》（汉族），太原：山西出版传媒集团·书海出版社2014年版，第9~10页。

W1725.12
汗珠变成星星

【关联】[W1756.2.2] 星星多是撒了很多汗珠的缘故

实例

（参见下级母题实例）

W1725.12.1
天神的汗珠变成星星

实例

<拉祜族> 天神厄莎的汗珠变成了星星。

【流传】（无考）

【出处】刘辉豪整理：《造天造地》，见陶立璠、赵桂芳等编《中国少数民族神话汇编》（开天辟地篇等），中央民族学院少数民族古籍整理出版规划领导小组办公室印（未署出版时间），第283页。

<拉祜族> 天神厄莎把脸上和身上的汗珠揩了下来，朝天空的晚上用力挥，那些大大小小的汗珠，就变成了无数的星星。

【流传】云南省大拉祜及黄拉祜中部一带

【出处】小八讲，古木整理：《天神厄莎》（整理中参照了《牡帕密帕》和《古根》），见姚宝瑄主编《中国各民族神话》（白族、拉祜族、景颇族），太原：山西出版传媒集团·书海出版社2014年版，第162页。

W1725.12.2
巨人的汗珠变成星星

实例

<汉族> 巨人盘古撑开天地，力气用尽，累死的时节，他的汗珠洒开，化作星星。

【流传】浙江省·（温州市）·永嘉县

各地

【出处】陈仁讲，谢圣铎搜集整理：《盘古开天地》（1985），见姚宝瑄主编《中国各民族神话》（汉族），太原：山西出版传媒集团·书海出版社2014年版，第13~14页。

W1725.12.3
上天驱云者的汗珠变成星星

实 例

畲族　勇团和妮囡在天上不停地拨散了乌云，妮囡从额头上揩了一把汗珠，随手向上一洒，转眼变成了亮晶晶的星星。

【流传】（无考）

【出处】王国全整理：《天眼重开》，见谷德明编《中国少数民族神话》，北京：中国民间文艺出版社1987年版，第209页。

畲族　勇团（英雄名）和妮囡（凤凰山神的女儿）在天上整日长夜地拨散了乌云，忙得满头大汗。妮囡从额头上揩了一把汗珠随手一撒，变成了亮晶晶的星星，散布在天空，从此以后，天空中就有了星星。

【流传】浙江省

【出处】王国全搜集整理：《天眼重开》，见姚宝瑄主编《中国各民族神话》（高山族、黎族、畲族），太原：山西出版传媒集团·书海出版社2014年版，第127页。

W1725.13
露珠变成星星

【关联】[W4548]与露有关的其他母题

实 例

（参见下级母题实例）

W1725.13.1
盘古头上的露珠变成星星

实 例

瑶族　盘古头发上的露珠变星辰。

【流传】广西壮族自治区·（百色市）·西林县

【出处】《盘古造天地》，见中国各民族宗教与神话大词典编审委员会编《中国各民族宗教与神话大词典》，北京：学苑出版社1990年版，第654页。

W1725.14
血变成星星

【关联】[W1859.5.7]血变成石头

实 例

（参见下级母题实例）

W1725.14.1
太阳溅的血变成星星

实 例

高山族（泰雅）　三婴儿射伤一个太阳，飞溅的血点变星辰。

【流传】（无考）

【出处】《泰雅人射日》，见中国各民族

宗教与神话大词典编审委员会编《中国各民族宗教与神话大词典》，北京：学苑出版社1990年版，第144页。

【高山族（泰雅）】二人弯弓射之而中。太阳鲜血迸出，飞上天空化为星，落至地面化为石。

【流传】（台湾？）

【出处】袁珂改编：《父子射日》，原载毛星主编《少数民族文学》中册，见袁珂《中国神话大词典》，北京：华夏出版社2015年版，第524页。

W1725.14.1.1
太阳流出的血点变成星星

【实例】

【汉族】三个射日的年轻人射日。太阳刚一出来，就被他们一箭射中了，血直往四处喷。天上的星星就是太阳受伤喷出的血花变成的。

【流传】江苏省·（淮安市）·淮安县（淮安区）

【出处】王恒金讲，顾军搜集整理：《背着小孩射太阳》（1986.09.05），见姚宝瑄主编《中国各民族神话》（汉族），太原：山西出版传媒集团·书海出版社2014年版，第112页。

W1725.14.2
地母流产流出的血水变成星星

【关联】
① ［W0238］地母
② ［W1511.3.1］地母生万物

【实例】

【珞巴族】地母第一次怀孕，流出的血水，上溅天怀，变成满天星斗。

【流传】西藏自治区

【出处】《博嘎尔部落神话》，见于乃昌《珞巴族神话与生殖崇拜》，http://www.tibet-web.com，2003.10.06。

【珞巴族（博嘎尔、崩尼部落）】天和地结婚，地母斯金第一次怀孕，流产流出的血水变星斗。

【流传】西藏自治区

【出处】于乃昌：《珞巴族文学史》，拉萨：西藏人民出版社·南京：江苏教育出版社2001年版，第139页。

W1725.14.3
神流出的血变成星星

【实例】

（参见下级母题实例）

W1725.14.3.1
天神争斗受伤流出的血变成星星

【实例】

【彝族】天神米姑鲁和风神黑作直争斗时，伤口流出的点点鲜血就变成了星斗。

【流传】贵州省·（毕节市）·威宁县（威宁彝族回族苗族自治县）

【出处】王海清讲，石磊采录：《诸神争大》，见中国民间文学集成全国编辑委员会编《中国民间故事集成》（贵

W1725.14.4
青蛙的血变成星星

`实 例`

`哈尼族` 青蛙流出的血洒在天上做星星，血点大的为大星，血点小的为小星。

【流传】云南省·（普洱市）·墨江县（墨江哈尼族自治县）

【出处】金开兴讲，蓝明红采录：《青蛙造天地》，见中国民间文学集成全国编辑委员会编《中国民间故事集成》（云南卷），北京：中国 ISBN 中心 2003 年版，第 34 页。

`哈尼族` 纳得、阿依青蛙兄妹按照昐咐把母亲老青蛙的眼珠剜下做日月时，流出的血洒在天上做星星，血点大的为大星，血点小的为小星。

【流传】云南省·（普洱市）·墨江县（墨江哈尼族自治县）

【出处】金开兴讲，蓝明红搜集整理：《青蛙造天造地》，单超选自云南省民间文学集成办公室编《哈尼族神话传说集成》，中国民间文艺出版社 1990 年，见姚宝瑄主编《中国各民族神话》（哈尼族、傣族），太原：山西出版传媒集团·书海出版社 2014 年版，第 7 页。

W1725.15
唾沫变成星星

`实 例`

（参见下级母题实例）

W1725.15.1
天神的唾沫变成星星

`实 例`

`维吾尔族` 女天神吐的唾沫星子成了星星。

【流传】（无考）

【出处】《天神创世》，见阿布都拉等《维吾尔族女天神创世神话试析》，载《民间文学》1985 年第 9 期。

`维吾尔族` 女天神把宇宙间所有的尘土和空气全都吸进肚子里，吐出来的唾沫星子把整个天空都飞满了，一个一个全都挂在了天上，成了一颗颗闪光的星星。

【流传】新疆维吾尔自治区·伊犁州（伊犁哈萨克自治州）·察布查尔县（察布查尔锡伯自治县）

【出处】牙库布讲，阿不都拉搜集翻译，姚宝瑄整理：《女天神创世》，见姚宝瑄主编《中国各民族神话》（乌孜别克族、哈萨克族、柯尔克孜族、俄罗斯族、维吾尔族、塔吉克族、塔塔尔族、锡伯族），太原：山西出版传媒集团·书海出版社 2014 年版，第 226 页。

W1725.16

饭粒飞到天上变成星星

实例

拉祜族 饭粒飞到天上变成星星。

【流传】云南省·（普洱市）·镇沅（镇沅彝族哈尼族拉祜族自治县）

【出处】范清连讲，自力搜集：《造天造地》，见中华民族故事大系编委会编《中华民族故事大系》第 8 卷（畲族、高山族、拉祜族），上海：上海文艺出版社 1995 年版，第 696 页。

W1725.17

毛发变成星星（毛发孔变成星星）

【关联】［W1718.6.4］盘古的汗毛孔变成星星

实例

（参见下级母题实例）

W1725.17.1

火神的毛发变成星星

实例

满族 火神突额姆把自己身上的光毛火发变成星星，给人类照明。

【流传】（无考）

【出处】王宏刚、富育光：《满族风俗志》，北京：中央民族学院出版社 1991 年版，第 22~23 页。

W1725.17.2

宇宙大神的毛发变成星星

【关联】［W1725.17.3］盘古死后毛发变成星星

实例

满族 孕育光与热的宇宙大神多阔霍（一说叫突姆妈）怜悯黑暗中的人类，就把身上的一束束光毛撕下，抛出去，天上出现了依兰乌西哈（三星）、那丹乌西哈（七星）、明安乌西哈（千星）和图门乌西哈（万星）。

【流传】（无考）

【出处】《阿布卡赫赫女神创世》，王松根据富育光、孟慧英、王宏刚撰写的《满族宗教与神话》改写，见姚宝瑄主编《中国各民族神话》（满族、赫哲族、朝鲜族），太原：山西出版传媒集团、书海出版社 2014 年版，第 4~14 页。

W1725.17.3

盘古死后毛发变成星星

【关联】

① ［W1707.6.3］盘古用毛发造星星

② ［W1725.17.2］宇宙大神的毛发变成星星

实例

汉族 天气蒙鸿，萌芽兹始，遂分天地。首生盘古。垂死化身，发为星辰。

【流传】（无考）

【出处】

(a)《五运历年记》,见［清］马骕《绎史》卷一。

(b)《五运历年记》,见［明］董斯张:《广博物志》卷九。

汉族 盘古死后,头发变成数不清的星星。

【流传】福建省·晋江县(今泉州市)·鲤城(鲤城区)·(常泰街道)·大锦田村(锦田社区)

【出处】傅继扁讲,傅孙义采录:《盘古分天地》,见中国民间文学集成全国编辑委员会编《中国民间故事集成》(福建卷),北京:中国 ISBN 中心 1998 年版,第 3 页。

W1725.17.4
盘古死后须发变成星星

实 例

汉族 盘古死,目为日月,髭为星辰。

【流传】(无考)

【出处】［唐］释澄观:《大方广佛华严经随疏演义钞》卷四二引《三王历》。

实 例

汉族 盘古死后,发髭为星辰。

【流传】(无考)

【出处】［清］马骕:《绎史》卷一引《五运历年纪》。

汉族 盘古死后,他的须发变成星辰。

【流传】福建省·(泉州市)·永春县·蓬壶乡

【出处】林烈火讲,林绥国采录:《盘古分天地》,见中国民间文学集成全国编辑委员会编《中国民间故事集成》(福建卷),北京:中国 ISBN 中心 1998 年版,第 3 页。

W1725.17.5
盘古死后头发胡须变成星星

实 例

汉族 盘古死的时候,他的头发和胡须变成了天上的星星。

【流传】(无考)

【出处】袁珂译述:《盘古开天辟地》,原载袁珂编译《中国神话故事》,见陶阳、钟秀编《中国神话》(上),北京:商务印书馆 2008 年版,第 7~8 页。

汉族 盘古死后,头发、胡子,变成了密密麻麻的星星。

【流传】河南省

【出处】程玉林讲述,缪华、胡佳作搜集整理:《九重天的来历》,原载张振犁、程健君合编《中原神话专题资料》,见陶阳、钟秀编《中国神话》(上),北京:商务印书馆 2008 年版,第 19~21 页。

汉族 盘古死后,他的头发、胡子,变成了密密麻麻的星星,撒满蓝天。

【流传】河南省尾山一带

【出处】程玉林讲,缪华、胡佳作搜集整理:《盘古寺》,原载张振犁、程健

【汉族】 盘古死后，头发、胡子变成了密密麻麻的星星，撒满蓝天，伴着月亮走，跟着月亮行。

【流传】河南省·济源市·（城关）

【出处】程玉林讲，缪华、胡佳作采录：《盘古寺》，见张振犁编著《中原神话通鉴》（第一卷），郑州：河南大学出版社 2017 年版，第 4 页。

【汉族】 盘古的头发和胡子变成星星。

【流传】河南省·（驻马店市）·新蔡县·裳村乡

【出处】刘义（76 岁，农民）讲，刘国富采录，龚国强采录整理：《盘古开天地的来历》（1987.09.05），见张振犁编著《中原神话通鉴》（第一卷），郑州：河南大学出版社 2017 年版，第 25 页。

【汉族】 盘古开辟天地后，全身突然起了大变化。他的头发、胡须变成了星辰。

【流传】河南省·新乡市

【出处】马如心（50 岁）讲，马安中采录整理：《盘古开天地》（1986.08），见张振犁编著《中原神话通鉴》（第一卷），郑州：河南大学出版社 2017 年版，第 16~17 页。

【汉族】 盘古死了，倒在地上，头发和胡子变成了星星。

【流传】河南省·（南阳市）·新野县

【出处】曹学典讲，曹宝泉采录：《盘古爷开天》，见张振犁编著《中原神话通鉴》（第一卷），郑州：河南大学出版社 2017 年版，第 35 页。

W1725.18

针眼变成星星

实　例

（参见下级母题实例）

W1725.18.1

盘古兄妹补天的针眼变成星星

【关联】［W0725.2］盘古的兄妹（盘古兄妹）

实　例

【汉族】 盘古兄妹补天时留下的针眼变成无数星星。

【流传】河南省·商丘（商丘市）

【出处】《两兄妹》，见陶阳、钟秀《中国创世神话》，上海：上海人民出版社 1993 年版，第 47 页。

【汉族】 天河上密密麻麻的星点儿，是盘古兄妹补天的痕迹。凡是补过的地方，一个针眼儿，就是个星点儿。

【流传】河南省·（南阳市）·桐柏（桐柏县）

【出处】姚义雨讲，马卉欣搜集整理：《盘古开天》，见中华民族故事大系编委会编《中华民族故事大系》第 1 卷（汉族、蒙古族、回族），上海：上海文艺出版社 1995 年版，第 6~7 页。

汉族 盘古和妹妹一人拿针，一人扯线补起天来。凡是补过的地方，一个针眼儿，就是个星点儿。

【流传】河南省·（南阳市）·桐柏县

【出处】姚义雨等讲，马卉欣搜集整理：《盘古兄妹》，载《民间文学》1986年第1期。

汉族 洪水后，盘古与三妹补天。从东及西，终将天幕窟窿补好。针眼所现，乃为星星。人们看到的天河两旁密密闪耀的星星，就是盘古与三妹补天之遗迹。

【流传】（河南省）

【出处】《盘古山》，原载河南师大中文系编《河南民间故事》，见袁珂《中国神话大词典》，北京：华夏出版社2015年版，第390页。

汉族 盘古和妹妹（玉帝的三闺女）用斧子把当针，葛藤做金线补天。凡是补过的地方，一个针眼儿，就是一个星点儿，天河上密密麻麻的星点儿，就是盘古和三闺女补天的痕迹。

【流传】河南省桐柏山一带

【出处】马卉欣、梁燕搜集，马卉欣整理：《盘古山》，原载中国民间文艺研究会河南分会编《河南民间故事集》，见姚宝瑄主编《中国各民族神话》（汉族），太原：山西出版传媒集团·书海出版社2014年版，第95～100页。

汉族 盘古兄妹补天。补过的地方，一个针眼，就是一个星点，天河上密密麻麻的星点，就是盘古兄妹补天的痕迹。

【流传】河南省·（南阳市）·桐柏县·固县镇·黄畈村

【出处】黄发美（农民）讲，马卉欣采录整理：《金线补天》，见张振犁编著《中原神话通鉴》（第一卷），郑州：河南大学出版社2017年版，第54页。

W1725.18a
线头变成星星

实例

（参见下级母题实例）

W1725.18a.1
月亮撒落的线头变成星星

实例

汉族 姐（女子名）带着织出的大大的、圆圆的东西，被大风刮到天上，这时一下变成了一座透明的宫殿。她的口袋里还有一把织那东西时剩下的线头，她就往四周一撒去。人们看到的天上一闪一闪的星星就是月姐撒落的线头。

【流传】江苏省·（徐州市）·新沂市

【出处】孙仰之讲，纪昌敬记录整理：《月亮和星星》，见姚宝瑄主编《中国各民族神话》（汉族），太原：山西出版传媒集团·书海出版社2014年版，第221～223页。

W1725.19

烟尘变成星星

实例

（参见下级母题实例）

W1725.19.1

月亮抽烟冒出的黄烟变成星星

实例

瑶族 月亮在黑夜出来巡行，为了解除寂寞，总是边走边吸黄烟，把烟筒里的烟灰溅得满天，变成亮晶晶的星星。

【流传】广东省·（清远市）·连山县·三水公社（三水镇）

【出处】赵添才讲，陈摩人采录：《太阳与月亮》，见中国民间文学集成全国编辑委员会编《中国民间故事集成》（广东卷），北京：中国 ISBN 中心 2006 年版，第 6 页。

W1725.20

到天上的诸物变成星星

【关联】
① ［W1789.10］天河中的诸物
② ［W1798］天上的其他诸物

实例

哈萨克族 胡大接受了七个盗贼的忏悔，把七个盗贼、灰白马、铁桩子一齐送到天上，变成了星星。

【流传】（无考）

【出处】比达克买提·木海讲，安蕾、毕栒翻译：《七个盗贼和北斗星》，见满都呼主编《中国阿尔泰语系诸民族神话故事》，北京：民族出版社 1997 年版，第 63 页。

赫哲族 （实例待考）

W1725.20.0

到天上的人和动物变成星星

实例

蒙古族 人和动物在天空化成了一群明亮的星星。

【流传】内蒙古自治区

【出处】《银河的来历》，见中国民间文学集成全国编辑委员会编《中国民间故事集成》（内蒙古卷），北京：中国 ISBN 中心 2007 年版，第 4 页。

W1725.20.0.1

到天上的人和羊变成星星

实例

哈萨克族 天上六颗横排着的星星，是三只母盘羊和三个神射手。

【流传】（无考）

【出处】比达克买提·木海等搜集安蕾、毕栒译：《猎人追踪母盘羊》，见满都呼主编《中国阿尔泰语系诸民族神话故事》，北京：民族出版社 1997 年版，第 64 页。

W1725.20.1
猎人的马与猎犬以及弓箭都变成了星星

实例

柯尔克孜族 猎人的马与猎犬以及弓箭都变成了星星。

【流传】（无考）

【出处】张彦平编译：《猎人和野山羊》，见满都呼主编《中国阿尔泰语系诸民族神话故事》，北京：民族出版社1997年版，第84页。

W1725.20.2
盘古的母亲目母婆甩裙上天形成星星

【关联】［W0725.1.2］盘古的母亲

实例

瑶族 盘古王开天辟地，天开得丁丁吊吊不平整，他的母亲目母婆甩裙上天，形成碧蓝天，并布满星星。

【流传】广西壮族自治区·（桂林市）·全州县·东山瑶族乡

【出处】
（a）盘振松、盘日新讲，王矿新、刘保元采录翻译：《盘瓠王》（1979）附记，见中国民间文学集成全国编辑委员会编《中国民间故事集成》（广西卷），北京：中国ISBN中心2001年版，第93页。
（b）同（a），见陶阳、钟秀编《中国神话》（中），北京：商务印书馆2008年版，第541~546页。

W1725.20.3
遮天衣衫上的碎花变成星星

实例

汉族 太上老君脱下自己的蓝衫，遮在整个天上。蓝衫上的点点碎花化作了满天星斗。

【流传】河南省·（南阳市）·镇平县

【出处】贺天祥讲，贺海成、姜典凯搜集整理：《天为什么是蓝的》，载《民间文学》1986年第1期。

W1725.20.4
补天的贝壳类变成星星

【关联】［W1598.8］贝壳变成月亮

实例

汉族 女娲把天补好后，怕不牢靠，又让船上的渔人捞水里的勃蜊牛递给她，按钉一般按在天上，就留下了满天星。

【流传】辽宁省·大连市沿海渔民中

【出处】刘则亭讲，邵秀荣搜集整理：《女娲补天》，见姚宝瑄主编《中国各民族神话》（汉族），太原：山西出版传媒集团·书海出版社2014年版，第55~57页。

W1725.20.5
牛郎掷掉的饭碗变成星星

【关联】［W0766.3.1.1］牛郎

实例

汉族 织女送给丈夫牛郎三百六十五

套衣裳和三百六十五只碗。天空中的星星，就是牛郎掷掉的饭碗。

【流传】江苏省·（苏州市）·昆山市·石牌（石牌镇）·小溪村

【出处】李田芳讲，李炳元记录：《云和星的来历》（1973），见姚宝瑄主编《中国各民族神话》（汉族），太原：山西出版传媒集团·书海出版社2014年版，第290页。

W1726

与变星星有关的其他母题

实 例

（参见下级母题实例）

W1726.0

混沌卵壳劈碎变成星星

实 例

汉族 混沌卵里面生出的鸡头龙身的盘古拿了把斧子，劈开大鸡蛋。那些劈碎的硬壳有的崩到了清里，有的崩到了黄里。崩到清里的小碎块，变成了星星。

【流传】河南省·（濮阳市）·濮阳县（五星乡）·西八里庄村

【出处】魏世敏（60岁）讲，魏盼先采录：《盘古开天》（1990.06），见张振犁编著《中原神话通鉴》（第一卷），郑州：河南大学出版社2017年版，第14页。

W1726.1

蛋壳变成星星

实 例

（参见下级母题实例）

W1726.1.1

盘古砸破鸡壳杂在清里的变成星星

实 例

汉族 盘古把个鸡子壳砸破，鸡子壳被盘古砸碎，杂在清里的变成了星星。

【流传】浙江省·（金华市）·东阳县（东阳市）·青联乡·雅坑村

【出处】张宣元讲，周耀明采录：《盘古开天》，见中国民间文学集成全国编辑委员会编《中国民间故事集成》（浙江卷），北京：中国ISBN中心1997年版，第15页。

汉族 大鸡蛋中孕育盘古。盘古打破蛋壳。鸡子壳被盘古砸了个末末碎，都杂到清和黄里去了。其中，杂在清里的，就变成了星星。

【流传】浙江省·（金华市）·东阳县

【出处】

（a）张宣元讲，周耀明搜集整理：《盘古王开天》，载《民间文学》1986年第11期。

（b）同（a），见姚宝瑄主编《中国各民族神话》（汉族），太原：山西出版传媒集团·书海出版社2014年版，第 6~7 页。

汉族 以前的世界像鸡卵。盘古撑碎后，卵壳砸为碎末，杂于清黄之中。杂于黄者为岩石，杂于清者为星星。

【流传】（浙江省东部一带）

【出处】

（a）《浙东神话》，载《民间文学》1986 年第 11 期。

（b）《盘古王开天》，见袁珂《中国神话大词典》，北京：华夏出版社 2015 年版，第 390 页。

W1726.2
特定的痕迹变成星星

实 例

（参见下级母题实例）

W1726.2.1
创世母亲的手印变成星星

实 例

基诺族 创世母亲最早造的天空只有日、月，母亲觉得有些单调，于是又用双手向天上按了几下，于是就造就了星宿（基诺语称星星为"布之"，即手印）。

【流传】云南省·（西双版纳傣族自治州·景洪市）·（基诺山基诺族乡）·巴亚寨

【出处】巴卡老四等讲，杜玉亭调查整理：《创世母亲造天地万物》（1958~1981），见吕大吉、何耀华总主编《中国各民族原始宗教资料集成》（彝族卷、白族卷、基诺族卷），北京：中国社会科学出版社 1996 年版，第 879 页。

W1726.3
天的心肝变成星星

【关联】［W1768.9］星星是天的心肝五脏

实 例

哈尼族 天地发生争斗，地的手指（高耸的山峰）深深地戳在天的身上，其中，一个手指戳得很深，把天的心肝五脏都掏了出来，形成星星。

【流传】云南省·（西双版纳傣族自治州）·勐腊县

【出处】李万福讲，杨万智搜集整理：《天、地的来源》，原载云南省民间文学集成办公室编《哈尼族神话传说集成》，中国民间文艺出版社 1990 年版，见姚宝瑄主编《中国各民族神话》（哈尼族、傣族），太原：山西出版传媒集团·书海出版社 2014 年版，第 25 页。

W1726.4
钉子变成星星

实 例

畲族 高辛帝拾许多宝石做钉子补天，形成星星。

【流传】（无考）

【出处】陈玮君整理：《高辛和龙王》，

见谷德明编《中国少数民族神话》，北京：中国民间文艺出版社 1987 年版，第 203 页。

W1726.5
船桨变成星星

实例

赫哲族　小伙子乌沙哈特孝顺，后来看守天河，几颗亮星是小快马子，小星星是划船的木桨。

【流传】（无考）

【出处】吴连贵讲，黄任远、马名超搜集：《天河》，载《黑龙江民间文学》1983 年第 5 期。

W1727
与星星产生有关的其他母题

实例

（参见下级母题实例）

W1727.0
星星产生的时间

实例

（参见下级母题实例）

W1727.0.1
出现天地后产生星星

【关联】［W1124］与天地产生有关的其他母题

实例

汉族　天地形成后，天上有了星辰。

【流传】山西省·（运城市）·闻喜县（旧称桐乡）·（桐城镇）·峪堡村

【出处】王有山讲，王更元采录：《盘古出生》，见中国民间文学集成全国编辑委员会编《中国民间故事集成》（山西卷），北京：中国 ISBN 中心 1999 年版，第 3 页。

W1727.0.1.1
开天辟地后产生星星

实例

土族　天地开辟后，天上出现日月星辰。

【流传】青海省·（海东市）·互助县（互助土族自治县）

【出处】《日蚀和月蚀的传说》，见互助土族自治县民间文学集成办公室编《互助民间故事》（一），内部刊印，1990 年，第 3 页。

W1727.0.1.1.1
盘古开天辟地后产生星星

实例

布依族　盘果王把宇宙劈成天地后，有了日月星辰。

【流传】（无考）

【出处】《混沌王和盘果王》，见贵州省社会科学院文学研究所主编《布依族文学史》，内部编印，1983 年，第 35 页。

W1727.0.1.2
混沌结束后产生星星

【实例】

土族 天地混沌结束后，出现了日月星辰。

【流传】

（a）青海省·（海东市）·互助县（互助土族自治县）·东山乡

（b）青海省·（海东市）·互助县（互助土族自治县）

【出处】

（a）才旦讲，李永丛采录：《镇服水魔勒瓦札》，见中国民间文学集成全国编辑委员会编《中国民间故事集成》（青海卷），北京：中国 ISBN 中心 2007 年版，第 4 页。

（b）才丹讲，李永丛记录整理：《仙人警告勒瓦扎》，见满都呼主编《中国阿尔泰语系诸民族神话故事》，北京：民族出版社 1997 年版，第 213 页。

W1727.0.2
龙年产生星星

【实例】

彝族（阿细） 最古的时候，天上没有星星。有个阿耐神在属龙的那一年，在天上安了星星。

【流传】（a）云南省·红河哈尼族彝族自治州·弥勒县·（西山镇）

【出处】

（a）潘正兴等唱述，云南省民间文学红河调查队搜集翻译整理：《阿细的先基》，昆明：云南人民出版社 1959 年版。

（b）云南省民族民间文学红河调查队搜集整理，古梅改写：《最古的时候》，见姚宝瑄主编《中国各民族神话》（羌族、彝族），太原：山西出版传媒集团·书海出版社 2014 年版，第 133 页。

W1727.0.3
有了黑夜后产生星星

【实例】

毛南族 格（神名，毛南语音译）射日以后，天上就剩下一个太阳，分出了白天和黑夜，夜间才现出星星和月亮。

【流传】 广西壮族自治区·（河池市）·环江毛南族自治县·上南（上南乡）、中南（中南乡）、下南（下南乡）·上纳屯

【出处】

（a）蒙贵章讲，蒙国荣、韦志华、谭贻生记录翻译，蒙国荣整理：《天皇到盘、古》（1984.07），见杨光富《回、彝、水、仡佬、毛南、京六族故事选》，南宁：广西人民出版社 1988 年版。

（b）同（a），见姚宝瑄主编《中国各民族神话》（土家族、毛南族、侗族、瑶族），太原：山西出版传媒集团·书海出版社 2014 年版，第 50 页。

W1727.1
神把星星安置在天上

【汤普森】 A763.2

【关联】[W4202] 星星为什么是散布在空中

实 例

汉族 （实例待考）

佤族　里（天神，旧译"利吉神"）在磨出的光滑平坦的天上安了太阳，安了月亮，安了星星。从此，天变得好看了。

【流传】（云南省·普洱市·西盟佤族自治县）

【出处】随戛、岩扫、岩瑞等讲，艾荻、张天达搜集整理：《司岗里》，见姚宝瑄主编《中国各民族神话》（佤族、阿昌族、纳西族、普米族、德昂族），太原：山西出版传媒集团·书海出版社2014年版，第11页。

彝族（阿细）　阿耐神在属龙的那一年，在天上安了星星。

【流传】（a）云南省·红河哈尼族彝族自治州·弥勒县·（西山镇）

【出处】

（a）潘正兴等唱述，云南省民族民间文学红河调查队搜集翻译整理：《阿细的先基》，昆明：云南人民出版社1959年版。

（b）云南省民族民间文学红河调查队搜集整理，古梅改写：《最古的时候》，见姚宝瑄主编《中国各民族神话》（羌族、彝族），太原：山西出版传媒集团·书海出版社2014年版，第133页。

W1727.1.1
布星女神安置星星

实 例

满族　布星女神卧勒多赫赫身穿白色鸟羽皮袍，背着装满星星的桦皮口袋，在空中布星。

【流传】黑龙江省·黑河地区（黑河市）·孙吴县·（沿江满族达斡尔族乡）·四季屯（四季屯村）

【出处】吴纪贤、富希陆讲：《天宫大战——黑水女真人传世神话》（1939，选自富育光、郭淑云整理的手稿），见姚宝瑄主编《中国各民族神话》（满族、赫哲族、朝鲜族），太原：山西出版传媒集团·书海出版社2014年版，第26页。

W1727.2
人的意愿产生星星

实 例

彝族　支格阿鲁（文化英雄，b为"尼支呷洛"）希望有些东西给月亮作伴。于是，天上很快出现了许多星星。

【流传】（无考）

【出处】

（a）蒋汉章翻译，李仲舒整理：《创造万物的巨人支格阿鲁》，见陶立璠、李耀宗主编《中国少数民族神话传说选》成都：四川民族出版社1985年版，第86页。

（b）《创造万物的巨人尼支呷咯》，见谷德明编《中国少数民族神话》，北京：中国民间文艺出版社1987年版，第280页。

W1727.3
火球相撞产生星星

【实例】

满族　洪水下降后，佛赫妈妈和乌申阔玛发两个生灵形成的火球相撞，产生星星。

【流传】（无考）

【出处】《佛赫妈妈和乌申阔玛发》，见傅英仁口述，张爱云整理《傅英仁满族故事》（上），哈尔滨：黑龙江人民出版社2006年版，第3页。

W1727.4
星星产生前先产生影子

【关联】［W1518.1］万物源于影子

【实例】

纳西族　太古那时候，星和辰（日、月、星的总称）还没有创造，先出现了三样星影子和辰影子

【流传】（云南省）

【出处】和芳、和志新编译：《崇邦统——人类迁徙记》，见姚宝瑄主编《中国各民族神话》（佤族、阿昌族、纳西族、普米族、德昂族），太原：山西出版传媒集团·书海出版社2014年版，第137页。

彝族　星星还没有产出的时候，它的影形已经先生出了。有了星星的影形才产出了星星。

【流传】（无考）

【出处】蔷紫改写：《影与变创世纪·扯舍十代论》，原载贵州省民间文学工作组编《民间文学资料》，1986年，见姚宝瑄主编《中国各民族神话》（羌族、彝族），太原：山西出版传媒集团·书海出版社2014年版，第127页。

W1727.5
星星的成活

【实例】

（参见下级母题实例）

W1727.5.1
造天时星星成活

【实例】

拉祜族（苦聪）　阿娜（女神名）把天造好后，最先活起来的是星星，星星的眼睛一眨一眨，十分好看。

【流传】云南省·红河地区（红河哈尼族彝族自治州）的深山老林

【出处】杨老三讲，樊晋波、陈继陆、韩延搜集，韩延整理，古木改写：《阿罗阿娜造天地》，原载《红河文艺》，原题目为《苦聪创世歌》，见姚宝瑄主编《中国各民族神话》（白族、

拉祜族、景颇族），太原：山西出版传媒集团·书海出版社 2014 年版，第 173 页。

1.5.2　特定星星的产生
【W1730～W1754】

✿ W1730
特定星星的产生

【汤普森】A770

实例

（参见下级母题实例）

❋ W1731
北斗星（北斗七星）

实例

（参见下级母题实例）

W1732
北斗星是造出来的（造北斗星）

实例

（参见下级母题实例）

W1732.1
神造北斗星

实例

（参见下级母题实例）

W1732.1.1
神用牛的牙齿做北斗星

【关联】

① ［W1724.3.4］牛的牙齿变成星星

② ［W1734.12］牛的牙齿变成北斗星

实例

哈尼族

（参见 W1734.12 母题实例）

W1732.1.2
神在海里搅出北斗七星

实例

（参见下级母题实例）

W1732.1.2.1
天神在锅中的海水里搅出北斗七星

实例

珞巴族　天神三兄弟中的老三贡姑用力在大锅的海水里搅了三圈，搅出了北斗七星。

【流传】西藏自治区·（林芝地区）·墨脱县·达木乡（达木珞巴族乡）

【出处】

（a）布洛讲，于乃昌等整理：《天神三兄弟》，见中国民间文学集成全国编辑委员会编《中国民间故事集成》（西藏卷），北京：中国 ISBN 中心 2001 年版，第 6 页。

（b）同（a），见《珞巴族民间故事》：

W1732.1.3
北斗七星是夜神安排的夜眼

实例

畲族 北斗七星是夜神安排的夜眼。

【流传】浙江省·丽水（丽水市）

【出处】唐宗龙搜集，罗尔东整理：《茶姑仙娘》，见中华民族故事大系编委会编《中华民族故事大系》第8卷（畲族、高山族、拉祜族），上海：上海文艺出版社1995年版，第103页。

W1732.2
海水中搅出北斗星

实例

珞巴族 都姑、隆姑、贡姑天神三兄弟来到下界在大海中支起石锅，又在石锅上面盖了大石板，在石板上开始撒神土造地。造好大地后一片黑暗。三哥贡姑用力搅了三圈，北斗七星一下子升了起来。

【流传】西藏自治区·珞渝地区（包括上珞渝，泛指古称的白马岗即今林芝市墨脱县、马尼岗、梅楚卡一带，下珞渝则泛指永木河、锡约尔河、巴恰西仁河流域）

【出处】布洛（60多岁）讲，于乃昌、张力凤、陈理明整理：《天神三兄弟》，原载于乃昌《西藏民间故事——珞巴族、门巴族专辑》，见陶阳、钟秀编《中国神话》（上），北京：商务印书馆2008年版，第48～49页。

W1733
北斗星是生育产生的

实例

（参见下级母题实例）

W1733.1
斗姆生北斗星

【关联】[W0768.18.1]斗姆是北斗七星的母亲

实例

汉族 斗姆是北斗七星的母亲。

【流传】（无考）

【出处】《本命真君北斗星君》，见王德恒等《造神史话》，天津：百花文艺出版社2002年版，第104页。

汉族 御国王妃紫光夫人一胎生九子，长子为天皇大帝，次子为紫微大帝，七幼子则为北斗七星

【流传】（无考）

【出处】《斗姆》，见乌丙安主编《中国民间神谱》，沈阳：辽宁人民出版社2007年版，第4页。

W1733.2
人感生北斗七星

实例

（参见下级母题实例）

1.5.2 特定星星的产生

W1733.2.1
女子洗澡时感生北斗七星

实例

汉族 一个古国的紫光夫人洗澡时有感，生北斗七星。

【流传】（无考）

【出处】《北斗本生经》。

W1733.3
日月婚生北斗星

【关联】

① [W1713.2] 日月婚生星星
② [W1776.3.2] 星星是日月的子女

实例

哈尼族 北斗星七姐妹是太阳和月亮的女儿。

【流传】（无考）

【出处】威东讲，朗确搜集整理：《孤儿和秀墨姑娘》，原载《哈尼族神话传说集成》，见陶阳、钟秀编《中国神话》（中），北京：商务印书馆 2008 年版，第 1006~1013 页。

W1734
北斗星是变化产生的

实例

（参见下级母题实例）

W1734.1
神变成北斗星

实例

（参见下级母题实例）

W1734.1.1
2 个天神变成北斗星

实例

柯尔克孜族 古代有几位天神下凡。返回天宫时，发现少了两位。原来他们停留在天空等待未归的同伴，久而久之，化为星星，就是北斗七星。

【流传】（无考）

【出处】张彦平编译：《天神和北斗星》，见满都呼主编《中国阿尔泰语系诸民族神话故事》，北京：民族出版社 1997 年版，第 84 页。

W1734.2
7 个英雄变成北斗星

实例

蒙古族 北斗七星是七位英雄的化身。

【流传】（无考）

【出处】刀劳斤讲，乌恩搜集，郭永明翻译整理：《北斗七星》，见中华民族故事大系编委会编《中华民族故事大系》第 1 卷（汉族、蒙古族、回族），上海：上海文艺出版社 1995 年版，第 524 页。

W1734.3
女英雄变成北斗星

实例

汉族 北斗星是为人类偷玉帝神镰的翠儿变的。

【流传】江西省·宜春市

【出处】张文才讲，陈典森等采录：《北斗星》，见中国民间文学集成全国编辑委员会编《中国民间故事集成》（江西卷），北京：中国 ISBN 中心 2002 年版，第 4 页。

W1734.4
卵生的 7 子变成北斗星

实例

朝鲜族 卵生七子变成北斗七星。

【流传】吉林省·（延边朝鲜族自治州）·汪清县·仲安乡，龙井县（龙井市）

【出处】黄玉善讲：《北斗七星》，见本州编《吉林省民间文学集成·延边朝鲜族自治州·故事卷》（上），内部编印，1987 年，第 255 页。

W1734.5
7 个盗贼上天后变成北斗星

【关联】

① [W1719.6.3] 盗贼变成星星
② [W1742.2] 盗贼变成启明星
③ [W1752.2.1.1] 忏悔的 7 个盗贼变成大熊星座

实例

汉族 （实例待考）

柯尔克孜族 七个盗贼变成了北斗七星。

【流传】（无考）

【出处】张彦平译：《北斗星的来历》，满都呼主编《中国阿尔泰语系诸民族神话故事》，北京：民族出版社 1997 年版，第 83~84 页。

W1734.6
7 个兄弟变成北斗星

实例

汉族 一个国王的王后感生的 9 子中，7 个儿子化为北斗七星。

【流传】（无考）

【出处】《本命真君北斗星君》，见王德恒等《造神史话》，天津：百花文艺出版社 2002 年版，第 103 页。

黎族 北斗星座是到天上的七兄弟耕田时刚刚放下的木犁。

【流传】（无考）

【出处】龙敏搜集整理：《兄弟星座》，见谷德明编《中国少数民族神话》，北京：中国民间文艺出版社 1987 年版，第 188 页。

蒙古族 兄弟七位变成了北斗七星。

【流传】（无考）

【出处】《北斗七星的由来》，见中国各民族宗教与神话大词典编审委员会编《中国各民族宗教与神话大词典》，北京：

藏族 白梵天派使者把7兄弟请到天界。直到现在，一到天黑，天空便出现7颗星星，那是七兄弟在帮助天神盖楼房。

【流传】（无考）

【出处】陶长松整理：《北斗七兄弟星》，见 BBS 水木清华站：http://www.smth.edu.cn，2006.07.20。

藏族 白梵天神遣使迎凡间七兄弟上天为天神盖屋。今夜空所见明亮之七星，即七兄弟之所化。

【流传】（无考）

【出处】《七兄弟星》，原载毛星主编《中国少数民族文学》（上册），第402页，见袁珂《中国神话大词典》，北京：华夏出版社2015年版，第407页。

W1734.7

7个男孩变成北斗星

实例

藏族 天上的北斗星是7个男孩。

【流传】四川省

【出处】刘尚乐整理：《北斗七兄弟星》，见 BBS 水木清华站：http://www.smth.edu.cn，2006.07.20。

W1734.8

北斗星是七姐妹

实例

鄂伦春族 北斗星是七姐妹。

【流传】（无考）

【出处】孟慧英：《乌麦研究》，载《黑龙江民族丛刊》2000年第3期。

哈尼族 北斗星姐妹是七个如花似玉的姑娘。

【流传】（无考）

【出处】威东讲，朗确搜集整理：《孤儿和秀墨姑娘》，原载《哈尼族神话传说集成》，见陶阳、钟秀编《中国神话》（中），北京：商务印书馆2008年版，第1006~1013页。

W1734.8.1

七星是玉皇的7个女儿

实例

壮族 天上的七星（北斗星）是玉皇的7个女儿。

【流传】广西壮族自治区·（柳州市）·柳城县

【出处】杨钦华讲：《七星掉队》，见张声震总主编，农冠品编注《壮族神话集成》，南宁：广西民族出版社2007年版，第198页。

W1734.8.2

七仙女变成北斗七星

【关联】

① ［W0826.5.3］七仙女

② ［W1718.3］七仙女变成七星

实例

黎族 七仙姐妹变成天上的七星。

【流传】海南省

【出处】王家业讲，苏海鸥搜集整理：《阿德哥和七仙妹》，见符震、苏海鸥主编《黎族民间故事集》，广州：花城出版社1982年版，第37页。

汉族 王母娘娘大喝一声，把七仙女变成七颗星，定在天上，成为北斗星座，有三颗拖在后面，跟前面的四颗星不同排了，七妹来得最迟，所以离得更远些。

【流传】福建省·（宁德市）·周宁县·浦源乡、纯池乡

【出处】邱端素讲，李晓云记录整理：《七仙女和北斗星》（1987.09.01），见姚宝瑄主编《中国各民族神话》（汉族），太原：山西出版传媒集团·书海出版社2014年版，第334~335页。

W1734.8a
北斗星是七姊妹

实例

藏族 不是天上有了七姊妹（北斗星），我们就不知道东方和西方。

【流传】（四川省·凉山彝族自治州·冕宁县·泸宁乡）

【出处】杨光甸：《冕宁县泸宁区藏族调查笔记》（打印稿），西南民族学院研究所编印，1982年，见吕大吉、何耀华总主编《中国各民族原始宗教资料集成》（鄂伦春族卷、鄂温克族卷、赫哲族卷、达斡尔族卷、锡伯族卷、满族卷、蒙古族卷、藏族卷），北京：中国社会科学出版社1999年版，第940页。

W1734.8b
北斗星是七姊妹

实例

（参见下级母题实例）

W1734.8b.1
6个哥哥和1个妹妹变成北斗星

实例

汉族 帮助百姓的善良的六个哥哥和一个小妹7兄妹升上了天空，化作北斗七星。

【流传】辽宁省·大连市

【出处】孔重新讲，杨泓记录整理：《北斗七星》，见姚宝瑄主编《中国各民族神话》（汉族），太原：山西出版传媒集团·书海出版社2014年版，第333页。

W1734.9
其他特定的人变成北斗星

实例

（参见下级母题实例）

W1734.9.1
被追的笨女婿变成北斗七星

【关联】[W7035.1] 傻女婿（笨女婿）

实例

赫哲族 老爷子追打干活笨拙的女婿，

女婿变成北斗七星。

【流传】（无考）

【出处】吴连贵讲，马名超、黄任远搜集：《北斗》，载《黑龙江民间文学》1983年第3期。

W1734.9.2
天上的牧马人变成北斗星

实 例

柯尔克孜族 天神有两匹神驹，有七个看守者变成了七颗星，人称北斗星。

【流传】（无考）

【出处】张彦平译：《北斗星星是吉星》，见满都呼主编《中国阿尔泰语系诸民族神话故事》，北京：民族出版社1997年版，第83页。

蒙古族 胡和岱汗（将军名）派七个老汉日夜看守那两匹骏马，就是后来的北斗七星。

【流传】内蒙古自治区

【出处】《银河的来历》，见中国民间文学集成全国编辑委员会编《中国民间故事集成》（内蒙古卷），北京：中国ISBN中心2007年版，第4页。

W1734.9.3
六仙女和一个寻找母亲的男孩变成北斗七星

实 例

彝族 北方夜晚天空中的七星，汉族称之为北斗七星。彝族则分为六仙女变成的六星和一颗寻找母亲的男孩变

成的"拉普星"（无娘星）。

【流传】（无考）

【出处】《无娘星》，原载毛星主编《中国少数民族文学》（下册），见袁珂《中国神话大词典》，北京：华夏出版社2015年版，第429页。

W1734.10
灵魂变成北斗星

【关联】

① ［W0887.3］灵魂（鬼魂）变形为其他物

② ［W1767］星星是天上的灵魂

实 例

（参见下级母题实例）

W1734.10.1
祖先的灵魂变成北斗星

实 例

哈尼族 天神招回仰者（祖先神名）魂，仰者的魂在北天门变成一颗北斗星。

【流传】云南省·（玉溪市）·元江县（元江哈尼族彝族傣族自治县）·羊街乡、那诺乡及因远镇清水河流域一带

【出处】《祭祖歌》，见元江县哈尼文化学会、元江县史志编纂办公室编《元江哈尼族古歌集》，内部编印，2005年，第154页。

W1734.10.2
7个兄弟的灵魂变成北斗星

【实例】

汉族 一个渔民的7个儿子的灵魂飞向天空，变成北斗星。

【流传】广东省

【出处】许和达搜集整理：《北斗星》，见关汉、韦轩编《广东民间故事选》，广州：花城出版社1982年版，第155页。

汉族 南海观音知道七兄弟为都恶魔变成珊瑚礁，就把七兄弟的灵魂便都成仙，一直飞向北方天空，化成七颗星星，这就是现在的北斗星。

【流传】海南省·南沙群岛、西沙群岛

【出处】叶春生、许和达记录整理：《北斗星的传说》，见姚宝瑄主编《中国各民族神话》（汉族），太原：山西出版传媒集团·书海出版社2014年版，第328~332页。

W1734.11
金刚石变成北斗星

【实例】

汉族 白胡子老头吹了口仙气把女娲女儿瓢里的七块金刚石变成天上的北斗星。

【流传】河北省·（石家庄市）·藁城县（藁城市）·（常安镇）·耿村

【出处】王连镇讲，时文鸽采录：《北斗七星》，见中国民间文学集成全国编辑委员会编《中国民间故事集成》（河北卷），北京：中国ISBN中心2003年版，第14页。

W1734.12
牛的牙齿变成北斗星

【关联】

① ［W1724.3.4］牛的牙齿变成星星
② ［W1732.1.1］神用牛的牙齿做北斗星

【实例】

哈尼族 众神把查牛（牛）的牙齿变成给世人指路的北斗星。

【流传】（a）云南省·（红河哈尼族彝族自治州）·元阳县

（b）云南省·（红河哈尼族彝族自治州）·元阳（元阳县）、红河（红河县）、绿春（绿春县）、金平（金平苗族瑶族傣族自治县）等

【出处】

（a）朱小和讲，史军超采录：《查牛补天地》，见中国民间文学集成全国编辑委员会编《中国民间故事集成》（云南卷），北京：中国ISBN中心2003年版，第29页。

（b）同（a），见云南省民间文学集成办公室编《哈尼族神话传说集成》，北京：中国民间文艺出版社1990年版。

（c）朱小和讲，芦朝贵等整理：《天、地、人的传说》，载《山茶》1983年第4期。

（d）同（c），见谷德明编《中国少数

民族神话》，北京：中国民间文艺出版社1987年版，第313页。

（e）朱小和讲，芦朝贵等整理：《天、地、人的传说》，见陶立璠、赵桂芳等编《中国少数民族神话汇编》（开天辟地篇等），中央民族学院少数民族古籍整理出版规划领导小组办公室印（未署出版时间），第261页。

哈尼族 改天换地的众神得到龙王送来的牛后，把它的两颗尖牙变成启明星和北斗星。

【流传】云南省·（红河哈尼族彝族自治州）·元阳县

【出处】

（a）朱小和讲，芦朝贵等整理：《天、地、人的传说》，载《山茶》1983年第4期。

（b）朱小和讲，芦朝贵、杨笛搜集整理：《大鱼脊背甩出的世界》，原载《山茶》1983年第4期（王松将原题目《天、地、人的传说》改为此题目），见姚宝瑄主编《中国各民族神话》（哈尼族、傣族），太原：山西出版传媒集团·书海出版社2014年版，第27页。

哈尼族 杀查牛（天地神专养的神牛）修补天地日月时，天神的女儿俄白姑娘拔下了查牛两边的偏牙，其中左边的拔去做早上最亮的启明星，右边的拔去做给世人指路的北斗星。

【流传】云南省·（红河哈尼族彝族自治州）·元阳（元阳县）、红河（红河县）、绿春（绿春县）、金平（金平苗族瑶族傣族自治县）

【出处】朱小和讲唱，史军超搜集整理：《查牛补天地》（1983），原载云南省民间文学集成办公室编《哈尼族神话传说集成》，中国民间文艺出版社1990年版，见姚宝瑄主编《中国各民族神话》（哈尼族、傣族），太原：山西出版传媒集团·书海出版社2014年版，第55页。

W1734.12.1

牛的最大的牙齿变成北斗星

实 例

哈尼族 天神们杀翻塔婆的龙牛铺设天地造万物时，最大的牙齿就是晚上最亮的北斗星。

【流传】（无考）

【出处】《杀牛龙，造天地》，根据张牛朗、杨批斗、李书周等演唱，杨保生、李家顺等翻译，杨笛、郭纯礼等整理《十二奴局》和《奥色密色》翻译稿改写，见姚宝瑄主编《中国各民族神话》（哈尼族、傣族），太原：山西出版传媒集团·书海出版社2014年版，第12~13页。

W1734.12.2

牛的偏牙变成北斗星

【关联】[W1744.1.2] 牛的偏牙变成启明星

实 例

哈尼族 阿匹梅烟大神杀查牛，用牛偏

牙做北斗星。

【流传】（无考）

【出处】《查牛补天地》，见中国各民族宗教与神话大词典编审委员会编《中国各民族宗教与神话大词典》，北京：学苑出版社1990年版，第169页。

W1734.13
仓库升天变成北斗星

实例

鄂伦春族 奥伦（放食物和杂物的仓库）升上天后，就变成北斗星。

【流传】黑龙江省·（大兴安岭地区）·呼玛县·十八站（今为塔河县）

【出处】莫景堂讲：《北斗星》，见中国民间文学集成全国编辑委员会编《中国民间故事集成》（黑龙江卷），北京：中国ISBN中心2005年版，第31页。

鄂伦春族 天上原来没有北斗星，欧伦（鄂伦春猎人用的仓库）飞上天以后才出现了北斗七星。

【流传】内蒙古自治区·（呼伦贝尔市）·鄂伦春自治旗

【出处】旃诛枚讲，巴图宝音采录：《欧伦神》，见中国民间文学集成全国编辑委员会编《中国民间故事集成》（内蒙古卷），北京：中国ISBN中心2007年版，第23页。

鄂伦春族 天上原来没有北斗星，欧伦（鄂伦春语，库房）飞上去以后，才出现了北斗七星。

【流传】内蒙古自治区·呼伦贝尔市·鄂伦春族自治旗

【出处】旃诛枚讲《欧伦神的传说》，见姚宝瑄主编《中国各民族神话》（达斡尔族、鄂伦春族、鄂温克族、蒙古族），太原：山西出版传媒集团·书海出版社2014年版，第31页。

鄂伦春族 天上原来没有北斗星，欧伦（库房）飞上去以后，才出现了北斗七星。

【流传】内蒙古自治区·呼伦贝尔盟（呼伦贝尔市）·鄂伦春族自治县（鄂伦春自治旗）

【出处】旃诛梅讲：《欧伦神的传说》，原载巴图宝音搜集整理《鄂伦春族民间故事集》，见陶阳、钟秀编《中国神话》（上），北京：商务印书馆2008年版，第246~247页。

W1734.14
其他特定物变成北斗星

实例

（参见下级母题实例）

W1734.14.1
北斗星是天上的木犁

【关联】[W1752.2b] 犁把星

实例

黎族

（参见W1735.12母题实例）

W1734.14.2
放物品的斗变成北斗星

实例

汉族 伏羲、女娲两夫妻做芝麻饼。被狗打翻的芝麻变成天星。放芝麻的斗，就是北斗星。

【流传】浙江省·（温州市）·文成县·南田区·石庄乡

【出处】陈成藏讲，陈云记录，文帆整理：《芝麻饼与日月星辰》（1987.10.03），见姚宝瑄主编《中国各民族神话》（汉族），太原：山西出版传媒集团·书海出版社2014年版，第306页。

W1734.14.3
北斗星由飞到天上的不同物件构成

实例

鄂伦春族 北斗星的四个角，就是欧伦（鄂伦春语，库房）的四根柱子，其余三颗，就是欧伦的梯子。

【流传】内蒙古自治区·呼伦贝尔市·鄂伦春族自治旗

【出处】莿诛枚讲《欧伦神的传说》，见姚宝瑄主编《中国各民族神话》（达斡尔族、鄂伦春族、鄂温克族、蒙古族），太原：山西出版传媒集团·书海出版社2014年版，第31页。

W1734.14.4
盘古的眉变成北斗星（斗枢）

实例

汉族 盘古死，目为日月，髭为星辰，眉为斗枢。

【流传】（无考）

【出处】[唐] 释澄观：《大方广佛华严经随疏演义钞》卷四二引《三王历》。

W1735
与北斗星有关的其他母题

【关联】
① [W0287] 北斗星神
② [W1770.3.1.4] 北方七宿组成龟形

实例

（参见下级母题实例）

W1735.0
北斗星主灾难

【关联】[W8028] 与灾难的原因有关的其他母题

实例

（参见下级母题实例）

W1735.0.1
北斗星主水火

实例

彝族 北斗七星主"灾厄水火"。

【流传】贵州省·毕节县（毕节市）·龙场区（七星关区）·（大屯彝族

乡）·三官寨

【出处】于锦锈等记录整理：《三官寨彝族的"踩生"巫术仪式》（1980），见吕大吉、何耀华总主编《中国各民族原始宗教资料集成》（彝族卷、白族卷、基诺族卷），北京：中国社会科学出版社1996年版，第350页。

W1735.1
北斗星主生

【关联】
① [W1738.1] 南斗星主生
② [W2974.1.6] 雷神主生死

实例

汉族　北斗主生。

【流传】（无考）

【出处】[晋] 干宝：《搜神记》卷三。

W1735.2
北斗星主死

实例

（实例待考）

W1735.2a
北斗星主人命

【关联】[W9482] 命运天定

实例

汉族　璇玑者，北斗君也，天之侯王也，主制万二千神，持人命籍。

【流传】（无考）

【出处】(a)《古今图书集成·神异典》卷一四引《老子中经》。

(b)《南斗北斗》，见袁珂《中国神话大词典》，北京：华夏出版社2015年版，第228页。

W1735.2b
北斗七星是北方的星主

实例

满族　阿布凯恩都哩（天神名）委派了东斗四星、西斗五星、南斗六星、北斗七星四个方位的星主。

【流传】黑龙江省·（牡丹江市）·宁古塔（宁安县）；吉林省·长白山地区（长白山一带）

【出处】
(a) 傅英仁讲述，张爱云记录整理：《天宫神魔大战》，见傅英仁讲述，张爱云记录整理《满族萨满神话》，哈尔滨：黑龙江人民出版社2006年版。

(b) 同(a)，见陶阳、钟秀编《中国神话》（上），北京：商务印书馆2008年版，第155~180页。

W1735.3
北斗星有四角

实例

鄂伦春族　北斗的四个角就是欧伦（鄂伦春猎人用的仓库）的四根柱子，其余三个是欧伦的梯子。

【流传】内蒙古自治区·（呼伦贝尔市）·鄂伦春自治旗

【出处】莪诛枚讲，巴图宝音采录：《欧

伦神》，见中国民间文学集成全国编辑委员会编《中国民间故事集成》（内蒙古卷），北京：中国 ISBN 中心 2007 年版，第 23 页。

W1735.3.1
北斗星的四角是 4 根柱子

实 例

鄂伦春族 北斗的四个角，就是欧伦的四根柱子，其余三颗，就是欧伦的梯子。

【流传】内蒙古自治区·呼伦贝尔盟（呼伦贝尔市）·鄂伦春族自治县（鄂伦春自治旗）

【出处】莪诛梅讲：《欧伦神的传说》，原载巴图宝音搜集整理《鄂伦春族民间故事集》，见陶阳、钟秀编《中国神话》（上），北京：商务印书馆 2008 年版，第 246~247 页。

鄂伦春族 北斗星的四个角，就是欧伦（鄂伦春语，库房）的四根柱子。

【流传】内蒙古自治区·呼伦贝尔市·鄂伦春族自治旗

【出处】莪诛枚讲《欧伦神的传说》，见姚宝瑄主编《中国各民族神话》（达斡尔族、鄂伦春族、鄂温克族、蒙古族），太原：山西出版传媒集团·书海出版社 2014 年版，第 31 页。

鄂伦春族 北斗的四个角是飞到天上的欧伦（仓库）的四根柱子。

【流传】（无考）

【出处】莪诛枚讲：《欧伦神的传说》，见满都呼主编《中国阿尔泰语系诸民族神话故事》，北京：民族出版社 1997 年版，第 321 页。

鄂伦春族 "奥伦"（仓库）飞到了天上变成北斗星，它的四根柱子就是北斗的四角。

【流传】（无考）

【出处】《北斗七星的传说》，见吕大吉、何耀华总主编《中国各民族原始宗教资料集成》（鄂伦春族卷、鄂温克族卷、赫哲族卷、达斡尔族卷、锡伯族卷、满族卷、蒙古族卷、藏族卷），北京：中国社会科学出版社 1999 年版，第 16 页。

W1735.3.2
北斗星为什么有一个角是倾斜的

实 例

鄂伦春族 北斗星的四个角中有一个歪着，就是被"恶鬼"射歪的那根柱子。

【流传】内蒙古自治区·呼伦贝尔市·鄂伦春族自治旗

【出处】莪诛枚讲《欧伦神的传说》，见姚宝瑄主编《中国各民族神话》（达斡尔族、鄂伦春族、鄂温克族、蒙古族），太原：山西出版传媒集团·书海出版社 2014 年版，第 31 页。

W1735.4
北斗星是仓库神

【关联】［W0550］仓库神

实例

鄂伦春族 "欧伦"（仓库）飞上去以后才出现了北斗七星，北斗七星即欧伦神。

【流传】（无考）

【出处】旃诛枚讲，巴图宝音搜集：《"欧伦"神的传说》，见《鄂伦春族民间故事集》，北京：中国民间文艺出版社 1984 年版。

W1735.4.1
北斗星为什么叫仓库

【关联】［W1734.13］仓库升天变成北斗星

实例

鄂伦春族 "奥伦"（仓库）飞到了天上变成北斗星，所以鄂伦春人把北斗七星叫"奥伦"（仓库）。

【流传】（无考）

【出处】《北斗七星的传说》，见吕大吉、何耀华总主编《中国各民族原始宗教资料集成》（鄂伦春族卷、鄂温克族卷、赫哲族卷、达斡尔族卷、锡伯族卷、满族卷、蒙古族卷、藏族卷），北京：中国社会科学出版社 1999 年版，第 16 页。

鄂伦春族 因为北斗星是欧伦（鄂伦春语，库房）变成的，所以鄂伦春人把北斗星叫做"欧伦布日坎"，即欧伦神。

【流传】内蒙古自治区·呼伦贝尔市·鄂伦春族自治旗

【出处】旃诛枚讲：《欧伦神的传说》，见姚宝瑄主编《中国各民族神话》（达斡尔族、鄂伦春族、鄂温克族、蒙古族），太原：山西出版传媒集团·书海出版社 2014 年版，第 31 页。

W1735.5
北斗星是长寿星

实例

鄂伦春族 鄂伦春族老者认为北斗星为"奥伦"神为长寿星。

【流传】（无考）

【出处】马名超、崔焱：《鄂伦春族宗教与神话》，见中国各民族宗教与神话大词典编审委员会编《中国各民族宗教与神话大词典》，北京：学苑出版社 1990 年版。

鄂温克族 鄂温克人认为北斗星是长寿星。

【流传】内蒙古自治区·（呼伦贝尔市·鄂温克族自治旗）·南屯（巴彦托海镇的俗称）

【出处】端德格玛讲，汪丽珍采录整理：《北斗星》（1991.08.13），见吕大吉、何耀华总主编《中国各民族原始宗教资料集成》（鄂伦春族卷、鄂温克族卷、赫哲族卷、达斡尔族卷、锡伯族

W1735.5.1
北斗星象征长寿

【关联】［W9245］自然物作为象征

实例

鄂伦春族 北斗星每晚都出现在夜空，以为它象征着人们的长寿。在除夕夜晚，鄂伦春人向北斗星跪拜，庆幸自己又活了一年，增加了一岁。

【流传】（无考）

【出处】内蒙古自治区编委会：《鄂伦春族社会历史调查》（第一集），呼和浩特：内蒙古人民出版社 1984 年版，第 161 页。

W1735.6
北斗星是吉祥星

【关联】［W1744.8］启明星象征吉祥

实例

（参见下级母题实例）

W1735.6.1
北斗星是婴儿的吉祥星

【关联】［W0443.8］幼儿保护神

实例

达斡尔族 北斗星是保佑体弱婴儿的吉祥星。

【流传】（内蒙古自治区·呼伦贝尔市·陈巴尔虎旗）

【出处】

（a）满都尔图：《达斡尔鄂温克蒙古（陈巴尔虎）鄂伦春族萨满教调查》，中国社会科学院民族研究所民族学研究室 1992 年，内部资料，第 8 页。

（b）《星辰》，见吕大吉、何耀华总主编《中国各民族原始宗教资料集成》（鄂伦春族卷、鄂温克族卷、赫哲族卷、达斡尔族卷、锡伯族卷、满族卷、蒙古族卷、藏族卷），北京：中国社会科学出版社 1999 年版，第 293 页。

W1735.7
北斗星是太阳的哥哥

【关联】［W1681.1］太阳的兄弟

实例

满族 北斗七星是太阳的七个阿哥。

【流传】吉林省·（延边朝鲜族自治州）·珲春（珲春市）

【出处】祖玉莲讲，于又燕等搜集整理：《月亮阿沙》，见中华民族故事大系编委会编《中华民族故事大系》第 4 卷（朝鲜族、满族、侗族），上海：上海文艺出版社 1995 年版，第 308～312 页。

W1735.8
原来天上七星变成六星

实例

黎族 原来天上七星变成六星。

【流传】（无考）

【出处】苏海鸥整理：《阿德哥和七仙妹》，见中华民族故事大系编委会编《中华民族故事大系》第7卷（黎族、傈僳族、佤族），上海：上海文艺出版社1995年版，第69页。

W1735.9
北斗星中最亮的1颗星星使者

实例

（参见下级母题实例）

W1735.9.1
北斗星中最亮的1颗星星是天上的使者

实例

蒙古族 北斗七星是七位英雄的化身。其中那颗最明亮的星星，原来就是天上的一个使者。

【流传】（无考）

【出处】刀劳斤讲，乌恩搜集，郭永明翻译整理：《北斗七星》，见中华民族故事大系编委会编《中华民族故事大系》第1卷（汉族、蒙古族、回族），上海：上海文艺出版社1995年版，第524页。

W1735.10
北斗七星是钩子

实例

苗族 神婆婆务罗务素对纳造出人类和动物的罗引勾（半人半兽的巨人）说："我墙上有个大钩钩（指北斗七星）钩子上吊有乃奴（糯米）乃稀（大米）。"

【流传】广西壮族自治区·（柳州市）·融水苗族自治县

【出处】

（a）杨达香讲，梁彬搜集整理：《创世纪》（二、捏人捏兽，栽果撒谷），见梁彬、王天若编《苗族民间故事选》，南宁：广西人民出版社1986年版。

（b）同（a），见姚宝瑄主编《中国各民族神话》（布依族、仡佬族、苗族），太原：山西出版传媒集团·书海出版社2014年版，第179页。

W1735.11
北斗七星移动的原因

【关联】［W4963.3］特定的星星的运行

实例

（参见下级母题实例）

W1735.11.1
北斗星移动是7兄弟需要到不同地方造房子

【关联】［W1444.2.2］人到天上给天神盖房子

实例

藏族 凡间七兄弟上天造屋变成七星。七星常移动位置者，是因为他们盖毕一处屋又移往他处也。

【流传】（无考）

【出处】《七兄弟星》，原载毛星主编《中国少数民族文学》（上册）第402页，见袁珂《中国神话大词典》，北京：华夏出版社2015年版，第407页。

W1735.12

北斗星很勤劳

实例

黎族 老人们指着闪烁的北斗星星座教育孩子说："他们真勤劳呵！每天都在犁田，那是他们刚刚放下的木犁呢！"

【流传】海南省·（三亚市）·乐东县（乐东黎族自治县）

【出处】龙敏记录整理：《兄弟星座》，见姚宝瑄主编《中国各民族神话》（高山族、黎族、畲族），太原：山西出版传媒集团·书海出版社2014年版，第61页。

W1735.13

北斗星离地很远

实例

苗族 足窝雷哈柱（首领名）求柱生（星王，指的是北斗星）去射日时，柱生住的地方实在很远，足窝雷哈柱去时还是一个后生，走到那里已经到了大伯伯的年岁了。

【流传】广西壮族自治区·（柳州市）·融水苗族自治县

【出处】

(a) 杨达香讲，梁彬搜集整理：《创世纪》（四、降服太阳，柱生求助），见梁彬、王天若编《苗族民间故事选》，南宁：广西人民出版社1986年版。

(b) 同（a），见姚宝瑄主编《中国各民族神话》（布依族、仡佬族、苗族），太原：山西出版传媒集团·书海出版社2014年版，第189页。

W1735.14

北斗星的位置

实例

（参见下级母题实例）

W1735.14.1

北斗星在北方的来历

【关联】［W1735.2b］北斗七星是北方的星主

实例

（参见下级母题实例）

W1735.14.1.1

补好北方的天后北斗星挂北方

实例

阿昌族 地母遮米麻补天时，把原来织地留下的三根地线缝合东边、西边和北边。北边的天补好了，深夜里，北斗挂在北边的天幕上。

【流传】（云南省）

【出处】赵安贤讲，智克整理：《遮帕麻与遮米麻》，见姚宝瑄主编《中国各民族神话》（佤族、阿昌族、纳西族、普米族、德昂族），太原：山西出版传媒集团·书海出版社2014年版，第79页。

W1735.14.2
北斗星在北天门

实例

哈尼族 天神招回祖先神仰者的魂，他的魂在北天门变成一颗北斗星。

【流传】云南省·（玉溪市）·元江县（元江哈尼族彝族傣族自治县）·羊街乡、那诺乡及因远镇清水河流域一带

【出处】《祭祖歌》，见元江县哈尼文化学会、元江县史志编纂办公室编《元江哈尼族古歌集》，内部编印，2005年，第154页。

W1735.15
七星是神下凡的桥

【关联】［W1407］连接天地的桥（天桥、通天桥）

实例

满族 萨满在七星斗前请迎诸神，认为神是从七星斗下来附萨满之身。

【流传】吉林省·（长春市）·九台县（九台市）·莽卡满族乡

【出处】萨满杨世昌讲唱，富育光、王宏刚记录：《尼玛察氏野神祭》，见吕大吉、何耀华总主编《中国各民族原始宗教资料集成》（鄂伦春族卷、鄂温克族卷、赫哲族卷、达斡尔族卷、锡伯族卷、满族卷、蒙古族卷、藏族卷），北京：中国社会科学出版社1999年版，第528页。

W1735.16
七星中的小星

实例

（参见下级母题实例）

W1735.16.1
七星中的小星是找妈妈的小孩

实例

彝族 每当晴朗的夜晚，人们抬头就可以看见北方的天空中有六颗明亮的星星。距第六颗稍远一点，还有一颗小小的星星，就是去找娘的拉普（人名）。彝家就叫它"拉普星"，也有人叫它"没娘星"。

【流传】云南省·楚雄彝族自治州

【出处】李光富、李学忠讲，唐楚臣、甘振林记录整理：《北斗七星》，见姚宝瑄主编《中国各民族神话》（羌族、彝族），太原：山西出版传媒集团·书海出版社2014年版，第259页。

W1735.16.2
北斗七星柄尾上的小星是星女

实例

汉族 天上七女星中的七星女非常调

皮，常到北海去偷渔家的鱼。被渔夫捉住后，为了不让她逃跑，就顺手把她扣在北海岸的舀子柄上。现在像舀子形的北斗星的柄尾上，一颗隐而不露的小星就是她。

【流传】江苏省·盐城地区（市）

【出处】赵殿龙讲，施广开记录：《七女星为何六颗星》（1987.08.10），见姚宝瑄主编《中国各民族神话》（汉族），太原：山西出版传媒集团·书海出版社2014年版，第298页。

W1735.17
七斗星

实 例

（参见下级母题实例）

W1735.17.1
1个找太阳的老人变成七斗星

实 例

汉族　一位寻找太阳的老人化为七斗星。

【流传】江西省·（抚州市）·南丰县·白舍村

【出处】罗长全讲，储小萍采录：《七斗星》，见中国民间文学集成全国编辑委员会编《中国民间故事集成》（江西卷），北京：中国ISBN中心2002年版，第3页。

W1735.18
北斗星的名称

实 例

（参见下级母题实例）

W1735.18.1
北斗星又叫斧子星的来历

实 例

（参见下级母题实例）

W1735.18.1.1
北斗星叫斧子星是因为它是斧子变成的

【关联】［W1770.1］玉帝把斧子变成星座

实 例

汉族　玉帝将盘古抛向空中的大斧变成星座，组成北斗七星，所以北斗七星在民间也叫"斧子星"。

【流传】黑龙江省·（双鸭山市）·友谊县

【出处】韩程讲，时巨阳采录：《盘古开天辟地》，见中国民间文学集成全国编辑委员会编《中国民间故事集成》（黑龙江卷），北京：中国ISBN中心2005年版，第3页。

W1735.18.2
北斗星又称天罡

实 例

汉族　北斗是在北天宇排列成斗形的

七颗亮星，亦称天罡，星名依次为贪狼、巨门、禄存、文曲、廉贞、武曲、破军。

【流传】（无考）

【出处】《北斗》，见乌丙安主编《中国民间神谱》，沈阳：辽宁人民出版社2007年版，第5页。

W1735.18.3
北斗星又称玄武

实例

汉族 玄武即北方七宿（斗、牛、女、虚、危、室、壁）之总称。

【流传】（无考）

【出处】《玄武》，见袁珂《中国神话大词典》，北京：华夏出版社2015年版，第114页。

W1736
北极星

【汤普森】A744

【关联】[W1737]南极星

实例

（参见下级母题实例）

W1736.1
北极星是变化产生的

实例

（参见下级母题实例）

W1736.1.1
人变成北极星

【关联】[W1719]人变成星星

实例

（参见下级母题实例）

W1736.1.1.1
一个老人变成北极星

实例

汉族 北极佬佬儿死后变成了北极星。

【流传】四川省·奉节县（今重庆市·奉节县）·甲高乡（甲高镇）·安家村

【出处】王勋培讲，王泽润采录：《南极星和北极星》，见中国民间文学集成全国编辑委员会编《中国民间故事集成》（四川卷·上），北京：中国ISBN中心1998年版，第34页。

满族 老人返归部落，敲铜锣呼众起告诉大家洪水将要淹没部落。老人因犯了说出预言的禁忌，化作青烟一股冲上天空，顷之化为一晶莹闪亮的星星。众知此星即乌苏里汗老人所化，皆跪于山头，望空遥拜之。星在北方，人又称之为"北极星"。

【流传】（无考）

【出处】《北极星》，原载中国民间文艺研究会辽宁、吉林、黑龙江三省分会编《满族民间故事选》，见袁珂《中国神话大词典》，北京：华夏出版社2015年版，第458页。

W1736.1.1.2
一个小伙变成北极星

实 例

汉族 三兄弟中的小弟弟在天上变成北极星。

【流传】北京市·丰台区

【出处】王德茂讲，赵美琳采录：《启明星、长庚星、北极星》，见中国民间文学集成全国编辑委员会编《中国民间故事集成》（北京卷），北京：中国ISBN中心1999年版，第10页。

W1736.1.2
拴马桩变成北极星

实 例

哈萨克族 胡大接受了七个盗贼的忏悔，把七个盗贼、灰白马、铁桩子一齐送到天上，变成了星星。铁桩子即北极星。

【流传】（无考）

【出处】比达克买提·木海讲，安蕾、毕枃翻译：《七个盗贼和北斗星》，见满都呼主编《中国阿尔泰语系诸民族神话故事》，北京：民族出版社1997年版，第63页。

蒙古族 北极星是胡和岱汗放牧两匹坐骑时使用的桩子。

【流传】内蒙古自治区

【出处】《银河的来历》，见中国民间文学集成全国编辑委员会编《中国民间故事集成》（内蒙古卷），北京：中国ISBN中心2007年版，第4页。

W1736.1.3
仙女变成北极星

实 例

W1736.1.3.1
水仙的女儿变成北极星

实 例

哈萨克族 现在天空中的"北极星"，有时被叫做"阿丽腾哈孜克"，就是水仙的第五个女儿阿丽腾比开（意为金子姑娘）。

【流传】新疆维吾尔自治区·（阿勒泰地区）·福海县

【出处】苏力唐·阿曼讲，黑扎提·阿吾巴克尔采录，杨凌等译：《天仙》，见中国民间文学集成全国编辑委员会编《中国民间故事集成》（新疆卷），北京：中国ISBN中心2008年版，第21页。

W1736.2
与北极星有关的其他母题

实 例

（参见下级母题实例）

W1736.2.1
北极五星

实 例

汉族 北极五星，钩陈六星，皆在紫

微宫中，北极、北辰最尊也；其细星，天之枢也。

【流传】（无考）

【出处】《晋书·天文志》。

W1736.2.2
北极星居天的中间

实例

汉族 北辰星位于上天的中间，位置最高，永远不动，是"众星之主"、"众神之本"，因此对其极为尊崇。

【流传】（无考）

【出处】《紫微北极大帝》，见乌丙安主编《中国民间神谱》，沈阳：辽宁人民出版社2007年版，第251页。

W1736.2.3
北极星是紫微北极大帝

实例

汉族 紫微北极大帝即为北极星，又称为"北辰"、"天枢"。

【流传】（无考）

【出处】《紫微北极大帝》，见乌丙安主编《中国民间神谱》，沈阳：辽宁人民出版社2007年版，第251页。

W1736a
扁担星

实例

（参见下级母题实例）

W1736a.1
2个扁担星在银河两边

实例

（参见下级母题实例）

W1736a.1.1
直扁担星

实例

汉族 银河两边有两个扁担星。它们像两根扁担，一个直，叫直扁担星；一个曲，叫曲扁担星。

【流传】江苏省·（苏州市）·吴江县·同里镇

【出处】金恩官讲，徐文初记录整理：《扁担星》（1987.09.07），见姚宝瑄主编《中国各民族神话》（汉族），太原：山西出版传媒集团·书海出版社2014年版，第295~296页。

W1736a.1.2
曲扁担星

实例

汉族

（参见W1736a.1.1母题实例）

W1736b
参星

实例

（参见下级母题实例）

W1736b.1
特定的人物变成参星

实例

（参见下级母题实例）

W1736b.1.1
高辛的大儿子阏伯变成参星

【关联】［W1719.6.4］高辛王的两个儿子变成参商二星

实例

汉族　高辛氏养了两个儿子阏伯和实沉经常打斗。高辛氏怕两个儿子闯出大祸，就把大儿子阏伯送到东方，要他在那里做"参"星，就是我们平时讲的"天光晓"。

【流传】浙江省·（温州市）·永嘉县·瓯北各地

【出处】金学益讲，金崇柳记录整理：《参商二星》（1985.05），见姚宝瑄主编《中国各民族神话》（汉族），太原：山西出版传媒集团·书海出版社2014年版，第305页。

W1736c
辰星

实例

（参见下级母题实例）

W1736c.1
辰星是北方神

【关联】［W0254］北方神

实例

汉族　何谓五星？即东、南、中、西、北五个方位之星。其中，北方，水也，其帝颛顼，其佐玄冥，执权而治冬；其神为辰星。

【流传】（无考）

【出处】［汉］刘安及门客：《淮南子·天文训》。

W1736d
东斗四星

实例

满族　阿布凯恩都哩（天神名）委派了东斗四星、西斗五星、南斗六星、北斗七星四个方位的星主。

【流传】黑龙江省·（牡丹江市）·宁古塔（宁安县）；吉林省·长白山地区（长白山一带）

【出处】

（a）傅英仁讲述，张爱云记录整理：《天宫神魔大战》，见傅英仁讲述，张爱云记录整理《满族萨满神话》，哈尔滨：黑龙江人民出版社2006年版。

（b）同（a），见陶阳、钟秀编《中国神话》（上），北京：商务印书馆2008年版，第155～180页。

W1737
南极星

【关联】［W1736］北极星

实例

（参见下级母题实例）

W1737.1
南极老头变成南极星

实例

汉族 南极佬佬儿死后变成了南极星。

【流传】四川省·奉节县（今重庆市·奉节县）·甲高乡（甲高镇）·安家村

【出处】王勋培讲，王泽润采录：《南极星和北极星》，见中国民间文学集成全国编辑委员会编《中国民间故事集成》（四川卷·上），北京：中国ISBN中心1998年版，第34页。

W1737.1.1
南极星又称南极老人星

实例

汉族 秦并天下，"于社亳有寿星祠"。司马贞索隐："寿星，盖南极老人星也。"

【流传】（无考）

【出处】[西汉] 司马迁：《史记·封禅书》司马贞索隐。

W1737.1.2
南极星又称老人星

实例

汉族 老人星即南极星，又称南极老人星。民间俗信，每当南极星出现之时，天下必显安定，国运定显昌盛，故历代王朝皆有祭祀南极星之礼俗

【流传】（无考）

【出处】《寿星南极仙翁》，见乌丙安主编《中国民间神谱》，沈阳：辽宁人民出版社2007年版，第153页。

W1738
南斗星

实例

（参见下级母题实例）

W1738.1
南斗星主生

【关联】[W1735.1] 北斗星主生

实例

汉族 （实例待考）

W1738.2
南斗星主死

【关联】[W1735.2] 北斗星主死

实例

汉族 南斗主死。

【流传】（无考）

【出处】[晋] 干宝：《搜神记》卷三。

W1738.3
南斗星主寿命

实例

汉族 管辂至平原，见颜超貌主夭亡。颜父乃求辂延命。辂教其方，颜依言而往，果见二人围棋。颜置脯斟

酒于前。长时间过后，南边坐者语曰："适来饮他酒脯，宁无情乎？"北坐者曰："文书已定。"南坐者曰："借文书看之。"见超寿止可十九岁。乃取笔挑上，语曰："救汝至九十年活。"颜拜而回。管语颜曰："大助子，且喜得增寿。北边坐人是北斗，南边坐人是南斗。"

【流传】（无考）

【出处】

（a）［晋］干宝：《搜神记》卷七。

（b）《南斗北斗》，见袁珂《中国神话大词典》，北京：华夏出版社2015年版，第228页。

汉族 南斗星君庙，俗称延寿司，在东门外。

【流传】（无考）

【出处】

（a）［清］姚福均：《铸鼎余闻》卷一引《无锡金匮合志》。

（b）《南斗北斗》，见袁珂《中国神话大词典》，北京：华夏出版社2015年版，第228页。

W1738.4

南斗六星

实例

汉族 "南斗"即二十八宿中之斗宿，为北方玄武之第一宿，由六颗星组成。因其位置在南，与北斗相对，故称南斗。

【流传】（无考）

【出处】《南斗》，见乌丙安主编《中国民间神谱》，沈阳：辽宁人民出版社2007年版，第6页。

满族 阿布凯恩都哩（天神名）委派了东斗四星、西斗五星、南斗六星、北斗七星四个方位的星主。

【流传】黑龙江省·（牡丹江市）·宁古塔（宁安县）；吉林省·长白山地区（长白山一带）

【出处】

（a）傅英仁讲述，张爱云记录整理：《天宫神魔大战》，见傅英仁讲述，张爱云记录整理《满族萨满神话》，哈尔滨：黑龙江人民出版社2006年版。

（b）同（a），见陶阳、钟秀编《中国神话》（上），北京：商务印书馆2008年版，第155～180页。

彝族 南斗六星主"生育繁盛"。

【流传】贵州省·毕节县（毕节市）·龙场区（七星关区）·（大屯彝族乡）·三官寨

【出处】于锦锈等记录整理：《三官寨彝族的"踩生"巫术仪式》（1980），见吕大吉、何耀华总主编《中国各民族原始宗教资料集成》（彝族卷、白族卷、基诺族卷），北京：中国社会科学出版社1996年版，第350页。

W1738.4.1

南斗六司

实例

彝族（撒尼） 主祭萨嫫抱着一只白母

鸡对天空祝祷："高高的天！月亮太阴星君！斗父斗姆！北斗七星！南斗六司！请接受我们献祭。"

【流传】云南省·昆明（昆明市）·（寻甸回族彝族自治县·先锋乡）·恰普鲁村

【出处】《太阴经》，*《彝族撒尼支宗教祭司张琼1948年主祭实录》，见吕大吉、何耀华总主编《中国各民族原始宗教资料集成》（彝族卷、白族卷、基诺族卷），北京：中国社会科学出版社1996年版，第56页。

W1739
魁星（文魁夫子、大魁夫子、大魁星君、绿衣帝君、魁星爷）

实例

（参见下级母题实例）

W1739.1
魁星主文章

【关联】[W1752.12.1] 文星主文运

实例

汉族 魁星主文章。

【流传】（无考）

【出处】《孝经纬援神契》，见《玉函山房辑佚书》。

汉族 今人所奉魁星，不知始自何年，以奎为文章之府，故立庙祀之。

【流传】（无考）

【出处】
(a) [清] 顾炎武：《日知录》卷三二"魁"条。

(b)《魁星》，见袁珂《中国神话大词典》，北京：华夏出版社2015年版，第333页。

W1739.2
人化为魁星

实例

（参见下级母题实例）

W1739.2.1
一个丑文人化为魁星

实例

汉族 宋朝一文人，因长相丑陋而屡试不中，遂投江自尽，幸被神鳌救起，点化为魁星。

【流传】（无考）

【出处】《魁星》，见乌丙安主编《中国民间神谱》，沈阳：辽宁人民出版社2007年版，第151页。

※ W1740
启明星

【汤普森】A781.1

实例

（参见下级母题实例）

W1741
神或神性人物变成启明星

实例

（参见下级母题实例）

W1741.1
天上的仙女变成启明星

实例

景颇族 天上的仙女变启明星。

【流传】（无考）

【出处】桑仁等整理：《启明星的由来》，见中华民族故事大系编委会编《中华民族故事大系》第10卷（景颇族、柯尔克孜族、土族），上海：上海文艺出版社1995年版，第93页。

W1741.2
英雄变成启明星

实例

壮族 英雄布伯斗雷公，到天上后变成了启明星。

【流传】广西壮族自治区红水河流域

【出处】蓝鸿恩整理：《布伯的故事》，见中华民族故事大系编委会编《中华民族故事大系》第3卷（彝族、壮族、布依族），上海：上海文艺出版社1995年版，第384页。

W1741.2.1
英雄的心变成启明星

【关联】

① ［W1719.6.10.1］兄妹俩的心变成星星

② ［W1741.3.1］盘古死后心变启明星

实例

（参见下级母题实例）

W1741.2.1.1
布伯的心飞到天上变成启明星

【关联】［W0768.10］布伯

实例

壮族 布伯（英雄，人的头领）斗雷公时摔死，他的一颗红心进到天篷上镶嵌起来，成为现在我们看到的启明星。

【流传】

（a）广西壮族自治区·（南宁市）·马山县·加芳乡（加方乡）

（b）广西壮族自治区红水河流域各县

【出处】

（a）韦公讲，蓝鸿恩采录翻译：《布伯斗雷王》，见中国民间文学集成全国编辑委员会编《中国民间故事集成》（广西卷），北京：中国ISBN中心2001年版，第49页。

（b）蓝鸿恩搜集整理：《布伯》，见谷德明编《中国少数民族神话》，北京：中国民间文艺出版社1987年版，第90页。

（c）《布伯》，见中国各民族宗教与神话大词典编审委员会编《中国各民族宗教与神话大词典》，北京：学苑出版社1990年版，第783页。

壮族 布伯（人间首领名）从天上摔下来时，他的一颗红心，被进到天篷上，就镶嵌在那里了，成了现在我们看到的启明星。

【流传】广西壮族自治区红水河流域各县

【出处】蓝鸿恩搜集整理：《布伯的故事》，原载蓝鸿恩编《壮族民间故事选》，见陶阳、钟秀编《中国神话》（上），北京：商务印书馆2008年版，第498~508页。

壮族　布伯（人的首领）从天上摔下来，身体摔碎在一块巨石上，他的一颗红心迸到天篷上镶嵌起来，成为现在我们看到的启明星。

【流传】广西壮族自治区红水河流域各县

【出处】
（a）《布伯的故事》，载《民间文学》1979年第10期。
（b）同（a）（王松选定），见姚宝瑄主编《中国各民族神话》（仫佬族、壮族、京族），太原：山西出版传媒集团·书海出版社2014年版，第111页。

W1741.3
盘古的心变成启明星

【关联】[W1745.1.1] 头人的心飞到天上化为太白金星

实　例

（参见下级母题实例）

W1741.3.1
盘古死后心变成启明星

实　例

白族　盘古死后，观音的手指到哪里，他就变到哪里，他的心变成了启明星。

【流传】
（a）云南省·（大理白族自治州）·大理（大理市）、洱源县等地
（b）云南省·（大理白族自治州）·洱源县

【出处】
（a）杨国政讲，杨亮才采录：《开天辟地》，见中国民间文学集成全国编辑委员会编《中国民间故事集成》（云南卷），北京：中国ISBN中心2003年版，第9页。
（b）同（a），见谷德明编《中国少数民族神话》，北京：中国民间文艺出版社1987年版，第293页。
（c）《天地起源》，见谷德明编《中国少数民族神话》，北京：中国民间文艺出版社1987年版，第293页。

白族　盘古死后，按观音的指点变万物。他的心变成了启明星。

【流传】云南省·（大理白族自治州）·大理（大理市）、洱源（洱源县）、剑川（剑川县）

【出处】杨国政讲，杨亮才记录整理：《开天辟地》，见中华民族故事大系编委会编《中华民族故事大系》第5卷（瑶族、白族、土家族），上海：上海文艺出版社1995年版，第319~320页。

白族　盘古死时，心变成启明星。

【流传】云南省·（大理白族自治州）·大理（大理市）、洱源（洱源

县)、剑川(剑川县)等地

【出处】杨国政讲,杨亮才记录整理:《开天辟地》,原载《云南民间故事选》(不详),见姚宝瑄主编《中国各民族神话》(白族、拉祜族、景颇族),太原:山西出版传媒集团·书海出版社2014年版,第6页。

W1742
人变成启明星

【关联】[W1719] 人变成星星

实 例

(参见下级母题实例)

W1742.1
老人化为启明星

实 例

藏族 一个老阿爸变成启明星。

【流传】(无考)

【出处】《星星的由来》,见陶阳、牟钟秀著《中国创世神话》,上海:上海人民出版社2006年版,第144页。

藏族 一位百岁老人化启明星。

【流传】(无考)

【出处】觉乃尔讲:《星星的由来》,载《民间文学》1983年第10期。

W1742.1.1
老人骑仙鹤升天化为启明星

【关联】
① [W1432.3.3.2] 人骑仙鹤上天
② [W1744.4] 启明星叫老人星的来历

实 例

藏族 老人骑一只最大的仙鹤升天后化作一颗最大最亮的星。

【流传】(无考)

【出处】觉乃尔讲,王彰明搜集整理:《星星的由来》,载《民间文学》1983年第10期。

藏族 老人携宝珠至一大松林。仙鹤见光明,齐集老人身旁。老人将颗颗宝珠置仙鹤身,己则骑最大仙鹤,率领群鹤,飞至天上。老人骑鹤以所有宝珠镶天幕上,宝珠立化为晶亮明星,老人亦化为明星中最大一星。老人所化大星即启明星,藏族人民谓之"老人星"。

【流传】(无考)

【出处】《老人星》,原载陶阳、钟秀编《中国神话》(原名《星星的由来》),见袁珂《中国神话大词典》,北京:华夏出版社2015年版,第408页。

W1742.1.2
启明星是一个老妇人

实 例

珞巴族 一个老妇和六个女儿飞上了天空,在那里定居下来,变成星星。最亮的那颗就是老母亲——启明星。

【流传】西藏自治区·(林芝市)·墨脱县·达木珞巴民族乡、格当乡、旁辛乡

【出处】顿加等讲,冀文正采集:《七姐妹星的来历》,见冀文正《珞巴族民

间故事》，成都：四川民族出版社2011年版，第77页。

W1742.2
盗贼变成启明星

【关联】

① ［W1719.6.3］盗贼变成星星
② ［W1734.5］7个盗贼上天后变成北斗星
③ ［W9950］偷盗

实例

哈萨克族　七个盗贼胡大接受了七个盗贼的忏悔，把七个盗贼、灰白马、铁桩子一齐送到天上，变成了星星。

【流传】（无考）

【出处】比达克买提·木海讲，安蕾、毕桦译：《七个盗贼和北斗星》，见满都呼主编《中国阿尔泰语系诸民族神话故事》，北京：民族出版社1997年版，第63~64页。

W1742.3
特定的女子变成启明星

实例

（参见下级母题实例）

W1742.3.1
母女升天后母亲成为启明星

实例

珞巴族

（参见W1742.1.2母题实例）

W1742.3.2
1个小姑娘变成启明星

实例

汉族　天上原来并没有这颗启明星。据说，是古时候一位聪明的小姑娘变的。

【流传】河南

【出处】盛长柱记录整理：《启明星》，见姚宝瑄主编《中国各民族神话》（汉族），太原：山西出版传媒集团·书海出版社2014年版，第306~309页。

W1742.3.3
天上避难的女子变成启明星

实例

哈萨克族　美女烁勒潘为避免男人们为她而大动干戈，破坏部落的安宁，祈求上帝。上帝接受了她的请求，把她送到天上，成了启明星。

【流传】（无考）

【出处】比达克买提·木海等搜集，安蕾、毕桦译：《启明星的来历》，见满都呼主编《中国阿尔泰语系诸民族神话故事》，北京：民族出版社1997年版，第65页。

维吾尔族　国王要糟践姑娘时，突然从天上降下来两位仙女，把姑娘带上天去。从此，蓝天上便出现了"启明星"。

【流传】新疆维吾尔自治区·（吐鲁番

市）·鄯善县

【出处】艾合买提·玉赛音讲，阿不都克日木·热合曼采录，赵世杰译：《启明星的来历》，见中国民间文学集成全国编辑委员会编《中国民间故事集成》（新疆卷），北京：中国ISBN中心2008年版，第18页。

W1742.4
叫启明的人变成启明星

实　例

汉族　启明星是一个天不怕地不怕叫启明的汉子变成的。

【流传】湖南省·（常德市）·桃源县

【出处】何兰秀讲，周俊琼采录：《启明星的来历》，见中国民间文学集成全国编辑委员会编《中国民间故事集成》（湖南卷），北京：中国ISBN中心2002年版，第9页。

W1742.5
其他特定人物变成启明星

实　例

（参见下级母题实例）

W1742.5.1
寻找太阳的人变成启明星

【关联】[W9836]特定的人找太阳

实　例

（参见下级母题实例）

W1742.5.1.1
寻找太阳的刘春变成启明星

实　例

汉族　☆刘春找到被魔鬼抢走的太阳后，变成启明星。

【流传】浙江省

【出处】《寻太阳》，见杭州市文化局编《西湖民间故事》，杭州：浙江文艺出版社2009年版，第39~47页。

汉族　寻找太阳的刘春（人名）变成一颗明亮的星星。每天太阳升起以前，东方这颗亮晶晶的星星闪闪发光，人人都叫它"启明星"。

【流传】浙江省·杭州市·拱墅区

【出处】陶金海讲，周樟林记录，申屠奇整理：《寻太阳》，见姚宝瑄主编《中国各民族神话》（汉族），太原：山西出版传媒集团·书海出版社2014年版，第163~170页。

汉族　其寻日之父，永不返矣。今日出前常见东方有晶亮之星，曰"启明星"，即寻找太阳的刘春所化。

【流传】（浙江省·杭州市）

【出处】袁珂改编：《保俶寻太阳》（原名《寻太阳》），原载杭州市文化局编《西湖民间故事》，见袁珂《中国神话大词典》，北京：华夏出版社2015年版，第387页。

W1743
珠宝变成启明星

【关联】[W1725.3] 宝珠变成星星

实例

（参见下级母题实例）

W1743.1
宝石变成北斗星

【关联】[W9695.1] 宝石

实例

汉族 （实例待考）

W1743.2
启明星是抛到天上的明珠

实例

畲族 天亮星（启明星）是抛到天上的明珠。

【流传】（无考）

【出处】《天眼重开》，见谷德明编《中国少数民族神话》，北京：中国民间文艺出版社1987年版，第209页。

W1744
与启明星有关的其他母题

实例

（参见下级母题实例）

W1744.1
牛牙变成启明星

【关联】

① [W1724.3.4] 牛的牙齿变成星星

② [W1734.12] 牛的牙齿变成北斗星

实例

（参见下级母题实例）

W1744.1.1
牛的尖牙变成启明星

实例

哈尼族 诸神得牛，亦不杀食，以其二尖齿化为启明星和北斗星。

【流传】（无考）

【出处】《大鱼开辟天地》（原名《天、地、人的传说》），原载谷德明编《中国少数民族神话》，见袁珂《中国神话大词典》，北京：华夏出版社2015年版，第489页。

哈尼族 改天换地的众神得到龙王送来的牛后，把它的两颗尖牙变成启明星和北斗星。

【流传】云南省·（红河哈尼族彝族自治州）·元阳县

【出处】

(a) 朱小和讲，芦朝贵等整理：《天、地、人的传说》，载《山茶》1983年第4期。

(b) 朱小和讲，芦朝贵、杨笛搜集整理：《大鱼脊背甩出的世界》，原载《山茶》1983年第4期（王松将原题目《天、地、人的传说》改为此题目），见姚宝瑄主编《中国各民族神话》（哈尼族、傣族），太原：山西出版传媒集团·书海出版社2014年版，第27页。

W1744.1.2
牛的偏牙变成启明星

【关联】［W1734.12.2］牛的偏牙变成北斗星

实 例

哈尼族 阿匹梅烟大神杀查牛，用牛偏牙做启明星。

【流传】（无考）

【出处】《查牛补天地》，见中国各民族宗教与神话大词典编审委员会编《中国各民族宗教与神话大词典》，北京：学苑出版社1990年版，第169页。

W1744.1.3
牛的最粗的牙齿变成启明星

实 例

哈尼族 天神们杀翻塔婆的龙牛铺设天地造万物时，牛的每一颗牙齿就是天上的一颗星星，其中最粗的那颗牙齿，是黎明时最亮的启明星。

【流传】（无考）

【出处】《杀牛龙，造天地》，根据张牛朗、杨批斗、李书周等演唱，杨保生、李家顺等翻译，杨笛、郭纯礼等整理《十二奴局》和《奥色密色》翻译稿改写，见姚宝瑄主编《中国各民族神话》（哈尼族、傣族），太原：山西出版传媒集团·书海出版社2014年版，第12～13页。

W1744.1.4
神牛的牙变成启明星

实 例

哈尼族 杀查牛（天地神专养的神牛）修补天地日月时，天神的女儿俄白姑娘拔下了查牛两边的偏牙，其中左边的拔去做早上最亮的启明星。

【流传】云南省·（红河哈尼族彝族自治州）·元阳（元阳县）、红河（红河县）、绿春（绿春县）、金平（金平苗族瑶族傣族自治县）

【出处】朱小和讲唱，史军超搜集整理：《查牛补天地》（1983），原载云南省民间文学集成办公室编《哈尼族神话传说集成》，中国民间文艺出版社1990年版，见姚宝瑄主编《中国各民族神话》（哈尼族、傣族），太原：山西出版传媒集团·书海出版社2014年版，第55页。

W1744.2
启明星为什么黎明时出现

实 例

（参见下级母题实例）

W1744.2.1
启明星黎明时出现是因为变成启明星的美女是黎明时到天上的

实 例

哈萨克族 天快黎明时，美女烁勒潘被

上帝送到天上，成了启明星。启明星总是在黎明时出现就是这个原因。

【流传】（无考）

【出处】比达克买提·木海等搜集，安蕾、毕梓译：《启明星的来历》，见满都呼主编《中国阿尔泰语系诸民族神话故事》，北京：民族出版社1997年版，第65页。

W1744.3
启明星白天值班

实例

汉族 启明星是天上星宿中最年轻的一个，是天上是专值白班的。每天天亮以前太阳还没有出来时，他就开始值班，从东到西一直走迄擦黑才收班，有事就向玉皇大帝禀报，无事就各人回去歇。

【流传】四川省·巴县（今重庆·巴南区）

【出处】魏显德讲，李子硕、罗桂英记录，李子硕整理：《启明星和张大姐》（1988），见姚宝瑄主编《中国各民族神话》（汉族），太原：山西出版传媒集团·书海出版社2014年版，第322~325页。

W1744.4
启明星叫老人星的来历

【关联】[W1742.1] 老人化为启明星

实例

藏族 老人骑一只最大的仙鹤升天后化作一颗最大最亮的星。这颗大星星，就是启明星。藏族人民把它叫老人星。它的确是老人的一颗智慧的心。

【流传】（无考）

【出处】觉乃尔讲，王彰明搜集整理：《星星的由来》，载《民间文学》1983年第10期。

W1744.4.1
启明星叫老人星是因为它是老人变成的

【关联】[W1737.1] 南极老头变成南极星

实例

汉族 老人骑上了一只仙鹤，飞上了天，他变成了一颗星星。老人变的星星叫老人星，又叫启明星。

【流传】辽宁省·（沈阳市）·新民（新民市）北部地区

【出处】刘国文讲，刘玉双记录整理：《星星的由来》，见姚宝瑄主编《中国各民族神话》（汉族），太原：山西出版传媒集团·书海出版社2014年版，第289~290页。

W1744.5
启明星叫启明星的来历

实例

（参见下级母题实例）

W1744.5.1
启明星叫启明星是因为它出来天就亮

实例

汉族 启明星之所以就"启明星",是因为他一出来天就要亮了。

【流传】四川省·巴县(今重庆·巴南区)

【出处】魏显德讲,李子硕、罗桂英记录,李子硕整理:《启明星和张大姐》(1988),见姚宝瑄主编《中国各民族神话》(汉族),太原:山西出版传媒集团·书海出版社2014年版,第322~325页。

W1744.5.2
启明星叫大亮星的来历

实例

(参见下级母题实例)

W1744.5.2.1
因启明星身上有发光的鳞片取名大亮星

实例

汉族 "启明星"的土名又叫"大亮星"。是因为成为启明星的星星到东方争星座路上和水妖打仗,身上打破了,淌了许多血,远远望去,好像是闪闪发光的鳞片。于是,人们又给它起个名字叫"大亮星"。

【流传】江苏省·(徐州市)·新沂市骆马湖一带

【出处】朱斯民讲,王永记录整理:《启明星的传说》,见姚宝瑄主编《中国各民族神话》(汉族),太原:山西出版传媒集团·书海出版社2014年版,第300~302页。

W1744.6
启明星叫慌忙星的来历

实例

(参见下级母题实例)

W1744.6.1
启明星因匆忙向东走取名慌忙星

实例

汉族 "启明星"的土名叫"慌忙星",又叫"大亮星"。是因为成为启明星的星星为争到星座,每天都匆忙向东走,于是人们给它起了个土名叫"慌忙星"。

【流传】江苏省·(徐州市)·新沂市骆马湖一带

【出处】朱斯民讲,王永记录整理:《启明星的传说》,见姚宝瑄主编《中国各民族神话》(汉族),太原:山西出版传媒集团·书海出版社2014年版,第300~302页。

W1744.6a
启明星叫过天星的来历

实例

（参见下级母题实例）

W1744.6a.1
启明星叫过天星是因为它每天要把天过一遍

实例

汉族 启明星又叫过天星，是因为他每天都要把天过一遍。

【流传】四川省·巴县（今重庆·巴南区）

【出处】魏显德讲，李子硕、罗桂英记录，李子硕整理：《启明星和张大姐》（1988），见姚宝瑄主编《中国各民族神话》（汉族），太原：山西出版传媒集团·书海出版社2014年版，第322~325页。

W1744.6b
启明星即太白星

实例

汉族 "明星谓之启明。"郭璞注："太白星也，晨见东方为启明，昏见西方为太白。"

【流传】（无考）

【出处】《尔雅·释天》郭璞注。

W1744.6c
启明星即金星

实例

汉族 "东有启明，西有长庚。"朱熹注："启明、长庚皆金星也。"

【流传】（无考）

【出处】《诗·小雅·大东》朱熹注。

W1744.7
启明星是光明之神

【关联】[W0458]光明之神

实例

鄂温克族 启明星是驱赶黑暗之神。

【流传】（内蒙古自治区·呼伦贝尔市·根河市·敖鲁古雅地区）使用驯鹿鄂温克人

【出处】纽拉（女萨满，1907年生）讲，孟和、玛尼记录整理采录整理：《敖鲁古雅鄂温克萨满的神衣》，见吕大吉、何耀华总主编《中国各民族原始宗教资料集成》（鄂伦春族卷、鄂温克族卷、赫哲族卷、达斡尔族卷、锡伯族卷、满族卷、蒙古族卷、藏族卷），北京：中国社会科学出版社1999年版，第138~139页。

W1744.8
启明星象征吉祥

实例

鄂温克族 鄂温克人认为启明星是吉

祥、聪明、美好的象征。

【流传】内蒙古自治区·（呼伦贝尔市）·陈巴尔虎旗

【出处】青格日图讲，卡米拉采录整理：《启明星》（l992.08.05），见吕大吉、何耀华总主编《中国各民族原始宗教资料集成》（鄂伦春族卷、鄂温克族卷、赫哲族卷、达斡尔族卷、锡伯族卷、满族卷、蒙古族卷、藏族卷），北京：中国社会科学出版社1999年版，第95页。

W1744.8.1
启明星预兆吉祥

【关联】［W9235］好的征兆（祥兆）

实 例

畲族 人们望见东方那颗闪着亮光的明珠，都说这是吉祥的预兆，知道天眼又要亮了。大家给它取了个吉利的名字，叫"天亮星"（启明星）。

【流传】浙江省

【出处】
（a）王国全搜集整理：《天眼重开》，见谷德明编《中国少数民族神话》，北京：中国民间文艺出版社1987年版，第209~224页。
（b）同（a），见姚宝瑄主编《中国各民族神话》（高山族、黎族、畲族），太原：山西出版传媒集团·书海出版社2014年版，第126页。

W1744.9
启明星在东方

实 例

（参见下级母题实例）

W1744.9.1
启明星原来不在东方

实 例

汉族 启明星原来并不在天的东方。

【流传】江苏省·（徐州市）·新沂市骆马湖一带

【出处】朱斯民讲，王永记录整理：《启明星的传说》，见姚宝瑄主编《中国各民族神话》（汉族），太原：山西出版传媒集团·书海出版社2014年版，第300~302页。

W1744.10
启明星守护大地中层大门

【关联】［W1237b.2.2］地门有特定物看守

实 例

蒙古族（布里亚特） 守护大地中层大门的是罗斯特山（Russet Hill）的长老、皇帝的儿子、长着一头秀发的启明星王腾格里。

【流传】（无考）

【出处】浦泽都尼夫著，嘎日达译：《布里亚特萨满教记述》（英文版），赫尔辛基1941年版，见吕大吉、何耀华总主编《中国各民族原始宗教资料集成》（鄂伦春族卷、鄂温克族卷、赫哲族卷、达斡尔族卷、锡伯族卷、满族卷、蒙古族卷、藏族卷），北京：中国社会科学出版社1999年版，第630页。

W1745
金星

【汤普森】A781

实例

（参见下级母题实例）

W1745.1
人变太白金星

【关联】［W0776］太白金星

实例

（参见下级母题实例）

W1745.1.1
头人的心飞到天上化为太白金星

【关联】［W1741.3］盘古的心变成启明星

实例

壮族 人间的头人太白被雷公劈死后，他的心飞到天上化为太白金星。

【流传】广西壮族自治区·河池（河池市）

【出处】《盘古》，见张声震总主编，农冠品编注《壮族神话集成》，南宁：广西民族出版社2007年版，第4~5页。

壮族 雷公逃出关押的谷囤，一下劈开仇人太白（人间首领名）的胸膛，太白的心向天上飞去，成了一颗星星。这就是人们说的太白金星。

【流传】（无考）

【出处】《盘和古》，原载陶立璠、李耀宗编《中国少数民族神话传说选》，四川民族出版社1985年版，见姚宝瑄主编《中国各民族神话》（仫佬族、壮族、京族），太原：山西出版传媒集团·书海出版社2014年版，第132页。

W1745.2
仙女变成金星

实例

（参见下级母题实例）

W1745.2.1
水仙的大女儿变成金星

实例

哈萨克族 水仙的大女儿昆比开跟妹妹们走散了。她为了找到妹妹，有时出现在天空的东边，有时出现在天空的北边，人们把她称为"金星"。

【流传】新疆维吾尔自治区·（阿勒泰地区）·福海县

【出处】苏力唐·阿曼讲，黑扎提·阿吾巴克尔采录，杨凌等译：《天仙》，见中国民间文学集成全国编辑委员会编《中国民间故事集成》（新疆卷），北京：中国ISBN中心2008年版，第22页。

W1745.3
与金星有关的其他母题

实 例

（参见下级母题实例）

W1745.3.1
管西方的星称为金星

实 例

彝族 混沌最早变化产生的索恒哲（原书解释为哲人名字，本书认为是最早产生的天神的名称）造出许多星星。选出八颗星，一颗管东方，称它为木星。一星管南方，称它为火星。一颗管西方，称它为金星。

【流传】（贵州省彝族地区）

【出处】《索恒哲》，见王富慧（珠尼阿依）译著，贵州省民族古籍整理办公室编《彝族神话史诗选》，北京：民族出版社2013年版，第18～21页。

W1745a
金石星

实 例

（参见下级母题实例）

W1745a.1
金石星仗义

实 例

汉族 天宫有个金石星，一贯仗义好侠，救危济贫。

【流传】辽宁省·大连市

【出处】邓世礼、邓永槐讲，王德露、高和保记录整理：《星海》，见姚宝瑄主编《中国各民族神话》（汉族），太原：山西出版传媒集团·书海出版社2014年版，第318～322页。

W1746
彗星（扫把星、扫帚星、孛）

【汤普森】A786

实 例

汉族 冬，有星孛于大辰。孛者何？彗星也。

【流传】（无考）

【出处】
(a)《公羊传·昭公十七年》。
(b)《孛》，见袁珂《中国神话大词典》，北京：华夏出版社2015年版，第149页。

W1746.0
神造出彗星

【关联】[W1704]神或神性人物造星星

实 例

（参见下级母题实例）

W1746.0.1
女神造出带灯的彗星

实 例

水族 女神伢侯造出星星，规定扫把星打灯笼，照着星星陪伴月亮。

【流传】（无考）

【出处】潘静流唱，燕宝记译，化斯改写：《伢俣开创世界》（原名《造天造地》），见姚宝瑄主编《中国各民族神话》（水族、布朗族、独龙族、基诺族、傈僳族），太原：山西出版传媒集团·书海出版社2014年版，第6页。

W1746.0a
特定物变成彗星

实例

（参见下级母题实例）

W1746.0a.1
扫帚变成扫帚星

实例

（参见下级母题实例）

W1746.0a.1.1
伏羲女娲打狗的扫帚变成扫帚星

【关联】［W1386.3.3］伏羲女娲兄妹补天

实例

汉族 伏羲、女娲两夫妻做芝麻饼。芝麻被狗打翻，夫妻见芝麻撒得到处都是，背起扫帚就扫，这扫帚就是我们常在这夜里见到的扫帚星。

【流传】浙江省·（温州市）·文成县·南田区·石庄乡

【出处】陈成藏讲，陈云记录，文帆整理：《芝麻饼与日月星辰》（1987.10.03），见姚宝瑄主编《中国各民族神话》（汉族），太原：山西出版传媒集团·书海出版社2014年版，第306页。

W1746.0a.2
女子死后变成孛（女子死后变成彗星）

实例

汉族 孛本黄帝时一女子，修行不得，其死（为孛）。

【流传】（无考）

【出处】

（a）［明］陈耀文：《天中记》卷二引《中兴天文志》。

（b）《孛》，见袁珂《中国神话大词典》，北京：华夏出版社2015年版，第149页。

W1746.1
彗星是天缝漏下的星星

实例

汉族 女娲补天有缝，星星从石缝里漏下来，就是人们经常看到的贼星。

【流传】吉林省·（四平市）·伊通县（伊通满族自治县）·伊丹镇

【出处】张久成讲，施立学采录：《女娲补西北天》，见中国民间文学集成全国编辑委员会编《中国民间故事集成》（吉林卷），北京：中国文联出版公司1992年版，第1页。

W1746.2
彗星为什么有长尾巴

【关联】［W1388.2.3.3.1］长尾巴星星做补天的针

实 例

（参见下级母题实例）

W1746.2.1
牛的尾巴做扫星星的扫把星

实 例

（参见下级母题实例）

W1746.2.1.1
神用神牛的尾巴造扫把星

实 例

哈尼族 众神用查牛（天地神专养的神牛）的尾巴做扫星星的扫把星。

【流传】

（a）云南省·（红河哈尼族彝族自治州）·元阳县

（b）云南省·（红河哈尼族彝族自治州）·元阳（元阳县）、红河（红河县）、绿春（绿春县）、金平（金平苗族瑶族傣族自治县）等

【出处】

（a）朱小和讲，史军超采录：《查牛补天地》，见中国民间文学集成全国编辑委员会编《中国民间故事集成》（云南卷），北京：中国 ISBN 中心 2003 年版，第 29 页。

（b）同（a），见云南省民间文学集成办公室编《哈尼族神话传说集成》，北京：中国民间文艺出版社 1990 年版。

哈尼族 众神杀查牛（天地神专养的神牛）补天补地时，尾巴砍下来，做扫星星的扫把星。

【流传】云南省·（红河哈尼族彝族自治州）·元阳（元阳县）、红河（红河县）、绿春（绿春县）、金平（金平苗族瑶族傣族自治县）

【出处】朱小和讲唱，史军超搜集整理：《查牛补天地》（1983），原载云南省民间文学集成办公室编《哈尼族神话传说集成》，中国民间文艺出版社 1990 年版，见姚宝瑄主编《中国各民族神话》（哈尼族、傣族），太原：山西出版传媒集团·书海出版社 2014 年版，第 57 页。

W1746.2.2
彗星撞碎后产生长尾巴

实 例

汉族 所有星星都知道彗星坏嘴，都不相信它，彗星到处乱撞，一撞撞在一颗星星身上，弄得粉身碎骨，拖着一条长尾巴跑。

【流传】江苏省·（宿迁市）·沭阳县·东小店乡·王圩村

【出处】刘道德讲，纪洪珍采录：《彗星成了扫帚星》，见中国民间文学集成全国编辑委员会编《中国民间故事集成》（江苏卷），北京：中国 ISBN 中

心1998年版，第20页。

W1746.3
彗星作为死亡征兆

实 例

汉族 鲸鱼死而彗星出。

【流传】（无考）

【出处】［汉］刘安及门客：《淮南子·览冥训》。

W1746.4
彗星的性格

实 例

（参见下级母题实例）

W1746.4.1
彗星搬弄是非

实 例

汉族 彗星好搬弄是非。

【流传】江苏省·（宿迁市）·沭阳县·东小店乡·王圩村

【出处】刘道德讲，纪洪珍采录：《彗星成了扫帚星》，见中国民间文学集成全国编辑委员会编《中国民间故事集成》（江苏卷），北京：中国ISBN中心1998年版，第20页。

汉族 彗星爱在星星之间搬弄是非。

【流传】江苏省·（宿迁市）·沭阳县

【出处】刘道德讲，纪洪珍记录整理：《彗星的传说》（1986.10），见姚宝瑄主编《中国各民族神话》（汉族），太原：山西出版传媒集团·书海出版社2014年版，第302~303页。

W1746.5
与彗星有关的其他母题

【关联】［W6539.3a.1］彗星禁忌

实 例

（参见下级母题实例）

W1746.5.1
鲸鱼死彗星出

实 例

汉族 麒麟斗而日月食，鲸鱼死而彗星出。

【流传】（无考）

【出处】［汉］刘安及门客：《淮南子·天文训》。

W1746.5.2
扫帚星的妻子是葵花星

实 例

汉族 扫帚星的妻子葵花星。

【流传】江苏省·（南通市）·如东县（如东市）

【出处】管永达讲，曾国成记录：《扫帚星的来历》，见姚宝瑄主编《中国各民族神话》（汉族），太原：山西出版传媒集团·书海出版社2014年版，第336~338页。

W1746.5.3
彗星怕指星木

实例

汉族 汉武帝尝见彗星，东方朔折指星之木以授帝，帝以木指彗星，星则寻没也。星出之夜，野兽皆鸣。

【流传】（无考）

【出处】［东汉］郭宪：《洞冥记》卷三。

W1747
猎户星

实例

（参见下级母题实例）

W1747.1
猎户星的产生

【汤普森】A772

实例

（实例待考）

W1748
流星（贼星）

【汤普森】A788

实例

（参见下级母题实例）

W1748.0
流星是特定的火星

实例

（参见下级母题实例）

W1748.0.1
流星是吴刚伐桂砍出的火星

实例

汉族 天上一颗一颗闪光的流星，就是吴刚砍树时溅出来的火星。

【流传】浙江省·（温州市）·文成县·大峃区（大峃镇）一带

【出处】季遇地讲，季成锋记录，夏克旭整理：《吴刚砍树》（1987.06.18），见姚宝瑄主编《中国各民族神话》（汉族），太原：山西出版传媒集团·书海出版社2014年版，第281~282页。

W1748.1
补天的石头化为流星

【关联】［W1387.1］用石补天

实例

汉族 （实例待考）

W1748.2
流星是月亮落下的碎片

【汤普森】A788.1

实例

（实例待考）

W1748.3
流星是风神抛出的火石

【关联】［W6962］火石

实例

满族 天上的流星就是西斯林（风

神）抛出的火石。

【流传】（无考）

【出处】《唤星词》，见罗绮《满族神话的民族特点》，载《满族研究》1993年第1期。

W1748.3a
流星天上身上带火的人在奔跑

实例

维吾尔族 天炉的盖子没有盖好，被关押的懒汉就将炉盖顶开，逃了出来。但身上的火却无法扑灭，窜来窜去，时间长了，变成了流星。

【流传】新疆维吾尔自治区·（伊犁哈萨克自治州）·伊宁市

【出处】亚库甫讲，阿不都拉采录，姚宝瑄译：《流星的来历》，见中国民间文学集成全国编辑委员会编《中国民间故事集成》（新疆卷），北京：中国ISBN中心2008年版，第19页。

W1748.4
流星是星星射出的子弹

实例

高山族（布农） 流星是天上的星星射击河里的螃蟹时的子弹。

【流传】（无考）

【出处】《星星用流星射击螃蟹的故事》，见达西乌拉弯·毕马（田哲益）、达给斯海方岸·娃莉丝（全妙云）著《布农族口传神话传说》，台湾：台原出版社1998年版，第37页。

W1748.5
流星是星星的粪便

【汤普森】A788.4

实例

（实例待考）

W1748.6
与流星有关的其他母题

实例

（参见下级母题实例）

W1748.6.1
流星可以使女人怀孕

【汤普森】A788.3

【关联】[W2273] 感星孕生人

实例

汉族 （参见W2273.1母题实例）

W1748.6.2
人身上的火变成了流星

实例

维吾尔族 （参见W1748.3a母题实例）

W1748.6.3
流星在99层云端

实例

瑶族 天神把人间的一个懒汉抓到了

天上，把他关在天炉里，用天火烧他，要让他认真悔过。结果这个懒汉把炉盖顶开，逃了出来，他走到哪里，就把火引到哪里，人们撵他赶他，他又跑回天上，没地方待，只好在星星之间窜来窜去，变成了流星。

【流传】（新疆维吾尔自治区）

【出处】姚宝瑄整理，阿不都拉搜集翻译：《流星的来历》，见姚宝瑄主编《中国各民族神话》（乌孜别克族、哈萨克族、柯尔克孜族、俄罗斯族、维吾尔族、塔吉克族、塔塔尔族、锡伯族），太原：山西出版传媒集团·书海出版社2014年版，第230~231页。

瑶族 在九十九层云端一颗流星拖着长长的火尾。

【流传】广西壮族自治区·（河池市）·大化县（大化瑶族自治县）·七百弄乡

【出处】蓝阿勇（72岁）讲，蒙冠雄采录翻译：《密洛陀》（1982），见中国民间文学集成全国编辑委员会编《中国民间故事集成》（广西卷），北京：中国ISBN中心2001年版，第11~22页。

W1748.6.4
流星是陨石神

【关联】[W1866.1] 陨石（雷石）

实 例

傈僳族 天上的"流星"是殒石神（擦那尼）。

【流传】云南省·（怒江傈僳族自治州）·贡山县（贡山独龙族怒族自治县）

【出处】杨毓骧调查整理：《贡山地区的自然神崇拜》（1988），见吕大吉、何耀华总主编《中国各民族原始宗教资料集成》（纳西族卷、羌族卷、独龙族卷、傈僳族卷、怒族卷），北京：中国社会科学出版社2000年版，第725页。

W1748.6.5
流星是凶兆

【关联】[W9236] 坏的征兆（凶兆）

实 例

维吾尔族 流星是在人间干尽了坏事的人变成的，变成流星后仍到处放火，人们都说他是灾祸的象征。直到今天，人一看天上的流星，就认为是不祥之兆。

【流传】（新疆维吾尔自治区）

【出处】姚宝瑄整理，阿不都拉搜集翻译：《流星的来历》，见姚宝瑄主编《中国各民族神话》（乌孜别克族、哈萨克族、柯尔克孜族、俄罗斯族、维吾尔族、塔吉克族、塔塔尔族、锡伯族），太原：山西出版传媒集团·书海出版社2014年版，第231页。

W1748.6.6
流星陨落的原因

实 例

（参见下级母题实例）

W1748.6.6.1
流星因腐败陨落

【实例】

彝族（俚颇） 天神种出的满天星宿亮闪闪，大多数是好的，可是还有流星，有一颗是腐了的，这一颗是要不成的，所以才从天上掉下来。

【流传】云南省·（楚雄彝族自治州）·大姚县·昙华山区（昙华乡）

【出处】

（a）陆颇梭颇（毕摩）演唱，夏光辅、诺海阿苏翻译：《俚泼古歌》，见云南省社会科学院楚雄彝族文化研究所编《彝族民间文学》第2辑，1985年。

（b）陆颇梭颇（毕摩）演唱，夏光辅、诺海阿苏翻译，古梅改写：《赤梅葛——俚泼古歌》，见姚宝瑄主编《中国各民族神话》（羌族、彝族），太原：山西出版传媒集团·书海出版社2014年版，第101页。

W1748.6.6.2
流星从天缝中漏下来

【实例】

汉族 女娲补天后，西北天不是严丝合缝，有时，还有一个半个的星星从补天的冰碴子和五彩石缝里漏下来，就是人们经常看到的贼星。

【流传】（a）吉林·长春市·伊通县（伊通满族自治县）·伊丹镇

【出处】

（a）张久成、瓮圈村讲，施立学采录：《女娲补西北天》（1990），见中国民间文学集成全国编辑委员会编《中国民间故事集成》（吉林卷），北京：中国文联出版公司1992年版，第1页。

（b）同（a），见陶阳、钟秀编《中国神话》（上），北京：商务印书馆2008年版，第398页。

W1749
昴星（七女星）

【实例】

满族 有的姓氏将冬夜最早出现的那丹那拉呼七女星，即昴宿。

【流传】（无考）

【出处】《阿布卡赫赫女神创世》，王松根据富育光、孟慧英、王宏刚撰写的《满族宗教与神话》改写，见姚宝瑄主编《中国各民族神话》（满族、赫哲族、朝鲜族），太原：山西出版传媒集团、书海出版社2014年版，第4~14页。

W1749.1
昴星的产生

【汤普森】A773

【实例】

（参见下级母题实例）

W1749.1.1
天上的6个仙女形成昴星

实例

哈萨克族 六个迷失了方向的水仙的女儿互相形影不离，冬天六个月在天空中，夏天六个月在水中寻找她们的姐姐和妹妹，被人称作昴星团。

【流传】新疆维吾尔自治区·（阿勒泰地区）·福海县

【出处】苏力唐·阿曼讲，黑扎提·阿吾巴克尔采录，杨凌等译：《天仙》，见中国民间文学集成全国编辑委员会编《中国民间故事集成》（新疆卷），北京：中国 ISBN 中心 2008 年版，第 22 页。

W1750
木星（岁星）

实例

汉族 帝问："诸星皆具在否？"曰："诸星具在，独不见岁星十八年，今复见耳。"帝仰天叹曰："东方朔生在朕傍十八年，而不知是岁星哉！"惨然不乐。

【流传】（无考）

【出处】
（a）《旧小说》甲集一《东方朔传》。
（b）《岁星》，见袁珂《中国神话大词典》，北京：华夏出版社 2015 年版，第 129 页。

W1750.1
木星的产生

【汤普森】A782

实例

（实例待考）

W1750.2
木星在东方

【关联】
① [W0251] 东方神
② [W4723] 东方的管理

实例

汉族 何谓五星？东方，木也。

【流传】（无考）

【出处】[汉] 刘安及门客：《淮南子·天文训》。

W1750.3
岁星主东方

实例

汉族 东方，木也，其帝太暤，其佐句芒，执规而治春；其神为岁星，其兽苍龙，其音角，其日甲乙。

【流传】（无考）

【出处】[汉] 刘安及门客：《淮南子·天文训》。

彝族 混沌最早变化产生的索恒哲（原书解释为哲人名字，本书认为是最早产生的天神的名称）造出许多星星。选出八颗星，一颗管东方，称它为木星。

【流传】（贵州省彝族地区）

【出处】《索恒哲》，见王富慧（珠尼阿依）译著，贵州省民族古籍整理办公室编《彝族神话史诗选》，北京：民族出版社2013年版，第18~21页。

W1750a
水星

实例

（参见下级母题实例）

W1750a.1
水星的产生

实例

（实例待考）

W1750a.2
水星有不同名称

实例

哈萨克族 哈萨克人对水星有各种称呼，如"阿尔哈尔"、"玉其阿尔哈尔"、"塔热孜"、"奇迪尔"，意思是"山羊"、"三只山羊"、"天秤"、"绊马索"。

【流传】（新疆维吾尔自治区）

【出处】尼哈迈提·蒙加尼搜集，校仲彝翻译整理《水星》，见姚宝瑄主编《中国各民族神话》（乌孜别克族、哈萨克族、柯尔克孜族、俄罗斯族、维吾尔族、塔吉克族、塔塔尔族、锡伯族），太原：山西出版传媒集团·书海出版社2014年版，第41页。

W1750a.3
管北方的星称为水星

实例

彝族 混沌最早变化产生的索恒哲（原书解释为哲人名字，本书认为是最早产生的天神的名称）造出许多星星。选出八颗星，一颗管东方，称它为木星。一星管南方，称它为火星。一颗管西方，称它为金星。一颗管北方，称它为水星。

【流传】（贵州省彝族地区）

【出处】《索恒哲》，见王富慧（珠尼阿依）译著，贵州省民族古籍整理办公室编《彝族神话史诗选》，北京：民族出版社2013年版，第18~21页。

W1750b
火星

实例

（参见下级母题实例）

W1750b.1
火星的产生

实例

（实例待考）

W1750b.2
火星之精

实例

汉族 火星之精，坠于南海中为大

珠，径尺余，时出海上，光照数百里，红气亘天。

【流传】（无考）

【出处】

（a）[五代·蜀]杜光庭：《录异记》卷七。

（b）《珠崖》，见袁珂《中国神话大词典》，北京：华夏出版社2015年版，第259页。

W1750b.3
管南方星称为火星

实例

彝族　混沌最早变化产生的索恒哲（原书解释为哲人名字，本书认为是最早产生的天神的名称）造出许多星星。选出八颗星，一颗管东方，称它为木星。一星管南方，称它为火星。

【流传】（贵州省彝族地区）

【出处】《索恒哲》，见王富慧（珠尼阿依）译著，贵州省民族古籍整理办公室编《彝族神话史诗选》，北京：民族出版社2013年版，第18～21页。

W1750c
土星

实例

（参见下级母题实例）

W1750c.1
土星主管中央

实例

彝族　混沌最早变化产生的索恒哲（原书解释为哲人名字，本书认为是最早产生的天神的名称）造出许多星星。选出八颗星，两星管一方，东方和西方，南方和北方，东南和西南，东北和西北，都有星主管，都有星照明。还有中央处，主管是土星。

【流传】（贵州省彝族地区）

【出处】《索恒哲》，见王富慧（珠尼阿依）译著，贵州省民族古籍整理办公室编《彝族神话史诗选》，北京：民族出版社2013年版，第18～22页。

W1751
行星的产生

【汤普森】A780

实例

（实例待考）

W1752
其他一些特定星星的产生

【汤普森】A779

实例

（实例待考）

W1752.1
毕星的产生

【汤普森】A775

实例

（实例待考）

W1752.1a
伯乐星

实例

【汉族】伯乐，天星名，主典天马。

【流传】（无考）

【出处】［战国］庄周《庄子·马蹄》陆德明释文引《石氏星经》。

【汉族】传舍南河中五星曰造父，或曰伯乐。

【流传】（无考）

【出处】［唐］房玄龄：《晋书·天文志》。

W1752.2
大熊星座的产生

【汤普森】A771

实例

（参见下级母题实例）

W1752.2.1
特定人物变成大熊星座

实例

（参见下级母题实例）

W1752.2.1.1
忏悔的7个盗贼变成大熊星座

实例

【哈萨克族】胡大接受了七个盗贼的忏悔，把他们送到天上，变成了大熊星座。

【流传】（无考）

【出处】比达克买提·木海讲，安蕾、毕祎翻译：《七个盗贼和北斗星》，见满都呼主编《中国阿尔泰语系诸民族神话故事》，北京：民族出版社1997年版，第63页。

W1752.2.1.2
天仙的七个差役变成大熊星座

实例

【哈萨克族】围在"北极星"周围的名叫"大熊星座"的星团就是天仙的七个差役。

【流传】新疆维吾尔自治区·（阿勒泰地区）·福海县

【出处】苏力唐·阿曼讲，黑扎提·阿吾巴克尔采录，杨凌等译：《天仙》，见中国民间文学集成全国编辑委员会编《中国民间故事集成》（新疆卷），北京：中国ISBN中心2008年版，第21~22页。

W1752.2.2
天枢

实例

（参见下级母题实例）

W1752.2.2.1
日月山是天枢

【关联】［W1852.6.112］日月山

实例

【汉族】大荒之中，有山名日月山，天枢也。

1.5.2 特定星星的产生

【流传】（无考）

【出处】

（a）《山海经·大荒西经》。

（b）《天门》，见袁珂《中国神话大词典》，北京：华夏出版社 2015 年版，第 52 页。

汉族 大荒之中，有山名曰日月山，天枢也。

【流传】（无考）

【出处】

（a）《山海经·大荒西经》。

（b）《日月山》，见袁珂《中国神话大词典》，北京：华夏出版社 2015 年版，第 63 页。

汉族 大荒之中，有山，名曰日月山，天枢也。

【流传】（无考）

【出处】

（a）《山海经·大荒西经》。

（b）《绝地天通》，见袁珂《中国神话大词典》，北京：华夏出版社 2015 年版，第 254 页。

W1752.2a

灯草星

实例

汉族 仰望银河两侧，会发现两颗一明一暗的小星，那明的略带红光的叫灯草星，那暗的叫磨子星。

【流传】江苏省·（淮安市）·淮安县（淮安区）

【出处】李正杨讲，王习耕记录：《磨子星和灯草星》（1986.09），见姚宝瑄主编《中国各民族神话》（汉族），太原：山西出版传媒集团·书海出版社 2014 年版，第 293~295 页。

W1752.2a.1

特定的人变成灯草星

实例

汉族 同父异母两兄弟升上了天。哥哥变成了天上的"石头星"，弟弟变成了天上的"灯草星"。

【流传】江苏省·盐城市一带

【出处】黄林讲，李金祥记录：《石头星和灯草星》（1987.05.11），见姚宝瑄主编《中国各民族神话》（汉族），太原：山西出版传媒集团·书海出版社 2014 年版，第 292~293 页。

W1752.2a.1.1

银河中挑灯草的人变成灯草星

实例

汉族 在银河中挑灯草的人，成为灯草星。

【流传】江苏省·泰州市

【出处】翟吉稳搜集整理：《石头星和灯草星》，载《民间文学》1986 年第 1 期。

W1752.2a.2

灯草星为什么红色

实例

（参见下级母题实例）

W1752.2a.2.1

灯草星红色是因为急红了眼睛

【实例】

【汉族】同父异母两兄弟升上了天。弟弟变成了天上的"灯草星"。灯草星闪着红光，是弟弟顶着狂风挑不过去而急红的眼睛。

【流传】江苏省·盐城市一带

【出处】黄林讲，李金祥记录：《石头星和灯草星》（1987.05.11），见姚宝瑄主编《中国各民族神话》（汉族），太原：山西出版传媒集团·书海出版社2014年版，第292~293页。

W1752.2b

犁把星

【关联】[W1734.14.1]北斗星是天上的木犁

【实例】

（参见下级母题实例）

W1752.2b.1

犁把飞上天变成犁把星

【实例】

【拉祜族】老人把一碗稀饭碰落在犁地上，犁把上，鸡窝里，化成犁底星，犁把星和鸡窝星。

【流传】（无考）

【出处】(a)《造天造地》，见云南省民族事务委员会编《拉祜族文化大观》，昆明：云南民族出版社1999年版，云南民族1999，第173页。

【拉祜族】一个老人不注意就把一碗煮熟的稀饭碰掉了，稀饭浇到犁把上，犁把也像箭一样飞上了天，天上又升起了犁把星。

【流传】云南省·（普洱市）·镇沅县（镇沅彝族哈尼族拉祜族自治县）

【出处】范清莲讲，自力采录：《天地日月的来历》，见中国民间文学集成全国编辑委员会编《中国民间故事集成》（云南卷），北京：中国ISBN中心2003年版，第47页。

W1752.2c

犁底星

【实例】

（参见下级母题实例）

W1752.2c.1

犁底飞上天变成犁底星

【实例】

【拉祜族】一个老人不注意把一碗煮熟的稀饭浇到靠在门后的犁底上，犁底飞上了天成了犁底星。

【流传】云南省·（普洱市）·镇源县（镇沅彝族哈尼族拉祜族自治县）

【出处】范清莲讲，自力采录：《天地日月的来历》，见中国民间文学集成全国编辑委员会编《中国民间故事集成》（云南卷），北京：中国ISBN中心 2003 年版，第 47 页。

W1752.2d
磨子星

实例

（参见下级母题实例）

W1752.2d.1
磨子星颜色暗淡

实例

汉族 仰望银河两侧，会发现两颗一明一暗的小星，其中，那颗暗的叫磨子星。

【流传】江苏省·（淮安市）·淮安县（淮安区）

【出处】李正杨讲，王习耕记录：《磨子星和灯草星》（1986.09），见姚宝瑄主编《中国各民族神话》（汉族），太原：山西出版传媒集团·书海出版社 2014 年版，第 293～295 页。

W1752.2e
石头星

实例

（参见下级母题实例）

W1752.2e.1
特定的人变成石头星

实例

汉族 同父异母两兄弟升上了天。哥哥变成了天上的"石头星"。

【流传】江苏省·盐城市一带

【出处】黄林讲，李金祥记录：《石头星和灯草星》（1987.05.11），见姚宝瑄主编《中国各民族神话》（汉族），太原：山西出版传媒集团·书海出版社 2014 年版，第 292～293 页。

W1752.2e.1.1
挑着石头的人变成石头星

实例

汉族 在银河边上，挑着一担石头的人成为石头星，闪着很强的亮光。

【流传】江苏省·泰州市

【出处】翟吉稳搜集整理：《石头星和灯草星》，载《民间文学》1986 年第 1 期。

W1752.2f
箕星

实例

（参见下级母题实例）

W1752.2f.1
箕星是风师

实例

汉族 风师者，箕星也。箕主簸，能致风气。

【流传】（无考）

【出处】［东汉］应劭：《风俗通义·祀典》。

W1752.2f.2
箕星在东方

实例

箕星即二十八宿中东方苍龙星宿之斗宿。

【流传】（无考）

【出处】《风神》，见乌丙安主编《中国民间神谱》，沈阳：辽宁人民出版社2007年版，第13页。

W1752.3
天琴星的产生

【汤普森】A776

实例

（实例待考）

W1752.4
天蝎星的产生

【汤普森】A777

实例

（实例待考）

W1752.4a
天车星

实例

汉族　天上星星数不清，当中有个天车星。

【流传】江苏省·（苏州市）·吴江县·同里镇

【出处】金恩官讲，徐文初记录整理：《天车星》（1987.09.07），见姚宝瑄主编《中国各民族神话》（汉族），太原：山西出版传媒集团·书海出版社2014年版，第296~297页。

W1752.4a.1
妯娌俩在天河上变成天车星

实例

汉族　伯姆（妯娌）两个在天河上变成了天车星。

【流传】江苏省·（苏州市）·吴江县·同里镇

【出处】金恩官讲，徐文初记录整理：《天车星》（1987.09.07），见姚宝瑄主编《中国各民族神话》（汉族），太原：山西出版传媒集团·书海出版社2014年版，第296~297页。

W1752.4b
天池（天池星、天渊）

【关联】

① ［W1794.0］天池
② ［W1852.6.130］天池（天池山）
③ ［W1950.7］地上的天池

实例

汉族　天渊星，一曰天池，在鳖黑东南九坎间，主灌溉沟渠。

【流传】（无考）

【出处】

（a）《宋史·天文志》。

（b）《天池》，见袁珂《中国神话大词典》，北京：华夏出版社2015年版，

W1752.4c
天狼星

实例

汉族 举长矢兮射天狼（即天狼星）。

【流传】（无考）

【出处】

（a）［战国］屈原：《楚辞·九歌·东君》。

（b）《天狼》，见袁珂《中国神话大词典》，北京：华夏出版社 2015 年版，第 56 页。

W1752.4c.1
天狼星在参星东

【关联】［W1736b］参星

实例

汉族 参东有大星曰狼（天狼星）。

【流传】（无考）

【出处】

（a）《史记·天官书》。

（b）《天狼》，见袁珂《中国神话大词典》，北京：华夏出版社 2015 年版，第 56 页。

W1752.4c.2
天狼星主侵掠

实例

汉族 狼一星（天狼星）在东井东南；狼为野将，主侵掠。

【流传】（无考）

【出处】

（a）《晋书·天文志》。

（b）《天狼》，见袁珂《中国神话大词典》，北京：华夏出版社 2015 年版，第 56 页。

W1752.4d
天牛星

实例

（参见下级母题实例）

W1752.4d.1
天牛星做红娘

实例

汉族 天牛星是个热心肠，就想方设法给牵牛星和织女星找见面的机会。

【流传】四川省·巴县（今重庆市·巴南区）·鱼洞镇

【出处】张文奎讲，李子硕记录整理：《天河的来历》（1988.04），见姚宝瑄主编《中国各民族神话》（汉族），太原：山西出版传媒集团·书海出版社 2014 年版，第 77~81 页。

W1752.4e
天王星

实例

汉族 （实例待考）

W1752.5

七姊妹星的产生

【关联】［W1749］昴星（七女星）

实例

藏族 天上的七姊妹星是7个女孩。

【流传】四川省

【出处】刘尚乐整理：《北斗七兄弟星》，见 BBS 水木清华站：http://www.smth.edu.cn，2006.07.20。

W1752.5.1

玉帝把7个到天上的姊妹化为七姊妹星

【关联】［W1719.4.1］上天的7姐妹被玉帝吹仙气后化为七星

实例

苗族 苗家七姊妹顺着马桑树到天庭后，凡人接踵而至，使天国遭殃，玉帝乃拘来七女，吹以仙气，化之为七星，令不得下，以免漏泄消息。此即今七姊妹星。

【流传】（无考）

【出处】《马桑树》，原载谢馨藻等搜集整理《苗族民间故事》，见袁珂《中国神话大词典》，北京：华夏出版社2015年版，第416页。

W1752.5.2

七姐妹星是1个老妇和6个女儿

实例

珞巴族 被罗刹鬼抓住的一个老妇和她的六个女儿逃脱罗刹鬼的关押，飞上了天空，在那里定居下来。她们就是今天人们所说的"嘎玛明珠"——七姐妹星，最亮的那颗就是老母亲——启明星。

【流传】西藏自治区·林芝市·墨脱县·达木珞巴民族乡、格当乡、旁辛乡（讲述地点：墨脱县·达木珞巴民族乡·达木村）

【出处】顿加、米米洛桑讲：《七姐妹星的来历》（1968.07），见冀文正《珞巴族民间故事》，成都：四川民族出版社2011年版，第77页。

W1752.5.3

七星姊妹是月亮的妹妹

实例

瑶族 月亮妹妹有七星姊妹。

【流传】（无考）

【出处】《日月成婚》，原载谷德明编《中国少数民族神话选》，见袁珂《中国神话大词典》，北京：华夏出版社2015年版，第469页。

W1752.5a

儿女星

实例

（参见下级母题实例）

W1752.5a.1

牵牛星两边两个小星是儿女星

【关联】［W1752.11.2］牵牛星

【实例】

汉族 天河的东南岸上，有一个漂亮的星叫牵牛星。牵牛星两边有两个不太亮的小星，叫儿女星。

【流传】河南省·（南阳市）·桐柏县

【出处】黄发美、黄正明讲，薛远增整理：《牵牛星和织女星》，见姚宝瑄主编《中国各民族神话》（汉族），太原：山西出版传媒集团·书海出版社2014年版，第312~315页。

汉族 牵牛星两边有两个不太亮的小星，叫儿女星。

【流传】河南省·（南阳市）·桐柏县

【出处】黄发美讲，黄正明记录，薛远增整理：《牵牛星和织女星》，原载马卉欣主编《中国民间故事集成》（河南桐柏县卷第一分册），见陶阳、钟秀编《中国神话》（上），北京：商务印书馆2008年版，第232~235页。

W1752.6
五大行星的产生（五星）

【实例】

（参见下级母题实例）

W1752.6.1
金、木、水、火、土五大行星是五兄弟

【实例】

汉族 天上出现的金、木、水、火、土五大行星，是闹天宫的五兄弟。

【流传】江西省·（吉安市）·万安县·柏岩乡·黄竹村

【出处】许文才讲，许经北采录：《金木水火土星的来历》，见中国民间文学集成全国编辑委员会编《中国民间故事集成》（江西卷），北京：中国ISBN中心2002年版，第5页。

汉族 何谓五星？东方，木也；南方，火也；中央，土也；西方，金也；北方，水也。

【流传】（无考）

【出处】[汉]刘安及门客：《淮南子·天文训》。

W1752.6.2
五星

【实例】

（参见下级母题实例）

W1752.6.2.1
西斗五星

【实例】

满族 阿布凯恩都哩（天神名）委派了东斗四星、西斗五星、南斗六星、北斗七星四个方位的星主。

【流传】黑龙江省·（牡丹江市）·宁古塔（宁安县）；吉林省·长白山地区（长白山一带）

【出处】

(a) 傅英仁讲述，张爱云记录整理：《天宫神魔大战》，见傅英仁讲述，张爱云记录整理《满族萨满神话》，哈尔滨：黑龙江人民出版社 2006 年版。
(b) 同（a），见陶阳、钟秀编《中国神话》（上），北京：商务印书馆 2008 年版，第 155~180 页。

W1752.6a
六星
【关联】[W1735.8] 天上七星变成六星
实例
（参见下级母题实例）

W1752.6a.1
北方天空的六颗明亮的星星是六个仙女
【关联】[W1734.8.2] 七仙女变成北斗七星
实例
彝族 北方夜晚天空六星，即六仙女。
【流传】（无考）
【出处】《无娘星》，原载毛星主编《中国少数民族文学》（下册），见袁珂《中国神话大词典》，北京：华夏出版社 2015 年版，第 429 页。

彝族 晴朗的夜晚，北方的天空中，有六颗明亮的星星，就是天上的六个仙女。
【流传】云南省·楚雄（楚雄彝族自治州）
【出处】李光富、李学忠讲，唐楚臣、甘振林搜集整理：《北斗七星》，载《山茶》1980 年第 1 期。

彝族 每当晴朗的夜晚，人们抬头就可以看见北方的天空中有六颗明亮的星星，那就是天上的六个仙女。
【流传】云南省·楚雄彝族自治州
【出处】李光富、李学忠讲，唐楚臣、甘振林记录整理：《北斗七星》，见姚宝瑄主编《中国各民族神话》（羌族、彝族），太原：山西出版传媒集团·书海出版社 2014 年版，第 259 页。

W1752.7
三星
实例
（参见下级母题实例）

W1752.7.1
一家 3 口变成三星
【关联】[W1719.6.2] 三个人变成三颗星
实例
苗族 每当天快黑的时候，有一颗出来最早的星星，苗家叫它做通桑；到了半夜在群星丛中，有一颗最明亮的星星叫通桑妈；当公鸡报晓、群星隐退时，又有一颗高挂天空的星星叫做桑扎。这三颗星星，传说原来是一家人。
【流传】贵州省·（黔东南苗族侗族自治州）·台江县
【出处】吴住九讲，金凤记录整理：《三颗星星》，见姚宝瑄主编《中国各民族神话》（布依族、仡佬族、苗族），太原：山西出版传媒集团·书海出版社 2014 年版，第 276 页。

W1752.7.2
三胎星

实例

（参见下级母题实例）

W1752.7.2.1
守护太阳的 3 兄弟变成三胎星

实例

朝鲜族 银河边上出现的三颗闪闪发亮的星是三兄弟禀照母亲到天上保卫太阳，人们就给他们起名叫三胎星。

【流传】吉林省·（延边朝鲜族自治州）·延吉（延吉市）

【出处】朴正姬讲，金明汉整理，何鸣雁翻译：《三胎星》，见中华民族故事大系编委会编《中华民族故事大系》第 4 卷（朝鲜族、满族、侗族），上海：上海文艺出版社 1995 年版，第 19 页。

朝鲜族 孪生三兄弟按照母亲的嘱咐，为保卫太阳在银河边上巡逻。人们就给他们起名叫三胎星。

【流传】吉林省·（延边朝鲜族自治州）·延吉县（延吉市）

【出处】

（a）朴正姬讲，何鸣雁翻译，金明汉整理：《三胎星》（1962），见《朝鲜民间故事集》，北京：中国民间文艺出版社 1984 年版。

（b）同（a）见姚宝瑄主编：《中国各民族神话》（满族、赫哲族、朝鲜族），太原：山西出版传媒集团·书海出版社 2014 年版，第 181～187 页。

汉族 为防恶龙再来，三兄弟一年到头守在太阳边。一年又一年，三兄弟就变成三胎星。

【流传】浙江省·（宁波市）·宁海县

【出处】胡能青讲，胡文态整理：《三胎星》（1985），见姚宝瑄主编《中国各民族神话》（汉族），太原：山西出版传媒集团·书海出版社 2014 年版，第 304 页。

汉族 三胞胎兄弟射走摘太阳的恶龙后，把太阳放在原来的地方，担心恶龙再来，三兄弟就变成了三胎星。

【流传】浙江省·宁波市·宁海县·桥头胡（桥头胡街道）

【出处】胡能青讲，胡文态记录：《三胎星》（1985），见罗杨总主编，戴余金本卷主编《中国民间故事丛书·浙江宁波·宁海卷》，北京：知识产权出版社 2015 年版，第 7 页。

W1752.7a
商星

【关联】［W1719.6.4］高辛王的两个儿子变成参商二星

实例

（参见下级母题实例）

W1752.7a.1
特定的人物变成商星

实例

（参见下级母题实例）

W1752.7a.1.1
高辛的小儿子变成商星

【关联】

① ［W0768.1.3］高辛王的3个女儿

② ［W1719.6.4］高辛王的两个儿子变成参商二星

实例

汉族 高辛氏养了两个儿子阏伯和实沉经常打斗。高辛氏怕两个儿子闯出大祸，就把小儿子实沉送到西方，要他在那里做"商"星，就是我们平时讲的"黄昏晓"。

【流传】浙江省·（温州市）·永嘉县·瓯北各地

【出处】金学益讲，金崇柳记录整理：《参商二星》（1985.05），见姚宝瑄主编《中国各民族神话》（汉族），太原：山西出版传媒集团·书海出版社2014年版，第305页。

W1752.8
犁底星的产生

实例

拉祜族

（参见 W1752.2b.1 母题实例）

W1752.9
鸡窝星的产生

实例

（参见下级母题实例）

W1752.9.1
鸡窝在天上变成鸡窝星

实例

拉祜族 一个老人不注意就把一碗煮熟的稀饭碰掉了，稀饭浇到了磨后的鸡窝箩里，鸡窝也像犁底、犁把一样飞上了天，鸡窝就在天上变成了鸡窝星。

【流传】云南省·（普洱市）·镇沅县（镇沅彝族哈尼族拉祜族自治县）

【出处】范清莲讲，自力采录：《天地日月的来历》，见中国民间文学集成全国编辑委员会编《中国民间故事集成》（云南卷），北京：中国ISBN中心2003年版，第47页。

傈僳族 母鸡带着七只小鸡，飞上天空，成了"亚让亚妈尼"（即鸡窝星）。

【流传】（无考）

【出处】《鸡窝星的传说》，见中国各民族宗教与神话大词典编审委员会编《中国各民族宗教与神话大词典》，北京：学苑出版社1990年版，第386页。

傈僳族 古有孤儿，生活艰苦，家唯养

一母鸡及七小鸡。众小鸡赶来，俱随母鸡飞上天。仰望天空，见有新星大小凡七，紧聚一处，忆母鸡之厚德，乃无限感慨而言曰："彼即使吾辈享幸福之'亚让亚妈尼'（鸡窝星）也。"

【流传】（云南省·怒江州）

【出处】袁珂改编：《鸡窝星》（原名《鸡窝星的传说》），原载怒江州傈僳族民间故事编辑组编《傈僳族民间故事》，见袁珂《中国神话大词典》，北京：华夏出版社2015年版，第514页。

W1752.10
金牛星座

实 例

满族 金牛星座叫布星女神。

【流传】（无考）

【出处】《阿布卡赫赫女神创世》，王松根据富育光、孟慧英、王宏刚撰写的《满族宗教与神话》改写，见姚宝瑄主编《中国各民族神话》（满族、赫哲族、朝鲜族），太原：山西出版传媒集团、书海出版社2014年版，第4～14页。

W1752.10.1
金牛星被贬人间

实 例

畲族 玉皇大帝派金牛星下凡，带很多草籽，教人撒草籽，种肥田草时，因为金牛星很懒，遍地乱撒，结果漫山遍野都是杂草，没生一粒粮。玉皇大帝一鞭打向金牛星，把它贬到凡间替人耕田。

【流传】福建省·（宁德市）·福鼎（福鼎市）

【出处】钟梅娟讲，蓝俊德采录：《金蚕姑娘与金牛星》，原载《中国民间故事集成·福建卷·闽东畲族故事》，宁德地区民间文学集成编委会1990年编印，见《福建省少数民族古籍丛书》编委会编《畲族卷·民间故事》，福州：海峡出版发行集团·海峡书局2013年版，第33页。

W1752.11
牛郎星和织女星

【关联】［W1705.3］牛郎神造星星

实 例

（参见下级母题实例）

W1752.11.1
牛郎织女变成牛郎星和织女星

【关联】
① ［W0766.3.1］牛郎织女
② ［W1725.20.5］牛郎掷掉的饭碗变成星星

实 例

汉族 天河两岸，有牛郎星和织女星，那就是牛郎和织女变的。

【流传】湖北省·丹江口市

【出处】冯明文讲：《牛郎星和织女星》，见姚宝瑄主编《中国各民族神话》（汉族），太原：山西出版传媒集团·书海出版社2014年版，第309~311页。

W1752.11.2
牵牛星

【关联】［W1752.5a.1］牵牛星两边两个小星是儿女星

实　例

汉族　何彭谓之牵牛。

【流传】（无考）

【出处】《尔雅·释天》。

W1752.11.2.1
牵牛星是牛郎给织女的礼物

实　例

汉族　天上的牵牛星、织女星、牛梭头星和榴子星，就是牛郎追赶织女时互相赠的物变成的。

【流传】河南省·（南阳市）·桐柏县

【出处】黄发美讲，黄正明记录，薛远增整理：《牵牛星和织女星》，原载马卉欣主编：《中国民间故事集成》（河南桐柏县卷第一分册），见陶阳、钟秀编《中国神话》（上），北京：商务印书馆2008年版，第232~235页。

W1752.11.2.2
牵牛星在天河东南岸

实　例

汉族　天河的东南岸上，有一个漂亮的星叫牵牛星。

【流传】河南省·（南阳市）·桐柏县

【出处】黄发美讲，黄正明记录，薛远增整理：《牵牛星和织女星》，原载马卉欣主编：《中国民间故事集成》（河南桐柏县卷第一分册），见陶阳、钟秀编《中国神话》（上），北京：商务印书馆2008年版，第232~235页。

W1752.11.2.3
牵牛星又称河鼓

实　例

汉族　牵牛星，荆州呼为河鼓，主关梁。

【流传】（无考）

【出处】［北宋］李昉、李穆、徐铉等：《太平御览》卷三一引《日纬书》。

W1752.11.3
织女星（天孙）

【关联】［W1851.1.7.1］泰山又称天孙

实　例

汉族　维天有汉，鉴亦有光。跂彼织女，终日七襄。虽则七襄，不成报章。睆彼牵牛，不以服箱。

【流传】（无考）

【出处】《诗·小雅·大东》。

汉族　而予愿乞天孙巧，五色纫针补衮衣。

【流传】（无考）

【出处】

(a)［唐］唐彦谦：《七夕》。

(b)《天孙》，见袁珂《中国神话大词

典》，北京：华夏出版社 2015 年版，第 54 页。

W1752.11.3.1
织女星是天河西北岸最亮的星

实 例

汉族 天河西北岸，有一颗最亮的星叫织女星。

【流传】河南省·(南阳市)·桐柏县

【出处】黄发美讲，黄正明记录，薛远增整理：《牵牛星和织女星》，原载马卉欣主编：《中国民间故事集成》(河南桐柏县卷第一分册)，见陶阳、钟秀编《中国神话》（上），北京：商务印书馆 2008 年版，第 232~235 页。

W1752.11.3.2
织女星天帝之孙

实 例

汉族 织女，天帝孙也。

【流传】（无考）

【出处】
(a)《汉书·天文志》。
(b)《天孙》，见袁珂《中国神话大词典》，北京：华夏出版社 2015 年版，第 54 页。

W1752.11.3.3
织女星由 3 颗星组成

实 例

汉族 织女，又称"天孙"，由三颗星组成，在银河西，与河东的牛郎星遥遥相对。

【流传】（无考）

【出处】《织女》，见乌丙安主编《中国民间神谱》，沈阳：辽宁人民出版社 2007 年版，第 7 页。

W1752.11.3.4
织女星主瓜果

实 例

汉族 牵牛星，荆州呼为河鼓，主关梁；织女星主瓜果。尝见道书云，牵牛娶织女，取天帝钱二万备礼，久而不还，被驱在营室是也。

【流传】（无考）

【出处】[北宋] 李昉、李穆、徐铉等：《太平御览》卷三一引《日纬书》。

W1752.11a
芍药花星

实 例

满族 者固鲁女神（天上的刺猬神）为了救阿布卡赫赫，化为一朵洁白、芳香的芍药花星星。

【流传】（无考）

【出处】罗绮：《满族神话的民族特点》，载《满族研究》1993 年第 1 期。

W1752.11b
太一星

实 例

汉族 太一星在天一南半度，天帝

神，主十六神。

【流传】（无考）

【出处】［战国］甘德、石申：《甘石星经》。

W1752.12
文星（文昌星、文曲星）

实例

汉族　如今痴心就想中起老爷来，这些中老爷的都是天上的"文曲星"。

【流传】（无考）

【出处】

(a)［清］吴敬梓：《儒林外史》第三回。

(b)《文星》，见袁珂《中国神话大词典》，北京：华夏出版社2015年版，第81页。

W1752.12.1
文星主文运

【关联】［W1739.1］魁星主文章

实例

汉族　文星是主文运之星宿。

【流传】（无考）

【出处】《文星》，见袁珂《中国神话大词典》，北京：华夏出版社2015年版，第79页。

汉族　初，日官奏文昌星暗，科场当有事，又称文曲星。

【流传】（无考）

【出处】

(a)［唐］裴庭裕：《东观奏记》。

(b)《文星》，见袁珂《中国神话大词典》，北京：华夏出版社2015年版，第81页。

W1752.12.2
文昌六星

实例

汉族　文昌六星，在北斗魁前，天之六府也。

【流传】（无考）

【出处】［唐］房玄龄等：《晋书·天文志》。

汉族　文昌六星在北斗魁前，一曰上将，二曰次将，三曰贵相，四曰司禄，五曰司命，六曰司寇。

【流传】（无考）

【出处】［唐］房玄龄：《晋书·天文志》。

W1752.13
咸池星

实例

汉族　"西宫，咸池。"咸池三星，在五车中，天潢南，鱼鸟之所托也。

【流传】（无考）

【出处】

(a)《史记·天官书》张守节正义。

(b)《咸池》，见袁珂《中国神话大词典》，北京：华夏出版社2015年版，第222页。

W1752.13.1
咸池星是天池星

【关联】［W1752.4b］天池（天池星、天渊）

实例

汉族　"与女沐兮咸池。"咸池，星名，盖天池也。

【流传】（无考）

【出处】

（a）《楚辞·九歌·少司命》王逸注。

（b）《咸池》，见袁珂《中国神话大词典》，北京：华夏出版社2015年版，第222页。

W1752.14
曜星

实例

汉族　（实例待考）

W1752.14.1
狗变成曜星

实例

藏族　到天上斗杀太阳时，剩下一条功绩很大的狗，变成了天上那颗最亮的曜星。

【流传】（西藏自治区）

【出处】

（a）旺秋搜集：《僜人创世神话》，根据中国社科院民族研究所编《僜人社会历史调查》，云南人民出版社1990年版，西藏民间文艺研究会主办《邦锦梅朵》1984年第8期中的《僜人创世神话》整理。

（b）同（a），见姚宝瑄主编《中国各民族神话》（门巴族、珞巴族、怒族、藏族），太原：山西出版传媒集团·书海出版社2014年版，第90页。

W1752.14.2
七曜

实例

汉族　（实例待考）

W1752.14a
造父星

实例

汉族　传舍南河中五星，曰造父，御官也，一曰司马，或曰伯乐。

【流传】（无考）

【出处】［唐］房玄龄：《晋书·天文志》。

W1752.15
镇星

实例

（参见下级母题实例）

W1752.15.1
镇星居中央

实例

汉族　何谓五星？即东、南、中、

西、北五个方位之星。其中，中央，土也，其帝黄帝，其佐后土，执绳而制四方；其神为镇星，其兽黄龙，其音宫，其日戊己。

【流传】（无考）

【出处】［汉］刘安及门客：《淮南子·天文训》。

1.5.3　星星的特征
【W1755～W1769】

W1755
星星的性别

实例

（参见下级母题实例）

W1755.1
星星有男女

【关联】［W1530］万物的性别

实例

藏族　天上的北斗星是七个男孩，七姊妹星是七个女孩。

【流传】四川省

【出处】《北斗星和七姊妹星》，见中国各民族宗教与神话大词典编审委员会编《中国各民族宗教与神话大词典》，北京：学苑出版社1990年版，第749页。

壮族　星星有大有小，也有男女。

【流传】广西壮族自治区·南宁（南宁市）

【出处】少连供稿：《古时候的天》，见张声震总主编，农冠品编注《壮族神话集成》，南宁：广西民族出版社2007年版，第181页。

W1755.1.1
天神将星星分为公星和母星

实例

彝族　宇宙最早产生的索恒哲（原书解释为哲人名字，本书认为是最早产生的天神的名称）造出星星和月亮后，共同来商议，将星分公母，公母为一对，使它成婚配。

【流传】（贵州省彝族地区）

【出处】《索恒哲》，见王富慧（珠尼阿依）译著，贵州省民族古籍整理办公室编《彝族神话史诗选》，北京：民族出版社2013年版，第18～24页。

W1755.2
星星是男性

【关联】［W1734.7］7个男孩变成北斗星

实例

（实例待考）

W1755.3
星星是女性

实例

藏族　（实例待考）

W1755.3.1
星星是天上的姑娘

实例

独龙族 天上的星星是一个姑娘到人间的泉边洗衣、打扮。

【流传】云南省·（怒江傈僳族自治州）·贡山县（贡山独龙族怒族自治县）·独龙江乡

【出处】巴国强采录：《星星姑娘》，见中国民间文学集成全国编辑委员会编《中国民间故事集成》（云南卷），北京：中国ISBN中心2003年版，第138页。

W1756
星星的数量

实例

（参见下级母题实例）

W1756.1
星星的数量众多

实例

（参见下级母题实例）

W1756.1.1
星星数量数不清

实例

汉族 天上有数不尽的星点。

【流传】河南省桐柏山一带

【出处】马卉欣、梁燕搜集，马卉欣整理：《盘古山》，原载中国民间文艺研究会河南分会编《河南民间故事集》，见姚宝瑄主编《中国各民族神话》（汉族），太原：山西出版传媒集团·书海出版社2014年版，第95~100页。

W1756.1.2
星星有千万颗

实例

汉族 盘古的两只眼睛溅出的无数泪珠儿，就变为千万颗星辰。

【流传】浙江省·（丽水市·莲都区·万象街道）·刘祠堂背

【出处】孙华仙讲，唐宗龙搜集整理：《盘古造化天地》（1963），见姚宝瑄主编《中国各民族神话》（汉族），太原：山西出版传媒集团·书海出版社2014年版，第9~10页。

W1756.1.3
28颗星

实例

彝族 二十七星星，再加上宏博（月亮），形成二十八颗星。它们在天空各处，在大地各方，在大地各处，各自管一处，各自有方位。

【流传】（贵州省彝族地区）

【出处】《索恒哲》，见王富慧（珠尼阿依）译著，贵州省民族古籍整理办公室编《彝族神话史诗选》，北京：民族出版社2013年版，第20页。

W1756.2
星星为什么数量多

实例

（参见下级母题实例）

W1756.2.1
星星多是因为月亮经常生星星

【关联】［W1712］月亮生星星

实例

壮族 天上有很多的星星，是因为月亮每个月有十多天生孩子（星星）。

【流传】广西壮族自治区

【出处】罗苏英、韦建真等讲，游华显记录，依易天整理：《太阳、月亮和星星》，载《山茶》1982年第5期。

W1756.2.2
星星多是撒了很多汗珠的缘故

【关联】［W1725.12］汗珠变成星星

实例

畲族 勇团（英雄名）和妮囡（凤凰山神的女儿）在天上整日长夜地拨散了乌云，撒下许多汗珠，变成很多星星。所以天上的星星多得密密麻麻。

【流传】浙江省

【出处】

（a）王国全搜集整理：《天眼重开》，见谷德明编《中国少数民族神话》，北京：中国民间文艺出版社1987年版，第209~224页。

（b）同（a），见姚宝瑄主编《中国各民族神话》（高山族、黎族、畲族），太原：山西出版传媒集团·书海出版社2014年版，第127页。

W1756.3
最早只有1对星星

实例

布朗族 星星最初只有一对，后来才增多的。

【流传】云南省

【出处】朱嘉禄整理：《顾米亚》，原载《中国民间故事选》第2集，见陶阳、钟秀编《中国神话》（上），北京：商务印书馆2008年版，第38~44页。

布朗族 星星最初只有一对，后来才增多的。

【流传】云南省·（红河哈尼族彝族自治州）·金平县（金平苗族瑶族傣族自治县）

【出处】朱嘉禄整理：《顾米亚》注释，原载《中国民间故事选》第2集，人民文学出版社1962年版，见姚宝瑄主编《中国各民族神话》（水族、布朗族、独龙族、基诺族、傈僳族），太原：山西出版传媒集团·书海出版社2014年版，第91页。

W1756.4
最早只有楼星和女星

实例

仫佬族 张龙王治天、李龙王治地的时

候，地上没有人烟，天上的两个星宿楼星和女星。

【流传】（无考）

【出处】陈宝和、唐文新讲，陈宝和、唐文新记录：《十兄弟》，原载《民间文学资料》第49集，见姚宝瑄主编《中国各民族神话》（仫佬族、壮族、京族），太原：山西出版传媒集团·书海出版社2014年版，第33页。

✳ W1757
星星是某种特殊的东西[①]

实 例

（参见下级母题实例）

W1758
星星是天上的人或动物的眼睛

【汤普森】A761.5

实 例

（参见下级母题实例）

W1758.1
星星是天上的姑娘

实 例

独龙族

（参见 W1755.3.1 母题实例）

W1758.2
神巨人用犀牛的眼做星星

【关联】［W1545.4.2］牛的眼睛变成日月

实 例

布朗族

（参见 W1707.6.1 母题实例）

W1759
星星是天上戳出的洞眼

【关联】［W1725.18.1］盘古兄妹补天的针眼变成星星

实 例

汉族 天河上密密麻麻的星点儿，是盘古兄妹补天的痕迹。凡是补过的地方，一个针眼儿，就是个星点儿。

【流传】河南省·（南阳市）·桐柏（桐柏县）

【出处】姚义雨讲，马卉欣搜集整理：《盘古开天》，见中华民族故事大系编委会编《中华民族故事大系》第1卷（汉族、蒙古族、回族），上海：上海文艺出版社1995年版，第6~7页。

汉族 扁古王请来铁竹杆，叫他把盘古王开的天戳烂，戳出的很多洞洞眼眼，形成天上的星星。

【流传】四川省·（宜宾市）·屏山县·屏边乡（屏边镇）·麻柳村

【出处】徐云华讲，徐登奎采录：《盘古开天地》，见中国民间文学集成全国编辑委员会编《中国民间故事集成》（四川卷·上），北京：中国 ISBN 中

[①] 星星是某种特殊的东西，这类母题有时与"星星是变化产生的"母题中的一些特定物质变化为星星的情形有所杂糅，但仍可以做出细微区别。具体情况可对照《中国神话母题W1编目实例》。

心 1998 年版，第 23 页。

W1759.1
星星是筛子眼里看到的天

实例

苗族 连地告莱（制造万物的女郎）害怕以后天顶掉下来，就编了一个大浪筛，用筛底顶在天顶上，从筛孔里还可以看得到天顶是亮晶晶的，就是星星。

【流传】云南省·（昭通市）·彝良县

【出处】王建英讲，杨忠伦采录者：《造天造地》，见中国民间文学集成全国编辑委员会编《中国民间故事集成》（云南卷），北京：中国 ISBN 中心 2003 年版，第 91 页。

W1759.2
星星是天上的小圆孔

实例

水族 天王的自己嫁到人间的九女被抓回天上关起来，她经常在地窖里看望地上的丈夫阿波，天上脚边那些小圆孔，就是天上的星星。

【流传】（无考）

【出处】韦免低等讲，潘朝霖搜集整理：《月亮山》，见谷德明编《中国少数民族神话》，北京：中国民间文艺出版社 1987 年版，第 654 页。

水族 星星是天上的圆孔。

【流传】贵州省·（黔南布依族苗族自治州）·三都（三都水族自治县）

【出处】韦免低等讲，潘朝霖整理：《月亮山》，见中华民族故事大系编委会编《中华民族故事大系》第 9 卷（水族、东乡族、纳西族），上海：上海文艺出版社 1995 年版，第 83 页。

W1759.3
星星是天上的小窟窿

实例

（参见下级母题实例）

W1759.3.1
星星是被女娲堵上的小窟窿

【关联】[W1386.2]女娲补天

实例

汉族 天上的小窟窿被女娲堵住就成了星星。

【流传】河南省·（周口市）·沈丘县·刘庄店乡（刘庄店镇）·吴堂村

【出处】耿如林讲，耿瑞采录：《避难创世》，见中国民间文学集成全国编辑委员会编《中国民间故事集成》（河南卷），北京：中国 ISBN 中心 2001 年版，第 9 页。

W1759.3.2
星星是人戳出的小窟窿

实例

汉族 盘古王开天，扁古王开地时，扁古王知道盘古王整了他，就请来一个叫"铁竹竿"的人，叫他把盘古王开的天戳烂。铁竹竿拿起家伙，把天戳了不知多少个窟窿，后来这些窟窿就成了星星、月亮和太阳。

【流传】河南省·（驻马店市）·新蔡县

【出处】杜程氏（68岁，农民）讲，杜小喜采录，龚国强采录整理：《盘古王和扁古王》（1987.09.15），见张振犁编著《中原神话通鉴》（第一卷），郑州：河南大学出版社2017年版，第42页。

W1760

星星是天眼

【关联】［W1168.10］天眼（天的眼睛）

实例

（参见下级母题实例）

W1760.1

星星是造天时留下的天眼

实例

哈尼族　满天的星星是大神们造天时留下的筛子一样的天眼。

【流传】云南省·（红河哈尼族彝族自治州）·元阳县

【出处】朱小和讲，史军超等采录：《神的古今》，见中国民间文学集成全国编辑委员会编《中国民间故事集成》（云南卷），北京：中国ISBN中心2003年版，第19页。

哈尼族　造天时，最大的神王领着天边来的像老鹰一样三伙神，他们飞来飞去，背着竹背篓运石料造天，还留下了筛子一样的天眼，这就是满天的星星。

【流传】云南省·（红河哈尼族彝族自治州）·元阳县、金平县（金平苗族瑶族傣族自治县）、红河县等地

【出处】朱小和讲，史军超、卢朝贵搜集整理：《烟本霍本》，原载刘辉豪、阿罗编《哈尼族民间故事选》，上海文艺出版社1989年版，见姚宝瑄主编《中国各民族神话》（哈尼族、傣族），太原：山西出版传媒集团·书海出版社2014年版，第36页。

W1761

星星是钉子

实例

（参见下级母题实例）

W1761.1

星星是补天的钉子

实例

（参见下级母题实例）

W1761.1.0

星星是特定补天者的钉子

实例

（参见下级母题实例）

W1761.1.0.1

星星是仙女补天的钉子

实例

汉族　天被打破后，王母娘娘让仙女

用钉子，修补，这些钉子被光照发光成为星星。

【流传】宁夏回族自治区·（中卫市）·海原县·高崖乡

【出处】邵富贵讲，邵淑霞采录：《天上为什么会有星星》，见《中国民间文学集成全国编辑委员会编《中国民间故事集成》（宁夏卷），北京：中国ISBN中心1999年版，第21页。

W1761.1.0.2
星星是祖先补天的钉子

实例

畲族 董冬穹（男性人名，祖先）造星星祖先做天钉。

【流传】贵州省·（安顺市）·紫云县（紫云苗族布依族自治县）麻山苗区

【出处】杨再华唱诵，杨正江译：《亚鲁族源》，见中国民间文艺家协会主编《亚鲁王》，北京：中华书局2011年版，第35页。

土家族 （实例待考）

W1761.1.1
星星是补天的特定材质的钉子

实例

（参见下级母题实例）

W1761.1.1.1
星星是补天的宝石钉子

【关联】［W1725.6.3］补天的宝石变成星星

实例

畲族 高辛（人名，皇帝）看见天破了，便拾许多宝石做钉子，把天补好，这便是星星。

【流传】（无考）

【出处】陈玮君整理：《高辛和龙王》，见谷德明编《中国少数民族神话》，北京：中国民间文艺出版社1987年版，第203页。

畲族 许多宝石做钉子把天补好，这便是星星。

【流传】福建省·福安（福安市）、（宁德市）·霞浦（霞浦县）；浙江省畲族地区

【出处】

（a）陈玮君记录：《高辛与龙王》，见蒋风等编：《畲族民间故事选》，上海：上海文艺出版社1983年版。

（b）陈玮君记录：《高辛造万物》，见姚宝瑄主编《中国各民族神话》（高山族、黎族、畲族），太原：山西出版传媒集团·书海出版社2014年版，第87~88页。

W1761.1.1.2
星星是造天的金钉

实例

布依族 星斗是天神钉在天上的闪闪发亮的金钉、铜钉。

【流传】贵州省·（黔南布依族苗族自治州）·都匀市·洛邦镇

【出处】罗重恩讲，盖正刚采录：《力嘎

撑天》，见中国民间文学集成全国编辑委员会编《中国民间故事集成》（贵州卷），北京：中国 ISBN 中心 2003 年版，第 71 页。

W1761.1.1.3
星星是造天的铜钉

实 例

汉族　星星是造天时钉青石板的一颗颗闪闪发光的铜钉。

【流传】浙江省·（衢州市）·江山市·凤林镇

【出处】吴土讲，江都采录：《天造地合》，见中国民间文学集成全国编辑委员会编《中国民间故事集成》（浙江卷），北京：中国 ISBN 中心 1997 年版，第 20 页。

土家族　张古老造天，铜钉为星星。

【流传】湘（湖南省）、鄂（湖北省）、川（四川省）土家族聚居区

【出处】《造天造地》，见谷德明编《中国少数民族神话》，北京：中国民间文艺出版社 1987 年版，第 165 页。

土家族　张古老用五色岩头补天时，铺不稳的，他用铜钉钉住。钉子变成天上的星星。

【流传】湖南省、湖北省、贵州省等地

【出处】田建柏讲，彭勃等搜集整理：《补天补地》，见中华民族故事大系编委会编《中华民族故事大系》第 5 卷（瑶族、白族、土家族），上海：上海文艺出版社 1995 年版，第 657~658 页。

W1761.2
星星是钉子的发光

实 例

苗族

（参见 W1724.3.1.1 母题实例）

土家族　张古老搬来五色岩石补天，五色岩头用铜钉紧紧钉住，这铜钉闪闪发光，就是今天天上的星星。

【流传】湖南省·（湘西土家族苗族自治州）·龙山县·（湾塘乡）·坡脚（坡脚村）

【出处】向廷龙讲，彭勃翻译整理：《造天造地》，见谷德明编《中国少数民族神话》，北京：中国民间文艺出版社 1987 年版，第 165 页。

W1762
星星是石头

实 例

汉族　天地卵中生出一个盘古氏，左手执凿，右手执斧，犹如剖瓜相似，辟为两半。其中，下半渐低为地，亦含青黄赤白黑，为五色石泥。硬者带去上天，人观之为星，地下为石，星石总是一物，若不信，今有星落地下，若人掘而观之，皆同地下之石。

【流传】（无考）

【出处】［明］周游：《开辟衍绎》。

W1762.1
星星是天上的石头

【关联】［W1499.3］天上落石头

实例

（参见下级母题实例）

W1762.1.1
星星是天神撒在天上的石头

实例

佤族　星星是天帝在天上撒的小石子。

【流传】云南省·（临沧市）·沧源（沧源佤族自治县）

【出处】李学宏等整理：《太阳、月亮河星星的由来》，见中华民族故事大系编委会编《中华民族故事大系》第7卷（黎族、傈僳族、佤族），上海：上海文艺出版社1995年版，第642页。

W1762.2
星星是补天的石头

实例

（实例待考）

W1762.2.1
星星是女娲补天的小石头

实例

汉族　天上的星星是女娲补天用的小石头。

【流传】四川省·（德阳市）·广汉县（广汉市）

【出处】鲁智廉讲，吴良贵采录：《女娲补天》，见中国民间文学集成全国编辑委员会编《中国民间故事集成》（四川卷·上），北京：中国ISBN中心1998年版，第25页。

W1762.3
星星是天上的宝石

【关联】[W9695.1]宝石

实例

畲族

（参见 W1725.6.3.1 母题实例）

W1763
星星是天上的珍珠

【关联】[W1725.3]宝珠变成星星（珍珠变成星星）

实例

布依族　盘古撒在天上的珍珠变成星星。

【流传】贵州省·贵阳（贵阳市）

【出处】陈素兰讲，张羽超等搜集，夏云昆整理：《开天辟地》，见中华民族故事大系编委会编《中华民族故事大系》第3卷（彝族、壮族、布依族），上海：上海文艺出版社1995年版，第688页。

哈尼族　大神抓了一把珍珠，把天的缝隙填满，珍珠变成了千万颗星星。

【流传】云南省·（玉溪市）·元江县（元江哈尼族彝族傣族自治县）·羊街乡、那诺乡及因远镇清水河流域一带

【出处】《修天补地歌》，见元江县哈尼文化学会、元江县史志编纂办公室编《元江哈尼族古歌集》，内部编印，2005年，第22页。

汉族　（实例待考）

W1763.1
星星是太阳身上的珠饰

实例

哈萨克族　阿娲阿娜到天上变成太阳，天上星星则是她身上之"蒙尼恰克"（"蒙尼恰克"，即哈族妇女全身镶嵌之珠饰之称）。

【流传】（无考）

【出处】袁珂改编：《迦萨甘》，原载毛星主编《中国少数民族文学》（上册），见袁珂《中国神话大词典》，北京：华夏出版社2015年版，第495页。

W1764
星星是牙齿

【关联】[W1724] 牙齿变成星星

实例

布依族　大力士力戛把天撑高后，拔下自己的牙齿当钉钉，这才牢牢实实地把天钉稳。后来，力戛钉天的牙齿变成了满天星星。

【流传】贵州省

【出处】王燕、春甫、班告爷等讲，汛河搜集整理：《力戛撑天》，原载陶立璠、李耀宗编《中国少数民族神话传说选》，见陶阳、钟秀编《中国神话》（中），北京：商务印书馆2008年版，第773~775页。

W1764.1
星星是龙牙

实例

哈尼族　（实例待考）

苗族　龙牙变成满天星斗。

【流传】广西壮族自治区·（柳州市）·大苗山（融水苗族自治县）

【出处】

(a)《龙牙颗颗钉满天》，见苏晓星《苗族文学史》，成都：四川出版集团·四川民族出版社2003年版，第75页。

(b) 同(a)，见田兵等《苗族文学史》，贵阳：贵州人民出版社1981年版，第57页。

W1765
星星是火星

【关联】[W1723] 火星变成星星

实例

（参见下级母题实例）

W1765.1
星星是两个太阳（火球）在天上撞碰出的火星

实例

白族　两个太阳在天上撞碰，撞出的火星飞进出去粘在了天上，变成了满天星斗。

【流传】云南省·（大理白族自治州）·鹤庆县·城郊乡（草海镇）·新民村

【出处】李剑飞讲，李缵绪采录：《人和万物的起源》，见中国民间文学集成全国编辑委员会编《中国民间故事集成》（云南卷），北京：中国ISBN中心2003年版，第13页。

满族　（实例待考）

W1765.2
星星是射太阳是溅出的火星

【关联】［W9790］射日月的结果

实例

布朗族 星星是太阳神被射后溅出的火花。

【流传】云南省·（西双版纳傣族自治州）·景洪（景洪市）

【出处】波尔帕讲，岩温扁整理：《征服太阳神》，见中华民族故事大系编委会编《中华民族故事大系》第12卷（布朗族、撒拉族、毛南族），上海：上海文艺出版社1995年版，第11页。

佤族 （实例待考）

W1765.3
星星是太阳（月亮）抽烟冒出的火星

实例

汉族 （实例待考）

W1766
星星是月亮的外壳碎片

实例

（参见下级母题实例）

W1766.1
星星是月亮外壳上破碎的冰片

【关联】［W1734.10］灵魂变成北斗星

实例

傈僳族 包在月亮外面的冰片碰碎了，变成了大大小小的星星。

【流传】四川省·（凉山彝族自治州）·德昌县·金沙乡（金沙傈僳族乡）·王家山（王家山村）

【出处】张长贵讲，李国才翻译采录：《冰天鹅、冰蚂蚁造天地》，见中国民间文学集成全国编辑委员会编《中国民间故事集成》（四川卷·下），北京：中国ISBN中心1998年版，第1431页。

W1767
星星是天上的灵魂

【关联】［W1734.10.2］7个兄弟的灵魂变北斗星

实例

鄂温克族 天上的每个星星都显示的是人间的灵魂。

【流传】黑龙江省嫩江流域

【出处】汪立珍：《鄂温克族神话研究》，北京：中央民族大学出版社2006年版，第129页。

W1767.1
星星是人在天上的标志物

实例

达斡尔族 每个人在天上都有自己的一颗星，是他在天上的代表。

【流传】（内蒙古自治区·呼伦贝尔市·陈巴尔虎旗）

【出处】

(a) 满都尔图：《达斡尔鄂温克蒙古（陈巴尔虎）鄂伦春族萨满教调查》，中国社会科学院民族研究所民族学研究室 1992 年，内部资料，第 8 页。

(b)《星辰》，见吕大吉、何耀华总主编《中国各民族原始宗教资料集成》（鄂伦春族卷、鄂温克族卷、赫哲族卷、达斡尔族卷、锡伯族卷、满族卷、蒙古族卷、藏族卷），北京：中国社会科学出版社 1999 年版，第 293 页。

W1768
星星是其他特定的物

实 例

（参见下级母题实例）

W1768.1
星星是小天神

实 例

门巴族 成千的小天神围在日月周围，时间久了，他们成了数不清的星星。

【流传】西藏自治区·（林芝地区）·墨脱县

【出处】益西平措讲，冀文正采录：《创世说》，见中国民间文学集成全国编辑委员会编《中国民间故事集成》（西藏卷），北京：中国 ISBN 中心 2001 年版，第 4 页。

W1768.2
星星是梭罗树开的花

实 例

彝族

（参见 W1721.1.1 母题实例）

W1768.3
星星是天上的果子

实 例

苗族 （实例待考）

W1768.4
星星是天上的羊群

实 例

蒙古族 满天星星是羊群。

【流传】（无考）

【出处】李德辉：《裕国旗口碑古籍概述》，载《甘肃民族研究》1996 年第 2 期。

W1768.5
星星是日月的牛羊

实 例

裕固族 太阳和月亮有无数的牛羊，那就是我们能看见的星星。

【流传】（无考）

【出处】钟进文整理：《日母月父》，见满都呼主编《中国阿尔泰语系诸民族神话故事》，北京：民族出版社 1997 年版，第 116 页。

W1768.6
星星是烟灰

实例

瑶族

（参见 W1725.19.1 母题实例）

W1768.6a
星星是泥点

实例

（参见下级母题实例）

W1768.6a.1
星星是造地时甩到天上的黄泥点子

实例

畲族 玉皇大帝派两个神仙兄弟造天地。哥哥把天造得很好，弟弟造地很慢，哥哥劝说时，弟弟不服气，就抓起一团造地的黄泥向哥哥甩去，白白的天上沾满黄点子，变成了星星。

【流传】福建省·（漳州市）·华安（华安县）

【出处】钟国姓讲，钟武艺采录：《兄弟俩造天地》，原载《中国民间故事集成·福建卷·漳州市分卷》，漳州市民间文学集成编委会 1991 年编印，见《福建省少数民族古籍丛书》编委会编《畲族卷·民间故事》，福州：海峡出版发行集团·海峡书局 2013 年版，第 2~3 页。

W1768.7
星星是金钗玉坠

【关联】[W1725.6.3] 补天的宝石

实例

汉族 星星是女娲补天上的大大小小的窟窿时用的金钗环玉坠。

【流传】河北省·（张家口市）·赤城县·（后城镇）·后城村

【出处】赵子英讲，郝云飞采录：《鱼为啥没有腿》，见中国民间文学集成全国编辑委员会编《中国民间故事集成》（河北卷），北京：中国 ISBN 中心 2003 年版，第 6 页。

W1768.8
星星是手印

【关联】[W1726.2.1] 创世母亲的手印变成星星

实例

（参见下级母题实例）

W1768.8.1
星星是创世女神的手印

实例

基诺族 阿嫫腰白（神名，创世女神）用手指头往天上按了几下，手印成了星星。

【流传】云南省·（西双版纳傣族自治州）·景洪县（景洪市）

【出处】白桂林等讲，刘怡采录：《阿嫫

腰白造天地》，见中国民间文学集成全国编辑委员会编《中国民间故事集成》（云南卷），北京：中国 ISBN 中心 2003 年版，第 77 页。

W1768.9
星星是天的心肝五脏

实　例

哈尼族（僾尼）　有一指（高山山峰）戳天太深，天之心肝五脏悉被掏出，吾人今所见空中闪闪发光之星，即天之心肝五脏。

【流传】（无考）

【出处】《天与地》，原载陶阳、钟秀编《中国神话》，见袁珂《中国神话大词典》，北京：华夏出版社 2015 年版，第 490 页。

W1768.10
星星有血肉

实　例

彝族　宇宙最早产生的索恒哲（原书解释为哲人名字，本书认为是最早产生的天神的名称）造出的日月和星星，它们都有皮，它们都有肉，它们都有骨，它们都有血，它们都有气。个个会活动，个个会说话。

【流传】（贵州省彝族地区）

【出处】《索恒哲》，见王富慧（珠尼阿依）译著，贵州省民族古籍整理办公室编《彝族神话史诗选》，北京：民族出版社 2013 年版，第 32～33 页。

W1769
与星星的特征有关的其他母题

实　例

（参见下级母题实例）

W1769.0
星星的大小

实　例

彝族　星星会说话　混沌最早变化产生的索恒哲（原书解释为哲人名字，本书认为是最早产生的天神的名称）先造的小星，后造的大星，这些星星全都会说话，全都会活动。

【流传】（贵州省彝族地区）

【出处】《索恒哲》，见王富慧（珠尼阿依）译著，贵州省民族古籍整理办公室编《彝族神话史诗选》，北京：民族出版社 2013 年版，第 15～16 页。

W1769.0.1
大星星

实　例

（参见下级母题实例）

W1769.0.1.1
最大的星星

实　例

（参见下级母题实例）

W1769.0.1.1.1
月亮在星星中最大

实例

彝族 混沌最早变化产生的索恒哲（原书解释为哲人名字，本书认为是最早产生的天神的名称），第二次造出天地后，发现天地仍然黑暗。于是造出发光的星星带到天上，一个个挂在天的中央。但星星发出来的光不理想。天空好像蒙层纱。索恒哲就造成了一颗硕大的星星，照在正天空。天空和大地，全都照亮了。于是给它取名字，最大是星主，主星为太阴。太阴为最大，统管各小星。他在群星中，找出最大星，定它为星主。

【流传】（贵州省彝族地区）

【出处】《索恒哲》，见王富慧（珠尼阿依）译著，贵州省民族古籍整理办公室编《彝族神话史诗选》，北京：民族出版社2013年版，第13~15页。

W1769.0.1.2
巨星

实例

水族 远古之时，天上有二巨星，一热一冷，竟日相偕而行。

【流传】（无考）

【出处】袁珂改编：《太阳与月亮》，原载谷德明编《中国少数民族神话选》，见袁珂《中国神话大词典》，北京：华夏出版社2015年版，第536页。

W1769.0.2
小星星

实例

（参见下级母题实例）

W1769.0.2.1
最小的星星

实例

（实例待考）

W1769.0.2.2
大星星生小星星

实例

彝族 小星长大后，公母又配对，又再生小星。大星生小星，小星又生星，一代生一代，宇宙布满星。

【流传】（贵州省彝族地区）

【出处】《索恒哲》，见王富慧（珠尼阿依）译著，贵州省民族古籍整理办公室编《彝族神话史诗选》，北京：民族出版社2013年版，第24~25页。

W1769.1
星星原来住在地上

【关联】
① [W1713.1.1] 天地婚后地生星星
② [W1773.3] 星星被带入地下
③ [W1776.1] 星星的居所

实例

壮族 布洛陀为了看清地上角落里的

妖魔鬼怪，把星星摘下来安在地上。

【流传】广西壮族自治区·（百色市）·西林县·八达镇

【出处】岑水钦讲：《地上的星星》，见张声震总主编，农冠品编注《壮族神话集成》，南宁：广西民族出版社2007年版，第373页。

W1769.2
星星是天上人间的守卫者

实 例

壮族　星星瞪着闪闪的眼睛，守卫着天上和人间。

【流传】
（ab）广西壮族自治区·（百色市）·西林县·八达镇
（c）广西壮族自治区·（百色市）·西林县

【出处】
（a）岑水钦讲，岑隆业采录翻译：《地上的星星》，见中国民间文学集成全国编辑委员会编《中国民间故事集成》（广西卷），北京：中国ISBN中心2001年版，第86页。
（b）同（a），见张声震总主编，农冠品编注《壮族神话集成》，南宁：广西民族出版社2007年版，第373页。
（c）岑永钦等讲，岑隆业等搜集整理：《铜鼓的传说》，见谷德明编《中国少数民族神话》，北京：中国民间文艺出版社1987年版，第116页。

壮族　太阳和月亮在人们都睡觉了的时候，颗颗星星还瞪着亮闪闪的眼睛，守卫着天上和人间。有了星星守卫，天上十分太平，人间也十分安乐。

【流传】（无考）

【出处】岭隆业、杨荣杰、金稼民搜集、整理：《铜鼓的来历》，原载蓝鸿恩编：《壮族民间故事选》，上海文艺出版社1984年版，见姚宝瑄主编《中国各民族神话》（仫佬族、壮族、京族），太原：山西出版传媒集团·书海出版社2014年版，第149页。

壮族　许多星星瞪着亮闪闪的眼睛，守卫着天上和人间。有了星星守卫，天上十分太平，人间也十分安乐。

【流传】广西壮族自治区·（百色市）·西林县

【出处】岑永钦、黎显春讲，岑隆业、杨荣杰、金稼民整理：《铜鼓的来历》，原载选自蓝鸿恩编《壮族民间故事选》，见陶阳、钟秀编《中国神话》（下），北京：商务印书馆2008年版，第1271~1274页。

W1769.2.1
星星是太阳的卫士

实 例

鄂伦春族　鄂伦春人认为太阳至圣和灵魂不灭，人死后是被召化为星辰，成为太阳的侍卫。

【流传】（无考）

【出处】［日］永田珍馨：《满洲鄂伦春

族》第一编《使马鄂伦春族》，第 76 页，转引自吕大吉、何耀华总主编《中国各民族原始宗教资料集成》（鄂伦春族卷、鄂温克族卷、赫哲族卷、达斡尔族卷、锡伯族卷、满族卷、蒙古族卷、藏族卷），北京：中国社会科学出版社 1999 年版，第 15 页。

W1769.2.2
星星是天河的卫士

实例

赫哲族 天上的几颗亮星，排成尖头大肚的，就是乌沙哈特（地上去的小伙）坐的渔船。旁边的小星星是划船的木桨。最亮的星星是守护天河的乌沙哈特。

【流传】（ab）黑龙江省·（佳木斯市）·同江市·八岔乡（八岔赫哲族乡）

【出处】
(a) 吴连贵讲，黄任远等搜集整理：《天河》，见中国民间文学集成全国编辑委员会编《中国民间故事集成》（黑龙江卷），北京：中国 ISBN 中心 2005 年版，第 29 页。
(b) 吴连贵讲：《德勒肯乌沙哈特》见中国民间文学集成全国编辑委员会编《中国民间故事集成》（黑龙江卷），北京：中国 ISBN 中心 2005 年版，第 32 页。
(c) 满都呼主编《中国阿尔泰语系诸民族神话故事》，北京：民族出版社 1997 年版，第 340 页。
(d) 《天河》，载《黑龙江民间文学》1983 年第 5 期。

W1769.3
星星有一定的数量

实例

（参见下级母题实例）

W1769.3.1
天上分布着二十八星宿

实例

汉族 天上分布着二十八星宿。

【流传】（无考）

【出处】王德恒等《造神史话》，天津：百花文艺出版社 2002 年版，第 95 页。

W1769.3.1.1
天上四方各有 7 个星宿

实例

毛南族 （实例待考）

W1769.4
星星具有魔力

【汤普森】D1291.2

实例

（实例待考）

W1769.5
星星眨眼睛

实例

（参见下级母题实例）

W1769.5.1
星星眨眼睛的原因

【关联】［W4201］星星为什么眨眼睛

实 例

（参见下级母题实例）

W1769.5.1.1
星星眨眼是在寻找亲人

实 例

高山族 人死后他们会"升天"，眼睛变成了星星。星星一闪一闪的，那是死者眨着眼睛；他们俯视人间，在寻找自己的亲人。

【流传】（无考）

【出处】陈炜萍搜集整理：《天体的传说》，见陶阳、钟秀编《中国神话》（上），北京：商务印书馆2008年版，第219~221页。

W1769.5.1.2
神王规定星星眨眼

实 例

彝族 众神之王涅依倮佐颇作了规定：满天的星星要跟着月亮眨眼睛。

【流传】（云南省·楚雄彝族自治州·双柏县，红河哈尼族彝族自治州等地）

【出处】

（a）云南省民族民间文学楚雄、红河调查队搜集，郭思九、陶学良整理：《查姆》，昆明：云南人民出版社1981年版。

（b）郭思九、陶学良整理，古梅改写：《彝家的古根》，选自《云南民族文学资料》第七集中的《查姆》上部前三章，见姚宝瑄主编《中国各民族神话》（羌族、彝族），太原：山西出版传媒集团·书海出版社2014年版，第59页。

W1769.5.1.3
星星眨眼是在与月亮比个高低

实 例

汉族 星星眨眼睛是因为它们想跟月亮比个高低。

【流传】四川省·巴县（今重庆市·巴南区）·土主乡·伏善村

【出处】张文奎讲，李子硕采录：《星星眨眼睛》，见中国民间文学集成全国编辑委员会编《中国民间故事集成》（四川卷·上），北京：中国ISBN中心1998年版，第35页。

W1769.6
会说话的星星

【汤普森】F961.2.5

【关联】［W1532］以前万物会说话

实 例

（参见下级母题实例）

W1769.6.1
天地第5次变化时的星星会说话

实 例

彝族 远古时候，天地在第五次变化

中，那刚刚露出头角的星星，发出了声音。

【流传】（四川省·凉山彝族自治州）

【出处】

（a）冯元蔚译：《勒俄特依》，成都：四川民族出版社 1986 年版。

（b）冯元蔚译，蕾紫改写：《勒俄特依》，见姚宝瑄主编《中国各民族神话》（羌族、彝族），太原：山西出版传媒集团·书海出版社 2014 年版，第 146 页。

W1769.6.2
星星发声的消失

实例

彝族 远古时候，天地在第六次变化中，那些刚刚发出声音的星星，发出了强烈的声音之后，又慢慢平静了下来。

【流传】（四川省·凉山彝族自治州）

【出处】

（a）冯元蔚译：《勒俄特依》，成都：四川民族出版社 1986 年版。

（b）冯元蔚译，蕾紫改写：《勒俄特依》，见姚宝瑄主编《中国各民族神话》（羌族、彝族），太原：山西出版传媒集团·书海出版社 2014 年版，第 146 页。

W1769.7
会变化的星星

【关联】［W9576.5］与无生命物变形有关的其他母题

实例

（参见下级母题实例）

W1769.7.1
星星变狗

实例

仡佬族

（参见 W1769.7.2.1 母题实例）

W1769.7.2
星星变人

实例

（参见下级母题实例）

W1769.7.2.1
星星变成公主人

实例

仡佬族 楼星变成一只黄狗。女星变成了土王的女儿。

【流传】贵州省·（遵义市）·遵义县（播州区）·平正乡（平正仡佬族乡）

【出处】陈保和讲，唐文新采录：《十弟兄》，见中国民间文学集成全国编辑委员会编《中国民间故事集成》（贵州卷），北京：中国 ISBN 中心 2003 年版，第 64 页。

W1769.7a
调皮的星星

实例

珞巴族 天公和地母的两个星星儿子调皮得很，一天，他俩玩得十分开心，滚过来，爬过去，摔跤不分输赢。

【流传】西藏自治区·林芝市·墨脱县·达木珞巴民族乡、旁辛乡（讲述地点：墨脱县·达木珞巴民族乡·马尔康村）

【出处】安布、江措讲：《珞巴族神话》（三），见冀文正《珞巴族民间故事》，成都：四川民族出版社 2011 年版，第 4 页。

W1769.8
星星的颜色

实 例

（参见下级母题实例）

W1769.8.1
以前的星星是黄色的

实 例

哈尼族 以前，星星是黄色的。

【流传】云南省·（普洱市）·墨江县（墨江哈尼族自治县）

【出处】

（a）李恒忠讲，李灿伟采录：《兄妹传人》，见中国民间文学集成全国编辑委员会编《中国民间故事集成》（云南卷），北京：中国 ISBN 中心 2003 年版，第 165 页。

（b）李灿伟搜集整理：《兄妹传人种》，见《哈尼族民间故事》编辑组编《哈尼族民间故事》，昆明：云南人民出版社 1984 年版。

W1769.8.2
白色的星星（白星）

实 例

汉族 直扁担星中间一颗星银白色。

【流传】江苏省·（苏州市）·吴江县·同里镇

【出处】金恩官讲，徐文初记录整理：《扁担星》（1987.09.07），见姚宝瑄主编《中国各民族神话》（汉族），太原：山西出版传媒集团·书海出版社 2014 年版，第 295～296 页。

W1769.8.2.1
银色的星星是逝去已久的死者的眼睛

【关联】［W1719.6.10.2］人死升天眼睛变成星星

实 例

高山族 人死后他们会"升天"，眼睛变成了星星。那银色的星星，是逝去已久的死者的眼睛；带红的星星，是逝去不久的死者的泪眼；那特别光亮的星星呢，则是祖先英雄的慧眼。

【流传】（无考）

【出处】陈炜萍搜集整理：《天体的传说》，见陶阳、钟秀编《中国神话》（上），北京：商务印书馆 2008 年版，第 219～221 页。

W1769.8.3
红色的星星（红星）

实 例

汉族 曲扁担星中间一颗星血血红。

【流传】江苏省·（苏州市）·吴江县·同里镇

【出处】金恩官讲，徐文初记录整理：

《扁担星》（1987.09.07），见姚宝瑄主编《中国各民族神话》（汉族），太原：山西出版传媒集团·书海出版社 2014 年版，第 295~296 页。

W1769.8.3.1
红色星星是刚逝死者的泪眼

【实例】

高山族 人死后他们会"升天"，眼睛变成了星星。其中，带红的星星，是逝去不久的死者的泪眼。

【流传】（无考）

【出处】陈炜萍搜集整理：《天体的传说》，见陶阳、钟秀编《中国神话》（上），北京：商务印书馆 2008 年版，第 219~221 页。

W1769.8.4
黑色的星星（黑星）

【实例】

羌族 以前，天空中有许多黑星星，常常遮住太阳光。

【流传】（无考）

【出处】林朝山讲，白明整理：《木姐天女的女儿》，见姚宝瑄主编《中国各民族神话》（羌族、彝族），太原：山西出版传媒集团·书海出版社 2014 年版，第 5 页。

W1769.9
发光的星星

【实例】

（参见下级母题实例）

W1769.9.1
光亮的星星是祖先的慧眼

【实例】

高山族 人死后他们会"升天"，眼睛变成了星星。其中，那特别光亮的星星呢，则是祖先英雄的慧眼。

【流传】（无考）

【出处】陈炜萍搜集整理：《天体的传说》，见陶阳、钟秀编《中国神话》（上），北京：商务印书馆 2008 年版，第 219~221 页。

W1769.9.2
星光

【关联】

① ［W1548.9.1］巨鸭啄天洞出现了日月星光

② ［W1761.2］星星是钉子的发光

【实例】

彝族 远古时候，天地在第四次变化中，大地的四周慢慢闪烁着微微的光芒，那就是星光。

【流传】（四川省·凉山彝族自治州）

【出处】

(a) 冯元蔚译：《勒俄特依》，成都：四川民族出版社 1986 年版。

(b) 冯元蔚译，蔷紫改写：《勒俄特依》，见姚宝瑄主编《中国各民族神话》（羌族、彝族），太原：山西出版传媒集团·书海出版社 2014 年版，第 146 页。

W1769.10
星星佩珠戴宝

【实例】

水族 女神伢俣造出的星星全都是姊姊妹妹，于是允许它们佩珠戴宝。

【流传】（无考）

【出处】潘静流唱，燕宝记译，化斯改写：《伢俣开创世界》（原名《造天造地》），见姚宝瑄主编《中国各民族神话》（水族、布朗族、独龙族、基诺族、傈僳族），太原：山西出版传媒集团·书海出版社2014年版，第6页。

W1769.11
星星开花

【关联】

① [W1534.11] 万物会开花

② [W1613.6] 日月开花

【实例】

彝族（俚颇） 冬月腊月间，抬头看天上，星宿开花了。

【流传】云南省·（楚雄彝族自治州）·大姚县·昙华山区（昙华乡）

【出处】

(a) 陆颇梭颇（毕摩）演唱，夏光辅、诺海阿苏翻译：《俚泼古歌》，见云南省社会科学院楚雄彝族文化研究所编《彝族民间文学》第2辑，1985年。

(b) 陆颇梭颇（毕摩）演唱，夏光辅、诺海阿苏翻译，古梅改写：《赤梅葛——俚泼古歌》，见姚宝瑄主编《中国各民族神话》（羌族、彝族），太原：山西出版传媒集团·书海出版社2014年版，第109页。

1.5.4 与星星有关的其他母题
【W1770～W1779】

W1770
星座

【实例】

（参见下级母题实例）

W1770.1
玉帝把斧子变成星座

【关联】[W1735.18.1.1] 北斗星叫斧子星是因为它是斧子变成的

【实例】

汉族 盘古将开天地的大斧抛向空中，玉帝将其大斧变成星座。

【流传】黑龙江省·（双鸭山市）·友谊县

【出处】韩程讲，时巨阳采录：《盘古开天辟地》，见中国民间文学集成全国编辑委员会编《中国民间故事集成》（黑龙江卷），北京：中国ISBN中心2005年版，第3页。

W1770.2
星座名称来历（星星名称来历）

实例

基诺族 基诺族今天仍把星星叫做"布之"，意思就是阿嫫腰白（神名，创世女神）的指头印（基诺族认为，星星是阿嫫腰白的手印变成的）。

【流传】云南省·（西双版纳傣族自治州）·景洪县（景洪市）

【出处】白桂林等讲，刘怡采录：《阿嫫腰白造天地》，见中国民间文学集成全国编辑委员会编《中国民间故事集成》（云南卷），北京：中国ISBN中心2003年版，第77页。

W1770.2.1
北斗七星星座的来历

【关联】[W1731] 北斗星（北斗七星）

实例

汉族 玉帝将盘古抛向空中的大斧变成星座，组成北斗七星，所以北斗七星在民间也叫"斧子星"。

【流传】黑龙江省·（双鸭山市）·友谊县

【出处】韩程讲，时巨阳采录：《盘古开天辟地》，见中国民间文学集成全国编辑委员会编《中国民间故事集成》（黑龙江卷），北京：中国ISBN中心2005年版，第3页。

W1770.2.2
特定星座有不同名称

实例

（实例待考）

W1770.2.2.1
北斗七星在民间也叫"斧子星"

实例

汉族

（参见 W1735.18.1.1 母题实例）

W1770.3
与星座有关的其他母题

实例

（参见下级母题实例）

W1770.3.1
不同方位的星座组成不同动物形状

实例

（参见下级母题实例）

W1770.3.1.1
东方七宿组成龙形

实例

毛南族 （实例待考）

W1770.3.1.2
西方七宿组成虎形

实例

毛南族 （实例待考）

W1770.3.1.3
南方七宿组成鸟形

实例

毛南族 （实例待考）

W1770.3.1.4
北方七宿组成龟形

【关联】[W1735]与北斗星有关的其他母题

实例

毛南族 （实例待考）

W1770.3.1.5
兄弟星座

实例

黎族 因通天树缩小了，上天的七兄弟下地无路，只得留住天上。玉帝指万里碧空为田，令兄弟于此耕之耘之。今晴日所见排云，即七兄弟所犁之犁浪也；夜晚见有六星相聚紧密，即"兄弟星座"

【流传】（海南省？）

【出处】袁珂改编：《兄弟星座》，原载毛星主编《中国少数民族文学》（中册），见袁珂《中国神话大词典》，北京：华夏出版社2015年版，第508页。

W1771
天上的星星对应地上的人

【汤普森】A787

实例

汉族 （实例待考）

藏族 （实例待考）

W1772
星星是迁徙的带路者

【关联】[W5775]民族迁徙的指引者

实例

纳西族 人迁徙时有瑞星带路。

【流传】云南省

【出处】杨树兴等诵，和发源翻译：《鲁般鲁饶》，见云南省少数民族古籍整理出版规划办公室编《纳西族东巴古籍译注》（一），昆明：云南民族出版社1986年版，第4页。

W1773
星星的消失

【关联】[W1776.2]星星的坠落

实例

（参见下级母题实例）

W1773.1
星星被父亲太阳吃掉

实例

壮族

（参见 W1619.8 母题实例）

W1773.2
妖魔吞食星星（怪物吞食星星）

实例

（参见下级母题实例）

W1773.2.1
风雨云雾之王吞食星星

实例

傣族 皮扎祸（风雨云雾之王）张开大口，把星星吞下肚子。

【流传】云南省·（西双版纳傣族自治州）·景洪市

【出处】波岩少讲，岩温扁等翻译：《青年射日》，见中国民间文学集成全国编辑委员会编《中国民间故事集成》（云南卷），北京：中国 ISBN 中心 2003 年版，第 140 页。

W1773.3
星星被带入地下

实例

（参见下级母题实例）

W1773.3.1
星星被女神带入地下

实例

满族 卧勒多赫赫（女神）用桦皮兜去装几个亮星（假太阳），带入地下。

【流传】黑龙江省·黑河地区（黑河市）·孙吴县·（沿江满族达斡尔族乡）·四季屯（四季屯村）

【出处】白蒙古讲：《天宫大战》（五腓凌），转引自王宏刚《满洲萨满教创世神话中的人本主义曙光》，载《西北民族研究》2007 年第 4 期。

W1773.4
星星消失是因为被吞吃

【关联】
① ［W1619.8.1］太阳吃掉自己的孩子星星
② ［W1690.1］日月争吵是因为太阳要吃掉它们的孩子

实例

傣族 （参见 W1773.2.1 母题实例）

W1773.5
星星消失是因为被偷走

实例

（参见下级母题实例）

W1773.5.1
偷星星

【关联】［W9950.3］偷特定的物件

1.5.4 与星星有关的其他母题

实例

壮族（实例待考）

W1773.6
与星星消失有关的其他母题

实例

（参见下级母题实例）

W1773.6.1
星星陨落

实例

（参见下级母题实例）

W1773.6.1.1
星星落江中

实例

汉族 为了搭救一对恋人，一江星斗犯了天条，再也回不到天上去了，有几十颗星斗探出水面，变成了今天江中的岩石。

【流传】辽宁省·桓仁县·五里甸子一带

【出处】程元清讲，刘益令记录整理：《满天星和王八炕的传说》（1982.05），见姚宝瑄主编《中国各民族神话》（汉族），太原：山西出版传媒集团·书海出版社 2014 年版，第 326~328 页。

W1773.6.2
星星被砸碎

实例

蒙古族 天降额尔敦尼玛与魔王嘎拉珠在天上交战时，星星被碰碎了，撒满了天宇。

【流传】内蒙古自治区·（松原市）·前郭尔罗斯（前郭尔罗斯蒙古族自治县）·乌兰敖都（乌兰敖都乡）

【出处】白音特古斯讲，苏赫巴鲁搜集整理：《日蚀和月蚀的由来》，原载陶立璠、李耀宗编《中国少数民族神话传说选》，见陶阳、钟秀编《中国神话》（上），北京：商务印书馆 2008 年版，第 254~255 页。

W1773.6.3
星星被抠掉

实例

畲族 玉皇大帝派两个神仙兄弟造天地时，哥哥勤快天造得很好，弟弟懒惰造地不认真。玉皇大帝为了惩罚偷懒的弟弟，让他每天都搬动太阳和月亮运转的同时，晚上还要去抠他甩到天上的变成了星星的黄泥点子。每抠落一点泥，就有一颗星星掉下来。

【流传】福建省·（漳州市）·华安（华安县）

【出处】钟国姓讲，钟武艺采录：《兄弟俩造天地》，原载《中国民间故事集成·福建卷·漳州市分卷》，漳州市民间文学集成编委会 1991 年编印，见《福建省少数民族古籍丛书》编委会编《畲族卷·民间故事》，福州：海峡出版发行集团·海峡书局 2013 年版，第 2~3 页。

W1774

摘星星

【关联】

① ［W1317］天地原来离得很近

② ［W1317.5.4］以前天地近得可以摘星星抓云彩

实例

珞巴族 猫头鹰上天去摘星星。

【流传】西藏自治区（林芝市南部），马尼岗（今印占区）

【出处】达布讲，李坚尚等整理，刘东翻译：《猫头鹰的故事》，见中华民族故事大系编委会编《中华民族故事大系》第 16 卷（赫哲族、门巴族、珞巴族、基诺族），上海：上海文艺出版社 1995 年版，第 558 页。

W1774.1

以前人可以摘星星

实例

壮族 以前天很低，爬到山顶上，人伸手可以摘下星星，装到篮里。

【流传】

(a) 广西壮族自治区·（河池市）·巴马县（巴马瑶族自治县）·所略乡·所略村

(b) 广西壮族自治区右江、云南省红河一带

【出处】

(a) 周朝珍讲，何承文采录翻译：《布洛陀》，见中国民间文学集成全国编辑委员会编《中国民间故事集成》（广西卷），北京：中国 ISBN 中心 2001 年版，第 30 页。

(b) 周朝珍讲，何承文整理：《布碌陀》，见谷德明编《中国少数民族神话》，北京：中国民间文艺出版社 1987 年版，第 68 页。

W1774.2

猫头鹰摘星星

实例

珞巴族

（参见 W1774 母题实例）

W1775

星星代表灵魂

【关联】［W1767］星星是天上的灵魂

实例

（参见下级母题实例）

W1775.1

星星是人的灵魂

【关联】［W0870］灵魂（鬼）

实例

（实例待考）

W1775a

星星是神的使者

【关联】

① ［W0171］神的使者

② ［W1611.1］日月是天的使者（日月是天使）

实 例

满族 天上的七星，是星神那丹那拉浑的使者。

【流传】吉林省·（长春市）·九台县（九台市）·莽卡满族乡

【出处】萨满杨世昌讲唱，富育光、王宏刚记录：《尼玛察氏野神祭》，见吕大吉、何耀华总主编《中国各民族原始宗教资料集成》（鄂伦春族卷、鄂温克族卷、赫哲族卷、达斡尔族卷、锡伯族卷、满族卷、蒙古族卷、藏族卷），北京：中国社会科学出版社1999年版，第528页。

W1776
与星星有关的其他母题

【关联】

① ［W6426］星星崇拜
② ［W7504］人与星星的婚
③ ［W7537.2］星星与鸟婚

实 例

（参见下级母题实例）

W1776.0
星星的名称

实 例

（参见下级母题实例）

W1776.0.1
彝人叫星星姐漠

实 例

彝族 混沌最早变化产生的索恒哲（原书解释为哲人名字，本书认为是最早产生的天神的名称）造出许多星星。众星星把索恒哲后来造出的那颗大星星选出来，选它当星主。众星没有名。这个索恒哲，亲自来取名。汉人叫月亮，彝人叫宏博；汉人叫星星，彝人叫姐漠。

【流传】（贵州省彝族地区）

【出处】《索恒哲》，见王富慧（珠尼阿依）译著，贵州省民族古籍整理办公室编《彝族神话史诗选》，北京：民族出版社2013年版，第16~18页。

W1776.1
星星的居所

【关联】

① ［W1769.1］星星原来住在地上
② ［W1773.3］星星被带入地下
③ ［W1776.2.1］星星被风吹落到地上

实 例

（参见下级母题实例）

W1776.1.0
星星为什么住天上

实 例

（参见下级母题实例）

W1776.1.0.1
星星被天父带到天上

实 例

珞巴族 天父把与地母生的星星带到天上。

【流传】西藏自治区·珞渝（包括上珞

渝，泛指古称的白马岗即今林芝市墨脱县、马尼岗、梅楚卡一带，下珞渝则泛指永木河、锡约尔河、巴恰西仁河流域）

【出处】亚崩等讲，刘芳贤等整理，达登翻译：《石金金巴巴娜和石金金耐娜鲁布的传说》，见中华民族故事大系编委会编《中华民族故事大系》第16卷（赫哲族、门巴族、珞巴族、基诺族），上海：上海文艺出版社1995年版，第570页。

W1776.1.1
星星装在口袋中

实例

满族 星星装在布星女神卧勒多赫赫背着的桦皮口袋中。

【流传】黑龙江省·黑河地区（黑河市）·孙吴县·（沿江满族达斡尔族乡）·四季屯（四季屯村）

【出处】吴纪贤、富希陆讲：《天宫大战——黑水女真人传世神话》（1939，选自富育光、郭淑云整理的手稿），见姚宝瑄主编《中国各民族神话》（满族、赫哲族、朝鲜族），太原：山西出版传媒集团·书海出版社2014年版，第26页。

W1776.1.1.1
星星装在夜神的口袋

实例

满族 背灯神（夜神）人身鸟翅，身穿白色鸟羽皮袍，背着装满星星的小皮口袋。

【流传】（无考）

【出处】
（a）富育光：《萨满教与神话》，沈阳：辽宁大学出版社1990年版，第102页。
（b）《星神助世》，见吕大吉、何耀华总主编《中国各民族原始宗教资料集成》（鄂伦春族卷、鄂温克族卷、赫哲族卷、达斡尔族卷、锡伯族卷、满族卷、蒙古族卷、藏族卷），北京：中国社会科学出版社1999年版，第483页。

W1776.1.2
星星的分布

实例

（参见下级母题实例）

W1776.1.2.1
不同的星星各居其位

实例

哈萨克族 阿吾勒就是星团，给七个盗贼带路的是最前面的四颗星星，而后面的三颗星星是他们的帮凶，两侧的那两颗亮星是两个英雄，那边并排的两颗星是两个英雄的灰白马和浅蓝马。

【流传】新疆维吾尔自治区·（乌鲁木齐市）·乌鲁木齐县（天山区）·东白杨沟牧场

【出处】谢热亚孜旦·马尔萨克讲，尼合买提·蒙加尼采录杨凌等译：《强盗与仙女》，见中国民间文学集成全国编辑委员会编《中国民间故事集成》（新疆卷），北京：中国 ISBN 中心 2008 年版，第 20 页。

W1776.1.2.2
盘古安置星星

实　例

白族　盘古出来辟出地，分配了太阳、月亮、星星。

【流传】云南省
【出处】杨露枝讲：《土皇公公管四季》，见中国民间文学集成全国编辑委员会编《中国民间故事集成》（云南卷），北京：中国 ISBN 中心 2003 年版，第 286 页。

W1776.2
星星的坠落

【关联】
① ［W1746］彗星
② ［W1773］星星的消失

实　例

（参见下级母题实例）

W1776.2.1
星星被风吹落到地上

实　例

壮族　星星出嫁时被风吹落到地上。

【流传】广西壮族自治区·南宁（南宁市）
【出处】少连供稿：《古时候的天》，见张声震总主编，农冠品编注《壮族神话集成》，南宁：广西民族出版社 2007 年版，第 181 页。

W1776.3
星星的亲属

实　例

（参见下级母题实例）

W1776.3.1
太阳、月亮和星星是一家人

【关联】［W1683.3］太阳、月亮是一家

实　例

汉族　很古的时候，日头、月亮和星星是一家人。

【流传】浙江省·（丽水市）·庆元县
【出处】何毅讲，陈业记录：《月亮和日头分家》，见姚宝瑄主编《中国各民族神话》（汉族），太原：山西出版传媒集团·书海出版社 2014 年版，第 205 页。

壮族　太阳、月亮和星星是一家人。

【流传】（无考）
【出处】罗苏英讲，游华显记录，侬易天整理：《太阳、月亮和星星》，载《山茶》1982 年第 5 期。

W1776.3.1.1
日月星原来是一家

实　例

汉族　日、月、星"三光"原来是一家人。

【流传】江苏省·（盐城市）·射阳县

【出处】徐友洪讲，王洪泽记录：《"三光"的故事》（1987.07.06），见姚宝瑄主编《中国各民族神话》（汉族），太原：山西出版传媒集团·书海出版社2014年版，第299~300页。

W1776.3.1.2
太阳是父亲，月亮是母亲，星星是孩子

实例

壮族　太阳是父亲，月亮是母亲，星星是孩子。

【流传】（无考）

【出处】

（a）罗苏英等讲，游华显记录，侬易天整理：《太阳、月亮和星星》，载《山茶》，1982年第5期。

（b）同（a），见谷德明编《中国少数民族神话》，北京：中国民间文艺出版社1987年版，第109页。

W1776.3.1.3
星星是日月的子女

【关联】［W1713.2］日月婚生星星

实例

汉族

（参见W1713.2母题实例）

壮族　日为父，月为母，星星是日月的子女。

【流传】（无考）

【出处】《太阳、月亮与星星》，原载《中国少数民族神话选》，见袁珂《中国神话大词典》，北京：华夏出版社2015年版，第436页。

壮族　太阳、月亮和星星是一家人。太阳是父亲，月亮是母亲，星星是孩子。

【流传】广西壮族自治区

【出处】罗苏英、韦建真等讲，游华显记录整理：《太阳、月亮和星星》，见姚宝瑄主编《中国各民族神话》（仫佬族、壮族、京族），太原：山西出版传媒集团·书海出版社2014年版，第125页。

W1776.3.2
星星是天地的子女

【关联】［W1713.1］天地婚生星星

实例

珞巴族

（参见W1713.1.1母题实例）

W1776.3.3
星星有2个女儿1个儿子

实例

珞巴族　（实例待考）

W1776.4
星星的朋友

实例

（参见下级母题实例）

W1776.4.1
南极星和北极星是好朋友

实例

汉族　南极星和北极星曾经是两个蛮

好的伙计。

【流传】四川省·奉节县（今重庆市·奉节县）·甲高乡（甲高镇）·安家村

【出处】王勋培讲，王泽润采录：《南极星和北极星》，见中国民间文学集成全国编辑委员会编《中国民间故事集成》（四川卷·上），北京：中国ISBN中心1998年版，第34页。

W1776.4.2
星星是大地的伙伴

实例

哈萨克族 星星是大地母亲的伙伴。

【流传】（无考）

【出处】玛丽娅·科别杰讲，安蕾、毕桪译：《大地母亲》，见满都呼主编《中国阿尔泰语系诸民族神话故事》，北京：民族出版社1997年版，第58~59页。

W1776.4.3
星星是日月的朋友

【关联】
① [W1684.1] 太阳的朋友
② [W1689.1] 月亮的朋友

实例

瑶族 太阳和月亮兄妹的最亲的朋友是星星七姐妹。

【流传】（无考）

【出处】
(a) 赵老大讲，梅中泉记录整理：《日月成婚》，载《山茶》1983年第3期。
(b) 同(a)，见姚宝瑄主编《中国各民族神话》（土家族、毛南族、侗族、瑶族），太原：山西出版传媒集团·书海出版社2014年版，第181页。

W1776.4.4
星星互为朋友

实例

汉族 远古时候，天上的大小星星原来相处很好，亲如手足。

【流传】江苏省·（宿迁市）·沭阳县·东小店乡·王圩村

【出处】刘道德讲，纪洪珍采录：《慧星成了扫帚星》，见中国民间文学集成全国编辑委员会编《中国民间故事集成》（江苏卷），北京：中国ISBN中心1998年版，第20页。

W1776.5
星宿下凡

【关联】[W0106] 神下凡

实例

仡佬族 天上的两个星宿楼星和女星下凡到人间土王家。

【流传】贵州省·（遵义市）·遵义县（播州区）·平正乡（平正仡佬族乡）

【出处】陈保和讲，唐文新采录：《十弟兄》，见中国民间文学集成全国编辑委员会编《中国民间故事集成》（贵州卷），北京：中国ISBN中心2003

年版，第64页。

W1776.6
星里有星

实例

汉族 银河两边有两个扁担星，每个扁担星里有三颗星星。

【流传】江苏省·（苏州市）·吴江县·同里镇

【出处】金恩官讲，徐文初记录整理：《扁担星》（1987.09.07），见姚宝瑄主编《中国各民族神话》（汉族），太原：山西出版传媒集团·书海出版社2014年版，第295~296页。

W1776.7
捉星星

【关联】[W1774] 摘星星

实例

独龙族 天上的星星姑娘到地上喝泉水时，被木千娃普（猎人）捕捉野兽的扣子扣住。

【流传】云南省·（怒江傈僳族自治州）·贡山县（贡山独龙族怒族自治县）·独龙江乡

【出处】巴国强采录：《星星姑娘》，见中国民间文学集成全国编辑委员会编《中国民间故事集成》（云南卷），北京：中国ISBN中心2003年版，第138页。

W1776.8
星团

实例

哈萨克族

（参见 W1749.1.1 母题实例）

W1776.9
星群

实例

（参见下级母题实例）

W1776.9.1
七女星群

实例

（参见下级母题实例）

W1776.9.1.1
七女星群为什么只有六颗星

实例

汉族 因为天上七女星中的七星女到北海去偷鱼被捉住了。所以七女星群中少掉了一颗星，只有六颗星了。

【流传】江苏省·盐城地区（盐城市）

【出处】赵殿龙讲，施广开记录：《七女星为何六颗星》（1987.08.10），见姚宝瑄主编《中国各民族神话》（汉族），太原：山西出版传媒集团·书海出版社2014年版，第298页。

W1776.9.2
星星七姐妹

【关联】[W1734.8] 北斗星是七姐妹

实 例

瑶族　星星七姐妹就是天上常聚在一起的七颗星星，她们成天关在天宫闺阁里织布绣花，只有晚上才步出闺阁，露露身子。

【流传】（无考）

【出处】

(a) 赵老大讲，梅中泉记录整理：《日月成婚》，载《山茶》1983年第3期。

(b) 同（a），见姚宝瑄主编《中国各民族神话》（土家族、毛南族、侗族、瑶族），太原：山西出版传媒集团·书海出版社 2014 年版，第 181 页。

W1776.10
星海

实 例

满族　星女神卧勒多赫赫为帮助天神阿布卡赫赫战胜九头恶魔耶鲁里，把星海堆成山峦、沟谷、川壑，阻挡耶鲁里的逃遁和施展淫威。

【流传】黑龙江省·黑河地区（黑河市）·孙吴县·（沿江满族达斡尔族乡）·四季屯（四季屯村）

【出处】吴纪贤、富希陆讲：《天宫大战——黑水女真人传世神话》（1939，选自富育光、郭淑云整理的手稿），见姚宝瑄主编《中国各民族神话》（满族、赫哲族、朝鲜族），太原：山西出版传媒集团·书海出版社 2014 年版，第 34 页。

W1776.11
星主

实 例

（参见下级母题实例）

W1776.11.1
大星星当星主

实 例

彝族　混沌最早变化产生的索恒哲（原书解释为哲人名字，本书认为是最早产生的天神的名称）造出许多星星。它们都想当星主。最后，大家把索恒哲后来造出的那颗大星星选出来，选它当星主。

【流传】（贵州省彝族地区）

【出处】《索恒哲》，见王富慧（珠尼阿依）译著，贵州省民族古籍整理办公室编《彝族神话史诗选》，北京：民族出版社 2013 年版，第 16~17 页。

1.6 天上其他诸物
【W1780～W1799】

1.6.1 天河（银河）
【W1780～W1789】

✿ W1780
天河（银河）

实 例

汉族　飞流直下三千尺，疑是银河落九天。

【流传】（无考）

【出处】［唐］李白：《望庐山瀑布》。

汉族　天上有银河，地上有黄河。

【流传】河南省·（濮阳市）·范县

【出处】崔金钊笔述，荆耕田采录整理：《黄河的故事》，见张振犁编著《中原神话通鉴》（第一卷），郑州：河南大学出版社2017年版，第20页。

✿ W1781
天河（银河）产生

【汤普森】A778

实 例

（参见下级母题实例）

W1782
神造银河

实 例

哈尼族　大神们造天时，挖出两条银河，东边一条是留给雨水过的路，西边是留给露水过的路。

【流传】云南省·（红河哈尼族彝族自治州）·元阳县

【出处】朱小和讲，史军超等采录：《神的古今》，见中国民间文学集成全国编辑委员会编《中国民间故事集成》（云南卷），北京：中国ISBN中心2003年版，第19页。

W1782.1
天王造天河

【关联】［W0204］天帝（天王、天皇、天君）

实 例

侗族　古老和盘古生的天王12兄弟造天河。

【流传】贵州省·（黔东南苗族侗族自治州）·黎平县·岩洞镇·四洲萨老街

【出处】吴良修讲：《古老和盘古》，王宪昭采集，2009.08。

侗族　天王12兄弟造天河。

【流传】贵州省·（黔东南苗族侗族自治州）·从江县·高增公社（高增乡）

【出处】梁普安等讲，龙玉成采录：《古老和盘古》，见中国民间文学集成全国编辑委员会编《中国民间故事集成》（贵州卷），北京：中国ISBN中心2003年版，第4页。

W1782.2
牛神开天河

实 例

壮族　单鼻孔牛神孟王开天河。

【流传】广西壮族自治区·（柳州市）·柳江（柳江县）·穿山乡·板穿山村

【出处】覃少华唱：《世间万物从哪来》，见张声震总主编，农冠品编注《壮族神话集成》，南宁：广西民族出版社2007年版，第10页。

W1782.3
神挖出银河

实 例

（参见下级母题实例）

W1782.3.1
神造天时挖出2条银河

实 例

哈尼族　最大的神王领着天边来的像老鹰一样三伙神造天，还挖出两条银河，东边一条，西边一条

【流传】云南省·（红河哈尼族彝族自治州）·元阳县、金平县（金平苗族瑶族傣族自治县）、红河县等地

【出处】朱小和讲，史军超、卢朝贵搜集整理：《烟本霍本》，原载刘辉豪、阿罗编《哈尼族民间故事选》，上海文艺出版社1989年版，见姚宝瑄主编《中国各民族神话》（哈尼族、傣族），太原：山西出版传媒集团·书海出版社2014年版，第36页。

W1782.4
神用肠造银河

【关联】［W1918.2］用肠造江河

实 例

（参见下级母题实例）

W1782.4.1
神用龙牛的岔肠造银河

实 例

哈尼族　（实例待考）

W1782.5
天母开天河

【关联】［W1784.5］王母娘娘用簪划出天河

实 例

满族　阿布凯赫赫（第一代天神，天母）在天上开条天河。

【流传】黑龙江省·（牡丹江市）·宁古塔（宁安县）；吉林省·长白山地区（长白山一带）

【出处】傅英人（疑"人"为"仁"）讲述，张爱云整理：《阿布凯赫赫创造天地人》，原载《满族萨满神话》，见陶阳、钟秀编《中国神话》（上），

北京：商务印书馆2008年版，第140~154页。

W1783
特定的物变成银河

实 例

（参见下级母题实例）

W1783.1
头巾变成银河

实 例

苗族　桑和白姑娘的头巾化为银河（又做天河）。

【流传】广西壮族自治区·（柳州市）·大苗山（融水苗族自治县）

【出处】

（a）《龙牙颗颗钉满天》，见苏晓星《苗族文学史》，成都：四川出版集团·四川民族出版社2003年版，第75页。

（b）《龙牙颗颗钉满天》，见田兵等《苗族文学史》，贵阳：贵州人民出版社1981年版，第57页。

W1783.1.1
熊女的白头巾变成银河

实 例

瑶族　老熊王的三女儿白姑娘补天时，头上的白羊毛包头巾变成银河。

【流传】广西壮族自治区

【出处】萧甘牛搜集整理：《龙牙颗颗钉满天》，见曹廷伟编著《广西民间故事辞典》，南宁：广西教育出版社1993年版，第15页。

W1783.2
头帕变成银河

实 例

（参见下级母题实例）

W1783.2.1
巨人的头帕变成银河

实 例

布依族　撑天的后生力戛一直做着撑天和钉天的事情，他头上的花帕掉下来了，就变成了银河。

【流传】（a）贵州省·（黔西南布依族苗族自治州）·兴义县（兴义市）

【出处】

（a）班告爷讲，汛河采录：《力嘎撑天》，见中国民间文学集成全国编辑委员会编《中国民间故事集成》（贵州卷），北京：中国ISBN中心2003年版，第73页。

（b）王燕、春甫等讲，汛河记录整理：《力戛撑天》，见谷德明编《中国少数民族神话》，北京：中国民间文艺出版社1987年版，第611页。

布依族　后生力戛撑天时，头上花格帕不慎飘落，遂成银河。

【流传】（无考）

【出处】《力戛撑天》，原载谷德明编《中国少数民族神话选》，见袁珂《中国神话大词典》，北京：华夏出版社

2015 年版，第 445 页。

布依族 大力士力戛把天撑高后，就在天上一直做着钉天的活路。一不小心，头上的花格帕掉了，变成了银河。

【流传】贵州省

【出处】王燕、春甫、班告爷等讲，汛河搜集整理：《力戛撑天》，原载陶立璠、李耀宗编《中国少数民族神话传说选》，见陶阳、钟秀编《中国神话》（中），北京：商务印书馆 2008 年版，第 773~775 页。

W1783.2.2
女子的包头巾变成银河

实 例

苗族 桑哥哥与白姑娘二人披大氅，骑绵羊，一携钉，一执锤，往来天空知云。二人巡行各处，将天空所有小裂缝均补毕。人遥望夜空，见天上有长白之物，知即白姑娘包头巾也。人们称之为银河

【流传】（无考）

【出处】《桑哥哥与白姑娘》，原载谷德明编《中国少数民族神话选》（原名《龙牙颗颗钉满天》），见袁珂《中国神话大词典》，北京：华夏出版社 2015 年版，第 425 页。

W1783.3
星星形成天河

实 例

（参见下级母题实例）

W1783.3.1
星神撒星星变成天河

【关联】

① ［W1708.1］星星是撒出来的
② ［W1708.1.1］神撒出星星

实 例

满族 布星女神卧勒多赫赫聚星助战而成空际星阵，从此，天空有了天河。

【流传】黑龙江省·黑河地区（黑河市）·孙吴县·（沿江满族达斡尔族乡）·四季屯（四季屯村）

【出处】吴纪贤、富希陆讲：《天宫大战——黑水女真传世神话》（1939，选自富育光、郭淑云整理的手稿），见姚宝瑄主编《中国各民族神话》（满族、赫哲族、朝鲜族），太原：山西出版传媒集团·书海出版社 2014 年版，第 35 页。

W1783.4
特定人物的肠子做银河

实 例

（参见下级母题实例）

W1783.4.1
牛的肠子变成银河

实 例

（参见下级母题实例）

W1783.4.1.1
神牛的大肠做银河

【关联】［W1931.3.2.1］牛的大肠变成江河

实　例

哈尼族　众神用查牛（天地神专养的神牛）的大肠做银河。

【流传】

（a）云南省·（红河哈尼族彝族自治州）·元阳县

（b）云南省·（红河哈尼族彝族自治州）·元阳（元阳县）、红河（红河县）、绿春（绿春县）、金平（金平苗族瑶族傣族自治县）等

【出处】

（a）朱小和讲，史军超采录：《查牛补天地》，见中国民间文学集成全国编辑委员会编《中国民间故事集成》（云南卷），北京：中国ISBN中心2003年版，第29页。

（b）同（a），见云南省民间文学集成办公室编《哈尼族神话传说集成》，北京：中国民间文艺出版社1990年版。

（c）《查牛补天地》，见中国各民族宗教与神话大词典编审委员会编《中国各民族宗教与神话大词典》，北京：学苑出版社1990年版，第169页。

哈尼族　众神杀查牛（天地神专养的神牛），神牛的大肠做了银河。

【流传】云南省·（红河哈尼族彝族自治州）·元阳（元阳县）、红河（红河县）、绿春（绿春县）、金平（金平苗族瑶族傣族自治县）

【出处】朱小和讲唱，史军超搜集整理：《查牛补天地》（1983），原载云南省民间文学集成办公室编《哈尼族神话传说集成》，中国民间文艺出版社1990年版，见姚宝瑄主编《中国各民族神话》（哈尼族、傣族），太原：山西出版传媒集团·书海出版社2014年版，第56页。

W1784
天河是特定的痕迹（银河是特定的痕迹）

实　例

（参见下级母题实例）

W1784.1
天河是神缝补天时形成的痕迹（银河是神缝补天时形成的痕迹）

【汤普森】A778.4

【关联】

①［W1378］神或神性人物修补天地

②［W1386.7］神补天

实　例

（参见下级母题实例）

W1784.1.1
仙姑用龙皮缝天缝成为天河

实　例

汉族　仙姑用龙皮缝天缝，形成

银河。

【流传】广西壮族自治区桂东南［包括玉林、贵县（贵港）、桂平、平南、北流、容县、博白、陆川等县市］

【出处】黎静芳等讲，陈玉昆等搜集整理：《伏羲祖的传说》，见曹廷伟编著《广西民间故事辞典》，南宁：广西教育出版社1993年版，第25页。

W1784.1.2
女娲缝天缝形成天河

实例

汉族 天的裂缝被女娲缝住成了天河。

【流传】河南省·（周口市）·沈丘县·刘庄店乡（刘庄店镇）·吴堂村

【出处】耿如林讲，耿瑞采录：《避难创世》，见中国民间文学集成全国编辑委员会编《中国民间故事集成》（河南卷），北京：中国ISBN中心2001年版，第9页。

W1784.2
天神踩出一条银河

实例

阿昌族 巨人遮帕麻（男始祖名，被奉为"天公"）走过的地方都被踩出一条银河。

【流传】（云南省）

【出处】赵安贤讲，智克整理：《遮帕麻与遮米麻》，见姚宝瑄主编《中国各民族神话》（佤族、阿昌族、纳西族、普米族、德昂族），太原：山西出版传媒集团·书海出版社2014年版，第75页。

W1784.3
祖先把蓝天踩成银河

实例

布依族 布灵（又译"独零"，布依语"人猿"，含"祖先"之意）到天上由东向西来回跑了99天，把蓝天踩成了一个大槽槽，槽里灌满了水，成了天河（银河）。

【流传】（无考）

【出处】

（a）《造万物》第三章，见BBS水木清华站：http://www.smth.edu.cn，2006.07.20。

（b）古歌《造万物》，见中国各民族宗教与神话大词典编审委员会编《中国各民族宗教与神话大词典》，北京：学苑出版社1990年版，第44页。

W1784.3.1
男始祖遮帕麻造日月时踩出银河

实例

阿昌族 天公遮帕麻走过的地方踩出了一条银河。

【流传】（a）云南省·（德宏傣族景颇族自治州）·梁河县

【出处】

（a）赵安贤讲，杨叶生、智克采录：《遮帕麻与遮米麻》，见中国民间文学集成全国编辑委员会编《中国民间故事集成》（云南卷），北京：中国ISBN中心2003年版，第69页。

（b）赵安贤讲，舟叶生译，智克整理：《遮帕麻与遮米麻》，见谷德明编《中国少数民族神话》，北京：中国民间文艺出版社1987年版，第490页。

（c）同（b），见陶立璠、赵桂芳等编《中国少数民族神话汇编》（开天辟地篇等），中央民族学院少数民族古籍整理出版规划领导小组办公室印（未署出版时间），第330页。

阿昌族 遮帕麻（男始祖、天公）张开胳膊，右边夹起光闪闪的月亮，左边夹起火辣辣的太阳，要放到太阴山和太阳山上，他走过的地方踩出了一条银河。

【流传】云南省·（德宏傣族景颇族自治州）·梁河县

【出处】赵安贤讲述，杨叶生翻译，智克整理：《遮帕麻与遮米麻》，载《山茶》1981年第2期。

W1784.3a
天上的人畜踩出的天河

实例

蒙古族 一到夜晚就在夜空中清楚地看到那些人和畜群踏出来的一条光彩之路，就是银河。

【流传】内蒙古自治区

【出处】《银河的来历》，见中国民间文学集成全国编辑委员会编《中国民间故事集成》（内蒙古卷），北京：中国ISBN中心2007年版，第4页。

W1784.4
天河（银河）是妇女洒出的乳汁

【汤普森】A788.5

实例

（参见下级母题实例）

W1784.4.1
女人的奶水形成银河

实例

维吾尔族 古时，有个女人把自己心爱的孩子丢了。女人到处找自己的小孩时，奶水流出来，滴满奶水的路就成了现在的银河。

【流传】（无考）

【出处】

（a）《银河的来历》，见满都呼主编《中国阿尔泰语系诸民族神话故事》，北京：民族出版社1997年版，第35页。

（b）凯赛尔·库尔班译：《银河的来历》，载《源泉》（维吾尔文）1995年第2期。

W1784.5
王母娘娘用金簪划出天河

【关联】[W1972.3.3] 神奇的金簪划出温泉

实例

（参见下级母题实例）

W1784.5.1
王母娘娘为阻挡牛郎用金簪划出天河

【实例】

汉族 王母娘娘从头上拔下银簪，在二小和织女中间一划，划成了一道天河。

【流传】河北省·（石家庄市）·藁城（藁城市）

【出处】靳正新讲，李殿敏搜集整理：《牛郎和织女》，见中华民族故事大系编委会编《中华民族故事大系》第1卷（汉族、蒙古族、回族），上海：上海文艺出版社1995年版，第42~43页。

汉族 王母娘娘怕牛郎抓住织女，忙用簪子一划，便流来了滔滔大水，这就是天河。

【流传】湖北省·丹江口市

【出处】冯明文讲：《牛郎星和织女星》，见姚宝瑄主编《中国各民族神话》（汉族），太原：山西出版传媒集团·书海出版社2014年版，第309~311页。

汉族 王母娘娘取下头上的金簪朝天上恁个一划，南天门外出现了一条滚滚的天河，将到天上找妻子子女的牛郎隔在对岸。

【流传】四川省·巴县（今重庆市·巴南区）·鱼洞镇

【出处】张文奎讲，李子硕记录整理：《天河的来历》（1988.04），见姚宝瑄主编《中国各民族神话》（汉族），太原：山西出版传媒集团·书海出版社2014年版，第77~81页。

汉族 牛郎上天找织女时，王母娘娘忽拔头上金簪，凭空划之，顿成波涛滚滚天河。

【流传】（无考）

【出处】《牛郎织女》，见袁珂《中国神话大词典》，北京：华夏出版社2015年版，第66页。

W1784.5a
天公划出天河

【实例】

（参见下级母题实例）

W1784.5a.1
天公为阻止太阳欺负星星划出天河

【实例】

汉族 原来天上的二个日头很小，因偷吃了父亲天公公乾坤八卦炉里阴阳两极丹，变得很强大，他们就在天上欺侮一些小星星。天公公就把他们赶出天界，划了一条天河为界，不准他们再回到天界上来，肇事生非。

【流传】江苏省·（苏州市）·太仓县

【出处】尹培民讲，黄凤尔记录：《天上有过两个太阳》，见姚宝瑄主编《中国各民族神话》（汉族），太原：山西出版传媒集团·书海出版社2014年版，第178~179页。

W1784.5b
牛郎用金簪划出天河
【关联】［W0766.3.1.1］牛郎

实 例

（参见下级母题实例）

W1784.5b.1
牛郎为阻挡岳父追赶用金簪划出天河

实 例

汉族 牛郎到天上找到妻子织女。牛郎与岳父比本领时，看到岳父马上追上了，就慌忙取出金簪，随手朝后一划，即刻现出一道天河，将他们夫妻隔开了。

【流传】（无考）

【出处】秦地女原述，孙剑水重述：《天牛郎配夫妻》，原载孙剑水编《天牛郎配夫妻》，见陶阳、钟秀编《中国神话》（中），北京：商务印书馆2008年版，第845~855页。

W1784.6
天河（银河）是日月运行的足迹

【汤普森】A778.9

【关联】［W4881］日月的运行

实 例

（实例待考）

W1784.7
天河是雪橇的痕迹

实 例

鄂温克族 猎手捕捉神鹿时，天空中滑过的两条滑道留在天上，变成了银河。

【流传】

（a）内蒙古自治区·（呼伦贝尔市）·根河市·敖鲁古雅乡（敖鲁古雅鄂温克族乡）

（b）内蒙古自治区·（呼伦贝尔市）·鄂温克旗（鄂温克族自治旗）·辉索木

【出处】

（a）汪立珍：《鄂温克族神话研究》，北京：中央民族大学出版社2006年版，第161页。

（b）《银河》，见吕大吉、何耀华总主编《中国各民族原始宗教资料集成》（鄂伦春族卷、鄂温克族卷、赫哲族卷、达斡尔族卷、锡伯族卷、满族卷、蒙古族卷、藏族卷），北京：中国社会科学出版社1999年版，第95~96页。

W1784.7.1
银河是神鹿拉雪橇走出的印迹

实 例

鄂温克族 银河是神鹿拉雪橇走出来的道路，也是鄂温克猎手行猎的滑雪道。

【流传】内蒙古自治区·（呼伦贝尔市）·鄂温克族自治旗·辉索木

【出处】哈斯挂讲，卡丽娜调查整理：《银河》（1993.07.15），见吕大吉、何耀华总主编《中国各民族原始宗教资料集成》（鄂伦春族卷、鄂温克族卷、赫哲族卷、达斡尔族卷、锡伯族卷、满族卷、蒙古族卷、藏族卷），北京：中国社会科学出版社1999年版，第95~96页。

W1784.8
银河是炉水流成的痕迹

实 例

（参见下级母题实例）

W1784.8.1
银河是女娲补天炼石时炉水流成的痕迹

实 例

汉族 风神踢翻了女娲炼石的炉子，炉水流成的痕迹形成一条闪光的银河。

【流传】湖南省·（衡阳市）·祁东县

【出处】刘贵福讲，王少磊采录：《太阳、月亮和星星的来历》，见中国民间文学集成全国编辑委员会编《中国民间故事集成》（湖南卷），北京：中国ISBN中心2002年版，第7页。

W1784.9
银河是人狩猎的痕迹

实 例

（参见下级母题实例）

W1784.9.1
银河是猎手捕捉神鹿滑过的路

实 例

鄂温克族

（参见W1784.7母题实例）

W1785
天河是天上的一条路（银河是天上的一条路）

【汤普森】A778.2

实 例

（参见下级母题实例）

W1785.1
天河是天上的灵魂的路（银河是天上的灵魂的路）

【汤普森】A778.2.1

【关联】［W0910.1.1］灵魂升天

实 例

（参见下级母题实例）

W1785.1.1
银河是给露水留的路

实 例

哈尼族 神造天时挖出两条银河，其中，东边一条是留给雨过的路，西边一条是留给露水过的路。

【流传】云南省·（红河哈尼族彝族自治州）·元阳县、金平县（金平苗族瑶族傣族自治县）、红河县等地

【出处】朱小和讲，史军超、卢朝贵搜集整理：《烟本霍本》，原载刘辉豪、阿罗编《哈尼族民间故事选》，上海文艺出版社 1989 年版，见姚宝瑄主编《中国各民族神话》（哈尼族、傣族），太原：山西出版传媒集团·书海出版社 2014 年版，第 36 页。

W1785.1.2

银河是给雨留的路

【关联】［W1366.10.6.1］天洞是用了下雨的地方

实例

哈尼族 神造天时挖出两条银河，其中，东边一条是留给雨过的路。

【流传】云南省·（红河哈尼族彝族自治州）·元阳县、金平县（金平苗族瑶族傣族自治县）、红河县等地

【出处】朱小和讲，史军超、卢朝贵搜集整理：《烟本霍本》，原载刘辉豪、阿罗编《哈尼族民间故事选》，上海文艺出版社 1989 年版，见姚宝瑄主编《中国各民族神话》（哈尼族、傣族），太原：山西出版传媒集团·书海出版社 2014 年版，第 36 页。

W1786

天河是天上的一条河（银河是天上的一条河）

【汤普森】A778.3

实例

（实例待考）

W1787

天河是鹊桥（银河是鹊桥）

【汤普森】A778.7

实例

（参见下级母题实例）

W1787.1

灵鹊渡银河成为桥

实例

汉族 神官召集役灵鹊，直渡银河云作桥。

【流传】（无考）

【出处】

（a）［宋］张耒：《七夕》。

（b）《银河》，见袁珂《中国神话大词典》，北京：华夏出版社 2015 年版，第 页。

W1788

天河是天上的烟雾（银河是天上的烟雾）

【汤普森】A778.8

实例

（实例待考）

W1789

与天河有关的其他母题

【关联】

① ［W1426.6.1］人到天河

② ［W1897.14.1］水储存在天河中

1.6.1 天河（银河）

W1789.0
天河的特征

实例

（参见下级母题实例）

W1789.0.1
天河有特定的水

实例

（参见下级母题实例）

W1789.0.1.1
天河的水是银（银河的水是银）

【关联】［W1982.4］与银的产生有关的其他母题

实例

藏族 （实例待考）

W1789.0.1.2
天河水是长生不老水

【关联】
① ［W0959.3］不老水
② ［W1972.9.3］不老泉

实例

蒙古族 谁要是喝了九十九回就可以长生不老。

【流传】吉林省·（松原市）·前郭尔罗斯蒙古族自治县·乌兰敖都（乌兰敖都乡）

【出处】白音特古斯讲，苏赫巴鲁整理：《日食和月食的由来》，见姚宝瑄主编《中国各民族神话》（达斡尔族、鄂伦春族、鄂温克族、蒙古族），太原：山西出版传媒集团·书海出版社2014年版，第150页。

蒙古族 天河水最长，谁要是喝了九十九回就可以长生不老。

【流传】内蒙古自治区·（松原市）·前郭尔罗斯（前郭尔罗斯蒙古族自治县）·乌兰敖都（乌兰敖都乡）

【出处】白音特古斯讲，苏赫巴鲁搜集整理：《日蚀和月蚀的由来》，原载陶立潘、李耀宗编《中国少数民族神话传说选》，见陶阳、钟秀编《中国神话》（上），北京：商务印书馆2008年版，第254~255页。

W1789.0.1.3
天河的水是静止的

实例

赫哲族 天河里没有水流，水面平平稳稳的，里面满是一层瓦蓝瓦蓝的鱼脊梁骨。

【流传】东北一带

【出处】吴连贵讲，黄任远、马名超记录整理：《天河》，见姚宝瑄主编《中国各民族神话》（满族、赫哲族、朝鲜族），太原：山西出版传媒集团·书海出版社2014年版，第111~114页。

W1789.0.2
天河的长度

实 例

（参见下级母题实例）

W1789.0.2.1
天河是最长的河

【关联】［W1936.1.4］与河道有关的其他母题

实 例

蒙古族 天河水最长。

【流传】吉林省·（松原市）·前郭尔罗斯蒙古族自治县·乌兰敖都（乌兰敖都乡）

【出处】白音特古斯讲，苏赫巴鲁整理：《日食和月食的由来》，见姚宝瑄主编《中国各民族神话》（达斡尔族、鄂伦春族、鄂温克族、蒙古族），太原：山西出版传媒集团·书海出版社2014年版，第150页。

W1789.0.3
天河9道弯

【关联】［W1939］河流弯曲的原因

实 例

汉族 天河有九道弯，九道弯上九个滩，九个滩口九道坎。

【流传】四川省·巴县（今重庆·巴南区）

【出处】魏显德讲，李子硕、罗桂英记录，李子硕整理：《启明星和张大姐》（1988），见姚宝瑄主编《中国各民族神话》（汉族），太原：山西出版传媒集团·书海出版社2014年版，第322～325页。

W1789.0.4
天河的物产

实 例

（参见下级母题实例）

W1789.0.4.1
天河产粮米

实 例

布依族 第六层天是银河。银河里出好米，出好粮。

【流传】（无考）

【出处】岭老荣唱，岭玉清翻译整理，古梅改写：《漫游十二层天和十二层海》，见姚宝瑄主编《中国各民族神话》（布依族、仡佬族、苗族），太原：山西出版传媒集团·书海出版社2014年版，第27页。

W1789.0.4.2
天河有鱼虾

实 例

满族 （实例待考）

W1789.0.5
天河与海相通

【关联】

①［W1357.2］以前水天相连

② ［W1896.2.6］水流到天上

实例

汉族 旧说云，天河与海通。近世有人居海渚者，年年八月有浮槎，去来不失期。

【流传】（无考）

【出处】

（a）［晋］张华：《博物志·杂说》。

（b）《天河》，见袁珂《中国神话大词典》，北京：华夏出版社2015年版，第55页。

汉族 旧说天河与海通，汉时有人居海上者，年年八月见有浮搓去来，不失期。

【流传】（无考）

【出处】［元］赵道一：《历世真仙体道通鉴后集》卷二"织女"条。

W1789.0.5a
银河与凡间相连

实例

汉族 以前，天地相去未远，银河与凡间相连。

【流传】（无考）

【出处】《牛郎织女》，见袁珂《中国神话大词典》，北京：华夏出版社2015年版，第66页。

W1789.0.6
银河是黄河

【关联】［W1942.3］与黄河有关的其他母题

实例

汉族 在黄河（即银河，现在人们仍叫它为黄河）南边住着一个叫张万贵的人。

【流传】江苏省·（淮安市）·淮安县（淮安区）

【出处】李正杨讲，王习耕记录：《磨子星和灯草星》（1986.09），见姚宝瑄主编《中国各民族神话》（汉族），太原：山西出版传媒集团·书海出版社2014年版，第293~295页。

W1789.1
天河的发源地

实例

（参见下级母题实例）

W1789.1.1
天河水发源于太阳和月亮换位置的地方

实例

蒙古族 太阳和月亮换位置的地方，是天河水发源的地方。

【流传】（a）吉林省·（松原市）·前郭县（前郭尔罗斯蒙古族自治县）·乌兰敖都乡

【出处】

（a）白音特古斯讲，苏赫巴鲁搜集整理：《日蚀和月蚀》，见《民间故事集成》（吉林），第9页。

（b）《日食和月食的传说》，见满都呼主编《中国阿尔泰语系诸民族神话故事》，北京：民族出版社 1997 年版，第 166 页。

（c）《日食和月食的传说》，载《民间文学》1980 年第 11 期。

W1789.1.2
天河水源于神葫芦

【关联】[W1514.1] 葫芦生万物

实例

满族　老三星（大神名，创世神）交给阿布凯赫赫（第一代天神，天母）两个葫芦，一个葫芦里是清水，一个葫芦里是浊水。阿布凯赫赫和敖钦大神开两条天河，把这两葫芦水倒进天河里，河里有了水。

【流传】黑龙江省·（牡丹江市）·宁古塔（宁安县）；吉林省·长白山地区（长白山一带）

【出处】傅英人（疑"人"为"仁"）讲述，张爱云整理：《阿布凯赫赫创造天地人》，原载《满族萨满神话》，见陶阳、钟秀编《中国神话》（上），北京：商务印书馆 2008 年版，第 140～154 页。

W1789.1.3
天河水是从地河运来的

实例

汉族　龙驼专门从地河往天河里驮水。天河一落了雨水就少了，要保管天河不干，就要把地河的水弄到天河头去。

【流传】四川省·巴县（今重庆·巴南区）

【出处】魏显德讲，李子硕、罗桂英记录，李子硕整理：《启明星和张大姐》（1988），见姚宝瑄主编《中国各民族神话》（汉族），太原：山西出版传媒集团·书海出版社 2014 年版，第 322～325 页。

W1789.1.4
天河的源头是深潭

实例

苗族　纳罗引勾（半人半兽的巨人）到了乌筛乌列河（天河）源头。源头是一口黑洞洞的深潭，泉水就从那里往上冒，从那里往外流。

【流传】广西壮族自治区·（柳州市）·融水苗族自治县

【出处】
（a）杨达香讲，梁彬搜集整理：《创世纪》（一、开天辟地，地始天初），见梁彬、王天若编《苗族民间故事选》，南宁：广西人民出版社 1986 年版。

（b）同（a），见姚宝瑄主编《中国各民族神话》（布依族、仡佬族、苗族），太原：山西出版传媒集团·书海出版社 2014 年版，第 171 页。

W1789.1.5
天河的尽头

实例

（参见下级母题实例）

W1789.1.5.1
天河的两头分别在昆仑山和大海之外

实 例

汉族 从前，天地相连，西过了昆仑山，东过了汪洋大海，就到了天河的两头。

【流传】河南省·（驻马店市）·正阳县

【出处】代星（男，56 岁，农民，私塾）讲，代胜利采录整理《伏羲和女娲（一）》（1987.09），见张振犁编著《中原神话通鉴》（第一卷），郑州：河南大学出版社 2017 年版，第 314 页。

W1789.2
天河的支撑

实 例

（参见下级母题实例）

W1789.2.1
天柱顶着天河

【关联】[W1337] 天柱的位置

实 例

（参见下级母题实例）

W1789.2.1.1
天柱不周山的上端顶着天河

实 例

汉族 不周山是一根顶天柱子。

【流传】淮河流域一带

【出处】
(a) 唐元梅讲：《女娲补天》，载《民间文学》1986 年第 6 期。
(b) 同（a），见姚宝瑄主编《中国各民族神话》（汉族），太原：山西出版传媒集团·书海出版社 2014 年版，第 45~46 页。

汉族 天柱不周山的上端顶住天河。

【流传】淮河一带

【出处】
(a) 唐元梅讲：《女娲补天治水》，载《民间文学》1986 第 6 期。
(b) 同（a），见姚宝瑄主编《中国各民族神话》（汉族），太原：山西出版传媒集团·书海出版社 2014 年版，第 94~95 页。

汉族 不周山原是根顶天的柱子，上端顶着天河。

【流传】安徽省淮河一带

【出处】唐元海讲，茆文斗搜集整理：《祝融胜共工》，载《民间文学》1986 年第 6 期。

W1789.3
天河的位置

实 例

（参见下级母题实例）

W1789.3.1
银河在第 6 层天

【关联】[W1163.6.1.1] 第 6 层天是银河

> 实例

> 布依族 第六层天是"达哈"（银河）。

【流传】贵州省

【出处】

（a）《十二层天·十二层海》，见贵州省社会科学院文学研究所、黔南布依族苗族自治州文艺研究室编《布依族古歌叙事歌选》，贵阳：贵州人民出版社1982年版。

（b）同（a），见何积全、陈立浩主编《布依族文学史》，贵阳：贵州民族出版社1992年版，第42页。

W1789.3.2
天河在天边

> 实例

> 哈萨克族 在遥远的天边，有一条天河。

【流传】（新疆维吾尔自治区）

【出处】哈巴斯讲：《骑黑骏马的肯得克依勇士》，见姚宝瑄主编《中国各民族神话》（乌孜别克族、哈萨克族、柯尔克孜族、俄罗斯族、维吾尔族、塔吉克族、塔塔尔族、锡伯族），太原：山西出版传媒集团·书海出版社2014年版，第114页。

W1789.3.3
天河在南天门外

【关联】[W1168.21.1.2] 南天门

> 实例

> 汉族 王母娘娘取下头上的金簪朝天上恁个一划，在南天门外划出了一条滚滚的天河。

【流传】四川省·巴县（今重庆市·巴南区）·鱼洞镇

【出处】张文奎讲，李子硕记录整理：《天河的来历》（1988.04），见姚宝瑄主编《中国各民族神话》（汉族），太原：山西出版传媒集团·书海出版社2014年版，第77～81页。

W1789.3.4
天河是天界

【关联】[W1166] 天边（天的边际）

> 实例

> 汉族 原来天上的二个日头偷吃了父亲天公公乾坤八卦炉里阴阳两极丹，变得很强大，他们在天上欺侮一些小星星。天公公就划了一条天河为界，把他们赶出天界，以免他们肇事生非。

【流传】江苏省·（苏州市）·太仓县

【出处】尹培民讲，黄凤尔记录：《天上有过两个太阳》，见姚宝瑄主编《中国各民族神话》（汉族），太原：山西出版传媒集团·书海出版社2014年版，第178～179页。

W1789.4
天河的数量

> 实例

（参见下级母题实例）

W1789.4.1
2条天河

实例

满族 阿布凯赫赫（第一代天神，天母）和敖钦大神开了两条天河。

【流传】黑龙江省·（牡丹江市）·宁古塔（宁安县）；吉林省·长白山地区（长白山一带）

【出处】傅英人（疑"人"为"仁"）讲述，张爱云整理：《阿布凯赫赫创造天地人》，原载《满族萨满神话》，见陶阳、钟秀编《中国神话》（上），北京：商务印书馆 2008 年版，第 140～154 页。

W1789.5
天河的看守

【关联】[W1719.1.1] 到天上看守天河的人变成星星

实例

汉族 守卫银河的小伙子叫李于。

【流传】河南省·（濮阳市）·范县

【出处】崔金钊笔述，荆耕田采录整理：《黄河的故事》，见张振犁编著《中原神话通鉴》（第一卷），郑州：河南大学出版社 2017 年版，第 20 页。

W1789.5.1
人到天上看守天河

实例

赫哲族 乌沙哈特（人名）上天后，天河上的白胡子玛发让他看守那无边无岸的天河。

【流传】东北一带

【出处】吴连贵讲，黄任远、马名超记录整理：《天河》，见姚宝瑄主编《中国各民族神话》（满族、赫哲族、朝鲜族），太原：山西出版传媒集团·书海出版社 2014 年版，第 111～114 页。

W1789.5.2
神羊看守天河

实例

纳西族（摩梭） 昂姑咪（女始祖名）来到了天河边，守天河的神羊拦住了去路，不让她们过河。

【流传】云南省·（丽江市）·宁蒗县（宁蒗彝族自治县）

【出处】

(a)《昂姑咪》，载《山茶》1986 年第 3 期。

(b) 同 (a)，见姚宝瑄主编《中国各民族神话》（佤族、阿昌族、纳西族、普米族、德昂族），太原：山西出版传媒集团·书海出版社 2014 年版，第 108 页。

W1789.5a
天河上的人物

实例

（参见下级母题实例）

W1789.5a.1
银河上有做生意的仙女

【关联】［W0222.1］天女住天河边

实例

布依族 银河上，卖米的仙女摆成几条街，看见卖米的仙女摆了几十行。

【流传】（无考）

【出处】岭老荣唱，岭玉清翻译整理，古梅改写：《漫游十二层天和十二层海》，见姚宝瑄主编《中国各民族神话》（布依族、仡佬族、苗族），太原：山西出版传媒集团·书海出版社2014年版，第27页。

W1789.5a.2
天河边上住神仙

实例

珞巴族 从前，天河边住着两户人家，一家是火乌佑（乌佑，珞巴语音译，泛指珞巴族崇拜的各种精灵，这里可视为火神），一家是水乌佑。

【流传】西藏自治区·林芝市·墨脱县·达木珞巴民族乡、背崩乡（讲述地点：墨脱县·达木珞巴民族乡·卡布村）

【出处】牛布讲：《珞巴族神话（七）》（1957.10），见冀文正《珞巴族民间故事》，成都：四川民族出版社2011年版，第6页。

W1789.6
天河的其他名称（银河的其他名称）

实例

（参见下级母题实例）

W1789.6.1
天汉

实例

汉族 "天河"又称"银河"、"明河"、"天汉"等，如"维天有汉，鉴亦有光"。

【流传】（无考）

【出处】《诗·小雅·大东》注。

W1789.6.2
明河

实例

汉族

（参见W1789.6.1母题实例）

W1789.7
天河漏水

实例

（参见下级母题实例）

W1789.7.1
神的争斗造成天河漏水

实例

汉族 天上的火神和水神打架，打来

1.6.1 天河（银河）

打去，打到天河上，将天河踏破一个洞，天河的水从洞里直向大地倒泻下来。

【流传】浙江省·（丽水市）·遂昌县
【出处】毛广寿讲，廖恒民搜集整理：《女娲补天》（1987.05），见姚宝瑄主编《中国各民族神话》（汉族），太原：山西出版传媒集团·书海出版社2014年版，第53~54页。

汉族 高辛氏养了两个儿子阏伯和实沉，他们打架打到天河上，谁也不肯认输。结果把天河踢穿了一个大窟窿，河水涌了出来。

【流传】浙江省·（温州市）·永嘉县·瓯北各地
【出处】金学益讲，金崇柳记录整理：《参商二星》（1985.05），见姚宝瑄主编《中国各民族神话》（汉族），太原：山西出版传媒集团·书海出版社2014年版，第305页。

W1789.8
补天河

【关联】［W1388］与补天有关的其他母题

实 例

（参见下级母题实例）

W1789.8.1
雷兵补天河

【关联】
① ［W0353］雷神的从属
② ［W8739.1.2］雷兵

实 例

壮族 天上的雷将陆盟督促雷兵们来补天河，糊天池，不准一丝水渗到下界人间来。

【流传】广西壮族自治区红水河流域各县
【出处】蓝鸿恩搜集整理：《布伯的故事》，原载蓝鸿恩编《壮族民间故事选》，见陶阳、钟秀编《中国神话》（上），北京：商务印书馆2008年版，第498~508页。

壮族 天上的雷将陆盟正督促雷兵们补天河，糊天池，不准一丝水渗到下界人间。

【流传】广西壮族自治区红水河流域各县
【出处】
（a）《布伯的故事》，载《民间文学》1979年第10期。
（b）同（a），（王松选定），见姚宝瑄主编《中国各民族神话》（仫佬族、壮族、京族），太原：山西出版传媒集团·书海出版社2014年版，第105页。

W1789.9
天河的闸门

实 例

（参见下级母题实例）

W1789.9.1
天河的铜闸门

实 例

壮族 雷王知道布伯带人来打开天河

的铜闸门，气得跳起来。

【流传】广西壮族自治区红水河流域各县

【出处】

（a）《布伯的故事》，载《民间文学》1979年第10期。

（b）同（a），（王松选定），见姚宝瑄主编《中国各民族神话》（仫佬族、壮族、京族），太原：山西出版传媒集团·书海出版社2014年版，第104页。

W1789.10
天河中的诸物

实 例

（参见下级母题实例）

W1789.10.1
天河中的云兽

实 例

满族　阿布卡赫赫（女天神）的侍女叫奥朵西掌握七彩云兽，是放云马的神女，天河中的各色云兽都是奥朵西的意愿奔行，有的像虎，有的像豹，有的像鹿，有的像兔，有的像马，有的像猪，变幻无穷。

【流传】黑龙江省·（黑河市）·孙吴县

【出处】关锁之的父亲讲，富希陆搜集：《女战神奥朵西玛玛》（1939），见吕大吉、何耀华总主编《中国各民族原始宗教资料集成》（鄂伦春族卷、鄂温克族卷、赫哲族卷、达斡尔族卷、锡伯族卷、满族卷、蒙古族卷、藏族卷），北京：中国社会科学出版社1999年版，第484页。

W1789.10.2
天河中的桥

实 例

汉族　牛郎织女要相会时，喜鹊到天河去搭桥。

【流传】江苏省·（徐州市）·邳州（邳州市）·运河镇

【出处】吴友忠讲，周伯之采集整理：《盘龙窝》（1980.03），见杨光正主编《大运河的传说》，南京：江苏人民出版社2016年版，第3页。

W1789.11
银河开花

实 例

彝族（俚颇）　冬月腊月间，抬头看天上，星宿开花了，银河开花了。

【流传】云南省·（楚雄彝族自治州）·大姚县·昙华山区（昙华乡）

【出处】

（a）陆颇梭颇（毕摩）演唱，夏光辅、诺海阿苏翻译：《俚泼古歌》，见云南省社会科学院楚雄彝族文化研究所编《彝族民间文学》第2辑，1985年。

（b）陆颇梭颇（毕摩）演唱，夏光辅、诺海阿苏翻译，古梅改写：《赤梅葛——俚泼古歌》，见姚宝瑄主编《中国各民族神话》（羌族、彝族），太原：山西出版传媒集团·书海出版社2014年版，第109页。

1.6.2 天宫与天堂
【W1790～W1794】

※ W1790
天宫①

【关联】[W1071] 上界（天堂）

【实例】

汉族 黄帝乘龙升云，登朝霞，上至列阙，倒影经过天宫。

【流传】（无考）

【出处】

(a)《皇览·冢慕记》。

(b)《天宫》，见袁珂《中国神话大词典》，北京：华夏出版社 2015 年版，第 55 页。

壮族

（参见 W1872.7 母题实例）

W1790a
天宫的产生

【实例】

（参见下级母题实例）

W1790a.1
天神造天宫

【实例】

彝族 "更"（天神"更资"）的母亲蒲依割掉一半肝生出的德布阿尔（神匠）要在浊气里盖一座华丽的宫殿。

【流传】云南省·（楚雄彝族自治州）·永仁县

【出处】

(a) 曲木阿石等讲，罗有能整理：《更资天神》，见云南省楚雄州文教局、云南省楚雄州民委会编《楚雄民间文学资料》，内部资料，1979 年。

(b) 同 (a)，见姚宝瑄主编《中国各民族神话》（羌族、彝族），太原：山西出版传媒集团·书海出版社 2014 年版，第 181 页。

W1790a.1.1
天神用金银造天宫

【实例】

彝族 更（天神"更资"）用银去盖房顶，用金做墙壁，造出了一座大院套小院、高房套矮房，共有九千九百九十九个院子的宫殿。这宫殿都是金灿灿的墙，亮汪汪的顶，辉煌的光芒撒出去，房左的云白了，房右的云红了，房前的云黄了，房后的云紫了。房上房下，清气化为千万道彩虹，群起群落地绕着宫殿飞舞。

【流传】云南省·（楚雄彝族自治州）·永仁县

【出处】

(a) 曲木阿石等讲，罗有能整理：《更

---

① 天宫，指"天上的宫殿"，有时也可以指神的住处"天堂"。

资天神》，见云南省楚雄州文教局、云南省楚雄州民委会编《楚雄民间文学资料》，内部资料，1979 年。

（b）同（a），见姚宝瑄主编《中国各民族神话》（羌族、彝族），太原：山西出版传媒集团·书海出版社 2014 年版，第 183 页。

W1790a.2
天母率徒造天宫

【关联】［W0207］天母

实例

满族　阿布凯赫赫（第一代天神，天母）率领徒弟众神造出的天宫一共有十八个大寨、七十二个小寨、一百零八个神洞，又种下了天音树、天花树。这样一点缀，天宫变得五光十色，十分美丽。

【流传】黑龙江省·（牡丹江市）·宁古塔（宁安县）；吉林省·长白山地区（长白山一带）

【出处】傅英人（疑"人"为"仁"）讲述，张爱云整理：《阿布凯赫赫创造天地人》，原载《满族萨满神话》，见陶阳、钟秀编《中国神话》（上），北京：商务印书馆 2008 年版，第140~154 页。

W1790a.3
始祖造天宫

实例

（参见下级母题实例）

W1790a.3.1
女始祖为生天地造天宫

【关联】［W1113］特定的神或神性人物生天地

实例

侗族　萨天巴（蜘蛛，女始祖）要生天、生地前，先造了天宫。

【流传】广西壮族自治区·（柳州市）·三江（三江侗族自治县），（桂林市）·龙胜（龙胜各族自治县）

【出处】杨卜林喜、杨卜松林、杨明世讲，杨国仁、涛声搜集整理，蔷紫改写：《创世女神萨天巴》，原文为过伟改写自侗族创世史诗《嘎茫莽道时嘉——远祖歌》（未出版稿），见姚宝瑄主编《中国各民族神话》（土家族、毛南族、侗族、瑶族），太原：山西出版传媒集团·书海出版社 2014 年版，第 72 页。

W1790a.4
与天宫的产生有关的其他母题

实例

（参见下级母题实例）

W1790a.4.1
重造天宫

实例

满族　阿布凯赫赫（第一代天神，天母）造的天宫也已经过时，天宫已经到了该重造的时候了。

【流传】黑龙江省·(牡丹江市)·宁古塔(宁安县);吉林省·长白山地区(长白山一带)

【出处】
(a) 傅英仁讲述,张爱云记录整理:《天宫神魔大战》,见傅英仁讲述,张爱云记录整理《满族萨满神话》,哈尔滨:黑龙江人民出版社 2006 年版。
(b) 同(a),见陶阳、钟秀编《中国神话》(上),北京:商务印书馆 2008 年版,第 155~180 页。

W1791
天宫的特征

实 例

(参见下级母题实例)

W1791.0
天宫很大

实 例

(参见下级母题实例)

W1791.0.1
九霄十分广阔

实 例

塔吉克族 安拉所居的九霄十分广阔,其东西两方各有一座大门。

【流传】新疆维吾尔自治区·(喀什地区)·塔什库尔干塔吉克自治县

【出处】马达里汗讲,西仁·库尔班等采录翻译:《太阳神话》异文,见中国民间文学集成全国编辑委员会编《中国民间故事集成》(新疆卷),北京:中国ISBN 中心 2008 年版,第 17 页。

W1791.1
天宫金碧辉煌

实 例

高山族 天宫里面金碧辉煌。

【流传】(无考)

【出处】陈炜萍整理:《天上、人间、地下》,见中华民族故事大系编委会编《中华民族故事大系》第 8 卷(畲族、高山族、拉祜族),上海:上海文艺出版社 1995 年版,第 409 页。

高山族 天宫有金碧辉煌的宫殿,有雕梁画栋的楼阁,四周种着翠竹,藤萝缠绕。河水会发亮,连树上的叶子、果子和地下的石头都闪闪烁烁,还有五颜六色的奇峰怪石、丽花异草,是一个奇幻的世界。

【流传】(无考)

【出处】陈炜萍搜集整理:《天上、人间、地下》,原载《高山族民间故事选》,见陶阳、钟秀编《中国神话》(上),北京:商务印书馆 2008 年版,第 184~186 页。

W1791.1.1
天宫金碧辉煌美丽如梦

实 例

高山族

(参见 W1791.1.1 母题实例)

W1791.1a
天宫庄严豪华

【关联】［W1696.5.1］月宫很华丽

实 例

彝族 天神兄妹造出的宫殿盖，黄闪闪的铜顶，黑亮亮的墙，又庄严又豪华。

【流传】云南省·（楚雄彝族自治州）·永仁县

【出处】

（a）曲木阿石等讲，罗有能整理：《更资天神》，见云南省楚雄州文教局、云南省楚雄州民委会编《楚雄民间文学资料》，内部资料，1979年。

（b）同（a），见姚宝瑄主编《中国各民族神话》（羌族、彝族），太原：山西出版传媒集团·书海出版社2014年版，第182页。

W1791.2
天宫在特定的天层

【关联】［W1792.4a.1］33层天上的水晶宫殿

实 例

（参见下级母题实例）

W1791.2.1
天宫是第1层天

【关联】［W1163.1a.1］第1层天

实 例

满族 创世神老三星让混元之气往上升成为灵气，造出了天宫，也就是第一层天。

【流传】黑龙江省·（牡丹江市）·宁古塔（宁安县）

【出处】傅英仁讲述：《老三星创世》，见傅英仁讲述，张爱云整理《满族萨满神话》，哈尔滨：黑龙江人民出版社2005年版，第10页。

W1791.2.2
17层天的天宫

实 例

布朗族 天神住17层天的天宫中。

【流传】云南省·（西双版纳傣族自治州）·勐海（勐海县）

【出处】艾扬整理：《天和地的起源》，见中华民族故事大系编委会编《中华民族故事大系》第12卷（布朗族、撒拉族、毛南族），上海：上海文艺出版社1995年版，第5页。

W1791.3
天宫的位置

实 例

（参见下级母题实例）

W1791.3.1
天宫在天的上方

实 例

门巴族 在天的上方是天宫。

【流传】西藏自治区·（林芝地区）·

墨脱县·东布村（东布街）

【出处】伊西平措讲，于乃昌等整理：《猴子变人》，见《门巴族民间故事》：http://www.tibet-web.com/old/minjian/ync/gushi/mulu.htm，2003.10.02。

W1791.3.2
天宫在云中

实例

汉族　（实例待考）

W1791.3.2.1
天宫在瑞气祥云之中

实例

黎族　七兄弟到了天上，只见一排排仙宫琼阁耸立在瑞气祥云之中。

【流传】海南省·（三亚市）·乐东县（乐东黎族自治县）

【出处】龙敏记录整理：《兄弟星座》，见姚宝瑄主编《中国各民族神话》（高山族、黎族、畲族），太原：山西出版传媒集团·书海出版社2014年版，第60页。

W1791.3.2.2
天宫彩云缭绕

实例

汉族　在没有"天门石"以前，从彩云缭绕的天宫到人间来，要出南天门，经过天梯。

【流传】四川省·成都市

【出处】张承业搜集整理：《天门石》，见姚宝瑄主编《中国各民族神话》（汉族），太原：山西出版传媒集团·书海出版社2014年版，第82~84页。

W1791.3.3
天宫在第1层天

实例

满族　阿布凯赫赫（第一代天神，天母）率领师弟、徒弟及敖钦大神在第一层天上造天造地造天宫。

【流传】黑龙江省·（牡丹江市）·宁古塔（宁安县）；吉林省·长白山地区（长白山一带）

【出处】傅英人（疑"人"为"仁"）讲述，张爱云整理：《阿布凯赫赫创造天地人》，原载《满族萨满神话》，见陶阳、钟秀编《中国神话》（上），北京：商务印书馆2008年版，第140~154页。

W1791.3.4
天宫在天的最高层

【关联】[W1163.15.3] 天的最高层

实例

蒙古族　十个空中楼阁天，在天的最上层。

【流传】内蒙古自治区·哲里木盟（今通辽市）

【出处】宝音贺喜格唱：《祭天》（1984.11），原载白翠英、邢源、福宝琳、王笑《科尔沁博艺术初探》，哲里木盟文化处编印，内部资料，1986年，见吕大吉、何耀华总主编《中国各民族原始宗教资料集成》（鄂伦春族卷、鄂温克族卷、赫哲族卷、达斡尔族卷、锡伯族卷、满族卷、蒙古族卷、藏族卷），北京：中国社会科学出版社1999年版，第600页。

W1791.3.5
天宫离地10万8千里

实例

汉族 天宫离伏羲家有十万八千里。

【流传】河南省·（焦作市）·武陟县·阳城乡·郭下村

【出处】李待见（那农民，小学）讲，王广先采录整理：《四大怀药》，见张振犁编著《中原神话通鉴》（第一卷），郑州：河南大学出版社2017年版，第196页。

W1791.4
天宫像云悬浮在天空中

实例

门巴族 天宫像飘动的白云悬浮在天空中。

【流传】西藏自治区·（林芝地区）·墨脱县·东布村（东布街）

【出处】伊西平措讲，于乃昌等整理：《猴子变人》，见《门巴族民间故事》：http：//www.tibet-web.com/old/minjian/ync/gushi/mulu.htm，2003.10.02。

W1791.5
天宫的数量

实例

（参见下级母题实例）

W1791.5.1
天宫八部

实例

满族 阿布凯恩都哩（天神名）在天上还设了天宫八部：日、月、雷、电、雨、雪、冰、雹。

【流传】黑龙江省·（牡丹江市）·宁古塔（宁安县）；吉林省·长白山地区（长白山一带）

【出处】
（a）傅英仁讲述，张爱云记录整理：《天宫神魔大战》，见傅英仁讲述，张爱云记录整理《满族萨满神话》，哈尔滨：黑龙江人民出版社2006年版。
（b）同（a），见陶阳、钟秀编《中国神话》（上），北京：商务印书馆2008年版，第155~180页。

W1791.5.2
天有9宫

实例

汉族 天有9星以镇9宫。

【流传】（无考）

【出处】《遁甲符应经》，见刘永明主编《四库未收术数类古籍大全》（杂占集成之遁甲集成），黄山书社（无影印时间），第395页。

W1791.5.3
33 座天宫

实例

汉族 天上有三十三座天宫，座座天宫使人醉心迷魂。

【流传】四川省

【出处】朱奉天讲，唐探峰采录：《神女瑶姬的传说》，见陶阳、钟秀编《中国神话》（上），北京：商务印书馆2008年版，第438~441页。

W1791.5.4
72 重宝殿

实例

汉族 天上有七十二重宝殿，重重宝殿叫人眼花缭乱。

【流传】四川省

【出处】朱奉天讲，唐探峰采录：《神女瑶姬的传说》，见陶阳、钟秀编《中国神话》（上），北京：商务印书馆2008年版，第438~441页。

W1791.6
天宫有特定的门

【关联】[W1168.21] 天门

实例

（参见下级母题实例）

W1791.6.1
天宫有 12 层门

实例

彝族 天宫的天门12层，层层都有重兵守着。

【流传】贵州省·（毕节市）·威宁县（威宁彝族回族苗族自治县）

【出处】王小二讲，石磊采录：《拆掉通天的桥》，见中国民间文学集成全国编辑委员会编《中国民间故事集成》（贵州卷），北京：中国 ISBN 中心2003年版，第70页。

W1791.6.2
天阿是众神进出天宫的门户

实例

汉族 （实例待考）

W1791.7
天宫的墙

实例

（参见下级母题实例）

W1791.7.1
天宫的云墙

实例

纳西族（摩梭） 上天后要把云墙挖通，这样才有门进天宫。

【流传】云南省·（丽江市）·宁蒗县（宁蒗彝族自治县）

【出处】

(a)《昂姑咪》，载《山茶》1986年第3期。

(b) 同 (a)，见姚宝瑄主编《中国各民族神话》（佤族、阿昌族、纳西族、普米族、德昂族），太原：山西出版传媒集团·书海出版社 2014 年版，第 106 页。

W1791.7.2
天宫白玉为墙

实例

侗族 萨天巴（蜘蛛，女始祖）用白玉在周围砌成白玉墙，又在四方八面张起了银丝网。

【流传】广西壮族自治区·（柳州市）·三江（三江侗族自治县），（桂林市）·龙胜（龙胜各族自治县）

【出处】杨卜林喜、杨卜松林、杨明世讲，杨国仁、涛声搜集整理，蔷紫改写：《创世女神萨天巴》，原文为过伟改写自侗族创世史诗《嘎茫莽道时嘉——远祖歌》（未出版稿），见姚宝瑄主编《中国各民族神话》（土家族、毛南族、侗族、瑶族），太原：山西出版传媒集团·书海出版社 2014 年版，第 72 页。

W1792
与天宫有关的其他母题

【关联】

① ［W1414.3.1］天宫与人间有白银梯子和黄金攀绳相连

② ［W1897.15.1］水逃向天宫

实例

（参见下级母题实例）

W1792.0
天庭①

实例

（参见下级母题实例）

W1792.0.1
天神在光中造出天庭

实例

哈尼族 三个神人选择属龙的好日子造天时，力大无比的天神波卑立刻摇动双臂，骤然闪出万道金光，金光里显出了辽阔的天庭。

【流传】（无考）

【出处】《杀牛龙，造天地》，根据张牛朗、杨批斗、李书周等演唱，杨保生、李家顺等翻译，杨笛、郭纯礼等整理《十二奴局》和《奥色密色》翻译稿改写，见姚宝瑄主编《中国各民族神话》（哈尼族、傣族），太原：山西出版传媒集团·书海出版社 2014 年版，第 10 页。

W1792.0.2
天庭景象迷人

实例

苗族 天庭里殿宇辉煌，山水明秀，

---

① "天庭"又称"大微"或"太微"，如《楚辞·远游》中有"问大微之所居"之说。

金牛银马，宝猫玉兔，无不尽有，俱大欢喜，乃纵情歌舞。

【流传】（无考）

【出处】《马桑树》，原载谢馨藻等搜集整理《苗族民间故事》，见袁珂《中国神话大词典》，北京：华夏出版社2015年版，第416页。

W1792.0.3
天庭金光闪闪

实例

珞巴族 天庭大得很，房屋鳞次栉比，金光闪耀。

【流传】西藏自治区·（林芝市）·墨脱县·达木珞巴民族乡、格当乡、甘登乡、背崩乡

【出处】安布、达娃讲，冀文正采集：《青蛙和公主》，见冀文正《珞巴族民间故事》，成都：四川民族出版社2011年版，第192页。

W1792.0.4
天庭是神的世界

【关联】

① [W098.2] 神住天堂
② [W0233.2] 地神住天宫

实例

哈尼族 神造天空、大地和海洋三个世界。天庭是神的世界，大地是人的世界，大水是水族的世界。

【流传】云南省·（红河哈尼族彝族自治州）·元阳县

【出处】朱小和讲，卢朝贵搜集整理：《三个世界》，单超选自《哈尼族神话传说选》，见姚宝瑄主编《中国各民族神话》（哈尼族、傣族），太原：山西出版传媒集团·书海出版社2014年版，第65页。

W1792.1
天宫的花园（天上的花园）

实例

汉族 天上有天宫有花园。

【流传】浙江省·（宁波市）·宁海县·（力洋镇）·力洋村

【出处】叶丙标讲，叶柱录：《玉帝分开地》，见中国民间文学集成全国编辑委员会编《中国民间故事集成》（浙江卷），北京：中国ISBN中心1997年版，第22页。

汉族 天上有天宫，有花园。

【流传】浙江省·宁波市·宁海县

【出处】叶丙标讲，叶柱记录：《玉帝分天地》，见罗杨总主编，戴余金本卷主编《中国民间故事丛书·浙江宁波·宁海卷》，北京：知识产权出版社2015年版，第4页。

水族 天上管火种的仙女"阿㫱"在天宫花园向下观看人间。

【流传】（贵州省·黔南布依族苗族自治州·三都水族自治县）

【出处】蒙健康、潘有圣讲，蔡中运搜集整理：《阿㫱送火种》，原载《水族民间故事选》，见陶阳、钟秀编《中

国神话》（中），北京：商务印书馆 2008 年版，第 942~948 页。

W1792.1.1
神在天上花园种花草

实例

塔吉克族 按真主的旨意，费尔代维西的主神，在慕土塔格峰顶的仙园里种植了天堂所有的花草，并遵照上天的旨意，命一仙女守卫仙园。

【流传】（新疆维吾尔自治区）

【出处】西仁·库尔班、段石羽搜集整理：《花神》，见姚宝瑄主编《中国各民族神话》（乌孜别克族、哈萨克族、柯尔克孜族、俄罗斯族、维吾尔族、塔吉克族、塔塔尔族、锡伯族），太原：山西出版传媒集团·书海出版社 2014 年版，第 277~278 页。

W1792.1.2
天宫花园种仙桃

实例

汉族 鹿弄来一粒仙桃种子，把它种在天宫后园。

【流传】上海市·虹口区·广中路街道

【出处】刘曼芳讲，吴本雄采录：《喉节与乳房》，见中国民间文学集成全国编辑委员会编《中国民间故事集成》（上海卷），北京：中国 ISBN 中心 2007 年版，第 7 页。

W1792.1.3
玉皇的后花园

实例

汉族 南天门宫阙有玉皇的后花园，园里种满了各色各样的花草。

【流传】河南省·（焦作市）·武陟县·阳城乡·郭下村

【出处】李待见（那农民，小学）讲，王广先采录整理：《四大怀药》，见张振犁编著《中原神话通鉴》（第一卷），郑州：河南大学出版社 2017 年版，第 196 页。

W1792.2
天上的蟠桃园

【关联】
① ［W0983.4.1］王母娘娘蟠桃会
② ［W1792.1.2］天宫花园种仙桃
③ ［W3774］蟠桃树

实例

汉族 （实例待考）

W1792.3
灵霄宝殿

实例

汉族 天上灵霄宝殿早朝，释迦牟尼佛出班启奏。

【流传】上海市·黄浦区

【出处】郭佩攸讲，方卡采录：《四大金刚的法宝》，见中国民间文学集成全国编辑委员会编《中国民间故事集

1.6.2　天宫与天堂

成》（上海卷），北京：中国ISBN中心2007年版，第342页。

汉族　太阳神走出灵霄宝殿，径直到了南天门。

【流传】四川省·巴县（今重庆市·巴南区）

【出处】王正美讲，杨维义记录：《观音斗太阳》，见姚宝瑄主编《中国各民族神话》（汉族），太原：山西出版传媒集团·书海出版社2014年版，第152~154页。

W1792.4
九龙殿

实　例

（参见下级母题实例）

W1792.4.1
九龙殿在天地之间

实　例

彝族（阿细）　在天与地之间，有个九龙殿，九龙殿里有一对黄龙。

【流传】（a）云南省·红河哈尼族彝族自治州·弥勒县·（西山镇）

【出处】

(a) 潘正兴等唱述，云南省民族民间文学红河调查队搜集翻译整理：《阿细的先基》，昆明：云南人民出版社1959年版。

(b) 云南省民族民间文学红河调查队搜集整理，古梅改写：《最古的时候》，见姚宝瑄主编《中国各民族神话》（羌族、彝族），太原：山西出版传媒集团·书海出版社2014年版，第136页。

W1792.4a
水晶宫殿

实　例

汉族　唐卢杞与麻婆各处一大葫芦中，腾上碧霄，去洛八万里，遂见宫阙楼台，皆以水晶为墙垣。有女子谓杞曰："此水晶宫也。某为太阴夫人。"

【流传】（无考）

【出处】[民国]吴曾祺：《旧小说·乙集四》辑《逸史》"太阴夫人"条。

W1792.4a.1
33层天上的水晶宫殿

实　例

蒙古族　有雄伟壮丽的水晶宫殿，有描龙画凤的四扇大门，三十三层天啊，妩媚秀丽的帖恨——三位女神。

【流传】（内蒙古自治区·通辽市）

【出处】李青（甘珠尔扎布，萨满）讲：*《宝木勒祈祷辞》，原载白翠英、邢源、福宝琳、王笑《科尔沁博艺术初探》，哲里木盟文化处编印，内部资料，1986年，见吕大吉、何耀华总主编《中国各民族原始宗教资料集成》（鄂伦春族卷、鄂温克族卷、赫哲族卷、达斡尔族卷、锡伯族卷、满族卷、蒙古族卷、藏族卷），北京：中国社会科学出版社1999年版，第

668 页。

W1792.4b
人间天宫

实例

（参见下级母题实例）

W1792.4b.1
麦积山有个人间天宫

实例

汉族　各方天王、星宿、神灵、揭谛等诸位天神都不愿意离开麦积山这个人间天宫。

【流传】甘肃省·（天水市）·麦积山一带

【出处】田恒江搜集整理：《人间天宫》，载《民间文学》1983年第5期。

W1792.4c
天国

实例

（参见下级母题实例）

W1792.4c.1
天国由爱神主宰

实例

纳西族　天国的主宰者是爱神尤祖阿主。

【流传】云南省·（丽江市）·丽江县（古城区、玉龙纳西族自治县）

【出处】木丽春采集整理：《寻找玉龙第三国》，见木丽春编著《纳西族民间故事集》，昆明：云南人民出版社2007年版，第195页。

W1792.4c.2
天国里的万物迅速成长

【关联】[W1534.2.4.2] 以前万物生长很快

实例

纳西族　天国里有一个地方：晚上生马驹，早上就可配鞍；晚上生羊羔，早上就可变羊妈妈；晚上孵的鸡蛋，早上脱生成公鸡。

【流传】云南省·（丽江市）·丽江县（古城区、玉龙纳西族自治县）

【出处】木丽春采集整理：《美利东主寻死记》，见木丽春编著《纳西族民间故事集》，昆明：云南人民出版社2007年版，第181页。

W1792.4d
玄都玉京

实例

汉族　元始天尊居住在"玄都玉京"的仙府中，为三十六天的最上层"大罗天"，府上以黄金铺地，玉石为阶。

【流传】（无考）

【出处】《元始天尊》，见乌丙安主编《中国民间神谱》，沈阳：辽宁人民出版社2007年版，第246页。

W1792.5
天宫的造访者

【关联】[W1426.2] 人王拜访天王

实 例

(参见下级母题实例)

W1792.5.1
黄帝到天宫

【关联】[W0698] 与黄帝有关的其他母题

实 例

汉族 黄帝乘龙升云，登朝霞，上至列阙，倒影经过天宫。

【流传】(无考)

【出处】

(a)《皇览·冢慕记》。

(b)《天宫》，见袁珂《中国神话大词典》，北京：华夏出版社2015年版，第55页。

W1792.5.2
凡人不能进天宫

实 例

汉族 七仙女中的三妹偷偷带着在凡间所生的儿子回到屋里，不久让王母娘娘晓得了。凡人住进天宫，绝不轻饶。

【流传】浙江省·杭州市

【出处】黄欢讲，潘观涌整理：《月树人》，见姚宝瑄主编《中国各民族神话》(汉族)，太原：山西出版传媒集团·书海出版社2014年版，第285~288页。

W1792.6
天宫的守护者

【关联】[W1793.4] 天堂的守护者

实 例

(参见下级母题实例)

W1792.6.1
神鹰是天宫守护者

【关联】[W0924.6.1] 神鹰

实 例

纳西族(摩梭) 天上有一只叫格儿美的神鹰，一刻不停地在天地交界处飞绕，巡视海水的涨落，守卫着天宫。

【流传】云南省·(丽江市)·宁蒗县(宁蒗彝族自治县)

【出处】

(a)《昂姑咪》，载《山茶》1986年第3期。

(b)同(a)，见姚宝瑄主编《中国各民族神话》(佤族、阿昌族、纳西族、普米族、德昂族)，太原：山西出版传媒集团·书海出版社2014年版，第104页。

W1792.6.2
4只神鹰守护天宫

实 例

满族 四方神又叫四方面大神，是四只神鹰，始终监视着天宫四方，不让一切邪魔进入天宫。

【流传】黑龙江省·（牡丹江市）·宁古塔（宁安县）；吉林省·长白山地区（长白山一带）

【出处】

（a）傅英仁讲述，张爱云记录整理：《天宫神魔大战》，见傅英仁讲述，张爱云记录整理《满族萨满神话》，哈尔滨：黑龙江人民出版社2006年版。

（b）同（a），见陶阳、钟秀编《中国神话》（上），北京：商务印书馆2008年版，第155~180页。

W1792.6.3
9条巨蟒守护天宫

实例

<u>满族</u> 天宫北门由九条大蟒把守着。

【流传】黑龙江省·（牡丹江市）·宁古塔（宁安县）；吉林省·长白山地区（长白山一带）

【出处】

（a）傅英仁讲述，张爱云记录整理：《天宫神魔大战》，见傅英仁讲述，张爱云记录整理《满族萨满神话》，哈尔滨：黑龙江人民出版社2006年版。

（b）同（a），见陶阳、钟秀编《中国神话》（上），北京：商务印书馆2008年版，第155~180页。

W1792.6.4
龙守天宫门

实例

<u>高山族</u> 秃尾龙来告母曰："母乎，妈祖令我往守天宫门，母骑我背同往，

母目将复明，体将愈健。"

【流传】（台湾？）

【出处】袁珂改编：《秃尾龙》（原名《阿里山腹金银多》），原载《台湾民间传说》，见袁珂《中国神话大词典》，北京：华夏出版社2015年版，第526页。

W1792.7
天宫中的差役

实例

（参见下级母题实例）

W1792.7.1
动物是天宫的差役

实例

<u>彝族</u> 天神"更资"的母亲蒲依接管了更资和妹妹居住的石姆岩哈后，把更造的动物分成蠢笨和聪明两等。其中精灵聪明的动物，它们被命名为虎、兔、龙、蛇、獐、熊、豹等等，担任天宫里的差使奴仆。

【流传】云南省·（楚雄彝族自治州）·永仁县

【出处】

（a）曲木阿石等讲，罗有能整理：《更资天神》，见云南省楚雄州文教局、云南省楚雄州民委会编《楚雄民间文学资料》，内部资料，1979年。

（b）同（a），见姚宝瑄主编《中国各民族神话》（羌族、彝族），太原：山西出版传媒集团·书海出版社2014年版，第184页。

W1792.7a
天宫的主人（天宫的管理者）

实例

彝族 横眼人时代，天宫扯沟兹，来把天宫管。

【流传】云南省·（楚雄彝族自治州）·楚雄（楚雄市）

【出处】李忠祥等翻译：《洪水泛滥》，见云南省少数民族古籍整理出版规划办公室编《洪水泛滥》，昆明：云南民族出版社1987年版，第3页。

W1792.7a.1
玉皇大帝是天宫的主人

实例

汉族（实例待考）

W1792.8
天宫中的物件

【关联】[W1252.3.1.1] 天庭有息壤

实例

（参见下级母题实例）

W1792.8.1
天宫中的树

实例

满族 阿布凯赫赫（第一代天神，天母）率领徒弟众神造天宫时，种下了天音树、天花树。

【流传】黑龙江省·（牡丹江市）·宁古塔（宁安县）；吉林省·长白山地区（长白山一带）

【出处】傅英人（疑"人"为"仁"）讲述，张爱云整理：《阿布凯赫赫创造天地人》，原载《满族萨满神话》，见陶阳、钟秀编《中国神话》（上），北京：商务印书馆2008年版，第140~154页。

W1792.8.2
天宫中的房屋

实例

哈尼族 天神们杀翻塔婆的龙牛铺设天地时，牛腿做天庭的屋梁。

【流传】（无考）

【出处】《杀牛龙，造天地》，根据张牛朗、杨批斗、李书周等演唱，杨保生、李家顺等翻译，杨笛、郭纯礼等整理《十二奴局》和《奥色密色》翻译稿改写，见姚宝瑄主编《中国各民族神话》（哈尼族、傣族），太原：山西出版传媒集团·书海出版社2014年版，第12页。

W1792.8.3
紫微宫

【关联】[W1168.21.5.1] 天门是居紫微宫门

实例

汉族 上帝居紫微宫。

【流传】（无考）

【出处】

（a）《楚辞·九歌·大司命》洪兴祖

补注。

（b）《天门》，见袁珂《中国神话大词典》，北京：华夏出版社2015年版，第52页。

W1792.8.4
天宫的亭台楼阁

实　例

壮族　天上有亭台楼阁，有小桥流水，有金堂银殿。

【流传】（无考）

【出处】黄英振、李永宁、黄如猛搜集整理：*《超度经》（1989），见吕大吉、何耀华总主编《中国各民族原始宗教资料集成》（土家族卷、瑶族卷、壮族卷、黎族卷），北京：中国社会科学出版社1998年版，第574页。

W1792.8.5
天宫有很多宝贝

实　例

汉族　天上有天宫，有花园，还有很多宝贝。

【流传】浙江省·宁波市·宁海县

【出处】叶丙标讲，叶柱记录：《玉帝分天地》，见罗杨总主编，戴余金本卷主编《中国民间故事丛书·浙江宁波·宁海卷》，北京：知识产权出版社2015年版，第4页。

W1792.9
天宫被骚扰（闹天宫）

实　例

（参见下级母题实例）

W1792.9.1
乱神闹天宫

实　例

傣族（水傣）　四个加都罗神造出不守规矩的天神帝娃达，让他到达娃丁沙去侍候神王英叭天神时，帝娃达不仅在天宫到处乱飞乱窜，还趁英叭不在，擅自坐上"神王宝台"，并嘲弄来朝拜的天神。

【流传】（云南省·西双版纳傣族自治州）

【出处】王松整理：《傣族——西双版纳的神谱》，见姚宝瑄主编《中国各民族神话》（哈尼族、傣族），太原：山西出版传媒集团·书海出版社2014年版，第230页。

W1792.10
天宫的倒塌

【关联】

① ［W1339.2］天柱的倒塌（天柱的消失）

② ［W8571］天塌（天的陷落）

实　例

（参见下级母题实例）

W1792.10.1
天宫被山刺塌

【关联】[W1702.1]动物的角刺破天后产生星星

实　例

鄂温克族 一座山隆隆地往上长，把天神居住的神宫都刺得崩塌下来。

【流传】内蒙古自治区·呼伦贝尔盟（呼伦贝尔市）·（鄂温克族自治旗）·巴彦托海镇

【出处】

（a）黄长林讲，马名超搜集整理：《天神的传说》（1979），见马名超、王士媛、白衫编《鄂温克族民间故事选》，上海：上海文艺出版社1989年版，第1页。

（b）《天神的传说》，见吕大吉、何耀华总主编《中国各民族原始宗教资料集成》（鄂伦春族卷、鄂温克族卷、赫哲族卷、达斡尔族卷、锡伯族卷、满族卷、蒙古族卷、藏族卷），北京：中国社会科学出版社1999年版，第93页。

W1792.11
天宫的重建

实　例

（参见下级母题实例）

W1792.11.1
战后重建天宫

实　例

满族 经过神魔大战和天宫重建，天宫彻底改变了过去的模样。天上再也不叫"洞"、"寨"了，都改成了殿、宫、阁。

【流传】黑龙江省·（牡丹江市）·宁古塔（宁安县）；吉林省·长白山地区（长白山一带）

【出处】

（a）傅英仁讲述，张爱云记录整理：《天宫神魔大战》，见傅英仁讲述，张爱云记录整理《满族萨满神话》，哈尔滨：黑龙江人民出版社2006年版。

（b）同（a），见陶阳、钟秀编《中国神话》（上），北京：商务印书馆2008年版，第155~180页。

W1793
天堂

【关联】
① [W095]神的居所
② [W1071]上界（天堂、天界）

实　例

（参见下级母题实例）

W1793.1
天堂的产生

实　例

（参见下级母题实例）

W1793.1.1
真主造天堂

实　例

回族 （实例待考）

W1793.2
天堂的建筑
【关联】[W6208.5] 特定的建筑物

实例

（参见下级母题实例）

W1793.2.1
天堂有镶玉的巨柱

实例

纳西族 天堂有70根镶玉的巨柱，90根嵌玉的大梁。

【流传】云南省

【出处】戈阿干著：《查热丽恩》，北京：民族出版社1983年版，第84页。

W1793.2.2
天堂到处是金砖银瓦的房子

实例

撒拉族 天堂到处是金砖银瓦的房子。

【流传】（无考）

【出处】大漠等整理：《天、地、人的诞生》，见中华民族故事大系编委会编《中华民族故事大系》第12卷（布朗族、撒拉族、毛南族），上海：上海文艺出版社1995年版，第262页。

W1793.3
天堂很美好

【关联】

① [W1057.3] 最早的世界很美好

② [W1972.4a.1] 天堂里的泉水很甜

实例

撒拉族（实例待考）

维吾尔族 天堂像玻璃一样洁净，香气弥漫。

【流传】新疆维吾尔自治区·（巴音郭楞蒙古自治州）·轮台县·策大雅乡

【出处】吾生里汗讲，阿不力米提·穆罕米迪·阿克约里采录，梁伟译：《亚当被贬下凡》，见中国民间文学集成全国编辑委员会编《中国民间故事集成》（新疆卷），北京：中国ISBN中心2008年版，第28页。

W1793.4
天堂的守护者

【关联】[W1792.6] 天宫的守护者

实例

（参见下级母题实例）

W1793.4.1
特定的神守护天堂

实例

（实例待考）

W1793.4.2
特定的动物守护天堂

实例

（参见下级母题实例）

W1793.4.2.1
公驼、鹰等动物守护天堂

实例

哈萨克族 为了不让魔鬼进入天堂，上帝在天堂的门口让一峰公驼、一条阿依达哈尔、一只鹰守护着。

【流传】（无考）

【出处】波勒泰·比达克买提等搜集，安蕾、毕桴译：《上帝用泥土造人》，见满都呼主编《中国阿尔泰语系诸民族神话故事》，北京：民族出版社1997年版，第67页。

W1793.5
升入天堂的方法

【关联】[W1429] 上天的方法

实例

（参见下级母题实例）

W1793.5.1
通过宗教仪礼可以进天堂

实例

哈萨克族 （实例待考）

W1794
天上的其他建筑物

实例

（参见下级母题实例）

W1794.0
天池

【关联】[W1964.4.9.9.1] 冥海即天池

实例

（参见下级母题实例）

W1794.0.1
南冥

实例

汉族 是鸟（鹏）也，海运则将徙于南冥；南冥者，天池也。

【流传】（无考）

【出处】

（a）《庄子·逍遥游》。

（b）《南冥》，见袁珂《中国神话大词典》，北京：华夏出版社2015年版，第227页。

W1794.1
瑶池

【关联】

① [W0758.3] 西王母居住瑶池

② [W1850.3.1] 昆仑山的瑶池

实例

汉族 乙丑，天子觞西王母于瑶池之上。天子遂驱升于弇山。

【流传】（无考）

【出处】

（a）《穆天子传》卷三。

（b）《瑶池》，见袁珂《中国神话大词典》，北京：华夏出版社2015年版，第

338 页。

W1794.1.1
瑶池即淫水

实例

汉族 水溢于平曰淫水（即瑶池）。

【流传】（无考）

【出处】［明］杨慎：《升庵经说·论语·淫声》。

汉族 （昆仑山）北望诸毗，槐鬼离仑居之，鹰鹯之所宅也。东望恒山四成，有穷鬼居之，各在一搏。爰有淫水（即瑶池），其清洛洛。

【流传】（无考）

【出处】
（a）《山海经·西次三经》。
（b）《县圃》，见袁珂《中国神话大词典》，北京：华夏出版社2015年版，第162页。

汉族 陶潜《读山海经》诗云："落落清瑶流。"洛洛本作落落，淫本作瑶，皆假借声类之字。淫水即瑶池。

【流传】（无考）

【出处】
（a）《山海经·西次三经》郝懿行注。
（b）《淫水》，见袁珂《中国神话大词典》，北京：华夏出版社2015年版，第302页。

W1794.1.2
瑶池在昆仑山上

【关联】［W1850.3.1］昆仑山的瑶池

实例

汉族 （昆仑山）其上有醴泉、瑶池。

【流传】（无考）

【出处】
（a）［西汉］司马迁：《史记·大宛列传》引《禹本纪》。
（b）《昆仑》，见袁珂《中国神话大词典》，北京：华夏出版社2015年版，第197页。

汉族 昆仑其高二千五百余里，其上有醴泉、瑶池。

【流传】（无考）

【出处】
（a）《史记·大宛列传》引《禹本纪》。
（b）《瑶池》，见袁珂《中国神话大词典》，北京：华夏出版社2015年版，第338页。

W1794.2
天牢

【关联】
① ［W8974］关押
② ［W8975.7.1］牢房

实例

白族 嫉妒的玉帝派善良的侍者到人间播撒瘟药。侍者打开瘟药瓶，心里左右为难。撒下去吧，他不忍心把美好的人间毁了；不撒吧，违了玉帝圣旨，定被送上断头台，或者永远打入天牢。

【流传】（无考）

【出处】阿唐波讲，陆家瑞整理：《大黑天神》，原载李子贤编《云南少数民

1.6.2 天宫与天堂

族神话选》，见陶阳、钟秀编《中国神话》（中），北京：商务印书馆2008年版，第761~762页。

W1794.2.1
天牢的制造者

实 例

（实例待考）

W1794.2.2
天牢中的关押者

实 例

（参见下级母题实例）

W1794.2.2.1
魔鬼锁在天牢中

实 例

汉族　天牢关着很多魔鬼。

【流传】江西省·宜春市·（袁州区）·寨下乡（寨下镇）·台上村

【出处】孙伟宏讲，施绍辉采录：《伏羲和女娲》，见中国民间文学集成全国编辑委员会编《中国民间故事集成》（江西卷），北京：中国 ISBN 中心2002年版，第12页。

W1794.2.2.2
人被关进天牢

实 例

彝族　洪水后幸存的举木惹牛（人名）被天王派的天兵抓到天上，关进了恩体古的天牢里。

【流传】（无考）

【出处】
（a）阿鲁斯基搜集整理：《举木惹牛》，见谷德明编《中国少数民族神话选》，西北民族学院研究所编印，内部资料，1983年。
（b）阿鲁斯基搜集整理：《举木惹牛娶天女》，见姚宝瑄主编《中国各民族神话》（羌族、彝族），太原：山西出版传媒集团·书海出版社2014年版，第118页。

W1794.3
天上的库房

实 例

（参见下级母题实例）

W1794.3.1
天上的粮仓

实 例

（实例待考）

W1794.3.2
天上粮仓的管理者

实 例

（参见下级母题实例）

W1794.3.2.1
天牛是天上粮仓的管理者

实 例

汉族　天牛到南天门去管粮食仓库。

【流传】浙江省·（绍兴市）·上虞县（上虞市）·禹来乡（不详）

【出处】余家阿公讲，余有根采录：《天

牛下凡》，见中国民间文学集成全国编辑委员会编《中国民间故事集成》（浙江卷），北京：中国 ISBN 中心 1997 年版，第 53 页。

W1794.3.3
天上库房的守护者

实例

（实例待考）

W1794.3.3.1
蜘蛛看守天上的库房

实例

傣族 （实例待考）

W1794.4
天上的村寨

【关联】［W5239］与村寨有关的其他母题

实例

（参见下级母题实例）

W1794.4.1
天上有十寨九河

实例

布依族 天上有十寨九河。

【流传】贵州省·安顺地区（安顺市）

【出处】贵州省安顺地区民族事务委员会编：《古谢经》，贵阳：贵州民族出版社 1992 年版，第 55 页。

1.6.3　天上其他诸物
【W1795～W1799】

W1795
天门[①]

【汤普森】A661.0.1

【关联】［W1168.21］天门

实例

（参见下级母题实例）

W1795.1
天有 4 门

【关联】［W1168.21.1］4 个天门

实例

彝族 至尊策举祖，在天地四门安排守门人。

【流传】贵州省·毕节（毕节市）·赫章县

【出处】贵州省毕节地区民族事务委员会编，王子尧等译：《物始纪略》（第一集），成都：四川民族出版社 1990 年版，第 236 页。

[①] 天门，在神话中的天门有时并不是确指，有时说的是天门，有时可能指"天上宫殿的门"、"天堂的门"、"天神住处的门"等。在此统一表述为"天门"，具体情况参看相关母题实例。

W1795.1.1
神造四道天门

实例

哈尼族 大神们造天时，留下了四道天门。

【流传】云南省·（红河哈尼族彝族自治州）·元阳县

【出处】朱小和讲，史军超等采录：《神的古今》，见中国民间文学集成全国编辑委员会编《中国民间故事集成》（云南卷），北京：中国 ISBN 中心 2003 年版，第 19 页。

W1795.2
天门是天神进出的路口

实例

哈尼族 四道天门是天神进出的路口。

【流传】云南省·（红河哈尼族彝族自治州）·元阳县

【出处】朱小和讲，史军超等采录：《神的古今》，见中国民间文学集成全国编辑委员会编《中国民间故事集成》（云南卷），北京：中国 ISBN 中心 2003 年版，第 19 页。

W1795.3
天门的守护者

【关联】［W1168.21.3］天门的看守（司天门者）

实例

汉族 吾令帝阍开关兮，倚阊阖而望予。注曰：帝谓天帝；阍，主门者也。

【流传】（无考）

【出处】

（a）［战国］屈原：《楚辞·离骚》王逸注。

（b）《帝阍》，见袁珂《中国神话大词典》，北京：华夏出版社 2015 年版，第 247 页。

W1795.3.1
天门由神守护

【关联】

① ［W1168.21.3.1］雷母娘娘看守天门

② ［W1168.21.3.5］女神看守天门

实例

鄂温克族 宝勘把守东天门。还有把守西天门的玛克依格添嫌每天按时给宇宙万物送来光明和温暖太阳姑娘回来晚了，闭门不开。

【流传】内蒙古自治区·（呼伦贝尔市·根河市）·敖鲁古雅鄂温克民族乡（敖鲁古雅鄂温克族乡）

【出处】安娜·索等讲，英山等采录翻译：《希温·乌娜吉》，见中国民间文学集成全国编辑委员会编《中国民间故事集成》（内蒙古卷），北京：中国 ISBN 中心 2007 年版，第 16 页。

W1795.3.2
天门由神兽守护

【关联】

① ［W1168.21.3.3］神狗看守天门

② ［W1168.21.3.4］神虎豹看守天门

实 例

汉族 牛脸神守南天门。

【流传】陕西省·（延安市）·吴旗县·长官庙乡·梁金村

【出处】乔贵廷讲，江恩宏采录：《牛的神话》，见中国民间文学集成全国编辑委员会编《中国民间故事集成》（陕西卷），北京：中国 ISBN 中心 1996 年版，第 14 页。

W1795.3.3
天门由蛇守护

实 例

（实例待考）

W1795.3.4
天门由吴刚守护

【关联】［W1168.21.1.2.6］吴刚把守南天门

实 例

汉族 吴刚是南天门守将。

【流传】浙江省·（宁波市）·宁海县·麻山乡（今麻山乡与桑洲镇合并为桑洲镇）

【出处】麻云彩讲，麻承照采录：《吴刚砍娑婆树》，见中国民间文学集成全国编辑委员会编《中国民间故事集成》（浙江卷），北京：中国 ISBN 中心 1997 年版，第 31 页。

W1795.3.5
天门的其他特定的守护者

实 例

（实例待考）

W1795.3.6
与天门守护者有关的其他母题

【关联】［W1168.21.3.1］雷母娘娘看守天门

实 例

（实例待考）

W1796
天上的动物①

实 例

（参见下级母题实例）

W1796.1
天狗

实 例

（参见下级母题实例）

W1796.1.1
人变成天狗

实 例

汉族 一个叫罗衣的人变成天狗。

---

① 天上的动物，一般可以视为动物神，相关内容可参见相关实例。

【流传】重庆市·巴县（巴南区）·长生桥镇

【出处】《天狗吃月》，见李子硕《民间故事集成》（重庆巴县），内部编印，1989 年，14 页。

W1796.1.2
天狗咬太阳

【关联】[W4213.1] 天狗吞食太阳形成日食

实例

汉族

（参见 W4213.1 母题实例）

W1796.1.3
天狗咬月亮

【关联】[W4199.5] 天狗吃月亮来历

实例

汉族

（参见 W4199.5 母题实例）

W1796.2
天狼

实例

汉族

（参见 W8668.1 母题实例）

W1796.3
三足乌

【关联】[W1571.2] 太阳是三足乌

实例

汉族

（参见 W1571.2 母题实例）

W1797
天上的植物

【关联】
① [W1482] 通天树（特定的天梯通天树）
② [W3607] 植物天降
③ [W4197] 月亮中的树

实例

（参见下级母题实例）

W1797.1
天上的树

【汤普森】A652.3

实例

（实例待考）

W1797.1.1
天上的蟠桃树

【关联】[W1792.2] 天上的蟠桃园

实例

汉族

（实例待考）

W1797.1.2
月亮上的树（月树）

【关联】[W4165] 月亮中的影子

实例

苗族 月树能砍而复长。

【流传】湖南省·湘西（湘西土家族苗族自治州）

【出处】《张果老射日月》，见中央民族分院民族研究论丛《民族文学论文选》，北京：中央民族学院出版社1987年版，第405页。

W1798
天上的其他诸物

【关联】[W1839.11.2] 山巅是天的一部分

实例

（参见下级母题实例）

W1798.1
天幕

实例

（参见下级母题实例）

W1798.1.1
杀死的犀牛皮变成天幕

【关联】[W1147.2.2] 犀牛皮变成天

实例

布朗族 巨神顾米亚杀死犀牛，犀牛皮变成了天幕。

【流传】（无考）

【出处】《顾米亚造天地》，见高明强编《创世的神话和传说》，上海：上海三联书店1988年版，第87页。

W1798.1.2
特定人物装饰天幕

【关联】[W1548.10.1] 安拉在天幕上钉上日月星辰

实例

（参见下级母题实例）

W1798.1.2.1
老人把宝珠镶嵌在天幕

实例

藏族 老人骑着仙鹤把所有的宝珠都镶嵌在天幕上。

【流传】（无考）

【出处】觉乃尔讲，王彰明搜集整理：《星星的由来》，载《民间文学》1983年第10期。

W1798.1.3
天幕五光十色

实例

怒族 原来天地很近。巨人搓海玩海把坚硬的石柱向天一投，"轰隆隆"一声巨响，天幕显出五光十色，在剧烈的摇晃中渐渐上升。

【流传】云南省·（怒江傈僳族自治州）·贡山地区（贡山独龙族怒族自治县）

【出处】

（a）李兴民讲，李含生、杨春寿、周良智搜集整理：《搓海玩海》，见陶立璠、李耀宗编《中国少数民族神话传说选》，成都：四川民族出版社 1985 年版。
(b) 同（a），见姚宝瑄主编《中国各民族神话》（门巴族、珞巴族、怒族、藏族），太原：山西出版传媒集团·书海出版社 2014 年版，第 67 页。

W1798.1.4
天幕的升高

实例

（参见下级母题实例）

W1798.1.4.1
天柱支天时天幕升高

实例

怒族 下界的巨人搓海玩海用神奇的石柱撞天，天幕抵挡不住，只好升高。

【流传】云南省·（怒江傈僳族自治州）·贡山地区（贡山独龙族怒族自治县）

【出处】
(a) 李兴民讲，李含生、杨春寿、周良智搜集整理：《搓海玩海》，见陶立璠、李耀宗编《中国少数民族神话传说选》，成都：四川民族出版社 1985 年版。
(b) 同（a），见姚宝瑄主编《中国各民族神话》（门巴族、珞巴族、怒族、藏族），太原：山西出版传媒集团·书海出版社 2014 年版，第 67 页。

W1798.1.5
天幕的开合

【关联】[W1313.2]提天帐把天升高

实例

（参见下级母题实例）

W1798.1.5.1
狂风吹开天幕的四边

实例

阿昌族 一个早晨，闪电劈倒大树，惊雷打落窝里的小鸟，狂风吹开了天幕的四边，暴雨降落到大地上。

【流传】（云南省）

【出处】赵安贤讲，智克整理：《遮帕麻与遮米麻》，见姚宝瑄主编《中国各民族神话》（佤族、阿昌族、纳西族、普米族、德昂族），太原：山西出版传媒集团·书海出版社 2014 年版，第 78 页。

W1798.1.6
天幕的破裂

实例

（参见下级母题实例）

W1798.1.6.1
恶神撕裂天幕

实例

汉族 天将私自串通雷公、雨公和风婆，一齐作恶，撕破天幕。

【流传】河南省·（南阳市）·桐柏（桐柏县）

【出处】姚义雨讲，马卉欣搜集整理：《盘古开天》，见中华民族故事大系编委会编《中华民族故事大系》第 1 卷

(汉族、蒙古族、回族)，上海：上海文艺出版社1995年版，第6页。

W1798.1.6.2
神的争斗造成天幕裂缝

实例

汉族 共工与祝融争斗时，一纵身飞到天上，共工举着大锤，朝天幕上狠砸猛击。一会儿，电闪雷鸣，飞石乱滚。随后，天幕上闪开一个大裂缝，祝融摔在地上，变成一摊肉泥。

【流传】河南省·（开封市）·杞县

【出处】尹守礼（农民）讲，王怀聚采录整理：《杞人忧天（一）》，见张振犁编著《中原神话通鉴》（第一卷），郑州：河南大学出版社2017年版，第158页。

W1798.1a
天篷

实例

（参见下级母题实例）

W1798.1a.1
特定人物扯起天篷

实例

（参见下级母题实例）

W1798.1a.1.1
大汉立天柱扯天篷

实例

侗族 大汉姜夫竖起了擎天柱，又扯起天篷，盖在天的上方，然后把天顶上去，天柱便把天往上顶。

【流传】广西壮族自治区·（柳州市）·三江（三江侗族自治县），（桂林市）·龙胜（龙胜各族自治县）

【出处】杨卜林喜、杨卜松林、杨明世讲，杨国仁、涛声搜集整理，蔷紫改写：《创世女神萨天巴》，原文为过伟改写自侗族创世史诗《嘎茫莽道时嘉——远祖歌》（未出版稿），见姚宝瑄主编《中国各民族神话》（土家族、毛南族、侗族、瑶族），太原：山西出版传媒集团·书海出版社2014年版，第78页。

W1798.1a.2
天篷像伞

实例

侗族 天篷圆圆像把大花伞。

【流传】广西壮族自治区·（柳州市）·三江（三江侗族自治县），（桂林市）·龙胜（龙胜各族自治县）

【出处】杨卜林喜、杨卜松林、杨明世讲，杨国仁、涛声搜集整理，蔷紫改写：《创世女神萨天巴》，原文为过伟改写自侗族创世史诗《嘎茫莽道时嘉——远祖歌》（未出版稿），见姚宝瑄主编《中国各民族神话》（土家族、毛南族、侗族、瑶族），太原：山西出版传媒集团·书海出版社2014年版，第80页。

W1798.1b
天板（天花板）

实例

（参见下级母题实例）

W1798.1b.1
射日月射掉天板

【关联】［W1365］天塌

实例

苗族　仡射、仡箭二人射日月时，他们射落了日月，但天板也垮落在地。

【流传】湖南省苗族地区

【出处】龙王六演唱，龙炳文翻译：《开天立地》，苗地根据《楚风》刊登的《苗族古歌》的第一部分《开天日立》改写，见姚宝瑄主编《中国各民族神话》（布依族、仡佬族、苗族），太原：山西出版传媒集团·书海出版社2014年版，第128页。

W1798.2
天锁

实例

彝族　（实例待考）

W1798.3
天衣

实例

（实例待考）

W1798.3.1
用云粉做天的衣裳

实例

布朗族　（实例待考）

W1798.4
天泉

【关联】
① ［W1872.1］水从天泉流出来
② ［W1972.1］神奇的泉

实例

（参见下级母题实例）

W1798.4.1
天泉在天地的尽头

实例

藏族　天泉在天的尽头。

【流传】（无考）

【出处】

(a) 任称尔甲讲，萧崇素整理：《种子的起源》，见中华民族故事大系编委会编《中华民族故事大系》第2卷（藏族、维吾尔族、苗族），上海：上海文艺出版社1995年版，第33页。

(b) 米亚罗讲，萧崇素搜集整理：《种子的起源》，见谷德明编《中国少数民族神话》，北京：中国民间文艺出版社1987年版，第685页。

藏族　天地的尽头是天泉所在。

【流传】（无考）

【出处】

（a）任称尔甲讲，萧崇素搜集整理：《种子的起源》，见谷德明编《中国少数民族神话选》，西北民族学院研究所编印，内部资料，1983年。

（b）同（a），见姚宝瑄主编《中国各民族神话》（门巴族、珞巴族、怒族、藏族），太原：山西出版传媒集团·书海出版社2014年版，第101页。

藏族 九个太阳晒焦大地，地上滴水不见。当藏在地洞中的男孩和动物出来后，决心找个有人有水的地方。于是他开始往天地的尽头走去。因为他小时候听人说过，那里有天泉所在，普天下的水都是从那里流出来的。

【流传】四川省藏族聚居地区

【出处】

（a）任称尔甲讲，萧崇素搜集整理：《种子的起源》，载《民间文学》1961年第2期。

（b）同（a），见陶阳、钟秀编《中国神话》（中），北京：商务印书馆2008年版，第898～910页。

W1798.5
天街

实例

（参见下级母题实例）

W1798.5.1
天街的灯火

实例

汉族 （实例待考）

W1798.6
天上的河流

实例

汉族

（参见 W1897.14.1 母题实例）

W1798.7
天上的山脉

实例

（参见下级母题实例）

W1798.7.1
天上的鬼山

实例

独龙族 从天的最高层住下各层，有陡峭的鬼山。

【流传】（无考）

【出处】吕大吉、何耀华总主编：《中国各民族原始宗教资料集成》（纳西族卷、羌族卷、独龙族卷、傈僳族卷、怒族卷），北京：中国社会科学出版社2000年版，第612页。

W1798.8
天上最早只有天神

实例

拉祜族（苦聪） 以前，天上没有人，只住着天神。

【流传】云南省·红河地区（红河哈尼族彝族自治州）的深山老林

【出处】杨老三讲,樊晋波、陈继陆、韩延搜集,韩延整理,古木改写:《阿罗阿娜造天地》,原载《红河文艺》,原题目为《苦聪创世歌》,见姚宝瑄主编《中国各民族神话》(白族、拉祜族、景颇族),太原:山西出版传媒集团·书海出版社2014年版,第173页。